Meik Woyke (Hrsg.)

Wandel des Politischen:
Die Bundesrepublik Deutschland
während der 1980er Jahre

Einzelveröffentlichungen aus dem
Archiv für Sozialgeschichte, Bd. 3

Meik Woyke (Hrsg.)

Wandel des Politischen: Die Bundesrepublik Deutschland während der 1980er Jahre

Verlag
J.H.W. Dietz Nachf.

Die Beiträge dieses Sammelbandes sind bereits im
Archiv für Sozialgeschichte 52 (2012) erschienen.

Redaktion: Beatrix Bouvier, Dieter Dowe, Anja Kruke, Friedrich Lenger, Patrik von
zur Mühlen, Ute Planert, Dietmar Süß, Meik Woyke, Benjamin Ziemann

Herausgeberin und Verlag danken Herrn Martin Brost für die finanzielle Förderung von
Bearbeitung und Druck dieses Bandes.

ISBN 978-3-8012-4221-3

© 2013 Verlag J.H.W. Dietz Nachf., Dreizehnmorgenweg 24, 53175 Bonn
Umschlag und Einbandgestaltung: Jens Vogelsang, Aachen, unter Verwendung eines
Fotos von Bernd Raschke, Bonn
Satz: PAPYRUS – Schreib- und Büroservice, Buxtehude
Druck und Verarbeitung: CPI – Ebner & Spiegel GmbH, Ulm
Alle Rechte vorbehalten
Printed in Germany 2013

Inhalt

Dietmar Süß/Meik Woyke, Schimanskis Jahrzehnt? Die 1980er Jahre in historischer Perspektive 7

Axel Schildt, Das letzte Jahrzehnt der Bonner Republik. Überlegungen zur Erforschung der 1980er Jahre 25

Marc Buggeln, Steuern nach dem Boom. Die Öffentlichen Finanzen in den westlichen Industrienationen und ihre gesellschaftliche Verteilungswirkung 51

Christopher Kopper, Der langsame Abschied von der Deutschland AG? Die deutschen Banken und die Europäisierung des Kapitalmarkts in den 1980er Jahren... 95

Peter Kramper, Das Ende der Gemeinwirtschaft. Krisen und Skandale gewerkschaftseigener Unternehmen in den 1980er Jahren 115

Dietmar Süß, Stempeln, Stechen, Zeit erfassen. Überlegungen zu einer Ideen- und Sozialgeschichte der »Flexibilisierung« 1970–1990 143

Gabriele Metzler, »Ein deutscher Weg«. Die Liberalisierung der Telekommunikation in der Bundesrepublik und die Grenzen politischer Reformen in den 1980er Jahren 167

Frank Bösch, Politische Macht und gesellschaftliche Gestaltung. Wege zur Einführung des privaten Rundfunks in den 1970/80er Jahren 195

Nicole Kramer, Neue soziale Bewegungen, Sozialwissenschaften und die Erweiterung des Sozialstaats. Familien- und Altenpolitik in den 1970er und 1980er Jahren 215

Henning Tümmers, Aidspolitik. Bonn und der Umgang mit einer neuen Bedrohung 235

Michael Ruck, Tanker in der rauen See des Struktur- und Wertewandels. Repräsentation, Partizipation und Administration während der 1980er Jahre – eine Problemskizze 257

Silke Mende, Von der »Anti-Parteien-Partei« zur »ökologischen Reformpartei«. Die Grünen und der Wandel des Politischen 277

Frank Uekötter/Claas Kirchhelle, Wie Seveso nach Deutschland kam. Umweltskandale und ökologische Debatte von 1976 bis 1986 321

Larry Frohman, »Only Sheep Let Themselves Be Counted«. Privacy, Political Culture, and the 1983/87 West German Census Boycotts 339

Philipp Hertzog, Pragmatische Politisierung. Verkehrsplaner und die Grenzen der Machbarkeit um 1980 383

Susanne Schregel, Die »Macht der Mächtigen« und die Macht der »Machtlosen«. Rekonfigurationen des Machtdenkens in den 1980er Jahren 407

Morten Reitmayer, Comeback der Elite. Die Rückkehr eines politisch-gesellschaftlichen Ordnungsbegriffs 433

Annette Vowinckel, Neue Deutsche Welle. Musik als paradoxe Intervention gegen die »geistig-moralische Wende« der Ära Kohl 459

Philipp Gassert, Arbeit am Konsens im Streit um den Frieden. Die Nuklearkrise der 1980er Jahre als Medium gesellschaftlicher Selbstverständigung............. 495

Jan Hansen, Zwischen Staat und Straße. Der Nachrüstungsstreit in der deutschen Sozialdemokratie (1979–1983).. 521

Claudia Kemper, International, national, regional. Die Organisation »Internationale Ärzte zur Verhütung des Atomkrieges« und der Wandel im anti-atomaren Protest in der ersten Hälfte der 1980er Jahre 559

Christoph Julian Wehner, Grenzen der Versicherbarkeit – Grenzen der Risikogesellschaft. Atomgefahr, Sicherheitsproduktion und Versicherungsexpertise in der Bundesrepublik und den USA.. 585

Reinhild Kreis, Bündnis ohne Nachwuchs? Die »Nachfolgegeneration« und die deutsch-amerikanischen Beziehungen in den 1980er Jahren...................... 611

Jacob S. Eder, Ein »Holocaustsyndrom«? Die politischen Beziehungen zwischen der Bundesrepublik und amerikanisch-jüdischen Organisationen in den 1980er Jahren 637

Andreas Wirsching, Eine »Ära Kohl«? Die widersprüchliche Signatur deutscher Regierungspolitik 1982–1998 671

Summaries 689

Résumés... 699

Die Mitarbeiterinnen und Mitarbeiter des Bandes 711

Dietmar Süß / Meik Woyke

Schimanskis Jahrzehnt?

Die 1980er Jahre in historischer Perspektive

Wenn selbst jüngere Historikerinnen und Historiker beginnen, sich als Zeitzeugen zu fühlen und nostalgisch über ihre Panini-Fußballalben, NATO-Taschen, Zauberwürfel-Rekorde oder den besten Schimanski-Tatort berichten, wird deutlich: Hier qualmt die Geschichte noch.[1] Der neue Band des Archivs für Sozialgeschichte stellt die unmittelbare Vorgeschichte unserer Gegenwart in den Mittelpunkt und nimmt mit seinem Rahmenthema »Wandel des Politischen: Die Bundesrepublik Deutschland während der 1980er Jahre« eine Debatte auf, die in den letzten Jahren vor allem unter dem Schlagwort »nach dem Boom« an Fahrt gewonnen hat.

Dabei konkurrieren Historiker mit meinungsstarken Journalisten und Sozialwissenschaftlern[2], die mit ihrem Begriffsarsenal bereits eine Fülle an Deutungsangeboten bereitstellen:[3] Vom Übergang in die post- oder nachindustrielle Gesellschaft (Daniell Bell) war zeitgenössisch die Rede, von der »Krise der Arbeitsgesellschaft«, dem Wandel der Lebensstile und Werte, der Neuen Unübersichtlichkeit (Jürgen Habermas), dem Ende des fordistischen Zeitalters oder dem Beginn der »Risikogesellschaft« (Ulrich Beck). Wer auf die Kleidung und Haarmoden des Historiker-Nachwuchses blickte, mag womöglich selbst der Diagnose vom »Jahrzehnt des schlechten Geschmacks« etwas abgewinnen.

Doch für eine zeithistorische Verortung taugen solche Begriffe nur bedingt, sind sie doch Teil gesellschaftlicher Selbstbeschreibung, und in ihrer verführerischen Plausibilität lauern mindestens so viele Gefahren wie Chancen. Im Kern geht es um einfache, aber sehr grundlegende Fragen: Wie hatte sich die Bundesrepublik, wie hatte sich Westeuropa nach beinahe 30-jährigem Wirtschaftswachstum gewandelt? Wie veränderten sich die Gewichte zwischen Staat, Kapital und Arbeit? Welche neuen Unsicherheiten entstanden und welche alten kehrten womöglich zurück? Was blieb vom Modell eines »organisierten Kapitalismus« rheinischer Prägung? Wie veränderten sich Vorstellungen von Sicherheit und Angst, Individualität beziehungsweise Subjektivität und Objektivität? Für was lohnte es sich, auf die Straße zu gehen und zu protestieren? Und was bedeutete es, dass am Sonntagabend die Tatort-Kommissare Schimanski und Thanner im zumeist grau gezeichneten Duisburg einen Mord im Milieu verzweifelter Stahlarbeiter aufzuklären versuchten und dabei hart mit heuchlerischen Gewerkschafts- und Unternehmensbossen ins Gericht gingen?

Lassen sich beispielsweise in den Auseinandersetzungen um Aufrüstung, um die Kernenergie oder um die neue Krankheit »Aids« langfristige Liberalisierungs- und Individua-

---

1 Erinnerungen und den Zeitkolorit transportieren folgende, an ein breiteres Publikum gerichtete Chronik- und Bildbände: *Edgar Wolfrum*, Die 80er Jahre. Globalisierung und Postmoderne, Darmstadt 2007; *Manfred Leier* (Hrsg.), Das waren die 80er Jahre. Eine Chronik in Bildern, 2. Aufl., Hamburg 1990 (zuerst 1989); *Frauke Langguth/Jan Weyrauch* (Hrsg.), Irgendwie, irgendwo, irgendwann. Die 80er, Berlin 1999; *Anko Ankowitsch* (Hrsg.), Es geht voran. Ein Album der 80er Jahre zusammengetragen von Surfern im Internet, Wien/Köln etc. 2002; *Susanne Pauser/ Wolfgang Ritschl/Harald Havas* u. a. (Hrsg.), Neon, Pacman und die Yuppies. Ein Bilderbuch der achtziger Jahre, Wien/Köln etc. 2001.
2 *Rüdiger Graf/Kim Christian Priemel*, Zeitgeschichte in der Welt der Sozialwissenschaften. Legitimität und Originalität einer Disziplin, in: VfZ 59, 2011, S. 1–30.
3 Zu den Debatten vgl. beispielsweise das Forum »The 1970s and 1980s as a Turning Point in European History?«, in: Journal of Modern European History 9, 2011, S. 8–26.

lisierungsschübe beobachten? Welche Rolle spielte die nationalsozialistische Vergangenheit Deutschlands noch, gerade angesichts eines für die 1980er Jahre charakteristischen geschichtspolitischen Aktivismus? Kurzum: Woher wehte der ›Zeitgeist‹ in der ›alten‹ Bundesrepublik, die sich zwar als Provisorium ansah, jedoch eben keine Insel und damit eingebettet war in unterschiedliche sozial-strukturelle und transnationale Entwicklungsprozesse?

Historiker haben sich bisher schwer damit getan, eigenständige Begriffe und Kategorien zu entwickeln, um diesen Wandlungsprozess zu beschreiben, und sich bisher primär an den politischen Zäsuren entlang gehangelt: vom Ende der Reformzeit der Ära Brandt 1972/74 hin zum »Krisenmanager« Helmut Schmidt bis zum Beginn der »Ära Kohl« und der »geistig-moralischen Wende« 1982/83.[4]

Intensiv debattiert wird mittlerweile vor allem über den Begriff des »Strukturbruchs«, den Anselm Doering-Manteuffel und Lutz Raphael eingeführt haben, um die Zeitgeschichte seit Mitte der 1970er Jahre zu vermessen. Sie gehen davon aus, dass die Bundesrepublik Deutschland wie auch ihre westlichen Nachbarn seit dem Ölpreisschock und dem Ende des Wachstumsbooms in der Mitte des Jahrzehnts einen sozialen Wandel von »revolutionärer Qualität« in allen gesellschaftlichen Bereichen erlebt hat – mit Folgen bis in die unmittelbare Gegenwart. Als die 30-jährige Hochkonjunktur einbrach, bedeutete dies auch das Ende eines industriellen Ordnungsmodells.[5]

Ganze Industriebranchen brachen ein, Bergbau-, Stahl- und Textilindustrie kamen immer härter in die Krise, Massenarbeitslosigkeit war nicht mehr nur ein Gespenst von gestern, sondern die neue Realität. Auf einmal war in Deutschland vom »Ende der Arbeit« die Rede. Begleitet wurde diese tiefe Erschütterung des globalen Wirtschafts- und Finanzsystems vom Auftreten neuer Akteure, allen voran von neuen Konkurrenten aus Asien, den »Tigerstaaten«, die auf den Markt drängten. Gleichzeitig begann in der angelsächsischen Welt unter Margaret Thatcher[6] und Ronald Reagan[7] der Siegeszug des Neoliberalismus, der versprach, die maroden Ökonomien der Welt und die vorgeblich überregulierten Wohlfahrtsstaaten von Grund auf umzukrempeln. In Westeuropa und den USA gerieten die Gewerkschaften im Laufe der 1980er Jahre in die Dauerdefensive; sie galten immer mehr als Fossile einer untergehenden Welt der Industriegesellschaft, als Repräsentanten einer ›alten‹ sozialen Bewegung, deren soziales Fundament durch die globalen ökonomischen Veränderungen unterspült worden war, sodass sie sich in der ›neuen‹ Welt der globalen Ökonomie nur schwerlich zurechtfand – und das auch deshalb, weil die Gewerkschaften als Repräsentanten der Facharbeiter-Eliten nicht recht wussten, wie sie mit der akut werdenden Konkurrenz zwischen den relativ geschützten Arbeitsbedingungen in den Metropolen und den hungrigen Arbeitern in der ›Zweiten‹ und ›Dritten Welt‹ um-

---

4 *Werner Süß* (Hrsg.), Die Bundesrepublik in den achtziger Jahren. Innenpolitik, politische Kultur, Außenpolitik, Opladen 1991; *Göttrik Wewer* (Hrsg.), Bilanz der Ära Kohl. Christlich-liberale Politik in Deutschland 1982–1998, Opladen 1998; *Günter Buchstab/Hans-Otto Kleinmann/Hanns Jürgen Küsters* (Hrsg.), Die Ära Kohl im Gespräch. Eine Zwischenbilanz, Köln/Weimar etc. 2010, sowie *Hans-Otto Kleinmann*, Die Ära Kohl. Ein Literaturbericht. Erster und Zweiter Teil (A+B), in: Historisch-Politische Mitteilungen 14, 2007, S. 353–410; 15, 2008, S. 471–521; 17, 2010, S. 293–368.
5 Vgl. *Anselm Doering-Manteuffel/Lutz Raphael*, Nach dem Boom. Perspektiven auf die Zeitgeschichte seit 1970, Göttingen 2008, sowie *Thomas Raithel/Andreas Rödder/Andreas Wirsching* (Hrsg.), Auf dem Weg in eine neue Moderne? Die Bundesrepublik Deutschland in den siebziger und achtziger Jahren, München 2009.
6 *Dominik Geppert*, Der Thatcher-Konsens. Der Einsturz der britischen Nachkriegsordnung in den 1970er und 1980er Jahren, in: Journal of Modern European History 9, 2011, S. 170–194.
7 *Tim Schanetzky*, Abschied vom Progressivismus? Privatisierung in Ronald Reagans Amerika, in: *Norbert Frei/Dietmar Süß* (Hrsg.), Idee und Praxis der Privatisierung. Eine Einführung, Göttingen 2012, S. 34–50.

zugehen hatten. Solidarität tat weh und kostete angesichts der neuen Standortdebatten zwischen Detroit, Rüsselsheim, São Paulo und Bombay. Damit standen die Gewerkschaften nach Jahrzehnten der Expansion mitten in den neuen Verteilungskämpfen eines globalen Kapitalismus; einer Auseinandersetzung, die während der 1980er Jahre nicht allein zwischen weit entfernten Standorten, sondern quasi auch vor der eigenen Haustür begann. Die Deregulierung der Arbeitsmärkte, eine wachsende Zahl ungesicherter Beschäftigungsverhältnisse und ein zunächst vor allem in den USA und Großbritannien wachsender Niedriglohnsektor ließen neue Formen der Beschäftigung entstehen, die nur noch wenig mit den individuellen Aufstiegserfahrungen vieler Beschäftigter in den 1950er und 1960er Jahre zu tun hatten. Betroffen waren vor allem Frauen und Arbeitsmigranten. Vieles spricht dafür, dass die Helden- und Aufstiegsgeschichte der »Entproletarisierung«, die die Historische Sozialwissenschaft im Geiste ihres eigenen Aufstiegs beschrieben hat, angesichts dieser gegenwartsnahen Erfahrungen der »Reproletarisierung« stärker gebrochen ist, als dies bisher immer noch vermutet wird.[8] Bereits zeitgenössische Sozialforscher beobachteten ab den 1970er Jahren zudem, wie sich neue familiäre und geschlechtsspezifische Leitbilder etablierten, Lebensläufe entstandardisierten[9], sich die ›alten‹ Milieus nun endgültig auflösten – und neue entstanden. Das führte zum Verlust traditioneller Sicherheiten und hatte ein in sich immer brüchigeres Fortschrittsgefühl zur Folge, das nicht nur die Grünen, sondern auch viele Sozialdemokraten und Teile der kirchlich Engagierten erfasste. Pessimismus und das Gefühl der Stagnation machten sich breit, Niedergangs- und sogar Weltuntergangsszenarien gewannen an Plausibilität.

Blickt man auf die zeithistorischen Debatten um das letzte Drittel des 20. Jahrhunderts[10], wird deutlich, dass sich auch ein methodischer Wandel der deutschen Zeitgeschichte insgesamt andeutete, die sich jetzt stärker den Themen der Sozial-, Wirtschafts- und Sozialstaatsgeschichte widmete. Die 1970er Jahre erscheinen dabei als Epoche des Übergangs, in der sich neue, selbst geschaffene Probleme mit den Residualbeständen der unmittelbaren Nachkriegszeit überlagerten und ein neues Gemisch erzeugten, an denen das »Modell Deutschland« in den 1980er und vor allem in den 1990er Jahren schwer schlucken sollte. Diese Phase nehmen die hier versammelten Beiträge in den Blick, die sich auf die Geschichte der ›alten‹ Bundesrepublik konzentrieren und auch nicht nachträglich eine allzu glatte Erfolgsgeschichte, gar eine Teleologie des »Westens« konstruieren oder die Bundesrepublik-Geschichte nun – ex post – in der Geschichte der sogenannten Wiedervereinigung enden lassen. Deshalb spielt die DDR ebenso wie die Reformpolitik Michail Gorbatschows zwar in den einzelnen Beiträgen immer wieder eine gewisse Rolle, und doch geht es stärker um die Einflüsse westeuropäischer und transatlantischer Entwicklungen, um die Verflechtung der Kapitalmärkte, die wachsende Distanz gegenüber staatlicher Lösungskompetenz, die Kritik an den vermeintlichen Auswüchsen des Wohlfahrtsstaats und den Wandel von Erwerbsbiografien, Lebens- und Politikstilen. Sozial-, kultur- und politikgeschichtliche Zugänge dominieren deshalb und begreifen den »Wandel des Politi-

---

8 Dazu auch *Dietmar Süß/Winfried Süß*, Zeitgeschichte der Arbeit: Beobachtungen und Perspektiven, in: *Knud Andresen/Ursula Bitzegeio/Jürgen Mittag* (Hrsg.), »Nach dem Strukturbruch«. Kontinuität und Wandel von Arbeitsbeziehungen und Arbeitswelt(en) seit den 1970er-Jahren, Bonn 2011, S. 345–365.
9 *Andreas Wirsching*, Erwerbsbiographien und Privatheitsformen: Die Entstandardisierung von Lebensläufen, in: *Raithel/Rödder/Wirsching*, Auf dem Weg in eine neue Moderne?, S. 83–97; ders., The Significance of a Life Course Change, in: Journal of Modern European History 9, 2011, S. 24–26.
10 Als Überblicke vgl. den Beitrag von Axel Schildt in diesem Band und den Forschungsbericht von *Martin H. Geyer*, Auf der Suche nach der Gegenwart. Neue Arbeiten zur Geschichte der 1970er und 1980er Jahre, in: AfS 50, 2010, S. 643–669, insb. S. 643–652.

schen« in einem möglichst umfassenden Sinne.[11] Der Band ist damit auch ein Versuch zur weiteren (Teil-)Vermessung der ›reifen‹ Bundesrepublik, eine Forschungsperspektive, die in vielerlei Hinsicht erst am Anfang steht. Dabei geht es keineswegs um ein simples ›Dekadenhopping‹, sondern eher darum, die Gegenwartsrelevanz der Umbrüche zu untersuchen, die sich in der »Ära Kohl« abzeichnen. Wie überzeugend es ist, im Sinne von Hans-Peter Schwarz von den »kurzen achtziger Jahren« zu sprechen[12], der damit die Krisenperiode der 1970er von einem eher spannungsarmen »kurzen Jahrzehnt« abzugrenzen trachtet, wird erst noch zu diskutieren sein. Die temporale Einengung scheint doch, darauf deuten die Beiträge hin, die sozialen und kulturellen Ambivalenzen und Konflikte der Epoche eher zu unterschätzen. Aus diesem Grund ist es besonders lohnenswert, das Verhältnis von Wandel und Persistenz vor, während und nach den 1980er Jahren möglichst genau zu bestimmen. Eine reine Fortschritts- und Modernisierungsgeschichte verzeichnet die gesellschaftliche Komplexität ebenso wie allumfassende Niedergangsszenarien.

Andreas Wirsching hat in seiner Studie über den »Abschied vom Provisorium«[13] für diese Perspektive der ›alten‹ Bundesrepublik mit guten Gründen geworben und in seiner Darstellung zugleich wichtige, wenngleich auch nicht unumstrittene interpretatorische Schneisen geschlagen. Dazu gehört die Annahme der inneren Widersprüche der Wende-Politik von Helmut Kohl, die zwar eine Erneuerung der Moral forderte, in ihren Ergebnissen aber die Erosion konservativer Werte forciert habe. Das von den Christdemokraten geführte Regierungsbündnis hat Wirsching zufolge liberale Politik betrieben, um den Strukturwandel zu befördern, gleichzeitig jedoch auf tendenziell sozialdemokratische Instrumente zurückgegriffen, um die Folgen dieses Wandels abzufedern. Es seien gerade diese Widersprüche der Individualisierungsbeschleunigung und des wertkonservativen Aufbegehrens dagegen gewesen, die zu einem wesentlichen Kennzeichen der 1980er Jahre geworden seien. Die Sozial- und Familienpolitik waren Felder, auf denen diese Spannungslinien besonders sichtbar wurden. Insgesamt kann man die 1980er Jahre als ambivalente Mischung aus »Sozialstaatsexpansion, finanzieller Konsolidierung und partiellem Umbau«[14] bezeichnen. Während die Geschichte sozialer Sicherheit stärker durch Kontinuität geprägt war, ließ sich beispielsweise im Bereich des Arbeitsrechts eine wachsende Zahl an Konflikten zwischen Tarifparteien und politischen Akteuren beobachten. Die Abweichungen vom sozialpolitischen Entwicklungspfad waren eher gradueller Art, zumal der Arbeitnehmer-Flügel der Union mit Bundesarbeitsminister Norbert Blüm an der Spitze über erhebliches Gewicht verfügte. Gleichzeitig war die Sozialpolitik durch neue Herausforderungen bestimmt, durch die Aufwertung der Faktoren »Alter« und »demografischer Wandel« sowie die wachsende, vor allem durch die Neuen sozialen Bewegungen formulierte Kritik am ›männlichen‹ Sozialstaat.[15] In gewisser Hinsicht wurde die (fe-

---

11 Vgl. *Thomas Mergel*, Kulturgeschichte der Politik, Version: 2.0, in: Docupedia-Zeitgeschichte, 22.10.2012, URL: <https://docupedia.de/zg/Kulturgeschichte_der_Politik_Version_2.0_Thomas_Mergel?oldid=84783> [5.12.2012]; *Achim Landwehr*, Diskurs – Macht – Wissen. Perspektiven einer Kulturgeschichte des Politischen, in: Archiv für Kulturgeschichte 85, 2003, S. 71–117; *Ulrich Meier/Martin Papenheim/Willibald Steinmetz*, Semantiken des Politischen. Vom Mittelalter bis ins 20. Jahrhundert, Göttingen 2012.
12 *Hans-Peter Schwarz*, Helmut Kohl. Eine politische Biographie, München 2012, S. 475.
13 *Andreas Wirsching*, Abschied vom Provisorium. Geschichte der Bundesrepublik Deutschland 1982–1990, München 2006.
14 *Winfried Süß*, Umbau am »Modell Deutschland«. Sozialer Wandel, ökonomische Krise und wohlfahrtsstaatliche Reformpolitik in der Bundesrepublik Deutschland »nach dem Boom«, in: Journal of Modern European History 9, 2011, S. 215–240, hier: S. 240; Folgendes nach ebd. Zentral dazu jetzt: *ders.*, Von der Reform in die Krise. Der westdeutsche Wohlfahrtsstaat 1966–1982 (Habilitationsschrift, Ludwig-Maximilians-Universität München, 2011).
15 Vgl. *Christiane Kuller*, Soziale Sicherung von Frauen – ein ungelöstes Strukturproblem im männlichen Wohlfahrtsstaat, in: AfS 47, 2007, S. 199–236.

ministische) Protestkultur der 1970er Jahre dadurch in staatliches Handeln überführt, entradikalisiert und verstetigt. Die Auseinandersetzungen zielten nicht ausschließlich auf ein »Mehr« oder »Weniger« an Transferleistungen, sondern es ging nun verstärkt auch um die Anpassung der Sozialpolitik an veränderte Lebenslagen, an neue Formen familiären Zusammenlebens jenseits der »Hausfrauenehe« und die Gestaltung des »vierten Alters« nach Ende der Erwerbstätigkeit.[16] Die Auseinandersetzung über die Richtung dieser spezifische Normen aushandelnden Form von Sozialpolitik als Gesellschaftspolitik sollte den Charakter dieses Politikfelds wesentlich bestimmen. Zu den offenen und zentralen Fragen des Bandes gehört, ob die 1980er Jahre als Inkubationsphase einer umfassenden Welle des Neoliberalismus und der »Flexibilisierung«[17] gedeutet werden können – und welchen Anteil daran die christlich-liberale Koalition hatte. In der Selbstwahrnehmung der Sozialpolitik der Union galt die angelsächsische Strategie der Entstaatlichung und der Deregulierung des Finanz- und Arbeitsmarkts keineswegs als Vorbild. Auch die politikwissenschaftliche Forschung hat immer wieder die Distanz deutscher Politik gegenüber allzu radikaler Liberalisierungsemphase betont.[18] Dennoch ist bisher über diese Privatisierungspolitik wenig bekannt, und auch nicht über die damit verbundene grundsätzliche Kritik von Staatlichkeit, zu deren Kernen die Annahme von der grundsätzlichen Ineffizienz öffentlicher Unternehmen und die Rede vom »schlanken Staat« gehörten.[19]

Vor allem die Deutsche Bahn und die Bundespost mit ihrem in die Jahre gekommenen Fernmeldebereich standen in der öffentlichen, häufig überaus hämischen Kritik.[20] Die Mischung aus anti-etatistischer Emphase und zur Schau getragenem Individualismus war keineswegs nur das Lebenselixier des Neoliberalismus. Wenngleich unter anderen Vorzeichen, gehörte die Distanz zu »Technokrazien«, dem übermächtigen, bürokratischen Wohlfahrtsstaat auch zur Überzeugung eines erheblichen Teils der an Durchsetzungskraft gewinnenden Alternativbewegung, die ihrerseits für Politik »jenseits des Staats« stritt.

Auf unterschiedlichen Feldern lässt sich beobachten, wie die Politik der Privatisierung bisher staatlicher Aufgaben im Laufe der 1980er Jahre an Bedeutung gewann, obschon nicht in gleicher Weise radikal wie in Großbritannien oder den USA. Dort beispielsweise erlebte der Begriff eine rasante Konjunktur, was angesichts der niedrigen Staatsquote durchaus paradox war. »Privatisierung« war ein in unterschiedliche Richtungen dehnbarer Kampfbegriff und bedeutete keineswegs nur eine Art Blaupause für den Verkauf des staatlichen Tafelsilbers (von dem es in den USA nicht viel gab). Er war vielmehr Teil einer gesellschaftlichen Ordnungsvorstellung geworden, die – ganz allgemein – das Individuum gegen den staatlichen »Übergriff« zu stärken versuchte. Forderungen nach Privatisierung waren dabei eine Antwort, die die Gegner des modernen Wohlfahrtsstaats formulierten, um die vermeintliche »Krise« öffentlicher Ausgaben anzuprangern. Dazu zählte vor allem die Steuerpolitik, deren »exzessive« Ausdehnung den Staat gleichsam zu einem Weltanschauungsinstrument und den Steuersatz zur Geißel seiner eigenen Klientel gemacht habe.[21] Die Entmachtung des »erbeuteten Staats«, die Zurückdrängung seiner Kompetenzen und überbordender Verbandsinteressen galt als »moralische« Aufgabe und notwendiger Schritt, den wohlfahrtsstaatlichen »Sumpf« auszutrocknen und das Geld aus der Hand des Staats wieder seinen Bürgern zurückzugeben.

---

16 Vgl. den Beitrag von Nicole Kramer in diesem Band.
17 Vgl. den Beitrag von Dietmar Süß in diesem Band.
18 *Reimut Zohlnhöfer*, Die Wirtschaftspolitik der Ära Kohl. Eine Analyse der Schlüsselentscheidungen in den Politikfeldern Finanzen, Arbeit und Entstaatlichung, 1982–1998, Opladen 2001.
19 *John Vickers/Vincent Wright*, The Politics of Privatisation in Western Europe: An Overview, in: dies. (Hrsg.), The Politics of Privatisation in Western Europe, London 1989, S. 1–30; *Dietmar Süß*, Idee und Praxis der Privatisierung, in: *Frei/Süß*, Idee und Praxis der Privatisierung, S. 11–31.
20 Vgl. den Beitrag von Gabriele Metzler in diesem Band.
21 Vgl. den Beitrag von Marc Buggeln in diesem Band.

Die Debatten über Privatisierung betrafen unterschiedliche Bereiche, allerdings hatte die schwarz-gelbe Regierungskoalition anfangs keineswegs ein umfangreiches Programm in der Schublade, sondern brauchte eine Legislaturperiode, bis sie tatsächlich konkrete Vorschläge machte, deren Reichweite indes beschränkt blieb. Die Pläne des Finanzministers Gerhard Stoltenberg (CDU) sahen neben dem Verkauf von Bundesanteilen wie bei Volkswagen beispielsweise auch die Teilprivatisierung der Lufthansa vor.[22] Allerdings war der Weg dorthin auch innerhalb der Koalition umstritten. Während der bayerische Ministerpräsident und CSU-Vorsitzende Franz Josef Strauß dafür plädierte, die Teilprivatisierung über die Ausgabe stimmrechtsloser Vorzugsaktien zu organisieren, schlugen die Experten des Finanzministeriums die Gründung einer Holdinggesellschaft aus Banken und Versicherungen vor, bei der zehn Prozent der stimmberechtigten Aktien verbleiben sollten, wodurch eine Sperrminorität verhindert worden wäre. Der Privatpilot Strauß machte offen Front gegen die in Bonn erdachten Pläne, führten sie doch, wie er befürchtete, zu einem erheblichen Einflussverlust des Bundes und berührten »nationale Interessen«. Das betraf auch die Beschaffungspolitik des Unternehmens – und berührte damit weniger die vorgeschobenen »nationalen« als bayerische Interessen, schließlich war ein erheblicher Anteil der Arbeitsplätze in der Luftfahrtindustrie in Bayern angesiedelt, die die CSU gern weiter mit Staatsaufträgen versorgt sehen wollte. So argumentierte auch der spätere bayerische »Privatisierungs-Ministerpräsident« Edmund Stoiber als junger Leiter der Staatskanzlei seines Förderers Strauß: Privatisierung ja, aber das, wie er sagte, »Verscherbeln« öffentlicher Betriebe müsse verhindert werden.[23] In der koalitionspolitischen Arithmetik bedeutete dies: Die Pläne waren mit dem bayerischen Sperrfeuer zunächst einmal gestoppt. Für Stoltenberg war der Streit um die Privatisierung der Lufthansa allenfalls das Sonderproblem einer Politik, die er insgesamt als erfolgreiche ordnungspolitische Trendwende beschrieb und die aus seiner Sicht auf einen »breiten Konsens« innerhalb der Koalition stieß.[24]

Es spricht einiges dafür, dass der »Wandel des Politischen« wesentlich von einer wachsenden Skepsis gegenüber historisch gewachsenen staatlichen Kernkompetenzen geprägt war – und damit die Forderung nach einem Rückzug der öffentlichen Hand deutlich lauter wurde. Begünstigt wurde diese Kritik an der Leistungsfähigkeit öffentlicher Unternehmen nicht zuletzt durch die Krise der Gemeinwirtschaft und den Skandal um die NEUE HEIMAT.[25] Bis zum Beginn der 1980er Jahre galten gemeinwirtschaftliche Unternehmen als eine wichtige Säule der bundesrepublikanischen Wirtschaftsordnung. Die traditionellen genossenschaftlichen Organisationen der Arbeiterbewegung erlebten nach 1945 eine unverhoffte Konjunktur und entwickelten sich auf dem Wohnungsmarkt zu einem der größten Akteure der Bundesrepublik. Als schließlich der SPIEGEL 1982 über Misswirtschaft und Korruption beim gewerkschaftseigenen Wohnungs- und Städtebaukonzern NEUE HEIMAT berichtete und die Vorwürfe von Woche zu Woche immer umfassender wurden, läutete dies nicht nur das Ende des genossenschaftlichen Wohnungsbaus, sondern auch das Ende gewerkschaftseigener Unternehmen insgesamt und damit das Aus für die Einzelhandelskette Co op, die Bank für Gemeinwirtschaft und die Versicherungsgruppe Volksfürsorge ein. Unternehmen in Gewerkschaftshand, so lautete die Botschaft, waren nicht nur nicht besser als private Unternehmen, sie schienen sogar noch anfälliger, noch teurer, noch häufiger von Misswirtschaft bedroht zu sein als andere Be-

---

22 Folgendes nach *Andreas Wellenstein*, Privatisierungspolitik in der Bundesrepublik. Hintergründe, Genese und Ergebnisse am Beispiel des Bundes und vier ausgewählter Bundesländer, Frankfurt am Main/Berlin etc. 1992, S. 245–256.
23 Ebd., S. 253.
24 Gerhard Stoltenberg im Deutschen Bundestag, 10. Wahlperiode, 128. Sitzung, 27.3.1985, S. 9446–9447.
25 Vgl. den Beitrag von Peter Kramper in diesem Band.

triebe. Als moralische und betriebswirtschaftliche Alternative hatten die gewerkschaftseigenen Unternehmen ausgespielt – und damit auch die Legitimität einer auf Wachstum und Planung basierenden Politik der 1960er und 1970er Jahre untergraben, an deren Stelle nun vor allem von den »Selbstheilungskräften des Markts« und privatwirtschaftlicher Initiativen gesprochen wurde. Diese Schwäche übertrug sich auf die Gewerkschaften als Arbeitnehmerorganisationen und Sozialpartner im tripartistischen System der Bundesrepublik. Für sie wurde es auch wegen der zunehmenden Arbeitslosigkeit immer schwieriger, den Privatisierungs- und Flexibilisierungstendenzen wirkungsvoll entgegenzutreten, wie nicht zuletzt das höchst ambivalente Ergebnis des von der IG Metall organisierten Streiks für die »35-Stunden-Woche bei vollem Lohnausgleich« 1984 zeigte.

Darüber hinaus deutet die skizzierte koalitionsinterne Auseinandersetzung zwischen Stoltenberg und Strauß über die Zukunft der Lufthansa auf eine zentrale Dimension der Privatisierungspolitik: die föderale Struktur der Bundesrepublik, die ein einfaches ›Durchregieren‹ wie in Großbritannien verhinderte. Denn der Konflikt zwischen Bundes- und Landesinteressen prägte auch die Liberalisierungspolitik im Bereich des Fernmeldewesens[26], bei der allzu weit reichende Pläne im Kräfteringen der unterschiedlichen Vetospieler abgeschliffen wurden, durch Landespolitiker und Gewerkschaften, nicht zuletzt durch die Sozialpolitiker der Union selbst. Zudem hatten historisch aufgeladene, politisch umkämpfte und nun aktualisierte Argumente wie die Notwendigkeit umfassender »Daseinsfürsorge« und die Herstellung »gleichwertiger Lebensverhältnisse« zwischen Stadt und Land erhebliches Gewicht und sollten die Diskussion, indes mit abnehmender Bedeutung, auch zu Beginn der 1990er Jahre noch prägen. Der Blick auf die Privatisierungsdebatten des Auslands gehörte ganz wesentlich zur konsensdemokratischen Sinnstiftung der ›alten‹ Bundesrepublik, wobei einerseits besondere Schreckensbilder und andererseits der maßvolle Zuschnitt des bundesrepublikanischen Wegs beschworen wurden.

Das galt auch für ein weiteres zentrales Feld, der Privatisierung des Rundfunks[27], über deren Einführung bereits seit Mitte der 1970er Jahre heftige Debatten tobten und deren Auswirkungen die Fernseh- und Konsumgewohnheiten der Deutschen besonders nachhaltig beeinflusst haben dürften. Gerade die Einführung des privaten TV macht die vielfältigen politischen und kulturellen Konflikte der ›alten‹ Bundesrepublik deutlich – und klar wird auch, welch unterschiedliche Dimensionen der »Wandel des Politischen« umfasste: Denn es ging keineswegs nur um Medienpolitik oder den Kampf gegen den öffentlich-rechtlichen »Rotfunk«, dem gern beschworenen Feindbild konservativer Politiker, die in den Redaktionsstuben des WDR staatskritische, subversive Elemente am Werke sahen. Die Forderung nach »Pluralismus« meinte aus Sicht der CDU und zunehmend auch der FDP vor allem die Zulassung neuer, weniger ›roter‹ Wettbewerber auf dem Medien- und Nachrichtenmarkt und die Zerschlagung von »Meinungsmonopolen«, während die Sozialdemokraten als Hüter der öffentlichen Moral vor den Gefahren für Familien und Kinder warnten und befürchteten, US-amerikanische Serien würden den deutschen Markt überfluten, die deutsche Sprache verderben und den Einfluss der Medien-Multis stärken. Die politischen Vorzeichen hatten sich in diesen Debatten beinahe umgekehrt. Entscheidende Impulse erhielt die Auseinandersetzung zudem durch den Boom der Werbeindustrie, die als wachsender Global Player immer stärkeres wirtschaftliches und politisches Gewicht erhielt. In Großbritannien ließ sich dies schon seit den 1970er Jahren beobachten, und so galt das britische Mischsystem aus öffentlichem und privatem Rundfunk, die Kombination aus BBC und ITV, bei deutschen Medienpolitikern wie Christian Schwarz-Schilling (CDU) als vorbildhaft. Denn dort gebe es, anders als beim »Schmud-

---

26 Vgl. den Beitrag von Gabriele Metzler in diesem Band.
27 Vgl. den Beitrag von Frank Bösch in diesem Band sowie *Jutta Röser/Corinna Peil*, Fernsehen als populäres Alltagsmedium. Das duale Rundfunksystem und seine kulturellen Folgen, in: *Werner Faulstich* (Hrsg.), Die Kultur der achtziger Jahre, München 2005, S. 155–168.

delsex«-Privatfernsehen Italiens oder der seichten Unterhaltungsindustrie der USA, eine strenge Medienaufsicht und damit eine Qualitätskontrolle auch über das Niveau der Sendungen. Während die Union in den Debatten um den »Wandel des Politischen« in der Ära Thatcher mit Zurückhaltung auf deren Politik der Entstaatlichung und die daraus resultierenden sozialen Konflikte blickte, galt Großbritannien mit der BBC einerseits und den (teils anspruchsvollen) privaten Stationen andererseits gleichsam als »gelobtes Land« einer Medienlandschaft, die auf Kontrolle und Qualität durch die Leistungen des Markts (und des Konsumenten) setzte. In den Debatten um »Privatisierung« konnte Großbritannien damit sowohl Vorbild als auch Schreckgebilde zugleich sein.

In Deutschland war das wirtschaftsliberale Credo noch auf anderen Ebenen zu spüren. Vor allem der Bankensektor geriet durch die Liberalisierung der Finanzplätze in London und Luxemburg erheblich unter Druck.[28] Die europäische Wettbewerbspolitik setzte ganz auf das Primat der Liberalisierung und nicht auf die Harmonisierung der Wettbewerbsbedingungen – mit der Konsequenz einer umfassenden europäischen Deregulierung des Finanzsektors. Immer lauter wurden beispielsweise Ende der 1980er Jahre an der Frankfurter Börse die Klagen über die Wettbewerbsnachteile gegenüber dem aufstrebenden Finanzplatz London und die vermeintliche »Überregulierung« in der Bundesrepublik. Nationale Banken ›entdeckten‹ zunehmend das europäische Ausland als Geschäftsfeld für ihre Expansionsstrategien und bedrängten die Politik eindringlich, allzu starre Regeln (wie beispielsweise die Börsenumsatzsteuer in Deutschland) den neuen europäischen Wettbewerbsbedingungen anzupassen. Noch vor dem Maastrichter Vertrag von 1992 hatte sich in den Großbanken die Überzeugung durchgesetzt, dass nationale Bankenmärkte der Vergangenheit angehörten und dass eine umfassende Europäisierungsstrategie (auch der Mitarbeiter) notwendig sei. Im Schatten der Deutschen Einheit hatte sich Ende 1989 beinahe ebenfalls eine weitere Revolution vollzogen, als die Deutsche Bank zu einem Preis von 2,7 Milliarden Mark erstmals die Aktienmehrheit einer ausländischen Investmentbank, Morgan Grenfell, übernahm – und nun auch die deutschen Banker als globale Finanzdienstleister mit Zugang zum angelsächsischen Markt tätig werden konnten. Während die deutsche Steuer- und Ordnungspolitik der 1980er Jahre keinen abrupten Kurswechsel vollzog und einer eher konservativen Haushaltspolitik der kleinen Schritte folgte, forcierten die Europäisierung des Finanzsektors und damit die Expansionsstrategien der Banken bereits vor 1989 den Druck auf die Deutschland AG und damit auf zentrale Säulen der institutionellen Ordnung des »Rheinischen Kapitalismus«.

Angesichts der düsteren Warnungen der Neuen sozialen Bewegungen vor dem drohenden atomaren Untergang, dem »Moloch Staat« und dem musikalisch besungenen Verfall der Städte mag es auf den ersten Blick nicht zwingend sein, in den 1980er Jahren auch eine ganz spezifische Vorstellung von Fortschritt und Modernität zu suchen, die in den Expertendiskursen der Versicherungsvertreter, der Stadt- und Verkehrsplaner sowie der Gesundheitspolitiker zu finden ist. Wie kein anderes Schlagwort schien die Rede von der »Risikogesellschaft« gleichermaßen Lebensgefühl und Zeitdiagnose zu verkörpern.[29]

Die industriegesellschaftliche Moderne, von der Ulrich Beck sprach, war scheinbar an ihr Ende gekommen und von einer neuen »Logik der Risikoproduktion« abgelöst worden. Traditionelle Verteilungskämpfe um Macht und Reichtum würden durch neue Kämpfe ersetzt, in deren Zentrum die Produktion, Definition und Verteilung wissenschaftlich-

---

28 Vgl. den Beitrag von Christopher Kopper in diesem Band.
29 Vgl. *Benjamin Ziemann*, Ulrich Beck, Risikogesellschaft. Auf dem Weg in eine andere Moderne (1986), in: *Anja Kruke/Meik Woyke* (Hrsg.), Deutsche Sozialdemokratie in Bewegung 1848 – 1863 – 2013, Bonn 2012, S. 250–255, sowie *Hans Maier*, Fortschrittsoptimismus oder Kulturpessimismus? Die Bundesrepublik Deutschland in den 70er und 80er Jahren, in: VfZ 56, 2008, S. 1–17.

technisch produzierter Risiken stünden.[30] Der Modernisierungsprozess, mithin also die Folgen der technisch-ökonomischen Entwicklung, werde »reflexiv« und damit die Moderne selbst zum »Thema und Problem«.[31] Soziale Gefährdungslagen verteilten sich nicht mehr entlang traditioneller Klassengrenzen, sondern die neuen Probleme der Gegenwart seien tendenziell für jeden gleich gefährlich: »Not ist hierarchisch, Smog ist demokratisch.«[32] Dass die Ungleichheitsforschung Becks These von Beginn an mit äußerster Skepsis begleitet hat, ist die eine Sache; für die Geschichte der 1980er Jahre ist indes interessant zu sehen, wie sich diejenigen verhielten, für die das Risiko der Moderne ein einträgliches Geschäftsfeld bedeutete: die Versicherungsindustrie.[33] Was bedeutete es, wenn sich in der »zweiten Moderne«, wie Beck behauptete, die Folgen der Risikogesellschaft angesichts ihrer prognostizierten Gefahren nicht mehr versichern ließen? War dies nicht am Ende sogar ein Beleg dafür, dass die Umweltbewegung mit ihrer Kritik an den großen Kernenergieprojekten recht hatte, die gerade darauf zielte, dass sich der Super-GAU allen Prinzipien der Assekuranz entzieht? Die Risikoscheu der Versicherungsbranche wurde im Laufe der 1980er Jahre jedenfalls zunehmend Teil einer technikkritischen Debatte, die Ulrich Beck im Begriff der »Risikogesellschaft« zusammenfasste und in einer Großtheorie sozialen Wandels münden ließ. Der Begriff war selbst Gegenstand der immer heftiger werdenden Auseinandersetzung um die Wahrnehmung gesellschaftlicher Risikokonflikte und ihre politische Beherrschbarkeit, die sich seit den späten 1970er und zu Beginn der 1980er Jahre deutlich änderte. Nun war immer häufiger von den »Grenzen der Versicherbarkeit« und damit von den Grenzen der Beherrschbarkeit des industriell-technischen Zeitalters die Rede. »Sicherheit« war nicht versicherbar und damit nicht garantierbar, was angesichts der möglichen atomaren Folgekosten grundsätzlich die Technik infrage stellte. Es war diese Debatte, die den Boden für den Erfolg von Ulrich Becks »Risikogesellschaft« bereiten sollte und die auf die Überlagerung unterschiedlicher Sicherheits- und Technikdiskurse in den 1980er Jahren hindeutet. Während die Umweltbewegung und Teile der sozialwissenschaftlichen Forschung die »Grenzen der Versicherbarkeit« als gleichsam Naturgesetz der »zweiten Moderne« zu begründen versuchten, argumentierten die Vertreter der Versicherungswirtschaft, die ihrerseits ihren Expertenstamm zunehmend erweiterten, dass das Risikomanagement beherrschbar und damit »Vertrauen« in die Energiewirtschaft legitimierbar und zugleich wirtschaftlich rentabel sei. Die Frage der Risikofolgenabschätzung war damit zur Aufgabe einer mächtigen Gruppe von Wissensakteuren der Versicherungswirtschaft geworden, die die »Grenzen der Versicherbarkeit« immer wieder neu auszuloten, zu ›messen‹ und auszudehnen versuchten.

Die »Risikogesellschaft« war Zeitdiagnose und Konfliktgegenstand unterschiedlicher Zukunftsprognosen technischer Beherrschbarkeit, die in Deutschland wie auch in den USA ein weites Feld politischer Kontroversen, der Risikofolgenabschätzung, eröffneten. Beobachten lässt sich dies auch am Selbstverständnis der Technik-Experten selbst[34], die sich seit Ende der 1970er und zu Beginn der 1980er Jahre zunehmend mit öffentlichem Widerstand gegen infrastrukturelle Großprojekte auseinandersetzen mussten – und das nicht etwa nur in abgeschotteten Planungsbüros, sondern auch in öffentlichen Debatten, in denen um die Legitimität des technischen Fortschritts, um Planungssicherheit und Risikokalkulationen gerungen wurde. Immer häufiger mussten sich beispielsweise Ingenieure der Deutschen Bahn für ihre Vorschläge zum Streckenausbau, für ihre Kosten-Nutzen-

---

30 *Ulrich Beck*, Risikogesellschaft. Auf dem Weg in eine andere Moderne, Frankfurt am Main 1986, S. 25.
31 Ebd., S. 26.
32 Ebd., S. 48.
33 Vgl. den Beitrag von Christoph Julian Wehner in diesem Band.
34 Vgl. den Beitrag von Philipp Hertzog in diesem Band.

Kalkulationen rechtfertigen und ihre Lösungsvorschläge auch intern daran messen lassen, ob sie gesellschaftlich akzeptabel, das heißt durchsetzbar waren. Angesichts einer wachsenden Skepsis gegenüber allzu fantastischen Infrastrukturprojekten sahen sich viele Ingenieure als Gruppe »technischer Vernunft«, die Fortschritt und veränderte zivilgesellschaftliche Bedürfnisse in Einklang zu bringen versuchte – und »Protest« und Umweltschädigungen als neue, ernst zu nehmende »Parameter« ihrer Zukunftsberechnungen einkalkulierte. Die Planungsexperten der Bahn oder der Kernenergie mussten ihre Berechnungen öffentlich verteidigen und sich auch vor Akteuren rechtfertigen, die anderen Rationalitätskriterien folgten als der vermeintlich ›besten‹ technischen Lösung. Das war zwar nicht ganz neu, doch fanden die Diskussionen um die Hochgeschwindigkeitsstrassen der Bahn nun in einer zunehmend kritischen Öffentlichkeit und mit selbstbewussten und kompetenten neuen Akteuren, mit Bürgerinitiativen, lokalen Parteigruppierungen und zum Teil sehr professionell arbeitenden Umweltverbänden statt. Nach der Planungsbegeisterung der 1960er Jahre rangen die Techniker, Ingenieure und PR-Abteilungen der Unternehmen mit einer größeren Zahl gesellschaftlicher Gruppen um Legitimität und Transparenz in der Massendemokratie. »Umweltschutz« wurde dabei immer stärker zu einer berechenbaren und messbaren Dimension technischer Zukunftsentwürfe; und so konnten die Verkehrsexperten der Bahn immer genauer Lärmschutzemissionen berechnen, die Kosten dafür in die Planungen einbeziehen und damit neue, sicherere und umweltverträglichere Prognosen abgeben. Unangefochten war das technische Expertenwissen jedenfalls nicht; dafür hatte sich der gesellschaftliche Resonanzboden zu sehr verändert und damit auch diejenigen, die selbstbewusst ihre eigene technische Expertise gegen die Ingenieure der Unternehmen stellten und so zu einer Pluralisierung technischen Wissens in den 1980er Jahren beitrugen.

Die Auseinandersetzungen um eine angemessene Risikopolitik führten zudem auf einem ganz anderen Feld seit Beginn der 1980er Jahre zu lebhaften Debatten. Als 1981 erste Berichte über eine bis dahin noch unbekannte tödliche Immunerkrankung aus den USA die Bundesrepublik erreichten, war dies der Beginn einer heftigen Kontroverse über zentrale Grundpfeiler gesellschaftlichen Lebens.[35] Sexualität und Tod, Sicherheit und Werte, das Verhältnis von Staat und Bürger, Intimität und Vertrauen: Der Umgang mit Aids berührte wie kaum ein anderes Ereignis das soziale, religiöse und kulturelle Selbstverständnis moderner Gesellschaften. Wie weit durfte der Staat zur Seuchenbekämpfung eingreifen? War Aids auch eine »moralische« Krankheit, Folge libertinärer Sexualmoral und damit auch eine Form der Bestrafung? Und welche waren, angesichts der Erblasten des ›Dritten Reichs‹, die angemessenen gesundheitspolitischen Strategien im Umgang mit der neuen Krankheit? Aids war *das* neue Risiko, und es war umso besorgniserregender, weil die medizinische Forschung noch so wenig über Ursachen, Verbreitung und Verlauf sagen konnte; gewiss war nur: Ein Medikament würde es auf absehbare Zeit nicht geben. Die bundesdeutsche Aidspolitik seit Mitte der 1980er Jahre, die vor allem mit dem Namen der CDU-Gesundheitsministerin Rita Süßmuth verbunden ist, setzte nach einem gewissen Lernprozess und gegen den Widerstand vor allem der konservativen CSU auf eine Entdämonisierung der Krankheit und ihrer Infizierten; eine »Sicherheit« der Bürger wollte und konnte die neu entstandene Aidspolitik nicht garantieren, wohl aber mitwirken, dass das individuelle, »präventive Selbst«[36] gestärkt werde. Dafür investierte die Bundesregierung in großflächigen Werbekampagnen viel Geld, stärkte freie Träger, die ihren Ursprung in der Selbsthilfebewegung hatten und möglichst niedrigschwellige Beratung an-

---

35 Vgl. den Beitrag von Henning Tümmers in diesem Band.
36 Vgl. *Martin Lengwiler/Jeannette Madarász* (Hrsg.), Das präventive Selbst. Eine Kulturgeschichte moderner Gesundheitspolitik, Bielefeld 2010.

bieten sollten, förderte die Forschung und zog die politische Initiative in Fragen des bundesländereigenen Seuchenschutzes an sich.

Anders als noch in den 1950er und 1960er Jahren war es nun nicht mehr der Staat, der als »wehrhafte Demokratie« seine Bürger schützen wollte; die Aidspolitik setzte trotz mancher Widerstände insbesondere konservativer Kreise der Union darauf, die individuellen Entscheidungsspielräume der Bürger nicht zu beschneiden und ganz auf eine Politik des Vertrauens zu setzen. Zwar blieben die repressiven Ideen eines Bundesseuchengesetzes und staatlicher Zwangsinstrumentarien wie der Meldepflicht in der Diskussion, mehrheitsfähig waren sie jedoch nicht. Man darf sich die Aidspolitik keineswegs als Liberalisierungs-Erfolgsgeschichte vorstellen, und die Erfahrungen der Aktivisten der Selbsthilfebewegung vermitteln, bei aller wachsenden staatlichen Unterstützung, doch auch eine Vorstellung von den zähen gesellschaftlichen Vorurteilen. Trotzdem sollte sich gerade die Aidspolitik als großes Lernfeld erweisen: im Umgang mit verschiedenen Formen der Sexualität und ihrer Entkriminalisierung, in der Anerkennung unterschiedlicher Lebensstile, in der Ausformung neuer gesundheitspolitischer Instrumente und Institutionen und in den Veränderungen der Sagbarkeitsregeln, die es nun möglich machten, weitgehend ohne Gelächter und anzügliche Herrenwitze im Bonner Parlament über Sexualpraktiken und Prostitution zu sprechen. Ein wesentlicher Unterschied zu den Debatten in anderen westlichen Ländern war der zentrale Bezug zu den Erfahrungen des ›Dritten Reichs‹, der nicht nur von den engagierten Selbsthilfegruppen der Homosexuellen, sondern auch von der Gesundheitsministerin und anderen Befürwortern einer liberalen Aufklärungspolitik ins Feld geführt wurde. Die rassistische Seuchenpolitik des Nationalsozialismus und die Verfolgung der Homosexuellen galten als zentraler Grund dafür, dass die bundesrepublikanische Demokratie allen restriktiven Versuchungen standhalten und sich durch ihre Vertrauenspolitik vom ›Dritten Reich‹ unterscheiden sollte. Dass eine zunächst kleine Selbsthilfegruppe wie die »Deutsche Aids-Hilfe« zu einer Großorganisation der Sexualaufklärung mit regierungsamtlichem Siegel werden konnte, ist vielleicht einer der nachdrücklichsten Belege für den »Wandel des Politischen« in den 1980er Jahren.

Eng verbunden damit ist die Frage nach der Bedeutung und Wirkungskraft der politischen Parteien, die laut dem Grundgesetz bei der demokratischen Willensbildung mitwirken sollen und eine wichtige Rolle bei Entscheidungsprozessen im politisch-parlamentarischen Raum spielen. Dies verweist zum einen auf die sich in den 1980er Jahren allmählich herausbildende, bisher ungekannte Repräsentationslücke der Volksparteien. Womöglich handelt es sich sogar um eine wesentlich tiefer greifende, generelle Krise der politischen Repräsentation, die auf die Auflösung gesellschaftlicher Großgruppen und die Erosion sozial-kultureller Milieus zurückgeht. Auf jeden Fall vollzog sich ein Wandel von Pflicht- und Akzeptanzwerten hin zu Selbstentfaltungs- und Partizipationswerten. Generationell ausdifferenziert und ohne zwangsläufig in bedingungslos postmateriellen Orientierungen zu münden, prägten Individualisierung, Pluralisierung und Entnormativierung immer stärker politische Haltungen und die Formen der Auseinandersetzung.[37]

Zum anderen wurde die Legitimität repräsentativ-demokratisch gefasster Beschlüsse bereits seit den 1970er Jahren zunehmend durch Neue soziale Bewegungen infrage gestellt. Gerade bei Risikothemen wie der zivil genutzten Kernenergie, dem Schutz der Umwelt und der atomaren Rüstung schienen die Grenzen der Mehrheitsdemokratie zuweilen erreicht zu sein. Wenn parlamentarische Entscheidungen das Überleben der Bürgerinnen und Bürger tatsächlich oder auch nur in deren Wahrnehmung bedrohten, ihre persönlichen Entfaltungsmöglichkeiten nachhaltig einschränkten, geriet die Legitimität des Staats in ein Spannungsverhältnis mit der Loyalitätspflicht der Bevölkerung. So betrachteten manche Gegner des NATO-Doppelbeschlusses die kontrollierte Verletzung

---

37 Vgl. den Beitrag von Michael Ruck in diesem Band.

geltender Rechtsnormen als legitim, um ihrem Anliegen etwa durch Sitzblockaden möglichst breite öffentliche Aufmerksamkeit zu verschaffen und das vermeintlich zentralistische Staats- und Verwaltungshandeln ›von unten‹ zu kritisieren. Mit ebenso symbolischen wie fantasievollen Aktionen sollten die selbst empfundene moralische Überlegenheit und letztlich auch die größere Legitimität ihrer Position unterstrichen werden. Einen hohen Stellenwert besaß hierbei die Gewaltfreiheit. Sie wurde, einer alten Debatte aus den 1960er Jahren folgend, aufwendig theoretisch hergeleitet, bisweilen etwas künstlich nach Gewalt gegen Personen oder Sachen unterschieden und lebhaft diskutiert.[38]

Die Bedrohung des Friedens durch Atomrüstung, selbst wenn sie wie von Helmut Schmidt als wirkungsvolles Instrument von Entspannungspolitik verstanden wurde, und die massive Schädigung der Umwelt als Folge von skrupellosen Geschäftsinteressen oder schlicht von Nachlässigkeit im technisch-industriellen Produktionsprozess brachten ein in seiner Intensität neuartiges gesellschaftliches Protestpotenzial hervor, wobei skandalisierende Medienberichte über das »Ozonloch«, havarierte Öltanker und »Restrisiken« bei der Atommüllentsorgung verstärkend wirkten. Bürgerinitiativen erhöhten ihre Durchsetzungskraft mit der Bildung von deutschlandweit aktiven Spitzenverbänden, und aus Teilen der Neuen sozialen Bewegungen entstanden die Grünen als Partei, was als Institutionalisierung des Protests gegen seit der Gründung der Bundesrepublik gültige Repräsentationsformen und mühsam eingeübte demokratische Willensbildungsprozesse gedeutet werden kann.

Ohne Frage: Der Fortschritts- und Reformoptimismus, der in den frühen 1970er Jahren seinen Höhepunkt erlebte, war endgültig gebrochen. Im Folgejahrzehnt machte sich das Gefühl einer globalen Zivilisationskrise breit und gewann Kulturpessimismus an Raum. Die Notwendigkeit, die natürlichen Ressourcen und Lebensgrundlagen stärker als bisher zu schützen und mit Rohstoffen und Energie sparsam umzugehen, entwickelte sich auf der Ebene der programmatischen Verlautbarungen der Parteien zum Konsens, war also von den Neuen sozialen Bewegungen – deutlich vor dem Einzug der Grünen in den Bundestag – erfolgreich auf die politische Agenda gesetzt worden. Im Jahr 1979 hatten sowohl die CDU als auch die SPD umweltpolitische Programme verabschiedet. Die FDP konnte bei diesem Thema bereits 1971 mit ihren »Freiburger Thesen« inhaltliche Akzente setzen. Konsequenter Umweltschutz und das Streben nach einer florierenden, sozial abgesicherten Wirtschaft mussten offenbar keine Gegensätze sein.[39]

Die Gründung der Grünen als Partei institutionalisierte den Protest nicht nur, sie war auch dazu geeignet, ihn zu kanalisieren und mittelfristig abzuschwächen. In einem SPIEGEL-Interview, das Petra Kelly dem Nachrichtenmagazin als grüne Führungspersönlichkeit im Jahr 1982 gab, war davon nicht die Rede. Vielmehr entfaltete sie die Vision einer »fundamentalen Antikriegspartei« und »ökologisch-gewaltfreien Partei«, im Bundestag sei den Grünen nicht daran gelegen, Koalitionen einzugehen. Im Vordergrund stehe, genauso wie auf einem Markt- oder Bauplatz, der Austausch von Standpunkten und Informationen.[40] Das sahen Joschka Fischer und Daniel Cohn-Bendit, die grünen Parteifreunde aus der Frankfurter Sponti-Szene, ganz anders. Sie traten für die von dem SPD-Vorsitzenden Willy Brandt ins Spiel gebrachte »Mehrheit diesseits der Union« ein, und zwar ohne unter mangelndem Selbstbewusstsein zu leiden, mitnichten als Juniorpartner in einem Regierungsbündnis, sondern als treibende Kraft in einem »ökologischen Block«. Mit dem Selbstverständnis als »Anti-Parteien-Partei«, das Petra Kelly verteidigte, war diese Zukunftsperspektive nur schwerlich in Einklang zu bringen. Die Idee der Basisdemokratie traf auf die etablierten Aushandlungsmuster des bundesrepublikanischen

---

38 Vgl. *Wirsching*, Abschied vom Provisorium, S. 98ff. und 361ff.
39 Vgl. ebd., S. 361ff.
40 Vgl. den Beitrag von Silke Mende in diesem Band.

Parlamentarismus. Somit offenbarte die »Fundi-Realo«-Kontroverse unterschiedliche Politikverständnisse, zielte auf die Frage der angemessenen Repräsentation und bestimmte die Geschichte der Grünen in den 1980er Jahren maßgeblich. Mit der parlamentarischen Beteiligung eröffneten sich der Partei neue Macht- und Koalitionsoptionen, sodass sie ihre Fundamentalopposition schließlich zugunsten eines reformorientierten und undogmatischen Kurses aufgab. Gleichzeitig trug sie den politischen Stil, die Themen und Wertmaßstäbe der Umwelt- und Friedensbewegung ins Parlament und damit in eine breitere Öffentlichkeit. Manches deutet in diesem Zusammenhang auf einen wechselseitigen Annäherungsprozess hin und lässt sich als »Wandel des Politischen« lesen. Das grüne Politikverständnis beeinflusste offenbar die wesentlich länger bestehenden Parteien, während sich die Bundestagsfraktion der Grünen zumindest partiell an die politischen Routinen, Mechanismen und Gepflogenheiten des Parlamentarismus in der ›alten‹ Bundesrepublik anpasste. Schon bald gehörte das von den Medien dankbar aufgegriffene Bild der strickenden, vollbärtigen Abgeordneten in Wollpullovern der Vergangenheit an. Mit dem Transformationsprozess der Grünen änderte sich auch ihr Habitus.[41]

Allerdings bedeutete dies keineswegs das Ende aller Bürgerbewegungen. Im Gegenteil: Gerade Umweltskandale riefen in den 1980er Jahren vehemente Proteste hervor, zumal weite Teile der Bevölkerung seit der Dioxin-Katastrophe 1976 in Seveso für dieses Thema sensibilisiert waren. Der zweite Ölpreisschock 1979/80 machte die vom »Club of Rome« schon längst diagnostizierten »Grenzen des Wachstums« manifest und sorgte zusätzlich für Krisenbewusstsein und Bedrohungsängste. Während Umweltpolitik in den 1970er Jahren noch ein klar umgrenzter Politikbereich gewesen war, avancierte sie im Folgejahrzehnt zu einem Querschnittsthema, das die klassischen Partei- und Milieugrenzen überwand.[42] Der Schutz und die Zukunft des Ökologischen wurden nunmehr in der Mitte der bundesdeutschen Gesellschaft diskutiert, wobei die mediale Berichterstattung und Skandalisierung von Umweltproblemen eine besondere Rolle spielten. Anlässe gab es hierfür genug: Ab 1980 führte das auch von Experten nicht eindeutig zu erklärende Waldsterben zu Irritationen, im Jahr 1986 luden die schwere Reaktorkatastrophe von Tschernobyl und ein Großbrand beim Chemieunternehmen Sandoz in der Schweiz die umweltschutzbewegte Stimmung auf. Die als Folge der Löscharbeiten in den Rhein gespülten, hochgiftigen Chemikalien machten zudem den transnationalen Charakter der Thematik deutlich. Bereits fünf Wochen nach dem atomaren Super-GAU in der Ukraine war in Bonn das Bundesministerium für Umwelt, Naturschutz und Reaktorsicherheit gebildet worden. Entsprechende Gründungen auf Landesebene folgten, was als Reaktion auf kritische Medienberichte verstanden werden kann. Selbst Helmut Kohl, einst Referent des Verbands der Chemischen Industrie, befeuerte als Bundeskanzler nach dem Sandoz-Unfall die öffentliche Entrüstung. Zwar konnten die Grünen angesichts der Skandale reüssieren, über die Notwendigkeit von Umweltschutz herrschte jedoch weithin Konsens. Wer in dieser Hinsicht scharfe Kritik an Großkonzernen übte, stand nicht mehr im Verdacht, ein systemgefährdender Kryptomarxist zu sein.

Ähnlich verhielt es sich bei den Aufrufen zum Volkszählungsboykott 1983/87. Doch in diesem Fall unterschätzte die Kohl-Regierung die gesellschaftliche Breite des Protests. Keineswegs beschränkte sich der Widerstand gegen die Volkszählung auf sogenannte Anarchisten, Kommunisten, Autonome und Grüne, vielmehr schloss er Vertreter und Sympathisanten aller drei etablierten Parteien ein. Die Konfliktlinie verlief im Unterschied zu den Umweltskandalen zwischen der Regierung und zahlreichen Bürgerinnen

---

41 So argumentiert *Helge Heidemeyer*, Einleitung, in: *Josef Boyer/Helge Heidemeyer* (Hrsg.), Die Grünen im Bundestag. Sitzungsprotokolle und Anlagen 1983–1987, 2 Bde., Düsseldorf 2008, Bd. 1, S. XI–LI, hier: S. XXXV.
42 Vgl. den Beitrag von Frank Uekötter und Claas Kirchhelle in diesem Band.

und Bürgern, nicht gegen das zumeist anonym bleibende Führungspersonal der (chemischen) Großindustrie. Gemeinsam war den Volkszählungsgegnern ihr nachdrücklich erhobener Anspruch auf informationelle Selbstbestimmung, ein Recht, das vom Bundesverfassungsgericht im Jahr 1983 bekräftigt wurde. Im Hintergrund standen die historischen Erfahrungen mit dem Überwachungssystem des NS-Regimes. Wesentlich stärker wog in dem verhärteten Konflikt jedoch die tiefe Skepsis gegenüber dem Eindringen des gegenwärtigen Staats in die Privatsphäre, zumal die technologische Entwicklung deutlich höhere Anforderungen an den Datenschutz stellte. »Big Brother is watching you«, hieß es in dem bereits 1949 veröffentlichten Science-Fiction-Roman von George Orwell mit dem prophetisch anmutenden Titel »1984«. Auch der Planungsenthusiasmus der 1960er und 1970er Jahre war mit dem Ansammeln beträchtlicher Informationsmengen einhergegangen. Die mittlerweile auf immer leistungsfähigere Computer gestützte Speicherung und Auswertung persönlicher Daten im Zuge der Rasterfahndung und der anberaumten Volkszählungen sowie ein gewachsenes öffentliches Problembewusstsein machten den Schutz der Privatheit indessen zu einer dringlichen Aufgabe mit hoher politischer Sprengkraft. Im Kontrast dazu mutet die heute beliebte Selbstentblößung bei sozialen Internetnetzwerken wie »Facebook« paradox an, nicht aber die zur selben Zeit geführten Debatten über die Online-Durchsuchung und die Vorratsdatenspeicherung, bei denen personen- und datenschutzrechtliche Argumente überaus bedenkenswert sind.[43]

Die Proteste gegen die Volkszählung warfen ebenso wie die Auseinandersetzungen über den NATO-Doppelbeschluss die Frage nach der Legitimität und Akzeptanz von Legislative und Exekutive auf. Immerhin wurde das Volkszählungsgesetz quer zu allen gesellschaftlichen Schichten boykottiert, obwohl es der Bundestag 1982 einhellig verabschiedet hatte. Damit war die Machtfrage gestellt, ohne dass allerdings eine Gefahr für die Fortexistenz der Bundesrepublik bestanden hätte. Gleichwohl diskutierten insbesondere Protagonisten der Neuen sozialen Bewegungen und alternative Gruppierungen, vornehmlich die Frauen- und Friedensbewegung, ein neues Verständnis von Macht, das sich von Max Webers klassischer Definition signifikant unterschied.[44] Die bisher praktizierten Verfahren politischer Ziel- und Entscheidungsfindung wurden auf den Prüfstand gestellt, um sich von der als vorherrschend und gefährlich begriffenen »Macht der Mächtigen« abzugrenzen. Es ging um einen wesentlichen Parameter des Politischen, das in einem vielstimmigen Diskurs zunehmend hinterfragt wurde. Die staatliche Macht sollte demokratisiert und enthierarchisiert werden. Bemerkenswert ist dabei, wie der Staatsbegriff der linksalternativen Machtkritiker in dieser Debatte changierte: Auf der einen Seite wurde das Schreckensbild eines autoritären Überwachungs- und Rüstungsstaats entworfen, andererseits verbreitete sich die Vorstellung eines äußerst schwachen, in seinen Eigengesetzlichkeiten gefangenen, aus eigener Kraft reformunfähigen Staats. Machterwerb und -erhalt seien als Selbstzweck für Politiker wichtiger geworden als das Ideal einer prinzipiell ergebnisoffen geführten, auch irritierende Emotionen zulassenden Auseinandersetzung über politische Ziele und Werte.

Einen Kontrapunkt fand diese Kritik am institutionellen Gefüge der Bundesrepublik mit dem ein »Comeback« erlebenden Elite-Begriff. Das Beschwören einer Herrschafts-, Macht-, Funktions- oder Leistungselite tauchte in der politischen Sprache der 1980er Jahre auffallend häufig auf und richtete sich gegen die immer selbstbewussteren Demokratisierungs- und Partizipationsforderungen, die bereits in den beiden vorangegangenen Jahrzehnten traditionelle Ordnungsvorstellungen infrage gestellt hatten. Für erhebliche Aufregung sorgten die Empfehlung des Wissenschaftsrats zur »Förderung besonders Befä-

---

43 Vgl. den Beitrag von Larry Frohman in diesem Band. Mit etwas anderen Akzenten: *Wirsching*, Abschied vom Provisorium, S. 393 ff.
44 Vgl. den Beitrag von Susanne Schregel in diesem Band.

higter« (1981) und die maßgeblich von der FDP angestrebte Gründung sogenannter Elite-Hochschulen, um eine vermeintliche Innovationskrise der westdeutschen Industrie einzudämmen. Eine ideengeschichtliche Zäsur markierte die Konjunktur des Elite-Begriffs jedoch nicht. Wohl aber half sie, das Konkurrenzprinzip mit Blick auf die Verbindung von ökonomischem und Bildungserfolg zu schärfen und eher neoliberalen Positionen den Weg zu bereiten.[45]

Während der Macht- und der Elite-Diskurs häufig sehr akademisch wirkten, strebte die musikalische Bewegung der Neuen Deutschen Welle solche intellektuellen Höhen nicht an. Ihr Protest gegen gesellschaftliche Zustände, die sich in den 1970er Jahren ausgeprägt hatten, pflegte im Gegensatz zu klassischen Liedermachern einen bewusst spielerischen Umgang mit dem Politischen, kommentierte den Übergang vom ›Wirtschaftswunder‹ zur Ära »nach dem Boom« und war hochpolitisch. Im Rückblick kann sie als Begleiterscheinung und paradoxe Intervention gegen die von Helmut Kohl propagierte »geistig-moralische Wende« gedeutet werden.[46] Als spezifische Form des popkulturellen Protests brachte die phasenweise sehr beliebte Musikrichtung in larmoyantem Ton die vor allem bei den jüngeren Generationen um sich greifende Perspektivlosigkeit zum Ausdruck. Mit kommerziell erfolgreichen, aber spießigen Fernsehserien wie »Dallas« und »Die Schwarzwaldklinik« mochten sich viele Jugendliche nicht abspeisen lassen. Die sprachlich mitunter stark reduzierten, subversiven Texte der NDW-Gruppen thematisierten die grassierende Massenarbeitslosigkeit, die gleichzeitige Beschleunigung der Arbeitswelt durch Rationalisierungsprogramme und technische Innovationen wie den Computer, die zunehmende Umweltzerstörung und den eskalierenden Rüstungswettlauf. Statt dem Schwinden individueller und gesellschaftlicher Planungssicherheit und den hieraus resultierenden Ängsten offensiv zu begegnen, polemisierte die Neue Deutsche Welle destruktiv gegen die »Hippiekultur« und den Idealismus der Neuen sozialen Bewegungen. Positiv entgegengesetzt wurde der Rückzug ins Private, das Aufgehen in Passivität und der Monotonie des Alltags. Bei allen ironischen Brechungen: Die NDW, die ihre Blütephase von 1979 bis 1983 erlebte, spiegelte eine dominante gesellschaftliche Stimmungslage wider, ehe sie mit deutlich weniger kritischen Hits wie »Ich will Spaß« ungebremst der Konsumgesellschaft huldigte.

Wesentlich konfliktgeladener verlief die schon mehrfach erwähnte Kontroverse um die atomare Nachrüstung und den NATO-Doppelbeschluss. An ihr lässt sich der »Wandel des Politischen« in mehrfacher Hinsicht ablesen. Erstens spricht manches dafür, die Auseinandersetzung über die Raketenstationierung auf westdeutschem Boden trotz der vielfach erbitterten Debatten als konstitutiv für die Sinnstiftung über den bundesdeutschen Staat zu interpretieren. Angesichts des in jener Zeit diskutierten Wertewandels bot der Streit einen Reflexionsraum zur gesellschaftlichen Selbstverständigung. Immerhin wurde die politisch-kulturelle Westbindung der Bundesrepublik gefestigt, aus der nationalsozialistischen Terrorherrschaft ein deutscher Friedensauftrag in Europa abgeleitet und die hieraus erwachsende moralische Verpflichtung diskutiert. Der Raketenstreit bot zweifelsohne einen Resonanzboden für antiamerikanische Strömungen, erbrachte aber letztlich einen Minimalkonsens über die Grundlagen der westdeutschen Demokratie, in der Konflikte nunmehr als Ausdruck legitimer Interessenvertretung akzeptiert wurden.[47] Zweitens trug die Nachrüstungskontroverse zum Wandel politischer Aktions- und Kommunikationsformen bei. Dies lässt sich am Beispiel der Sozialdemokratie zeigen, in der sich

---

45 Vgl. den Beitrag von Morten Reitmayer in diesem Band. Zu den Traditionslinien der konservativen Abwehrbewegungen gegen die Bildungsemanzipation vgl. *Axel Schildt*, »Die Kräfte der Gegenreform sind auf breiter Front angetreten«. Zur konservativen Tendenzwende in den Siebzigerjahren, in: AfS 44, 2004, S. 449–478, insb. S. 451ff. und 472ff.
46 Vgl. den Beitrag von Annette Vowinckel in diesem Band.
47 Vgl. den Beitrag von Philipp Gassert in diesem Band.

die gesamtgesellschaftlichen Selbstverständigungsdebatten wie in einem Brennglas abbildeten. Im Konflikt zwischen Bundeskanzler Schmidt als Initiator des NATO-Doppelbeschlusses und seinem Parteifreund und entschiedenen Nachrüstungsgegner, Erhard Eppler, wurde das Dilemma der SPD zwischen Staat und Straße offenbar. Für die Partei ging es nur vordergründig allein um Friedens- und Sicherheitspolitik. Zu klären war auch das Verhältnis zu den Neuen sozialen Bewegungen, ebenso wie das tolerierbare Ausmaß innerparteilicher Protestkulturen. Das »Politische« erscheint in dieser Perspektive als permanenter Aushandlungsprozess über die adäquate Form der Artikulation von Dissens und Widerspruch, gerade in einer Zeit, in der die verschärfte Blockkonfrontation und der Rüstungswettlauf der beiden Weltmächte USA und UdSSR apokalyptische Weltuntergangsängste hervorriefen.[48] Drittens sensibilisiert ein Blick auf die deutsche Sektion der 1980 blockübergreifend konstituierten Organisation »International Physicians for the Prevention of Nuclear War« für die Konfliktträchtigkeit eines in internationalen, nationalen und regionalen Bezügen aktiven Bündnisses. Zwar konnten in den Anfangsjahren durch symbolkräftige Medienereignisse die Einzigartigkeit der friedensbewegten Ärzteorganisation und die Absurdität der atomaren Ost-West-Abschreckungssituation herausgestellt werden, jedoch wurde das globale Anliegen zunehmend durch nationale Profilbildungsbestrebungen überlagert. Mit der 1983 getroffenen Nachrüstungsentscheidung verlor der Mobilisierungskitt der Organisation zusätzlich an Bindekraft, wenngleich die IPPNW zwei Jahre später den Friedensnobelpreis erhielt.[49]

In der Debatte über den NATO-Doppelbeschluss waren mehrfach Parallelen vom »nuklearen Holocaust« zum nationalsozialistischen Judenmord gezogen worden. Die Theologin Dorothee Sölle hatte die Pershing-II-Raketen in Mutlangen sogar als »fliegende Verbrennungsöfen« bezeichnet.[50] Eine sachgerechte und differenzierte Aufarbeitung der nationalsozialistischen Vergangenheit schien in den 1980er Jahren angesichts solcher kruden Zitate noch immer auf sich warten zu lassen und gipfelte 1986 im ›Historikerstreit‹ über die Singularität des Holocaust, woran sich die Debatte über das schließlich 2005 eingeweihte Denkmal für die ermordeten Juden Europas anschloss. Gleichzeitig war eine Verknüpfung dieser sensiblen Thematik mit den deutsch-amerikanischen Beziehungen erkennbar. Der als Skandal empfundene Besuch Helmut Kohls mit dem US-Präsidenten Ronald Reagan im Jahr 1985 auf dem Soldatenfriedhof in Bitburg, wo auch einige Angehörige der Waffen-SS begraben lagen, führte die diffuse Gemengelage eindringlich vor Augen. Bereits im Januar 1984 hatte der Bundeskanzler in der Knesset in Israel von der »Gnade der späten Geburt« gesprochen und damit für erhebliche Irritationen gesorgt. Der missglückte Friedhofsbesuch, zumal mit einem wichtigen Staatsgast, war ebenfalls dazu angetan, die Trennlinie zwischen Tätern und Opfern des ›Dritten Reichs‹ zu verwischen. Er provozierte insbesondere die amerikanischen Juden, die immer wieder intervenierten, wenn es um die Verfolgung von NS-Verbrechern, die sogenannte Wiedergutmachung oder um die Bekämpfung von Antisemitismus ging. Zudem befand sich die Holocaust-Erinnerungskultur in den USA auf dem Höhepunkt ihrer massenmedialen und gesellschaftlich-politischen Präsenz. Dadurch gewann die auch in Deutschland geführte öffentliche Kontroverse um Bitburg zusätzlich an Schärfe. Sie markierte schließlich den Schlusspunkt von Kohls frühen, nicht immer gelungenen geschichtspolitischen Initiativen; die Weizsäcker-Rede zum 40. Jahrestag des 8. Mai 1945 als Tag der Befreiung der

---

48 Vgl. den Beitrag von Jan Hansen in diesem Band.
49 Vgl. den Beitrag von Claudia Kemper in diesem Band. Mit Blick auf den gesamten Themenkomplex vgl. *Christoph Becker-Schaum/Philipp Gassert/Martin Klimke* u. a. (Hrsg.), »Entrüstet Euch!«. Nuklearkrise, NATO-Doppelbeschluss und Friedensbewegung, Paderborn 2012.
50 Vgl. den Beitrag von Philipp Gassert in diesem Band.

Deutschen von der NS-Herrschaft stand dazu in einem positiven Kontrast.[51] Um das Ansehen der Bundesrepublik in den USA aufzupolieren, ihre Westorientierung getreu ihrer außenpolitischen Strategie zu untermauern und das deutsch-amerikanische Verständnis der Bevölkerungen untereinander zu verbessern, wurden in den 1980er Jahren zahlreiche transatlantische Austauschprogramme aufgelegt, wechselseitige Dialogforen geschaffen beziehungsweise wiederbelebt und Unterrichtsmaterialien in beiden Staaten überarbeitet. Die Bundesrepublik strebte trotz der Kriegsniederlage ein gleichberechtigtes und partnerschaftliches Verhältnis an, eine gemeinsame Rhetorik des »Westens« erwies sich angesichts der Konfrontation mit der Sowjetunion als nützlich, um davon abweichende Vorstellungen in den USA zu überbrücken.[52]

Insgesamt zeigt der Blick zurück auf »Schimanskis Jahrzehnt« ein widersprüchliches Bild, zu dem der graue Schleier der Ruhrmetropolen ebenso gehört wie emotional betroffene Friedensdemonstranten, erfolgshungrige Yuppies und atombegeisterte Konservative. Der in einem umfassenden Sinne verstandene »Wandel des Politischen« vollzog sich in der Wirtschafts- und Sozialpolitik, prägte Protestbewegungen und zeigte sich auf kulturellem Feld. Häufig standen neue Unsicherheiten im Hintergrund, das Schlagwort von der »Risikogesellschaft« machte die Runde. Deutlich erkennbar war eine Verschärfung der sozialen Ungleichheit, des Gegensatzes zwischen Arm und Reich, und es spricht einiges dafür, eine Geschichte der Privatisierung und des Wandels von Staatlichkeit in diesem Zeitraum zu beginnen. Angesicht der zunehmend strukturell bedingten Arbeitslosigkeit und des demografischen Wandels stieß die Wirtschafts- und Sozialpolitik der 1980er Jahre an ihre Grenzen. Mit den üblichen Instrumentarien ließen sich die neuen Probleme nur schwerlich bewältigen. Die große rhetorische Offensive der Regierung Kohl, eine dauerhafte und politisch grundsätzliche Lösung der drängenden haushalts- und gesellschaftspolitischen Problemstellungen herbeiführen zu wollen, wurde von der gesellschaftlichen Realität konterkariert[53], und nicht zuletzt der Flick-Spendenskandal und die Delegitimierung des Genossenschaftswesens durch die Korruption der gewerkschaftseigenen NEUEN HEIMAT sorgten mit dafür, dass das Vertrauen in die Verlässlichkeit der politischen Kultur der Bundesrepublik einen erheblichen Dämpfer erhielt. Jedenfalls suchen die 1980er Jahre noch ihren Platz in der vielfach so emphatisch beschworenen »Erfolgsgeschichte« Westdeutschlands nach 1945.

Zusammenfassend wird man sagen können: Die gesteigerte Komplexität ökonomischer und technischer Entwicklungen vor dem Hintergrund der Globalisierung erhöhte den politischen Regulierungsbedarf. Gleichzeitig waren die Partizipationsforderungen mit dem Aufkommen der Neuen sozialen Bewegungen lauter geworden. Unterschiedliche Erwartungen und Ansprüche mussten auf demokratischem Wege moderiert werden, zumal an die Stelle von relativ fest gefügten Milieus mehr und mehr fluide Lebensstilgruppen getreten waren. Sowohl die wirtschaftliche Rezession als auch massive Umweltskandale führten zu einem Utopieverlust und veränderten Vorstellungen von »Zukunft«, die von einem Teil der Bevölkerung immer häufiger mit einer drohenden Apokalypse und weniger mit ihrer emanzipatorischen Planbarkeit wie noch in den späten 1960er und frühen 1970er Jahren verbunden wurde. Immer dramatischer rückten die ökologischen Fortschrittskosten in das Zentrum der öffentlichen Auseinandersetzung. Es lässt sich darüber streiten, ob diese vehementen Diskussionen, auch die Konflikte um die atomare Nachrüstung im Zuge des NATO-Doppelbeschlusses, letztlich Teil einer inneren Konsenssuche der reifer gewordenen ›alten‹ Bundesrepublik oder das Anzeichen für wachsende gesellschaftliche Konfliktlinien waren. In jedem Fall brachten die Neuen sozialen Bewe-

---

51 Vgl. den Beitrag von Jacob S. Eder in diesem Band; *Wirsching*, Abschied vom Provisorium, S. 473ff.
52 Vgl. den Beitrag von Reinhild Kreis in diesem Band.
53 Vgl. den Beitrag von Andreas Wirsching in diesem Band.

gungen eine Vielzahl kreativer Aktions- und Kommunikationsformen hervor, deren Zeichensprache für die etablierten Parteien bisweilen nur schwer verständlich war und als Provokation galt, jedoch auch – neben einer Politik der Abgrenzung – einen erstaunlichen Lern- und Anpassungsprozess auslöste. Es spricht einiges dafür, dass die Integrationskraft des politischen Systems deutlich stärker war, als es sich mancher Beteiligte hatte träumen lassen – und dass es diese Erfahrungen waren, die die Grundlagen der westdeutschen Demokratie gefestigt haben, noch ehe der Fall der Mauer 1989/90 die politische, ökonomische und kulturelle Situation massiv veränderte und herkömmliche Politikmuster erneut infrage stellte.

Axel Schildt

Das letzte Jahrzehnt der Bonner Republik
Überlegungen zur Erforschung der 1980er Jahre[*]

Florian Illies hat in »Generation Golf«, dem Kultbuch der in der letzten Dekade der Bundesrepublik in mittelständischer Sekurität aufgewachsenen Kinder, als Quintessenz seiner Erinnerungen festgehalten, die 1980er Jahre seien

»mit Sicherheit das langweiligste Jahrzehnt des 20. Jahrhunderts [gewesen]. Es ging allen gut, man hatte kaum noch Angst, und wenn man den Fernseher anmachte, sah man immer Helmut Kohl, Nicole sang von ein bißchen Frieden, Boris Becker spielte ein bißchen Tennis, Kaffee hieß plötzlich Cappuccino, das war's auch schon.«[1]

Die gerade einsetzende Zeitgeschichtsschreibung zum letzten Jahrzehnt der ›alten‹ Bundesrepublik[2], die über eine Chronologie der Ereignisse und vage Impressionen hinausgeht, steht mit ihren Deutungsangeboten gewissermaßen noch neben diesem populären Image der 1980er Jahre als langweilig (und geschmacklos), das der am Ende der ›alten‹ Bundesrepublik anzutreffenden medialen Konstruktion von ihrem formativen Jahrzehnt übrigens ähnlich sieht.[3]

Im folgenden Beitrag soll zunächst auf das Image der 1980er Jahre, wie es im einleitenden Zitat zum Ausdruck kam, eingegangen werden, weil es, ungeachtet aller Oberflächlichkeit, als Folie für eine historisch-politische Charakterisierung erste Anhaltspunkte bietet (I.); danach werden einige Probleme für die Konstruktion der 1980er Jahre als Phase der Zeitgeschichte erörtert (II.) und schließlich geht es um die Vorstellung relevan-

---

[*] Erste Überlegungen zu diesem Beitrag wurden auf der Tagung der Redaktion des Archivs für Sozialgeschichte mit Autorinnen und Autoren dieses Bandes in Bonn im Dezember 2010 diskutiert; zu danken habe ich auch für Hinweise und Kritik im internen Kolloquium der Forschungsstelle für Zeitgeschichte in Hamburg, dem eine frühe Version des Aufsatzes vorlag.
[1] *Florian Illies*, Generation Golf. Eine Inspektion, Berlin 2000, S. 15f.
[2] Neuere historische Gesamtdarstellungen, die den Anspruch formulieren, bis zur Gegenwart zu reichen, beziehen die 1980er Jahre in unterschiedlicher Weise mehr oder weniger ausführlich ein; vgl. *Manfred Görtemaker*, Geschichte der Bundesrepublik Deutschland. Von der Gründung bis zur Gegenwart, München 1999, S. 596ff. und 686ff. (hier werden längere, über die 1970er und 1980er Jahre hinweg laufende Linien des »Zeitgeistes« in der »postindustriellen« Gesellschaft vor einen sehr knappen Abriss der Politik während der Kanzlerschaft Helmut Kohls gestellt; die Darstellung verdichtet sich erst wieder mit der Herstellung der deutschen Einheit); *Edgar Wolfrum*, Die geglückte Demokratie. Geschichte der Bundesrepublik Deutschland von ihren Anfängen bis zur Gegenwart, Stuttgart 2006, S. 326ff. (hier umfasst das entsprechende Kapitel den Zeitraum 1974 bis 1989); *Eckart Conze*, Die Suche nach Sicherheit. Eine Geschichte der Bundesrepublik Deutschland von 1949 bis in die Gegenwart, München 2009, S. 463ff. und 579ff. (hier gibt es Kapitel über die »Krisenjahre« 1974 bis 1982 und den anschließenden »Abschied vom Provisorium« 1982 bis 1989); auch eine erste instruktive Gesamtdarstellung liegt vor: *Andreas Wirsching*, Abschied vom Provisorium. Geschichte der Bundesrepublik Deutschland 1982–1990, München 2006; vgl. meine Besprechung: *Axel Schildt*, Die 80er-Jahre der Bundesrepublik, in: AfS 47, 2007, S. 695–702; zum Stand der Forschung zur jüngsten (west-)deutschen Zeitgeschichte einschlägig ist *Andreas Rödder*, Die Bundesrepublik Deutschland 1969–1990, München 2004; vgl. auch *Michael H. Geyer*, Auf der Suche nach der Gegenwart. Neue Arbeiten zur Geschichte der 1970er und 1980er Jahre, in: AfS 50, 2010, S. 643–669.
[3] *Axel Schildt*, Moderne Zeiten. Freizeit, Massenmedien und »Zeitgeist« in der Bundesrepublik der 50er Jahre, Hamburg 1995, S. 16ff.

ter Themenfelder in der Perspektive des Rahmenthemas dieses AfS-Bandes, des »Wandels des Politischen in den 1980er Jahren«[4] (III.). Die Ausführungen sind angesichts des Forschungsstands eher tentativer Natur und sollen zur Diskussion beitragen.

I. DAS IMAGE DER 1980ER JAHRE

Das Bild der langweiligsten und deshalb besonders zu »zerstreuenden« Spielen, vom Walkman bis zum Zauberwürfel, aufgelegten Dekade des ganzen 20. Jahrhunderts ist zunächst als eindrückliche Wahrnehmung nicht einfach von der Hand zu weisen, wenngleich die Expansion der Spiele-Industrie erst noch bevorstand; Bayern München war am Anfang ebenso wie am Ende der 1980er Jahre (bundes-)deutscher Fußballmeister, insgesamt sechs Mal – ein Symbol überraschungsarmer Stetigkeit. Man kann das Image der Langeweile für das Jahrzehnt als kulturelle Chiffre politisch relativ ruhiger Zeiten – in der Perspektive der Bundesrepublik – übersetzen. Die 1980er Jahre waren, im Rückblick betrachtet, eine Phase weitgehenden inneren, aber auch äußeren Friedens für deren Bewohner. Allerdings sollte das eingangs zitierte idyllische Bild bürgerlicher und kleinbürgerlicher Sekurität, dessen Entstehung hinsichtlich der daran beteiligten Akteure selbst erst noch zeithistorisch zu untersuchen wäre, nicht vorschnell als Pars pro Toto akzeptiert werden. Zum einen spiegelt es die Vergangenheit aus der konsumierenden Kinderperspektive und sagt nichts darüber aus, wie die seinerzeit jungen und älteren Erwachsenen als Akteure und Zeitzeugen die Gesellschaft und Politik der 1980er Jahre erinnern; zum anderen liegt zwischen Ende und Erinnerung an die letzte Phase der ›alten‹ Bundesrepublik der wirtschaftlich keineswegs nur glückhaft verlaufene Prozess der deutschen Vereinigung, der bald von den nicht nur ökonomischen, sondern auch politisch-moralischen Herausforderungen und Zumutungen eines zunehmend deregulierten »digitalen Finanzmarktkapitalismus« überwölbt wurde.[5]

---

4 An dieser Stelle ist anzumerken, dass sich auch hier zeigt, dass es keine ›neutralen‹ Begriffe gibt und der »Wandel« nur als pragmatischer Arbeitsbegriff Verwendung findet. »Sozialer Wandel« (vgl. *Wolfgang Zapf* (Hrsg.), Theorien des sozialen Wandels, Köln 1971) war bis in die 1960er Jahre der bevorzugte Begriff innerhalb der Sozialgeschichte, bevor er als zu unbestimmt, allein auf Abgrenzung zum Revolutionsbegriff fixiert und ansonsten theoretisch leer kritisiert wurde; mit Blick auf das 20. Jahrhundert wurde danach vor allem über »(organisierten) Kapitalismus« gesprochen, bevor schließlich soziologische modernisierungstheoretische Ansätze in der Geschichtswissenschaft Beachtung fanden, weil sich so über die ökonomische Sphäre hinaus gleichzeitig auch andere Dimensionen historischer Prozesse begrifflich einhegen ließen; nach der meist wenig kenntnisreichen Stigmatisierung einer angeblich im Singular existierenden »Modernisierungstheorie« – die gleichzeitig angesprochene epochale Bestimmung einer Moderne blieb hinsichtlich einer exakten Definition ebenso umstritten – scheint der Begriff des »Wandels« wieder an Attraktivität gewonnen zu haben, ohne dass die damit verbundenen theoretischen Probleme nach diesem terminologischen Kreislauf verschwunden wären; ein interessanter begrifflicher Vorschlag, der »Strukturbruch« und einen »sozialen Wandel revolutionärer Qualität« zusammenbringt, stammt von *Anselm Doering-Manteuffel/Lutz Raphael*, Der Epochenbruch in den 1970er-Jahren: Thesen zur Phänomenologie und den Wirkungen des Strukturwandels »nach dem Boom«, in: *Knud Andresen/Ursula Bitzegeio/Jürgen Mittag* (Hrsg.), »Nach dem Strukturbruch«? Kontinuität und Wandel von Arbeitsbeziehungen und Arbeitswelt(en) seit den 1970er-Jahren, Bonn 2011, S. 25–40, hier: S. 30.
5 Vgl. den Begriff bei *Anselm Doering-Manteuffel/Lutz Raphael*, Nach dem Boom. Perspektiven auf die Zeitgeschichte seit 1970, Göttingen 2008, S. 80ff.; er ist treffend, weil er das qualitative Moment der Beschleunigung in der Ablösung von Finanzmärkten und sogenannter Realwirtschaft hervorhebt beziehungsweise über die Grenzen dieser beiden Sphären nachdenken lässt. Die jüngst geäußerte Kritik an diesem als einem der »Neologismen von zweifelhaftem Gehalt und unklarer Bedeutung« (*Rüdiger Graf/Kim Christian Priemel*, Zeitgeschichte in der Welt der Sozialwissenschaften, in: VfZ 59, 2011, S. 479–508, Zitat S. 506) ist nicht nachvollziehbar und wird auch nicht begründet.

Die systemischen Krisen seit der Millenniumswende haben ihren maßgeblichen Anteil an der Konstruktion der Images von den ruhigen, langweiligen und lebensgeschichtlich »schönen« 1980er Jahren und fundierten deren retrospektive Popularität; zum dritten wird die Erinnerung der zeitgenössischen Akteure und die Hegemonie von medial besonders einflussreichen Narrativen generell durch das Vetorecht der Quellen irritiert, also dann, wenn die empirische Geschichtsforschung einsetzt.

Die Bundesrepublik erlebte und zelebrierte ihren »Abschied vom Provisorium« (Andreas Wirsching) ganz anders, als er dann tatsächlich vollzogen wurde und wie er heute allein verstanden wird. Die Bonner Republik, die 1949 explizit als Provisorium gegründet worden war, löste sich nämlich in ihren letzten Jahren, vor dem von fast niemand vorausgesehenen Kollaps der DDR, aus den nur noch pflichtschuldig zelebrierten Ritualen des zunehmend als hohl empfundenen deutschlandpolitischen Pathos der Wiedervereinigung und der völkerrechtlichen Nichtanerkennung der östlichen Grenzen; deren »Offenhalten« hatte die »Sonntagsreden« der Bonner Politiker und in besonders krasser Form die martialischen Pfingsttreffen der Vertriebenenverbände über Jahrzehnte geprägt; aber diese spielten nun keine tragende Rolle mehr.[6] So musste sich die Bundesregierung unter Druck der Öffentlichkeit 1985 von der offiziellen Losung »Schlesien bleibt unser« für das Treffen dieser Landsmannschaft distanzieren. Die starke Herausstellung des Vertriebenenschicksals, etwa mit der Serie des Bayerischen Rundfunks in der ARD »Flucht und Vertreibung«, deren drei Teile im Januar 1981 hohe Einschaltquoten erzielten und zeitgenössisch auch als geschichtspolitische Antwort auf die Serie »Holocaust« zwei Jahre zuvor verstanden wurden, dokumentierte nur den Übergang jener Thematik vom kollektiven ins kulturelle Gedächtnis.

Auch die Zweistaatlichkeit schien auf unabsehbar lange Dauer gestellt, sie sollte »zum Wohle der Menschen«, so die immer wieder benutzte Formel, mit den Mitteln behutsamer Diplomatie erträglich gemacht werden. Einzelne verbliebene oder neue Propagandisten der nationalen Frage wie Martin Walser seit dem Ende der 1970er Jahre, nachdem er die temporäre Liaison mit der Deutschen Kommunistischen Partei beendet hatte[7], oder linksneutralistische Patrioten und Anhänger eines »Dritten Wegs«, wie Herbert Ammon und Peter Brandt, blieben ohne größere Wirkung und galten sogar als Wiedergänger realpolitischer Vernunft.[8] Dagegen gewann der »Verfassungspatriotismus«, ein von dem Politikwissenschaftler Dolf Sternberger aus Anlass des 30-jährigen Jubiläums des Grundgesetzes[9] geprägter und später von Jürgen Habermas und anderen übernommener normativer Begriff, gerade unter Intellektuellen große Zustimmung.[10] Er schien die geeignete Formel zu bieten sowohl für die guten Erfahrungen einer ostentativen Nüchternheit der

---

6 Der Einflussverlust der Vertriebenenverbände war bereits in den 1970er Jahren weitgehend vollzogen; vgl. *Manfred Kittel*, Vertreibung der Vertriebenen? Der historische deutsche Osten in der Erinnerungskultur der Bundesrepublik (1961–1982), München 2007; hier wird die sozialliberale »Neue Ostpolitik« für die, wie im Titel ausgedrückt, aktive »Vertreibung« aus der Erinnerungskultur der Bundesrepublik verantwortlich gemacht.
7 Vgl. *Joanna Jabłkowska*, Skandale und Debatten. Martin Walsers politisches Engagement zwischen links und rechts, in: *dies./Małgorzata Półrola* (Hrsg.), Engagement, Debatten, Skandale. Deutschsprachige Autoren als Zeitgenossen, Łódź 2002, S. 423–433.
8 Vgl. *Alexander Gallus*, Die Neutralisten. Verfechter eines vereinten Deutschland zwischen Ost und West 1945–1990, Düsseldorf 2006, S. 334ff.
9 Vgl. dazu auch den repräsentativen Band von *Walter Scheel* (Hrsg.), Nach dreißig Jahren ... Geschichte, Gegenwart und Zukunft der Bundesrepublik Deutschland, Stuttgart 1979; *Johannes Haas-Heye* (Hrsg.), Im Urteil des Auslands. Dreißig Jahre Bundesrepublik, München 1979.
10 *Dolf Sternberger*, Verfassungspatriotismus, Frankfurt am Main 1990; *Jürgen Habermas*, Staatsbürgerschaft und Nationalität, in: *ders.*, Faktizität und Geltung. Beiträge zur Diskurstheorie des Rechts und des demokratischen Rechtsstaats, Frankfurt am Main 1992; vgl. auch: *Jan-Werner Müller*, Verfassungspatriotismus, Frankfurt am Main 2010.

staatlichen westdeutschen Repräsentation über drei Jahrzehnte hinweg als auch für die gemeinsamen Werte der Demokratie, für Meinungsfreiheit, Menschen- und Bürgerrechte, und damit für einen dezidierten Bruch mit der als verhängnisvoll angesehenen spätromantischen Gefühligkeit um gemeinsame nationale Abstammung und deutsche Sprachgemeinschaft. Zudem herrschte die Auffassung vor, dass eine an postnationalen und universellen Werten orientierte Gesellschaft eine Konsequenz der Hinwendung zum modernen Westen wäre[11], obwohl das Konzept des »Verfassungspatriotismus« ein sehr westdeutsches Phänomen darstellte, von dem sich später auch diskursive Fäden zu den Debatten um eine »deutsche Leitkultur« spinnen ließen. Aber zunächst war damit ein Aufbruch zu einer modernen Verfasstheit von Gesellschaft verbunden, die positiv besetzt war.

Die Auseinandersetzungen um den »Verfassungspatriotismus« und die Herstellung einer »normalen« nationalen Identität[12] bildeten den Hintergrund für die zentrale geschichtspolitische Kontroverse der 1980er Jahre, den sogenannten ›Historikerstreit‹, der 1985/86 ausgetragen wurde. Wie viele andere Debatten wurde er nicht explizit entschieden. Seine Erregungskurve lief vielmehr allmählich aus mit dem weitgehenden Konsens, der in der Zurückweisung der relativierenden Verharmlosung des Holocaust als fehlgeleitete Angstreaktion des Bürgertums auf den »Bolschewismus« bestand.[13] In dieser Perspektive lassen sich die 1980er Jahre von der vorhergehenden Dekade absetzen. Auch wenn sich die konkreten historischen Kenntnisse nicht grundlegend erweitert hatten, war doch der Massenmord an den europäischen Juden, der seit der einschlägigen Fernsehserie 1979 als »Holocaust« kommuniziert wurde[14], sehr viel mehr Menschen nun zumindest als Tatsache geläufig[15] – in den 1990er Jahren, als der Vergleich der »beiden deutschen Diktaturen« in

---

11 Zu längeren Linien einer nicht mit liberalen und demokratischen Neigungen schlicht zu identifizierenden Orientierung am »Westen« vgl. *Axel Schildt*, Westlich, demokratisch. Deutschland und die westlichen Demokratien im 20. Jahrhundert, in: *Anselm Doering-Manteuffel* (Hrsg.), Strukturmerkmale der deutschen Geschichte des 20. Jahrhunderts, München 2006, S. 225–239.
12 Vgl. *Werner Weidenfeld*, Die Identität der Deutschen, Bonn 1983.
13 Einschlägige Dokumentationen: Historikerstreit. Die Dokumentation der Kontroverse um die Einzigartigkeit der nationalsozialistischen Judenvernichtung, München/Zürich 1987; *Reinhard Kühnl* (Hrsg.), Vergangenheit, die nicht vergeht. Die »Historiker«-Debatte. Dokumentation, Darstellung und Kritik, Köln 1987; aus der zeitgenössischen Debatte vgl. vorgänge 84, 1986, H. 6 (Themenheft »Restauration durch Geschichte«); *Dan Diner* (Hrsg.), Ist der Nationalsozialismus Geschichte? Zu Historisierung und Historikerstreit, Frankfurt am Main 1987 (mit Beiträgen von Fachhistorikern); *Jürgen Habermas*, Eine Art Schadensabwicklung. Kleine Politische Schriften VI, Frankfurt am Main 1987; *Imanuel Geiss*, Die Habermas-Kontroverse. Ein deutscher Streit, Berlin 1988; *Hans-Ulrich Wehler*, Entsorgung der deutschen Vergangenheit? Ein polemischer Essay zum »Historikerstreit«, München 1988; vgl. aus der kaum mehr zu überblickenden Literatur *Jürgen Peter*, Der Historikerstreit und die Suche nach einer nationalen Identität der achtziger Jahre, Frankfurt am Main 1995; *Ulrich Herbert*, Der Historikerstreit: politische, wissenschaftliche, biographische Aspekte, in: *Martin Sabrow/Ralph Jessen/Klaus Große Kracht* (Hrsg.), Zeitgeschichte als Streitgeschichte. Große Kontroversen seit 1945, München 2003, S. 94–113; *Klaus Große Kracht*, Die zankende Zunft. Historische Kontroversen in Deutschland nach 1945, Göttingen 2005, S. 91ff.
14 Aus der umfangreichen Literatur sei nur genannt *Sandra Schulz*, Film und Fernsehen als Medien der gesellschaftlichen Vergegenwärtigung des Holocaust. Die deutsche Erstausstrahlung der US-amerikanischen Fernsehserie *Holocaust* im Jahre 1979, in: HSR 32, 2007, H. 1, S. 189–248 (mit ausführlichem Literaturverzeichnis).
15 Vor diesem Hintergrund schreckte es die Medienöffentlichkeit auf, als die »SINUS-Studie« Anfang der 1980er Jahre ergab, dass immerhin jeder siebte Westdeutsche rechtsextreme Einstellungen hegte, ein seither in der Tendenz immer wieder bestätigter Befund; vgl. 5 Millionen Deutsche: »Wir sollten wieder einen Führer haben...«. Die SINUS-Studie über rechtsextremistische Einstellungen bei den Deutschen. Mit einem Vorwort von Martin Greiffenhagen, Reinbek 1981.

das Zentrum öffentlicher Wahrnehmungen gerückt wurde, wäre die Diskussion wohl anders verlaufen.[16] In der letzten Dekade der Bonner Republik herrschte ein großes Misstrauen, dass es eine zentral gesteuerte geschichtspolitische Strategie zur Entsorgung der verbrecherischen braunen Vergangenheit geben könnte, der mit Entschiedenheit entgegenzutreten sei. Im zeitlichen Abstand entsteht allerdings eher der Eindruck von Ungeschick und Ambivalenz bei darauf bezogenen Inszenierungen. Die performativen Bemühungen um symbolische Events einer engen Zusammenarbeit mit den westlichen Verbündeten Frankreich, aber mehr noch mit den USA, wirkten eigentümlich verkrampft, der Auftritt von Helmut Kohl und Ronald Reagan in Bitburg sorgte angesichts der dortigen Gräber auch von Angehörigen der Waffen-SS für negative Pressebilder[17] – und zuletzt, Ende 1988, musste noch ein Bundestagspräsident, Philipp Jenninger, wegen einer nicht in der Schriftform, aber im Vortrag missratenen Rede zum 9. November zurücktreten.[18] Im Übrigen aber war der offiziösen Bonner Geschichtspolitik selbst eine eigentümliche Ambivalenz eingeschrieben. Reagan und Kohl besuchten – allerdings erst nach heftiger öffentlicher Kritik des Programms im Vorfeld – nicht nur den Soldatenfriedhof in Bitburg, sondern auch die KZ-Gedenkstätte Bergen-Belsen. Und ein Jahr zuvor hatte Bundespräsident Richard von Weizsäcker in einer großen Rede zum 40. Jubiläum des Weltkriegsendes erstmals ausgesprochen, was über Jahrzehnte hinweg in der Bundesrepublik von staatlicher Seite verweigert worden war und bis dahin lediglich als linke Formel galt: »Der 8. Mai war ein Tag der Befreiung. Er hat uns alle befreit von dem menschenverachtenden System der nationalsozialistischen Gewaltherrschaft.« Auch wenn dieser Satz erst nach längeren einfühlsamen Ausführungen über das Leid und die ganz anderen Wahrnehmungen der betroffenen Zeitgenossen fiel, war damit doch ein wesentlicher Punkt für ein neues, »postnationales« Staats- und Verfassungsverständnis angesprochen. Dazu gehörte auch, für viele geradezu unerhört, die Einbeziehung der »ermordeten Sinti und Roma, der getöteten Homosexuellen«, aber auch des »Widerstandes der Kommunisten« in das Gedenken und damit in die Gesellschaft der Bundesrepublik.[19]

Der »Verfassungspatriotismus« wurde deshalb auch besonders positiv von jenen linken Intellektuellen aufgenommen, die Westdeutschland lange nur als Produkt verpasster demokratischer Entwicklungen gesehen hatten und die nun ihren Beitrag zur »Selbstanerkennung« der Bundesrepublik formulierten. Sie konnten die Verbreitung des dahinterstehenden Gedankenguts, unter anderem durch den ›Historikerstreit‹, als Indiz für den späten Sieg zivilgesellschaftlicher Konzepte begrüßen. Auch für diese Wahrnehmung

---

16 Vgl. *Steffen Kailitz* (Hrsg.), Die Gegenwart der Vergangenheit. Der »Historikerstreit« und die deutsche Geschichtspolitik, Wiesbaden 2008; *Volker Kronenberg*, Zeitgeschichte, Wissenschaft und Politik. Der »Historikerstreit« – 20 Jahre danach, Wiesbaden 2008; *Mathias Brodkorb*, Singuläres Auschwitz? Ernst Nolte, Jürgen Habermas und 25 Jahre »Historikerstreit«, Banzkow 2011.
17 Vgl. *Karsten Wilke*, Die »Hilfsgemeinschaft auf Gegenseitigkeit« (HIAG) 1950–1990. Veteranen der Waffen-SS in der Bundesrepublik, Paderborn 2011, S. 353ff.; zum geschichtspolitischen Kontext auch *Rupert Seuthe*, »Geistig-moralische Wende«? Der politische Umgang mit der NS-Vergangenheit am Beispiel von Gedenktagen, Museums- und Denkmalprojekten, Frankfurt am Main 2001. Vgl. auch den Beitrag von Jacob S. Eder in diesem Band.
18 Vgl. *Peter Reichel*, Politik mit der Erinnerung. Gedächtnisorte im Streit um die nationalsozialistische Vergangenheit, München 1995, S. 310ff.; *Holger Siever*, Kommunikation und Verstehen. Der Fall Jenninger als Beispiel einer semiotischen Kommunikationstheorie, Frankfurt am Main 2001.
19 Wortlaut der Rede in *Ulrich Gill/Winfried Steffani* (Hrsg.), Eine Rede und ihre Wirkung. Die Rede des Bundespräsidenten Richard von Weizsäcker vom 8. Mai 1985 anlässlich des 40. Jahrestages der Beendigung des Zweiten Weltkrieges. Betroffene nehmen Stellung, Berlin 1986, S. 175–191, Zitate S. 176f.; vgl. *Jan-Holger Kirsch*, »Wir haben aus der Geschichte gelernt«. Der 8. Mai als politischer Gedenktag, Köln/Weimar etc. 1999.

einer progressiven Veränderung wären allerdings längere Linien zu ziehen, von der durch die Vorstellung eines »Marsches durch die Institutionen« (Rudi Dutschke) beflügelten massenhaften Hinwendung zur Sozialdemokratie Anfang der 1970er Jahre, der parlamentarischen Sozialisation linksradikaler, nicht zuletzt maoistischer Parteigänger durch die Gründung der »Antiparteienpartei« der Grünen am Ende der Dekade[20] bis zuletzt, in den 1980er Jahren, zur Aussöhnung von Intellektuellen im kommunistischen Bündnisumfeld mit den Grundlagen der demokratischen Ordnung.[21] Selbst wenn die gesellschaftlichen Zustände der Bundesrepublik weiterhin kritisiert wurden, hatten sich doch unter der Hand die Maßstäbe der linken Kritik verändert, weil diese nun auf dem Boden der Anerkennung des Erreichten stattfand. Dazu passte auch das Auslaufen der Anfang der 1970er Jahre vereinbarten »Berufsverbote«-Praxis im Öffentlichen Dienst, zuletzt sogar in Bayern und Baden-Württemberg.[22] Die studentische und Jugendrevolte der späten 1960er Jahre konnte nun als rückblickende Erzählung einer »68er-Generation« organisiert werden, zu der beim Jubiläum 1988 viel mehr gehören wollten – zum Teil sogar konservative »andere 68er« –, als zeitgenössisch je »dabei gewesen« waren.[23] Für Aufsehen und Beifall von liberaler Seite, aber beträchtlichen Ärger in der Union sorgte übrigens die Kritik am Folterregime Pinochets, die Arbeitsminister Norbert Blüm bei und nach seinem Besuch in Chile 1987 äußerte, diskreditierte er damit doch die langjährig guten Beziehungen der CDU und noch mehr der CSU zu den dortigen Machthabern.[24]

Innerer Frieden als Kennzeichen der ›alten‹ Bundesrepublik in ihrem letzten Jahrzehnt ist nicht mit politischer Kirchhofsruhe oder Langeweile zu verwechseln. Gerade in einer Gesellschaft, mit deren Verfassung sich der weit überwiegende Teil der linken und linksliberalen Kritiker im Prinzip ausgesöhnt hatte, konnten die größten Demonstrationen in der Geschichte der Bundesrepublik stattfinden, für den Erhalt des Friedens und gegen die Bedrohung durch die Atomenergie, also nicht für revolutionäre Ziele, sondern für die Verteidigung erhaltenswerter Zustände. Selbstanerkennung und Ausweitung des politischen Pluralismus bildeten ein dialektisches Bedingungsgefüge. Besonders markant zeigte sich dieser Zusammenhang beim Aufgehen linksradikaler Gruppen in der Friedens- und Anti-AKW-Bewegung, die ihnen ursprünglich als Massenbasis dienen sollten.[25]

---

20 Vgl. *Silke Mende*, »Nicht rechts, nicht links, sondern vorn«. Eine Geschichte der Gründungsgrünen, München 2011, S. 214ff.
21 Vgl. den instruktiven Einblick von *Klaus Naumann*, Nachrüstung und Selbstanerkennung. Staatsfragen im politisch-intellektuellen Milieu der »Blätter für deutsche und internationale Politik«, in: *Dominik Geppert/Jens Hacke* (Hrsg.), Streit um den Staat. Intellektuelle Debatten in der Bundesrepublik 1960–1980, Göttingen 2008, S. 269–289.
22 Es fällt stark auf, dass die Problematik des »Radikalenerlasses«, obwohl von enormer Bedeutung für die politische Kultur, gegenüber dem Phänomen des »linken« Terrorismus in der Zeitgeschichtsschreibung bisher kaum Beachtung gefunden hat; vgl. aus der politischen Diskussion *Gerard Braunthal*, Politische Loyalität und Öffentlicher Dienst. Der Radikalenerlass von 1972 und die Folgen, Marburg 1992; *Manfred Histor*, Willy Brandts vergessene Opfer. Geschichte und Statistik der politisch motivierten Berufsverbote in Westdeutschland 1971–1988, Freiburg im Breisgau 1989; als Teil einer geschichtswissenschaftlichen Studie vgl. *Dominik Rigoll*, Vom inneren Frieden zur inneren Sicherheit. Staatsschutz in Westdeutschland zwischen Entnazifizierung und Extremistenbeschluss, Göttingen 2012.
23 Vgl. den Überblick von *Albrecht von Lucke*, 68 oder neues Biedermeier? Der Kampf um die Deutungsmacht, Berlin 2008, S. 28ff.; *Silja Behre*, Vom Erinnern und Vergessen. Rückblicke auf 1968 von 1977 bis 2008, in: GWU 59, 2008, S. 382–396; *Axel Schildt*, »Trau keinem über 30!«. Die Studentenrevolte als Generationsprotest, in: *Martin Sabrow* (Hrsg.), Mythos »1968«?, Leipzig 2009, S. 21–39.
24 SPIEGEL-Titel: Blüms Reise. Folter in Chile – Krach in Bonn, in: Der SPIEGEL, 3.8.1987; vgl. *Wirsching*, Abschied vom Provisorium, S. 588ff.
25 Vgl. die Beiträge von Philipp Gassert, Jan Hansen und Claudia Kemper in diesem Band.

II. DIE KONSTRUKTION DER 1980ER JAHRE ALS PHASE DER ZEITGESCHICHTE

Dieser Prozess setzte bereits in der zweiten Hälfte der vorhergehenden Dekade ein, sodass zu fragen bleibt, wo also das Spezifische der 1980er Jahre liegt und ob es überhaupt Sinn macht, in den Grenzen dieses Jahrzehnts zu verbleiben. Ein Blick auf die gesamte Zeitgeschichtsschreibung zur Bundesrepublik zeigt, dass alle bisherigen zeitgeschichtlichen Inspektionen von Dekaden schließlich die medial dominierenden historischen Bilder – die 1950er Jahre als dumpfe Zeit spießig-klerikaler Gängelung; die 1960er Jahre, verkürzt auf deren Ende, als revolutionäre Befreiung aus diesen petrifizierten Verhältnissen; die 1970er Jahre als Zeit sozialdemokratischer Hegemonie und zivilgesellschaftlicher Emanzipation – korrigiert beziehungsweise stark modifiziert und den dekadologischen Rahmen gesprengt haben. Insofern trifft die Kritik des Denkens in Dekaden eher populäre mediale Bilder, aber kaum den Kern zeitgeschichtlicher Arbeit als Teil der Geschichtswissenschaft, welcher ein Jahrzehnt immer nur als heuristische Konstruktion gelten kann, die im Verlauf der quellenbasierten Betrachtung zum Einsturz gebracht wird. Im Fall der 1950er Jahre führte die Untersuchung der Spannungsverhältnisse von Wiederaufbau und Modernisierung zur Fokussierung jenes Umschlags, bei dem sich die Kontinuitätslinien und Traditionen des Wiederaufbaus spürbar gegenüber neuen gesellschaftlichen und politischen Tendenzen abschwächten und in den Hintergrund traten.[26] Für diesen Übergangsraum ist vorzugsweise – mit einer Fülle von Indikatoren – das letzte Drittel des formativen Jahrzehnts der Bundesrepublik genannt worden.[27] Bei der Betrachtung der 1960er Jahre ist, gegen eine unhistorische Hypostasierung der studentischen und jugendkulturellen Revolte am Ende des Jahrzehnts gerichtet, von vornherein die engere Dekadengrenze mit der Formulierung der »langen 1960er Jahre« als eines dynamischen Transformationszeitraums, vom letzten Drittel der 1950er bis zum ersten Drittel der 1970er Jahre reichend, verabschiedet worden.[28] Und auch im Blick auf diese Dekade selbst, die mit dem »Machtwechsel« 1969 so pünktlich eingeläutet zu sein scheint, ist sogar in der Annahme eines »sozialdemokratischen Jahrzehnts« vom Bruch 1973/1974 die Rede[29], während andere Autoren, die ebenfalls diese Zäsur hervorheben, eher die Kontinuitäten einer »Reformzeit« betonen, die bereits mit der Großen Koalition 1966 begonnen hatte, und auch den Übergang von der sozial-liberalen Koalition zur Ära Kohl in größere »postindustrielle« Tendenzen eingebunden sehen. Für das anschließende noch nicht eingehend untersuchte Niemandsland zwischen intensiv gedeuteter Zeitgeschichte und der Gegenwart zeichnen sich bereits jetzt ähnliche Dekaden überschreitende Charakterisierungen ab; auch die 1980er Jahre der Bundesrepublik werden kurz oder lang sein, je nachdem, ob in politikhistorischer Perspektive der Zeitraum zwischen Regierungswechsel 1982 und der Herstellung der deutschen Einheit 1990 gemeint ist oder politische Kontinuitäten stärker gewichtet werden. Wer nicht nur die Sphäre des Bonner politischen Betriebs betrachtet, muss den

---

26 *Axel Schildt/Arnold Sywottek* (Hrsg.), Modernisierung im Wiederaufbau. Die westdeutsche Gesellschaft der 50er Jahre, Bonn 1993.
27 Vgl. als Überblick *Alexander Gallus/Werner Müller* (Hrsg.), Sonde 1957. Ein Jahr als symbolische Zäsur für Wandlungsprozesse im geteilten Deutschland, Berlin 2010; dass es sich um eine – plausible – Konstruktion handelt, zeigt der Umstand, dass auch ein anderes Jahr gewählt werden kann: *Matthias N. Lorenz/Maurizio Pirro* (Hrsg.), Wendejahr 1959? Die literarische Inszenierung von Kontinuitäten und Brüchen in gesellschaftlichen und kulturellen Kontexten der 1950er Jahre, Bielefeld 2011; aber letztlich betonen beide den gleichen beginnenden Transformationszeitraum; ähnlich locker sollte mit den Zäsuren der 1970er/1980er Jahre umgegangen werden.
28 *Axel Schildt/Detlef Siegfried/Karl Christian Lammers* (Hrsg.), Dynamische Zeiten. Die 60er Jahre in den beiden deutschen Gesellschaften, Hamburg 2000.
29 Vgl. jetzt *Bernd Faulenbach*, Das sozialdemokratische Jahrzehnt. Von der Reformeuphorie zur neuen Unübersichtlichkeit. Die SPD 1969–1982, Bonn 2011, S. 17 und 21.

Einschnitt von 1982 relativieren und wird andere segmentäre Zäsuren entdecken, erst recht, wenn der nationale Rahmen verlassen wird und gesellschaftliche Prozesse in komparativer europäischer und transatlantischer Perspektive betrachtet werden.[30] Während längere sozialhistorische Linien einen Einschnitt 1982 kaum konturieren lassen[31], gibt es allerdings, ungeachtet aller Kontinuitäten, für die politische Kultur und weiter gefasste kulturelle Verhältnisse durchaus einige charakteristische Unterschiede im vergleichenden Blick auf die 1970er und 1980er Jahre zu entdecken.[32]

Als Rahmenbedingung ist zunächst die Verschärfung des Kalten Kriegs, vom Westen unter dem Banner der »Menschenrechte« geführt, am Ende der 1970er Jahre zu berücksichtigen, der manche Autoren sogar vom »Zweiten Kalten Krieg« sprechen lässt. Sein Auslaufen seit der Mitte der 1980er Jahre teilt die Dekade nicht nur globalpolitisch von vornherein. Es könnte sein, dass die Erinnerung an die undramatischen 1980er Jahre vor allem von ihrer zweiten Hälfte bestimmt worden ist. Allerdings sollte bedacht werden, dass es sich auch beim wiederaufflammenden Kalten Krieg um 1980 und der durch einen erneuten Schub des Wettrüstens evozierten Revitalisierung von manifesten Ängsten vor einem möglichen atomaren Konflikt für die Bundesbürger um eine fortgesetzte Friedenszeit handelte. Dies war sogar eine Rahmenbedingung für die Massendemonstrationen gegen den NATO-Doppelbeschluss und die sogenannte Nachrüstung, die von kirchlichen, pazifistischen, sozialdemokratischen, linken und anderen Strömungen getragen wurden. Die Beschwörung eines übermächtigen kommunistischen Feinds, wie sie in grotesker Neuauflage der Rhetorik früher Zeiten des Kalten Kriegs etwa vom Präsidenten der USA, Ronald Reagan, vorgetragen wurde, war leidlich informierten Bürgern angesichts der realen wirtschaftlich-technischen Daten, die die Überlegenheit des Westens eindrucksvoll darstellten, nur schwer zu vermitteln und störte den Frieden als erreichte Stabilität des Bestehenden, was geradezu Proteste auch ansonsten keineswegs gesellschaftsverändernder Kräfte hervorrufen musste. Dass etwa die Unterstützung radikalislamistischer »Gotteskrieger«, auch der Taliban, in Afghanistan gegen das kommunistische Regime durch die CIA[33] etwas mit der Verteidigung von »Menschenrechten« zu tun haben könnte, war selbst mit groß angelegten Propagandakampagnen wie dem Boykott der Olympischen Sommerspiele von Moskau 1980 kaum glaubhaft zu machen. Wenn man die Berichterstattung des Nachrichtenmagazins »Der SPIEGEL« als eines exemplarischen Leitmediums für die öffentliche Meinung über das Jahrzehnt hinweg verfolgt, wird deutlich, dass zwar anfänglich noch der sowjetische Expansionsdrang und die Gefährlichkeit von deren Rüstungsanstrengungen betont wurden, bald aber die militärischen Potenziale der Sowjetunion als überschätzt galten.[34] Stattdessen trat die Reagan-Administration als unberechenbare Macht ins Bild, die zum Beispiel mit ihrer Parteinahme für lateinamerikanische Diktaturen (1983 war das Jahr der blutigen Aktion von US-Truppen auf der kleinen Karibikinsel Grenada), in denen Menschenrechte nichts galten, aber vor allem mit ihren Visionen eines »Star Wars« (»Strategic Defense Initiative«) vielen Menschen mehr Angst einflößte als ›der Osten‹.[35] Dass die Motive und Empfindungen der zeitgenössischen Ak-

---

30 *Harold James*, Geschichte Europas im 20. Jahrhundert. Fall und Aufstieg 1914–2001, München 2004, gibt dem Kapitel über die 1980er Jahre den Titel »Rechtsruck« (S. 383).
31 *Axel Schildt*, Die Sozialgeschichte der Bundesrepublik Deutschland bis 1989/90, München 2007.
32 *Axel Schildt/Detlef Siegfried*, Deutsche Kulturgeschichte. Die Bundesrepublik – 1945 bis zur Gegenwart, München 2009, S. 403ff.
33 Vgl. *Bernd Stöver*, Der Kalte Krieg. Geschichte eines radikalen Zeitalters 1947–1991, München 2007, S. 415ff.
34 SPIEGEL-Titel: Militärmacht Sowjet-Union – Dem Westen überlegen?, in: Der SPIEGEL, 11.4.1983.
35 Vgl. *Peter Merseburger*, Die unberechenbare Vormacht. Wohin steuern die USA?, München 1983.

teure der Friedensbewegung bisweilen von Zeithistorikern als heuchlerisch und hysterisch abgetan werden und die westliche Hochrüstung als defensive, aber aktive und kluge Friedensstrategie Anerkennung findet, die schließlich zur deutschen Einheit führte, zeigt nur die nach wie vor bestehende geschichtspolitische Virulenz des Themas.[36]

Journalistische Auguren, die vom Bonner Regierungswechsel 1982 ein dauerhaftes Einschwenken der Bundesrepublik auf die neue Linie der US-Außenpolitik erwartet hatten, sahen sich allerdings getäuscht. Zwar wurde der NATO-Doppelbeschluss 1983 ungeachtet aller außerparlamentarischen Proteste und gegen eine nun in diesem Punkt oppositionelle Sozialdemokratie im Bundestag bestätigt, aber die Regierung Kohl/Genscher folgte lediglich der politischen Linie des vorhergehenden SPD-FDP-Kabinetts unter Helmut Schmidt. Zugleich wurde von der Bundesrepublik und der DDR gemeinsam eine deutsch-deutsche »Verantwortungsgemeinschaft« als Garantie für die Erhaltung des Friedens in Europa und der Welt und als feste moralisch-politische Säule hervorgehoben. Die »komplementär wirkenden Interessen« ließen »die deutsch-deutschen Beziehungen seit Mitte der achtziger Jahre geradezu aufblühen«.[37] Symbolisch wirkte etwa die fristgerechte Übergabe des letzten Teilstücks der Transit-Autobahn von Hamburg nach Berlin 1982; dadurch verringerte sich nicht nur die Fahrtzeit zwischen den beiden Großstädten um 90 Minuten, zugleich entstand ein neuer und eigenartiger deutsch-deutscher Kommunikationsraum.[38] Mit der Perspektive dauerhafter Zweistaatlichkeit verband sich überdies ein Interesse an der Kultur, vor allem an der Literatur der DDR in der Bundesrepublik, das wohl zu keiner Zeit vorher oder nachher stärker war. Christa Wolf, Christoph Hein, Stefan Heym oder Hermann Kant hatten in der Bundesrepublik eine große und treue Lesergemeinde. 1985 entschied der Verlag Kiepenheuer & Witsch den harten Wettbewerb westdeutscher Verlage – darunter auch Luchterhand und Rowohlt – um eine gültige Anthologie zeitgenössischer Belletristik der DDR für sich.[39] Zugleich entwickelte sich, verstärkt

---

36 *Jeffrey Herf*, War by other Means. Soviet Power, West German Resistance, and the Battle of Euromissiles, New York 1991; als Komprimat: *ders.*, Demokratie auf dem Prüfstand. Politische Kultur, Machtpolitik und die Nachrüstungskrise in Westdeutschland, in: VfZ 40, 1992, S. 1–28; vgl. dagegen abgewogen *Eckart Conze*, Modernitätsskepsis und die Utopie der Sicherheit. NATO-Nachrüstung und Friedensbewegung in der Geschichte der Bundesrepublik, in: Zeithistorische Forschungen 7, 2010, H. 2, URL: <http://www.zeithistorische-forschungen.de/site/40209040/default.aspx> [28.7.2012]; *Judith Michel*, »Die Angst kann lehren, sich zu wehren« – Der Angstdiskurs der westdeutschen Friedensbewegung in den 1980er Jahren, in: *José Brunner* (Hrsg.), Politische Leidenschaften. Zur Verknüpfung von Macht, Emotion und Vernunft in Deutschland, Göttingen 2010, S. 246–269; *Holger Nehring/Benjamin Ziemann*, Führen alle Wege nach Moskau? Der NATO-Doppelbeschluss und die Friedensbewegung: eine Kritik, in: VfZ 59, 2011, S. 80–100; *Philipp Gassert*, Viel Lärm um Nichts? Der NATO-Doppelbeschluss als Katalysator gesellschaftlicher Selbstverständigung in der Bundesrepublik, in: *ders./Tim Geiger* (Hrsg.), Zweiter Kalter Krieg und Friedensbewegung. Der NATO-Doppelbeschluss in deutsch-deutscher und internationaler Perspektive, München 2011, S. 175–202; *Nicholas Thompson*, Nuclear War and Nuclear Fear in the 1970s and 1980s, in: Journal of Contemporary History 46, 2011, S. 136–149; zur internationalen Organisation der »Ärzte zur Verhütung des Atomkrieges« (IPPNW) in der Friedensbewegung bearbeitet Claudia Kemper in der Forschungsstelle für Zeitgeschichte in Hamburg ein von der Deutschen Forschungsgemeinschaft gefördertes Projekt. Vgl. hierzu auch ihren Beitrag in diesem Band.
37 *Wirsching*, Abschied vom Provisorium, S. 599; für die Anfänge der Sonderbeziehungen vor der Ära Kohl vgl. *Detlev Brunner*, »... eine große Herzlichkeit«? Helmut Schmidt und Erich Honecker im Dezember 1981, in: Deutschland Archiv 44, 2011, S. 508–517.
38 Dazu bereitet Sylvia Necker an der Forschungsstelle für Zeitgeschichte in Hamburg ein Projekt vor.
39 *Sascha Anderson/Elke Erb* (Hrsg.), Berührung ist nur eine Randerscheinung. Neue Literatur aus der DDR, Köln 1985; vgl. *Klaus Michael*, Berührung ist nur eine Randerscheinung. Die deutsch-deutsche Geschichte einer Anthologie, in: *Siegfried Lokatis/Ingrid Sonntag* (Hrsg.),

nach dem Exodus von Künstlern und Schriftstellern aus der DDR seit der Ausbürgerung von Wolf Biermann Ende 1975, ein enger Zusammenhang von kritischen westlichen und dissidentischen östlichen Intellektuellen im europäischen Maßstab.[40]

Seit 1985 – in jenem Jahr wurde der sowjetische Staatschef Michail Gorbatschow zum Hoffnungsträger für bessere Beziehungen zwischen den Supermächten[41] – verlor auch die Berichterstattung über militärische Bedrohungen im Kalten Krieg endgültig ihren zentralen Platz in den Medien. Die Finanzkredite für die DDR, vermittelt durch – ausgerechnet – Franz Josef Strauß[42], der Staatsbesuch von Erich Honecker in Bonn 1987, reale Erleichterungen im Reiseverkehr von West nach Ost, aber auch von Ost nach West – alles deutete auf eine langfristige Perspektive einer Normalisierung der Zweistaatlichkeit im erlöschenden Kalten Krieg hin.

Als besonders markantes Element der deutsch-deutschen Beziehungen gilt in diesem Zusammenhang das gemeinsame Papier der SPD, dort federführend die Grundwertekommission, und der SED, vertreten durch die Akademie für Gesellschaftswissenschaften beim ZK, von 1987. Es trug den Titel »Der Streit der Ideologien und die gemeinsame Sicherheit«, gleichzeitig publiziert im »Vorwärts« und im »Neuen Deutschland«, bald auch als Taschenbuch – mit den zum Teil sehr kontroversen Beiträgen aus der Sozialdemokratie. Hier hieß es, dass sich die beiden deutschen Staaten »auf einen langen Zeitraum ein[zu]richten« hätten, in dem sie

»nebeneinander bestehen und miteinander auskommen müssen. Keine Seite darf der anderen die Existenzberechtigung absprechen. Unsere Hoffnung kann sich nicht darauf richten, dass ein System das andere abschafft. Sie richtet sich darauf, dass beide Systeme reformfähig sind und der Wettbewerb der Systeme den Willen zur Reform auf beiden Seiten stärkt.«[43]

In der konservativen Heldengeschichtsschreibung, die das patriotische Einheitsstreben der Regierung Kohl umso leuchtender von diesem politisch-moralischen Sündenfall einer »Nebenaußenpolitik« absetzt, wird meist vergessen, dass es auch in der CDU bemerkenswerte Versuche gab, die Zweistaatlichkeit aus Vernunftgründen anzuerkennen.[44] Ein entsprechender Vorstoß von Heiner Geißler vor dem CDU-Parteitag 1988 fand zwar keine Mehrheit und die sogenannte »Stahlhelm-Fraktion« um den hessischen Landesvorsitzenden Alfred Dregger bildete während des gesamten Jahrzehnts einen festen Abwehrblock gegen Veränderungen in der Deutschlandpolitik, aber ein Blick auf die meinungsbildende

---

100 Jahre Kiepenheuer Verlage, Berlin 2011, S. 264–273; hier finden sich auch Hinweise auf weitere Sammlungen zur DDR-Literatur in den 1980er Jahren.

40 Vgl. *Hans-Joachim Veen/Ulrich Mählert/Peter März* (Hrsg.), Wechselwirkungen Ost-West. Dissidenz, Opposition und Zivilgesellschaft 1975–1989, Köln/Weimar etc. 2007.

41 Kaum einmal fand etwas nach demoskopischem Befund weniger Zustimmung als der berüchtigte Gorbatschow-Goebbels-Vergleich des Bundeskanzlers Kohl (vgl. Der SPIEGEL, 10.11.1986).

42 Heute weitgehend vergessen, resultierte daraus am rechten Rand der Union, vor allem der CSU, in diesem Zusammenhang der Aufstieg von Franz Schönhubers »Republikanern«; vgl. *Claus Leggewie*, Die Republikaner. Ein Phantom nimmt Gestalt an, Berlin 1989; vgl. *Kurt Hirsch*, Rechts von der Union. Personen, Organisationen, Parteien seit 1945. Ein Lexikon, Berlin 1989.

43 Wortlaut in: Das gemeinsame Papier von SED und SPD und die Reaktion der SED, in: Deutschland Archiv 21, 1988, S. 86–102; vgl. Kultur des Streits. Die gemeinsame Erklärung von SPD und SED. Stellungnahmen und Dokumente, Köln 1988; *Wolfgang Brinkel/Jo Rodejohann* (Hrsg.), Das SPD-SED-Papier. »Der Streit der Ideologien und die gemeinsame Sicherheit«. Das Originaldokument, Freiburg im Breisgau 1988; aus der Sicht eines auf der DDR-Seite Beteiligten rückblickend: *Erich Hahn*, SED und SPD. Ein Dialog. Ideologie-Gespräche zwischen 1984 und 1989, Berlin 2002.

44 Vgl. mit zahlreichen Hinweisen auf die zeitgenössischen Beiträge *Klaus Naumann*, Die CDU auf der Suche nach ihrem Staat, in: Blätter für deutsche und internationale Politik 33, 1988, S. 143–154.

Presse zeigt gleichwohl, dass die Bundesrepublik sich selbst, alle politischen Lager übergreifend, in ihrer ökonomischen Stärke als postnationale Gesellschaft im supranationalen westeuropäischen und transatlantischen Rahmen zunehmend genügte. Daran änderte auch die halbherzig bediente, staatsoffiziöse Festtagssemantik nichts. Die vehemente konservative Kritik damit verbundener außenpolitischer »Machtvergessenheit«[45], aber auch die nun einsetzenden, generationell imprägnierten Gefechte um die Deutungshoheit über die NS-Vergangenheit im ›Historikerstreit‹ beglaubigen nur zusätzlich diesen Befund.

Schon sehr früh hatten intellektuelle Zirkel am konservativen Rand der Union mit viel Bitterkeit ihre Enttäuschung über das hohe Maß von Kontinuität der Innen- und Außenbeziehungsweise Deutschlandpolitik, aber auch des allgemeinen Betriebs der Bonner Politik zum Ausdruck gebracht. Sie beklagten, dass die versprochene »geistig-moralische Wende« ausgeblieben sei.[46] Die CDU/CSU, die erst seit den 1970er Jahren zur »Mitgliederpartei« geworden war und über moderne Parteistrukturen verfügte, hatte gleichzeitig an »Geschlossenheit« eingebüßt.[47] Die daraus entstandene Besorgnis, eine rechtspopulistische Bewegung könne die Lücke parlamentarisch ausfüllen[48], bewahrheitete sich dann allerdings nicht, auch die »Republikaner« kamen über regional begrenzte Anfangserfolge nicht hinaus.

Wie zum Hohn auf das Postulat der »geistig-moralischen Wende« erscheint die Kette von Skandalen, die die Bonner Politik der 1980er Jahre prägte – eine Herausforderung für Ansätze einer Kulturgeschichte des Politischen. Zum einen könnte der Eindruck besonderer Skandaldichte durch eine intensivere mediale Aufmerksamkeit hervorgerufen worden sein.[49] Zum anderen sollte nicht vorschnell eine besondere Korrumpierbarkeit des konservativ-liberalen Lagers behauptet werden. Die in der Presse groß aufgemachten Fälle begannen, wenn man sie in eine zeitliche Reihe ordnet, vor dem Antritt der Regierung Kohl. In die Endphase der sozial-liberalen Koalition platzte der Skandal um die gewerkschaftsnahe Wohnungs- und Städtebaugesellschaft NEUE HEIMAT, deren Schicksal damit besiegelt war; das Ende dieses Konzerns, der den Wiederaufbau in starkem Maße geprägt hatte, schien besonders sinnfällig zu beweisen, dass SPD und DGB in einem Sumpf der Korruption steckten, ihre Zeit abgelaufen war.[50] Ein Skandal, der zudem die Glaubwürdigkeit der linksliberalen oppositionellen Medien schwer erschütterte, ereignete sich kurz nach den »Wende«-Wahlen im Frühjahr 1983 bei dem Magazin »Stern«, das für eine zweistellige Millionensumme ungeprüft angebliche Tagebücher von Adolf Hitler gekauft hatte und sich damit politisch-moralisch nachhaltig diskreditierte. Die zeitliche Ko-

---

45 Vgl. etwa *Hans-Peter Schwarz*, Die gezähmten Deutschen. Von der Machtbesessenheit zur Machtvergessenheit, Stuttgart 1985.
46 *Karl-Rudolf Korte* (Hrsg.), »Das Wort hat der Bundeskanzler«. Eine Analyse der großen Regierungserklärungen von Adenauer bis Schröder, Wiesbaden 2002, S. 224; von einer erforderlichen »Wende« (*Hans Dietrich Genscher*, Erinnerungen, München 1995, S. 447f.) war bereits in den vorhergehenden Monaten immer wieder die Rede; zur Enttäuschung unter konservativen Intellektuellen vgl. zeitgenössisch etwa *Günter Rohrmoser*, Das Debakel. Wo bleibt die Wende?, Krefeld 1985; als kritische Analyse *Claus Leggewie*, Der Geist steht rechts. Ausflüge in die Denkfabriken der Wende, Berlin 1987.
47 Zuletzt *Franz Walter/Christian Werwath/Oliver d'Antonio*, Die CDU. Entstehung und Verfall christdemokratischer Geschlossenheit, Baden-Baden 2011.
48 Vgl. den einschlägigen Sammelband von *Helmut Dubiel* (Hrsg.), Populismus und Aufklärung, Frankfurt am Main 1986.
49 Vgl. zur typisierenden Einordnung *Michael Philipp*, Persönlich habe ich mir nichts vorzuwerfen. Politische Rücktritte in Deutschland von 1950 bis heute, München 2007.
50 Vgl. *Peter Kramper*, NEUE HEIMAT. Unternehmenspolitik und Unternehmensentwicklung im gewerkschaftlichen Wohnungs- und Städtebau 1950–1982, Stuttgart 2008. Vgl. auch den Beitrag von Peter Kramper in diesem Band.

inzidenz führte zu manchen Verschwörungstheorien, denen zufolge westdeutsche Geheimdienste das unliebsame Blatt in eine Falle gelockt hätten.[51]

Auch die »Flick-Affäre«, die Einblicke in die flächendeckende »Pflege der politischen Landschaft« durch Großkonzerne mit erheblichen Geldmitteln gestattete, begann noch vor der Ära Kohl, dauerte dann aber bis weit in die 1980er Jahre (1984 trat der später zu einer Geldstrafe verurteilte Wirtschaftsminister Otto Graf Lambsdorff zurück), gipfelnd in dem von Heiner Geißler als Notlüge diagnostizierten »Blackout« des Kanzlers.[52] Letztlich zeigte dieser Skandal ein Muster, das etliche ähnliche Verbindungen zwischen Wirtschaft und Politik aufwies. Alle Bundestagsparteien wurden mit Geschenken bedacht, wobei sich die Summen allerdings unterschieden, weil Union und FDP in der Regel ein Vielfaches von dem erhielten, was der SPD überwiesen wurde, die aber gleichwohl deshalb mit belastet war (die Grünen erhielten in den 1980er Jahren offenbar noch keine Zuwendungen aus solchen Quellen).[53] Kleinere Affären, wie die um den Bundestagspräsidenten Rainer Barzel, der 1984 von seinem Amt zurücktreten musste, als bekannt wurde, dass er noch ein erhebliches zweites Einkommen von einem großen Konzern erhielt, gehörten noch in das Umfeld der politischen Landschaftspflege.

Auch thematisch ließen sich die Skandale ordnen. An die Seite des politisch Anstößigen, nicht zuletzt auf dem Feld des Umgangs mit der NS-Zeit – neben den deutschen Fällen beherrschte 1986 auch die international beachtete Waldheim-Affäre aus Österreich die Zeitungsspalten – und der Fälle von Korruption im Verhältnis von wirtschaftlicher Macht und Regierung sowie Parteien traten verstärkt Affären mit sexualpolitischem Hintergrund: So 1983, als der NATO-General Günter Kießling fälschlich als »Günter von der Bundeswehr« mit einer homosexuellen Szene in Frankfurt am Main in Verbindung gebracht wurde und darauf seinen Abschied nehmen musste, oder 1986, als der Westberliner CDU-Rechtsaußen Heinrich Lummer, »der kleine Napoleon des gesunden Volksempfindens«, auch wegen der Verbindung zu einem Callgirl und deren möglicher Stasi-Kontakte seine Karriere beenden musste.[54] In der Regel mischten sich jeweils mehrere Komponenten, etwa in dem wohl spektakulärsten und geheimnisvollsten Skandal des Jahrzehnts, der sich 1987 um den schleswig-holsteinischen CDU-Ministerpräsidenten Uwe Barschel rankte. Im Blick auf die mediale Aufbereitung könnte sich die Untersuchung der Skandalkette als interessante Sonde für die politische Kultur der 1980er Jahre erweisen. Über den hohen Unterhaltungswert der immer neuen Skandale mochten sich die Bundesbürger jedenfalls freuen, imaginierten sie doch das allzu »Menschliche« der großen Politik in einer ansonsten nicht als dramatisch empfundenen Zeit.

Nur retrospektiv können die 1980er Jahre als Einläuten des für den Westen siegreichen Finales im Kalten Krieg und eines tiefgreifenden Wechsels westlicher Politik erscheinen:

---

51 Die publizistische Aufarbeitung dieses besonders spektakulären Falls wurde vornehmlich von investigativen Journalisten selbst geleistet; vgl. *Erich Kuby*, Der Fall »Stern« und die Folgen, Hamburg 1983; *Manfred Bissinger*, Hitlers Sternstunde. Kujau, Heidemann und die Millionen, Bramsche 1984; *Robert Harris*, Selling Hitler. Story of the Hitler Diaries, London 1991; *Peter-Ferdinand Koch*, Der Fund. Die Skandale des Stern – Gerd Heidemann und die Hitler-Tagebücher, Hamburg 1991; *Günther Picker*, Der Fall Kujau. Chronik eines Fälschungsskandals, Berlin 1992; *Michael Seufert*, Der Skandal um die Hitler-Tagebücher, Frankfurt am Main 2008.
52 *Hans Werner Kilz*, Die gekaufte Republik, Reinbek 1983; *Erwin K. Scheuch/Ute Scheuch*, Die Spendenkrise. Parteien außer Kontrolle, Reinbek 2000; *Norbert Frei*, Flick. Der Konzern, die Familie, die Macht, München 2009.
53 Vgl. zu dieser Finanzierungskonstellation *Frank Bösch*, Macht und Machtverlust. Die Geschichte der CDU, Stuttgart/München 2002, S. 176.
54 Häufiger Geld aus diesen Quellen. Die Beziehungen des Christdemokraten Lummer zur rechtsextremen Szene, in: Der SPIEGEL, 7.4.1986, S. 21; vgl. auch den Titel derselben Ausgabe: CDU-Affäre Lummer. Die Berliner Schmiere.

Der Amtsantritt von Margret Thatcher[55], Ronald Reagan und des polnischen Papstes, insgesamt eine Revitalisierung propagandistischer Muster einer antikommunistischen Apotheose westlicher und nun auch wieder stärker »christlich« verbrämter Freiheits- und Menschenrechtspropaganda, zunehmende Unzufriedenheit und Opposition in den »realsozialistischen« Ländern, am sichtbarsten und radikalsten in Polen[56], aber auch in der DDR (die Kampagne »Schwerter zu Pflugscharen« begann 1982), das alles konnte von den Zeitgenossen kaum als Beginn der Auflösung des sowjetischen Blocks in einer weltpolitischen Dimension wahrgenommen werden.

Die Zeitgenossen der 1980er Jahre überblickten aber auch nicht die Folgen des sich gleichzeitig vollziehenden ideologischen Paradigmenwechsels zum radikalen anglofonen Kapitalismus in der westlichen Welt, dessen krisenhafte Hervorbringungen erst nach der Jahrtausendwende das allgemeine Bewusstsein bestimmen sollten. Der alternative Begriff des »Rheinischen Kapitalismus« wurde zwar erst Anfang der 1990er Jahre im öffentlichen Sprachgebrauch üblich. Immerhin aber gehörte das Insistieren auf der Sozialen Marktwirtschaft gegen einen puren »Erwerbskapitalismus« doch schon zur ersten Hälfte der Ära Kohl und stand als vage Distinktion zur Verfügung. Nicht zuletzt die Aufnahme von Heiner Geißler und Norbert Blüm, zwei »einflussreichen und wortgewaltigen Sozialstaatsanhängern«[57], als Minister in das Kabinett signalisierte den Willen zur Aufrechterhaltung des traditionellen Modells der Arbeitsbeziehungen und der Tarifautonomie. Es scheint, als ob im Lichte der tiefgreifenden Sozialreformen nach der Jahrtausendwende die Vertreter einer »Diskontinuitätsthese«[58], also der Annahme eines Verlassens sozialstaatlicher deutscher Traditionen bereits in den 1980er Jahren, widerlegt worden sind, aber für eine differenzierte Würdigung müsste noch weiter geforscht werden.

Wenn wir uns die bereits erwähnte »Entdeckung« der jeweiligen Dekaden durch die zeitgeschichtliche Forschung hinsichtlich der methodischen Herangehensweisen ansehen, können wir feststellen, dass die Gründerzeit der Bundesrepublik im Wiederaufbau der 1950er Jahre in den 1980er Jahren vornehmlich unter sozialhistorischen Fragestellungen untersucht wurde. Die ›langen‹ 1960er Jahre fanden seit den späten 1990er Jahren, auf dem Höhepunkt des Zutrauens in eine schöne befreite Welt scheinbar unbegrenzter individueller Möglichkeiten, schnell Reichtum zu erwerben, intensives Interesse unter starker Einbeziehung kulturhistorischer Perspektiven; die Konzeptionierung zeitgeschichtlicher Forschung über die 1970er Jahre seit wenigen Jahren und nun auch die beginnende Untersuchung der 1980er Jahre scheint – neben dem Komplex der Verunsicherung durch den Terrorismus nach dem 11. September 2001 und einer daraus mit zu erklärenden Konjunktur für das Thema »Innere Sicherheit« – eine Renaissance der Wirtschaftsgeschichte und eine Wiederentdeckung ›klassischer‹ sozialhistorischer Themen mit sich zu führen. Das ist im Sinne der Einspeisung zeithistorischer Kompetenz in die Suche nach Orientierung in aktuellen Debatten zu begrüßen und im Übrigen nicht verwunderlich nach dem Platzen der Blase der New Economy, der Desillusionierung neoliberaler Heilslehren vom Segen des Privaten gegenüber dem Staat.

Wenn nun gegenüber dem Ende der 1990er Jahre, als es um die Entdeckung der 1960er Jahre ging und kultursoziologische Deutungsmuster naheliegen mochten, eine neue Schwe-

---

55 Vgl. *Dominik Geppert*, Thatchers konservative Revolution. Der Richtungswandel der britischen Tories 1975–1979, München 2002; eine ähnlich konzipierte Untersuchung der Transformation von CDU/CSU bildet ein zeitgeschichtliches Desiderat.
56 Vgl. in den historischen Kontext eingebettet *Włodomierz Borodziej*, Geschichte Polens im 20. Jahrhundert, München 2010, S. 360ff.
57 *Manfred G. Schmidt*, Rahmenbedingungen, in: *ders.* (Hrsg.), Geschichte der Sozialpolitik in Deutschland seit 1945, Bd. 7: 1982–1989 Bundesrepublik Deutschland. Finanzielle Konsolidierung und institutionelle Reform, Baden-Baden 2005, S. 1–60, Zitat S. 10.
58 Ebd., S. 15.

re Platz greift, über das Postulat einer Problemgeschichte der Gegenwart die traditionelle Relevanzfrage wieder an Gewicht gewinnt, muss das aber nicht heißen, dass die Zeithistoriker einmal gewonnene Einsichten fallen lassen und hinter die erreichte Differenzierung der Perspektiven zurückfallen dürfen. Dabei geht es auch nicht lediglich um die Einbeziehung der klassischen Themen der Wirtschafts- und Sozialentwicklung auf eine neue, kulturhistorisch informierte Weise, sondern um eine völlig neue Perspektive. Gegenüber der von Sozialwissenschaftlern aus der Schule von Martin Bolte konstruierten kulturalistischen Ablösung von sozialen Interessenkämpfen durch Deutungskonkurrenzen im Zeitalter der »Erlebnisgesellschaft«[59] ist nämlich – in zeithistorischer Empirie – zu zeigen, dass soziale Interessen immer häufiger nicht direkt artikuliert, sondern in das performative Feld symbolischer Deutungskämpfe verlagert wurden (und werden)[60], aber damit eben nicht verschwanden. Dies gilt etwa für die »Risikogesellschaft«, die nach Tschernobyl in aller Munde war: Die seinerzeit behauptete grundlegende »Demokratisierung« der Risiken in der Moderne angesichts der Strahlengefahr, die Reiche wie Arme gleichermaßen betreffe, würde heute wohl allgemein als Hypostasierung von Umweltgefahren und Eskamotierung sozialer Realität gelten.[61]

III. RELEVANTE THEMENFELDER ZUR UNTERSUCHUNG EINES WANDELS DES POLITISCHEN IN DEN 1980ER JAHREN

Insgesamt, so wurde argumentiert, erinnern sich die Bundesbürger an die 1980er Jahre als eine außenpolitisch im Ganzen ruhige, im Windschatten des globalen Kalten Kriegs sich vollziehende undramatische Zeit mit einer weitgehenden politischen Kontinuität im Inneren. Auch wenn dies hinsichtlich der inneren politischen Auseinandersetzungen eher die zweite als die erste Hälfte des Jahrzehnts treffen mag, stellen die 1980er Jahre für die zeitgeschichtliche Forschung doch insgesamt eine konzeptionelle Herausforderung dar, die sich allerdings nicht grundlegend von jener der Untersuchung der gesamten Geschichte der Bundesrepublik unterscheidet, nämlich eine Gesellschaft im Frieden interessant darzustellen und zugleich der Falle zu entgehen, Themen entlang der medialen Aufmerksamkeitsökonomie aufzublasen, wie dies etwa für die 1970er und 1980er Jahre hinsichtlich des Themas »Linksterrorismus« konstatiert werden muss; bisweilen wurde durch dessen groteske Überforschung[62] und noch mehr durch dessen Präsentation als Unterhal-

---

59 *Gerhard Schulze*, Erlebnisgesellschaft. Kultursoziologie der Gegenwart, Frankfurt am Main/ New York 1992 (geschrieben unmittelbar unter dem Eindruck der 1980er Jahre); zur soziologischen Kritik dieses immer wieder neu aufgelegten Werks vgl. unter anderem *Rainer Geißler*, Das mehrfache Ende der Klassengesellschaft. Diagnosen sozialstrukturellen Wandels, in: Kölner Zeitschrift für Soziologie und Sozialpsychologie 50, 1998 (Sonderheft 38: Die Diagnosefähigkeit der Soziologie), S. 207–233, hier: S. 225ff.
60 Einführend vgl. *Ute Daniel*, Kompendium Kulturgeschichte. Theorien, Praxis, Schlüsselwörter, Frankfurt am Main 2006; vgl. zum Stand der Diskussion *Silvia Serena Tschopp*, Die Neue Kulturgeschichte – eine (Zwischen-)Bilanz, in: HZ Bd. 289, 2009, S. 573–605, sowie die Forschungen innerhalb des Exzellenzclusters »Kulturelle Grundlagen von Integration« der Universität Konstanz.
61 *Ulrich Beck*, Risikogesellschaft. Auf dem Weg in eine andere Moderne, Frankfurt am Main 1986; ders./*Anthony Giddens/Scott Lash*, Reflexive Modernisierung. Eine Kontroverse, Frankfurt am Main 1996; vgl. die interessante marxistische Kritik des Soziologen *Klaus Dörre*, Risikokapitalismus. Zur Kritik von Ulrich Becks »Weg in eine andere Moderne«, Marburg 1988. Vgl. auch den Beitrag von Christoph Julian Wehner in diesem Band.
62 Aus der seriösen Literatur, die sich vor allem um das parallele Phänomen der medial hergestellten »moral panic« und Popularisierung »innerer Sicherheit« bemüht, vgl. *Klaus Weinhauer/ Jörg Requate/Heinz-Gerhard Haupt* (Hrsg.), Terrorismus in der Bundesrepublik. Medien, Staat und Subkulturen in den 1970er Jahren, Frankfurt am Main/New York 2006; einige der dort ver-

tungsstoff in den Medien geradezu ein Schicksalskampf konstruiert, in dem die Bundesrepublik tatsächlich existenziell durch eine reale Rote Armee im Inneren bedroht gewesen sei. Selbst noch in durchaus kritisch gemeinten Untersuchungen zur Konstruktion diesbezüglicher medialer Feindbilder schimmert die Faszination von politischer Gewalt und deren Überschätzung (da genügt ein Blick auf die harten Zahlen) vor dem Hintergrund bürgerlicher Sekurität durch. Zu untersuchen wäre auf einer Metaebene auch, inwiefern das obsessive Interesse am Linksterrorismus der 1970er und 1980er Jahre von der Wahrnehmung einer »islamistischen« Bedrohung nach dem 11. September 2001 geformt wurde.

Dieses Beispiel zeigt nur, dass Geschichte immer im Horizont der Gegenwart geschrieben wird, wobei es die Aufgabe des Historikers ist, das Gegenwartsinteresse an der Geschichte selbst wiederum nicht unreflektiert zu bedienen und auch seine eigene Zeitgebundenheit nicht zu ignorieren. Das Postulat einer Zeitgeschichte als Problemgeschichte der Gegenwart[63] sollte in diesem Sinne als stete Mahnung angesehen werden. Allerdings wendet es sich nicht gegen das Konstatieren des Faktums einer »Erfolgsgeschichte« der ›alten‹ Bundesrepublik, die sich – mit klaren Kriterien (der lang anhaltenden Friedenszeit sowie der Ausbreitung von Demokratie und Wohlstand über vier Jahrzehnte hinweg) – auf deren Entwicklung bis zu den 1980er Jahren bezieht und, wie die Geschichtswissenschaft insgesamt, keine prognostischen Potenziale beanspruchen darf.[64] Das Konstatieren von Erfolgen muss nicht teleologische Heldenverklärung transportieren und die Ambivalenzen, retardierenden Momente und Widersprüche sowie jene Probleme glätten, die mit der allgemein positiven Entwicklung einhergingen oder sogar in ihr wurzelten. Im Gegenteil, die der Erfolgsgeschichte inhärenten Probleme lassen sich nur in deren Rahmen verstehen. Zudem gibt das Postulat einer Problemgeschichte der Gegenwart, von manchen vorschnell als Passepartout willkommen geheißen, noch keine Auskunft darüber, welche gegenwärtigen Probleme denn ausgewählt werden sollen für eine zeithistorische Untersuchung, denn diese bestehen ja nicht als fixe objektive Größen, sondern sind Produkt unterschiedlicher geschichtspolitischer Interessen und zugehöriger diskursiver medialer Strategien, vermengt mit wissenschaftsimmanenten Tendenzen. Oder gibt es, um nur ein Beispiel zu nennen, etwa einen Konsens darüber, was die Probleme unseres heutigen Sozialsystems eher hervorgerufen hat, die Ausweitung sozialer Leistungen in den 1950er, 1960er, 1970er oder 1980er Jahren oder die marktradikalen Privatisierungsorgien staatlicher und nicht zuletzt kommunaler Infrastruktur, die Deregulierung der Finanzmärkte und die systematische Steuerbegünstigung großer Vermögen in den letzten Jahrzehnten?[65] Je nachdem dürften andere Forschungsstrategien vorgeschlagen werden. Und andere halten vielleicht diese Probleme überhaupt für nachrangig gegenüber den atompolitischen Weichenstellungen der 1970er und 1980er Jahre.

»Hermeneutische« Zugänge könnten zunächst jene Debatten in der ›alten‹ Bundesrepublik bieten, die aus heutiger Sicht besonders krasse Unterschiede präsentieren, in denen aber auch der weite Weg deutlich wird, der seit dem westdeutschen Wiederaufbau bereits zurückgelegt worden war. Dies gilt zum Beispiel für die heute seltsam anmutenden Pro-

---

tretenen Autoren, etwa Hanno Balz und Gisela Diewald-Kerkmann, sind auch mit monografischen Studien hervorgetreten.
63 Vgl. *Hans Günter Hockerts*, Zeitgeschichte in Deutschland. Begriff, Methoden, Themenfelder, in: Historisches Jahrbuch Bd. 113, 1993, S. 98–127.
64 Vgl. *Andreas Rödder*, Das »Modell Deutschland« zwischen Erfolgsgeschichte und Verfallsdiagnose, in: VfZ, 54, 2006, S. 345–363.
65 Letztere konstituieren ein tragendes Motiv der Darstellung von *Hans-Ulrich Wehler*, Deutsche Gesellschaftsgeschichte, Bd. 5: Bundesrepublik und DDR 1949–1990, München 2008; vgl. *Gustav A. Horn*, Des Reichtums fette Beute. Wie die Ungleichheit unser Land ruiniert, Frankfurt am Main/New York 2011.

teste gegen den »Überwachungsstaat« am Beispiel der Volkszählung und des neuen maschinenlesbaren Personalausweises.[66] Orwells Visionen schienen dadurch beglaubigt, wobei sich zugleich – wie schon im Fall der Notstandsgesetzgebung 1968 – manchen Beobachtern Analogien zur Politik des ›Dritten Reichs‹ aufdrängten.[67] Die Zeitgenossen konnten nicht ahnen, dass 30 Jahre später das Monopol staatlichen Arkanwissens durch WikiLeaks erschüttert werden sollte, während gleichzeitig – nicht nur in Deutschland – vor allem große Teile vornehmlich der jüngeren Generation unbefangen persönlichste Daten privaten Netzbetreibern anvertrauen würden. Der intertemporale Vergleich des politischen Umgangs mit Daten und der gesellschaftlichen Sensibilität für dieses Thema mag als ein im weiten Sinne politikgeschichtliches Beispiel für eine Einbettung der 1980er Jahre in die Geschichte der Bundesrepublik gelten. Dabei ist augenfällig, dass in der Frühphase der christlich-liberalen Koalition Ängste vor einer Gefährdung erreichter liberaler Standards durch den Staat noch unschwer evoziert werden konnten, während ähnliche Gefahren heute wohl vor allem auf der Seite multinationaler Medienkonzerne und anderer privater Mächte vermutet würden.

Ein krasses Beispiel aus der Sozialpolitik für eine gegenwärtig – angesichts der Entscheidung für das Renteneintrittsalter mit 67 Jahren und zahlreichen noch weiter reichenden Forderungen – nur noch als skurril wahrgenommene Debatte der frühen 1980er Jahre, als geburtenstarke Jahrgänge auf den Arbeitsmarkt drängten, war jene über die Rente mit 58 Jahren. Zu verstehen ist diese Debatte nicht ohne die – hier nicht differenziert zu entfaltende – Problematik der Massenarbeitslosigkeit, die sich in zwei Schüben seit Mitte der 1970er und zu Beginn der 1980er Jahre ausbreitete, nachdem sie im Wiederaufbau für nahezu zwei Jahrzehnte verschwunden war. 1975 wurde die Millionengrenze registrierter Arbeitsloser erstmals wieder überschritten. Diese Zahl hatte sich bis zum Antritt der Regierung Kohl verdoppelt und konnte in den folgenden Jahren – bis zum Ende der ›alten‹ Bundesrepublik – kaum gesenkt werden. Damit verbrauchte sich auch bald das Argument, die wirtschaftspolitischen Probleme rührten aus der vorhergehenden sozialdemokratischen Regierungszeit – abgesehen einmal von der durch FDP-Minister hergestellten Kontinuität im Bereich der Wirtschafts- und Finanzpolitik. Eher wurden nun Vergleiche mit anderen europäischen Ländern angestellt, lagen doch die Arbeitslosenquoten in Großbritannien und Frankreich, vor allem in der zweiten Hälfte der 1980er Jahre, sehr viel höher als in der Bundesrepublik. Die Massenarbeitslosigkeit setzte den Rahmen nicht nur für die sozialpolitischen Debatten im engeren Sinne, sondern generierte beträchtliche Ängste vor einer »Einwanderung« in die deutschen Sozialsysteme durch Wirtschaftsflüchtlinge aus aller Welt und schuf Aufnahmebereitschaft für fremdenfeindliche Stimmungen mit beträchtlichen Auswirkungen in der politisch-kulturellen Sphäre.

Um die Herausforderungen des Arbeitsmarkts, speziell die hohe Jugendarbeitslosigkeit zu bewältigen, schien die gerechte Verteilung der Arbeit[68], die jungen Menschen eine Chance geben sollte, unerlässlich. Kritische Stimmen argumentierten dagegen: »Wer nicht arbeitet, wird schneller alt.«[69] Auch an diesem Beispiel ließe sich zeigen, wie die 1980er

---

66 SPIEGEL-Titel: Totale Überwachung. Der neue Personalausweis, in: Der SPIEGEL, 8.8.1983; vgl. zur Volkszählung die Titel der SPIEGEL-Ausgaben vom 28.3.1983 und 18.4.1983, sowie zur darauf folgenden Volkszählung den Titel: Volkszählung: mitmachen, mogeln, boykottieren?, in: Der SPIEGEL, 18.5.1987. Vgl. auch den Beitrag von Larry Frohman in diesem Band.
67 Vgl. *Jürgen Taeger* (Hrsg.), Die Volkszählung, Reinbek 1983; *Götz Aly*, Die restlose Erfassung. Volkszählen, Identifizieren, Aussondern im Nationalsozialismus, Berlin 1984.
68 In diesem Zusammenhang ist auch auf die Debatte um den Vorschlag von Oskar Lafontaine 1987/88 zu erwähnen, der eine Arbeitszeitkürzung ohne vollen Lohnausgleich vorschlug und dabei auf heftige Kritik aus den Gewerkschaften stieß.
69 SPIEGEL-Titel: Mit 58 in Rente?, in: Der SPIEGEL, 24.10.1983; vgl. zur Rentendiskussion *Winfried Schmähl*, Sicherung bei Alter, Invalidität und für Hinterbliebene, in: *Schmidt*, Geschichte der Sozialpolitik in Deutschland, S. 315–388, hier: S. 354ff.

Jahre historisiert werden könnten, denn noch zwei Jahrzehnte zuvor wäre eine solche Diskussion – wie heute wieder – nicht denkbar gewesen, als in der Hochkonjunktur der 1960er Jahre Lehrlinge mit Sparverträgen und Mopeds von den Unternehmen gelockt wurden, als die Arbeitnehmer eine so starke Position hatten, dass sie auf gewerkschaftliche Kämpfe weitgehend verzichteten, und als Millionen ›Gastarbeiter‹ ins Land geholt wurden.

Solche Ansatzpunkte für eine Historisierung der 1980er Jahre ließen sich vermehren. An dieser Stelle muss aber nochmals betont werden, dass eine Sicht allein auf dieses Jahrzehnt, so sehr sie dem pragmatischen Vorgehen einer der Gegenwart stetig folgenden Zeitgeschichte entsprechen mag, hochgradig problematisch ist; nicht so sehr wegen der riskanten Nähe zur Gegenwart – diesbezügliche, sehr deutsche Bedenken gegenüber einem subjektiven Tunnelblick und angeblich fehlenden Quellen sind längst relativiert worden –, sondern wegen der zu engen Betrachtung sehr kurzer Zeiträume. Dadurch werden ereignisgeschichtliche, vor allem politikgeschichtliche Themen ›automatisch‹ privilegiert, Zugänge der Wirtschafts-, Sozial- und Kulturgeschichte, die häufig nur in der Betrachtung eines längeren Zeitraums verständlich werden, aber tendenziell ausgeklammert. Dies ist stets mit zu denken, wenn ein kürzerer Zeitraum wie die 1980er Jahre genauer betrachtet wird.

In einer groben Unterteilung sollten deshalb Entwicklungen unterschieden werden, die durch die 1980er Jahre hindurch liefen, die in jenem Jahrzehnt ausliefen, etwa der Kalte Krieg, obwohl angesichts der Folgewirkungen auch hier kein totaler Schlusspunkt zu setzen wäre, und solchen, die dort ihren Ausgang nahmen, den Take-off aber erst später erlebten. So dürfte es dem jetzigen Stand der Forschung entsprechen, dass die Frauenbewegung und deren Erfolge, die häufig als Element der Revolte von 1968 fungieren, eher die 1970er Jahre kennzeichnen[70], ohne dass die Emanzipationsprozesse in den 1980er Jahren abbrachen. Die Einrichtung von Frauenhäusern seit dem Beginn des Jahrzehnts[71] etwa zeigt vielmehr den Übergang in eine institutionelle Phase. Ein bilanzierender Artikel vom Ende der 1980er Jahre unterschied bereits vier Phasen der Frauenbewegung, den »Aufbruch« nach 1968, die »Konsolidierung« bis zur Mitte der 1970er Jahre, den Übergang zu »Projekten einer feministischen Gegenkultur« seit etwa 1977 und schließlich die erreichte »Stärke der Vielfalt« durch eine »Differenzierung« seit etwa 1983.[72] Dabei meint Institutionalisierung nicht nur die Schaffung organisatorischer Formen, sondern auch die Differenzierung der Bewegung sowie die Etablierung eines breiten Diskurses um den »Abschied von der Männergesellschaft« bis in die CDU/CSU hinein, in deren programmatischer Erneuerung im Zeichen der »Neuen sozialen Frage« der sanften Macht der Familienpolitik eine hohe Bedeutung zukam.[73]

Ähnliches lässt sich für die Umweltschutz-Bewegungen beobachten. Die Verankerung des Umweltschutzes als Staatsziel wurde durch die Einrichtung eines eigenen Ministeriums nach der Katastrophe von Tschernobyl symbolisiert. Insofern ließe sich von den

---

70 Vgl. *Ute Frevert*, Umbruch der Geschlechterverhältnisse? Die 60er Jahre als geschlechterpolitischer Experimentierraum, in: *Schildt/Siegfried/Lammers*, Dynamische Zeiten, S. 642–660; zuletzt die instruktive Lokalstudie von *Elisabeth Zellmer*, Töchter der Revolte? Frauenbewegung und Feminismus der 1970er Jahre in München, München 2011.
71 Vgl. etwa *Carol Hagemann-White/Barbara Kavemann/Johanna Kootz* u. a., Das Modellprojekt »Frauenhaus Berlin«. Hilfen für mißhandelte Frauen, in: APuZ 1981, Nr. 45, S. 39–54.
72 *Birgit Meyer*, Viel bewegt – auch viel erreicht? Frauengeschichte und Frauenbewegung in der Bundesrepublik, in: Blätter für deutsche und internationale Politik 44, 1989, S. 832–842.
73 Vgl. *Heiner Geißler* (Hrsg.), Abschied von der Männergesellschaft. Leitsätze der CDU für eine neue Partnerschaft zwischen Mann und Frau, Frankfurt am Main 1986; zum Kontext *Peter J. Grafe*, Schwarze Visionen. Die Modernisierung der CDU, Reinbek 1986; *Hans-Jürgen Lange*, Responsivität und Organisation. Eine Studie über die Modernisierung der CDU von 1973–1989, Marburg 1994.

1980er Jahren auch als einer Phase der Institutionalisierung neuer Themen und sozialer Bewegungen sprechen, die nun sogar auf das Verwaltungshandeln auf verschiedenen Ebenen einwirkten.[74]

Während diese Sicht vor allem die 1970er und 1980er Jahre in einen engen Zusammenhang rückt, zeigt der Blick auf die Medialisierung der Gesellschaft, dass es Themen von aktueller Bedeutung gibt, die hinsichtlich ihrer lebensweltlichen Dimension erst im letzten Jahrzehnt der ›alten‹ Bundesrepublik oder noch später ihren Anfang nahmen; Fernsehen als private Veranstaltung gab es seit Mitte der 1980er Jahre und zugleich war jenes Jahrzehnt das letzte ohne »Handys«.

Abschließend sollen einige Forschungsfelder und -perspektiven, in ihrer Reihung subjektiv ausgewählt, aber von evidenter Gegenwartsrelevanz, genannt werden, die zugleich für die Erklärung der 1980er Jahre als letztem Abschnitt der ›alten‹ Bundesrepublik zentral sind. Dabei steht die Frage im Vordergrund, wo wir mehr und vor allem mehr genuin zeitgeschichtliche Forschung benötigen. Denn so hilfreich historisierende Bemühungen benachbarter Disziplinen sein mögen, entheben sie uns doch nicht eigener geschichtswissenschaftlicher Anstrengungen, schon wegen des zu Recht betonten Doppelcharakters von empirisch-wissenschaftlicher Expertise und zeitgebundener Quelle.[75] Die hier genannten Forschungsfelder[76] lassen sich nicht nur vielfältig verknüpfen, sondern überlappen sich zum Teil und erzwingen geradezu eine Kombination der Perspektiven.

Vorab lässt sich deshalb über das im Folgenden skizzierte Tableau von Themen zum einen sagen, dass auch für Forschungen mit dem Ansatz einer »Kulturgeschichte des Politischen« oder einer »Neuen Politikgeschichte« mit ihrem starken Interesse am Politischen als Kommunikationsprozess[77] sozialhistorische Hintergründe differenziert zu berücksichtigen sind, weil die semantische Deutung performativer Akte ansonsten empirisch hohl bleiben muss. Zum anderen sollte eine schematische und vorschnelle Einordnung in das klassische Viereck wirtschaftlicher, gesellschaftlicher, politischer und kultureller Sektoren vermieden werden, wird doch für die jüngste Zeitgeschichte die Veränderung des Verhältnisses dieser Seiten zueinander in systemischer und lebensweltlicher Hinsicht selbst zur Forschungsfrage. Die Diskussion und Forschung zur »Strukturbruch«-These seit den 1970er Jahren mit ihren sozialhistorischen Weiterungen, der Diskussion um die Veränderung des Verhältnisses von Arbeitswelt(en)[78] und einer sich ausdifferenzierenden Konsumsphäre[79], der »Erosion der traditionellen Arbeitsbiographien und -lebensläufe« bei Männern und Frauen[80] nach dem »Fordismus« beziehungsweise dem Ende

---

74 Vgl. konzeptionell *Jens Ivo Engels*, »Inkorporierung« und »Normalisierung« einer Protestbewegung am Beispiel der westdeutschen Umweltproteste in den 1980er Jahren, in: Mitteilungsblatt des Instituts für soziale Bewegungen 2008, Nr. 40, S. 81–101.
75 Vgl. *Doering-Manteuffel/Raphael*, Nach dem Boom, S. 56ff.
76 Sie überschneiden sich zum Teil mit den Vorschlägen ebd., S. 91ff., die allerdings auf den westeuropäischen Rahmen und unbestimmtere Zeiträume abheben.
77 Vgl. *Thomas Mergel*, Überlegungen zu einer Kulturgeschichte der Politik, in: GG 28, 2002, S. 576–606; *Ute Frevert*, Neue Politikgeschichte. Konzepte und Herausforderungen, in: *dies./Heinz-Gerhard Haupt* (Hrsg.), Neue Politikgeschichte. Perspektiven einer historischen Politikforschung, Frankfurt am Main/New York 2005, S. 7–26.
78 Vgl. die Beiträge in *Andresen/Bitzegeio/Mittag*, »Nach dem Strukturbruch«, die zwar auf die 1970er Jahre fokussieren, aber auch für die 1980er Jahre viele Hinweise liefern.
79 Vgl. *Schildt/Siegfried*, Deutsche Kulturgeschichte, S. 406ff.
80 Vgl. *Andreas Wirsching*, Konsum statt Arbeit? Zum Wandel von Individualität in der modernen Massengesellschaft, in: VfZ 57, 2009, S. 171–199, Zitat S. 198; vgl. *ders.*, Erwerbsbiographien und Privatheitsformen. Die Entstandardisierung von Lebensläufen, in: *Thomas Raithel/Andreas Rödder/Andreas Wirsching* (Hrsg.), Auf dem Weg in eine neue Moderne? Die Bundesrepublik Deutschland in den siebziger und achtziger Jahren, München 2009, S. 83–97.

der »industriellen Moderne« haben mittlerweile eingesetzt.[81] Andreas Wirsching hebt hervor, dass es »zu den auffallendsten Phänomenen der jüngsten politischen Kultur- und Ideengeschichte« gehöre, dass die traditionelle Konsumkritik seit den 1980er Jahren »weitgehend verstummt« und an deren Stelle die »grundsätzliche Akzeptanz eines historisch ganz anders gewachsenen Modells getreten sei: des amerikanischen Prosperitätsmodells«[82]; allerdings ist die Intensität der Forschung auf diesem Feld sehr ungleichgewichtig. Die Forschung scheint sich bisher vor allem auf Tendenzen in der industriellen Arbeitswelt beziehungsweise der »Deindustrialisierung« unter der krassen zeitgenössischen Formel vom »Ende der Arbeitsgesellschaft«, zum Teil auch auf die Sphäre des Konsums zu beziehen, aber zum Beispiel kaum auf die Entwicklung der Finanzwelt unter Einschluss lebensweltlicher Dimensionen; angesichts der Gegenwartsrelevanz kennzeichnet dies eine Schieflage.

Hinsichtlich der Krisenwahrnehmung und -periodisierung wird eine stärkere Einbeziehung der 1980er Jahre unter Umständen zu einer erweiterten Perspektive auf den »Strukturbruch« führen, sahen sich doch viele Zeitgenossen – nicht nur in der Bundesrepublik[83] – in einer seit 1973/74 anhaltenden permanenten Krise, während eine sektorale volkswirtschaftliche Betrachtung – etwa der Hafenwirtschaft – entscheidende Einbrüche erst um 1980 entdecken lässt.[84] Die Ungleichzeitigkeit der Krisenwahrnehmung ist nicht zuletzt im Blick auf die Entwicklung gewerkschaftlicher Kämpfe in den 1980er Jahren von hoher Bedeutung.

Mit den Veränderungen der Arbeits- und Lebenswelt verbunden war die Migration der 1980er Jahre. Während die Zahl und der Anteil der Ausländer (eine sehr grobe Kennziffer) in der Bundesrepublik nur sehr allmählich und keineswegs dramatisch anstiegen (von 4,5 Millionen beziehungsweise 7,2% 1980 auf 4,8 Millionen beziehungsweise 7,7% 1989), nahm die Bedeutung migrantischer Gruppen sowie des Umgangs (Stichwort: »Integration«) mit diesen[85] stark zu; in der Endphase der ›alten‹ Bundesrepublik zeichnete sich immer deutlicher ab, dass sich auf Dauer neue nationale, ethnische und kulturelle Gruppen niedergelassen hatten. Hineinragend in die Vereinigungsgesellschaft fanden die Debatten über Deutschland als »Einwanderungsland« und, bald zur konservativen Stigmatisierungsformel avanciert, »Multikulti« statt. Die Migration, die nach dem Anwerbestopp für ›Gastarbeiter‹ 1973 nun vor allem den »Familiennachzug« und darüber hinaus andere Gruppen betraf, war über die gesamten 1980er Jahre hinweg eines der Themen mit den heftigsten Kontroversen. Die Steigerungsraten bei sogenannten Spätaussiedlern und bei Asylbewerbern beziehungsweise »Wirtschaftsflüchtlingen« – die Zahl der Anträge auf Gewährung von Asyl verzehnfachten sich zwischen 1977 und 1980 auf circa 150.000 – wurden vor allem als Menetekel einer »Überfremdung« öffentlich kommuniziert; das Problem manifester »Ausländerfeindlichkeit« erschütterte periodisch die politische Öffentlichkeit. Auch wenn rechtsextreme Parolen und Gewalttaten dort kaum Beifall fanden, galten doch jene, die den Zuzug von Menschen aus fremden Kulturen und Ethnien als nachbarschaftliche Bereicherung ausdrücklich begrüßten, in den Medien häu-

---

81 Martin Geyer hat in einem Literaturbericht über neue Arbeiten zur Geschichte der 1970er und 1980er Jahre (vgl. Anm. 2) seine Skepsis hinsichtlich eines inflationierten Fordismus- und Postfordismus-Begriffs ausgedrückt, der zur Allerweltsformel zu gerinnen drohe. Das wäre eingehend zu diskutieren, dient doch die kritisierte Begrifflichkeit vorläufig als Klammer für die 1970er und 1980er Jahre – und darüber hinaus.
82 *Wirsching*, Konsum statt Arbeit, S. 179.
83 Vgl. die Beiträge in: Journal of Modern European History 9, 2011, H. 2.
84 Dies zeigen erste Befunde einer Geschichte des Hamburger Hafens; das Projekt bearbeitet Christoph Strupp an der Forschungsstelle für Zeitgeschichte.
85 Die Zahlen nach *Ulrich Herbert*, Geschichte der Ausländerpolitik in Deutschland. Saisonarbeiter, Zwangsarbeiter, Gastarbeiter, Flüchtlinge, München 2001, S. 198 und 233.

fig als naive Träumer. Die aggressive Leitkultur-Debatte nach der Jahrtausendwende, in der vielfach eine Integration gefordert wurde, die einer Assimilation glich, hatte hier eine ihrer Wurzeln. Welche Prozesse der Integration, Segregation und Desintegration mit der Zuwanderung verschiedener Gruppen aus unterschiedlichen Kulturen und Ethnien einhergingen, ist für die jüngste Zeitgeschichte noch kaum untersucht worden. Dies betrifft vor allem die Veränderungen urbaner Kulturen und kommunaler Politikfelder, die selbstverständlich nicht auf die 1980er Jahre zu begrenzen sind.

Auf dem Feld der zeitgeschichtlichen Migrationsforschung stellen sich aber nicht nur empirische Aufgaben. Zugleich bedarf es hier grundsätzlicher theoretischer Klärungen, etwa im Blick auf kulturhistorisch und von den Postcolonial Studies inspirierte Konzepte des Hybriden zwischen Identität und Alterität; die Überwindung eines simplen Dualismus von Integration und Desintegration könnte zu einer differenzierteren Begrifflichkeit führen, sodass die jüngste Zeitgeschichte nicht zuletzt der Ort einer fruchtbaren Synthese von Migrations- und Stadtgeschichte werden würde.

Damit zusammenhängend ergeben sich wichtige Themen der Bildungsgeschichte; abgesehen davon, dass diese insgesamt ein stiefmütterliches Dasein führt, haben Zeithistoriker bisher kaum Interesse für Schulen, Hochschulen und andere Stätten der Aus- und Fortbildung als Schnittstelle des Zusammentreffens sozialer Gruppen gezeigt. Die 1970er Jahre, aber auch noch die 1980er Jahre werden allgemein als Phase breiter Bildungsexpansion angesehen. Das zusammenfassende Urteil eines Bildungsforschers über die 1980er Jahre lautet: »Von einem drastischen Kurswechsel in der Bildungspolitik nach 1982 konnte insgesamt keine Rede sein.«[86] Der Schüleranteil (siebte Klasse) an Integrierten Gesamtschulen lag 1980/81 bei 3,7% und 1990/91 bei 6,4%, mit föderalismusspezifischen starken Unterschieden. Welche schulischen Realitäten aber hinter solch hoch aggregierten statistischen Befunden[87] standen, müsste erst noch untersucht werden. Über quantifizierende bildungssoziologische Studien hinaus gibt es kaum differenzierte Schilderungen schulischer Lebenswelten in zeitgeschichtlicher Perspektive, obwohl Quellen unterschiedlicher Provenienz massenhaft zur Verfügung stehen würden.[88]

Dies gilt auch für die Hochschulen, deren enormes Wachstum aufseiten der Studierenden, nicht hingegen des Lehrpersonals, sich auch in den 1980er Jahren fortsetzte: 1980 gab es 976.000 Studierende (Bafög-Förderung 34,8%), 1989 1.438.000 Studierende (Bafög-Förderung 27,8%).[89] Am Ende des Jahrzehnts erlebten die Hochschulen die breiteste Protestwelle ihrer Geschichte[90], die heute gänzlich vergessen scheint. Besonders merk-

---

86 *Oskar Anweiler*, Bildungspolitik, in: *Schmidt*, Geschichte der Sozialpolitik in Deutschland, S. 565–600, Zitat S. 567; vgl. mit kulturpessimistischen Untertönen auch *Jörg-Dieter Gauger*, Kultur und Schule: vom Verschwinden des kulturellen Gedächtnisses, in: *Hans-Peter Schwarz* (Hrsg.), Die Bundesrepublik Deutschland. Eine Bilanz nach 60 Jahren, Köln/Weimar etc. 2008, S. 637–654; eine knappe Skizze zur Einordnung in die Systemauseinandersetzung bei *Andreas Wirsching*, Bildung als Wettbewerbsstrategie, in: *Bernd Greiner/Tim B. Müller/Claudia Weber* (Hrsg.), Macht und Geist im Kalten Krieg, Hamburg 2011, S. 223–238.
87 Vgl. *Hermann L. Gukenbiehl*, Bildung und Bildungssystem, in: *Bernhard Schäfers/Wolfgang Zapf* (Hrsg.), Handwörterbuch zur Gesellschaft Deutschlands, Opladen 1998, S. 85–100; *Christoph Führ/Carl-Ludwig Furck* (Hrsg.), Handbuch der deutschen Bildungsgeschichte, Bd. VI/1: 1945 bis zur Gegenwart. Bundesrepublik Deutschland, München 1998.
88 *Hans Maier*, Fortschrittsoptimismus oder Zukunftspessimismus. Die Bundesrepublik Deutschland in den 70er und 80er Jahren, in: VfZ 56, 2008, S. 1–17, hier: S. 11–15.
89 *Anweiler*, Bildungspolitik, S. 594; vgl. *Ralph Jessen*, Massenbildung, Unterfinanzierung und Stagnation. Ost- und westdeutsche Universitäten der siebziger und achtziger Jahre, in: *Michael Grüttner/Rüdiger Hachtmann/Konrad H. Jarausch* u. a. (Hrsg.), Gebrochene Wissenschaftskulturen. Universität und Politik im 20. Jahrhundert, Göttingen 2010, S. 261–278.
90 Vgl. *Dorothee Beck*, Die neue Unruhe. Zwischenbilanz der Ereignisse an den Hochschulen im Winter 1988/89, in: Blätter für deutsche und internationale Politik 34, 1989, S. 171–185.

würdig mutet an, dass die Reformen zur Überwindung der humboldtschen Bildungsidee, die in die Sümpfe von Bologna führten – wahrlich eine Problemgeschichte der Gegenwart – bisher noch kaum zeithistorische Beachtung gefunden haben.[91] Die Bedeutung der 1980er Jahre bleibt in diesem längerfristigen Prozess, der keineswegs bereits abgeschlossen ist, noch zu bestimmen.[92]

Die Herausbildung eines »alternativen Milieus« in den 1970er Jahren ist mittlerweile zu einem bevorzugten Thema geworden; erste Studien zu den Neuen sozialen Bewegungen, zu Protesten um sogenannte Gattungsfragen, der durch Waldsterben, Gentechnologie, Atomrüstung und zivile Nutzung der Atomenergie bedrohten Umwelt liegen vor oder sind in Bearbeitung[93]; dabei wird zum einen der Zusammenhang zwischen Ligaturen des Milieus und der Praxis in lokalen, regionalen und schließlich nationalen Zusammenschlüssen zentrale Aufmerksamkeit verdienen, etwa die Akteure und Netzwerke der Friedensbewegung[94] oder der Grünen als daraus erwachsener »Anti-Parteien-Partei«.[95] Zum anderen zeigt dieses Themenfeld, dass Transnationalität nicht als modische Alternative zu deutscher Geschichte, sondern als aus dieser notwendig hervorwachsende Dimension zu verstehen ist. Als Beispiel mag die Organisation »Greenpeace« dienen, deren erste Aktion in der Bundesrepublik im Juni 1981 in Hamburg stattfand, als zwei Gestalten mit gelben Schutzanzügen und Gasmasken einen Schornstein des Hamburger Chemiewerks Boehringer bestiegen – eine Aktion, die von vornherein auf eine breite Medienöffentlichkeit, nicht zuletzt auf spektakuläre Fernsehbilder, ausgerichtet war.[96] Von Interesse ist die Fortschreibung der Umweltbewegungen aber nicht um ihrer selbst willen, sondern hinsichtlich ihrer charakteristischen Bedeutungskonjunkturen. Joachim Radkau spricht von einer »Umweltkonjunktur von Tschernobyl bis Rio, 1986–1992« und gleichzeitig von einer »Zeitenwende um 1990«, die mit dem »Paradigmenwechsel von der sozialen zur Generationengerechtigkeit« verbunden sei.[97] Dieser Zusammenhang wäre näher zu untersuchen, denn die Kombination der in den Hintergrund gedrängten sozialen Frage, der Umweltkonjunktur und anderer Themen des alternativen Milieus sowie der (Ideologie der) Generationengerechtigkeit scheint zumindest in der zweiten Hälfte der 1980er Jahre

---

91 Vgl. zu PISA und »Bologna« etwa die bitteren Kritiken des Philosophen *Konrad Paul Liessmann*, Theorie der Unbildung. Die Irrtümer der Wissensgesellschaft, München 2011, sowie des Sprachwissenschaftlers *Clemens Knobloch*, Wir sind doch nicht blöd! Die unternehmerische Hochschule, Münster 2010; eine zeitgenössische Quelle sind die fortlaufenden Berichterstattungen in der Frankfurter Allgemeinen Zeitung und in »Lehre und Forschung«, dem Organ des Deutschen Hochschullehrerverbands, sowie die Stellungnahmen des Wissenschaftsrats, der Bertelsmann-Stiftung und einige Artikel in der Wochenzeitung »Die ZEIT«; zu einem der Protagonisten vgl. *Olaf Bartz*, Der Wissenschaftsrat. Entwicklungslinien der Wissenschaftspolitik in der Bundesrepublik Deutschland 1957–2007, Stuttgart 2007, S. 132ff.
92 Eine instruktive Historisierung unternimmt *Margit Szöllösi-Janze*, »Der Geist des Wettbewerbs ist aus der Flasche!«. Der Exzellenzwettbewerb zwischen deutschen Universitäten in historischer Perspektive, in: Jahrbuch für Universitätsgeschichte 14, 2011, S. 59–73.
93 Vgl. vor allem die Aufsätze in *Sven Reichardt/Detlef Siegfried* (Hrsg.), Das Alternative Milieu. Antibürgerlicher Lebensstil und linke Politik in der Bundesrepublik Deutschland und Europa 1968–1983, Göttingen 2010; die Darstellung des besonders wichtigen Bereichs der Naturschutz- und Umweltbewegung reicht bis 1980: *Jens Ivo Engels*, Naturpolitik in der Bundesrepublik. Ideenwelt und politische Verhaltensgeschichte in Naturschutz und Umweltbewegung 1950–1980, Paderborn/München etc. 2006; *Susanne Schregel*, Der Atomkrieg vor der Wohnungstür. Eine Politikgeschichte der neuen Friedensbewegung in der Bundesrepublik 1970–1985, Frankfurt am Main/New York 2011.
94 Vgl. etwa die in Anm. 36 genannte Literatur.
95 Vgl. *Mende*, »Nicht rechts, nicht links, sondern vorn«; *Saskia Richter*, Die Aktivistin. Das Leben der Petra Kelly, München 2010. Vgl. auch den Beitrag von Silke Mende in diesem Band.
96 SPIEGEL-Titel: Aktion Green Peace. Jagd auf die Umwelt-Frevler, in: Der SPIEGEL, 6.9.1982.
97 *Joachim Radkau*, Die Ära der Ökologie. Eine Weltgeschichte, München 2011, S. 488.

die Öffentlichkeit in der Bundesrepublik in starkem Maße bestimmt zu haben. Eine Geschichte des alternativen Milieus seit den 1980er Jahren hätte in diesem Zusammenhang auch zu fragen, inwiefern dem deregulierten Kapitalismus daraus ein Potenzial kreativer Intelligenz erwuchs.

Auch für die Jugendkulturen im engeren Sinn, ein für die Zeit bis zu den 1980er Jahren intensiv beforschtes Thema[98], wäre eine Fortschreibung sehr wichtig. Phänomene wie die »Jugendkrawalle«, vor allem in Form symbolträchtiger Hausbesetzungen, in etlichen europäischen Ländern (Schweiz, Bundesrepublik Deutschland, Niederlande, Dänemark) um 1980 führten zu breiten Diskussionen in der zeitgenössischen Öffentlichkeit[99], die bisher noch kaum aufgearbeitet sind.[100] Es scheint, dass sich im Übergang von den 1970er zu den 1980er Jahren erhebliche Einstellungsveränderungen in der Jugend, zumal im akademischen Nachwuchs, vollzogen.[101] Dazu zählt auch, nicht zuletzt im Umkreis der Umwelt- und der Frauenbewegungen, die Propagierung einer neuen Subjektivität. Wer um 1980 in einer westdeutschen Universitätsstadt nach längerer Abwesenheit einen der um 1968 etablierten linken Buchläden besuchte, stieß nun statt auf sozialistische Klassiker häufig auf eine reichhaltige Auswahl esoterischer Literatur.[102] Vor diesem Hintergrund könnte die Untersuchung jugendlicher und alternativer Milieus als Sonde für allgemeinere kulturelle – bis hin zu religiösen – Tendenzen dienen.

Als weiteres Feld zu nennen sind (Massen-)Medien und Öffentlichkeit, die für die Ausbreitung sozialer Bewegungen sehr wichtig waren (und sind).[103] Vielleicht sollte man besser von der dritten Stufe einer massenmedialen Revolution im 20. Jahrhundert sprechen.[104] Nach der Etablierung des Radios von den 1920er bis zu den 1950er Jahren und der Durchsetzung des Fernsehens als häusliches Leitmedium in den 1960er und 1970er Jahren entstand Mitte der 1980er Jahre – und zwar in allen westeuropäischen Ländern unabhängig von deren jeweiliger Regierungsfarbe nahezu gleichzeitig (auch dies wiederum ein Beleg dafür, dass eine transnationale Dimension nicht künstlich implantiert werden muss) – vor dem Hintergrund der neuen technischen Möglichkeiten von Kabel und Satellit

---

98 Vgl. vor allem *Detlef Siegfried*, Time Is on My Side. Konsum und Politik in der westdeutschen Jugendkultur der 60er Jahre, Göttingen 2006 (die Darstellung reicht bis 1973).

99 Vgl. etwa *Ingrid Müller-Münch/Wolfgang Prosinger/Sabine Rosenbladt* u. a., Besetzung – weil das Wünschen nicht geholfen hat. Köln, Freiburg, Gorleben, Zürich und Berlin, Reinbek 1981; *Klaus Dörre*, In den Straßen steigt das Fieber. Jugend in der Bundesrepublik, Köln 1982.

100 Ein von der DFG gefördertes Projekt über die Jugendzentrumsbewegung der 1970er und 1980er Jahre wird an der Forschungsstelle für Zeitgeschichte in Hamburg von David Templin bearbeitet. Vgl. auch *Andreas Suttner*, »Beton brennt«. Hausbesetzer und Selbstverwaltung in Berlin, Wien und Zürich der 80er, Wien/Berlin etc. 2011.

101 Vgl. dazu vornehmlich auf Basis der Shell-Jugendstudien seit 1953 den soliden Überblick von *Jürgen Zinnecker*, Jugendkultur 1940–1985, Opladen 1987.

102 Zum alternativen Buchmarkt *Adelheid von Saldern*, »Markt für Marx« – Literaturbetrieb und Lesebewegungen in der Bundesrepublik in den Sechziger- und Siebzigerjahren, in: AfS 44, 2004, S. 149–180; *Uwe Sonnenberg*, Der Verband des linken Buchhandels (VLB) in den 1970er Jahren: Ein Netzwerk innerhalb der Netzwerke, in: *Cordia Baumann/Sebastian Gehrig/ Nicolas Büchse* (Hrsg.), Linksalternative Milieus und Neue Soziale Bewegungen in den 1970er Jahren, Heidelberg 2011, S. 161–188; zum Vordringen esoterischer Strömungen vgl. *Pascal Eitler*, »Alternative« Religion. Subjektivierungspraktiken und Politisierungsstrategien im »New Age« (Westdeutschland 1970–1990), in: *Reichardt/Siegfried*, Das Alternative Milieu, S. 335–352.

103 Vgl. *Rüdiger Schmitt-Beck*, Über die Bedeutung der Massenmedien für soziale Bewegungen, in: Kölner Zeitschrift für Soziologie und Sozialpsychologie 42, 1990, S. 642–662.

104 Vgl. *Axel Schildt*, Das Jahrhundert der Massenmedien. Ansichten zu einer künftigen Geschichte der Öffentlichkeit, in: GG 27, 2001, S. 177–206; *Holger Nehring*, Debatten in der medialisierten Gesellschaft. Bundesdeutsche Massenmedien in den globalen Transformationsprozessen der siebziger und achtziger Jahre, in: *Raithel/Rödder/Wirsching*, Auf dem Weg, S. 45–65.

das sogenannte duale System von staatlichen beziehungsweise öffentlich-rechtlichen und kommerziellen privaten Anbietern von Radio- und Fernsehprogrammen mit einer Vervielfachung des Angebots für die Konsumenten[105]; im Übrigen waren die 1980er Jahre – in diesem Falle im engeren Sinn – die Dekade der häuslichen Video-Geräte; im SPIEGEL hieß es mit Hinweis auf das laufende Weihnachtsgeschäft: »In Bundesdeutschland ist 1980 das VIDEO-Zeitalter ausgebrochen«[106]; 1990 war nahezu die Hälfte der Haushalte in der Bundesrepublik mit Video-Geräten ausgestattet, sodass sich im Dispositiv, dem Verhältnis von technischem Medium, Programm und Konsument, erhebliche Veränderungen ergaben, die bisher noch kaum zeitgeschichtlich erfasst sind.

Die massenmediale Modernisierung war aber nur der Anfang und ein Teilaspekt umfangreicher, technisch induzierter lebensweltlicher Veränderungen, die in den 1980er Jahren ihre Anfänge, den Take-off hingegen erst in den 1990er Jahren erlebten; dies gilt für die Ausstattung der Haushalte mit dem Personal Computer, etwa des seit 1981 erfolgreich vertriebenen Commodore 64, nachdem die »Computerisierung« bereits die Arbeitswelt der 1970er Jahre zunehmend geprägt hatte. Das Zusammenwachsen von Informations- und Kommunikationsmedien, der Siegeszug des mobilen Telefons und der Gebrauch des Internets verweisen dann auf die 1990er Jahre. Die zeitgeschichtliche Untersuchung dieser medialen Revolution in allen auch politisch bedeutsamen Facetten wird zu einer wichtigen Aufgabe der Zeitgeschichtsforschung werden, hängen damit doch sehr wichtige Fragen zusammen, wie etwa die nach der Verdichtung von Zeitwahrnehmungen und zunehmendem Tempo des »modernen Lebens« mit allen Implikationen bis hin zur Frage nach dem Verhältnis von Gesundheit und Krankheit.[107]

Die durch die massenmediale Revolution erzeugten Veränderungen nicht nur privater Lebenswelten, sondern auch der politischen Öffentlichkeit seit den 1980er Jahren sind bisher ebenfalls kaum untersucht worden. Dies verweist auf die ausstehende Analyse neuer Anordnungen von Machtbeziehungen im Dreieck von Politik, wirtschaftlichen und anderen Lobbyinteressen sowie medialer Präsentation, die das letzte Jahrzehnt der ›alten‹ Bundesrepublik prägten.

Mentalitätsgeschichtliche Zugänge, wiewohl methodisch nicht unproblematisch, da angesiedelt auf einer Ebene zwischen permanenter Begleitung der Moderne und zeitgeschichtlicher Spezifik, könnten die Sicht auf alltagsgeschichtliche Hintergründe der politischen Kultur freilegen. Notwendig wäre in diesem Zusammenhang etwa eine Überprüfung der These von der »Umkehrung des Fortschrittsparadigmas in den siebziger und achtziger Jahren«[108], die bereits von den Zeitgenossen intensiv diskutiert wurde. In einer Titel-Story des SPIEGEL von 1980 findet sich ein Satz, der heute genauso geschrieben werden könnte: »Selten war der Fortschrittsglaube der kapitalistischen Menschheit so in

---

105 Von medienwissenschaftlicher Seite informieren etliche Beiträge in *Dietrich Schwarzkopf* (Hrsg.), Rundfunkpolitik in Deutschland. Wettbewerb und Öffentlichkeit, 2 Bde., München 1999; vgl. zum fernsehhistorischen Kontext *Knut Hickethier*, Geschichte des deutschen Fernsehens, Stuttgart/Weimar 1998, S. 414ff.; für die europäische Dimension *Uwe Hasebrink/Hanna Domeyer*, Die Konstruktion europäischer Fernsehpublika, in: *Ute Daniel/Axel Schildt* (Hrsg.), Massenmedien im Europa des 20. Jahrhunderts, Köln/Weimar etc. 2010, S. 121–148; zum allgemeinen sozialhistorischen Hintergrund *Hartmut Kaelble*, Sozialgeschichte Europas. 1945 bis zur Gegenwart, München 2007, S. 282ff. Vgl. auch den Beitrag von Frank Bösch in diesem Band.
106 SPIEGEL-Titel: VIDEO-Recorder. Das Super-Geschäft, in: Der SPIEGEL, 24.11.1980.
107 Vgl. jetzt die anregende Skizze von *Jürgen Danyel*, Zeitgeschichte der Informationsgesellschaft, in: Zeithistorische Forschungen 9, 2012, H. 2, S. 186–211. Als Anregungen aus der Soziologie: *Hartmut Rosa*, Beschleunigung. Die Veränderungen der Zeitstruktur in der Moderne, Frankfurt am Main 2005; *Karlheinz A. Geißler*, Zeit und Qualität. Zeit und Organisation. Zeit und lernen, Hannover 2010.
108 *Maier*, Fortschrittsoptimismus oder Zukunftspessimismus, Zitat S. 6.

Frage gestellt wie zu Beginn der Achtziger.«[109] Waren also die Bundesbürger in den 1980er Jahren wirklich in besonderer Weise von Ängsten bedrängt? Eine vergleichende Betrachtung in längerer Perspektive würde dies vermutlich falsifizieren, denn sowohl die materiellen Sorgen als auch die Ängste vor erneutem Krieg waren in der Gründerzeit der Bundesrepublik, dazu verfügen wir über ausreichende empirische Belege, sehr groß[110]; die Spezifik der 1980er Jahre – auch hier wieder beginnend in den 1970er Jahren – innerhalb einer Geschichte der Ängste liegt offenbar eher im Hinzutreten der Wahrnehmung von wachsender Gewaltgefahr, politisch diskutiert unter dem Label der »Inneren Sicherheit«[111], und ökologischer Gefährdungen, nachdem »Umwelt« noch zwei Jahrzehnte zuvor die soziale Umgebung gegenüber dem genetisch Bedingten bezeichnet hatte, etwa in der psychologischen Intelligenzforschung. Die neue Bedeutung von »Umwelt« als bedrohter und schützenswerter Natur, aber auch als Gefahrenquelle, entfaltete sich zwar schon seit den 1970er Jahren unter einer Minderheit interessierter Bürger, aber das Wissen darum verbreitete sich erst in der allgemeinen Öffentlichkeit der 1980er Jahre. Die Ängste vor der zivilen Nutzung der Atomenergie kumulierten nach dem Reaktorunfall von Tschernobyl 1986, als jene vor der Raketenrüstung bereits merklich zurückgegangen waren. Flankiert wurden die Ängste vor dem Atom von Sorgen angesichts vielfältiger Medienberichte von saurem Regen, Waldsterben, Ozonloch, Pol-Schmelze und Treibhauseffekt. Vor allem aber beunruhigte große Teile der Bevölkerung die rätselhafte AIDS-Gefahr, die mit politischen Diskussionen um Meldepflicht und Quarantäne, aber auch angesichts bizarrer Hochrechnungen, die mittelfristig von einer restlosen »Durchseuchung« der Bevölkerung ausgingen, die gesamten 1980er Jahre begleitete.[112]

Einen Ansatz zur Forschung auch über Entwicklungen und Konjunkturen von Ängsten bietet die Operationalisierung der sozialwissenschaftlichen Wertewandelsforschung für historiografische Studien, die zugleich längere Linien ziehen lassen und damit zu einer Einbettung der 1980er Jahre in die Geschichte des 20. Jahrhunderts beitragen.[113] Allerdings bestehen hier gravierende Quellenprobleme nicht nur hinsichtlich fehlender Umfragen für die erste Hälfte des Jahrhunderts, sondern für die jüngste Zeitgeschichte vor allem im Blick auf den Konstruktionscharakter demoskopischer Daten beziehungsweise die Medialisierung der Umfrageforschung selbst.[114]

---

109 Die fetten Jahre sind vorbei, in: Der SPIEGEL, 8.9.1980, S. 32–47, hier: S. 32; mit der Ausgabe vom 18.1.1982 begann eine Serie mit dem Titel »Die Angst der Deutschen«.
110 Vgl. *Axel Schildt*, »German Angst«. Überlegungen zur Mentalitätsgeschichte der Bundesrepublik, in: *Daniela Münkel/Jutta Schwarzkopf* (Hrsg.), Geschichte als Experiment. Studien zu Politik, Kultur und Alltag im 19. und 20. Jahrhundert. Festschrift für Adelheid von Saldern, Frankfurt am Main 2004; umfassende Literaturhinweise zu diesem Ansatz in *Bettina Hitzer*, Emotionsgeschichte – ein Anfang mit Folgen, in: H-Soz-u-Kult, 23.11.2011, URL: <http://hsozkult.geschichte.hu-berlin.de/forum/2011-11-001.pdf> [29.7.2012].
111 *Eckart Conze*, Sicherheit als Kultur. Überlegungen zu einer »modernen Politikgeschichte« der Bundesrepublik Deutschland, in: VfZ 53, 2005, S. 357–380.
112 Henning Tümmers bearbeitet ein Projekt zur AIDS-Kommunikation in den beiden deutschen Staaten im Rahmen des Tübinger SFB »Bedrohte Ordnungen«. Vgl. auch seinen Beitrag in diesem Band.
113 Vgl. *Andreas Rödder*, Wertewandel und Postmoderne. Gesellschaft und Kultur in der Bundesrepublik Deutschland 1965–1990, Stuttgart 2004; *ders./Wolfgang Elz* (Hrsg.), Alte Werte – Neue Werte. Schlaglichter des Wertewandels, Göttingen 2008.
114 Für den Bereich der Parteienforschung vgl. *Anja Kruke*, Demoskopie in der Bundesrepublik Deutschland. Meinungsforschung, Parteien und Medien 1949–1990, Düsseldorf 2007, S. 495ff.; für die Zuschauerforschung des Fernsehens *Malte Zierenberg*, Zuschauerdaten und Demokratie. Das Wissen der empirischen Zuschauerforschung und mediale Selbstbeschreibungen in der Bundesrepublik der siebziger Jahre, in: *Christiane Reinecke/Malte Zierenberg* (Hrsg.), Vermessungen der Mediengesellschaft im 20. Jahrhundert, Leipzig 2011, S. 45–61; einführend in

Einen interessanten Aspekt auch des Wertewandels stellen die – vordergründig – eskapistischen Tendenzen der 1980er Jahre dar, denen mediale Angebote entsprachen, ob für den Liebhaber der enorm erfolgreichen Fernsehserie »Schwarzwaldklinik« als »Romanze in Mull« oder für bildungsbürgerliche Schichten in der linken Version des Epos »Heimat« von Edgar Reitz[115]; und neben dem Preußen-Hype[116] – in beiden deutschen Staaten – stand seit den ausgehenden 1970er Jahren mit dem erfolgreichen Schülerwettbewerb des Bundespräsidenten[117] und den Aktivitäten der Geschichtswerkstätten[118] die Konjunktur der Alltagsgeschichte, der es um die Identitätsgewinnung durch historische Spurensuche in der Nahumgebung zu tun war.

Schließlich brauchen wir – angesiedelt im Schnittpunkt von politischer, von Medien- und von Intellectual History[119] – dringend Untersuchungen, die uns die zentralen Diskurse in den 1980er Jahren identifizieren und verstehen lassen, wobei als Rahmenbedingungen die letzte Aufwallung und das Auslaufen des Kalten Kriegs zu berücksichtigen wären.[120] Wissenschaftsgeschichtlich wäre etwa das große Interesse für die Bürgertumsforschung – ob Frankfurter oder Bielefelder Provenienz – auch vor dem Hintergrund der erwähnten »Selbstanerkennung« der westdeutschen Gesellschaft zu betrachten.[121] Eine systematische Untersuchung des Feuilletons wichtiger Tages- und Wochenzeitungen, politisch-kultureller Zeitschriften und anderer Foren der 1980er Jahre steht noch aus, etwa im Blick auf »postmoderne« Diskurse in ihrem Doppelcharakter von antiliberaler Überwindung der entfremdenden komplexen Moderne und deren radikaler Pluralisierung.[122] Beginnen ließe sich zum Beispiel mit einer Historisierung repräsentativer Sammelwerke um 1980, wie etwa die von Jürgen Habermas herausgegebenen »Stichworte zur ›Geistigen Situation der Zeit‹« oder Hermann Glasers »Fluchtpunkt Jahrhundertwende«.[123] Dadurch ließe sich eine vorläufige Folie für eine auch auf Mentalitäten zielende Geschichtsschreibung gewinnen, die nicht die Akteure ausblendet. Auch die Strategien von fachwissenschaftlichen

---

die Geschichte der Demoskopie *Alexander Gallus/Marion Lühe*, Öffentliche Meinung und Demoskopie, Berlin 1998.
115 Vgl. nur die Titelstories in: Der SPIEGEL, 1.10.1984: Sehnsucht nach Heimat; 28.10.1985: Operation Kitsch. Fernsehhit Schwarzwaldklinik (dort das Zitat S. 290).
116 Vgl. die dreibändige, circa 1.000 Seiten starke Pressedokumentation des Presse- und Informationsamts des Berliner Senats, Preußen, Berlin 1981. Ausstellung und Preußenbild im Spiegel der Medien, Berlin o. J.; *Rudolf von Thadden*, Preußen – ein Weg in die Moderne?, in: APuZ 1981, Nr. 52/53, S. 3–11.
117 Vgl. *Hannes Heer/Volker Ullrich* (Hrsg.), Geschichte entdecken. Erfahrungen und Projekte der neuen Geschichtsbewegung, Reinbek 1985; Geschichtswerkstätten gestern – heute – morgen. Bewegung! Stillstand! Aufbruch?, hrsg. v. der Forschungsstelle für Zeitgeschichte in Hamburg und der Galerie Morgenland/Geschichtswerkstätte Eimsbüttel, Hamburg 2004.
118 Vgl. *Gerhard Schneider*, Schülerwettbewerb Deutsche Geschichte, in: *Heer/Ullrich*, Geschichte entdecken, S. 391–395.
119 Vgl. in diesem Sinne zuletzt den Übersichtsartikel von *Daniel Morat*, Intellektuelle und Intellektuellengeschichte, Version 1.0, in: Docupedia-Zeitgeschichte, 20.11.2011, URL: <http://docupedia.de/zg/Intellektuelle_und_Intellektuellengeschichte> [29.7.2012].
120 Vgl. unter Berücksichtigung des sowjetischen Blocks einige Beiträge in *Greiner/Müller/Weber*, Macht und Geist im Kalten Krieg.
121 Dies scheint auf bei *Hans Schwab-Felisch*, Die heftig diskutierte Klasse. Neue Ansichten vom Bürgertum – Ein Symposium in Bielefeld, in: Frankfurter Allgemeine Zeitung, 29.1.1986; zur parallelen Hinwendung in der Soziologie vgl. *Rainer Rilling*, Das vergessene Bürgertum. Über eine Unterlassung der Politischen Soziologie, in: Das Argument 1982, Nr. 131, S. 34–47.
122 Vgl. für Kunst und Literatur *Schildt/Siegfried*, Deutsche Kulturgeschichte, S. 445ff.
123 *Jürgen Habermas* (Hrsg.), Stichworte zur »Geistigen Situation der Zeit«, 2 Bde., Frankfurt am Main 1979; und *Hermann Glaser* (Hrsg.), Fluchtpunkt Jahrhundertwende. Ursprünge und Aspekte einer zukünftigen Gesellschaft, Frankfurt am Main/Berlin etc. 1981, mit zusammen circa 80 Beiträgen.

und publizistischen Protagonisten der neo- beziehungsweise marktliberalen Offensive, deren krisenhafte Zuspitzung wir heute beobachten, wären eingehender Betrachtung wert, weil häufig die Anfänge noch im Dunkeln liegen und zeitlich unterschiedlich anzusetzen wären[124], wie etwa bei der Privatisierung vormals staatlicher Kernaufgaben. Auch dies wäre ein Beitrag zur Zeitgeschichte als Problemgeschichte der Gegenwart.

IV. ZUSAMMENFASSUNG UND AUSBLICK

Der nähere Blick auf die 1980er Jahre und deren öffentliches Image ruhiger und guter (west-)deutscher Zeiten dementiert zunächst die dekadologische Konstruktion, zeigte sich doch das letzte Jahrzehnt der ›alten‹ Bundesrepublik, auch angesichts der Rahmenbedingungen des zuerst aufgipfelnden und dann auslaufenden Kalten Kriegs, zweigeteilt. Die breite öffentliche Zustimmung zum »Abschied vom Provisorium« und dem »Verfassungspatriotismus« sowie die »Selbstanerkennung« bis in die Reihen der intellektuellen Kritiker entfaltete sich erst in der zweiten Hälfte der 1980er Jahre, aber viele dieser Prozesse gründeten in der vorhergehenden Dekade. Ohnehin ist zu betonen, dass die 1970er und 1980er Jahre für zahlreiche thematische Felder als relative sozial- und kulturhistorische Einheit zu sehen sind. Den Platz der letzten Phase der ›alten‹ Bundesrepublik innerhalb der Strukturbrüche und gesellschaftlichen Umbrüche »nach dem Boom« näher zu bestimmen, erfordert aber zugleich, dass alle Studien dazu anschlussfähig für die Transformationsprozesse seit 1989/90 konzipiert werden sollten.[125] Schon die Überraschung der Wiedervereinigung verbietet zwar jede teleologische Note, und in den 1980er Jahren ist kaum etwas im Blick auf diese bewusst vorbereitet worden. Auch in dieser Hinsicht herrschte die von Jürgen Habermas zur Mitte des Jahrzehnts konstatierte »Neue Unübersichtlichkeit«, viele empfanden den Anbruch einer Epoche radikaler Unbestimmtheit. Die zeithistorische Forschung aber, die das Privileg der zeitlichen Distanz zu den Geschehnissen besitzt, wird nach Kontinuitätslinien über die nationale und globale Zäsur von 1989/90 hinaus fragen müssen. Wenn man – in transnationaler Perspektive – dem Vorschlag von Anselm Doering-Manteuffel und Lutz Raphael folgt, die jüngste Zeitgeschichte bis zur Gegenwart als das »unvermutete Zusammentreffen dreier im Ursprung völlig unabhängiger Komponenten«[126] und von deren Fusion zu sehen, nämlich der Digitalisierung als technischer Basis, dem radikalen ökonomischen Wechsel zum Monetarismus und einer unter dem Banner der Freiheit voranschreitenden Individualisierung, die als »unternehmerisches Selbst« gedacht wurde, erscheinen die 1980er Jahre in vielfacher Hinsicht als Vorfeld und Zeitraum der Anbahnung von Fusionen, die dann ihr Resultat im furiosen Take-off des »digitalen Finanzmarktkapitalismus« mit allen gesellschaftlichen Folgen und Weiterungen fanden. In dieser Perspektive wäre die Untersuchung der 1980er Jahre mit der jüngsten, noch nicht geschriebenen Geschichte bis zur Gegenwart konzeptionell zu verbinden.[127]

---

124 Vgl. die Skizze des neoliberalen »Descent from Mont Pèlerin« in der westlichen Welt von *Jan-Werner Müller*, Contesting Democracy. Political Ideas in Twentieth-Century Europe, New Haven, CT/London 2011, S. 220ff.
125 Vgl. unter anderem die Debatte über »Transformationsprozesse seit 1989/90«, in: Zeithistorische Forschungen 6, 2009, H. 1, S. 85–114.
126 Doering-Manteuffel/Raphael, Der Epochenbruch, S. 31.
127 Vgl. *Axel Schildt*, Zeitgeschichte der »Berliner Republik«, in: APuZ 2012, Nr. 1–3, S. 1–6.

Marc Buggeln

Steuern nach dem Boom

Die Öffentlichen Finanzen in den westlichen Industrienationen und ihre gesellschaftliche Verteilungswirkung

In der Forschung ist man sich weitgehend einig, dass die Zeit Ende der 1960er/Anfang der 1970er Jahre eine Zäsur in der Geschichte der westlichen Industriestaaten bildet. Im Rahmen dieser Periodisierung spielt die Ölkrise 1973 eine wichtige Rolle[1], in deren Folge auch der Glaube an einen durch staatliche Steuerung von Krisen befreiten Kapitalismus zumindest kurzfristig zerbrach.[2] Ein Effekt der Krise war ein verlangsamtes Wirtschaftswachstum in den westlichen Industriestaaten.[3] Für die Charakterisierung der letzten drei Jahrzehnte in Westeuropa werden in der zeithistorischen Forschung ferner Begrifflichkeiten wie »dritte industrielle Revolution«, »zweite Welle der Globalisierung« und »postmoderne Gesellschaften« genutzt und häufig mit Phänomenen wie der Auflösung des Bretton-Woods-Systems und einer zunehmenden Europäisierung verbunden.[4] Rüdiger Graf und Kim Christian Priemel merken hierzu zu Recht an, dass diese »rhetorische Kompression einer hochdiversen Sammlung von Ereignissen« oft mehr verbirgt als erhellt.[5]

In diesen Großdiagnosen hat die staatliche Finanzpolitik bisher nur eine geringe Rolle gespielt. Bezug genommen wird am ehesten noch auf Begrenzungsversuche beim Sozialstaat und dem Wandel zum neoliberalen Denken, welches die Forderung beinhaltet, die wirtschaftliche Tätigkeit des Staats zu reduzieren. Generell hebt man zwar die große Bedeutung von Ronald Reagan und Margaret Thatcher hervor, aber die essenzielle Rolle von umfangreichen Steuersenkungsprogrammen für beide bleibt häufig unerwähnt oder zumindest wenig konturiert.[6] Demgegenüber steht die Frage nach den sich wandelnden Bedingungen für die staatliche Finanzpolitik in den westlichen Industriestaaten im Folgen-

---

1 Immer noch grundlegend: *Jens Hohensee*, Der erste Ölpreisschock 1973/74. Die politischen und gesellschaftlichen Auswirkungen der arabischen Erdölpolitik auf die Bundesrepublik und Westeuropa, Stuttgart 1996. Neuere Studien: *Karen R. Mahill*, The Oil Crisis of 1973–1974, Boston 2007; *Tim Schanetzky*, Ölpreisschock 1973. Wendepunkte wirtschaftspolitischen Denkens, in: *Andreas Rödder/Wolfgang Elz* (Hrsg.), Deutschland in der Welt. Weichenstellungen in der Geschichte der Bundesrepublik, Göttingen 2010, S. 67–82. Mit einer Linie von 1973 bis zur aktuellen Finanzkrise: *Mahmoud A. El-Gamal/Amy Myers Jaffe*, Oil, Dollars, Debt and Crises. The Global Curse of Black Gold, Cambridge/New York etc. 2010.
2 *Burkart Lutz*, Der kurze Traum immerwährender Prosperität. Eine Neuinterpretation der industriell-kapitalistischen Entwicklung im Europa des 20. Jahrhunderts, Frankfurt am Main 1989.
3 *Angus Maddison*, Economic Progress. The Last Half Century in Historical Perspective, 1999 (Lecture at the Academy of Social Sciences in Australia), URL: <http://www.ggdc.net/MADDISON/oriindex.htm> [7.12.2011]; *ders.*, Monitoring the World Economy 1820–1992, Paris 1995. Das Wachstum des Bruttosozialprodukts war in den Jahren 1973 bis 1997 in den westlichen Industriestaaten das niedrigste seit den 1820er Jahren. Global betrachtet aber war der Einschnitt 1973 für Osteuropa, Lateinamerika und Afrika in Bezug auf das Absinken der Wachstumsraten noch gravierender.
4 Als Überblick zur aktuellen Diskussion um diese Konzepte: *Anselm Doering-Manteuffel/Lutz Raphael*, Nach dem Boom. Perspektiven auf die Zeitgeschichte seit 1970, Göttingen 2008.
5 *Rüdiger Graf/Kim Christian Priemel*, Zeitgeschichte in der Welt der Sozialwissenschaften. Legitimität und Originalität einer Disziplin, in: VfZ 59, 2011, S. 479–508, hier: S. 504.
6 Beispielhaft: *Doering-Manteuffel/Raphael*, Nach dem Boom, S. 45–52.

den uneingeschränkt im Vordergrund. Der Aufsatz legt dabei den Schwerpunkt auf die Einnahmeseite, also vor allem die Steuerpolitik. Hierbei werden fünf Länder vergleichend untersucht. Zuerst stehen die Veränderungen in den USA und Großbritannien im Mittelpunkt, die in der Literatur als neoliberale Taktgeber für Steuerreformen gelten, deren Handeln andere Länder dann aufgreifen. Inwieweit ähnliche Reformen in anderen westlichen Industriestaaten noch in den 1980er Jahren stattfanden, soll dann an den Beispielen der Bundesrepublik Deutschland, Frankreich und Schweden geprüft werden. Eine wichtige Frage ist hierbei, inwieweit eine Eingruppierung in bestimmte Ländergruppen hilfreich dafür ist, die unterschiedliche Reichweite der Veränderungen in den einzelnen Ländern zu bestimmen.

Generell kann man die Bedeutung der Steuerpolitik für die modernen Staaten kaum überschätzen, denn diese sind spätestens seit dem 19. Jahrhundert Steuerstaaten; eine Tendenz, die sich im Laufe des 20. Jahrhunderts noch deutlich verstärkt hat. In fast allen westlichen Industrienationen machen gegenwärtig Steuern und Sozialabgaben über 90 % der Staatseinnahmen aus. Ihre Erhebung ist also Voraussetzung für den modernen Sozialstaat, für kulturelle Angebote, eine intakte Infrastruktur und vieles mehr. Darüber hinaus sind Steuern jedoch bereits selbst ein Teil staatlicher Umverteilungspolitik. In allen Nationen sorgt bereits die Erhebung der Steuern für eine Veränderung des Maßes an gesellschaftlicher Ungleichheit, die bei den Vorsteuereinkommen besteht. Von daher erzeugen Steuern seit jeher Streit, wenn auch historisch in jeweils spezifischer Form. Sie stellen eines der zentralen Scharniere im gegenseitigen Abhängigkeitsverhältnis von Staat und Wirtschaft dar und dies gilt insbesondere für die demokratisch verfassten Staaten in Westeuropa. Denn während hier die Demokratie auf dem Gleichheitsversprechen für die Staatsbürger beruht, erzeugt der Markt permanent Ungleichheit. Steuern bilden dabei ein wichtiges Regulativ, um eine Balance zwischen den widerstrebenden Tendenzen zu finden und um zwischen dem Verlangen nach Effizienz (Allokationsfunktion) und dem nach Gerechtigkeit (Umverteilungsfunktion) zu vermitteln.[7]

Eine Beurteilung staatlicher Finanzpolitik, die sich nur auf die Steuerpolitik beschränkt, ist allerdings zwangsläufig einäugig. Ein Gesamtbild staatlichen Handelns ergibt sich erst durch die Verbindung von Einnahmen- und Ausgabenseite. Darum werden im Aufsatz auch immer wieder die bedeutendsten Veränderungen auf der Ausgabenseite berücksichtigt. Dies gilt umso mehr, als erst durch die Zusammenschau ein seit den 1970er Jahren an Bedeutung zunehmendes Problem aufscheint: die zunehmende Verschuldung der meisten westlichen Industriestaaten.

Der hier gewählte Zugriff folgt dabei dem dekadologischen Ansatz dieses AfS-Bandes jedoch nur bedingt. Im Zentrum des Aufsatzes stehen zwar die Entwicklungen der 1980er Jahre, aber hier wird nicht nach den Selbstwahrnehmungen der Akteure hinsichtlich einer Abgrenzung zur vorherigen Dekade gefragt, der Frage, bei der der dekadologische Ansatz am ehesten Ergebnisse hervorrufen kann[8], sondern es werden längerfristige Entwicklungen in den Blick genommen. Dementsprechend werden auch die Jahre vor 1980 und nach 1989 berücksichtigt, soweit dies thematisch sinnvoll ist. An zwei zentralen Stellen macht die dekadische Einteilung für das Thema jedoch Sinn: Erstens setzen die bedeutendsten

---

7 Das dritte Ziel staatlicher Finanzpolitik ist nach Richard Abel Musgrave die Wirtschaftsstabilisierung: *Richard Abel Musgrave*, The Theory of Public Finance. A Study in Public Economy, New York 1959, insb. S. 3–27; *ders./Peggy B. Musgrave*, Public Finance in Theory and Practice, New York 1973.
8 Zur Kritik am Ansatz vgl. *Rüdiger Graf*, Rezension zu: *Niall Ferguson/Charles Maier/Erez Manela* u. a. (Hrsg.), The Shock of the Global. The 1970s in Perspective, Cambridge/London 2010, in: H-Soz-u-Kult, 15.7.2011, URL: <http://hsozkult.geschichte.hu-berlin.de/rezensionen/2011-3-039> [1.8.2012]. Zu betonen ist allerdings, dass auch im »Call for Papers« für den Autoren-Workshop des Bandes Kritik an einem engen dekadologischen Konzept geäußert wurde.

Veränderungen in der Steuerpolitik mit den Machtantritten von Thatcher und Reagan zu Beginn der 1980er Jahre ein. Zweitens bildet die Vereinigung der beiden deutschen Staaten am Ende der Dekade für das umfangreichste empirische Beispiel, die Bundesrepublik, einen so umfassenden Einschnitt, dass die Analyse an diesem Punkt endet. Zudem traten mit Ronald Reagan und Margaret Thatcher auch die beiden zentralen Figuren eines radikalen Steuerwandels gegen Ende der Dekade ab.

Der Aufsatz ist dabei vergleichend angelegt. Dies ist für die historische Forschung der Zeit »nach dem Boom« immer noch eher die Ausnahme als die Regel. Jedoch ermöglicht es erst eine vergleichende Analyse mehrerer Nationalstaaten zu bestimmen, wie stark die Zwänge der Globalisierung – insbesondere durch die zunehmende Integration von Güter-, Finanz und Arbeitsmärkten – wirkten und wie groß der nationale Handlungsspielraum war. Der komparative Ansatz erhellt, in welchen Bereichen über nationale Grenzen hinweg konvergente Entwicklungen stattfanden, klärt aber auch, wo Differenzen bestehen blieben.[9] Zudem lässt sich durch die Auswahl der hier untersuchten Länder gemäß einer Typologie von Steuer- beziehungsweise Wohlfahrtsstaaten prüfen, inwiefern bereits bestehende nationale Unterschiede zu unterschiedlichen Antworten auf die Krise führten.

I. TYPEN STAATLICHER FINANZPOLITIK UND DER UMGANG DER ZEITGESCHICHTE MIT DEN BENACHBARTEN SOZIALWISSENSCHAFTEN

Anselm Doering-Manteuffel und Lutz Raphael haben jüngst darauf hingewiesen, dass die Zeitgeschichte mit ihrem Voranschreiten inzwischen auch Jahrzehnte untersucht, für die die sozialwissenschaftlichen Nachbardisziplinen bereits umfassende Deutungsangebote vorgelegt haben. Die Autoren kritisieren dabei eine häufig unkritische Übernahme der sozialwissenschaftlichen Konzepte und Begriffe und fordern stattdessen deren konsequente Historisierung. Sie bemerken aber auch, dass dies »methodisch voraussetzungsvolles Neuland [ist], denn die Quellenkritik erfordert es, die Konstruktionsprinzipien solcher sozialwissenschaftlicher Fakten, Theorien und Modelle zu erkennen«.[10] Graf und Priemel betonen, dass gerade in dieser anspruchsvollen Historisierung und Dekonstruktion der sozialwissenschaftlichen Modelle der Mehrwert der zeithistorischen Forschung läge.[11]

Hier soll ein Beitrag dazu geleistet werden, indem die sozialwissenschaftliche Einteilung von Ländern in Typengruppen genutzt und zugleich historisiert wird. Sozialwissenschaftliche Versuche, die Länder der westlichen Industrienationen zu gruppieren beziehungsweise zu typisieren, haben seit längerer Zeit Konjunktur. Seit 2001 wird verstärkt über das von Peter A. Hall und David Soskice eingeführte Modell der »Varieties of Capitalism« debattiert, welches zwischen »coordinated market economy« und »liberal market economy« unterscheidet, wobei hier vor allem von der Unternehmensseite ausgegangen wird und das Zusammenwirken von Staat und Wirtschaft als Differenzierungskriterium dient.[12] Für die Frage staatlicher Finanzpolitik sind jedoch Typisierungen bedeut-

---

9 Zum Vergleich: *Heinz-Gerhard Haupt/Jürgen Kocka* (Hrsg.), Geschichte und Vergleich. Ansätze und Ergebnisse einer vergleichenden Geschichtsschreibung, Frankfurt am Main 1996; *Hartmut Kaelble*, Der historische Vergleich. Eine Einführung zum 19. und 20. Jahrhundert, Frankfurt am Main 1999; *ders./Jürgen Schriewer* (Hrsg.), Vergleich und Transfer. Komparatistik in den Sozial-, Geschichts- und Kulturwissenschaften, Frankfurt am Main 2003; *Charles Tilly*, Big Structures, Large Processes, Huge Comparisons, New York 1984.
10 *Doering-Manteuffel/Raphael*, Nach dem Boom, S. 59.
11 *Graf/Priemel*, Zeitgeschichte in der Welt der Sozialwissenschaften.
12 *Peter A. Hall/David Soskice*, An Introduction to Varieties of Capitalism, in: *dies.* (Hrsg.), Varieties of Capitalism. The Institutional Foundations of Comparative Advantage, Oxford/New York etc. 2001, S. 1–68.

samer, die staatliche Einnahmen- oder Ausgabenpolitik als zentrale Parameter nutzen. Die meisten Modelle konzentrieren sich dabei auf die Ausgabenseite und auch nur auf den größten Posten hiervon: die Sozialausgaben. Der sicher einflussreichste Versuch ist die Abhandlung »The Three Worlds of Welfare Capitalism« (1990) des dänischen Politologen Gøsta Esping-Andersen.[13] Er entwarf drei Modelle wohlfahrtsstaatlichen Kapitalismus: 1. den liberalen (angloamerikanischen) Typ (USA, Australien, Kanada, Schweiz und Japan), in welchem dem Markt der Vorrang gewährt wird und soziale Sicherungssysteme schwach ausgeprägt sind; 2. den korporatistischen (kontinentaleuropäischen) Typ (Frankreich, Bundesrepublik Deutschland, Italien, Belgien und Österreich), der auf die Sicherung aller Bürger abzielt, durch Beitragsabhängigkeit sozial konservierend wirkt und am traditionellen Familienbild orientiert ist, und 3. den sozialistischen/sozialdemokratischen (skandinavischen) Typ (Schweden, Dänemark, Norwegen, Finnland und Niederlande), der stärker auf Egalität als auf Beitragsgerechtigkeit abzielt und die Erwerbstätigkeit von Frauen staatlich fördert. Esping-Andersen ordnete von den betrachteten 18 Ländern nur drei nicht zu: Großbritannien, Irland und Neuseeland.[14] In einer späteren Publikation betonte Esping-Andersen, dass er Großbritannien nicht eingruppierte, weil es sich im Transformationsprozess von einem sozialistischen zu einem liberalen Wohlfahrtstyp befunden habe.[15] In der nach wie vor andauernden Debatte gab und gibt es zwar viel Kritik an Esping-Andersen, doch das Modell nutzen Forscher bis heute, auch Zeithistoriker.[16] Verschiedene Autoren schlagen vor, das Modell um einen südeuropäischen und einen osteuropäischen Typ zu erweitern. Dabei soll sich der hier interessantere südeuropäische Typ[17], zu dem meist Spanien, Portugal und Griechenland gezählt werden, dadurch auszeichnen, dass er sich aufgrund der wirtschaftlichen Bedingungen nur geringe Sozialleistungen erlauben könne, sich aber in der Zielvorstellung am korporatistischen Typ orientiere.[18]

Versuche, kapitalistisch-demokratische Staaten in unterschiedliche Typen einzuteilen, gab es auch schon vor Esping-Andersen, doch diese blieben weitgehend unbeachtet. Erst mit dem Zusammenbruch des Ostblocks und dem Siegeszug der Marktwirtschaft westlichen Zuschnitts rückte die Ausdifferenzierung kapitalistischer Staaten stärker in den Mittelpunkt der Debatte.[19] Seit 1990 hat dies dann zu einem regelrechten »welfare modelling business« geführt.[20]

---

13 Gøsta Esping-Andersen, The Three Worlds of Welfare Capitalism, Princeton, NJ 1990.
14 Ebd., S. 74.
15 Gøsta Esping-Andersen, Social Foundations of Postindustrial Societies, Oxford/New York etc. 1999, S. 87. In dieser Publikation schlägt Esping-Andersen eine etwas andere Einteilung in drei Typen von Wohlfahrtsstaaten nach den Kategorien »residual«, »universalistisch« und »Sozialversicherung« vor, was auch zu einer leicht veränderten Länderzuteilung führt. Einflussreicher blieb aber seine erste Einteilung, weswegen sich hier auf diese konzentriert wird.
16 Hartmut Kaelble, Sozialgeschichte Europas. 1945 bis zur Gegenwart, München 2007, S. 351f.
17 Interessanter, weil die zugeordneten Länder schon in den 1980er Jahren westliche Marktwirtschaften bildeten.
18 Esping-Andersen selbst spricht sich wegen der starken Anlehnung dagegen aus, diese Länder als eigenen Typ zu betrachten: Esping-Andersen, Social Foundations, S. 90–94. In der Forschungsdiskussion hat sich aber seither die These vom gesonderten südeuropäischen Wohlfahrtstyp weitgehend durchgesetzt: Will A. Arts/John Gelissen, Models of the Welfare State, in: Francis G. Castles/Stephan Leibfried/Jane Lewis u.a. (Hrsg.), The Oxford Handbook of the Welfare State, Oxford/New York etc. 2010, S. 569–585; Maurizio Ferrera, The South European Countries, in: ebd., S. 616–629.
19 Etwa zeitgleich mit der Arbeit von Esping-Andersen wurde auch ein weiterer einflussreicher Klassiker der Differenzierung kapitalistischer Länder veröffentlicht: Michel Albert, Capitalisme contre capitalisme, Paris 1991, in dem vor allem die USA als neoliberaler Kapitalismus und die Bundesrepublik als »Rheinischer Kapitalismus« als gegensätzliche Modelle betrachtet werden und der viele Anregungen für das »Varieties«-Modell von Hall/Soskice geliefert hat, ohne dass dies ausreichend explizit wird. 1993 folgte dann das Konzept der »Families of Nations«,

Kritisch anzumerken ist sowohl gegenüber dem »Varieties of Capitalism«-Modell wie auch gegenüber Esping-Andersens Drei-Typen-Modell, dass beide bisher kaum in ihrer zeitlichen Dimension betrachtet wurden. Und bei beiden Modellen legen die Autoren nahe, dass die gebildeten Länder-Cluster nahezu zeitunabhängig sind oder eine Neueingruppierung eines Landes in eine andere Kategorie nur in längeren Zeitabständen möglich ist.[21] Esping-Andersen hat beispielsweise die Gültigkeit seines Modells bisher nur insoweit zeitlich eingegrenzt, als dass er feststellt, dass die drei Grundtypen vor 1950 wohl nicht existierten.[22]

Esping-Andersen verwendete dabei zur Eingruppierung der betrachteten Staaten in einen seiner drei Modelltypen ausschließlich die Daten der 18 reichsten OECD-Nationen aus dem Jahr 1980. Eine neuere Studie des US-Politikwissenschaftlers Benjamin Danforth zeigt nun, dass sich nach Esping-Andersens Kriterien bei einer Fünfjahresuntersuchung von 1950 bis 1995 nur für das Jahr 1980 die gleiche Länderzuteilung für die 18 Staaten ergibt. Danforth meint dann aber durch zusätzliche Kriterien zeigen zu können, dass die Aufteilung der 18 Nationen in die drei Typen vor 1970 nicht zu erkennen ist, sich erst für 1975 langsam abbildete und für die Zeit von 1980 bis 1995 relativ stabil zu sein scheint.[23] Dies legt nahe, dass Esping-Andersens Dreiteilung wohl erst Mitte der 1970er Jahre entstanden ist und sich in den 1980er Jahren ausdifferenzierte, wobei die Stabilität und Eindeutigkeit der Einteilung noch zu hinterfragen sind. Das Ergebnis deutet jedoch darauf hin, dass sich die Ausbildung größerer Differenzen unter den reichsten Industrienationen im Hinblick auf den Wohlfahrtsstaat erst nach der Wirtschaftskrise 1973 manifestierte, während in der »Zeit des Booms« die Ähnlichkeiten überwogen.

Die gesamte Diskussion um die »Drei Welten des Wohlfahrtsstaats« hat bisher nahezu ausschließlich die Staatsausgaben in den Blick genommen. Die Frage nach der Finanzierung des Wohlfahrtsstaats blieb hingegen weitgehend ausgespart.[24] Dabei ist der Zusammenhang von Einnahmen und Ausgaben evident. Insbesondere Junko Kato hat in jüngerer Zeit diesen Zusammenhang thematisiert. Nach ihrer These konnte der Wohlfahrtsstaat nur noch in jenen Ländern stärker wachsen, in denen vor der Ölkrise 1973 das System der Mehrwertsteuer eingeführt worden war, denn nur mit regressiven Steuern, die eher die breite Masse belasten, und nicht mit progressiven Steuern, die die Wohlhabenden stärker heranziehen, sei dies noch möglich gewesen.[25] Zugespitzt ließe sich daraus die These formulieren, dass die Ausdifferenzierung in etwaige »Drei Welten des Wohlfahrtsstaats« durch vorherige Entscheidungen auf der Einkommensseite präjudiziert wurde.

---

das eine ähnliche Einordnung wie Esping-Andersen nahelegte, aber dies nicht auf den Wohlfahrtsstaat beschränkte, sondern weitere Faktoren staatlicher Politik untersuchte: *Francis G. Castles* (Hrsg.), Families of Nations. Patterns of Public Policy in Western Democracies, Aldershot 1993.

20 *Peter Abrahamson*, The Welfare Modelling Business, in: Social Administration 33, 1999, S. 394–415.

21 *John S. Alquist/Christian Breunig*, Country Clustering in Comparative Political Economy (MPIfG Discussion paper 09/5), Köln 2009, S. 7.

22 *Esping-Andersen*, Social Foundations, S. 53.

23 *Benjamin Danforth*, The Emergence of the Three Worlds of Welfare (Conference Paper 2010), online unter URL: <http://static.sdu.dk/mediafiles/2/A/3/%7B2A3DDE4A-D086-4E8F-A686-CD2C50054219%7Dpaper%20ben.pdf> [10.7.2012].

24 Bei Esping-Andersen finden sich nur einige verstreute Bemerkungen zur Entwicklung des Steuersystems, die aber keinen systematischen Zusammenhang entwickeln: *Esping-Andersen*, The Three Worlds, S. 101f. und 177f.

25 *Junko Kato*, Regressive Taxation and the Welfare State. Path Dependence and Policy Diffusion, Cambridge/New York etc. 2003; *dies.*, Regressive Taxation and the Politics of the Welfare State, in: *Gisela Hürlimann/Jakob Tanner* (Hrsg.), Steuern und Umverteilen. Effizienz versus Gerechtigkeit?, Zürich 2012, S. 205–217.

Diese Annahme könnte ein bisher wenig beachtetes Modell stützen, das B. Guy Peters 1991 für die Einnahmeseite entwickelt hat. Er machte anhand der Steuerpraktiken von 22 OECD-Ländern 1965 vier Gruppen aus: 1. die angloamerikanische Gruppe (USA, Großbritannien, Australien, Neuseeland, Japan, Schweiz), die sich durch vergleichsweise hohe Besitz- und Unternehmenssteuern, etwas höhere Einkommenssteuern und recht niedrige Umsatzsteuern auszeichnet, 2. die skandinavische Gruppe (Dänemark, Schweden, Norwegen, Finnland), die hohe Einkommens- und Umsatzsteuern, aber geringe Unternehmenssteuern favorisiert, 3. eine Gruppe, die Peters unter der Bezeichnung »Breite Basisbesteuerung« zusammenfasst, die von Österreich, den Niederlanden, Spanien und der Bundesrepublik gebildet wird und die sich durch eine umfangreiche Nutzung aller wichtigen Steuerarten auszeichnet, 4. eine südeuropäische Gruppe (Frankreich, Italien, Portugal, Griechenland), die mit Steuerflucht rechnet und aufgrund dessen stark auf die Umsatzsteuer setzt.[26]

Peters betont anschließend, dass er anhand der OECD-Steuerdaten die Einteilung bis zum Jahr 1987 geprüft habe und die Clustereinteilung bis dahin weitgehend konstant geblieben sei. Einzig für Frankreich konstatiert er in den 1980er Jahren einen Wechsel vom südeuropäischen zum kontinentaleuropäischen Steuertyp. Generell behauptet er, dass die Cluster bis 1987 enger zusammenrücken, weil sich die angloamerikanischen und südeuropäischen Staaten langsam in Richtung einer breiten Basissteuerung bewegen.[27] Dies würde sehr gegen die These einer von den USA ausgehenden Neoliberalisierung der Steuersysteme schon in den 1980er Jahren sprechen. Doch insgesamt ist besonders starke Vorsicht gegenüber Peters Angaben angebracht. Im Gegensatz zu Esping-Andersen legt er nicht offen, nach welchen Modellrechnungen er zu seinen Einschätzungen kommt. Freimütig gibt er auch zu, dass für 1965 auch eine Eingruppierung in drei oder sieben Cluster möglich gewesen wäre, und als Begründung für die Vier-Cluster-Lösung führt er nur an, dass dies die »most satisfying solution – theoretically as well as mathematically« war.[28]

Vergleicht man Peters Modell mit dem um den südeuropäischen Typ erweiterten Modell Esping-Andersens, so fällt auf, dass der angloamerikanische und der skandinavische Typ in beiden Fällen weitgehend die gleichen Länder umfasst, wobei von den bei Esping-Andersen nicht eingruppierten Nationen (Großbritannien, Neuseeland und Irland) bei Peters die ersten beiden dem angloamerikanischen Modell zugerechnet werden und Irland dem südeuropäischen. Zudem werden für den kontinentaleuropäischen Typ jeweils die Bundesrepublik, Österreich, die Niederlande sowie Belgien und für den südeuropäischen Typ Griechenland und Portugal als zugehörige Länder berücksichtigt. Dagegen werden Frankreich und Italien auf der Einnahmeseite zu den südeuropäischen und auf der Ausgabenseite zu den kontinentaleuropäischen Ländern gerechnet, während die Zuteilung bei Spanien genau andersherum erfolgt. Insgesamt könnte die recht große Über-

---

26 *B. Guy Peters*, The Politics of Taxation. A Comparative Perspective, Cambridge 1991, S. 58–64. Eine ähnliche Einteilung nach Ländern findet sich auch bei: *Arnold J. Heidenheimer/Hugh Heclo/Carolyn Teich Adams*, Comparative Public Policy. The Politics of Social Choice in America, Europe, and Japan, New York 1990, Kap. 6.

27 *Peters*, The Politics of Taxation, S. 66f.

28 Ebd., S. 59. Uwe Wagschal hat dieselbe Frage wie Peters im Jahr 2005 für den Zeitraum von 1965 bis 2000 mit mehr Steuervariablen untersucht. Die Ergebnisse der Clusteranalyse stimmen hinsichtlich der Zuteilung zu den Typen weitgehend mit Peters überein. Nur ordnet Wagschal Frankreich dem zentraleuropäischen und Spanien dem südeuropäischen Typ zu. Zudem wird Norwegen in der Clusteranalyse dem südeuropäischen Typ zugerechnet, aber Wagschal zählt es im Folgenden trotzdem zum skandinavischen Steuertyp, weil anderweitige Gründe dafür sprechen sollen. Generell werden dabei alle Länder von 1965 bis 2000 permanent einem Typ zugeordnet und so der Eindruck einer extremen Konstanz in der Steuerpolitik der Länder hervorgerufen: *Uwe Wagschal*, Steuerpolitik und Steuerreformen im internationalen Vergleich. Eine Analyse der Ursachen und Blockaden, Münster 2005, S. 105–116.

einstimmung die These stützen, dass die Entwicklung unterschiedlich ausgeprägter Steuersysteme bis 1965 das Verhalten der Länder auf der Ausgabenseite nach 1973 stark beeinflusst hat, oder anders gesagt: Die unterschiedlichen Steuersysteme Pfadabhängigkeiten mit sich brachten, die dann für die Ausprägung und Ausdifferenzierung der Wohlfahrtsstaaten mitverantwortlich waren.

Im Folgenden geht es jedoch weniger um die Genese dieser Konstellationen als vielmehr um die Frage nach den Reaktionen der Staaten in der Finanzpolitik nach der Krise. Dabei werden zuerst die beiden als Vorreiter einer Neoliberalisierung des Steuersystems häufig genannten Staaten, die USA und Großbritannien, untersucht, die mit ihren scharfen und von anderen Ländern beachteten Veränderungen in der Steuerpolitik den Ausgangspunkt für die Frage bilden, ob es in der Steuerpolitik seit den 1980er Jahren eine neoliberale Konvergenz gab. Die USA gelten dabei in allen genannten Modellen als Prototyp des angloamerikanischen Typs. Großbritannien hat bei den verschiedenen Sozialwissenschaftlern hingegen zu größeren Eingruppierungsproblemen geführt. Die Einteilung als angloamerikanisches Steuerland von Peters und auch von Uwe Wagschal könnte in der Kombination mit dem von Esping-Andersen angedeuteten Wandel vom skandinavischen zum angloamerikanischen Wohlfahrtsstaat die These nahelegen, dass aufgrund der Einnahmeseite ein Wechsel auf der Ausgabenseite nach der Krise notwendig wurde. Junko Kato bezeichnet Großbritannien hingegen als Hybrid-Modell, weil dort die Regierung 1973 die Mehrwertsteuer einführte und damit zwischen den früher mit der Steuer beginnenden nord- und zentraleuropäischen Staaten und den angloamerikanischen Nachzüglern liegt. Anschließend werden mit der Bundesrepublik, Schweden und Frankreich je ein Land, der von Peters für 1965 konstatierten drei anderen Steuertypen untersucht. Dabei geht es hier nicht um eine unkritische Bestätigung sozialwissenschaftlicher Modelle, sondern um deren Prüfung, auch weil die Stimmen, die den Nutzen starker Typologisierung aufgrund der jeweiligen Besonderheit der nationalen Entwicklung anzweifeln, zugenommen haben.[29] Deswegen werden auch die zentralen Linien der Steuerpolitik der Länder untersucht und nicht nur die Bedeutung regressiver Steuern.

II. STEUERPROTEST IN DEN 1970ER JAHREN

Die 1970er Jahre zeichneten sich im Zehnjahresschnitt in allen westlichen Industrienationen – wie schon die beiden Jahrzehnte zuvor – durch ein weiteres Wachstum sowohl auf der Einnahme- wie auf der Ausgabenseite staatlicher Haushalte aus. Doch gegen Ende des Jahrzehnts verlangsamte sich diese Entwicklung deutlich. Parallel kam es in mehreren Ländern zu Protesten gegen zu hohe Steuern. Das sichtbarste Zeichen des Protests bildete in den USA die »Proposition 13«, die 1978 im Staat Kalifornien verabschiedet wurde. In Kalifornien konnten Bürger für Anträge Unterschriften sammeln und ab einer erreichten Stimmenzahl musste über diese abgestimmt werden. 1978 gelang es einer Initiative, die sich »People's Initiative to Limit Property Taxation« nannte, die erforderlichen Unterzeichner zusammenzubekommen und eine Abstimmung über ihren Antrag zu erreichen. Zu Beginn des Antrags hieß es: »The maximum amount of any ad valorem tax on real property shall not exceed one percent (1 %) of the full cash value of such property.« Es ging also um eine strikte Begrenzung der Höhe der Vermögenssteuern. Über 70 % der

---

29 *Hans Günter Hockerts*, Einführung, in: ders./*Winfried Süß* (Hrsg.), Soziale Ungleichheit im Sozialstaat. Die Bundesrepublik Deutschland und Großbritannien im Vergleich, München 2010, S. 9–18, hier: S. 17; *Franz-Xaver Kaufmann*, Varianten des Wohlfahrtsstaates. Der deutsche Sozialstaat im internationalen Vergleich, Frankfurt am Main 2003, S. 309; *Peter Baldwin*, Can We Define a European Welfare State Model?, in: *Bent Greve* (Hrsg.), Comparative Welfare Systems. The Scandinavian Model in a Period of Change, London 1996, S. 29–44, hier: S. 29f.

stimmberechtigten Bürger gaben hierzu ihr Votum ab und über 65% davon stimmten für den Antrag. Dieser wurde dann gesetzlich verankert und die auf ihm basierende Regelung ist noch heute in Kalifornien in Kraft.[30] Und er hatte erhebliche Vorbildwirkung: Ein Jahr später hatte die beachtliche Anzahl von 47 Bundesstaaten der USA ihre Steuern gesenkt.[31]

Versucht man die reagansche und thatchersche Steuerpolitik historisch einzuordnen, dann fällt zuerst auf, dass Großbritannien und die USA nicht die einzigen Länder waren, in denen es in den 1970er Jahren eine massive Antisteuerbewegung gab, die unter anderem für die Stärkung des rechten Parteienspektrums sorgte. Stilbildend war vielmehr die Fortschrittspartei von Mogens Glistrup in Dänemark. Glistrup war von 1956 bis 1963 Professor für Steuerrecht an der Universität Kopenhagen und anschließend Inhaber einer großen Anwaltskanzlei. Im dänischen Fernsehen präsentierte er 1971 seine Steuererklärung, die zeigte, dass Glistrup aufgrund der Nutzung von Steuerlöchern keine Steuern zahlte. Sein Auftritt machte ihn so populär wie verhasst. Daraufhin gründete er 1972 die Fortschrittspartei, die 1973 auf Anhieb zur zweitstärksten Partei in Dänemark wurde. Ebenfalls bedeutenden Steuerprotest gab es in den 1970er Jahren in der Schweiz. Vergleicht man diese vier Länder mit dem massivsten Steuerprotest, dann fällt auf, dass sie in besonders starkem Maße ihr Budget durch Einkommens- und Besitzsteuern deckten. Gerade die drei nach Gøsta Esping-Andersen liberalen Wohlfahrtsstaaten Großbritannien, USA und Schweiz, aber auch Dänemark[32], stützen sich in hohem Maße auf diese progressiven und besonders sichtbaren Steuerformen. Der Protest gegen als zu hoch empfundene progressive Steuern wurde vor allem von der Mittelschicht getragen. Harold Wilensky spricht vom Aufbegehren der »middle mass«.[33] Wilensky und andere ziehen hieraus den Schluss, dass die Mittelschicht generell eher gegen stark progressive Steuern eingestellt ist und Regierungen sie nur für den starken Ausbau des Wohlfahrtsstaats gewinnen können, wenn dieser stärker durch regressive Steuern finanziert wird.[34]

III. »GOVERNMENT IS THE PROBLEM«: REAGAN UND DIE RADIKALE STEUERSENKUNG

Ronald Reagan hatte den Steuerprotest in Kalifornien genauestens verfolgt, war er doch dort bis 1974 Gouverneur gewesen. Und während Steuererleichterungen bei Reagans erstem Versuch, die Präsidentschaftskandidatur zu erringen, noch eine vergleichsweise geringe Rolle spielten, traten sie 1980 zunehmend ins Zentrum, als er zum republikanischen Herausforderer des demokratischen Präsidenten Jimmy Carter wurde. Carter hatte

---

30 *Isaac William Martin*, The Permanent Tax Revolt. How the Property Tax Transformed American Politics, Stanford, CA 2008; *Arthur O'Sullivan/Terri A. Saxton/Steven M. Sheffrin*, Property Taxes and Tax Revolts. The Legacy of Proposition 13, Cambridge/New York etc. 1995; *Jack Citrin* (Hrsg.), Proposition 13 at 30, Berkeley, CA 2009; *D. A. Smith/Howard Jarvis*, Populist Entrepreneur. Reevaluating the Causes of Proposition 13, in: Social Science History 23, 1999, S. 173–210.
31 *Karl E. Reis*, Fesseln für den Leviathan. Die Steuerrevolte in den Vereinigten Staaten und die Problematik budgetärer Schranken, Pfaffenweiler 1987, S. 29.
32 In Dänemark hatte und hat die Lohn- und Einkommenssteuer weltweit den höchsten Anteil an den Gesamtsteuereinnahmen. In den 1980er Jahren sorgten sie durchgängig für mehr als 50% der gesamten Einnahmen. Dies liegt daran, dass Dänemark ein stark ausgebautes Sozialsystem hat, dieses aber nicht wie die meisten anderen Länder über Sozialbeiträge, sondern fast komplett über Steuern finanziert.
33 *Harold L. Wilensky*, Rich Democracies. Political Economy, Public Policy, and Performance, Berkeley, CA/Los Angeles etc. 2002, Kap. 10.
34 Ebd.; *Peter Baldwin*, The Politics of Solidarity, New York 1990; *Kato*, Regressive Taxation, S. 212.

Die Öffentlichen Finanzen in den westlichen Industrienationen 59

nach seinem Amtsantritt 1977 Steuersenkungen angekündigt, doch seine Vorschläge kamen erst in stark veränderter Form durch den Kongress, sodass sie real kaum zu Entlastungen führten.[35] Insgesamt betrieb Carter eine vorsichtig expansive Wirtschaftspolitik. Der Erfolg war, dass die seit der Ölkrise stark angestiegene Arbeitslosigkeit absank und die Beschäftigung gerade im Industriesektor deutlich zunahm. Allerdings stiegen dabei das Budgetdefizit langsam und die Inflation relativ schnell an.[36] Dies änderte sich, als Paul Volcker, parteipolitisch ein Demokrat, im August 1979 die Leitung der Federal Reserve übernahm und sofort einen stark antiinflationistischen Kurs einschlug, indem er die Leitzinsen kräftig erhöhte.[37] Die Folge war, dass sich die rezessiven Tendenzen in den USA verstärkten und die Arbeitslosigkeit wieder zu steigen begann. Dies galt als einer der Gründe für Carters Wahlniederlage, hinzu kamen aber seine im Gegensatz zum Optimismus von Reagan als resignativ bis depressiv wahrgenommenen Wahlkampfauftritte.[38]

Reagan gewann die Wahl klar und trat im Januar 1981 seinen Dienst als 40. Präsident der USA an. Am Tag der erfolgreichen Wahl im November 1980 hatte er sein Programm wie folgt umrissen:

»We must reduce tax rates to stimulate work and savings and investment. That's why I've said we can relieve labor and business of burdensome, unnecessary regulations and still maintain high standards of environmental and occupational safety. That's why I've said we can reduce the cost of government by eliminating billions lost to waste and fraud in the federal bureaucracy – a problem that is now an unrelenting national scandal.«[39]

Reagan ging es zum einen um die Wiederherstellung konservativer Werte wie Familie, Arbeit und Nachbarschaft, die er als bedroht betrachtete. Hinzu kam seine starke Betonung militärischer Traditionen und der Notwendigkeit der Aufrüstung. All dies kennzeichnet ihn als Neokonservativen. Zum anderen war sein Wirtschaftsprogramm neoliberal geprägt und wich dadurch von der Politik republikanischer Präsidenten, insbesondere nach dem Ende des Zweiten Weltkriegs, ab. Einer seiner ökonomischen Berater schrieb später, Reagans drei wichtigste Wirtschaftsziele seien ein schrumpfender Regierungsapparat, niedrige Steuern und sinkende Inflationsraten gewesen.[40] Bei seiner Antrittsrede betonte Reagan: »In this present crisis, government is not the solution to our problem; government is the problem.«[41] Etwa zwei Wochen später in seiner Rede an die Nation über die Ökonomie präzisierte er seine Pläne:

---

35 *C. Eugene Steuerle*, Contemporary US Tax Policy, Washington 2008, S. 73–75. Steuerle arbeitete unter Reagan im Finanzministerium und war maßgeblich an der Steuerreform 1986 beteiligt.
36 *Henry C. Kenski*, The Politics of Economic Policy Making. The Shift from Carter to Reagan, in: *Harold D. Clarke/Marianne C. Stewart/Gary Zuk* (Hrsg.), Economic Decline and Political Change. Canada, Great Britain and the United States, Pittsburgh, PA 1989, S. 77–102; *Anthony S. Campagna*, The Economy in the Reagan Years, Westport, CT 1994, S. 18–30.
37 *John T. Woolley*, Monetary Politics. The Federal Reserve and the Politics of Monetary Policy, Cambridge / New York etc. 1984; *Michael French*, US Economic History since 1945, Manchester 1997, S. 49.
38 *Sean Wilentz*, The Age of Reagan. A History 1974–2008, New York 2008, Kap. 4 und 5.
39 Election's Eve Address: »A Vision for America«, 3.11.1980. Eine große Zahl von öffentlichen Reden ist auf der Homepage der Ronald Reagan Presidential Library zugänglich. Die Elections Eve Address findet sich unter URL: <http://www.reagan.utexas.edu/archives/reference/11.3.80.html> [4.7.2012].
40 *Martin Feldstein*, American Economic Policy in the 1980s. A Personal View, in: *ders.* (Hrsg.), American Economic Policies in the 1980s, Chicago 1994, S. 1–80, hier: S. 3.
41 First Inaugural Address, 20.1.1981, URL: <http://www.reagan.utexas.edu/archives/speeches/1981/12081a.htm> [4.7.2012].

»We must go forward with a tax relief package. I shall ask for a 10-percent reduction across the board in personal income tax rates for each of the next 3 years. Proposals will also be submitted for accelerated depreciation allowances for business to provide necessary capital so as to create jobs.«[42]

Dieses Versprechen führte noch 1981 zur größten Steuersenkung in der Geschichte der USA. Reagan war von führenden Angebotsökonomen (*supply-side economists*) um Arthur Laffer und Robert Mundell davon überzeugt worden, die Reduzierung ohne Gegenfinanzierung durchzuführen, weil nach ihrer Theorie die durch die Steuerbefreiung von den Bürgern in der Wirtschaft eingesetzten Beträge die Ökonomie so stark ankurbeln würden, dass die Steuereinnahmen trotz Kürzungen kurzfristig zumindest stabil bleiben und langfristig steigen würden. Von zentraler Bedeutung hierbei war die Laffer-Kurve, die mathematisch nachzuweisen behauptet, dass die optimale Besteuerung mit größtmöglichen Einnahmen bei insgesamt recht niedrigen Steuersätzen liegt.

Reagan war aber zur Durchsetzung auf den Kongress angewiesen. Zwar verfügten die Republikaner im Senat über die Mehrheit, aber im Repräsentantenhaus dominierten die Demokraten. Das amerikanische politische System der umfassenden »checks and balances« besitzt viele Vetospieler, weswegen dort gravierende Veränderungen schwer durchzusetzen sind.[43] Auch Reagan war am Anfang überaus skeptisch, was die Frage der Durchsetzbarkeit seiner Steuerpläne betraf und im März 1981 erklärte der demokratische Vorsitzende des für die Haushaltspolitik zentralen »House Ways and Means Committee«, dass der Gesetzesvorschlag »dead on arrival« sei.[44] Die Strategie des Präsidenten und seiner Berater in den folgenden Tagen war es einerseits, eine groß angelegte Öffentlichkeitskampagne für die Kürzungen zu starten, und andererseits, demokratische Abgeordnete durch das Versprechen von Steuervergünstigungen für ihre Wählerklientel aus der Ablehnungsfront herauszubrechen. Diese Strategie war letztlich erfolgreich und der Act konnte verabschiedet werden. Er bestimmte, dass sich die Einkommenssteuersätze in den nächsten drei Jahren im Durchschnitt um 23 % reduzierten, wobei der Höchststeuersatz von 70 % auf 50 % sank. Aufgrund der großen Kosten kürzten Republikaner und Demokraten im Gesetzgebungsprozess Reagans 10-10-10-Entwurf jedoch im ersten Jahr auf eine 5 %ige Senkung der Steuersätze (5-10-10) herunter. Neben der generellen Tarifsenkung nahm man durch die Verhandlungen eine Menge Steuervergünstigungen mit ins Paket auf, die die Staatseinnahmen weiter senkten. Gleichzeitig wurde festgelegt, dass die Steuerraten in Zukunft automatisch an die Inflation angeglichen werden würden. Eigentlich sollte dies schon 1982 geschehen, doch wegen der sich bald abzeichnenden Steuerausfälle verlegte Reagan den Start der Indizierung auf das Jahr 1985. Einen weiteren Aspekt des Gesetzes bildete die Reduzierung der Kapitaleinkommenssteuer von 28 % auf 20 %.[45] John Witte,

---

42 Address to the Nation on the Economy, 5.2.1981, URL: <http://www.reagan.utexas.edu/archives/speeches/1981/20581c.htm> [4.7.2012].
43 *George Tsebelis*, Veto Players. How Political Institutions Work, Princeton, NJ 2002. Als Beispiel zur Verwendungsmöglichkeit des Vetospieler-Ansatzes für Historiker: *Andreas Wirsching*, Abschied vom Provisorium. Geschichte der Bundesrepublik Deutschland 1982–1990, Stuttgart 2006, insb. S. 212ff. Dabei ist zu beachten, dass der Ansatz von Tsebelis trotz des akteurstheoretischen Vokabulars relativ statisch von institutionellen Gegebenheiten auf Veränderungen schließt und die konkreten Handlungsorientierungen und -strategien der Akteure weitgehend unberücksichtigt bleiben. Vgl. *Joachim Raschke/Ralf Tils*, Politische Strategie. Eine Grundlegung, Wiesbaden 2007, S. 411f. Zu Vetospielern in der Steuerpolitik: *Uwe Wagschal*, Blockieren Vetospieler Steuerreformen?, in: Politische Vierteljahresschrift 40, 1999, S. 628–640.
44 Zit. nach: *John Witte*, The Politics and Development of the Federal Income Tax, Madison, WI/London 1985, S. 222.
45 Zum Gesetz 1981: *Steuerle*, Contemporary US Tax Policy, S. 77–81; *Sven Steinmo*, Taxation & Democracy. Swedish, British and American Approaches to Financing the Modern State, New Haven, CT 1993, S. 161–163; *Witte*, The Politics and Development, S. 220–235; *W. Elliott*

einer der bedeutendsten Analysten des US-Einkommenssteuersystems, betonte die Einzigartigkeit des »Steuerverschenkungswettbewerbs« des Gesetzes: »it should be remembered that this bill was unique only because it was extreme, not because it established new trends in tax legislation«.[46] Das amerikanische Finanzministerium bezifferte später die Ausfälle durch die Steuer in den beiden Jahren 1981 und 1982 auf 91,3 Milliarden US-Dollar und in den ersten vier Jahren nach der Verabschiedung auf 176,7 Milliarden US-Dollar.[47]

Gleichzeitig erhöhte Reagan 1981 die Militärausgaben, während dramatische Kürzungen nicht stattfanden. So stiegen die Ausgaben auch als Anteil am Bruttosozialprodukt 1981 leicht an. Die Folge war, dass sich Ende 1981 ein dramatisch steigendes Budgetdefizit für 1982 abzeichnete.[48] Nach harten Kämpfen mit den radikalen Angebotsökonomen im Finanzministerium und im Stab des Weißen Hauses setzten sich nun moderatere Ökonomen im Kongress durch, die eine Steuererhöhung für unvermeidlich erachteten. Reagan forderte aber im Gegenzug, dass für jeden zusätzlichen Dollar an Steuereinnahmen drei Dollar Ausgaben gekürzt werden sollten, was sich letztlich aber als nicht durchsetzbar erwies.[49] Nach langen Debatten unterzeichnete Reagan im September 1982 den »Tax Equity and Fiscal Responsibility Act«. Etwa ein Drittel der Steuerausfälle konnte dadurch wieder hereingeholt werden. Der Großteil der Einnahmen generierte sich durch die Schließung von Steuerlöchern und durch die striktere Durchsetzung der Steuerregeln. Die Hauptzahler waren in diesem Fall amerikanische Unternehmen. Da sich das Defizit auch in den folgenden beiden Jahren nur langsam verringerte, verabschiedete der Kongress auch 1983 und 1984 noch Gesetze, die die Steuereinnahmen, diesmal allerdings in deutlich geringeren Umfang, erhöhten.[50]

Reagan verfolgte Ende 1981 nun vor allem das Ziel, die Ausgaben und insbesondere die Sozialausgaben zu kürzen. Hauptverantwortlich für diese Aufgabe war David Stockman[51], der Leiter des »Office of Management and Budget«, das dem Präsidenten unterstand und unter anderem für die Haushaltsaufstellung zuständig war. Reagan verlangte aber bei den Streichungen, die über 65-Jährigen auszunehmen, weil ihn seiner Meinung

---

Brownlee/C. Eugene Steuerle, Taxation, in: *W. Elliot Brownlee/Hugh Davis Graham* (Hrsg.), The Reagan Presidency. Pragmatic Conservatism and its Legacies, Lawrence, KS 2003, S. 155–181, hier: S. 159–161. Aus der Sicht des wichtigsten ökonomischen Beraters von Reagan in der Frühphase der Präsidentschaft: *Martin Anderson*, Revolution, San Diego, CA 1988, S. 113–121.

46 *Witte*, The Politics and Development, S. 235. Ein weiterer Kommentator betonte, dass der Vorteil des politischen Systems der USA wäre, dass die »checks and balances« viele Fehler verhinderten. Der Nachteil sei gleichsam, dass das System aber auch die Fehlerbehebung erheblich erschwere, wenn denn ein Fehler passiere. Und die Steuergesetzgebung 1981 sei genau so ein schwer zu behebender Fehler gewesen, der die USA ins Defizit getrieben habe. *Charles Schultze*, Budget Policy, in: *Feldstein*, American Economic Policy, S. 279–284, hier: S. 281.

47 *Jerry Tempalski*, Revenue Effects of Major Tax Bills (OTA Working Paper 81 – Office of Tax Analysis of the U. S. Department of the Treasury), Washington 2006, S. 16. Vgl. auch *Paul E. Peterson/Mark Rom*, Lower Taxes, More Spending and Budget Deficits, in: *Charles O. Jones* (Hrsg.), The Reagan Legacy. Promise and Performance, Chatham 1988, S. 213–240.

48 *Wilentz*, The Age of Reagan, S. 146f.; *Iwan W. Morgan*, Deficit Government. Taxing and Spending in Modern America, Chicago 1995.

49 Die radikal angebotsökonomischen Forderungen Reagans stammten vor allem von seinem ökonomischen Beraterstab im Weißen Haus und aus dem Finanzministerium. Als Selbstdarstellung aus dem Finanzministerium: *Donald T. Regan*, For the Record. From Wall Street to Washington, San Diego, CA 1988.

50 *Steuerle*, Contemporary US Tax Policy, S. 97–120; *Brownlee/Steuerle*, Taxation, S. 161–168; *Don Fullerton*, Inputs to Tax Policy-Making. The Supply-Side, the Deficit and the Level Playing Field, in: *Feldstein*, American Economic Policy, S. 165–208, hier: S. 184–190.

51 Seine Sicht auf die Geschehnisse: *David Stockman*, The Triumph of Politics. How the Reagan Revolution Failed, New York 1986.

nach eine angekündigte Rentenerhöhung den Sieg bei den republikanischen Vorwahlen für das Präsidentenamt 1976 gekostet hatte. Da Reagan gleichzeitig aber umfassende Kürzungen verlangte, schlug Stockman eine 20 %ige Kürzung der Auszahlung für die Frührentner in den Altersstufen von 62 bis 64 Jahren vor. Gegen diese Pläne erhob sich massiver Protest und Reagan ließ sie schnell wieder fallen. Fast gleichzeitig verkündete man den Vorschlag, den Mindestsatz bei den Sozialversicherungen zu kürzen beziehungsweise ganz zu streichen. Auch dies endete in einem Fiasko und musste aufgegeben werden. Den Demokraten gelang es nun glaubhaft, die Republikaner als Sozialversicherungsfeinde darzustellen.[52] Bei den Meinungsumfragen zu den Mid-term-Wahlen zum Repräsentantenhaus und zum Senat 1982 verloren die Republikaner dramatisch an Zustimmung, und Reagan selbst hatte nun in der Mitte seiner Amtszeit die schlechtesten Umfragewerte seit Harry Truman. Es zeichnete sich nicht nur eine dramatische Zunahme der demokratischen Mehrheit im Repräsentantenhaus, sondern auch der Verlust der republikanischen Mehrheit im Senat ab. Nicht wenige Kommentatoren sahen das Ende der Ära Reagan bereits gekommen. Nach Jacob S. Hacker und Paul Pierson gelang es den Republikanern, diese Niederlage noch abzuwenden, weil sie zu diesem Zeitpunkt im Gegensatz zu den Demokraten bereits über ein gut organisiertes Spendensammelbüro verfügten. Sie konnten sechsmal so viel Geld einwerben wie die Demokraten und setzten dieses massiv im Wahlkampf ein.[53] Statt einer Wahlkatastrophe blieb es so bei leichten Verlusten im Repräsentantenhaus und einer knappen Verteidigung der Republikaner-Mehrheit im Senat. Aufgrund dieser Erfahrung verzichtete Reagan jedoch bis zum Ende seiner Amtszeit auf Sozialkürzungen, die größere Öffentlichkeitswirksamkeit hätten entfalten können.

Neben den angekündigten Sozialkürzungen hatte auch die allgemeine Lage der Wirtschaft zu den republikanischen Wahlproblemen 1982 beigetragen. Das Bruttoinlandsprodukt wuchs zwar gegen Ende des Jahres 1980 langsam an, doch Mitte 1981 kehrte sich der Prozess wieder um und im ersten Quartal 1982 kam es mit einem Minus von 6,4 % zum stärksten quartalsmäßigen BIP-Einbruch in der Nachkriegsgeschichte der USA, der auch in der Finanzkrise 2008 nicht wieder erreicht wurde. Gleichzeitig stieg die Arbeitslosenrate seit Reagans Amtsantritt permanent an. Sie lag im Januar 1980 bei 6,3 %, ging bald über 7 % und im März 1982 über 9 % hinaus.

IV. Reagans zweite Amtsperiode: Steuersenkung durch Subventionsstreichung

Doch 1983 wandelte sich das Bild. Die Rezession endete in den USA wie auch in den meisten anderen westlichen Industrienationen und die US-Wirtschaft ging auf Wachstumskurs. Gleichzeitig gelang es Reagan, sich durch eine Militärintervention auf Grenada als durchsetzungsstarker Politiker zu präsentieren. Zudem erwies sich sein demokratischer Herausforderer im Präsidentschaftsrennen, Walter Mondale, öffentlich als wenig überzeugend. Reagan konnte so bei den Präsidentschaftswahlen einen großen Triumph verbuchen und die Wahlen in 49 von 50 Staaten gewinnen.[54]

---

[52] *Paul Pierson*, Dismantling the Welfare State? Reagan, Thatcher, and the Politics of Retrenchment, Cambridge/New York etc. 1994, Kap. 6; *Martha Derthick/Steven M. Teles*, Riding the Third Rail. Social Security Reforms, in: *Brownlee/Graham*, The Reagan Presidency, S. 182–208; *Gareth Davies*, Welfare State, in: ebd., S. 209–232.
[53] *Jacob S. Hacker/Paul Pierson*, Winner-Takes-All-Politics. How Washington Made the Rich Richer – and Turned its Back on the Middle Class, New York 2010, S. 163–167.
[54] *Wilentz*, The Age of Reagan, S. 161f. und 171–175.

Reagan hatte damit Zustimmung für seine Politik erhalten und auch für seine Ankündigung im Wahlkampf, die Steuersätze weiter zu reduzieren. Generell galt das Steuersystem in den USA Mitte der 1980er Jahre als eines der ungerechtesten und kompliziertesten der Welt, auch weil der Act von 1981 die Zahl der Vergünstigungen und Sonderregelungen weiter erhöht hatte.[55] Reagan und seine Berater zielten darum nun nicht nur auf eine Reduzierung der Einkommensteuer, sondern auch auf eine erhebliche Vereinfachung des Steuerrechts und eine Reduzierung von Vergünstigungen und Steuerschlupflöchern ab. Aufgrund des nach wie vor bedrohlichen Defizits hoffte man, die Senkungen dadurch komplett gegenzufinanzieren. Experten hielten dies aufgrund der vielen Vetospieler im US-System und der inzwischen in Washington sehr reichhaltig vorhandenen und gebefreudigen Lobbyistengruppen für ein nahezu chancenloses Unterfangen. Doch ein weiteres Mal gelang es Reagan, eine umfassende Steuerreform als Gesetz zu verabschieden. Ein Grund für den Erfolg war, dass es keine einheitliche Haltung der US-Wirtschaft zum Steuerpaket gab. Heftig bekämpften die Bauwirtschaft, die Haus- und Grundwirtschaft, der Einzelhandel und die Stahlindustrie das Vorhaben, da diese am meisten von bisherigen Steuervergünstigungen profitierten. Auch die Interessenvertreter der Landwirtschaft äußerten sich eher skeptisch. Demgegenüber befürworteten die Vertreter der Hightechindustrie, der Finanzwirtschaft und multinationaler Unternehmen die Reform, weil sie nur begrenzt durch Steuerlöcher begünstigt wurden und von der generellen Reduzierung stark profitierten.

Um das Gesetz verabschieden zu können, machte man erneut mehreren wichtigen Demokraten Zugeständnisse, die ihre jeweilige Klientel begünstigten. Allerdings konnte Reagan diesmal durchsetzen, dass jede Vergünstigung durch eine Kürzung anderswo ausgeglichen werden musste. Das verabschiedete Gesetz blieb so auch in der Praxis vier Jahre nach seiner Verabschiedung für den Staat nahezu aufkommensneutral. Einer Mehreinnahme von 22 Milliarden US-Dollar im ersten Jahr standen nahezu gleich hohe Verluste im dritten und vierten Jahr gegenüber.[56] Die Hauptpunkte des Gesetzes stellten die Reduzierung des Höchstsatzes der Einkommensteuer auf 28 % und der Unternehmenssteuer auf 34 % dar. Auch die Anzahl der Steuerklassen reduzierte sich weiter. Gleichzeitig strich man Steuerinvestitionskredite und reduzierte Abschreibungsmöglichkeiten.[57]

Wie schon die Reform 1981 blieb auch das Gesetz von 1986 in der Bewertung höchst umstritten. Neben der Kritik an der Verteilungswirkung[58] ging es vor allem um die Fragen, inwieweit erstens das System vereinfacht und zweitens die US-Wirtschaft dadurch wettbewerbsfähiger geworden sei. Viele Experten begrüßten zwar die Streichung von zahlreichen Sondervergünstigungen, kritisierten aber scharf, dass während des Verhandlungsprozesses eine ähnlich hohe Zahl von Steuerlöchern neu geschaffen wurde. So schrieb Richard Doernberg: »One might describe the 1986 Act as rearranging the deck chairs on the Titanic – surely a bustle of activity but with little, if any, meaningful improvement.«[59] Konservative Politiker in Westeuropa beurteilten das Gesetz jedoch weit

---

55 *Henry Aaron/Harvey Galper*, Assessing Tax Reform, Washington 1986.
56 *Tempalski*, Revenue Effects, S. 16.
57 Zum Gesetz von 1986 und seiner Veränderung im Verfahren: *Jeffrey Birnbaum/Alan Murray*, Showdown at Gucci Gulch. Law Makers, Lobbyists and the Unlikely Triumph of Tax Reform, New York 1987; *Timothy J. Conlan/Margaret T. Wrightson/David R. Beam*, Taxing Choices. The Politics of Tax Reform, Washington 1990; *Joseph White/Aaron Wildavsky*, The Deficit and Public Interest. The Search for Responsible Budgeting in the 1980s, Berkeley, CA/Los Angeles etc. 1989; *Steuerle*, Contemporary US Tax Policy, S. 121–138; *Steinmo*, Taxation & Democracy, S. 164–169; *Brownlee/Steuerle*, Taxation, S. 168–173.
58 Dazu ausführlicher weiter unten.
59 *Richard Doernberg*, The Market for Tax Reform. Public Pain for Private Gain, in: Tax Notes, 28.11.1988, S. 965–969, hier: S. 965.

positiver als jenes von 1981. Galt letzteres weitgehend als unverantwortlich, so schätzte man das 1986er-Gesetz in der Tendenz als eine Vereinfachung des Systems ohne Unterminierung der Staatseinnahmen ein. Dementsprechend strahlte das Gesetz auch deutlich mehr nach Westeuropa aus.

Das Gesetz von 1986 bildete die zentrale Veränderung für die Einnahmeseite in der zweiten Amtsperiode von Reagan. Auf der Ausgabenseite setzte er weitgehend auf Konstanz, dramatische Richtungsänderungen blieben aus. In der Tendenz stiegen die Ausgaben in den wichtigsten Bereichen im Takt des Wirtschaftswachstums, sodass ihr Anteil am Bruttosozialprodukt weitgehend konstant blieb. Die Hauptveränderungen in der staatlichen Finanzpolitik fanden also auf der Einkommensseite statt. Auch Reagan schrieb in seiner Autobiografie der Steuerpolitik eine große Rolle in seiner gesamten Amtsführung zu und bewertete diese als erfolgreich: »With the tax cuts of 1981 and the Tax Reform Act of 1986, I'd accomplished a lot of what I'd come to Washington to do.«[60]

V. THERE IS NO ALTERNATIVE: DIE EISERNE LADY UND IHRE STEUERN

Auch Margaret Thatcher musste mit der Trendwende in der eigenen Partei beginnen. Stärker noch als die US-Republikaner hatten die britischen Tories die Expansion des Sozialstaats mit befördert, keynesianische Wirtschaftspolitik betrieben und der Bekämpfung der Arbeitslosigkeit hohe Priorität eingeräumt. Thatcher sah dagegen vier Hauptprobleme, die es zu lösen galt, um Großbritannien wettbewerbsfähiger zu machen: zu starke Gewerkschaften, eine zu schwache Regierung, eine überlastete Privatwirtschaft und verschwenderische Staatsausgaben. Das letzte betrachtete Thatcher als zentral, weil es ihrer Meinung nach die anderen drei Probleme mit hervorrief beziehungsweise verstärkte. Dementsprechend legte sie ihre Partei im Wahlkampf auf ein stark verändertes Staatsverständnis fest. Die wichtigsten angekündigten Maßnahmen waren Steuersenkungen zur Förderung der Investitionstätigkeit, eine strikte Ausgabenkontrolle und die Verhinderung von kurzfristigen Konjunkturprogrammen.[61]

1979 wurde Thatcher schließlich Premierministerin. Das britische Mehrheitswahlrecht brachte es mit sich, dass die Tories, obwohl sie nur 43,9 % der Stimmen erhielten, 66 % der Sitze im Parlament einnahmen und Thatcher damit über eine komfortable Mehrheit verfügte. Hinzu kommt, dass es im britischen System weniger Vetospieler als im bundesrepublikanischen und insbesondere im US-amerikanischen System gab. Dementsprechend bestanden gute Möglichkeiten für Thatcher, ihre Politik in die Praxis umzusetzen, und sie war dabei in sehr viel geringerem Maße als Reagan auf Kompromisse mit der Opposition angewiesen.[62]

Ihre ersten Maßnahmen 1979/80 können durchaus als radikal bezeichnet werden. In Übereinstimmung mit Milton Friedman und anderen neoliberalen Wirtschaftswissenschaftlern legte sie sich auf die Geldmenge als zentralen Indikator fest, über dessen Bestimmung die gesamte Wirtschaft gesteuert und die Inflation reduziert werden sollte. Dieser Indikator besaß aus Thatchers Sicht den Vorteil, dass die Gewerkschaften fast keinen Einfluss auf ihn hatten. 1980 wurde die »Medium Term Financial Strategy« (MTFS) eingeführt, die neben der Festlegung auf Geldmengenziele auch mehrjährige Budgetpläne vorsah, mit dem Ziel, das Ausgabenwachstum zu begrenzen. Thatcher setzte auch sofort erste Sozialkürzungen durch, allerdings agierte sie hier eher vorsichtig und schrittweise.

---

60 *Ronald Reagan*, An American Life, New York 1990, S. 335.
61 *Dominik Geppert*, Thatchers konservative Revolution. Der Richtungswandel der britischen Tories 1975–1979, München 2002.
62 Zu den Besonderheiten des britischen politischen Systems und seiner Rückwirkungen auf die Steuerpolitik: *Steinmo*, Taxation & Democracy.

Radikaler als auf der Ausgabenseite waren die Veränderungen auf der Einnahmeseite. Thatcher senkte den Spitzensteuersatz bei der Einkommenssteuer 1979/80 um 23 Prozentpunkte von 83 % auf 60 %. Zur Gegenfinanzierung erhöhte sie die Mehrwertsteuer von 8 % beziehungsweise 12,5 % auf einen Einheitssatz von 15 %, und dies bei gleichzeitiger Anhebung der Mineralölsteuer. Insgesamt überkompensierte sie durch diese Erhöhungen die Absenkung der Einkommenssteuer sogar.[63] Es stiegen sowohl die Steuer- wie die Ausgabenquote an, sodass Thatcher in dieser Hinsicht einerseits nicht strikt neoliberal agierte und die Schrumpfung des Staats vorerst als nachrangig betrachtete. Andererseits entsprach die vorgenommene Ausgabenverschiebung weg von Beschäftigungsprogrammen und staatlichem Wohnungsbau hin zu Militär und Polizei, die im »Nachtwächterstaat« zum Schutz von Eigentum und Handelsrouten durchaus vorgesehen waren, wiederum den Vorstellungen vieler neoliberaler Theoretiker.[64] Insgesamt war die gesellschaftliche Praxis deutlich komplizierter als neoliberale Reißbretttheorie, und bereits die ersten hier beschriebenen Schritte führten schnell auch in unerwartete Richtungen.

So hatten weder führende Regierungspolitiker noch die sie beratenden neoliberalen Theoretiker dem Pfund-Wechselkurs für die neue Politik eine größere Bedeutung zugemessen. Thatchers Politik führte aber zu einer dramatischen Aufwertung des Pfunds gegenüber dem Dollar und auch den zentralen europäischen Währungen. Im Verhältnis zum Dollar stieg das Pfund von 1978 bis zum Beginn des Jahres 1981 um 37 %. Die Tories sahen dies am Beginn der Entwicklung als Ausdruck des Vertrauens des Markts in ihre Politik und als weithin unproblematisch an.[65] Dies hatte auch eine gewisse Berechtigung, weil der Pfundkurs im Gefolge der Aufnahme eines IWF-Kredits über 3,9 Milliarden US-Dollar durch die Labour-Regierung 1976 gefallen war.[66] Zudem trug die Entwicklung nun zur Dämpfung der Inflation – eines der zentralen Ziele von Thatcher – bei, weil die Importpreise fielen. Doch als der Kurs immer weiter stieg, gewann dies an Dramatik. Die britische Exportindustrie büßte erheblich an Wettbewerbsfähigkeit ein und die britische Wirtschaft schlitterte in die bis dato tiefste Rezession der Nachkriegszeit, die jene infolge der Ölkrise noch übertraf.[67] Das Bruttosozialprodukt schrumpfte 1980 um 2,3 % und 1981 um 1,2 %. Die Arbeitslosigkeit stieg von unter 5 % bei Thatchers Machtantritt auf über 10 % im Jahr 1982, was wiederum die Sozialausgaben schnell ansteigen ließ.

Obwohl die Rezession 1980 bereits in vollem Gang war, entschlossen sich Thatcher und ihr Schatzkanzler Geoffrey Howe, auch für das Jahr 1981/82 ein restriktives Budget beizubehalten. Vor allem sollte die Angebotssituation verbessert werden, weswegen für höhere Einkommen sowie Unternehmen die Einkommens- und Körperschaftssteuer gesenkt wurde. Parallel setzte man aber die Anpassung der Einkommenssteuer an die Infla-

---

63 *Jonathan Leape*, Tax Policies in the 1980s and 1990s. The Case of the United Kingdom, in: *Anthonie Knoester* (Hrsg.), Taxation in the United States and Europe. Theory and Practice, Basingstoke 1993, S. 276–311; *Bob Rowthorne*, Government Spending and Taxation in the Thatcher Era, in: *Jonathan Michie* (Hrsg.), The Economic Legacy, London 1992, S. 261–293.
64 Als Bericht eines Monetaristen, der die Thatcher-Regierung begrüßte und ihre generelle Politik für richtig hielt, aber im Detail viele andere Vorschläge hatte: *Gordon Pepper*, Inside Thatcher's Monetarist Revolution, London 1997. Einen guten Einstieg in die Neoliberalismus-Forschung bietet: *David Harvey*, Kleine Geschichte des Neoliberalismus, Zürich 2007.
65 *Jim Tomlinson*, Public Policy and the Economy since 1900, Oxford 1990, S. 314–319; *William Keegan*, Mrs Thatcher's Economic Experiment, Harmondsworth 1984, S. 148–162.
66 *Kathleen Burk/Alex Cairncross*, Good-bye Great Britain. The 1976 IMF Crisis, New Haven, CT/London 1992.
67 *Alex Cairncross*, The British Economy since 1945. Economic Policy and Performance 1945–1990, Oxford 1992, S. 238–241. Vergleichbar ist die Tiefe der Rezession in Großbritannien nur mit jener der Weltwirtschaftskrise der 1930er Jahre und der aktuellen Finanzkrise 2008. Gut zeigt dies eine Grafik im Guardian, URL: <http://www.guardian.co.uk/news/datablog/2009/nov/25/gdp-uk-1948-growth-economy> [27.3.2012].

tion aus, erhöhte die Verbrauchssteuern und erhob eine einmalige Steuer auf Bankeinlagen. Dadurch stiegen die Einnahmen um 2,9 Milliarden Pfund und sendeten einen weiteren deflationären Impuls zur Verschärfung der Krise.[68] Das Ansehen von Thatcher und den Tories erreichte 1981/82 einen Tiefpunkt. Laut Umfragen hätten sie im November 1981 nur noch 25,5% der Wählerstimmen erhalten und der Haushalt 1981 galt laut Demoskopen als »the most unpopular Budget, proposed by the most unpopular Chancellor, in more than thirty years«.[69] Schließlich veröffentlichten 364 Ökonomen ein Manifest in der »Times«, in dem sie sich gegen das restriktive Budget wendeten.[70] Im Juli gab es im Kabinett erhebliche Widerstände der eigenen Kabinettsminister gegen die als zu deflationär betrachteten Budgetpläne für 1982/83, sodass Thatcher die Sitzung ohne Ergebnis abbrechen und die weitere Verhandlung auf die Zeit nach der Sommerpause verschieben musste.[71]

Dies alles führte schließlich ab Mitte 1981 zu einem partiellen Einlenken der Regierung. Aufgrund der nachgewiesenen Probleme verzichtete die Regierung fortan darauf, die Geldmenge als den zentralen Indikator zu betrachten. Es erfolgte nun wieder eine Beurteilung des Geschehens anhand einer Vielzahl von Faktoren. Barry Eichengreen beurteilt dies als das Ende des einzigen Versuchs in einer fortgeschrittenen Industrienation, neoliberale Theorie in Reinform zu praktizieren.[72] Auch in der Steuerpolitik veränderte man in einer Hinsicht die Richtung: Die Entlastungen überstiegen im Budget 1982/83 deutlich die neuen Belastungen und führten zu Mindereinnahmen von 3,2 Milliarden Pfund. Thatcher schaltete also von einem restriktiven auf einen expansiven Kurs um. Die generelle Richtung blieb aber dieselbe: Die direkten Steuern sanken weiter, während die indirekten Steuern erhöht wurden. Zudem kürzte Thatcher die Beiträge der Arbeitgeber für die Sozialversicherungen, während die der Arbeitnehmer angehoben wurden. Dadurch entstand eine deutliche Absenkung der progressiven Wirkung der Steuern, mit der Folge, dass sich der Abstand zwischen den oberen und den unteren Einkommensschichten vergrößerte[73], was von Thatcher so auch gewollt war, weil Einkommensunterschiede für sie eine wesentliche Antriebskraft des Kapitalismus bildeten.

Das expansive Budget traf 1982 mit allgemeinen Erholungstendenzen in der Weltwirtschaft zusammen und erbrachte ein leichtes Wachstum von 1% des BSP, welches sich 1983 auf 3,8% steigerte. Allerdings reichte dies nicht aus, um die Arbeitslosigkeit zu senken; im Gegenteil, sie stieg 1983 weiter an. Die wirtschaftliche Erholung bildete sicher die Voraussetzung dafür, dass Thatcher bei den Wahlen im Juni 1983 überhaupt eine Chance hatte. Hinzu kamen schließlich zwei Ereignisse, die kaum mit der Wirtschaftspolitik der Tories zu tun hatten: Erstens demontierte sich die Labour Party in diversen

---

68 *Gerd Wolf*, Wechselseitige Beeinflussung von gesamtwirtschaftlicher Entwicklung und öffentlichem Haushalt: ein Vergleich der Erfahrungen aus den Jahren 1970 bis 1985 im Vereinigten Königreich und in der Bundesrepublik Deutschland, Berlin 1986, S. 42–45; *Andreas Busch*, Neokonservative Wirtschaftspolitik in Großbritannien. Vorgeschichte, Problemdiagnose, Ziele und Ergebnisse des »Thatcherismus«, Frankfurt am Main/Bern etc. 1989, S. 70.
69 Zit. nach: *Norman L. Webb/Robert Wybrow* (Hrsg.), 1982: The Gallup Report. Your Opinions in 1981, London 1982, S. 73f. Die Wahlprognose: ebd., S. 41.
70 Der Text des Memorandums ist abgedruckt in den Erinnerungen des späteren Finanzministers *Nigel Lawson*, The View from No. 11. Memoirs of a Tory Radical, London 1992, S. 97. Vgl. auch *Reimut Zohlnhöfer*, Globalisierung der Wirtschaft und finanzpolitische Anpassungsreaktionen in Westeuropa, Baden-Baden 2009, S. 94; *Cairncross*, The British Economy, S. 245.
71 *John Campbell*, Margaret Thatcher, Bd. II: The Iron Lady, London 2008, S. 104–125, insb. S. 118–121; *Lawson*, The View, S. 108f.
72 *Barry Eichengreen*, The European Economy since 1945. Coordinated Capitalism and Beyond, Princeton, NJ 2007, S. 280. Ähnlich: *Cairncross*, The British Economy, S. 236.
73 *Andrew W. Dilnot/Nick Morris*, The Tax System and Distribution 1978–1983, in: Fiscal Studies 4, 1983, S. 56–64.

Die Öffentlichen Finanzen in den westlichen Industrienationen 67

Richtungsstreiten weitgehend selber. Zweitens brachte Thatcher ihre aggressive Politik im Falklandkrieg 1982 eine Welle nationaler Zustimmung und ein Aufflackern alter imperialer Größenträume.[74]

Nach der Wiederwahl ersetzte der Architekt der MTFS und Thatcher-Vertraute, Nigel Lawson, Geoffrey Howe als Schatzkanzler. Auch in ihrer zweiten Amtszeit wurden die umstrittensten Veränderungen gleich zu Beginn umgesetzt. Auf der Einkommensseite stand diesmal die Absenkung des Spitzensteuersatzes der Körperschaftssteuer in kleineren Schritten von 52 % auf 35 % im Mittelpunkt. Allerdings verbreiterte Lawson gleichzeitig die Steuerbasis durch die Einbeziehung kleinerer Unternehmen und die Reduzierung von Abschreibungsmöglichkeiten, sodass auch hier die Steuereinnahmen konstant blieben beziehungsweise leicht stiegen. Die Entlastung der Großunternehmen wurde ergänzt durch die Abschaffung eines Zuschlags auf Kapitaleinkünfte bei der Einkommenssteuer und des Arbeitgeberbeitrags zur Sozialversicherung. Gravierende Erhöhungen der indirekten Steuern unterblieben in dieser Wahlperiode, vielmehr erfolgte in der Tendenz eine jährliche Anhebung im Rahmen der Inflationsrate.[75]

Auf der Ausgabenseite war nur das erste Jahr der neuen Wahlperiode von stärkeren Kürzungen gekennzeichnet. Diese stießen in der Öffentlichkeit auf wenig Protest, weil vor allem der bis dato stark expandierende Verteidigungsetat gekürzt wurde. In den folgenden Jahren gelang es weitgehend, die in der mittelfristigen Finanzplanung festgelegten Zielmarken zu erreichen. Das Ausgabenwachstum blieb in den erwünschten Bahnen und unerwünschte Programme zur Ausgabensteigerung konnten mit der Bezugnahme auf die Planung weitgehend verhindert werden.[76] Verantwortlich für die vergleichsweise wenig umstrittene Finanzpolitik der zweiten Wahlperiode war, dass üppige Einnahmen für den Staat aus zwei Quellen sprudelten. Erstens erreichte die Förderung des Nordseeöls in dieser Zeit ihren Höhepunkt. Allein 1985 flossen dem Staat hieraus über acht Milliarden Pfund zu.[77] Zweitens kam es zu Gewinnen aus der Privatisierung der britischen Staatsbetriebe.[78] Die Konsolidierung der Staatsfinanzen und die Reduzierung der jährlichen Neuverschuldung erfolgten vor allem durch die Einnahmen aus diesen mittel- bis langfristig versiegenden Quellen, während die Deckungslücke zwischen Einnahmen aus Steuern und Sozialbeiträgen und den Ausgaben von 1979 bis 1986 relativ konstant bei etwa 20 Milliarden Pfund lag.[79]

VI. EIN RADIKALES PROJEKT ZU VIEL: DIE POLL TAX UND DER RÜCKTRITT VON MARGARET THATCHER

1987 gelang Thatcher ein weiterer Wahlerfolg. Allerdings erwies sich die dritte Amtszeit von Beginn an als schwieriger als die vorherige. Erneut strebte Schatzkanzler Lawson

---

74 *Lawrence Freedman*, The Official History of the Falklands Campaign, 2 Bde., London 2005; *Brian Harrison*, Finding a Role? The United Kingdom 1970–1990, Oxford 2010, insb. S. 32 und 40–43; *Campbell*, Margaret Thatcher, Bd. II, S. 126–159.
75 *Leape*, Tax Policies, S. 287–296; *Zohlnhöfer*, Globalisierung der Wirtschaft, S. 92f. Die Reaktion der britischen Wirtschaft auf die Reform fiel eher gemischt als einhellig positiv aus. Ein Grund hierfür war, dass das Gesetz weitgehend ohne Konsultationen der wirtschaftlichen Interessenverbände von den Verantwortlichen im Finanzministerium geschrieben worden war und einige komplizierte Regelungen enthielt, die von der Wirtschaft als hinderlich betrachtet wurden: *Steinmo*, Taxation & Democracy, S. 175f.
76 *Zohlnhöfer*, Globalisierung der Wirtschaft, S. 78f.
77 *Tomlinson*, Public Policy, S. 346.
78 *Harvey Feigenbaum/Jeffrey Henig/Chris Hamnett*, Shrinking the State. The Political Underpinnings of Privatization. Cambridge/New York etc. 1998.
79 *Busch*, Neokonservative Wirtschaftspolitik, S. 140.

kurz nach der Wahl drastische Veränderungen an. Er gestaltete nun vor allem die Einkommenssteuer weiter um. Insbesondere reduzierte er die Tarifstufen, sodass nun nur noch zwei Tarife mit 25 % und 40 % existierten. In neun Jahren sank der Spitzensteuersatz unter Thatcher dementsprechend von 83 % auf 40 %.[80] Die Reform erwies sich jedoch als schlecht getimt. Die erneute Entlastung der Wohlhabenden traf zeitlich mit dem Einsetzen von umfassenden Sozialkürzungen und dem Anstieg der Inflationsrate zusammen. Kritik kam nun nicht nur von der Labour Party, sondern auch aus der eigenen Partei und von Teilen der sonst eher freundlich gesonnenen Presse. Der »Daily Mirror« titelte: »It's tax cuts galore but not if you're poor«.[81] In der Partei wuchs daraufhin der Widerstand gegen Thatcher und Lawson.

Maßgeblich zum Abschied vom Amt der Premierministerin trug ein weiteres Steuerprojekt bei. Es ging um die grundlegende Veränderung der kommunalen Besteuerung. Ziel war es, die existierende Grundsteuer, die vor allem Haus- und Grundbesitzer belastete, abzuschaffen und durch eine Kopfsteuer (offiziell »community charge«, im Volksmund zumeist »poll tax« genannt) zu ersetzen. Das Ziel hatte Thatcher in ihr konservatives Manifest, das Wahlprogramm 1987, aufgenommen und nach der Wahl begann die Umsetzung. Die Steuer führte die Regierung im Finanzjahr 1989/90 in Schottland und 1990/91 schließlich in England und Wales ein. In der Folge musste jeder Erwachsene unabhängig von seinem Einkommen die Steuer in derselben Höhe entrichten. Die Höhe durfte von der jeweiligen Gemeinde festgelegt werden. Thatchers zentrale Idee hinter der Steuer war es, das Wachstum der kommunalen Ausgaben zu beschränken. Die Gemeinden verfügten zu deren Finanzierung fortan nur noch über die »community charge«. Um 1 % Ausgabenwachstum zu realisieren, hätten sie die Steuersätze um etwa 6 bis 7 % anheben müssen. Die Steuer erfreute sich bei den Wohlhabenden großer Beliebtheit, während sie insbesondere bei Gemeinden und Arbeitnehmern verhasst war. Es entwickelte sich, von Schottland ausgehend, schnell eine Protest- und Boykottbewegung, die große Teile Großbritanniens ergriff. In vielen Gemeinden weigerten sich bis zu 30 % der Einwohner, die Steuer zu entrichten.[82] Da sie nicht vom Lohn abgezogen wurde, begann die Regierung schließlich damit, die Steuer per Polizeieinsatz einzutreiben, was die Proteste zusätzlich anheizte. Im März 1990 kam es zu einer Anti-Poll-Tax-Demonstration in London, an der sich nach unterschiedlichen Schätzungen 100.000 bis 200.000 Menschen beteiligten und während der es zu gewalttätigen Auseinandersetzungen mit der Polizei kam (»Poll Tax Riot«). In der Folge setzten sich Teile ihrer Partei von Thatcher ab und nominierten schließlich einen Gegenkandidaten für den Parteivorsitz. Als Thatcher im ersten Wahlgang nicht die nötige Mehrheit erreichte, trat sie schließlich im November 1990 zurück.[83] Ihr Rücktritt war mit der Poll Tax auf die Einführung einer sehr gut wahrnehmbaren direkten Steuer zurückzuführen, während Thatcher zuvor vor allem die bereits existierende und in ihrer Auswirkung indirekte Mehrwertsteuer erhöht hatte. Ihr konservativer Nachfolger als Premierminister, John Major (1990–1997), schaffte zwar die Kopfsteuer ab, führte aber ansonsten in der Steuerpolitik Thatchers Linie weitgehend fort.[84]

---

80 *Zohlnhöfer*, Globalisierung der Wirtschaft, S. 73.
81 Zit. nach: *Campbell*, Margaret Thatcher, Bd. II, S. 579.
82 *Arthur Midwinter/Claire Monaghan*, From Rates to the Poll Tax. Local Government Finance in the Thatcher Era, Edinburgh 1993; *David Butler/Andrew Adonis/Tony Travers*, Failure in British Government. The Politics of the Poll Tax, Oxford 1994.
83 *Campbell*, Margaret Thatcher, Bd. II, S. 709–747.
84 *Philip Cowley*, Chaos or Cohesion? Major and the Conservative Parliamentary Party, in: *Peter Dorey* (Hrsg.), The Major Premiership. Politics and Policies under John Major 1990–1997, London 1999, S. 1–25; *Zohlnhöfer*, Globalisierung der Wirtschaft, S. 101–114.

VII. ZWEI NEOLIBERALE? THATCHER, REAGAN UND DIE SOZIALEN AUSWIRKUNGEN IHRER POLITIK

Obwohl Thatchers und Reagans Politik häufig in einem Atemzug genannt werden, sind die Unterschiede in ihrem Handeln doch erheblich. In der Haushaltspolitik ist der wichtigste, dass Reagan neben anfänglichen Einnahmeverlusten durch die Steuersenkung eine Ausgabenexpansion, insbesondere durch die Steigerung des Militärhaushalts, herbeiführte.[85] In seinem ersten Amtsjahr belief sich die Staatsverschuldung noch auf 21,6% des BSP, 1986 hatte sie schon über 37% erreicht.[86] Nach Paul Pierson etablierte er damit eine Fiskalpolitik der Austerität, das heißt eine Politik, bei der der hohe Schuldenstand beständig als Argument gegen soziale Anforderungen in Anschlag gebracht wurde – eine Politik, die sich nach Pierson heute in den meisten Industrienationen durchgesetzt hat. In Großbritannien hielt Thatcher hingegen in der ersten Amtsperiode bei sich erhöhenden Einnahmen die Staatsausgaben nach anfänglichem Anstieg weitgehend stabil und reduzierte so das Defizit. Grund für den Anstieg der britischen Einnahmen war eine weitere signifikante Differenz: Während Thatcher die Senkung der direkten Steuern durch die Anhebung der Mehrwertsteuer und der Arbeitgeberbeiträge zur Sozialversicherung ausglich und zum Teil überkompensierte, senkte Reagan 1981 die Steuern ohne Gegenfinanzierung und 1986 durch Subventionskürzungen. Vor allem führte Reagan keine Mehrwertsteuer ein, und die USA sind heute das letzte der reichsten 18 OECD-Länder ohne diese Steuer.

Gerade in der Steuerpolitik dominierten aber die Gemeinsamkeiten, deren Auswirkungen sich auch anhand der sozialen Lastenverteilung zeigen lassen. Sowohl Thatcher wie Reagan begannen kurz nach der Regierungsübernahme mit der Senkung der Spitzensteuersätze. In den USA sank dieser bei der Einkommensteuer innerhalb von sechs Jahren von 70% auf 28%. Auch in Großbritannien sank der Spitzensteuersatz, der 1975 noch bei 83% gelegen hatte, bis 1990 auf 40%. In beiden Ländern fand also eine ähnlich hohe Senkung des Spitzensteuersatzes um 42 beziehungsweise 43 Prozentpunkte statt. Zudem verschob sich in beiden Ländern der Anteil der erhobenen Steuern von der redistributiven zu der regressiven Seite, sprich der Anteil der die Wohlhabenden stärker belastenden Steuern (vor allem die Einkommens- und die Unternehmenssteuer) sank, während der Anteil der die weniger Begüterten stärker treffenden Steuern (vor allem die Umsatz- beziehungsweise Mehrwertsteuer) stieg. Bei Thatcher war der Anstieg der redistributiven Steuern jedoch weit stärker. In den USA fiel der Anteil der redistributiven Steuern an den Steuereinnahmen von 1980 bis 1987 um 2,6%, in Großbritannien um 2,9%.[87]

Hinzu kam, dass in beiden Ländern die Unternehmenssteuern gesenkt wurden. Zentral war dabei die Steueränderung 1986 unter Reagan, aber Thatcher hatte schon zwei Jahre zuvor mit einer ähnlichen Politik begonnen, die jedoch in kleineren Schritten als unter Reagan erfolgte. In den USA fiel der Spitzensteuersatz für Unternehmen 1986 von 46% auf 34%, in Großbritannien im Zeitraum von 1984 bis 1991/92 von 52% auf 33%. In beiden Ländern erfolgte Mitte/Ende der 1980er Jahre eine zweite Reform der Einkommensteuer. Diese bestand vor allen Dingen aus einer deutlichen Reduzierung der Tarifstufen bei erneuter Senkung des Höchstsatzes. In beiden Fällen war die Senkung durch eine Reduzierung zumindest teilweise gegenfinanziert, bei Reagan diesmal sogar komplett.

Eine zentrale Frage für die Beurteilung der Politik von Reagan und Thatcher ist jene nach deren Folgen für die Einkommensverteilung. In Großbritannien und vor allem in den USA hatte die stärkere Progressivität des Steuersystems bis dahin das schwächer ausgebaute System der Sozialleistungen ausgeglichen und dazu geführt, dass die USA hinsicht-

---

85 *French*, US Economic History, S. 144.
86 *James M. Poterba*, Budget Policy, in: *Feldstein*, American Economic Policy, S. 235–270, hier: S. 241.
87 *Steinmo*, Taxation & Democracy, S. 3.

lich der Egalität der Einkommensverteilung bis zum Beginn der 1980er Jahre mit der Bundesrepublik gleich auf lag und auch in Großbritannien große Egalität herrschte. Unter den reichen OECD-Nationen lagen die USA damit im Mittelfeld, und Großbritannien gehörte zu den Nationen mit der egalitärsten Einkommensverteilung.

Dies änderte sich in den 1980er Jahren dramatisch. Die Einkommensverteilung in vielen reichen OECD-Nationen in den 1980er Jahren zeigt, dass der in den 1960er und 1970er Jahren deutliche Trend zur stärkeren Einkommensegalität nun stagnierte. Doch vor allem in den USA und Großbritannien kam es zur radikalen Trendumkehr. Hier stieg die Ungleichheit auch beim verfügbaren Einkommen deutlich an, und die Steuerpolitik der Regierungen hatte daran einen Anteil.[88] Für Großbritannien zeigt eine detaillierte Analyse der Steuerveränderungen unter Thatcher und Major von 1985 bis 1995, dass die egalisierende Wirkung der Steuern durch die Reformen um 28 % sank.[89] Es zeigt sich zudem, dass etwa 50 % der vom Staat für Steuererleichterungen gewährten Summen an die reichsten 10 % gingen.[90] Extreme Bedeutung kam dabei den Absenkungen des Spitzensteuersatzes zu: Diese erfolgten 1979 und 1988 und in beiden Jahren kam es zu einem starken Anstieg der gesellschaftlichen Ungleichheit.[91] 1987 war die Reduzierung der Progressivität der direkten Steuern so weit vorangeschritten, dass die Umverteilungswirkung durch den Anstieg der regressiven Mehrwertsteuer ausgeglichen wurde.[92]

In den USA profitierten die unteren und mittleren Einkommen insgesamt nicht von den Steuersenkungen, weil diese durch die Erhöhungen der Sozialbeiträge kompensiert bis überkompensiert wurden.[93] Tendenzielle Verbesserungen ergaben sich für die 10 % der höchsten Einkommensbezieher, doch auch in dieser Gruppe gilt es noch zu differenzieren. Eine neuere Studie zeigt, dass vor allem das 1 % der Bevölkerung mit den allerhöchsten Einkommen ganz überdurchschnittlich von den Steuerreformen unter Ronald Reagan profitiert hat.[94] Die Gesetze von 1981 und 1986 schufen die Voraussetzung dafür, dass der Aufbau großer Vermögen in den USA in den 1980er und 1990er Jahren dramatisch anstieg. Ähnliches gilt für Großbritannien.[95]

Die Zahlen einer aktuell erstellten Datenbank im Rahmen der Luxembourg Income Studies (LIS) über die staatliche Umverteilungswirkung zeigen, dass sich die Ungleichheit bei der Einkommensverteilung in den USA und in Großbritannien in 15 Jahren um 0,068 beziehungsweise sogar 0,106 Punkte erhöht hat. Weil die staatliche Umverteilung nicht ansatzweise im gleichen Maße gestiegen ist (USA 0,008 und Großbritannien 0,037), sind in den USA über 80 % und in Großbritannien über 60 % der Brutto- zu Nettozugewinnen geworden.

---

88 *Chen Wang/ Koen Caminada*, Leiden LIS Budget Incidence Fiscal Redistribution Dataset (2011), online verfügbar unter URL: <http://www.lisdatacenter.org/resources/other-databases/> [11.7. 2012].
89 *Christopher Giles/Paul Johnson*, Tax Reform in the UK and Changes in the Progressivity of the Tax System 1985–95, in: Fiscal Studies 15, 1994, S. 64–86, hier: S. 85.
90 *Paul Johnson/Graham Stark*, Ten Years of Mrs Thatcher. The Distributional Consequences, in: Fiscal Studies 10, 1989, S. 29–37, hier: S. 33.
91 *Tom Clark/Andrew Leicester*, Inequality and Two Decades of British Tax and Benefit Reforms, in: Fiscal Studies 25, 2004, S. 129–158, hier: S. 138.
92 *Howard Glennerster*, Tibor Barna. The Redistributive Impact of Taxes and Social Policies in the UK 1937–2005 (CASE-Paper Nr. 115), London 2006, S. 1–28, hier: S. 17.
93 *Willi Leibfritz/John Thornton/Alexandra Bibbee*, Taxation and Economic Performance (OECD Economics Department Working Papers No. 176), Paris 1997, S. 106–111.
94 *Thomas Piketty/Emmanuel Sanz*, Income Inequality in the United States 1913–1998, in: Quarterly Journal of Economics 68, 2003, S. 1–39.
95 *Anthony B. Atkinson/Thomas Piketty*, Top Incomes – A Global Perspective, 2 Bde., Oxford 2007/2010; *dies./Emmanuel Sanz*, Top Incomes in the Long Run of History, in: Journal of Economic Literature 49, 2011, S. 3–71.

Tabelle 1: Gini-Koeffizient für Einkommen und staatliche Umverteilungswirkung in Großbritannien und den USA 1979 bis 1994

	GB Markteinkommen	GB Verfügbares Einkommen	GB Umverteilung	USA Markteinkommen	USA Verfügbares Einkommen	USA Umverteilung
1979	0,396	0,270	0,126	0,405	0,305	0,100
1986	0,476	0,303	0,173	0,434	0,338	0,096
1991	0,475	0,336	0,139	0,439	0,338	0,101
1994	0,502	0,339	0,163	0,473	0,365	0,108

Letztlich führte diese erwünschte Steigerung gesellschaftlicher Ungleichheit zur Entfesselung kapitalistischer Energien auch dazu, dass trotz aller Unstimmigkeiten zwischen Thatcher beziehungsweise Reagan und ihren neoliberalen Beratern im Detail, die gegenseitige Hochachtung doch weit über die Regierungszeit erhalten blieb. Milton Friedman gab beispielsweise in einem seiner letzten Interviews, das die Zeitung »Die Welt« posthum veröffentlichte, als Lösung für aktuelle Probleme in Europa zu Protokoll: »Kurz gesagt, sie alle sollten Margaret Thatcher und Ronald Reagan nacheifern.«[96]

VIII. Die Steuerpolitik der CDU/CSU-FDP-Koalition in der Bundesrepublik

In der Bundesrepublik konnte die konservative Partei erst zwei beziehungsweise drei Jahre später als in den USA und Großbritannien die Regierungsführung übernehmen. Die vorher regierende SPD-FDP-Koalition brach im Streit über Haushaltsfragen am 17. September 1982 auseinander.[97] Helmut Kohl, der Bundeskanzler der neuen CDU/CSU-FDP-Koalitionsregierung, bezeichnete den Regierungswechsel als »geistig-moralische Wende« und versprach in vielerlei Hinsicht zu Beginn eine ähnlich dramatische Abkehr vom Vorherigen wie Reagan und Thatcher, wobei er aber als Kanzler einer Koalitionsregierung von Beginn an in einer schwierigeren Situation bei der Durchsetzung von Entscheidungen war. Angekündigt wurden sowohl eine Reduzierung des Haushaltsdefizits wie eine große Steuerreform mit deutlichen Steuersenkungen.[98] Die Regierung Kohl hatte nach ihrer Ernennung im Oktober 1982 etwa ein halbes Jahr Zeit, um die Wähler von der Notwendigkeit der Wende bis zu den Neuwahlen im März 1983 zu überzeugen. Dabei konzentrierte sich die Regierung auf die Reduzierung des als hoch empfundenen Haushaltsdefizits sowie der aufgrund der historischen deutschen Erfahrungen als bedrohlich bezeichneten Inflationsrate von über 5 %. Ihre Bekämpfung wurde auch von den Wählern als vordringlich angesehen, obwohl Haushaltsdefizit wie Inflationsrate in der Bundesrepublik im Vergleich der OECD-Staaten noch eher moderat waren und jeweils unter dem Durchschnitt lagen. Die Koalition verständigte sich dabei auf ein erstes Kürzungsprogramm. Die Absenkungen trafen vor allem den Sozialbereich: Beim Arbeitslosengeld verringerte man für die Mehrzahl der Bezieher den Zahlungszeitraum, bei den Rentnern führte man Krankenversicherungsbeiträge ein, und erste Medikamente wurden aus der

---

96 Die Welt, 17.11.2006.
97 Zum Ende der SPD-FDP-Koalition: *Martin H. Geyer*, Rahmenbedingungen: Unsicherheit als Normalität, in: *ders.* (Hrsg.), Geschichte der Sozialpolitik in Deutschland seit 1945, Bd. 6: 1974–1982 Bundesrepublik Deutschland. Neue Herausforderungen, wachsende Unsicherheit, Baden-Baden 2008, S. 1–109, hier: S. 105–109.
98 *Roland Sturm*, Die Wende im Stolperschritt – eine finanzpolitische Bilanz, in: *Göttrik Wewer* (Hrsg.), Bilanz der Ära Kohl, Opladen 1998, S. 183–200, hier: S. 183f.

Erstattungspflicht der Krankenkassen herausgenommen.[99] Innerhalb der Koalition zeigte sich schon hier eine Frontenbildung, die bei Finanzfragen nun häufig auftrat: Die kleinen Koalitionspartner FDP und CSU begrüßten die Sozialkürzung, während sie im sozialen Flügel der CDU um Heiner Geißler und Norbert Blüm auf massive Kritik stießen. Zum Ausgleich stimmten FDP und CSU einer Investitionsabgabe für Besserverdienende zu, die die FDP gegenüber der SPD jahrelang verhindert hatte. Um ihr Gesicht zu wahren, setzte sie aber die Rückzahlbarkeit der Abgabe durch. Zudem wurde die Erhöhung der Mehrwertsteuer um 1 % zum 1. Juli 1983 festgelegt; eine Maßnahme, die die CDU in der Opposition hartnäckig bekämpft hatte.[100]

Gegenüber den Streichungen und Konsolidierungsbemühungen spielte die Idee von Steuersenkungen im Wahlkampf 1983 eine vergleichsweise geringe Rolle. Zudem schwenkte die CDU im Januar 1983 darauf um, eine Aufhebung der Rückzahlbarkeit der Investitionsabgabe zu propagieren.[101] Nach der erfolgreichen Wahl im März 1983 gab es einige Stimmen in der CDU, die diesen Wandel für den großen Wahlerfolg mitverantwortlich machten.[102] Doch die FDP sah in der Rückzahlungsfrage einen »casus belli«. Schließlich gab Kohl in den Koalitionsverhandlungen der FDP nach. Als Kompromiss wurde festgelegt, die Abgabe drei statt zwei Jahre lang zu erheben und die zinslose Rückzahlung von vier auf sieben Jahre zu strecken. Die Finanzexperten der CDU/CSU-Fraktion hatten schnell ausgerechnet, dass diese Maßnahmen dem Staat in etwa die gleichen Zugewinne bescheren würden wie eine nicht zurückzahlbare zweijährige Abgabe. Nichtsdestotrotz gab es in der CDU/CSU-Fraktion gegen diese Einigung die meiste Kritik. Teile der Fraktion, insbesondere der Arbeitnehmerflügel, betrachteten dies als Einknicken gegenüber dem kleinen Partner und sahen die Glaubwürdigkeit der Partei gefährdet.[103] Letztlich war am Koalitionsbeschluss aber von der Fraktion nicht mehr zu rütteln.[104]

Mit der Investitionshilfeabgabe lag zwar der Hauptstreitpunkt bei den Koalitionsverhandlungen auf der Einnahmeseite, aber insgesamt dominierten die Kürzungspläne auf der Ausgabenseite. Die Hauptziele blieben die Senkung der Inflationsrate und die Haushaltskonsolidierung. Im Koalitionsvertrag waren folgende weitreichende Festlegungen getroffen worden:

»Das Wachstum der Ausgaben im Bundeshaushalt 1984 ist auf rd. 2 % zu beschränken, für den Zeitraum der mittelfristigen Finanzplanung 1985–1987 auf jährlich rd. 3 %. Für die öffentlichen Haushalte ist insgesamt anzustreben, daß ihr Zuwachs deutlich unter dem Nominalzuwachs des Bruttosozialproduktes bleibt.«[105]

Die Presse berichtete überwiegend positiv von den Ergebnissen der Koalitionsverhandlungen. In der ZEIT hieß es: »So glatt, so konfliktarm und dabei im finanziellen Resultat so ergiebig sind in Bonn nie zuvor öffentliche Haushalte saniert worden.«[106]

Mitte Mai einigte sich die Bundesregierung dann auf die Sparvorschläge. Es blieb bei der in der Koalitionsvereinbarung festgelegten Summe von 6,5 Milliarden DM. Mit 5,1

---

99 *Zohlnhöfer*, Globalisierung der Wirtschaft, S. 313.
100 *Gérard Bökenkamp*, Das Ende des Wirtschaftswunders. Geschichte der Sozial-, Wirtschafts- und Finanzpolitik in der Bundesrepublik 1969–1998, Stuttgart 2010, S. 213–220.
101 Protokoll der CDU/CSU-Fraktionssitzung am 20.1.1989, Archiv für Christlich-Demokratische Politik (ACDP), Sankt Augustin, 08-001-1070/1, S. 2f.
102 Protokoll der CDU/CSU-Fraktionssitzung am 23.3.1989, ebd., 1070/2, S. 31.
103 Vgl. die Beiträge der Abgeordneten Clemens, Link und Müller in der Fraktionssitzung am 23.3.1983, ACDP, 08-001-1070/2.
104 Im November 1984 erklärte das Bundesverfassungsgericht die Abgabe für verfassungswidrig und es erfolgte deren Rückzahlung.
105 Koalitionsvereinbarung vom 22.3.1983 als Anhang Nr. 4 zur Fraktionssitzung am 23.3.1983, ACDP, 08-001-1070/2.
106 Die ZEIT, 25.3.1983, S. 17.

Milliarden musste das Bundesministerium für Arbeit und Sozialordnung von Norbert Blüm die Hauptlast tragen. Die Planungen sahen die Reduzierung des Arbeitslosen-, Schlechtwetter- und Kurzarbeitergelds für Kinderlose von 68% auf 63% und der Arbeitslosenhilfe von 58% auf 56% des letzten Nettoeinkommens vor.[107] In den Haushalten 1983 und 1984 dominierte eindeutig die Konsolidierung der Ausgabenseite. Auf der Einnahmeseite war die Regierungspolitik in der Anfangszeit durch Zurückhaltung gekennzeichnet. Man tat wenig und nahm durch die kalte Progression doch erheblich mehr Steuern ein.[108]

Insgesamt hatte Kohl das Glück, dass er im Gegensatz zu Thatcher und Reagan erst in die Regierungsverantwortung gelangte, als die Rezession in den meisten Industrieländern zu Ende ging. Dies betraf auch die deutsche Wirtschaft, die 1983 auf einen langsamen und sich 1984 beschleunigenden Wachstumskurs einschwenkte. Hinzu kam, dass die Regierung vom hohen Dollarkurs profitierte. Nicht nur förderte dieser den deutschen Export, sondern auch der Bundesbankgewinn stieg an. Dies trug wesentlich zur deutlichen Senkung der Neuverschuldung bei. Zudem zeigte sich die Bundesbank von der neuen Regierungspolitik schnell überzeugt und senkte den Diskontsatz langsam bis zum März 1984 von 7% auf 4% ab, was die Investitionsbereitschaft verstärkte.[109] Mit diesen Erfolgen im Rücken verzichtete die Regierung in der zweiten Hälfte der Legislaturperiode auf größere Kürzungen im Sozialbereich. Auch Gerhard Stoltenberg gab im SPIEGEL im Frühjahr 1985 zu Protokoll: »Die Zeit der Kürzung von Leistungsgesetzen ist vorbei.«[110] Nachdem sich die ersten Erholungszeichen gezeigt hatten, schwenkte die Regierung auf eine Politik der Steuerentlastung um.

Im Dezember 1983 forderte die FDP investitions- und leistungssteigernde Tarifsenkungen bis spätestens zum Jahresbeginn 1986.[111] Einen zentralen Grund für die Terminierung bildete das Datum der nächsten Bundestagswahl im Januar 1987; eine Tarifsenkung zum 1. Januar 1987 hätte für diese kaum noch Wirkung entfalten können. Rasch schloss sich die CSU an.[112] Am 21. Februar 1984 traf sich die Koalitionsrunde, um über die Steuerpläne zu sprechen. Man konnte sich aber nur auf das beabsichtigte Entlastungsvolumen von etwa 25 Milliarden DM einigen.[113] Am 23. März publizierte »Die ZEIT«, dass laut Stoltenberg die Reform in zwei Stufen kommen müsse: 1986 die Familienentlastung und 1988 die Tarifentlastung. Für die Hälfte der Entlastung verlangte Stoltenberg eine Gegenfinanzierung. Seiner Ansicht nach würden sich nicht ausreichend Subventionskürzungen durchsetzen lassen, um diese Höhe zu erreichen. Deswegen müsste man zusätzlich einzelne Verbrauchssteuern oder die Mehrwertsteuer anheben. Falls dies nicht gewollt sei, fiele

---

107 Bericht Stoltenberg in der CDU/CSU-Fraktionssitzung am 17.5.1983, ACDP, 08-001-1070/2.
108 *Hans-Peter Ullmann*, Der deutsche Steuerstaat. Geschichte der öffentlichen Finanzen, München 2005, S. 206f.; *Wirsching*, Abschied vom Provisorium, S. 266; *Zohlnhöfer*, Globalisierung der Wirtschaft, S. 310–313; *Bökenkamp*, Das Ende des Wirtschaftswunders, S. 232f.
109 *Jeremy Leaman*, The Political Economy of Germany under Chancellors Kohl und Schröder. Decline of the German Model?, New York 2009, S. 43–47; *Gerhard Stoltenberg*, Wendepunkte. Stationen deutscher Politik 1947–1990, Berlin 1997, S. 282; *Rainer Roth*, Das Kartenhaus. Staatsverschuldung in Deutschland, Frankfurt am Main 1998, S. 177. Besonders stark betont die Rolle der Bundesbank beim Sturz von Helmut Schmidt sowie die dann recht positive Haltung gegenüber der neuen CDU/CSU-FDP-Regierung: *David Marsh*, Die Bundesbank. Geschäfte mit der Macht, München 1992, S. 222–235. Stärker aus der Sichtweise der Bundesbank: *Wolfgang Kitterer*, Öffentliche Finanzen und Notenbank, in: Deutsche Bundesbank (Hrsg.), Fünfzig Jahre Deutsche Mark, München 1998, S. 199–256, hier: S. 226–234.
110 Der Spitzensteuersatz ist nicht tabu, in: Der SPIEGEL, 25.2.1985, S. 26–30, hier: S. 26.
111 Wirtschaftswoche, 25.11.1983, S. 26; Frankfurter Rundschau, 22.12.1983.
112 Bleibt nichts, in: Der SPIEGEL, 5.12.1983, S. 32. Im Januar 1984 bestätigte die CSU dies noch einmal nachdrücklich: ACDP, Pressearchiv, dpa-Meldungen vom 16. und 19.1.1984.
113 *Wirsching*, Abschied vom Provisorium, S. 273.

das Entlastungsvolumen geringer aus.[114] Stoltenbergs zentrales Ziel blieb damit die Haushaltskonsolidierung. Am 2. April musste er seine Pläne in der großen Koalitionsrunde verteidigen. Die Sitzung erwies sich für Stoltenberg als Debakel. Insbesondere CSU und FDP lehnten sowohl eine Gegenfinanzierung durch Steuererhöhungen als auch die Zweiteilung der Reform entschieden ab. Stoltenberg musste schließlich akzeptieren, dass eine Koalitionskommission eingesetzt wurde, die prüfen sollte, ob die Reform nicht in einem Schritt und mit ausschließlicher Gegenfinanzierung durch Subventionsabbau möglich sei.[115]

Die CDU blieb hierbei innerlich zerstritten. Während die Bundestagsfraktion zu einer Reform in einem Schritt tendierte, forderten die CDU-Ministerpräsidenten eine Reform in zwei Schritten oder eine stärkere Gegenfinanzierung.[116] Aufgrund ihrer Vetoposition im Bundesrat ließ sich eine Reform aber nicht gegen den Willen der Ministerpräsidenten durchsetzen. Bei einem Koalitionstreffen im Mai galt die lange Liste mit vorgeschlagenen Subventionsstreichungen als noch ungünstiger als eine Mehrwertsteuererhöhung, woraufhin man weitere Entscheidungen vertagte.[117] Erst am 20. Juni konnten sich die Koalitionsvertreter schließlich auf einen Kompromiss einigen, der es ermöglichte, die Eckdaten noch im Juli im Kabinett zu verabschieden. Die drei Fraktionen trafen sich mit den CDU-Ministerpräsidenten etwa in der Mitte. Es kam zur von den Ministerpräsidenten gewünschten Zweiteilung der Reform auf die Jahre 1986 und 1988. Dafür verzichtete man auf eine Gegenfinanzierung. Beim Entlastungsvolumen erfolgte eine Einigung auf 18,7 Milliarden DM, eine Summe die etwa in der Mitte zwischen den zehn bis zwölf Milliarden DM der Ministerpräsidenten und den 25 Milliarden DM der Fraktionen lag. Zudem erhielten die Länder für zwei Jahre einen höheren Anteil an den Einnahmen der Mehrwertsteuer zugesagt.[118] 6,6 Milliarden entfielen hiervon auf die erhöhten Kinderfreibeträge, die im Gegensatz zum von der vorherigen SPD-FDP-Koalition bevorzugten Kindergeld die Wohlhabenden eindeutig bevorteilte.[119]

Diese erste große Steuerentlastungsdebatte zeigte, dass die Probleme in der Koalition nicht auf der Seite der Einnahmeentlastung lagen. Als problematisch erwies sich vielmehr die für eine umfassende Steuersenkung notwendige Gegenfinanzierung. Das Interesse der Ministerpräsidenten lag darin, die Haushalte der Länder nicht übermäßig zu belasten. Dementsprechend stimmten sie tendenziell für eine behutsame Nettoentlastung und beim Wunsch nach großer Bruttoentlastung für eine entsprechende Gegenfinanzierung. Für diese stand entweder eine Erhöhung indirekter Steuern oder ein Subventionsabbau zur Auswahl. Insbesondere die FDP und der Arbeitnehmer- wie der Mittelstandsflügel der CDU lehnten aber die Erhöhung indirekter Steuern tendenziell ab und favorisierten den

---

114 Gerhard Stoltenberg der Standhafte, in: Die ZEIT, 23.3.1984, S. 25.
115 *Bökenkamp*, Das Ende des Wirtschaftswunders, S. 252; Mehr Vertrauen, in: Der SPIEGEL, 9.4.1984, S. 23f.
116 Protokolle der CDU/CSU-Fraktionssitzungen am 3.4.1984 und am 2.5.1984, ACDP, 08-001-1072/1.
117 Alles wieder offen, in: Der SPIEGEL, 7.5.1984, S. 28f.; *Bökenkamp*, Das Ende des Wirtschaftswunders, S. 253.
118 Ebd., S. 256.
119 *Rudolf Hickel/Jan Priewe*, Finanzpolitik für Arbeit und Umwelt. Zur Kritik der Angebotslehre und Globalsteuerung, Köln 1989, S. 111f.; *Dieter Vesper*, Steuern, Staatsausgaben und Umverteilung, in: Prokla 25, 1995, S. 165–192, hier: S. 172. Zur Reform 1986 als Trendwende weg von einer immer progressiveren Einkommensbesteuerung: *Giacomo Corneo*, The Rise and Likely Fall of the German Income Tax 1958–2005, in: CESifo Economic Studies 51, 2005, S. 159–186. Dagegen betont Werner Ehrlicher, dass die Reform 1986 vor allem den kleineren und mittleren Einkommen zugutegekommen wäre: *Werner Ehrlicher*, Finanzpolitik seit 1945, in: *Eckart Schremmer* (Hrsg.), Steuern, Abgaben und Dienste vom Mittelalter bis zur Gegenwart, Stuttgart 1994, S. 213–247, hier: S. 237.

Subventionsabbau. Wenn jedoch konkrete Streichvorschläge benannt wurden, sank die Zustimmung schnell, weil es nur wenige Subventionen gab, die einseitig an die Großindustrie flossen und nicht auch den Arbeitnehmern oder dem Mittelstand zugutekamen. Und eine Streichung von Agrarsubventionen lag weder für die CDU noch für die CSU im Bereich des Denkbaren; ein Problem, dass auch in der zweiten Legislaturperiode der Regierung Kohl für erheblichen Streit in der Koalition sorgen sollte.

Die komplexe Materie der Steuerreform, die zudem für alle Bevölkerungsgruppen und fast alle Interessengruppen von entscheidender Bedeutung war, förderte durch die Vielheit der Stimmen die Tendenz, die Fragen im kleinsten Kreis der wichtigsten Politiker zu entscheiden und den Bundestagsfraktionen dann eher die Ergebnisse zu präsentieren, als sie umfassend am Entscheidungsprozess zu beteiligen. Gerade in der Steuerpolitik setzte sich so eine zunehmende Informalisierung des Politikprozesses durch.[120]

Bei dieser ersten großen Steuerdebatte der CDU/CSU-FDP-Koalition spielte die Senkung des Spitzensteuersatzes keine Rolle. Man beschloss vielmehr den Rückbau der kalten Progression durch die Anpassung der Steuerstufen an die gestiegenen Gehälter. Einen ersten Versuchsballon hinsichtlich einer Spitzensteuersatzsenkung startete die FDP im Frühjahr 1985. Der Abgeordnete Hans Gattermann forderte vor dem Deutschen Industrie- und Handelstag die Senkung des Spitzensteuersatzes unter die 50%-Marke. Das Presseecho war aber so eindeutig negativ, dass die FDP im Wahlkampf weitgehend darauf verzichtete, eine Senkung des Spitzensteuersatzes zu propagieren.[121] Stattdessen forderte sie permanent eine allgemeine Steuersenkung. FDP-Generalsekretär Helmut Haussmann bemühte sich darum, den Begriff »Steuersenkungspartei FDP« zu prägen.[122] Inhaltlich legte das FDP-Präsidium im Juli 1985 die Grundzüge ihres Reformkonzepts für den Wahlkampf fest.[123] Dieses sah eine Bruttoentlastung von 45 Milliarden DM vor, von denen wiederum 25 Milliarden DM durch Subventionskürzungen aufgebracht werden sollten – eine gigantische Summe, wenn man bedenkt, dass gerade ein Jahr zuvor die Zusammenstellung einer Streichungsliste in der Höhe eines Drittels dieses Volumens gescheitert war. Erneut äußerte sich die CSU ganz ähnlich wie die FDP.[124] Auch die CDU wollte nicht zurückstehen und legte in der Öffentlichkeit eine noch größere Summe mit 60 Milliarden Entlastungsvolumen vor. Dabei setzte man auf die Magie der großen Zahl, denn die Reformidee war nicht ganz so radikal, wie sie auf den ersten Blick wirkte, weil die Absenkungen bis 1995 gestreckt werden sollten. »Die ZEIT« bezeichnete den Vorschlag aber trotzdem als »Ausflug ins ökonomische Wunderland«.[125] Innerhalb der CDU versuchte der Wirtschaftsflügel im Wahlkampf 1986 eine Debatte um die Senkung des Spitzensteuersatzes durchzusetzen. Eine Pressekonferenz des Vorsitzenden des Bundesfachausschusses Wirtschaft, Jürgen Westphal, wurde aber kurzfristig von CDU-Generalsekretär Geißler verhindert, was Westphal zum Rücktritt veranlasste.[126] Fortan war von einer Senkung des Spitzensteuersatzes aufseiten der Koalitionsparteien im Wahlkampf wenig zu hören. Stattdessen betonten Union und FDP die Erfolge der Haushaltssanierung und der ersten Schritte bei der Steuersenkung. Man versprach zudem für die Zukunft weit größere

---

120 *Jürgen Gros*, Politikgestaltung im Machtdreieck Partei, Fraktion, Regierung. Zum Verhältnis von CDU-Parteiführungsgremien, Unionsfraktion und Bundesregierung 1982–1989 an den Beispielen der Finanz-, Deutschland- und Umweltpolitik, Berlin 1998; *Wirsching*, Abschied vom Provisorium, S. 276.
121 *Bökenkamp*, Das Ende des Wirtschaftswunders, S. 261.
122 Die ZEIT, 9.8.1985.
123 *Bökenkamp*, Das Ende des Wirtschaftswachstums, S. 257.
124 *Siegfried Friebe*, Stand des steuerpolitischen Programms der CDU/CSU-FDP-Koalition, in: Deutsche Steuerzeitung 74, 1986, S. 322–329.
125 Die ZEIT, 27.12.1985, S. 25.
126 Steuern: Alles unter 50 Prozent ist gut, in: Der SPIEGEL, 24.3.1986, S. 19–22.

Steuersenkungen. Die SPD schwenkte kurz vor der Wahl auf diese Linie ein und plädierte nun ihrerseits für eine Steuerreduzierung von 20 bis 25 Milliarden DM, eine erhebliche Veränderung gegenüber allen bisherigen SPD-Wahlkämpfen.

IX. DIE ZWEITE LEGISLATURPERIODE: FLUGBENZIN UND ANDERE PR-DESASTER

Die Wahl im Januar 1987 bestätigte die schwarz-gelbe Koalition. Allerdings verlor die CDU/CSU gegenüber der FDP und auch der SPD an Stimmen, was sofort nach der Wahl zwischen Heiner Geißler und Franz Josef Strauß zu gegenseitigen Schuldvorwürfen führte. So war die zweite Legislaturperiode von Beginn an von weit stärkeren Auseinandersetzungen geprägt. Zum zentralen Feld der Kämpfe entwickelte sich sehr schnell die Finanzpolitik. Zwei Wochen nach der Wahl debattierte der Koalitionsausschuss erstmals über die Steuerreform und die Differenzen kamen sofort zum Tragen. Stoltenberg propagierte einen progressiv-linearen Tarif mit moderaten Entlastungen, die zum Teil durch eine Mehrwertsteuererhöhung gegenfinanziert werden sollten. FDP und CSU sprachen sich gegen letztere aus, forderten größere Steuersenkungen und nun vor allem auch eine Senkung des Spitzensteuersatzes. Dies stieß im CDU-Präsidium auf erbitterten Widerstand.[127] »Die ZEIT« sprach von einem »fiskalischen Glaubenskrieg«.[128] CSU und FDP sprachen offen davon, Kohl am 11. März nicht zum Kanzler zu wählen. Dieser kündigte seiner Partei daraufhin an, die Vertrauensfrage zu stellen, wenn sie sich nicht zur Senkung der Spitzensteuersätze bereit erklären würde. Diese erstmalige Drohung Kohls mit seinem Rücktritt zeigte Wirkung und führte Anfang März zum Durchbruch. Die CDU zeigte sich nun zur Absenkung des Einkommensteuerspitzensatzes auf 53 % bereit.[129]

Ebenso heiß diskutiert wurde der Umgang mit den Unternehmenssteuern. Die Bundesrepublik hatte hier unter Helmut Schmidt 1977 ein von Steuerexperten gelobtes Verfahren eingeführt, dass darauf beruhte, die Spitzensätze von Einkommens- und Körperschaftssteuer auf dieselbe Höhe zu setzen. Dadurch wurden Kapital- und Personalgesellschaften gleichbehandelt und Anreize für einen Wechsel der Gesellschaftsform reduziert. Mit dieser Anhebung des Spitzensteuersatzes der Körperschaftssteuer auf 56 % befand sich die Bundesrepublik zu diesem Zeitpunkt noch unter dem Durchschnittswert der reichen OECD-Länder. Erst mit den Veränderungen in den USA und Großbritannien, denen gerade viele kleinere europäische Länder zügig folgten, ergab sich hier ein Handlungsdruck, der deutlich stärker als bei der Einkommensteuer war. Die Diskussion gestaltete sich insofern schwierig, als große Teile der Experten und auch der Beamten des Finanzministeriums an der Gleichsetzung der Sätze festhalten wollten und gleichzeitig eine deutliche Senkung des Einkommensteuersatzes aufgrund des Widerstands in der CDU nicht durchsetzbar war. Als Kompromiss beschloss man, den Körperschaftssteuerhöchstsatz auf 50 % zu senken, und damit um drei Prozentpunkte mehr als den Einkommensteuerspitzensatz. Man hoffte, dass diese Differenz so gering war, dass sie keinen Anreiz zur Umwandlung von Personalgesellschaften in Aktiengesellschaften oder GmbHs bieten würde.

Die beiden Spitzensteuersatzsenkungen bildeten die am heftigsten umstrittenen Punkte bei der Entlastungsdiskussion, sie machten aber nur einen kleinen Teil der beschlossenen Steuersenkungen aus. Die Koalition einigte sich auf ein Bruttoentlastungsvolumen von 44,4 Milliarden DM, von denen 19 Milliarden durch Subventionsabbau gegenfinanziert

---

127 *Reimut Zohlnhöfer*, Die Wirtschaftspolitik der Ära Kohl. Eine Analyse der Schlüsselentscheidungen in den Politikfeldern Finanzen, Arbeit und Entstaatlichung 1982–1998, Opladen 2001, S. 85–87.
128 Die ZEIT, 13.2.1987, S. 22.
129 *Wirsching*, Abschied vom Provisorium, S. 278; *Bökenkamp*, Das Ende des Wirtschaftswunders, S. 273f.

werden sollten. Den größten Anteil an den Mindereinnahmen hatte die Einführung des linear-progressiven Tarifs mit 23,7 Milliarden DM, der vor allem die mittleren Einkommen entlastete. Hiervon sollten 5,2 Milliarden DM schon 1988 an die Bürger gegeben werden, um die sich eintrübende Konjunktur anzukurbeln. Um der geforderten sozialen Symmetrie gerecht zu werden, beschloss die Koalition zum Ausgleich für die Spitzensteuersatzsenkung auch eine Eingangssteuersatzsenkung um drei Prozentpunkte. Dies brachte zwar den einzelnen Betroffenen in den unteren Einkommensklassen sehr viel weniger Geld ein, als den Spitzenverdienern die Entlastung brachte, für den Bund schlug die Eingangssatzsenkung aber mit sieben Milliarden DM deutlich stärker zu Buche, weil der Kreis der Betroffenen sehr viel größer war.

Die Einigung kam aufgrund der Koalitionsstreitigkeiten in der Öffentlichkeit nicht gut an. Zudem lag die große Aufgabe noch vor der Koalition, denn man hatte in den Verhandlungen jede Konkretisierung vermieden, wie die geplante Gegenfinanzierung durch die Streichung von Subventionen in Höhe von 19 Milliarden DM aussehen sollte.

Ein Erfolg für den Finanzminister war es dann, dass im Sommer 1987 trotz einigen Koalitionsstreits über die Steuerpolitik nichts von den Verhandlungen über die zur Gegenfinanzierung erwünschten Subventionskürzungen nach außen drang. Die Streichungsliste erstellte eine fünfköpfige Koalitionsgruppe. Sie umfasste offiziell eine Gegenfinanzierung in Höhe von 17 Milliarden DM.[130] Anfang Oktober stimmte die Koalitionsrunde den Vorschlägen weitgehend zu. Vor der CDU/CSU-Bundestagsfraktion betonte Stoltenberg am 13. Oktober: »Wir haben damit einen Überraschungserfolg errungen. Dies haben uns unsere politischen Gegner und journalistischen Begleiter nicht zugetraut.«[131]

Die Kürzungen trafen sowohl die Arbeitnehmer- wie die Arbeitgeberseite umfangreich. Auf der Arbeitnehmerseite standen die Aufhebung der Steuerfreiheit von Lohnzuschlägen zu Sonn-, Feiertags- und Nachtarbeit im Mittelpunkt sowie die Zusammenfassung mehrerer Freibeträge zu einem einheitlichen Arbeitnehmer-Freibetrag. Von beiden Seiten kritisierte man die Streichung der Steuerfreiheit der Belegschaftsrabatte, insbesondere der Jahreswagenrabatte. Für die Wirtschaft negativ zu Buche schlugen schärfere Abschreibungsbedingungen, eine höhere Versteuerung von betrieblichen Pkw, die auch privat genutzt wurden, und die Erschwerung der Abzugsfähigkeit von Bewirtungskosten. Hinzu kam die Verkündung zur Einführung einer Quellensteuer in Höhe von 10%.[132]

Bundeskanzler Kohl prophezeite in der Fraktionssitzung umfangreiche Proteste und bat standhaft zu sein.[133] In der Fraktionssitzung stieß vor allem die Quellensteuer auf Bedenken: »Ich [war] tief entsetzt, als das Wort Quellensteuer aus dem Mund eines CDU-Mannes kam. [...] Wir wissen ja alle, daß wir diese Steuer seit Jahren bekämpft haben, durch mehrere Wahlkämpfe bekämpft haben. Und wir haben sie bezeichnet als das Teufelswerk der Sozialisten.«[134] Hier einigte sich die Fraktion darauf, dass das Wort »Quellensteuer« vermieden und besser von einer »kleinen Kapitalertragssteuer« gesprochen werden sollte. Zudem wollte man die Unterschiede gegenüber den SPD-Plänen betonen, die einen Satz von 25% vorgesehen und keine Anonymität zugesichert hätten. Die jetzige Koalition plante dagegen, dass die Banken die Gelder ohne Namensnennung an den Staat überweisen sollten und die Abgebenden den Beitrag später mit ihrer Einkommens-

---

130 Real handelte es sich eher um Kürzungen in der Höhe von 14 Milliarden DM, weil in der Liste auch ohnehin auslaufende Maßnahmen aufgeführt wurden: OECD Wirtschaftsbericht Deutschland 1989, S. 91.
131 Protokoll der CDU/CSU-Fraktionssitzung am 13.10.1987, ACDP, 08-001-1083/1, S. 8.
132 *Hickel/Priewe*, Finanzpolitik für Arbeit und Umwelt, S. 129–133; *Zohlnhöfer*, Wirtschaftspolitik, S. 91.
133 Protokoll der CDU/CSU-Fraktionssitzung am 6.10.1987, ACDP, 08-001-1083/1, S. 5.
134 Redebeitrag des Abgeordneten Schulhoff in der CDU/CSU-Fraktionssitzung am 13.10.1987, ebd., S. 17.

steuer verrechnen könnten. Größer noch als in der Begriffsfrage erwiesen sich die Bedenken in der Fraktion, dass die Steuer eine Kapitalflucht auslösen könnten. Nach Stoltenberg hatte die einzige Indiskretion in der Planung, nämlich die Vorabverkündung einer möglichen Quellensteuer in der Zeitung, auch zur Kapitalflucht geführt.[135] Doch inzwischen zeichneten sich Beruhigungstendenzen ab. Kohl, Stoltenberg und andere betonten in der Sitzung, dass die Steuer eine Frage der Gerechtigkeit sei. Schon 1983 hatte der Rechnungsprüfungsausschuss festgestellt, dass es in Deutschland etwa 80 Milliarden DM Zinseinkünfte geben müsste, wovon aber nur 20 Milliarden DM bei der Steuererklärung angegeben würden. Inzwischen sei die Summe der Zinserträge auf etwa 100 Milliarden DM angestiegen, ohne dass sich das Versteuerungsverhalten verbessert habe. Da Arbeitnehmer keine Möglichkeit hätten, ihr Gehalt zu verbergen, sei es ein Gebot der Fairness, nun auch die Kapitalbesitzer zur Einhaltung der Steuerpflicht zu erziehen. Dies galt auch als geboten, weil man damit rechnete, dass das Bundesverfassungsgericht der Tatenlosigkeit der Bundesregierung nicht mehr lange zusehen werde. Stoltenberg betonte zudem, dass die Mehrheit der Mitgliedsstaaten der EG zu diesem Zeitpunkt Quellensteuern mit höheren Sätzen hatten.[136] Auf die Ankündigungen folgte der erwartete Protest. Der Bankenverband lief wegen der Quellensteuer heiß und DGB wie BDI kritisierten die ihre Klientel betreffenden Kürzungen scharf. Das Finanzministerium organisierte zur Kanalisierung des Unmuts öffentliche Anhörungen, die aufgrund der großen Nachfrage zu dreitägigen Gesprächen in der Bonner Beethovenhalle führten, bei denen die Verbände den Mitarbeitern des Ministeriums ihre Widersprüche erläutern konnten.[137]

Die Situation für die Koalition verschlechterte sich weiter dadurch, dass die Haushaltssituation im Herbst zunehmend bedrohlich wurde. Im November musste Stoltenberg vor der Fraktion berichten, dass nach dem Einbruch an der Wall Street auch der deutsche Aktienmarkt in den letzten zwei Tagen um 15 % eingebrochen sei. Zudem sei aufgrund der rapiden Talfahrt des Dollars unsicherer geworden, in welcher Höhe mit einem Bundesbankzuschuss gerechnet werden könne. Er gehe derzeit noch von einem Defizit von 28 bis 29 Milliarden DM für 1987 aus. Die Haushälter der CDU/CSU-Fraktion wiesen aber bereits darauf hin, dass die Neuverschuldung in Richtung 40 Milliarden DM treiben könnte.

Als Stoltenberg im Januar 1988 im Bundestag zugeben musste, dass die Neuverschuldung vermutlich die 40-Milliarden-DM-Grenze überschreiten werde, sprach die SPD davon, dass der Finanzminister das Parlament systematisch über Risiken belogen habe und die Steuerreform unter diesen Umständen unverantwortlich sei. Als Stoltenberg vor der CDU/CSU-Fraktion erklären musste, dass eine Erhöhung indirekter Steuern nun wohl unvermeidlich wäre, mehrten sich in der Fraktion die Bedenken wegen der Öffentlichkeitswirkung.[138]

In der Folge begannen auch die CDU/CSU-Ministerpräsidenten wieder mit Kritik. Lothar Späth kritisierte die Kürzung bei den Belegschaftsrabatten und Nachtschichtzuschlägen. Noch schärfer agierte Franz Josef Strauß, der die Reform als »schlampige Arbeit« bezeichnete und viele »Teufeleien« im Detail sah, was das Bundesfinanzministerium zu einer Presseerklärung mit der Zurückweisung der Vorwürfe veranlasste.[139] Späth und Strauß drohten zudem mit einem Veto im Bundesrat.[140] Die Durchsetzbarkeit der Reform

---

135 Redebeitrag Stoltenberg in der CDU/CSU-Fraktionssitzung am 13.10.1987, ebd., S. 14.
136 Beiträge Kohl und Stoltenberg in der CDU/CSU-Fraktionssitzung am 13.10.1987, ebd.
137 *Stoltenberg*, Wendepunkte, S. 300.
138 Protokoll der CDU/CSU-Fraktionssitzung am 12.1.1988, ACDP, 08-001-1084/1.
139 Presseerklärung des BMF vom 18.2.1988, ACDP, 08-001-786/6.
140 Zum Bundesrat und den Bundesländern als Vetospieler: *Manfred G. Schmidt*, Das politische System Deutschlands. Institutionen, Willensbildung und Politikfelder, München 2011, S. 200–223; *Wagschal*, Steuerpolitik und Steuerreformen, S. 212–220.

stand nach wie vor auf tönernen Füßen. Als im Koalitionsgespräch am 22. März 1988 die Reform an den Querelen untereinander zu scheitern drohte, explodierte Kohl, laut Frankfurter Allgemeiner Zeitung, und erklärte, dass er zurücktreten werde, wenn man sich nicht auf der Stelle auf das Programm einige. Dies führte zum Durchbruch.[141] Allerdings hielten die Koalitionspartner in einer Notiz noch wenige ungeklärte Punkte fest.

Einer dieser Punkte bildete die von Franz Josef Strauß geforderte Befreiung von kleinen privaten Flugunternehmen und Privatfliegern von der Flugbenzinsteuer, die bald in die Koalitionseinigung übernommen wurde.[142] Als die Regierung im Juni verkündete, dass sie zur Stopfung der Haushaltslöcher die indirekten Steuern, unter anderem die Mineralölsteuer, erhöhen würde, geriet die Flugbenzinbefreiung ins Zentrum der Diskussion. Die ohnehin häufig beklagte soziale Schieflage der Reformen ließ sich nun daran veranschaulichen, dass das Benzin für alle Autofahrer und die vielen Berufspendler verteuert wurde, während man gleichzeitig die gut begüterten Privatflieger für ihre Vergnügungen von Steuern entlastete.

Der Druck der Öffentlichkeit auf die drei Parteien der Regierungskoalition nahm in den folgenden Tagen aber beständig weiter zu. Auf dem Bundesparteitag der CDU in Wiesbaden führte dies dazu, dass mehrere Abgeordnete, nachdem Kohl, Stoltenberg und Alfred Dregger abgereist waren, einen Antrag gegen die Flugbenzinbefreiung einbrachten und dieser mit großer Mehrheit angenommen wurde.[143] Die CSU bestand aber trotz aller Kritik auf der Beibehaltung der Regelung und drohte damit, sonst die ganze Reform platzen zu lassen.[144]

Als sich die CDU/CSU-Fraktion zwei Tage vor der Abstimmung über das Gesetz wieder zur Sitzung traf, hatte die Stimmung den Tiefpunkt erreicht. Die SPD hatte für die Frage des Flugbenzins die namentliche Abstimmung beantragt, und viele Abgeordnete wollten nicht mit ihrem Namen für diese Regelung stehen. Die Presse ging zu diesem Zeitpunkt von 18 Verweigerern in der CDU/CSU-Fraktion aus.[145] In keiner anderen Sitzung zeigten sich die Bundestagsabgeordneten so sehr verbittert über die Führungskräfte der Regierungskoalition. Der CDU-Abgeordnete und Kölner Bürgermeister Heribert Blens äußerte: »Wenn Sie hier in der Fraktion eine geheime Abstimmung machen zu diesem Punkt, dann werden schätzungsweise 80 bis 90% dieser Fraktion diese Sache ablehnen. (Beifall)«. Er warnte, dass sich die Berichterstattung nur darauf einschießen werde. Wo die Schuld dafür lag, erschien ihm eindeutig: »Da ist nicht diese Fraktion schuld, sondern da sind die schuld, die versuchen, mit allen Mitteln gegen den eindeutigen Willen der Fraktion diese Sache durchzusetzen. Da liegt die Verantwortung für das, was kommt.«[146] Trotzdem bekannte sich aber die Mehrheit der Fraktion zur Steuerreform und plädierte dafür, die Flugbenzinregelung in Kauf zu nehmen. In der FDP sah die Stimmungslage nicht viel besser aus. Auch hier rechnete die Presse mit acht bis zehn Gegenstimmen.[147]

Bei der Abstimmung im Bundestag gab es vonseiten der Koalition zwar einige Nein-Stimmen und Enthaltungen, doch die nötige Stimmenmehrheit wurde knapp erreicht.[148] Damit war für die Regierungskoalition zwar das Schlimmste überstanden, aber die Reform noch nicht verabschiedet. Nun war die Runde der föderalen Vetospieler gekommen, bei denen sich der niedersächsische Ministerpräsident Ernst Albrecht hervortat. In einem Interview am 20. Mai hatte er bereits gedroht, dass Niedersachsen gegen die Reform stim-

---

141 Frankfurter Allgemeine Zeitung, 23.3.1988.
142 Dazu insbesondere *Gros*, Politikgestaltung im Machtdreieck, S. 184–193.
143 Protokoll des 36. Bundesparteitags, 13. bis 15. Juni 1988 in Wiesbaden, Ms. Bonn 1988.
144 Protokoll der CDU/CSU-Fraktionssitzung am 21.6.1988, ACDP, 08-001-1086/1, S. 3.
145 Die Welt, 22.6.1988, S. 1.
146 Protokoll der CDU/CSU-Fraktionssitzung am 21.6.1988, ACDP, 08-001-1086/1, S. 7f.
147 Ebd.
148 Die Abstimmungslisten finden sich in: ACDP, 08-001-688/2.

me, wenn seine Forderungen nicht erfüllt würden.[149] Da die Koalition auf die Stimmen aller CDU-Länder angewiesen war, gab es Handlungsbedarf. Bei einem Treffen im Kanzlerbungalow mit Kohl, Schäuble und Stoltenberg ließ sich Albrecht seine Zustimmung durch das Versprechen zu der Einrichtung eines Strukturfonds für die finanzschwachen Länder in Höhe von 2,54 Milliarden DM abkaufen, von dessen Summe etwa ein Viertel an Niedersachsen ging.[150] Daraufhin konnte das Gesetz am 8. Juli den Bundesrat passieren.

Der fast anderthalbjährige Kraftakt vom Koalitionsvertrag bis zur Verabschiedung hatte die Regierungskoalition viel an Zustimmung gekostet. Laut einer Infras-Umfrage der ARD sahen nun nur noch 19% der Befragten bei der CDU/CSU Kompetenzen in Finanzfragen. Nach einer Emnid-Umfrage rechneten 75% der Befragten damit, dass es ihnen nach der Reform finanziell schlechter gehen werde. Und auch bei den Unternehmen rechneten 30% mit negativen Folgen und nur 25% mit Zugewinnen, während die übrigen Befragten unschlüssig waren.[151] Die Bundesregierung und das Bundesfinanzministerium versuchten nun durch eine massive Imagekampagne mehr Zuspruch zu erreichen.

Zwei der unbeliebtesten Bestandteile des Reformpakets entfernte die Regierung im Nachhinein wieder. Im Herbst 1988 hob man die Flugbenzinsteuerbefreiung für die Privatfliegerei auf. Für die Einnahmesituation und auch den internationalen Kontext war jedoch die zweite Veränderung wesentlich zentraler. Nach der Kabinettsumbildung im April 1989 war es die erste Tat des neuen CSU-Bundesfinanzministers Theo Waigel, die Quellensteuer abzuschaffen.[152] Dass die Initiative hierzu von der CSU ausging, war insoweit wenig überraschend, als diese sich seit der Ernennung von Strauß zum Ministerpräsidenten zunehmend zu einer Partei der Steuerhinterzieher entwickelt hatte. Dies ging soweit, dass selbst der bayerische Finanzminister wohlhabende Steuerbürger, unter anderem Franz Beckenbauer, mit Hinweisen versorgte, wie man sein Geld in der Schweiz in Sicherheit bringen könne, während pflichttreue Steuerbeamte mit Degradierung und Mobbing rechnen mussten.[153]

Für die Bundesrepublik hatte die Entscheidung insofern nur kurzfristige Bedeutung, weil – wie schon bei der Einführung vermutet – das Bundesverfassungsgericht zwei Jahre nach der Aufhebung urteilte, dass das Prinzip der gleichmäßigen Besteuerung verletzt sei und der Bund zum 1. Januar 1993 eine Kapitalertragssteuer von 30% einführen müsse. International erwies sich Waigels Tat aber als nachteilig. Nach der Einführung in der Bundesrepublik gab es in der EG nur noch vier Länder ohne Quellensteuer und es entstand ein erheblicher Druck zur Vereinheitlichung, der durch den deutschen Rückzieher zunichtegemacht wurde. Stoltenberg war der Auffassung, dass sogar Luxemburg kurz vor der Zustimmung gestanden habe, und in seinen Memoiren bemerkte er süffisant: »Nirgendwo wurde im Jahr darauf die Kehrtwendung in der deutschen Gesetzgebung so begrüßt wie im benachbarten Großherzogtum.«[154]

Insgesamt hatte diese zweite große Steuerreform die Regierungskoalition erheblich an öffentlichem Ansehen verlieren lassen. Alle Wahlprognosen liefen noch Mitte 1989 auf einen großen Erfolg der SPD bei der Bundestagswahl 1990 hinaus. Die Öffnung der innerdeutschen Grenze veränderte jedoch alles. Die Querelen der Steuerreform traten hinter

---

149 *Wolfgang Renzsch*, Föderale Finanzbeziehungen im Parteienstaat. Eine Fallstudie zum Verlust politischer Handlungsmöglichkeiten, in: Zeitschrift für Parlamentsfragen 20, 1989, S. 331–345, hier: S. 340f.
150 *Stoltenberg*, Wendepunkte, S. 302.
151 *Bökenkamp*, Das Ende des Wirtschaftswunders, S. 289.
152 *Patrick Horst*, Haushaltspolitik und Regierungspraxis in den USA und der Bundesrepublik, Frankfurt am Main 1995, S. 259.
153 *Wilhelm Schlötterer*, Macht und Missbrauch. Franz Josef Strauß und seine Nachfolger. Aufzeichnungen eines Ministerialbeamten, Köln 2009.
154 *Stoltenberg*, Wendepunkte, S. 307.

die weltgeschichtlichen Ereignisse zurück, die die Basis für den dritten Wahlerfolg der schwarz-gelben Koalition legten.

X. DIE BUNDESDEUTSCHE STEUERPOLITIK DER 1980ER JAHRE IM VERGLEICH ZU DEN USA UND GROSSBRITANNIEN

Insgesamt blieben die Steuersenkungen in der Bundesrepublik in den 1980er Jahren im internationalen Vergleich moderat. Dies lag neben dem in der CDU stark vertretenen Arbeitnehmerflügel, der weitergehende Veränderungen verhinderte, auch daran, dass es in der Bundesrepublik schon in den 1950er Jahren sehr viel deutlichere Spitzensteuersatzsenkungen gegeben hatte. Während der Spitzensteuersatz in den USA und Großbritannien in den 1970er Jahren noch bei 70 % beziehungsweise 83 % lag, befand sich der bundesdeutsche bei 56 %, und er lag schon seit 1958 unter 60 %. Damit rangierte die Bundesrepublik beim Amtsantritt der Kohl-Regierung eher im Mittelfeld der reichen OECD-Länder. Insgesamt trugen die vergleichsweise geringfügigen Steuerabsenkungen dazu bei, dass die Ungleichheit in der Einkommensverteilung nicht wie in Großbritannien und den USA stark zunahm, sondern die Bundesrepublik laut einer OECD-Studie in den 1980er Jahren das einzige führende Industrieland war, in der die Ungleichheit, wenn auch in sehr bescheidenem Maße, weiter reduziert wurde. Allerdings verschärfte die Politik der Kohl-Regierung einen bereits zuvor erkennbaren Trend: Der Anteil der Lohnsteuer an den Gesamtsteuereinnahmen stieg deutlich an, während der Anteil der Unternehmenssteuern weiter deutlich sank. Rudolf Hickel und Jan Priewe kennzeichnen dies als den Weg in den Lohnsteuerstaat und Marc Hansmann betonte jüngst, dass hier die größte Gerechtigkeitslücke im deutschen Steuersystem zu finden ist.[155]

Insgesamt wies die Finanzpolitik in der Bundesrepublik größere Nähe zu Großbritannien als zu den USA auf. Die Konzentration bei Kohl und Thatcher lag stärker auf der Senkung der Inflationsrate und der Beseitigung der Neuverschuldung als auf der Senkung der Steuern. Steuerreduzierungen befürworteten beide zwar, aber man war auch jederzeit bereit, indirekte Steuern zu erhöhen, wenn der Haushalt dies erforderte. Sie standen damit einer traditionell konservativen Haushaltspolitik näher als Reagan, der mit allen Mitteln die Erhöhung jeglicher Steuer zu vermeiden suchte und eine Beseitigung des Defizits hintanstellte.

Die Differenz zu Kohl war, dass Thatcher wesentlich stärkere und offensichtlichere Veränderungen vornahm und auch vornehmen konnte, weil das britische System kaum Vetospieler besaß. Allerdings gelang Kohl die Haushaltskonsolidierung nicht nur durch die Bundesbankgewinne, sondern auch dadurch, dass die Steuern sich durch die kalte Progression im Wirtschaftsaufschwung automatisch erhöhten, während sie in Großbritannien inflationsindiziert waren und Thatcher sich damit zur offenen Steuererhöhung gezwungen sah, wenn sie die Einkommenssteuern senken und trotzdem das Defizit reduzieren wollte. Thatchers radikales Anheben der Mehrwertsteuer von 7,5 % auf 15 % wäre in Deutschland kaum möglich gewesen, auch wegen der Differenzen im politischen System. Insgesamt agierte die bundesdeutsche Koalitionsregierung sehr viel vorsichtiger als Thatcher und in kleineren Schritten. Sie wartete auch fast vier Jahre bis zur Senkung der Einkommenssteuern, während Thatcher diese sofort in Kraft setzte. Dabei achtete insbesondere die CDU stark auf politische Optik und soziale Symmetrie. Die von verschiedenen

---

155 *Hickel/Priewe*, Finanzpolitik für Arbeit und Umwelt, S. 101; *Marc Hansmann*, Vor dem dritten Staatsbankrott? Der deutsche Schuldenstaat in historischer und internationaler Perspektive, München 2012, S. 58. Dass dies allerdings keine deutsche Besonderheit, sondern ein allgemeiner Trend in vielen OECD-Ländern ist, zeigt: *Achim Kemmerling*, Taxing the Working Poor. The Political Origins and Economic Consequences of Taxing Low Wages, Cheltenham 2009.

Vertretern der CDU aufgemachte ideologische Differenz zwischen Thatchers radikalem Liberalismus und der eigenen Verankerung in der Sozialen Marktwirtschaft ließ sich darum zumindest in den 1980er Jahren bei mancher Ähnlichkeit der Maßnahmen in den sozialen Auswirkungen der Reformen wiederfinden. Während der Gini-Koeffizient beim verfügbaren Einkommen in Großbritannien von 1979 bis 1991 um 0,066 Punkte stieg, beschränkte er sich in der Bundesrepublik auf etwa ein Fünftel der Zunahme an Einkommensungleichheit (0,013).[156] Nichtsdestotrotz handelte es sich aber auch in der Bundesrepublik um eine Trendwende: Während in den Jahrzehnten zuvor das verfügbare Einkommen zunehmend gerechter verteilt wurde, öffnete sich in den 1980er Jahren die Gehaltsschere; eine Entwicklung, die sich in der Bundesrepublik in den 1990er Jahren dann deutlich beschleunigte. Auch in der Steuerpolitik bildete der erste Reformschritt 1986 eine Trendwende weg von einer bis dato steigenden Progression in der Einkommensbesteuerung[157]; sie erfolgte nur wesentlich vorsichtiger und schrittweiser als bei Thatcher und Reagan.

XI. DAS SKANDINAVISCHE UND DAS SÜDEUROPÄISCHE STEUERMODELL

Nachdem die radikalen Wechsel in den beiden angloamerikanischen Ländern und die Steuerveränderungen in der zum mitteleuropäischen Steuer- und Sozialsystem gezählten Bundesrepublik analysiert wurden, sollen in einem letzten Abschnitt in Kurzform die Entwicklungen in je einem Land der anderen beiden von Peters genannten Steuersysteme untersucht werden: Schweden für das skandinavische und Frankreich für das südeuropäische Modell.

Schweden: Ein sozialdemokratisches Paradies?

Vor allem in den 1970er und 1980er Jahren galt Schweden für viele als eine Art sozialdemokratisches Paradies, doch auch aktuelle Forschungen zu Gleichheit und Zufriedenheit der Bevölkerung weisen dem Land einen Spitzenplatz zu. Die sozialdemokratische Partei regierte Schweden durchgängig vom Ende des Zweiten Weltkriegs bis in die 1970er Jahre. Bis Mitte der Dekade setzte die Regierung auf einen beständigen Ausbau des Sozialstaats, die schwedische Steuer- und Staatsquote stieg kontinuierlich.[158] 1974 besaß Schweden eine Staatsausgabenquote von 48,1 % und eine Abgabenquote von 48,8 %, was in beiden Fällen der weltweit höchste Anteil war.[159] 1976 gelang der Opposition ein Wahlsieg, der zur Bildung einer Koalitionsregierung, bestehend aus drei bürgerlichen Parteien, führte. Alle Parteien hatten im Wahlkampf für Steuersenkungen plädiert, jedoch aufgrund der heterogenen Wählergruppen mit unterschiedlich Begünstigten. In der Folge konnten sich die Koalitionsparteien nicht auf umfassende Reformen einigen, und das vorherige System blieb weitgehend bestehen. Allerdings wurden eine Vielzahl sogenannter Steuerschlupflöcher für die jeweilige Klientel geschaffen und reichhaltige Subventionen verteilt.[160] Dem Anstieg der Abgabenquote aufgrund der kalten Progression und Mehrwert-

---

156 *Wang/Caminada*, Leiden LIS Budget Incidence Fiscal Redistribution Dataset.
157 *Corneo*, The Rise and Likely Fall.
158 Zur Entwicklung der schwedischen Steuerpolitik nach dem Ende des Zweiten Weltkriegs: *Nils Elvander*, Svensk skattepolitik 1945–1970. En studie i partiers och organisationers funktioner, Stockholm 1972. Als Überblick über die politische Entwicklung mit starker Berücksichtigung der Haushaltspolitik: *Sven Steinmo*, The Evolution of Modern States. Sweden, Japan, and the United States, Cambridge/New York etc. 2010, S. 30–87.
159 OECD, Historical Statistics 1960–1986, Paris 1988, S. 64.
160 *Axel Hadenius*, Spelet om skatten. Rationalistisk analys av politiskt beslutsfattande, Lund 1981.

steuererhöhungen tat dies jedoch keinen Abbruch. Die reichhaltigen Subventionen führten aber dazu, dass das Budgetdefizit im letzten Amtsjahr auf 13 % des BSP anstieg.[161] Auch die Staatsausgabenquote und die Abgabenquote waren kontinuierlich weiter gestiegen und erreichten 1981 64,6 % beziehungsweise 58,3 % – in beiden Fällen erneut Welthöchstwerte.[162] Ab 1982 stellten die Sozialdemokraten erneut die Regierung. Mit der Unzufriedenheit angesichts der Steuerschlupflöcher bei gleichzeitiger sehr hoher Belastung der Durchschnittsverdiener konfrontiert, riefen sie eine Steuerreformkommission ins Leben, deren Arbeit sich über zwei Legislaturperioden hinzog. Im Ergebnis führte die Arbeit 1988 zu einer Reform des Budgetprozesses[163] und 1990 zu einer großen Steuerreform, die in Schweden als »Århundradets skattereform« (Jahrhundertsteuerreform) bezeichnet wird.[164] Auf diese finanzpolitischen Änderungen einigten sich Sozialdemokraten und Liberale, trotz des erheblichen Widerstands vieler schwedischer Gewerkschaften. Im Zuge der Reformen wurden die Konsumsteuern und Sozialbeiträge erhöht, die Steuerbasis verbreitert und die Gewinnsteuern für Unternehmen reduziert. Ebenso reduzierte man den Steuerhöchstsatz bei den Unternehmenssteuern von 52 % auf 30 %. Insgesamt kostete die Reform 97,3 Milliarden Schwedische Kronen, von denen 89,1 Milliarden für die Steuersenkung bei der Einkommens- und Unternehmenssteuer verwendet wurden und 8,2 Milliarden für Ausgaben zum Ausgleich von entstehenden Veränderungen. Die Reform sollte sich nach der Planung durch die Verbreiterung der Steuerbasis und die Erhöhung der indirekten Steuern selbst tragen, doch die Zahlen erwiesen sich als zu optimistisch, und es entstand 1991 ein Verlust von 2,3 Milliarden Kronen. Von den bei der Gegenfinanzierung eingenommen 95,1 Milliarden Kronen stammten 38,6 Milliarden von der Basisverbreiterung bei der Kapitaleinkommens- und der Besitzsteuer, 28,4 Milliarden aus der Erhöhung indirekter Steuern und 12,7 Milliarden aus der Basisverbreiterung bei der Einkommenssteuer. Der Rest kam durch weitere kleinere Maßnahmen zusammen. Von der Reform profitierten vor allem die Bezieher hoher Einkommen. Besonders nachteilig erwies sich die Reform für Teilzeitarbeitskräfte und damit insbesondere für viele Frauen, denn diese hatten kaum etwas von der Steuersenkung, während sie die Erhöhung der indirekten Steuern voll mittrugen.[165]

Die Reform folgte der schwedischen Entwicklung, die schon seit den 1970er Jahren stark auf die umfangreiche Besteuerung breiter Massen gesetzt und Unternehmens- und Kapitalsteuer vergleichsweise niedrig angesetzt beziehungsweise mit erheblichen Steuerschlupflöchern versehen hatte. Das Gewicht verschob sich dadurch von der Besteuerung der Arbeit hin zur Besteuerung des Konsums. Schweden gehörte allerdings in den 1980er Jahren zu den Ländern, die den höchsten Anteil ihrer Gesamteinnahmen aus der Besteuerung von Arbeit erzielten, während die Besteuerung des Konsums eher unter dem europäischen Durchschnitt lag, sodass die Reform eine Annäherung an diesen darstellte. Spätestens seitdem gilt Schweden als ein Land, das Wirtschaftlichkeit und Wohlfahrtsstaat vereint, in dem die Kosten für den Letzteren primär von der Unter- und Mittelschicht ge-

---

161 *Gary Burtless*, Taxes, Transfers, and Swedish Labor Supply, in: *Barry P. Bosworth/Alice M. Rivlin* (Hrsg.), The Swedish Economy, Washington 1987, S. 185–239; *Hugh Heclo/Henrik Madsen*, Policy and Politics in Sweden. Principled Pragmatism, Philadelphia, PA 1987, S. 62–79.
162 OECD, Historical Statistics, S. 64.
163 *Karin Brunsson*, Puzzle Pictures. Swedish Budgetary Processes in Principle and Practice, in: Financial Accountability & Management 11, 1995, S. 111–125. Umfassender: *dies.*, Dubbla budskap. Hur riksdagen och regeringen presenterar sitt budskap, Stockholm 1995.
164 *Hakan Melmer* (Hrsg.), Århundradets skattereform, Stockholm 1994; *Jonas Agell/Peter Englund/Jan Södersten*, Svensk skattepolitik i teori och praktik. 1991 års skattereform, Stockholm 1995.
165 *Leibfritz/Thornton/Bibbee*, Taxation and Economic Performance, S. 122–124.

tragen werden.¹⁶⁶ Allerdings ist zu betonen, dass Schweden ein Land mit einer vergleichsweise relativ hohen Ungleichheit beim Markteinkommen ist, die dann aber insbesondere durch Sozialtransfers so stark verändert wird, dass Schweden beim verfügbaren Einkommen zu den egalitärsten Ländern der Welt gehört. Durch die Steuerreformen in den 1980er Jahren schwächte sich diese bereits in den 1970er Jahren erreichte Position jedoch leicht ab.¹⁶⁷

Frankreich unter Mitterrand: »Keynesianismus in einem Land«?

Für die von Peters als südeuropäische Steuergruppe bezeichneten Länder dürfte tendenziell der geringste Veränderungsdruck geherrscht haben, weil die insbesondere in Thatchers Großbritannien herbeigeführte Verlagerung von den Einkommens- und Besitzsteuern hin zu den Konsumsteuern und Sozialabgaben in diesen Ländern schon vor längerer Zeit vorgenommen worden war. Frankreich hatte sich beispielsweise aufgrund seiner durch viele Kleinbetriebe geprägten Wirtschaftsstruktur und der weiten Verbreitung von Steuerhinterziehung schon früh dafür entschieden, die Lohn- und Einkommenssteuer mit vielen legalen Steuerschlupflöchern und einem extrem niedrigen Eingangssteuersatz zu versehen. Stattdessen erhöhte man zur Erzielung von Einnahmen die deutlich schwerer hinterziehbaren Sozialbeiträge und die Umsatzsteuern.¹⁶⁸

Vor diesem Hintergrund kam es in Frankreich in den 1970er Jahren kaum noch zu Steuerprotesten.¹⁶⁹ Als dann 1981 François Mitterrand¹⁷⁰ nach langer konservativer Vorherrschaft in Frankreich zum Präsidenten gewählt wurde, betrieb er eine Politik, die in vielen Bereichen einen direkten Kontrapunkt gegenüber Reagan und Thatcher darstellte.¹⁷¹ Im Angesicht von hoher Inflation und steigender Arbeitslosigkeit wählten die französischen Sozialisten den Weg staatlicher Konjunkturankurbelung. Bereits 1981 wurde eine Solidaritätssteuer für Reiche eingeführt. Des Weiteren wurden 100.000 neue Stellen im öffentlichen Dienst geschaffen und Mindestlöhne, Renten sowie Kinder- und Wohngeld um 20 bis 50% angehoben.¹⁷² Gleichzeitig verstaatlichte die Regierung weitere Industrieunternehmen, sodass schließlich 13 der 20 größten französischen Firmen in Staatshand

---

166 *Aaron Wildavsky/Carolyn Webber*, A History of Taxation and Expenditure in the Western World, New York 1986; *Kato*, Regressive Taxation; *Peter H. Lindert*, Growing Public. Social Spending and Economic Growth since the Eighteenth Century, Cambridge/New York etc. 2004.
167 *Wang/Caminada*, Leiden LIS Budget Incidence Fiscal Redistribution Dataset.
168 Als Überblick zur französischen Wirtschaftsgeschichte im 20. Jahrhundert: *Jean-Pierre Dormois*, The French Economy in the Twentieth Century, Cambridge/New York etc. 2004.
169 Zum stetigen Versiegen des Steuerprotests von den 1950er bis zu den 1980er Jahren in Frankreich: *Wilensky*, Rich Democracies, S. 365–367.
170 Die beste Biografie zur frühen Mitterrand-Präsidentschaft ist: *Pierre Favier/Michel Martin-Roland*, La décennie Mitterrand, Bd. 1: Les ruptures (1981–1984), Paris 1990.
171 Dabei ist zu betonen, dass das französische System auch unter konservativer Herrschaft sehr staatszentriert war und dass das französische Finanzministerium eine zentralere Stellung im ökonomischen System hatte als in den meisten anderen führenden Industrienationen, weil es erheblichen Einfluss auf die Investitionsvergabe besaß: *John Zysman*, Governments, Market and Growths. Financial Systems and the Politics of Industrial Change, Ithaca, NY 1983, S. 130; *Michel Bauer/Benedicte Bertin-Mourot*, L'ENA: Est-elle une business school?, Paris 1997.
172 *Mark I. Vail*, Recasting Welfare Capitalism. Economic Adjustment in Contemporary France and Germany, Philadelphia 2010, S. 60f.; *Vivien A. Schmidt*, From State to Market. The Transformation of French Business and Government, Cambridge/New York etc. 1996, S. 107f.; *Douglas E. Ashford*, Governmental Responses to Budget Scarcity: France, in: Policy Studies Journal 13, 1985, S. 517–525, hier: S. 518.

waren.[173] Vorrangiges Ziel war es, durch die Umverteilung und die staatliche Ausgabenpolitik den Konsum und das Wirtschaftswachstum anzukurbeln und dadurch die Arbeitslosigkeit zu verringern. Timothy B. Smith hat dies aufgrund der Differenz zum Trend in fast allen führenden Industrienationen als »(Pseudo-)Keynesianismus in einem Land« bezeichnet.[174] Auch mit der Reichensteuer blieb das französische Steuersystem das regressivste in Europa. Allerdings stieg der Anteil der Sozialausgaben an den Staatsausgaben, der zuvor schon vergleichsweise hoch war, mit dieser Politik deutlich weiter an. Die Staatsausgabenquote lag 1983 bei 52 % und war damit deutlich die höchste unter den G7-Staaten.[175]

Dieser Kurs führte zum Anstieg der Inflation und des Staatsdefizits sowie zu einer Kapitalflucht aus Frankreich, die eine dreimalige Abwertung des Francs zur Folge hatte. Ein erstes Sparprogramm legte die Regierung im Juni 1982 auf, doch dies konnte die Entwicklung nicht stoppen.[176] Die französische Regierung stand damit im März 1983 vor der Alternative, ihre Wirtschaftspolitik beizubehalten und sich damit aus dem Europäischen Währungssystem zu verabschieden oder aber die Wirtschaftspolitik zu verändern.[177] Mitterrand entschied sich für Letzteres, was zum Ausstieg der Kommunisten aus der Regierung führte. In der Folge ging die Regierung zu einer rigiden Sparpolitik über. Der Plan Jacques Delors von 1983 sah Ausgabenkürzungen von 15 Milliarden Francs – zum größten Teil im Sozialbudget – vor und die Streichung von Steuervergünstigungen in Höhe von elf Milliarden Francs, die vor allem die Staatsbetriebe betrafen.[178] Diese radikale Wende von einem staatlichen Konjunkturprogramm zu einem strikten Sparkurs mit wesentlich härteren Einschnitten im Sozialsystem als in den USA oder Großbritannien war unter anderem möglich, weil das französische politische System wenige Vetospieler besitzt. Die Regierung konnte so Änderungen durchsetzen, ohne auf starken institutionellen Widerstand im Staatsapparat zu treffen. Der Wandel von 1983 gilt als Zusammenbruch des gesamten *Dirigisme*-Systems, auf dem die französische Nachkriegsökonomie ruhte.[179]

In der Literatur wird die französische Entwicklung der Jahre 1981 bis 1983 auch als Beleg dafür angeführt, dass eine stark auf Umverteilung setzende Politik nach dem Zusammenbruch des Bretton-Woods-Systems und durch die zunehmende Aufhebung der Kapitalverkehrsbeschränkungen bei gleichzeitiger Verstärkung der internationalen Verflechtung kaum noch möglich war, weil die Gefahren der Kapitalflucht und des Verlusts

---

173 *Peter Hall*, Governing the Economy. The Politics of State Intervention in Britain and France, New York 1986, S. 194.
174 *Timothy B. Smith*, France in Crisis. Welfare, Inequality and Globalization since 1980, Cambridge/New York etc. 2004, S. 97. Ohne die Klammer bei: *Pepper D. Culpepper*, Capitalism, Coordination and Economic Change. The French Political Economy since 1985, Harvard 2004, S. 1. Peter A. Hall sprach 1985 sogar vom Sozialismus in einem Land: *Peter A. Hall*, Socialism in One Country. Mitterrand and the Struggle to Define a New Economic Policy for France, in: *Philip Cerny/Martin Schain* (Hrsg.) Socialisation, the State and Public Policy for France, London 1985, S. 81–107.
175 OECD, Historical Statistics, S. 64.
176 *Hall*, Governing the Economy, S. 199f.
177 *David Cameron*, Exchange Rate Politics in France. The Regime-Defining Choices of the Mitterrand Presidency, in: *Anthony Daley* (Hrsg.), The Mitterrand Era. Policy Alternatives and Political Mobilization in France, New York 1996, S. 56–82; *Jeffrey Frieden*, Making Commitments: France and Italy in the European Monetary System 1979–1985, in: *ders./Barry Eichengreen* (Hrsg.), The Political Economy of European Monetary Integration, 2. Aufl., Boulder 2001 (zuerst 1994), S. 25–46; *Smith*, France in Crisis, S. 104f.
178 *Ashford*, Governmental Responses, S. 519; *Schmidt*, From State to Market, S. 110–113.
179 *Jonah D. Levy*, Tocqueville's Revenge. State, Society, and Economy in Contemporary France, Cambridge, MA/London 1999, insb. S. 23–56.

der Konkurrenzfähigkeit für die Staaten zu bedrohlich geworden waren.[180] Ministerpräsident Pierre Mauroy erklärte im April 1983: »A real left wing policy can be applied in France only if the other European countries also follow policies of the left.«[181]

Das Austeritätsprogramm war insoweit erfolgreich, als es die schlimmsten Nöte der französischen Wirtschaft langsam behob. Dies nutzte den Sozialisten bei der nächsten Wahl aber wenig, und 1986 kam es im Parlament zum Regierungswechsel. Die Reichensteuer schaffte der neue Premierminister Jacques Chirac ab, aber 1988 führten die Sozialisten sie erneut ein, und sie existiert in Frankreich noch heute. Die Reichensteuer hat die wenig progressive Anlage des französischen Steuersystems allerdings nur geringfügig verändert. Zumindest an einem Punkt hatte sie jedoch eine gewisse Wirkung: Thomas Piketty und Emmanuel Saez betonen, dass die Steuer maßgeblich dazu beigetragen hat, dass die Vermögen der reichsten 1 % der Bevölkerung in Frankreich in den letzten Jahren nicht ganz so massiv angestiegen sind wie in Großbritannien und vor allem in den USA.[182] Zudem war Frankreich eines der wenigen führenden OECD-Länder, in denen die Ungleichheit beim verfügbaren Einkommen in den 1980er Jahren leicht abnahm.[183] Das Steuersystem hatte in Frankreich trotzdem eine im internationalen Vergleich sehr geringe Umverteilungswirkung. Es ist damit noch viel stärker als Schweden ein Land, das seinen umfangreichen Sozialstaat vor allem durch indirekte Steuern und Sozialabgaben finanziert und die Bezieher der hohen Einkommen im Vergleich relativ gering hierzu heranzieht.

XII. KONVERGENZ UND DIVERGENZ IN DEN STEUERSYSTEMEN DER 1980ER JAHRE

Nachdem bisher der politische Prozess in fünf Ländern und die in diesen verabschiedeten Steuerreformen untersucht worden sind, gilt es nun zu prüfen, inwieweit die Reformen zu einer Angleichung der Steuersysteme in den westlichen Industrienationen geführt haben. Hierzu wird vor allem auf die Daten des Statistischen Amts der Europäischen Kommission (Eurostat), der OECD und des LIS zurückgegriffen. Im Mittelpunkt stehen die Länder Großbritannien, Bundesrepublik Deutschland, Schweden und Frankreich, die jeweils einen der bei Peters benannten Steuertypen repräsentieren. Bei den OECD- und LIS-Daten wird zudem auch die USA berücksichtigt. Eine Hauptfrage ist, inwieweit Peters Typisierung zumindest für diese Länder in den 1980er Jahren Sinn macht. Des Weiteren wird geprüft, inwieweit es zu Konvergenzen zwischen den Typen kam oder inwieweit die Differenzen konstant blieben oder sich gar vergrößerten. Da der große Trend sich besser an einer größeren Ländergruppe zeigt, wird auch auf die Gesamtentwicklung des westlichen Europas anhand der Daten der EU-15-Länder[184] verwiesen.

Entgegen den Erwartungen und mitunter auch der Bemühungen der europäischen Regierungen fiel die Abgabenquote im Durchschnitt der Länder nicht, sondern die weitere Expansion erfolgte nur in deutlich langsamerer Form. In den 1970er Jahren stieg die Ab-

---

180 *Hall*, Governing the Economy, S. 196.
181 Zit. nach: ebd., S. 201. Mauroy gehörte allerdings zum rechten Flügel der Sozialistischen Partei und tendierte zu einem gemäßigten sozialdemokratischen Programm, sodass die Aussage auch als nur nach außen bedauernde Erklärung für die ohnehin favorisierte eigene Position gelesen werden kann.
182 *Thomas Piketty/Emmanuel Saez*, How Progressive is the U. S. Federal Tax System? A Historical and International Comparison, in: Journal of Economic Perspectives 21, 2006, S. 1–42, hier: S. 19.
183 *Wang/Caminada*, Leiden LIS Budget Incidence Fiscal Redistribution Dataset.
184 Hierbei handelt es sich um jene zwölf Länder, die bis in die 1980er Jahre, den Europäischen Gemeinschaften beigetreten waren, sowie die drei Länder Schweden, Finnland und Österreich, die 1995 der EU beitraten und auch zu jenen OECD-Ländern gehören, die sowohl von Peters wie von Esping-Andersen berücksichtigt wurden.

gabenquote in den EU-9-Ländern um 5%, in den 1980er Jahren noch um 1,3%. Für die 1980er Jahre ergibt sich für die Untersuchungsländer folgendes Bild:

Tabelle 2: *Gesamtsteuereinnahmen als % des Bruttoinlandprodukts (BIP)*[185]

	Bundesrepublik	Frankreich	Schweden	Großbritannien	EU-15
1970	35,7	35,1	–	37,2	34,4 (EU-9)
1980	41,6	41,7	49,1	36,6	38,3
1985	41,6	44,5	50,0	38,7	40,4
1990	39,5	43,8	55,8	38,0	40,6

Der Indikator der Abgabenquote ist von Relevanz, weil neuere Studien eine starke Korrelation mit dem Gini-Koeffizienten für das verfügbare Einkommen gezeigt haben, sprich umso höher dieser Indikator liegt, desto geringer ist tendenziell die Einkommensungleichheit im betreffenden Land.[186] Die Daten deuten daraufhin, dass der Höhepunkt der Abgabenquote gegen Ende der 1980er Jahre erreicht gewesen wäre und dann langsam zu sinken begonnen hätte. Dies ist insofern treffend, als in den meisten europäischen Ländern Anfang bis Mitte der 1980er Jahre Steuerreformen zur Senkung der Belastung in Gang gesetzt wurden, die dann in der zweiten Hälfte der 1980er Jahre ihre Wirkung zu entfalten begannen. Doch damit beendeten viele Länder vorerst ihre Senkungsbemühungen, und die Abgabenquote begann ab 1990 wieder stärker zu steigen, zumeist vor allem durch die kalte Progression. In den 15 EU-Ländern erfolgte bis 1997 ein Anstieg um fast zwei Prozentpunkte auf 42,5%.[187] Dies zeigt, dass die Globalisierung zumindest bis Mitte der 1990er Jahre nicht zu einer Erosion der Steuerbasis in Europa geführt hat.[188] Der Vergleich der vier Länder hebt die Position Schwedens hervor: Während sich die anderen drei Länder über die gesamten 1980er Jahre innerhalb einer 5%-Spanne um den EU-Mittelwert befanden, lag Schweden 1990 15% über diesem. Daran änderte auch die Jahrhundertreform 1990/91 nur kurzfristig etwas. Die Abgabenquote sank 1994 knapp unter 50%, doch bereits 1997 lag sie wieder über 54%. Deutlich wird zudem, dass Großbritannien 1970 eine höhere Abgabenquote als Frankreich und die Bundesrepublik besaß, sich dieses Verhältnis aber bereits 1980 gedreht hatte; nicht zuletzt durch Thatchers Steuerreform 1979.

Die Differenzen zwischen den vier Ländern nehmen deutlich zu, wenn man die Steuerzusammensetzung betrachtet.

---

185 Eurostat, Structures of the Taxation Systems in the European Union 1970–1997, Luxemburg 2000, S. 68. Generell ist hierbei zu sagen, dass sich die Angaben von Eurostat und der OECD schon bei dieser allgemeinsten Größe im Steuerbereich um einstellige Prozentzahlen für die jeweiligen Länder unterscheiden.
186 *Uwe Wagschal/Herbert Obinger*, Social Expenditures and Revenues, in: *Castles/Leibfried/Lewis* u. a., The Oxford Handbook of the Welfare State, S. 333–352, hier: S. 344.
187 Da ein Anstieg um 2% oder auch ein Unterschied in der Steuerquote um 1% oder 2% nicht gewaltig klingt, sei kurz in absoluten Zahlen ausgedrückt, um welche Summen es sich hier handelte. Das deutsche Bruttosozialprodukt lag 1990 bei über 2.300 Milliarden DM. Ein Anstieg der Steuerquote um 1% hätte also 23 Milliarden DM zusätzliche Einnahmen in die Kassen gespült. Die jährliche Neuverschuldung in der Bundesrepublik lag in den 1980er Jahren zumeist zwischen 20 bis 40 Milliarden DM.
188 Neuere Studien zeigen, dass die Steuerquote von 1995 bis 2006 in den 19 reichsten OECD-Ländern leicht gesunken ist: *Neil Brooks/Thaddeus Hwong*, Tax Levels, Structures and Reforms: Convergence or Persistence, in: Theoretical Inquiries in Law 11, 2010, S. 791–821, hier: S. 798.

Tabelle 3: Einnahmequellen als % der Gesamtsteuereinnahmen[189]

	Bundesrepublik D I S	Frankreich D I S	Schweden D I S	Großbritannien D I S	EU-15 D I S
1970	31 37 32	21 43 36	–	47 38 15	31 39 30 (EU-9)
1980	31 32 38	21 37 43	44 27 29	44 38 18	33 33 34
1985	31 30 39	21 36 43	42 33 25	45 36 19	33 33 34
1990	29 32 40	21 35 44	42 31 27	46 36 18	33 33 34
1997	24 30 46	24 34 42	42 30 28	42 39 19	32 33 35

Die Tabelle zeigt eine extrem hohe Konstanz hinsichtlich der Aufteilung auf die drei Obergruppen von Steuern im Durchschnitt der 15 EU-Länder. In den 1980er Jahren sorgten direkte, indirekte Steuern und Sozialabgaben jeweils für ein Drittel der Gesamtsteuereinnahmen. In der EU-15-Gruppe lässt sich also während dieser Zeit kein Trend hin zu den regressiveren indirekten Steuern und Sozialabgaben beobachten. Das Problem an den absoluten Zahlen ist, dass man aus ihnen keinen Rückschluss ziehen kann, wie progressiv oder regressiv die Steuern jeweils ausgestaltet sind. Als grobe Orientierung lässt sich aber festhalten, dass direkte Steuern tendenziell progressiv, Sozialabgaben leicht regressiv und indirekte Steuern meistens stärker regressiv sind.[190] Auffällig ist, dass die beiden Länder, die in der Abgabenquote am weitesten auseinanderliegen, Schweden und Großbritannien, in der Steuerzusammensetzung große Ähnlichkeit aufweisen: ein überdurchschnittlicher Anteil von Einnahmen durch direkte Steuern und ein unterdurchschnittlicher Anteil von Sozialabgaben. Nach dem Steuermix zu urteilen, haben Großbritannien und Schweden im Vergleich progressive Systeme, während die Bundesrepublik demgegenüber ein leicht und Frankreich ein stark regressives System besitzt.

Überraschend ist auf den ersten Blick, dass die Bedeutung der indirekten Steuern in Großbritannien trotz der drastischen Anhebung der Mehrwertsteuer durch Thatcher in den 1980er Jahren nicht zugenommen hat, anders als der Großteil der Literatur dies suggeriert. Der Grund hierfür ist, dass parallel die Steuersätze für Einzelwaren reduziert wurden. Von der Literatur ebenfalls vergleichsweise wenig beachtet ist der bedeutende Annäherungsprozess zwischen Deutschland und Frankreich hinsichtlich der drei Haupteinkommensarten, wobei insbesondere die 1997 erreichte Angleichung der 1980 noch weiter auseinanderliegenden Anteile der direkten Steuern an den Gesamtsteuereinnahmen eine beachtliche Entwicklung ist. Dies ist vor allem auf die Angleichung bei der Einkommenssteuer zurückzuführen. Deren Anteil an den Gesamtsteuereinnahmen stieg in Frankreich von 1980 bis 1997 von 13 % auf 18 % während er im gleichen Zeitraum in der Bundesrepublik von 25 % auf 19 % fiel. Dieser Prozess wurde durch die Solidaritätssteuer unter Mitterrand und die Einkommenssteuersenkungen unter den ersten beiden Kohl-Kabinetten in den 1980er Jahren eingeleitet, wobei die Entwicklung sich in den 1990er Jahren beschleunigte.

Diese Analyse ergibt ein völlig anderes Bild, als Junko Kato es in ihrem Buch »Regressive Taxation and the Welfare State« nahelegt. Kato nimmt dort nur zur Kenntnis, dass

---

189 D = Direkte Steuern, I = Indirekte Steuern, S = Sozialabgaben. Eurostat, Structures of the Taxation Systems in the European Union 1970–1997, S. 76, 94 und 112.
190 *Steinmo*, Taxation & Democracy. Eine neuere Studie zeigt, dass dies aber nur in der groben Tendenz zutrifft und inzwischen auch Einkommenssteuern in einigen Ländern so gestaltet sind, dass sie regressiv sein können, während Sozialabgaben in wenigen Fällen progressiv sind. Vgl. *Yingying Deng/Monica Prasad*, Taxation and the Worlds of Welfare, in: Socio-Economic Review 7, 2009, S. 431–457.

in Frankreich der Anteil der indirekten Steuern in den 1980er und 1990er Jahren fiel, während er in Schweden stieg. Deswegen präsentiert sie Schweden als ein Land, welches vor allem auf die Mehrwertsteuer setzt, während sie Frankreich als ein Land darstellt, das den Ausbau des Wohlfahrtsstaats über Sozialabgaben finanziert.[191] Zudem wird Frankreich als ein sich dramatisch von allen anderen Industrieländern unterscheidendes Steuersystem dargestellt.[192]

Dadurch dass Kato übersieht, dass Frankreich 1970 bereits sehr viel stärker auf indirekte Steuern setzte als Schweden, ergibt sich ein schiefes Bild. Noch 1997 ist in Schweden der Anteil der direkten Steuern höher als in Frankreich, während der Anteil der indirekten Steuern nach wie vor niedriger ist. Der besonders stark ausgebaute Wohlfahrtsstaat in Schweden wurde also auch Ende der 1990er Jahre noch stärker durch progressive Einkommensteuern finanziert als in den meisten zentraleuropäischen Ländern. Hinzu kommt, dass Kato den starken Annäherungsprozess zwischen Frankreich und Deutschland komplett übersieht.

Insgesamt scheint Katos Hauptthese eher auf der zufälligen Korrelation zweier Faktoren zu beruhen, als dass der Zusammenhang wirklich schlüssig eine Pfadabhängigkeit nachweist. Ihre These, dass all jene Staaten, die vor 1973 die Mehrwertsteuer einführten, auch nach dieser den Wohlfahrtsstaat besser erweitern konnten, koppelt den Ausbau zu stark an die Mehrwertsteuer. Dabei deuten die Daten für die EU-9 für 1970 darauf hin, dass der Anteil der indirekten Steuern an den Gesamtsteuereinnahmen in einigen zentralen europäischen Staaten von 1970 bis 1990 eher gesunken ist. Am Beispiel Großbritanniens konnte zudem gezeigt werden, dass der Ausbau der Mehrwertsteuer durch die Absenkung anderer indirekter Steuern kompensiert wurde. Die Daten für die EU-9-Länder legen nahe, dass diese Entwicklung dort ebenfalls stattfand und sich hier in der ersten Hälfte der 1970er Jahre ereignete.[193] Schon eher stimmig könnte die These sein, dass der Ausbau des Wohlfahrtsstaats nach der Krise vor allem durch die Kombination von regressiven indirekten Steuern und Sozialbeiträgen möglich war. Jedoch sollte nicht vergessen werden, dass beispielsweise in Schweden und Dänemark der Ausbau des Wohlfahrtsstaats in den 1970er und 1980er Jahren mit am umfassendsten war und dies beide Länder zu dieser Zeit stärker als die meisten anderen Länder über Einnahmen aus progressiven Einkommensteuern finanzierten.

Fragt man nach einer etwaigen neoliberalen Konvergenz der Steuersysteme, so lässt sich zumindest für die europäischen Länder in den 1980er Jahren kein Trend hin zur Verlagerung zu den regressiveren Steuern zeigen. Ein etwas anderes Bild ergibt sich, wenn die Ausgestaltung der einzelnen Steuern betrachtet wird. So nahm etwa bei den Sozialbeiträgen in Europa der Anteil des Arbeitnehmerbeitrags langsam zu, während der der Arbeitgeber sank. Besonders stark ausgeprägt war diese Entwicklung in Großbritannien.[194] Noch bedeutsamer für die Gesamtwirkung des Steuersystems dürften aber die internen Veränderungen bei der Einkommensteuer gewesen sein. Insbesondere der Trend zur Herabsetzung der Spitzensteuersätze trug dazu bei, dass die Umverteilungswirkung des Steuersystems reduziert wurde.

Hier zeigt sich die Bedeutung der Kämpfe, die der CDU-Arbeitnehmerflügel geführt hat. Nur in Deutschland sank der Eingangssteuersatz in derselben Höhe wie der Spitzensteuersatz. Dies war ein Grund dafür, dass in Deutschland die Ungleichheit in der Nachsteuereinkommensverteilung im Vergleich zu den USA und Großbritannien nur geringfügig anstieg. In vielen OECD-Ländern nahm der Höchstsatz deutlich stärker ab als der Eingangssatz, beziehungsweise wurde der Eingangssatz in den USA und im OECD-

---

191 *Kato*, Regressive Taxation, Kap. 2.
192 Ebd., S. 94.
193 Eurostat, Structures of the Taxation Systems in the European Union 1970–1997, S. 80–88.
194 Ebd., S. 114–121.

Durchschnitt sogar erhöht. Im OECD-Durchschnitt sank damit die Differenz zwischen dem Eingangs- und dem Höchststeuersatz um über 20 Prozentpunkte, wodurch die Progressionswirkung der Einkommenssteuer stark abgemildert wurde. Für Deutschland hatte sich die Situation in 15 Jahren komplett gedreht: Besaß man 1975 noch den niedrigsten Höchststeuersatz der untersuchten Länder, so hatte man 1990 den höchsten.

Tabelle 4: *Veränderung bei Eingangs- und Höchstsätzen der Einkommenssteuer von 1975 bis 1990*[195]

	1975		1985		1990		Veränderung 1975 bis 1990	
	Eingang	Höchst	Eingang	Höchst	Eingang	Höchst	Eingang	Höchst
Bundesrepublik	22	56	22	56	19	53	–3	–3
Frankreich	5	60	5	65	5	50	0	–10
Großbritannien	35	83	30	60	25	40	–10	–43
Schweden	32	85	35	80	30	50	–2	–35
USA	14	70	11	50	15	28	+1	–42
OECD	21	68	22	63	24	50	+3	–18

Diese Tatsache lässt zumindest eine gewisse Skepsis aufkommen gegenüber den sozialwissenschaftlichen Modellen, die hinsichtlich verschiedener Steuersysteme von einer großen Statik bei der Länderzugehörigkeit ausgehen und dabei den Wandel der Steuersysteme tendenziell gering veranschlagen. Generell hängt dies natürlich von der Auswahl der Faktoren ab, die in die Cluster-Analyse einfließen. Die dabei zu verzeichnende Tendenz der Zunahme der Berücksichtigung von einer Vielzahl von Faktoren muss dabei nicht immer von Vorteil sein. So zeigt die mit weniger Daten vorgenommene Einschätzung von Peters, dass Frankreich einen Wandel vom südeuropäischen zum zentraleuropäischen Steuerstaat und einen Annäherungsprozess an Deutschland vollzog, während die neuere Studie von Wagschal mit mehr Daten Frankreich und Deutschland von 1960 bis 1995 durchgängig demselben Typ zuordnet und so die 1970 herrschende riesige Differenz beim Steuermix überhaupt nicht abbildet. Die Gefahr besteht dann, dass in einem großen Datenpool gravierende Unterschiede in einer Menge unbedeutender Ähnlichkeiten untergehen.

Im Zentrum der politischen Debatten steht zumeist die Frage, welche sozialen Wirkungen die Steuern und Sozialabgaben besitzen. Hierbei ist zu beachten, dass die übliche Ungleichheitsmessung mithilfe des Gini-Koeffizienten nicht nur die Verteilung zwischen den Einkommensklassen, sondern auch zwischen Einkommensbeziehern und Nicht-Einkommensbeziehern berücksichtigt. Die größte Umverteilungswirkung bei den Sozialausgaben besitzen dadurch die Renten, die vor allem das verfügbare Einkommen zwischen den unterschiedlichen Altersgruppen verschieben, während sie gleichzeitig eher den sozialen Status konservieren. In den vier europäischen Untersuchungsländern machen die Renten mehr als 50 % der Verteilungswirkung der Sozialausgaben aus. Demgegenüber wirken Steuern sehr viel stärker nivellierend gegenüber den Einkommensdifferenzen, was ihre große Bedeutung für die Egalität einer Gesellschaft ausmacht.

---

195 Daten nach: *Heidenheimer/Heclo/Adams*, Comparative Public Policy, S. 211.

Tabelle 5: Fiskalische Umverteilung in den fünf Untersuchungsländern anhand der Gini-Koeffizienten 1989 bis 1992[196]

	Markteinkommen	Verfügbares Einkommen	Fiskalische Umverteilung	Umverteilung durch Steuern	Umverteilung durch Transfers	Fiskalische Umverteilung	davon durch Steuern	davon durch Transfers	Anteil Steuern an der Umverteilung	Anteil Transfers an der Umverteilung
Frankreich 1989	0,474	0,287	0,187	0,020	0,167	39%	4%	35%	10%	90%
Bundesrepublik 1989	0,431	0,258	0,173	0,048	0,125	40%	11%	29%	28%	72%
Schweden 1992	0,462	0,229	0,232	0,031	0,202	51%	7%	44%	13%	87%
Großbritannien 1991	0,475	0,336	0,139	0,030	0,109	29%	6%	23%	21%	79%
USA 1991	0,439	0,338	0,101	0,042	0,059	23%	10%	12%	42%	58%

Die Tabelle zeigt die Differenzen zwischen den Ländern vielleicht am klarsten. Während die Differenz beim Gini-Koeffizienten beim Markteinkommen mit weniger als 50 Punkten zwischen den fünf Ländern noch vergleichsweise gering ist, hat sie beim verfügbaren Einkommen zwischen dem egalitären Schweden und den wenig egalitären Ländern Großbritannien und USA mehr als 100 Punkte erreicht. In Schweden wird fast die Hälfte der Markteinkommensungleichheit durch staatliches Handeln reduziert, in der Bundesrepublik und Frankreich erfolgt eine Absenkung um etwa 40% und in den USA und Großbritannien um weniger als 30%.[197]

In Schweden spielen die Sozialtransfers ebenso wie in Frankreich eine herausgehobene Rolle. Demgegenüber haben Steuern gerade in Frankreich eine sehr geringe Umverteilungswirkung. In den USA sind Sozialtransfers extrem schwach ausgeprägt; sie sind mehr als dreimal niedriger als in Schweden. Deswegen besitzen Steuern dort eine besonders wichtige Rolle für den sozialen Ausgleich, doch diese wurden von Reagan gegenüber den 1970er Jahren deutlich beschnitten, wodurch die USA Ende der 1980er Jahre die größte Ungleichheit beim verfügbaren Einkommen zeigen. Die Bundesrepublik hat Ende der 1980er Jahre das Steuersystem mit der höchsten Umverteilung, was insbesondere durch die geringfügige Absenkung der Spitzensteuersätze zu erklären ist. Da die Bundesrepublik zudem den niedrigsten Gini-Koeffizienten beim Markteinkommen aufweist, ist sie nach Schweden 1990 das Land mit der egalitärsten Verteilung des verfügbaren Einkommens der fünf betrachteten Länder.

XIII. FAZIT

Der Steuerprotest war in den 1970er Jahren in den liberalen Wohlfahrtsstaaten mit einem sehr progressiven Steuersystem besonders stark. Dementsprechend war dort der Verän-

---

196 *Wang/Caminada*, Leiden LIS Budget Incidence Fiscal Redistribution Dataset. Wegen eines Fehlers in der Datenbank 2011, für Frankreich die Ergebnisse von *David Jesuit/Vincent Mahler*, State Redistribution in Comparative Perspective. A Cross-National Analysis of the Developed Countries (LIS Working Paper Nr. 392), Luxemburg 2004. Das zum Aufsatz gehörige Dataset (2005/2008) ist ebenfalls abrufbar unter URL: <http://www.lisdatacenter.org/resources/other-databases/> [11.7.2012].
197 Vgl. auch: *Johann Fritzell*, Income Inequality in the 1980s. A Five-Country Comparison, in: Acta Sociologica 36, 1993, S. 47–62. Für eine globale Perspektive über einen langen Zeitabschnitt: *Anthony Atkinson*, The Changing Distribution of Earnings in OECD Countries, Oxford/New York etc. 2008.

derungsdruck besonders groß. Die unter Thatcher und Reagan vorgenommenen Änderungen im Steuersystem waren so weitreichend, dass sie aber auch auf Länder mit anders gelagerten Steuersystemen ausstrahlten. Der Veränderungsdruck war jedoch je nach nationaler Steuerkultur höchst unterschiedlich. In der Tendenz ist es aber in der Mehrheit der Länder Westeuropas ebenfalls zu Senkungen des Spitzensteuersatzes in der Einkommens- und Unternehmenssteuer gekommen, die allerdings nur selten so umfassend wie in den USA und in Großbritannien waren. Von einer deutlichen Verschiebung zugunsten der besonders regressiven Steuern, wie sie unter anderem Junko Kato behauptet, kann in den 1980er Jahren im westlichen Europa und in den USA aber nicht die Rede sein.

Real brachten die Veränderungen der staatlichen Finanzpolitik, insbesondere in den USA und Großbritannien, dann aber vor allem den Spitzenverdienern und Unternehmen erhebliche Zugewinne. Hingegen wurden die Gewinne der Mittelschicht bei der Steuerreduzierung in vielen Ländern durch die Erhöhung der Umsatz- beziehungsweise Mehrwertsteuern und der Sozialabgaben zum großen Teil absorbiert. Fast überall sorgte die Reduzierung der Spitzensteuersätze dafür, dass die Schicht der Wohlhabenden am meisten profitierte. Dadurch förderten die Regierungen den Aufbau großer Vermögen, die in den 1990er Jahren erheblich zunahmen und die Grundlage für die Ausweitung des Verkehrs des spekulativen Kapitals zum Ende des Jahrhunderts bildeten.

Insbesondere die Angleichung der Spitzensteuersätze hat zu einer partiellen Konvergenz der Steuersysteme in den westlichen Industrieländern geführt, die sich seit den 1990er Jahren weiter verstärkt hat. Doch auch heute noch lassen sich unterschiedliche Steuertypen feststellen, wenn auch die Differenzen nicht mehr so groß sind wie zu Beginn der 1970er Jahre. Die Senkung der Spitzensteuersätze und die Probleme bei der Besteuerung von Finanzgewinnen durch häufig genutzte illegale Hinterziehungsmöglichkeiten haben dazu geführt, dass die sehr viel immobilere Steuerbasis »Arbeit« in den meisten reichen OECD-Ländern sehr viel stärker besteuert wurde. Auch dadurch hat sich in den meisten westeuropäischen Ländern der redistributive Charakter des Steuersystems abgeschwächt, zum Teil in sehr umfassendem Maße, und die seit den 1980er Jahren in den reichen OECD-Ländern zunehmende Ungleichverteilung der Vorsteuereinkommen konnte durch staatliche Umverteilung nur noch in begrenztem Maße reduziert werden.

Viele dieser Erkenntnisse finden sich bereits in den sozialwissenschaftlichen Forschungen, die zumindest ab den 1970er Jahren das Feld der Untersuchung der staatlichen Finanzpolitik absolut dominieren, sodass auch hier die Frage nach dem Mehrwert der zeithistorischen Untersuchung ihre Berechtigung hat. Neben der bei Graf und Priemel zentral gesetzten Historisierung sozialwissenschaftlicher Konzepte und ihrer Datengrundlage, wie sie hier in Ansätzen für die sozialwissenschaftliche Ländertypenbildung und für Katos These von der Finanzierung des Wohlfahrtsstaats durch regressive Steuern vorgenommen wurde, scheinen weitere wichtige Aspekte benennbar zu sein, die von Sozialwissenschaftlern zwar nicht immer, aber doch häufig außen vor gelassen werden. So beschränken sich viele sozialwissenschaftliche Untersuchungen auf kurze Zeiträume und verlieren langfristige Perspektiven aus den Augen. Der Fehler von Junko Kato hinsichtlich der Bedeutung der indirekten Steuern in Frankreich und Schweden lässt sich nur so erklären. Insgesamt spielt die Frage nach der Genese eines Systems in den Sozialwissenschaften häufig eine untergeordnete Rolle. Geradezu erstaunlich ist es, dass bei Hunderten von Aufsätzen, die sich mit den »Drei Welten des Wohlfahrtsstaats« beschäftigen, nur in einer Handvoll von Beiträgen die Frage gestellt wird, seit wann es diese geben könnte.

Auch wird den Veränderungen im Zeitverlauf eine sehr geringe Rolle beigemessen. Insbesondere die Untersuchung von Wagschal, die viele Indikatoren in die Betrachtung mit aufnimmt, suggeriert eine große Statik der Steuersysteme. Dies wird mitunter aber durch eine starke Konstanz bei wenig bedeutenden Faktoren erreicht, während gravierende Veränderungen bei einigen zentralen Indikatoren wenig beachtet werden. Dadurch geraten mitunter zentrale Entwicklungen aus dem Blick, wie etwa die Veränderungen im britischen Steuersystem oder die umfassende Annäherung zwischen dem deutschen und dem französischen Steuersystem.

Zudem ist gerade im Feld der staatlichen Finanzpolitik die Quantifizierung bei den sozialwissenschaftlichen Untersuchungen stark vorangeschritten. Dies hat ohne Zweifel viele neue Erkenntnisse hervorgebracht, doch andere Felder sind dadurch zunehmend in den Hintergrund geraten, die für Zeithistoriker von hohem Interesse sein können. So spielen Diskurse, Ideologien oder Weltanschauungen insgesamt eine recht geringe Rolle und werden zumeist nur als weitere statistische Variable erfasst, aber keineswegs umfassend analysiert. Auch im engeren Feld der Politikforschung besteht durch die Vetospielertheorie die Gefahr der zunehmenden Quantifizierung, bei der dann nur noch die Anzahl der Vetospieler, aber nicht mehr deren inhaltliche Position von Belang ist. Natürlich gibt es nach wie vor Sozialwissenschaftler, die auch dies untersuchen, aber in der Tendenz scheint ihre Zahl eher abzunehmen, insbesondere auf dem Feld der staatlichen Finanzpolitik. Dadurch bleiben dem Zeithistoriker neben der Historisierung der sozialwissenschaftlichen Erkenntnisprozesse auch einige Felder zu bestellen, die von den Sozialwissenschaftlern nur wenig bearbeitet werden, die aber äußerst bedeutsam sind.

Christopher Kopper

Der langsame Abschied von der Deutschland AG?

Die deutschen Banken und die Europäisierung des Kapitalmarkts in den 1980er Jahren*

Ein Wandel des Politischen lässt sich auch in der Wirtschaftspolitik der 1980er Jahre feststellen. Im Unterschied zur Umwelt- und Friedenspolitik manifestierte sich dieser Prozess nicht in einem Wandel des Politikstils, sondern in einer geografischen und institutionellen Verlagerung der Handlungs- und Entscheidungsebenen. Während bis in die 1970er Jahre fast alle relevanten ordnungspolitischen Entscheidungen auf der nationalstaatlichen Ebene fielen, verlagerte sich das Entscheidungszentrum in den 1980er Jahren auf die europäische Ebene. Der folgende Beitrag soll zeigen, inwiefern die ordnungspolitische Souveränität der deutschen Wirtschaftspolitik durch die europäische Politik aufgehoben wurde und ob sich die deutsche Wirtschaftsordnung des »Rheinischen Kapitalismus« mit ihren stabilen Verflechtungsbeziehungen (»Deutschland AG«) in der internationalen Standortkonkurrenz um die besten Angebotsbedingungen für Unternehmen (noch) behaupten konnte.

Der Begriff »Deutschland AG« entstand nach dem Muster des Begriffs »Japan Incorporated«, um die Besonderheiten der bundesdeutschen Wirtschaftsordnung in eine prägnante Formulierung zu fassen. Als er sich während der 1990er Jahre in den Massenmedien verbreitete, trat das bundesdeutsche Wirtschaftsmodell bereits in eine Phase ein, in der sich seine Charakteristika und seine Unterschiede gegenüber der angelsächsischen Wirtschaftsordnung abschwächten.

Wirtschaftsjournalisten und Ökonomen konstatierten nach der Jahrtausendwende das Ende der Deutschland AG, die sich unter anderem durch enge, stabile und langfristige Beziehungen zwischen den Großbanken und den großen Industrieunternehmen auszeichnete. Im Unterschied zum angelsächsischen Wirtschaftsmodell bestanden die Banken-Industrie-Beziehungen nicht allein in dem Verhältnis zwischen Kreditgläubiger und Kreditschuldner, sondern auch in langfristigen größeren Kapitalbeteiligungen der Banken an Nichtbanken, das heißt an Unternehmen außerhalb des Kreditsektors. Die Kapitalbeteiligungen der Banken an Nichtbanken waren auch deshalb stabil, weil die Gewinne aus dem Verkauf von Beteiligungen bis zum Jahr 2000 der Körperschaftssteuer beziehungsweise der Einkommenssteuer unterlagen. Der hohe Steuersatz von 56 % bis zum Jahr 1989 (danach 53 %) auf Gewinne bildete einen negativen Anreiz für Kapitalumschichtungen und wirkte damit als ein stabilisierendes Element der Deutschland AG. Die steuerliche Privilegierung von Einkünften aus größeren Unternehmensbeteiligungen (ab 25 % des Aktienkapitals) war ein weiterer steuerrechtlicher und ordnungspolitischer Faktor, der die Stabilität der Kapitalbeziehungen von Banken zu Nichtbanken stärkte. Auch die Übernahme von Beteiligungen bei der Sanierung von Nichtbanken trug dazu bei, dass sich der Anteil der Banken am Aktieneigentum der deutschen Wirtschaft von 1960 bis 1990 von 6 auf 10 % erhöhte.[1]

In einzelnen Fällen wie dem Kauf eines großen Daimler-Aktienpakets von Friedrich Flick durch die Deutsche Bank (1975) handelten Großbanken sogar im politischen Inte-

---

* Ich bedanke mich bei Friederike Sattler und Adrian Jitschin für ihre kritischen und hilfreichen Kommentare zur Entwurfsfassung dieses Aufsatzes.
1 Deutsche Bundesbank, Monatsbericht Oktober 1991.

resse der Bundesregierung, die den von Flick angedrohten Verkauf dieser Beteiligung an den Iran aus politischen Gründen verhindern wollte. Eine Charakterisierung der Großbanken als »semi-public financial infrastructure of the German economy«, so Wolfgang Streeck[2], vermittelt jedoch den falschen Eindruck, dass die Banken primär im Interesse oder sogar im Auftrag des Staats gehandelt hätten. Im Fall der Daimler-Beteiligung deckte sich die Erwartung der Deutschen Bank an einen Kursanstieg nach dem Ende der Auto-Rezession mit den politischen Bedenken der Bundesregierung gegen einen Einfluss des Schah-Regimes auf ein deutsches Schlüsselunternehmen. Politische Stabilisierungsziele und Gewinnmotive privater Unternehmen schlossen sich in der Deutschland AG nicht aus und wurden von den Akteuren teils unabhängig voneinander, teils mit komplementären Interessen verfolgt.

Die personellen Beziehungen zwischen den Vorstandsmitgliedern der (Groß-)Banken und der Industrie waren durch die Präsenz zahlreicher Banker in den Aufsichtsräten von Industrieunternehmen eng. Die Deutschland AG zeichnete sich generell durch enge personelle und informationelle Netzwerkstrukturen mit einer Asymmetrie zum Vorteil der Banken aus. Die Vorstandsmitglieder und Direktoren der Großbanken besaßen sehr viel mehr Aufsichtsratsmandate und vor allem Aufsichtsratsvorsitze in Nichtbanken als umgekehrt.

In der informellen Institutionenordnung der Deutschland AG war die »feindliche Übernahme« eines Industrieunternehmens oder eines Dienstleistungsunternehmens durch ein anderes Unternehmen praktisch undenkbar. Anders als in der angelsächsischen Wirtschaftsordnung hätte eine Bank aus Loyalität zu ihren langjährigen Kunden niemals einem Konkurrenten Unterstützung beim verdeckten Ankauf von Aktien oder bei der Finanzierung einer feindlichen Kapitalübernahme offeriert. Die feindliche Übernahme eines Unternehmens wäre gegen den Willen der (Groß-)Banken auch kaum durchführbar gewesen. Aufgrund der Besonderheiten des deutschen Aktienrechts übten die Banken in den Hauptversammlungen ein sogenanntes Depotstimmrecht für diejenigen ihrer Kunden aus, welche die Stimmrechte ihrer Aktien nicht selbst wahrnahmen und die Vertretungsvollmacht aus Bequemlichkeit oder Zeitmangel ihrer Bank übertragen hatten. Da die Mehrheit der kleinen und mittleren Aktionäre primär an einer stetigen und hohen Dividende interessiert war und keinen Wert auf die Ausübung ihrer Stimmrechte legte, verfügten die Banken bei 32 der 50 größten Aktiengesellschaften über mehr als 70% der Stimmen.[3] Dies hatte zur Folge, dass die Banken Personalentscheidungen gegen ihre eigenen Interessen und die Interessen ihrer industriellen Kunden verhindern konnten.

Die Deutschland AG war ein integraler Bestandteil der bundesdeutschen Wirtschaftsordnung, für die der französische Spitzenmanager Michel Albert 1992 den Begriff des »Rheinischen Kapitalismus« prägte.[4] Als sich der Terminus während der 1990er Jahre in der populären Publizistik verbreitete, wurden die distinkten Kernelemente der bundesdeutschen Unternehmensordnung wie die Orientierung an langfristigen Unternehmenszielen statt an der kurzfristigen Erhöhung des Ertrags- und Börsenwerts (»Shareholder-Value«) von Managern und Anlegern zunehmend infrage gestellt. Nach den langläufigen Vorstellungen von Ökonomen und Soziologen begann die Erosion der Deutschland AG erst in den 1990er Jahren und erreichte ab dem Jahr 2000 ihren Höhepunkt.[5] Neben der

---

2 *Wolfgang Streeck*, Re-Forming Capitalism. Institutional Change in the German Political Economy, Oxford 2009, S. 78.
3 *Jonathan Story*, Globalization, the European Union and German Financial Reform. The Political Economy of »Finanzplatz Deutschland«, in: *Geoffrey Underhill* (Hrsg.), The New World Order in International Finance, New York 1997, S. 245–273, hier: S. 252.
4 *Michel Albert*, Kapitalismus gegen Kapitalismus, Frankfurt am Main 1992.
5 *Herbert Giersch*, The Fading Miracle. Four Decades of Market Economy in Germany, Cambridge 1992; *Streeck*, Re-Forming Capitalism; *ders*. (Hrsg.), Alle Macht dem Markt? Fallstudien zur Abwicklung der Deutschland AG, Frankfurt am Main 2003.

Adaption angelsächsischer Managementmethoden und Unternehmensziele durch deutsche Unternehmen schufen ordnungspolitische Richtungsentscheidungen der Wirtschaftspolitik die Voraussetzungen für die Schwächung der Deutschland AG. Hierzu gehörte eine Politik der wirtschaftspolitischen Liberalisierung und Deregulierung durch die Privatisierung großer Staatsunternehmen wie der Deutschen Bundespost[6], die Förderung des Kapitalmarkts durch die Abschaffung der Börsenumsatzsteuer und vor allem die Abschaffung der Gewinnbesteuerung beim Verkauf von Aktien und Unternehmensbeteiligungen. Die festgefügte Ordnung des bundesdeutschen Kapitalmarkts mit seiner geringen Kapitalmobilität, die von wirtschaftsliberalen Kritikern vielfach als Ursache für das geringere Wirtschaftswachstum gegenüber Großbritannien und den USA genannt wurde, war dauerhaft ins Wanken geraten.

Die bisherigen historischen Überblicksdarstellungen über die 1980er Jahre beschreiben diese Dekade zu Recht als ein Jahrzehnt sich dramatisch zuspitzender weltpolitischer Veränderungen angesichts des fallenden ›Eisernen Vorhangs‹. Auf der wirtschaftspolitischen Ebene hingegen stellten Zeithistoriker wie Andreas Wirsching und Wirtschaftshistoriker wie Werner Abelshauser diese Zeit als eine Dekade dar, die sich kaum durch ein erhöhtes Reformtempo und noch weniger durch weitreichende Pfadentscheidungen auszeichnete.[7] Im Unterschied zu den USA in der Amtszeit Ronald Reagans und Großbritannien in der Ära Thatcher blieb ein wirtschaftspolitischer Paradigmenwechsel trotz der Wende-Rhetorik der liberal-konservativen Bundesregierung unter Helmut Kohl und Hans-Dietrich Genscher aus. Obwohl die Regierung Kohl/Genscher schon zu Beginn ihrer Amtszeit eine umfassende Einkommensteuerreform ankündigte, wurde die Wende zu einer angebotsorientierten Wirtschaftspolitik und einer Unternehmen wie Unternehmer begünstigenden Steuerordnung erheblich verzögert und abgeschwächt. Während die Deutsche Bank in ihrem Geschäftsbericht für das Jahr 1985 Steuersätze von über 50% als »konfiskatorisch« charakterisierte und eine erhebliche Senkung der Einkommens- und Körperschaftsteuer forderte[8], blieb die Reduzierung des Spitzensteuersatzes in der Einkommensteuer von 56 auf 53 % und der Körperschaftsteuer von 56 auf 50 % hinter den Erwartungen der Unternehmensverbände und der wirtschaftsliberalen Abgeordneten in den Regierungsfraktionen zurück. Die Steuerreform, die erst 1989 verabschiedet wurde und Anfang 1990 in Kraft trat, enttäuschte die Hoffnungen der Finanzwirtschaft. Erst 1993 senkte die Bundesregierung mit einem bezeichnenderweise »Standortsicherungsgesetz« genannten Steuergesetz die Körperschaftsteuer auf 45 %.[9] Die zunehmende europäische Konkurrenz um die Ansiedlung von Unternehmen diente zur Legitimierung dieser Steuersenkung.

Für diesen wirtschaftspolitischen Timelag war nicht allein die föderale Gewaltenteilung zwischen Bundestag und Bundesrat verantwortlich, die den Oppositionsparteien SPD und DIE GRÜNEN eine abschwächende Vetomacht verschaffte. Auch innerhalb der Unionsparteien gab es im Gegensatz zu den britischen Konservativen keine Mehrheit für eine wirtschaftsliberale Angebotspolitik auf der Grundlage der neoliberalen Leitökonomen Friedrich August von Hayek, Arthur Laffer und Milton Friedman. Auf der Seite der Banken agierte der medial exponierte Vorstandssprecher der Deutschen Bank, Alfred Herrhausen, als intellektueller und konzeptioneller Meinungsführer der deutschen Ban-

---

6 Vgl. die Beiträge von Gabriele Metzler und Frank Bösch in diesem Band.
7 *Andreas Wirsching*, Abschied vom Provisorium. 1982–1990, München 2006; *Werner Abelshauser*, Deutsche Wirtschaftsgeschichte seit 1945, München 2004, S. 446–449.
8 *Alfred Herrhausen*, Vorwort zum Geschäftsbericht der Deutschen Bank für 1985, in: *ders.*, Denken – Ordnen – Gestalten. Reden und Aufsätze, Berlin 1990, S. 347–354.
9 Gesetz zur Verbesserung der steuerlichen Bedingungen zur Sicherung des Wirtschaftsstandorts Deutschland im Europäischen Binnenmarkt, in: BGBl. I, 1993, S. 1569.

kenelite[10], der in Vorträgen vor Managern und Unternehmern immer wieder Hayek und die Gründerväter des Ordoliberalismus zitierte und die Bundesregierung zur »Rückbesinnung auf die tragenden Prinzipien der Sozialen Marktwirtschaft im Sinne Ludwig Erhards« aufforderte. Während sein Petitum für Haushaltsstabilität von den Regierungsparteien geteilt wurde, fand sein Plädoyer für die Deregulierung von Arbeits- und Dienstleistungsmärkten, für die Einschränkung von (sozial)politischen Besitzständen und eine stärker individualisierte Gesellschaft mit höherer Selbstverantwortung und Risikobereitschaft statt umfassender staatlicher Absicherung bei den Sozialpolitikern und Mittelstandspolitikern der Unionsparteien wenig Resonanz.[11] Die Deregulierungsschritte der Regierung wie die Zulassung befristeter Arbeitsverträge sollte aus Sicht der Deutschen Bank erst der Anfang und nicht das Endergebnis einer konsequenten marktliberalen Politik sein.[12] Im Unterschied zu Großbritannien verzichteten CDU/CSU und FDP nicht nur wegen des starken Arbeitnehmerflügels der Union auf jeden Versuch, die Gewerkschaftsmacht durch eine Reform des Arbeitsrechts zu schwächen.[13] Angesichts der stabilen neokorporatistischen Sozialbeziehungen zwischen Arbeitgeber- und Arbeitnehmerverbänden und der geringen Militanz deutscher Arbeitnehmer gab es im Unterschied zu Großbritannien auch für konservative deutsche Politiker keinen Anlass zu einer konfrontativen Politik gegenüber den Gewerkschaften.

Im Unterschied zu Großbritannien fand die (Teil-)Privatisierung öffentlicher Unternehmen wie jener der Deutschen Bundespost erst in den 1990er Jahren statt. In der Bundesrepublik konnten die wichtigsten Akteure des Kapitalmarkts, die Banken, noch nicht vom starken Wachstum des inländischen Kapitalmarkts profitieren. Da der Primat der Haushaltsstabilisierung in den Regierungsparteien unumstritten war und sich die Regierung auf eine Senkung der Neuverschuldung konzentrierte, wurde der amerikanische Pfad einer umfassenden Steuersenkung durch eine höhere Verschuldung niemals in Betracht gezogen. Nur auf dem Feld der staatlichen Ausgabenpolitik kann man von einem signifikanten Kurswechsel sprechen. Die liberal-konservative Regierung Kohl reduzierte die Ausgaben für eine nachfrageorientierte Politik des *deficit spending* erheblich. Anders als die Meinungsführer der Großbanken wie Alfred Herrhausen[14] stellten sie den Keynesianismus jedoch nicht grundsätzlich als überholt oder gar gescheitert dar.

Obwohl Milton Friedman und August von Hayek zunehmend von deutschen Spitzenmanagern rezipiert wurden, blieb die wirtschaftsliberale Kritik an den festgefügten Machtverhältnissen der Deutschland AG und an der vergleichsweise geringen Mobilität des Aktienkapitals bis Ende der 1980er Jahre noch schwach. Die Forderung nach einer gesetzlichen Beschränkung der Beteiligungen von Banken an Nichtbanken auf maximal 5 % des Kapitals wurde lediglich von einer wettbewerbsradikalen und anti-oligopolistischen Minderheit von Wirtschaftsprofessoren wie Erhard Kantzenbach vertreten, der als Vorsitzen-

---

10 Alfred Herrhausen war von 1985 bis 1988 einer von zwei gleichberechtigten Vorstandssprechern (Vorstandsvorsitzenden) der Deutschen Bank. Von 1988 bis zu seiner Ermordung am 30. November 1989 übte er dieses Amt als Primus inter Pares des Vorstands allein aus.
11 *Alfred Herrhausen*, Konzepte für die Zukunft: Wirtschafts- und ordnungspolitische Alternativen, in: *ders.*, Denken – Ordnen – Gestalten, S. 43–59. Herrhausen hatte diesen Vortrag zuerst am 30. Oktober 1986 vor dem Wirtschaftsbeirat der Union gehalten. Zu den theoretischen und ideologischen Grundlagen seines Politikentwurfs vgl. auch den Vortrag »Die Erneuerung der Sozialen Marktwirtschaft« (mehrfach gehalten seit 1985), in: ebd., S. 205–216.
12 Vorwort zum Geschäftsbericht der Deutschen Bank für 1987, in: ebd., S. 363–369.
13 Entgegen den Erwartungen der Gewerkschaften führte die Reform des § 116 des Arbeitsförderungsgesetzes – der Ausschluss von indirekt durch Streiks betroffenen Arbeitgebern vom Arbeitslosen- und Kurzarbeitergeld – nicht zu einer grundsätzlichen Schwächung ihrer Streikfähigkeit.
14 *Alfred Herrhausen*, Wirtschaftspolitik – richtige und falsche Strategien, in: *ders.*, Denken – Ordnen – Gestalten, S. 151–174 (Vortrag vom 2. Februar 1983).

der der Monopolkommission der Bundesregierung eine exponierte, aber politisch wenig einflussreiche Position besetzte. In den Unternehmensverbänden und in den Parteien und Bundestagsfraktionen waren derart radikale Forderungen zur Einschränkung des Bankeneinflusses zu keinem Zeitpunkt mehrheitsfähig.[15]

Die Deutsche Bundesbank verfolgte ebenso wie die amerikanische Federal Reserve Bank und die nicht regierungsunabhängige »Bank of England« einen strengen geldpolitischen Stabilitätskurs. Im Unterschied zu den angelsächsischen Notenbankern kann man den Bundesbankpräsidenten Karl Otto Pöhl, der nach dem Parteibuch Sozialdemokrat war, nicht im Lager der neoliberalen Monetaristen verorten. Die Hochzinspolitik der Bundesbank in den ersten Jahren der Regierung Kohl war zum einen eine notwendige Anpassungsreaktion auf den Hochzinskurs der britischen und der amerikanischen Notenbank, zum anderen eine konsequente Umsetzung des Primats der Geldwertstabilität, dem die Bundesbank seit ihrer Gründung qua Gesetz verpflichtet war. Anders als in Großbritannien und den USA hatten sich die Zielhierarchie und die Wahl der notenbankpolitischen Mittel in Deutschland nicht verändert.

Es gibt dennoch plausible Gründe für die Hypothese, den Beginn der Erosion der Deutschland AG schon auf die 1980er Jahre zu datieren. Während eine rein nationalstaatliche Untersuchungsperspektive in der Wirtschaftspolitik dieser Dekade kaum Anhaltspunkte für diese These findet, liefert eine Ausweitung des Untersuchungsrahmens auf internationale und supranationale Akteure und Prozesse Hinweise auf den Beginn eines dramatischen politischen Wandels. Da die von den Banken gewünschte marktliberale Wende nur in einer stark abgeschwächten Form verwirklicht wurde, gingen die Impulse für eine Deregulierung des deutschen Finanzmarkts und eine Intensivierung des nationalen und internationalen Wettbewerbs von anderen europäischen Staaten und der EWG/EG aus.

Zum einen induzierte die als marktliberale Revolution apostrophierte Politik der Regierung Thatcher neben ihrer symbolischen Initialwirkung erhebliche Angebots- und Nachfrageeffekte für die europäischen Banken, die den Europäisierungs- und Globalisierungsprozess der deutschen Großbanken beschleunigen und längerfristig ihre Funktion als Stellglieder der Deutschland AG schwächen sollten. Zum anderen erzeugte die Öffnung der europäischen Finanz- und Dienstleistungsmärkte für die deutschen Großbanken einen starken Anreiz zum Eintritt in die Geld- und Kreditmärkte anderer europäischer Staaten, der längerfristig zu einer Umschichtung ihrer Kapitalportfolios von inländischen auf ausländische Unternehmensbeteiligungen führen sollte.

So hatte die als »Big Bang« bezeichnete Reform der Londoner Börse am 27. Oktober 1986 eine signifikante Verstärkung deutscher Aktivitäten auf dem größten europäischen Kapitalmarkt zur Folge. Während die Londoner Banken zuvor ihre Handelsaufträge zu festgesetzten Gebühren von selbstständigen Wertpapierhändlern (Broker) abwickeln lassen mussten, fielen nun die hohen Provisionszahlungen und die Trennung von Wertpapierhändlern und Banken ersatzlos weg.[16] Ökonomisch gesehen resultierte diese Deregulierung aus einer erheblichen Senkung der Transaktionskosten, die den Handel mit Wertpapieren auch bei geringeren Margen profitabler machte und somit einen Anreiz schuf, das Handelsvolumen auf dem Londoner Markt zu erhöhen. Bereits zuvor war der Handel mit Wertpapieren von Zinsregulierungen und Kapitalverkehrssteuern befreit worden, was die Transaktionskosten zusätzlich senkte und den Zinsgewinn der Banken tendenziell er-

---

15 *Andreas Busch*, Staat und Globalisierung. Das Politikfeld der Bankenregulierung im internationalen Vergleich, Wiesbaden 2003, S. 109; vgl. den Bericht der Monopolkommission, Mehr Wettbewerb ist möglich. Hauptgutachten 1973/75, Baden-Baden 1976.
16 *Youssef Cassis*, Capitals of Capital. A History of International Financial Centres, 1780–2005, Cambridge 2006, S. 246; *John Gillingham*, European Integration 1950–2003, Cambridge 2003, S. 178; *Ranald C. Michie*, The Global Securities Market, Oxford 2006, S. 274–289.

höhte. Am steigenden Handelsvolumen des Londoner Geld- und Kapitalmarkts partizipierten auch die Londoner Filialen deutscher Großbanken.

Im Unterschied zur Bundesrepublik mussten die Banken für Einlagen keine Sicherheiten in Form eines unverzinslichen Depots – der Mindestreserve – bei der Notenbank unterhalten. Die fehlende Mindestreservepflicht ersparte den Banken erhebliche Zinsverluste, ermöglichte die Ausdehnung des Kredit- und des Wertpapiergeschäfts und stellte damit einen Anreiz dar, die geschäftlichen Aktivitäten in London auszuweiten. Ende der 1970er und Anfang der 1980er Jahre hatten alle deutschen Großbanken und Landesbanken Filialen in London gegründet[17], als sich die Metropole zum wichtigsten europäischen Handelsplatz für sogenannte Offshore-Geschäfte mit Kapitalmarktpapieren (vor allem Anleihen), langfristigen Krediten und kurzfristigen Finanzterminkontrakten (Geldmarktgeschäfte) in Fremdwährungen wie US-Dollar und D-Mark entwickelte. Deutsche Banken profitierten von der Größe des Londoner Geld- und Kapitalmarkts und von den günstigeren Kostenstrukturen als Folge des britischen Liberalisierungsvorsprungs. Im Unterschied zur Frankfurter Börse war der gewinnträchtigere, aber tendenziell risikoreichere Handel mit Optionen und Futures (Wertpapier-Termingeschäften) in London schon erlaubt. 1988 ließ die Londoner Börse auch den Handel mit DM-Futures zu, was die institutionellen Vorzüge des Finanzstandorts London gegenüber Frankfurt am Main noch steigerte. Aufgrund ihrer verhältnismäßig geringen Personalausstattung blieb das Geschäft der Londoner Filialen deutscher Großbanken auf die Emission von Wertpapieren und den Wertpapierhandel beschränkt.

Für den Einstieg in Kernbereiche des Investmentbanking wie die Organisation von Börsengängen und den Eigenhandel mit Wertpapieren fehlte ihnen noch das Know-how der britischen Investmentbanken, die in Europa auf diesem Feld führend waren. Das britische Steuerniveau stellte bis in die zweite Hälfte der 1980er Jahre noch keinen Anreiz dar, Kapitalanlagen von Deutschland nach Großbritannien zu transferieren. Mit 30 % lag die Quellensteuer auf Zinserträge von festverzinslichen Wertpapieren in Großbritannien auf gleicher Höhe wie in der Bundesrepublik. Die britische Körperschaftssteuer auf Unternehmensgewinne und Dividenden war mit 52 % (bis 1986) und 45 % (bis 1990) nur unwesentlich niedriger als in Westdeutschland.[18]

Anders als Großbritannien hatte sich Luxemburg seit den 1970er Jahren zu einem Steuerparadies für deutsche Kapitalanleger entwickelt. Bis Ende der 1980er Jahre waren die Bankenmärkte vieler EG-Staaten für Banken aus anderen Staaten der EG weitgehend abgeschottet. Deutsche Banken konnten in Großbritannien, Italien und anderen Staaten lediglich Filialen und Repräsentanzen eröffnen, denen die nationale Bankenaufsicht nur eine eingeschränkte Geschäftszulassung für den Wertpapierhandel und das Kreditgeschäft mit ausländischen Tochtergesellschaften deutscher Unternehmen einräumte. Die Vergabe von Krediten an Einheimische und die Eröffnung von Girokonten durch Einheimische blieb diesen Auslandsfilialen versperrt. Der Kauf einer heimischen Bank wäre ein Ausweg gewesen. Derartige Absichten scheiterten in den meisten Fällen am Veto der nationalen Bankenaufsicht, die ein Eindringen ausländischer Konkurrenten in das Kredit- und Girogeschäft mit einheimischen Privat- und Geschäftskunden – das *retail banking* – verhinderte.

Als Folge einer sehr liberalen Zulassungspraxis entwickelte sich Luxemburg seit den späten 1970er Jahren zum bevorzugten Offshore-Bankenplatz deutscher Banken und zweitgrößten europäischen Offshore-Finanzplatz nach London. Nicht nur die Großbanken (Deutsche Bank, Dresdner Bank, Commerzbank und die gewerkschaftseigene Bank für Gemeinwirtschaft), sondern auch die öffentlichen Landesbanken, große Regionalban-

---

17 *Christoph Brützel*, Offshore-Banking deutscher Banken, Frankfurt am Main 1985, S. 117–129; *Dietmar K. R. Klein*, Die Bankensysteme der EG-Länder, Frankfurt am Main 1992, S. 74–85.
18 *Brützel*, Offshore-Banking, S. 129.

ken (Bayerische Vereinsbank) und Privatbanken (M. M. Warburg & Co, Sal. Oppenheim) gründeten dort rechtlich selbstständige Tochtergesellschaften, deren Geschäfte in Fremdwährungen wie der D-Mark keinen Beschränkungen unterworfen waren. Während das Großkreditgeschäft mit ausländischen Banken, Nichtbanken und staatlichen Kreditnehmern vom Fehlen einer Mindestreservepflicht stimuliert wurde, profitierte das Privatkundengeschäft in Form von Termineinlagen und Wertpapierdepots von der Steuerfreiheit für Zinserträge.[19]

Die Luxemburger Tochtergesellschaften genossen die gleiche hohe Reputation wie ihre Mutterinstitute in Deutschland, von deren akkumuliertem Vertrauenskapital sie profitierten. Im Vergleich mit außereuropäischen Offshore-Bankenplätzen und Niedrigsteuerstaaten wie den Cayman Islands, Hongkong und Singapur besaß Luxemburg eine uneingeschränkte Reputation als wirtschaftlich und politisch stabiler Staat. Darüber hinaus wirkte die geografische Nähe vertrauensbildend. Im Fall einer schweren politischen oder wirtschaftlichen Krise hätten deutsche Anleger ihr Geld per Überweisung oder in bar nach Deutschland zurücktransferieren können. Die Möglichkeit zur Geldanlage in D-Mark reduzierte das Währungsrisiko, das außerhalb Europas in einem schwankenden Dollarkurs bestand, auf null.

Für die zweite Hälfte der 1980er Jahre lässt sich ein starker Anstieg von DM-Einlagen bei Luxemburger Banken nachweisen, der zum großen Teil auf deutsche Kunden zurückging. Ein kurzer empirischer Vergleich zeigt, wie sich Luxemburg mit aktiver Unterstützung deutscher Banken und ihrer Tochterinstitute im Großherzogtum zu einem Fluchtpunkt für deutsches Geld und Kapital entwickelte. Während deutsche Nichtbanken (Privatkunden und Unternehmen) bei deutschen Banken in Luxemburg Ende 1985 6,5 Milliarden DM angelegt hatten, waren es Ende 1989 bereits 39,5 Milliarden DM.[20] Auch das Verhältnis zwischen den Guthaben deutscher Banken und Nichtbanken bei deutschen Kreditinstituten in Luxemburg zeigt, welche Sogwirkung Luxemburg auf die Europäisierung der deutschen Banken und auf das Anlageverhalten ihrer meist begüterten Kunden ausübte: Ende 1985 kamen nur 26 % der Anlagen von Nichtbanken, vier Jahre später hingegen 57 %. In Luxemburg waren die Akteure des europäisierten Kapitalmarkts gleichermaßen Privatkunden, Geschäftskunden und Banken, an den anderen europäischen Bankenplätzen waren es die Banken selbst. Dort dominierte das gegenseitige Geldgeschäft zwischen Banken (das sogenannte Interbankengeschäft) mit 80 bis 82 %, während nur 18 bis 20 % des Anlagevolumens von Nichtbanken stammten.[21]

Die beträchtlichen Wertpapierdepots deutscher Bankkunden bei Luxemburger Banken sind in diesen Zahlen nicht enthalten. Die deutschen Banken in Luxemburg profitierten davon, dass die Zinserträge von DM-Auslandsanleihen in Deutschland von der Kapitalertragssteuer befreit waren. Deutsche Anleger konnten Auslandsanleihen bei ihrer Bank in Deutschland kaufen und auf ein Depot bei der Luxemburger Tochter ihrer deutschen Bank übertragen, ohne die Zinserträge versteuern zu müssen. Deutsche Anleger nutzten die Steuerfreiheit für deutsche Auslandsanleihen, die in den 1970er Jahren zur Reduzierung ausländischer Geldzuflüsse nach Deutschland und damit zur Inflationsbekämpfung eingeführt wurde, als ein legales Steuerschlupfloch aus. Dank ihrer starken Präsenz auf dem Luxemburger Markt sicherten sich die deutschen Banken gegenüber ihren kontinentaleuropäischen Konkurrenten Wettbewerbsvorteile im internationalen Anleihegeschäft, die nicht mit Größenvorteilen oder günstigen fiskalischen Rahmenbedingungen erklärbar waren. Die wachsenden Einlagen deutscher Kunden in Luxemburg verbilligten die Refinanzierung der Auslandsanleihen, wodurch sich der Wettbewerbsvorteil der deutschen Banken am Finanzplatz Luxemburg noch erhöhte. Somit war die Attraktivität Luxem-

---
19 Ebd., S. 130–148; *Klein*, Die Bankensysteme der EG-Länder, S. 66–73.
20 Deutsche Bundesbank, Monatsbericht August 1990.
21 Ebd. und *Klein*, Die Bankensysteme der EG-Länder, S. 69f.

burgs für die Platzierung internationaler Anleihen nicht allein auf das niedrigere Zinsniveau durch das Fehlen einer Mindestreserve zurückzuführen.

Die deutschen Banken und Bankwissenschaftler begründeten die Attraktivität des Finanzplatzes Luxemburg und das starke Wachstum der deutschen Bankentöchter primär mit einem (noten)bankpolitischen Faktor, dem Fehlen einer Mindestreserve. Dies ermöglichte es den Banken, eine größere Kreditsumme zu niedrigeren Zinsen zu vergeben oder die Einlagen ihrer Kunden höher zu verzinsen. Da die deutschen Banken in Luxemburg zunehmend zu höheren Einlagezinsen übergingen, waren die Banken an der Kapitalflucht aus Deutschland keineswegs unbeteiligt.

Das entscheidende Motiv für deutsche Anleger war in der Regel nicht der höhere Zinssatz, sondern die Umgehung der deutschen Zinsbesteuerung, im Klartext: Steuerflucht. Obwohl die Zinserträge aus Geld- und Kapitalanlagen in Luxemburg nach deutschem Steuerrecht in Deutschland versteuert werden mussten, gaben nur wenige Anleger ihre ausländischen und ihre deutschen Zinserträge dem deutschen Fiskus an. Der Anstieg deutscher Einlagen bei Luxemburger Banken und der Rückgang von Anleihekäufen in Deutschland im Jahr 1988[22] war eine Ausweichreaktion auf die Einführung einer hinterziehungssicheren Quellensteuer, die im März 1988 beschlossen und zum 1. Januar 1989 eingeführt wurde. Das Ziel, wenigstens alle Inlandsanlagen der deutschen Anleger für die Steuer zu erfassen, wurde wegen der einfachen Steuerflucht nach Luxemburg verfehlt.

Trotz eines niedrigen Steuersatzes von nur 10% auf alle Zinserträge war die Kapitalflucht deutscher Anleger ins Ausland so signifikant, dass sich die Bundesregierung gezwungen sah, die Quellensteuer schon nach vier Monaten wieder abzuschaffen.[23] Die negativen fiskalischen Folgen offener Geld- und Kapitalmärkte und einer schon weit fortgeschrittenen Europäisierung der Anlagemärkte auch für kleinere Unternehmen und Privatkunden ließen sich mit den Mitteln der nationalen Steuerpolitik nicht mehr einhegen. (Groß-)Banken wie die Deutsche Bank hatten die Quellensteuer schon vor ihrer Einführung wegen der antizipierten Kapitalflucht aus Deutschland kritisiert.[24] Sie gaben ihren Kunden indirekt zu verstehen, dass sie eine Kapitalflucht aus steuerlichen Gründen nicht missbilligten, sondern als eine legitime Reaktion betrachteten. Um die Befürchtungen der Öffentlichkeit über die negativen Nebeneffekte eines liberalisierten Geld- und Kapitalmarkts zu beruhigen, vertraten führende deutsche Banker die These, dass nur das sogenannte *wholesale banking* (der Interbankenhandel mit Wertpapieren) international verflochten sei – was im Fall Luxemburgs nicht stimmte.[25]

Da circa 50% der Luxemburger Körperschaftssteuereinnahmen aus dem Bankensektor kamen[26], profitierte der Luxemburger Fiskus ganz erheblich von den fiskalischen und bankrechtlichen Standortvorteilen. Der Versuch der übrigen EG-Staaten, zur Sicherung ihrer Zinssteuereinnahmen eine EG-weite Mindeststeuer von 15% auf Zinserträge einzuführen, scheiterte 1989 erwartungsgemäß am Eigeninteresse Luxemburgs, sich diesen Wettbewerbsvorteil auch zulasten anderer Staaten zu erhalten.[27] Die EG-Kommission und die übrigen Ratsmitglieder scheiterten an den Grenzen der europäischen Verfassungsordnung, in der eine Annäherung der direkten Steuersätze nicht vorgesehen war. Während die Entscheidungen des EG-Rats über die Verwirklichung des europäischen Binnenmarkts lediglich eine qualifizierte Mehrheit erforderten, konnte die Harmonisie-

---

22 Deutsche Bank, Geschäftsbericht 1988.
23 April, April, in: Der SPIEGEL, 24.4.1989, S. 19–20.
24 Deutsche Bank, Geschäftsbericht 1987.
25 *Hilmar Kopper*, Bankstrategische Aspekte des EG-Binnenmarktes, in: *Hans Büschgen/Kurt Richolt* (Hrsg.), Handbuch des Internationalen Bankgeschäfts, Wiesbaden 1989, S. 481–496. Kopper war Vorstandsmitglied der Deutschen Bank von 1977–1997.
26 Schätzung nach *Brützel*, Offshore-Banking, S. 148 und 307.
27 Wir wollen keine Kapitalflucht provozieren, in: Der SPIEGEL, 13.2.1989, S. 104–105.

rung der nationalen Steuersysteme nur mit einem einstimmigen Votum erfolgen. Die Luxemburger Regierung nahm aus nationalem Eigeninteresse in Kauf, dass der Kapitalmarkt in der EG zum 1. Juli 1990 ohne eine nur ansatzweise erfolgte Harmonisierung der fiskalischen Wettbewerbsbedingungen liberalisiert wurde.[28] Deutschland hatte den Kapitalmarkt für Inländer schon länger vollständig liberalisiert und spürte die Folgen aufgrund des Bankenplatzes Luxemburg schon seit Jahren. Die deutsche Steuerpolitik geriet auf dem Feld der Finanzmarktbesteuerung unter den zunehmenden Anpassungsdruck konkurrierender Finanzplätze. Es wiederholte sich ein europapolitisches Dilemma, das sich zuvor beispielsweise in der Verkehrspolitik gezeigt hatte.[29] Grundsatzentscheidungen für EG-weite Marktöffnungsprozesse ließen sich leichter umsetzen als eine Harmonisierung jener Wettbewerbsbedingungen, für welche die Regierungen und die Parlamente der Nationalstaaten allein verantwortlich waren.

Die deutsche Finanzmarktpolitik geriet auch durch den Liberalisierungsprozess ausländischer Kapitalmärkte unter Reformdruck. Seit 1987 stiegen die Klagen der deutschen Banken über die sinkende Konkurrenzfähigkeit des Finanzplatzes Frankfurt am Main gegenüber London und selbst gegenüber dem traditionell stärker regulierten Kapitalmarkt in Paris. Deutsche Banker und der Bundesverband deutscher Banken bemängelten wiederholt, dass der Handel mit Futures und Optionen an der Frankfurter Börse noch nicht zugelassen sei und die Börsenumsatzsteuer die Wettbewerbsfähigkeit des deutschen Kapitalmarkts behindere.[30] Der Liberalisierungs- und Deregulierungsdruck stieg, als die Londoner und die Pariser Börse im Oktober 1988 den Handel mit DM-Futures eröffneten und ausländische Banken in das Geschäft mit deutschen Wertpapieren eindrangen. Da die Liberalisierung des europäischen Kapitalmarkts und die Standortkonkurrenz der Banken- und Börsenplätze Handlungsdruck für die politischen Akteure aufbaute, verabschiedete der Bundestag im August 1989 das erste Finanzmarktförderungsgesetz. Dieses Gesetz trug wichtigen Wünschen der Banken wie der Aufhebung der Börsenumsatzsteuer und der Zulassung des Börsenhandels mit Futures und Optionen Rechnung[31], ließ aber andere Forderungen wie die Zulassung von Geldmarktfonds nach dem Vorbild der Londoner Börse unerfüllt. Dank ihrer starken und regierungsunabhängigen Stellung in der staatlichen Institutionenordnung konnte die Bundesbank die Zulassung von Geldmarktfonds mit warnenden Hinweisen auf ihre notenbankpolitische Steuerungshoheit noch verhindern. Die Bundesbank befürchtete ein Unterlaufen ihrer stabilitätspolitisch wichtigen Geldmengensteuerung, da Geldmarktfonds im Unterschied zu Bankguthaben von der Mindestreservepflicht befreit waren.[32]

Nicht die Regierungen und die Parlamente der Nationalstaaten oder der Rat der EG waren die politischen Schrittmacher eines offenen europäischen Binnenmarkts für Banken und Dienstleistungsunternehmen, sondern das Europaparlament. 1983 verklagte es mit Unterstützung der EG-Kommission den Rat der EG vor dem Europäischen Gerichtshof wegen Untätigkeit bei der Liberalisierung des Dienstleistungsmarkts.[33] Als der Euro-

---

28 Interview mit dem Luxemburger Ministerpräsidenten Jacques Santer, in: Der SPIEGEL, 5.6.1989, S. 118–125.
29 Hierzu grundlegend *Volker Ebert/Philipp-Alexander Harter*, Europa ohne Fahrplan? Anfänge und Entwicklung der gemeinsamen Verkehrspolitik in der Europäischen Wirtschaftsgemeinschaft (1957–1985), Stuttgart 2010, insb. S. 100–108, 135–155, 180–183, 211–225 und 245–248.
30 Bundesverband deutscher Banken, Jahresbericht 1985/87.
31 Gesetz zur Verbesserung der Rahmenbedingungen der Kapitalmärkte (Erstes Finanzmarktförderungsgesetz) vom 22.2.1990, in: BGBl. I, 1990, S. 266–282; vgl. auch, mit teilweise falscher Datierung der Ereignisse, *Story*, Globalization, S. 262. Die Deutsche Bank hatte die Zulassung von Futures und Optionen an der Börse bereits im April 1988 gefordert (Deutsche Bank, Geschäftsbericht 1987).
32 *Story*, Globalization, S. 263.
33 *Ebert/Harter*, Europa ohne Fahrplan, S. 234–253.

päische Gerichtshof 1985 im Sinne des Europaparlaments entschied, ergriff die Kommission unter ihrem neuen Präsidenten Jacques Delors die Initiative und legte nach drei Wochen ein lange vorbereitetes Weißbuch mit einem umfassenden Liberalisierungsplan vor. Kern des Weißbuchs war die Schaffung eines offenen Binnenmarkts für Dienstleistungen bis zum Jahresende 1992 und die vollständige Freiheit des Kapitalverkehrs bis 1990.[34] Der größte wirtschaftspolitische Integrationsschritt seit der Aufhebung der EG-Binnenzölle mündete mit den parallel laufenden Verhandlungen über eine tiefere politische Integration der EG in die 1986 unterzeichnete Einheitliche Europäische Akte, dem größten europapolitischen Reformschritt seit den Römischen Verträgen von 1957.[35]

Eine große Mehrheit der europäischen Ökonomen und die EG-Kommission erwarteten einen erheblichen wirtschaftlichen Wachstumsschub durch einen offenen europäischen Binnenmarkt für Dienstleistungen. Der 1988 veröffentlichte offizielle Bericht der Kommission und der von ihr konsultierten Ökonomen (Cecchini-Bericht) prognostizierte auf der Basis eines Gutachtens der Unternehmensberatungsgesellschaft Price Waterhouse für den Bankensektor erhebliche Produktivitätsgewinne durch die Öffnung der nationalen Märkte, die oftmals durch formelle staatliche Zulassungsbeschränkungen oder informelle politische Interventionen (*moral suasion*) von ausländischen Konkurrenten abgeschottet waren.[36] Die erwartete intensivere Konkurrenz durch die Wettbewerbsteilnahme ausländischer Konkurrenten sollte nach den Erwartungen der Gutachter durch einen stärkeren Preiswettbewerb bei Provisionen und Gebühren belebt werden, durch den sich die Leistungen des Bank- und Versicherungsgewerbes in Staaten mit starken Wettbewerbsbeschränkungen wie Spanien und Italien um durchschnittlich 14 bis 21 % verbilligen würden. In den bereits weitgehend liberalisierten Banken- und Versicherungsmärkten der Niederlande, Großbritanniens, Luxemburgs und Deutschlands erwarteten sie Preisreduzierungen von 4 bis 10 %. Diese Schätzungen beruhten jedoch auf der vereinfachten Prämisse, dass sich die Kosten für typische Bankleistungen wie Verbraucher- und Unternehmenskredite, Kreditkarten und Schecks infolge des offenen Wettbewerbs bei allen Leistungsarten auf einen europäischen Mittelwert einpendeln würden.

Die optimistische Schätzung der volkswirtschaftlichen Wohlfahrtseffekte war jedoch methodisch angreifbar. Preisunterschiede infolge unterschiedlicher nationaler Lohnkostenniveaus im Bankgewerbe blieben bei dieser Schätzungsmethode ebenso außer Betracht wie produktspezifische Preisdifferenzen, die beispielsweise auf national unterschiedlichen Kalkulationsgrundsätzen für die Verteilung der Gemeinkosten (*overhead costs*) beruhten. Zudem verzichteten die Gutachter aufgrund der methodisch kaum lösbaren Probleme auf eine Schätzung, inwieweit die Öffnung der bislang abgeschotteten Kapitalmärkte für ausländische Kredite und Wertpapiere zu Wohlfahrtsgewinnen durch niedrigere Kreditzinsen, höhere Renditen, niedrigere Kursschwankungen und geringere Währungsrisiken führen würde. Die Erwartung eines positiven wirtschaftlichen Wohlfahrtseffekts durch niedrigere Kosten und ein dadurch induziertes Wirtschaftswachstum von 1,5 % erschien nach ökonomischem Common Sense plausibel, ließ sich aber schwerer und unsicherer schätzen, als die EG-Kommission suggerierte.

Während Italien und Spanien noch 1988 restriktive gesetzliche Beschränkungen für die Eröffnung oder den Kauf von Banken durch Ausländer besaßen, wäre der Kauf einer französischen Bank an einer informellen politischen Intervention der Regierung gescheitert. Andere Staaten untersagten ausländischen Banken zentrale Elemente des Bankgeschäfts wie die Einrichtung von Giro- und Sparkonten und Wertpapierdepots oder den

---

34 *Jürgen Mittag*, Kleine Geschichte der Europäischen Union, Münster 2008, S. 197–202.
35 Einheitliche Europäische Akte, in: Amtsblatt der Europäischen Gemeinschaften, Nr. L 169/1, 29.6.1987.
36 The Economics of 1992. The E. C. Commission's Assessment of the Economic Effects of Completing the Internal Market, Oxford 1988, insb. S. 98–109.

Handel mit Wertpapieren. Die südeuropäischen Staaten Spanien, Portugal und Griechenland und teilweise auch Italien und Frankreich schützten ihre Volkswirtschaften noch mit Devisenverkehrskontrollen vor einem ungehinderten Abzug von Geld- und Kapitalanlagen und standen damit im Widerspruch zum Grundsatz des freien Geld- und Kapitalverkehrs.

Bereits 1987 öffneten die EG-Staaten in einer ersten Liberalisierungsphase die nationalen Kredit- und Wertpapiermärkte für langfristige Handelskredite ausländischer Banken und für ausländische beziehungsweise im Ausland emittierte Wertpapiere, sofern diese an einer inländischen Börse notiert waren. Nur Spanien, Portugal, Griechenland und Irland erhielten mit Rücksicht auf die angespannten Zahlungsbilanzen und die Anpassungsprobleme ihrer stärker abgeschotteten Kapitalmärkte längere Übergangsfristen, die bis 1992 (Spanien, Irland), 1994 (Griechenland) und sogar 1995 (Portugal) ausgedehnt wurden.[37]

Die Liberalisierung des europäischen Bankenmarkts erforderte die Schaffung eines europäischen Rechtsrahmens, der dem Finanzsektor Stabilität verleihen sollte. Die historisch entstandenen und teilweise erheblichen Unterschiede im nationalen Bankenrecht schlossen eine vollständige Vereinheitlichung der nationalen Rechtsrahmen jedoch aus. Während die Banken in den kontinentaleuropäischen Staaten in den meisten Fällen als Universalbanken verfasst waren und alle Formen des Bankgeschäfts ausüben konnten, waren in Großbritannien die traditionellen Geschäftsbanken für das Einlagen- und Kreditgeschäft von den Investmentbanken getrennt. Um Wettbewerbsnachteile für Banken in Ländern mit hohen Anforderungen an das Mindest-Eigenkapital auszuschließen, mussten die Vorschriften für die Eigenkapitalausstattung angeglichen werden. Die Zunahme multinational tätiger Banken erforderte eine verbesserte Koordination der nationalen Bankenaufsichtsbehörden, um Lücken in der Beaufsichtigung der Banken und die daraus entstehenden Risiken für die Stabilität des Kreditwesens zu verhindern.

Bereits im Dezember 1986 erließ die EG-Kommission eine Richtlinie über die Jahresabschlüsse der Banken, die von den nationalen Parlamenten bis 1993 in nationalstaatliches Recht umzusetzen war.[38] Mit dieser Richtlinie sollten die internationale Vergleichbarkeit der Geschäftsberichte gewährleistet und Vorteile für Banken in Staaten mit einem lockeren und intransparenten Bilanzierungsrecht vermieden werden. In der Kommission und im Rat der EG bestand der Konsens, einen Deregulierungswettlauf auf einem so stabilitätsempfindlichen Feld wie der Rechnungslegung zu verhindern. Völlig unumstritten waren die EG-weiten Vereinheitlichungen der Eigenkapitalvorschriften im Bankgeschäft und der gesetzlichen Definition des Eigenkapitalbegriffs. Die EG konnte sich dabei auf die gleichzeitig stattfindenden Beratungen der supranationalen Bank für Internationalen Zahlungsausgleich stützen. Dort erarbeiteten die Vertreter der Notenbanken aus den zehn größten westlichen Volkswirtschaften in einem Ausschuss (Cooke-Committee) bis Juli 1988 Richtlinien über die Eigenkapitalausstattung von Banken.[39] Die EG-Kommission orientierte sich an diesen Vorschlägen, die als »Basel I-Richtlinie« von den meisten westlichen Staaten anerkannt wurden.

---

37 *Kopper*, Bankstrategische Aspekte, S. 483.
38 Richtlinie des Rates über den Jahresabschluss und den konsolidierten Abschluss von Banken und anderen Finanzinstituten (86/635/EWG), 8.12.1986, abgedr. in: Kreditinstitute. Zusammenstellung der EG-Rechtsakte und Vorschläge, Brüssel/Luxemburg 1995; *Johann Wilhelm Gaddum*, Harmonisierung der Bankenaufsicht in der EG, in: *Dieter Duwendag* (Hrsg.), Europa-Banking. Bankpolitik im europäischen Finanzraum und währungspolitische Integration, Baden-Baden 1988, S. 112–129; vgl. *ders.*, Die aufsichtsrechtlichen Rahmenbedingungen des internationalen Bankgeschäfts, in: *Büschgen/Richolt*, Handbuch des internationalen Bankgeschäfts, S. 45–69.
39 *Kopper*, Bankstrategische Aspekte, S. 487; *Gaddum*, Die aufsichtsrechtlichen Rahmenbedingungen, S. 61.

Die Vergleichbarkeit von Bankenabschlüssen setzte eine definitorische Festlegung voraus, welche Finanzdienstleister als Kreditinstitute einzustufen waren und dem erweiterten staatlichen Aufsichtsrecht für Banken unterliegen sollten. Die britische Regierung setzte 1988 in den Verhandlungen über die zweite EG-Bankenrechtsrichtlinie zum Ärger der kontinentaleuropäischen Universalbanken eine rechtliche Sonderstellung für Investmentbanken durch. Kreditinstitute ohne Einlagengeschäfte wie die britischen Investmentbanken wurden nicht dem europäischen Bankenrecht unterworfen und damit von den Mindestvoraussetzungen für die Eigenkapitalausstattung befreit. Diese sehr enge gesetzliche Definition der Banken verschaffte den Investmentbanken im internationalen Wettbewerb Vorteile gegenüber den kontinentaleuropäischen Universalbanken und verzerrte damit den Wettbewerb.[40] Das Nebeneinander von unterschiedlich strengen Regelungssystemen in der EG bedeutete aus der Sicht deutscher Großbankenvorstände dennoch eher eine Zukunftschance als ein Problem. Alfred Herrhausens Hoffnung, dass sich ein Wettbewerb nationaler Regelungssysteme entwickeln und sich die liberaleren unter ihnen im Standortwettbewerb durchsetzen würden, erfüllte sich.[41] Mit der Erwartung eines wettbewerbsgesteuerten Liberalisierungsprozesses fiel es den deutschen Banken nicht schwer, auf eine bürokratische Harmonisierung des Bankenrechts durch die Organe der EG zu verzichten. Eine materielle Harmonisierung seitens der EG hätte aus Sicht der Banken zudem nur ein suboptimales Liberalisierungsergebnis erbracht.

Da Kreditinstitute ohne Bankenstatus nur einer eingeschränkten staatlichen Aufsicht unterlagen, ermöglichten die Kapitalmarktöffnung und die Wettbewerbsliberalisierung auch die Verlagerung geschäftlicher Aktivitäten in Länder mit schwächerer staatlicher Aufsicht. Nach dem Jahr 2000 gründeten einige deutsche Banken wie die Sächsische Landesbank (Sachsen LB) und die Hypo Real Estate im Niedrigsteuerland Irland sogenannte Zweckgesellschaften für den Handel mit Wertpapieren, die von der deutschen Bankenaufsicht nur schwer zu beaufsichtigen waren und in Irland nur einer eingeschränkten Aufsicht unterlagen.

Aus Sicht der Großbanken in der Deutschland AG erschien die geplante Begrenzung der Kapitalanteile an Nichtbanken bedenklicher. Die Vorstandsmitglieder der Deutschen Bank und der Bundesverband deutscher Banken lehnten dieses Regulierungselement »mit Nachdruck ab«, das »einen starken Einschnitt in die gewachsene Struktur des deutschen Universalbankensystems darstellte« und »vor allem die deutschen Banken treffen« würde.[42] Die Begrenzung dieser Beteiligungen auf 50% des Eigenkapitals einer Bank hätte deutsche Großbanken zwingen können, einen Teil der Beteiligungen unter weniger günstigen Marktverhältnissen und zu ungünstigen steuerlichen Bedingungen zu verkaufen. Diese Bedenken waren in der Praxis jedoch hypothetisch und als Alarmismus zu werten. Die Deutsche Bank, die wegen ihrer hohen Beteiligungen an großen Industrieunternehmen kritisiert wurde, hatte 1989 nur 30% ihres Eigenkapitals in Nichtbanken-Beteiligungen angelegt und wäre daher gar nicht betroffen gewesen.[43]

In der im Dezember 1989 vom Rat verabschiedeten Endfassung der Bankenrechtsrichtlinie wurde diese Restriktion auf Drängen der deutschen Banken und der Bundesregierung entschärft: Die Obergrenze für Beteiligungen an Nichtbanken betrug 60 statt 50% des Eigenkapitals. Da Beteiligungen von weniger als 10% nicht auf das Limit angerech-

---

40 *Kopper*, Bankstrategische Aspekte, S. 485f.; vgl. *Alfred Herrhausen*, Bankpolitik auf dem Weg nach Europa, in: *Duwendag*, Europa-Banking, S. 237–250, hier: S. 240.
41 *Alfred Herrhausen*, Europa 1992 – Herausforderung und Chance. Vortrag vor der Deutschen Weltwirtschaftlichen Gesellschaft am 2.11.1988, Berlin 1988.
42 Bundesverband deutscher Banken, Jahresbericht 1985/87.
43 Dieser Wert wurde errechnet nach Deutsche Bank, Geschäftsbericht 1989. Auch in den Jahren zuvor war der Anteil des in Nichtbanken-Beteiligungen angelegten Eigenkapitals nie höher als 32% gestiegen (Deutsche Bank, Geschäftsbericht 1986).

net wurden, wurden die Kapitalverflechtungen der deutschen Banken mit der Industrie de facto nicht infrage gestellt. Der Deutschland AG drohte von der europäischen Bankengesetzgebung keine Destabilisierung. Die Beschränkung des Kapitalbesitzes an Nichtbanken hatte nicht primär ordnungspolitische Motive, da die Kommission und der Rat der EG vor allem eine Kumulation von Risiken durch hohe Beteiligungen an Nichtbanken verhindern wollten. Zudem räumte die Richtlinie den Banken eine zehnjährige Umsetzungsfrist ein.[44] Dieser Zeitraum ließ den eventuell betroffenen Banken ausreichend Zeit für den Verkauf bei vorteilhaften Marktverhältnissen. Sie erhielten außerdem ein weites Zeitfenster für einen aktiven Lobbyismus zur Reform des Steuerrechts, welches ihnen einen größeren Teil der Verkaufsgewinne belassen sollte.

Angesichts der erheblichen nationalen Unterschiede in der institutionellen Ordnung des Bankwesens und den Befugnissen der Bankenaufsicht wäre eine vollständige Harmonisierung oder gar Vereinheitlichung des nationalen Bankenrechts zum Scheitern verurteilt gewesen. Daher legte die Kommission dem Rat der EG 1988 den Entwurf einer Bankenrechts-Koordinierungsrichtlinie vor, in der die Bankenaufsicht nach dem Heimatlandprinzip organisiert wurde. Dies bedeutete, dass eine international tätige Bank primär von den Aufsichtsbehörden ihres Heimatlands beaufsichtigt werden würde und die Aufsichtsbehörden in anderen Ländern mit der Aufsicht im Heimatland kooperieren sollten. Rechtlich selbstständige Tochterinstitute in anderen Ländern unterstanden weiterhin der Aufsicht des Lands, wo sich der Hauptsitz des Unternehmens befand. Im Unterschied zur engen gesetzlichen Definition der Kreditinstitute traf diese Teilharmonisierungsinitiative bei den deutschen Großbanken auf Zustimmung. Britische und Luxemburger Banken genossen weiterhin Wettbewerbsvorteile durch eine schwächere Bankenaufsicht mit weniger kostenträchtigen Auflagen. Von diesem Regulierungsgefälle konnten die deutschen Banken mit ihren Tochtergesellschaften und Filialen in Luxemburg und London weiterhin profitieren.

Das EG-Bankenrecht wurde den Anforderungen an eine materielle Harmonisierung und eine zeitnahe Anpassung an die Innovationsprozesse im Kreditwesen nur eingeschränkt gerecht. Obwohl Notenbanker wie das Bundesbank-Zentralratsmitglied Johann Wilhelm Gaddum schon 1989 Regeln für die Beaufsichtigung der stark zunehmenden Termin-, Options- und Swapgeschäfte und der Verbriefung von Kreditforderungen (*securitization*) forderten, erließ der Rat der EG erst im Mai 1993 eine Richtlinie über die Beaufsichtigung des Wertpapiermarkts.[45]

In der strategischen Planung der Großbanken nahmen die europäischen Expansionsstrategien einen prominenten Platz ein. Da der diskriminierungsfreie Zugang zu ausländischen Bankenmärkten erst Ende 1992 verwirklicht werden konnte und bis dahin in einigen Staaten ausländische Mehrheitsbeteiligungen an inländischen Banken untersagt oder unter Genehmigungsvorbehalt gestellt waren, konnten deutsche Großbanken ihre Europäisierungsstrategien zunächst nur teilweise umsetzen. Minderheitsbeteiligungen am Kapital ausländischer Banken und die Gründung gemeinsamer Tochtergesellschaften (Joint Ventures) dienten als Zwischenschritte bei der Umsetzung von Europäisierungsstrategien. Die Vorstände der Großbanken waren sich schon in der erste Phase des Europäisierungsprozesses in den späten 1980er Jahren bewusst, dass die Integration ausländischer Tochterbanken auch eine multinationale europäische Unternehmensidentität und eine In-

---

44 Zweite Richtlinie des Rates zur Koordinierung der Rechts- und Verwaltungsvorschriften über die Aufnahme und Ausübung der Tätigkeit der Kreditinstitute (89/646/EWG), 15.12.1989, abgedr. in: Kreditinstitute. Zusammenstellung der EG-Rechtsakte und Vorschläge.
45 *Gaddum*, Die aufsichtsrechtlichen Rahmenbedingungen, S. 53; Richtlinie des Rates über Wertpapierdienstleistungen (93/22/EWG), 10.5.1993, abgedr. in: Kreditinstitute. Zusammenstellung der EG-Rechtsakte und Vorschläge.

ternationalisierung der Unternehmenskultur (*corporate culture*) bedingte – ausländische Mitarbeiter in der Unternehmenszentrale eingeschlossen.[46]

Die schrittweise Öffnung der nationalen Bankenmärkte löste bei den deutschen Großbanken positive Zukunftserwartungen in neue und profitable Märkte aus, die auch von der Wirtschaftspresse geteilt wurden. Alle Vorstände der großen deutschen Geschäftsbanken, Großbanken wie Landesbanken, wurden im Frühjahr 1988 auf ihren Bilanzpressekonferenzen mit Journalistenfragen nach ihren Strategien im europäischen Binnenmarkt konfrontiert.[47] Während die deutschen Großbanken ihre Kaufverhandlungen um ausländische Banken in strikter Vertraulichkeit führten, wurden die europäischen Expansionsstrategien von einigen Großbanken wie der Deutschen Bank mehr, von anderen Großbanken weniger über die Medien kommuniziert. Schon 1986 erwarb die Deutsche Bank die italienische Banca d'America e d'Italia (BAI) mit einem Netz von 100 Filialen und einer starken Marktstellung im Mittelstands- und Privatkundengeschäft, um Zugang zum bislang abgeschotteten italienischen Bankenmarkt zu erlangen.[48] Die Deutsche Bank erhielt die Genehmigung der italienischen Regierung zum Kauf der BAI vor allem deshalb, weil sich die BAI bereits in den Händen einer anderen ausländischen Bank – der amerikanischen »Bank of America« – befunden hatte. Aufgrund finanzieller Schwierigkeiten bei der »Bank of America« hatten die italienischen Behörden gegen den Notverkauf an eine solvente deutsche Bank keine Bedenken erhoben, da so die Existenz der BAI gesichert war.

Angesichts des hohen Gebührenniveaus im italienischen Kreditwesen und der vergleichbar schlechten Leistungsqualität des Privatkundengeschäfts[49] rechneten sich die Deutsche Bank und andere deutsche Großbanken gute Chancen im *retail banking* aus. Der Transfer innovativer Finanzprodukte und Dienstleistungen vom Heimatmarkt der Deutschen Bank auf die BAI versprach Wettbewerbsvorteile durch Alleinstellungsmerkmale gegenüber der Konkurrenz vor Ort.[50] Alfred Herrhausen erklärte 1988 wohl zur Beruhigung der BAI-Kunden und -Mitarbeiter, dass eine ›Germanisierung‹ ihrer Corporate Identity mit Rücksicht auf ihre italienischen Kunden und die gewachsene Identität der BAI jedoch nicht beabsichtigt sei. Herrhausen verschwieg jedoch nicht seine Strategie, dass der Wandel der Deutschen Bank von einem deutschen zu einem europäischen Bankhaus eine Europäisierung der Corporate Identity implizierte.[51] Der unternehmerische Identitätswandel der BAI zu einer Gesellschaft in einem deutsch-europäischen Finanz-

---

46 *Hilmar Kopper*, Bankstrategische Aspekte des EG-Binnenmarktes, in: *Hans E. Büschgen/Kurt Rocholt* (Hrsg.), Handbuch des internationalen Bankgeschäfts, Wiesbaden 1989, S. 481–496, hier: S. 491; vgl. *Herrhausen*, Bankpolitik auf dem Weg nach Europa; *Andreas Platthaus*, Alfred Herrhausen. Eine deutsche Karriere, Hamburg 2007, S. 238. Aus der Sicht der bankenhistorischen Forschung vgl. *Harald Wixforth*, »Global Players« im »Europäischen Haus«? Die Expansionsstrategie deutscher Großbanken nach 1945, in: *Ralf Ahrens/Harald Wixforth* (Hrsg.), Strukturwandel und Internationalisierung im Bankwesen seit den 1950er Jahren, Stuttgart 2010, S. 97–120, insb. S. 110–117.
47 *Walter Seipp*, Europa 1992 – Herausforderungen für die Banken, in: *Duwendag*, Europa-Banking, S. 251–270, hier: S. 253. Walter Seipp war Vorstandsvorsitzender der Commerzbank, der damals drittgrößten Bank Deutschlands.
48 *Hans Büschgen*, Die Deutsche Bank 1957 bis zur Gegenwart, in: *Lothar Gall/Gerald D. Feldman/Harold James* u. a. (Hrsg.), Die Deutsche Bank 1870–1995, München 1995, S. 579–880, hier: S. 843f.
49 Zum *retail banking* wird auch das reguläre Kredit- und Girogeschäft mit kleinen Unternehmen gezählt.
50 *Kopper*, Bankstrategische Aspekte, S. 493. Die These von Jonathan Story, die deutsche Bankenaufsicht habe Innovationen bei Finanzprodukten entmutigt (*Story*, Globalization, S. 246), ist nicht stichhaltig.
51 *Herrhausen*, Bankpolitik auf dem Weg nach Europa, S. 249.

konzern spiegelte sich 1994 in der Namensänderung zur Deutsche Bank S.p.A. und der Übernahme des Deutsche-Bank-Logos wider. Die Tatsache, dass die Deutsche Bank in Italien einen hohen Bekanntheitsgrad und eine gute Reputation genoss, dürfte die Akzeptanz des Namens- und Identitätswechsels erleichtert haben.

Dem gleichen Ziel diente auch eine Mehrheitsbeteiligung an der spanischen Banco Comercial Transatlántico (BCT), die 104 Filialen in ganz Spanien unterhielt. Da die Deutsche Bank bereits seit 1968 eine Sperrminorität von über 25 % des Kapitals an der BCT besaß, war die allmähliche Aufstockung bis auf 39 % im Jahr 1988 nicht problematisch. Während die spanische Notenbank und staatliche Bankenaufsichtsbehörde (Banco de España) eine Übernahme durch die Deutsche Bank vor dem Auslaufen der Übergangsbestimmungen zum Schutz des spanischen Kapitalmarkts 1992 zunächst ablehnte, konnte sie den Kauf weiterer Anteile durch deutsche Tochtergesellschaften der Deutschen Bank nicht verhindern. Da eine Mehrheitsbeteiligung der Deutschen Bank nicht mehr aufzuhalten war, akzeptierte sie im Mai 1989 ein öffentliches Übernahmeangebot der Deutschen Bank an die spanischen Aktionäre, worauf die Übernahme noch im gleichen Jahr gelang.[52] Die italienische Bankenaufsicht hatte dem Kauf der BAI aus pragmatischen branchenpolitischen Überlegungen zugestimmt, zumal sich der Einfluss ausländischer Investoren nicht veränderte. In Spanien musste die Bankenaufsicht akzeptieren, dass inländische Aktionäre ihre persönlichen Gewinninteressen verfolgten und ihre Anteile an Ausländer verkauften, sodass sich eine nationale Kapitalmarktpolitik auf Dauer nicht gegen die inländischen und ausländischen Marktakteure durchsetzen ließ.

Der deutsche Inlandsmarkt im *retail banking* war wegen der hohen Kundentreue, der hohen Bankendichte und des funktionierenden Wettbewerbs zwischen den Großbanken, Sparkassen und Volksbanken weitgehend verteilt. Wegen des stagnierenden Marktanteils der Großbanken im *retail banking* und im Mittelstandsgeschäft waren große Zuwächse des Geschäftsvolumens (Bilanzsumme) und der Gewinne (Eigenkapitalrendite) nicht zu erwarten. Nur eine europäische Expansion versprach eine quantitative und qualitative Steigerung der Geschäftsergebnisse.

Die europäische Expansionsstrategie erforderte jedoch erhebliche Eigenkapitalreserven. Nach den Vorschriften des deutschen Kreditwesengesetzes mussten Beteiligungen an anderen Banken ab einem Kapitalanteil von 40 % vollständig mit Eigenkapital unterlegt sein, um eine Unterkapitalisierung der Mutterbank zu verhindern.[53] Dies bedeutete, dass expansionswillige Banken den Kauf eines ausländischen Kreditinstituts entweder durch Eigenkapitalbildung aus nicht ausgeschütteten Gewinnen und stillen Reserven, durch die Ausgabe neuer Aktien oder durch Gewinne aus dem Verkauf von Beteiligungen an Nichtbanken finanzieren mussten. Der hohe Kapitalbedarf für den Kauf einer ausländischen Bank mit einem umfangreichen Filialnetz setzte einer Expansionsstrategie im *retail banking* Grenzen.

In den USA erschwerte bis in die 1990er Jahre die strenge gesetzliche Trennung von Investmentbanken und regulären Geschäftsbanken den Markteinstieg deutscher und europäischer Großbanken. Nach dem Glass-Steagall Act von 1933[54] musste sich eine Bank für das reguläre Kredit- und Einlagengeschäft oder für das Investmentbanking entscheiden. Da die New Yorker Filialen der deutschen Großbanken vorwiegend deutsche Unternehmen und ihre amerikanischen Niederlassungen mit Dienstleistungen im Zahlungs- und Devisenverkehr, in der Außenhandelsfinanzierung und mit Krediten versorgten, wäre eine Erweiterung der Filialen zu regulären Tochterbanken mit einer vollständigen Zulassung zum Kredit- und Einlagengeschäft folgerichtig gewesen. Wegen des strikten Regio-

---

52 *Büschgen*, Die Deutsche Bank von 1957 bis zur Gegenwart, S. 845.
53 *Volkhard Szagunn / Karl Wohlschieß*, Gesetz über das Kreditwesen in der Fassung vom 11.7.1985, Kommentar, Stuttgart 1986, § 10a.
54 Der Glass-Steagall Act wurde 1990 gelockert und 1999 vollständig aufgehoben.

nalisierungsprinzips im amerikanischen Bankenrecht erhielten amerikanische Geschäftsbanken jedoch nur eine Konzession für einen der 50 Bundesstaaten. Der Einstieg in das amerikanische *retail banking* scheiterte nicht allein am hohen Eigenkapitalbedarf, sondern auch am restriktiven Zulassungsrecht. Eine Globalisierungsstrategie im Sinne einer globalen Präsenz im *retail banking* dagegen wäre schon am zu hohen Eigenkapitalbedarf gescheitert und wurde daher nie ernsthaft konzipiert.[55]

Der Kauf einer größeren New Yorker Investmentbank hätte deutschen Großbanken eine stärkere Stellung auf dem gesamten amerikanischen Markt verschaffen können. Doch dieser Schritt war wegen der hohen bankenrechtlichen Hürden nicht möglich, da die amerikanische Bankenaufsicht Kooperationen zwischen Geschäftsbanken und Investmentbanken untersagte. Zudem wäre dieser Weg auch in den 1980er Jahren noch nicht finanzierbar gewesen.[56]

Als Alternative bot sich der Kauf von europäischen Investmentbanken an, die kein Filialnetz besaßen und mit einer erheblich geringeren Eigenkapitalausstattung als reguläre Geschäftsbanken operieren konnten. Die englischen Investmentbanken besaßen keine absicherungsbedürftigen Kundeneinlagen, sodass die »Bank of England« nur eine niedrigere Eigenkapital-Sicherheitsreserve forderte. Angesichts der hohen Wachstumserwartungen im Investmentbanking, das den Wertpapierhandel, die Platzierung von Unternehmen und Aktien am Kapitalmarkt (*Initial Public Offering*), den Kauf und Verkauf von Unternehmensbeteiligungen (*Mergers and Acquisitions*) und die Verwaltung von Investmentfonds umfasste, waren die deutschen Großbanken vor allem an Mehrheitsbeteiligungen an ausländischen Investmentbanken interessiert. Die vollständige Öffnung der Kapitalmärkte erweiterte die Möglichkeiten für grenzüberschreitende Unternehmensfusionen und Unternehmenskäufe – und damit das Expansionspotenzial des Geschäftsfelds *Mergers and Acquisitions*. Da die britischen Investmentbanken eine starke Stellung im internationalen Investmentbanking besaßen und sich diese Führungsstellung in einem Europa mit offenen Kapitalmärkten verstärken sollte, erwog die Deutsche Bank eine Mehrheitsbeteiligung an einem bedeutenden Londoner Investmentbankhaus.

Der Deutschen Bank gelang 1988 der Kauf der renommierten Amsterdamer Investmentbank H. Albert de Bary & Co. N. V. und der portugiesischen MDM Sociedade de Investimento S. A.[57] Bei der Eingliederung der H. Albert de Bary in den Konzern profitierte die Deutsche Bank von einer langen freundschaftlichen Geschäftsbeziehung und einer Minderheitsbeteiligung, die seit 1954 bestand. Ähnlich verhielt es sich mit dem Kauf der MDM, an der die Deutsche Bank zuvor schon mit einem Drittel beteiligt gewesen war. Der Finanzplatz Amsterdam besaß im europäischen Vergleich jedoch nur eine zweitrangige Bedeutung, während Lissabon wegen des kleinen portugiesischen Binnenmarkts und noch bestehender Kapitalmarkt- und Devisenkontrollen lediglich eine drittrangige Bedeutung hatte. Nur eine Mehrheitsbeteiligung an einer größeren Londoner Investmentbank versprach der Deutschen Bank im europäischen Investmentbanking eine starke Stellung.

Obwohl der Vorstand der Deutschen Bank den Einstieg in eine größere Londoner Investmentbank zielstrebig verfolgte, ergab sich diese Chance erst 1989 aus einer zufälligen Akteurskonstellation. Als die französische Finanzgruppe Indosuez im November 1989 eine feindliche Übernahme der Investmentbank Morgan Grenfell versuchte, bot die Deutsche Bank dieser ihre Dienste als »weißer Ritter« zum Schutz gegen eine ungewollte

---

55 *Platthaus*, Alfred Herrhausen, S. 237, auf der Grundlage eines Interviews mit der Zeitung »Die Welt« am 11.3.1989.
56 *Christopher Kobrak*, Die Deutsche Bank und die USA. Geschäft und Politik von 1870 bis heute, München 2008, S. 419, 429f., 437 und 441–444.
57 *Büschgen*, Die Deutsche Bank von 1957 bis zur Gegenwart, S. 843f. und 852; *Herrhausen*, Bankpolitik auf dem Weg nach Europa, S. 246f.

Übernahme an. Unter großer Diskretion und nach einer schnellen Prüfung der Geschäftsbücher erstellte die Deutsche Bank mit der Zustimmung Morgan Grenfells ein Übernahmeangebot an die britischen Aktionäre. Da ein großer Teil der Morgan-Grenfell-Aktien frei gehandelt wurde, gelang der Kauf einer Aktienmehrheit bis Ende 1989. Mit einem Preis von 2,7 Milliarden DM war Morgan Grenfell der größte dauerhafte Kapitalerwerb, den die Deutsche Bank bis dahin getätigt hatte.[58]

Die Übernahme von Morgan Grenfell bildete einen Meilenstein in der Europäisierung deutscher Großbanken. Da der Deutsche-Bank-Vorstandsvorsitzende Alfred Herrhausen am 30. November 1989 von Terroristen der Roten Armee Fraktion ermordet wurde und sich das Verhältnis zwischen den beiden deutschen Staaten in diesen Wochen dramatisch veränderte, fand dieses Ereignis eine viel geringere öffentliche Beachtung, als normalerweise zu erwarten gewesen wäre.

Die Deutsche Bank wies Morgan Grenfell im Vergleich zu den anderen Banken des Konzerns eine besondere Rolle zu. Während die anderen europäischen Banken primär in ihren nationalen Heimatmärkten tätig blieben und darüber hinaus nur wenig in die konzernweite Arbeitsteilung integriert wurden, erhielt Morgan Grenfell die Alleinverantwortung für das Investmentbanking in London und die gesamten Kapitaltransaktionen (*Mergers and Acquisitions*) des Konzerns. Die Übernahme Morgan Grenfells sollte die Unternehmenskultur und die Corporate Identity der Deutschen Bank stärker verändern als alle anderen Unternehmensübernahmen. Mit dem Morgan-Grenfell-Vorstandsvorsitzenden John Craven trat 1990 der erste angelsächsische Banker in den Vorstand der Deutschen Bank ein.

Da der Kauf von Morgan Grenfell auch dem Transfer von Know-how im Investmentbanking diente, folgte zwischen Morgan Grenfell in London und den funktional entsprechenden Abteilungen der Frankfurter Zentrale ein intensiver Personalaustausch. Mit der Integration englischer Banker veränderten sich die Unternehmenskultur und die Unternehmensidentität vor allem im Investmentbanking. Während Londoner Investmentbanker speziell den jüngeren deutschen Investmentbankern als Vorbilder in Professionalität und Habitus dienten, war die Differenz zwischen der professionellen Identität des deutschen Universalbankers mit einer berufsweltlichen Erdung im Privatkunden- und Mittelstandsgeschäft und dem Selbstverständnis des hochspezialisierten Investmentbankers mit Erfahrungen in großen Unternehmenstransaktionen und Börsengängen Ursache kultureller Fehlwahrnehmungen und Kommunikationsprobleme – und damit tendenziell nicht spannungsfrei.[59] Der professionelle Status der oft jüngeren Londoner Investmentbanker, die als neue Stars des Konzerns mit hohen Bonuszahlungen nach ihrem individuellen Erfolg bezahlt wurden, stand in einem Spannungsverhältnis zum traditionellen Senioritätsprinzip und zur hierarchieabhängigen Gehaltsordnung der Deutschen Bank.

Die Banken versprachen sich vom Einstieg in die Europäisierung steigende Gewinne und Kapitalrenditen. Seit 1985, nach dem Ende der Hochzinsepoche, waren die Gewinne im inländischen Bankgeschäft im Verhältnis zu den Bilanzsummen der Banken gefallen. Die Gewinne der deutschen Kreditinstitute blieben nur dank der Ausweitung des Geschäftsvolumens auf gleicher Höhe.[60]

Die Deutsche Bank, die wegen ihrer Größe und ihrer überdurchschnittlichen Ertragslage in der Presse oft als »Branchenprimus« bezeichnet wurde, hatte nach einer sehr guten Ertragsentwicklung bis 1986 einen leichten Einbruch hinnehmen müssen. Während die Eigenkapitalrendite der Deutschen Bank von 1981 bis 1985 von 15,6 % bis auf 26,9 %

---

58 *Büschgen*, Die Deutsche Bank von 1957 bis zur Gegenwart, S. 849ff.; vgl. *Platthaus*, Alfred Herrhausen, S. 252f.; vgl. auch: Die ZEIT, 1.12.1989.
59 *Kobrak*, Die Deutsche Bank und die USA, S. 455, auf der Basis eines Interviews der britischen Zeitschrift »Euromoney« mit Hilmar Kopper im Januar 1994.
60 Deutsche Bundesbank, Monatsbericht August 1990.

stieg und 1986 mit 25,0 % wieder einen hohen Wert erreichte, fiel sie 1987 infolge des Kurssturzes an zahlreichen Börsen auf 9,9 %. Trotz der guten Konjunktur blieb sie 1988 mit 22,2 % und 1989 mit 19,8 % hinter den guten Ergebnissen von 1983 bis 1986 (Durchschnittswert 25,1 %) zurück.[61] Hierbei ist jedoch zu berücksichtigen, dass diese hohen Kapitalrenditen auf einer engen Definition des Eigenkapitals als Grundkapital plus Rücklagen beruhten. Der Eigenkapitalbegriff wird bei Banken heute erheblich weiter gefasst als in den 1980er Jahren, sodass ein Vergleich dieser Zahlen mit heutigen Geschäftsergebnissen ausgeschlossen ist. Eine Kapitalrendite von 25 % in den 1980er Jahren entsprach bei Weitem nicht dem Renditeziel von 25 %, das Josef Ackermann als CEO der Deutschen Bank vor der Finanzkrise von 2008 als wichtigstes Unternehmensziel definierte.

Wegen des funktionierenden Wettbewerbs im deutschen Kreditwesen war die Wettbewerbsintensität auf dem deutschen Bankenmarkt schon vor der Liberalisierung des europäischen Bankenmarkts verhältnismäßig hoch, sodass die Chancen der Marktöffnung die Risiken überstiegen. Der Vorstandsvorsitzende Alfred Herrhausen war um die Größe und die Profitabilität der Deutschen Bank besorgt[62] und sah die Europäisierung als einzigen möglichen Ausweg aus einer befürchteten Strukturkrise der Bank. Herrhausen und sein Vorstandskollege Ulrich Weiss beschworen in öffentlichen Vorträgen einen »verschärften Druck auf Margen und Provisionen« im Inlandsgeschäft[63], doch diente dieser Hinweis auch zur vorsorglichen Legitimierung von Rationalisierungen in der Auftragsabwicklung (*back office*) und im dichten Zweigstellennetz. Umgekehrt versprach die Integration europäischer Tochterbanken in die Konzernstrukturen der deutschen Großbanken positive Synergieeffekte bei der Abwicklung von Wertpapiergeschäften und im Devisenhandel, in der Vermögensanlage für vermögende Privatkunden, im Absatz von emittierten Wertpapieren und im grenzüberschreitenden Zahlungsverkehr.

Der Deutsche-Bank-Vorstandsvorsitzende Alfred Herrhausen war das erste Vorstandsmitglied einer Großbank, das der zunehmenden öffentlichen Kritik an der Machtstellung der Großbanken in der Deutschland AG mit einer neuartigen, offenen und offensiven Kommunikationsstrategie und einer ansatzweise selbstkritischen Rhetorik begegnete.[64] Herrhausen legitimierte die Leistungsfähigkeit und die starke Marktposition der Deutschen Bank mit dem »immer härter werdenden internationalen Wettbewerb« im Bankensektor. Er entwickelte damit eine neue gesellschaftliche Legitimierungsstrategie, die vor dem Hintergrund des europäischen Binnenmarkts rational und nachvollziehbar schien. Die Stellung der Großbanken als interventionsfähige Stellglieder der Deutschland AG war in Herrhausens Rhetorik mit der »auch nach Europa herüberschwappenden Welle von Übernahmeversuchen« gerechtfertigt, die die Stabilität deutscher Industrieunternehmen und damit auch ihre Arbeitsplätze gefährdete. Herrhausen warnte, dass ein gesetzlicher Zwang zur Veräußerung aller Beteiligungen an Nichtbanken von mehr als 15 %, wie ihn der einflussreiche FDP-Wirtschaftspolitiker Otto Graf Lambsdorff vorschlug[65], öffentli-

---

61 Errechnet nach den Zahlen im Geschäftsbericht der Deutschen Bank für 1989.
62 *Platthaus*, Alfred Herrhausen, S. 214, basierend auf einem Interview mit Herrhausens Vorstandskollegen Hilmar Kopper im Jahr 2002.
63 *Alfred Herrhausen*, Einheitlicher europäischer Finanzmarkt – Basis für eine globale Perspektive?, in: *ders.*, Denken – Ordnen – Gestalten, S. 263–273 (Vortrag vor der St. Galler Stiftung für Internationale Studien, 24.5.1989); *Ulrich Weiss*, Strategien für 1992 aus der Sicht einer deutschen Großbank, in: *Günter Franke/Wulf von Schimmelmann* (Hrsg.), Banken im Vorfeld des Europäischen Binnenmarktes, Wiesbaden 1989, S. 65–82.
64 *Alfred Herrhausen*, Bankenmacht in einer demokratischen Gesellschaft, in: *ders.*, Denken – Ordnen – Gestalten, S. 299–319 (Vortrag beim Bonner Wirtschaftsabend der Deutschen Messe AG, 25.10.1989). Die wörtlichen Zitate im Text sind diesem Vortrag entnommen.
65 Bankenmacht: Auf Dauer kaum erträglich, in: Der SPIEGEL, 26.6.1989, S. 92–93.

che Proteste heraufbeschwören würde, falls größere Beteiligungen in ausländische Hände geraten sollten. Herrhausen verschwieg in diesem erschreckenden, aber realistischen Zukunftsszenario jedoch, dass die geplante Stärkung des Handels mit Unternehmensbeteiligungen (*Mergers and Acquisitions*) im Investmentbanking einen Abbau der Beteiligungen an Nichtbanken implizierte. Die Beteiligung an *Mergers and Acquisitions* setzt voraus, dass die handelnde Bank neutral ist und keine Beteiligungen an dem übernehmenden oder an dem übernommenen Unternehmen besitzt. Zur Vermeidung möglicher Interessenkonflikte musste die Deutsche Bank einen längerfristigen Teilausstieg aus ihren Beteiligungen und den Verzicht auf Aufsichtsratsmandate antizipieren. Der Ausbau des Investmentbanking verlief jedoch schneller als der Abbau hinderlicher Verflechtungsbeziehungen. In den 1990er Jahren scheiterten mehrere größere *Mergers and Acquisitions* wie die Übernahme von Thyssen durch Krupp auch an Interessenkonflikten der Deutschen Bank. Die Deutsche Bank besaß ein Aufsichtsratsmandat bei der Thyssen AG und war damit gleichzeitig dem übernehmenden (Krupp) und dem zu übernehmenden Unternehmen (Thyssen) verpflichtet.[66]

Am Ende der 1980er Jahre wäre es dem Vorstand der Deutschen Bank aus unternehmensstrategischen Gründen auf mittlere Sicht nicht allzu schwer gefallen, eine Beschränkung der Anteile an Nichtbanken zu akzeptieren. Da die Deutsche Bank zu diesem Zeitpunkt noch den Kauf einer größeren französischen Bank anstrebte und der europäische Expansionsprozess lange nicht abgeschlossen war, wollte sie auf längere Sicht einen Teil ihres Kapitals in Form von Industriebeteiligungen in Kapitalanteile an ausländischen Banken umwandeln. Die Europäisierungs- und Wachstumsstrategie erforderte eine Umschichtung des Beteiligungsportfolios, die mittelfristig mit einer partiellen Lockerung der engen Kapitalverflechtungen in der Deutschland AG einhergehen musste. Grundsätzlich waren die Großbanken auch wegen der verhältnismäßig niedrigen Renditen einiger Beteiligungen daran interessiert, sich von einem Teil ihrer Anteile an Nichtbanken zu trennen. Die Besteuerung von Gewinnen aus Beteiligungsverkäufen mit dem vollen Körperschaftssteuersatz von 56 beziehungsweise 53% verzögerte jedoch diesen Prozess.[67] Da die Beteiligungen der Banken in den Bilanzen nach dem Niederstwertprinzip und damit in den meisten Fällen nach den Anschaffungskosten bewertet werden mussten, wäre beim Verkauf zu Marktpreisen ein erheblicher steuerpflichtiger Gewinn entstanden.

Die Banken überließen nur ungern mehr als die Hälfte des Gewinns dem Fiskus, sodass das deutsche Steuerrecht bis in die 1990er Jahre die Verflechtungsstrukturen der Deutschland AG stabil hielt. Erst im Dezember 1993 entschloss sich die Deutsche Bank, einen kleineren Teil ihrer machtpolitisch wertvollsten Beteiligung zu verkaufen. Sie verminderte ihren Anteil an Daimler-Benz von 28,1 auf 24,9% und gab damit ihre wichtigste – und symbolisch bedeutendste – Sperrminorität an einem großen Industrieunternehmen auf[68], die immer wieder Anlass zur öffentlichen Kritik an der Macht der Banken gegeben hatte. Diese Kritik verlor während der 1990er Jahre an Bedeutung, als der Gegenstand früherer Bankenkritik – die Kapitalbeteiligungen an Schlüsselunternehmen der deutschen Wirtschaft – im Zuge eines unternehmensstrategischen Wandels an wirtschaftspolitischer Relevanz einbüßten. Das starke Wachstum des besonders gewinnbringenden Investmentbanking traf wegen der steigenden Zahl gewinnorientierter Aktienbesitzer auf eine zu-

---

66 *Jürgen Beyer*, Deutschland AG a. D.: Deutsche Bank, Allianz und das Verflechtungszentrum des deutschen Kapitalismus, in: *Wolfgang Streeck/Martin Höpner* (Hrsg.), Alle Macht dem Markt? Fallstudien zur Abwicklung der Deutschland AG, Frankfurt am Main 2003, S. 118–146, hier: S. 126f.
67 Zur Geschichte der Körperschaftssteuer und der Körperschaftssteuerreform vgl. *Thilo Potthast*, Die Entwicklung der Körperschaftssteuer von den Vorformen bis zur Unternehmenssteuerreform 2001, Frankfurt am Main 2008, S. 168–198.
68 *Büschgen*, Die Deutsche Bank von 1957 bis zur Gegenwart, S. 656.

nehmende Akzeptanz in der Öffentlichkeit, die sich in den veränderten medialen Diskursen über Banken im Besonderen und über Unternehmensgewinne im Allgemeinen ausdrückte.

Obwohl der Zerfall der engen Beziehungen zwischen Großbanken und Industrie erst in den 1990er Jahren begann, entstanden wesentliche strukturelle Ursachen für den Abbau der Deutschland AG schon im Jahrzehnt zuvor. Die Anzahl der Aufsichtsratsmandate von Banken erlaubt aufgrund ihrer funktionellen und symbolischen Bedeutung für die Stabilität der Netzwerkbeziehungen in der Deutschland AG Rückschlüsse auf den zeitlichen Ablauf dieses Prozesses. Während Vorstandsmitglieder und Direktoren der Deutschen Bank 1980 Aufsichtsratsmandate in 40 der 100 größten deutschen Unternehmen hielten, verminderte sich diese Verflechtungskennziffer bis 1990 nur leicht auf 35. Der Abbau der personellen Verflechtungen beschleunigte sich erst in den 1990er Jahren. 1998 besaß die Deutsche Bank nur noch in 17 der 100 größten deutschen Unternehmen Aufsichtsratsmandate.[69]

Die Schaffung eines europäischen Binnenmarkts für Kapital und (Finanz-)Dienstleistungen erwies sich als wichtiger institutioneller *pull*-Faktor für die strategische Neuorientierung der Großbanken. Der europäische Binnenmarkt und das neue europäische Bankenrecht stellten die traditionelle Steuerungsfunktion der Banken in der deutschen Wirtschaft nicht grundsätzlich infrage, eröffneten aber den Banken attraktive Expansionsmöglichkeiten im Investmentbanking und auf ausländischen Kapitalmärkten. Das Interesse an steigenden Kapitalrenditen und die größeren Wachstumsmöglichkeiten im Auslandsgeschäft waren wichtige Anreize für eine partielle Desinvestitionsstrategie an inländischen Industriebeteiligungen. Die Umsetzung dieser Strategie wurde durch die ungünstige steuerliche Behandlung von Veräußerungsgewinnen zunächst verzögert. Trotz des zunehmenden europäischen Wettbewerbs um günstige steuerliche und kapitalmarktrechtliche Standortbedingungen veränderten sich die steuerlichen Rahmenbedingungen relativ langsam. Das deutsche Körperschaftssteuerrecht erwies sich wegen der schwierigen politischen Durchsetzung von steuerlichen Entlastungen der Unternehmen als ein stabilisierender Faktor gegen eine Entflechtung der Deutschland AG. Da die wichtigsten institutionellen Veränderungsprozesse im Bankwesen auf der europäischen Ebene stattfanden und sich die Expansionsaktivitäten deutscher Banken Ende der 1980er und Anfang der 1990er Jahre auf Europa konzentrierten, muss richtigerweise von einem Europäisierungsprozess anstatt von einem Globalisierungsprozess gesprochen werden.

---

69 *Beyer*, Deutschland AG a. D., S. 131.

Peter Kramper

Das Ende der Gemeinwirtschaft

Krisen und Skandale gewerkschaftseigener Unternehmen in den 1980er Jahren

»Die Meldung klang, als hätten Erich von Däniken, Madame Buchela und Jules Verne ihre gesammelte Phantasie in ein Projekt gesteckt«.[1] Mit diesen Worten kommentierte der SPIEGEL die Nachricht, dass die gewerkschaftliche »Beteiligungsgesellschaft für Gemeinwirtschaft AG« am 19. September 1986 die NEUE HEIMAT (NH), den mit einem Bestand von 270.000 Wohnungen größten Wohnungs- und Städtebaukonzern der westlichen Welt, zum symbolischen Preis von einer D-Mark an den bis dahin völlig unbekannten Berliner Bäcker Horst Schiesser verkauft hatte. Diese schier unglaubliche Geschichte von der scheinbaren Verschleuderung eines riesigen Immobilienvermögens bildete den symbolischen Höhepunkt des NH-Skandals, der Mitte der 1980er Jahre die westdeutsche Öffentlichkeit wie kaum ein zweites innenpolitisches Thema in Beschlag genommen hatte.[2]

Ausgelöst hatte diesen Skandal eine Reihe von Artikeln, die der SPIEGEL schon im Februar 1982 veröffentlicht hatte. Darin wies das Magazin detailliert nach, dass sich einige Vorstandsmitglieder der NH um den Vorstandsvorsitzenden Albert Vietor über Jahre hinweg durch Insider- und Strohmanngeschäfte systematisch auf Kosten des Unternehmens bereichert hatten. Nach und nach kamen dann im Verlauf der 1980er Jahre nicht nur weitere, ähnlich gelagerte Enthüllungen, sondern auch zahlreiche Indizien für den bevorstehenden Zusammenbruch des Konzerns ans Licht, die die öffentlichen Auseinandersetzungen über das Unternehmen verstärkten und verlängerten.[3]

Trotz einer umfangreichen Berichterstattung, mehrerer parlamentarischer Untersuchungsausschüsse und einer starken Politisierung der Debatte im Zuge des Bundestagswahlkampfs 1986/87 stellte der NH-Skandal aber nur einen Teil einer noch umfassenderen Krisengeschichte dar, die die gesamten 1980er und frühen 1990er Jahre durchzog. Denn die gewerkschaftliche Gemeinwirtschaft, eine Gruppe von Unternehmen, deren Anteilseigner der Deutsche Gewerkschaftsbund (DGB) und die in ihm zusammengeschlossenen Einzelgewerkschaften waren, geriet in diesem Zeitraum insgesamt in eine gravierende Schieflage. Neben der NH betraf dies auch die Bank für Gemeinwirtschaft (BfG), die Volksfürsorge, die allerdings nur teilweise in Gewerkschaftseigentum befindliche Co op AG und eine Reihe kleinerer Betriebe. Sie alle gehörten zu diesem ungewöhnlichen Unternehmensverbund, dessen Wurzeln in den genossenschaftlichen Selbsthilfeorganisationen des späten 19. Jahrhunderts lagen und dem die Gewerkschaften nach dem Zweiten Weltkrieg einen ihren Zielsetzungen entsprechenden politischen Auftrag gegeben hatten – als sichtbares Zeichen dafür, dass die organisierte Arbeiterbewegung den Kapitalismus auch weiterhin für korrekturbedürftig hielt.[4] Im Laufe der 1980er Jahre weiteten sich die

---

1 Herr, sie wissen nicht, was sie tun, in: Der SPIEGEL, 22.9.1986, S. 24–32, hier: S. 24.
2 Einen knappen Überblick bietet *Herfried Münkler*, Neue Heimat, in: Stiftung Haus der Geschichte der Bundesrepublik Deutschland (Hrsg.), Skandale in Deutschland nach 1945, Bonn 2007, S. 120–127.
3 Vgl. die Belege in Abschnitt II dieses Aufsatzes sowie bei *Peter Kramper*, NEUE HEIMAT. Unternehmenspolitik und Unternehmensentwicklung im gewerkschaftlichen Wohnungs- und Städtebau 1950–1982, Stuttgart 2008, S. 11f. und 596ff.
4 Die wichtigsten Überblicke zur gewerkschaftlichen Gemeinwirtschaft bieten *Achim von Loesch*, Die gemeinwirtschaftlichen Unternehmen der deutschen Gewerkschaften. Entstehung – Funktio-

Probleme dieser Unternehmen dann aber so weit aus, dass sie nicht nur zu einem weiteren großen Skandal – der Co op-Affäre – führten, sondern schließlich die vollständige Auflösung der gewerkschaftlichen Gemeinwirtschaft bewirkten. Weder die NH noch die Volksfürsorge, die BfG oder die Co op überlebten die 1980er Jahre in der Form, in der sie zuvor bestanden hatten. Die Gewerkschaften mussten sie größtenteils zerschlagen, abwickeln oder verkaufen, und auch die wenigen Teile des Unternehmensverbunds, die ihnen am Beginn der 1990er Jahre noch verblieben waren, wurden insofern grundlegend umgestaltet, als ihnen jegliche politische Zielsetzung abgesprochen wurde.[5] Insgesamt hatte die Krise der Gemeinwirtschaft also das Ende einer besonderen, politisch gebundenen Unternehmensform und der mit ihr verbundenen Idealvorstellungen zur Folge.

Dieser Befund wirft eine Reihe von Fragen auf. Warum gerieten die gewerkschaftlichen Unternehmen überhaupt in solch auffälliger Häufung in die Krise? Warum waren diese Krisen in so hohem Maße von öffentlich verhandelten Skandalen begleitet? Warum führten sie schließlich zum Ende der gewerkschaftlich-gemeinwirtschaftlichen Unternehmensform und der mit ihr verknüpften politischen Utopie? Warum geschah dies ausgerechnet in den 1980er Jahren und nicht zehn Jahre zuvor oder zehn Jahre danach? Und welche weitergehenden Auswirkungen hatten diese Krisen und Skandale für die betroffenen Unternehmen, die Gewerkschaften und die Bundesrepublik?

Diese Fragen sollen im Folgenden untersucht werden. Dabei werde ich die These vertreten, dass sich die öffentlich verhandelten Skandale um die NH und die Co op AG nicht auf das Fehlverhalten einzelner Akteure reduzieren lassen, sondern vielmehr Ausdruck einer grundsätzlichen ökonomischen und politisch-legitimatorischen Schwäche der gewerkschaftlichen Gemeinwirtschaft waren. Diese ging ihrerseits darauf zurück, dass die Unternehmen seit der Mitte der 1970er Jahre mit einer Auflösung traditioneller sozialpolitischer Problemlagen und einer damit einhergehenden fundamentalen Veränderung der wirtschaftlichen Rahmenbedingungen konfrontiert waren, angesichts derer sich ihre politische Zielsetzung im Kern erledigt hatte. Statt sie aufzugeben, hielten sie aber an ihr fest und brachten sich damit selbst in Schwierigkeiten. So gesehen wurzelten die meisten der sozialen, politischen und ökonomischen Prozesse, die den Niedergang der Gemeinwirtschaft bewirkten, in den 1970er Jahren. Gleichzeitig führten die in den 1980er Jahren ausgetragenen öffentlichen Debatten aber zu einer massiven Diskreditierung der politischen Ziele und Hoffnungen, die die Gewerkschaften an diese Unternehmensform geknüpft hatten. Sie markierten damit auch das Ende einer um das Wachstumsparadigma der 1960er und 1970er Jahre herum aufgebauten »säkularen sozialdemokratischen Perspektive«[6] gesellschaftspolitischer Reform, die fortan dem Glauben an die überlegene Effizienz des Markts im Allgemeinen und des Shareholder-Value als Prinzip der Unternehmensführung im Besonderen wich.

Diese These soll im Folgenden in fünf Schritten entfaltet werden. Zunächst werde ich die Vorgeschichte der gewerkschaftlichen Gemeinwirtschaft bis zum Beginn der Skandale der 1980er Jahre knapp skizzieren. In einem zweiten Abschnitt werden der NH-Skandal und seine Folgen für das Konzept der gewerkschaftlichen Gemeinwirtschaft unter-

---

nen – Probleme, Köln 1979; *Kurt Hirche*, Die Wirtschaftsunternehmen der Gewerkschaften, Düsseldorf/Wien 1966; sowie zur Zeit vor 1945 *Klaus Novy/Michael Prinz*, Illustrierte Geschichte der Gemeinwirtschaft. Wirtschaftliche Selbsthilfe in der Arbeiterbewegung von den Anfängen bis 1945, Berlin/Bonn 1985.

5 Die bei Weitem ausführlichste Darstellung dieses Prozesses, die auch für die folgenden Ausführungen grundlegend ist, findet sich bei *Werner Abelshauser*, Nach dem Wirtschaftswunder. Der Gewerkschafter, Politiker und Unternehmer Hans Matthöfer, Bonn 2009, S. 567–668.

6 *Lutz Niethammer*, Rückblick auf den Sozialen Wohnungsbau, in: *Walter Prigge/Wilfried Kaib* (Hrsg.), Sozialer Wohnungsbau im internationalen Vergleich, Frankfurt am Main 1988, S. 288–308, hier: S. 288.

sucht. Der dritte Teil betrachtet die unternehmerischen Folgen des NH-Skandals, also die Abwicklung des Wohnungsbaukonzerns und den damit eng verbundenen (Teil-)Verkauf der Volksfürsorge und der BfG. Der vierte Abschnitt schildert den Co op-Skandal; und im Mittelpunkt des fünften Teils wird die Restrukturierung des gewerkschaftlichen Beteiligungsbesitzes in der ersten Hälfte der 1990er Jahre und ihre Folgen stehen. In der Schlussfolgerung sollen die wichtigsten Ergebnisse zusammengefasst und die Ausgangsthese noch einmal aufgegriffen werden.

I. DIE GEWERKSCHAFTLICHE GEMEINWIRTSCHAFT

Zunächst zu einem kurzen Überblick über die gewerkschaftliche Gemeinwirtschaft: Dass die Gewerkschaften nach 1945 überhaupt zu Eigentümern großer Wirtschaftsbetriebe wurden, war letztlich ein Ergebnis der »Gründungswelle« genossenschaftlicher Selbsthilfeorganisationen in der zweiten Hälfte des 19. Jahrhunderts. Im Kaiserreich hatte die Arbeiterbewegung diese Kleinunternehmen zwar lange Zeit als reformistische Verirrung abgelehnt, aber in den 1920er Jahren avancierten sie zur Speerspitze einer von den Gewerkschaften zu tragenden Sozialisierungspolitik, deren Endziel die vollständige Transformation des kapitalistischen Wirtschaftssystems sein sollte.[7]

Nach dem Ende des Zweiten Weltkriegs stellte sich die Lage allerdings etwas anders dar. Die Vielzahl der zuvor meist von regionalen Gewerkschaftsorganisationen betriebenen Unternehmen wurde nunmehr vor dem Hintergrund der im Nationalsozialismus erfolgten Beschlagnahmen, der Rückerstattung an die neu gegründeten Einheitsgewerkschaften und einer veränderten Marktsituation in eine Reihe großer Konzerne überführt. Das führte 1947 zur Neugründung der Volksfürsorge, die als einzige auch in der Zwischenkriegszeit schon ein national agierendes Unternehmen gewesen war, 1954 zur Integration aller gewerkschaftseigenen Wohnungsbaugesellschaften in die NH, 1958 zur Überführung der vormaligen Arbeiter- beziehungsweise regionalen Gemeinwirtschaftsbanken in die BfG und schließlich Ende der 1960er und Anfang der 1970er Jahre zur Verschmelzung der Konsumgenossenschaften in der Co op AG.[8] Entstanden waren damit vier Unternehmen, die im nationalen Maßstab eine hervorgehobene Rolle spielten: Die NH war mit Abstand das größte Wohnungsunternehmen der Bundesrepublik, und auch die anderen rangierten jeweils unter den Top Ten ihrer Branche. Darüber hinaus befanden sich noch eine ganze Reihe weniger bedeutsamer Betriebe im Eigentum der DGB-Gewerkschaften, etwa die Deutsche Bauhütten GmbH, die Büchergilde Gutenberg, der Bund-Verlag, mehrere kleine Bank- und Bausparunternehmen sowie einige Freizeit- und Ferienwerke, aus denen 1969 der Reiseveranstalter »gut-Reisen« hervorging.[9]

Zusammengenommen bildeten diese Organisationen allerdings keinen mit einer einheitlichen Führung versehenen Gesamtkonzern, sondern vielmehr ein Ensemble unabhängig agierender Einzelunternehmen. Gemeinsamkeiten gab es gleichwohl. So stellten die Unternehmen in aller Regel keine Zuschussbetriebe dar, sondern mussten ihre laufenden Kosten durch ihr Handeln am Markt selbst erwirtschaften. Zudem waren sie – mit einigen Ausnahmen wie etwa dem Bund-Verlag – nicht primär auf gewerkschaftliche Organisations-, sondern auf gesamtwirtschaftliche Versorgungsziele, also zum Beispiel auf die

---

7 *Novy/Prinz*, Illustrierte Geschichte der Gemeinwirtschaft, S. 18ff. und 66ff.
8 Vgl. zur Volksfürsorge *Hirche*, Die Wirtschaftsunternehmen, S. 181ff.; zur BfG ebd., S. 103ff., und *Rolf W. Nagel*, Die Transformation der Bank für Gemeinwirtschaft (BfG) als morphologisch-typologisches Problem. Die Entstehung und Entwicklung eines Kreditinstituts, Berlin 1992, S. 156ff.; zur NH *Kramper*, NEUE HEIMAT, S. 119–138; und zur Co op *von Loesch*, Die gemeinwirtschaftlichen Unternehmen, S. 166f.
9 Ebd., S. 180ff., 230ff. und 256ff.

Verbesserung des Wohnungsangebots ausgerichtet. Zudem sollten die Unternehmen ein von den Gewerkschaften bestimmtes, genuin politisches Programm verwirklichen, was unter anderem bedeutete, dass sie sich nicht nur am Markt, sondern auch im politischen Diskurs bewähren und ihre Zielsetzungen begründen mussten.[10]

Die politische Daseinsberechtigung der Unternehmen hatte sich nach 1945 allerdings ebenso deutlich verschoben wie ihr organisatorischer Aufbau. Anders als in der Zwischenkriegszeit fungierten sie nun nicht mehr als Gegenpol zum bestehenden Wirtschaftssystem, sondern sie entwickelten sich nach und nach zu einem festen Bestandteil der sozialen Marktwirtschaft. Spätestens seit Beginn der 1960er Jahre sahen die Betriebe ihre Aufgabe nämlich primär darin, den marktwirtschaftlichen Wettbewerb zu optimieren, statt ihn zu überwinden. So argumentierten sie beispielsweise, dass ihnen ihre nicht gewinnorientierte Natur betriebswirtschaftliche Spielräume eröffne, um von Monopolen beherrschte Märkte zu durchdringen, die Preise für ihre Produkte zu senken und im Wettbewerb einen abwärts gerichteten Preisdruck zu erzeugen. Dahinter stand die Idee, dass ein funktionierender Wettbewerb wirtschaftliches Wachstum fördere, das wiederum der materiellen Verbesserung der Lebenssituation breiter Bevölkerungsschichten zugutekomme.[11]

Es war für die Entwicklung der gewerkschaftlichen Gemeinwirtschaft in den 1970er und 1980er Jahren von großer Bedeutung, dass diese Mitte der 1960er Jahre auch vom DGB akzeptierte »marktwirtschaftlich-pluralistische Gemeinwirtschaftskonzeption«[12] eng mit einer Reihe von grundsätzlichen Merkmalen der Unternehmenskontrolle und der Unternehmensfinanzierung korrespondierte. So führte sie beispielsweise dazu, dass die Gewerkschaften einen fest geschlossenen Kreis von Eigentümern bildeten, denn die Einhaltung der politischen Agenda der Unternehmen ließ sich aus ihrer Sicht nur durch eine Abschottung gegenüber externen Investoren erreichen. Noch bedeutsamer war aber, dass diese Programmatik geradezu eine Aufforderung darstellte, neue Märkte und Marktanteile auch dann zu erobern, wenn das mit den Interessen der gewerkschaftlichen Klientel in keiner unmittelbaren Verbindung stand.[13] Sie begünstigte also eine überaus expansive Unternehmenspolitik, die ihrerseits eng mit einer starken Zentralisierung und einer höchst riskanten, von einer sehr niedrigen Eigenkapitalquote geprägten Form der Unternehmensfinanzierung einherging.[14]

Dieses durch die »marktwirtschaftlich-pluralistische Gemeinwirtschaftskonzeption«, die Abschottung gegenüber externen Kontrollen und die Wachstumsorientierung definierte politisch-organisatorische Modell der gewerkschaftlichen Unternehmen verdichtete sich in der ersten Hälfte der 1970er Jahre noch einmal. Das geschah zum einen durch die 1974 erfolgte Eingliederung der Unternehmen in die neu gegründete »Beteiligungsgesellschaft für Gemeinwirtschaft AG« (BGAG), das heißt durch zunehmende Kapitalverflechtungen untereinander. Zunächst war dies allerdings im Wesentlichen aus steuerlichen Gründen erfolgt; die BGAG sollte zwar im Laufe der Skandale der 1980er Jahre eine zentrale Bedeutung gewinnen, blieb aber vorläufig ein reines Finanzierungskonstrukt, dem keinerlei Leitungsfunktion zukam.[15] Zum anderen wurden die Unternehmen seit Anfang

---

10 Diese Analyse der Gemeinsamkeiten ist angelehnt an *Kramper*, NEUE HEIMAT, S. 25ff.
11 Diese Idee ist ausführlich entwickelt bei *Walter Hesselbach*, Die gemeinwirtschaftlichen Unternehmen. Der Beitrag der Gewerkschaften zu einer verbraucherorientierten Wirtschaftspolitik, Frankfurt am Main 1966.
12 *Achim von Loesch*, Die gemeinwirtschaftliche Unternehmung. Vom antikapitalistischen Ordnungsprinzip zum marktwirtschaftlichen Regulativ, Köln 1977, S. 91.
13 Vgl. dazu die Ausführungen bei *Hesselbach*, Gemeinwirtschaftliche Unternehmen, S. 92ff.
14 Zu diesem Zusammenhang vgl. *Kramper*, NEUE HEIMAT, S. 502.
15 *Nagel*, Die Transformation der Bank für Gemeinwirtschaft, S. 183ff.; sowie *Andreas Kunz* (Hrsg.), Die Akte Neue Heimat. Krise und Abwicklung des größten Wohnungsbaukonzerns Europas 1982–1998, Bd. 1: Analysen und Interviews, Frankfurt am Main/New York 2003, S. 34ff.

der 1970er Jahre gezielt zu »gewerkschaftlichen Modellunternehmen« ausgebaut. Künftig sollten sie nicht nur in ihrer Produktpolitik, sondern, was zuvor erstaunlicherweise kaum eine Rolle gespielt hatte, auch in ihrer Personal- und Sozialpolitik Maßstäbe setzen und gewerkschaftliche Forderungen bezüglich Bezahlung, Sozialleistungen, Weiterbildung und Mitbestimmung in vorbildlicher Weise verwirklichen.[16]

Dieses 1972 erstmals explizit formulierte Konzept war in erster Linie eine Antwort auf innergewerkschaftliche Kritik an den Unternehmen gewesen und stand noch unter dem Eindruck der Expansionserfahrungen der zurückliegenden Jahrzehnte. Mit dem Ende der Nachkriegsprosperität, dessen zentrale Wegmarke die Ölkrise von 1973/74 war, verlor es eine zentrale Voraussetzung für seine Realisierbarkeit. Insbesondere auf dem Wohnungsmarkt, der 1974 erstmals seit dem Beginn des Ersten (!) Weltkriegs einen ausgeglichenen Stand erreichte, aber auch bei Bank- und Versicherungsdienstleistungen für Privatkunden machten sich seit diesem Zeitpunkt Sättigungserscheinungen, Ausdifferenzierungen der Nachfrage und eine Erhöhung der Wettbewerbsintensität bemerkbar. Diese Veränderungen waren zudem eng mit der schon länger im Gang befindlichen Auflösung jenes geschlossenen Arbeitermilieus verknüpft, das für die Unternehmen in den 1950er und 1960er Jahren noch einen wichtigen Stützpfeiler dargestellt hatte.[17]

Insgesamt lief diese neuartige Situation auf eine erhebliche Verengung der wirtschaftlichen Spielräume in den genannten Märkten hinaus. Deshalb hätten die Unternehmen Mitte der 1970er Jahre eine Konsolidierungsphase einleiten müssen, in deren Rahmen die Personalkosten gesenkt und die Eigenkapitalbasis ausgeweitet worden wäre. Entscheidend für die weitere Entwicklung war, dass dies nicht geschah. Zwar veräußerten die Gewerkschaften einige der kleineren Betriebe wie den 1978 an Neckermann abgegebenen Reiseveranstalter »gut-Reisen«, der dann unter neuer Obhut »gesundgeschrumpft« wurde.[18] Für die großen Unternehmen kam eine solche Vorgehensweise aber nicht infrage. Im Gegenteil: Vor allem die NH und die BfG schlugen ganz bewusst den umgekehrten Weg, also eine Strategie zur aktiven Verteidigung ihres politisch-organisatorischen Modells, ein. Um den hohen Beschäftigungsstand, die großzügigen Gehälter und die umfangreichen Sozialleistungen garantieren zu können, versuchten sie, in neue Geschäftsfelder wie zum Beispiel den Städtebau oder das Firmenkundengeschäft sowie insbesondere in neue Märkte im Ausland zu expandieren.[19] Es ist wichtig herauszustellen, dass diese mit extremen Risiken behaftete Strategie keineswegs auf mangelnde Kontrolle zurückzuführen war, sondern in voller Übereinstimmung zwischen Anteilseignern und Unternehmensspitze eingeschlagen wurde. Maßgeblich war dabei die auf beiden Seiten gleichermaßen geteilte Fixierung auf das gemeinwirtschaftliche Konzept und die damit verbundene Wachstumsorientierung, die eine Diskussion über die dringend nötige Verkleinerung der Unternehmen blockierte.[20]

Die Konsequenzen waren verheerend, denn seit Mitte der 1970er Jahre mussten die Gesellschaften nicht mehr nur mit der Ertragsschwäche in ihrem Kerngeschäft fertigwerden; hinzu kamen eben die Risiken aus der Expansionsstrategie, die mit Pauken und Trompeten scheiterte. Insbesondere das Auslandsgeschäft der NH erwies sich angesichts der labilen weltwirtschaftlichen Rahmenbedingungen als ein Milliardengrab. So hatte der Wohnungsbaukonzern in mehreren lateinamerikanischen Staaten große Grundstücksbe-

---

16 Ziele und Funktionen der gemeinwirtschaftlichen Unternehmen [1972], in: *Gerhard Leminsky/ Bernd Otto* (Hrsg.), Politik und Programmatik des Deutschen Gewerkschaftsbundes, Köln 1974, S. 277–280; zum Entstehungskontext vgl. *Kramper*, NEUE HEIMAT, S. 503.
17 Ebd., S. 469ff.
18 *Von Loesch*, Die gemeinwirtschaftlichen Unternehmen, S. 265f.
19 Zur NH vgl. *Kramper*, NEUE HEIMAT, S. 501ff. Zur BfG vgl. *Michael Schneider*, Walter Hesselbach. Bankier und Unternehmer, Bonn 1995, S. 116f. und 127f.
20 *Kramper*, NEUE HEIMAT, S. 501–518.

stände angelegt, die mit Dollarkrediten finanziert worden waren. Nach der stufenweisen Abwertung der jeweiligen Landeswährungen gerieten die Kosten dieser Kredite außer Kontrolle. Um einen Konkurs abzuwenden, benötigte der Konzern deshalb 1981 eine Kapitalspritze von satten 220 Millionen DM.[21]

Erschwerend kam hinzu, dass zu diesem Zeitpunkt nicht mehr nur die wirtschaftliche Überlebensfähigkeit der gewerkschaftseigenen Unternehmen, sondern auch ihre politische Agenda zur Disposition stand. Denn als sozialpolitisches Allheilmittel war der von ihnen verfochtene, in erster Linie quantitativ verstandene Wachstumsbegriff seit Anfang der 1970er Jahre kaum noch plausibel. Schließlich waren die akuten Notlagen, die noch in den 1960er Jahren den ideellen Bezugspunkt dieser Konzeption gebildet hatten, wenige Jahre später so weit zurückgedrängt worden, dass die Dringlichkeit von Fragen der materiellen Grundversorgung – sei es mit Wohnungen, mit Lebensmitteln oder mit Versicherungsdienstleistungen – für die breiten Schichten der Bevölkerung spürbar nachließ. Gleichzeitig traten andere, eher qualitative Probleme, etwa die Frage nach der Integration von Randgruppen oder die Forderung nach politischer Partizipation, in den Vordergrund sozialreformerischer Diskurse. Das führte dazu, dass sich die gewerkschaftlichen Unternehmen in zunehmendem Maße der Kritik an ihren auf Wachstum als gesamtgesellschaftliches Ziel fixierten Strategien ausgesetzt sahen.[22]

Seit Mitte der 1970er Jahre befand sich deshalb nicht nur die wirtschaftliche Leistungsfähigkeit, sondern auch das öffentliche Ansehen der gewerkschaftlichen Gemeinwirtschaft in einem rapiden Sinkflug. Das galt wiederum vor allem für die NH, die aufgrund ihrer sozialpolitischen Bedeutung schon seit den 1950er Jahren stärker im Blickpunkt des Interesses gestanden hatte als die übrigen Unternehmen. Die zahlreichen Angriffe, die sie in diesem Zeitraum über sich ergehen lassen musste, wirkten sich dabei nicht nur auf das öffentliche Bild, sondern auch auf den inneren Zusammenhalt aus. »Aufgabe und Zielsetzung des Unternehmens«, so hieß es 1980 in einem Memorandum einer leitenden Angestellten, seien »undeutlich geworden«. Und: »Faktische […] Widersprüche blockieren das Engagement von Mitarbeitern, Gesellschaftern, Gewerkschaftsmitgliedern sowie weiter Teile der Öffentlichkeit für die NH«.[23]

II. DER NH-SKANDAL

Die NH war also zu Beginn der 1980er Jahre bereits massiv angeschlagen. Auch ohne den Skandal hätte sie aller Wahrscheinlichkeit nach nicht in ihrer alten Form als zentralisiertes Großunternehmen fortbestehen können. Sie stand deshalb unmittelbar vor einer grundlegenden Zäsur. Aus eigener Kraft konnten diese aber weder der Vorstand noch die Gewerkschaften bewältigen. Stattdessen erledigte das der SPIEGEL. Am 8. Februar 1982 veröffentlichte er unter dem Titel »NEUE HEIMAT – Die dunklen Geschäfte von Vietor und Genossen«[24] detaillierte Belege für unlautere Geschäfte einer Reihe von führenden NH-Mitarbeiten um den Vorstandsvorsitzenden Albert Vietor.

Den Kern der Enthüllungen bildeten Belege für die Beteiligung der Beschuldigten an drei Firmen, die ihrerseits Dienstleistungen an die NH verkauften und damit die Ausgaben der von der Unternehmensgruppe verwalteten Wohnsiedlungen für Fernwärme, Heizöl

---

21 Ebd., S. 566.
22 Ebd., S. 572ff.
23 Überlegungen zum Selbstverständnis der NEUEN HEIMAT [1980], Staatsarchiv Hamburg, Bestand 622-2: Nachlass Klaus-Otto Cordua, Nr. 190, S. 9.
24 Titelblatt und Artikel: Gut getarnt im Dickicht der Firmen, in: Der SPIEGEL, 8.2.1982, S. 92–104. Der folgende Abschnitt basiert im Wesentlichen auf *Kramper*, NEUE HEIMAT, S. 596–606, wo sich auch detailliertere Belege finden.

und Antennenanlagen in die privaten Taschen von Vietor, seinem Stellvertreter Harro Iden, dem Vorstandsmitglied Wolfgang Vormbrock und einigen anderen umleiteten. Schon eine Woche später legten die Journalisten nach und berichteten, dass die Betroffenen sich zusätzlich in großem Stil an sogenannten BGB-Gesellschaften beteiligt hatten. Diese BGB-Gesellschaften waren besonders in Berlin verbreitet und standen in engem Zusammenhang mit den dortigen Stadtsanierungen. Sie ermöglichten es privaten Anlegern, beim Kauf von Anteilen so hohe Steuernachlässe zu erzielen, dass sie – eine entsprechende Steuerschuld vorausgesetzt – Wohnungseigentum fast zum Nulltarif bilden konnten.[25]

Die Beteiligung von Vorstandsmitgliedern der NH an solchen Geschäften war durchaus nicht illegal, aber allein die Andeutung der mit diesen Gesellschaften erzielten Ersparnisse genügte, um den in der ersten SPIEGEL-Veröffentlichung erhobenen Vorwurf der Habgier zu untermauern. Zudem ließ die Tatsache, dass diese Steuerersparnisse ausgerechnet zur Unterstützung der politisch höchst umstrittenen Berliner Sanierungstätigkeit dienten, die Beteiligten ganz persönlich als Profiteure der dortigen Wohnungsnot erscheinen. Und schließlich enthüllte der SPIEGEL auch noch, dass die BGB-Gesellschaften tief in eine Subventionsbetrugsaffäre verwickelt waren. Die Vorstandsmitglieder der NH traf daran zwar keine Schuld; aber immerhin stiftete auch dieser Vorwurf »anhaltende Verwirrung darüber, ob diese Anlagen legitim oder illegitim waren«[26] und trug so zu dem miserablen Eindruck, den die Unternehmensgruppe im Februar 1982 vermittelte, bei. Und als wäre dies noch nicht genug, legte der SPIEGEL in einer dritten Titelgeschichte einige Wochen später auch noch die Beteiligung der Vorstandsmitglieder an der Terrafinanz – einer Grundstücksgesellschaft, die 20 Jahre zuvor in München-Neuperlach im großen Stil Boden erworben und mit Gewinn an die Unternehmensgruppe weiterverkauft hatte – dar.[27]

Dieser dritte Fall beinhaltete insofern die schwerwiegendsten Vorwürfe, als der wirtschaftliche Schaden, der der Unternehmensgruppe hierdurch entstanden war, bei Weitem am höchsten zu veranschlagen war. Zu dem Sturm, der 1982 über die NH hereinbrach, trug er allerdings nichts fundamental Neues bei. Denn schon die erste Nachricht, dass sich ausgerechnet die Vorstandsmitglieder eines gewerkschaftseigenen Unternehmens solchermaßen schamlos bereichert hatten, schlug ein wie eine Bombe. Das lag zweifellos in erster Linie daran, dass die Veröffentlichungen des SPIEGEL gravierende Vorwürfe enthielten, von denen zu Recht gesagt worden ist, dass sie »alle Ideale, die die Arbeiterbewegung jemals auf ihre Fahnen geschrieben hatte, gründlich desavouier[t]en«.[28] Aber es war auch nicht zu übersehen, dass die Enthüllungen ein leichtes Opfer getroffen hatten: eine Unternehmensführung, die über keinerlei plausible Maßstäbe für die Beurteilung des eigenen Handelns mehr verfügte. Die Reaktion auf die Vorwürfe, die der Vorstand am 9. Februar als Pressemitteilung verbreitete, ließ dies erkennen. Vietor und Co. erklärten in ihr, die Vorwürfe des SPIEGEL seien »böswillig und insbesondere hinsichtlich der Ausdeutungen weitestgehend falsch«. Zwar habe es tatsächlich stille Beteiligungen von Vorstandsmitgliedern gegeben; dies sei aber »weder ungesetzlich noch unehrenhaft«.[29]

Vor allem diese letzte Bemerkung war es, die signalisierte, dass der Vorstand sein Gespür für die Erwartungshaltung der Öffentlichkeit gegenüber einem gewerkschaftseigenen Unternehmen völlig verloren hatte. Sollte es hieran noch Zweifel gegeben haben, so be-

---

25 Vietor und die »sogenannten reichen Leute«, in: Der SPIEGEL, 15.2.1982, S. 98–104, insb. S. 98.
26 *Günter Schifferer*, Politische Skandale und Medien. Der Fall Neue Heimat, Hamburg 1988, S. 47.
27 Das Geld lag auf dem Acker, in: Der SPIEGEL, 17.5.1982, S. 34–47.
28 *Hans-Joachim Wallenhorst*, Die Chronik der GEWOBA 1924 bis 1992, Bremen 1993, S. 390.
29 Neue Heimat-Vorstand zu Spiegel-Vorwürfen, in: Neue Heimat Presseinformationen Nr. 2, 9.2.1982, S. 1.

seitigte Vietor sie spätestens am nächsten Tag in einem Interview mit der BILD-Zeitung. Offenbar in der Absicht, sich durch Offenheit zu entlasten, legte er seine finanziellen Verhältnisse dar: Insgesamt komme er auf ein jährliches Einkommen von 1,6 Millionen DM, aufgrund der mit seinem Immobilienbesitz verbundenen Abschreibungsmöglichkeiten müsse er aber nur etwa 100.000 DM Steuern bezahlen. Vietor gab zu verstehen, dass er hierin nichts Anstößiges zu erkennen vermochte. »Ich sage ehrlich«, so ließ er die BILD-Zeitung wissen, »gäbe es einen Weg, die [100.000 DM] auch noch legal einzusparen – ich würde das versuchen.«[30] Mit diesen Äußerungen »löste Albert Vietor einen regelrechten Sturm der Entrüstung aus. Jetzt ging es nur noch um die moralische Dimension solchen Tuns – gerade weil Albert Vietor sie offensichtlich überhaupt nicht mehr sah.«[31] Die Stuttgarter Zeitung schrieb in diesem Sinne, das Verhalten des NH-Vorstands bedeute »eine Verhöhnung der beitragsehrlichen Gewerkschaftsmitglieder«, die jede »gewerkschaftliche Kritik an fragwürdigen Unternehmerpraktiken in der Privatwirtschaft unmöglich«[32] mache.

Hätte diese Entrüstung nur die veröffentlichte Meinung betroffen, wäre es für die NH vielleicht zu verschmerzen gewesen. Schlimmer war, dass Vietor mit seinen Äußerungen auch seine Alliierten in der Gewerkschaftsführung verprellte. Das hing allerdings weniger mit seinem »unmoralischen« Verhältnis zur Steuerpflicht zusammen als vielmehr damit, dass er in dem Interview versuchte hatte, einen Teil der Schuld auf die Gewerkschaftsspitzen abzuwälzen. Der Aufsichtsrat, so behauptete er, habe von seinen Nebengeschäften gewusst und sogar ausdrücklich gewünscht, dass diese über Strohmänner abgewickelt würden. Ersteres entsprach allerdings nur zu einem kleinen Teil der Wahrheit, Letzteres überhaupt nicht. Deshalb erreichte Vietor das Gegenteil dessen, was er beabsichtigt hatte: Der Versuch, die Gewerkschaftsführung in die Verantwortung zu nehmen, beschleunigte nun den Fall des Vorstands. Am 13. Februar 1982 entließ der Aufsichtsrat Vietor, zwei Wochen später auch Iden und Vormbrock fristlos; drei weitere Vorstandsmitglieder wurden in den folgenden Monaten beurlaubt. Zum neuen Vorsitzenden der Geschäftsführung bestellten die Aufsichtsräte den vormaligen Chef der BfG, Diether Hoffmann.[33]

Mit dieser personellen Umgestaltung war der Skandal allerdings längst nicht ausgestanden. Zum einen klagten die entlassenen Geschäftsführer vor dem Hamburger Landgericht auf Weiterbeschäftigung. Iden und Vormbrock gewannen ihre Prozesse, weil der Aufsichtsrat sie vor ihrer Kündigung nicht angehört hatte. Sie einigten sich mit der NH auf eine Abfindung. Vietor hingegen verlor, weil er besonders mit seiner Beteiligung an der Terrafinanz eindeutig seine Pflichten verletzt hatte. Die NH erhob gegen ihn sogar Widerklage und forderte Schadensersatz in Höhe von zehn Millionen DM. Vietor entging einer Verurteilung wohl nur deshalb, weil er am 26. November 1984 in seiner Villa im Tessin einem Herzinfarkt erlag. Von den übrigen Beteiligten konnte allerdings keiner belangt werden, weil ihr Verhalten zwar durchaus unehrenhaft, aber tatsächlich nicht ungesetzlich gewesen war.[34]

Zum anderen bezogen sich die Enthüllungen des SPIEGEL nicht allein auf die genannten Vorstandsmitglieder, sondern ebenso auf eine Reihe von Gewerkschaftsführern. Besonders in seiner zweiten Veröffentlichung vom 15. Februar hatte das Magazin suggeriert, dass auch der DGB-Vorsitzende Heinz Oskar Vetter, BGAG-Chef Alfons Lappas und weitere Personen tief in den NH-Skandal verstrickt waren. Das betraf neben dem Vorwurf, sie hätten in ihrer Rolle als Aufsichtsräte versagt, vor allem die Enthüllung, dass

---

30 BILD-Zeitung, 10.2.1982.
31 *Wallenhorst*, Die Chronik der GEWOBA, S. 393.
32 Zit. nach: »Der Schuss traf ins Schwarze«. Pressestimmen zum SPIEGEL-Titel über die dunklen Geschäfte von Vietor und Genossen, in: Der SPIEGEL, 15.2.1982, S. 105–108, hier: S. 108.
33 *Kramper*, NEUE HEIMAT, S. 598f.
34 *Franz Kusch*, Macht, Profit und Kollegen. Die Affäre Neue Heimat, Stuttgart 1986, S. 23ff.

auch sie Anteile an den Berliner BGB-Gesellschaften erworben hatten. Diese Erkenntnis brachte die Stimmung an der Gewerkschaftsbasis zum Überkochen.[35] Alois Pfeiffer, der auf dem bevorstehenden DGB-Bundeskongress im Mai 1982 zum neuen DGB-Vorsitzenden gewählt werden sollte, zog aufgrund dieser Entwicklung sogar seine Kandidatur zurück, obwohl ihm selbst die BILD-Zeitung attestierte, dass man ihm aus seinen Geschäften mit den BGB-Gesellschaften keinen Vorwurf machen könne.[36]

Die aufgepeitschte Stimmung innerhalb der Gewerkschaften führte allerdings nicht nur zu solchen Kurzschlussreaktionen, sondern auch dazu, dass die seit Jahren auf der Hand liegende Frage, ob das Konzept der gewerkschaftlichen Gemeinwirtschaft überhaupt noch tragfähig war, in den Hintergrund trat und einer reflexartigen Selbstbestätigung wich. Ausgerechnet der ÖTV-Vorsitzende Heinz Kluncker, der als einer der wenigen schon in der zweiten Hälfte der 1970er Jahre durch kritische Bemerkungen zu dieser Frage aufgefallen war, gab auf dem DGB-Bundeskongress die Tonlage vor: In einem mit breiter Mehrheit verabschiedeten Initiativantrag stellte er fest, dass die gemeinwirtschaftlichen Unternehmen »als Selbsthilfeunternehmen der Arbeitnehmer weiterhin unverzichtbar« seien, und forderte, dass »das Fehlverhalten einzelner [...] nicht dazu führen [dürfe], die Gemeinwirtschaft generell in Frage zu stellen«.[37] Diese Sichtweise, die die Schwierigkeiten der Unternehmen allein auf die unmoralischen Aktivitäten des NH-Vorstands reduzierte, sollte die DGB-internen Debatten bis 1985/86 prägen. Sie ließ allerdings ein wesentliches Problem außer Acht: die Tatsache nämlich, dass die Unternehmensgruppe schon seit Mitte der 1970er Jahre um ihr Überleben kämpfte und spätestens Ende 1979 unaufhörlich auf die Pleite zutrieb.

Das hatte mit den Schäden aus der persönlichen Bereicherung des Vorstands, die sich gegenüber der Gesamtverschuldung der NH geradezu bescheiden ausnahmen, nichts zu tun, sondern lag in erster Linie in der verfehlten Unternehmenspolitik begründet. Falls die Beteiligten dies in der Aufregung um die Nebengeschäfte der Führungsriege vergessen hatten, so wurden sie spätestens im Februar und März 1982 durch erneute Währungsabwertungen in Mexiko und Brasilien, wo die NH große Grundstücksvorräte besaß, wieder daran erinnert.[38] Nicht zuletzt aufgrund dieser unternehmenspolitisch katastrophalen Entwicklung sah sich der neue Vorstand dazu veranlasst, als eine seiner ersten Amtshandlungen eine Bestandsaufnahme in Auftrag zu geben. Sie kam zu dem Schluss, dass die 1981 verabreichte Kapitalspritze nicht ausgereicht hatte, um das Unternehmen zu retten. Denn bei der NEUEN HEIMAT STÄDTEBAU (NHS), dem Konzernteil, bei dem das Auslandsgeschäft und der Infrastrukturausbau angesiedelt waren, drohte zum Jahresende ein Defizit von 400 Millionen DM, das nur durch Leistungen der Anteilseigner abzudecken war. Hoffmann verlangte deshalb im August 1982 von den Gewerkschaften einen Zuschuss von 350 Millionen DM sowie eine Kapitalerhöhung um 50 Millionen DM. Nach »zum Teil dramatische[n] Diskussionen«[39], die besonders unter den Gewerkschaftsmitgliedern große Empörung hervorriefen, bekam er das Geld auch.

Im Gegenzug musste er allerdings einschneidende Sanierungsmaßnahmen versprechen, die ihren Niederschlag in einem etwa gleichzeitig vorgelegten »Strukturkonzept« fanden.

---

35 *Manfred Fuhrich/Christel Neusüß/Renate Petzinger* u.a., Neue Heimat. Gewerkschaften und Wohnungspolitik, Hamburg 1983, S. 200f.
36 *Schifferer*, Politische Skandale, S. 66.
37 Initiativantrag 5, betr.: Konsequenzen aus den Vorgängen um die NEUE HEIMAT, in: DGB-Bundesvorstand, Abt. Organisation (Hrsg.), Protokoll 12. ordentlicher Bundeskongress, Berlin 16. – 22.5.'82, o. O. 1982, Abschnitt »Anträge«, S. 551–552, hier: S. 551.
38 *Kramper*, NEUE HEIMAT, S. 566f.
39 So die rückblickende Darstellung in: Rede von Dieter Hoffmann auf einer Bankensitzung, 6.12.1982, abgedr. in: *Kunz*, Die Akte Neue Heimat, Bd. 2: Dokumente, Frankfurt am Main/ New York 2003, S. 562–567, hier: S. 563.

Es sah einen vollständigen Rückzug aus den Auslandsaktivitäten, einen Verkauf von Grundstücken zur Verlustabdeckung sowie eine deutliche Reduzierung des Inlandpersonals der NHS vor. Weil die Grundstücksverkäufe aber nur um den Preis massiver Wertberichtigungen zu haben waren, gelang es den Städtebaugesellschaften erst nach einer weiteren Kapitalspritze in Höhe von 450 Millionen DM, ihre Vermögenswerte in großem Stil zu veräußern. Selbst das genügte aber noch nicht, um die Verluste aus dem Auslandsgeschäft vollständig auszugleichen. Deshalb blieb dem Vorstand im November 1984 nur die Option einer drastischen Herabsetzung des Eigenkapitals und des Verkaufs einzelner, noch leistungsfähiger Unternehmensteile. Ende 1985 gingen sie und mit ihnen der größte Teil der Arbeitsplätze der NHS an private Investoren. Der Rest verblieb noch bei der BGAG und wickelte bis zu seiner Liquidierung im Jahr 1990 den ausländischen Grundstücksbestand und einige Großbauprojekte ab.[40]

Allein bis 1985 dürften die angesichts dieser Entwicklung nötigen Rettungsmaßnahmen die BGAG über eine Milliarde DM gekostet haben.[41] Finanziell ging deshalb der größte Teil der Belastungen, die der Wohnungsbaukonzern in der ersten Hälfte der 1980er Jahre verursachte, auf das Konto der NHS. Politisch bedeutsamer war allerdings die sich seit der Bestandsaufnahme vom Juli 1982 abzeichnende Erkenntnis, dass auch die NHG – der zweite Konzernteil, bei welchem der für die gewerkschaftlichen Zielsetzungen sehr viel wichtigere Wohnungsbau und die Wohnungsvermietung angesiedelt waren – einen Sanierungsfall darstellte, und nur noch der Versuch unternommen werden konnte, von der Vermögenssubstanz zu retten, was noch zu retten war. Genau dieses Ziel bildete in den folgenden Monaten und Jahren die Leitlinie der Unternehmenspolitik.

Das 1982 vorgelegte Strukturkonzept hatte in diesem Sinne betont, dass bei der NHG »das bisherige Unternehmensziel Expansion und somit Maximierung des Bauprogramms […] aufzugeben« sei und dass eine Sicherung der Beschäftigung nur »auf deutlich niedrigerem Niveau«[42] erreicht werden könne. Doch die in diesem Konzept vorgesehenen Maßnahmen – vor allem der Abbau des Personalbestands und der Grundstücksvorräte – erwiesen sich zunächst als ungeeignet, um die wirtschaftliche Lage der Unternehmensgruppe zu verbessern, insbesondere deshalb, weil sich die Wohnungsbaukonjunktur weiterhin rückläufig entwickelte. Im August 1983 legte der Vorstand deshalb ein zweites Strukturkonzept vor, das davon ausging, dass die Verluste nur durch »Substanzverwertung«, also durch den Verkauf von Immobilien in großer Anzahl ausgeglichen werden könnten. Zwischen Mitte 1984 und Anfang 1986 wollte die NH deshalb etwa 60.000 Wohnungen losschlagen.[43]

Auch dies war allerdings keine Dauerlösung für die angeschlagene Unternehmensgruppe. Denn erstens brachte die Politik der »Substanzverwertung« für die Mieter große Unsicherheiten mit sich, die gerade für eine gewerkschaftliche Einrichtung nicht vertretbar waren. Das schlug sich nicht nur in großer Unruhe, sondern auch in einer Politisierung der Debatte nieder, deren erstes Zeichen eine Aktuelle Stunde des Bundestags am 25. September 1985 war. Die Gewerkschaften sahen sich dort mit dem Vorwurf konfrontiert, aus den Wohnungsverkäufen Gewinne auf Kosten sozial Schwacher erzielen zu wollen.[44] Mit Blick auf die im Januar 1987 anstehenden Bundestagswahlen bemühten sich die ›bürgerlichen‹ Parteien nach Kräften, diese Debatten am köcheln zu halten: Im Juni 1986

---

40 *Kramper*, NEUE HEIMAT, S. 601f.
41 *Wilhelm Kaltenborn*, Neue Heimat. Die Jahre 1982 bis 1990 – Ereignisse und Bewertungen, Düsseldorf 1990, S. 14.
42 Strukturkonzept Neue Heimat Gemeinnützig, 26.8.1982, Staatsarchiv Hamburg, Bestand 622–2: Nachlass Klaus-Otto Cordua, Nr. 240, S. 3.
43 BGAG-Vermerk vom 7. Oktober zum Strukturkonzept II der NHG (Auszüge), abgedr. in: *Kunz*, Die Akte Neue Heimat, Bd. 2, S. 583–585, hier: S. 584.
44 *Kusch*, Macht, Profit und Kollegen, S. 118ff.

setzte der Bundestag einen parlamentarischen Untersuchungsausschuss ein, den die CDU/CSU-Fraktion bewusst für die »öffentliche Vernehmung prominenter Vertreter des DGB und der SPD über den von ihnen mitverschuldeten Skandal«[45] nutzen wollte.

Zweitens war die »Substanzverwertung« aber auch deshalb ein Problem, weil die dabei erzielten Erlöse immer noch nicht genügten, um die Verluste der NHG abzudecken. Die Unternehmensgruppe musste deshalb, wie schon seit Ende 1980, weiterhin neue Kredite aufnehmen, denen keine festen Einnahmequellen gegenüberstanden. Sie befand sich damit in einer Verlustspirale, aus der sie nicht mehr entkommen konnte. Bis 1985 summierten sich ihre ungesicherten Kredite auf über fünf, die Gesamtverpflichtungen (inklusive dinglich gesicherter Hypotheken) sogar auf 17,1 Milliarden DM. Dem Vorstand der Unternehmensgruppe war klar, dass die Ende 1986 anstehende Erneuerung dieser Kredite nur »unter Vorlage eines überzeugenden Gesamtkonzeptes«[46] zu haben war, zumal die Banken bereits zwei Jahre zuvor die Kreditlinien der NH nur widerwillig verlängert hatten. Ein solches Gesamtkonzept war aber angesichts der nicht abzusehenden weiteren Verluste im Rahmen der bisherigen Sanierungsversuche nicht zu verwirklichen.

Seit Anfang 1986 kippte deshalb die unternehmensinterne Debatte über die weitere Vorgehensweise in Richtung einer Auflösung der NH. Parallel hierzu geriet auch die innergewerkschaftliche Diskussion in Bewegung. Die anhaltenden Schwierigkeiten bei der Sanierung und die zunehmenden Proteste von Mietern hatten die breite Mehrheit der Mitglieder davon überzeugt, dass die NH für die Gewerkschaften auf absehbare Zeit eine Belastung darstellen würde, die zu ihrem politischen Nutzen in keinerlei Verhältnis stand. Der DGB-Bundeskongress beschloss deshalb im Mai 1986, sich mittelfristig aus dem gemeinnützigen Wohnungsbau zurückzuziehen. Eine grundsätzliche Abkehr von der Idee der gewerkschaftlichen Gemeinwirtschaft war das allerdings nicht; in erster Linie wollte sich der DGB die weiterhin hoch defizitäre NH vom Hals schaffen.[47]

Zunächst sollte dies in Form einer »Regionalisierung« der NHG, also einer »Übertragung der einzelnen NH-Regionen auf die öffentlichen Hände bzw. Einrichtungen der Länder und Kommunen«[48] vonstattengehen. Das war allerdings nur unter Mitwirkung der Landesregierungen möglich. Diese waren zwar einerseits um das Wohl von hunderttausenden NH-Mietern und auch um das Wohl der Banken, deren Kredite die Unternehmensgruppe im Fall eines Konkurses nicht mehr hätte bedienen können, besorgt. Andererseits waren sie von der Aussicht auf die Übernahme defizitärer Wohnungsbaugesellschaften nicht gerade begeistert, und so kam die Regionalisierungsstrategie nur sehr langsam in Gang. Die Gewerkschaften befürchteten deshalb, dass es angesichts der Haltung der Banken zu einem Konkurs kommen könne und sie im Zweifelsfall »mit gewerkschaftlichem Vermögen haften«[49] müssten. In dieser zugespitzten Situation bot deshalb Alfons Lappas, der Vorstandsvorsitzende der BGAG, dem Berliner Unternehmer Horst Schiesser, mit dem er seit Mai 1986 wegen des Verkaufs eines kleinen Teils der NH in Kontakt gestanden hatte, die Übernahme der kompletten Unternehmensgruppe an – um sich der Probleme somit auf einen Schlag zu entledigen.[50]

---

45 Zeitplan für die parlamentarische Erörterung des Problemkomplexes »Neue Heimat«, 8.4.1986 [Strategiepapier der CDU/CSU-Fraktion], abgedr. in: *Schifferer*, Politische Skandale, S. 76–78, hier: S. 76.
46 Lage bei NHS und NHG: BGAG-Vermerk, Januar 1986, abgedr. in: *Kunz*, Die Akte Neue Heimat, Bd. 2, S. 615–618, hier: S. 617.
47 Initiativantrag 4, betr.: Die Probleme der Neuen Heimat konsequent lösen, in: DGB-Bundesvorstand, Abt. Organisation (Hrsg.), Protokoll 13. ordentlicher Bundeskongress, Hamburg 25. – 30.5.'86, o. O. 1986, Abschnitt »Anträge«, S. 727–729.
48 Lage bei NHS und NHG: BGAG-Vermerk, Januar 1986, abgedr. in: *Kunz*, Die Akte Neue Heimat, Bd. 2, S. 615–618, hier: S. 617.
49 *Schifferer*, Politische Skandale, S. 61.
50 *Kunz*, Die Akte Neue Heimat, Bd. 1, S. 192ff.

Schiesser nahm das Angebot bekanntlich an. Er hatte allerdings kaum Freude an seinem Einkauf. Denn das Echo auf diesen »Verzweiflungsakt«[51] war verheerend: Die Posse um den »Bäcker mit der Mark« geriet zu einem der bizarrsten Medienereignisse der 1980er Jahre.[52] Zusätzlich angeheizt wurde es noch durch den Bonner NH-Untersuchungsausschuss, dessen Initiatoren ihr Glück wohl kaum fassen konnten. Im Gefolge des Eine-Mark-Verkaufs erreichte das von ihnen inszenierte Spektakel seinen Höhepunkt – inklusive einer weiteren Aktuellen Stunde des Bundestags, eines vor das Bundesverfassungsgericht getragenen Rechtsstreits über die Kompetenzen des Ausschusses und der aufsehenerregenden Verhaftung von Alfons Lappas am 19. Oktober 1986. Er hatte drei Tage zuvor den Abgeordneten die Aussage verweigert und wurde nun vom Rednerpult des IG-Metall-Kongresses weg in Beugehaft genommen.[53] Als die Gläubigerbanken einen Monat später zudem die BGAG dazu zwangen, die Unternehmensgruppe von Schiesser zurückzukaufen und für die von ihr aufgenommenen Kredite zu garantieren, war der Ruf der Gewerkschaften als Unternehmer endgültig ruiniert. Niemand traute ihnen nun noch zu, »auch nur einen Tante-Emma-Laden leiten zu können«.[54]

III. Der Einstieg in den Ausstieg: Erste Schritte zur Abwicklung der Gemeinwirtschaft

Erst jetzt zeichnete sich auch in der gewerkschaftsinternen Diskussion über die Frage nach dem generellen Umgang mit der Gemeinwirtschaft ein Umschwung ab. In den Presseorganen des DGB häuften sich seit September 1986 Stimmen, die nicht nur die Trennung von der NH, sondern auch von den übrigen Unternehmen forderten.[55] Auch prominente Gewerkschaftsvertreter begannen nach und nach, sich dieser Auffassung anzuschließen. Monika Wulf-Mathies, seit 1982 Vorsitzende der ÖTV, erklärte im November 1986, sie sei »nicht der Meinung, dass Gewerkschaften ein Wirtschaftsimperium brauchen«[56], und Franz Steinkühler, der erst seit Kurzem als Vorsitzender der IG Metall amtierte, äußerte sich ähnlich.

Im Februar 1987 zog auch der DGB-Bundesvorstand die Konsequenzen aus diesem Meinungsumschwung und beschloss, dass nun außer der NH auch noch weitere Unternehmensbeteiligungen veräußert werden sollten – »schrittweise und unter möglichst günstigen Bedingungen«.[57] Eine vollständige Trennung von allen Unternehmungen war damit allerdings nicht impliziert, denn der bewusst recht vage formulierte Text ließ für die Zukunft zahlreiche Optionen offen. Auch stellte er keineswegs eine eindeutige Distanzierung vom politischen Konzept der Gemeinwirtschaft dar. Zwar überwogen seit September 1986 die Stimmen, die der Auffassung waren, dass auch dieses nun hinfällig sei, aber es gab nach wie vor auch gegenteilige Meinungen. Insbesondere Walter Hesselbach, der vormalige Vorstandsvorsitzende der BfG, sprach sich weiterhin vehement für das von ihm maßgeblich mitentwickelte Konzept aus.[58]

---

51 So die retrospektive Einschätzung von Alfons Lappas, ebd., S. 211.
52 *Schifferer*, Politische Skandale, S. 61ff. und 90ff.
53 Ebd., S. 74f.
54 *John Siegfried Mehnert*, Die Gewerkschafts-Bande. Der größte Wirtschaftsskandal der Nachkriegsgeschichte, aufgeschrieben von dem Mann, der die Neue Heimat zu Fall brachte, Hamburg 1997, S. 191.
55 Vgl. dazu zusammenfassend *Jörg Goldberg*, Neue Heimat, Gemeinwirtschaft, Gewerkschaften. Zwischen Marktwirtschaft und Bankenmacht, Frankfurt am Main 1987, S. 153ff.
56 Zit. nach: *Schneider*, Hesselbach, S. 153.
57 Erklärung des DGB-Bundesvorstandes, 11.2.1987, abgedr. in: *Nikolaus Hüwe*, Gemeinwirtschaft in der Diskussion 1987, in: *Michael Kittner* (Hrsg.), Gewerkschaftsjahrbuch 1988. Daten – Fakten – Analysen, Köln 1988, S. 544–555, hier: S. 546.
58 *Schneider*, Hesselbach, S. 153ff.

Dennoch bildete der Beschluss des Bundesvorstands insofern einen Wendepunkt, als seit seiner Verabschiedung nicht mehr die Verteidigung, sondern die Abwicklung der Gemeinwirtschaft im Vordergrund des gewerkschaftlichen Interesses stand. In diesem Zusammenhang gewann nun die BGAG, die zuvor schon durch die Stützungsmaßnahmen für die NH an Gewicht zugelegt hatte, eine zentrale Bedeutung – und mit ihr der vormalige Bundesfinanzminister Hans Matthöfer, der im Februar 1987 Alfons Lappas als Vorstandsvorsitzenden der Holding abgelöst hatte.[59] Matthöfer war ein erfahrener Politiker, ein kompetenter Administrator und gleichzeitig ein überzeugter Gewerkschafter – alles in allem ein Glücksgriff für die BGAG. Da sich die politischen Wogen angesichts der für die SPD verlorenen Bundestagswahl etwa zeitgleich mit seinem Amtsantritt etwas glätteten, konnte er sich rasch an die Arbeit machen. Seine erste Aufgabe bestand darin, die NH zu veräußern – nicht en bloc, wie Lappas es versucht hatte, sondern im Rückgriff auf das Anfang 1986 ausgearbeitete Regionalisierungskonzept.

Tatsächlich hatte der Eine-Mark-Verkauf dessen Umsetzung insofern erleichtert, als die Banken nun eine aktivere Rolle einnahmen. Unter anderem hatten sie die Einsetzung eines Treuhänders – des ehemaligen Helaba-Vorsitzenden Heinz Sippel – durchgesetzt, der ihr Vertrauen genoss und damit den Handlungsspielraum der NH vergrößerte.[60] Schwierig genug war die Sache allerdings immer noch, denn auch wenn die Krise die politische Bedeutung einer sozialverträglichen Abwicklung des Wohnungsunternehmens deutlich gemacht hatte, so hatten die Landesregierungen nach wie vor wenig Interesse daran, in der Öffentlichkeit als Retter eines Skandalkonzerns dazustehen. Sie verhandelten deshalb mit harten Bandagen. Während der im September 1987 erfolgte Verkauf der NH Bremen an den Stadtstaat noch vergleichsweise reibungslos ablief, musste die BGAG in Nordrhein-Westfalen, Hamburg und Berlin jeweils dreistellige Millionenbeträge auf den Marktwert der Gesellschaften abschreiben, nicht zuletzt deshalb, weil es kaum Möglichkeiten eines Verkaufs an andere Interessenten gab.[61]

Das änderte sich aber bald, weil die Immobilienkonjunktur ab 1988 so deutlich anzog, dass Wohnungen auch für private Investoren interessant wurden.[62] Vor diesem Hintergrund konnten Sippel und Matthöfer in Niedersachsen und Schleswig-Holstein, wo die Verhandlungen mit den Landesregierungen keine Fortschritte erzielt hatten, auch mit anderen Möglichkeiten zur Abwicklung experimentieren und einige Bestände an lokale Wohnungsgenossenschaften oder direkt an die Mieter veräußern.[63] Schließlich gelang es ihnen auch, die süddeutschen Teile der NH an private Unternehmen zu verkaufen, und zwar mit einem Gewinn, der die bis dahin erzielten Verluste zwar nicht ganz wettmachte, aber doch in engen Grenzen hielt. Mit dem noch einmal heftig umstrittenen Verkauf der NH Bayern an die Doblinger-Gruppe 1990 war die Abwicklung der Unternehmensgruppe dann de facto beendet. Lediglich etwa 10.000 Wohnungen der NH Niedersachsen, die aufgrund der konjunkturellen Entwicklung keine Belastung mehr darstellten, waren nun noch im Besitz der BGAG und blieben es auch. Sippel und Matthöfer war es mit ihrer Strategie tatsächlich gelungen, den Konkurs zu vermeiden, die offenen Rechnungen zu bezahlen und die Abwicklung zudem sozialverträglich zu gestalten, also die Besitzstände der Mieter und der Mitarbeiter der NH weitgehend zu wahren.[64]

---

59 *Abelshauser*, Nach dem Wirtschaftswunder – Hans Matthöfer, S. 566ff.
60 Ebd., S. 583, sowie *Kunz*, Die Akte Neue Heimat, Bd. 1, S. 202.
61 Ebd., S. 308ff. und 322ff., sowie *Abelshauser*, Nach dem Wirtschaftswunder – Hans Matthöfer, S. 588ff.
62 Auch die Aufhebung des Wohnungsgemeinnützigkeitsgesetzes, auf die in Abschnitt V zurückzukommen sein wird, trug dazu bei, weil sie die Aussicht eröffnete, die in den Wohnungsbeständen festliegenden stillen Reserven zu aktivieren. Vgl. ebd., S. 586f.
63 Ebd., S. 596.
64 *Kunz*, Die Akte Neue Heimat, Bd. 1, S. 279ff. und 363ff.

Gemessen an der katastrophalen Lage der Unternehmensgruppe Mitte der 1980er Jahre machte dies »die Abwicklung der Neuen Heimat zu einer in der deutschen Wirtschafts- und Sozialgeschichte sicherlich einzigartigen, wenn nicht sogar ›vorbildlichen‹ Abwicklung«.[65] Gemessen an dem politischen Anspruch, den die Gewerkschaften mit ihrem Unternehmen verknüpft hatten, kann die Beurteilung aber wohl kaum so positiv ausfallen. Aus dieser Perspektive war die Abwicklung nur das sichtbarste Zeichen dafür, dass die Unternehmensgruppe an den Herausforderungen, die eine veränderte Umwelt seit Mitte der 1970er Jahre an sie gestellt hatte, gescheitert war – und zwar nicht wegen der Bereicherungsversuche einzelner Vorstandsmitglieder oder wegen einzelner strategischer Fehlentscheidungen, sondern deshalb, weil ihr als gemeinwirtschaftlichem Unternehmen ein politisch-organisatorisches Konzept zugrunde gelegen hatte, das unter den Rahmenbedingungen der 1970er und 1980er Jahre nicht mehr trug.

Ein ähnlicher Befund trifft auch auf die übrigen der großen gewerkschaftseigenen Unternehmen zu, wenngleich in abgeschwächter Form und wenngleich ihre Abwicklung zum Teil auch andere Ursachen hatte. Insbesondere die BfG und die Volksfürsorge unterschieden sich von der NH insofern, als ihr 1986/87 eingeleitetes Ausscheren aus der Gemeinwirtschaft im Wesentlichen hinter verschlossenen Türen verhandelt wurde und nur in geringem Maße von öffentlichen Debatten oder gar Skandalen begleitet war; und die Ursachen für ihre jeweilige Veräußerung beschränkten sich nicht auf die Schwächen des gemeinwirtschaftlichen Unternehmensmodells oder den Ausstiegsbeschluss des DGB-Bundesvorstands, sondern rührten auch ganz wesentlich von den finanziellen Belastungen her, die die Abwicklung der NH der BGAG aufbürdeten.

Freilich war auch bei diesen Unternehmen schon vor den 1980er Jahren eine Schieflage zu beobachten gewesen, die eine ähnliche Vorgeschichte hatte wie die Krise der NH. Das galt vor allem für die BfG: Schon seit der zweiten Hälfte der 1970er Jahre litt sie an einer im Vergleich zu ihren Wettbewerbern hohen Kostenbelastung, die »nicht zuletzt ihre ›gemeinwirtschaftliche‹ Ursache in einer zu großen und zu teuren Belegschaft«[66] hatte. Um diesem Problem zu entgehen, unternahm sie – wie die NH – den Versuch, die Auslastung ihres Apparats durch eine verstärkte Expansion ins Ausland zu sichern. Stärker als bei der NH spielten dabei auch politische Erwägungen eine Rolle: Dass die Bank ihr Heil vor allem im Kreditgeschäft mit den Ostblockstaaten und mit Israel suchte, hatte auch mit der persönlichen Agenda ihres Vorstandsvorsitzenden Walter Hesselbach zu tun, »der darin seinen Beitrag zur Wiedergutmachung an den beiden Völkern sah«.[67] Trotz dieser wohlwollenden Motive entstanden der Bank dadurch Risiken, die zu schultern ihr außergewöhnlich schwerfiel: »Allein das Volumen der Polen-Kredite, bei denen die Rückzahlung Ende der [19]70er Jahre fraglich zu sein schien, bedeutete eine schwere Belastung. Und auch die Israel-Kredite galten in einer Zeit weltwirtschaftlicher Turbulenzen als zu hoch.«[68] Hinzu kamen Schwierigkeiten auf den Inlandsmärkten, weil die Bank die krisenhafte gesamtwirtschaftliche Entwicklung zu Beginn der 1980er Jahre falsch eingeschätzt hatte. Seit 1981 – also noch vor dem NH-Skandal – konnte die BfG deshalb keine Gewinne mehr an die BGAG ausschütten.[69]

Dennoch schienen die Probleme der Bank zunächst beherrschbar, und ohne die massive Krise, die sich um die NH entwickelte, hätten die Gewerkschaften wohl erheblich länger an ihr festgehalten. Doch mit dem gescheiterten Eine-Mark-Verkauf vom September 1986

---

65 Ebd., S. 402.
66 *Abelshauser*, Nach dem Wirtschaftswunder – Hans Matthöfer, S. 607.
67 *Schneider*, Hesselbach, S. 128.
68 Ebd.
69 Ebd. und *Jochen Eckertz*, Die gemeinwirtschaftlichen Unternehmen der deutschen Gewerkschaften, in: *Michael Kittner* (Hrsg.), Gewerkschaftsjahrbuch 1986. Daten – Fakten – Analysen, Köln 1986, S. 605–631, hier: S. 614.

geriet die BGAG in arge finanzielle Nöte: Ihre Verbindlichkeiten waren durch die vorangegangenen Stützungsaktionen für die NH auf über vier Milliarden DM angestiegen, und zusätzlich blieben ihr nun die Risiken aus dem Wohnungsbaukonzern, die sie durch den Verkauf hatte loswerden wollen, auf absehbare Zeit erhalten. Die finanzielle Sicherheit, die nötig war, um die Banken unter diesen Umständen zu dem für die NH-Abwicklung erforderlichen Stillhalteabkommen zu bewegen, ließ sich deshalb nur noch durch den Verkauf von Beteiligungen an einem der großen Unternehmen aufbringen. Die BGAG befand sich also in einer Zwangslage, die schließlich dazu führte, dass sie im Dezember 1986 50 % plus eine Aktie der BfG an die Aachener und Münchener Beteiligungs-AG verkaufte.[70] Das bedeutet allerdings nicht, dass die Gewerkschaften »aus Not ihr Tafelsilber verschleudert«[71] hätten, denn bei allen Schwächen wies die Bank auch einige Stärken auf. Insbesondere galt das für ihren Kundenstamm, »der überdurchschnittlich viele Arbeitnehmer und kleine und mittlere Unternehmen umfasste« und in dem »viele Wettbewerber eine ideale Ergänzung des eigenen Profils« sahen.[72] Deshalb konnte die BGAG trotz ihrer Notlage für den 50 %igen Anteil einen durchaus ansehnlichen Preis – etwa 1,86 Milliarden DM – erzielen, der einen substanziellen Beitrag zur Stützung ihrer Bilanz bedeutete.

Für den Moment schien die Frage nach dem Umgang mit der BfG damit erledigt. Erst zwei Jahre später sollte sie im Zusammenhang mit der Co op-Affäre wieder auf den Plan treten. Einstweilen verschob sich der Fokus der Aufmerksamkeit für die Spitze der BGAG auf das dritte Großunternehmen, die Volksfürsorge. Auch dort hatten sich seit Mitte der 1970er Jahre Verlustquellen aufgetan, deren Ursprung in der gemeinwirtschaftlichen Konzeption des Unternehmens lag.[73] Allerdings fielen bei der Volksfürsorge die Vorteile der Gewerkschaftsnähe – zum Beispiel die Tatsache, dass ihr Vertriebssystem in großem Umfang auf nebenberuflich tätige Funktionäre zurückgreifen konnte – noch stärker ins Gewicht, als das bei der BfG der Fall war. Es war deshalb erst der NH-Skandal, der das Unternehmen in die Krise stürzte: Der öffentliche Aufruhr um den gescheiterten Wohnungsbaukonzern hatte das Vertrauen der Kunden in die Gemeinwirtschaft so stark erschüttert, dass das Neugeschäft Mitte der 1980er Jahre schnell zusammenschrumpfte. Unter diesen Umständen kamen nun die Schwächen der Organisation, vor allem ihre erheblich über dem Branchendurchschnitt liegenden Personalkosten, deutlich zum Vorschein. In einer Situation, in der die BGAG ohnehin jeden Pfennig zusammenkratzen musste, verursachte die Volksfürsorge plötzlich jährliche Verluste in Höhe von 50 bis 60 Millionen DM.[74]

Matthöfer suchte deshalb seit 1986 nach einem Käufer, der die Mehrheit an dem Versicherungskonzern übernehmen wollte. Der Vorstandsvorsitzende der Volksfürsorge, Werner Schulz, stand diesen Plänen allerdings skeptisch gegenüber, weil er den damit einhergehenden Verlust an Selbstständigkeit fürchtete. Da eine Veräußerung zudem nur um den Preis eines vorherigen, auf Kostendämpfung abzielenden Umbaus zu haben war, konnte Schulz die Betriebsräte auf seine Seite ziehen. Und schließlich gelang es ihm auch, sich zum Hüter der gemeinwirtschaftlichen Ideale zu stilisieren, was vor allem beim Aufsichtsrats- und stellvertretenden DGB-Vorsitzenden Gustav Fehrenbach Eindruck machte – ein deutliches Zeichen dafür, dass auch nach dem NH-Debakel noch keineswegs alle Gewerkschaftsführer der Idee der Gemeinwirtschaft in ihrer traditionellen Form abgeschworen hatten.[75]

---

70 *Nagel*, Die Transformation der Bank für Gemeinwirtschaft, S. 190ff.
71 *Abelshauser*, Nach dem Wirtschaftswunder – Hans Matthöfer, S. 608.
72 Ebd.
73 Ebd., S. 610.
74 Ebd.
75 Ebd., S. 613ff. Vgl. auch *Hüwe*, Gemeinwirtschaft in der Diskussion, S. 549f.

Matthöfers Pläne führten deshalb zu heftigen Auseinandersetzungen. An die Öffentlichkeit gelangten sie allerdings erst, als die BGAG im Herbst 1987 einen Kaufinteressenten präsentieren konnte: die DG-Bank, die gegenüber anderen Interessenten den Vorzug besaß, dass sie als Spitzeninstitut der Genossenschaftsbanken zumindest eine gewisse Nähe zu gewerkschaftlichen Zielsetzungen aufwies. Dennoch gelang es Schulz und seinen Mitstreitern, das Geschäft im Juni 1988 durch einen gezielten Affront – die Unterzeichnung eines sehr großzügigen, angesichts des bevorstehenden Verkaufs aber eigentlich schwebenden Tarifvertrags – platzen zu lassen. Damit hatten sie sich allerdings isoliert, und zwar nicht nur in den Medien, die sich nun auf Matthöfers Seite schlugen, sondern auch im eigenen Lager. Denn die BGAG, die die 1,5 Milliarden DM aus der Transaktion bereits fest eingeplant hatte, schrammte nach deren Scheitern haarscharf an der Pleite vorbei. Sie konnte erst in letzter Minute durch einen Kredit einer Schweizer Bank gerettet werden. Die Alternative wäre kaum auszudenken gewesen. Eine Zahlungsunfähigkeit der BGAG hätte den Gewerkschaften einen noch viel größeren politischen und materiellen Schaden zugefügt, als es der NH-Skandal vermocht hatte.[76]

Deshalb geriet der gescheiterte Verkauf an die DG-Bank für Schulz zum Pyrrhussieg. Nur drei Wochen danach setzte ihn der Aufsichtsrat ab, und auch Fehrenbach musste seinen Posten räumen. Die BGAG konnte deshalb rasch einen erneuten Anlauf zu einem Verkauf nehmen, und dabei spielten gewerkschaftspolitische Aspekte nun eine erheblich geringere Rolle als zuvor. Mit der Aachener und Münchener Beteiligungs-AG – die DG-Bank hatte nach der gescheiterten Transaktion kein Interesse mehr gehabt –, welche auch schon die Mehrheit an der BfG übernommen hatte, war schnell ein neuer Interessent gefunden. Zusammen mit der italienischen La Fondiaria erwarb sie zum 1. Januar 1989 50 % plus eine Aktie an der Volksfürsorge, die gleichzeitig entsprechend den ursprünglichen Plänen von Matthöfer umstrukturiert wurde.[77]

Die Platzierung von 25 % der Aktien an der Börse, die mit diesem Verkauf einhergehen sollte, zog sich zwar wegen des Golfkriegs noch hin; erst Mitte 1991 ging sie vonstatten. Dennoch: Im Sommer 1988 mochte es vorübergehend so scheinen, als sei die Debatte um die Gemeinwirtschaft in ein ruhigeres Fahrwasser gelangt. Die öffentlichen Demütigungen, die die Gewerkschaften im Laufe der Jahre 1986 und 1987 im Zusammenhang mit der NH erfahren hatten, waren mittlerweile verhallt, und auch die harten internen Auseinandersetzungen um den Verkauf der Anteile an der Volksfürsorge gehörten nun der Vergangenheit an.

IV. DER CO OP-SKANDAL

Noch bevor der Verkauf der Volksfürsorge-Anteile formal abgewickelt werden konnte, brachte der SPIEGEL einen erneuten Skandal ins Rollen. Unter dem Titel »Co op – umgebaut und ausgehöhlt« berichtete das Nachrichtenmagazin im Oktober 1988 über Unregelmäßigkeiten bei dem Frankfurter Einzelhandelskonzern, der zu diesem Zeitpunkt mit gut 50.000 Angestellten und 1.600 Supermärkten eines der größten deutschen Unternehmen seiner Art bildete.[78]

Anders als im Fall der NH war dies allerdings eine Enthüllung, bei der es zunächst nur wenige Anhaltspunkte dafür gab, dass die Gewerkschaften von ihr direkt betroffen sein würden. Um dies zu erläutern, ist ein kurzer Rückblick erforderlich, denn schon die Vorgeschichte der Co op AG unterschied sich merklich von jener der drei anderen Großunternehmen. Im Gegensatz zur NH, zur Volksfürsorge und zur BfG war es bei den Konsum-

---

76 *Abelshauser*, Nach dem Wirtschaftswunder – Hans Matthöfer, S. 616ff.
77 Ebd., S. 622ff.
78 Co op – umgebaut und ausgehöhlt, in: Der SPIEGEL, 17.10.1988, S. 142–155.

genossenschaften nach 1945 zunächst nicht zu einer Konzernbildung gekommen. Durch die sogenannte »Supermarktrevolution« der frühen 1960er Jahre gerieten die stattdessen vorherrschenden, von den Gewerkschaften unabhängigen Kleinstunternehmen allerdings in Bedrängnis, denn sie verfügten weder über das Kapital noch über das Management, um sich dieser Entwicklung entgegenstellen zu können. Im Wettbewerb mit den entstehenden großen Einzelhandelsketten zogen sie deshalb zumeist den Kürzeren.[79] Erst in dieser Situation traten nun die Gewerkschaften auf den Plan. Ende der 1960er Jahre sorgte die BfG, die für meisten Konsumgenossenschaften als Hausbank fungierte, zunächst dafür, dass die Unternehmen eine Reihe von Rationalisierungsmaßnahmen einleiteten. Als auch dies nicht fruchtete, wurden die schwächelnden Betriebe dann 1974 – nunmehr unter der Ägide der BGAG – in die neu gebildete Co op AG eingegliedert und so unter zum Teil heftigem Widerstand in einen als Aktiengesellschaft organisierten Großkonzern überführt.[80]

Aber auch nach dieser Zäsur nahmen die Gewerkschaften bei der Co op eine andere Rolle ein als bei den übrigen Unternehmen. Denn die BGAG hielt an dem Konzern zunächst nur eine Minderheitsbeteiligung von 25 %. Der Rest entfiel auf den 1967 gegründeten »Bund deutscher Konsumgenossenschaften« und eine Reihe weiterer, zum Teil aus dem Ausland stammender genossenschaftlicher Organisationen. Zwar stieg der gewerkschaftliche Anteil in den folgenden Jahren angesichts fortdauernder Sanierungsbemühungen bis auf 48,75 % an, er erreichte jedoch nie eine Mehrheit.[81] Im Gegenteil: Seit 1980 Bernd Otto, der vormalige persönliche Referent von Heinz Oskar Vetter, den Vorstandsvorsitz des Unternehmens übernommen hatte, standen die Zeichen wieder auf Trennung. Denn seit diesem Zeitpunkt schien es mit dem Einzelhandelskonzern bergauf zu gehen, sodass die BGAG keinen Grund mehr sah, sich weiter zu engagieren.[82] Ende 1985 verkaufte sie folglich ihre Anteile für 190 Millionen DM – zunächst an eine »befreundete« Organisation, die genossenschaftliche Beteiligungsholding BdKV. Doch das war nur ein Zwischenschritt, denn im Herbst 1987 brachte Otto die Co op AG sogar an die Börse.[83] Die Aussichten des Unternehmens, dort bestehen zu können, schienen hervorragend: Ein von der Deutschen Bank in Auftrag gegebenes Gutachten prognostizierte für die folgenden fünf Jahre steigende Erträge, und der Aktienkurs stieg innerhalb eines Jahres von 160 DM auf knapp über 500 DM.[84] Alles sah also zunächst nach einer Erfolgsgeschichte aus: Ein mit gewerkschaftlicher Hilfe saniertes Unternehmen war wieder flott geworden und begann nun, da die Verbindung zur BGAG gekappt war, auf eigenen Füßen zu stehen.

Die Veröffentlichung des SPIEGEL im Oktober 1988 machte diese Erfolgsgeschichte jedoch mit einem Schlag zunichte. Denn sie lieferte starke Indizien dafür, dass die Sanierung des Unternehmens eine Schimäre war und die positive Entwicklung, die den Börsengang ermöglicht hatte, auf Bilanzmanipulationen und Vermögensverschiebungen beruhte. Tatsächlich bestand die Co op AG aus einem überaus komplexen Geflecht von etwa 500 eigenständigen, teilweise im Ausland ansässigen Unternehmen, dessen wahre finanzielle Lage auch für Experten schwer einzuschätzen war. Zwar war diese Struktur zum Teil

---

79 *Harm Schröter*, Der Verlust der »europäischen Form des Zusammenspiels von Ordnung und Freiheit«. Vom Untergang der deutschen Konsumgenossenschaften, in: VSWG 87, 2000, S. 442–467, hier: S. 453 ff.
80 *Felix Herzog*, Solidarität unter Verdacht. Über den Versuch der Kriminalisierung der Gewerkschaften im Fall co op, Köln 1995, S. 42 ff.
81 Ebd., S. 51–84.
82 Vgl. die zusammengefassten Bilanzdaten bei *Bernd Otto*, Der Co op-Skandal. Ein Lehrstück aus der deutschen Wirtschaft, Frankfurt am Main 1996, S. 46 ff.
83 *Herzog*, Solidarität unter Verdacht, S. 109 ff. und 114 f.
84 *Otto*, Der Co op-Skandal, S. 46.

historisch bedingt; der SPIEGEL enthüllte nun aber, dass der Vorstand sie seit 1982/83 systematisch dazu genutzt hatte, die finanzielle Lage des Gesamtkonzerns zu verschleiern. Denn mit den seit diesem Zeitpunkt stetig steigenden Umsätzen und Gewinnen sei, so der SPIEGEL, auch ein extremer Anstieg der Verschuldung einhergegangen, die zwischenzeitlich bei 2,6 Milliarden DM gelegen habe, in den Bilanzen jedoch nirgendwo aufgetaucht sei.[85]

Das war für sich genommen bereits ein gravierender Vorwurf, denn falls er zutraf, hatte sich der Co op-Vorstand im Zusammenhang mit dem Börsengang des Prospektbetrugs, also der Täuschung möglicher Anleger über die Eignung der Aktien des Unternehmens als Kapitalanlage, schuldig gemacht.[86] Doch der zentrale Befund der Veröffentlichung war ein anderer, weitaus spektakulärerer: Die im Zuge der Sanierung in der ersten Hälfte der 1980er Jahre vorgenommenen vielfältigen Vermögensverschiebungen hätten, so der SPIEGEL, nicht nur der Verschleierung der Finanzlage gedient, sondern auch dazu geführt, dass die Co op einer Gruppe von Beteiligungsgesellschaften gehöre, die ihrerseits wiederum unter der Kontrolle des Vorstands stünden. Otto und seine beiden Kollegen Werner Casper und Dieter Hoffmann hätten also die Liquiditätskrise des Unternehmens dazu genutzt, sich selbst die Kontrolle anzueignen:

»Die Wahrheit ist: Die co op ist durch Vermögensverschiebungen ausgehöhlt worden. Sie ist in der Gewalt einiger weniger Männer, der Mitglieder des Vorstands und ihrer Helfer [...]. Die co op gehört letztlich sich selbst, gut verborgen durch das Dickicht der zahllosen Firmen.«[87]

Dieser Bericht hatte weitreichende Konsequenzen. Otto musste den Hut nehmen, und die Co op geriet in eine Liquiditätskrise, von der sie sich nicht mehr erholte. Denn die Gläubigerbanken des Unternehmens waren angesichts dieser Anschuldigungen nicht bereit, die gewährten Kredite zu verlängern oder gar zu erweitern. Der von ihnen als Sanierer eingesetzte vormalige FDP-Bundeswirtschaftsminister Hans Friderichs leitete daraufhin im September 1989 eine Umstrukturierung ein, in deren Zuge ein Kapitalschnitt von 450 Millionen DM auf 14.000 DM (!) erfolgte.[88] Die beiden Hauptkreditgeber – die DG-Bank und die mittlerweile unter der Führung der Aachen-Münchener stehende BfG – übernahmen daraufhin 90% der Aktien und begannen im August 1990, Teile des Unternehmens an unterschiedliche Interessenten zu verkaufen. Etwa 400 Filialen mit 8.600 Beschäftigten gingen an die Rewe AG, weitere 400 an verschiedene andere Käufer.[89] Der Kern der Gesellschaft mit 18.400 Beschäftigten und einem Umsatz von vier Milliarden DM wurde hingegen im Januar 1991 als Ganzes von der Asko Deutsche Kaufhaus AG übernommen, die ihrerseits 1996 in der Metro AG aufging. Sie trug damit maßgeblich dazu bei, dass die Metro zu einem der 20 größten börsennotierten Unternehmen in Deutschland aufstieg.[90]

Die öffentliche Aufmerksamkeit war allerdings von Beginn an nicht so sehr auf die Zerschlagung des Unternehmens gerichtet, sondern auf den Skandal um die »Aushöhlung« der Co op. Von einer systematischen Verstrickung der Gewerkschaften in diese Affäre war dabei aber zunächst nicht die Rede. Zwar hatte es der SPIEGEL nicht versäumt, Otto als in der Wolle gefärbten Gewerkschafter darzustellen, aber das war zunächst kaum mehr als schmückendes Beiwerk zu den eigentlich diagnostizierten Verfehlungen gewesen. Und diese legte das Nachrichtenmagazin eindeutig Otto, Casper, Hoffmann und einigen anderen *persönlich* zur Last. Angesichts der Vorgeschichte – des 1985 veräußerten und auch zuvor niemals die 50%-Marke überschreitenden Aktienbesitzes der BGAG

---

85 Co op – umgebaut und ausgehöhlt, in: Der SPIEGEL, 17.10.1988, S. 142–155, hier: S. 147.
86 *Herzog*, Solidarität unter Verdacht, S. 116.
87 Co op – umgebaut und ausgehöhlt, in: Der SPIEGEL, 17.10.1988, S. 142–155, hier: S. 142f.
88 Manager und Märkte, in: Die ZEIT, 20.10.1989.
89 *Otto*, Der Co op-Skandal, S. 235f.
90 Ebd., S. 236ff.

– schien es auch auf der Hand zu liegen, dass es nicht das gemeinwirtschaftliche Unternehmen, sondern die gewinnorientierte, börsennotierte Aktiengesellschaft war, die hier am Pranger stand.

Tatsächlich änderte sich dies aber innerhalb eines Jahres grundlegend, denn im Laufe der zwischenzeitlich aufgenommenen staatsanwaltschaftlichen Ermittlungen geriet zusehends auch die BGAG unter Verdacht. Ihre Beteiligungspolitik bei der Sanierung der Co op war nämlich durchaus undurchsichtig gewesen. So hatte sie nicht nur auf direktem Wege neues Kapital in den Einzelhandelskonzern eingebracht, sondern teilweise auch die Kapitalerhöhungen der übrigen Anteilseigner finanziert, indem sie diesen Kredite für den Anteilserwerb gewährt hatte. Das ließ sich auch als Verschleierung einer faktischen gewerkschaftlichen Mehrheitsbeteiligung interpretieren.[91] Da die Frankfurter Staatsanwaltschaft zudem der Auffassung war, die BdKV, die 1985 den Anteil der BGAG übernommen hatte, habe ihrerseits unter dem Einfluss der Co op gestanden, lag es im Bereich des Möglichen, dass die Gewerkschaften sich durch die Veräußerung ihrer Aktien in großem Stil am Vermögen des Einzelhandelskonzerns bedient hatten. Denn, so lautete der Verdacht, die BGAG-Vertreter im Aufsichtsrat der Co op – namentlich Alfons Lappas, Walter Hesselbach und Rolf-Jürgen Freyberg – hätten gewusst,

»dass sie die Aktien eines fast bankrotten Unternehmens für viel Geld verkauften. Sie wussten ebenfalls, dass es keinen echten Käufer für die Aktien gab, das Paket wurde von der co op selbst übernommen. Dadurch, so die Staatsanwälte, sei bei der co op Liquiditätsverlust von 500 Millionen Mark entstanden.«[92]

Diese Sichtweise schien auch noch aus einem anderen Grund plausibel, denn die BGAG hatte aus Sicht der Staatsanwaltschaft ein klares Tatmotiv: Aufgrund der finanziellen Belastungen aus der NH-Krise habe sie die Co op nicht weiter stützen können, sondern vielmehr die Erlöse aus dem (Schein-)Verkauf ihrer Aktien dringend benötigt, um nicht selbst in die Bredouille zu geraten.[93]

Seit dieser Verdacht Ende September 1989 öffentlich geworden war, saßen auch die Gewerkschaften wieder auf der Anklagebank. Wie schon 1986 brach über ihnen eine Welle der öffentlichen Empörung zusammen, die erneut unmittelbar in den politischen Raum überschwappte. Da für 1990 wiederum eine Bundestagswahl vor der Tür stand, griffen einige Abgeordnete der CDU/CSU-Fraktion – namentlich Johannes Gerster und Heinz Günther Hüsch – die Vorwürfe auf und versuchten, aus den »krumme[n] Geschäfte[n] prominenter Sozialdemokraten und Gewerkschafter«[94] politisches Kapital zu schlagen. Sie brachten den in den folgenden Monaten immer wieder diskutierten Vorschlag in die Debatte ein, auch im Fall Co op einen parlamentarischen Untersuchungsausschuss einzusetzen. Noch bevor sie diese Idee weiterverfolgen konnten, überschlugen sich aber die Ereignisse. Denn am 29. November 1989 erwirkte die Staatsanwaltschaft in einer spektakulären Aktion gleich acht Haftbefehle gegen die Hauptakteure, von denen sechs – Lappas und fünf Vorstandsmitglieder beziehungsweise leitende Angestellte der Co op AG – unmittelbar festgenommen wurden. Otto, der sich nach Südafrika abgesetzt hatte, stellte sich einige Tage später freiwillig den deutschen Behörden, und nur Werner Casper, der in Kanada untergetaucht war, blieb zunächst flüchtig. Dieser »seit langem erwartete Schlag des BKA gegen die Hauptverantwortlichen des co-op-Debakels«, so schrieb der SPIEGEL, »war eine der größten Verhaftungsaktionen, die je gegen leitende Angestellte eines deutschen Großunternehmens eingeleitet wurden«.[95]

---

91 *Herzog*, Solidarität unter Verdacht, S. 75ff., insb. S. 78.
92 Co op: Otto will auspacken, in: Der SPIEGEL, 4.12.1989, S. 122–126, hier: S. 126.
93 Ebd.
94 *Herzog*, Solidarität unter Verdacht, S. 120.
95 Co op: Otto will auspacken, in: Der SPIEGEL, 4.12.1989, S. 122–126, hier: S. 123.

Angesichts dieser Entwicklung geriet die Debatte über einen parlamentarischen Untersuchungsausschuss, der letztlich nie eingesetzt wurde, etwas in den Hintergrund. Hüsch und Gerster nutzten sie aber in den folgenden Wochen und Monaten geschickt dazu, die Co op-Affäre im öffentlichen Bewusstsein zu halten und um Druck auf die Justiz auszuüben: Ein Untersuchungsausschuss, so sagte Hüsch im März 1990 gegenüber dem Handelsblatt, sei überflüssig, wenn die Staatsanwaltschaft ihre Pflicht tue.[96] Dahinter stand offenkundig die Überzeugung, dass die nun anstehenden Prozesse schon genügen würden, um die Gewerkschaften bloßzustellen. Tatsächlich war diese Überzeugung auch in der Presseberichterstattung weit verbreitet: »Schon jetzt ist klar«, schrieb der SPIEGEL, »dass der im Oktober 1988 [...] enthüllte Skandal die Dimensionen des Falls Neue Heimat weit übersteigt.«[97]

Zunächst schien sich diese Auffassung auch zu bewahrheiten, denn im September 1990, wenige Wochen vor der Bundestagswahl, verkündete die Staatsanwaltschaft, dass sie ihre strafrechtlichen Ermittlungen nicht mehr nur gegen den Vorstand, sondern auch gegen den Aufsichtsrat der BGAG führe. Damit gerieten nun auch die dort vertretenen Gewerkschaftsvorsitzenden – mit DGB-Chef Ernst Breit an der Spitze – ins Visier. Für Hüsch und Gerster war das ein gefundenes Fressen: Die von den Gewerkschaften aufgebrachte kriminelle Energie, so ließen sie verlauten, »sei ganz außergewöhnlich«.[98] Das war anscheinend auch die Meinung der Staatsanwälte, denn sie gingen – darauf stützten sich die nun erhobenen Vorwürfe – davon aus, dass der Aufsichtsrat der BGAG detailliert über die Aktivitäten des sogenannten »Arbeitskreises zur Umgestaltung der Gesellschafterverhältnisse bei der Co op AG« informiert gewesen sei. In diesem 1984 aus Finanzexperten der Gewerkschaftsholding und des Einzelhandelskonzerns gebildeten Gremium sahen sie den greifbaren Beleg für die faktische Beherrschung der Co op durch die BGAG. In ihm hätten sich, so die Anklageschrift, die Vertreter beider Seiten angesichts der fortbestehenden Verluste zunächst dazu verabredet, die Bilanzen zu »frisieren«, um die Überschuldung des Konzerns zu verschleiern. Als sich der Finanzbedarf der BGAG schließlich 1985 wegen der Belastungen aus der Sanierung der NH zugespitzt habe, habe sie über den Arbeitskreis, dem die operative Führung zugekommen sei, den widerrechtlichen Verkauf des Aktienpakets initiiert.[99]

Die Folgen dieser Interpretation waren gravierend. Denn nun stand nicht nur der Vorstand der BGAG, sondern auch gleich die gesamte Gewerkschaftsspitze wegen der Komplizenschaft bei den Bilanzmanipulationen am Pranger. Doch damit nicht genug: Da sich die Akteure des genannten Arbeitskreises nach Auffassung der Staatsanwaltschaft gezielt zur Begehung von Straftaten verabredet hatten, ermittelte sie gegen diese fortan auch wegen des Verdachts der Bildung einer kriminellen Vereinigung – einer kriminellen Vereinigung, deren Existenz, so die Implikation, vom Vorsitzenden des DGB und seinen Kollegen bei den Einzelgewerkschaften zumindest stillschweigend toleriert worden war.[100] Dieser Vorwurf stach selbst in der an massiven Beschuldigungen nicht eben armen Krisengeschichte der gewerkschaftlichen Unternehmen noch einmal deutlich hervor. Niemals zuvor und niemals danach in der Geschichte der Bundesrepublik hatten sich die Gewerkschaften eines solch schwerwiegenden Verdachts erwehren müssen. Beinahe noch schlimmer waren die Rückwirkungen auf die einst hehre Idee der Gemeinwirtschaft: Sie erschien nun angesichts der vermeintlich illegalen Machenschaften der BGAG nicht mehr

---

96 *Herzog*, Solidarität unter Verdacht, S. 122.
97 Co op: Otto will auspacken, in: Der SPIEGEL, 4.12.1989, S. 122–126, hier: S. 123.
98 *Herzog*, Solidarität unter Verdacht, S. 125.
99 Ebd., S. 88ff. und 135ff., sowie *Abelshauser*, Nach dem Wirtschaftswunder – Hans Matthöfer, S. 647 und 650. Vgl. auch den bei *Otto*, Der Co op-Skandal, S. 240ff., abgedruckten Haftbefehl gegen Otto, in dem dieser Zusammenhang ebenfalls angedeutet ist.
100 *Herzog*, Solidarität unter Verdacht, S. 151–174.

nur als gescheitert, sondern geradezu als verwerflich, und das schlug sich auch in der Medienberichterstattung entsprechend nieder.[101]

Allerdings: So sehr die Formel von der »Bildung einer kriminellen Vereinigung« in den folgenden Monaten auch die Runde machte – mit diesem Anklagepunkt hatte die Staatsanwaltschaft den Bogen überspannt. Tatsächlich war er völlig an den Haaren herbeigezogen, denn der Arbeitskreis war nichts weiter als eine lose Gruppe, die vor allem dem Informationsaustausch diente und keinerlei Entscheidungskompetenzen besaß. Ihm eine maßgebliche Steuerungsfunktion beizumessen, war abwegig.[102] Dass es dennoch geschah, dürfte allein dem generellen Meinungsklima der späten 1980er Jahre geschuldet gewesen sein, in dem den gewerkschaftlichen Unternehmen ohne Weiteres alle möglichen Untaten zugetraut wurden.

Aus demselben Grund scheinen die Ermittler auch übersehen zu haben, dass es neben der These von der »Komplizenschaft« der Gewerkschaftsvorsitzenden auch noch eine andere Interpretationsmöglichkeit gab – nämlich die, dass Otto und seine Vorstandskollegen beim Verkauf der Gewerkschaftsanteile nicht nur die Banken, sondern auch den Aufsichtsrat der BGAG getäuscht hatten. Auch für diese Perspektive gibt es Indizien: So war Ottos Ehrgeiz seit seinem Antritt als Vorstandsvorsitzender nicht allein auf eine Sanierung der Co op, sondern darüber hinaus auch auf einen aggressiven Expansionskurs gerichtet gewesen. Die gewerkschaftliche Beteiligung an dem Unternehmen stand ihm dabei im Wege, denn sie war kaum mit einer Strategie vereinbar, die angesichts der hohen Wettbewerbsintensität im Lebensmitteleinzelhandel Teilzeitbeschäftigung, Niedriglöhne und drastische Rationalisierungsmaßnahmen erfordert hätte.[103] Zudem befürchtete Otto, dass sie sich angesichts der überaus kritischen Stimmung gegenüber den Gewerkschaften negativ auf den von ihm geplanten Börsengang auswirken würde; und dieser Börsengang war für die Verwirklichung seiner Pläne unumgänglich, denn das dafür nötige Kapital konnte die BGAG angesichts der Stützungsmaßnahmen für die NH nicht aufbringen.[104]

Der hauptsächliche Impuls für den Verkauf des BGAG-Anteils an der Co op scheint deshalb nicht auf die durch die NH verursachte Schieflage, sondern auf die Initiative von Otto und seinen Kollegen zurückgegangen zu sein. Es ist unwahrscheinlich, dass die BGAG, welche zu diesem Zeitpunkt kaum noch Konzernleitungsaufgaben übernommen hatte und dementsprechend nicht über die nötigen personellen Ressourcen für eine Überprüfung der Bilanzen verfügte, dabei über die tatsächlichen wirtschaftlichen Verhältnisse der Co op informiert war. Einzig der BGAG-Vorsitzende und Co op-Aufsichtsratschef Alfons Lappas wäre wohl in der Position gewesen, die Lage realistisch einzuschätzen; aber er machte sich – aus welchen Gründen auch immer – zum aktiven Komplizen des Vorstands und ließ sich diese Rolle mit großzügigen Bestechungsgeldern (vermutlich etwa 2,6 Millionen DM) bezahlen.[105] Die Gewerkschaften und namentlich die Gewerkschaftsvorsitzenden im Aufsichtsrat der BGAG dürften insgesamt eher das Opfer dieser Konstellation als die eigentlichen Täter gewesen sein.

Um allerdings keine Missverständnisse aufkommen zu lassen, sei betont, dass es sich auch bei dieser Perspektive nur um eine Interpretationsmöglichkeit, nicht um ein feststehendes Ergebnis handelt. Dazu fehlen die nötigen Quellenstudien. Für den Moment lässt sich nur festhalten, dass diese alternative Sichtweise plausibel erscheint – und dass sich Gerichte und Staatsanwaltschaft, weil sie diese außer Acht ließen, kräftig blamierten. Die These von der Beherrschung der Co op durch die BGAG, auf die sie sich vorschnell versteift hatten, konnte nie belegt werden. Das machte sich zunächst in dem parallel zum

---

101 Ebd., S. 126ff.
102 Ebd., S. 88ff., und *Abelshauser*, Nach dem Wirtschaftswunder – Hans Matthöfer, S. 651.
103 So Ottos eigene Einschätzung in: *Otto*, Der Co op-Skandal, S. 44f.
104 *Herzog*, Solidarität unter Verdacht, S. 101f.
105 *Abelshauser*, Nach dem Wirtschaftswunder – Hans Matthöfer, S. 654.

Strafverfahren laufenden Zivilprozess bemerkbar, den die neuen Eigentümer der Co op, angeführt von der DG-Bank, angestrengt hatten. Sie verklagten die BGAG auf Schadensersatz in Höhe von 394 Millionen DM, weil diese der Co op durch ihre Zustimmung zum Erwerb eigener Aktien einen Vermögensschaden zugefügt habe. Auch diese Klage basierte auf der Vermutung, dass die BGAG die Co op vollständig beherrscht habe. Tatsächlich endete das zivilrechtliche Verfahren nach langem Hin und Her aber mit einem Vergleich, bei dem die BGAG statt der ursprünglich geforderten Summe nur 25 Millionen DM bezahlte – und zwar ohne jegliches Schuldeingeständnis. Die Gewerkschaftsholding stand deshalb öffentlich in der mittlerweile völlig ungewohnten Rolle des Gewinners da.[106]

Im noch weitaus öffentlichkeitswirksameren Strafprozess fiel das Ergebnis ähnlich aus. Denn obwohl die Staatsanwaltschaft ein Mammutaufgebot von 450 Zeugen benannt hatte, konnten die zentralen Anschuldigungen – insbesondere der Vorwurf der Bildung einer kriminellen Vereinigung und der Verdacht der Mitwisserschaft der Gewerkschaftsvorsitzenden – nie erhärtet werden. Im Gegenteil: Nach über 100 Verhandlungstagen musste die Staatsanwaltschaft anerkennen, dass das Verfahren wegen der Vielzahl an Zeugen, Gutachten und Gegengutachten »an seiner eigenen Monstrosität [zu] ersticken«[107] drohte – nicht zuletzt deshalb, weil die BGAG genau darin eine Chance zur Erledigung der Sache erblickt und noch einmal 150 weitere Zeugen benannt hatte. Das ließ den Abschluss des Verfahrens in die Ferne rücken, sodass sich beide Seiten schließlich auf einen »Deal« einließen: Im Juni 1993 gab Otto eine von der Staatsanwaltschaft als Schuldbekenntnis, von ihm selbst allerdings nur als »Erklärung« bewertete Verlautbarung ab, mit der er die Verantwortung für einige strittige, in der ursprünglichen Anklageschrift aber völlig untergeordnete Kreditvergaben übernahm. Auf dieser Basis wurde er dann wegen Untreue zu einer Haftstrafe von vier Jahren und drei Monaten verurteilt, die größtenteils schon durch die Untersuchungshaft abgegolten war.[108] Ähnlich erging es seinen Vorstandskollegen Dieter Hoffmann und dem zwischenzeitlich aus Kanada zurückgekehrten Werner Casper. Lappas und die übrigen Angeklagten kamen sogar noch glimpflicher davon: Sie erklärten sich in einer Reihe von kleineren Punkten für schuldig und erhielten dafür nur Bewährungsstrafen.[109]

Angesichts der Tatsache, dass die Strafverfolgungsbehörden ursprünglich Beschuldigungen erhoben hatten, die die Angeklagten auf eine Stufe mit der Mafia stellten, »blamierte sich das Frankfurter Landgericht« mit diesem Deal »in den Augen der Presse bis zur Lächerlichkeit«.[110] Das Problem war allerdings nicht nur, dass die Hauptverantwortlichen viel zu glimpflich davonkamen. Vielmehr hatte die Staatsanwaltschaft mit ihren einseitigen Ermittlungen auch dafür gesorgt, dass der Skandal nie vollständig aufgeklärt werden konnte. »Wem gehört der Laden wirklich?«[111], hatte der SPIEGEL 1988 gefragt; »welche Rolle spielte die BGAG tatsächlich bei der Co op?«, so ließ sich ergänzen. Beide Fragen sind bis heute nicht mit Sicherheit zu beantworten.

V. DAS ENDE DER GEMEINWIRTSCHAFT

Auch wenn es angesichts des Ausgangs der Prozesse so scheinen mag, als seien die Gewerkschaften aus der Co op-Affäre insgesamt relativ unbeschadet herausgekommen, so hatten die Vorgänge um die zahlungsunfähig gewordene Einzelhandelskette für sie doch

---

106 Ebd., S. 649.
107 Ebd., S. 651.
108 *Otto*, Der Co op-Skandal, S. 210ff.
109 Co op: Das perfekte Verbrechen, in: Der SPIEGEL, 28.2.1994, S. 130–134.
110 *Abelshauser*, Nach dem Wirtschaftswunder – Hans Matthöfer, S. 652.
111 Co op – umgebaut und ausgehöhlt, in: Der SPIEGEL, 17.10.1988, S. 142–155, hier: S. 155.

eine Reihe von negativen Rückwirkungen. Das betraf neben der zweifellos erlittenen Rufschädigung auch die noch verbliebenen Unternehmensbeteiligungen der BGAG, das heißt konkret den 50%igen Anteil an der BfG. Denn die Bank »gehörte zu den Hauptgläubigern der früheren Konsumgenossenschaften und musste wie alle anderen Gläubigerbanken auch drei Viertel ihrer Kredite abschreiben, um co op vor dem völligen Zusammenbruch zu bewahren«.[112] Zu Beginn der 1990er Jahre geriet sie deshalb erneut in große Schwierigkeiten, die diesmal so weit gingen, dass selbst eine Liquidation des Instituts zeitweise nicht mehr ausgeschlossen schien. Wegen der damit verbundenen finanziellen Risiken und auch mit Rücksicht auf die bereits arg ramponierte Reputation der Gewerkschaften wollten aber weder die Aachen-Münchener noch die BGAG diese Strategie tatsächlich verfolgen.[113]

Stattdessen verschrieben sie sich einer gemeinsamen Sanierung der Bank, die bis 1992 etwa drei Milliarden DM verschlang und zunächst dazu führte, dass die BGAG wieder stärker in die Geschäfte der Bank involviert wurde, anstatt sich, wie geplant, aus ihr zurückzuziehen.[114] Allerdings war es – nicht zuletzt aufgrund der in diesem Punkt mittlerweile sehr eindeutigen, gleich noch zu erläuternden gewerkschaftlichen Beschlusslage – klar, dass das letztendliche Ziel der Sanierung nur der weitgehende Verkauf der Anteile der BGAG sein konnte. Im Rahmen einer geplanten feindlichen Übernahme der Aachen-Münchener durch die französische »Assurances Générales de France« gelang es Matthöfer schließlich, dafür zu sorgen, dass die Mehrheit der BfG 1993 an den ebenfalls französischen »Crédit Lyonnais« veräußert wurde. Damit reduzierte die BGAG ihre Beteiligung von 50 auf 25 % und nahm fortan keine tragende Rolle mehr in der Führung des Instituts ein. In engem Zusammenhang mit dieser Transaktion veräußerte sie zudem auch die ihr noch verbliebenen Anteile an der Volksfürsorge. Eine endgültige Trennung von der Minderheitsbeteiligung an der BfG erfolgte indes erst, als der »Crédit Lyonnais« im Jahr 2000 die Bank seinerseits an die schwedische »Skandinaviska Enskilda Banken«, kurz SEB, weitergab.[115]

Erst zu diesem Zeitpunkt hatte die BGAG also alle ihre Anteile an den vier großen Unternehmen veräußert, mit Ausnahme der aus der NH verbliebenen Reste. In den 1990er Jahren waren ihr zudem im Finanzsektor noch Beteiligungen an zwei kleineren Banken sowie am »Beamtenheimstättenwerk« verblieben. Diese Konstellation hatte zunächst dazu geführt, dass Matthöfer den Plan schmiedete, »aus den Trümmern der BfG und der Volksfürsorge einen schlagkräftigen Allfinanzkonzern aufzubauen«.[116] Aber dieses Vorhaben scheiterte nun an politischen Hürden: Unter dem Eindruck der Co op-Affäre hatte der DGB-Bundeskongress 1990 den drei Jahre zuvor vom Bundesvorstand gefassten Beschluss zum Verkauf von Beteiligungen noch einmal erweitert und konkretisiert. Demzufolge waren nun prinzipiell alle Beteiligungen zu veräußern und lediglich Unternehmen, »die der unmittelbaren Unterstützung der gewerkschaftlichen Arbeit dienen«[117], sollten beibehalten werden. Auch das wäre zwar mit der Vision vom Finanzdienstleister möglicherweise irgendwie vereinbar gewesen, aber die Aussicht, erneut ein öffentlich sichtbares Großunternehmen entstehen zu lassen, stieß angesichts der zwischenzeitlich gemachten Erfahrungen bei den Einzelgewerkschaften auf wenig Gegenliebe. Sie blockierten deshalb Matthöfers Pläne, und es blieb ihm wenig anderes übrig, als die Gewerk-

---

112 *Abelshauser*, Nach dem Wirtschaftswunder – Hans Matthöfer, S. 626.
113 Ebd., S. 628.
114 Die BfG ist jetzt sauber, in: Handelsblatt, 12.3.1993.
115 *Abelshauser*, Nach dem Wirtschaftswunder – Hans Matthöfer, S. 630–637.
116 Ebd., S. 660.
117 DGB-Bundesvorstand, Abt. Organisation (Hrsg.), Protokoll 14. ordentlicher Bundeskongress, Hamburg 20. – 26.5.'90, o. O. 1990, Abschnitt »Anträge«, S. 34. In der Begründung des Antrags wird ausdrücklich auf die Co op-Affäre Bezug genommen.

schaftsholding so umzubauen, dass sie die genannten organisationsnahen Aufgaben auf niedrigerem Niveau erfüllen konnte.[118]

Seit Beginn der 1990er Jahre betrieb die BGAG deshalb mit den verbliebenen Beteiligungen eine radikale Fokussierung auf das Kerngeschäft. Fortan sollte dieses aus drei Bereichen bestehen: erstens aus dem hauseigenen Verlag und der Büchergilde Gutenberg; zweitens aus Finanzdienstleistungen für die Gewerkschaften, denen Matthöfer mit Rücksicht auf deren Streikfähigkeit eine hohe Bedeutung beimaß; und drittens aus der Verwaltung der Immobilienunternehmen, die aus den Resten der NH hervorgegangen waren.[119] Aufgrund der über diese Unternehmen abgewickelten Restitution gewerkschaftlicher Liegenschaften in der ehemaligen DDR konnte man auch ihnen eine zentrale organisatorische Funktion zumessen, wenngleich sich ihre tatsächliche Unternehmenspolitik durchaus nicht darin erschöpfte, sondern auch Infrastruktur- und Stadtsanierungsmaßnahmen beinhaltete.

Insgesamt gelang diese Konzentration auf das Kerngeschäft – bei allen Schwierigkeiten im Einzelnen – erstaunlich gut. Gerade die Überbleibsel aus der NH erwiesen sich dabei als überaus erfolgreich, zumal ihre Geschäftsfelder angesichts der Nachfrage aus den neuen Bundesländern zu Beginn der 1990er Jahre einen merklichen Boom erlebten.[120] Wegen solcher Effekte ist es auch nahezu unmöglich, eine Gesamtbilanz der finanziellen Schäden, die die Krise der Gemeinwirtschaft verursachte, zu ziehen.[121] Auf der einen Seite stand für die Gewerkschaften zweifellos ein massiver Verlust von Vermögen, wirtschaftlicher Macht und organisatorischem Spielraum, der mit der Sanierung und Veräußerung der Unternehmen verbunden war. Hans Matthöfer hat den diesbezüglichen Gesamtschaden 1994 in einer sehr knappen und nicht ganz transparenten Bemerkung auf etwa zwölf Milliarden DM beziffert.[122] Allerdings bezieht sich diese Schätzung vermutlich nicht nur auf die Kosten der Abwicklung, sondern auch auf die entgangenen Gewinne aus den veräußerten Unternehmen, sodass die rein rentabilitätsmäßige Belastung aus der eigentlichen Krisenbewältigung sehr viel niedriger zu veranschlagen wäre. Zudem ist positiv zu verbuchen, dass es der BGAG immerhin – wenn auch nur unter größten Anstrengungen – gelungen war, eine Insolvenz und damit den drohenden Rückgriff auf das Vermögen der Einzelgewerkschaften zu vermeiden.

Dennoch: Das Faktum eines nachhaltigen Vermögensschadens ist kaum wegzudiskutieren und sicherlich eine der drastischsten Folgen der Krise der Gemeinwirtschaft. Schwieriger zu beantworten ist dagegen die Frage, ob die Ereignisse der 1980er Jahre die Gewerkschaften auch im Bereich ihrer Kernaufgaben geschwächt haben. Zwar gibt es durchaus – auch über den Vermögensverlust hinaus – eine Reihe von Hinweisen, die für diese These sprechen. So sind die Skandale um die NH und die Co op verschiedentlich für sinkende Mitgliederzahlen verantwortlich gemacht worden[123], und die massiven Beschuldigungen gegen führende Funktionäre haben die Arbeitnehmerorganisationen in den 1980er Jahren zweifellos in ein sehr schlechtes Licht gerückt. Trotzdem fällt die Bilanz in dieser Hinsicht nicht so eindeutig aus, wie man vielleicht zu vermuten geneigt ist. Zum einen blieben gerade die schwerwiegendsten Anschuldigungen letztlich an einigen wenigen, zumeist aus den Unternehmen stammenden Einzelpersonen wie Vietor oder Otto hängen. Alle Versuche, sie auch auf die gewerkschaftlichen Führungsspitzen oder gar die

---

118 *Abelshauser*, Nach dem Wirtschaftswunder – Hans Matthöfer, S. 662.
119 *Hans Matthöfer*, Die BGAG im Wandel zu einer Dienstleistungsholding der Gewerkschaften, in: Gewerkschaftliche Monatshefte 46, 1995, S. 34–41, hier: S. 36.
120 *Abelshauser*, Nach dem Wirtschaftswunder – Hans Matthöfer, S. 659f., und *Kunz*, Die Akte Neue Heimat, Bd. 1, S. 374.
121 Zu den methodischen Schwierigkeiten vgl. ebd., S. 399ff.
122 *Abelshauser*, Nach dem Wirtschaftswunder – Hans Matthöfer, S. 661.
123 So zum Beispiel bei *Münkler*, Neue Heimat, S. 127.

gewerkschaftliche Organisation insgesamt auszudehnen, scheiterten hingegen weitgehend. Zum anderen war es für die Arbeitnehmerverbände in gewissem Sinne ein Glücksfall, dass die Gemeinwirtschaft seit den 1970er Jahren in der Öffentlichkeit und seit den 1980er Jahren mehr und mehr auch intern als ein Fremdkörper in der gewerkschaftlichen Organisation gegolten hatte. Sich dieser Bürde zu entledigen, mag deshalb – auch wenn der Prozess der Trennung überaus schmerzhaft war – langfristig sogar dazu beigetragen haben, die Kernaufgaben wieder klarer in den Blick zu nehmen.[124]

Insgesamt ist daher festzustellen, »dass der Glaubwürdigkeitsverlust [...] im Zuge der NH-Affäre [...] sich auf die Funktionsfähigkeit der Gewerkschaften in der konkreten Tagespolitik [...] wenig bemerkbar machte«.[125] Anders formuliert: Für die zentralen Auseinandersetzungen der 1980er Jahre – etwa die Debatten um die 35-Stunden-Woche oder die Novellierung des § 116 des Arbeitsförderungsgesetzes – hatte die Krise der Gemeinwirtschaft keine große Bedeutung. Das wird besonders deutlich, wenn man sie gegen andere Faktoren wie das veränderte politische Klima seit dem Antritt der christlich-liberalen Koalition, die strukturelle Arbeitslosigkeit, den Bedeutungsverlust des industriellen Sektors und schließlich die deutsche Vereinigung abwägt. All dies waren Entwicklungen, die den Gewerkschaften erheblich mehr zu schaffen machten als die jeweils nur für kurze Zeiträume hochkochenden Debatten um die Gemeinwirtschaft.[126] Es erscheint deshalb sehr viel plausibler, Probleme wie den Mitgliederschwund auf diese Einflüsse zurückzuführen als auf die Skandale um die NH und die Co op.[127]

Bedeutsamer als die Schwächung der Gewerkschaften war daher eine letzte noch zu besprechende Folge der Krise, nämlich die weitgehende Diskreditierung von politisch motivierten Formen der Unternehmensregulierung. Spätestens Ende der 1980er Jahre war, so hat es ein Beobachter ausgedrückt, »der Traum, dem Kapitalismus ökonomisch mit eigenen Waffen Paroli zu bieten und ihn so gleichsam von innen zu reformieren«[128], weitgehend ausgeträumt. Das betraf zunächst einmal die Idee der gewerkschaftlichen Gemeinwirtschaft selbst. 1990 hatte diese bittere Erkenntnis auch die DGB-Spitze erreicht, und sie erstreckte sich nun nicht mehr nur auf die pragmatische Frage nach Abwicklung oder Beibehaltung der Unternehmen, sondern auf die sehr viel grundsätzlichere Frage nach der Tragfähigkeit des gemeinwirtschaftlichen Konzepts: »Aus den hinter uns liegenden Vorgängen und Erfahrungen«, so erklärte Ernst Breit in diesem Jahr auf dem DGB-Bundeskongress, »müssen wir heute nüchtern feststellen, daß sich die bisherige Form der gewerkschaftlichen Gemeinwirtschaft überlebt hat«.[129]

Darüber hinaus schlug diese Diskreditierung politisch gebundenen Unternehmertums aber auch hohe politische Wellen. Sie spielte unmittelbar in die Hände der schwarz-gelben Bundesregierung, die schon zu Beginn der 1980er Jahre die »Deregulierung einzelner Wirtschaftszweige und Privatisierung staatlicher und oder halbstaatlicher Unternehmen«

---

124 Dies war auch eine der Intentionen der 1990 auf dem DGB-Bundeskongress vertretenen Befürworter des Ausstiegs aus der Gemeinwirtschaft; vgl. DGB-Bundesvorstand, Protokoll 14. Bundeskongress, S. 525.
125 *Hans-Otto Hemmer/Werner Milert/Kurt Thomas Schmitz*, Gewerkschaftliche Politik unter der konservativ-liberalen Regierung seit 1982, in: *Hans-Otto Hemmer/Kurt Thomas Schmitz* (Hrsg.), Geschichte der Gewerkschaften in der Bundesrepublik Deutschland. Von den Anfängen bis heute, Düsseldorf 1990, S. 413–458, hier: S. 428.
126 Ebd., S. 416ff., sowie *Walther Müller-Jentsch*, Gewerkschaften und Soziale Marktwirtschaft seit 1945, Stuttgart 2011, S. 124 und 158ff.
127 Das gilt auch deshalb, weil der Mitgliederschwund in erster Linie ein Problem der 1990er, nicht der 1980er Jahre war. Vgl. *Anke Hassel*, Organisation: Struktur und Entwicklung, in: *Wolfgang Schroeder/Bernhard Weßels* (Hrsg.), Die Gewerkschaften in Politik und Gesellschaft der Bundesrepublik. Ein Handbuch, Wiesbaden 2003, S. 102–121, hier: S. 114.
128 *Hemmer/Milert/Schmitz*, Gewerkschaftliche Politik, S. 428.
129 DGB-Bundesvorstand, Protokoll 14. Bundeskongress, S. 34.

als »zentrales Leitbild christlich-liberaler Wirtschaftspolitik« benannt hatte.[130] Zwar wären die wichtigsten diesbezüglichen Maßnahmen wie die Zulassung privater Fernsehsender oder die Umstrukturierung von Post und Telekommunikation auch ohne die Skandale um die Gemeinwirtschaft zustande gekommen. Aber diese trugen doch dazu bei, ein Klima zu schaffen, das den Privatisierungen zugutekam, und zumindest in einer Angelegenheit hatten sie einen sehr konkreten Effekt auf die Deregulierungspolitik. Denn die 1988 beschlossene Aufhebung des Wohnungsgemeinnützigkeitsgesetzes, durch welche der bei Weitem größte Teil der deutschen Wohnungsunternehmen von einer stiftungsähnlichen in eine prinzipiell einer Marktbewertung zugänglichen Rechtsform umgewandelt wurde, war eine unmittelbare Reaktion auf die Krise der NH – des mit großem Abstand bedeutsamsten gemeinnützigen Wohnungsunternehmens. Ohne diese wäre die Deregulierung möglicherweise erst zu einem sehr viel späteren Zeitpunkt und in weitaus weniger radikaler Form, möglicherweise aber auch gar nicht erfolgt.[131]

Schließlich trug die Krise der Gemeinwirtschaft nicht nur dazu bei, politische Zielsetzungen bei der Führung von Unternehmen zu delegitimieren, sondern auch dazu, die entgegengesetzte Position, also die Orientierung am Shareholder-Value, aktiv zu popularisieren. Das war allerdings nicht so sehr eine Folge programmatischer Debatten als vielmehr eine Folge der strategischen Neuausrichtung des verbleibenden Beteiligungsbesitzes der BGAG. Denn so sehr sich Matthöfer und seine innergewerkschaftlichen Kontrahenten auch über die Frage der Größenordnung des umgebauten »Gewerkschaftskonzerns« stritten, in einem Punkt waren sie sich völlig einig: dass die Neuordnung der Beteiligungen deren »uneingeschränkte Wettbewerbsfähigkeit« am Markt voraussetzte. »Dort«, so Matthöfer weiter, »haben sie sich zu bewähren. Je erfolgreicher die Unternehmen im allgemeinen Markt auftreten, um so besser können sie den Gewerkschaften dienen. [...] Entscheidend ist: die Unternehmen müssen mindestens ebenso leistungsfähig und beweglich sein wie andere Anbieter.«[132] Letztlich bedeutete das nichts anderes, als dass der Erfolg der Unternehmensbeteiligungen anhand der Höhe der an die Anteilseigner ausgeschütteten Dividende bemessen werden sollte.

Dieser von der BGAG vorexerzierte Übergang von gemeinwirtschaftlichen Zielsetzungen zur Strategie des Shareholder-Value, der zudem in der erfolgreichen Umstrukturierung der nunmehr außerhalb des gewerkschaftlichen Beteiligungskreises befindlichen Volksfürsorge eine viel beachtete Parallele hatte, war von nicht zu unterschätzender Signalwirkung. Auch wenn seine präzisen Auswirkungen noch genauer untersucht werden müssten, könnte man durchaus argumentieren, dass er einer der Wegbereiter des Shareholder-Value-Paradigmas in Deutschland gewesen ist. Denn »wenn nach dem langen Ende der Nachkriegsphase auch die machtvollen Großunternehmen der deutschen Gewerkschaften andere Ziele als ihre eigene Rentabilität nur um den Preis ihres Niedergangs verfolgen konnten, warum und mit welchen Mitteln sollte die Politik dann versuchen, den Unternehmen einer ganzen Volkswirtschaft mehr abzuverlangen als die Mehrung des Vermögens ihrer Anteilseigner?«[133] Wenn dies zutrifft, ließe sich die Krise der Gemeinwirtschaft auch als ein Fanal für die Auflösung der »Deutschland AG« interpretieren –

---

130 *Andreas Wirsching*, Abschied vom Provisorium. Geschichte der Bundesrepublik Deutschland 1982–1990, München 2006, S. 255. Vgl. die Beiträge von Frank Bösch und Gabriele Metzler in diesem Band.
131 *Johannes Frerich/Martin Frey*, Handbuch der Geschichte der Sozialpolitik in Deutschland, Bd. 3: Sozialpolitik in der Bundesrepublik Deutschland bis zur Herstellung der Deutschen Einheit, München/Wien 1993, S. 376ff.
132 *Matthöfer*, Die BGAG im Wandel, S. 36f.
133 *Wolfgang Streeck/Martin Höpner*, Einleitung: Alle Macht dem Markt?, in: *dies.* (Hrsg.), Alle Macht dem Markt? Fallstudien zur Abwicklung der Deutschland AG, Frankfurt am Main/New York 2003, S. 11–59, hier: S. 41.

zumindest in dem Sinne, dass diese in den 1990er Jahren angesichts der zehn Jahre zuvor geführten Debatten nur noch auf verhaltenen öffentlichen Widerstand stieß.

VI. SCHLUSSFOLGERUNG

Es war das Ziel dieses Aufsatzes, die Krisenerscheinungen gewerkschaftlicher Unternehmen in den 1980er Jahren zu untersuchen und Erklärungen für das mit ihnen einhergehende »Ende der Gemeinwirtschaft« zu finden. Das ist in fünf Schritten geschehen. Zunächst habe ich die Vorgeschichte der Unternehmen skizziert und argumentiert, dass sie seit Mitte der 1970er Jahre – im Fall der Konsumgenossenschaften beziehungsweise der Co op AG auch schon etwas früher – mit einem fundamentalen Wandel ökonomischer und sozialer Rahmenbedingungen konfrontiert waren. Diese Veränderungen, die vor allem durch die Auflösung traditioneller sozialpolitischer Problemlagen gekennzeichnet waren, ließen die Agenda der gewerkschaftlichen Gemeinwirtschaft obsolet erscheinen. Weil die betroffenen Unternehmen aber unbeirrt an ihren Zielen festhielten, waren sie zu Beginn der 1980er Jahre politisch und ökonomisch stark angeschlagen.

In einem zweiten Schritt habe ich die Affäre um die NEUE HEIMAT in groben Zügen rekonstruiert und gezeigt, dass diese zwar einerseits durch die Skandalisierung individuellen Fehlverhaltens ausgelöst worden ist, andererseits aber ihre tieferliegende Ursache in der verfehlten Unternehmensstrategie der zweiten Hälfte der 1970er Jahre hatte. Diese ging ihrerseits unmittelbar auf das politisch-organisatorische Modell der gewerkschaftlichen Gemeinwirtschaft zurück. Zwar geriet diese Erkenntnis angesichts der Debatten über den Skandal zunächst in den Hintergrund. Der gescheiterte Eine-Mark-Verkauf vom September 1986 erwies sich dann aber als ein Wendepunkt, nach dem die Gemeinwirtschaft nicht nur in der Öffentlichkeit, sondern auch bei einer Mehrheit innerhalb der Gewerkschaften als überholt galt.

Dass dem daraufhin gefassten Beschluss des DGB-Bundesvorstands, die Unternehmensbeteiligungen nach und nach zu veräußern, auch Taten folgten, war – das hat der dritte Abschnitt gezeigt – allerdings nicht so sehr den politischen Diskussionen, sondern in erster Linie der finanziellen Notlage geschuldet, in welche die BGAG durch die Krise der NH und die parallelen Probleme bei BfG und Volksfürsorge gestürzt wurde. Ohne die Abwicklung des ehemals größten Wohnungsbaukonzerns der westlichen Welt und den Verkauf von Mehrheitsanteilen an der Bank und dem Versicherungsunternehmen wäre eine Insolvenz der Gewerkschaftsholding in der zweiten Hälfte der 1980er Jahre nicht zu vermeiden gewesen.

Politisch unumkehrbar wurde der Ausstieg aus der Gemeinwirtschaft aber erst durch den im vierten Abschnitt geschilderten Co op-Skandal, der maßgeblich zur weiteren Diskreditierung sozialpolitisch motivierter Betriebe beitrug. Obwohl die Gewerkschaften in diesem Fall weitgehend zu Unrecht auf der Anklagebank saßen, war das insofern konsequent, als auch die wirtschaftlichen Probleme der Co op AG ihren Ursprung in einer politischen Konzeption gehabt hatten, die angesichts eines veränderten Umfelds nicht mehr umsetzbar war. Der im fünften Abschnitt geschilderte Umbau der verbliebenen gewerkschaftlichen Beteiligungen trug dem Rechnung, indem er eine Neuausrichtung am Prinzip des Shareholder-Value mit sich brachte – und zwar in einer so radikalen Form, dass von ihm eine nicht zu unterschätzende Signalwirkung für die in den 1990er Jahren zu beobachtende, generelle ›Entpolitisierung‹ der *corporate governance* deutscher Unternehmen ausging. In diesem Umstand und in der eng damit verbundenen Entwertung des gewerkschaftlichen Unternehmensmodells bestand auch, so habe ich argumentiert, die hauptsächliche Nachwirkung der Krise der Gemeinwirtschaft.

Insgesamt betrachtet war diese also einerseits im Wesentlichen das Ergebnis von Problemen, die im Laufe der wirtschaftlichen und sozialen Umbrüche der 1970er Jahre angehäuft worden waren. Die Analyse der Krise würde insofern eher die Diagnose eines in diesem Zeitraum erfolgten »Strukturbruchs«[134] unterstützen als die These eines eigenständigen Zäsurcharakters der 1980er Jahre. Andererseits beförderte die Krise der Gemeinwirtschaft aber gerade in der zweiten Hälfte des Jahrzehnts die öffentliche Skepsis gegenüber den Überresten des sozialdemokratisch inspirierten, auf Wachstum und Planung basierenden Reformparadigmas der 1960er und 1970er Jahre und bereitete damit der breiten Durchsetzung einer an den »Selbstheilungskräften« des Markts orientierten Wirtschafts- und Unternehmensführungspolitik den Weg. Dass die seit den 1980er Jahren europaweit festzustellende Renaissance der Genossenschaftsbewegung in Deutschland zunächst sehr schwach ausfiel und erst seit der Jahrtausendwende ein wenig an Fahrt gewonnen hat, während die Auflösung der »Deutschland AG« in den 1990er Jahren nur vergleichsweise geringe Akzeptanzprobleme aufwarf, dürfte deshalb nicht zuletzt dem durch die Krise der Gemeinwirtschaft ausgelösten »Wandel des Politischen« geschuldet gewesen sein.

---

134 So der viel diskutierte Begriff bei *Anselm Doering-Manteuffel/Lutz Raphael*, Nach dem Boom. Perspektiven auf die Zeitgeschichte seit 1970, 2., erw. Aufl., Göttingen 2010, S. 28. Vgl. auch ebd., S. 12ff.

Dietmar Süß

Stempeln, Stechen, Zeit erfassen

Überlegungen zu einer Ideen- und Sozialgeschichte der »Flexibilisierung« 1970–1990

Zeitdisziplin und Zeitordnung gehören zu den Wesenszügen moderner Industriegesellschaften. Eindringlich hat Edward Palmer Thomson schon vor vielen Jahren auf den konfliktreichen Prozess der Normierung von Zeit und Arbeitsrhythmus im Frühkapitalismus und die Durchsetzung neuer temporaler Strukturen hingewiesen. Uhren überwachten Arbeitsbeginn und Arbeitsende, Aufseher kontrollierten und bedienten die neuen Apparaturen und neue Arbeitsordnungen kodifizierten schon am Beginn des 18. Jahrhunderts den neuen Arbeitsrhythmus wie etwa bei den englischen Crowley-Eisenwerken. Ein umfangreiches, 100.000 Wörter umfassendes Gesetzbuch sollte hier für Ordnung sorgen. Der Aufseher des Werks war gehalten, für jeden Tagelöhner eine Kontrollkarte zu führen, auf der das Kommen und Gehen verzeichnet wurde. In einer ergänzenden, vom Eigentümer selbst hinzugefügten Bemerkung hieß es:

»Und da mir zu Ohren kam, daß verschiedene Angestellte ehrlos genug waren, sich bei ihrem Weggang nach den am schnellsten gehenden Uhren und einer zu früh schlagenden Glocke zu richten, bei ihrer Ankunft jedoch nach zu langsam gehenden Uhren und einer verspätet schlagenden Glocke, und daß jene beiden schwarzen Verräter Fowell und Skellerne dies wissentlich zugelassen haben, soll hinfort keine geführte Person sich nach irgendeiner anderen Uhr, Glocke oder sonstigem Zeitmesser als der des Aufsehers richten, und diese Uhr darf niemals nachgestellt werden, es sei denn durch ihren Inhaber.«[1]

Die – keineswegs widerspruchsfreie – Unterwerfung einer neuen, arbeitsteiligen Zeitökonomie war eines der entscheidenden Merkmale der Industrialisierungsgeschichte, die begleitet war von einer zunehmenden räumlichen und sinnlichen Trennung von Arbeit und Nicht-Arbeit. Drei Entkopplungsprozesse waren dafür entscheidend:[2] Erstens definierte die Uhrzeit der industriellen Produktion den neuen Arbeitsrhythmus der Lohnarbeit. Arbeit richtete sich nicht mehr nach dem jahreszeitlichen Kalender, nach Wetter und Gottesdienstzeiten. Die Industrieproduktion ebnete diesen Rhythmus der Tageseinteilung zunehmend ein und machte aus den Stunden des Tags Produktionseinheiten und Schichten, die den Alltagsrhythmus neu strukturierten. Die neue Zeiteinteilung entschied über Arbeit und Freizeit, über Einkaufsmöglichkeiten, Mediennutzung und politisches Engagement. Damit ging eine zweite Entwicklung einher: Die Entstehung der »Freizeit« basierte auf der zeitlichen und räumlichen Trennung von Arbeit und Privatem, auf der Neugewichtung der Temporalstrukturen abhängig Beschäftigter, einer neuen Grenzlinie industrieller Gesellschaften, deren Verschiebungen Teil sozialer und politischer Konflikte wurden.[3]

---
1 Zit. nach: *Edward Palmer Thomson*, Zeit, Arbeitsdisziplin und Industriekapitalismus, in: *Rudolf Braun/Wolfram Fischer/Helmut Großkreutz* u. a. (Hrsg.), Gesellschaft in der industriellen Revolution, Köln 1973, S. 81–112, hier: S. 93.
2 Folgendes nach *Hartmut Rosa*, Beschleunigung. Die Veränderung der Zeitstrukturen in der Moderne, Frankfurt am Main 2005, S. 264.
3 Vgl. dazu auch: *Alf Lüdtke*, Arbeitsbeginn, Arbeitspausen, Arbeitsende: Skizzen zu Bedürfnisbefriedigung und Industriearbeit im 19. und frühen 20. Jahrhundert, in: *Gerhard Huck* (Hrsg.), Sozialgeschichte der Freizeit. Untersuchungen zum Wandel der Alltagskultur in Deutschland, Wuppertal 1980, S. 95–122.

Schließlich beschreibt ein dritter Entkopplungsprozess das Verhältnis zum Arbeitsgegenstand selbst, dessen Produktion durch den Rhythmus der Sirene, durch Arbeitsschichten, Fließbandlaufzeiten und Stechuhren bestimmt wurde, die nun Arbeit und Zeitökonomie unmittelbar aufeinander bezogen und zu einem mess- und regulierbaren Industrieprodukt machten. Das schloss widerstreitende, eigensinnige Formen des Unterlaufens, des Protests oder des Maschinenstürmens nicht aus – im Gegenteil, sie gehörten von Anfang an zu den Widersprüchlichkeiten des neuen industriellen Arbeitszeitregimes.

Die Herrschaft durch (und über) die Zeit war indes keineswegs bloße Folge einer linearen Internalisierung der neuen Zeitwerte. Daran beteiligt waren zahlreiche unterschiedliche gesellschaftliche Institutionen, die mit dazu beitrugen, die Zeitdisziplin der Akteure in das Korsett der industriellen Produktionsweise einzupassen und zu normieren. Das Militär zählte dazu genauso wie Bildungs- und Erziehungsanstalten, aber auch Krankenhäuser oder Fabriken. Rationalisierung und technologische Entwicklungen folgten ihrem eigenen Zeitrhythmus.

Zeiterfahrung und Zeitbewusstsein waren, darauf hat Norbert Elias hingewiesen[4], abhängig von Sozialstrukturen und kulturellen Normen. Zeitbegriffe dienten der Koordination und Standardisierung sozialer Beziehungen und reduzierten gesellschaftliche Komplexität; gleichzeitig gehörte gesellschaftliches Zeitbewusstsein zum sozialen Habitus und war im Zivilisationsprozess Bestandteil individueller Persönlichkeitsstruktur. Ein wesentliches Kennzeichen moderner Gesellschaften war in diesem Sinne die Herrschaft über die Zeit und die Fähigkeit, dominierende Zeitstrukturen durchzusetzen, die die Alltags- und Lebenszeit der Akteure bestimmte. Die Ambivalenz aus wachsender sozialer Normierung einerseits und einem steigenden Maß an individueller Autonomie andererseits gehörte damit zu den wesentlichen Kennzeichen moderner Gesellschaften.

Mit Blick auf die Epoche »nach dem Boom« hat dieser Zugang besondere Qualität, scheint es doch diese Phase seit den 1970er Jahren zu sein, in der zentrale Signaturen der »Moderne« zu Ende gingen: Als die 30-jährige Hochkonjunktur, während der Kanzlerschaft Helmut Schmidts, zu Ende ging, bedeutete dies das Ende eines industriellen Ordnungsmodells, dessen Konturen sich nach 1945 herausgebildet hatten. Der Fordismus hatte die Industriegesellschaften dominiert. Seine Grundlage waren die standardisierte Massenproduktion, die Annahme stetig steigender Massennachfrage und die gewerkschaftlich erkämpften Lohnzuwächse, die dafür sorgten, dass Einkommenssteigerungen mit den Unternehmensgewinnen zumindest teilweise Schritt hielten. Es war dieser weitgehende Kompromiss von Kapital, Staat und Arbeit, der in Deutschland mit den Grundstein für den Erfolg des westdeutschen Sozialstaats legte und die Nachkriegsepoche zu einem »goldenen Zeitalter« machte.

Mitte der 1970er Jahre begann jene »dritte industrielle Revolution«, an der der Ostblock schließlich zerbrechen sollte und welche in Westeuropa die Fundamente des Konsensliberalismus unterspülte. Ganze Industriebranchen brachen ein, Bergbau, Stahl- und Textilindustrie kamen in die Krise, Massenarbeitslosigkeit war nicht mehr nur ein Gespenst von gestern, sondern die neue Realität. Auf einmal war von der »Krise der Arbeitsgesellschaft« und dem »Ende der Arbeit« die Rede. Begleitet war diese tiefe Erschütterung des globalen Wirtschafts- und Finanzsystems vom Auftreten neuer Akteure, allen voran von neuen Konkurrenten aus Asien, die auf den Markt drängten. Wie auch immer man diesen Epochenwandel beschreibt, als »zweite« oder »reflexive« Moderne, Spätkapitalismus, Postfordismus oder gar Postmoderne, so wird doch immer wieder auf ähnliche Merkmale dieses Wandels verwiesen: auf »Individualisierung« und »Entdifferenzierung«, auf »Pluralisierung« und »Globalisierung«.

Historiker haben begonnen, diese Deutungskonzepte Schritt für Schritt zu historisieren und nach der Wirkungsgeschichte und Reichweite dieses »Strukturbruchs« zu fragen, der

---

4 *Norbert Elias*, Über die Zeit. Arbeiten zur Wissenssoziologie II, Frankfurt am Main 1984.

die Handlungslogiken und Zukunftserwartungen politischer, ökonomischer und gesellschaftlicher Steuerbarkeit von Grund auf veränderte.

Dieser Beitrag greift die Debatte auf und fragt danach, welche zeitökonomischen Imperative unsere unmittelbare Gegenwart bestimmen, was mithin also »Zeit« in der Zeitgeschichte meint, welche Vorstellungen von Zeit in den politischen und sozialwissenschaftlichen Kontroversen dominierten – und welche Reichweite der Kampf um zeitliche Normen und Ordnungsmodelle für den Arbeitsalltag in (spät-)kapitalistischen Gesellschaften wie der Bundesrepublik besaß. Bisher hat – anders als in den sozialwissenschaftlichen Nachbardisziplinen – eine Historisierung zeitlicher Ordnungsvorstellungen in der jüngeren Zeitgeschichte kaum stattgefunden.[5] Wenn überhaupt, wird eher impressionistisch von »Dynamisierung« oder, ganz allgemein, von »strukturellem Wandel« gesprochen.[6] Wie sehr sich aber die Veränderungen von Gesellschaftsstruktur und Lebenstempo bedingten, wie sehr Alltags- und Arbeitszeit aufeinander bezogen waren und welche Bedeutung die gesellschaftsstrukturierende Konstitution von Zeitpraktiken und Zeiterfassung besaß, darüber ist nur wenig bekannt.[7]

An zwei Beispielen sollen diese Fragen diskutiert werden: am Beispiel der Geschichte der Arbeitszeit und jener der Zeiterfassung – beides Themen, die für das Verhältnis von Arbeits- und Lebenswelt in den späten 1970er und 1980er Jahren von entscheidender Bedeutung waren. Der Beitrag fragt nach den Logiken der Rationalisierung von Zeit seit den 1970er Jahren bis etwa 1990[8] und nach der Geschichte und Semantik der »Flexibilisierung«, die Richard Sennett als Wesenskern einer »neuen Kultur des Kapitalismus« beschrieben hat.[9] Es geht dabei um den Versuch, eine Sozial- und Ideengeschichte der Zeit mit einer Geschichte der Arbeit zu verbinden. Die Überlegungen zielen auf den Herrschaftscharakter des Arbeitszeitregimes, seiner Elastizität, Anpassungs- und Konfliktbereitschaft.[10] Die Geschichte einer zunehmenden Entgrenzung von Arbeitszeit wird so aus mehreren Perspektiven untersucht: als Teil einer Konfliktgeschichte zwischen Kapital und Arbeit und als Teil pluralisierter Lebensläufe und Lebensentwürfe.

---

5 Als ersten Überblick: *Rüdiger Graf*, Zeit und Zeitkonzeptionen in der Geschichtswissenschaft, Version 1.0, URL: <http://docupedia.de/zg/Zeit_und_Zeitkonzeptionen> [9.5.2012]. Zum Themenfeld einer Zeitgeschichte der Arbeit vgl. *Dietmar Süß/ Winfried Süß*, Zeitgeschichte der Arbeit: Beobachtungen und Perspektiven, in: *Knud Andresen/Ursula Bitzegeio/Jürgen Mittag* (Hrsg.), »Nach dem Strukturbruch«? Kontinuität und Wandel von Arbeitsbeziehungen und Arbeitswelt(en) seit den 1970er-Jahren, Bonn 2011, S. 345–365.

6 Zum Begriff vgl. *Rüdiger Graf/Kim Christian Priemel*, Zeitgeschichte in der Welt der Sozialwissenschaften. Legitimität und Originalität einer Disziplin, in: VfZ 59, 2011, S. 479–508.

7 Vgl. mit Blick auf Europa *Andreas Wirsching*, Der Preis der Freiheit. Geschichte Europas in unserer Zeit, München 2012, S. 256–269.

8 Dazu *Anselm Doering-Manteuffel/Lutz Raphael*, Nach dem Boom. Perspektiven auf die Zeitgeschichte seit 1970, Göttingen 2008; zur Debatte um das Buch vgl. *Thomas Schlemmer/Winfried Süß*, Einführung. Mehrfachbesprechung: A. Doering-Manteuffel/L. Raphael: Nach dem Boom, Göttingen 2008, in: sehepunkte 9, 2009, Nr. 5, URL: <http://www.sehepunkte.de/2009/05/forum/mehrfachbesprechung-a-doering-manteuffel-l-raphael-nach-dem-boom-g246ttingen-2008-115/> [9.5.2012].

9 *Richard Sennett*, Der flexible Mensch. Die Kultur des neuen Kapitalismus, Berlin 1998; als Überblick über die zeitgenössische soziologische Literatur vor allem *Werner Bergmann*, Das Problem der Zeit in der Soziologie: ein Literaturüberblick zum Stand der »zeitsoziologischen« Theorie und Forschung, in: KZfSS 35, 1983, S. 462–504; für die Diskussion in den 1980er Jahren zentral: *Henry Braverman*, Die Arbeit im modernen Produktionsprozess, Frankfurt am Main/New York 1980; *Claus Offe* (Hrsg.), Arbeitszeitpolitik. Formen und Folgen einer Neuverteilung der Arbeitszeit, Frankfurt am Main 1982.

10 Immer noch anregend: *Claus Offe*, Arbeit als soziologische Schlüsselkategorie, in: *ders.* (Hrsg.), »Arbeitsgesellschaft«. Strukturprobleme und Zukunftsperspektiven, Frankfurt am Main/New York 1984, S. 13–43.

Mit dem Begriff der Beschleunigung hat Hartmut Rosa den Versuch unternommen, die Veränderungen der Moderne unter der Perspektive sich selbst beschleunigender Temporalstrukturen zu erfassen.[11] Übereinstimmend wird inzwischen von einem »Strukturbruch« gesprochen, der die Gesellschaften im Westen wie im Osten seit Mitte der 1970er Jahre grundlegend gewandelt habe.[12] Doch wann dieser »Strukturbruch« einsetzte, wie er wahrgenommen, erfahren und gedeutet wurde, wie genau das Mischungsverhältnis von Kontinuität und Wandel beschaffen ist, überhaupt: Welche Strukturen »gebrochen« wurden, für wen und für welche gesellschaftlichen Bereiche ein »Bruch« festgestellt werden kann, ist strittig. Rosas Perspektive lenkt den Blick auf die temporale Struktur des Wandlungsprozesses in der Ära »nach dem Boom«. Dazu zählen die Entstandardisierung von Erwerbsbiografien[13], die Entstehung neuer, ungesicherter Beschäftigungsformen, die Deregulierung von Arbeitsverhältnissen und damit auch eine neue Ökonomisierung des Sozialen, durch sich wandelnde und pluralisierende Arbeitssemantiken, zu dessen zeitgeistigen Produkten insbesondere die Rhetorik der Flexibilisierung als Versprechen individueller Chancengestaltung gehört.

Noch ist keineswegs sicher, wie weit die Erklärungskraft reicht, wenn vom »Ende des Fordismus« und dem Übergang in eine »postfordistische« Gesellschaft gesprochen wird[14], nicht zuletzt mit Blick auf den »Rheinischen Kapitalismus« in Deutschland. Trifft es zu, dass sich am Ende des 20. Jahrhunderts das industrielle Arbeitszeitregime erschöpft und ausgereizt hatte? Dahinter steht die Annahme, dass Produktivitätssteigerungen im 20. Jahrhundert Ergebnisse einer maximalen Grenzziehung zwischen Arbeits- und Freizeitwelt waren, deren Ressourcenfreisetzung und Rationalisierungsprofite sich erschöpft haben. Zur Signatur des Epochenumbruchs gehört demnach die Umkehrung dieses »modernen« Prozesses und damit die beschleunigte Entgrenzung von Arbeit und Lebenswelt.[15] Im Kontext der Frage nach Arbeitszeit rücken damit eine ganze Reihe neuartiger Probleme und Begriffe in den Blick: Unternehmen erlebten diese Phase seit Mitte der 1970er Jahre als Epoche neuer internationaler Konkurrenz, der sie mit unterschiedlichen Strategien begegnen wollten.[16] Verstärkt galt es nun, subjektive Anreize zu fördern, den Arbeitsprozess, wie es hieß, zu »flexibilisieren«, Arbeitszeiten neuen individuellen »Bedürfnissen« anzupassen und damit zu versuchen, Arbeits- und Lebenswelt zu synchronisieren; ein neuer, zeitökonomischer Imperativ, der beides gleichermaßen versprach: wachsende Handlungsspielräume der Akteure und eine Extensivierung der individuellen (auch zeitlichen) Leistungsbereitschaft.[17]

---

11 *Rosa*, Beschleunigung.
12 Dazu *Anselm Doering-Manteuffel/Lutz Raphael*, Der Epocheneinbruch in den 1970er Jahren. Thesen zur Phänomenologie und den Wirkungen des Strukturbruchs »Nach dem Boom«, in: *Andresen/Bitzegeio/Mittag*, »Nach dem Strukturbruch«?, S. 25–40.
13 *Andreas Wirsching*, Erwerbsbiographien und Privatheitsformen: Die Entstandardisierung von Lebensläufen, in: *Thomas Raithel/Andreas Rödder/Andreas Wirsching* (Hrsg.), Auf dem Weg in die Moderne? Die Bundesrepublik Deutschland in den siebziger und achtziger Jahren, München 2009, S. 83–97.
14 Vgl. dazu auch *Adelheid von Saldern/Rüdiger Hachtmann*, Das fordistische Jahrhundert. Eine Einleitung, in: Zeithistorische Forschungen 6, 2009, H. 2, S. 3–9; zur Bedeutung des Fordismus und seinen semantischen Verschiebungen in der Weimarer Republik vgl. unter anderem *Thomas von Freyberg*, Industrielle Rationalisierung in der Weimarer Republik. Untersucht an Beispielen aus dem Maschinenbau und der Elektroindustrie, Frankfurt am Main/New York 1989, S. 305–320.
15 Als umfassender Versuch, den Formwandel des Kapitalismus im letzten Drittel des 20. Jahrhunderts zu beschreiben, vgl. *Luc Boltanski/Ève Chiapello*, Der neue Geist des Kapitalismus, Konstanz 2003.
16 Vgl. *Ruth Rosenberger/Morten Reitmayer* (Hrsg.), Unternehmen am Ende des »goldenen Zeitalters«. Die 1970er Jahre in unternehmens- und wirtschaftshistorischer Perspektive, Essen 2008.
17 Vgl. dazu knapp *Thomas Blanke*, Flexibilisierung und Deregulierung: Modernisierung ohne Alternative?, in: *Wolfgang Däubler/Manfred Bobke/Karl Kehrmann* (Hrsg.), Arbeit und Recht. Festschrift für Albert Gnade, Köln 1992, S. 25–28.

Überlegungen zu einer Ideen- und Sozialgeschichte der »Flexibilisierung« 147

Zwei Bereiche sollen nun eingehender betrachten werden: erstens die Debatten um Arbeitszeitverkürzung[18] und der Streit um die Einführung der 35-Stunden-Woche[19]; zweitens die Bedeutung von Arbeitszeiterfassungssystemen und Stechuhren und damit die Dialektik von Kontrolle und Freiheit im Übergang zur postindustriellen Gesellschaft.[20]

***

In den Debatten um den Charakter der Epoche »nach dem Boom« wird wie selbstverständlich angenommen, dass sich in den 1980er Jahren das Verhältnis von »autonomer Lebenssphäre« und heteronomer »Arbeitssphäre« grundlegend veränderte. Die Entwicklung der Arbeitszeit ist dafür ein wichtiges Kriterium.[21] Ein erster Überblick über die Entwicklung tatsächlicher und tariflicher Wochenarbeitszeiten in Deutschland und Europa machte dabei bereits deutlich: In allen westlichen Industrieländern war die wöchentliche Arbeitszeit zwischen 1960 und 1980 spürbar gesunken.[22] In der Bundesrepublik ging die tatsächlich geleistete Wochenarbeitszeit in der Industrie von 45,6 Stunden (im Jahr 1960) auf 44,1 Stunden im Jahr 1970 und schließlich auf 41,6 Stunden im Jahr 1980 zurück. Damit lag die Bundesrepublik zwar im EG-weiten Trend einer Reduzierung von rund fünf Stunden, bildete aber zusammen mit Irland die Spitzengruppe der tatsächlich geleisteten Wochenarbeitszeit. Die durchschnittlich tarifliche Wochenarbeitszeit aller Arbeitnehmer sank von 44,6 Stunden 1960 auf 41,5 Stunden 1970 und schließlich auf 37,7 Stunden im Jahr 1995. Verbunden war dies mit dem gleitenden Übergang zum arbeitsfreien Samstag (und der bereits 1956 gestarteten DGB-Kampagne: »Samstags gehört Vati mir«[23]) sowie der zeitlich und branchenspezifisch ungleichzeitigen Einführung der 40-Stunden-Woche bis 1970.[24] Bei der effektiven jährlichen Arbeitszeit belegte die Bundesrepublik sowohl hinsichtlich des Umfangs als auch in der Veränderungsgeschwindigkeit einen europäischen Mittelplatz: Insgesamt sank die jährliche Arbeitszeit (im verarbeitenden Gewerbe)

---

18 Vgl. unter anderem *Günter Scharf*, Geschichte der Arbeitszeitverkürzung. Der Kampf der deutschen Gewerkschaften um die Verkürzung der täglichen und wöchentlichen Arbeitszeit, Köln 1987.
19 Eine systematische Untersuchung über den Streik von 1984 steht nach wie vor aus. Einen zeitgenössischen Überblick über die gewerkschaftlichen Debatten gibt: *Udo Achten*, Arbeitskampf um Arbeitszeit. Perspektiven gewerkschaftlicher Zukunft in flexibler Arbeitswelt, Marburg 1985; ähnlich kämpferisch *Gert Hautsch* (Bearb.), Kampf um Arbeitszeit. Dokumente und Materialien zur Geschichte des Kampfes um Arbeitszeitverkürzung. Erfahrungen – Argumente – Kontroversen, Frankfurt am Main 1984; *Reinhardt Bahnmüller*, Der Streik. Tarifpolitik um Arbeitszeitverkürzung in der Metallindustrie 1984, Hamburg 1985; knapp auch bei *Andreas Wirsching*, Abschied vom Provisorium. Geschichte der Bundesrepublik Deutschland 1982–1990, München 2006, S. 261; vgl. aus der Perspektive der Gewerkschaften auch *Jürgen Kädtler*, Tarifpolitik und tarifpolitisches System in der Bundesrepublik, in: *Wolfgang Schroeder/Bernhard Wessels* (Hrsg.), Die Gewerkschaften in der Politik und Gesellschaft der Bundesrepublik Deutschland, Wiesbaden 2003, S. 343–375, hier: S. 358ff.
20 Zeiterfassung ist bisher noch kein Gegenstand der Zeitgeschichte geworden. Einen Überblick gibt die Arbeit von *Gudrun Kopf*, Zeit-Ordnung. Eine Geschichte der Stechuhr, unveröffentlichte Diplomarbeit, Bauhaus Universität Weimar 2002.
21 Vgl. *Michael Schneider*, Streit um Arbeitszeit. Geschichte des Kampfes um Arbeitszeitverkürzung in Deutschland, Köln 1984.
22 Zahlenangaben nach: *Wolfgang Lechner*, Arbeitslosigkeit und Arbeitszeitpolitik im internationalen Überblick, in: WSI-Mitteilungen 1983, Nr. 36, S. 256–272, hier: S. 262–265.
23 *Matthias Frese*, »Samstags gehört Vati mir«. Arbeit und Freizeit von Frauen und Männern in der gewerkschaftlichen Diskussion der frühen Bundesrepublik Deutschland (1949–1965), in: Westfälische Forschungen 45, 1995, S. 73–101.
24 *Karin Schulze-Buschoff*, Die Flexibilisierung der Arbeitszeiten in der Bundesrepublik, in: APuZ 2000, Nr. 14–15, S. 26–31.

von 1.920 Stunden im Jahr 1970 auf 1.746 im Jahr 1980. Einen europäischen Spitzenplatz nahmen die Westdeutschen beim tariflich garantierten Jahresurlaub ein, gleichzeitig war in der Bundesrepublik die Lebensarbeitszeit (vom Ende der Schule bis zur Verrentung) europaweit mit am längsten (wobei es in kaum einem anderen Land ähnlich differenzierte Instrumente zur Frühverrentung gab).

Die Debatten um Arbeitszeitverkürzung waren Teil einer globalen Suchbewegung industrieller Gesellschaften des Westens im Umgang mit – unterschiedlich ausgeprägten – Problemen von Arbeitslosigkeit, Rationalisierung und veränderten Lebensstilen und Bedürfnissen von Beschäftigten und Unternehmern.[25] Während in den USA, in Kanada und in Großbritannien die Regierungen auf umfassende, staatlich gelenkte Arbeitsmarktprogramme weitgehend verzichteten, setzten westeuropäische Länder zu Beginn der 1980er Jahre auf eine zunehmend staatlich regulierte Arbeitszeitpolitik, die nicht nur auf die Sicherung bestehender, sondern auf die Schaffung von neuen Jobs setzte. So gehörte es zu einer der ersten Amtshandlungen der im Mai 1981 gewählten sozialistischen Regierung in Frankreich, eine neue Arbeitszeitpolitik auf den Weg zu bringen. Das Ziel war ein Vierfaches: eine Reduzierung der wöchentlichen Arbeitszeit (von 40 auf 39 Stunden zwischen 1981 und 1982), der Ausbau des Jahresurlaubs (von vier auf fünf Wochen), eine Begrenzung der Überstunden und die Schaffung staatlicher Anreize für Unternehmen, Teilzeitarbeit zu etablieren.[26] In den skandinavischen Wohlfahrtsstaaten und in den Niederlanden hatten Debatten über Teilzeitarbeit eine deutlich längere Tradition, und vor allem lag hier die Frauenerwerbsquote deutlich höher als in den anderen europäischen Ländern.[27]

Der Punkt, an dem sich die Debatte um ein neues Zeitverständnis in der Bundesrepublik entzündete, war der Streik um die Einführung der 35-Stunden Woche 1984. Eigentlich schien die Schlacht bereits mit der Einführung der 40-Stunden-Woche und dem arbeitsfreien Samstag seit Beginn der 1960er Jahre geschlagen zu sein. Lohnpolitik – das war das entscheidende Thema der Gewerkschaften in den Jahren des wirtschaftlichen Aufschwungs und der Vollbeschäftigung.[28] Noch immer galt – leicht novelliert und um die Mitbestimmung der Arbeitnehmervertreter erweitert – die im Jahr 1938 vom NS-Regime erlassene Arbeitszeitordnung[29], die den Gewerbeaufsichtsämtern die Überwachung der Schutzvorschriften übertragen hatte. In den Regelungsbereich fielen unterschiedliche Problemfelder: die Kontrolle und Bestimmung dessen, was unter »Arbeitszeit« zu verstehen war; die Einhaltung von Pausen, arbeitsfreien Zeiten und Wochenarbeitszeiten sowie die – rechtlich eingeschränkten – Möglichkeiten zur Ausdehnung der Arbeitszeit.[30]

Die Reduzierung der Arbeitszeiten – von zunächst 60 auf 48 und schließlich auf 40 Stunden – bedeutete einen tiefen erfahrungsgeschichtlichen Einschnitt. Dass sich der arbeitsfreie Sonntag als Familientag und der arbeitsfreie Samstag als Konsumtag durchsetzte, veränderte den Wochenarbeitsrhythmus der Beschäftigten erheblich. Gleichzeitig

---

25 Vgl. *Judith Buber Agassi/Stephen Heycock* (Hrsg.), The Redesign of Working Time: Promise or Threat?, Berlin 1989.
26 *Diane Temblay*, From Work-Sharing to the Flexibilization of Working Time. A Comparative Analysis of the Cases of Canada and France, in: ebd., S. 67–83.
27 *Monica Magnusson*, Employee – Designed Working Time Scheduling. Some Swedish Examples, in: ebd., S. 289–309; *Leni Beukema*, The Quality of Work. It's Indispensability for Working Time, in: ebd., S. 285–297.
28 *Joachim Bergmann/Otto Jacobi/Walther Müller-Jentsch*, Gewerkschaften in der Bundesrepublik, Frankfurt am Main 1976, S. 221–256.
29 RGBl I, 1938, S. 447; *Johannes Frerich/Martin Frey*, Handbuch der Geschichte der Sozialpolitik in Deutschland, Bd. 1: Von der vorindustriellen Zeit bis zum Ende des Dritten Reiches, München 1993, S. 282f.
30 *Erich Hanel*, Arbeitsrechtliche Fragen von Arbeitszeitregelung und Job-Sharing, in: *Helmut Heymann/Lothar Seiwert* (Hrsg.), Job Sharing. Flexible Arbeitszeit durch Arbeitsplatzteilung, Grafenau 1981, S. 83–92.

begünstigte die Reduzierung der Wochenarbeitszeiten eine betriebliche Politik der intensivierten Produktion und schuf die Bedingungen für technologische und organisatorische Rationalisierungen, die freilich im kurzen Zeitalter der Vollbeschäftigung durch freie Zeit und wachsenden Wohlstand ausgeglichen werden konnten.[31]

Arbeitszeitpolitik war damit von jeher immer mehr als die Regelung von Betriebsabläufen. Sie bestimmte die Konsumzeiten ebenso wie die Familienstruktur, das Verhältnis der Geschlechter oder die Formen individuellen Engagements. Der Verhandlungserfolg der Gewerkschaften und ihre Attraktivität bestanden vor allem darin, dass sie in der Lage waren, betriebliche Anforderungen an das Leistungsprofil der Beschäftigten durch die Normierung von Arbeitszeiten und Entgeltstrukturen zu regulieren – und damit den Preis der Arbeit teuer zu verkaufen.[32] Gleichzeitig vermochten sie den gewerkschaftlichen Einfluss auf die betriebliche Gestaltung der Arbeitsbeziehungen wesentlich zu erweitern und den in der frühen Bundesrepublik spürbaren Formen der Verbetrieblichung industrieller Beziehungen entgegenzuwirken. Das war somit einer der Wesenskerne des westdeutschen Systems industrieller Beziehungen: die gewerkschaftliche Mitsprache und Mitbestimmung bei der Ausgestaltung von betrieblichen Leistungsnormen einerseits, andererseits die Sicherheit der Arbeitgeber, auf dieser Basis die Rationalisierung der Massenproduktionsstrukturen weitgehend konfliktfrei vorantreiben zu können.

Doch mit der ökonomischen Krise seit Mitte der 1970er Jahre, mit dem Anwachsen der Arbeitslosigkeit, erhielt die Frage der Arbeitszeitverkürzung eine neue gesellschaftspolitische Qualität.[33] Zunächst schienen die Tarifverhandlungen noch in eine andere Richtung zu zeigen. Als Arbeitgeber und IG Metall sich im Oktober 1973 auf den Lohnrahmentarifvertrag II einigten[34], beinhaltete die Regelung neben neuen Vorschriften zur Datenerfassung von Leistungslohnsystemen, der Einschränkung von Taktzeiten bei Fließbandarbeiten und Regelungen über Gruppenarbeit, eine in der Tat völlig neue Komponente. Für alle im Leistungslohn beschäftigten Arbeiter waren eine Mindestholzeit von fünf Minuten und eine Drei-Minuten-Pause pro Stunde für persönliche Bedürfnisse festgeschrieben. Damit hatten die Gewerkschaften in einer schwierigen konjunkturellen Phase einen neuen arbeitszeitpolitischen Akzent gesetzt – die berühmte »Steinkühler-Pause«. Nun ging es, wie es einige Jahre später Oskar Negt auf dem Höhepunkt der Auseinandersetzungen um die Arbeitszeit formulieren sollte, um die Wiederaneignung enteigneter Arbeitszeit im Prozess der Kapitelverwertung.[35]

Arbeitszeitverkürzung als emanzipatorisches Projekt – das war es, wovon Gewerkschaftsintellektuelle träumten. Sie wiesen damit ungewollt auf ein zentrales gewerkschaftliches Problem der modernen Industriegesellschaft hin, dass nämlich die »Starrheit der herrschenden Zeitordnung, die strenge Zeitökonomie und das bürgerliche Arbeitsethos« langsam zusammenbreche und deshalb eine Doppelbewegung nötig sei:[36] die Verkürzung der fordistischen Stunde im Produktionsalltag und gleichzeitig die Neugewichtung der Nicht-Arbeit als Ausdruck und Folge eines gesellschaftlichen Wertewandels. Die neue »Zeitsouveränität« der Arbeiter schien in dieser Sicht als Folge der Ablösung eines »bür-

---

31 Vgl. dazu auch *Heribert Karch/Wolfgang Schroeder*, Optionen der Arbeitszeitpolitik zwischen den Zeiten, in: Gewerkschaftliche Monatshefte 52, 2001, S. 16–28.
32 *Hansjörg Weitbrecht*, Effektivität und Legitimität der Tarifautonomie, Berlin 1969.
33 *Helga Grebing*, Gewerkschaften: Bewegung oder Dienstleistungsorganisation – 1955–1965, in: *Hans-Otto Hemmer/Kurt Thomas Schmitz* (Hrsg.), Geschichte der Gewerkschaften in der Bundesrepublik, Köln 1990, S. 149–182.
34 IG Metall Bezirksleitung Stuttgart, Die Streitpunkte bei den Lohnrahmen-Verhandlungen Nordwürttemberg-Nordbaden: Stellungnahme der Industriegewerkschaft Metall, o. O. [1973].
35 *Oskar Negt*, Lebendige Arbeit, enteignete Zeit. Politische und kulturelle Dimensionen des Kampfes um die Arbeitszeit, Frankfurt am Main 1985, S. 33ff.
36 *Thomas Olk/H.-Willy Hohn/Karl* Hinrichs u. a., Lohnarbeit und Arbeitszeit, in: Leviathan 7, 1979, S. 151–173 (Teil 1) und S. 376–407 (Teil 2); Folgendes nach ebd.

gerlichen Arbeitsethos«: Nicht mehr pures Pflichtgefühl, Sparsamkeit, Disziplin und pünktliche Pflichterfüllung galten als moralischer Imperativ, sondern das neue Lebensgefühl der Selbstverwirklichung, der temporalen Selbstaneignung – ein neues Wertekorsett, von dem auch die Mitglieder der Gewerkschaften und das Gros der insbesondere jüngeren Erwerbstätigen beseelt zu sein schienen. Der Befund, den die zeitgenössische sozialwissenschaftliche Forschung Ende der 1970er und zu Beginn der 1980er Jahre lieferte, war indes keineswegs eindeutig: Mit der Zunahme weiblicher Erwerbstätigkeit und damit dem Ende des »bürgerlichen Familienmusters« werde die berufliche Arbeit als »Orientierungs- und Identifikationsinstanz« zunehmen; gleichzeitig sei die Arbeitszeitpolitik getragen von der Hoffnung auf eine neue »Lebensqualität«, für die die Gewerkschaften ebenfalls stritten. Diese neue »Lebensqualität« bedeutete: die weitestgehende Möglichkeit, »Arbeit« und »Freizeit« voneinander zu trennen – und stand damit ganz im Sinne industrieller Zeitökonomie. Die Reduzierung der Arbeitszeit galt als logische Fortsetzung all der großen Hoffnungen, die sich mit der »Humanisierung der Arbeit« verbanden und die vor allem in den Niederlanden und in Skandinavien von der Hoffnung auf eine gerechtere Arbeitsteilung zwischen Männern und Frauen getragen waren.

Und doch waren mindestens zwei Probleme neu: der wachsende ökonomische Druck auf die Belegschaften und der Beginn der Massenarbeitslosigkeit seit Mitte der 1970er Jahre sowie der neue Akzent, der im Begriff der »Lebensqualität« steckte. Dieser stellt gewissermaßen den eigentlichen, äußerst ambivalenten »Strukturbruch« dar: die Vorstellung, dass Arbeitszeitflexibilisierung eine Chance individueller »zeitlicher Souveränität« sei.

Diese »neue Arbeitszeitpolitik«[37], die bei der Mehrheit der Arbeitgeber auf große Zustimmung stieß, nahm für sich sowohl einen betriebswirtschaftlichen als auch einen emanzipatorischen Impuls in Anspruch, ging es doch darum, dass der Einzelne wieder Autonomie über die Gestaltung seines Lebenslaufs und die Intensität seiner Beschäftigung gewinnen sollte.

Die »Arbeitszeit nach Maß« schien eine Antwort auf den Wandel der Lebensstile und der gesellschaftlichen Liberalisierung zu sein und sie war auch, wie einige ihrer Befürworter argumentierten, Reaktion auf eine »alte« und »anachronistische« Arbeitszeitpolitik (insbesondere der Gewerkschaften), die mit ihren starren, für alle gültigen tarifvertraglichen Normen individuelle Entscheidungsspielräume beschnitt. Die Gewerkschaften galten dabei als die eigentlichen Blockierer einer »humanen« und dem »Recht des Einzelnen« angepassten Arbeitsplatzgestaltung der industriellen Moderne.[38]

Konkret ging es um die Individualisierung bisher kollektiv geregelter Tages- und Wochenarbeitszeiten und auch um die Arbeitsmenge insgesamt. Für diese »neue Arbeitszeitpolitik«, die Ende der 1970er in gewerkschafts- und SPD-nahen Organen diskutiert wurde, spielte die Frage der Beseitigung der Massenarbeitslosigkeit zunächst noch keine entscheidende Rolle. Das Argument der Flexibilisierung galt damit noch nicht als gleichsam solidarischer Akt der Umverteilung einer knapper werdenden Arbeitsmenge, sondern erschien als Ausdruck eines neuen »liberalen« Lebensgefühls, dessen Wesenskern es sei, »daß der Einzelne in der Regel immer noch am besten selbst und ohne Bevormundung

---

37 Vgl. dazu unter anderem *Bernhard Teriet*, Möglichkeiten der Arbeitszeitverteilung und der Arbeitszeitflexibilität, in: Gewerkschaftliche Monatshefte 25, 1974, S. 412–423; ders., Arbeitszeitflexibilisierung: Freiheit zurückgeben, in: Bundesarbeitsblatt 1981, H. 6, S. 20; *Andreas Hoff*, Job-sharing als arbeitsmarktpolitisches Instrument: Wirkungspotential und arbeitsrechtliche Gestaltung, Berlin 1981, S. 52; *ders.*, Verteilungskampf am Arbeitsplatz, in: Die ZEIT, 27.11.1981, S. 36.

38 Vgl. unter anderem *Walter H. Schusser*, Flexibilisierung der Arbeitszeit. Plädoyer für das Machbare, Köln 1983, S. 30ff.; *Wolfgang Goos*, Das Job Sharing-Modell des Arbeitsrings Chemie, in: *Heymann/Seiwert*, Job Sharing, S. 38–50, hier: S. 49f.

beurteilen kann, welche Wahl er zur optimalen Ausschöpfung seiner Lebenschancen treffen muß und wie er mit einem seiner kostbarsten Güter, der Lebenszeit, umgehen will«.[39]

Als Indikator dienten nicht zuletzt Umfragen wie die des Instituts für Arbeitsmarkt- und Berufsforschung aus dem Jahr 1980, die einen Wunsch der Erwerbstätigen nach differenzierten und auch geringeren, dem Lebenslauf angepassten Arbeitszeiten zu bestätigen schienen. Insbesondere diese Studie galt den Arbeitgebern im Laufe der Kontroverse immer wieder als »empirisches« und politisch »neutrales« Argument für eine notwendige und von den Belegschaften gewünschte Neugestaltung der Arbeitszeitordnung[40] – und damit auch als Beleg für die anachronistische Politik der Gewerkschaften. Gleichwohl konnte man – im Sinne der Gewerkschaften – die Untersuchungsergebnisse auch anders lesen, dass nämlich mehr als 77 % der Befragten nicht etwa für eine »Flexibilisierung«, sondern für den Erhalt bisheriger Arbeitszeitordnungen beziehungsweise eine Arbeitszeitverkürzung auf 35 Stunden bei vollem Lohnausgleich votierten.[41]

Wie sehr Umfrageforschung und Wertewandeldebatte Gegenstände arbeitspolitischer Konflikte waren, zeigte sich nicht zuletzt an der Kontroverse um Teilzeitarbeit und den Begriff des »job sharing«, die Anfang der 1980er Jahre mit großer Leidenschaft geführt wurde.[42] Dieses spezifische, aus den USA importierte Modell der Teilzeitarbeit galt als Antwort auf ein doppeltes Problem: Es sollte einen Beitrag zum Abbau der Massenarbeitslosigkeit leisten und vor allem weiblichen Erwerbstätigen eine neue Arbeitsmöglichkeit eröffnen, und zugleich den veränderten Bedürfnissen, von denen die Umfragen nach geringerer Arbeitszeit kündeten[43], Rechnung tragen. 1982 arbeiteten – mit seit den 1960er Jahren steigender Tendenz – etwa 15 % der Beschäftigten Teilzeit, die meisten davon Frauen[44], womit Deutschland im europäischen Vergleich einen mittleren Platz einnahm. Arbeitgeberverbände, FDP und Union (und vor allem die Frauen Union) sahen – mit unterschiedlicher Akzentsetzung – im Jobsharing die Chance, Produktivität und Selbstverantwortung der Beschäftigten zu erhöhen und insbesondere für Frauen, die nicht Vollzeit arbeiten könnten oder wollten, die Integration in den Arbeitsmarkt zu erleichtern.

Die Arbeitgeber hielten die Idee, einen Vollzeitarbeitsplatz zu teilen, schon allein deshalb für attraktiv, weil damit eine Besetzung rund um die Uhr garantiert war. Sie stützten sich zudem auf arbeitswissenschaftliche Studien, die gezeigt hatten, dass Beschäftigte auf halben Stellen intensiver arbeiteten als während eines vollen Achtstundentags, bei dem trotz Pausen die Leistungskraft mit zunehmender Dauer zurückging.[45] Insbesondere bei monotonen Tätigkeiten versprachen sich die Arbeitgeber höhere Arbeitsleistungen, eine

---

39 *Bernhard Teriet*, Die Wiedergewinnung der Zeitsouveränität, in: *Freimut Duve* (Hrsg.), Technologie und Politik, Bd. 8, Reinbek 1977, S. 75–111; ders., Zeitökonomie und Zeitmanagement in der Bundesrepublik – eine Zwischenbilanz, in: Zeitschrift für Arbeitswissenschaft 32, 1978, S. 112–118.
40 IAB Kurzbericht vom 8.10.1979, in: BeitragAB 42.2, Nürnberg 1980, S. 7; *C. Brinkmann*, Veränderungen des Arbeitsvolumens bei Realisierung von Arbeitszeitwünschen. Befragungsergebnisse und Modellrechnungen, in: BeitragAB 56, Nürnberg 1981, S. 45–46.
41 So warfen Soziologen des Kölner Instituts zur Erforschung soziale Chancen (ISO) den IAB einen »manipulativen Umgang mit den Befragungsergebnissen« vor und wiesen darauf hin, wie unterschiedlich das statistische Material bewertet werden könne; vgl. dazu: *Michael Schwarz/Thomas Friess/Jürgen Ulber* u. a., Job-sharing – ein Modell »Neuer Arbeitszeitpolitik«?, in: Gewerkschaftliche Monatshefte 33, 1982, S. 106–116, hier: S. 113–114.
42 Zur arbeitsrechtlichen und politischen Rezeption vgl. *Peter Schüren*, Job Sharing. Arbeitsrechtliche Gestaltung unter Berücksichtigung amerikanischer Erfahrungen, Heidelberg 1983, S. 73–93.
43 Vgl. unter anderem *Schusser*, Flexibilisierung der Arbeitszeit, S. 32.
44 Zahlenangaben nach *Andreas Hoff*, Notwendigkeit und Möglichkeit der tarifvertraglichen Regelung flexibler Arbeitszeiten, in: WSI-Mitteilungen 1982, Nr. 3, S. 183–190, hier: S. 183.
45 Vgl. zur Debatte aus gewerkschaftlicher Sicht *Schwarz/Friess/Ulber* u. a., Job-sharing, S. 109f.

bessere Maschinenauslastung und den Rückgang von Fehlzeiten. Die Diagnose einer »sinkenden Arbeitsmoral« und eines neuen Verhältnisses der Beschäftigten zur Arbeit gehörte zum Kanon der expandierenden Wertewandelforschung, die dahinter einen allgemeinen »Verfall« bürgerlicher Wertvorstellung vermutete[46] – dies nun aber nicht mehr im Sinne linker Gewerkschafter und Sozialwissenschaftler als »Befreiung« auslegte, sondern als Verlustgeschichte der Moderne, in der »Leistung« und »Disziplin« immer weniger an Bedeutung besäßen und sich die Arbeitnehmer immer mehr auf ihre Freizeit als auf den »Sinn« ihrer Arbeit konzentrierten.[47] Höhere Fehlzeiten und eine wachsende Kritik an der Monotonie der Arbeit galten dafür als Beleg.

Jobsharing verstanden Arbeitgeber als Möglichkeit, das Angenehme mit dem Nützlichen zu verbinden, und so stellte der »Arbeitsring der Arbeitgeberverbände der Deutschen Chemischen Industrie« 1980 erstmals einen solchen Modellarbeitsvertrag zur Diskussion, der eine rheinisch-kapitalistische Variante des ursprünglich amerikanischen Modells sein sollte. Dort gab es bereits seit den 1960er Jahren sowohl im Öffentlichen Dienst als auch in privaten Unternehmen unterschiedliche Modelle dafür, wie sich mehrere Arbeitnehmer einen Arbeitsplatz oder ein Team Arbeitsaufträge teilen konnten. Möglich war, dass beispielsweise Teammitglieder eigenständig einen vorher festgelegten Plan abarbeiteten – das sogenannte »job splitting« – oder dass die Partner einer Gruppe gemeinsam für das Projekt Verantwortung trugen und gemeinsam entschieden (»job paring«). Solche Teams bestanden vor allem aus Frauen mit zumeist überdurchschnittlicher Qualifikation. Der »Part-Time Career Employment Act« regelte seit 1978 für die US-Bundesverwaltung und die Kommunen die Arbeitsorganisation der Teams, die beispielsweise im Schulwesen und im Gesundheitssektor verstärkt genutzt wurden.[48]

Der Vertrag der Chemie-Arbeitgeberverbände sah vor, dass sich jeweils zwei Arbeitnehmer einen Vollzeitarbeitsplatz teilten und eine »ganztägige Besetzung des jeweiligen Arbeitsplatzes durch die Arbeitnehmer sichergestellt werden« sollte.[49] Den Arbeitnehmern fiel damit die Verantwortung zu, eine »ständige Besetzung« des Arbeitsplatzes beispielsweise auch bei Krankheit oder Urlaub zu garantieren; andernfalls drohte ihnen die Kündigung. Alle Risiken waren damit, wie die Gewerkschaften kritisierten, auf die Arbeitnehmer abgewälzt worden.[50]

»Jobsharing« meinte also keineswegs einen Anspruch auf flexible Arbeitszeitgestaltung. Die Regelarbeitszeit blieb der gültige Maßstab. Nicht nur, dass ein solches, insbesondere auf niedrig qualifizierte, weibliche Erwerbstätige ausgerichtetes Modell weitaus weniger Personen wieder in den Arbeitsmarkt integrierte, es erhöhte zudem in ökonomisch schwierigen Zeiten den Flexibilitätszwang auf den Arbeitnehmer, während sich der Arbeitgeber eine stille Arbeitskräftereserve aufbauen und den Personaleinsatz nach Belieben steuern konnte. Und noch zwei weitere Probleme sahen die Gewerkschaften: Erstens führe die Teilung des Arbeitsplatzes nicht etwa zu der propagierten »Humanisierung«, sondern sei letztlich eine Arbeitszeitverkürzung ohne Lohnausgleich, da mögliche

---

46 Einflussreich vor allem *Elisabeth Noelle-Neumann*, Werden wir alle Proletarier?, in: Die ZEIT, 13.6.1975.
47 Vgl. dazu *Jörg Neuheiser*, »Leben, um zu arbeiten oder arbeiten, um zu leben«? Der Wandel der Einstellungen zur Arbeit und ihrer Wertschätzung im 20. Jahrhundert. Hintergrunderläuterungen für die Ausstellung »Moderne Zeiten. Arbeitswelt nach 1945«, Haus der Geschichte der Bundesrepublik Deutschland, Bonn 2009, S. 26ff.
48 *Schüren*, Job Sharing, S. 72.
49 Zit. nach: *Erich Ott*, »Neue Arbeitszeitpolitik« und Job-sharing – Bedingungen und Gefährdungen einer Individualisierung der Arbeitszeit, in: WSI-Mitteilungen 1982, Nr. 3, S. 163–175, hier: S. 167.
50 *O. A.*, Ein schillernder Begriff: job-sharing, in: Der Gewerkschafter 1981, H. 3, S. 44–45.

Leistungssteigerungen nicht vergütet würden; und zweitens würden künftig betriebliche Konflikte individualisiert und der Mitsprache der Betriebsräte entzogen.[51]

Mit »Jobsharing« verbanden die Gewerkschafter zudem eine Politik, die sich allzu blind »amerikanischen Verhältnissen« anpasste. Aus den USA konnte im Sinne der Arbeitnehmer in der Ära Reagan nichts Gutes kommen: fehlender Kündigungsschutz, keine Tarifautonomie und keine gesetzliche Krankenversicherung – in diesen Verbund gehörte auch das Modell des Jobsharing. Und auch die positive Entwicklung auf dem amerikanischen Arbeitsmarkt galt ihnen als zu teuer erkauft: Jobs nur im schlecht bezahlten Dienstleistungssektor, ein Rückgang der Reallöhne – das schien das »wahre« Gesicht der »Flexibilisierung« nach amerikanischem Vorbild zu sein.[52]

***

Es waren also widersprüchliche Interessen und Erfahrungen, die die Geschichte sich wandelnder Arbeitszeitregime seit den späten 1970er Jahren charakterisierten. Die Debatte um die »Flexibilisierung« der Arbeitszeiten war bereits in Gang gekommen, noch bevor die Themen »Massenarbeitslosigkeit« und »Neue Soziale Frage« die sozial- und arbeitsmarktpolitische Agenda der Ära Kohl bestimmten.[53] Dabei waren die Frontlinien nicht klar abgesteckt, verstand sich die »neue Arbeitszeitpolitik« doch gleichsam in der Semantik der »Befreiung« von kapitalistischen Zwängen auch als eine Antwort auf die fordistische Enge des (männlichen) Normalarbeitsverhältnisses. Innerhalb des DGB gab es jedenfalls erhebliche Bedenken gegen die, wie es hieß, »Privatisierung« der Arbeitszeiten. Schließlich bedeuteten solche Versuche die Aufhebung kollektivvertraglicher Regelungen und schwächten die Verhandlungsmacht der Lohnarbeiter.[54] Die bereits dominierenden asymmetrischen Machtverhältnisse zwischen Kapital und Arbeit würden durch solch eine »neue« Arbeitszeitpolitik nur weiter forciert und die solidarische Interessendurchsetzung erschwert.

Das war das eine Argument. Das andere zielte auf die bereits am Ende der sozial-liberalen Koalition existierenden Formen der Arbeitszeitflexibilisierung. Denn aus Sicht der Gewerkschaften hatte dieser Prozess längst begonnen: Das galt für die wachsende Zahl jüngerer Beschäftigter unter 25 Jahren, die seit Mitte der 1970er Jahre bereits in befristeten Beschäftigungsverhältnissen angestellt waren – eine Zahl, die in den 1980er Jahren immer weiter ansteigen sollte. Das galt aber beispielsweise auch für Beschäftigte, die nicht unter die »neue« Arbeitszeit fielen, deren Arbeitszeitrhythmus aber immer weniger einem »normalen« Achtstundentag entsprach: Schicht- und Nachtarbeiter, deren Arbeitsrhythmus ausgedehnten Produktionszeiten zahlreicher Unternehmen angepasst und dem Ziel höherer Auslastungsquoten geschuldet war.

---

51 *Ursula Engelen-Kefer*, Job Sharing – Vorteile für wen? Eine Stellungnahme aus Sicht des DGB, in: *Heymann/Seiwert*, Job Sharing, S. 206–211.
52 *O. A.*, Flexibilität total, in: Der Gewerkschafter 1985, H. 9, S. 5; die äußerst differenzierte Praxis der unterschiedlichen amerikanischen Teilzeitmodelle wurde in der deutschen Öffentlichkeit indes kaum diskutiert und in der hitzigen Debatte verzerrt wiedergegeben, vgl. *Schüren*, Job Sharing, S. 23–72.
53 Dazu vor allem *Winfried Süß*, Massenarbeitslosigkeit, Armut und die Krise der sozialen Sicherung seit den 1970er Jahren. Großbritannien und die Bundesrepublik Deutschland im Vergleich, in: *Thomas Raithel/Thomas Schlemmer* (Hrsg.), Die Rückkehr der Arbeitslosigkeit, München 2009, S. 55–66.
54 Vgl. beispielsweise *Gerhard Bäcker/Hartmut Seifert*, Arbeitszeitverkürzung durch individuelle Flexibilität oder tarifvertragliche Regelungen? Anmerkungen zur Konzeption der individuellen Arbeitszeitflexibilisierung, in: WSI-Mitteilungen 1982, Nr. 2, S. 123–134.

Die Ausgangslage für den Tarifkonflikt im Jahr 1984 war damit vorgezeichnet. Mit der Verschärfung der Arbeitslosigkeit – im Januar erreichte die Arbeitslosenquote mit 10,2% (rund 2,5 Millionen Erwerbslose) den höchsten Stand seit 30 Jahren – gewann die Forderung nach Arbeitszeitverkürzung primär beschäftigungspolitische Bedeutung. Die 35-Stunden-Woche galt den Gewerkschaften als eine Antwort auf die vielfach beschworene Krise des Wohlfahrtsstaats und auf die Individualisierung der Lebensführung gleichermaßen. Arbeitszeitverkürzung sollte die vorhandene Arbeitsmenge gerechter verteilen, die Massenarbeitslosigkeit bekämpfen und die Arbeits- und Lebensbedingungen der abhängig Beschäftigten verbessern – das war gleichsam die Wunderformel industrieller Krisenbewältigung und gewerkschaftseigenes Fortschrittsnarrativ, und bis weit in die 1990er Jahre prägend.[55]

Was den in den Tarifbezirken Nordwürttemberg/Nordbaden und Hessen zwischen Mai und Juli 1984 mit großer Härte geführten Streik von anderen industriellen Konflikten der Bundesrepublik seit Mitte der 1950er Jahre unterschied, war sein politischer Charakter. So jedenfalls glaubten die daran beteiligten Gewerkschafter von IG Metall und IG Druck und Papier, dass es keineswegs nur um Fragen der Arbeitszeitverkürzung, sondern um die grundsätzliche Handlungsmacht der Gewerkschaften im neuen »schwarz-gelben« Staat ginge, den man gern als bloße Fratze der Kapitalinteressen geißelte. Insbesondere die »kalte Aussperrung« durch den christdemokratischen Chef der Bundesanstalt für Arbeit, Heinrich Franke, schien dieses Bild zu bestätigen.

Franke hatte in einem Erlass vom 18. Mai 1984 den Arbeitsämtern mitgeteilt, dass seiner Auffassung nach diejenigen, die außerhalb des umkämpften Tarifbereichs von streikbedingtem Arbeitsausfall betroffen seien, keine Lohnersatzleistungen erhalten sollten. Dieser »Franke-Erlass« bedeutete, wie die Gewerkschaften befürchteten, die »kalte Aussperrung« und einen Angriff auf das verfassungsrechtlich garantierte Streikrecht. Schließlich erhielten nun auch Beschäftigte, die nur mittelbar vom Streik betroffen waren, kein Kurzarbeitergeld – und die Arbeitgeber damit ein erhebliches Druckpotenzial, um die Gewerkschaften im Streikgebiet in die Knie zu zwingen.[56] Die Gewerkschaften klagten, das Sozialgericht in Frankfurt am Main setzte per einstweiliger Anordnung den »Franke-Erlass« in Kraft; eine Entscheidung, die auch vom Hessischen Landessozialgericht bestätigt wurde. Allerdings blieb die Rechtsgrundlage zunächst unklar.[57] Die neue schwarz-gelbe Regierung mit CDU-Arbeitsminister Norbert Blüm ließ keinen Zweifel, auf welcher Seite sie stand und mischte sich auf zahlreichen Ebenen massiv zugunsten der Arbeitgeber in die Tarifverhandlungen ein, bis hin zu Helmut Kohls Diktum, die Forderung der 35-Stunden-Woche, sei »dumm und töricht« und schade der Volkswirtschaft.[58]

Wie ernst der Arbeitgeberverband Gesamtmetall die Auseinandersetzung nahm, konnte man schon daran erkennen, dass er noch vor Beginn der Verhandlungen ein eigenes Angebot auf den Tisch legte – ein Novum in der Tarifpolitik. Es sah Lohnerhöhungen und eine verbesserte Vorruhestandsregelung für die Metallindustrie vor, gleichzeitig aber auch

---

55 *Wolfgang Schroeder*, Entwicklung der Arbeitszeitpolitik in Deutschland seit den 1970er Jahren, Diskussionspapier für den Workshop: »Sozialgeschichte der Arbeit nach dem Boom«, gehalten am 28. und 29. Mai 2010 im Zentrum für Zeithistorische Forschung in Potsdam.
56 *Reinhard Richardi*, Arbeitsverfassung und Arbeitsrecht, in: *Manfred Schmidt* (Hrsg.), Geschichte der Sozialpolitik in Deutschland seit 1945, Bd. 7: 1982–1989 Bundesrepublik Deutschland. Finanzielle Konsolidierung und institutionelle Reform, Baden-Baden 2005, S. 157–195, hier: S. 162ff.
57 Im Mai 1986 verabschiedete die Regierungskoalition deshalb – unter heftigem Protest der Gewerkschaften – eine Neufassung des § 116 Arbeitsförderungsgesetz, das die Zahlung von Lohnersatzleistungen im Streikfall auf den Bereich der Tarifauseinandersetzung begrenzte; vgl. *Richardi*, Arbeitsverfassung und Arbeitsrecht, S. 177.
58 Magen umgedreht, in: Der SPIEGEL, 18.6.1984.

die Ablehnung einer Arbeitszeitverkürzung.[59] Stattdessen forderten die Arbeitgeber eine flexiblere Arbeitsstruktur und die Möglichkeit, den Arbeitsbedarf konjunkturellen Schwankungen anpassen und damit das aus ihrer Sicht vorhandene Missverhältnis von Arbeits- und Betriebszeit beseitigen zu können. Der Konflikt, um den es in den Jahren 1983/84 ging, war für den Charakter der späten Bonner Republik deshalb so zentral, weil er auch ein Grundsatzkonflikt um die Logik des westdeutschen Arbeitszeitregimes war: Denn bis dahin richtete sich die Politik der Arbeitszeitverkürzung auf die – ganz im Sinne der Arbeiterbewegung liegende – Verbesserung der Arbeits- und Lebensbedingungen. Der Kampf um die 35-Stunden-Woche bedeutete auch in dieser Hinsicht mehr als nur die schrittweise Reduzierung der Wochenarbeitszeit, er war vielmehr Teil eines soziokulturell geprägten Lebensmodells der Industriegesellschaft, zu der wesentlich die Trennung von Arbeit und Freizeit gehörte. Allerdings hatten sich die ökonomischen Bedingungen und damit auch die innere Logik der Arbeitszeitpolitik radikal verändert. Denn nun sollte, wie es beispielsweise auch der IG-Metall-Bezirksleiter für Baden-Württemberg, Franz Steinkühler, forderte, mit der 35-Stunden-Woche ein dreifaches Ziel erreicht werden: eine Humanisierung der Arbeit, die Verbesserung der Lebensbedingungen der Arbeitnehmer und – was als Ziel immer weiter dominieren sollte – die Beseitigung der Massenarbeitslosigkeit. Aber gerade diese Mischung war keineswegs widerspruchsfrei – und vor allem konnte die Arbeitgeberseite nun mit größerem Gegengewicht neue Akzente setzen, die unter dem Schlagwort »Flexibilisierung« und Kostenersparnis auf die Grenzen einer rheinisch-kapitalistischen Produktions- und Fortschrittslogik hinwiesen.

Jedoch passte die Endzeitrhetorik über den Untergang des »Wirtschaftsstandorts Deutschland« und den »totalen sozialen Kahlschlag« nicht zu den Ergebnissen des Konflikts. Am Ende stand – auf Vermittlung des Schlichters Georg Leber, seines Zeichens ehemaliger Bundesvorsitzender der Baugewerkschaft und von 1972 bis 1978 SPD-Verteidigungsminister – die 38,5-Stunden-Woche als Kompromiss in der westdeutschen Metallindustrie – ein Ergebnis, das zahlreiche Wirtschaftsbranchen übernahmen. Zu dem Kompromiss zählten aus Sicht der Gewerkschaften aber auch zahlreiche bittere Kröten, die sie schlucken mussten.[60] Allen voran die tarifvertragliche Regelung der Arbeitszeitflexibilisierung, die insbesondere Spielraum für betriebliche Lösungen und Anpassungen an die ökonomische Lage ließ. Arbeitszeitregelungen waren damit nicht mehr ausschließlich als Flächentarif geregelt, sondern stärker als je zuvor auf die Betriebsebene verlagert – eine Tendenz, die gewerkschaftlichen Funktionsträgern nicht schmecken konnte.

Die 38,5-Stunden-Woche galt überdies nicht für jeden, sondern musste im betrieblichen Durchschnitt erreicht werden, sodass die individuelle Arbeitszeit einzelner Lohngruppen zwischen 37 und 40 Stunden schwanken konnte. Die Praxis der Umsetzung des »Leber-Kompromisses« deutet darauf hin, dass die viel beschworene »Zeitenwende« die meisten Beschäftigten zunächst noch nicht erreichte. So waren in den ersten zehn Jahren nach der Umsetzung wohl nicht mehr als zwei bis vier Prozent der Arbeitnehmer von der neuen Flexibilisierungsstrategie der Arbeitgeber in der Metallindustrie betroffen.[61] Was sich in-

---

59 Für die Argumente der Arbeitgeberseite vgl. *Schusser*, Flexibilisierung der Arbeitszeit, S. 177f.
60 *Richardi*, Arbeitsverfassung und Arbeitsrecht, S. 164.
61 Folgendes nach *Rainer Trinczek*, Arbeitszeitflexibilisierung in der bundesdeutschen Metallindustrie, in: *Hans G. Zilian/Jörg Flecker* (Hrsg.), Flexibilisierung – Problem oder Lösung, Berlin 1998, S. 67–87; *Rene Schmidt/Rainer Trinczek*, Does the 38.5-Hour Week Collective Agreement Change the West German System of Co-Determination?, in: *C. J. Lammers/G. Széll* (Hrsg.), International Handbook of Participation in Organizations, Bd. 1: Organizational Democracy: Taking Stock, Oxford 1989, S. 285–300; *Rene Schmidt/Rainer Trinczek*, Die betriebliche Gestaltung tariflicher Arbeitszeitnormen in der Metallindustrie, in: WSI-Mitteilungen 1989, Nr. 10, S.641–661; mit Blick auf die 1990er Jahre *Christa Herrmann/Markus Promberger/Susanne Singer* u. a., Forcierte Arbeitszeitflexibilisierung. Die 35-Stunden-Woche in der betrieblichen und gewerkschaftlichen Praxis, Berlin 1999.

des – mehr leise als laut – in den Betrieben veränderte, war das arbeitszeitpolitische Klima. Nicht zuletzt durch den Trend, die Stärkung der Betriebe und ihrer Akteure zu forcieren, waren die 1980er Jahre eine Zeit der großen Suchbewegung und von Management-Testläufen. Flexibilisierungsmodelle wurden im Kleinen erprobt, Schmerzgrenzen ausgelotet, Drohpotenziale aufgebaut und wieder verworfen und damit der Boden für deutlich weitergehende Schritte vorbereitet. Einiges spricht dafür, dass die Debatte, die Ende der 1980er Jahre um die sogenannten Lafontaine-Thesen kreiste, welche im Kern die Forderung nach einer Arbeitszeitverkürzung ohne vollen Lohnausgleich beinhalteten, ganz wesentlich von diesem, sich langsam verschiebenden Meinungsklima geprägt war.[62]

Aus Sicht der Gewerkschaften war das Ergebnis also – nicht nur mit Blick auf die Folgen für den Arbeitsmarkt – ambivalent.[63] Arbeitszeitverkürzung und mehr Freizeit waren verbunden mit einer Extensivierung der Produktions- und maschinellen Nutzungszeiten und das bedeutete, dass standardisierte Wochenarbeitsrhythmen in weiten Teilen des primären und sekundären Sektors durchlässiger und der Arbeitsdruck für die Beschäftigten höher wurden – es fand demnach eine Entkopplung von Arbeits- und Betriebszeit statt. Ganz neu war diese Entwicklung nicht. Tatsächlich hatten auch frühere Betriebsvereinbarungen bereits Spielraum für Arbeitszeitmodelle jenseits des standardisierten Normarbeitstags gelassen, allen voran in der Automobilbranche. Bei BMW gab es schon seit längerer Zeit Pläne für die Ausweitung der Betriebszeiten und der Schichtarbeit, die Arbeitszeitverkürzung mit einem umfangreichen Schichtarbeitsmodell verbinden sollten; und auch bei VW wurde 1984 mit den Gewerkschaften über einen Jahresarbeitszeitvertrag verhandelt, der es dem Unternehmen im Sommer ermöglichte, Zusatzschichten zu fahren – und im Winter auf eine Viertagewoche zurückzufahren.[64]

Je nach Branche und Stärke der Gewerkschaft gab es unterschiedliche Modelle in der Erprobung: Im Bankgewerbe erprobten erste Filialen Gleitzeit- und Gruppenarbeitsmodelle und im Einzelhandel gab es Versuche, die sogenannte Kapovaz, die kapazitätsorientierte variable Arbeitszeit, nach amerikanischem Vorbild einzuführen. Die Logik dieses Arbeitszeitsystems basierte darauf, den betriebswirtschaftlichen Personaleinsatz am Käuferstrom zu orientierten und das Personal auf Abruf bereitzuhalten.[65] Entweder konnten so flexibel, wie es hieß, mehr Verkäuferinnen zum Einsatz kommen oder, wenn der Einkaufsstrom nachließ, wieder nach Hause geschickt werden. Auch wenn sich ein solches – speziell auf weibliche, gering qualifizierte, wenig gewerkschaftlich organisierte Arbeitnehmerinnen gerichtetes Arbeitszeitmodell nicht durchsetzen konnte, wird damit ein neuer Akteur sichtbar, der mit dem Tarifvertrag von 1984 nun erstmals als verrechtlichte Tarifvertragsgröße zumindest indirekt eine Rolle spielte: der Käufer.

Die Forderung nach »Flexibilisierung« bedeutete damit auch eine Anpassung der Arbeitszeit an die saisonalen Kundenbedürfnisse. »Flexibilisierung« galt damit als Antwort

---

62 Dazu nun die Magisterarbeit von *Anna Neuenfeld*, Oskar Lafontaine, die SPD und die Debatte über die Zukunft der Arbeit in den achtziger Jahren, unveröffentlichte Magisterarbeit, Jena 2009.
63 Zu einer Bilanz vgl. beispielsweise *Walter Riester*, Der Kampf um die 35-Stunden-Woche in Nordwürttemberg/Nordbaden – Bedingungen, Erfahrungen, Schlussfolgerungen, in: WSI-Mitteilungen 1984, Nr. 9, S. 526–533.
64 Weg vom Schema des Acht-Stunden-Tages, in: Der SPIEGEL, 2.4.1984; immer wieder Erwähnung fanden in der Öffentlichkeit die Modelle der Volksbank Bad Cannstatt, die bereits 1977 ihr Arbeitszeitmodell umstellte; vgl. dazu *Heinz Metzger*, Erfahrungen aus einem mittelständigen Dienstleistungsunternehmen: Das Arbeitszeitmodell der Volksbank Bad Cannstatt, in: *Rainer Marr* (Hrsg.), Arbeitszeitmanagement. Grundlagen und Perspektiven der Gestaltung flexibler Arbeitszeitsysteme, Berlin 2001, S. 229–239; und für den Handel: *Angela Fauth/Andreas Willenegger*, Erfahrungen aus einem mittelständigen Handelsunternehmen. Individuelle Arbeitszeit im Textilhaus Ludwig Beck, in: ebd., S. 217–227.
65 Vgl. *Peter Pulte*, Kapazitätsorientierte variable Arbeitszeit. KAPOVAZ, Heidelberg 1987.

auf eine neue Standortkonkurrenz und ein höheres Maß an Produktivität; gleichzeitig folgte sie veränderten Lebensstilen und Konsumenteninteressen. Verbunden war damit die Erwartung der Arbeitgeber, Produktionszeiten immer stärker an der Auftragslage anpassen und die Steuerung der Zeit zur neuen, entscheidenden Kostenkalkulationsgröße machen zu können. Mit dem Begriff der »Lean«- und Just-in-time-Produktion, dem nach japanischem Vorbild geformten Leitmotiv einer »schlanken Produktion«, einer Unternehmenspolitik, die auf teilautonome, selbstverantwortliche Gruppen setzte, und mit der systematischen Evaluation von Produktions- und Distributionsprozessen sollte diese spezifische Logik der Zeitökonomie zunächst in den USA, seit Beginn der 1980er Jahre auch in der Bundesrepublik ihren Siegeszug beginnen.[66]

»Flexibilisierung« der Arbeitszeiten war in diesem Kontext einer der Schlüsselbegriffe dieser als »modern« und überlegen wahrgenommenen neuen Produktionsweise, von der man erwartete, das deutsche Modell industrieller Beziehungen wieder fit für den Weltmarkt zu machen. Die in den 1990er Jahren so leidenschaftlich geführte Debatte um den »Standort Deutschland« hatte hier einen ihrer wesentlichen Bezugspunkte.[67] Und so konnte die Semantik der Flexibilisierung zum Zauberwort sehr unterschiedlicher Logiken industrieller Arbeitszeitregime seit den 1970er Jahren werden: als Teil einer neuen Arbeitszeitkultur der »individualisierten Massengesellschaft« und als Anpassung an die Bedingungen einer beschleunigten fordistischen Produktionsweise, für die die Aushöhlung geregelter Arbeitszeit die Norm bildete. Denn was sich aus Arbeitgebersicht am Ende der 1970er und seit Beginn der 1980er Jahre immer weiter zugespitzt hatte war, dass sich insbesondere in der Fertigungstechnologie mit dem Einsatz der Mikroelektronik und der stärkeren Kundenorientierung der Druck auf die Innovationsgeschwindigkeit erhöhte. Das machte Maschinen teurer und ließ sie zugleich immer schneller alt werden. Umgekehrt machte es diese Entwicklung neuen Unternehmen insbesondere aus dem asiatischen Raum leichter, ihre Produkte zu entwickeln und auf dem Markt zu kostengünstigeren Preisen anzubieten; einem Markt, dessen Grenzen nun im Sinne eines angebotstheoretischen Monetarismus immer weiter von seinen »Fesseln« befreit werden sollten. Das erklärt auch, warum – trotz aller Vorerfahrungen in der Arbeitszeitpolitik – den Auseinandersetzungen um die 35-Stunden-Woche und um die »Flexibilisierung« von Arbeitszeiten im Jahr 1984 tatsächlich grundlegende Bedeutung zukam.

Die semantischen Verschiebungen des Begriffs der Arbeitszeitflexibilisierung werden noch deutlicher, wenn man sie vor dem Hintergrund der Debatten um die vermeintliche »Krise des Normalarbeitsverhältnisses« betrachtet.[68] Gemeint war damit ein Phänomen, das der Arbeitsrechtler Ulrich Mückenberger 1985 in diesem Begriff gefasst hatte.[69] Worauf er hinwies, war die seit den 1980er Jahren zu beobachtende, langsam bröckelnde Schutzfunktion eines gesellschaftlichen Leitbilds, das über mindestens zwei Jahrzehnte Tarifverhandlungen und Arbeitsrecht bestimmt hatte. Dahinter stand bei Mückenberger,

---

66 *Christian Kleinschmidt*, Der produktive Blick. Wahrnehmung amerikanischer und japanischer Management- und Produktionsmethoden durch deutsche Unternehmer 1950–1985, Berlin 2002, S. 355–394; *Heinz Minssen*, Tayloristisch? Anthropozentrisch? – Gruppenarbeit in der Automobilindustrie, in: *Stephan Bandemer/Volker Eichener/Josef Hilbert* (Hrsg.), Anthropozentrische Produktionssysteme. Die Neuorganisation der Fabrik zwischen »Lean Production« und »Sozialverträglichkeit«, Opladen 1993, S. 85–104; *Gerhard Bihl/Angela Berghahn/Manfred Theunert*, Zukunftsorientierte Arbeitszeitgestaltung am Beispiel BMW Werk Regensburg, in: *Marr*, Arbeitszeitmanagement, S. 242–258.
67 *Wolfgang Schroeder*, Das Modell Deutschland auf dem Prüfstand, Wiesbaden 2000.
68 *Martin H. Geyer*, Die Gegenwart der Vergangenheit. Die Sozialstaatsdebatten der 1970er Jahre und die umstrittenen Entwürfe der Moderne, in: AfS 47, 2007, S. 47–93, hier: S. 66ff.
69 *Ulrich Mückenberger*, Die Krise des Normalarbeitsverhältnisses – Hat das Arbeitsrecht noch Zukunft?, in: Zeitschrift für Sozialreform 7, 1985, S. 415–433 und 457–475.

zugespitzt auch in Ulrich Becks »Risikogesellschaft«[70], die Annahme, dass sich seit den 1980er Jahren ein Wandel des auf Dauer angelegten, rechtlich abgesicherten Vollzeitarbeitsverhältnisses vollziehe. Die Standardisierung von Arbeit, für die die Gewerkschaften gekämpft hatten und die als ein wesentliches Kennzeichen des westdeutschen Sozialstaats galt, schien an Bindekraft zu verlieren. Die Massenarbeitslosigkeit gefährdete das, was als »normal« galt: kontinuierliche Erwerbsbiografien, lange Beschäftigungsdauer, gesicherte, arbeitsrechtliche Statusabsicherungen und Statusrechte. Ein wesentliches Kennzeichen der »Risikogesellschaft« schien die Deregulierung und Entstandardisierung von Lebensläufen und Erwerbsbiografien zu sein, und damit die Zunahme, ja der Zwang zur »Flexibilisierung«. Doch was war das eigentlich, was hier als »normal« verhandelt wurde? Das war keineswegs sicher.[71] Der Begriff umschrieb vor allem die Endstandardisierung männlicher Lebensläufe, ihre lebenslangen Arbeitsverhältnisse und kontinuierlichen Bildungskarrieren. Das »Normalarbeitsverhältnis« war eng gekoppelt an die Vorstellung von männlicher Versorgung der Familie durch Erwerbstätigkeit und von weiblicher Hausarbeit und transportierte damit auch eine spezifische familiäre »Normalität«. Weibliche Erwerbstätigkeit und die wachsende Beschäftigung von Migranten mit ihren sehr spezifischen Problemen und ihrer dauerhaften Erfahrung der Diskontinuität und Brüchigkeit des Erwerbslebens fasste der Begriff des »Normalarbeitsverhältnisses« jedenfalls nicht. Die statistische Evidenz der »Krise« bezog sich beinahe ausschließlich auf die Normalerwerbsbiografie eines tariflich abgesicherten Beschäftigten in der Metallindustrie.[72] Ganz überraschend war dies nicht angesichts der männlichen Facharbeiterdominanz in den Gewerkschaften und ihrer partiellen Blindheit gegenüber neu entstanden Lebenslagen.

Und noch etwas verdeckte der Begriff: dass die Abweichung eines immer gleich rhythmisierten Arbeitstags Kennzeichen der »Normalität« fordistischer Zeitökonomie war. Überstunden waren wesentliche und zwischen Gewerkschaften und Arbeitgebern keineswegs strittige Elemente dieses Modells. Schichtarbeit war in zahlreichen Branchen selbstverständlich und auch die Arbeit an Wochenenden war keineswegs abgeschafft (wenn auch teuer bezahlt). »Normalität« der Arbeitszeitpolitik war also in der bundesrepublikanischen Nachkriegsgeschichte ein beständig ausgehandelter Prozess, dem ein gewisser Grad an »Flexibilisierung« immanent war. In diesem Sinne meinte »Flexibilisierung« eine dreifache Entwicklung: die Differenzierung der individuellen Arbeitszeitlänge, die Variabilisierung des Arbeitszeitvolumens und die Ausdehnung betrieblicher Laufzeiten.[73] Bemerkenswert war die Debatte, weil der Befund, auf den sich das statistische Material Mitte der 1980er Jahre bezog, zunächst allenfalls einen sehr schwachen Trend beschrieb.[74] Insbesondere für die Gewerkschaften und einen erheblichen Teil der »kritischen« Sozialwissenschaften umschrieb das »Normalarbeitsverhältnis« auch die Sehnsucht nach einer scheinbar untergegangen, heilen Welt der Industriegesellschaft mit immerwährenden Lohnzuwächsen. Die Gegenwart der 1980er Jahre schien somit Teil einer sich beschleunigenden Verlustbedrohung – und die »Krise des Normalarbeitsverhältnisses« ihr unmittelbarer Ausdruck zu sein. Gerade deshalb war die Kontroverse so wirkungsmächtig und

---

70 *Ulrich Beck*, Die Risikogesellschaft, Frankfurt am Main 1986.
71 *Alexandra Wagner*, Krise des »Normalarbeitsverhältnisses«? Über eine konfuse Debatte und ihre politische Instrumentalisierung, in: *Claus Schäfer* (Hrsg.), Geringe Löhne – mehr Beschäftigung? Niedriglohn-Politik, Hamburg 2000, S. 200–246.
72 Vgl. beispielsweise zum »Kölner Normalarbeitsstandard« *H. Groß/C. Thoben/F. Bauer*, Arbeitszeit '89. Ergebnisse einer aktuellen Repräsentativbefragung zu Arbeitszeitstrukturen und Arbeitszeitwünschen der abhängig Beschäftigten in der Bundesrepublik Deutschland, Düsseldorf 1989.
73 *Trinczek*, Arbeitszeitflexibilisierung in der bundesdeutschen Metallindustrie.
74 *Karl Hinrichs*, Das Normalarbeitsverhältnis und der männliche Familienernährer als Leitbilder der Sozialpolitik, in: Sozialer Fortschritt 45, 1996, S. 102–107.

von zahlreichen Horrorszenarien geprägt, welche die Debatten um die »Zukunft der Arbeit« ebenso düster erscheinen ließen wie die apokalyptischen Untergangsvisionen der Friedens- und Umweltbewegung. Dass der »Arbeitsgesellschaft« die »Arbeit« ausging – ein Topos, der zum zentralen Gegenstand sozialwissenschaftlicher Kontroversen und öffentlicher Krisendiskurse der 1980er Jahre werden sollte, – spiegelte paradoxerweise das Gegenteil dessen wider, was er zu beschreiben versuchte. Mochte die Arbeitsgesellschaft auch an ihren Ränder ausfransen[75], blieb Erwerbstätigkeit doch die zentrale Instanz gesellschaftlicher Integration.[76]

Zumindest für die gewerkschaftliche Kernklientel war die reale Verlusterfahrung indes keineswegs so dramatisch wie die gefühlte Verlustbedrohung, selbst wenn die 1980er Jahre das erste Jahrzehnt in der Geschichte der Bundesrepublik waren, in der die Einkommensentwicklung der abhängig Beschäftigten hinter dem Gesamtwachstum des Volkseinkommens zurückblieb.[77] Im Bereich der Arbeitszeit sank die Zahl der Wochenstunden bis 1995 auf 35, und das nicht nur in der Metallindustrie. Auch im Osten des vereinigten Deutschland führten neue Tarifverträge dazu, dass die Arbeitszeit von 43,75 Stunden auf 38 Stunden fiel – bei allen Differenzen im Detail. Nicht zu Unrecht hat deshalb Wolfgang Schroeder davon gesprochen, dass Arbeitszeitpolitik beides ist: einerseits eine gewerkschaftliche Erfolgsgeschichte, andererseits aber auch eine Politik, die im Ergebnis die Rationalisierungs- und Flexibilisierungsbewegungen weiter voranschiebt und damit gleichsam Opfer ihres eigenen Erfolgs wird.[78]

***

Für die Gewerkschaften jedenfalls bedeutete dieses neue Feld der Arbeitszeitpolitik eine erhebliche Herausforderung. Gleichsam als düstere Hintergrundmelodie vernahmen sie das traurige Lied von der kalten Rationalisierung und den Gefahren des technischen Wandels. Dazu gehörten die Folgen und neuen Konflikte, die sich allesamt um das Thema »Mikroelektronik« und die Gefahren für den Arbeitsplatz drehten. Dazu gehörte die neue Gestaltung der »Fabrik«, als Arbeitsraum, der gleichsam »klinisch« gereinigt und in die Hände der Maschinen und die Kontrollzeiten der neuen automatisierten Regelungsinstanzen übergeben werden sollte.[79] Und dazu gehörte die Frage, wie konkret Arbeitszeiten »gemessen« beziehungsweise kontrolliert werden sollten. Die Messung von Arbeitszeiten war schon seit der Industrialisierung immer Teil sozialer Konflikte. Bereits in den Crowley-Eisenwerken war ausdrücklich das Privileg des Eigentümers erwähnt, dass er allein das Recht habe, die Uhr zu stellen – und nur seine Uhr den gültigen Arbeitsrhythmus vorgebe. Schon der autokratische Frühkapitalist hatte damit auf die Konflikte verwiesen, die mit der neuen Zeitrechnung der Fabrik beginnen sollten: Was galt als »Arbeitszeit«? Wer bestimmte den Takt, wer die Leistung? Wer prüfte und kontrollierte, wer maß und wer wertete aus? All diese Fragen sollten sich durch die Aushöhlung standardisierter Normalarbeitsverhältnisse und durch die Aufhebung des Gleichklangs von Arbeits- und Betriebszeiten weiter verschärfen, wenngleich unter veränderten Vorzeichen.[80] Zu-

---

75 *Wirsching*, Abschied vom Provisorium, S. 314f.
76 Anders argumentiert *Andreas Wirsching*, Konsum statt Arbeit? Zum Wandel von Individualität in der modernen Massengesellschaft, in: VfZ 57, 2009, S. 171–199.
77 *Wirsching*, Abschied vom Provisorium, S. 310.
78 *Schroeder*, Entwicklung der Arbeitszeitpolitik.
79 Als Überblick jetzt *Karsten Uhl*, Die Geschlechterordnung der Fabrik. Arbeitswissenschaftliche Entwürfe von Rationalisierung und Humanisierung 1900–1970, in: Österreichische Zeitschrift für Geschichtswissenschaft 21, 2010, S. 93–117.
80 Dazu Zeit-Ordnung; Arbeitszeit – Zeiterfassung. Begleitschrift zur Ausstellung vom 1. September bis zum 3. November 1996 in Chemnitz, o. O. [1996].

dem entstanden durch mikroelektronische Zeit- und Akkorderfassungssysteme neue Möglichkeiten, Arbeit und Zeit zu »objektivieren« und damit auch das System der Stech- und Lochkartensysteme zu perfektionieren.

Mit Blick auf einen Wesenskern des industriellen Tugendkatalogs von Pünktlichkeit und Arbeitsdisziplin markierte die Zeit seit Anfang der 1970er Jahre tatsächlich einen Bruch. Neue Produktionsformen und technische Überwachungsmöglichkeiten hatten die ursprüngliche, fabrikeigene Anwesenheitskontrolle immer stärker zu einer Zeit- und Leistungskontrolle verwandelt. Akkord- und Leistungslohnentgelte beruhten auf der Möglichkeit der gezielten Zergliederung und Erfassung des Arbeitsvorgangs und waren damit als Teil eines umfassenden Standardisierungsprozesses wesentliches Kennzeichen industrieller Arbeitszeitregime im 20. Jahrhundert.

Den Kampf gegen die »Stechuhr« hatten die Gewerkschaften, allen voran die IG Metall und die Deutsche Angestellten-Gewerkschaft (DAG), nach 1945 mit großer Leidenschaft geführt, und tatsächlich waren die verhassten, in der, wie es hieß, »Tradition des Frühkapitalismus« stehenden Stempel- und Lochkarten aus zahlreichen Verwaltungen und Betrieben verschwunden und von Zeitkarten ersetzt worden, die die Arbeitnehmer selbst ausfüllen konnten. So hatte beispielsweise der Opel-Betriebsrat in Bochum 1971 durchsetzen können, dass in einem ersten Probelauf in der Automobilindustrie die Stechpflicht der Arbeitnehmer ausgesetzt worden war. Aus Sicht der Unternehmensleitung war dieser Versuch nach seinem dreijährigen Probelauf fehlgeschlagen, und sie beharrte gegen den entschiedenen Widerstand der Belegschaft darauf, zum ursprünglichen System zurückzukehren.[81] Zeitgleich hatten die Ford-Werke und VW-Unternehmensleitungen mit den Betriebsräten vereinbart, nur noch den Beginn der Arbeitszeit am Werkstor zu erfassen, auf weiteres Stempeln aber zu verzichten.

Der Kampf gegen die ungeliebte Zeiterfassung war kein Thema tarifvertraglicher Regelungen, sondern Bestandteil von Betriebsvereinbarungen, deren Bedeutung seit den 1970er Jahren immer weiter wuchs und sowohl Beleg als auch Folge einer flexibleren Arbeitszeitgestaltung war. Paradox war diese Entwicklung, weil mit den Debatten um »Zeitsouveränität« und individuelle Arbeitszeitgestaltung, um Jobsharing, Gleitzeit und Arbeitszeitkonten die in vielen Unternehmen verpönten Arbeitszeiterfassungssysteme wieder einkehrten. Einst als »Instrument der Knechtschaft« verschrien, galten Arbeitszeiterfassungssysteme nun bei einem Teil der Angestellten als Beleg für eine neue Arbeitskultur – und ihre Rückkehr als Autonomiegewinn.[82]

Allerdings gab es auch in den Unternehmen selbst Ende der 1960er Jahre noch erhebliche Bedenken. »Wenn mich eine Firma fragen würde, ob sie dieses System einführen sollen oder nicht«, so fasste es der Lohn- und Tarifexperte der Bundesvereinigung der deutschen Arbeitgeberverbände, Peter Knevels, zusammen, »würde ich immer sagen, lasst die Hände davon. Die praktischen Schwierigkeiten sind so groß, dass ich aus Sicht der Arbeitgeberverbände keine Empfehlung geben kann«.[83] Als erstes Großunternehmen mit 3.000 Mitarbeitern führte bereits 1967 die Messerschmitt-Bölkow GmbH in Ottobrunn wieder ein Arbeitszeiterfassungssystem ein – dieses Mal aber als Teil der neuen »Gleitenden Arbeitszeit« – einem Modell, das es in dieser Form bisher weder in der Bundesrepublik noch in anderen europäischen Ländern gab.[84] Die Arbeitnehmer konnten innerhalb einer Gleitzeitspanne Beginn und Ende der Arbeitszeit selbst bestimmen, wobei

---

81 Kampf gegen die Stechuhr, in: Der SPIEGEL, 21.1.1980.
82 *Hans-Dieter Kuhlay*, Das Comeback der Stechuhren, in: Die ZEIT, 8.10.1971.
83 O. A., Gleitende Arbeitszeit: Stechuhr für alle, in: Plus. Zeitschrift für Unternehmensführung 1969, H. 1.
84 *Fritz Böhle*, Umbrüche in der zeitlichen Organisation von Arbeit und neue Anforderungen an den Umgang mit Zeit, in: *André Büssing/Hartmut Seifert* (Hrsg.), Die »Stechuhr« hat ausgedient: flexiblere Arbeitszeiten durch technische Entwicklungen, Berlin 1999, S. 13–26.

die Gleitzeitspanne auf die Morgenstunden (7 bis 8 Uhr) und den Feierabend (16 bis 18 Uhr) beschränkt blieb. In Absprache mit ihren Vorgesetzten durften die Arbeitnehmer Zeitguthaben anhäufen und bis zu zehn vorgearbeitete Stunden im folgenden Monat mit Freizeit ausgleichen. Die Arbeitszeitkontrolle galt für alle Angestellten – inklusive der Angestellten, bei denen es zunächst die größten Widerstände gegen die »Pünktlichkeitskontrolle« und das Ende ihrer Privilegien gegenüber den Arbeitern gab. Die Kontrolle fand über Zeiterfassungskarten statt, die das Betreten und Verlassen des Betriebs verbuchten und Auskunft über geleistete Überstunden gaben. Ursprünglich eher aus der Not geboren und mit dem Ziel eingeführt, den Verkehrsfluss auf den verstopften Zufahrtsstraßen zu regulieren, galt das »Ottobrunner Modell« innerhalb weniger Jahre als das Vorzeigeprojekt »Gleitender Arbeitszeit« und einer neuen Industriekultur, die von alten Dogmen Abstand nehmen müsse, wie die VDI-Nachrichten meinten: »So gehörten abhängige Arbeit und Pünktlichkeit offenbar nicht unabdingbar zusammen. Auch die These, dass Arbeitnehmer ständiger Beaufsichtigung bedürfen, um für den Betrieb nützliche Arbeit zu leisten, ist in Frage gestellt.«[85]

Aus Sicht des Unternehmens hatte sich das Experiment in jedem Fall gelohnt: Ein besseres »Arbeitsethos« sei spürbar, die Mitarbeiter würden mehr als früher in die Verantwortung für ihre Arbeit genommen, und mit steigender Eigenverantwortung steige auch die Leistungskraft. Gleichzeitig sei die Zahl der bezahlten Krankheitstage, »Eintageskrankheiten«, durch das Gleitzeitmodell zurückgegangen, weil die Mitarbeiter nun »legal« die Möglichkeit erhielten, während des Tags private Besorgungen zu erledigen.[86]

Die Gewerkschaften verfolgten die Debatten um Gleitzeit und Arbeitszeiterfassung mit einer Mischung aus Sorge und Skepsis. Anfangs sei es bei den neuen betrieblichen Arbeitszeitmodellen um die »Korrektur der außerbetrieblichen Stressbelastung« gegangen[87], hieß es in einem internen Papier der IG Metall. Allerdings sei die Diskussion dann weit über das ursprüngliche Ziel hinausgegangen und die Beschäftigten hätten nicht gewusst, welche weitreichenden Folgen mit der Einführung der Gleitzeit verbunden waren. Ein striktes »Nein« hielten die Tarifexperten der IG Metall für falsch, und tatsächlich gab es aus ihrer Sicht einige Vorzüge: ein – zumindest theoretisch – größerer persönlicher Freiheitsspielraum der Beschäftigten, die Möglichkeit, seinen Tagesablauf individuell der Arbeitszeit anzupassen, und die Chance für Familien, ihre Arbeitszeiten nach den öffentlichen Verkehrsmitteln auszurichten. Ein Argument, das auf die ungebrochene Kontinuität des Ernährer-Hausfrau/Zuverdienerin-Modells hindeutet, führten auch die Gewerkschafter an: Gleitende Arbeitszeit sei besonders für Frauen attraktiv, weil sie damit über »mehr Zeit für die Versorgung ihrer Kinder, für Schule und Kindergarten« verfügten und es ihnen leichter gemacht werde, ihre Haushaltseinkäufe zu erledigen.

Die massiven gewerkschaftlichen Vorbehalte gegen die Gleitzeit machten sich an anderen Problemen fest: Denn solche Arbeitszeitmodelle setzten ein umfassendes Zeiterfassungssystem für alle Arbeitnehmer voraus – und damit auch für diejenigen, deren Aufgabe ihnen keine Möglichkeit zur Teilzeitarbeit bot. Das erweiterte den Zugriff der Personalabteilungen, führte aber auch dazu, dass es neue Ungleichheiten in den Belegschaften gab zwischen denen, die die Möglichkeit zur Gleitzeit besaßen, und jenen, denen aus Betriebsgründen eine solche Regelung verwehrt blieb. Gerade das Hilfsmittel der Zeiterfassung war es, das die Sorge vor einer wachsenden Kontrolle der Beschäftigten antrieb – und ganz im Gegensatz zur individuellen Freiheitsrhetorik der Unternehmer stand. Das war keineswegs nur eine theoretische Gefahr: Unter dem Stichwort »Zeiterfassung« hatte beispielsweise die Daimler-Benz AG den Betriebsrat ihrer Zentralverwaltung und ihres

---

85 *O. A.*, Arbeitstag nach Maß, in: VDI-Nachrichten 23, 1969, H. 8.
86 *Alfred Hillert*, Arbeitszeit: »Gleitet« wie geschmiert, undatiert, IGMA, 230704.
87 Zur gleitenden Arbeitszeit, Entwurf, 4.9.1970, IG Metall-Archiv (IGMA) im Archiv der sozialen Demokratie, Bonn, 5-23074.

Werks in Untertürkheim im November 1972 über die geplante Einführung der Gleitzeit informiert und darauf hingewiesen, dass alle Angestellten, auch diejenigen, für die die neuen Arbeitszeitmodelle nicht galten, die Zeiterfassungsgeräte benutzen müssten. Dies sei »wegen der mit der gleitenden Arbeitszeit verbundenen Betriebsdatenerfassung geboten«. Von einer Mitbestimmung der Betriebsräte war an keinem Punkt der »Informationsgrundlage«, die das Unternehmen angefertigt hatte, die Rede, und zahlreiche Regelungen, die die Tarifexperten in der IG-Metall-Zentrale prüften, lösten helle Empörung aus. Das galt beispielsweise für die Verantwortungs-Rhetorik des Unternehmens. Gleitzeit schien dabei als eine Art »Vertrauensvorschuss«, den die Beschäftigten durch ihre Pflichterfüllung rechtfertigen müssten.[88]

Zusätzliche Probleme sahen die Gewerkschafter vor allem im Umgang mit der gespeicherten Zeit und der Vergütung von Mehrarbeit. So konnten künftig Mehrarbeitszeiten, die bis dahin mit Zuschlägen vergütet wurden, als bloßes Zeitguthaben gespeichert werden – ohne entsprechende Vergütung. Gleichzeitig konnten die Unternehmen über die neuen Datenverarbeitungssysteme das Verhalten der Belegschaft genauer überprüfen, die Arbeitsauslastung der Beschäftigten weiter forcieren und mögliche, durch den Manteltarifvertrag geschützte Arbeitsbefreiungen dadurch umgehen, in dem die Beschäftigten nun »gleiteten«, aber nicht mehr ihren Anspruch auf Freizeit einforderten. Bedenklich war dies insbesondere in den Fällen, in denen Zeiterfassungs- mit neuen elektronischen Zutrittskontrollsystemen gekoppelt wurden und die Daten auch darüber Auskunft geben konnten, wie der Einzelne seine Mittagspause nutzte. In jedem Fall, so argumentierten die Gewerkschaften, fielen Aufstellung und Auswertung unter die Mitbestimmungspflicht des Betriebsverfassungsgesetzes.[89]

Zeiterfassungssysteme, die täglich minutengenau das Kommen und Gehen der Arbeitnehmer kontrollierten, lehnten die Gewerkschaften ab. In jedem Fall sollten die Betriebsräte in den Verhandlungen versuchen, an der Tradition des »Selbstaufschreibens« festzuhalten und damit die Autonomie über die Zeiterfassung nicht aus der Hand zu geben. Wo dies in den Verhandlungen nicht erreicht werden konnte, sollte zumindest auf eine »entschärfte Datenerfassung« durch sogenannte Zeitsummen-Zählgeräte gedrungen werden, die es erlaubte, tägliche Daten zu wöchentlichen oder monatlichen zusammenzufassen und damit Einzelerfassungen zu verhindern.[90] Um dies zu erreichen, war es aus Sicht der IG Metall von entscheidender Bedeutung, dass alle Gleitzeit-Regelungen in eigenen Betriebsvereinbarungen ausgehandelt wurden[91], um möglichst auch die Entscheidung über die Auswahl der Zeiterfassungsgeräte mitzuentscheiden.

Zeiterfassungsmodelle gab es zu Beginn der 1970er Jahre unterschiedliche. Die Unternehmen, die wie IBM oder das Zählerwerk Hengstler die Technik herstellten, warben damit, dass ihre EDV eben nicht mehr der Pünktlichkeitskontrolle diene, sondern eher ein Instrument der Freiheit und ein »unbestechliches Instrument« für Arbeiter und Angestellte gleichermaßen sei. Moderne Stechuhren sollten den neuen Geist des Kapitalismus verkörpern:

»Sie kennt weder Dienstanträge, noch weicht sie vor forschen Auftritten zurück; sie wird sich anders als der wachhabende Pförtner noch nicht einmal verschreiben. Im Übrigen darf jeder wissen,

---

88 Einführung der gleitenden Arbeitszeit in der Zentrale und im Werk Untertürkheim. Informationsgrundlage für den Betriebsrat, 20.11.1972, IGMA, 5-230704.
89 Arbeitsmaterial gleitende Arbeitszeit. Gleitende Arbeitszeit und Zugangskontroll-Systeme – Zusammenstellung der IG Metall und der Rechtssprechung, 3. Zutrittskontroll-Systeme, undatiert [1985], IGMA, 5-151652.
90 Arbeitsmaterial gleitende Arbeitszeit. Gleitende Arbeitszeit und Zugangskontroll-Systeme – Zusammenstellung der IG Metall und der Rechtssprechung, 2. Gleitende Arbeitszeit, undatiert [1985], IGMA, 5-151652.
91 *Hans Janssen*, Positionspapier zum Thema: Neue Arbeitszeiten und Gleitzeit, 15.1.1985, IGMA, 5-151652.

Überlegungen zu einer Ideen- und Sozialgeschichte der »Flexibilisierung« 163

was die Uhr notiert, während die Pförtner-Listen meistens im Verborgenen blühten und schon deshalb immer wieder einen Anlaß zu Unbehagen boten. So diskriminiert die Uhr auch niemanden und hat schließlich für jeden dieselbe Zeit, ganz anders als die Armbanduhr des einzelnen.«[92]
Viele Betriebe griffen bereits auf vorhandene Stempeluhren-Systeme zurück, bei denen der Arbeitnehmer nach Beginn und Ende seiner Arbeitszeit eine Karte mit seinem Namen oder seiner Personalnummer in eine Stempeluhr einführte. Gemessen wurde die Zeit entweder in »normalen« oder in Industrieminuten (1/100). Ein zweites Verfahren bestand in sogenannten Zeitsummenzählern. Für jeden Mitarbeiter gab es jeweils ein Gerät, das über einen eigenen Code oder einen Schlüssel bedient werden konnte. Der Zähler registrierte die Arbeitszeit für den gesamten Tag und gab den Beschäftigten über eine Tabelle einen unmittelbaren Hinweis auf geleistete Stunden. Mithilfe der Zeitsummenzähler konnte unmittelbar festgestellt werden, wie viele der Mitarbeiter anwesend waren. Ein weiterer Vorzug bestand vor allem darin, dass der Akt des Stempelns entfiel, was vor allem bei den angestellten Beschäftigten die Vorbehalte gegen Zeiterfassungsmodelle kleiner werden ließ. Allerdings machte die Auswertung der Zeittabellen erhebliche technische Schwierigkeiten, und bei einem technischen Defekt der Geräte gab es kaum Chancen, das verlorene Datenmaterial zu rekonstruieren. Das dritte – und immer häufiger eingesetzte – Verfahren war eine EDV-gestützte Zeiterfassung über maschinell lesbare Lochkarten, die, je nach technischem Entwicklungsstand, die Daten an einen zentralen Rechner weiterleitete.[93]
Erst die neuen computergestützten Zeiterfassungssysteme schufen die Voraussetzung, komplexe Arbeitszeitkonten zu verwalten. Waren Gleitzeitmodelle technisch noch leicht zu bewältigen, bedurfte es für Jahresarbeitszeitkonten, variable Arbeitstage ohne Kernzeiten, wechselnde Schichtsysteme und flexible Arbeitszeitblocks vielfach neuer Erfassungssysteme[94], die nicht zuletzt die Häufung von Überstunden kontrollierten.
Die Praxis der »Flexibilisierung« konnte sich indes von Unternehmen zu Unternehmen, von Branche zu Branche erheblich unterscheiden. Bei den Lektoren und Angestellten des Piper-Verlags hatte schon die Ankündigung eines Arbeitszeiterfassungssystems beinahe zu einer Revolution geführt und den Plan gestoppt; die Mitarbeiter der NEUEN HEIMAT in München verhinderten ebenfalls durch massive Proteste, dass ein Automat ihre Arbeitszeit erfassen und das Zeitkartensystem ablösen sollte.[95]
Die Rückkehr der Stechuhren geschah gleichsam im Gewand der Emanzipation – und so galten in der öffentlichen Wahrnehmung Unternehmen als besonders fortschrittlich, die sich für besonders »flexible« Arbeitszeitmodelle engagierten und wo, wie bei der Lufthansa, selbst die leitenden Angestellten und Vorstandsmitglieder als »gutes Beispiel« vorangingen und stempelten. Die Frage der Arbeitszeitflexibilisierung berührte also zugleich die »feinen Unterschiede« zwischen Arbeitern und Angestellten, die gleichsam symbolisch durch die neue »Flexibilisierung« aufgehoben werden sollten.[96] So weit wie die deutsche Niederlassung von Hewlett-Packard gingen indes nur die wenigsten Unternehmen:[97] Dort setzte die Firmenphilosophie ganz auf die Vorstellung vom Mitarbeiter als »selbstständige Unternehmer« mit einem hohen Grad an Eigenverantwortung – und zu diesem passte, wie das amerikanische Unternehmen gerne mit Stolz betonte, eine elektro-

---

92 *Alfred Hillert*, Gleitende Arbeitszeit, ein Weg mit Zukunft. Erfahrungen mit dem Ottobrunner Modell, Bad Wörishofen 1971, S. 103.
93 *Steffen Hackh*, Gleitende Arbeitszeit. Voraussetzung, Planung, Durchführung und praktische Erfahrungen, München 1971, S. 12.
94 Vgl. unter anderem *Sebastian Schuh/Gabrielle Schultes-Jaskola/Michael Stitzel*, Alternative Arbeitszeitstrukturen, in: *Marr*, Arbeitszeitmanagement, S. 118–140, hier: S. 133ff.
95 *Kuhlay*, Das Comeback der Stechuhren; folgende Beispiele nach ebd.
96 *Dirk Schaeffer*, Europa gleitet an die Arbeit, in: Business 5, 1973, S. 71–74.
97 *Michael Jungblut*, Der Geist, der aus der Garage kam, in: Die ZEIT, 15.10.1976.

nische Überprüfung der, für alle Angestellten und die (wenigen) Arbeiter geltenden, gleitenden Arbeitszeit nicht.[98] Die Abschaffung der Stechuhr war damit zu einem Bestandteil der Corporate Identity und zur Signatur einer New Economy geworden, zu der selbstverständlich auch der Aktienbesitz der Angestellten gehörte.

In der Metall- und Automobilindustrie und in den meisten produzierenden Betrieben blieb die Zeiterfassung strittig. Für die Betriebsräte und gewerkschaftlichen Vertrauensleute war sie Instrument der Disziplinierung der Belegschaft, und ihre Abschaffung und Kontrolle wichtiges Ziel einer betrieblichen Ordnungspolitik, die die Fabrik als Sozialraum begriff, dessen Gesetze durch die Arbeitnehmer mitbestimmt werden sollten.

Aber auch im wachsenden Öffentlichen Dienst ergaben sich neue Konflikte: In der Berliner Stadtverwaltung schlugen Ende der 1970er Jahre die Wellen der Empörung hoch, als die Verwaltung gegen den Widerstand der ÖTV und der Personalräte die 1972 für rund die Hälfte der 160.000 Angestellten und Arbeiter des Öffentlichen Diensts eingeführte »Gleitzeit« maschinell überprüfen wollte. Auf Zeiterfassungsbögen, so lautete die Vereinbarung bis dahin, erfasste die Behörde Arbeitsbeginn und Arbeitsende. Kernzeit bestand zwischen 9 und 15 Uhr, der Rest war eine Sache des Vertrauens beziehungsweise individueller Angaben; ein Vertrauen, das indes, wie der Rechnungshof rügte, bisweilen sehr weit belastet würde.[99]

Aus Sicht der Arbeitgeber war die Einführung der Gleitzeit durch die zeitgenauere Verteilung der Arbeitskräfte mit deutlichen Rationalisierungs- und Produktivitätsgewinnen verbunden, von denen die Gewerkschaften ihren Anteil durch eine weitere Vergütung in freier Zeit forderten.

Wie schwer sich die Gewerkschaften selbst damit taten, die unterschiedlichen Logiken der Zeitökonomie mit den eigenen Organisationsformen zu vereinbaren, verdeutlicht ein Beispiel aus den späten 1980er Jahren. Da hatten sich die Gewerkschaftsangestellten der IG-Metall-Zentrale in Frankfurt am Main mit Zweidrittelmehrheit gegen die Einführung elektronischer Zeiterfassungssysteme ausgesprochen. Das Pikante daran war weniger dieses deutliche Votum, das sich für den Erhalt der selbst ausgefüllten Zeiterfassungsbögen aussprach, sondern die Entscheidung des IG-Metall-Vorstands: Der setzte sich nämlich über das Mitarbeitervotum und die Kompromissvorschläge des Betriebsrats hinweg und verfügte – begleitet von großem öffentlichen Getöse – die Einführung eines maschinenlesbaren Ausweises. Diesen mussten die IG-Metall-Angestellten künftig an sogenannten »Zeiterfassungsstationen« vorweisen und dann eine der Tasten für »Kommen und Gehen«, für »Mittag« oder »Dienstgang« auswählen.[100] Bemerkenswert war nicht nur die Betriebsversammlung, auf der – ähnlich wie bei Betriebsschließungen – der fast schon obligatorische schwarze Sarg durch den Raum getragen wurde.

Schmerzhafter dürften die Reaktionen von Arbeitgebern gewesen sein, die mit Berufung auf die Entscheidung der IG Metall an strikten Zeiterfassungssystemen festhielten und die Forderungen der Betriebsräte nach einer Lockerung wie bei Klöckner in Bremen zurückwiesen. Und schmerzhaft dürften auch die Protestbriefe eigener Gewerkschafter gewesen sein. »Für uns vor Ort«, so der Betriebsratsvorsitzende der Bochumer Opelwerke, gebe es nun »fast keine Gegenargumentation« gegen die Versuche der Arbeitgeber, die bereits in den 1970er Jahren eingeführten Zeiterfassungssysteme nun endgültig zu beseitigen.

Arbeitszeiterfassung war damit immer häufiger Gegenstand betrieblicher Konflikte geworden, in denen es um Zeitautonomie und industrielle Kontrollmechanismen ging – eine Debatte, die sich Anfang der 1980er Jahre mit den Debatten um die »Krise der Arbeitsgesellschaft« verband und deutlich an Schärfe gewann. Die »individuelle flexible Ar-

---

98 Vgl. den wenig distanzierten ZEIT-Artikel von Jungblut.
99 *Gabriele Seelmann*, Wer gleiten will, der soll auch stechen, in: Die ZEIT, 21.10.1977.
100 Angst und bange, in: Der SPIEGEL, 1.8.1988, Zitate ebd.

beitszeit« könne nur angemessen verstanden werden, wenn sie als Teil des unternehmerischen »Kosten- und Ertragskalküls und der Profitmaximierung« verstanden werde, hieß es im Herbst 1982 in einem Positionspapier für den IG-Metall-Vorstand.[101] Verändert hatte sich weniger die Skepsis, denn die Tonlage der Kritik. Arbeitszeiterfassung galt nun als Teil der kapitalistischen Verwertungslogik und werde nicht etwa aus »philanthropischen Motiven angeboten«. Der IG Metall ging es deshalb auch nicht etwa um das »Recht auf Teilzeitarbeit«, sondern um das »Recht auf Arbeit«. In der Praxis bedeuteten die flexibleren Arbeitszeiten immer »eine Arbeitszeitverkürzung ohne Lohnausgleich«, sie führten zu einer Arbeitsintensivierung und vermehrten Kontrolle und vor allem werde durch die Arbeitssysteme die Mitsprache der Betriebsräte und Gewerkschaften untergraben. Letztlich führe diese Entwicklung zu einer Ausdehnung individueller zugunsten kollektiver Arbeitszeitregelungen und damit zur Erosion des Flächentarifvertrags. Ein Blick auf die Entwicklungen seit Ende der 1990er Jahre deutet an, dass die gewerkschaftliche Prognose so falsch nicht war. Mit der »Vertrauensarbeit« gibt es immer häufiger Arbeitszeitmodelle, die jede Form der zeitlichen Überprüfung durch »Zielvereinbarungen« zwischen Arbeitnehmern und Unternehmen ersetzt haben. Überstunden gibt es in diesem Modell ebenso wenig wie »blau machen«, weil das entscheidende Kriterium nicht mehr Anwesenheit am Arbeitsplatz, sondern die Erfüllung vereinbarter Arbeitsvorgaben ist. Aus der »Disziplinierung« der Fabrikordnungen wurde in der Sprache der Organisationspsychologie und Managementlehre nun eine neue »Kultur des Vertrauens« zwischen Unternehmen und Belegschaft. Die Gründe für die Abschaffung der Arbeitszeiterfassung liegen damit auf der Hand, denn Arbeitszeit und Arbeitsleistung haben in dieser Logik nichts mehr miteinander zu tun. Schließlich, so die Annahme, blockiere eine restriktive Erfassung sogar Verbesserungspotenzial der Arbeitnehmer. Beim mittelständischen Unternehmer Tesa hieß es deshalb: »Im Wirtschaftsstandort Deutschland müssen wir uns auf Leistung und nicht auf Zeit fokussieren«.[102] In diesem Sinne markiert die Abschaffung der Arbeitszeiterfassung den Beginn einer »Neudefinition des Arbeitsbegriffs«, wie Peter Hartz 2001 noch in seiner Funktion als VW-Vorstandsmitglied betonte:

»Arbeitszeitsouveränität – das Ende der Arbeitszeiterfassung ist der erste Schritt zu einer neuen Mündigkeit: Zeiten selbst zu organisieren, statt Auftrag und Aufgabe abzuarbeiten. Vertrauensarbeitszeit ist der zweite: Ziele setzen und Erfolge abfordern, statt Details zu planen. Die Revolution beginnt mit dem dritten Schritt. Arbeit wird neu definiert: Sie umfasst wieder ein ganzheitliches Stück Leben: lernen, produzieren, kommunizieren. Etwas bewegen.«[103]

Damit propagierte Hartz gleichsam die Rückkehr in einen präfordistischen Zustand; die Entgrenzung von Arbeit und Nicht-Arbeit, so seine Annahme, sei die neue postmoderne Form der Selbstverwirklichung. Die Aushöhlung von geregelten Arbeitszeiten galten in diesem Konzept »neuer Arbeit« keineswegs als Bedrohung und lebensweltlichen Kolonisierung, sondern als Befreiung und Autonomiegewinn der Beschäftigten, die nun als »Unternehmer« agieren konnten; freilich ohne Eigentumsrechte.

***

Arbeitszeitpolitik ist seit Mitte der 1970er Jahre immer stärker ins Zentrum der industriellen Beziehungen gerückt. Die unterschiedlichen Interessen und Konfliktformen lassen sich als Teil des ambivalenten Transformationsprozesses industrieller Gesellschaften im

---

101 Positionspapier der IG Metall zur so genannten individuellen flexiblen Arbeitszeit, 10.2.1982, IGMA, 5-151836.
102 Zit. nach: *Martin Gillo*, Denkanstöße eines deutschen Amerikaners, Hamburg 2005, S. 54.
103 *Peter Hartz*, Job Revolution: wie wir neue Arbeitsplätze gewinnen können, Frankfurt am Main 2001, S. 21.

letzten Drittel des 20. Jahrhunderts lesen: Neben die geradezu klassischen Konflikte um die Abschaffung der Stechuhr traten im Laufe der 1970er und vor allem im Laufe der 1980er Jahre neue Debatten um Arbeitszeiterfassung als Teil eines neuen, »flexiblen Kapitalismus« (Richard Sennett). Während die tayloristische Zeiterfassung auf die Zerlegung und die Produktivitätssteigerung einzelner Arbeitsschritte setzte, begannen sich in den 1980er Jahren in vielen industriellen Betrieben neue, systemische Rationalisierungsformen durchzusetzen, die auf die Optimierung ganzer Prozesseinheiten setzten und das Verhältnis von zentraler und dezentraler Arbeitsorganisation neu gewichteten. Damit war vor allem eine stärkere Anpassung an die kundenorientierte Nachfrage und eine marktgerechte »Flexibilisierung« gemeint, die eine beständige Evaluation von Planung, Produktion und Distribution erforderte. »Arbeitszeit« verwandelte sich damit zu einer Größe der Kostenkalkulation, die immer stärker ›von außen‹, durch Termindruck, Logistik und Transport bestimmt wurde; mit einem neuen »Primat der Zeitoptimierung« war zugleich eine Entwicklung verbunden, die – anders als noch in der Ära serieller Massenproduktion – immer stärker den Faktor »Zeit« als Struktur- und Erfolgsprinzip gruppenspezifischen und individuellen Arbeitens betonte; eine Entwicklung, die – und das war ebenfalls neu – immer mehr, auch höher qualifizierte Arbeitnehmergruppen erfasste, die »Gewährleistungsarbeit«[104] verrichteten, sich also um die Überwachung und Steuerung von Produktionsabläufen kümmerten.

Eine Geschichte der Arbeitszeit und ihrer Erfassung seit den 1970er Jahren verweist auf einen grundlegenden Wandel der Industriemoderne und ihrer temporalen Strukturen, Logiken und Leitbilder. Dazu zählt eine Differenzierung und Pluralisierung gesellschaftlich normierter Zeitordnungen, deren Transformationszeit die 1980er Jahre waren und die ihre volle Wirkungskraft seit den 1990er Jahren entfalteten. Eine Geschichte der »Arbeitszeitflexibilisierung« macht die veränderten Produktionslogiken und semantischen Verschiebungen deutlich, die die Grundlage für den vermeintlichen »Sachzwang« einer Neujustierung gesellschaftlicher Zeitvorstellungen bildeten. Eine gewisse Grundskepsis gegenüber der postfordistischen Metaphorik kann dabei helfen, noch schärfer als bisher nach den Motiven und Interessen der sozialen Konflikte um Zeitnormierungen seit den 1980er Jahren zu fragen; Auseinandersetzungen, die stärker als bisher auch wieder als Konfliktgeschichte des Kapitalismus und der Neuausprägung sozialer Ungleichheiten im letzten Drittel des 20. Jahrhunderts geschrieben werden sollten.

---

104 *Michael Schumann/Volker Baethge-Kinsky/Martin Kuhlmann*, Trendreport Rationalisierung – Automobilindustrie, Werkzeugmaschinenbau, Chemische Industrie, Berlin 1994.

Gabriele Metzler

»Ein deutscher Weg«*
Die Liberalisierung der Telekommunikation in der Bundesrepublik und die Grenzen politischer Reformen in den 1980er Jahren

Die Gesellschaften Westeuropas und der USA erlebten in den 1980er Jahren einen Politikwechsel. »Krise« und »Unregierbarkeit«, die politischen Leitdiagnosen des vorangegangenen Jahrzehnts, schienen überwunden, die Abkehr vom Keynesianismus und vom fordistischen Modell des »goldenen Zeitalters« (Eric Hobsbawm), welche sich so offenkundig überlebt hatten, verhieß neuen Aufschwung. Indem der Staat seine wirtschaftlichen Aufgaben abstreifte und öffentliche Unternehmen privatisierte, versprach der Markt den westlichen Volkswirtschaften neue Wachstumsimpulse zu geben. Privatisierungen waren freilich immer mehr als bloße Übertragungen staatlichen Eigentums auf Private, die dann nach den Regeln des kapitalistischen Markts ihre Gewinne zu optimieren suchten. Vielmehr sollten Privatisierungen den Staat entlasten und das Gespenst der »Staatskrise« und »Unregierbarkeit« dauerhaft zu bannen helfen. Das Denken in den Kategorien von Marktlogik und die Suche nach einer veränderten, gleichsam postkeynesianischen Staatskonzeption waren nicht voneinander zu trennen.

Besonderes Interesse der Privatisierungsakteure galt der Telekommunikation. Denn in diesem Sektor waren einerseits angesichts technischer Innovationen – Verkabelung, Glasfasertechnik, Datenübertragung und damit Mehrwertdienste seien als Stichworte genannt – die höchsten Gewinne und damit auch die stärksten gesamtwirtschaftlichen Wachstumsimpulse zu erwarten, andererseits schien sich auf diesem Feld vor aller Augen die Ablösung der alten Industriegesellschaft durch die neue, dynamische Informations- und Kommunikationsgesellschaft zu vollziehen, die wiederum nach veränderten Formen von Politik verlangte. Tatsächlich wurden die öffentlichen Telekommunikationsgesellschaften in Großbritannien, den USA und Japan bereits bis Mitte der 1980er Jahre weitgehend privatisiert.[1] In Großbritannien hatten der schlechte technische Zustand des vorhandenen Telekommunikationsnetzes, neue Anforderungen und technische Möglichkeiten sowie die neokonservative Ausrichtung der Wirtschaftspolitik unter Margaret Thatcher, der eine fragmentierte Gewerkschaftsbewegung im Post- und Telekommunikationsbereich wenig entgegenzusetzen hatte, 1984 zur Privatisierung des staatlichen Fernmeldewesens geführt. Japan gab 1985 den Staatsbesitz von »Nippon Telegraph and Telephone« auf. Andere westliche Staaten wie Frankreich und die Niederlande begaben sich gleichfalls auf den Weg der Deregulierung, desgleichen schließlich auch die Bundesrepublik. Hier gewannen Diskussionen über eine Reform der Deutschen Bundespost, die seit Mitte der 1960er Jahre geführt wurden, in den 1980er Jahren deutlich erkennbare ordnungspolitische Konturen. Im Frühjahr 1989 schließlich wurde die »Postreform I« verabschiedet, ein Gesetzespaket, das aus dem Poststrukturgesetz, dem Gesetz über die Verfassung der Bundespost, dem Fernmeldeanlagengesetz sowie dem Gesetz zur Änderung des Artikel 10 des Grundgesetzes bestand. Die am weitesten reichenden Änderungen betrafen das Fernmeldewesen, und seine Reform ist das Thema dieses Beitrags.[2]

---
* Christian Schwarz-Schilling, zit. nach: Deutscher Bundestag, Plenarprotokoll, 11. Wahlperiode, 137. Sitzung, zweite und dritte Beratung des Poststrukturgesetzes, 20.4.1989, S. 10084.
1 *Volker Schneider*, Die Transformation der Telekommunikation. Vom Staatsmonopol zum globalen Markt (1800–2000), Frankfurt am Main/New York 2001, S. 206ff.
2 Die Debatten über die Postreform stehen auch in einem engen Zusammenhang mit der Privatisierung von Rundfunk und Fernsehen, die hier jedoch ausdrücklich nicht behandelt werden. Zu

Der Aufsatz widmet sich im ersten Teil der Frage, aus welchen Gründen das Fernmeldewesen reformiert wurde und welchen Verlauf der Gesetzgebungsprozess nahm. Der zweite Teil beschäftigt sich mit der Frage nach den Spielräumen für politische Reformen in den 1980er Jahren. Motiviert ist diese Frage sehr stark aus den aktuellen zeithistorischen Diskussionen über den »Strukturbruch im Übergang von den 1970er zu den 1980er Jahren«[3], eine These, die sich zunächst aus einer Analyse des sozialen Wandels in der Zeit »nach dem Boom« speist, sich dann aber auch auf politisches Handeln und die Veränderung der politischen Rahmenbedingungen in den postindustriellen westlichen Gesellschaften bezieht. Die Reform der Telekommunikation in der Bundesrepublik dient als Sonde, um den Wandel des Politischen in den 1980er Jahren präziser auszumessen und genauer zu bestimmen, was wirklich neu war – und inwiefern ältere Strukturen und Leitideen bestehen blieben oder Pfadabhängigkeiten nicht aufgegeben wurden.

Die zeithistorische Forschung hat das Thema »Privatisierung« der 1970er und 1980er Jahre erst in jüngster Zeit für sich entdeckt.[4] Im Großen und Ganzen sind wir daher noch auf die politikwissenschaftlichen Studien angewiesen, die bereits die Reform der späten 1980er Jahre begleiteten und auch schon die spezifischen Reformbedingungen des politischen Systems der Bundesrepublik thematisierten.[5] Dabei haben die Autoren vornehmlich institutionalistische Perspektiven eingenommen, die ideengeschichtlichen oder gesellschaftstheoretischen Dimensionen des Themas hingegen, um die es im zweiten Teil dieses Beitrags geht, haben sie vernachlässigt. Eine zeithistorische Untersuchung der Reformpolitik der 1980er Jahre, die auch die Diskussionen im Prozess der Gesetzgebung eingehender untersuchen will, hat es mit Besonderheiten der Quellenlage zu tun: So stehen zwar die Akten aus den maßgeblichen Ministerien und dem Kabinett aufgrund der Archivsperrfristen noch nicht zur Verfügung, doch sind die im Archiv des Deutschen Bundestags verwahrten Dokumente zur Gesetzgebung (Protokolle der Ausschüsse und Anhörungen, Eingaben verschiedener Verbände und andere) vollständig zugänglich[6], desgleichen die Unterlagen der Postgewerkschaft[7]; weitere Aufschlüsse liefern die breiten Berichte und Diskussionen in der Presse.[8]

---

diesem Thema vgl. *Holger Nehring*, Debatten in der medialisierten Gesellschaft. Bundesdeutsche Massenmedien in den globalen Transformationsprozessen der siebziger und achtziger Jahre, in: *Thomas Raithel/Andreas Rödder/Andreas Wirsching* (Hrsg.), Auf dem Weg in eine neue Moderne? Die Bundesrepublik Deutschland in den siebziger und achtziger Jahren, München 2009, S. 45–65. Vgl. auch den Beitrag von Frank Bösch in diesem Band.

3 *Anselm Doering-Manteuffel/Lutz Raphael*, Nach dem Boom. Perspektiven auf die Zeitgeschichte seit 1970, Göttingen 2008, S. 11.

4 Vgl. den aus einer Tagung hervorgegangenen Sammelband von *Norbert Frei/Dietmar Süß* (Hrsg.), Privatisierung. Theorie und Praxis seit den 1970er Jahren, Göttingen 2012 (i. E.).

5 Vgl. vor allem *Edgar Grande*, Vom Monopol zum Wettbewerb? Die neokonservative Reform der Telekommunikation in Großbritannien und der Bundesrepublik Deutschland, Wiesbaden 1989; *Schneider*, Die Transformation; *Ranjana S. Sarkar*, Akteure, Interessen und Technologien der Telekommunikation. USA und Deutschland im Vergleich, Frankfurt am Main/New York 2001; sowie die Beiträge zur Postreform in *Klaus König/Angelika Benz* (Hrsg.), Privatisierung und staatliche Regulierung. Bahn, Post, Telekommunikation, Rundfunk, Baden-Baden 1997.

6 Deutscher Bundestag, Parlamentsarchiv, Berlin: Gesetzesdokumentation, Bestand XI/125 (Postreform). Im Folgenden zit. als: PA, XI/125, danach folgen die Angaben des Bandes und der Nummer des Dokuments.

7 Ausgewertet wurden die Protokolle des geschäftsführenden Hauptvorstands der Deutschen Postgewerkschaft (Zeitraum 1982 bis 1990), die im Archiv der sozialen Demokratie der Friedrich-Ebert-Stiftung in Bonn deponiert sind. Im Folgenden zit. als: AdsD, DPG-Hauptvorstand.

8 Für diesen Beitrag habe ich die Pressedokumentation des Deutschen Bundestags genutzt. Im Bestand 407 sind zur »Postreform I« mehrere Hundert Presseartikel aus allen großen Zeitungen überliefert, die ich für den Zeitraum von 1982 bis 1992 (Ordner 6 bis 12) ausgewertet habe. Der Einfachheit halber nenne ich im Folgenden nur Zeitung und Erscheinungsdatum, nicht den Ablageort in der Dokumentation.

I. Die Reform des Fernmeldewesens

Die Bundespost in der »Dauerkrise«

Die Deutsche Bundespost (DBP) galt seit Mitte der 1960er Jahre als reformbedürftig. Dies betraf vor allem den Bereich des Brief- und des Paketdiensts, der kaum mehr wirtschaftlich war und dessen steigende Defizite hauptsächlich dadurch aufgefangen wurden, dass der Fernmeldebereich Überschüsse erwirtschaftete, die dann mit den Verlusten der »gelben Post« verrechnet wurden (Quersubventionierung). Diese Defizite wurden zu einem Dauerthema der bundesdeutschen Politik. Freilich geriet auch der Fernmeldebereich in den 1960er Jahren in die Kritik, vor allem weil die Bundespost der Nachfrage nach Telefonanschlüssen zu langsam nachkam. Die Gesetzesgrundlage des Fernmeldewesens, die im Wesentlichen aus der Weimarer Republik stammte und nach 1949 beibehalten und ergänzt worden war, schien kaum mehr zeitgemäß.[9] Schon 1964 hatte die Bundesregierung eine Sachverständigenkommission eingesetzt, um überprüfen zu lassen, wie das seit 1928 geltende Fernmeldeanlagengesetz und das Postverwaltungsgesetz von 1953 angesichts der neuen Anforderungen an höhere Effizienz im Fernmeldewesen novelliert werden könnten. Die sozial-liberale Koalition strebte 1969 eine Änderung des Postverwaltungsgesetzes an; die von ihr eingesetzte »Kommission Deutsche Bundespost« empfahl wie die Vorgängerkommission die Umwandlung der Deutschen Bundespost in eine bundeseigene Anstalt des öffentlichen Rechts sowie Veränderungen in ihrer Finanzwirtschaft. Das Scheitern des sozial-liberalen Vorhabens gründete dann vor allem in der umstrittenen Frage der Mitbestimmung, in der sich die Regierung nicht gegen mächtige Gewerkschaftsinteressen durchsetzen konnte. Hatten diese Reformbemühungen vor allem der Post gegolten, die seit vielen Jahren defizitär arbeitete, so rückte ab Mitte der 1970er Jahre das Fernmeldewesen noch stärker in den Blickpunkt. Mit einer 1976 gestarteten »»Privatisierungskampagne«« setzte die CDU/CSU die sozial-liberale Bundesregierung zunehmend unter Druck.[10]

Denn nun kam verstärkt die Frage auf, ob die Bundespost für eine zügige Umsetzung und Diffusion technologischer Innovationen das richtige Unternehmen war. Die Kommission für den Ausbau des technischen Kommunikationssystems (Vorsitz: Eberhard Witte) legte 1976 ihren Bericht vor, in dem sie dringend den Ausbau sogenannter Mehrwertdienste (Telefax, Telebox, Teletext, Bildschirmtext) empfahl. In der Folge starteten erste »ISDN-Pilotprojekte« der Bundespost.[11] Doch trotz – oder wegen – umfangreicher Investitionen der Post in die neuen Technologien erhielt die Diskussion zunehmend eine ordnungspolitische Dimension. Ab 1978 mehrten sich die Stimmen, die eine Liberalisierung und damit eine Auflösung des Staatsmonopols in der Telekommunikation forderten. Erhoben wurden diese Forderungen im Unternehmerlager, wo beispielsweise der Computerhersteller Nixdorf große Wettbewerbsnachteile auf den internationalen Märkten fürchtete, würde die Telekommunikation weiterhin unter strenger staatlicher Aufsicht stehen, denn Innovationen würden dadurch erschwert. Unterstützung fand diese Position beim Bundeswirtschaftsministerium und den Wirtschaftsministerien vor allem der unionsregierten Bundesländer, namentlich die niedersächsische Wirtschaftsministerin Birgit Breuel machte sich die Sache einer grundlegenden Reform der Bundespost zu eigen. 1979 setzten die Länderregierungen einen gemeinsamen Arbeitskreis »Deutsche Bundespost und

---

9 *Sarkar*, Akteure, Interessen und Technologien, S. 155ff. – Zu den Reformdiskussionen der 1960er und frühen 1970er Jahre vgl. *Grande*, Vom Monopol zum Wettbewerb?, S. 188ff.
10 *Bernd Faulenbach*, Das sozialdemokratische Jahrzehnt. Von der Reformeuphorie zur Neuen Unübersichtlichkeit. Die SPD 1969–1982, Bonn 2011, S. 574.
11 *Erich Kuhn*, Überblick über die Entwicklung der ordnungspolitischen Diskussion im Bereich der Telekommunikation, in: Zeitschrift für öffentliche und gemeinwirtschaftliche Unternehmen 9, 1986, S. 169–185, hier: S. 173.

Fernmeldemonopol« ein, der sich dieser ordnungspolitischen Frage annahm und in seinem Abschlussbericht im Februar 1982 für eine Trennung des Betriebs von Netz und Endgeräten plädierte. Schützenhilfe erhielten die Advokaten einer Strukturreform von der Monopolkommission, die in einem Sondergutachten im Februar 1981 monierte, dass das Monopol der Bundespost im Dienste- und im Endgerätebereich nicht mehr zu rechtfertigen sei. Gleichwohl gab die Bundesregierung unmissverständlich zu verstehen, dass sie eine Änderung bestehender Gesetze nicht für notwendig halte und sich in ihrer »Fernmeldepolitik weitgehend bestätigt« sehe.[12] Eine im April 1981 vom Bundestag eingesetzte Enquete-Kommission konnte ihre Arbeit nicht zu Ende führen, da die Legislaturperiode vorzeitig endete.[13]

Wende in der Telekommunikationspolitik?

In seiner ersten Regierungserklärung am 13. Oktober 1982 griff Helmut Kohl diese Diskussionen auf und stellte in Aussicht, den »Weg freizugeben für die Anwendung moderner Techniken und die Entwicklung neuer Technologien, vor allem im Kommunikationswesen«.[14] Träger der neuen Entwicklung sollte freilich nach wie vor die Bundespost sein, die die Modernisierung der Kommunikationsinfrastruktur – vor allem im Bereich der Breitbandverteilnetze – vorantreiben sollte. Im liberal geführten Bundeswirtschaftsministerium hingegen drängte man auf eine weiterreichende Reform. Ein vom Ministerium in Auftrag gegebenes Gutachten des Ifo-Instituts bestätigte 1983, dass eine Liberalisierung des Fernmeldemarkts dringend angeraten sei, wolle man die Dynamik der Innovationen nicht verspielen. Von einer Ausdehnung des Monopols der Bundespost auf die Mehrwertdienste riet das Ifo dringend ab.[15] Doch darin, ob das Fernmeldemonopol wirklich »reif fürs Museum« war, wie die Wirtschaftswoche 1984 verkündete[16], war sich die Bundesregierung keineswegs einig. So stellte sie in ihrem Bericht »Informationstechnik« zwar in Aussicht, das ISDN-Netz zügig auszubauen, den Endgerätemarkt zu liberalisieren und auch zu prüfen, »ob für die Hoheits- und Unternehmensaufgaben der DBP neue Strukturen gefunden werden können, die ein rascheres Reagieren auf technische, wirtschaftliche und politische Entwicklungen ermöglichen.«[17] Alles Weitere jedoch sollte zunächst von einer Regierungskommission (erneut unter dem Vorsitz des Wirtschaftswissenschaftlers Eberhard Witte) geprüft werden, deren Empfehlungen man in jedem Fall abwarten wolle. Bis Ende 1985, so die Erwartung der Bundesregierung, sollte dieser Bericht vorliegen.[18]

Mit der Einsetzung der Kommission, der sogenannten Witte-Kommission, am 13. März 1985 wollte die Bundesregierung »ihre Entschlossenheit [dokumentieren], die Herausfor-

---

12 Schriftliche Antwort des Parlamentarischen Staatssekretärs Becker (Bundespostministerium) auf eine Anfrage des Abg. Friedmann (CDU/CSU), Deutscher Bundestag, Plenarprotokoll, 9. Wahlperiode, 39. Sitzung, 27.5.1981, S. 2195.
13 Zwischenbericht der Enquete-Kommission »Neue Informations- und Kommunikationstechniken«, Deutscher Bundestag, 9. Wahlperiode, Drucksache 9/2442, 28.3.1983.
14 Regierungserklärung Helmut Kohls im Bundestag, Deutscher Bundestag, Plenarprotokoll, 9. Wahlperiode, 121. Sitzung, 13.10.1983, S. 7217. – Zum Kontext der Privatisierungspolitik nach 1982/83 vgl. *Andreas Wirsching*, Abschied vom Provisorium. Geschichte der Bundesrepublik Deutschland 1982–1990, München 2006, S. 255–258.
15 *Michael Reinhard/Lothar Scholz/Benedikt Thanner*, Gesamtwirtschaftliche und sektorale Perspektiven der Telekommunikation in der Bundesrepublik Deutschland, hrsg. vom Ifo-Institut für Wirtschaftsforschung, München 1983.
16 Reif fürs Museum, in: Wirtschaftswoche, 14.9.1984.
17 Unterrichtung durch die Bundesregierung: Informationstechnik. Konzeption der Bundesregierung zur Förderung der Entwicklung der Mikroelektronik, der Informations- und Kommunikationstechniken, Deutscher Bundestag, 10. Wahlperiode, Drucksache 10/2081, 11.4.1984, S. 36.
18 Ebd.

Die Liberalisierung der Telekommunikation in der Bundesrepublik 171

derung der Informationstechnik anzunehmen und die Wettbewerbsfähigkeit der Bundesrepublik Deutschland auf diesem Gebiet zu verbessern.«[19] So vage diese Aussage im Kern auch war, gab die Arbeit der Kommission doch den Advokaten einer weitreichenden Reform Anlass, ihren Druck auf die Regierung zu erhöhen. Tatsächlich kann man 1984/85 eine deutliche Intensivierung, zugleich aber auch eine stärkere ordnungspolitische Ausrichtung der Debatten beobachten. An die zwölf Mitglieder der Regierungskommission – vier Vertreter der Wirtschaft und der Wirtschaftsverbände, ein Vertreter der Postgewerkschaft, drei Vertreter der Wissenschaften und vier Vertreter der im Bundestag vertretenen Parteien mit Ausnahme der Grünen – richteten sich hohe Erwartungen. Besonders die Industrie zögerte nicht, ihre Position in die Beratungen der Kommission einzubringen; so ließ ihr beispielsweise IBM ein umfangreiches Papier zukommen, in dem der Weltmarktführer im Bereich der Datenverarbeitung Empfehlungen zur Liberalisierung gab.[20]

Während die Kommission mit ihrer Bestandsaufnahme befasst war, intensivierten sich die öffentlichen Diskussionen weiter. Aus den Reihen der Industrie wurden die Vorwürfe lauter, die Bundespost behindere Innovationen, weil der Ausbau des ISDN-Netzes viel zu langsam voranschreite. Der Postminister musste die Post gegen Diffamierungen in Schutz nehmen, sie sei ein »unflexibler Koloss mit 500.000 Lahmärschen«.[21] Doch auch von wissenschaftlicher Seite geriet gerade das Fernmeldemonopol weiter in die Kritik. So riet der Sachverständigenrat in seinem Jahresgutachten 1985/86, das er im November 1985 vorlegte, zu einer weitreichenden Liberalisierung auch des Netzbetriebs, wolle man vermeiden, dass die Bundespost weiterhin Innovationen verlangsame, die Erprobung alternativer Technologien verhindere und an den Wünschen der Kunden vorbei neue Technologien einführe. Obendrein seien die Investitionsmittel der Post durch die Verlegung von Koaxialkabeln für das Kabelfernsehen gebunden und stünden nicht in hinreichendem Maße für den Ausbau des ISDN-Netzes zur Verfügung. Als positive Beispiele dafür, wie Privatisierungen die Innovationsdynamik erhöht hätten, verwiesen die Sachverständigen ausdrücklich auf Großbritannien und die USA.[22] Während die SPD die postbezogenen Passagen des Gutachtens für einen Ausdruck »ideologischer Borniertheit, gepaart mit sachlicher Inkompetenz« hielt[23], gab die Bundesregierung ihre Zustimmung zu einigen Erwägungen des Sachverständigenrats zu verstehen, besonders im Hinblick auf die Gebührengestaltung bei der Telekommunikation. Andere Monita der Sachverständigen behandelte sie dilatorisch – man wolle der Regierungskommission schließlich nicht vorgreifen –, andere beschied sie rundheraus abschlägig: Am Netzmonopol der Bundespost, so ließ sie im Jahreswirtschaftsbericht 1986 wissen, sei nicht zu rütteln.[24] Dass auch im Hinblick auf die Liberalisierung der Mehrwertdienste und der Endgeräte die Weichen noch nicht vollends gestellt waren, verdeutlichte die Entscheidung des Postverwaltungsrats im Sommer 1986, keine privaten Anbieter von Modems zuzulassen.[25] Privatisierungsempfehlungen von an-

---

19 Schriftliche Antwort des Parlamentarischen Staatssekretärs Rawe auf eine Anfrage der Grünen, Deutscher Bundestag, Plenarprotokoll, 10. Wahlperiode, 138. Sitzung, 15.5.1985, S. 10269.
20 *Kuhn*, Überblick über die Entwicklung der ordnungspolitischen Diskussion, S. 182.
21 Zur Kritik Heinz Nixdorfs und zu Schwarz-Schillings Replik: Postminister weist Kritik scharf zurück, in: Die Welt, 22.4.1985; zur Kritik vgl. auch: »Postmonopol verhindert moderne Technologien«. Heinz Nixdorf tritt für mehr Wettbewerb ein, in: Westfälische Nachrichten, 17.4.1985; Nixdorf kritisiert Bundespost, in: Handelsblatt, 18.4.1985.
22 Auf dem Weg zu mehr Beschäftigung. Jahresgutachten 1985/86 des Sachverständigenrates zur Begutachtung der gesamtwirtschaftlichen Entwicklung, Deutscher Bundestag, 10. Wahlperiode, Drucksache 10/4295, 22.11.1985, S. 160–163.
23 SPD kritisiert Postteil des Sachverständigengutachtens, in: Sozialdemokratischer Pressedienst, 1.12.1985.
24 Jahreswirtschaftsbericht 1986 der Bundesregierung, Deutscher Bundesrat, Drucksache 70/86, S. 22f.
25 Postmonopol, in: Frankfurter Allgemeine Zeitung, 4.7.1986.

derer Seite, etwa dem Kieler Institut für Weltwirtschaft[26], trat der Postminister entschieden entgegen. Die Einheit der Bundespost, erklärte Christian Schwarz-Schilling, werde gewahrt, eine Privatisierung sei nicht geplant.[27]

Derlei Beteuerungen galten auch und gerade der Deutschen Postgewerkschaft (DPG), aus deren Reihen seit dem Sommer 1986 der Widerstand gegen eine geplante Reform erkennbar wuchs. Anfang Oktober startete die DPG die Aktion »Sichert die Post – Rettet das Fernmeldewesen«, die allein bei der Auftaktveranstaltung in Köln 20.000 Teilnehmer mobilisierte.[28] »Sichert die Post« wurde über zwei Jahre lang in einer Vielzahl von Veranstaltungen fortgeführt und war schließlich »die größte gewerkschaftliche Aktion in der Geschichte der Deutschen Postgewerkschaft«.[29] Schwarz-Schilling suchte die Wogen im direkten Gespräch mit dem DPG-Hauptvorstand und mit einer Rede vor dem DPG-Bundeskongress im Herbst 1986 zu glätten.[30] Auch gegenüber dem Kanzler mahnte er zum Abwarten, der Bericht der Regierungskommission solle Entscheidungsgrundlage werden.[31] Ganz unverkennbar war es dem Minister darum zu tun, das Thema der Postreform aus dem Wahlkampf herauszuhalten.

Endlich ein Durchbruch? 1987

Doch auch nach dem Wahlsieg der christlich-liberalen Koalition im Januar 1987 blieb die Postreform erst einmal nachrangig, in den Koalitionsverhandlungen traf man keine allzu weitreichenden Vereinbarungen: Zwar einigten sich CDU/CSU und FDP darauf, eine Reform in jedem Fall in Angriff zu nehmen, doch wollte man Einzelheiten erst nach Vorlage des Berichts klären.[32] In seiner Regierungserklärung am 18. März 1987 hielt sich Helmut Kohl entsprechend bedeckt in der Frage, welche konkrete Gestalt die Reformpläne denn nun annehmen würden. Die Regierung, ließ er wissen, wolle den Bericht der Witte-Kommission abwarten und »danach [...] das Post- und Fernmeldewesen neu strukturieren und Maßnahmen zu einer verbesserten Marktöffnung ergreifen«; auf den Zwischenruf eines SPD-Abgeordneten (»Also doch Privatisierung!«) ging der Kanzler nicht ein.[33]

Bis die Kommission ihren Bericht Mitte September vorlegte, preschten immer wieder Vertreter der Wirtschaft und des wirtschaftsliberalen Flügels der FDP mit Appellen zur Liberalisierung vor. Sollte es nicht zu einer grundlegenden Reform kommen, so ihre immer wieder verlautbarte Sorge, würde die Bundesrepublik im weltweiten Wettbewerb zurückfallen und würden notwendige Innovationen nicht oder im internationalen Vergleich deutlich später erfolgen.[34] Erkennbar gewannen die Diskussionen über eine Liberalisie-

---

26 Post und Bahn rein kommerziell. Gutachten für Abbau staatlicher Vorschriften, in: Süddeutsche Zeitung, 5.8.1986.
27 Postminister: Privatisierung nicht vorgesehen, in: Die Welt, 9.8.1986; Postminister verneint Privatisierungspläne. Schwarz-Schilling: Mobilisierungskampagne der Postgewerkschaft ist unverantwortlich, in: Stuttgarter Zeitung, 2.10.1986.
28 Postgewerkschaft warnt vor Privatisierung, in: Süddeutsche Zeitung, 6.10.1986.
29 Protokoll über die Sitzung des Hauptvorstandes der DPG, 3.5.1989, AdsD, DPG-Hauptvorstand, 5/DPGA000451. Vgl. auch *Karl Lauschke*, »Zusammenhalten und gestalten«. Die Deutsche Postgewerkschaft bis zur Bildung von ver.di, Hamburg 2009, S. 58–69.
30 Keine Post-Privatisierung, in: Frankfurter Allgemeine Zeitung, 18.10.1986; Schwarz-Schilling: Wer gegen Rationalisierung eintritt, legt die Axt an die Wurzel der Post, in: Handelsblatt, 24.11.1986.
31 Post wartet auf Regierungskommission, in: Handelsblatt, 5.2.1987.
32 Der Novellierungsbedarf beim GWB wird geprüft, in: Handelsblatt, 13.2.1987; Vom Dienstleistungsabend bis zur Kartellnovelle, in: Süddeutsche Zeitung, 13.2.1987.
33 Deutscher Bundestag, Plenarprotokoll, 11. Wahlperiode, 4. Sitzung, 18.3.1987, S. 51.
34 Vgl. beispielsweise: Lambsdorff: Postmonopol abbauen, in: Frankfurter Allgemeine Zeitung, 11.5.1987; Mehr Wettbewerb bei der Post, in: Die Welt, 8.6.1987 (BDI-Chef Tyll Necker).

rung im Sommer 1987 eine neue Dynamik. Rückenwind erhielten die Befürworter einer umfassenden Reform aus Brüssel: Denn nun erreichten auch die Debatten innerhalb der EG eine neue Qualität. Seit 1984 verfolgte insbesondere die EG-Kommission eine liberale Politik in der Telekommunikation, wodurch sie forschungs- und technologiepolitische Vorhaben mit Maßnahmen zur institutionellen Liberalisierung zu verbinden suchte. All dies schlug sich im »Grünbuch zur Telekommunikationspolitik im Gemeinsamen Markt« vom 30. Juni 1987 nieder, auf das sich eine »paradoxe Allianz von Neoliberalen und Neomerkantilisten« verständigt hatte.[35] Sie maß der Telekommunikation zum einen hohe Bedeutung für die europäische Position im technologischen Wettbewerb mit den USA und Japan bei, zum anderen sollte die für 1992 terminierte Liberalisierung des Gemeinsamen Markts in jedem Falle auch die Telekommunikation umfassen. Und schließlich erwartete die Kommission von einem freien Markt für Kommunikationsdienstleistungen aller Art auch mächtige Impulse für den gesellschaftlichen Wandel in Europa.[36] Auch dort standen die Zeichen, so schien es, auf liberaler Reform.

Vor diesem Hintergrund wird die gewisse Euphorie verständlich, mit der die Fürsprecher einer Reform in der Bundesrepublik die ersten Ergebnisse der Bonner Regierungskommission begrüßten, welche ab Ende Juli an die Öffentlichkeit drangen. Nun würden »beamtenrechtliche Verkrustungen beim gelben Riesen aufgebrochen« und »dem zukunftsträchtigen Fernmeldebereich [...] neue marktwirtschaftliche Wege gewiesen«.[37]

Angesichts dieses Vorlaufs und der stetigen Verweise auf den Bericht war die Witte-Kommission mit enormen Erwartungen konfrontiert. Freilich musste sie, als sie ihren Bericht am 16. September 1987 offiziell übergab, all jene enttäuschen, die eine eindeutige Stellungnahme in der Telekommunikationspolitik, gleichsam als Handlungsanweisung für die politischen Akteure, erwartet hatten. Zwar war die Arbeit der Mitglieder der Kommission höchst gewissenhaft erfolgt – sie hatten mehr als 40 ganz- oder mehrtätige Sitzungen im In- und Ausland absolviert, in Arbeitskreisen mehrfach Detailfragen beraten, 41 Stellungnahmen von Verbänden und anderen Institutionen zur Kenntnis genommen und verarbeitet sowie 35 Sachverständige aus dem In- und Ausland angehört –, doch eine »modellhafte Optimallösung« konnten sie am Ende nicht präsentieren.[38] Konnten sie dem Abschlussbericht mit neun zu zwei Stimmen noch ein eindeutiges Votum mitgeben, so stellten zwei zusätzliche Sondervoten zentrale Empfehlungen infrage: Den einen, Peter Glotz (SPD) und Albert Stegmüller (DPG), gingen sie zu weit, den anderen, Tyll Necker (BDI), Dieter Fertsch-Röver (FDP), Jürgen Terrahe (Commerzbank) und Wernhard Möschel (juristischer Sachverständiger), gingen sie nicht weit genug in Richtung einer konsequenten Liberalisierung. Die Freigabe der Netze und die Zulassung konkurrierender Netze ließen sich nicht durchsetzen, eine entsprechende Abstimmung endete in der Kommission mit einem Patt.[39] Als Kompromiss empfahl die Kommission, das Netzmonopol

---

35 *Volker Schneider/Raymund Werle*, Die Eroberung eines Politikfeldes. Die Europäische Gemeinschaft in der Telekommunikationspolitik, in: Jahrbuch zur Staats- und Verwaltungswissenschaft 3, 1989, S. 247–272, hier: S. 266. Zur europäischen Politik vgl. auch *Schneider*, Die Transformation, S. 235–240.

36 Commission of the European Communities, Towards a Dynamic European Economy. Green Paper on the Development of the Common Market for Telecommunications Services and Equipment [COM (87) 290], 30.6.1987. Zum Download unter URL: <http://ec.europa.eu/greenpapers/pdf/green_paper_telecom_services_common_market_com_87_290.pdf> [12.7.2012]. Vgl. auch: *Michael Rottmann*, Zum rechtlichen Rahmen für einen europäischen Binnenmarkt im Post- und Fernmeldewesen, in: Archiv für das Post- und Fernmeldewesen 41, 1989, H. 1, S. 1–13.

37 *Arnulf Gosch*, Gelbe Post in Not, in: Die Welt, 31.7.1987.

38 *Eberhard Witte* (Hrsg.), Neuordnung der Telekommunikation. Bericht der Regierungskommission Fernmeldewesen, Vorsitz Eberhard Witte, Heidelberg 1987, zur Arbeitsweise S. 11f., Zitat aus dem Vorwort von Eberhard Witte, S. VII.

39 Ebd., S. 3.

der Bundespost zu belassen, solange sie Mitbewerbern Mietleitungen zur Verfügung stelle; dass der Wettbewerb funktioniere, solle die Bundesregierung alle drei Jahre überprüfen und gegebenenfalls dann die Errichtung konkurrierender Netze doch genehmigen. In kleinerem Maßstab, etwa auf Grundstücken in der Hand eines Besitzers oder eines Unternehmens, seien Kabelverbindungen zuzulassen. Vom Netzmonopol auszunehmen seien Satellitenverbindungen. Im Telefondienst solle die Bundespost das Monopol behalten, bei den Endgeräten und Mehrwertdiensten seien jedoch Marktbedingungen herzustellen. Bei solchen Monopolleistungen seien die Tarife an den Kosten zu orientieren und durch den Bundespostminister zu genehmigen. Im Hinblick auf die künftige Unternehmensstruktur der Bundespost empfahl die Kommission, hoheitliche und betriebliche Aufgaben zu trennen sowie Post- und Fernmeldewesen in separate Subunternehmen aufzuspalten. Quersubventionen sollten weiterhin möglich sein, wenn auch transparent im Haushalt der Telekom ausgewiesen werden. Auch sollten sie stufenweise abgebaut werden. Der Fernmeldebereich sollte ein öffentliches Unternehmen und Sondervermögen des Bundes bleiben, dessen Haushaltsplan der Bundespostminister zu genehmigen habe, der auch die Erfüllung der Unternehmensaufgaben überwachen sollte. Zugleich sei die Personalbewirtschaftung zu flexibilisieren und stärker leistungsbezogene Entlohnungssysteme seien einzuführen.

Für Postminister Schwarz-Schilling war dies das Signal, die Reform des Post- und Fernmeldewesens nun auf den Weg der Gesetzgebung zu bringen. Noch am selben Tag, an dem die Regierungskommission ihren Bericht vorlegte, gab er »Leitlinien« für die Reform bekannt – noch ehe der Bericht, anders als angekündigt, eingehend im Kabinett beraten wurde. »So viel Schwung macht stutzig«, urteilte die Frankfurter Allgemeine Zeitung in einem Kommentar und bewertete Schwarz-Schillings Vorhaben als »allenfalls eine milde Lockerungsübung für das Monopol.«[40]

Darüber, welche Schlüsse aus dem Kommissionsbericht zu ziehen seien, gingen die Meinungen auch innerhalb der Regierungskoalition weiterhin erkennbar auseinander. Anders als der Postminister plädierten der liberale Wirtschaftsminister Martin Bangemann wie auch Otto Graf Lambsdorff als wirtschaftspolitischer Sprecher der FDP-Fraktion dafür, auch das Minderheitsvotum angemessen zu würdigen und, ihm folgend, der Bundespost stufenweise auch die Netz- und Telefonmonopole zu entziehen. Umgekehrt machte die CSU unmissverständlich klar, dass sie einer Preisgabe des Netzmonopols nicht zustimmen werde, und auch aus den Reihen der CDU-Sozialausschüsse ließ sich deutlicher Widerspruch vernehmen.[41] Dass der Kommissionsbericht nichts präjudizieren und ein Sachverständigenurteil nicht automatisch Legitimation für politisches Handeln generieren würde, war nicht nur deshalb rasch deutlich. Auch die Postgewerkschaft verweigerte dem Bericht, einschließlich des Minderheitsvotums, nachdrücklich ihre Zustimmung und mobilisierte ihre Mitglieder. Noch bevor der Bericht offiziell dem Kanzler übergeben worden war, kündigte die DPG-Führung »massivsten Widerstand« an. Ihr Vorsitzender Kurt van Haaren kanzelte die Expertise ab als »chaotisches Machwerk von Wirtschaftsliberalen und Neokonservativen«, das nur den Interessen einiger weniger Großanwender und multinationaler Fernmeldekonzerne diene und auf die »Zerschlagung« des Post- und Fernmeldewesens ziele.[42] Am Tag nach der Übergabe protestierten mehrere Zehntausend Postbedienstete in den größeren Städten gegen die Reform, hissten schwarze Trauerflaggen an Postämtern, banden Trauerflore an Postautos oder bildeten Menschenketten entlang der Strecken zwischen Post- und Fernmeldeämtern.[43]

---

40 Reform ohne Mut, in: Frankfurter Allgemeine Zeitung, 17.9.1987.
41 Post will auch künftig beim Telephon keine private Konkurrenz dulden, in: Süddeutsche Zeitung, 17.9.1987; zu den Jungen Arbeitnehmern in den CDU-Sozialausschüssen: Das Tauziehen um die Post kann beginnen, in: Süddeutsche Zeitung, 16.9.1987.
42 Ebd.
43 Schwarze Fahnen bei der Post, in: Frankfurter Rundschau, 18.9.1987.

Die Liberalisierung der Telekommunikation in der Bundesrepublik 175

Anders als die DPG befürchtete, deutete bald nach Entgegennahme des Kommissionsberichts vieles darauf hin, dass der Postminister nur eine moderate Reform befürwortete. In mehreren großen Zeitungsinterviews machte Schwarz-Schilling seine Position klar: »Wirklich eisern« wolle er am Netzmonopol der Bundespost festhalten, Ausnahmen seien allenfalls im Mobilfunk und im Satellitenverkehr denkbar. Gleiches gelte für das Monopol beim Telefondienst, zumindest im Bereich der Sprachübermittlung.[44] Dass möglicherweise bei den digitalen Netzen der Zukunft nicht mehr zu unterscheiden sei, ob Sprache oder Daten übermittelt würden, wie die Journalisten der Wirtschaftswoche zu bedenken gaben, schloss er aus: »Ob man Sprache und Daten nicht doch unterscheiden kann, da möchte ich erhebliche Zweifel anmelden: Heute kann man technisch sehr viel.«[45] In keinem Falle sollte die Post durch den Entzug dieser beiden Monopole die Innovations- und Investitionskraft verlieren, die für den weiteren Ausbau der Netze dringend erforderlich sei. Zwar sprach sich Schwarz-Schilling für die Teilung der Post in drei eigenständige Unternehmensbereiche aus, doch mochte er sich auf ein Ende der Quersubventionierung nicht festlegen. Stattdessen werde man »jedes Jahr neu zu durchleuchten haben, wie hoch die Defizite sind, wie wir sie abbauen können und inwieweit aus einem gemeinsamen Fonds ausgeglichen werden muß.«[46] Einen Erfolg der neuen Unternehmen würden effizientes Management und die beabsichtigte Flexibilisierung des öffentlichen Dienstrechts gewährleisten; an eine Neuordnung der Gebührenstrukturen mochte sich der Minister freilich noch nicht heranwagen.[47] Insgesamt, so sein Befund, habe man mit dem Bericht einen »guten Mittelweg« gefunden, »der einen großen Schritt auf dem Weg zu einer Reform des Fernmeldewesens bedeuten wird, aber nicht eine traumtänzerische Revolution in Gang setzt.«[48]

Hatte Schwarz-Schilling gehofft, mit diesen eher beschwichtigenden Stellungnahmen die Wogen der Auseinandersetzungen zu glätten, so musste er sich getäuscht sehen. Denn sowohl vonseiten der Liberalen und Teilen der Wirtschaft als auch aus den Reihen der Postgewerkschaft und der SPD nahm die Kritik an seinem Reformvorhaben in den folgenden Monaten deutlich zu. Besonders die DPG blieb »betonhart«. Bei einer Sitzung des Postverwaltungsrats in Bad Neuenahr am 16. November 1987 prallten die gegensätzlichen Positionen hart aufeinander. Während die Verwaltungsratsmitglieder der SPD und der Länder in einigen wichtigen Bereichen Entgegenkommen signalisierten, wandten sich die DPG-Vertreter prinzipiell gegen alle zentralen Elemente der Reform: Sowohl die Dreiteilung des Unternehmens und Ausnahmen beim Netzmonopol als auch die Liberalisierung beim Telefonhauptanschluss (die sogenannte »Steckerlösung«, bei der ein frei erworbenes Telefongerät zu Hause ohne besondere amtliche Zulassungsprozedur angeschlossen werden sollte) lehnten sie rigoros ab.[49] Unmittelbar nach der Klausur des Postverwaltungsrats verteilten Postgewerkschafter am Buß- und Bettag rund 16 Millionen Exemplare einer im Boulevardstil aufgemachten »Bürgerpost« als Informationsmaterial an die privaten Haushalte – Proteste, denen sich kurz darauf auch die Gewerkschaft Handel, Banken und Versicherungen und der Deutsche Postverband (im Deutschen Beamtenbund) anschlossen.[50]

---
44 *Wolfgang Hoffmann/Gunhild Lütge*, Wann fällt das Monopol? Ein Gespräch mit Minister Christian Schwarz-Schilling über seine Pläne für die Bundespost, in: Die ZEIT, 25.9.1987.
45 Mittelweg für die Post, in: Wirtschaftswoche, 18.9.1987.
46 *Hoffmann/Lütge*, Wann fällt das Monopol?.
47 Ebd.
48 Mittelweg für die Post, in: Wirtschaftswoche, 18.9.1987.
49 Postgewerkschaft bleibt »betonhart«, in: Die Welt, 19.11.1987.
50 »Bürgerpost« mit Prominenz, in: Frankfurter Rundschau, 19.11.1987; HBV gegen »Postzerschlagung«, in: Frankfurter Allgemeine Zeitung, 23.11.1987; Entschieden gegen Post-Pläne, in: Frankfurter Rundschau, 27.11.1987. Die zentralen Kosten für die Herstellung der »Bürgerpost«

Das zähe Ringen um ein Gesetz

Auch innerhalb des Kabinetts hatte Schwarz-Schilling weiterhin harte Überzeugungsarbeit zu leisten. Die anhaltenden Querelen innerhalb der Koalition sowie zwischen Bundesregierung und Ländern führten dazu, dass er seinen ehrgeizigen Zeitplan nicht einhalten und nicht schon zum Jahresbeginn 1988 einen Gesetzentwurf ins Parlament einbringen konnte.[51] Nicht weniger als fünf Mal musste der Referentenentwurf überarbeitet werden, ehe er im Kabinett verabschiedet werden konnte. Hier profilierte sich insbesondere Bundesinnenminister Friedrich Zimmermann als Widersacher des Postministers und zeigte sich wenig kompromissbereit in der Frage, inwieweit das öffentliche Dienstrecht bei den Unternehmen der Bundespost zu flexibilisieren sei, damit beispielsweise höhere Löhne gezahlt und qualifizierte Manager und Ingenieure für das Fernmeldewesen gewonnen werden könnten. Im Referentenentwurf sicherte sich Zimmermann ein Zustimmungsrecht bei bestimmten Leistungszulagen und tarifvertraglichen Regelungen. Dem Bundesfinanzminister musste Schwarz-Schilling ebenfalls Mitsprache zugestehen, wenn Defizite, die etwa durch den Paketverkehr mit der DDR bei der »gelben Post« entstünden, durch Ausgleichszahlungen aus dem Bundeshaushalt ausgeglichen werden sollten.[52] Dass die Beratungen im Bundestag nicht einfach werden würden, war insofern abzusehen, als der Referentenentwurf für die drei Unternehmensteile Post, Postbank und Telekom jeweils einen eigenen Aufsichtsrat vorsah, in dem – anders als beim bis dato bestehenden Postverwaltungsrat – keine Abgeordneten des Parlaments mehr vertreten sein sollten. Dass die drei Unternehmensteile zwar durch ein Direktorium zusammengehalten werden sollten, ein gemeinsamer Hauptpersonalrat jedoch nicht vorgesehen war, musste auf den Widerspruch von Sozialdemokraten und Gewerkschaften treffen.[53]

Weil auch mit erheblichem Widerstand der Länder zu rechnen war, wurde ihnen, anders als bei Gesetzgebungsverfahren üblich, Gelegenheit gegeben, schon vor Verabschiedung der Gesetzesvorlage im Kabinett eine Stellungnahme abzugeben. In der Tat drängten die Länder – mit Ausnahme Niedersachsens, dessen mittlerweile ins Finanzressort gewechselte Ministerin Birgit Breuel zu den Befürwortern einer weitreichenden Liberalisierung zählte, – auf mehr Mitsprache. Die Ministerpräsidentenkonferenz, die sich am 14./15. April 1988 mit der Reform befasste, plädierte dafür, ein zusätzliches Gremium im neuen organisatorischen Gefüge der Bundespost zu schaffen, das die Präsenz der Länderinteressen bei der Definition der Unternehmensziele der Bundespost garantierte. Im Grundsatz begrüßten die Ministerpräsidenten die Neuorganisation der Bundespost in drei Unternehmensbereiche, doch wiesen sie auf die Notwendigkeit einer gemeinsamen Unternehmensführung hin; Nordrhein-Westfalen, das Saarland und Bremen plädierten gar für einen gemeinsamen Vorstand. Die übrigen Länder mit Ausnahme Niedersachsens beließen es bei der Forderung, die Kompetenzen des vorgesehenen Direktoriums zu stärken. Bedenken äußerten die Ministerpräsidenten auch hinsichtlich der geplanten Unternehmensverfassung, die von den Gepflogenheiten des Aktienrechts abweiche, sowie im Hinblick auf die künftige Ablieferungs- und Steuerpolitik. Keinesfalls, so ließen sie die Bun-

---

beliefen sich auf eine Million D-Mark, Protokoll der Sitzung des Hauptvorstandes der DPG, 7.–9.12.1988, AdsD, DPG-Hauptvorstand, 5/DPGA000449; *Lauschke*, »Zusammenhalten und gestalten«, S. 63f.
51 So angekündigt unter anderem in: Post bleibt Post, in: Die ZEIT, 18.9.1987.
52 Postreform soll im Schweinsgalopp durchgezogen werden, in: Frankfurter Rundschau, 26.1.1988; Post-Reform trägt Handschrift anderer Minister, in: Frankfurter Rundschau, 2.3.1988; Die »Post 2000« wird noch lange auf sich warten lassen, in: Süddeutsche Zeitung, 21.3.1988; *Wolfgang Hoffmann*, Die Rechnung geht nicht auf, in: Die ZEIT, 22.4.1988.
53 *Winfried Moritz*, Keine Radikalkur, in: Handelsblatt, 2.3.1988; vgl. auch das Interview mit Adolf Hörsken, dem Hauptgeschäftsführer der CDU-Sozialausschüsse: Zweifel an neuer Post-Organisation, in: Bonner Rundschau, 10.3.1988.

desregierung wissen, seien sie bereit, »an der Finanzierung des Infrastrukturauftrags der Deutschen Bundespost mitzuwirken«, also gegebenenfalls den Ausfall der Quersubventionierung für die »gelbe Post« durch Landesmittel zu kompensieren. Gemeinsam sprachen sich die sozialdemokratisch regierten Bundesländer und das CSU-regierte Bayern dafür aus, auch das Monopol bei Mobilfunknetzen und Satellitenkommunikation bei der Bundespost zu belassen. Über die künftige Gestaltung des öffentlichen Dienstrechts, das durch die Reform erheblich berührt sei, solle der Bundesrat entscheiden, wie ohnehin die Beteiligungsrechte der Länder an der neuen Unternehmensstruktur und besonders an der Definition der jeweiligen Unternehmensaufgaben sicherzustellen seien. Nur Niedersachsen war auch hier zu Konzessionen bereit und einverstanden, das Recht auf Länderbeteiligung nur dann geltend zu machen, wenn Länderinteressen von unternehmerischen Entscheidungen explizit berührt würden.[54] Mochte der Postminister beim Gespräch mit Bundeskanzler und Ministerpräsidenten auch darauf hinweisen, dass »ein modernes Dienstleistungsunternehmen nicht nach dem Ärmelschoner-Prinzip hoheitlicher Verwaltung geführt werden« könne[55], so zeigte sich der Kanzler von den Einwänden der Länderchefs doch beeindruckt. Nach der Unterredung jedenfalls war klar, dass der Referentenentwurf noch einmal nachgebessert werden musste, ehe er im Kabinett zur Abstimmung gestellt werden konnte. Die liberalen Minister begannen darum zu bangen, ob von der geplanten Reform überhaupt noch etwas übrig bleibe.[56] Nach einem Kompromissgespräch zwischen Schwarz-Schilling und Zimmermann Anfang Mai konnte das Kabinett am 11. Mai 1988 endlich den Gesetzesentwurf über die Reform der Bundespost verabschieden.[57] Eine Klage des DGB beim Verwaltungsgericht in Köln, durch die der Gewerkschaftsbund eine einstweilige Anordnung erreichen und die Verabschiedung des Entwurfs in letzter Minute verhindern wollte, weil er bei den personalrechtlichen Regelungen nicht gesetzesgemäß beteiligt worden war, war tags zuvor gescheitert.[58]

Von seinen Reformplänen hatte Schwarz-Schilling bereits im Vorfeld der parlamentarischen Beratungen so viele Abstriche machen müssen, dass manche Journalisten im Gesetzentwurf nur mehr ein »Reformgerippe« erkennen mochten.[59] Dessen Eckpunkte, die Dreiteilung der Bundespost in Postdienst, Postbank und Telekom, waren erhalten geblieben, ebenso die Trennung hoheitlicher und unternehmerisch-betrieblicher Aufgaben. Bei Besoldungsfragen war freilich nicht mehr nur das Einverständnis des Innenministers, sondern nun auch des Finanzministers festgeschrieben, der sich auch bei Investitionsfragen und der Kreditermächtigung ein Mitspracherecht gesichert hatte. Auch die Länderinteressen waren im Gesetzesentwurf nun stärker berücksichtigt. Dies hielt die CSU-Landes-

---

54 Ergebnisprotokoll der Ministerpräsidentenbesprechung am 14. April 1988 in Bonn; sowie Übersendung der Beschlüsse durch den Vorsitzenden der Ministerpräsidentenkonferenz, Franz Josef Strauß, an den Vorsitzenden der Wirtschaftsministerkonferenz, 14.5.1988, PA, XI/125 B1/15.
55 *Peter Gillies*, Post und Länderfürsten, in: Die Welt, 18.4.1988; vgl. zu diesem Gespräch auch: Bedenken der Länder gegen Postreform, in: Süddeutsche Zeitung, 16.4.1988; Post-Reform wieder völlig offen, in: Frankfurter Rundschau, 16.4.1988; *Volker Bästlein*, Länder wollen trotz der Teilung mitbestimmen, in: Bonner Rundschau, 16.4.1988.
56 Bangemann rügt Blockade der Reform, in: Frankfurter Allgemeine Zeitung, 28.4.1988.
57 *Michael Brandt*, Zimmermann machte Zugeständnisse, in: Kölner Stadt-Anzeiger, 4.5.1988; *Arnulf Gosch*, Im Spitzengespräch sind die Hürden für die Postreform abgebaut worden, in: Die Welt, 4.5.1988; Bläst Alarm, in: Der SPIEGEL, 9.5.1988, S. 115–116; Die Reform der Bundespost weiter verwässert, in: Süddeutsche Zeitung, 11.5.1988.
58 DGB klagt gegen die Bundesregierung, in: Neue Ruhr Zeitung (Essen), 11.5.1988; Verfügung gegen Postreform abgelehnt, in: Die Welt, 11.5.1988; Der DGB konnte Bonner Kabinett nicht stoppen, in: Handelsblatt, 18.5.1988; *Lauschke*, »Zusammenhalten und gestalten«, S. 65.
59 *Gerhard Hennemann*, Der Riese bleibt gefesselt, in: Süddeutsche Zeitung, 13.5.1988.

gruppe im Bundestag nicht davon ab, nach dem Kabinettsbeschluss »weitere Nachbesserungen« zu fordern.[60]

Tatsächlich ließen Wünsche nach »Nachbesserungen« im Bundesrat, in den die Bundesregierung ihren Entwurf am 27. Mai 1988 einbrachte[61], nicht lange auf sich warten. Einigkeit bestand zwischen den Regierungen der sozialdemokratisch wie auch der unionsgeführten Länder darin, dass in jedem Falle darauf zu achten sei, die Postdienste in der Fläche nicht zugunsten lukrativerer Bereiche (etwa der Telekommunikation) auszudünnen. Zu diesem Zweck sprachen sie sich für die Beibehaltung der Quersubventionen aus. Ebenfalls einig waren sie sich in der Beibehaltung des Netzmonopols wenigstens für Sprachdienste. Ein Vorschlag Bremens und Bayerns, auch die Sprachübertragung über Satelliten und Mobilfunk in das Telefondienstmonopol einzuschließen, erhielt im zuständigen Postausschuss des Bundesrats keine Mehrheit, ebenso wenig freilich ein Antrag Niedersachsens, das Telefondienstmonopol zum 1. Januar 1993 aufzugeben, wenn, wie von der Bundespost angekündigt, flächendeckend ISDN-Netze verfügbar wären und Sprachen- und andere Dienste verschmelzen würden. Wohl aber waren sich die Länder einig darin, dass ein Strukturrat einzurichten sei, in dem gegebenenfalls alle Länder vertreten sein sollten – und zwar ausdrücklich nur die Länder, wurde doch ein Antrag Bremens mit großer Mehrheit abgelehnt, auch Vertreter der Arbeitnehmer in den geplanten Poststrukturrat aufzunehmen (in ähnlicher Absicht plädierten im Übrigen auch die CDU-Sozialausschüsse an die unionsgeführten Länder[62]). Auf Vorschlag von Rheinland-Pfalz empfahl der Bundesrat, den Poststrukturrat in den neuen Paragrafen 27a bis c im Poststrukturgesetz zu verankern.[63] Ebenfalls einig waren sich die Vertreter der Länder im Bundesrat darin, eine gleichmäßige Berücksichtigung der Interessen ihrer jeweiligen Industrie, des Handwerks und des Handels bei der Vergabe von Aufträgen durch die Bundespost in das Postverfassungsgesetz aufzunehmen und die Beteiligung des Bundesrats bei der Definition von Pflichtleistungen sicherzustellen, nicht zuletzt durch die Aufnahme einer Berichtspflicht des Postministers gegenüber Bundestag und Bundesrat. Für den neuen Poststrukturrat drangen sie auf weitreichende Kompetenzen sowohl gegenüber dem Postminister als auch dem Vorstand der neuen Bundespost.[64] Auch machten die Länder deutlich, dass ihnen an der Wahrung eines einheitlichen Dienstrechts für den Öffentlichen Dienst sehr gelegen war; sollten unterschiedliche Leistungs- und Besoldungsvorschriften erfolgen, drohe die Gefahr der »Rechtszersplitterung«.[65] Genauso sah dies im Übrigen der Bundesrechnungshof in seiner Stellungnahme.[66]

Am 2. September 1988 legte die Bundesregierung den Entwurf des Poststrukturgesetzes dem Bundestag vor[67], der sich am 22. September erstmals damit befasste. Schwarz-Schilling warb nochmals nachdrücklich für die Reform, indem er deren historische Bedeutung unterstrich und auf die Situation in anderen Ländern sowie auf dem internatio-

---

60 Anhaltende Kritik an der Postreform, in: Süddeutsche Zeitung, 13.5.1988.
61 Entwurf eines Gesetzes zur Neustrukturierung des Post- und Fernmeldewesens und der Deutschen Bundespost, Deutscher Bundesrat, Drucksache 240/88; Konzeption der Bundesregierung zur Neuordnung des Telekommunikationsmarktes, Deutscher Bundesrat, Drucksache 241/88.
62 *Arnulf* Gosch, Sozialausschüsse gegen Postreform, in: Die Welt, 6.7.1988.
63 Antrag des Landes Rheinland-Pfalz zum Entwurf des PostStruktG, Deutscher Bundesrat, Drucksache 240/16/88; Debatte und Abstimmung bei der 591. Sitzung des Bundesrates, Deutscher Bundesrat, Plenarprotokoll, 591. Sitzung, 8.7.1988, S. 251–263.
64 Niederschrift über die 373. Sitzung des Ausschusses für Verkehr und Post des Bundesrates, 22.6.1988, PA, XI/125 A1/11.
65 Anlage zu Punkt 4 der Niederschrift über die 573. Sitzung des Finanzausschusses des Bundesrates, 22.6.1988 [Stellungnahme des Unterausschusses des Finanzausschusses], PA, XI/125 A1/4.
66 Stellungnahme des Bundesrechnungshofes, 3.11.1988, PA, XI/125 B2/23.
67 Deutscher Bundestag, 11. Wahlperiode, Drucksache 11/2854, 2.9.1988.

Die Liberalisierung der Telekommunikation in der Bundesrepublik 179

nalen Markt verwies.[68] Gleichwohl sparte die Opposition – wie zu erwarten – nicht an Kritik: Das Vorhaben sei eine »Privatisierung durch die Hintertür«, es bedeute neben der »Zerschlagung des Einheitsunternehmens Deutsche Bundespost« auch die »Zerschlagung der organisierten Arbeitnehmerinteressen bei der Bundespost«[69], hieß es aus den Reihen der SPD, während die Grünen noch klassenkämpferischere Töne anschlugen und von »Zerschlagung«, »Plünderei« und einer »Opfergabe an den Fetisch Wettbewerb« sprachen und »Widerstand« ankündigten.[70] Ein weiteres Mal trug die Postgewerkschaft den Protest auf die Straßen, am 16. November 1988 demonstrierten nach deren eigener Einschätzung fast 60.000 Menschen in Bonn.[71]

In den Ausschussberatungen wurde deutlich, dass die Bundestagsabgeordneten andere Schwachstellen des Gesetzeswerks identifizierten als der Bundesrat. Sie sorgten sich darum, ob der Datenschutz hinreichend gewährleistet sei[72], wobei sie kräftige Schützenhilfe von den Datenschutzbeauftragten von Bund und Ländern erhielten.[73] Sie prangerten die ungeklärte beziehungsweise zuungunsten der Arbeitnehmer ausgestaltete Mitbestimmung in den neuen Unternehmen an[74] und befürchteten einerseits, der vom Bundesrat so nachdrücklich gewollte Infrastrukturrat könne – am Bundestag vorbei – zu einem »Überparlament«[75] werden. Andererseits kam aus den Ausschüssen der Vorschlag, auch die Kommunen an diesem Rat zu beteiligen[76], was diese selbst vehement gefordert hatten.[77] Auch rechtssystematische Einwände gegen das vorgesehene neue Haftungsrecht wurden in den Ausschussberatungen geäußert.[78] Eine drei Tage währende öffentliche Anhörung erbrachte keine neuen Argumente, sondern zeichnete die Frontlinien zwischen Regierung und Opposition, Unternehmern und Gewerkschaften nochmals in aller Deutlichkeit nach.[79]

Dennoch gelang es den Sozialdemokraten gemeinsam mit den Gewerkschaften, einige wichtige Forderungen durchzusetzen. Den Ausschlag gab hier ein Gespräch der Gewerkschaftsspitze mit Kanzler und Postminister im Kanzleramt. Als Erfolg konnten DPG und SPD für sich verbuchen, dass die Mitbestimmung stärker im Gesetz verankert wurde. Zwar setzten sie sich mit der Forderung nach einem Gesamtpersonalrat nicht durch, doch wurde nun ein Hauptpersonalrat vorgesehen, der beim Direktorium angesiedelt werden

---

68 Deutscher Bundestag, Plenarprotokoll, 11. Wahlperiode, 94. Sitzung, 22.9.1988, S. 6377–6381.
69 Börnsen (SPD), ebd., S. 6382.
70 Briefs (Grüne), ebd., S. 6388f.
71 Protokoll über die Sitzung des Hauptvorstandes der DPG, 7. – 9.12.1988, AdsD, DPG-Hauptvorstand, 5/DPGA000449.
72 Protokoll der 39. Sitzung des Rechtsausschusses des Bundestages, 7.12.1988, PA, XI/125 A2/44.
73 Beschluss der Konferenz der Datenschutzbeauftragten des Bundes und der Länder sowie der Datenschutzkommission Rheinland-Pfalz, 10.10.1988, PA, XI/125 B1/17; Stellungnahme des Bundesbeauftragten für den Datenschutz im Rahmen der öffentlichen Anhörung durch den Ausschuss für das Post- und Fernmeldewesen, 4.11.1988, PA, XI/125 B2/22.
74 Die Frage der Mitbestimmung war wiederholt Thema der Beratungen des Postausschusses.
75 Protokoll der 41. Sitzung des Rechtsausschusses des Bundestages, 25.1.1989, PA, XI/125 A2/46 (Zitat Hörster, CDU/CSU, ähnlich auch Pick, SPD).
76 Stellungnahme des Ausschusses für Raumordnung, Bauwesen und Städtebau des Deutschen Bundestages vom 25.2.1989, PA, XI/125 A2/65.
77 Stellungnahme der Bundesvereinigung der kommunalen Spitzenverbände, 2.11.1988, PA, XI/125 B2/26.
78 Protokoll der 39. Sitzung des Rechtsausschusses des Bundestages, 7.12.1988, PA, XI/125 A2/44.
79 Beim Post-Hearing leisten die Experten nur Pflichtübungen, in: Frankfurter Rundschau, 28.11.1988; *Klaus Broichhausen*, Ein Kompromiß bei der Reform der Bundespost ist nicht abzusehen, in: Frankfurter Allgemeine Zeitung, 29.11.1988; Ratlos auf höherem Niveau, in: Stuttgarter Zeitung, 1.12.1988.

und für Sozialangelegenheiten zuständig sein sollte. Zugleich sagte der Minister Unterstützung für die Gewerkschaft gegen einen befürchteten Personalabbau zu. Auch in den Aufsichtsräten wurde die Position der Arbeitnehmervertreter gestärkt[80], dem Infrastrukturrat, paritätisch besetzt mit Vertretern von Bundestag und Bundesrat, stimmte der Minister zu. Aus den Reihen der SPD-Fraktion wurde in der Folge des Gesprächs signalisiert, man werde die Fundamentalopposition gegen das Gesetz nun aufgeben.[81] Freilich trug die Kompromissbereitschaft von Fraktion und Parteiführung nicht lange. Der Gewerkschaftsführung ging die Regelung der Mitbestimmung nicht weit genug, die Spitze der DPG wurde nochmals beim SPD-Vorsitzenden vorstellig[82], von den geplanten Protestaktionen wollte sie keineswegs absehen.[83] In aller Eile brachte die SPD doch noch eine Reihe von Änderungsvorschlägen in die Beratungen des Postausschusses ein[84], die Fraktion stellte im April 1989 einen Entschließungsantrag im Bundestag, der eine völlige Neufassung des Gesetzentwurfs forderte[85], während die DPG ihre Proteste auf den Straßen nochmals verschärfte.[86] Dennoch verabschiedete der Bundestag gegen SPD und Grüne am 20. April 1989 das Poststrukturgesetz. Am 12. Mai stimmte auch der Bundesrat zu. Am 1. Juli 1989 konnte das Poststrukturgesetz in Kraft treten[87], am 21. Juli folgten das Gesetz über Fernmeldeanlagen[88] und das Gesetz über das Postwesen.[89] Auf seiner Grundlage wurden die unternehmerischen und hoheitlichen Funktionen der Bundespost getrennt, das Unternehmen wurde in drei Bereiche aufgeteilt (Briefpost, Postbank, Telekommunikation), die allerdings durch Quersubventionen und gemeinsames Direktorium in wesentlichen Belangen doch verbunden blieben. Während das Dienste- und Endgerätemonopol liberalisiert und weitere Anbieter auf dem Markt zugelassen wurden, blieb das Monopol der Telekom beim Netz und im Telefondienstbereich erhalten. Als großer Wurf im Sinne einer profunden Liberalisierung ließ sich das Gesetzespaket schwerlich bezeichnen, blieb das Unternehmen doch qua Poststrukturrat »an der kurzen Leine der Politiker«.[90] Befürworter der Reform vermissten »die strenge Orientierung an einem ordnungspolitischen

---

80 Postreform geht in die letzte Runde, in: Süddeutsche Zeitung, 23.2.1989; Bonn lenkt bei der Postreform ein, in: Stuttgarter Zeitung, 24.2.1989; Opposition signalisiert Bereitschaft, die Reform der Post zu akzeptieren, in: Die Welt, 24.2.1989.
81 *Peter Gillies*, Falsch verbunden, in: Die Welt, 27.2.1989.
82 *Marie-Luise Hoffmann*, Warum der SPD die Post-Reform nun doch nicht mehr gefällt, in: Frankfurter Rundschau, 8.3.1989.
83 Protokoll über die Sitzung des DPG-Hauptvorstandes, 23.2.1989, AdsD, DPG-Hauptvorstand, 5/DPGA000450.
84 Siehe die Synopsen mit allen Änderungsanträgen zum Poststrukturgesetz, zum Postverfassungsgesetz und zur Änderung des Gesetzes über Fernmeldeanlagen: Beigabe zur 25. Sitzung des Ausschusses für das Post- und Fernmeldewesen des Bundestages, 8.3.1989, PA, XI/125 A3/82; Beigaben zur 28. Sitzung des Ausschusses für das Post- und Fernmeldewesen des Bundestages, 16.3.1989, PA, XI/125 A4/86 und A2/70.
85 Entschließungsantrag der Fraktion der SPD zum Entwurf eines Gesetzes zur Neustrukturierung des Post- und Fernmeldewesens und der Deutschen Bundespost, Deutscher Bundestag, 11. Wahlperiode, Drucksache 11/4371, 19.4.1989.
86 Demonstration gegen Postreform, in: Frankfurter Rundschau, 18.4.1989; Protest mit Äpfeln und Eiern, in: Westdeutsche Allgemeine Zeitung, 18.4.1989; Der Funktionärsprotest, in: Frankfurter Allgemeine Zeitung, 18.4.1989; 35000 protestieren gegen die Postreform, in: Süddeutsche Zeitung, 19.4.1989; *Lauschke*, »Zusammenhalten und gestalten«, S. 68f.
87 Gesetz zur Neustrukturierung des Post- und Fernmeldewesens und der Deutschen Bundespost (Poststrukturgesetz – PostStruktG), BGBl. I, 1989, Nr. 25, S. 1026.
88 Gesetz über Fernmeldeanlagen, BGBl. I, 1989, Nr. 37, S. 1456.
89 Gesetz über das Postwesen (PostG), BGBl. I, 1989, Nr. 37, S. 1450.
90 *Gerhard Hennemann*, Ein Wachhund auch für die »Post 2000«, in: Süddeutsche Zeitung, 20.4.1989.

Gesamtkonzept der Privatisierung und Deregulierung«[91], mehr als ein »Reförmchen«[92] jedoch war offensichtlich vorerst nicht durchsetzbar.

Abbildung: Die neue Poststruktur[93]

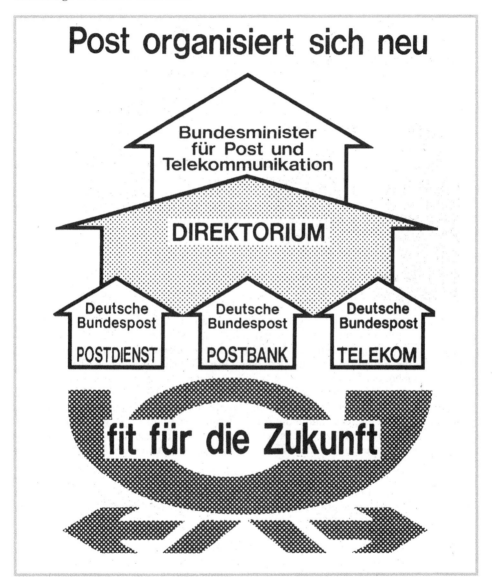

---

91 So die Deutsche Bank, zit. nach: »Postreform läßt ordnungspolitisches Gesamtkonzept vermissen«, in: Frankfurter Allgemeine Zeitung, 20.6.1989.
92 *Frank J. Eichhorn*, Die neue Post, in: Stuttgarter Zeitung, 21.4.1989; Die Funktionärspost, in: Frankfurter Allgemeine Zeitung, 8.4.1989; siehe auch schon: Das Reförmchen stößt auf Widerstand der Gewerkschaften, in: Handelsblatt, 11.11.1987.
93 Zeitschrift für das Post- und Fernmeldewesen 7, 1988, S. 5.

II. Ein »besonderer deutscher Weg« – Möglichkeiten und Grenzen politischer Reformen

Dieser zweite Teil des Beitrags handelt von der Frage, wo die Grenzen für politische Reformen in der Bundesrepublik in den 1980er Jahren lagen. Zeitgenössische Beobachter empfanden die Auseinandersetzungen um die neue Post als »zum Teil erschreckend irrational«[94], doch das zähe Gerangel um die Reform der Telekommunikation gibt uns geradezu exemplarisch Auskunft darüber, wie in Bonn über politische Entscheidungen verhandelt wurde, welche Argumentationsstrukturen aufgebaut wurden, ja auch darüber, was das Selbstverständnis der ›alten‹ Bundesrepublik bestimmte.

Auf dem Weg in die Informations- und Kommunikationsgesellschaft?

Privatwirtschaftliche Unternehmensformen und ein geringer Grad staatlicher Regulierung zählen zu den Kernanliegen der liberalen Strömungen in den Wirtschaftswissenschaften. In der Tat erhoben in der Bundesrepublik eine Reihe von Wirtschaftswissenschaftlern in den 1970er Jahren ihre Stimme, um einer Abkehr von öffentlichem Unternehmensbesitz das Wort zu reden und Privatisierungen zu fordern. In Anlehnung an die neoklassische Theorie argumentierten Ökonomen, ein natürliches Monopol im Fernmeldebereich lasse sich nicht begründen; stattdessen gaben sie sich überzeugt, dass Privatisierung und Deregulierung den technischen Fortschritt fördern und das bis dahin ungenutzte innovative Potenzial freisetzen würden. Dies sei auch »sozial vorteilhaft«.[95] Zwar lasse sich nicht ausschließen, dass es zu Asymmetrien in der Versorgung mit Telekommunikationsleistungen komme, argumentierte etwa Günter Knieps, doch könne der Staat über die Steuerpolitik Anreize zum Ausbau und Unterhalt von Infrastrukturen (beispielsweise in dünner besiedelten Regionen) geben.[96] Andere, aus der Public-Choice-Schule stammende Ökonomen, verwiesen auf die neu gegebene kurz- und mittelfristige Elastizität der Nachfrage, die für Deregulierung spreche[97]; hier fielen insbesondere die technischen Innovationen und die aus ihnen folgenden neuen Angebote auf dem Telekommunikationsmarkt ins Gewicht. Aus der Perspektive dieser Ökonomen war die Privatisierung der Telekommunikation das Gebot der Stunde.

Die Argumente ökonomischer Vorteile durch innovative Impulse machten sich insbesondere die Unternehmer zu eigen. Immer wieder wiesen sie in den Debatten über die Postreform darauf hin, dass durch die Privatisierung der Bundespost Wachstumsimpulse freigesetzt und Arbeitsplätze geschaffen würden – ein Argument, dessen Validität sich aufgrund der nach der deutsch-deutschen Vereinigung ganz anderen Rahmenbedingungen nur schwer überprüfen lässt.

Um die Wachstumserwartungen zu plausibilisieren, zog man in den Diskussionen häufiger den Vergleich mit der Eisenbahn, die im 19. Jahrhundert ebenfalls die Rolle der »Wachstumslokomotive« gespielt habe.[98] Aus dem Unternehmerlager forderte man oben-

---

94 *Hennemann*, Ein Wachhund auch für die »Post 2000«.
95 *Günter Knieps*, Entstaatlichung im Telekommunikationsbereich. Eine theoretische und empirische Analyse der technologischen, ökonomischen und institutionellen Einflußfaktoren, Tübingen 1985, S. 186. Zur neoklassischen Position vgl. auch *Ingo Vogelsang*, Deregulation and Privatization in Germany, in: Journal of Public Policy 8, 1988, S. 195–212, hier: S. 202–204.
96 *Knieps*, Entstaatlichung im Telekommunikationsbereich, S. 188f.
97 *Charles B. Blankart*, Toward an Economic Theory of Advice and its Application to the Deregulation Issue, in: Kyklos 34, 1981, S. 95–105.
98 Vgl. *Carl-Christian von Weizsäcker*, Die Lokomotive des Wettbewerbs. Mehrwertdienste brauchen den freien Markt, in: Frankfurter Allgemeine Zeitung, 19.12.1987; »Den Fernmeldebereich umwandeln in eine Aktiengesellschaft und Monopol aufgeben«. Ausführliche Privatisie-

drein, die Debatten über die Zukunft der Bundespost allein unter ökonomischen Gesichtspunkten zu führen und, wie der BDI mahnte, »sachfremden politischen Druck« herauszuhalten.[99] Der Bundespostminister formulierte es anders, meinte in der Sache jedoch dasselbe, wenn er auf den gesamtwirtschaftlichen Nutzen einer Privatisierung verwies, hinter dem partikulare Interessen zurückzustehen hätten.[100] Für seinen Kabinettskollegen Martin Bangemann galt der Wettbewerb auf dem Markt ohnehin als »Lebenselixier einer offenen Gesellschaft«.[101] In eine ähnliche Kerbe schlug Wernhard Möschel, als juristischer Gutachter mehrfach am Gesetzgebungsverfahren beteiligt, der »die Abstimmung auf Märkten immer für verbrauchernahe und viel effektiver [hielt], wo sie möglich ist, als über politische Entscheidungsträger«, was er sogar auf den Netzausbau bezog.[102]

Mag man in der Rhetorik der Advokaten zugunsten einer Liberalisierung des Fernmeldewesens auch ein hohes Maß an Übereinstimmung feststellen, so gingen die Meinungen doch auseinander, wie weit eine solche Liberalisierung zu treiben sei. Besonders innerhalb der CDU/CSU machten sich Divergenzen bemerkbar, die sie auch vom liberalen Koalitionspartner trennten. Vergleicht man die christdemokratische(n) Haltung(en) in dieser Frage mit jener der britischen Konservativen, so ist die »ideologische Fragmentierung« der bundesdeutschen Regierungspartei nicht zu übersehen, in der »das Spektrum von neoliberalen über traditionell-konservative und sozialreformerische bis hin zu neotechnokratischen Positionen« reichte.[103]

In einen weiteren gesellschaftstheoretischen Horizont ließ sich die Frage der Postreform einbetten, wenn man sie mit Blick auf ihre Folgen für die Kommunikation erörterte. Hier bestimmte der Topos der »Informationsgesellschaft« oder »Kommunikationsgesellschaft« die Argumentation der Reformbefürworter.[104] Mustert man die Debatten im Hinblick auf gesellschaftstheoretisch orientierte Argumente durch, wird allerdings deutlich, dass die Konturen einer neuen Gesellschaftsordnung und fundamental veränderter Kommunikationsstrukturen den politischen Akteuren noch nicht recht bewusst waren.[105] Vielfach kleideten sie das alte industriegesellschaftliche Paradigma wirtschaftlichen Wachstums allenfalls in neues Vokabular, hielten im Kern aber an ihm fest. Auch dies ließe sich aus der Vielfalt der Strömungen und Interessen innerhalb des Regierungslagers erklären.

Sieht man allerdings auf das Resultat der Reformbemühungen, so lässt sich aus ihm doch ein bestimmtes Verständnis von Informations- beziehungsweise Kommunikationsgesellschaft ableiten, ohne dass dies zeitgenössisch explizit wurde. Eine solche Gesellschaft dachte man sich geprägt von anhaltendem technologischen Wandel, ja der Postminister war sich sicher, »ein Ende des technologischen Wachstums mit immer neuen

---

rungs-Überlegungen des Instituts für Weltwirtschaft in Kiel, in: Handelsblatt, 9.2.1988. Auch in den Diskussionen über das Gesetz im Parlament findet sich diese Analogie: Christian Schwarz-Schilling, Deutscher Bundestag, Plenarprotokoll, 11. Wahlperiode, 94. Sitzung, 22.9.1988, S. 6377.

99 Schwierigkeiten vor Kabinettsbeschluß, in: Frankfurter Allgemeine Zeitung, 10.5.1988.
100 *Christian Schwarz-Schilling*, Konzept »Post 2000« läuft auf Stärkung des Standortes Bundesrepublik hinaus, in: Handelsblatt, 30.12.1988.
101 Zit. nach: *Hans Herbert Götz*, Die Zukunft hat längst begonnen. Konferenz über »Welt-Informationsgesellschaft«, in: Frankfurter Allgemeine Zeitung, 18.9.1987.
102 Unkorrigiertes stenographisches Protokoll der 20. Sitzung des Ausschusses für das Post- und Fernmeldewesen, 30.11.1988 (Öffentliche Anhörung), S. 61, PA, XI/125 A2/77.
103 *Grande*, Vom Monopol zum Wettbewerb?, S. 264.
104 So mehrfach in der »Welt« der Journalist Peter Gillies, vgl. etwa *Peter Gillies*, Trara, die Post ist da, in: Die Welt, 18.9.1987; ders., Drei von der Post, in: Die Welt, 30.12.1988.
105 Exemplarisch ist die Position Lothar Späths, der sich zwar als Stichwortgeber der »Informationsgesellschaft« gerierte, dann aber doch nur auf deren wirtschaftliche Bedeutung verwies. Vgl. *Lothar Späth*, Wende in die Zukunft. Die Bundesrepublik auf dem Weg in die Informationsgesellschaft, Reinbek 1985.

Anwendungsmöglichkeiten [sei] gegenwärtig nicht abzusehen.«[106] Jene neuen Telekommunikationsdienste, über die Daten und Informationen umgeschlagen wurden, waren nun auf dem freien Markt erhältlich, während die fernmündlichen Gespräche ausdrücklich staatlich garantiert blieben und nicht über Preise, sondern über Gebühren berechnet wurden. Das Bürgerrecht auf Kommunikation war also das Recht eines Bürgers, ein Ferngespräch mit einem anderen Bürger zu führen, wobei die Gebührenstaffelung die Nahkommunikation der Ortsgespräche begünstigte, während Gespräche über weitere Distanzen sehr viel teurer waren, ohne dass technische Gründe dafür zu erkennen wären. Die Kommunikationsgesellschaft, die auf diese Weise imaginiert wurde, war eine kleinräumige Gesellschaft, in der Face-to-Face-Kommunikation im Zweifelsfall das innerörtliche Telefonat auch ersetzen konnte. Und es war eine Kommunikationsgesellschaft, deren staatlich garantiertes Medium die Sprache war – ein Kriterium, das sich im anbrechenden digitalen Zeitalter kaum mehr isoliert aufrechterhalten ließ.

Die Übertragung von Informationen in Form von Daten, Texten oder Bildern wurde den Anbietern entsprechender Dienste auf dem freien Markt überlassen. Banken, die über digitale Datenleitungen ihre Filialen mit der Zentrale verbanden, oder Unternehmen, die ihre Zulieferketten über Datenaustausch auf Just-in-time-Belieferung ausrichten konnten, erwarteten von der Liberalisierung dieser Dienste günstigere Tarife. Informationen wurden so den traditionellen Produktionsfaktoren Kapital, Arbeit oder Boden gleichgestellt, die Konditionen ihrer Verfügbarkeit der Regulierung durch den Markt übertragen. Das »natürliche Monopol« im Fernmeldewesen wurde auf diese Weise in dem Moment durchlöchert, in dem die flächendeckende Versorgung mit Telefondiensten gesichert war; für die nicht netzgebundenen Dienste benötigten die Unternehmen die Unterstützung durch das Monopol nicht mehr.[107]

Institutionelle Blockaden oder Konsensdemokratie?

Das Beispiel der Telekommunikationspolitik macht wie wenige andere Politikfelder die spezifischen Bedingungen deutlich, die grundlegendem politischen Wandel durch die Struktur des politischen Systems in der Bundesrepublik gesetzt waren (und sind?). In den politikwissenschaftlichen Standardwerken werden die im Vergleich zu anderen westlichen Staaten zaghaften Schritte der Bundesrepublik in Richtung Liberalisierung aus den besonderen institutionellen Gegebenheiten erklärt. Weitaus stärker als im vergleichbaren westeuropäischen Ausland fallen die föderalen Verflechtungen ins Gewicht, und in der Tat lässt sich an diesem Beispiel gut nachvollziehen, wie die Aushandlungsprozesse auf Länderebene und dann im Bundesrat die Grenzen der Reform immer enger zogen. Zwar verfügte die Bundesregierung über eine parallele Mehrheit in der Länderkammer, was aber keineswegs garantierte, dass sie ihre Gesetzesvorhaben dort ohne Widerstände durchsetzen konnte. Im Gegenteil: Auch die Vertreter unionsregierter beziehungsweise CDU/FDP-regierter Bundesländer artikulierten ihre eigenen Interessen und konnten zu deren Durchsetzung ohne Weiteres gemeinsame Sache mit den SPD-Ländern machen.[108] Der auf Druck des Bundesrats in das Poststrukturgesetz aufgenommene Infrastrukturrat ist das deutlichste Beispiel für die Effekte einer solchen Ad-hoc-Koalition. Doch auch in ihren re-

---

106 *Christian Schwarz-Schilling*, Chance und Herausforderung der Telekommunikation in den 90er Jahren, in: Zeitschrift für das Post- und Fernmeldewesen 1987, Nr. 2, 20.2.1987, S. 8–14, hier: S. 11.
107 *Sarkar*, Akteure, Interessen und Technologien, S. 239.
108 Vgl. dazu etwa: Große Bundesrats-Koalition gegen die Postreform, in: Frankfurter Allgemeine Zeitung, 8.7.1988; *Wolfram Engels*, Wende rückwärts, in: Handelsblatt, 15.7.1988; Versierte Verhinderer, in: Wirtschaftswoche, 29.7.1988; Postreform im Reißwolf der Länder, in: Süddeutsche Zeitung, 31.8.1988.

gionalpolitischen Interessen waren sich die Ländervertreter über die Grenzen zwischen den Lagern hinweg häufig einig.109 Schon zeitgenössisch wurden die besonderen Bedingungen für politisches Handeln in der Bundesrepublik als »Politikverflechtungsfalle«[110] charakterisiert und im Bereich der Telekommunikation als Innovationshemmnis diskutiert.[111]

Ähnliches lässt sich im Hinblick auf den Einfluss der Verbände konstatieren. Alle von der Reform berührten Pressure-Groups artikulierten ihre Interessen, ganz gleich, ob man auf den Deutschen Industrie- und Handelstag sieht, die kommunalen Spitzenverbände, den BDI, Vertreter der Wirtschaft und der Gewerkschaften. Letztere äußerten ihren Protest am nachdrücklichsten und trugen ihn auch auf die Straße. Mit gewissem Erfolg, machte doch beispielsweise der Widerstand der Postgewerkschaft Zugeständnisse in der Unternehmensstruktur notwendig. Für die DPG war zunächst vor allem die Mobilisierung ihrer Mitglieder das Mittel der Wahl, ein »streikfähiges Ziel« ließ sich in der Einschätzung des Hauptvorstands aus der Postreform nicht ableiten.[112] Allerdings waren sich die Gewerkschafter im Klaren darüber, dass die Mobilisierungsbereitschaft ihrer Mitglieder und Funktionäre nicht unbegrenzt war und dass zudem die durchgespielten Protestformen – Großdemonstrationen, dezentrale Aktionen, Menschenketten, Mahnwachen vor Postämtern et cetera – »ausgelaugt« waren und keine besondere Aufmerksamkeit für die Anliegen der DPG mehr wecken konnten.[113] Daher galt es, den Einfluss im Parlament zu stärken. Im parlamentarischen Verfahren erwies sich der enge Schulterschluss zwischen SPD und Gewerkschaften lange Zeit als starke Kraft. Ihr Hauptanliegen war es, die Mitbestimmung für das gesamte Unternehmen Bundespost nicht auf drei Teilunternehmen aufspalten und dadurch an Schlagkraft einbüßen zu lassen; ein Hauptpersonalrat müsse eingerichtet werden.[114] Von den CDU-Sozialausschüssen wurden sie in dieser Forderung nachdrücklich unterstützt.[115] Manche Sozialdemokraten argwöhnten, die Aufspaltung des Unternehmens diene sogar gezielt dem Zweck, »die Mitwirkungs- und Beteiligungsrechte der Beschäftigten [...] zu schwächen«[116]; die Gewerkschaften sahen die Postreform als Teil einer »gesellschaftspolitische[n] Kehrtwende« der Bundesregierung an, durch welche Sozialstaatlichkeit abgebaut werde und Arbeitnehmerrechte reduziert würden.[117] Als deutlich wurde, dass die Verabschiedung der Postreform nicht mehr zu verhindern war, schaltete die DPG-Führung sehr rasch von der ordnungspolitischen Diskussion auf die berufspolitische Interessenartikulation um.[118]

---

109 *Grande*, Vom Monopol zum Wettbewerb?, S. 345–347.
110 *Fritz W. Scharpf*, Die Politikverflechtungs-Falle: Europäische Integration und deutscher Föderalismus im Vergleich, in: Politische Vierteljahresschrift 26, 1985, S. 323–356.
111 *Rainer Nahrendorf*, Die Entfesselung der Marktkräfte, in: Handelsblatt, 23.12.1987.
112 Protokoll über die Sitzung des Hauptvorstandes der DPG, 7. – 9.12.1988, AdsD, DPG-Hauptvorstand, 5/DPGA000449.
113 Protokoll über die Sitzung des Hauptvorstandes der DPG, 21./22.9.1988, AdsD, DPG-Hauptvorstand, 5/DPGA000448.
114 »Bei Postreform Chance vertan«. Interview mit Kurt van Haaren, in: Neue Osnabrücker Zeitung, 9.1.1989.
115 Zweifel an neuer Post-Organisation. Interview mit Adolf Hörsken, in: Bonner Rundschau, 10.3.1988; Sozialausschüsse gegen Postreform, in: Die Welt, 6.7.1988; Junge Arbeitnehmerschaft in den CDA-Sozialausschüssen, Stellungnahme zum Poststrukturgesetz, 8.2.1989, PA, XI/125 B5/65. Siehe auch die Erklärung der Christlich-demokratischen Postgewerkschaft, »Poststrukturgesetz. Retten, was zu retten ist!«, PA, XI/125 B5/66.
116 Arne Börnsen (SPD), zweite und dritte Beratung des Poststrukturgesetzes, S. 10057.
117 Antworten des Deutschen Gewerkschaftsbundes zu den Fragen der öffentlichen Anhörung des Bundestagsausschusses für das Post- und Fernmeldewesen [zum Entwurf des PostStruktG] am 28., 29. und 30. November 1988, PA, XI/125 B4/61. Siehe auch die ausführlichen »Antworten für das Hearing zum EPostStruktG der Bundesregierung« der DPG, [eingereicht für die öffentliche Anhörung am 28. – 30.11.1988], PA, XI/125 B2/31.
118 Protokoll über die Sitzung des Geschäftsführenden Hauptvorstandes der DPG, 2.5.1989, AdsD, DPG-Hauptvorstand, 5/DPGA000451.

Was zeitgenössische Kritiker als Resultat eines »Gestrüpp[s] verfestigter Interessen und verharschter Machtstrukturen«[119] brandmarkten und als Menetekel einer strukturellen Unfähigkeit zur Reform deuteten[120], verweist aus politikwissenschaftlicher Sicht auf stark wirksame »konsensdemokratische Mechanismen, in denen wichtige politische Entscheidungen mit den wichtigsten gesellschaftlichen Gruppen jeweils vorgeklärt werden«.[121] Akzeptierte man diese Form von Politik, dann ließ sich daraus durchaus auch der Vorwurf an den Bundespostminister ableiten, nicht die realistisch vorhandenen Spielräume in Abstimmung mit allen Beteiligten genutzt, sondern sich zu lange »auf Unmögliches kaprizier[t]« zu haben.[122] Tatsächlich kam ein Kompromiss mit der Postgewerkschaft erst Ende Februar 1989 zustande, lange nachdem die Gewerkschaftsführung ihre Mitglieder breit mobilisiert hatte.[123]

»Ratlos auf höherem Niveau«:[124] Die Rolle der Experten

Politische Entscheidungen in modernen, differenzierten Gesellschaften beruhen nicht erst seit den 1980er Jahren auf Wissen über gesellschaftliche und ökonomische Zusammenhänge. Experten liefern solches Wissen und beraten politische Akteure. In der Bundesrepublik etablierte sich in den 1950er und 1960er Jahren ein System wissenschaftlicher Politikberatung und der Integration von Experten in politische Prozesse, von dem sich die Protagonisten der Politik zu jener Zeit eindeutige Hinweise und die Fundierung rationaler Entscheidungen versprachen, wobei man auch die legitimatorische Funktion wissenschaftlicher Expertise schon in dieser Zeit nicht vernachlässigen darf.[125]

Dass solche Expertise längst nicht mehr eindeutige Handlungsanweisungen implizierte, zeigt das Ringen um die Postreform I geradezu paradigmatisch. Es zeigt aber auch, dass sich nach wie vor mit der Mobilisierung von Experten die Hoffnung verband, dank der »Eisbrecherfunktion«[126] ihres Gutachtens Entscheidungen auch gegen den Widerstand von Lobbygruppen durchsetzen zu können. Die dilatorische Behandlung des Reformvorhabens durch die Bundesregierung unter stetem Verweis, sie wolle erst das Gutachten der Witte-Kommission abwarten, ließe sich hierfür als Beleg anführen. Aber diese von der Bundesregierung berufene Kommission war nicht die einzige Expertengruppe, die sich in der Angelegenheit zu Wort meldete, andere offizielle Beratungsgremien wie der Sachverständigenrat zur Begutachtung der gesamtwirtschaftlichen Entwicklung gaben ihre Sicht der Dinge bekannt. Obendrein meldeten sich weitere Experten mit durchaus divergierenden Empfehlungen öffentlich zu Wort.[127] Eindeutiges Wissen ließ sich so schwer erkennen, bisweilen erklärten die Gutachter in den Ausschusssitzungen selbst, in bestimmten Fragen nicht eindeutige Positionen formulieren zu können.[128] Der Marathon dreitägiger öffentlicher Anhörungen – auf der Basis eines mehr als 630 Seiten umfassenden Konvoluts von vorab eingereichten Antworten auf 81 Fragen, die aus den Ausschüssen über-

---

119 *Nahrendorf*, Die Entfesselung der Marktkräfte.
120 Unfähig zu Reformen, in: Frankfurter Allgemeine Zeitung, 15.4.1988.
121 *Schneider*, Die Transformation, S. 249.
122 *Wolfgang Hoffmann*, Die Rechnung geht nicht auf, in: Die ZEIT, 22.4.1988.
123 Regierung kommt Postgewerkschaft weit entgegen, in: Süddeutsche Zeitung, 24.2.1989.
124 Ratlos auf höherem Niveau, in: Stuttgarter Zeitung, 1.12.1988.
125 Dazu ausführlich *Gabriele Metzler*, Konzeptionen politischen Handelns von Adenauer bis Brandt. Politische Planung in der pluralistischen Gesellschaft, Paderborn 2005.
126 *Nahrendorf*, Die Entfesselung der Marktkräfte.
127 Vgl. etwa die Stellungnahme des Bonner Instituts für Wirtschaft und Gesellschaft: Neues Gutachten zur Postreform. Biedenkopf-Institut will Telefon- von Briefdienst trennen, in: Stuttgarter Zeitung, 4.9.1987.
128 Unkorrigiertes stenographisches Protokoll der 20. Sitzung des Ausschusses für das Post- und Fernmeldewesen, 30.11.1988 (Öffentliche Anhörung), S. 151, PA, XI/125 A2/77.

mittelt worden waren – konnte vor diesem Hintergrund keine klaren Erkenntnisse liefern.[129]

Öffentlich vorgetragenen Protest gegen die Reform durch Verweis auf Expertenempfehlungen zurückzuweisen, erwies sich daher als unmöglich, zumal Experten selbst gelegentlich in unmittelbarem Schlagabtausch ihre unterschiedlichen Positionen öffentlich kundtaten.[130] Und während die Witte-Kommission und einige der Experten in den Beratungen der Ausschüsse für eine Reform in liberalem Sinne plädierten, legten andere Wissenschaftler öffentlichkeitswirksam Protest dagegen ein: So sprachen rund 150 Professoren aller Fachrichtungen in einer gemeinsamen Erklärung »massive Warnungen« gegen die geplante Postreform aus. Dass dieser Appell nicht nur von den Kennern der Materie getragen wurde – initiiert hatten die Aktion Rudolf Hickel, Helmut Fangmann und Bernd-Peter Lange[131] –, sondern auch eine Reihe von *public intellectuals* – darunter der »Tübinger ›Rhetorik-Papst‹ Walter Jens«[132] – ihn unterzeichnet hatten, deutet darüber hinaus darauf hin, dass sich die Opposition gegen das Reformvorhaben bei der Post aus einem weiterreichenden, vom aktuellen Anlass abstrahierenden Protest gegen die Regierung Kohl speiste.

»Gerade noch auf einen fahrenden Zug aufgesprungen«:[133] Die Rezeption ausländischer Vorbilder

Die Erfahrung, in jedem Fall und auf jeder Ebene des politischen Systems Kompromisse schließen zu müssen, begrenzte die Rezeption ausländischer Vorbilder im politischen Diskurs über die Telekommunikation. Die weitreichenden Privatisierungswellen, welche den Telekommunikationsbereich in den USA, Großbritannien und Japan bereits erfasst hatten, erreichten nur in ihren letzten und schwächsten Ausläufern die Bundesrepublik. Der Verweis auf das Ausland diente allenfalls als legitimatorische Ressource, um überhaupt Reformen in Gang zu bringen. Wiederum waren es hauptsächlich Hinweise auf die stark verbesserte Wettbewerbsfähigkeit der ausländischen Konkurrenz, die den Reformprozess in der Bundesrepublik antreiben sollten.[134] Allerdings verschwiegen selbst Fürsprecher einer liberalen Postreform nicht, dass etwa auch in Großbritannien nach der Privatisierung von British Telecom nicht alles zum Besten stehe, habe der Konzern doch kräftig Personal abgebaut und den Kundenservice dadurch verschlechtert.[135] Dass die Gegner der Reform aus den Arbeitsplatzverlusten bei dem britischen Unternehmen schlagkräftige Argumente zogen, dürfte kaum überraschen.[136] Tatsächlich verzichtete die Postgewerkschaft bei der Organisation ihrer Proteste selten auf diesen Hinweis.[137]

---

129 Beim Post-Hearing leisten die Experten nur Pflichtübungen, in: Frankfurter Rundschau, 28.11.1988.
130 So etwa der Jurist Wernhard Möschel und der Wirtschaftswissenschaftler Rudolf Hickel in zwei unmittelbar aufeinander folgenden Artikeln: Rosinenpicken, in: Die Welt, 6.4.1989.
131 Öffnung des Wettbewerbs führt zur »Rosinenpickerei«, in: Handelsblatt, 15.1.1988; Gegen Reform der Post, in: Frankfurter Allgemeine Zeitung, 15.1.1988.
132 Protest gegen Post-Pläne, in: Frankfurter Rundschau, 15.1.1988.
133 Christian Schwarz-Schilling, zit. nach: Postreform nimmt im Bundesrat die letzte Hürde, in: Frankfurter Rundschau, 13.5.1989.
134 Vgl. *Wilhelm M. Stein*, Weltweites Interessenkarussell um Telekommunikation, in: Zeitschrift für das Post- und Fernmeldewesen 1988, Nr. 7, 25.7.1988, S. 57–63. Die entsprechenden Argumente in der Tagespresse sind so zahlreich, dass sie hier nicht einzeln aufgeführt werden können.
135 *Roland Tichy*, Warten auf Micky Maus, in: Wirtschaftswoche, 5.2.1988.
136 Vgl. etwa entsprechende Informationen durch sozialdemokratische Bundestagsabgeordnete für Beschäftigte der Post: SPD für mehr Wettbewerb bei der Post, in: Stuttgarter Zeitung, 21.10.1988.
137 *Martin Kempe*, Kampf der Postgewerkschaft für die Bürger und sich selbst, in: taz, 25.11.1987.

Der Verweis auf das Ausland sollte auch auf einer anderen Ebene den Gesetzgebungsprozess in der Bundesrepublik beschleunigen: Die US-amerikanische Außenhandelspolitik drängte besonders in der Ära Reagan auf eine Öffnung der europäischen Märkte und damit auch des deutschen Markts, nicht nur bei den Endgeräten, sondern auch bei Netzträgerschaft und Dienstewettbewerb. Um einen Rahmen dafür abzustecken, fanden regelmäßig die sogenannten MAFF-Gespräche statt (Market-Access-Fact-Finding-Gespräche), die Schwarz-Schilling als zuständiger Minister eher zurückhaltend führte[138], während andere Mitglieder der Regierungskoalition den US-Amerikanern unbedingt entgegenkommen und damit auch die deutsche Postreform vorantreiben wollten.[139]

Dass sich das Poststrukturgesetz bei Weitem nicht mit der Radikalkur bei British Telecom oder AT&T würde messen lassen können, war vielen Protagonisten der Reform in der Bundesrepublik von vornherein klar[140], und so deutete am Ende beispielsweise der zuständige Postminister das Gesetz auch nur dahingehend, dass die Bundesrepublik dadurch wenigstens nicht den Anschluss an internationale Tendenzen verlieren würde. Eine offensive, auf die Grundlagen zielende ordnungspolitische Reform war dies nicht.

Verfassungsrechtliche Bedenken: Art. 87 GG

Zu den Bedingungen, die die Spielräume einer weitreichenden Liberalisierung des Fernmeldewesens von vornherein einschränkten beziehungsweise die Hürden für eine tiefgreifende Änderung hochlegten, zählte die Verankerung der Bundespost im Grundgesetz. Art. 87 Abs. 1 zählte die Bundespost (neben dem Auswärtigen Dienst, der Bundesfinanzverwaltung, den Bundeseisenbahnen und der Verwaltung der Bundeswasserstraßen und der Schifffahrt) zur »bundeseigenen Verwaltung mit eigenem Verwaltungsunterbau«.[141] Ein Eingriff in die Verwaltungsstrukturen der Bundespost hätte demnach eine Änderung des Grundgesetzes erforderlich gemacht, was angesichts der parlamentarischen Kräfteverhältnisse schwer vorstellbar erschien. Aus Opportunitätsgründen wurde dieses Verfahren daher für die Postreform I gar nicht ernsthaft in Erwägung gezogen. Aber es waren nicht allein taktische Erwägungen oder Einsichten in die parteipolitischen Konstellationen, die dies nahelegten; sondern die Grundgesetzbestimmung strukturierte in gewissem Sinne die Reformdiskussionen vor, da legalistische Argumente das Festhalten am Status quo legitimierten, was auf einen hohen Grad der Verrechtlichung politischer Reformdebatten in der Bundesrepublik der 1980er Jahre verweist.

Die Witte-Kommission hielt »bereits die Feststellung von Verfassungsrisiken für eine Begrenzung des Handlungsrahmens« für Reformen.[142] Zwar gingen ihre Mitglieder in den verfassungsrechtlichen Diskussionen davon aus, dass das Grundgesetz einer Aufteilung der Bundespost in zwei oder drei Unternehmensbereiche nicht entgegenstehe, eine Ausweitung des Fernmeldemonopols nicht vom Verfassungsgeber beabsichtigt gewesen sei und eine Liberalisierung gerade im Endgerätebereich durchwegs verfassungskonform sei;

---

138 Vgl. *Christian Schwarz-Schilling*, 1988: Ein wichtiges Jahr für die Post, in: Zeitschrift für das Post- und Fernmeldewesen 1988, Nr. 1, 26.1.1988, S. 4–8.
139 Dies gilt vor allem für Otto Graf Lambsdorff. – Zum Wandel der internationalen Handelsbeziehungen und ihren Auswirkungen auf die Bundesrepublik vgl. *Schneider*, Die Transformation, S. 196–207 und 235–240.
140 Vgl. etwa die Aussagen des Post-Staatssekretärs Winfried Florian in: Post verspricht stabile Gebühren für 1987. Schwarz-Schilling bekräftigt Absage an Privatisierungspläne, in: Stuttgarter Zeitung, 31.12.1986; *Winfried Florian*, Keine Privatisierung der Deutschen Bundespost, in: Zeitschrift für das Post- und Fernmeldewesen 1986, Nr. 12, 18.12.1986, S. 4–9.
141 Art. 87 in der Fassung durch das 31. Gesetz zur Änderung des Grundgesetzes vom 28.7.1972, in: *Angela Bauer/Matthias Jestaedt*, Das Grundgesetz im Wortlaut. Änderungsgesetze, Synopse, Textstufen und Vokabular zum Grundgesetz, Heidelberg 1997, S. 311.
142 *Witte*, Neuordnung der Telekommunikation, S. 31.

doch spreche aus verfassungsrechtlicher Sicht auch nichts gegen die Beibehaltung von Quersubventionierungen. Als verfassungsrechtlich unhintergehbar freilich erachtete die Kommission die Auffassung, der Staat dürfe »seine Letztverantwortlichkeit im Hinblick auf das Unternehmen als Ganzes« nicht aufgeben.[143]

Dies entsprach auch der überwiegenden Meinung unter den Staatsrechtlern. Auch sie erkannten keinen Widerspruch zu Art. 87 GG, wenn die Bundespost künftig in drei separaten öffentlichen Unternehmen geführt würde. Eine vollständige Herauslösung aus der Verantwortlichkeit des zuständigen Bundesministers hielt der Staatsrechtler Ulrich Battis jedoch schlicht für »verfassungswidrig«, auch sei die Verwaltung der Bundespost nur als »unmittelbare Bundesverwaltung« vorstellbar. »Eine vom Staat verschiedene Rechtspersönlichkeit« dürfe die Verwaltung der Post keinesfalls sein, so Battis.[144] Helmut Fangmann leitete aus Art. 87 Abs. 1 GG ausdrücklich ein »Privatisierungsverbot« ab.[145] Noch stärker spitzten die Darmstädter Staatsrechtler Alexander Roßnagel und Peter Wedde in ihrem Gutachten für den DGB diese Position zu:

»Die beabsichtigte Neuordnung der Deutschen Bundespost«, schrieben sie, »verstößt insofern gegen Art. 87 Abs. 1 und Art. 20 Abs. 2 des Grundgesetzes, als sie die geplanten Teilunternehmen aus der politischen Verantwortung herauslösen und von demokratischer Einflußnahme und Kontrolle befreien will. Das Grundgesetz fordert vielmehr, die wesentlichen Entscheidungen über die künftige Telekommunikation und damit über den Weg in die ›Informationsgesellschaft‹ nicht weitgehend verselbständigten Bürokratien zu überlassen und sie nicht allein nach ›rein sachlichen‹ oder ›rein wirtschaftlichen‹ Kriterien zu treffen, sondern nach politischen Kriterien in demokratischen Verfahren zu beschließen.«

Dass der Postminister und damit das Parlament von der Bestimmung der künftigen Unternehmenspolitik ausgeschlossen sein sollten, sei somit nicht hinnehmbar. Ein Weiteres kam hinzu: Wenn das neue Fernmeldeanlagengesetz jedem gestattete, Telekommunikationsdienste anzubieten, verstoße dies gegen das Grundgesetz. Art. 87 GG sprachen Roßnagel und Wedde sogar einen »Schutzzweck« zu, könnten doch

»die Grundrechte der Meinungsfreiheit, der Informationsfreiheit, des Fernmeldegeheimnisses und der Schutz der Menschenwürde nur gewährleistet werden, wenn eine ständige, ungehinderte und unbeeinflußte Nachrichtenübermittlung gesichert ist. Indem Art. 87 Abs. 1 S. 1 GG die Aufgabe des ›Fernmeldens‹ bundeseigener Verwaltung überträgt, wird dieser Schutz der Grundrechte durch die unmittelbare Grundrechtsbindung dieser Verwaltung, durch die politische Leitungskompetenz des Ministers und durch seine parlamentarische Verantwortlichkeit sichergestellt. Private Diensteanbieter sind jedoch nicht in gleichem Maß an Grundrechte gebunden. Sie unterliegen nicht der Weisungsbefugnis des politisch verantwortlichen Ministers und sind dem Parlament gegenüber nicht verantwortlich.«[146]

Die Verantwortlichkeit des zuständigen Ministers gegenüber dem Parlament im Gesetz festzuschreiben, war schließlich Konsens, während Roßnagels und Weddes Hinweise bezüglich der datenschutzrechtlichen Dimension der Reform nicht ganz auf fruchtbaren Boden fielen. Ebenso wenig war der Beamtenbund erfolgreich mit seinem Argument, dass sich aus Art. 87 GG nicht nur die besondere Aufgabe der Bundespost für die Daseinsvor-

---

143 Ebd., S. 37.
144 Stellungnahme Ulrich Battis, PA, XI/125 B4/60.
145 *Helmut Fangmann*, Verfassungsgarantie der Bundespost. Bestand und Erweiterung der Postdienste unter besonderer Berücksichtigung der Postbankdienste, Bremen 1987, S. 64.
146 *Alexander Roßnagel/Peter Wedde*, Die Neuordnung der Deutschen Bundespost und die Anforderungen des Demokratieprinzips und des Prinzips parlamentarischer Verantwortung, 29.9.1988, PA, XI/125 B4/61.

sorge herleiten lasse, sondern in Verbindung mit Art. 33 Abs. 4 GG auch der Beamtenstatus für das Personal auf der Führungsebene festzuschreiben sei.[147]

Datenschutz

Mit der Zulassung privater Anbieter auf dem Telekommunikationsmarkt stellte sich die Frage des Datenschutzes neu. Daher war zu klären, inwieweit die Bindung staatlicher Organe an die Auflagen des Bundesdatenschutzgesetzes (BDSG) beziehungsweise an die aus Art. 10 GG resultierenden Schutzrechte der Bürger vor Eingriffen in das Brief- und Fernmeldegeheimnis auch für Private Gültigkeit besaß. Manche Kritiker sahen im Entwurf des Poststrukturgesetzes gar ein »informationsrechtliches Ermächtigungsgesetz«.[148] Hier verbindlichere Regelungen im Gesetz zu verankern, war das Hauptanliegen mehrfacher Interventionen des Bundesbeauftragten für den Datenschutz, Reinhold Baumann, und seines Nachfolgers, Alfred Einwag, in das Gesetzgebungsverfahren; die Datenschutzbeauftragten der Länder sekundierten ihm.[149] Ohnehin hatte Baumann auch schon die Bundespost scharf kritisiert, weil sie zu sorglos mit den Daten ihrer Kunden umging.[150]

In ihrer Argumentation gingen sie im Grunde von der Drittwirkung von Grundrechten (einschließlich des Rechts auf informationelle Selbstbestimmung, wie es das Bundesverfassungsgericht im Volkszählungsurteil formuliert hatte) aus und übertrugen sie auf das BDSG. Daraus leitete der Bundesdatenschutzbeauftragte seine Forderung nach »eine[r] möglichst weitgehende[n] Gleichstellung zwischen den öffentlichen und den privaten Anbietern von Telekommunikationsdienstleistungen« ab. Die Bundesregierung sollte dazu verpflichtet werden, Rechtsverordnungen zum Schutz personenbezogener Daten zu erlassen. Dies bezog sich sowohl auf die Speicherung als auch auf die Weitergabe von Daten, gerade auch zu kommerziellen oder Werbezwecken.[151] Eigene Gesetzesbestimmungen hatte zuvor das Justizministerium nicht für notwendig gehalten, das Recht auf informationelle Selbstbestimmung lasse sich, so die Auskunft des Ministeriums, auf dem Verordnungsweg sichern.[152] Ähnlich sahen dies die staatsrechtlichen Gutachter, die eine Geltungskraft dieses Rechts sowie des Post- und Fernmeldegeheimnisses im Verhältnis zwischen Privaten tendenziell verneinten; gegebenenfalls könne die Bundesregierung durch Verordnungen hier nachbessern. Für die Post selbst ergäbe sich keine neue Situation, habe

---

147 Stellungnahme des Deutschen Beamtenbundes zum Entwurf eines Gesetzes zur Neustrukturierung des Post- und Fernmeldewesens und der Deutschen Bundespost, [vorgelegt zur öffentlichen Anhörung im Bundestags-Postausschuss, 28. – 30.11.1988], PA, XI/125 B4/61.
148 Senator Kröning (Bremen), Deutscher Bundesrat, Plenarprotokoll, 600. Sitzung, 12.5.1989, S. 187; auch zit. nach: Postreform nimmt im Bundesrat die letzte Hürde, in: Frankfurter Rundschau, 13.5.1989.
149 Vgl. etwa die Stellungnahme des Hamburger Datenschutzbeauftragten Claus Henning Schapper bei einer Anhörung der Postgewerkschaft: »Risiken des Mißbrauchs von Daten durch Postreform«, in: Frankfurter Rundschau, 31.10.1988.
150 Datenschützer Baumann greift die Bundespost scharf an, in: Kölner Stadt-Anzeiger, 29.1.1988.
151 Der Bundesbeauftragte für den Datenschutz, Änderungsvorschläge zum Entwurf eines Gesetzes zur Neustrukturierung des Post- und Fernmeldewesens und der Deutschen Bundespost (Poststrukturgesetz), 15.2.1989, PA, XI/125 B1/13 (Anlage). Siehe auch bereits: Beschluß der Konferenz der Datenschutzbeauftragten des Bundes und der Länder sowie der Datenschutzkommission Rheinland-Pfalz, 10.10.1988: Sicherstellung des Datenschutzes bei der Poststrukturreform, PA, XI/125 B1/17; Bundesbeauftragter für den Datenschutz, Stellungnahme im Rahmen der öffentlichen Anhörung durch den Ausschuß für das Post- und Fernmeldewesen des Deutschen Bundestages, 4.11.1988, PA, XI/125 B2/22.
152 Klaus Kinkel, Staatssekretär im Bundesjustizministerium, an den Vorsitzenden des Bundestags-Postausschusses, 9.3.1989, in: Anlage zum Kurzprotokoll des Postausschusses, 15.2.1989, PA, XI/125 A3/80.

sie doch »keinen Anlaß zu meinen, etwa nun durch das Volkszählungsurteil in ein neues Zeitalter transportiert worden zu sein«.[153] Lediglich der Rechts- und Verwaltungsinformatiker Hans Brinckmann formulierte in dieser Hinsicht gesetzgeberischen Handlungsbedarf.[154] Immerhin setzte sich auf Betreiben des Datenschutzbeauftragten im Fernmeldeanlagengesetz die Klarstellung durch, dass die Datenschutzregelungen für private Anbieter ebenso gälten wie für die Bundespost. Eine solche bereichsspezifische Verankerung des Datenschutzes war ein Novum. Weiterreichende Zugeständnisse ließen sich indes nicht durchsetzen.

In den Ausschusssitzungen spielte das Thema »Datenschutz« eine insgesamt nachrangige Rolle, was auch daran liegen mag, dass die Vertreter der Grünen selten anwesend waren und ihre wenigen Vorstöße auf diesem Feld allesamt ins Leere liefen. Angesichts der veränderten Situation auf dem Fernmeldemarkt – durch private Anbieter und die Internationalisierung des Markts – lässt sich auch eine gewisse Ratlosigkeit konstatieren, die bisweilen auch die Gutachter zeigten.[155] Kaum noch Raum in den Ausschusssitzungen konnte schließlich der entscheidende Vorstoß der Bundesregierung finden, im Kontext der Postreform weiterreichende Überwachungsbefugnisse im »G-10-Gesetz« von 1968 zu verankern: Um die »organisierte Kriminalität und den internationalen Terrorismus« wirksam bekämpfen zu können, sollte die Befugnis des Verfassungsschutzes zur Überwachung privater Kommunikation auf mobile Funkdienste, Autotelefone, Satellitenfunkanlagen und private Telekommunikation ausgedehnt werden. Sollten private Anbieter die Tatsache der Überwachung ihren Kunden mitteilen, drohte eine Haftstrafe bis zu zwei Jahren; sollten sie einem Auskunftsersuchen nicht nachkommen, eine Geldbuße bis 30.000 DM. Eine entsprechende Vorlage brachte die Bundesregierung erst in der Endphase der Ausschussberatungen über die Postreform ein.[156] Sollte sie kalkuliert haben, dass sich in diesem Stadium des Gesetzgebungsverfahrens ernsthafter Widerstand nicht mehr artikulieren würde, so ging diese Rechnung auf: Zwar wurden im federführenden Postausschuss manche Bedenken geäußert, doch schließlich wurde der Antrag bei Enthaltung der SPD-Vertreter angenommen; die vom Innenausschuss angeregte Prüfung einer Kontrolle der Kompatibilität privaten Angebots mit dem BDSG hingegen fand keine Mehrheit.[157] Auch im Bundesrat erhoben selbst Vertreter der CDU/FDP-regierten Länder Bedenken gegen die Novellierung des G-10-Gesetzes, um die Reform jedoch nicht aufzuhalten, lehnten diese die von der SPD geforderte Anrufung des Vermittlungsausschusses ab.[158]

»Infrastruktur«, »Daseinsvorsorge« und das Verständnis von Politik

Die Postreform I als Ausdruck neoliberaler Überzeugungen zu deuten, würde in die Irre führen. Im Gegenteil kam neoliberalen Deutungsmustern eine eher nachrangige Rolle zu, wenn man die Debatten über eine Reform des Fernmeldewesens im Ganzen daraufhin betrachtet. Von einem neoliberalen Umschwung im Sinne einer völligen Freisetzung der

---

153 Unkorrigiertes stenographisches Protokoll der 20. Sitzung des Ausschusses für das Post- und Fernmeldewesen, 30.11.1988 (Öffentliche Anhörung), PA, XI/125 A2/77 (Zitat von Peter Badura, S. 79).
154 Ebd., S. 133f.
155 Ebd., S. 151.
156 Änderungsentwurf der Fraktionen der CDU/CSU und der FDP, Anlage 4 der Stellungnahme des Innenausschusses des Deutschen Bundestages, 9.3.1989, PA, XI/125 A1/43. Vgl. auch *Charlotte Wiedemann*, Überwachung wird teilprivatisiert, in: taz, 10.3.1989; Datenschützer warnt Bonn. »Grundrechtsänderungen nicht durchpeitschen«, in: Frankfurter Rundschau, 17.3.1989.
157 Kurzprotokoll der 26. Sitzung des Ausschusses für das Post- und Fernmeldewesen, 9.3.1989, PA, XI/125 A4/83.
158 Postreform nimmt im Bundesrat die letzte Hürde, in: Frankfurter Rundschau, 13.5.1989.

Kräfte des Markts kann im Bereich Telekommunikation nicht die Rede sein. Zwar wurde sehr intensiv darüber diskutiert, dass die Bundespost sich dem Wettbewerb stellen müsse, um ihre Innovationsfähigkeit zu verbessern, welche dem trägen Staatsunternehmen und seinen etablierten Zulieferern abhandengekommen war. Anders als in Großbritannien bestand jedoch bald Konsens darüber, dass die Konkurrenz nur im Bereich der Telekommunikationsdienste – also Fax, Bildschirmtext und dergleichen – und bei den Endgeräten zugelassen werden sollte, die Telefonnetze und der Fernsprechdienst jedoch in der Hand der staatlichen Telekom bleiben sollten. Das lässt sich als jener Kompromiss deuten, der angesichts der institutionellen Blockaden im bundesdeutschen politischen System überhaupt zu erzielen war. Doch kann man diesen Befund auch in einen weiter gezogenen Rahmen einordnen.

Denn in den Diskussionen ging es nur vordergründig um die Ordnung des Fernmeldewesens, vielmehr wurde hier über den Charakter und die Reichweite von Staatsaufgaben verhandelt. Man kann sehr gut ablesen, wie stark die Handlungs- und Deutungsmuster westdeutscher Sozialstaatlichkeit noch in den 1980er Jahren ausgeprägt waren, wurde das Netzmonopol doch ausdrücklich damit begründet, dass es sich hier um einen Bereich der Daseinsvorsorge handle, für den der Staat die Verantwortung trage. Würde man eine quantitative Auswertung vornehmen, welche Schlüsselbegriffe in den Reformdebatten am häufigsten fielen, so dürfte sich »Daseinsvorsorge« auf einem der vordersten Ränge finden. Private Netzanbieter, so hieß es vielfach, würden sich ausschließlich am Profit orientieren und sich auf die lukrativen Dienste konzentrieren (»Rosinenpickerei«, ein weiterer Schlüsselbegriff). Was »Daseinsvorsorge« tatsächlich sein und umfassen sollte, war nicht präzise bestimmt; »ein bißchen Auslegungsromantik«[159] war gewiss mit im Spiel. Gerade die Unbestimmtheit des Begriffs ließ ihn ja als politische Vokabel so geeignet erscheinen.

Dagegen garantiere allein der Staat den Zugang aller Bürger zu Fernmeldenetzen auch in dünn besiedelten und abgelegenen Regionen, was auch dem grundgesetzlich verankerten Gebot, für die Einheitlichkeit der Lebensverhältnisse zu sorgen, entspreche. Dieses Argument schweißte insbesondere die Vertreter der Länderinteressen über Parteigrenzen hinweg zusammen. »Ein besonderes Anliegen von CSU und bayerischer Staatsregierung ist es«, erklärte der Bayernkurier nach der Verabschiedung des Poststrukturgesetzes im Bundestag, »über der Faszination für diese Zukunftstechnologie das bisherige Leistungsangebot der Post auch auf dem flachen Land zu erhalten.« Nicht nur er zeigte sich zufrieden, dass nun »die Daseinsvorsorge und die Gemeinwohlverpflichtung der Deutschen Bundespost erstmals im Gesetz verankert« worden seien.[160]

Die Konservierung des staatlichen Monopols bezog sich ausschließlich auf die Netze und den Telefondienst, die man beide nicht dem Konkurrenzkampf privater Anbieter aussetzen wollte. Beide waren ausdrücklich wichtige Elemente des westdeutschen Sozialstaats, was wiederum die Rezeption marktliberaler Konzeptionen angloamerikanischer Provenienz beeinflusste. Im Gegenteil galt die Postreform ihren Protagonisten als optimaler »deutscher Weg«, wie der Postminister 1988 erklärte, »indem wir neben dem Wettbewerb die Daseinsvorsorge und die Infrastrukturaufgabe in gleicher Ranghöhe einbezogen haben, was es in keinem Gesetz irgendeines Landes gibt, das wir bisher kennengelernt haben«. Aus dem Gebot der »Gewährleistung gleichwertiger Lebensverhältnisse« entsprang die vielfach erhobene Forderung, die »Tarifeinheit im Raum« unbedingt zu wahren.[161] Daraus ließ sich auch der Fortbestand der Quersubventionierung begründen.[162]

---

159 Unkorrigiertes stenographisches Protokoll der 20. Sitzung des Ausschusses für das Post- und Fernmeldewesen, 30.11.1988, PA, XI/125 A2/77 (Zitat von Wernhard Möschel, S. 50).
160 *Karl Hans Roos*, Mut zur Innovation, in: Bayernkurier, 29.4.1989.
161 Ergebnisprotokoll der Ministerpräsidentenkonferenz, 14.4.1988, S. 4f., PA, XI/125 B1/15.
162 *Helmut Cox*, Bei der Umstrukturierung der Post darf der öffentliche Auftrag nicht auf der Strecke bleiben, in: Handelsblatt, 9.3.1988.

Freilich waren aus den »gleichwertigen Lebensverhältnissen« nicht nur Argumente für bestimmte Formen der Unternehmensorganisation zu gewinnen. Vielmehr haftete dem immer wiederkehrenden Rekurs auf die Versorgung des »flachen Landes« auch etwas Nostalgisches an, war die Bundesrepublik doch, wie der Gutachter Eberhard Witte vergebens zu bedenken gab, »im Vergleich zu allen anderen Industriestaaten so gleichmäßig besiedelt, daß das Problem der ›rural areas‹ objektiv nicht besteht.«[163] Hier schlugen nicht nur ganz konkrete regionalpolitische Interessen zu Buche, sondern in der manischen Beschwörung der »Fläche« manifestierte sich das territorial gefasste Verständnis eines Staatsraums, das die »Zonenrandgebiete« ausdrücklich mit einschloss, aber nicht darüber hinaus ging.[164] Staatsraum und Kommunikationsraum wurden für die Bürger als identisch gedacht, für Unternehmen jedoch ging man vom Bedarf an transnationaler Kommunikation aus, der zu möglichst günstigen Konditionen gedeckt werden sollte.

III. Fazit

Blickt man auf längerfristige Entwicklungen, so ist Andreas Wirschings Einschätzung der Privatisierungspolitik der 1980er Jahre durchaus zuzustimmen. Er erkennt in ihr die politische Grundlegung dafür, dass sich der Staat in der Folgezeit aus seinen »Kernbereichen« zurückzog und »entscheidende infrastrukturelle Sektoren wie Post- und Verkehrswesen« nicht mehr als »genuin öffentliche Aufgaben und [...] historisch begründete ›Kernbereiche‹ des Staates« betrachtet wurden.[165] Gerade im Hinblick auf die Bemühungen, den Unternehmen bessere Kommunikationsbedingungen zu schaffen, ist dieser Befund höchst plausibel.

Allerdings sollte man nicht vorschnell die Deutung der späteren Postreformen auf die hier diskutierte Postreform I übertragen. Denn in ihr lassen sich doch noch andere Konstellationen erkennen, die für die späte Bundesrepublik der 1980er Jahre typisch waren und noch wenig mit den aus deutsch-deutscher Vereinigung und europäischer Integration springenden Impulsen der frühen 1990er Jahre zu tun hatten. Hier ist besonders auf die »Daseinsvorsorge« als staatlichen Auftrag und politisches Argument zu verweisen, dessen Schlagkraft ganz beträchtlich war. Mochte der Rückbau des bundesdeutschen Sozialstaats in der Ära Kohl auch – vor allem rhetorisch – bereits eingeleitet sein, so blieb Sozialstaatlichkeit in der politischen Praxis doch nach wie vor die wesentliche Richtschnur, die auch das Handeln auf Politikfeldern bestimmte, die nicht unmittelbar der Sozialpolitik zuzuordnen waren.

Gefördert wurde das Festhalten am »deutschen Weg« durch Besonderheiten des politischen Systems und eingespielte Praktiken. Besonders die Politikverflechtung zwischen Bund und Ländern schlug hier zu Buche, aber auch das Bestreben, die wesentlichen Akteure auf dem Politikfeld in den Entscheidungsprozess einzubinden und Entscheidungen nicht (allzu) konfrontativ durchzusetzen. Solche Kompromisse wurden begünstigt durch die Existenz einer Mehrparteienregierung und durch den Charakter der großen Regierungspartei CDU/CSU als Volkspartei, die unterschiedliche Strömungen in sich vereinte und eben auch einen starken Anteil »traditioneller Sozialpolitiker« in ihren Reihen hatte. Besonders diese Konstellation machte sich im Vergleich mit den angloamerikanischen Reformern deutlich bemerkbar.

---

163 Stellungnahme Eberhard Witte, 3.11.1988, PA, XI/125 B4/61.
164 Vgl. etwa: Arbeitsgemeinschaft der Industrie- und Handelskammern des Zonenrandgebietes, Deutscher Handwerkskammertag, Zonenrandausschuss der Bundesvereinigung und kommunale Spitzenverbände (Vehling) an den Vorsitzenden des Bundestags-Postausschusses, Paterna, 10.11.1988, PA, XI/125 B2/19.
165 *Wirsching*, Abschied vom Provisorium, S. 258.

Von einem Aufbruch in die Kommunikations- und Informationsgesellschaft mag man vor diesem Hintergrund kaum sprechen, auch deshalb nicht, weil weitreichende Visionen der »neuen Gesellschaft« fehlten oder nur sozial- und wirtschaftspolitisch eingefärbt artikuliert wurden. So lassen die bundesdeutschen Reformdebatten die Bundesrepublik auch nur vage als Teil einer globalen liberalen Koalition erscheinen, Verweise auf das Ausland und den globalen Wettbewerb erfüllten zu einem Gutteil vorrangig legitimatorische Funktionen. Erst der epochale Umbruch von 1989/90, die deutsch-deutsche Vereinigung, die aus dem Zusammenbruch des Ostblocks erwachsende neue Dynamik der Globalisierung wie auch – teils damit zusammenhängend – die forcierte Liberalisierung des europäischen Binnenmarkts gaben dem Prozess der Abkehr von bundesdeutschen Traditionen und Pfadabhängigkeiten wirkmächtige Impulse, aus denen ein verändertes Verständnis von Staat und Markt erwachsen konnte.

Frank Bösch

Politische Macht und gesellschaftliche Gestaltung
Wege zur Einführung des privaten Rundfunks in den 1970/80er Jahren

Die Jahrzehnte »nach dem Boom«, also nach der ökonomischen Krise von 1973, erscheinen in historischen Darstellungen häufig wie eine Phase der Stagnation. Für viele Bereiche gilt dies freilich nicht. In der westdeutschen Werbewirtschaft etwa stiegen bereits in der zweiten Hälfte der 1970er Jahre allein in der Tagespresse die Umsätze um 50 % auf gut fünf Milliarden DM.[1] Dies ging mit einer Expansion der Medienbranche einher, die auch in den nachfolgenden Jahrzehnten weiterhin stark anwuchs.[2] Zu den Neuerungen von grundlegender gesellschaftlicher Bedeutung zählt dabei die Einführung des privaten Rundfunks, der 1984 nach langer Debatte in der Bundesrepublik auf Sendung ging. Der Stellenwert dieser Veränderung ist sicherlich kaum zu überschätzen. Denn schließlich verbringen die Europäer außerhalb der Arbeit mit keiner Beschäftigung mehr Zeit als mit dem Fernsehen: Vor der Einführung des privaten Rundfunks sahen die Bundesdeutschen im Durchschnitt rund zwei Stunden täglich fern, Ende der 1990er Jahre schon über drei Stunden pro Tag.[3] Entsprechend breit und kontrovers war die seit den späten 1970er Jahren geführte öffentliche und politische Auseinandersetzung über die Einführung kommerzieller Sender. Insbesondere die Sozialdemokraten versuchten den privaten Rundfunk zu verhindern, da sie einen Bildungsverfall und eine Fragmentierung der Gesellschaft befürchteten, während die CDU/CSU, wie zu zeigen ist, gerade eine plurale Wahlfreiheit und eine Entpolitisierung des Fernsehens einforderte. Dass die 1980/90er Jahre als eine Phase der »Pluralisierung«, der »neuen Unübersichtlichkeit« oder auch der »Entpolitisierung« erscheinen, dürfte tatsächlich auch mit der Vervielfachung der kommerziellen Radio- und Fernsehsender zu erklären sein.

Die Einführung des privaten Rundfunks stand zudem im Kontext eines weiteren westeuropäischen Trends: Sie war Vorreiter einer ökonomischen Privatisierung, die später in anderen Bereichen in Deutschland im Zuge der Wiedervereinigung an Fahrt gewann.[4] Aus dem Krisendiskurs der 1970er Jahre heraus wurde der Staat hinsichtlich der Verwaltung des Rundfunks als nicht mehr kompetent genug erachtet, um ökonomisch sinnvoll zu arbeiten und die Verbraucherinteressen adäquat zu vertreten. Freilich ging es beim Rundfunk meist nicht um eine Privatisierung im engeren Sinne. Denn nur in Osteuropa wurden nach 1990 staatliche Sender in großem Umfang in Privateigentum verwandelt. In Deutschland wanderte zumindest der DDR-Sender »Berliner Rundfunk« 1992 in private Hände, der von da an als »Berliner Rundfunk 91.4« firmierte. In Westeuropa dominierten dagegen öffentlich-rechtliche Sender, die zumeist nicht privatisiert, sondern um private Kon-

---

1 Daten nach: Vorlage zur Aufsichtsratssitzung des WWF (Westdeutsches Werbefernsehen), 16.6.1980, Archiv der sozialen Demokratie (AdsD), Bonn, NL Heinz Kühn, 1/HKAA000117.
2 Allein im Bereich der »Massenmedien« stieg der Umsatz bis Ende des 20. Jahrhunderts auf rund 70 Milliarden DM an; so die Berechnung anhand der Umsätze großer Medienunternehmen in: *Jürgen Heinrich*, Medienökonomie, Bd. 1: Mediensystem, Zeitung, Zeitschrift, Anzeigenblatt, Opladen 2001, S. 149.
3 *Michael Meyen*, Mediennutzung. Mediaforschung, Medienfunktionen, Nutzungsmuster, Konstanz 2004, S. 117.
4 Vgl. zum Kontext *Norbert Frei/Dietmar Süß* (Hrsg.), Privatisierungen. Idee und Praxis seit den 1970er Jahren, Göttingen 2012 (i. E.). In diesem Buch findet sich zugleich eine stark verkürzte Fassung dieses Aufsatzes. Vgl. auch den Beitrag von Gabriele Metzler in dem vorliegenden AfS-Band.

kurrenz ergänzt wurden. Für die Bundesrepublik kann man beim Rundfunk entsprechend von einer »Aufgabenprivatisierung« und Deregulierung sprechen[5], wobei die Zulassung privater Sender zugleich zahlreiche neue Regulierungen förderte.[6]

Die Einführung des privaten Rundfunks hatte freilich nicht nur eine medien-, kultur- und wirtschaftsgeschichtliche Bedeutung, sondern besaß zugleich, und dies wird oft übersehen, eine politische Dimension. Wenngleich die Etablierung privater Sender im Rückblick als geradezu unausweichlich erscheint, war deren Einführung doch das Ergebnis einer politischen Auseinandersetzung, in der insbesondere über den Einfluss der Parteien und die gesellschaftlichen Auswirkungen des privaten Fernsehens gestritten wurde. Dabei war die Einführung privater Sender besonders hart umkämpft, weil der Rundfunk kein gewöhnliches Wirtschaftsgut ist, sondern zugleich als Träger der verfassungsrechtlich abgesicherten Informationsfreiheit gilt (GG, Artikel 5) und vor allem dem Fernsehen eine große gesellschaftliche und politische Wirkung beigemessen wurde. Welche große soziale Gestaltungsmacht Politik und Öffentlichkeit dem Rundfunk zuschrieben, machte die Debatte um die Einführung privater Sender erst deutlich. Und obgleich der Begriff »Rundfunk« stets das Radio mit einschloss, konzentrierte sich die Debatte ganz auf das Fernsehen. Die Privatisierung des Radios erschien offensichtlich nebensächlich, da diesem Medium nicht die Kraft zugesprochen wurde, politische Mehrheiten und die Gesellschaft insgesamt zu verändern.

Entsprechend wird im Folgenden der interne und öffentliche Entscheidungsprozess bei der Einführung und Ausgestaltung des privaten Rundfunks analysiert. Neben den politischen und ökonomischen Zielen werden dabei bislang wenig beachtete Fragen des internationalen Transfers, des Werbemarkts, der gesellschaftlichen Folgenabschätzung und des technischen Determinismus herausgearbeitet. Dabei wird gezeigt, dass die Einführung der scheinbar unpolitischen Privatsender bei allen Beteiligten als ein Politikum angesehen wurde. Bislang liegt eine historische, auf internen Akten basierende Analyse dieses Prozesses noch nicht vor. Von medien- und kommunikationswissenschaftlicher Seite gibt es mittlerweile einige Arbeiten zum Programm der privaten Sender und zu ihrer Organisationsform. Erst in einer Publikation wurde seitens eines ehemaligen CDU-Medienpolitikers und leitenden Mitarbeiters bei Privatsendern der Versuch gemacht, anhand einiger Dokumente den politischen Entscheidungsprozess genauer zu untersuchen. Dieser chronologische Ereignisbericht stellt vor allem eine ideologische Machtversessenheit der SPD heraus, erreicht aber kaum wissenschaftliche Tiefe.[7] Der vorliegende Aufsatz wertet hingegen nicht nur die öffentliche Debatte und Entscheidungsfindung aus, sondern kann sich auch auf bislang nicht benutzte Archivakten stützen, unter anderem auf die

---

5 Einige Autoren sprechen genauer von einer »unechten Aufgabenprivatisierung«. Vgl. zur begrifflichen Typologie *Jörn Axel Kämmerer*, Privatisierung. Typologie – Determinanten – Rechtspraxis – Folgen, Tübingen 2001, S. 23–37, hier: S. 27.
6 Am Beispiel der Länder Schweiz, Österreich und Irland zeigt dies *Matthias Künzler*, Die Liberalisierung von Radio und Fernsehen. Leitbilder der Rundfunkregulierung im Ländervergleich, Konstanz 2009, S. 333.
7 *Alfred-Joachim Hermanni*, Medienpolitik in den 80er Jahren. Machtpolitische Strategien der Parteien im Zuge der Einführung des dualen Rundfunksystems, Berlin 2008. Hermanni war Leiter der Abteilung Medienpolitik der CDU-Bundesgeschäftsstelle, Geschäftsführer von Eureka Television, Chefredakteur bei Pro 7 und ist nun Geschäftsführer bei Euromedia. Während er in seinem Buch der SPD diagnostiziert, sie habe sich gegen den Ausbau von Kabelfernsehen gestellt aus Angst, dass ihr der »sozialdemokratisch orientierte öffentlich-rechtliche Rundfunk verloren gehen würde«, und ihr vorhält, »aus ideologischer Motivation« eine »unelastische Verweigerungshaltung« eingenommen zu haben, spricht er der CDU ein Eintreten für demokratische Vielfalt und freie Information zu; vgl. ebd., S. 64, 68, 97–99 und 112. Den Ereignisablauf stellt ebenso eine schmale (Magister-)Arbeit dar: *Angela Vennebusch*, Die Neugliederung der deutschen Fernsehlandschaft, Frankfurt am Main 1998.

Nachlässe von Medienpolitikern wie Christian Schwarz-Schilling oder Peter Glotz, sowie auf die Fraktions-, Parteivorstands- und Präsidiumsakten der beiden großen Parteien und ihrer Medienkommissionen. Entsprechend der Zugänglichkeit der archivalischen Quellen konzentriert sich die Analyse auf die Zeit bis 1984, also bis zum Start der ersten privaten Sendung. Zugleich kann der Beitrag aber an einige sehr gute Überblicksdarstellungen anknüpfen, die vor allem drei Ursachen für die Einführung des privaten Rundfunks ausmachen: die technische Entwicklung des Kabel- und Satellitenfernsehens, die mehr Kanäle ermöglichte; den Wandel der Rechtslage durch Urteile des Bundesverfassungsgerichts, das private Anbieter 1981 und 1986 unter Auflagen zuließ; und den Wunsch der Christdemokraten, dem angeblich linkslastigen öffentlich-rechtlichen Rundfunk eine private Konkurrenz gegenüberzustellen.[8] Diese drei durchaus schlüssigen Zusammenhänge werden im Folgenden vertieft, ergänzt und differenziert.

I. TECHNISCHE SACHZWÄNGE UND POLITISCHE ENTSCHEIDUNGEN

Die frühe Auseinandersetzung über die Einführung des kommerziellen Rundfunks wies zwei Stränge auf, die auf den ersten Blick sehr unterschiedlich waren: Einerseits wurde anfangs in hohem Maß mit technischen Argumenten für die Einführung des privaten Rundfunks argumentiert, andererseits explizit politisch mit den Inhalten und Folgen des Fernsehens. Blickt man zunächst auf die technikbezogenen Argumente, so ging es, scheinbar unpolitisch, um die Zahl der möglichen Sendefrequenzen. Dieser technische Diskurs hatte vor allem juristische Gründe. 1961 war der erste Versuch, ein werbefinanziertes Fernsehen einzuführen, an der Begründung des Bundesverfassungsgerichts gescheitert, die Frequenzknappheit rechtfertige das Monopol des öffentlich-rechtlichen Rundfunks.[9] Weil die wenigen Sendeplätze keinen Pluralismus wie bei der Presse zulassen würden, könne nur ein öffentlich-rechtlicher Rundfunk die Beteiligung aller gesellschaftlichen Kräfte sichern. Durch dieses Urteil waren technische Innovationen und die Zulässigkeit des privaten Rundfunks eng verknüpft, wenngleich die technischen Argumente des Diskurses stets politisch fundiert waren. Viele Christdemokraten waren zwar weiterhin für einen kommerziellen Rundfunk, dennoch verlor das Thema in den 1960er Jahren an Aufmerksamkeit. Nur vereinzelt wurden die technischen und damit juristischen Voraussetzungen für Privatsender erneut diskutiert, zu den programmatischen Forderungen zählten diese aber nicht mehr.[10]

Das Kabelfernsehen gab in den 1970er Jahren dieser Diskussion neuen Aufwind. Modifiziert werden muss dabei die oft formulierte Annahme, die Kabeltechnik sei von der CDU/CSU mit den Kabelexperimenten der 1980er Jahre eingeführt worden.[11] Vielmehr existierten Kabelanlagen in der Bundesrepublik bereits seit Anfang der 1970er Jahre in Ballungsräumen, die durch den Funkschatten von Hochhäusern einen schlechten Empfang hatten. Hier ermöglichten leistungsstarke Antennen mit Kabelverteilern bereits die Einspeisung von mehr Programmen, mitunter auch ausländischen, für schätzungsweise

---

8 Als zentrale Einführungen zum Prozess der Privatisierung und dem inhaltlichen Wandel des Fernsehens vgl. *Knut Hickethier*, Geschichte des deutschen Fernsehens, Stuttgart 1998, hier: S. 416–446; *Peter J. Humphreys*, Media and Media Policy in West Germany. The Press and Broadcasting since 1945, New York 1990, S. 239–292.
9 Dieser erste Versuch wird hier außen vor gelassen, zumal er gut untersucht ist. Vgl. *Rüdiger Steinmetz*, Freies Fernsehen. Das erste privat-kommerzielle Fernsehprogramm in Deutschland, Konstanz 1996.
10 Vgl. Entwurf »Versuch eines kommunikationspolitischen Konzepts für die Bundesrepublik Deutschland 1969/70«, Archiv für Christlich-Demokratische Politik (ACDP), Sankt Augustin, 01-824-215.
11 Vgl. etwa: *Heinz W. Stuiber*, Medien in Deutschland, Bd. 2: Rundfunk, Konstanz 1998, S. 548.

200.000 Menschen.[12] Bezeichnenderweise entstanden diese Kabelanlagen und -pläne in eher sozialdemokratischen Städten wie Bremen und Hamburg. Im nicht minder roten Kassel wurden ebenso Mitte der 1970er Jahre Kabelversuche geplant, die bereits eine interaktive »Zweiweg-Telekommunikation« haben sollten, um, quasi als Vorform des Internets, eine Verbindung zu öffentlichen Rechnern zu schaffen.[13] Allerdings ging es dabei nicht um die Etablierung von privaten Sendern, sondern um den Empfang von mehr öffentlich-rechtlichen Programmen sowie die Schaffung neuer lokaler Sender ohne Werbung.[14] Die frühen Kabelpläne sind insofern eher im Kontext der neuen lokalen Bürgerbewegungen zu verstehen. Pauschale Gegner der Kabeltechnologie waren die Sozialdemokraten somit nicht. Vielmehr wandte sich zu der Zeit die CDU mitunter gegen die Kabelprojekte, da sie durch die lokalen Sender eine weitere Stärkung der SPD in den Großstädten fürchtete.

Insbesondere das Hamburger Kabelprojekt gab, wie bislang übersehen wurde, dennoch einen wichtigen Anstoß dafür, dass die CDU/CSU seit Mitte der 1970er Jahre deutlicher für die Etablierung eines privaten Rundfunks eintrat. Die treibende Kraft war dabei der Göttinger Juraprofessor Hans H. Klein als Vorsitzender der Arbeitsgruppe Medienpolitik der CDU/CSU-Fraktion im Bundestag. In einer »Kleinen Anfrage« erfragte er 1975 mit Verweis auf die vielen potenziellen Kabelkanäle in Hamburg, »ob unter diesen Umständen das öffentlich-rechtliche Rundfunkmonopol aufrechterhalten werden muß, obgleich das Bundesverfassungsgericht eine technisch bedingte Frequenzknappheit als Voraussetzung für die Aufrechterhaltung dieses Monopols ansieht«.[15] Während die Hamburger SPD per Kabel unter anderem die beiden DDR-Sender einspeiste, verlangte Klein stattdessen Sender mit Verlegerbeteiligung. Technische und juristische Argumentationen verschmolzen hier, um eine Neubewertung durch das Bundesverfassungsgericht zu fördern und so politische und ökonomische Ziele zu erreichen. Unterstützt wurde die Position der CDU/CSU durch den umfangreichen Telekommunikationsbericht der »Kommission für den Ausbau des technischen Kommunikationssystems«, welcher der Bundesregierung Ende 1975 zur aktuellen und künftigen Medienentwicklung vorgelegt wurde. Er empfahl zwar keinen dualen Rundfunk, wohl aber Pilotprojekte zur Einführung einer Breitbandverkabelung und nahm künftig rund 30 Sender an.[16]

Auch programmatisch vollzog die Union Mitte der 1970er Jahre schrittweise eine Hinwendung zum dualen Rundfunk. Das CDU-Medienpapier von 1973 erwähnte den privaten Rundfunk zwar noch nicht, schloss ihn aber im Unterschied zu den anderen Parteien nicht explizit aus. Eine privatwirtschaftliche Nutzung »der Informationsvermittlung außerhalb der Öffentlichkeit, insbesondere im Bereich der öffentlichen Verwaltung und der Wirtschaft«, wurde jedoch erwogen, ebenso bei Satellitenfrequenzen.[17] Auf dem CDU-Medienkongress im Mai 1974 hieß es bereits, »an der Kabelkommunikation müßten

---

12 Daten nach: Telekommunikationsbericht, 20./21.10.1975, ACDP, 01-824-234. Zum Empfang von Sendern aus der DDR in Hamburg und aus den Niederlanden in Düsseldorf: Der SPIEGEL, 22.11.1976, S. 57–60, hier: S. 57.
13 Hessischer Ministerpräsident, 1.2.1977, Projektskizze Zweiweg-Kabelfernsehen Kassel, abgedr. in: Media Perspektiven 1977, S. 106–117, hier: S. 112. Vgl. auch die Presseverlautbarung von Forschungsminister Hans Matthöfer in: Der SPIEGEL, 9.6.1975, S. 16.
14 Auch der Norddeutsche Rundfunk stellte 1977 Pläne für lokalen bürgernahen Funk in Kabelpilotprogrammen mit »offenem Kanal« vor. Abgedr. in: Media Perspektiven 1977, S. 282–290. In der seit 1970 monatlich publizierten Fachzeitschrift »Media Perspektiven«, die im Auftrag der Arbeitsgemeinschaft der ARD-Werbegesellschaften herausgegeben wird, wurden zahlreiche medienpolitische Dokumente zeitgenössisch abgedruckt, auf die hier verwiesen wird.
15 Deutscher Bundestag, 7. Wahlperiode, Drucksache 7/3346, 2.4.1975, S. 169. Antwort Klein, abgedr. in: Media Perspektiven 1975, S. 213–214.
16 Telekommunikationsbericht, 20./21.10.1975, ACDP, 01-824-234.
17 CDU-Medienpapier von 1973, ACDP, 01-824-215.

ebenso wie an audiovisuellen Medien auch andere publizistische Kräfte, beispielsweise die Verleger, beteiligt sein«.[18] Tatsächlich forderten die Verleger dies seit den 1950er Jahren, um selbst ins einträgliche Rundfunkgeschäft und dessen Werbemarkt einsteigen zu können. Das CDU-Medienpapier von 1974 argumentierte außerdem damit, dass das Monopol der öffentlich-rechtlichen Rundfunkanstalten »neue Formen der Informationsübermittlung« behindere.[19]

In den folgenden Jahren bildete sich innerhalb der Union die Argumentation aus, dass die neuen Medientechniken eine rechtliche Revision und damit die Einführung des privaten Rundfunks unabwendbar machten. Christian Schwarz-Schilling, seit 1975 medienpolitischer Sprecher der CDU, sprach in seinen Reden nun immer wieder an, dass die neue Medientechnik eine neue rechtliche und ordnungspolitische Situation geschaffen habe, die eine »marktwirtschaftliche Lösung« erfordere.[20] Die neue Technik wurde zugleich mit einem Demokratieversprechen verbunden und, so Schwarz-Schilling, eine »Individualkommunikation« in Aussicht gestellt, bei der die Auswahl des Einzelnen eine größere Rolle spiele.[21] Dass künftig Satelliten privates Fernsehen aus dem Ausland in die Bundesrepublik senden würden, galt ebenfalls als ein Beleg für die Unausweichlichkeit eigener privater Sender, da, so Schwarz-Schilling, die Bundesrepublik »nicht eine Insel sein könne in dieser Welt, was Kabel angeht, was Satelliten angeht, was Vervielfältigung angeht«.[22] Dass der private Rundfunk in einer sich globalisierenden Welt technisch unausweichlich sei, führte auch der rheinland-pfälzische CDU-Ministerpräsident Bernhard Vogel an: »Das Satellitenfernsehen kommt, einfach weil andere Länder – Luxemburg, Frankreich, England [...] – Satelliten in den Weltraum schießen werden.« Technik und internationaler Markt würden somit neue unabdingbare Sachzwänge schaffen. »Wer nicht selbst gestaltet, der wird gestaltet«, argumentierte Vogel an anderer Stelle.[23] Andere Christdemokraten, wie Edmund Stoiber, drohten, dass auch die deutschen Sender ins Ausland wandern würden, da die Technik keine Grenzen kenne.[24] Der Verlust von Arbeitsplätzen, Einnahmen und Einfluss war damit die Drohkulisse, die eine Privatisierung unausweichlich erscheinen lassen sollte.

Die Sozialdemokraten wandten sich gegen die Annahme, dass die technische Entwicklung politische Entscheidungen determiniere. Es dürfe, so Forschungsminister Volker Hauff, nicht »ein Zugzwang aus der Technik« entstehen.[25] Deshalb setzte die SPD auf Zeit und langwierige Versuche mit der neuen Kabeltechnik, für die sie intern rund zehn Jahre veranschlagte.[26] Besonders Helmut Schmidt betonte, dass dies keine technisch bedingte Entscheidung sein dürfe, da eine Erhöhung der Sender die »sozialen Beziehungen sehr beeinflussen wird« und die »Substanz unseres demokratischen Lebens angreifen« könne.[27] Damit prallten zwei Modernekonzeptionen aufeinander: Während sich die CDU als Partei der technischen Moderne darstellte, präsentierte sich die SPD als Partei der mo-

---

18 Abgedr. in: Media Perspektiven 1975, S. 132.
19 Medienkonzept der CDU/CSU, abgedr. in: Media Perspektiven 1975, S. 175.
20 Vgl. etwa die Rede von Christian Schwarz-Schilling auf dem Medientag der CDU/CSU, 7./8.11.1978, abgedr. in: Media Perspektiven 1978, S. 791–805, Zitat S. 795.
21 Christian Schwarz-Schilling im Deutschen Bundestag, 8. Wahlperiode, 227. Sitzung, 27.6.1980, S. 18450.
22 Manuskript Rede Schwarz-Schilling, 21.6.1979, ACDP, 01-824-232.
23 Zit. in: *Hermanni*, Medienpolitik, S. 80 und 103.
24 Zit. in: ebd., S. 79 und 104.
25 Vgl. Volker Hauffs Rede in der Aktuellen Stunde, 7.11.1979, in: Das Parlament, 17.11.1979, S. 4.
26 Vorlage des SPD-Präsidiums, 2.12.1979, AdsD, PV-Bestand, Mappe 334.
27 Helmut Schmidt im Deutschen Bundestag, 8. Wahlperiode, 154. Sitzung, 17.5.1979, S. 12262.

ralischen Moderne.[28] 1984 schloss sich jedoch auch die SPD mit ähnlichen Argumenten einer Beteiligung an der Satellitentechnik an, da sonst eine »Fremdkommerzialisierung über die Satelliten anderer Länder« und eine »Überschwemmung durch internationale Medienkonzerne« drohe.[29]

Der technischen Entwicklung wurde damit einerseits eine Eigendynamik zugeschrieben, die politisch kaum steuerbar sei, andererseits eröffnete diese technische Definition des Rundfunks der Bundesregierung erst Handlungsspielräume, da für die Rundfunktechnik nicht die Länder, sondern das Postministerium des Bundes zuständig war. So bremste Helmut Schmidt die Kabelversuchsprojekte 1979 durch einen Kabinettsbeschluss, weshalb ihm die CDU/CSU vorwarf, die SPD übe »Zensur durch Technik aus«, da sie Kanäle künstlich verknappe und auf dem Fernmeldemonopol der Post beharre.[30] Die Union sah dagegen, zumindest solange sie im Bund noch in der Opposition war, die Bundesländer als zuständig an: »Der Bund hat dabei technische Dienstleistungen zu stellen, nicht aber medienpolitische Entscheidungen zu treffen oder sich in die Entscheidungen der Länder einzumischen«, formulierte das CDU-Präsidium.[31] Dennoch nutzte nach dem Regierungswechsel der neue Bundespostminister Schwarz-Schilling seit 1982 gerade die technische Förderung des Kabelausbaus, um so durch »Versuche« das Privatfernsehen in den Ländern zu installieren, welche weiterhin für die Programme zuständig waren.[32] Die Schaffung einer neuen technischen Lage sollte so juristisch und ökonomisch die Privatisierung ermöglichen. Noch Mitte der 1980er Jahre versuchte die SPD, die Privatisierung vor allem durch eine technische Argumentation abzubremsen, indem sie einen Stopp der Breitbandverkabelung forderte, weil man auf moderne Satellitenschüsseln und Glasfaserkabel setzen müsse, die jedoch teurer und somit erst später verfügbar waren. Ebenso wollten die Sozialdemokraten der Videotechnik Vorrang geben.[33] Zusammengefasst steht die gesamte Debatte somit für eine Politisierung der scheinbar neutralen Technik, da ihre jeweilige Ausgestaltung weitreichende verfassungsrechtliche und medienpolitische Konsequenzen hatte.

Da absehbar war, dass die Kosten der Privatsender in der Versuchsphase nicht durch Werbung zu decken sein würden, wurde von Beginn an von der CDU/CSU ein »finanzieller Ausgleich« gefordert, weil das Risiko für Unternehmer nicht zumutbar sei, solange der Staat die Kontrolle habe.[34] Den technischen Ausbau für den neuen privaten Medienmarkt finanzierten nicht die Unternehmen, die davon profitieren sollten, sondern vor allem die Steuer- und Gebührenzahler durch den »Kabelgroschen«. Christian Schwarz-Schillings eigenes Unternehmen beteiligte sich bereits 1980 an der neu gegründeten »Projektgesellschaft für Kabel-Kommunikation mbH«, die seine eigenen Pläne privatwirtschaftlich begutachten und umsetzen sollte, und verkaufte erst kurz vor seiner Vereidigung als Minister seine Anteile an Nixdorf.[35]

---

28 Peter M. Spangenberg, Der unaufhaltbare Aufstieg zum dualen System? Diskursbeiträge zur Technikinnovation und Rundfunkorganisation, in: Irmela Schneider/Christina Bartz/Isabell Otto (Hrsg.), Medienkultur der 70er Jahre, Wiesbaden 2004, S. 21–39, hier: S. 23.
29 Pressemitteilung zum Medienpolitischen Aktionsprogramm, 17.2.1984, AdsD, NL Peter Glotz, Ordner Medienpolitik IV, S. 4.
30 Hans H. Klein im Deutschen Bundestag, 8. Wahlperiode, 227. Sitzung, 27.6.1980, S. 18432.
31 Mitteilung CDU-Präsidium, 26.11.1979, ACDP, 07-001-1412.
32 Vgl. zum Kontext knapp und präzise: Hickethier, Geschichte des deutschen Fernsehens, S. 418f.
33 Medienpolitisches Aktionsprogramm der SPD, 16.2.1984, AdsD, NL Peter Glotz, Ordner Medienpolitik IV.
34 CDU-Papier (von der Fraktion und Partei, Klein/Schwarz-Schilling), 24.3.1977, abgedr. in: Media Perspektiven 1977, S. 155–170, hier: S. 161; Grundsatzpapier Koordinierungsausschuss für Medienpolitik der CDU/CSU, 31.1.1978, abgedr. in: Media Perspektiven 1978, S. 33–35.
35 Skandalisiert wurde dies in: Der SPIEGEL, 8.11.1982, S. 124–126, und: Der SPIEGEL, 13.12.1982, S. 89–91.

Bezeichnenderweise setzten sich die ersten großen Privatsender SAT.1 und RTL gerade nicht über die Kabeltechnik durch, die extra als technischer, juristischer und ökonomischer Rahmen für sie gebaut wurde. Weil sich die Verkabelung aufgrund der geringen Nachfrage nur sehr langsam verbreitete, und SAT.1 und RTL auch deshalb schlechte Zuschauerquoten aufwiesen, gab der Postminister terrestrische Frequenzen für sie frei, sodass sie per Antenne und damit ohne technische Innovation zu empfangen waren.

Nicht nur für den Rundfunk, sondern auch für andere Felder wäre der Zusammenhang zwischen dem technischen Wandel und den Privatisierungsforderungen der 1980er Jahre genauer zu diskutieren. Die technischen Innovationen der Zeit schufen eine verstärkte Diversität, Komplexität und Globalität, die eine alleinige Zuständigkeit des Staats herausforderten. Allein die Zunahme des Flugverkehrs oder der Telekommunikation machte die Zulassung privater Konkurrenz in solchen Bereichen zum naheliegenden Mittel. Ebenso beförderten die neuen Techniken generell eine stärkere internationale Konkurrenz, die den Druck zur Privatisierung erhöhte. Jedoch zeigt die Auseinandersetzung um den Rundfunk, dass es hier keinen technischen Determinismus gab, sondern technische Innovationen als soziale Konstruktionen anzusehen sind, die politisch gedeutet wurden.

II. FERNSEHEN ALS POLITIKUM: PARTEIPOLITISCHE MACHTSICHERUNG UND KULTURPESSIMISMUS

Auch eine zweite Argumentationsfigur knüpfte an das Rundfunkurteil von 1961 an. Das Bundesverfassungsgericht hatte dem öffentlich-rechtlichen Rundfunk die Aufgabe zugeschrieben, den Meinungspluralismus zu sichern. Die CDU/CSU bestritt seit Mitte der 1970er Jahre im Rahmen ihrer sogenannten »Rotfunk«-Kampagne, dass die öffentlich-rechtlichen Sender diesen Pluralismus umsetzten, weshalb private Sender nötig wären. Seit dem sozial-liberalen Regierungswechsel 1969 warf die Union den ARD-Anstalten zunehmend vor, linkslastigen Meinungsjournalismus zu betreiben. Die Vorwürfe erinnerten zunächst ein wenig an Konrad Adenauers Rhetorik der 1950er Jahre, gewannen dann aber besonders in den sozialdemokratisch regierten Bundesländern Hessen und Nordrhein-Westfalen an Schärfe und systematischem Kampagnencharakter. So bezeichneten der Vorsitzende der CDU-Fraktion in Nordrhein-Westfalen, Heinrich Köppler, und der ehemalige Vertriebenenminister, Heinrich Windelen, den WDR als »Haus Maos« und unterstellten WDR-Mitarbeitern die Unterstützung der RAF.[36] Ebenso sprach der hessische CDU-Politiker Schwarz-Schilling von einer »Okkupation der elektronischen Medien durch Linke und Ultralinke«[37]. Unterstützt wurden sie dabei durch regelmäßige Artikel in der BILD-Zeitung und der Zeitung »Die Welt«, durch Eingaben der Unternehmerverbände, die kritische Darstellungen der Wirtschaft beklagten, und durch konservative Rundfunk-Funktionäre, die angeblich »einseitige« ARD-Sendungen blockierten.[38] Dieser politische Machtkampf um den Rundfunk kulminierte darin, dass Schleswig-Holstein 1978 den NDR-Staatsvertrag kündigte und 1979 Niedersachsen drohte, neben einem eigenen öffentlich-rechtlichen Sender auch private zu schaffen. Auch der CDU-Spitzenkandidat Nordrhein-Westfalens, Heinrich Köppler, versprach Ende 1979 im Falle eines Wahlsiegs die Einführung des Privatfernsehens.[39]

---

36 Vgl. *Josef Schmidt*, Klaus von Bismarck und die Kampagne gegen den WDR, in: AfS 41, 2001, S. 349–382, hier: S. 372f.
37 Rede von Christian Schwarz-Schilling auf dem Medientag der CDU/CSU, 7./8.11.1978, abgedr. in: Media Perspektiven 1978, S. 791–805, Zitat S. 794.
38 *Hickethier*, Geschichte des deutschen Fernsehens, S. 322.
39 Vgl. Bonner General-Anzeiger und Die Welt, 18.12.1979.

Das Bild vom unausgewogenen »Rotfunk« schuf eine moralische, politische und demokratische Legitimation für die Privatisierung.[40] Dies zeigte sich bereits bei den frühen öffentlichen Bekenntnissen führender CDU-Politiker für das Privatfernsehen. 1976 forderte der medienpolitische Sprecher Schwarz-Schilling, nunmehr Vorsitzender des medienpolitischen Koordinierungsausschusses der CDU/CSU, erstmals in einer Rede in Tutzing einen privaten Rundfunk. Sein Hauptargument dafür war, dies »sei der einzige Weg Meinungsvielfalt wieder herzustellen, da die Öffentlich-Rechtlichen ihrer gesamtgesellschaftlichen Aufgabe nicht mehr gerecht würden« – wegen ihrer fehlenden Ausgewogenheit und »missionarischen Agitation«.[41] Die privaten »neuen unabhängigen Institutionen« sollten »Ausgewogenheit« schaffen. Der Zeitpunkt dieses Vorstoßes war nicht zufällig: Da dem angeblich linkslastigen Fernsehen, mit scheinbar wissenschaftlicher Unterstützung der Kohl-Beraterin Elisabeth Noelle-Neumann, die Schuld an der »verlorenen« Bundestagswahl 1976 gegeben wurde, sollte nun Abhilfe geschaffen werden, wenngleich die CDU/CSU 1976 immerhin knapp die absolute Mehrheit erreichte und damit eines der besten Ergebnisse ihrer Geschichte. Wissenschaftliche Unterstützung erhielt die CDU dabei von dem Mainzer Publizistikwissenschaftler Hans Mathias Kepplinger, der seine Studien, die eine Benachteiligung der Union ausmachten, an Helmut Kohl und Schwarz-Schilling schickte, welche sie als Argument aufgriffen.[42]

Tatsächlich erhoffte sich die Union intern direkte politische Vorteile von dem kommerziellen Rundfunk. Die Ordnung des Fernsehens schien in diesem Sinne über künftige Mehrheiten zu entscheiden. So argumentierte Schwarz-Schilling: »Es wird mit dieser Frage entschieden, wie wir '84 und '88 unsere Bundestagswahlkämpfe nach draußen hin führen können, und nach drinnen in die Wohnstuben umgesetzt wird. Und das wird die entscheidende Frage für den Ausgang der Wahlkämpfe sein.«[43] Ohne das Privatfernsehen habe »die SPD die Machtfrage der 80er Jahre in ihrem Sinne entschieden«.[44] Entsprechend bemühten sich die Christdemokraten zugleich um verstärkten Einfluss auf die Journalisten im öffentlich-rechtlichen Rundfunk. Es wurden »Freundeskreise« von parteinahen Journalisten gegründet und Verzeichnisse von entsprechenden Journalisten angelegt, um bei Stellenbesetzungen zu reagieren.[45] Auch der CDU-Vorsitzende Helmut Kohl dachte dabei stark vom Personal her: »Wir wollen keine Journalistenbeschimpfung, aber wir wollen, daß wir Leute in Ämter bringen, die, wenn sie in einem Amt sind, nicht vergessen, wo sie herkommen.«[46]

Öffentlich dominierten dagegen andere Begriffe die Diskussion. Die wichtigste christdemokratische Formulierung in der Debatte war der Kampf gegen das »Monopol«, das

---

40 Erstaunlicherweise findet dies in einigen Darstellungen kaum Berücksichtigung; gerade medienwissenschaftliche Arbeiten betonen eher die technischen Gründe für die Einführung; vgl. *Vennebusch*, Die Neugliederung, S. 46–57.
41 Rede abgedr. in: Evangelischer Pressedienst (epd), 11.12.1976, AdsD, ZASS III; vgl. Berichte dazu etwa in: Die Welt, 30.11.1976; Westfälische Rundschau, 30.11.1976.
42 Vgl. Schwarz-Schilling an Kepplinger, 17.12.1979, ACDP, 01-824-238. Helmut Kohl zitiert die Studie in: Fraktionsprotokoll der CDU, 6.11.1979, S. 23, ACDP, VIII-001-1059/1.
43 Christian Schwarz-Schilling laut Fraktionsprotokoll der CDU, 6.11.1979, S. 19, ACDP, VIII-001-1059/1.
44 Ebd., S. 23.
45 »Bis auf den Süddeutschen Rundfunk haben wir in allen ARD-Anstalten und im ZDF (ausgenommen ist der Süddeutsche Rundfunk, hier gibt es nur 4 Mitglieder der CDU) Freundeskreise gegründet. [...] Aufgabe der Freundeskreise ist u. a. die Erzeugung eines Solidaritätsgedankens Gleichgesinnter«, zudem Kontakte und Austausch; Entwurf Fischer Vorlage CDU-Bundespräsidium, Eingang 21.6.1977, ACDP, 01-824-225; vgl. etwa die Einladung zu »Mitglieder des Freundeskreises der CDU in der Deutschen Welle«, CDU-Bundesgeschäftsstelle, 5.3.1979, ACDP, 01-824-225.
46 Protokoll des CDU-Bundesvorstands, 9.10.1978, ACDP, 07-001.

durch Vielfalt ersetzt werden sollte. Dahinter stand die Auffassung, dass ein freier Markt unbestechlich und überparteilich sei, und lediglich der Konsument und nicht mehr die Politik entscheide. Zudem wurden private Anbieter als die günstigere und effizientere Lösung präsentiert. Während insbesondere dem NDR Verschuldung und Misswirtschaft vorgeworfen wurde, was die Gebühren nach oben treibe, versprachen die Christdemokraten mit dem privaten Rundfunk eine Gratislösung für die Bürger.

Bereits in ihrem Grundsatzprogramm von 1978 trat die CDU explizit für einen privaten Rundfunk ein.[47] Zugleich verlangte die CDU/CSU, wie bei anderen späteren Privatisierungen, gewisse Grenzen. Sie forderte nicht die völlige Privatisierung des Rundfunks, also die Abschaffung der öffentlich-rechtlichen Anstalten, was durchaus konsequent gewesen wäre, sondern stets ein Nebeneinander von öffentlich-rechtlichen und privaten Sendern. Zudem sah sie für den privaten Rundfunkmarkt eine strenge Aufsicht und Lizenzen vor.[48] Auffällig ist zudem, dass die CDU die Privatisierung mit Begriffen wie »technischer Fortschritt«, »inhaltliche Ausgewogenheit«, »Bürgernähe« und dem »Recht« begründete, aber kaum mit marktwirtschaftlichen Argumenten. Dass die künftigen Sender und der Senderausbau hohe Gewinne versprachen, wie beim britischen Privatsender ITV frühzeitig erkennbar, blieb somit außen vor. Ebenso war stets die Rede davon, Presseverleger als Träger einzubinden. Dies verstärkte den Eindruck, dass es um einen Meinungspluralismus ähnlich wie bei den Zeitungen gehen sollte, nicht um Wirtschaftsinteressen von Konzernen. Selbst die Begriffe »privat« und »kommerziell« wurden vielfach vermieden und stattdessen eher pauschal von »Neuen Medien« gesprochen.

Auffällig ist, dass die FDP in dieser Debatte recht profillos blieb. In den 1970er Jahren hatten die Liberalen zwar den Parteieneinfluss auf die öffentlich-rechtlichen Sender verurteilt (der ihre Mitsprache weitgehend ausschloss), sich aber mehrfach explizit gegen kommerzielle Sender und Werbung in Lokalprogrammen ausgesprochen. Erst Ende 1979 entschieden sich die Liberalen in ihren »Leitlinien Neue Medien« nach einer Kampfabstimmung dafür, private Sender zuzulassen, aber nur wenn diese unter dem öffentlich-rechtlichen Dach kontrolliert werden würden.[49] Zudem hieß es in ihrem Wahlprogramm von 1980: »Private nicht-kommerzielle Programmanbieter sollen zugelassen werden«, wobei sie sich bildungsbürgerlich gegen kommerzielle »Berieselungsprogramme« wandten.[50] Erst 1984, als die ersten Privatsender liefen, vertrat die FDP den Kurs der Union. Die Rundfunkpolitik spielte somit keine Rolle beim Scheitern der sozial-liberalen Koalition.

Die Sozialdemokraten verteidigten dagegen bis 1984 hartnäckig das öffentlich-rechtliche Modell. In der politischen Debatte um den privaten Rundfunk kam es zu einem gewissen Rollentausch zwischen Christ- und Sozialdemokraten. Während die CDU mit Begriffen wie »Pluralismus«, »Meinungsfreiheit« und »Bürgernähe« hantierte, argumentierte die SPD eher mit konservativen Argumenten und war letztlich auch die konservative Partei in der Auseinandersetzung. Vor allem vier Argumentationsstränge lassen sich bei den Sozialdemokraten ausmachen. Erstens führten ihre Spitzenpolitiker vielfach den Schutz der Familie und der Kinder an. Sie verwiesen häufig auf die kognitiven, körperlichen und sozialen Gefahren durch mehr Programme, längeres Fernsehen sowie mehr

---

47 In Artikel 123 des Grundsatzprogramms der CDU von 1978 hieß es: »Die Ausstrahlung weiterer Hörfunk- und Fernsehprogramme durch andere Veranstalter – auch durch Gesellschaften privaten Rechts – soll möglich sein«.
48 So bereits das CDU-Papier (Fraktion und Partei, Klein/Schwarz-Schilling), 24.3.1977, abgedr. in: Media Perspektiven 1977, S. 155–170, hier: S. 161.
49 Vgl. Bericht über interne Gespräche der Parteigeschäftsführer von Egon Bahr im SPD-Parteipräsidium, 12.11.1979, AdsD, PV-Bestand, Mappe 123; Süddeutsche Zeitung, 3.12.1979; *Günter Verheugen*, Der Rundfunkhörer darf nur eins, zahlen, in: Frankfurter Rundschau, 2.4.1980.
50 *Hermanni*, Medienpolitik, S. 87.

Gewalt und Pornografie auf dem Bildschirm.[51] Der ohnehin virulente Gewalt- und Suchtdiskurs wurde dabei mit dem privaten Medienmarkt verbunden.[52] Auf diese Weise wurde die SPD ein Partner der Kirchen, die sich aus ähnlichen Gründen ebenfalls gegen ein kommerzielles Fernsehen aussprachen und sich mit der SPD-Spitze austauschten.[53] Insbesondere beim Verbot der Werbung am Sonntag fanden die Kirchen in der SPD Unterstützung, während die CDU die Sonntagswerbung auch gegen die Kirchen mit dem Verweis auf das Ausland durchsetzte, das sonst die Werbung innerhalb der Bundesrepublik übernähme.[54] Ebenso griff die CDU/CSU die Familienargumentation nicht auf, obgleich die Familienpolitik sonst ein wichtiges Feld der Partei war. Der Unionssprecher Klein entgegnete dazu lediglich, der beste Schutz sei, wenn man ermögliche, dass ein Elternteil sich ganz »der Erziehung ihrer [sic!] Kinder widmen« könne, also Hausfrauen den Fernsehkonsum überwachten.[55]

Zweitens prognostizierte die SPD eine Programmverflachung, da die Vervielfachung der Sender keine Vielfalt, sondern Ähnliches auf vielen Programmen schaffen würde. Dies korrespondierte mit dem bildungsbürgerlichen Kulturpessimismus, hatte aber durchaus Wurzeln in der erziehungsbezogenen Arbeiterbewegung und ihren traditionellen Ressentiments gegen Massenmedien. Deshalb forderte die SPD eine innere Pluralität der Sender und »Vollprogramme« mit Informationsanteilen, während die CDU/CSU auf eine »äußere Pluralität« der unterschiedlichen Anbieter vertraute. Der von der Union prognostizierten Vielfalt setzten die Sozialdemokraten die Annahme entgegen, dass sich die Werbekunden immer an die größten Anbieter wenden und daher rasch eine Konzentration auf dem Markt entstehen würde. Aus diesem Grund traten sie für eine Wettbewerbsordnung und kartellrechtliche Grenzen ein, da durch Unternehmen wie Bertelsmann, Springer und Kirch eine Verschärfung der ohnehin bestehenden Konzentration auf dem Medienmarkt zu befürchten sei.[56]

Drittens setzte die SPD auf den »Schutz der Nation«. Die SPD argumentierte geradezu nationalistisch und protektionistisch, dass Deutschland vor amerikanischen Serien, einer »Fremdkommerzialisierung« und »internationalen Medien-Multis« geschützt werden müsse.[57] Als die Privatisierung 1984 nicht mehr aufzuhalten war, forderte sie Quoten »zum Schutz der nationalen und europäischen Identität und Tradition von Kultur und Sprache sowie Schutz der heimischen und europäischen Film-Fernseh-Produktion und der dortigen Beschäftigten«.[58] Sie forderte, mindestens die Hälfte der Sendungen müssten deutsche oder europäische Produktionen sein, bei Spielfilmen 60%, wovon die Hälfte in deutscher Sprache hergestellt sein sollte. Die CDU/CSU lehnte dies jedoch ab, wohl

---

51 Vgl. die Rede Helmut Schmidts, Medienpolitische Fachtagung der SPD in Dokumentation, in: Frankfurter Rundschau, 30.11.1979, S. 12; Klose auf Hamburger Medientagen, abgedr. in: Vorwärts, 5.7.1979, S. 31.
52 *Christina Bartz*, Kabelfernsehen: soziale Integration oder Desintegration? Ökonomische und medizinische Antworten auf eine Fragestellung, in: *Schneider/Bartz/Otto*, Medienkultur der 70er Jahre, S. 41–56, hier: S. 50f.
53 Berichte zum Treffen der SPD mit den Kirchen, in: Entwurf Dohnanyi für Protokoll Sitzung SPD-Medienkommission, 19.12.1985, AdsD, NL Peter Glotz, Ordner Medienpolitik I; ebd. FUNK-Korrespondenz, 11.10.1985.
54 Antwort Bernhard Vogel auf das Medien-Monitum der beiden Kirchen, abgedr. in: Media Perspektiven 1985, S. 59–60.
55 Hans H. Klein im Deutschen Bundestag, 8. Wahlperiode, 227. Sitzung, 27.6.1980, S. 18434.
56 Anlage Dieter Stammler zu TOP 5a im Protokoll der Sitzung der SPD-Medienkommission, 13.3.1986, AdsD, NL Peter Glotz, Ordner Medienpolitik I.
57 Medienpolitisches Aktionsprogramm, 16.2.1984, AdsD, NL Peter Glotz, Ordner Medienpolitik IV; Entschließung der SPD-Fraktionsvorsitzenden der Länder, 27./28.9.1984, AdsD, NL Peter Glotz, Ordner Medienpolitik V.
58 SPD-Medienreferat, 12.9.1985, AdsD, NL Peter Glotz, Ordner Medienpolitik I.

wissend, dass die privaten Sender stark von amerikanischen Filmen leben würden. Schließlich versuchte die SPD 1988 über die EG, die »Flucht in medienpolitische ›Billigländer‹« zu verhindern.[59]

Viertens argumentierte die SPD mit politischen Gefahren. Helmut Schmidt warnte etwa, »daß große politische Einflußmacht in unkontrollierte und -kontrollierbare Hände gelangt«[60], und sprach vom »Boden, auf dem die Cäsaren sich in die Seele der Menschen eingraben«.[61] Im Unterschied zu den 1960er Jahren wurde zwar selten explizit auf Hugenberg verwiesen, da vermutlich Axel Springer und Leo Kirch schon als gefahrvolles Feindbild ausreichten. Aber die internen Gespräche zeigen zumindest, dass die Sozialdemokraten sowohl eine konservative Dominanz in allen Medien als auch die Chancenlosigkeit von »Meinungsrichtungen, die den Kapitalverwertungsinteressen kritisch gegenüber stehen« fürchteten.[62] Aus diesem Grund wollte die SPD die regionalen Anteile stärken, eine Beteiligung bei der Vergabe der Lizenzen erreichen und schließlich in Nordrhein-Westfalen ein ihr nahestehendes duales Rundfunkmodell durchsetzen, mit einer Kooperation von WDR, Westdeutscher Allgemeiner Zeitung und dem »Arbeitskreis Satellitenfernsehen«.[63] Dieser Zusammenschluss sollte der Nukleus für eine neue Anstalt mit »einem wirksamen liberalen Programm« sein.[64] Ihre spätere eigene Beteiligung an einigen privaten Radiosendern stand ebenfalls in diesem Kontext.[65] Zudem versuchte sie das Bürgerfernsehen in Form von Stadtsendern und Offenen Kanälen zu stärken.

Gemeinsam war beiden Parteien somit, dass sie dem Rundfunk eine politik- und gesellschaftsverändernde Kraft zuschrieben. Während die CDU/CSU glaubte, sie könne mit einem privaten Rundfunk Meinungen und Wahlergebnisse verändern, zeigen die angstvollen Argumente der SPD, wie sehr sie eine Veränderung der gesamten Gesellschaft durch private Sender befürchtete.

Die Gesellschaft selbst ersehnte dagegen zunächst nur in überraschend geringem Maß die von der CDU/CSU versprochene Programmerweiterung. Obgleich auflagenstarke Blätter wie die BILD-Zeitung 1979 regelmäßig über die Vorteile des Privatfernsehens berichteten, bekundeten im gleichen Jahr zwei Drittel der Bürger kein Interesse an weiteren Programmen. Selbst unter den CDU/CSU-Anhängern befürwortete dies nur ein Drittel. Zudem zeigten sich nur 19% der Befragten bereit, für mehr Sender auch mehr zu zahlen.[66] Auch der schleppende Anlauf der Verkabelung, die deutlich weniger Haushalte als erwartet vornehmen ließen, belegt, dass die Privatisierung zunächst eine Elitenentscheidung mit durchaus politischen Zielen war, weniger eine ›von unten‹ getragene Expansion der Populärkultur. Entschieden wurden die Weichenstellungen schließlich durch das Bun-

---

59 Protokoll der Sitzung der SPD-Medienkommission, 12.1.1988, AdsD, NL Peter Glotz, Ordner Medienpolitik VI.
60 Rede Helmut Schmidts, Medienpolitische Fachtagung der SPD in Dokumentation, in: Frankfurter Rundschau, 30.11.1979, S. 12.
61 Zit. nach: Privat-TV: Gefährlicher als Kernenergie, in: Der SPIEGEL, 1.10.1979, S. 21f.; Vgl. knapp hierzu, mit Verweis auf das Kabinettsprotokoll: *Hartmut Soell*, Helmut Schmidt, Bd. 2: Macht und Verantwortung 1969 bis heute, München 2008, S. 802.
62 Anlage Dieter Stammler zu TOP 5a im Protokoll der Sitzung der SPD-Medienkommission, 13.3.1986, AdsD, NL Peter Glotz, Ordner Medienpolitik I.
63 Glotz an Rau, 30.5.1984, AdsD, NL Peter Glotz, Ordner Medienpolitik II. Für den »Arbeitskreis Satellitenfernsehen« sprach der Filmemacher und Autor Alexander Kluge.
64 Glotz an Dohnanyi, 15.10.1984, AdsD, NL Peter Glotz, Ordner Medienpolitik V.
65 Vgl. aus SPD-Perspektive: *Uwe Danker/Markus Oddey/Daniel Roth* u. a., Am Anfang standen Arbeitergroschen. 140 Jahre Medienunternehmen der SPD, Bonn 2003, S. 170–203; kritisch dazu aus CDU-Perspektive: *Andreas Feser*, Der Genossen-Konzern. Parteivermögen und Pressebeteiligungen der SPD, München 2002.
66 Erhebungen von Infratest PPP Nr. 221, 15.11.1979; vgl. auch mit Daten von Allensbach: *Hermanni*, Medienpolitik, S. 225f.

desverfassungsgericht, das hier erneut seine politische Macht zeigte: 1981 erklärte es im sogenannten »Dritten Rundfunkurteil« die Zulässigkeit von privaten Sendern, wenn ein gewisser Pluralismus rechtlich geregelt sei, und 1986 wurden die inhaltlichen Anforderungen an die privaten Sender gesenkt, sofern die öffentlich-rechtlichen Sender die Vollversorgung übernahmen.

III. PRIVATISIERUNG DURCH KOMMERZIALISIERUNG: DER BOOMENDE WERBEMARKT ALS ANTRIEB

Die Debatte über Politik und Technik lässt leicht vergessen, dass die eigentliche Basis des privaten Rundfunks die Werbewirtschaft ist, da sie die hohen Kosten für den Sendebetrieb aufbringen sollte. Welche Rolle Werbung spielen sollte, war bereits beim öffentlich-rechtlichen Rundfunk politisch umstritten. Während der CSU-nahe Bayerische Rundfunk bereits in den 1950er Jahren Werbung sendete und dadurch bei den Verlegern den Wunsch förderte, werbefinanziertes Fernsehen zu betreiben, verzichteten eher SPD-nahe Sender wie der WDR und Radio Bremen bis in die 1980er Jahre ganz auf Radio-Werbung.[67]

Trotz der Wirtschaftskrise in den 1970er Jahren verzeichnete der Werbemarkt stark ansteigende Umsätze. 1979 bescherte allein die Werbung in der Tagespresse 4,9 Milliarden DM Umsatz, was für die vorangegangenen fünf Jahre einen Anstieg um 50% bedeutete und eine überwiegende Werbefinanzierung der Presse etablierte. In Publikumszeitschriften kam es zu einem Zuwachs um 21%, während die Werbeeinnahmen bei Fernsehen und Hörfunk zwangsweise begrenzt blieben (6,7 beziehungsweise 3%) und zusammen nur ein Siebtel des gesamten Werbeetats ausmachten.[68] An mangelnder Nachfrage lag das sicher nicht. Vielmehr war Anfang 1980 bei ARD und ZDF die Werbezeit für das gesamte Jahr bereits zu Beginn komplett ausgebucht.[69] Dadurch konnten beide Programme 1980 die Werbepreise um bis zu 150% erhöhen.[70]

Für die Einführung des privaten Rundfunks waren dieser Boom der Werbung und seine gebremste Umsetzung im Fernsehen in mehrfacher Hinsicht von Bedeutung. Zunächst erhöhte dies den Druck der Wirtschaft und die Begehrlichkeiten der Verleger, nun auch über das Fernsehen zusätzliche Werbegewinne einzufahren. Für Großbritannien wurde etwa von der Presse ausgemacht, dass dort die Werbeeinnahmen des Privatsenders ITV mit 1,1 Milliarden DM fast so hoch seien wie der gesamte Etat des ZDF.[71] Allein den künftigen Werbemarkt für das Satellitenprogramm schätzten Experten 1984 auf 1,5 Milliarden DM, einige sogar auf bis zu 2,5 Milliarden DM.[72]

Die Angst, dass diese Werbegelder künftig im Zuge des Kabel- und Satellitenfernsehens an ausländische Sender mit deutschen Programmen fließen könnten, war deshalb sicher keine unwichtige Drohkulisse. Neben RTL in Luxemburg war eine britisch-schwei-

---

67 Zur Debatte über den Verzicht vgl. WWF-Aufsichtsratsprotokoll, 20.12.1982, AdsD, NL Heinz Kühn, 1/HKAA000117.
68 Vorlage zu WWF-Aufsichtsratssitzung, 16.6.1980, ebd.
69 So für 1980: WWF-Aufsichtsratsprotokoll, 14.4.1980, S. 4, ebd.
70 Bei der ARD bundesweit im Schnitt um 114%, beim billigeren ZDF sogar um 150%. Da die Kosten nach eingeschalteten Geräten berechnet wurden (je 1.000 eingeschaltete Geräte 1979: 11,5 DM beim ZDF, 21 DM bei der ARD), variierte der Preis für 30 Sekunden Fernsehwerbung stark bei den ARD-Anstalten – von 22.100 DM beim großen WDR bis zu 2.502 DM beim kleinen Saarländischen Rundfunk; Vorlage zu WWF-Aufsichtsratssitzung, 16.6.1980, AdsD, NL Heinz Kühn, 1/HKAA000117.
71 Quick, 21.2.1980.
72 Notiz von Peter Glotz, 26.11.1984, AdsD, NL Peter Glotz, Ordner Medienpolitik II.; ein Anwachsen des Fernsehwerbeetats auf ein Drittel der Gesamtausgaben erwartete: Hans Bausch, Kabelfernsehen, in: Südfunk, Mai 1980, S. 3.

zerische Verlegergruppe ein Schreckgespenst.[73] RTL erwog dabei auch ein europäisches Programm mit Nachrichten in unterschiedlichen Sprachfenstern.[74] Und tatsächlich planten auch deutsche Verleger eine maßgebliche Beteiligung an einem luxemburgischen RTL-Satellitenprogramm, das dann deutsch, französisch und niederländisch senden sollte. Während Bernhard Vogel dies als »mutigen Schritt« lobte, sah die SPD darin eine »Fremdkommerzialisierung unserer internationalen Medienordnung« und fürchtete einen Abzug der Werbewirtschaft aus dem deutschen Markt nach Luxemburg.[75]

Als sich die Einführung des privaten Rundfunks in Westdeutschland abzeichnete, zogen die Sozialdemokraten daraus eine auf den ersten Blick überraschende werbewirtschaftliche Konsequenz: Um die Privatsender zu schwächen, erhöhten sie gezielt die Werbezeit für die öffentlich-rechtlichen Sender. Die SPD-Ministerpräsidenten sprachen sich nun für die Einführung von Hörfunk-Werbung in den sozialdemokratisch regierten Ländern aus.[76] Ebenso forderte die SPD Werbung für die Dritten Programme und führte sie in Hessen 1984 sogar ein, bis sie damit in der ARD scheiterte.[77] Damit führte der Boom der Werbewirtschaft also nicht nur zur Etablierung privater Sender, sondern auch zu einer neuen strategischen Akzeptanz der Werbung in öffentlich-rechtlichen Sendern bei den Sozialdemokraten, um so diese Sender zu stärken und gegen die privaten Anbieter konkurrenzfähig zu machen.

IV. Lernen von Grossbritannien: Internationale Vor- und Schreckbilder

Die Privatisierung nahm generell in einer Phase der Globalisierung zu, in der sich die Länder verstärkt beobachteten und ausländische Entwicklungen zum Argument für die eigene (Wirtschafts-)Politik machten. Auch bei der Auseinandersetzung über einen privaten Rundfunk blickten die Deutschen auf viele ausländische Vorbilder, die ihre Erwartungen an die künftige Medienwelt entscheidend prägten. Denn bekanntlich war der private Rundfunk in globaler Perspektive keine Innovation der 1970/80er Jahre. So bestanden in Nord- und Südamerika von Beginn an private Radio- und Fernsehsender, die auch die lateinamerikanischen Diktaturen überdauerten. Auch in Südeuropa entstanden zunächst private Sender, und in Zentraleuropa funkten seit den 1930er Jahren private Stationen aus Kleinstaaten wie Monaco und Luxemburg über die Grenzen hinweg. Zumindest ein duales Rundfunksystem bestand seit den 1950er Jahren in Japan und Großbritannien. Europas erster privater Fernsehsender entstand 1950 mit »Telesaar« im Saarland, der, von Franzosen getragen und legalisiert, ein innovatives Programm entwickelte.[78] Die Einführung des britischen Privatsenders ITV war bereits Mitte der 1950er Jahre ein Anstoß für die bundesdeutschen Verleger und Unternehmen gewesen, ein werbefinanziertes Programm einzufordern, das auch Bundeskanzler Adenauer unterstützte. Und schließlich setzte in Europa in den 1970er Jahren besonders in Italien eine dynamische Privatisie-

---

73 WWF-Aufsichtsratsprotokoll, 14.4.1980 und 17.9.1981, AdsD, NL Heinz Kühn, 1/HKAA000 117.
74 Vermerk für den Persönlichen Referenten von Schwarz-Schilling, 4.11.1982, ACDP, 01-824-174.
75 SPD-Pressedienst, 6.3.1981; Frankfurter Rundschau, 28.2.1981.
76 Klaus von Dohnanyi an Johannes Rau und Holger Börner, 11.10.1984, AdsD, NL Peter Glotz, Ordner Medienpolitik II.
77 Vgl. ebd. sowie die Korrespondenz von Rau in: AdsD, NL Peter Glotz, Ordner Medienpolitik IV.
78 *Andreas Fickers*, Die Anfänge des kommerziellen Rundfunks im Saarland. Die Geschichte der Saarländischen Fernseh AG (Tele-Saar und Europe No. 1), in: *Clemens Zimmermann/Rainer Hudemann/Michael Kuderna* (Hrsg.), Medienlandschaft Saar von 1945 bis in die Gegenwart, Bd. 1: Medien zwischen Demokratisierung und Kontrolle (1945–1955), München 2010, S. 241–310.

rung ein: Nachdem das italienische Verfassungsgericht 1976 zumindest lokal das öffentlich-rechtliche Monopol zurückgewiesen hatte, entstanden dort in wenigen Jahren geschätzte 2.500 lokale Sender, die oft auch durch politische Gruppen getragen wurden.[79]

In der bundesdeutschen Debatte bildeten vor allem vier Länder wichtige Referenzpunkte: die USA, Großbritannien, Italien und Luxemburg, zudem noch Belgien als das am frühsten verkabelte Land in Europa. Getragen wurde diese Debatte maßgeblich von Politikern und der Presse, wobei so unterschiedliche Blätter wie die Frankfurter Rundschau oder die BILD-Zeitung mehrere Artikelreihen über das Privatfernsehen im Ausland druckten.

Als kollektives Schreckbild der Gegner der Privatisierung, auch der meisten konservativen Befürworter, galt die Privatisierung in Italien. Blätter wie »Der SPIEGEL« berichteten genüsslich mit vielen Fotos, dass das Privatfernsehen dort bedrohliche Formen der Pornografie hervorgebracht habe, wie die Darstellung von »Hausfrauensex« oder Horoskopsendungen, bei denen nackte Frauen Sex-Stellungen für den nächsten Tag vorhersagten.[80] Diese von Angstlust geprägte Vision eines sexualisierten Privatfernsehens entsprang freilich politischem Kalkül: Die linksliberalen Medien und Politiker versuchten auf diese Weise, die christlichen Mitglieder und Anhänger von CDU/CSU von den moralischen Gefahren des Privatfernsehens zu überzeugen. Dass fast alle kleinen Sender in Italien Defizite machten und daher ein Verdrängungswettkampf stattfinde, galt den Linksliberalen als ein weiteres Argument gegen die Privatisierung. Aber auch für die Konservativen war Italiens Privatfernsehen wegen seiner lokalen Vielfältigkeit ein Schreckbild, da es als »Anarchie« empfunden wurde. Denn schließlich sendeten hier auch lokale politische und weltanschauliche Gruppen von Links- bis Rechtsaußen ihr Programm, zudem soziale Gruppen von Homosexuellen bis zu Feministinnen. Nur gelegentlich wurde Italien deshalb in der Bundesrepublik als Chance gesehen, bürgernah Rundfunk ›von unten‹ zu gestalten.[81] Allenfalls galt Italien als Beleg dafür, so Gerd Bucerius, dass eine derartige Vielfalt an privaten Sendern auch in Deutschland nicht aufzuhalten sei.[82]

Erstaunlich euphorisch priesen einige Unionspolitiker dagegen Ende der 1970er Jahre den luxemburgischen Sender RTL. Hans H. Klein bezeichnet ihn als ein »qualifiziertes Programm eines international anerkannten, wenngleich eben privatrechtlich organisierten Senders« und Christian Schwarz-Schilling als »gelungenes niveauvolles Vorbild«.[83] Da die deutsche Einspeisung von RTL ein Türöffner für private deutsche Sender sein sollte, war dies Lob nicht überraschend, wenngleich man es von Bildungsbürgern wie Schwarz-Schilling aufgrund des Sendeprogramms nicht unbedingt erwartet hätte.[84]

Insbesondere das amerikanische Fernsehen erfuhr im Zuge der Privatisierungsdebatte eine gewisse Neubewertung. Für die Sozialdemokraten, die linksliberale Presse und die ARD belegte das US-Fernsehen weiterhin die Gefahren des Privatfernsehens. Inhaltlich zeige es, so ihr Argument, die »Verflachung« des Programms und die Zunahme von Gewaltdarstellungen, Quiz und Talkshows.[85] Zudem galten die USA ihnen als Beleg für die Kostenexplosion, da immer mehr Menschen für das Pay-TV hohe Beträge zahlen müss-

---

79 Die Zahlenangaben variieren stark und sind wegen der Kurzlebigkeit vieler Sender oft nur Momentaufnahmen. Vgl. auch zum Kontext: *Christian Jansen*, Italien seit 1945, Göttingen 2007, S. 190f.
80 Der SPIEGEL, 28.10.1979, S. 191–193; Quick, 21.2.1980.
81 So positiver wertend: *Siegfried Zielinski*, Warum kein ›Radio DGB‹?, in: Die Neue, 29.11.1979.
82 *Gerd Bucerius*, Das Ende der Rundfunk-Jumbos, in: Die ZEIT, 10.11.1978, S. 12.
83 Rede Schwarz-Schilling, abgedr. in: epd, 11.12.1976, AdsD, ZASS III; Die Welt, 30.11.1976.
84 Schwarz-Schilling stammte aus einer Musikerfamilie, studierte Geschichte und Ostasiatische Kultur- und Sprachwissenschaften und promovierte 1956 zur asiatischen Geschichte.
85 Vgl. etwa: Interview mit Hans-Ulrich Klose, in: Die Neue, 19.5.1979; Rede Helmut Schmidts, Medienpolitische Fachtagung der SPD in Dokumentation, in: Frankfurter Rundschau, 30.11.1979, S. 12; ähnlich im Internationalen Frühschoppen ein amerikanischer Journalist: Sendung vom 26.8.1979; *Wilhelm Roth*, Konzentration wird nicht verlangt, in: Frankfurter Rundschau, 24.1.1980.

ten, wobei je nach Berechnung 80 bis 120 DM pro Monat angeführt wurden, weshalb gute Filme nur noch für Reiche konsumierbar seien.[86] Vor allem galten die USA den Sozialdemokraten als Beleg, dass das Privatfernsehen Familien und Kinder bedrohe. Der Hamburger SPD-Bürgermeister und Medienpolitiker Hans-Ulrich Klose argumentierte etwa: »In Amerika werden Kinder vielfach ›ausgeschaltet‹, indem man das ›Television‹ einschaltet‹: Fernsehen als Ersatz für den Kindergarten.«[87] Auch die linksliberale Presse berichtete, dass Vorschulkinder dort bereits acht Stunden täglich vor dem Fernseher verbrächten, sozial isoliert wären und verdummten. Die Illustrierten visualisierten dies mit Fotos von Donut-essenden amerikanischen Kindern vor dem Fernseher.[88] Damit wurde von linksliberaler Seite erneut recht konservativ mit dem Jugendschutz argumentiert, um christdemokratische Wähler zu überzeugen.

Christdemokratische Politiker und die ihnen nahestehenden Blätter wie die BILD-Zeitung priesen hingegen die Bürgernähe des amerikanischen Fernsehens, wo der Zuschauer »Programmchef« sei und lobten sogar die dortigen Politiksendungen.[89] Der CDU-Ministerpräsident Bernhard Vogel reiste 1978 extra in die USA und nach Kanada, um dort »Kabel-Fernsehstudios« zu besuchen. Viele Christdemokraten, die 1978 noch eine Ausstrahlung der US-Serie »Holocaust« als amerikanischen Kitsch verdammt hatten und verhindern wollten, priesen die Serie nun ein Jahr später als ein positives Beispiel dafür, was private Sender leisten könnten.[90] Nicht zu Unrecht warfen sie den Vertretern der öffentlich-rechtlichen Rundfunkanstalten eine Doppelmoral vor, da sie vor der amerikanischen Verflachung warnten und zugleich erfolgreiche Fernsehformate von amerikanischen Privatsendern übernahmen.[91]

Anfang der 1980er Jahre verstärkte sich die Reisetätigkeit von christdemokratischen Politikern, die in den USA Fernsehschaffende aufsuchten, um Argumente der Gegner zu entkräften. Klein berichtete von seiner Reise, »Quantität und Qualität der Programme befinden sich in einem ständigen Prozeß der positiven Entwicklung«, es gebe kaum »Erwachsenenprogramme« und das Kabelfernsehen expandiere, da es auch nicht teurer sei.[92] Ebenso priesen die Christdemokraten das »Erziehungsfernsehen« dort und die Offenen Kanäle. Auch Schwarz-Schilling reiste Anfang Juni 1983 als Minister in die USA, um mit Telekommunikations- und Satellitenfirmen zu sprechen.[93] Aus den USA wurde dabei die Einschätzung übernommen, der Satellitenempfang mit »Schüssel« habe keine Zukunft, weshalb vor allem auf die Verkabelung gesetzt wurde.[94]

Das eigentliche Vorbild der Christdemokraten waren jedoch nicht die USA, sondern Großbritannien. Bereits 1977 verwies Schwarz-Schilling vor der hessischen CDU auf die guten Erfahrungen mit dem »Mischsystem« in Großbritannien.[95] In Abgrenzung zu Ita-

---

86 *Bernd Leptihn*, Zu teure neue Medienwelt, in: HFF 4, 1980, S. 9–16; ähnlich: Der SPIEGEL, 7.8.1978, S. 60–62, und 9.3.1981, S. 63–72. Vorlage der ARD in der öffentlichen Anhörung des Landtags Nordrhein-Westfalen über »Neue Techniken im Medienbereich«, 16./17.1.1980, abgedr. in: Media Perspektiven 1980, S. 34–39.
87 Interview mit Hans-Ulrich Klose, in: NRZ, 4.8.1979.
88 Der SPIEGEL, 17.12.1979, S. 46 und 53; Der SPIEGEL, 11.2.1980, S. 39.
89 Serie »Die Wahrheit über das Privat-Fernsehen«, in: BILD am Sonntag, 2.12.1979.
90 Schwarz-Schilling im Interview, in: Der SPIEGEL, 11.2.1980, S. 39; Quick, 21.2.1980.
91 BILD am Sonntag, 15.12.1979.
92 Bericht Hans H. Klein/Benno Erhard über die USA-Reise vom 31.7. bis 15.8.1982, ACDP, 01-824-181.
93 Konsulat Los Angeles an Auswärtiges Amt, 12.7.1983, ACDP, 01-824-181.
94 Vgl. Botschaft Washington an Auswärtiges Amt, 26.7.1984, ACDP, 01-824-181; Bericht Fuchs/Vorsitzende des ZDF-Fernseh-Rats über die USA-Reise vom 26.5. bis 6.6.1981, 17.9.1981, ACDP, 01-824-181.
95 Christian Schwarz-Schilling auf dem Medienkongress der hessischen CDU, vgl. Hessen-Kurier, November 1977; ähnlich im Streitgespräch mit Bausch in: Der SPIEGEL, 11.2.1980, S. 39.

lien und den USA sollten künftig, ähnlich wie in Großbritannien, Lizenzen und eine strenge Aufsicht den privaten Markt einhegen und für Niveau sorgen.[96] Christdemokratische Ministerpräsidenten, die frühzeitig Privatsender einführen wollten, prüften bereits Ende 1978 das britische Modell: Ernst Albrecht dachte in Niedersachsen an die Einführung eines privaten Regionalnetzes wie in Großbritannien und Bernhard Vogel informierte sich durch eine Dienstreise zu den Studios von ITV und BBC, nach der er bilanzierte, der Privatsender könne bezüglich seines Niveaus mit der BBC mithalten.[97] Ebenso argumentierte Gerhard Stoltenberg 1979, mit dem britischen Kontrollsystem würden im deutschen Privatfernsehen pornografische Inhalte ferngehalten.[98] Vor allem die Presse aus dem Hause Springer pries Ende der 1970er Jahre den privaten Rundfunk Englands, den hohen Informationsanteil und niveauvolle Serien wie »Mit Schirm, Charme und Melone«.[99] Zugleich argumentierte sie, dass die private Konkurrenz das Niveau der BBC gehoben habe. Selbst Gerd Bucerius und mit Einschränkungen die Frankfurter Rundschau und »Der SPIEGEL« führten England als positives oder zumindest nicht abschreckendes Beispiel an.[100] Lediglich die öffentlich-rechtlichen Vertreter und die Sozialdemokraten machten beim britischen Fernsehen einen Niveauverlust aus, betonten den dortigen Abbau von Minderheitenprogrammen und die Kostenexplosion durch die Konkurrenz.[101]

Großbritannien erwies sich damit erneut, wie bei der Einführung des öffentlich-rechtlichen Rundfunks in der Nachkriegszeit, als ein wegweisendes Vorbild. Mit dem zeitgleichen Regierungswechsel zu Margaret Thatcher hatte dies wenig zu tun, da die 1979 gewählte Premierministerin bei ihren Reformen zunächst den Rundfunk außen vor ließ. Großbritannien stand im Rundfunkbereich vielmehr für jene begrenzte und kontrollierte private Wirtschaft, die auch Christdemokraten politisch und moralisch wünschenswert erschien.

V. EINE EINGEHEGTE AUFGABENPRIVATISIERUNG: FRÜHE UMSETZUNGEN UND ERGEBNISSE

Die SPD scheiterte weitgehend mit ihren zahlreichen Regulierungsvorschlägen für die privaten Sender. Weder eine Begrenzung auf Vollprogramme noch eine Quote für deutsche Produktionen oder Werbeeinschränkungen am Sonntag konnte sie durchsetzen. Ebenso blieben die von ihr geforderten nicht kommerziellen Lokalsender eher eine Alibiveranstaltung der ersten Jahre, um den Kabel- und Satellitenausbau mit Rundfunkgebühren zu rechtfertigen. Dass der private Rundfunk dennoch recht starken Regeln unterworfen wurde, lag vor allem am Bundesverfassungsgericht. Dieses hatte durch seine Rechtsprechung nicht nur das Tor für private Anbieter geöffnet, sondern mit seinen Urteilen von 1981 und 1986 auch einige Auflagen verlangt, was die Sozialdemokraten als Teilerfolge feierten, zumal diese einige liberale Rundfunkgesetze der CDU-Länder hinfällig machten. Ebenso bremste der Föderalismus die Privatisierung ab: Da beim Aushandeln des 1987 endlich ratifizierten Rundfunkstaatsvertrags auch SPD-regierte Länder beteiligt

---

96 Rede Schwarz-Schilling auf dem Medientag der CDU/CSU, 7./8.11.1978, abgedr. in: Media Perspektiven 1978, S. 791–805, Zitat S. 795. Ähnlich seine Reden vom 27.4.1979 und vom 17.11.1979.
97 dpa, 16.1.1979; Die Welt, 11.11.1978.
98 *Gerhard Stoltenberg*, Zur Situation des Rundfunks in Norddeutschland. Regierungserklärung vor dem Schleswig-Holsteinischen Landtag am 27.11 1979, Kiel 1979.
99 Die Welt, 21.8.1979 und 23.8.1979; BILD am Sonntag, 23.12.1979.
100 *Gerd Bucerius*, England als Modell für unsere Sender?, in: Die ZEIT, 23.11.1979; Frankfurter Rundschau, 14.12.1979, S. 16; Der SPIEGEL, 17.12.1979, S. 39–62.
101 Vgl. die ZDF-Sendung »Noch mehr Fernsehen«, 27.8.1979; Hans Bausch, 15.10.1979, im SDR.

waren, enthielt dieser mehr Auflagen, als die Union für die privaten Sender vorgesehen hatte. So wurden Werbezeiten eingegrenzt, die Meinungsvielfalt festgeschrieben, Landesmedienanstalten zur Aufsicht eingesetzt und kein Unternehmen durfte mehr als ein Vollprogramm und ein Spartenprogramm mit Mehrheitsanteil haben, was später auf 30 % Marktmacht ausgeweitet wurde. Vor allem garantierte der Staatsvertrag den Bestand des öffentlich-rechtlichen Rundfunks.

Während es beim Fernsehen so zu einer bundesweit ähnlichen Umsetzung kam, zeigten sich beim Radio starke regionale Differenzen, die bis heute markant sind: Die süddeutschen Bundesländer und nach der Wiedervereinigung auch Sachsen stärkten Lokalfunkkonzepte; im Norden und in Hessen dominierten eher starke, flächendeckende Sender. Das SPD-regierte Nordrhein-Westfalen stärkte tatsächlich den öffentlich-rechtlichen Rundfunk durch ein Zweisäulenmodell – mit privaten lokalen Monopolsendern, bei denen Zeitungen als Träger fungierten, aber ein öffentlich-rechtliches Rahmenprogramm angeboten wurde.[102]

Parallel zur Einführung des privaten Rundfunks kam es zu einer Aufgabenprivatisierung innerhalb der öffentlich-rechtlichen Sender. Zunehmend wurde die Erstellung der Programminhalte an private Subunternehmen und freie selbstständige Mitarbeiter übertragen. Der im Zuge der Privatisierungen überall eingeforderte schlankere öffentliche Personalbestand schlug sich in diesem »Outsourcing« nieder, das die Sender von Sozialabgaben befreite, den Journalismus dagegen nun auch im Rundfunk zu einem prekären Beruf machte.

Politisch konnte die CDU/CSU das Privatfernsehen als Erfolg in ihrem Kampf gegen den »Rotfunk« verbuchen. Als am 1. Januar 1984 mit dem Vorläufer von SAT.1 der erste Privatsender startete – zunächst noch unter dem Namen PKS –, wurden die Zuschauer von dessen Geschäftsführer Jürgen Doetz begrüßt, einem CDU-Mann, der zuvor als langjähriger Pressesprecher von Bernhard Vogel gearbeitet hatte.[103] Danach folgten viermal täglich »FAZ-Nachrichten«, die das Teleressort der Frankfurter Allgemeinen Zeitung präsentierte. Da bei dem Verlegerzusammenschluss »apf Nachrichten«, der später die Neuigkeiten aufbereitete, die Axel Springer AG ein Drittel der Anteile hielt, war bei diesen Meldungen zumindest kein »Rotfunk« zu erwarten. Gleiches galt für den Anteilseigner Leo Kirch im Unterhaltungssegment des Senders. Und auch bei den frühen privaten Radiosendern erwies sich Axel Springer als ein besonders aktiver Verleger, der sich früh Anteile sicherte.

Der politische Vorteil der Privatisierung lag jedoch für die CDU/CSU weniger darin, dass die Nachrichten konservativer ausgerichtet waren. Entscheidend war vielmehr, dass es hier erwartungsgemäß so gut wie keine politischen Magazine und Informationssendungen gab, die durch ihre kritische Haltung wie bei der ARD für Verstimmung sorgten. Wie rasch zahlreiche empirische Untersuchungen zu den Fernsehinhalten der Privaten belegten, dominierten bei ihnen vielmehr alte Serien, Filme und Shows. Politische Inhalte konzentrierten sich auf die Nachrichten, und selbst dort nahm bei SAT.1 der Politikanteil schnell ab.[104] Damit förderten die Sender weniger einen politischen »Rechtsruck« als eine Entpolitisierung der Gesellschaft. Inhaltlich bewahrheitete sich unverkennbar die Befürchtung, dass die Darstellung von Sexualität, Gewalt oder belanglosen Talks zunehmen

---

102 *Stuiber*, Medien in Deutschland, S. 577.
103 Die ersten Sendeminuten des PKS-Programms und damit der ersten privaten deutschen Ausstrahlung sind einsehbar unter: URL: <http://www.youtube.com/watch?v=7uLKgiq-rHE> [3.1.2012]. Vgl. auch zur »Tele-F.A.Z.«: Frankfurter Allgemeine Zeitung, 31.12.1983, S. 1.
104 Vgl. aus den regelmäßigen Studien dazu von Media Perspektiven (seit Media Perspektiven 1985, H. 4) etwa: *Udo-Michael Krüger/Thomas Zapf-Schramm*, Formen, Inhalte und Funktionen des Fernsehens, Öffentlich-rechtliche und private Hauptprogramme im Vergleich, in: Media Perspektiven 1992, S. 713–732.

würde. Schon Anfang der 1980er Jahre, als sich der Start der Privaten abzeichnete, strahlten die öffentlich-rechtlichen Programme deutlich mehr amerikanische Serien aus, um in der Publikumsgunst zu gewinnen.[105] Allerdings ließ sich im Politikjournalismus zumindest in Deutschland nicht die »Konvergenzthese« belegen, nach der die öffentlich-rechtlichen und privaten Sender sich inhaltlich immer mehr annähern. Vielmehr lassen sich bis heute bei den Formaten deutliche Differenzen feststellen, die in einem weiterhin höheren Informationsanteil bei den öffentlich-rechtlichen Programmen ihren markantesten Ausdruck finden.[106] Anders entwickelte sich dies in Ländern wie Italien, in denen sich nun auch die öffentlich-rechtlichen Programme vornehmlich über Werbung finanzieren mussten und sich im Kampf um die Quoten stärker den privaten Sendern anpassten.

Finanziell war die »Privatisierung« für die Fernsehsender zunächst ein Desaster. Sie machten lange Jahre Defizite, da sie weder ausreichend Werbung noch Zuschauer gewinnen konnten, was wechselseitig den Erfolg blockierte. 1985 lag ihr Werbeanteil noch unter dem der öffentlich-rechtlichen Sender. Da die privaten Sender keine Rechenschaft über ihre Bilanzen geben müssen, können über ihre Gewinne nur ungenaue Aussagen gemacht werden. Anscheinend war RTL der erste Sender, der 1992, also nach acht Jahren, schwarze Zahlen schrieb. Dann zogen im Laufe der 1990er Jahre SAT.1 und PRO 7 und auch kleinere Privatsender mit Gewinnen nach.[107] Die finanziellen Rückschläge verstärkten die Konzentration auf dem Medienmarkt und die Fluktuation der Besitzer, da insbesondere kleinere Verleger aussteigen mussten. Ebenso scheiterte die Einführung des Pay-TV in Deutschland.

Die privaten Anstalten veränderten zudem den Werbemarkt und damit auch die Medienkultur insgesamt. Vom gesamten Werbeetat flossen in den 1990er Jahren über 40 % in das Fernsehen, während er bei der Tagespresse um ein Viertel einbrach.[108] Auch im Hörfunk verdoppelten sich seit 1985 in zehn Jahren die Werbeeinnahmen, wobei zwei Drittel davon privaten Sendern zufielen. Große Gewinne konnten vor allem die privaten Radiosender erreichen, die frühzeitig landesweite Lizenzen erhielten (wie RSH, ffn oder FFH), an denen besonders die Axel Springer AG große Anteile hielt.

Schwer auszumachen sind die Wirkungen auf die Gesellschaft. In den 1980er Jahren waren sie sicherlich noch gering, da der Verbreitungsgrad der neuen Sender erst am Ende des Jahrzehnts eine signifikante Größe erreichte. In den meisten europäischen Ländern verdoppelte sich bis in die 1990er Jahre die Zeit, die Zuschauer vor dem Fernseher verbrachten. Das lag insbesondere an der Ausweitung des Programms auf den Vormittag und auf die Nacht. Auch beim Radio stieg die Nutzung, entgegen früherer Erwartungen, in den 1980er Jahren weiter an, da es von den privaten Sendern in ein musikalisches Hintergrundgeräusch mit wenigen Wortbeiträgen verwandelt wurde. Vor allem sorgten die Sender für eine soziale Fragmentierung der Zuschauer nach Bildung, Herkunft und Alter. Während ältere und höher gebildete Menschen weiterhin vornehmlich den öffentlich-rechtlichen Sendern treu blieben, entschieden sich die jüngere Generation, Menschen mit wenig Bildung und besonders Migranten überproportional häufig für die private Konkur-

---

105 Diese Annäherung jenseits der postulierten »Dualität« der privaten und öffentlich-rechtlichen Sender betonen: *Jutta Röser/Corinna Peil*, Fernsehen als populäres Alltagsmedium, Das duale Rundfunksystem und seine kulturellen Folgen, in: *Werner Faulstich* (Hrsg.), Die Kultur der 80er Jahre, Göttingen 2005, S. 155–168.
106 Vgl. etwa: *Udo Michael Krüger/Thomas Zapf-Schramm*, Inhalte und Gestaltung öffentlich-rechtlicher und privater Informationsangebote im Fernsehen, Programmanalyse 2002/II von ARD/Das Erste, ZDF, RTL, SAT.1 und ProSieben, in: Media Perspektiven 2003, S. 534–548. Da »Media Perspektiven« von der ARD finanziert wird, wird diesen Untersuchungen oft Parteilichkeit vorgeworfen.
107 *Hickethier*, Geschichte des deutschen Fernsehens, S. 423.
108 *Stuiber*, Medien in Deutschland, S. 586 und 630. Die aktuelle Zeitungskrise hat auch hier ihre Ursache, nicht allein in der Verbreitung des Internets.

renz. Die Ausdifferenzierung der öffentlich-rechtlichen Programme im Zuge des Kabel- und Satellitenfernsehens verstärkte diesen Trend zusätzlich. In vielen Familien trennten nun Zweit- und Drittgeräte Generationen. Zudem kam es zu einem neuen regionalen Zuschnitt der Information beim Radio und damit der Kommunikationsräume, da sich die privaten Sender oft nur auf Landesteile oder einzelne Städte konzentrierten und so eine Regionalisierung der ohnehin dürftigen Informationen förderten. Die oft postulierte Pluralisierung der Gesellschaft in den 1980er Jahren fand in dem dualen Rundfunk damit nicht nur ihren Ausdruck, sondern wurde durch sie maßgeblich gefördert.

Vielleicht war der Sieg über den attackierten »Rotfunk« beziehungsweise über den kritischen Informationsjournalismus für die Christdemokraten dennoch ein Pyrrhussieg. Zum einen, weil der private Rundfunk trotz seiner Politikferne in seinen Unterhaltungssendungen nicht unbedingt die moralischen Werte verbreitete, die der CDU/CSU besonders am Herzen lagen. Zum anderen, weil die Fragmentierung und Entpolitisierung der Medien zeitversetzt auch mit fragmentierten entpolitisierten Haltungen in der Bevölkerung einherging, die eine generelle Abwendung von der Politik und den Parteien förderten. Die Zeit des öffentlich-rechtlichen Rundfunks war sicher nicht zufällig die Ära der Volksparteien, so wie der Start des konsumentenorientierten Privatfunks nicht zufällig mit dem Beginn einer Ära der Wechsel- und Nichtwähler korrespondierte.

VI. FAZIT

Als die Politiker und die Öffentlichkeit der Bundesrepublik Ende der 1970er Jahre um die Einführung kommerzieller Sender rangen, konnten sie bereits auf vielfältige westliche Vorbilder blicken. Wie aufgezeigt erschien dabei Italien für alle politischen Milieus als ein Schreckbild des kommerziellen Fernsehens, dessen lokale Sendervielfalt als niveaulos, unkontrolliert und chaotisch angesehen wurde – und nicht etwa als bürgernahe Vielfalt. Positiv bewerteten dagegen zumindest die Christdemokraten das Fernsehen der USA, was generell einer Annäherung der Konservativen an die USA in dieser Zeit entsprach, während die Linke das kommerzielle US-Fernsehen auch aufgrund antiamerikanischer Ressentiments ablehnte. Als prägendes Vorbild, das schließlich auch die Etablierung des dualen Rundfunks in der Bundesrepublik hoffähig machte und maßgeblich beeinflusste, diente jedoch erneut, wie bereits nach 1945, Großbritannien. Im britischen Sinne sollte künftig der private Rundfunk durch Aufsichtsgremien eingehegt und reguliert werden, um so dessen niveauvolle Ausgestaltung zu sichern. Die Einführung des privaten Rundfunks ging insofern zwar durchaus mit der beschleunigten Globalisierung seit den 1970er Jahren einher, da die Interaktionen und Adaptionen stark zunahmen, die Ausgestaltung des kommerziellen Rundfunks folgte jedoch national unterschiedlichen Pfaden.

Die Einführung des privaten Rundfunks war dabei nicht allein ein Ergebnis technischer Innovationen, sondern in hohem Maß mit politischen Zielen verbunden. Sowohl die internen Akten als auch die öffentlichen Debatten zeigen, dass die christdemokratische Wahrnehmung eines angeblich linksstehenden öffentlich-rechtlichen »Rotfunks« eine entscheidende Motivation dafür war, dass die CDU/CSU seit der verlorenen Bundestagswahl 1976 vehement die Einführung eines privaten Rundfunks forderte und schließlich bundesweit umsetzte. Auch ihre vielfach angeführte Argumentation, der Ausbau der Satelliten- und Kabeltechnik sei unausweichlich, hatte letztlich eine politische Dimension, da die Vermehrung der Sender auf die juristische Legitimierung des kommerziellen Rundfunks durch das Verfassungsgericht abzielte. Nicht minder politisch gefärbt waren die sozialdemokratischen Bedenken gegen die Privatsender, da die SPD sowohl einen Verlust an Einfluss auf die öffentliche Meinung als auch Schäden für die Gesellschaft befürchtete. Als der duale Rundfunk unaufhaltsam wurde, versuchte sie zumindest in Nordrhein-Westfalen gezielt eine für sie vorteilhafte Variante zu etablieren.

In der politischen Debatte konnte bei den beiden Volksparteien eine gewisse Inversion der typischen Leitsemantiken ausgemacht werden: Während die CDU/CSU eher linksliberale Begriffe anführte und den Bürgerwillen, die Pluralität und Wahlfreiheit einforderte, nutzte die SPD eher konservative Argumente, und setzte auf den Schutz von Familien und Kindern, die Einheit der Gesellschaft und den Schutz vor ausländischen Einflüssen. Dies zeigt, scheinbar paradox, eine Annäherung der Parteien bei gleichzeitiger polarisierter Abgrenzung, um so gegnerische Wählergruppen zu gewinnen. Dabei sprach die SPD mit moralischen Argumenten christliche Wähler an, während die CDU/CSU zumindest indirekt an eher bildungsferne Schichten appellierte. Darüber hinaus prägten weitere, nur scheinbar unpolitische Entwicklungen den politischen Diskurs, wie die grenzübergreifende Expansion der Werbewirtschaft, von ausländischen Satellitensendern und internationalen Fernsehsendungen.

Die Zeit »nach dem Boom« war in dem hier skizzierten Feld somit keine Phase der Stagnation oder Visionslosigkeit. Vielmehr entstanden seit Mitte der 1970er Jahre vielfältige Zukunftsentwürfe, die eine durch Kabel- und Satellitentechnik veränderte Mediengesellschaft ausmalten. Während die bürgerliche Öffentlichkeit sie als konsumentenfreundlich und bürgernah zeichnete, sah die politische Linke sie überwiegend als eine Schreckensvision. Der kommerzielle Rundfunk erschien Letzteren als ein Teil jener Apokalypse, die sie zeitgleich bei der Nachrüstung, der Umweltpolitik oder auch in der Sozialpolitik im Falle einer »konservativen Wende« befürchteten. Welchen Beitrag der kommerzielle Rundfunk für die Gesellschaftsgeschichte seit den 1980er Jahren schließlich tatsächlich spielte, wäre in künftigen Forschungen zu untersuchen.

Nicole Kramer

Neue soziale Bewegungen, Sozialwissenschaften und die Erweiterung des Sozialstaats

Familien- und Altenpolitik in den 1970er und 1980er Jahren[*]

In den 1970er und 1980er Jahren wuchs die Kritik am normierenden, gar bevormundenden Staat, der zu viele Lebensbereiche reguliere und seine Machtsphäre dadurch ausdehne. Zivilgesellschaftliche Strukturen gewannen dafür an Bedeutung, was sich in der steigenden Zahl von Bürgerinitiativen, Stadtteilgruppen und Selbsthilfevereinigungen ausdrückte. Auch das Prinzip des Sozialstaats blieb von dieser Kritik nicht ausgenommen. Das zunehmende Protestpotenzial innerhalb der Gesellschaft, schrieb der Soziologe Ralf Dahrendorf in einem Zeitungsartikel 1980, zeige sich nicht nur in der Mobilisierung für Anti-Atomkraft-Proteste, der Friedensbewegung oder im Aufstieg der Grünen, sondern führe auch zu einer wachsenden Ablehnung des »bürokratisierten Sozialstaats«. Der liberale Denker prognostizierte eine Neuorientierung der Sozialpolitik, die »Teilhabe und Selbstbestimmung« charakterisiere.[1]

Im Zentrum dieses Beitrags stehen die sozialpolitischen Reformen der 1980er Jahre. Ziel ist es, diese in die gesellschaftlichen Wandlungsprozesse einzuordnen, die unter anderem die Voraussetzung für die Entstehung der mit dem Sammelbegriff »Neue soziale Bewegungen« bezeichneten Gruppen schufen. Die Geschichte der bundesrepublikanischen Sozialpolitik und Sozialstaatlichkeit[2] soll auf diese Weise mit dem gesellschaftlichen Wandel der 1970er und 1980er Jahre in Bezug gesetzt werden.

Der Beitrag konzentriert sich auf zwei sozialpolitische Bereiche: Erstens geht es um die Gleichberechtigung der Frauen im Rahmen der Familienpolitik. Zweitens werden die Auseinandersetzungen um die Situation der betagten Bevölkerung und der Ausbau der Altenpolitik näher betrachtet. Beide Bereiche wiesen im Zeitraum der 1980er Jahre im

---

[*] Der Beitrag basiert auf Ergebnissen, zu denen ich im Rahmen des Projekts »Wohlfahrtsstaatlichkeit im Wandel: Alter, Pflege, Wohlfahrtsstaat. Gesellschaftliche Herausforderung und sozialpolitische Bearbeitung in der Bundesrepublik Deutschland, Großbritannien und Italien, 1960–1990« gekommen bin, das von der DFG finanziert und zwischen August 2010 und Juli 2012 am Zentrum für Zeithistorische Forschung in Potsdam durchgeführt wurde.

1 *Ralf Dahrendorf*, »Ein Klassenkampf ohne Klassen«. Viele wollen die Wohltaten der Modernität erhalten, aber dafür nicht zahlen, in: Die ZEIT, 12.9.1980. Solche Aussichten stimmten den liberalen Denker freilich sehr positiv, kamen sie doch seiner Vorstellung von einer Beschränkung des Sozialstaats entgegen.

2 Zur historischen Forschung über Sozialpolitik und Sozialstaatlichkeit in der Bundesrepublik der 1970er und 1980er Jahre vgl. die Reihe »Geschichte der Sozialpolitik in Deutschland seit 1945«, insb. *Martin H. Geyer* (Hrsg.), Geschichte der Sozialpolitik in Deutschland seit 1945, Bd. 6: 1974–1982 Bundesrepublik Deutschland. Neue Herausforderungen, wachsende Unsicherheiten, Baden-Baden 2008; *Manfred G. Schmidt* (Hrsg.), Geschichte der Sozialpolitik in Deutschland seit 1945, Bd. 7: 1982–1989 Bundesrepublik Deutschland. Finanzielle Konsolidierung und institutionelle Reform, Baden-Baden 2005. Weitere wichtige Bücher zu diesem Forschungsfeld sind: *Friedhelm Boll/Anja Kruke* (Hrsg.), Der Sozialstaat in der Krise. Deutschland im internationalen Vergleich, Bonn 2008 (entspricht dem Rahmenthema-Teil des AfS 47, 2007); *Hans Günter Hockerts/Winfried Süß* (Hrsg.), Soziale Ungleichheit im Sozialstaat. Die Bundesrepublik Deutschland und Großbritannien im Vergleich, München 2010. Demnächst erscheint auch die Habilitationsschrift von *Winfried Süß*, Von der Reform in die Krise. Der westdeutsche Wohlfahrtsstaat 1966–1982.

Vergleich zu anderen sozialpolitischen Feldern eine eher hohe Reformdynamik auf.[3] Zudem eignen sie sich, um – und das ist hier zentral – den Blick über die Ebene der Partei- und Bundespolitik hinaus auf bisher wenig beachtete gesellschaftliche Akteure (Frauenbewegung, Seniorenverbände wie die »Grauen Panther«) zu erweitern[4], die sich, in ihrem Bestreben, die Gesellschaft zu verändern, häufig mit sozialpolitischen Fragen auseinandersetzten.[5] Traditionelle Kräfte sozialpolitischer Reformen wie die Wohlfahrtsverbände, deren durch sozialpolitische Praxis und die Nähe zur Sozialstaatsklientel geprägte Position bereits gut erforscht ist, werden hingegen für die folgende Untersuchung ausgeblendet.[6]

Schließlich wird ein weiteres Feld in die Betrachtung einbezogen: die Sozialwissenschaften. Mit der Expansion des Wohlfahrtsstaats hatten sie immens an Bedeutung gewonnen. Ihre Expertise war durch vermehrte staatliche Planungs-, Steuerungs- und Koordinierungsaufgaben sehr gefragt.[7] Die sich nach 1945 stark empirisch ausrichtenden Sozialwissenschaften lieferten Instrumente zur Evaluierung des Sozialstaats sowie zur Beobachtung gesellschaftlicher Zusammenhänge.[8]

Im Folgenden soll dem Wandel von Sozialpolitik nachgespürt werden, wobei es darum geht, Bewegungskräfte und Richtung zu bestimmen. Welche sozialpolitischen Vorstellungen entstanden im Umfeld der Neuen sozialen Bewegungen? Inwieweit konnten die Sozialwissenschaften Veränderungspotenzial entfalten? Welche neuen sozialpolitischen Handlungsfelder etablierten sich und welche Aufgaben übernahm der Sozialstaat damit? Wie veränderten sich sozialpolitische Logiken und Prinzipien?

Zeitlich liegt der Fokus des Beitrags auf den 1980er Jahren, die jedoch nicht als abgeschlossene Dekade behandelt werden. In der Retrospektive zeichnet sich der Regierungswechsel 1982/83 kaum als politische Zäsur ab, vielmehr gehen die ersten zeitgeschichtlichen Deutungen jenes Jahrzehnts davon aus, dass sich bereits in den 1970er Jahren ent-

---

3 *Andreas Wirsching*, Abschied vom Provisorium. Die Geschichte der Bundesrepublik Deutschland 1982–1990, München 2006, S. 340 und 349.
4 Ein solches Interesse für gesellschaftliche Akteure außerhalb der traditionellen Institutionen wie Regierung, Parlament und Parteien ist Kennzeichen einer neuen Politikgeschichte, die für diese Erweiterung den Begriff des »Politischen« eingeführt hat. Vgl. *Willibald Steinmetz*, Neue Wege einer historischen Semantik des Politischen, in: *ders.* (Hrsg.), »Politik«. Situationen eines Wortgebrauchs im Europa der Neuzeit, Frankfurt am Main 2007, S. 9–40. Ausführungen zur Neuen Politikgeschichte oder Kulturgeschichte der Politik finden sich bei *Ute Frevert*, Neue Politikgeschichte. Konzepte und Herausforderungen, in: *dies./Heinz-Gerhard Haupt* (Hrsg.), Neue Politikgeschichte. Perspektiven einer historischen Politikforschung, Frankfurt am Main 2005, S. 7–26; *Thomas Mergel*, Überlegungen zu einer Kulturgeschichte der Politik, in: GG 28, 2002, S. 574–606.
5 Allgemein ist hierzu anzumerken: Das Ziel, gesellschaftlichen Wandel herbeizuführen, das sozialen Bewegungen eigen ist, rührte immer wieder an sozialpolitischen Strukturen. Vgl. dazu *Dieter Rucht*, Das alternative Milieu in der Bundesrepublik. Ursprünge, Infrastruktur und Nachwirkungen, in: *Sven Reichardt/Detlef Siegfried* (Hrsg.), Das Alternative Milieu. Antibürgerliche und linke Politik in der Bundesrepublik Deutschland und Europa 1968–1983, Göttingen 2010, S. 61–86, hier: S. 64–67.
6 Einen Überblick über die Rolle der Wohlfahrtsverbände in der Familien- und Altenpolitik findet sich in den Abschnitten zur Familien-, Jugend- und Altenpolitik der Bände des Reihenwerks »Geschichte der Sozialpolitik in Deutschland seit 1945«. Vgl. auch *Josef Schmid*, Wohlfahrtsverbände in modernen Wohlfahrtsstaaten. Soziale Dienste in historisch-vergleichender Perspektive, Opladen 1996.
7 Zum Zusammenhang von Verwissenschaftlichung und Expansion des Wohlfahrtsstaats vgl. *Martin Lengwiler*, Konjunkturen und Krisen in der Verwissenschaftlichung der Sozialpolitik im 20. Jahrhundert, in: AfS 50, 2010, S. 47–68, hier: S. 63f.
8 Vgl. *Lutz Raphael*, Die Verwissenschaftlichung des Sozialen als methodische und konzeptionelle Herausforderung einer Sozialgeschichte des 20. Jahrhunderts, in: GG 22, 1996, S. 165–193, hier: S. 166 und 192.

scheidende Umbrüche von Ordnungsmustern, die Politik, Wirtschaft und Gesellschaft leiteten, vollzogen hatten und sich nun fortsetzten. Mit Blick auf das gesamte letzte Drittel des 20. Jahrhunderts können die 1970er und 1980er Jahre auch als »formative Phase des Übergangs«[9] in eine ›neue‹ Bundesrepublik gesehen werden.

I. GESCHLECHT, FAMILIE, WOHLFAHRTSSTAAT

Innerhalb der Neuen Frauenbewegung sammelte sich eine Vielzahl von Gruppierungen, deren Kampf um die Rechte von Frauen zu einer Auseinandersetzung mit dem Sozialstaat führte. Als Teil des alternativen Milieus waren die Vertreterinnen der Frauenbewegung sensibilisiert für die Defizite bestehender staatlicher Strukturen und bewiesen besondere Fähigkeiten, neue – bisweilen auch utopische – Wege, die bisherige Pfadabhängigkeiten verließen, aufzuzeigen. Insbesondere die Debatte um den Lohn für Hausarbeit stach ins Herz des deutschen Sozialstaats. Gerade an dieser Diskussion zeigt sich aber auch, wie vielfältig und teils gespalten die Neue Frauenbewegung war, was die monolithische Begrifflichkeit häufig überdeckt.[10]

Bereits Anfang der 1970er Jahre übernahmen lokale Frauengruppen- und initiativen die Forderung nach »Lohn für Hausarbeit« und hofften, mit einer solchen Kampagne weit über ihre bisher eher begrenzten Zirkel hinaus die weibliche Bevölkerung für ihre Ziele aktivieren zu können.[11] Impulse gaben Schwesterorganisationen in den USA, Kanada, Großbritannien und Italien, wo bereits Demonstrationen stattgefunden und Abhandlungen wie »The Power of Women and the Subversion of the Community« von Selma James und Mariarosa Dalla Costa die dazugehörige Programmatik formuliert hatten.[12] In Deutschland unterstützten Aktivistinnen wie die Historikerin Gisela Bock die Kampagne, beispielsweise durch Artikel in der Berliner Frauenzeitschrift »Courage«, die dem Thema oberste frauenpolitische Priorität beimaß.[13] Zentrales Ziel war, die Hausarbeit nicht mehr als selbstverständliche Pflicht der Frauen zu betrachten, sondern der Erwerbsarbeit gleichzustellen und sie damit auch zu entlohnen. Diese Forderung war dabei die feministische Wendung einer viel breiter angelegten Debatte um die Neubewertung der Arbeit. Diskutiert wurden die Flexibilisierung von Arbeitszeiten, die Entgrenzung von Arbeit und Freizeit ebenso wie die Bedeutung von Bürgerengagement, Eigen- und Reproduktionsarbeit als Mittel zur sozialen Inklusion und Identitätsstiftung. Die zunehmende Arbeitslosigkeit und der damit verbundene Abschied vom Konzept der Normalbiografie förderten die kritische Auseinandersetzung mit der Einengung des Arbeitsbegriffs auf entlohnte Tätigkeiten.[14]

---

9 *Martin H. Geyer*, Rahmenbedingungen: Unsicherheit als Normalität, in: *ders.*, Geschichte der Sozialpolitik in Deutschland, Bd. 6, S. 4–109, hier: S. 5.
10 Zu verschiedenen Strömungen innerhalb der Frauenbewegung vgl. *Ilse Lenz* (Hrsg.), Die Neue Frauenbewegung in Deutschland. Abschied vom kleinen Unterschied. Eine Quellensammlung, Wiesbaden 2008, S. 31.
11 Vgl. dazu ausführlich *Elisabeth Zellmer*, Töchter der Revolte? Frauenbewegung und Feminismus in den 1970er Jahren in München, München 2011, S. 215–218. Zellmer zeigt für München, dass Frauengruppen wie das »Frauenforum München« oder die »Siemens-Frauengruppe« mit großem Engagement die Kampagne »Lohn für Hausarbeit« aufgriffen.
12 *Selma James/Mariarosa Dalla Costa*, The Power of Women and the Subversion of the Community, Bristol 1972. Ein Jahr später erschien das Buch in deutscher Übersetzung.
13 Hier und im Folgenden: *Gisela Bock*, Lohn für Hausarbeit und die Macht der Frauen: oder Feminismus und Geld, in: Courage 1976, H. 1, S. 27–28; *dies./Pieke Biermann*, Lohn für Hausarbeit vom Staat für alle Frauen, in: Courage 1977, H. 3, S. 16–21.
14 Vgl. *Volker Teichert* (Hrsg.), Alternativen zur Erwerbsarbeit? Entwicklungstendenzen informeller und alternativer Ökonomie, Opladen 1988.

Für die Autorin und ihre Mitstreiterinnen stellte »Lohn für Hausarbeit« den Hebel dar, die wichtigsten Interessen der Frauenbewegung zu verwirklichen – denn Geld bedeutete Macht und sollte Frauen aus der privaten wie gesamtgesellschaftlichen ökonomischen Abhängigkeit herausführen. Die finanzielle Aufwertung häuslicher Tätigkeiten schien der Weg zur Befreiung von Frauen zu sein. Erst die Bezahlung von Hausarbeit, so Bock, würde zu einer Beteiligung der Männer und damit zur Gleichberechtigung der Geschlechter führen. Adressat der feministischen Ansprüche war der Staat, der sich die dafür notwendigen finanziellen Mittel durch höhere Besteuerung der Unternehmen sichern sollte. Das Sozialsystem, das – nach Meinung Bocks – die Frauen erst zu vom männlichen Alleinernährer abhängigen Hausfrauen gemacht hatte, sollte nun die Grundlagen für ihre Selbstständigkeit schaffen.

Die Kampagne hatte längst nicht die einigende Wirkung, die sich viele erhofft hatten. Aus der Frauenbewegung selbst kamen die schärfsten Kritikerinnen, allen voran Alice Schwarzer. Gegen den Aufruf des Londoner »Kollektiv Frauenmacht«, der »Lohn für Hausarbeit« forderte und 1977 in deutscher Sprache in der »Courage« veröffentlicht wurde[15], zog sie in ihrer Zeitschrift »Emma« zu Felde. Sie sah den »Hausfrauenlohn« nur als ein Mittel zur Verfestigung des »Hausfrauen-Ghettos« und sprach denjenigen, die ihn forderten, ab, Feministinnen zu sein.[16] Verkürzt stellte sie die Kampagne den Erziehungsgeld-Ideen der zwei großen Volksparteien gleich. Der Plan Schwarzers und ihrer Gleichgesinnten zielte darauf, dass außerfamiliäre Institutionen Aufgaben wie die Kinderbetreuung übernehmen sollten und dass die Männer zu gleichen Teilen in die Hausarbeit eingebunden würden.[17]

Beide Positionen forderten das sozialstaatliche Arrangement, das auf der Trennung von außerhäuslicher Lohn- und privater Familienarbeit basierte, heraus. Gerade die interne Konfliktlinie erklärte den mobilisierenden Effekt der Debatte »Lohn für Hausarbeit« innerhalb der Neuen Frauenbewegung.[18] Anders als bei Themenfeldern wie der Quotierungs- und Gleichstellungspolitik fand keine Annäherung an die institutionelle Politik statt.[19] Bei der Implementierung des Erziehungsgelds meldeten sich die Feministinnen kaum zu Wort.

Allerdings setzten sich feministische Sichtweisen in den Reihen der Wissenschaft durch und deren Vertreter wandte sich direkt an staatliche Akteure. Der enge Kontakt der Sozialwissenschaften zur Politik basierte auf Einrichtungen der regierungsnahen Politikberatung, die sich im Zuge des Verwissenschaftlichungsprozesses, der das 20. Jahrhundert prägte, herausgebildet hatten.[20]

---

15 *Biermann/Bock*, Lohn für Hausarbeit vom Staat für alle Frauen, S. 17.
16 *Alice Schwarzer*, Hausfrauenlohn?, in: Emma 1977, H. 5, S. 3. Eine heftige Erwiderung dazu findet sich wiederum in der »Courage«: Lohn für Hausarbeit. Offener Brief an Alice, in: Courage 1977, H. 8, S. 38–40, abgedr. in: *Lenz*, Die Neue Frauenbewegung, S. 158–160. Vgl. auch den dazugehörigen Kommentar der Herausgeberin.
17 Diese Forderungen stehen im Artikel Schwarzers von 1977. Vgl. auch »Man ist nicht automatisch Mutter«. Interview Alice Schwarzers mit Angelika Kreutter-Hogl und Günther Hogl, in: Emma 1979, H. 4, S. 56–59; *Susanne von Paczensky*, »Auch ich will Mutterschaftsurlaub!«, in: Emma 1979, H. 5, S. 11–14. In beiden Artikeln werden Paare vorgestellt, die sich die Familienarbeit teilen. Im letzten Fall geht es um einen Mann, der beim Bundesverfassungsgericht für die Gewährung von Mutterschaftsurlaub klagte.
18 *Zellmer*, Töchter der Revolte, S. 227.
19 Zum Einfluss der Frauenbewegung auf die Anfänge der Gleichstellungspolitik in den 1980er Jahren: vgl. *Stefanie Ehmsen*, Der Marsch der Frauenbewegung durch die Institutionen. Die Vereinigten Staaten und die Bundesrepublik im Vergleich, Münster 2008, S. 121f.
20 *Wilfried Rudloff*, Verwissenschaftlichung der Politik? Wissenschaftliche Politikberatung in den sechziger Jahren, in: *Peter Collin/Thomas Horstmann* (Hrsg.), Das Wissen des Staates. Geschichte, Theorie und Praxis, Bonn 2004, S. 216–257, insb. S. 221–225.

Das Familienministerium institutionalisierte den Austausch mit der Wissenschaft bereits 1954, kurz nach Einrichtung des Ressorts, mit der Berufung eines zwölfköpfigen Beirats. In diesem saßen fast ebenso viele Wissenschaftler wie Vertreter der Familienverbände sowie Personen aus der familienpolitischen Praxis. 1959 verschoben sich mit der Erweiterung des Gremiums die Gewichte sogar noch zugunsten von Ersteren.[21] Ein weiteres Beispiel wissenschaftlicher Politikberatung, das hier besonders interessiert, sind die Familienberichte, die seit 1965 in regelmäßigen Abständen erarbeitet wurden. Vor allem der zweite Familienbericht aus dem Jahr 1975, der sich auf die Frage der Sozialisationsleistung der Familie konzentrierte, demonstrierte das kritische Potenzial der Wissenschaft, die gesellschaftliche und politische Gewissheiten hinterfragte.[22] Die Sachverständigenkommission wies Grenzen und Mängel der Familie in ihrer Funktion als Erziehungsinstanz nach, was mit idealisierten Familienvorstellungen der Nachkriegszeit radikal brach.[23] Im Abschnitt über »Rollenprobleme der Mutter« ging es erst in zweiter Linie um die Schwierigkeiten der Vereinbarkeit von Beruf und Familie. Die Kommissionsmitglieder sahen das Hauptproblem darin, dass Frauen auf ihre Mutterrolle reduziert seien, was dazu führe, dass sie einen »Rollenverfall« erlebten, sobald Kinder nicht mehr auf Pflege und Erziehung angewiesen seien. Die Wissenschaftler glaubten zu beobachten, dass viele Mütter daher versuchten, ihre Kinder möglichst lange »im Kindstatus zu fixieren« und ihnen somit die Selbstständigkeit verweigerten.[24] Dies war eine provozierende These, denn sie bescheinigte dem sonst als Ideal anerkannten männlichen Ernährer-Modell erhebliche Mängel, wenn nicht sogar nachteilige Wirkungen für die Sozialisation von Kindern. Für den deutschen Sozialstaat, der mit dem Aufbau seines Sicherungssystems dieses Modell favorisierte[25], bedeutete diese Kritik ein Rütteln an seinen Grundstrukturen.

Der dritte Familienbericht von 1979 kehrte zwar zu einer traditionell positiven Bewertung der Sozialisationskompetenzen der Familie zurück, doch auch darin formulierten die Sachverständigen Forderungen, welche die gewandelten gesellschaftlichen Diskurse zum Ausdruck brachten und diese gleichsam verstärkten. Erwerbsarbeit gehörte nach Meinung der Kommission fest zum Leben von Frauen, auch von solchen mit Kindern. Der Staat sollte ermöglichen, dass es nach Zeiten der Familienaufgaben einen erleichterten Übergang ins Erwerbsleben gab oder aber die Bedingungen für diejenigen mit Doppelfunktion verbessert würden. Zwar schlugen die Wissenschaftler konkret die Einführung des Erzie-

---

21 Vgl. ausführlich zur Zusammensetzung und Aufgabe des Beirats: *Christiane Kuller*, Familienpolitik im föderativen Sozialstaat. Die Formierung eines Politikfeldes in der Bundesrepublik 1949–1975, München 2004, S. 98–112.
22 Zu den Mitgliedern der unabhängigen Sachverständigenkommission gehörte unter anderem die spätere Bundesfamilienministerin Ursula Lehr, die seinerzeit Professorin für Pädagogik und Pädagogische Psychologie an der Universität Köln war. Sie hatte bereits zuvor in einem für das Bundesministerium für Jugend, Familie und Gesundheit erstellten Gutachten über »Die Bedeutung der Familie im Sozialisationsprozeß« Mängel der Kleinfamilie thematisiert. Vgl. die publizierte Fassung: *Ursula Lehr*, Die Bedeutung der Familie im Sozialisationsprozeß unter der besonderen Berücksichtigung psychologischer Aspekte familiärer Grenzsituationen (Ein Gutachten erstattet im Juli 1970), Stuttgart 1973.
23 Zur Idealisierung traditioneller Familienmodelle in der Nachkriegszeit: *Merith Niehuss*, Familien- und Geschlechterbeziehungen von der Zwischenkriegszeit bis in die Nachkriegszeit, in: *Anselm Doering-Manteuffel* (Hrsg.), Strukturmerkmale der deutschen Geschichte des 20. Jahrhunderts, München 2006, S. 147–165.
24 Bericht der Sachverständigenkommission »Familie und Sozialisation – Leistungen und Leistungsgrenzen der Familie hinsichtlich der Erziehungs- und Bildungsprozesse der jungen Generation«, Deutscher Bundestag, 7. Wahlperiode, Drucksache 7/3502, S. 65f.
25 Zur sozialstaatlichen Förderung des männlichen Ernährer-Modells in der Bundesrepublik Deutschland vgl. *Christiane Kuller*, Soziale Sicherung von Frauen – ein ungelöstes Strukturproblem im männlichen Wohlfahrtsstaat. Die Bundesrepublik im europäischen Vergleich, in: AfS 47, 2007, S. 199–236, hier: S. 204–207.

hungsgelds vor, allerdings zum Zweck, Familien materiell besserzustellen, nicht aber um bei Frauen »den Wunsch nach beruflicher Integration zurückzudrängen und einseitig jenen der Mutterschaft gesellschaftlich aufzuwerten«.[26] Die Ausführungen über Maßnahmen zur verstärkten Anerkennung von Aufgaben innerhalb der Familie sowie zur Integration von Hausfrauen in das gesellschaftliche Leben deuteten darauf hin, dass die Meinung bestand, einem »Nur-Hausfrauen-Dasein« fehle es an Prestige und Bestätigung, führe zu mangelndem Selbstwertgefühl.

Freilich waren die Familienberichte keine Handlungsanweisung, die die Politik Punkt für Punkt befolgte. Die Regierung entschied, was sie aus den Ergebnissen und Empfehlungen machte, und brachte in ihrer Stellungnahme, die zu jedem Familienbericht dazugehörte, ihre Position zum Ausdruck. Bisweilen distanzierte sie sich dabei auch letztlich vom Votum der Wissenschaftler.[27] Diese Dokumente routinierter Politikberatung belegen jedoch, dass die Wissenschaftler sich nicht nur als Datenlieferanten verstanden, sondern Grundannahmen der Politik hinterfragten und deren Denkhorizonte erweiterten.[28] Mit ihren oft verdichteten und thesenartig überspitzten Deutungen zeichneten sie ein derart pluralistisch-heterogenes Bild der Gesellschaft, wie es sie noch gar nicht gab, wie sie sich aber – unter anderem auch unter Einfluss der Wissenschaft – irgendwann entwickeln konnte. Die Familienberichte richteten sich nicht nur an die Regierung, auch Bundestag und Bundesrat verfassten eigene Stellungnahmen, zudem verfolgten die Medien die Berichterstattung aufmerksam.[29] Sie waren also ein wichtiges Instrument, um veränderte Geschlechterrollen und Wandlungen im Familienleben zum politischen Thema zu machen.

Die statistischen Daten, die Kampagnen der Neuen Frauenbewegung und die Expertisen der Wissenschaftler signalisierten, dass Grundlagen und Funktionen der bundesdeutschen Sozialstaatlichkeit einer Überprüfung und Neujustierung bedürften. Der Sozialstaat schien ein Geschlechterrollenverhältnis und Familienmodell zu favorisieren, das an den Erwartungen und Bedürfnissen vieler Bürgerinnen und Bürger vorbeiging. Die familienrelevanten Reformen und Neuerungen der späten 1970er und 1980er Jahre müssen als Versuch der Politik verstanden werden, darauf zu reagieren.

Ende der 1970er beziehungsweise Anfang der 1980er Jahre erreichte die Debatte um veränderte Geschlechterrollen auch die CDU/CSU und forderte die traditionellen Positionen, die Frauen in den ersten Lebensjahren ihrer Kinder die Aufgabe ihres Berufs nahelegten, heraus. Es waren aber weniger die Initiativen von feministisch argumentierenden Unionsfrauen wie Renate Hellwig[30], die häufig parteiintern auf große Ablehnung stießen, als Impulse von Sozialpolitikern wie Heiner Geißler, die fruchteten. Er hatte die Frauen

---

26 Bericht der Sachverständigenkommission der Bundesregierung »Die Lage der Familien in der Bundesrepublik Deutschland« (Dritter Familienbericht), Deutscher Bundestag, 8. Wahlperiode, Drucksache 8/3120.
27 Ein Beispiel hierfür ist die Stellungnahme der Bundesregierung zum Zweiten Familienbericht, Deutscher Bundestag, 7. Wahlperiode, Drucksache 7/3502, S. VI.
28 *Mark Jakob*, Gesellschaftsbilder und Konzepte sozialer Steuerung über öffentliche Erziehung in der Familienpolitik und familienwissenschaftlichen Politikberatung Westdeutschlands, ca. 1950–1980, in: *Jutta Ecarius/Carola Groppe/Hans Malmede* (Hrsg.), Familie und öffentliche Erziehung. Theoretische Konzeptionen, historische und aktuelle Analysen, Wiesbaden 2009, S. 291–312, hier: S. 309f.
29 *Johannes Hüning*, Das Erziehungsgeschehen in der Familie aus der Perspektive der Familienberichte, Münster 2010, S. 33–35.
30 Renate Hellwig war zwischen 1975 und 1989 unter anderem Mitglied im Bundesausschuss der Frauenunion. Sie repräsentierte eine neue Generation emanzipierter berufstätiger Frauen in der CDU. Sie trat für stärkere Einbeziehung von Männern in die Familienarbeit ein und forderte die Bedingungen für die Erwerbsarbeit von Frauen, insbesondere der Mütter, zu verbessern. Wichtige Eckpunkte ihrer frauenpolitischen Agitation finden sich in: *Renate Hellwig*, Frauen verändern die Politik. Eine gesellschaftspolitische Streitschrift, Bonn 1975.

bereits in seiner viel beachteten Schrift »Neue Armut in Deutschland« entdeckt[31], erhöhte die Kategorie »Geschlecht« das Armutsrisiko doch erheblich. Als Familienminister setzte er das umstrittene Bundeserziehungsgeldgesetz durch, das 1986 in Kraft trat. Nach den anfänglichen Sozialkürzungen der Regierung Kohl, die besonders auch die Familien zu spüren bekommen hatten, veränderte Geißler den Kurs. Das Erziehungsgeld erhielt seine Bedeutung aber nicht aufgrund der erhöhten Transferleistungen (Eltern erhielten zunächst zehn und seit 1988 zwölf Monate lang 600 DM monatlich).[32] Innovatives Potenzial kam vielmehr der Einführung des damit verbundenen Erziehungsurlaubs zu, der den Anspruchsberechtigten eine Arbeitsplatzgarantie gab. Diese Regelung stieß bei Arbeitgebern und wirtschaftspolitischen Kreisen auf große Kritik, die darin eine Zumutung insbesondere für kleine und mittlere Unternehmen sahen.[33] Ein weiterer Aspekt war bemerkenswert: Anders als beim Mutterschaftsgeld konnten – wie bereits die geschlechtsneutrale Bezeichnung der Gesetze verriet – auch Väter Leistungen beantragen. Auch wenn dies nur wenige taten (1986 waren es 1,5% der Väter), lag darin doch eine grundlegende Veränderung, die die Verantwortlichkeit beider Elternteile für die Kindererziehung zumindest prinzipiell unterstrich.[34]

Die Einführung des Bundeserziehungsgeldgesetzes war wahltaktisch motiviert, aber dennoch kein selbstverständlicher Schritt für die Regierungskoalition. Noch auf dem Bundesparteitag der CDU im März 1985, wo Leitsätze für »eine neue Partnerschaft zwischen Mann und Frau« verhandelt wurden, äußerten einige Delegierte scharfe Kritik. Die Ablehnung des Kündigungsschutzes im Erziehungsurlaub durch den Wirtschaftsflügel überraschte wenig[35], ein Großteil der Skepsis bezog sich jedoch auf vermeintlich negative Folgen für die Rolle der Frau als Mutter und die Bewahrung der Familie. Darunter fanden sich Stimmen, die die Lehre von der Unterschiedlichkeit der Geschlechter verbreiteten und in einem Fall sogar so weit gingen zu behaupten, Frauen würde oftmals die Berufstätigkeit als Rolle aufgezwungen, »die häufig nicht ihrem Wesen entspricht«.[36] Die Befürworter des Erziehungsgelds führten hingegen normative Argumente ins Feld wie das Recht auf Wahlfreiheit, verwiesen aber auch auf das Potenzial gut ausgebildeter Frauen oder ließen sich von demografischen Gesichtspunkten leiten. Einige – unter anderem Heiner Geißler- fielen dadurch auf, dass sie konsequent von Männern und Frauen sprachen und damit Gleichberechtigung auf der rhetorischen Ebene umsetzten.[37]

Das Bundeserziehungsgeldgesetz war nur ein Teil der neuen sozialpolitischen Gleichberechtigungsoffensive. Eine ähnliche Stoßrichtung hatte die Einführung des sogenannten Babyjahrs in der gesetzlichen Rentenversicherung im Jahr 1986. Für jedes Kind wurde fortan ein Jahr Rentenanwartschaft gutgeschrieben und die Familienarbeit damit erstmals in der Geschichte des deutschen Sozialstaats mit der Erwerbsarbeit gleichge-

---

31 *Heiner Geißler*, Die Neue Soziale Frage. Analysen und Dokumente, Freiburg im Breisgau/Basel etc. 1976. Zu Heiner Geißlers »Neuen Sozialen Frage« vgl. *Winfried Süß*, Umbau am »Modell Deutschland«. Sozialer Wandel, ökonomische Krise und wohlfahrtsstaatliche Reformpolitik in der Bundesrepublik »nach dem Boom«, in: Journal of Modern European History 9, 2011, S. 215–240, hier: S. 225f.
32 *Ursula Münch*, Gebremste Innovationen und demographische Zwänge – Familien- und Frauenpolitik auf der Suche nach der Balance zwischen Familien- und Erwerbsarbeit, in: Historisch-Politische Mitteilungen 11, 2004, S. 277–308, hier: S. 291ff.
33 Zur Bewertung des Bundeserziehungsgeldgesetzes vgl. *Wirsching*, Abschied vom Provisorium, S. 344.
34 *Wiebke Kolbe*, Elternschaft im Wohlfahrtsstaat. Schweden und die Bundesrepublik im Vergleich 1945–2000, Frankfurt am Main/New York 2002, S. 196ff.
35 Protokoll des 33. Parteitages der CDU in Essen am 19. – 22.3.1985, hrsg. von der Bundesgeschäftsstelle der CDU, Monschau-Imgenbroich 1985, S. 193.
36 Ebd., S. 167.
37 Ebd., S. 134 und 137.

setzt.[38] Die kritischen Stimmen gegen dieses Gesetz galten nicht den Geschlechterrollen und der Familienarbeit. Empörung rief allerdings die Regelung hervor, dass die Anrechnung nicht für die vor 1920 geborenen Frauen galt. Der Ausschluss der über 65-Jährigen rief Kritik innerhalb der Politik, der Medien und nicht zuletzt vonseiten der Betroffenen – etwa viereinhalb Millionen Bundesbürgerinnen fielen unter diese Regelung – hervor. Die Nichtberücksichtigung erschien umso skandalöser, als sie Frauen benachteiligte, die altersmäßig zur Wiederaufbaugeneration gerechnet wurden. Im Juni 1987 beschloss der Bundestag schließlich gegen wenige Gegenstimmen die stufenweise Einbeziehung der Mütter, die vor 1920 geboren worden waren, in die neu geregelte Rentenversicherung.[39] Zuvor hatte eine breite parlamentarische und auch darüber hinaus öffentliche Debatte um die Einbeziehung der zunächst ausgeschlossenen Jahrgänge stattgefunden, in der es nicht nur um das Argument der Bedürftigkeit und den Kampf gegen die Altersarmut von Frauen ging. Bereits der Gesetzesentwurf der SPD vom Juni 1986, der die Einbeziehung der älteren Frauen zum Gegenstand hatte, betonte in der Begründung die Verdienste dieser Generation. »Keine andere Müttergeneration hat ihre Kinder unter ähnlich schwierigen Bedingungen einer Kriegs- und Nachkriegssituation großgezogen. Viele dieser Mütter haben im Zweiten Weltkrieg ihren Partner oder Ehemann verloren und mußten daher in Zeiten großer wirtschaftlicher Not ihre Kinder alleine großziehen, darüber hinaus haben sie den Wiederaufbau eines weithin zerstörten Landes maßgeblich mitgetragen.«[40] Die Bezeichnung »Trümmerfrauen«, die sich für diesen Teil der weiblichen Bevölkerung sogar in parlamentarischen Dokumenten einbürgerte, unterstrich dieses Leistungsmotiv. Die Debatte beschränkte sich nicht auf den Bundestag, sondern fand auch in der Presse Resonanz.[41] Trude Unruh und der von ihr gegründete Senioren-Schutz-Bund »Graue Panther« protestierten gegen diese Bestimmung und machten sich die »Trümmerfrauen«-Erinnerungen zunutze.[42] Ähnlich agierte der Deutsche Frauenrat, der Erinnerungsberichte von Frauen über die Kriegs- und Nachkriegszeit sammelte, um zu dokumentieren, was die ältere Generation, die von den neuen Rentenregelungen ausgeschlossen war, geleistet hatte.[43]

---

38 Zur Bedeutung dieser Gesetzesreform vgl. *Kuller*, Soziale Sicherung von Frauen, S. 217.
39 Gesetz über Leistungen der gesetzlichen Rentenversicherung für Kindererziehung an Mütter der Geburtsjahrgänge vor 1921 (Kindererziehungsleistungs-Gesetz) vom 12. Juli 1987, in: BGBl. I, 1987, S. 1585–1591.
40 Entwurf eines Gesetzes zur Anerkennung eines Kindererziehungsjahres in der gesetzlichen Rentenversicherung für ältere Frauen (Trümmerfrauen-Babyjahrgesetz) vom 3. Juni 1986, Deutscher Bundestag, 10. Wahlperiode, Drucksache 10/5571. In den Debatten des Bundestags hatte sich die Bezeichnung »Trümmerfrauen« durchgesetzt. Vgl. zum Beispiel den Entschließungsantrag der SPD-Fraktion zum Entwurf eines Gesetzes zur Anerkennung eines Kindererziehungsjahres in der gesetzlichen Rentenversicherung für ältere Frauen (Trümmerfrauen-Babyjahrgesetz), Deutscher Bundestag, 10. Wahlperiode, Drucksache 10/6433.
41 *Walter Kannengießer*, Ein politischer Fehler und sein Preis. Das »Babyjahr«, in: Frankfurter Allgemeine Zeitung, 3.6.1986; *Eva-Marie Münch*, Vergessene Mütter, Babyjahr: Keinen Pfennig für die Trümmerfrauen, Die ZEIT, 23.5.1986.
42 *Trude Unruh*, Trümmerfrauen. Biografien einer betrogenen Generation, Essen 1987, S. 6f. Gertrud (Trude) Unruh war von 1968 bis 1973 Mitglied der SPD, 1973 bis 1978 Mitglied der FDP, 1979 Mitglied der Grünen Alternativen Liste und 1979 bis 1980 Mitglied der Bürgerpartei. 1973 gründete sie den Senioren-Schutz-Bund »Graue Panther«, 1989 rief sie die Partei »Die Grauen« ins Leben.
43 Frauenschicksale aus der Kriegs- und Nachkriegszeit, in: Informationen für die Frau 2, 1989, Beilage 1, S. 1–3. Bis einschließlich Dezember 1990 erschienen die Berichte auszugsweise mit Kommentierungen in Beilagen der Zeitschrift »Informationen für die Frau«. Vgl. dazu ausführlich *Nicole Kramer*, Ikone des Wiederaufbaus. Die »Trümmerfrau« in der bundesdeutschen Erinnerungskultur, in: *Jörg Arnold/Dietmar Süß/Malte Thießen* (Hrsg.), Luftkrieg. Erinnerungen in Deutschland und Europa, Göttingen 2009, S. 259–276, hier: S. 267ff.

Inwieweit aber veränderten die familienpolitischen Debatten und Gesetze das Gepräge des Wohlfahrtsstaats? Zum einen wurde Frauenförderung als eigenständige Aufgabe des Sozialstaats definiert, zugleich aber in ein enges Verhältnis zur Familienpolitik gestellt.[44] Diese Entwicklung fand 1986 in der Ausweitung des Ministeriums für Jugend, Familie und Gesundheit um den Bereich Frauen Ausdruck. Fortan agierte Rita Süssmuth auch als Frauenministerin. Die CDU-Politikerin, die nicht aus den Reihen der christdemokratischen Frauenvereinigung stammte, sich aber dort durch ihr Wirken Anerkennung verschaffte, setzte sich sehr dafür ein, dass damit mehr als nur ein Titel verbunden war.[45]

Frauenpolitik hieß in diesem Zusammenhang sowohl die Vereinbarkeit von Beruf und Familie zu verbessern als auch die *Care*-Arbeit mehr anzuerkennen. Ersteres konnte mit dem Bundeserziehungsgeld nur bedingt erreicht werden, vor allem weil notwendige Rahmenbedingungen wie der Ausbau von Kinderbetreuungsplätzen fehlten, was nicht auf der politischen Agenda stand. Die Maßnahme änderte nur wenig daran, dass Frauen nach der Geburt eines Kindes ihren Beruf zumindest zeitweise aufgaben.[46] Hingegen stellte das Gesetz einen wichtigen Schritt zur Aufwertung der *Care-* beziehungsweise Familienarbeit dar, die durch die Einführung von Babyjahren in die Rente noch verstärkt wurde. Damit veränderte sich ein Grundprinzip des bundesdeutschen Sozialstaats: die Bindung von Sozialleistungen an Erwerbsarbeit.[47]

II. Sozialpolitik in der »alternden Gesellschaft«[48]

Auch innerhalb der betagten Bevölkerung veränderte sich die Haltung gegenüber dem Staat. Allzu oft bleiben ältere Menschen außen vor, wenn es um gesellschaftliche Veränderungen und die Kultur bürgerschaftlichen Engagements und Protests geht. Doch spätestens in den 1980er Jahre gab es Anzeichen dafür, dass sie nicht mehr nur Objekte von Politik, Medien und Wissenschaft waren, sondern sich von den Experten emanzipiert hatten und selbst zu Wort meldeten. Kommunen richteten Seniorenbeiräte ein und in Parteien (zum Beispiel die Senioren-Union der CDU) und Gewerkschaften gründeten sich Untergruppen, die älteren Mitgliedern ein eigenes Forum geben sollten.[49] Doch auch der Selbst-

---

44 Ursula Münch weist auf die frauenpolitische Stoßrichtung der Familienpolitik hin, deren Wirkung sie jedoch negativ sieht. Vgl. *Münch*, Gebremste Innovation und demographische Zwänge, S. 308.
45 *Günter Bannas*, Zuständig für alles Weibliche. Die Frauen-Ministerin Süssmuth ist ein Stück vorangekommen, in: Frankfurter Allgemeine Zeitung, 11.7.1987, S. 10; Frau Süssmuth erhält neue Zuständigkeiten in der Frauenpolitik, in: ebd., 8.7.1987, S. 1. Rita Süssmuth übernahm 1986 den Vorsitz der Frauenvereinigung, wobei sie sich als Wunschkandidatin Helmut Kohls gegen die frauenpolitisch profilierte Renate Hellwig durchsetzte. Vgl. *Birgit Meyer*, Frauen im Männerbund. Politikerinnen in Führungspositionen von der Nachkriegszeit bis heute, Frankfurt am Main/New York 1997, S. 100f.
46 *Ursula Münch*, Familien-, Jugend- und Altenpolitik, in: *Schmidt*, Geschichte der Sozialpolitik in Deutschland, Bd. 7, S. 518–562, hier: S. 532.
47 *Kuller*, Soziale Sicherung von Frauen, S. 217.
48 Der Begriff »aging society« kommt bereits in den 1970er Jahren zunächst bei Sozialwissenschaftlern in den USA vor. Vgl. zum Beispiel *Bernice L. Neugarten/Robert Havighurst* (Hrsg.), Social Policy, Social Ethics, and the Aging Society. Conference Papers, Chicago 1976. Doch erst das 1982 gestartete »The Aging Society Project«, das von der »Carnegie Corporation of New York« gefördert wurde, prägte den Begriff nachhaltig. Seit den 1980er Jahren fand er auch bei britischen Gerontologen Verwendung und taucht in deutscher Übersetzung auf.
49 Vgl. *Sighard Neckel*, Altenpolitischer Aktivismus. Entstehung und Variation eines Politikmusters, in: Leviathan 21, 1993, S. 540–563, hier: S. 554–557; *Heike Reggentin/Jürgen Dettbarn-Reggentin*, Tendenzen der Institutionalisierung in der Altenbewegung, in: Forschungsjournal Neue Soziale Bewegungen 2, 1989, H. 3/4, S. 92–99, hier: S. 95ff.

hilfe- und Bürgerinitiativengeist der Zeit erfasste die betagte Bevölkerung, was sich in der Existenz einer Organisation wie die »Grauen Panther« besonders ausdrückte.[50] Von einer Altenbewegung lässt sich nur bedingt sprechen, auch wenn dieser Begriff als Schlagwort in Zeitungen auftauchte und der Selbstbeschreibung mancher Protagonisten diente.[51] Allerdings gab es mit den »Grauen Panthern« ein Netzwerk von Individuen und Gruppen, die versuchten, die Gesellschaft zu verändern, um das Leben im Alter zu verbessern.[52]

Die Anfänge der »Grauen Panther« liegen in Wuppertal, wo sich unter der Leitung der damals erst 50-jährigen Gertrud Unruh der »Senioren-Schutz-Bund« als Verein gründete. Ende der 1980er Jahre gehörten ihm 180 Gruppen mit 20.000 bis 30.000 Mitgliedern an, die sich auf das gesamte Bundesgebiet verteilten.[53] Den Beinamen »Graue Panther« gab sich der Verein erst im Nachhinein, wobei sich dieser deutlich an die damals bereits sehr starke amerikanische Altenbewegung der »Gray Panthers« anlehnte[54], zu der aber keine organisatorischen Verbindungen bestanden. Der »Senioren-Schutz-Bund« erweiterte seine Ausrichtung rasch weg von einer reinen Selbsthilfegruppe hin zu einer Interessenvertretung alter Menschen. Anfang der 1980er Jahre kooperierten die »Grauen Panther« mit den Grünen, die nach Beschluss eines sogenannten Sprachrohr-Vertrags ihre Anliegen auf Parlamentsebene vertraten.[55] Über ein gemeinsames Listenbündnis eröffnete sich einigen ihrer Mitglieder sogar der Weg in Länderparlamente sowie in den Bundestag, in den Trude Unruh 1987 einzog. Im Juli 1989 lösten sich die »Grauen Panther« jedoch von den Grünen und betrieben die Gründung der ersten bundesdeutschen Altenpartei, was organisationsintern umstritten war und nicht die gewünschten Wahlerfolge brachte.[56]

Die »Grauen Panther« nutzten die neuen Formen des Protests, die sie von anderen Gruppen übernahmen. Ob sie mit einem Go-in den Weltkongress der Gerontologen 1981 in Hamburg störten oder aber als »Trümmerfrauen« verkleidet 1985 vor den Bundestag marschierten, ihre Aktionen stießen in den Medien auf großes Interesse[57], zumal diese bereits für die Altenthematik, insbesondere durch Pflegeheimskandale und demografische Debatten, sensibilisiert waren. Einer Umfrage zufolge wusste die Hälfte der deutschen Bevölkerung (bei den Älteren waren es mehr) über den »Senioren-Schutz-Bund« Be-

---

50 In den meisten historisch argumentierenden Darstellungen ist die Frage nach Alter nur für den Jugendprotest berücksichtigt. Vgl. *Roland Roth/Dieter Rucht* (Hrsg.), Die sozialen Bewegungen in Deutschland seit 1945. Ein Handbuch, Frankfurt am Main/New York 2008; *Siegfried/Reichardt*, Das Alternative Milieu.
51 *Bernd Müllender*, Nach der Rente an die Uni. Auf der Suche nach einer Rolle im Alter, in: Die ZEIT, 7.9.1984; *Trude Unruh*, Die Grauen Panther als Altenbewegung, in: *Oliver Schmidthals* (Hrsg.), Die Grauen kommen. Chancen eines anderen Alters, Bamberg 1990, S. 111–120. Vgl. auch *Reggentin/Dettbarn-Reggentin*, Tendenzen der Institutionalisierung, S. 93–99.
52 Angelehnt an die Definition bei *Rucht*, Das alternative Milieu in der Bundesrepublik, S. 64.
53 *Trude Unruh*, Grau kommt – das ist die Zukunft. Ein politisches Bekenntnis, München 1990, S. 13–28; *Reggentin/Dettbarn-Reggentin*, Tendenzen der Institutionalisierung, S. 93–95.
54 *Brigitte Donicht-Fluck*, Runzlige Radikale. Graue Panther in den USA und in der Bundesrepublik Deutschland, Hannover 1984, S. 19; *Gerhard Pfannendörfer*, Graue Panther in der Bundesrepublik. Die Selbsthilfeorganisation alter Menschen besteht seit mehr als zwölf Jahren, in: Heim +Anstalt 2, 1989, S. 35.
55 *Unruh*, Grau kommt, S. 42–45.
56 Zur internen Kritik an der Parteigründung, insbesondere an Trude Unruh, vgl. *Cathrin Kahlweit*, »Du hast sie wohl nicht alle«. Bei den Grauen hat nur eine das sagen: Trude Unruh, in: Die ZEIT, 21.7.1989; Gewisser Trudismus, in: Der SPIEGEL, 17.7.1989, S. 30–31. Vgl. auch die Analyse von *Mechthild Veil*, Die Graue Partei – Sprachrohr einer Altenbewegung?, in: *Schmidthals*, Die Grauen kommen, S. 121–134.
57 *Christoph Schmidt*, Senioren luden sich zum Gerontologen-Kongreß ein: ›Graue Panther‹ stören die Kreise der Wissenschaft, in: Sozialmagazin 1981, September, S. 22; *Matthias Horx*, Kontroversen zum Kaffee. Die Grauen Panther haben das Bild der Alten verändert, in: Die ZEIT, 24.8.1984. Vgl. auch *Neckel*, Altenpolitischer Aktivismus, S. 553.

Neue soziale Bewegungen, Sozialwissenschaften und Erweiterung des Sozialstaats 225

scheid.[58] Die Tatsache, dass ältere Menschen unkonventionelle Protestformen wählten, erregte Aufmerksamkeit. Eine Gestalt wie Trude Unruh – die »rastlose Rebellin«, wie sie die ZEIT einmal positiv betitelte –, tat ihr Übriges dazu, mit ihren markigen Sprüchen und ihrem autoritären Stil als Vorsitzende des »Senioren-Schutz-Bundes« sowie der Partei von sich und ihren Mitstreitern reden zu machen.[59]

Auf inhaltlicher Ebene gaben sie sich nicht weniger radikal und pflegten eindeutige Feindbilder. Der bundesdeutsche Sozialstaat, den sie als »Almosen- und Sozialamtsstaat« verunglimpften, kam hierbei an erster Stelle.[60] Obwohl die Mitglieder zumeist den jungen Alten zuzurechnen waren und sich aus der Mittelschicht rekrutierten, gehörten die Forderungen nach einer Mindestrente gegen die Altersarmut und die Verbesserung der Situation von Pflegebedürftigen durch eine Novellierung des Heimgesetzes sowie die Förderung ambulanter und alternativer Pflegemodelle zu ihren Hauptthemen.[61] Hingegen traten sie nicht explizit für die Aufwertung des Alters im kulturellen Bereich, beispielsweise durch die Einrichtung eines Seniorenstudiums, und den Kampf gegen gesellschaftliche Altersdiskriminierung ein, womit sie sich deutlich von ihrer amerikanischen Schwesterorganisation unterschieden.[62]

Die »Grauen Panther« kämpften weniger für die Veränderung politischer Strukturen, sondern eher für die Verwirklichung neuer Lebensstile im Alter. Vorhaben wie selbstverwaltete Alten- und Pflegeheime oder der Aufbau neuer alternativer Wohnformen, die Vorläufer der heutigen Mehrgenerationen-Wohngemeinschaften darstellen[63], drückten den Willen zur Selbstverwirklichung und die Kritik am vermeintlich entmachtenden (Sozial-)Staat aus, wie sie auch dem linksalternativen Milieu zu eigen waren. Damit fügten sich die »Grauen Panther« in die Reihen der Sozialstaatskritiker ein, wobei es ihnen allerdings nicht um Kürzungen, sondern um altenpolitischen Ausbau und Umbau ging, der einen »bürgernahen Wohlfahrtsstaat« hervorbringen sollte.[64] Für ihr Programm orientierten sich die »Grauen Panther« an Theorien und Erkenntnissen der zeitgenössischen Gerontologie.

Umgekehrt studierten Gerontologen Formen des bürgerschaftlichen Engagements von alten Menschen. Die »neuen Alten«, die auch im Ruhestand aktive und produktive Teile der Gesellschaft blieben, avancierten rasch zu einem beliebten Forschungsfeld.[65] Die Gerontologie bedurfte aber kaum der protestierenden Alten, um ihre Erkenntnisse und Theorien über das Altern an die Politik zu vermitteln. Ihr standen direktere Wege offen. In den 1980er Jahren war die Gerontologie als eigenständige Disziplin in der universitären und

---

58 Vgl. *Reggentin/Dettbarn-Reggentin*, Tendenzen der Institutionalisierung, S. 95.
59 *Cornelie Sonntag*, Die rastlose Rebellin. Mit den Grauen Panthern für die Sache der Alten, in: Die ZEIT, 23.8.1985. Vgl. auch *Esther Knorr-Anders*, Im Haus der Panther. Der Seniorenschutzbund zwischen Politik und Polonaise Blankenese, in: Die ZEIT, 9.9.1988.
60 *Unruh*, Die Grauen Panther als Altenbewegung, S. 111.
61 Seniorenschutzbund Graue Panther (Hrsg.), Schluß mit dem Terror gegen Alte. Fallbeispiele und Gegenaktionen, Essen 1991; *Trude Unruh*, Aufruf zur Rebellion. Graue Panther machen Geschichte, Essen 1984.
62 *Donicht-Fluck*, Runzlige Radikale, S. 39–46.
63 Zu den neuen Wohnformen, die mit dem Slogan »Familienähnlich bis in den Tod« verbunden waren, vgl. zum Beispiel *Unruh*, Aufruf zur Rebellion, S. 124–127.
64 Zur Sozialstaatskritik linker und alternativer Kreise vgl. *Martin H. Geyer*, Sozialpolitische Denk- und Handlungsfelder – der Umgang mit Sicherheit und Unsicherheit, in: *ders.*, Geschichte der Sozialpolitik in Deutschland, Bd. 6, S. 111–231, hier: S. 198–201; *Hans Günter Hockerts*, Vom Problemlöser zum Problemerzeuger? Der Sozialstaat im 20. Jahrhundert, in: AfS 47, 2007, S. 3–29, hier: S. 23.
65 In der Bundesrepublik hat insbesondere die Gerontologin Ursula Lehr die Forschung zu den sogenannten »neuen Alten« vorangebracht. Vgl. *Ursula Lehr*, Alte Menschen in unserer Gesellschaft. Das neue Altersbild, in: *Helmut Scheidgen* (Hrsg.), Die allerbesten Jahre, Weinheim 1988, S. 9–18.

außeruniversitären Forschungslandschaft etabliert. 20 Jahre zuvor hatten Sachverständige, die zu einer Anhörung des Ausschusses für Sozialpolitik des Deutschen Bundestags eingeladen worden waren, angemahnt, dass es in Deutschland im Vergleich zu anderen Ländern eher wenig Forschung über das Alter(n) gebe.[66] Insbesondere Großbritannien, wo Peter Townsend mit seinen Pionierstudien über die Familienverhältnisse alter Menschen und die Unterbringung in Heimen den Grundstock für die britische Gerontologie legte, nahm dahingegen eine Vorreiterposition ein.[67]

In der Bundesrepublik lagen die Anfänge der gerontologischen Forschung zunächst in einer Einrichtung, deren Fokus eigentlich die praktische Hilfe für alte Menschen bildete: das »Kuratorium Deutsche Altershilfe«. 1962 hatten der damalige Bundespräsident Heinrich Lübke und seine Ehefrau Wilhelmine die Gründung des Vereins befördert, der sich aus Mitteln der Fernsehlotterie finanzierte und Projekte initiierte, die auf eine Verbesserung der Situation von alten Menschen zielten. Eine vergleichbare Organisation, die Spezialwissen über den Prozess der Alterung und die ältere Bevölkerung bereithielt, hatte es bis dahin in der Bundesrepublik nicht gegeben, und daher war das »Kuratorium Deutsche Altershilfe« eine der ersten Anlaufstellen für Sozialpolitiker. Allerdings war die Einrichtung kein genuines Forschungsinstitut, wohl aber stieß sie erste Studien zur Altenthematik an. 1970 richtete sie das »Institut für Altenwohnbau« ein, das seinen Sitz in Köln hatte.

Ein entscheidender Schritt zur Etablierung der Gerontologie in der Bundesrepublik erfolgte in den 1970er Jahren: Das »Deutsche Zentrum für Altersfragen« in Berlin (DZA) nahm seine Arbeit auf. Das DZA gehörte zu den Einrichtungen, die gegründet wurden, um Wissen bereitzustellen, welches innerhalb der Ministerialverwaltung nicht zur Verfügung stand, weil es um ein neues politisches Handlungsfeld ging. Bei der Gründung verfügte es über 16 Planstellen.[68] 70% des Etats übernahm der Bund und etwa 30% Westberlin. Hinzu kam die Einwerbung von Drittmitteln, die jedoch meist auch aus Fördertöpfen der Bundesministerien stammten.[69] Auch wenn der Bund und das Land Berlin – das Bundesministerium für Jugend, Familie und Gesundheit sowie die Senatsverwaltung für Arbeit und Soziales – das DZA finanzierten, hatte es mit der Rechtsform des Vereins eine unabhängigere Position als andere Neugründungen der Ressortforschung, wie zum Beispiel das »Institut für Arbeitsmarkt- und Berufsforschung« (1967) oder das »Bundesinstitut für Bevölkerungsforschung« (1973).[70]

Das DZA erfüllte viele der Erwartungen, die die Planer mit einer solchen Einrichtung verbunden hatten. Bereits bei der Ausgestaltung des Heimgesetzes 1974, das bundesein-

---

66 Protokoll der Sitzung des Sozialausschusses des Deutschen Bundestags vom 8. Oktober 1964, betr. Bericht über die Lebensverhältnisse älterer Mitbürger, Bundesarchiv (BArch), Koblenz, B 189/2397, Bd. 1. Bei dieser Anhörung gab Hanna Behrends vom »Kuratorium Deutsche Altershilfe« einen ausführlichen Überblick über die gerontologische Forschung in den USA und Westeuropa. Angestoßen wurde diese Anhörung durch einen Antrag der SPD-Fraktion, der die Bundesregierung zur Vorlage eines Berichts über die Lebensverhältnisse älterer Mitbürger aufforderte. Vgl. *Ursula Münch*, Familien-, Jugend- und Altenpolitik, in: *Marcel Boldorf/Michael Ruck* (Hrsg.), Geschichte der Sozialpolitik in Deutschland seit 1945, Bd. 4: 1957–1966 Bundesrepublik Deutschland. Sozialpolitik im Zeichen des erreichten Wohlstandes, Baden-Baden 2007, S. 547–609, hier: S. 601f.
67 *Peter Townsend*, The Family Life of Old People, London 1957; *ders.*, The Last Refuge. A Survey of Residential Institutions and Homes for the Aged in England and Wales, London 1962.
68 Bis 1990 kamen noch weitere vier Planstellen hinzu.
69 Zusammenfassender Bericht über die Tätigkeit des DZA 1974–1991, hrsg. vom Deutschen Zentrum für Altersfragen e. V., Berlin 1991, S. 7.
70 Auch das »Deutsche Jugendinstitut« (1961) ist als Verein organisiert. Einen Überblick über die aktuellen Einrichtungen der Ressortforschung in Deutschland gibt die »Arbeitsgemeinschaft der Ressortforschungseinrichtungen«, URL: <http://www.ressortforschung.de/de/home/index.htm> [1.2.2012].

Neue soziale Bewegungen, Sozialwissenschaften und Erweiterung des Sozialstaats 227

heitliche Mindestnormen für Heime festlegte sowie unter anderem Mitwirkungsmöglichkeiten der Bewohner festschrieb, was eine wichtige pflegepolitische Wegmarke in Deutschland setzte, wirkte das DZA maßgeblich mit.[71] Allerdings waren und sind es die verstetigten, institutionalisierten Formen der Beratung und Information, die das DZA besonders auszeichnen. Hierzu gehört insbesondere die Altenberichterstattung, die 1989 nach dem Vorbild anderer Formate der Sozialberichterstattung von der Bundesregierung in Auftrag gegeben wurde. Bedingt durch die deutsch-deutsche Vereinigung erschien der erste Altenbericht erst 1993.[72] Seither beruft das Bundesministerium für Familien, Frauen, Senioren und Jugend in jeder Legislaturperiode eine Sachverständigenkommission ein, deren Geschäftsführung das »Deutsche Zentrum für Altersfragen« innehat und welcher der jeweilige Leiter des Instituts als Experte angehört. Das DZA entwickelte sich zu einem Knotenpunkt gerontologischer Forschung und Politikberatung in der Bundesrepublik. In der Rückschau erwies es sich als Motor für den Aufbau der Alter(n)swissenschaft in Westdeutschland. Allerdings büßte es sein Alleinstellungsmerkmal mehr und mehr ein, als die Gerontologie sich zunehmend an der Universität etablierte.[73] Die Gründungsgeschichte und die formalen Strukturen des DZA förderten eine starke Ausrichtung dieser Disziplin auf die Politik.

Welche Bedeutung hatte die expandierende gerontologische Forschung und Politikberatung für die Ausbildung der Altenpolitik auf Bundesebene? Wie die Errichtung des DZA 1973 zeigt, war die Ausweitung der Alter(n)swissenschaft eng mit dem Prozess der Verwissenschaftlichung von Politik verknüpft. Mit der Finanzierung des Instituts in Berlin erfolgte eine langfristige Hinwendung der Sozialpolitik auf das Themenfeld des Alter(n)s, das fortan weniger von tagespolitischen Aufmerksamkeitsschwankungen betroffen war. Die Institutsgründung verstetigte einerseits die Förderung gerontologischer Forschung durch den Staat, andererseits routinierte sich der Informationsfluss von der Wissenschaft in die Politik.[74] Neben den in der Regel vom Bundesfamilienministerium finanzierten Projekten betrieb das Institut eine Reihe eigenständiger Projekte, für die es Mittel von Drittmittelgebern wie der Deutschen Forschungsgemeinschaft einwarb.[75] Damit schuf es die Basis, um auch neue thematische Impulse an die Sozialpolitik zu geben und Themen zu lancieren, die bisher auf dieser Ebene keine Beachtung gefunden hatten. Welche inhaltlichen Rückkopplungen von der Gerontologie in die Sozialpolitik stattfanden, ist weit schwerer zu ermessen als die Herausbildung von Strukturen zu beschreiben. Von den vielen Argumenten der Alter(n)swissenschaft sei nur eines herausgegriffen: die Neubewertung von Familienbeziehungen in der letzten Lebensphase. Diese Fragestellung hatte einen wichtigen Stellenwert in der Forschung, galt die Familie doch als wichtigster Bezugskreis für die Mehrheit der betagten Bevölkerung. Ein Indiz hierfür war, dass nicht mehr als 260.000 der Pflegebedürftigen in Heimen lebten und mehr als 90 % der Pflegebedürftigen primär von Angehörigen versorgt wurden.[76]

---

71 Zum Heimgesetz vgl. *Ursula Münch*, Familien-, Jugend- und Altenpolitik, in: *Hans Günter Hockerts* (Hrsg.), Geschichte der Sozialpolitik in Deutschland seit 1945, Bd. 5: 1966–1974 Bundesrepublik Deutschland. Eine Zeit vielfältigen Aufbruchs, Bonn 2006, S. 634–707, hier: S. 702–706.
72 Erster Altenbericht der Bundesregierung, September 1993, Deutscher Bundestag, 12. Wahlperiode, Drucksache 12/5897.
73 Einen Überblick über die Gerontologie an den Universitäten gibt *Walter Tokarski*, Zur gerontologischen Ausbildung an Hochschulen in der Bundesrepublik. Ergebnisse einer Umfrage, Kassel 1989, S. 34–41.
74 Allgemein zur Institutionalisierung von Beziehungen zwischen Wissenschaft und Politik in der Bundesrepublik vgl. *Rudloff*, Verwissenschaftlichung der Politik, S. 222–225.
75 Zusammenfassender Bericht über die Tätigkeit des DZA 1974–1991, S. 7.
76 Bericht der Bundesregierung »Altenhilfepolitik in der Bundesrepublik Deutschland« vom 30. Oktober 1985, Deutscher Bundestag, 10. Wahlperiode, Drucksache 10/4108, S. 6. Der Bericht

Die Sachverständigenkommission des vierten Familienberichts widmete sich ausführlich dem Thema der Familienverhältnisse im Alter und bündelte die Ergebnisse der damaligen Forschungen. Dies hat ein wesentlich komplexeres Verständnis hervorgebracht, als es in weiten Teilen von Gesellschaft und Politik vorherrschte. Drei Punkte sind besonders bemerkenswert:

Erstens betonten die Experten, dass alte Menschen in den Familien sehr viel häufiger die Rolle des Hilfegebers als des Empfangenden übernahmen. Sie unterstützten eigene Kinder und Enkelkinder nicht nur in Form finanzieller Transferleistungen[77], sondern stellten sich als Betreuungspersonen zur Verfügung oder halfen im Haushalt sowie bei Heimwerkertätigkeiten. Die derart aktiven Senioren entsprachen dabei ganz dem damals entstehenden Leitbild der »jungen Alten«, die zwar aus dem Erwerbsleben ausgeschieden, aber dennoch produktiv waren.[78] Zweitens vertraten die Mitglieder der Familienberichtskommission die Meinung: »Alleinsein ist nicht gleich Isolation.« Sie lehnten die frühere Lesart strikt ab, wonach der Rückgang von Mehrgenerationenhaushalten auf einen gesellschaftlichen Ausschluss alter Menschen hindeute. Vielmehr verwiesen sie auf empirische Erkenntnisse, die belegten, dass räumliche Distanz mit regem Kontakt der Familienmitglieder einhergehen konnte. Zudem seien es auch die alten Menschen selbst, so die Kommission, die auf einen eigenen Haushalt Wert legen würden.[79] Drittens machte der Bericht aber auch die Grenzen der Familie als Pflegeeinrichtung klar. Die Altenhilfe für betagte Menschen, deren psychische und physische Fähigkeiten schwanden, hatte sich enorm professionalisiert, woran die Gerontologie ebenso wie die Geriatrie großen Anteil hatte. Vor dem Hintergrund dieses Professionalisierungsprozesses schien die Pflege durch Angehörige defizitär. Die Kommission betrachtete die Familie zwar weiterhin als zentral für die Betreuung gebrechlicher Seniorinnen und Senioren, aber sah die Ergänzung durch ausgebildete Fachkräfte als notwendig an.[80] Das Wissen der gerontologischen Forschung, das sich im vierten Familienbericht niederschlug, forderte die Bundesregierung heraus, bisherige altenpolitische Prämissen wie die Selbstverständlichkeit familiärer Solidarität im Alter zu überdenken.

Wie verhielten sich bundespolitische Debatten und Maßnahmen der 1980er Jahre, in denen es um die Situation der älteren Bevölkerung ging, zu dem, was Sozialwissenschaften und die »Grauen Panther« forderten? Zwar hatte sich in der Bundesrepublik, ähnlich wie in anderen westeuropäischen Ländern nach dem Zweiten Weltkrieg, ein Wohlfahrtsstaat für das Alter herausgebildet, der die letzte Lebensphase besser denn je materiell absicherte.[81] Mit der zunehmenden Alterung der Bevölkerung erschöpfte sich Sozialpolitik für die alten Menschen jedoch nicht mehr hauptsächlich in Rentenpolitik.

---

macht auch Angaben über Alte in stationären Einrichtungen und kommt auf eine Zahl von unter 500.000 Personen in Alten- und Pflegeheimen.
77 Im Bericht wird auf regionale und nationale Studien verwiesen, die ermittelten, dass 3 % aller Haushaltsvorstände regelmäßig Unterhaltsleistungen für Enkelkinder, die außerhalb des Haushalts lebten, leisteten. Etwa 30 % unverheirateter oder geschiedener Mütter von Kleinkindern konnten mit finanzieller Hilfe durch die Eltern für die Dauer von drei bis fünf Jahren rechnen. Vgl. Vierter Familienbericht, Deutscher Bundestag, 10. Wahlperiode, Drucksache 10/6145, S. 84.
78 Zu den »jungen Alten« beziehungsweise zum »dritten Alter« vgl. *Peter Laslett*, A Fresh Map of Life. The Emergence of the Third Age, London 1989.
79 Vierter Familienbericht, S. 81f.
80 Ebd., S. 28.
81 Zum Begriff »Wohlfahrtsstaat« für das »Alter« vgl.: *Hans-Joachim von Kondratowitz*, Sozialgerontologie in Europa. Gemeinsame Entwicklungslinien und unterschiedliche Perspektiven, in: *Fred Karl* (Hrsg.), Sozial- und verhaltenswissenschaftliche Gerontologie. Altern und Alter als gesellschaftliches Problem und individuelles Thema, Weinheim/München 2003, S. 111–128, insb. S. 114.

Die Alterung der Bevölkerung, ein Prozess, der sich bereits seit dem 19. Jahrhundert erkennen lässt, zeichnete sich deutlich in den statistischen Daten ab. Während für die erste Hälfte des 20. Jahrhundert der Anstieg der Lebenserwartung bei der Geburt prägend war[82], dominierte in der zweiten Hälfte ein anderer Trend: der Zugewinn an Lebensjahren im hohen Alter. Die Veränderungsdynamik in den späteren Jahrzehnten war vor allem auf die sinkende Mortalität im Alter zurückzuführen. In Westdeutschland konnten Menschen, die 1990 65 Jahre alt waren, damit rechnen, durchschnittlich noch gut 16 weitere Jahre zu leben, während sie 1950 nur etwa 13 Jahre vor sich gehabt hatten. In absoluten Zahlen mag dies wenig beeindruckend klingen, doch es entsprach einer signifikanten Erhöhung von etwa 25 %.[83] Das Alter stellte immer weniger einen Ausklang des Lebens dar als eine Lebensphase mit eigenen Normen und Leitbildern. Dies galt umso mehr, als sich seit den 1970er Jahren der Eintritt in den sogenannten Ruhestand durch den Frühverrentungstrend immer weiter nach vorne verschob.[84]

Die Zahl derjenigen, die diese Lebensphase erreichten, stieg ebenso deutlich. 1950 betrug der Anteil der Personen im Alter über 65 Jahren etwas mehr als 9 % der Gesamtbevölkerung, zehn Jahre später waren es 11 % und 1985 15 %.[85] Die zeitgenössischen Beobachter alarmierten diese Daten nicht für sich betrachtet, sondern vor allem in Kombination mit der sinkenden Zahl der Bevölkerung unter 20 Jahren. Besonders aufmerksam betrachteten sie auch das Anwachsen der Alterskohorte der über 75-Jährigen, die nach chronologischen Altersdefinitionen als »hochaltrig« galten, was mit zunehmender Gebrechlichkeit und Hinfälligkeit gleichgesetzt wurde.[86] Tatsächlich verdoppelte sich ihr Anteil zwischen 1960 und 1985 sogar: von 3,4 % auf 6,8 %.[87] Je höher die Altersgrenze, desto höher lag der Anteil der Frauen.[88]

---

82 Die im Folgenden aufgeführten Daten über die Lebenserwartung bei Geburt sowie die fernere Lebenserwartung finden sich in: The Human Mortality Database der University of Berkeley und dem Max-Planck-Institut für Demographie in Rostock, URL: <http://www.mortality.org/> [20.12.2011]. In Westdeutschland nahm die Lebenserwartung bei der Geburt zwischen 1910 und 1950 um 17,8 Jahre beziehungsweise 36 % zu (zwischen 1950 und 1990 hingegen um nur 10,4 Jahre beziehungsweise 15 %).
83 Für 80-Jährige stieg die Lebenserwartung zwischen 1950 und 1990 um etwa 30 %.
84 Das Phänomen der Frühverrentung erforschte Martin Kohli als einer der ersten. Vgl. *Martin Kohli/Martin Rein*, The Changing Balance of Work and Retirement, in: *dies./Anne-Marie Guillemard* u. a. (Hrsg.), Time for Retirement. Comparative Studies of Early Exit from Labor Force, Cambridge/New York etc. 1991, S. 1–35, hier: S. 1.
85 Vgl. dazu Statistisches Jahrbuch 1988, S. 62. Diese Zahlenentwicklung überstieg sogar noch die Schätzungen des Statistischen Bundesamts von 1965, das für 1985 einen Anteil der Personen über 65 Jahren von 13,2 % prognostiziert hatte. Vgl. Statistisches Jahrbuch 1965, S. 41.
86 Verschiedene Möglichkeiten, das sogenannte vierte Alter zu definieren, finden sich in: Vierter Bericht zur Lage der älteren Generation (Altenbericht). Risiken, Lebensqualität und Versorgung Hochaltriger unter besonderer Berücksichtigung demenzieller Erkrankungen, 2002, Deutscher Bundestag, 14. Wahlperiode, Drucksache 14/8822, S. 53.
87 Statistisches Jahrbuch 1967, S. 37; Statistisches Jahrbuch 1987, S. 61. Bestimmte Faktoren beeinflussten die Möglichkeit, ein hohes Alter zu erreichen. Während der Anteil der Frauen an der Gesamtbevölkerung rund 52 % betrug, stieg er in der Alterskohorte der 60- bis 75-Jährigen auf fast 62 %, bei den über 75-Jährigen sogar auf 68 %.
88 Diese als Feminisierung des Alters bezeichnete Entwicklung ließ sich auf biologische Bedingungen zurückführen, die eine erhöhte Lebenserwartung von Frauen bewirkten. Der Begriff »Feminisierung des Alters« wurde eingeführt von *Hans Peter Tews*, Neue und alte Aspekte des Strukturwandels des Alters, in: *Gerhard Naegele/Hans Peter Tews* (Hrsg.), Lebenslagen im Strukturwandel des Alters, Opladen 1993, S. 15–42, hier: S. 28f. Bericht der Bundesregierung über »Lebensumstände älterer und hochbetagter Frauen in der Bundesrepublik Deutschland«, Deutscher Bundestag, 10. Wahlperiode, Drucksache 10/1807, S. 5.

Nicht allein durch die statistischen Entwicklungen kündigte sich in den 1980er Jahren eine neue Konjunktur politischer Aufmerksamkeit für Seniorinnen und Senioren an, die zur Errichtung einer zweiten Säule der Altenpolitik[89] – neben der Rentensicherung – führte. Dieses Handlungsfeld zeigt, wie stark soziodemografische Entwicklungen, sozialwissenschaftlicher Diskurs, die Aktivität sozialer Bewegungen und sozialpolitische Bearbeitung aufeinander bezogen waren und sich gegenseitig bedingten.

Zwar gab es bereits seit den 1960er Jahren Aktivitäten wie zum Beispiel die Gründung des Bundesaltenbeirats[90] (dieser führte aber eher ein Schattendasein) und die Einrichtung des DZA. Beide Initiativen beschränkten sich jedoch auf die Generierung von Wissen. Ordnungspolitisch betätigte sich der Bund erst mit dem Heimgesetz von 1974, während Kommunen und Länder die Altenpolitik dominierten.[91] Die Schwerpunkte sollten sich in den 1980er Jahren verlagern. In die erste Hälfte der Dekade fällt eine Häufung von Kleinen und Großen Anfragen im Deutschen Bundestag bezüglich der Altersproblematiken, die ein Indiz dafür sind, dass sich die Parteien verstärkt der Situation der älteren Bevölkerung zuwandten. Den Anfang machte die SPD, die am 13. Juli 1984 die Regierung aufforderte, über die »Lebensumstände älterer und hochbetagter Frauen in der Bundesrepublik Deutschland« Auskunft zu geben. Diese Kleine Anfrage argumentierte einerseits auf der Höhe wissenschaftlicher Erkenntnisse zur Geschlechterproblematik des Alters und des Wohlfahrtsstaats, andererseits orientierte sie sich an herkömmlichen Positionen, in denen die materielle Absicherung durch die Renten und Sozialhilfe sowie wohnungspolitische Forderungen im Vordergrund standen.[92]

In eine ganz andere Richtung zielte die Große Anfrage der Fraktion der Grünen, deren Zweck darin bestand, die Haltung der Bundesregierung zur Situation alter Menschen scharf zu kritisieren und den eigenen Plänen für eine weitgehende Reform der Altenhilfe ein Publikum zu verschaffen. Die noch junge Bundestagspartei profilierte sich als sozialpolitischer Akteur mit radikalen Veränderungsvorstellungen: Stationäre Altenpflege galt es abzuschaffen, weil alte Menschen auf diese Weise »in ghettoartigen Einrichtungen ausgegrenzt werden«.[93] Stattdessen setzten die Grünen auf die ambulante Pflege, die Pflegebedürftigen ein selbstbestimmtes Leben ermöglichen sollte, sowie auf alternative Modelle der »Wohngruppenpflege«. Besonderes Augenmerk legten sie auch auf die fachlich spezialisierte Versorgung psychisch beeinträchtigter alter Menschen, eine Gruppe, der sich auch Gerontologie und Geriatrie erst verstärkt zugewandt hatten und deren Bedürfnissen die Altenpflege jener Zeit kaum gerecht wurde.[94] Als Replik auf die Antwort der Bundesregierung veranstalteten die Grünen ein Hearing, für das sie neben Wissenschaftlern auch

---

89 Zur Altenpolitik als politisches Handlungsfeld: *Harald Wilkoszewski*, Die verdrängte Generation. Politische Parteien und die alternde Gesellschaft in Deutschland, Marburg 2003, S. 22–25. Vgl. auch *Münch*, Familien-, Jugend- und Altenpolitik, in: *Schmidt*, Geschichte der Sozialpolitik in Deutschland, Bd. 7, S. 554.
90 Der »Beirat für Fragen der älteren Generation« (kurz: Bundesaltenbeirat) wurde 1969 gegründet und arbeitete als Sachverständigengremium in erster Linie dem Bundesministerium für Jugend, Familie und Gesundheit zu. Er trat jedoch nur selten zusammen und wurde 1980 aufgelöst. Vgl. Ministerialrat Otto Dahlem an die Bundesministerin für Jugend, Familie und Gesundheit, Antje Huber, 26.9.1979 und 9.1.1980, BArch Koblenz, B 189/11108.
91 *Martin Schölkopf*, Seniorenpolitik und soziale Lage älterer Menschen. Entwicklungen in den letzten 30 Jahren, in: *Frank Schultz-Nieswandt/Gisela Schewe* (Hrsg.), Sozialpolitische Trends in Deutschland in den letzten drei Dekaden. Eva-Elisabeth Schewe zum 70. Geburtstag, Berlin 2000, S. 87–123.
92 Kleine Anfrage »Lebensumstände älterer und hochbetagter Frauen in der Bundesrepublik Deutschland«, Deutscher Bundestag, 10. Wahlperiode, Drucksache 10/1738.
93 Große Anfrage »Altenhilfepolitik in der Bundesrepublik Deutschland«, Deutscher Bundestag, 10. Wahlperiode, Drucksache 10/2957, insb. S. 3.
94 Ebd.

Vertreter der Pflegepraxis sowie – und das war ungewöhnlich – Betroffene einluden, die vor dem Hintergrund ihrer Erfahrungen den Bericht kritisch kommentierten.[95]

Vieles von dem, was die Grünen forderten, erinnerte an die Programmatik der »Grauen Panther«. Doch hatten sie auch einen ganz eigenen Zugang zur Reformierung der Altenhilfe. Ganz im Sinne der Alternativbewegung, die mehr Autonomie und Unmittelbarkeit anstrebte, wandten sich die Grünen gegen den bürokratischen Wohlfahrtsstaat, dessen negative Seiten in den »totalen Institutionen« der Heime einen besonderen Niederschlag fanden.[96] Die Aufwertung von Selbsthilfe und Sozialkontakten im kleinen Rahmen führte sie in ihren Schlussfolgerungen dabei einerseits recht nahe an das, was die bürgerlich-konservativen Parteien anmahnten. Andererseits hätten ihre Pläne, die sie bereits im Dezember 1984 als Bundespflegegesetz eingereicht hatten – mit Elementen wie der Auflösung der Heime bis 1995 und einem steuerfinanzierten Leistungsgesetz ohne Anrechnung von Einkommen – einen tiefgreifenden sozialstaatlichen Umbau verlangt.[97] Der rigorosen Ablehnung der stationären Pflege und der uneingeschränkten Unterstützung für ambulante Strukturen begegneten die Fachleute durchaus mit Skepsis. Sie warfen den Grünen vor, die Reformfähigkeit von Heimen zu übersehen und das Selbsthilfepotenzial in der Gesellschaft zu überschätzen.[98]

Die Reformvorschläge der grün-alternativen Sozialstaatsdenker hatten nur wenig Aussicht auf Realisierung, fehlte es ihnen doch an einem Finanzierungskonzept und lösten sie sich zu sehr von sozialstaatlichen Pfadabhängigkeiten. Sie erzeugten aber eine fundierte Auseinandersetzung mit dem Thema der gesellschaftlichen Alterung. Die Große Anfrage der Grünen konnte so das altenpolitische Programm der Regierungsparteien gründlich durchleuchten und Schwachpunkte ausmachen.

Im September 1984 hatte sich die Bundesregierung im Bericht zu Fragen der Pflegebedürftigkeit erstmals ausführlicher über Teile ihrer altenpolitischen Pläne geäußert.[99] Nur wenige Monate später gab ihr die Anfrage der eigenen Fraktionen die Möglichkeit, das Programm zu erweitern. In ihrer Antwort zu »Lebenssituation und Zukunftsperspektiven älterer Menschen« ging es nicht nur um Pflegebedürftige, sondern auch um die

---

95 Dokumentation des Hearings der Grünen im Bundestag vom 5. Dezember 1985, erstellt von Margherita Zander, Bibliothek des Deutschen Zentrums für Altersfragen, Berlin. Zu den Geladenen gehörten unter anderem Vertreter von Vereinen der ambulanten Pflege, Ärzte und Wissenschaftler wie Gerhard Igl, der einen Lehrstuhl für Öffentliches Recht und Sozialrecht innehatte. Bei denjenigen, die als Betroffene sprachen, handelte es sich um ein 73-jähriges Mitglied der »Grauen Panther«, das dem Bundesbeirat dieser Vereinigung angehörte, sowie um eine 72-jährige Frau aus Bonn, die durch einen Zeitschriftenartikel über das Altwerden aufgefallen war.
96 Zum sozialstaatlichen Denken der Grünen allgemein vgl. *Michael Opielka*, Von der Krise zur Zukunft des Sozialstaats. Ansatzpunkte einer ökologischen Sozialpolitik, in: *ders./Martin Schmollinger/Angelika Fohmann-Ritter* (Hrsg.), Die Zukunft des Sozialstaats, Stuttgart 1983, S. 9–40. Zum Denken, insb. zum alternativen Staatsverständnis bei den Grünen, vgl. *Silke Mende*, »Nicht rechts, nicht links, sondern vorn«. Eine Geschichte der Gründungsgrünen, München 2011, insb. S. 179–184.
97 Entwurf eines Gesetzes zur Finanzierung einer besseren Pflege vom 12. Dezember 1984, Deutscher Bundestag, 10. Wahlperiode, Drucksache 10/2609. In Italien beispielsweise gab es eine Politik der stark forcierten Reduzierung stationärer Pflege. Dies zeigt für die psychiatrischen Einrichtungen *Malte König*, Franco Basaglia und das Gesetz 180. Die Auflösung der psychiatrischen Anstalten in Italien, 1978, in: *Petra Terhoeven* (Hrsg.), Italien, Blicke. Neue Perspektiven der italienischen Geschichte des 19. und 20. Jahrhunderts, Göttingen 2010, S. 209–233.
98 Zum Beispiel *Doris Wagner*, Grüne Pflegekostenreform – oder: Müssen die Pflegeheime schließen?, in: Theorie und Praxis der sozialen Arbeit 36, 1985, S. 60–62, hier: S. 61f.
99 Bericht der Bundesregierung zu Fragen der Pflegebedürftigkeit vom 5. September 1984, Deutscher Bundestag, 10. Wahlperiode, Drucksache 10/1943. Der Bericht basierte auf den Arbeiten einer Bund/Länder-Arbeitsgruppe, die die Bundesfamilienministerin Antje Huber 1977 einberufen hatte.

»jungen Alten«, an die sich die Sozialpolitik ebenso wenden sollte.[100] In diesen beiden Stellungnahmen bezog die CDU/CSU klare Positionen: Zwar bestätigte sie die Familie wie bisher als wichtigste Sicherungsinstanz, dennoch räumte sie – anders als die Grünen – der stationären Pflege neben der häuslichen einen festen Platz ein. Außerdem sollten ambulante Dienste einen Teil der Betreuung übernehmen und so Angehörige entlasten. Eine eindeutige Absage erteilte die Regierung einer eigenen Pflegeversicherung.

Bereits in den frühen 1980er Jahren hatte also eine verstärkte Hinwendung der CDU/CSU zur Altenpolitik stattgefunden und war nicht erst ein Verdienst Ursula Lehrs, die als führende bundesdeutsche Gerontologin 1988 als Bundesfamilienministerin ins Kabinett eintrat.[101] Gleichwohl setzte ihre Ernennung ein wichtiges Zeichen für die Stärkung der Altenpolitik auf Bundesebene. Sie widmete sich zwei drängenden Fragen der Altenhilfe: Zum einen wirkte sie auf die bundeseinheitliche Ausrichtung der Altenpflegeausbildung hin (allerdings scheiterte das Vorhaben zunächst und wurde erst 2003 verwirklicht), zum anderen setzte sie mit der Novellierung des 1974 erlassenen Heimgesetzes Akzente.[102] Beide legislativen Projekte zeigten, inwieweit sich die Anforderungen an den Sozialstaat verändert hatten. Sie definierten keine Leistungsansprüche, sondern vertraten die ordnungsrechtliche Seite des Sozialstaats. Das Heimgesetz beispielsweise formulierte Mindestanforderungen für Heime, schuf ein Mitwirkungsrecht der Heimbewohner und installierte eine Heimaufsicht. Die Novelle von 1990 stärkte das Prinzip der Selbstständigkeit und Selbstverantwortung alter Menschen in solchen Einrichtungen.[103] Die Forderung nach Autonomie und Teilhabe Hochbetagter fand hier Niederschlag im sozialstaatlichen Regelwerk.

Neben den Einkommens- und Lohnersatzzahlungen wuchsen die sozialen Dienste zu einem wichtigen Posten im sozialpolitischen Leistungskatalog heran. Der Wohlfahrtsstaat trug zur Transformation in eine Dienstleistungsgesellschaft erheblich bei.[104] Die demografische Alterung war ein Faktor, der die Nachfrage nach sozialen Diensten steigerte. Allein wenn man die Altenpflege betrachtet, lässt sich von einer wahren Explosion sprechen. 1970, die Altenpflege hatte sich gerade erst von der Krankenpflege abgespalten, zählte die Bundesrepublik 8.000 Altenpfleger. 1987 waren es bereits 81.000 und 1993 sogar 177.000.[105]

Was die Absicherung des Pflegerisikos betraf, entfernte sich die Bundesregierung Ende der 1980er Jahre in kleinen, aber entscheidenden Schritten von ihrer ursprünglichen Haltung. Das Paket des Gesundheitsstrukturgesetzes enthielt Leistungen für die häusliche Pflege von Schwerpflegebedürftigen. Die Kernpunkte des Regelwerks umfassten die Finanzierung von Grundpflege und hauswirtschaftlichen Tätigkeiten (allerdings gedeckelt bis zu einem Betrag von 750 DM pro Monat), Geldleistungen für Angehörige und die Bezahlung einer Ersatzpflegekraft, um Familienmitgliedern einen Urlaub von bis zu vier Wochen im Jahr zu ermöglichen. Freilich war der Kreis derjenigen, die Ansprüche erheben konnten, recht klein, und waren die Leistungen eng begrenzt. Aus der Retrospektive

---

100 Antwort der Bundesregierung über »Lebenssituation und Zukunftsperspektiven älterer Menschen« vom 23. Januar 1985, Deutscher Bundestag, 10. Wahlperiode, Drucksache 10/2784.
101 Zur Wahrnehmung Lehrs als Altenpolitikerin vgl. Mein Lieblingskind, in: Der SPIEGEL, 31.7.1989, S. 42.
102 *Münch*, Familien-, Jugend- und Altenpolitik, in: *Schmidt*, Geschichte der Sozialpolitik in Deutschland, Bd. 7, S. 561f.
103 Heimgesetz-Novellierung, in: Altenhilfe 17, 1990, S. 18–19; *Otto Dahlem*, Die Würde des Menschen und das Heimgesetz, in: Altenheim 29, 1990, S. 308–311.
104 Zum Zusammenhang von Tertiarisierung und Wohlfahrtsstaat vgl. *Hockerts*, Vom Problemlöser zum Problemerzeuger?, S. 12.
105 Diese Zahlen nennt *Martin Schölkopf*, Die Altenpflege und die Daten. Zur quantitativen Entwicklung der Versorgung pflegebedürftiger älterer Menschen, in: Sozialer Fortschritt 47, 1998, H. 1, S. 1–9, hier: S. 5f.

scheint dieser Teil des Gesundheitsstrukturgesetzes »als Türöffner einer dann wesentlich breiter angelegten Pflegeversicherung« gedient zu haben.[106] Hier lag die Basis für den Aufbau einer vierten Säule der deutschen Sozialversicherung, die 1995 verwirklicht werden sollte.

III. FAZIT

Ziel des Beitrags war es, die sozialpolitischen Reformen der 1980er Jahre stärker als bisher in den Kontext soziostruktureller und soziokultureller Pluralisierungsprozesse zu stellen und damit die gern gewählte Perspektive auf die krisenhafte Veränderung wirtschaftlicher und finanzpolitischer Rahmenbedingungen zu erweitern.[107] Denn nicht nur Sparzwänge brachten große Herausforderungen für die Sozialpolitik mit sich, sondern auch der Wandel von sozialen Lagen, Lebensstilen und Wertorientierungen. Wie das Beispiel der Familien- und Altenpolitik zeigt, war damit nicht allein die Frage nach mehr oder weniger sozialen Leistungen verbunden. Die Forderung nach der Vereinbarkeit von Familie und Beruf für Frauen und die Herausbildung des »vierten Alters« als eigene Lebensphase, die Gebrechlichkeit und damit die Abhängigkeit von Dritten kennzeichnete, verlangte nach einer Veränderung bisheriger sozialpolitischer Prinzipien und Strukturen.

Kritische Beobachter, die auf immanente oder erst durch gesellschaftlichen Wandel entstandene Defizite des Sozialstaats hinwiesen, gab es in den 1970er und 1980er Jahren viele. Insbesondere die Positionen der Neuen sozialen Bewegungen waren – in verdichteter Form – Ausdruck gesellschaftlicher Pluralisierungsprozesse und bildeten daher einen Untersuchungsschwerpunkt des Beitrags. Anders als sozialen Bewegungen der Frühzeit des Sozialstaats ging es ihnen weniger darum, auf die Vernachlässigung von gesellschaftlichen Gruppen hinzuweisen als die negativen Auswirkungen sozialstaatlicher Regulierung anzuprangern. Als wichtiges Ergebnis bleibt festzuhalten, dass sie, wenngleich sie um radikale Rhetorik bemüht waren und die Frontstellung zum bundesrepublikanischen Sozialstaat betonten, meist weiterhin systemimmanent dachten. Ihre Vorstellungen von einer »besseren Gesellschaft« kündigten keinen radikalen Richtungswechsel an, sondern verlangten, sobald es an die konkrete Umsetzung ging, nach sozialpolitischer Steuerung.

Insbesondere für die Altenpolitik zeigt sich zudem, dass die Herausforderung der Pflegebedürftigkeit bei den Vertretern der Neuen sozialen Bewegungen zu ähnlichen Lösungsansätzen führte wie bei den Regierungsparteien, ohne dass von einer direkten Einflussnahme ausgegangen werden kann. Der Argumentationszusammenhang unterschied sich auch deutlich: Während Erstere die Förderung ambulanter Dienste als Mittel, den »bürokratisierten Sozialstaat« zu verändern und eine Sozialpolitik der »Nähe« zu fördern, die die Individualität der Klienten unterstützte, sahen, verfolgten Zweitere das Ziel, die Familie als Hauptpflegeinstitution zu stärken und Kosten zu reduzieren.

Den Sozialwissenschaften kam eine Art Mittlerposition zu. Ihre Verbindung zur Politik – Parteien oder Regierung – ist hinlänglich bekannt und verdeutlichte sich in der Familien- und Altenpolitik in den jeweiligen Sozialberichterstattungen sowie Einrichtungen der Ressortforschung (DZA). Doch auch die Vertreter der Neuen sozialen Bewegungen standen im engen Austausch mit den Sozialwissenschaften, auf deren Erkenntnisse sie gern zurückgriffen. Interessanter jedoch ist die Beobachtung, dass dieses Verhältnis keine Ein-

---

106 *Gerhard Igl*, Sicherung im Pflegefall, in: *Schmidt*, Geschichte der Sozialpolitik in Deutschland, Bd. 7, S. 428–440, hier: S. 440. Vgl. auch *Heinz Rothegang*, Die Pflegeversicherung. Kernstück der Altenpflegepolitik der letzten drei Dekaden, in: *Schulz-Nieswandt/Schewe*, Sozialpolitische Trends in Deutschland, S. 61–86.
107 Für diese Erweiterung plädiert vor allem *Winfried Süß*, Umbau am »Modell Deutschland«, S. 222f.

bahnstraße war. Umgekehrt prägten nämlich alternative Sichtweisen auf die Gesellschaft die Sozialforschung. Die Neue Frauenbewegung mag in Deutschland – wie konstatiert wurde – zwar kaum direkt auf die Politik eingewirkt haben.[108] Allerdings veränderte sie insbesondere die Humanwissenschaften, in denen sich zunehmend geschlechtersensible Ansätze verbreiteten. Ähnliches lässt sich mit Blick auf die Altenbewegung feststellen, wo das gerontologische Konzept vom »aktiven Altern« eng mit der Emanzipation der betagten Bevölkerung zusammenhing. Die Neuen sozialen Bewegungen konnten also über einen Umweg Einfluss auf die Politik nehmen.

Neben der Frage nach den Akteuren bleibt die nach der Richtung des Wandels: Inwieweit führten die Neuerungen in der Familien- und Altenpolitik der 1980er Jahre zu einer Erweiterung sozialstaatlicher Prinzipien? Nicht nur das Erziehungsgeld und die Rentenregelung werteten die Familienarbeit auf und bewirkten, dass die den deutschen Sozialstaat kennzeichnende, auf Erwerbsarbeit zentrierte Sicherung aufgebrochen wurde. Die Regelungen für Angehörige von Schwerstpflegebedürftigen und das Gesundheitsstrukturgesetz zeigten, dass diese Zäsur tiefer ging, als bisher gedacht. Auch hier stellte sich der Sozialstaat auf unregelmäßige Erwerbsstrukturen ein.

In der Familien- und Altenpolitik zeichnete sich eine Entwicklung vom Sozial- zum Wohlfahrtsstaat ab, der Sicherheit versprach, die mehr als Schutz in akuten Notlagen und Daseinsvorsorge war, sondern vielmehr die Verlässlichkeit von Lebensplanungen gewährleistete.[109] Auch wenn die wirtschaftlichen und fiskalischen Rahmenbedingungen jener Zeit eine Tendenz zum Rückbau der sozialen Sicherung stärkten, weisen die hier vorgestellten Entwicklungen in eine andere Richtung: Sozialpolitik wurde im letzten Drittel des 20. Jahrhunderts immer mehr zur Gesellschaftspolitik. Diese kennzeichnete weniger die Frage nach Kürzungen oder Aufstockungen sozialpolitischer Leistungen als das Bemühen, die Lebenswelten der Bevölkerung zu regulieren. Diese Regulierung erfolgte teils nach neuen Normen, was zum Beispiel die Geschlechtergleichberechtigung oder die Aufwertung des Alters, auch des gebrechlichen Alters, betraf. Der Grad der Normierung durch den Sozialstaat war jedoch kaum eingedämmt, sondern eher vergrößert worden.

---

108 *Kuller*, Soziale Sicherung von Frauen, S. 224.
109 Vgl. dazu *Geyer*, Sozialpolitische Denk- und Handlungsfelder, S. 190. Geyer beruft sich hier auf *Franz-Xaver Kaufmann*, Sicherheit als soziologisches und sozialpolitisches Problem. Untersuchungen zu einer Wertidee hochdifferenzierter Gesellschaften, Stuttgart 1973.

Henning Tümmers

Aidspolitik

Bonn und der Umgang mit einer neuen Bedrohung

In den 1980er Jahren schien in Regierungskreisen die gesellschaftliche und politische Ordnung der Bundesrepublik gefährdet. Beunruhigt erklärte Bundesgesundheitsministerin Rita Süssmuth 1987: »Unser Verständnis von demokratischer Gesellschaft und demokratischem Staat, unser Menschenbild und unsere Vorstellungen vom Zusammenleben [stehen] auf dem Prüfstand.«[1] Auslöser dieser Bedrohungswahrnehmung war eine bislang unbekannte Seuche, über die internationale Medien erstmals 1981 berichtet hatten. Wen sie heimsuchte, der klagte schon bald über hohes Fieber, Lymphknotenschwellungen, Durchfall und rot-bräunliche Hautknoten. Bis 1983 der verantwortliche Erreger isoliert werden konnte, hatten Journalisten und Wissenschaftler die ominöse Erkrankung, die binnen kurzer Zeit zum Tod führte, mit einer Reihe von Namen bedacht. Nachdem – aufgrund der Tatsache, dass zunächst homosexuelle Männer erkrankten – Ausdrücke wie »gay-cancer« oder »GRID« (gay-related immunodeficiency) zirkuliert waren, setzte sich 1982 die neutralere Bezeichnung »Acquired immunodeficiency syndrome« durch, besser bekannt als »Aids«.

Diese Anfang der 1980er Jahre unbekannte Krankheit versetzte dem Fortschrittsoptimismus der medizinischen Welt einen jähen Dämpfer – eben noch hatte die World Health Organization (WHO) verkündet, dass mithilfe spezieller Programme die Gefahr der Pocken ein für alle Mal gebannt sei. Aber nicht nur in den Büros des WHO-Hauptquartiers in Genf, sondern auch in der Bundesrepublik machte sich Krisenstimmung breit. Die neue Immunschwächekrankheit, so schien es vielen Bundesbürgern, reihte sich nahtlos in eine Ansammlung distinkter Bedrohungsszenarien ein: »Ölpreisschock« und RAF-Terrorismus waren tief im Bewusstsein verankert. Der durch Aids ins Wanken geratene Emotionshaushalt der Bundesbürger hatte schnell Auswirkungen auf das Sozialverhalten. Unsicherheit gegenüber der unbekannten Krankheit breitete sich aus und führte zu Überreaktionen. Im November 1984 gerieten beispielsweise die Fahrgäste eines Hamburger Linienbusses in helle Panik, als ein 22-jähriger Mann vor ihren Augen zusammenbrach.[2] Weil sie glaubten, er habe Aids, hielten sie sich von ihm fern und alarmierten lediglich die Polizei, anstatt ihm selbst zu Hilfe zu eilen. Nachdem die Beamten den Kranken aus dem Bus getragen und mit dem Streifenwagen in das nächste Krankenhaus gefahren hatten, wurden beide Fahrzeuge gründlich desinfiziert. Wie sich später herausstellte, war dies unnötig gewesen, denn der 22-Jährige war nicht Träger des für Aids verantwortlichen HI-Virus. Er litt an Diabetes.

Derartige Vorfälle forderten Anfang der 1980er Jahre ein Eingreifen der politischen Klasse in Bonn. Dort war man sich darüber im Klaren, dass Aids nicht nur ein medizinisches Problem darstellte. Denn die Krankheit drängte auf eine Auseinandersetzung über Kernthemen des gesellschaftlichen Zusammenlebens: Sexualität und Tod, der Umgang mit Mitmenschen, Werte, Tugenden und die Grenzen politischen Handelns. »Es stellt sich die Frage«, so Rita Süssmuth, »wie viel Eigenverantwortung und Mündigkeit wir den Mitbürgern zutrauen. Wie viel Toleranz, Humanität, Solidarität sind abrufbar?«[3] Ange-

---

1 Dazu und zum Folgenden: *Rita Süssmuth*, AIDS. Wege aus der Angst, Hamburg 1987, S. 24f.
2 Siehe *Bernhard Rosenkranz/Gottfried Lorenz*, Hamburg auf anderen Wegen. Die Geschichte des schwulen Lebens in der Hansestadt, Hamburg 2005, S. 225; Bürgerschaft der Freien und Hansestadt Hamburg, Plenarprotokoll 11/59, 30.1.1985, 3425 C.
3 *Süssmuth*, AIDS, S. 25.

sichts der Machtlosigkeit der medizinischen Forschung, einer vermuteten hohen Infektionsdunkelziffer (bedingt durch eine Latenzzeit von bis zu zehn Jahren) und der Meldungen über soziale Ausgrenzungen erklärte die Bundesgesundheitsministerin die Immunschwächekrankheit 1987 zu einer historischen Zäsur: »Vielleicht ist AIDS die größte moralische, medizinische, gesellschaftspolitische Herausforderung unserer Zeit.«[4]

Obwohl die Angst vor Aids im letzten Jahrzehnt der ›alten‹ Bundesrepublik einen großen Stellenwert im Bewusstsein jedes zweiten Bürgers einnahm und dessen Verhalten beeinflusste[5], hat sich die zeithistorische Forschung[6] dem Umgang mit dieser Erkrankung in Westdeutschland bislang nicht intensiv gewidmet. Dabei erscheint Aids als ein geeigneter Untersuchungsgegenstand, um gesellschaftliche und politische Wandlungsprozesse sowie die Charakteristika der politischen Kultur der 1980er Jahre zu analysieren. Denn es ist anzunehmen, dass gerade im Moment exzeptioneller Bedrohungen Machtstrukturen offengelegt werden und die Leitsätze politischen Handelns deutlich hervortreten. Dementsprechend konzentriert sich der vorliegende Beitrag auf die Bundespolitik in den 1980er und frühen 1990er Jahren und fragt anhand der parlamentarischen Debatten nach Phasen im politischen Umgang mit der neuen Bedrohung, nach den Grundsätzen, an denen sich die Maßnahmen zur Eindämmung der Krankheit orientierten, und nach den gesellschaftlichen Auswirkungen der Aidspolitik: Hielt der westdeutsche Staat an seinen traditionellen Abwehr- und Schutzaufgaben fest oder schlug er neue Wege ein?[7] Wann zeichnete sich eine klare Linie im Umgang mit der Seuche ab? Inwieweit leitete die Aids-Bedrohung gesellschaftliche Wandlungsprozesse ein? Bewirkte die Krankheit – die konservative Teile der Bevölkerung als eine Folge des »Werterelativismus«[8] und der sexuellen Liberalisierung der 1970er Jahre interpretierten – kurz- oder längerfristig jene Rückkehr zu traditionellen Werten, die Bundeskanzler Helmut Kohl 1982 in seinem Gesellschaftskonzept der »geistig-moralischen Wende«[9] beschworen hatte?

I. POLITISCHES ZÖGERN UND ASYMMETRISCHES VERTRAUEN

Auslöser jener im Laufe der 1980er Jahre wachsenden Bedrohungswahrnehmung, die im Bundestag zu hitzigen Debatten über die Vor- und Nachteile diverser Gegenmaßnahmen

---

4 Ebd., S. 18.
5 Vgl. *Angela Brokmann*, AIDS-Aufklärung als Happening. Das Versagen der Gesundheitspolitik: eine empirische Studie über die Reaktion der Bevölkerung auf die Bedrohung durch AIDS, Hamburg 1988, hier: S. 5–8.
6 Bislang wird das Thema Aids lediglich in Überblicksdarstellungen zur Geschichte der Bundesrepublik erwähnt; vgl. *Eckart Conze*, Die Suche nach Sicherheit. Eine Geschichte der Bundesrepublik Deutschland von 1949 bis in die Gegenwart, München 2009, S. 674f.; *Andreas Wirsching*, Abschied vom Provisorium. Geschichte der Bundesrepublik Deutschland 1982–1990, München 2006, S. 325f.; *Edgar Wolfrum*, Die geglückte Demokratie. Geschichte der Bundesrepublik Deutschland von ihren Anfängen bis zur Gegenwart, Stuttgart 2006, S. 411. Siehe zum sozialwissenschaftlichen Forschungsstand insbesondere die Reihe »Ergebnisse sozialwissenschaftlicher Aids-Forschung«, herausgegeben von *Wolfgang Heckmann*, *Hans Jäger* und *Rolf Rosenbrock*. Für die Kultur- und Medienwissenschaften vor allem: *Brigitte Weingart*, Ansteckende Wörter. Repräsentationen von Aids, Frankfurt am Main 2002; *Petra Eiden/Klaus Schönbach*, Aids erreicht Deutschland. Die Bild-Zeitung und die Furcht vor einer neuen Seuche – eine Fallstudie, in: Publizistik 52, 2007, S. 524–538. Vgl. aus politikwissenschaftlicher Perspektive: *Raimund Geene*, AIDS-Politik. Ein Krankheitsbild zwischen Medizin, Politik und Gesundheitsförderung, Frankfurt am Main 2000.
7 Vgl. *Hans Maier*, Fortschrittsoptimismus oder Kulturpessimismus? Die Bundesrepublik Deutschland in den 70er und 80er Jahren, in: VfZ 56, 2008, S. 1–17, hier: S. 7.
8 *Werner Faulstich*, Gesellschaft und Kultur der siebziger Jahre. Einführung und Überblick, in: ders. (Hrsg.), Die Kultur der 70er Jahre, München 2004, S. 7–18, hier: S. 13.
9 Zum Konzept der »Wende«: *Wirsching*, Abschied vom Provisorium, S. 49–55.

führte, war eine Dokumentation über eine Handvoll ominöser Krankheitsfälle. Am Anfang jener »kollektiven Hysterie«[10], die im ersten Drittel der 1980er Jahre Westdeutschland erfasste, stand ein unscheinbarer 47-zeiliger Bericht, den die »Centers for Disease Control and Prevention« (CDC) im Juni 1981 veröffentlichten: Laut der US-Seuchenschutzbehörde waren zwischen Oktober 1980 und Mai 1981 fünf junge Männer mit einer äußerst seltenen Form von Lungenentzündung namens Pneumocystis carinii Pneumonie (PCP) und Pilzinfektionen in unterschiedlichen Kliniken im Raum Los Angeles behandelt worden.[11] Die CDC konnten sich die Erkrankungen, die in zwei Fällen bereits zum Tod geführt hatten, nicht erklären. Querverbindungen zwischen den Patienten waren nicht auszumachen. Allerdings stach hervor, dass alle Männer homosexuell waren. Nur einen Monat später erschien ein zweiter Bericht, wonach New Yorker Ärzte in den vorangegangenen drei Jahren bei 26 Homosexuellen eine bösartige Hautgeschwulst namens Kaposi-Sarkom (KS) diagnostiziert hatten. Die Patienten seien spätestens zwei Jahre nach dem Auftreten der ersten Hautknoten verstorben.[12]

Schnell schoss die Zahl vergleichbarer Fälle in die Höhe. Der CDC-Epidemiologe Harold Jaffe reiste mit einem Team in die »Homosexuellen-Hochburg« San Francisco, um sich ein Bild über die Lage zu verschaffen. Dort angekommen erschrak er: »I was struck by how sick these young men were. They were severely wasted, those with PCP were on ventilators in intensive care units and those with KS were covered with purplish skin lesions.«[13] Im Herbst 1981 hatten die CDC bereits 100 kranke Homosexuelle registriert, im Juni 1982 dann auch Frauen, heterosexuelle Männer, Bluter und Kleinkinder.[14] Bis Mitte der 1980er Jahre stieg die Betroffenenzahl auf 13.280 an.[15]

In der Bundesrepublik blieben diese Meldungen nicht unbemerkt. Einer der ersten Artikel stammte aus der Redaktion des Magazins »Der SPIEGEL«. Mitte 1982 berichtete er vom »Schreck von drüben«, einer unbekannten Bedrohung, die sich unaufhaltsam auf Europa zubewege.[16] In Barcelona und Kopenhagen hätten sich bereits Kranke in ärztliche Behandlung begeben. Derweil registriere man in den USA jeden Tag einen neuen Patienten mit Kaposi-Sarkom. Dass die Diskussion über Aids von Anfang an von einem Diskurs über Moral begleitet wurde, verdeutlichten die Äußerungen eines Berliner Experten. »Vielleicht ist das die Lustseuche des 20. Jahrhunderts, nur nicht so harmlos«, zitierte der SPIEGEL den Bakteriologen Professor Franz Fehrenbach, der noch hinzufügte: »Für die Homosexuellen hat der Herr immer eine Peitsche parat.«[17]

Neben den Massenmedien machte die westdeutsche Ärzteschaft auf die Aids-Gefahr aufmerksam. Im Februar 1983 erschien im Deutschen Ärzteblatt ein alarmierender Bericht aus der Feder Johanna L'age-Stehrs und Meinrad Kochs vom Bundesgesundheitsamt (BGA):

»Seit Mitte des Jahres 1981 werden von den Centers for Disease Control (CDC) der USA gehäuft Fälle von bisher unerklärbaren erworbenen Immundefekten [...] beobachtet. Besonders betroffen sind männliche Homosexuelle, Einwanderer aus Haiti, Abhängige von i. v. [intravenös] verabfolg-

---

10 *Martin Dannecker*, AIDS, in: 3sat (Hrsg.), 100 Wörter des Jahrhunderts, Frankfurt am Main 1999, S. 9–11, hier: S. 9.
11 *Michael S. Gottlieb et al.*, Pneumocystis Pneumonia – Los Angeles, in: Morbidity and Mortality Weekly Report, 5.6.1981.
12 *Ronald Bayer/David L. Kirp*, USA. Im Zentrum des Sturms, in: *David L. Kirp/Ronald Bayer* (Hrsg.), Strategien gegen Aids. Ein internationaler Politikvergleich, Berlin 1994, S. 23–73, hier: S. 28.
13 *Harold W. Jaffe*, The Early Days of the HIV-AIDS Epidemic in the USA, in: Nature Immunology 9, 2008, S. 1201–1203, hier: S. 1202.
14 Ebd., S. 1202f.
15 *Bayer/Kirp*, USA, S. 29.
16 Zum Folgenden: Schreck von drüben, in: Der SPIEGEL, 31.5.1982, S. 187–189.
17 Ebd., S. 189.

ten Suchtmitteln und Empfänger von Faktor-VIII-Konzentraten. Bis Ende November 1982 sind den CDC über 800 Fälle bekannt geworden. Die Erkrankungen beginnen schleichend und endeten bisher in etwa 50 Prozent letal.«[18]

L'age-Stehr und Koch informierten die Leser auch über erste Fälle von Aids im Bundesgebiet. Aufgrund der außergewöhnlich langen Inkubationszeit, so die düstere Prognose der Autoren, sei »damit zu rechnen, daß die Zahl der Fälle bei uns deutlich zunehmen wird«.[19] Nur wenige Monate später war der Ton in den Artikeln noch schärfer geworden. Ein Mediziner bezeichnete Aids als »Epidemie«[20] und das Ärzteblatt begann, das Bedrohungspotenzial der Krankheit durch bunte Abbildungen eindrücklich zu visualisieren. Im Sommer 1983 erschien auf dem Titelblatt ein Foto, das einen mit braunen Kaposi-Sarkomen übersäten Männertorso zeigte. Professor Rudolf Gross, Leiter der medizinisch-wissenschaftlichen Redaktion des Ärzteblatts, erklärte in der Juli-Ausgabe 1983, Aids habe inzwischen auf Deutschland »übergegriffen«.[21]

Trotz eindeutiger Kassandrarufe aus den Reihen der Ärzteschaft reagierte die Bundesregierung bis 1985 äußerst zurückhaltend auf die Aids-Bedrohung. Zwar kamen im Winter 1983 Gesundheitsexperten mit Vertretern des Bundesministeriums für Jugend, Familie, Frauen und Gesundheit in Bonn zusammen. Am Ende des Tages wurde jedoch protokolliert, dass gegenwärtig keine allgemeine Infektionsgefahr bestehe.[22] Ute Canaris, die Leiterin der 1967 eingerichteten Bundeszentrale für gesundheitliche Aufklärung (BZgA), bemerkte mit etwas zeitlichem Abstand zum Geschehen, dass die ersten Jahre, nachdem Aids aufgetreten war, in der Bundesrepublik einen Zeitraum darstellten, in dem »gesundheitspolitisch nichts Aufregendes oder Innovatives geschah«.[23]

Obwohl die Regierung 1983 tatsächlich keine umfassenden Maßnahmen zur Bekämpfung der Aids-Gefahr einleitete und sich – blickt man beispielsweise auf Schweden – vergleichsweise passiv verhielt, ist den Äußerungen von Canaris nur bedingt zuzustimmen. Die schwedische Regierung richtete 1985 eine Delegation ein, die in Windeseile Empfehlungen erarbeitete und diese ebenso schnell durchsetzen konnte. Sie forderte, Aids in das nationale Seuchengesetz aufzunehmen und die Rechte Infizierter zugunsten des Schutzes der Allgemeinheit einzuschränken.[24] In der DDR wurde man noch zwei Jahre eher aktiv und gründete eine »Ad-hoc-Arbeitsgruppe AIDS«. Derweil war man in der Bundesrepublik noch weit davon entfernt, bindende Entscheidungen zu treffen. Allerdings herrschte im Bonner Kabinett zunehmend die Auffassung, dass Aids ein Eingreifen des Staats erfordere und es nicht reiche, den für die Gesundheitsvorsorge und Gesundheitsversorgung zuständigen Ländern die alleinige Verantwortung zu überlassen. Zwar sollten auch die Landesregierungen Eigeninitiative zeigen, bestimmte Maßnahmen sollten hingegen durch die Regierung angestoßen werden. Jedoch scheute sich die Bundesregierung zu diesem Zeitpunkt davor, klar zu sagen, welches Gut angesichts der Bedrohung höher zu gewichten sei: die Interessen der Allgemeinheit oder die des kranken Individuums. Gewiss spielte hier, wie später der FDP-Bundestagsabgeordnete Norbert Eimer konze-

---

18 *Johanna L'age-Stehr/Meinrad A. Koch*, Unbekannter Krankheitserreger als Ursache von tödlich verlaufenden erworbenen Immundefekten, in: Deutsches Ärzteblatt 80, 1983, H. 7, S. 42–43.
19 Ebd., S. 42.
20 *Hans Jäger*, AIDS. Das Acquired Immune Deficiency Syndrome, in: Deutsches Ärzteblatt 80, 1983, H. 26, S. 23–32, hier: S. 23.
21 *Rudolf Gross*, AIDS. Neue Krankheit oder plurikausales Syndrom?, in: Deutsches Ärzteblatt 80, 1983, H. 26, S. 26.
22 Vgl. dazu und zum Folgenden: *Ute Canaris*, Gesundheitspolitische Aspekte im Zusammenhang mit AIDS, in: *Johannes Korporal/Hubert Malouschek* (Hrsg.), Leben mit AIDS – Mit AIDS leben, Hamburg 1987, S. 266–303, hier: S. 270.
23 Ebd., S. 268.
24 *Benny Henriksson/Hasse Ytterberg*, Schweden. Die Macht der moral(ist)ischen Linken, in: *Kirp/Bayer*, Strategien gegen Aids, S. 400–424, hier: S. 407.

dierte, Unsicherheit eine wesentliche Rolle. Eimer gestand in der Hochphase der parlamentarischen Auseinandersetzung mit Aids gegenüber seinen Kollegen, dass er »Angst vor einer falschen Entscheidung habe«.[25]

Geradezu paradigmatisch zeigte sich diese Unsicherheit im Sommer 1983, als das Thema »Aids« im Plenarsaal des Bundestags erstmals zur Sprache kam. Die SPD, die mit Blick auf internationale epidemiologische Studien die Immunschwächekrankheit nachdrücklich eine »Epidemie« nannte, fragte die Bundesregierung, was unternommen werde, um die Ausbreitung der Seuche zu stoppen und einer möglichen Diskriminierung Betroffener entgegenzuwirken.[26] In ihrer Antwort skizzierte die Parlamentarische Staatssekretärin Irmgard Karwatzki die bis dahin ergangenen Maßnahmen: Vordringlich seien für die Bundesregierung die Suche nach dem Krankheitserreger, Gesundheitsprävention durch Information der Bevölkerung und die Unterstützung homosexueller Selbsthilfeorganisationen, die in der Schwulenszene als Aufklärungsmultiplikatoren fungieren sollten. Durch deren Einbeziehung wollte die Regierung ein Zeichen der Solidarität setzen.

Während diese Maßnahmen allesamt Ausdruck einer liberalen, auf die Rechte des Bürgers bedachten Seuchenbekämpfungsstrategie waren, offenbarte der zweite Teil der Antwort indes jene innere Zerrissenheit, die die politische Landschaft der Bundesrepublik noch jahrelang kennzeichnete. Denn Karwatzki machte deutlich, dass gegebenenfalls auch traditionelle Maßnahmen des Seuchenschutzes zum Einsatz kommen könnten, und konstatierte: »§ 7 des Bundes-Seuchengesetzes gibt der Bundesregierung die Möglichkeit, die Meldepflicht übertragbarer Erkrankungen auszudehnen, soweit die epidemiologische Lage dies erfordert.«[27] Demzufolge schwebte das 1961 erlassene Bundesseuchengesetz, mit dem der Staat die Rechte des Individuums durch Ermittlungen, Zwangsuntersuchungen und Absonderungen massiv beschneiden konnte, wie ein Damoklesschwert über den Aids-Debatten.

Wenngleich die Regierung mit diesem Verweis eine hypothetische Verbindung zu traditionellen Formen der Seuchenbekämpfung herstellte, so war ihr unmittelbarer Handlungsreflex, von restriktiven Maßnahmen abzusehen, bemerkenswert innovativ. Vor allem die auf diesem Gebiet unbekannte Kooperation mit nicht staatlichen Stellen markierte einen deutlichen Bruch mit althergebrachten Reaktionen auf ernste Krankheitsbedrohungen. Damit öffnete die Regierung einen genuin staatlichen Aufgabenbereich – den Gesundheitsschutz – für private Organisationen und beteiligte die lange Zeit als Subkultur gesellschaftlich wie rechtlich diskriminierten Homosexuellen an Maßnahmen zur Eindämmung des HI-Virus. Namentlich der von Aktivisten der Schwulenbewegung 1983 gegründeten »Deutschen Aids-Hilfe e.V.« (DAH) kam eine Sonderstellung zu. Diese Organisation mit Sitz in Berlin stellte im Grunde eine aus der Not geborene Protestgruppe dar, deren Ziel es war, der Diskriminierung erkrankter Homosexueller Widerstand zu leisten und auf tendenziöse Medienberichte mit einer Art »Gegenaufklärung« zu antworten.[28] Die DAH als Institution war ein Novum, ihre Vorgehens- und Arbeitsweise indes hatte Tradition: Ihre Mitglieder nutzten die Erfahrungen der Schwulenbewegung und nahmen sich gesundheitspräventive Strategien in den USA zum Vorbild. Die DAH bediente sich damit einer bereits existierenden Infrastruktur. Überdies profitierte sie von einer ebenso alten, in der Szene etablierten Diskussionskultur, deren zentrales Thema seit jeher Sexualität gewesen war. Nach Meinung prominenter Soziologen bot sich dadurch ein »unvergleichbar größeres Mobilisierungspotential zur selbsthelfenden und ehrenamtlichen Arbeit in der Subkultur als dies für andere Selbsthilfegruppen im Gesundheitsbereich zur

---

25 Deutscher Bundestag, Plenarprotokoll, 10. Wahlperiode, Nr. 246, 13.11.1986, 19095 A.
26 Zum Folgenden: Deutscher Bundestag, Drucksachen, 10. Wahlperiode, Nr. 174, 17.6.1983, S. 20f.
27 Ebd., S. 21.
28 Vgl. *Geene*, AIDS-Politik, S. 230. Das Name »DAH« rekurrierte auf die Deutsche Krebshilfe.

Verfügung stand«.²⁹ Die DAH besann sich dementsprechend auf Präventionsmaßnahmen, die Schwulengruppen in amerikanischen Großstädten während der frühen 1970er Jahre erprobt hatten. Rat suchenden Homosexuellen waren dort von Aktivisten Informationen über Krankheiten wie Syphilis oder Hepatitis angeboten worden. Anfang der 1980er Jahre entstanden daraus die »Gay Men's Health-Crisis«-Projekte, die sich der Aids-Aufklärung widmeten.³⁰

Die DAH konnte bereits einige Monate nach ihrer Gründung einen bedeutenden Erfolg verbuchen. Im März 1985 luden die BZgA und das Robert Koch-Institut Medizinalbeamte, Kliniker, Sexualwissenschaftler und DAH-Mitarbeiter zu Gesprächen nach Bonn, um die Möglichkeiten einer Zusammenarbeit zu diskutieren.³¹ Gleich nach dem Treffen entschieden die Gesundheitsbehörden, die Verantwortung für die Aufklärung Homosexueller gänzlich in die Hände der DAH zu legen und ihre Arbeit finanziell zu fördern.³² Damit wurden, wie Rita Süssmuth 1987 treffend formulierte, auf dem Gebiet des staatlichen Seuchenschutzes »neue Wege« beschritten.³³

Weniger originell war indessen das staatliche Konzept der Aids-Prävention durch die Aufklärung der Bevölkerung – schließlich reichte die Idee der Gesundheitsvorsorge bis in die Vormoderne zurück.³⁴ Allerdings erlebte die Gesundheitsprävention erst im 20. Jahrhundert durch den Einsatz neuer Techniken (etwa Krankheitsstatistiken) einen bedeutenden Aufschwung: Weil seinerzeit die Ursachen für Krebs- oder Herzkrankheiten noch weitgehend im Dunkeln lagen, entwickelte sich nach dem Ersten Weltkrieg hinsichtlich bestimmter Krankheiten der Diskurs über kurative Methoden hin zu einer Diskussion über Präventivmaßnahmen. Am Vorabend des Zweiten Weltkriegs war es dann der Mediziner Alfred Grotjahn, der auf Basis sozialhygienischer Konzepte konkrete Vorsorgemodelle entwickelte; deren Grundgedanken fanden sich später teilweise in radikalisierter Form in der nationalsozialistischen Erbgesundheitspolitik wieder. Nach dem Krieg materialisierte die WHO den Präventionsgedanken in Form diverser Deklarationen.

In der Bundesrepublik setzte seit den 1950er Jahren ein durch die Risikofaktoren-Forschung der Herzkreislaufmedizin bedingter Popularisierungsschub gesundheitspräventiver Maßnahmen ein. Entsprechende Kampagnen, beispielsweise gegen das Rauchen, machten dem Bürger bewusst, dass er für seine Gesundheit selbst verantwortlich war. Ein Signum jenes aufstrebenden Präventionsdiskurses, der das »präventive Selbst«³⁵ hervorbrachte, war die Gründung der BZgA im Jahr 1967. Sie sollte Informationen über die Gesundheitsvorsorge bereitstellen.³⁶ Des Weiteren betonte (aus medizinischen, aber auch aus finanziellen Gründen) seit Mitte der 1970er Jahre die Gesundheitsministerkonferenz der Länder (GMK) die Notwendigkeit einer breit angelegten »Gesundheitserziehung« und drängte auf eine Kooperation zwischen Staat und nicht staatlichen Organisationen. Just

---

29 *Peter Raschke/Claudia Ritter*, Eine Großstadt lebt mit Aids. Strategien der Prävention und Hilfe am Beispiel Hamburgs, Berlin 1991, S. 126.
30 Vgl. *Philip M. Kayal*, Bearing Witness. Gay Men's Health Crisis and the Politics of AIDS, Boulder 1993.
31 Vgl. *Canaris*, Gesundheitspolitische Aspekte, S. 273.
32 Die Arbeit der DAH wurde 1985 zunächst mit rund 300.000 DM gefördert, 1986 mit zwei Millionen DM und 1987 mit acht Millionen DM; vgl. ebd.
33 *Süssmuth*, AIDS, S. 101.
34 Zum Folgenden: *Martin Lengwiler/Jeannette Madarász*, Präventionsgeschichte als Kulturgeschichte der Gesundheitspolitik, in: *dies.* (Hrsg.), Das präventive Selbst. Eine Kulturgeschichte moderner Gesundheitspolitik, S. 11–28, hier: S. 18–23.
35 Ebd., S. 16.
36 Vgl. dazu und zum Folgenden: *Peter Franzkowiak* (Hrsg.), Dokumente der Gesundheitsförderung. Internationale und nationale Dokumente und Grundlagentexte zur Entwicklung der Gesundheitsförderung im Wortlaut und mit Kommentierung, Mainz 1998, S. 41f., 48–51 und 151ff.

in dem Moment, als in der Bundesrepublik die Berichterstattung über Aids einsetzte, unterstrich die GMK einmal mehr den Stellenwert der Prävention – und überdies die Notwendigkeit, »Laien« und Selbsthilfegruppen an Konzeptentwicklungen zur Gesundheitsförderung zu beteiligen. Das Kabinett griff diese Empfehlung vor dem Hintergrund der Aids-Gefahr Anfang der 1980er Jahre auf.

Darüber hinaus schienen die staatlichen Anti-Aids-Maßnahmen noch auf ein anderes Ereignis zu rekurrieren: Faktisch setzte die Bundesregierung im Sommer 1983 um, was Helmut Kohl in seiner Regierungserklärung von 1982 zur politischen Losung erklärt hatte. Um der »geistig-moralischen Krise« in der Bundesrepublik wirksam zu begegnen, so führte der neue Bundeskanzler aus, müssten sich »Freiheit, Dynamik und Selbstverantwortung neu entfalten können« und »Werte« hochgehalten werden. Deshalb müsste »Frieden« als Aufgabe der Rechtsordnung verstanden und die freiheitliche Ordnung gestärkt werden.[37] Ob nun von Kohl, der erstaunlicherweise in seiner Autobiografie[38] kein Wort über Aids verliert, beabsichtigt oder nicht: Im Rahmen der Aids-Bekämpfung avancierte ein Grundelement gesellschaftlichen Zusammenlebens zur Maxime. Dieses passte sich auf gleichsam natürliche Weise in sein politisches Konzept der »geistig-moralischen Wende« ein und lautete: »Vertrauen«.

Wie Ute Frevert herausarbeitete, hat eine Politik des Vertrauens bestimmte Regeln zu achten, um zu bestehen. Dazu zählt insbesondere der Verzicht auf Gewalt, denn nur auf diese Weise lässt sich laut Frevert ein Gefühl von Sicherheit und Vertrauen festigen.[39] In der Situation des Jahres 1983 legte die Bundesregierung den Grundstein eines solchen Vertrauensverhältnisses zwischen Staat und Bürgern durch die Beteuerung, vorerst auf eine namentliche Meldepflicht zu verzichten und alles Erdenkliche zu tun, um die Diskriminierung Betroffener zu unterbinden. Wenn man dies auch nicht explizit kommunizierte, so verbarg sich dahinter doch das Ziel, das Grundgesetz streng zu achten und die Anwendung des Bundesseuchengesetzes lediglich als Ultima Ratio anzusehen. Die daraus resultierende Politik des Vertrauens hatte allerdings eine Einschränkung: Denn nur solange der Vertrauensvorschuss des Staats in die Bürger – welcher darauf basierte, durch Aufklärung freiwillige Verhaltensänderungen herbeizuführen – Erfolg versprach, rangierte das liberale Konzept vor restriktiven staatlichen Kontrollmaßnahmen. Insofern war das Vertrauensverhältnis zwischen Bürger und Staat keines auf Augenhöhe, sondern ein asymmetrisches. Denn die Regierung konnte jederzeit auf das Bundesseuchengesetz zurückgreifen und vermeintliche Fehlentscheidungen korrigieren. Da sich hier Neues mit Altem verband, erinnert diese Vorgehensweise an das »›progressiv‹-konservative«[40] Krisenbewältigungskonzept, das Helmut Kohl schon 1982 mit seiner Idee der »Wende« konturiert hatte.

Bei den Oppositionsparteien im Bundestag und einigen Wissenschaftsjournalisten trafen die teils nebulösen Aussagen der Bundesregierung und ihr zwischen einer liberalen und restriktiven Maßnahmenpolitik schwankender Kurs auf wenig Gegenliebe. In »bild der wissenschaft« tadelte Justin Westhoff deutlich »Die ratlose Republik«.[41] Der SPD und den Grünen erschienen die Äußerungen der Regierung insgesamt zu verhalten, ihr Handeln zu zögerlich. Vor allem Letztere verstärkten im Laufe des Jahres 1984 den Druck auf das Kabinett. Die »Gefährlichkeit der AIDS-Erkrankung« stellte für die Grünen einen

---

37 Regierungserklärung des Bundeskanzlers am 13.10.1982, Deutscher Bundestag, Plenarprotokoll, 9. Wahlperiode, Nr. 121, 13.10.1982, 7215 D, 7223 D–7224 C.
38 *Helmut Kohl*, Erinnerungen 1982–1990, München 2005.
39 *Ute Frevert*, Vertrauen – eine historische Spurensuche, in: *dies.* (Hrsg.), Vertrauen. Historische Annäherungen, Göttingen 2003, S. 7–66, hier: S. 38.
40 *Wirsching*, Abschied vom Provisorium, S. 51.
41 *Justin Westhoff*, Zwischen Hysterie und Abwiegelei. Die ratlose Republik, in: bild der wissenschaft 1985, H. 12, S. 88–94, hier: S. 88.

»hinreichenden Grund« dar, um die Mittel für Aids-Forschungsprojekte zu verdreifachen.[42] Außerdem forderten sie eine klare Stellungnahme der Regierung zur Frage der anonymen und namentlichen Meldepflicht sowie zur Anwendung des Bundesseuchengesetzes.[43] Die SPD beklagte die Trägheit des Kabinetts und wollte erfahren, wann man »endlich eine umfassende und bundesweite Aufklärungskampagne« für die Bevölkerung starte. Die entsprechenden Antworten blieb die Regierung Kohl den Parlamentariern in ihrem ersten Jahrfünft allerdings häufig schuldig.[44] Denn zusammengenommen waren die Anfang der 1980er Jahre in die Wege geleiteten Maßnahmen nicht mehr als ein hastig gezimmertes Provisorium, das sich in den Folgejahren erst noch bewähren musste.

II. DIE ENTSTEHUNG DER BONNER AIDSPOLITIK

Im Jahr 1985 nahm die parlamentarische Auseinandersetzung über die Immunschwächekrankheit deutlich an Fahrt auf. Grund hierfür war zum einen der von den Medien ausgeschlachtete Tod des berühmten US-Schauspielers Rock Hudson, dessen Homosexualität nun publik wurde und der als erstes prominentes Aids-Opfer in die Geschichte einging. Zum anderen schürten in den Reihen der SPD und der Grünen steigende Fallzahlen die Sorge um eine explosionsartige Ausbreitung des Virus im Bundesgebiet. Diskussionsbedarf bot ferner der HIV-Antikörpertest, mit dem Ärzte die Infektion diagnostizieren konnten.[45] Mit seiner Markteinführung 1984 gingen Fragen einher, die auf die Möglichkeiten und Grenzen staatlicher Einflussnahme zielten: Sollte die Bundesregierung sogenannte Massen-Screenings durchführen? Sollten Angehörige der Hauptbetroffenengruppen (Homosexuelle, Drogensüchtige, Prostituierte) gar zwangsweise getestet werden? Aber auch andere Fragen kamen auf, etwa die des Datenschutzes. Medienberichten zufolge, so warfen die Grünen in die Debatte um das Für und Wider bestimmter Testszenarien ein, hätten Bundesbürger, sobald ihre Infizierung bekannt geworden sei, ihren Arbeitsplatz verloren. Woanders hätten Ärzte ihre Schweigepflicht gebrochen und Dritte über den Gesundheitsstatus ihrer Patienten informiert. Obwohl die Fraktionen erneut auf klare Entscheidungen drängten, hüllte sich die Regierung abermals in Schweigen.[46]

Daraufhin stellten Ende 1985 sämtliche Bundestagsfraktionen Anträge und forderten den Ausbau liberaler Schutzmaßnahmen.[47] Meldungen, wonach in der Bundesrepublik inzwischen rund 350 Menschen an Aids erkrankt seien, drängten ihrer Meinung nach zur Eile und zu einem entschlossenen Handeln. Im November 1986 legte der zuständige Bundestagsausschuss für Jugend, Familie, Frauen und Gesundheit eine Beschlussempfehlung vor, die den Forderungen der SPD, FDP und CDU/CSU Rechnung trug.[48] Monate zuvor hatte der Ausschuss den Kreis sachkundiger Berater weiter geöffnet und neben Medizinern und Selbsthilfegruppen erstmals auch Vertreter der Prostituiertenorganisation »Hydra« zu einer Anhörung geladen. Die Beschlussempfehlung sprach sich für eine Intensivierung der Forschung und eine flächendeckende Aufklärung der Bürger aus, wobei die Arbeit der Selbsthilfegruppen gezielt zu fördern sei. Des Weiteren adressierte der Aus-

---

42 Deutscher Bundestag, Drucksachen, 10. Wahlperiode, Nr. 2430, 26.11.1984.
43 Deutscher Bundestag, Drucksachen, 10. Wahlperiode, Nr. 2473, 26.11.1984.
44 Vgl. Deutscher Bundestag, Drucksachen, 10. Wahlperiode, Nr. 2588, 7.12.1984, S. 24f.; Nr. 3736, 16.8.1985, S. 29.
45 Vgl. *Rolf Rosenbrock*, Der HIV-Antikörper-Test. Medizinische und gesundheitspolitische Probleme, in: *Volkmar Sigusch* (Hrsg.), AIDS als Risiko. Über den gesellschaftlichen Umgang mit einer Krankheit, Hamburg 1987, S. 170–190.
46 Deutscher Bundestag, Drucksachen, 10. Wahlperiode, Nr. 4236, 13.11.1985.
47 Deutscher Bundestag, Drucksachen, 10. Wahlperiode, Nr. 4071, 23.10.1985; Nr. 4516, 10.12.1985.
48 Deutscher Bundestag, Drucksachen, 10. Wahlperiode, Nr. 6299, 4.11.1986.

schuss an die Bundesregierung die Forderung, die medizinische und psychosoziale Versorgung von Infizierten und Erkrankten sicherzustellen. Der Kampf gegen Aids, so das nüchtern-sachliche Fazit der Empfehlung, habe nur über den Weg einer engen Kooperation zwischen Bürgern und Staat Aussicht auf Erfolg. »Freiwilligkeit, Eigenverantwortlichkeit und Kooperationsbereitschaft«[49] müssten die Maximen einer zukünftigen Aidspolitik sein. Zwangsmaßnahmen wurden hingegen als kontraproduktiv verworfen. Sie würden lediglich bewirken, dass Betroffene »untertauchen« und ihnen der Zugang zu einer medizinischen Versorgung verwehrt bliebe. Vielmehr sei es Aufgabe der Bundesregierung, einen gesellschaftlichen Lernprozess zu initiieren, um den Bürgern die Risiken ihres Verhaltens bewusst zu machen. Denn nur so könnten sich diese eigenverantwortlich schützen: »Jeder muß lernen, daß die Vermeidung risikoträchtiger Verhaltensweisen Schutz gegen Infektionen bedeutet.«[50] Durch eine umfassende Aufklärungskampagne, so hieß es ungleich drastischer in einer späteren Koalitionsvereinbarung 1987, sollte den Bürgern die »Notwendigkeit von Verhaltensänderungen ›eingehämmert‹ werden«.[51]

Dass das Parlament im November 1986 der Beschlussempfehlung zustimmte, war nicht allein pragmatischen Überlegungen geschuldet – schließlich konnte der Staat seine Bürger nicht permanent überwachen. Es war ebenso die deutsche Geschichte, die eine Rolle spielte. Vor der Abstimmung im Bundestag äußerte der FDP-Abgeordnete Norbert Eimer, dass sich hinter dem »Nein« seiner Partei zur namentlichen Meldepflicht »die Angst vor der neuen Diffamierung einer Gruppe, nämlich der Homosexuellen«, verberge.[52] Die FDP-Politiker waren jedoch nicht die einzigen, die solche Gedanken hegten: Bereits im Mai 1985 hatte der Frankfurter Sexualwissenschaftler Volkmar Sigusch im Deutschen Ärzteblatt das Augenmerk der Leser auf den gesellschaftlichen und politischen Umgang mit Aids in der Bundesrepublik gelenkt. Er hatte gehört, die Bundesregierung überlege, ein »Gesetz zur Bekämpfung übertragbarer Krankheiten durch Intimkontakte« zu erlassen.[53] Über dieses Gesetzesvorhaben, das eine Untersuchungspflicht für sogenannte Ansteckungsverdächtige und Verhaltensregeln für HIV-Infizierte normieren sollte, äußerte Sigusch scharf, es erinnere ihn an die Homosexuellenverfolgung im ›Dritten Reich‹. »Es ist ein alarmierendes Zeichen«, so der Sexualwissenschaftler, »wenn sich eine Gesellschaft von noch so verständlichen Ängsten überschwemmen läßt und Maßnahmen diskutiert, die an den Umgang mit Kranken in barbarischen Gesellschaften erinnern«.[54] Entsprechende Schlüsse zog auch Rita Süssmuth in ihrer Publikation »AIDS. Wege aus der Angst«, die 1987 die Hysterie in der Bundesrepublik dämpfen sollte. Mit Blick auf die deutsche Vergangenheit warnte die Bundesgesundheitsministerin eindringlich vor der Einführung von Zwangsmaßnahmen für bestimmte Teile der Gesellschaft: »In den Jahren 1933 bis 1945 herrschte ein Schreckensregime, das Diskriminierung und Ermordung betrieb. Wir sollten alles tun, um vergleichbare Geschehnisse zu verhindern.«[55] Die Verfolgung und Ermordung von Homosexuellen während des Nationalsozialismus erwies sich somit als ein einflussreicher Bezugspunkt politischen Handelns. Der Verweis auf das ›Dritte Reich‹ gab den Diskussionen über Aids eine spezifisch national-historische Tiefendimension und schloss die Debatte an die seit 1945 andauernde Phase ver-

---

49 Ebd., S. 7.
50 Ebd., S. 3.
51 Koalitionsvereinbarung »Maßnahmen zur Bekämpfung von AIDS«, Bonn, 9.3.1987, zit. nach: *Günter Frankenberg*, AIDS-Bekämpfung im Rechtsstaat. Aufklärung, Zwang, Prävention, Baden-Baden 1988, S. 159–162, hier: S. 159.
52 Deutscher Bundestag, Plenarprotokoll, 10. Wahlperiode, Nr. 246, 13.11.1986, 19095 C.
53 Dazu und zum Folgenden: *Volkmar Sigusch*, Ein neues Kapitel der Homosexuellenverfolgung?, in: Deutsches Ärzteblatt 82, 1985, H. 18, S. 1324–1325.
54 Ebd., S. 1325.
55 *Süssmuth*, AIDS, S. 95.

gangenheitspolitischer Auseinandersetzung mit der NS-Zeit an. Aus dem Schatten der Geschichte zu treten und sich von der Last des Nationalsozialismus zu befreien, schien der Bundesregierung in den 1980er Jahren unmöglich.

Schließlich verständigten sich die Parteien 1987 auf eine Koalitionsvereinbarung »Maßnahmen zur Bekämpfung von AIDS« und ein »Sofortprogramm der Bundesregierung zur Bekämpfung von AIDS«. Beides zusammen markierte den Beginn der bundesdeutschen »Aidspolitik«. Die Papiere bereiteten dem Zickzackkurs der Bundesregierung ein Ende, stießen wichtige Institutionalisierungsprozesse an und schufen konkrete Vorgaben zur Bekämpfung der Immunschwächekrankheit.

Die Politik reagierte damit nicht zuletzt auf die anhaltende Kritik der Ärzteschaft. Professor Rudolf Gross hatte 1985 die Trägheit der Bonner Politiker scharf getadelt; sie hätten Aids reichlich »verspätet« als politisches Thema entdeckt.[56] Die Frankfurter Allgemeine Zeitung veröffentlichte fast zeitgleich zur Koalitionsvereinbarung im März 1987 ein kritisches Memorandum leitender Ärzte des Universitätsklinikums Essen:

»Die meisten Gesundheitspolitiker sind offensichtlich seuchenhygienisch fehlberaten worden oder noch nicht bereit, die notwendigen Maßnahmen durchzusetzen. Es fehlt ein umfassendes seuchenhygienisches Konzept, das möglichst schnell in die Tat umgesetzt werden muß, ungeachtet dessen, was andere Regierungen tun oder lassen.«[57]

Angesichts der »bevorstehende[n] Katastrophe«, so die Ordinarien, dürfe sich der Staat nicht davor scheuen, die Grundrechte seiner Bürger einzuschränken. Effizient seien allein eine namentliche Meldepflicht, ein Screening großer Bevölkerungsteile und zwangsweise HIV-Tests in Justizvollzugsanstalten und Krankenhäusern.

Mit ihrer Koalitionsvereinbarung und ihrem Sofortprogramm erteilten Parlament und Regierung den öffentlichen Forderungen nach strengen Schutzmaßnahmen jedoch eine Absage.[58] Die Aufklärung der Bevölkerung, damit die Bürger sich eigenverantwortlich vor Infektionen schützen könnten, sollte Vorrang vor seuchenrechtlichen Eingriffen haben. Allein wenn Personen rücksichtslos die Gesundheit anderer gefährdeten, sollte der Staat hart eingreifen und das Bundesseuchengesetz anwenden.[59] Trotzdem herrschte Mitte der 1980er Jahre im Parlament weiterhin Unsicherheit und Beratungsbedarf, wie forcierte Institutionalisierungsprozesse andeuteten. So avancierte der Nationale AIDS-Beirat – ein unabhängiges interdisziplinäres Expertengremium, das sich fortan für einen liberalen Umgang mit Infizierten und den Abbau von Angst und Diskriminierung einsetzte[60] – zu einer wichtigen Beratungsinstanz der Politik. Das Sofortprogramm der Bundesregierung sah weiter die Bereitstellung von »AIDS-Fachkräften«, die in Gesundheitsämtern über Aids aufklären und vor Ort Informationskonzepte entwickeln sollten, vor, sowie den Einsatz von Streetworkern, die vor allem zu Drogenabhängigen ein Vertrauensverhältnis aufbauen sollten. Jährlich stand für das Sofortprogramm ein Fördervolumen in Höhe von 135 Millionen DM zur Verfügung.

Mit den Vereinbarungen des Frühjahrs 1987 verknüpfte die Politik schließlich die bis dahin noch lose nebeneinanderstehenden Ideen der Vorjahre und schuf ein erstes einheitliches und liberales Anti-Aids-Programm. Einvernehmlich war als Ziel dieser Aidspolitik formuliert worden, »den einzelnen [zu] befähigen, ein verantwortungsbewußtes Verhal-

---

56 *Rudolf Gross*, AIDS und kein Ende, in: Deutsches Ärzteblatt 82, 1985, H. 38, S. 2722–2723, hier: S. 2722.
57 Dazu und zum Folgenden: *Klaus Dietrich Bock/Günter Brittinger/Harald Goebell* u. a., Aids – Zusehen oder handeln?, in: Frankfurter Allgemeine Zeitung, 10.3.1987, S. 9.
58 Koalitionsvereinbarung »Maßnahmen zur Bekämpfung von AIDS«, Bonn, 9.3.1987, abgedr. in: *Frankenberg*, AIDS-Bekämpfung, S. 159–162.
59 Vgl. Deutscher Bundestag, Drucksachen, 11. Wahlperiode, Nr. 54, 13.3.1987, S. 14.
60 Bundesministerium für Gesundheit (Hrsg.), Voten des Nationalen AIDS-Beirates (NAB) 1987–1993, Bonn 1993.

ten zum Schutz vor eigener und fremder Ansteckung zu entwickeln und zu stabilisieren«.[61]

III. ALLEINGÄNGE, ÖFFNUNG UND REFORMVERSUCHE

Der politische Konsens war jedoch nur von kurzer Dauer, denn nicht alle Bundesländer wollten letztlich das Konzept der Koalitionsvereinbarung tragen. Für die Regierung des Freistaats Bayern stellte die liberale, auf Vertrauen basierende Aidspolitik keine realistische Handlungsoption dar, weshalb sie ein eigenes Gesamtkonzept entwarf, das fortan als »bayerische Linie« firmierte und international Aufmerksamkeit erregte. »AIDS registration becoming a political issue in Germany« titelte 1987 sogar das renommierte Wissenschaftsmagazin »nature«.[62] Im fernen Köln, einer Stadt mit einer ausgeprägten Schwulenszene und tolerantem Klima, berichtete eine Lokalzeitung derweil im Februar 1987 entrüstet:

»Die bayerische Landesregierung hat am Mittwoch im Alleingang rigorose Maßnahmen gegen die Ausweitung der tödlichen Immunschwächekrankheit Aids beschlossen. Bei ›Ansteckungsverdächtigen‹ können ab sofort Tests zwangsweise angeordnet werden. Kommen Betroffene einer Vorladung nicht nach, droht ihnen die polizeiliche Vorführung. Strafgefangene und Untersuchungshäftlinge sollen vor Haftantritt, Bewerber für den Staatsdienst vor ihrer Einstellung untersucht werden.«[63]

Anregungen für dieses restriktive Programm hatte sich die bayerische Staatsregierung hinter der deutsch-deutschen Grenze geholt. Im Mai 1986 war eine Kooperationsvereinbarung mit Ostberlin, wo die Zahl der HIV-Infizierten und Aids-Kranken im einstelligen Bereich lag, zustande gekommen. Aus Sicht des Freistaats war es dem Ministerium für Gesundheitswesen der DDR gelungen, die richtigen Vorkehrungen zu treffen.[64] Zwar wollte die SED-Regierung in den Anfangsjahren der Aids-Bedrohung ausschließlich mit sozialistischen Ländern kooperieren. Weil jedoch Ärzte in Großstädten wie Berlin oder Leipzig seit 1987 betonten, »AIDS stell[e] für alle Länder eine ernsthafte Bedrohung dar« und entwickele sich zu einer »Pandemie«, öffneten die Universitätskliniken der DDR ihre Konferenzräume bald für westdeutsche Wissenschaftler.[65] Neben Vereinbarungen mit Bayern kam es in der zweiten Hälfte der 1980er Jahre zu Abkommen mit dem Saarland und Gesprächen mit Vertretern der Bundesregierung.[66] Ein charakteristisches Ergebnis dieses deutsch-deutschen Wissenschaftstransfers war die Übernahme des bekannten BZgA-Slogans »Gib AIDS keine Chance« durch das Deutsche Hygiene-Museum

---

61 »Sofortprogramm der Bundesregierung zur Bekämpfung von AIDS«, Bonn, 23.3.1987, abgedr. in: *Frankenberg*, AIDS-Bekämpfung, S. 163–168, hier: S. 163.
62 *Jürgen Neffe*, AIDS Registration Becoming a Political Issue in Germany, in: nature 325, 1987, S. 650.
63 In Bayern jetzt Zwang zu Aids-Test, in: Kölner Stadtanzeiger, 26.2.1987.
64 Vereinbarung zwischen der Bayerischen Staatsregierung und der Regierung der Deutschen Demokratischen Republik über die Zusammenarbeit auf dem Gebiet der AIDS-Forschung, o. D., Bundesarchiv (BArch), Berlin, DQ 1/12725. Anfang 1989 waren 55 infizierte DDR-Bürger bekannt. Vgl. *Henrik Bischof*, Gesellschaftspolitische Probleme im Realsozialismus. Aids, Prostitution, Drogen, Bonn 1989, S. 12.
65 Maßnahmeplan zur Realisierung der gesamtgesellschaftlichen Bekämpfungsstrategie von AIDS in der DDR, o. D., BArch, DQ 1/12727; Konzeption der HIV-/AIDS-Forschung in der DDR (Entwurf), 10.8.1987, BArch, DQ 1/13082.
66 Vgl. Berichterstattung über die Veranstaltung AIDS-Forum DDR – Saarland, 5.12.1987, BArch, DQ 1/12725; Bericht über den Besuch des Bundesministers für Jugend, Familie, Frauen und Gesundheit der BRD, Prof. Rita Süssmuth, in der DDR und Schlussfolgerungen für die weitere Zusammenarbeit, 31.5.1988, BArch, DY 30/3060.

in Dresden.⁶⁷ Des Weiteren führte die grenzüberschreitende Bedrohung in der Bevölkerung der DDR und der Bundesrepublik zu einem Gefühl der Verbundenheit: »Wenn ich so am Bahnhof Friedrichstraße den Einreiseverkehr sehe und unsere Berliner Nachtbars im Zentrum, dann meine ich, sind wir keineswegs sicherer als andere«, antwortete 1988 ein 25-jähriger DDR-Bürger auf eine Frage eines SPIEGEL-Journalisten.⁶⁸

Die DDR hatte frühzeitig Maßnahmen ergriffen, die zugunsten der Allgemeinheit die Freiheiten des kranken Individuums einschränkten: Seit 1983 gab es auf Grundlage des »Gesetzes zur Verhütung und Bekämpfung übertragbarer Krankheiten« eine namentliche Meldepflicht für HIV-Infizierte, darüber hinaus waren strenge Verhaltensanweisungen für Betroffene formuliert worden, deren Verstoß mit Geld- oder Freiheitsstrafen geahndet werden konnte, und schließlich verpflichtete der Staat ausländische Bürger, die sich länger in der DDR aufhalten wollten, ebenso zu einem HIV-Test wie die Insassen von Haftanstalten. Die Arbeitsgruppe AIDS entwarf unter der Leitung des Dermatologen Professor Niels Sönnichsen Konzepte zur Bekämpfung der Krankheit. Außerdem legte die Regierung ein Netz von Konsultationseinrichtungen über die DDR, publizierte Informationsmaterial für Ärzte, veranstaltete Fortbildungen und testete seit 1986 Blut-, Gewebe- und Organspenden auf HIV.⁶⁹

Die sich in all diesen staatlichen Maßnahmen spiegelnde Angst vor Aids kam nicht von ungefähr. Einerseits rief seit Beginn der 1980er Jahre die »Westpresse« mit ihren Berichten über Aids in der DDR-Bevölkerung Panikreaktionen hervor, andererseits hatte der erste Kontakt des SED-Staats mit einem Aids-Kranken nicht lange auf sich warten lassen: Im Dezember 1983 war ein Bürger der Bundesrepublik bei seinem Besuch der Leipziger Messe zusammengebrochen. In seiner Tasche fand sich ein Schreiben seines Arztes, auf dem die Diagnose »AIDS« vermerkt war.⁷⁰ Knapp zwei Jahre später meldete das Ministerium für Gesundheitswesen den ersten infizierten DDR-Bürger: ein Bühnentänzer aus Leipzig, der mit »ausländischen Bürgern« Sex gehabt habe.⁷¹ Gerade von Bürgern aus anderen Staaten ging nach Ansicht der Arbeitsgruppe AIDS eine besondere Bedrohung für die DDR aus. 16 der im Sommer 1986 bekannten 23 HIV-Träger stammten aus Uganda, Sambia, Burundi und Simbabwe.⁷² Im Frühjahr 1987 startete man schließlich eine Aufklärungskampagne. Weil Kondome Mangelware waren, appellierte die Regierung ebenso wie in der Bundesrepublik an das Verantwortungsbewusstsein der Bürger. Eine 1988 an Lehranstalten verteilte didaktische Handreichung benannte das Ziel: »Als Haupterkenntnis ist in jedem Fall herauszuarbeiten, daß der sicherste Schutz in der stabilen Partnerschaft besteht.«⁷³

Botschaften wie diese, die konservative Ansichten von einem gemeinsamen Zusammenleben unterstrichen, lagen mit den Vorstellungen der bayerischen Staatsregierung, allen voran mit denen des Staatssekretärs Peter Gauweiler, den die Presse zum seinerzeit wohl bekanntesten »Hardliner« machte, auf einer Linie. Beeindruckt durch das Vorgehen des SED-Staats veröffentlichte die Landesregierung im Mai 1987 eine Bekanntmachung zum »Vollzug des Seuchenrechts, des Ausländerrechts und des Polizeirechts«.⁷⁴

---

67 Deutsches Hygiene-Museum Dresden, Merkblatt »Gesundheitstipps«. Antworten auf Fragen zu AIDS, o. D., BArch, DQ 1/12722.
68 Offene Worte, in: Der SPIEGEL, 4.1.1988, S. 47 und 50, Zitat S. 47.
69 Medizinische Bekämpfungsstrategie – bisherige Aktivitäten –, o. D., BArch, DQ 1/12718.
70 Schreiben des Obermedizinalrats Dr. Theodor (Ministerium für Gesundheitswesen) an die Abteilung HA VII/L, 29.12.1983, BArch, DQ 1/12728.
71 Aktenvermerk: Klärung des erhobenen Verdachts einer Erkrankung an AIDS, o. D., BArch, DQ 1/12718.
72 HIV-Infektionen. Gegenwärtige Situation in der DDR, 31.8.1986, BArch, DQ 1/12727.
73 Ministerrat der Deutschen Demokratischen Republik, Unterrichtshilfe. Verhütung und Bekämpfung von AIDS-Infektionen, 1988, BArch, DQ 1/12727.
74 Abgedruckt in: *Frankenberg*, AIDS-Bekämpfung, S. 179–188.

Aidspolitik. Bonn und der Umgang mit einer neuen Bedrohung 247

Vier Monate später brachte Bayern drei Gesetzentwürfe in den Bundesrat ein und sprach damit der Bundesregierung die nötige Kompetenz zur Bekämpfung der Immunschwächekrankheit ab.[75] Die Dramatisierung der Aids-Bedrohung durch die Verfechter restriktiver Seuchenschutzmaßnahmen fand hier im Ruf nach der Anwendung des Bundesseuchengesetzes, nach namentlicher Meldepflicht, nach Tätigkeitsverboten und Zwangstests ihren Höhepunkt.

Bayerns Innenminister August Lang (CSU) warf im September 1987 im Bundesrat der Bonner Regierung »Verharmlosung« vor. Sie sei »Fehleinschätzungen« und »Selbsttäuschungen« erlegen. Das Gesundheitsministerium habe auf Aids zu spät beziehungsweise gar nicht reagiert. Deshalb gäbe es bald in der Bundesrepublik ein »Riesenheer infizierter Virusträger«. Weil ein umfassendes seuchenhygienisches Konzept fehle, habe Bayern ein »geschlossenes Gesamtkonzept zur Eindämmung der tödlichen Seuche« entwickelt. Die Inhalte der Koalitionsvereinbarung und des Soforthilfepakets widersprachen Langs Vorstellung von einem verantwortungsvollen Staat. In der Hoffnung, die übrigen Landesvertreter auf seine Seite zu ziehen, fragte er: »Müssen wir uns den Vorwurf machen lassen, wir hätten ungenutzt die Zeit verstreichen lassen und damit den tödlichen Risikofaktor mit unabsehbaren Folgen für Staat, die Gesellschaft und einzelne Betroffene unverantwortlich vervielfältigt?«[76] Außerdem argumentierte er, die Bundesregierung nehme ihre staatliche Schutzpflicht nur ungenügend wahr. Dass Aids für ihn eine willkommene Möglichkeit darstellte, gesellschaftliche Veränderungen herbeizuführen, verhehlte Lang nicht. Mit Blick auf das Münchener Rotlichtmilieu mit seinen Prostituierten und Callboys äußerte er entschlossen: »Wir sollten uns auf den Weg machen, ihnen das Handwerk zu legen.«[77]

Die übrigen Landesvertreter konterten, die bayerische Regierung verzerre die Realität. Hamburgs Senatorin Christine Maring (SPD), die sich 1983 mit dem Landesparlament auf einen liberalen Kurs verständigt hatte, bezeichnete die »bayerische Linie« als »inhuman«. Optimistisch und mit Vertrauen in den Staat und seine Bürger hielt sie Lang entgegen: »Es bleiben hier noch große Potentiale, die auszuschöpfen sind.«[78] Maring warf der bayerischen Regierung ferner ein falsches Verständnis von Sicherheit vor. Gegenwärtig könne Sicherheit nicht durch den Staat und administrativen Zwang gewährleistet werden, sondern »nur durch die Mobilisierung individueller Motivation. Dazu ist ein Klima des Vertrauens notwendig und auch […] Respekt vor anderen Lebensformen«.[79] Die Verantwortung für die eigene Gesundheit könne nicht vom Staat delegiert werden. Nur durch die Kooperation mit Infizierten sei die Gesellschaft zu schützen. Es habe sich gezeigt, dass der Großteil der Bevölkerung der Aufklärung gegenüber zugänglich und ein gesellschaftlicher Lernprozess im Gange sei. Bayern, so forderte Maring, müsse umdenken und sich von überkommenen Ordnungsvorstellungen lösen.

Tätigkeitsverbote, Meldepflicht und Bußgelder, argumentierte auch der rheinland-pfälzische Staatsminister Hans-Otto Wilhelm (CDU) sachlich, könnten bei Aids nichts bewirken: »Übertragungswege durch Sexualkontakte entziehen sich der staatlichen Kontrolle. Das ist auch gut so. Der Staat kann dem Bürger die höchstpersönliche Verantwortung für sein sexuelles Verhalten nicht abnehmen und ihn insoweit auch nicht sicher

---

75 Zum Folgenden vgl. Deutscher Bundesrat, Plenarprotokoll, 580. Sitzung, 25.9.1987, 294 C-307 D. Siehe auch Deutscher Bundesrat, Drucksachen, 293/87, 16.7.1987: Entwurf eines Gesetzes zur Aufklärung, Beratung und Hilfe bei der Bekämpfung der Immunschwächekrankheit AIDS (AIDS-Gesetz); Deutscher Bundesrat, Drucksachen, 294/87, 16.7.1987: Entwurf eines Gesetzes zur Änderung des Bundes-Seuchengesetzes.
76 Deutscher Bundesrat, Plenarprotokoll, 580. Sitzung, 25.9.1987, 297 B.
77 Ebd., 299 B.
78 Ebd., 299 D.
79 Ebd., 300 C.

schützen.«[80] Erfahrungen mit dem Geschlechtskrankheitengesetz aus dem Jahr 1953 hätten im Übrigen gezeigt, dass die Meldepflicht von Ärzten nur unzureichend erfüllt werde. Die Aidspolitik, so Wilhelms Fazit, müsse sich stets am »Grundsatz der Menschlichkeit« orientieren. Ferner pochte Nordrhein-Westfalens Minister Hermann Heinemann (SPD) auf »gesellschaftliche Solidarität«. Er kritisierte die »reaktionären Vorstellungen« und die »straffe Hand eines Ordnungspolitikers«, mit der Bayern sogenannte »unerwünschte Elemente« aus der Öffentlichkeit entfernen wolle.[81] Auch Prostituierte und Drogensüchtige seien »Opfer« des Virus, nicht »Täter«. Schließlich ermutigte Rita Süssmuth (CDU) die Landesregierungen, den Bürgern ein hohes Maß an Freiheit zuzugestehen und ihnen Vertrauen zu schenken: »Der Staat kann nicht für ›AIDS-Freiheit‹ garantieren; die Bürger selbst müssen ihr Verhalten ändern. Es ist absurd zu glauben, daß die Menschen ihr Verhalten bei Androhung von Geld- oder Gefängnisstrafen eher ändern als aus Angst vor Infektion und Tod.«[82] Das traditionelle Konzept eines patriarchalischen, strafenden Staats, so Süssmuths Argument, verfehle bei Aids seine Wirkung. Während sie damit früheren Regierungsstilen eine Absage erteilte, beharrte sie auf der Einhaltung des Grundgesetzes. Die Politik müsse den »Grundwerten unserer Gesellschaft auch angesichts einer Herausforderung verpflichtet [bleiben], wie sie AIDS darstellt«.[83]

Um die freiheitliche Ordnung gerungen wurde zur gleichen Zeit auch noch an anderer Stelle: Zwar hatte sich das Parlament mit der Koalitionsvereinbarung und dem Sofortprogramm zunächst auf eine gemeinsame liberale Linie verständigt, dennoch blieb die Ungewissheit, ob diese die ultimative Lösung des Aids-Problems darstelle. Nachdem sich im Frühjahr 1987 ein Alleingang Bayerns mehr und mehr abzeichnete und auch ärztliche Forderungen nach Zwangsmitteln nicht verstummten, hatten sämtliche Bundestagsfraktionen die Einsetzung eines aus Politikern, Wissenschaftlern und sonstigen Experten bestehenden Beratungsgremiums beantragt.[84] Eine Enquete-Kommission sollte, wie es im Antrag von Union und FDP hieß, einen »gründlichen und ernsthaften Beitrag«[85] zur politischen Diskussion leisten und weitere konkrete Empfehlungen zur Bekämpfung der Krankheit aussprechen. Dazu gehörte nach Ansicht der Antragsteller auch die »Prüfung administrativer und seuchenrechtlicher Maßnahmen«.[86] Durch die Verzahnung der Öffentlichkeit (in Gestalt externer Sachverständiger) mit der Politik sollte erreicht werden, dass die Entscheidungen der Enquete-Kommission nicht nur vom Parlament, sondern letztlich auch von der Bevölkerung mitgetragen wurden. Ein weiteres Mal – nachdem bereits die Hilfe der DAH in Anspruch genommen worden war und man Vertreter der Prostituiertenorganisation »Hydra« in Beratungen miteinbezogen hatte – öffnete sich die Politik, um externe Sachverständige an der Aids-Bekämpfung partizipieren zu lassen. Das Konzept der Politikberatung in Form einer Enquete-Kommission stammte aus der Ära Brandt. Die sozial-liberale Koalition hatte es als Instrument der gesellschaftlichen Demokratisierung, als ein Bindeglied zwischen Staat und Bürger, in den politischen Alltag implementiert.[87]

Die Anträge zur Einsetzung dieses Gremiums hatten gezeigt, dass weiterhin die Anwendung des Bundesseuchengesetzes als Option nicht gänzlich ausgeschlossen war. So wunderte es nicht, dass trotz der Koalitionsvereinbarung die Vertreter der Opposition

---

80 Ebd., 302 C-D.
81 Vgl. ebd., 303 B-304 B.
82 Ebd., 305 B-C.
83 Ebd., 307 C.
84 Deutscher Bundestag, Drucksachen, 11. Wahlperiode, Nr. 117, 31.3.1987; Nr. 120, 31.3.1987; Nr. 122, 1.4.1987.
85 Deutscher Bundestag, Drucksachen, 11. Wahlperiode, Nr. 120, 31.3.1987, S. 2.
86 Ebd., S. 1.
87 Vgl. *Geene*, AIDS-Politik, S. 143.

permanent fürchteten, die Regierung werde möglicherweise ihren 1987 eingeschlagenen Weg noch ändern. Mehrfach wollten SPD und Grüne im Laufe des Jahres deshalb wissen, ob die Bundesregierung auch in Zukunft an ihrer Ablehnung der namentlichen Meldepflicht festhalte.[88] Die BZgA-Leiterin Ute Canaris schätzte, dass die Koalitionsvereinbarung angesichts weiter steigender Fallzahlen und des in der Bevölkerung durchaus populären Vorgehens Bayerns fragil sei – immerhin sprach sich fast die Hälfte der Bundesbürger im Februar 1987 für eine namentliche Meldepflicht aus.[89] Mit Blick auf dieses Ergebnis fragte Canaris in einem Artikel besorgt: »Gesundheitspolitik oder Ordnungspolitik? Wie werden wir mit AIDS leben?«[90] Kryptische Antworten, wie etwa die eines Staatssekretärs auf die Frage, ob den Kabinettsmitgliedern das Vorgehen Bayerns zweckmäßig erscheine, trugen in dieser Situation kaum dazu bei, die Sorge vor einem seuchenpolitischen Kurswechsel zu zerstreuen. Dieser gab nämlich zu Protokoll: »Die Bundesregierung ist der Ansicht, daß zur Verhinderung der weiteren Verbreitung von AIDS eine Vielzahl von Maßnahmen erforderlich sind, die im Interesse ihrer Wirksamkeit die Besonderheiten dieser Krankheit berücksichtigen.«[91]

Seit Mitte 1987 war es nun an der Enquete-Kommission, die Folgen von Aids für die Gesellschafts- und Gesundheitspolitik zu diskutieren und konsensfähige Pläne zur Eindämmung der Immunschwächekrankheit zu entwickeln. Ein gutes Jahr verging, bis sie ihren Zwischenbericht präsentierte, der einerseits eine Wissensbestandsaufnahme zu verschiedenen Aspekten des Umgangs mit Aids darstellte, andererseits einen Katalog mit mehreren Dutzend Empfehlungen beinhaltete.[92] Die Kommission selbst war mit dem Ergebnis zufrieden: Ihrer Ansicht nach stellte der Bericht »das bislang problemangemessenste Dokument auf der Ebene zentralstaatlicher Gesundheitspolitik« dar.[93]

Obwohl das umfangreiche Manuskript einen in sich geschlossenen Eindruck machte, waren die Kommissionsmitglieder (neun Abgeordnete des Bundestags und acht Sachverständige[94]) während ihrer Beratungen nicht immer einer Meinung gewesen. So sprachen sich der Politologe Hans-Ulrich Gallwas sowie die Medizinprofessoren Wolfgang Spann und Nepomuk Zöllner 1988 etwa in einem Minderheitenvotum für »interventionistische Maßnahmen«[95] aus, sollten sich Infizierte als beratungsresistent erweisen und die Gesundheit anderer gefährden. Von einer Verurteilung wegen Körperverletzung, erklärten die Professoren, ginge keine hinreichend präventive Wirkung aus. Die Schaffung eines eigenen »AIDS-Gesetzes«, das detailliert Strafmaßnahmen normieren sollte, schien ihnen unumgänglich. Konsequenterweise forderten sie auch, die Möglichkeiten des Bundesseuchengesetzes auszuschöpfen.

Der Zwischenbericht bejahte dennoch die im Frühjahr 1987 vereinbarte Aidspolitik und setzte sich in sechs Kapiteln mit den gesellschaftlichen Folgen von Aids, seinen Über-

---

88 Vgl. Deutscher Bundestag, Drucksachen, 11. Wahlperiode, Nr. 274, 14.5.1987; Nr. 625, 21.7.1987.
89 *Edgar Piel*, AIDS. Was kann, was soll getan werden?, in: Therapiewoche 37, 1987, H. 23, S. 2199–2200, hier: S. 2200.
90 *Canaris*, Gesundheitspolitische Aspekte, S. 295.
91 Deutscher Bundestag, Drucksachen, 11. Wahlperiode, Nr. 934, 9.10.1987, S. 25.
92 Deutscher Bundestag, Drucksachen, 11. Wahlperiode, Nr. 2495, 16.6.1988.
93 Deutscher Bundestag, Plenarprotokoll, 11. Wahlperiode, Nr. 103, 27.10.1988, 7052 A.
94 Dies waren von der CDU/CSU-Fraktion: Karl Becker, Joseph-Theodor Blank, Norbert Geis, Hans-Peter Voigt (Vorsitzender); von der SPD-Fraktion: Margit Conrad, Achim Großmann (stellvertretender Vorsitzender), Renate Schmidt; von der FDP: Norbert Eimer und von den Grünen: Heike Wilms-Kegel. Als Sachverständige gehörten der Kommission an die Psychologin Sophinette Becker, der Bundesanwalt Manfred Bruns, der Politologe Hans-Ulrich Gallwas, die Medizinprofessoren Wolfgang Spann, Wolfgang Stille, Nepomuk Zöllner, Rolf Rosenbrock vom Wissenschaftszentrum Berlin und Dieter Riehl von der DAH.
95 Deutscher Bundestag, Drucksachen, 11. Wahlperiode, Nr. 2495, 16.6.1988, S. 129.

tragungswegen, epidemiologischen Fragen, der Primärprävention und dem Drogenkonsum auseinander. Vordringlich behandelten die Kommissionsmitglieder Fragen, die auf die Freiheit des Bürgers zielten, und diskutierten Möglichkeiten, einer Diskriminierung der Betroffenen entgegenzutreten. Diesbezüglich unterstrich die Arbeitsgruppe den gesellschaftlichen Wertepluralismus und die sexuelle Liberalisierung und betonte, dass die Politik beides bei ihren Maßnahmenkonzepten zu respektieren habe. Weil der Wunsch des Bürgers nach »totaler Sicherheit« nicht erfüllt werden könne, müsse der Staat einen »gesellschaftsweiten Lernprozess« initiieren und eine geeignete »Lernatmosphäre« schaffen.[96] Bei Personen, die mit wechselnden Partnern Geschlechtsverkehr hätten, müsse durch Informationsangebote und ein gewisses Maß an Furcht eine »Verhaltensbeeinflussung« herbeigeführt werden.[97] Insgesamt seien bei der Aids-Aufklärung, die der »Vielfalt der sexuellen Lebensformen« entsprechen sollte, das Gefühl von »Solidarität« und »Verantwortungsbewusstsein« sowie einzelne Tugenden, beispielsweise »Achtung« und »Zuverlässigkeit«, zu wecken. Pluralisierung und sexuelle Liberalisierung einerseits und bestimmte traditionelle Werte andererseits schlossen sich nach Meinung der Kommission nicht aus. Die bloße Empfehlung von Treue oder Enthaltsamkeit gehe jedoch an der gesellschaftlichen Realität vorbei.

Die Kommission forderte überdies, Sexualität und sexuelle Praktiken zu enttabuisieren und sich einer »klaren und offenen, nicht moralisierenden Sprache« im Rahmen der Aids-Aufklärung zu bedienen.[98] Diesbezüglich bestünde schnell Handlungsbedarf, denn bislang seien die nötigen Informationen, die eine Verhaltensänderung bewirken sollten, aufgrund einer zu zaghaften Kommunikation »außerhalb der Hauptbetroffenengruppen noch nicht angekommen«.[99] Wieweit diese neue Offenheit reichen sollte, demonstrierten SPD und Grüne, die sich in einem Minderheitenvotum dafür starkmachten, dass in Warnungen »nicht mehr allgemein von genital-oralem Verkehr gesprochen werden sollte, sondern lediglich davon, vaginal-oralen Verkehr während der Menstruation zu betreiben, beziehungsweise beim penis-oralen Verkehr in den Mund zu ejakulieren«.[100]

Damit endeten die Reformvorstellungen der Enquete-Kommission jedoch nicht. Des Weiteren sollten die Gesetze zur Prostitution überprüft werden, um eine soziale, versicherungstechnische und rechtliche Besserstellung von Frauen und Männern im Rotlichtmilieu herbeizuführen.[101] Um Diskriminierungen entgegenzuwirken und ein Vertrauen in die Regierung herzustellen, empfahl das Gremium, den »Schwulenparagrafen« 175 StGB zu streichen. Nach Meinung seiner Kritiker stellte er eine Herabsetzung Homosexueller dar, weil er ausschließlich Strafvorschriften hinsichtlich der Unzucht zwischen Männern, nicht aber zwischen Frauen normierte. Allein diesen Vorschlag geäußert zu haben, werteten die Grünen später im Parlament als einen enormen politischen Erfolg. Jutta Oesterle-Schwerin konnte sich noch gut an die Widerstände des vorangegangenen Bundestags auf die Forderung ihrer Partei erinnern, den Paragrafen 175 zu kippen.[102] Ein dritter Bereich, in dem sich die Kommission für eine Liberalisierung aussprach, war die Drogenpolitik.[103] Um die Gefahr einer HIV-Ansteckung durch »needle-sharing« zu reduzieren, sollte der Staat Abhängigen kostenlose Spritzen zur Verfügung stellen. In Haftanstalten könnte das Infektionsrisiko durch die Bereitstellung von Desinfektionsmitteln drastisch gesenkt werden. Der bis dahin verbotene und strafrechtlich verfolgte Besitz von Spritzbestecken sollte

---

96 Ebd., S. 25.
97 Ebd., S. 28 und 77.
98 Ebd., S. 81.
99 Ebd., S. 92.
100 Ebd., S. 114.
101 Dazu und zum Folgenden: ebd., S. 98f.
102 Deutscher Bundestag, Plenarprotokoll, 11. Wahlperiode, Nr. 103, 27.10.1988, 7064 A.
103 Vgl. Deutscher Bundestag, Drucksachen, 11. Wahlperiode, Nr. 2495, 16.6.1988, S. 110f.

entkriminalisiert werden. Entsprechend sei das Betäubungsmittelgesetz (BtMG) in diesem, aber auch in einem anderen Punkt zu novellieren. »Nach § 29 Abs. 5 BtMG können die Strafverfolgungsbehörden davon absehen, den Erwerb, die Einfuhr und den Besitz geringer Drogenmengen zum Eigenverbrauch zu bestrafen«, forderte die Mehrheit der Kommission (gegen die Stimmen einzelner CDU/CSU-Politiker, die hierin eine staatliche Anerkennung der Drogensucht sahen).[104] Denn nur durch einen milderen Umgang mit kleineren Drogendelikten könnte der sozialen Verelendung Süchtiger vorgebeugt und die Ansteckungsgefahr insgesamt reduziert werden. Nicht minder progressiv war das Kommissionsvotum, unter bestimmten Voraussetzungen Methadon-Substitutionsprogramme einzuführen. In ihrem zweiten und abschließenden Bericht, den die Enquete-Kommission im Mai 1990 dem Bundestag vorlegte, sprach das Gremium weitere Empfehlungen aus, unter anderem für die Bereiche »AIDS und Ethik«, »AIDS und Kinder« und »AIDS und Recht«.[105] Abermals fanden sich darin Forderungen, die auf eine gesellschaftliche Liberalisierung zielten. So regte die Kommission beispielsweise an, »in der Öffentlichkeit darauf hinzuwirken, daß das Recht geistig behinderter und chronisch psychisch kranker Menschen, ihre Sexualität zu leben, breitere Akzeptanz erfährt«.[106]

Als die Mitglieder der Enquete-Kommission nach der Veröffentlichung des Abschlussberichts 1990 von ihren Aufgaben entbunden wurden, hatten sie Beachtliches geleistet. Nicht nur, dass sie in ihrem Bericht den aktuellen Stand der medizinischen und sozialwissenschaftlichen Forschung zusammengetragen hatten; ihre Empfehlungen waren zugleich eine kritische Reflexion des gesellschaftlichen Zusammenlebens in der Bundesrepublik. Trotz der Anwesenheit konservativer Politiker bei den Beratungen stellten die beiden Berichte ein gesellschaftspolitisches Reformprogramm dar, das in manchen Teilen äußerst progressive Züge trug. Die Zukunft ihrer Empfehlungen, welche das Ende einer zweiten Phase des politischen Umgangs mit Aids markierten, blieb allerdings in den nächsten Monaten offen. Erst zwei Jahre nach Veröffentlichung des Schlussberichts äußerte sich die Bundesregierung zu den Vorschlägen.[107] Von SPD-Mitgliedern war moniert worden, dass »weitgehend unklar geblieben [sei], ob und wie die Bundesregierung diese Empfehlungen in ihrer Politik umzusetzen gedenkt«.[108] Während einige Konzepte (wie eine zielgruppenspezifische Aufklärung, die Schaffung weiterer Beratungsstellen oder Ausstiegshilfen für Prostituierte) von der Bundesregierung teilweise noch während der Enquete-Beratungen aus Eigeninitiative realisiert worden waren[109], zog sich die Umsetzung anderer Empfehlungen bis in die erste Hälfte der 1990er Jahre hinein. 1992 war eine Richtlinie zur Methadonbehandlung erlassen worden[110], und 1994 erlaubte der Gesetzgeber die Herausgabe steriler Einwegspritzen an Drogensüchtige. Im gleichen Jahr wurde Paragraf 175 StGB gestrichen. Sicherlich hatte die Diskussion über Aids das Augenmerk der Politiker verstärkt auf diese Strafbestimmung gelenkt. Daneben hatte aber noch etwas anderes eine Rolle gespielt. Drei Jahre zuvor war im Bundestag beschlossen worden, den Paragrafen »im Rahmen der innerdeutschen Rechtsangleichung« durch eine einheitliche Schutzvorschrift für männliche und weibliche Jugendliche zu ersetzen.[111] In der DDR existierte seit 1988 keine entsprechende Bestimmung mehr, und nach der Wiedervereinigung stellte sich die Frage, ob der Paragraf 175 StGB noch zweckmäßig sei.

---

104 Ebd., S. 106.
105 Deutscher Bundestag, Drucksachen, 11. Wahlperiode, Nr. 7200, 26.5.1990.
106 Ebd., S. 11.
107 Vgl. Deutscher Bundestag, Drucksachen, 12. Wahlperiode, Nr. 2344, 25.3.1992.
108 Deutscher Bundestag, Drucksachen, 12. Wahlperiode, Nr. 1160, 18.9.1991, S. 1.
109 Vgl. Deutscher Bundestag, Drucksachen, 12. Wahlperiode, Nr. 2344, 25.3.1992.
110 Vgl. Deutscher Bundestag, Drucksachen, 12. Wahlperiode, Nr. 4485, 5.3.1993, S. 15.
111 Deutscher Bundestag, Drucksachen, 12. Wahlperiode, Nr. 936, 12.7.1991, S. 6.

In der Zwischenzeit hatte sich, wie die Enquete-Kommission in ihrem Abschlussbericht selbst bemerkte, die Wahrnehmung der Aids-Bedrohung in Gesellschaft und Politik gewandelt.

IV. WAHRNEHMUNGSWANDEL UND DAS ENDE DER AIDSPOLITIK

Im Juni 1990 verkündete »Die ZEIT« das Ende der Aids-Bedrohung in Deutschland. Auf mehreren Seiten strafte ein Journalist die düsteren Prognosen westdeutscher Wissenschaftler Lügen und titelte: »Die Apokalypse wird abgesagt«.[112] Bernhard Schwartländer, Fachgebietsleiter Klinische Forschung am AIDS-Zentrum des BGA, hatte kurz vorher konzediert: »Die große Epidemie mit einer raschen Ausbreitung unter den Heterosexuellen, die wir befürchtet haben, gibt es nicht.« Zwar hätten, wie Schwartländer ausführte, die zuständigen Stellen seit Anfang der 1980er Jahre rund 39.000 Infektionen und fast 5.000 Aids-Kranke registriert, allerdings seien lediglich drei Prozent der Erkrankten heterosexuell. »Das Virus [geht] nicht durch die Partykeller der Familie Mustermann«, kommentierte ein anderer Mitarbeiter plastisch die epidemiologischen Daten. Obwohl die Neuinfektionsrate bei Homosexuellen deutlich abgefallen und die Zahl der Bundesbürger, die sich seit 1981 mit HIV infiziert hätten, vergleichbar mit der »Besucherzahl des Pokalendspiels« sei, wollte das BGA keine Entwarnung geben. Denn man verzeichne bei Heterosexuellen ein »lineares Wachstum, allerdings auf sehr niedrigem Niveau«. »Wahrscheinlich gibt es nicht die Aids-Epidemie«, mutmaßte Schwartländer, »sondern viele kleine Mikroepidemien«.

Dennoch stand für die Hamburger Wochenzeitung fest, dass Aids für Staat und Bürger nicht mehr jenes gesundheitsgefährdende Schreckgespenst darstellte, das es noch vor wenigen Jahren gewesen war. An entsprechenden Indikatoren mangelte es aus Journalistensicht nicht: der Abschied Rita Süssmuths aus dem Bundesgesundheitsministerium, die 1988 Bundestagspräsidentin wurde, gravierende Einsparungen bei den Anti-Aids-Maßnahmen oder Stimmen aus dem bayerischen Staatsministerium, die eingestanden, dass durch die Testung von Beamtenanwärtern »eine Menge Porzellan zerschlagen worden« sei. Aber auch der Ruf aus den Reihen unterschiedlicher Wissenschaftsdisziplinen nach neuen Aufklärungskampagnen und das Ergebnis der Enquete-Kommission, das der Immunschwächekrankheit eine Sonderrolle absprach und Aids als »eines von vielen Lebensrisiken« bezeichnete, bestätigten die Autoren in ihrer Meinung, an einem Wendepunkt zu stehen. Dort angekommen läutete »Die ZEIT« mit kritischen Tönen auch schon die Phase der Vergangenheitsaufarbeitung ein: Von Anfang an habe man viel zu viel dramatisiert, was zu kuriosen Reaktionen geführt hätte. Sozialpsychologen, so wussten die Journalisten, führten etwa die steigende Nachfrage nach weißen Unterhosen darauf zurück, dass deren Träger durch diese Farbwahl Gesundheit signalisieren wollten.

Die journalistische Beobachtung eines gesellschaftlichen und politischen Klimawandels traf zu. Tatsächlich flaute die erregte parlamentarische Debatte über HIV und Aids in den letzten Jahren der ›alten‹ Bundesrepublik ab. Die »kollektive Hysterie«[113] von einst war einer zunehmenden Gewöhnung an die neue Krankheit gewichen, und die scharfen Kämpfe um die Grenzen staatlicher Einflussnahme hatten sich letztlich zugunsten des individuellen Rechts auf Freiheit entschieden. Obwohl durch die Vereinigung 1989/90 neue Herausforderungen für die Aids-Aufklärung entstanden, markiert das Jahr 1991 das Ende der bundesdeutschen Aidspolitik, dessen deutlichstes Signum das Auslaufen des staatlichen Programms »Sofortmaßnahmen gegen Aids« war.

---

112 Zum Folgenden: Die Apokalypse wird abgesagt, in: Die ZEIT, 15.6.1990.
113 *Dannecker*, AIDS, S. 9.

Vier Jahre nach der Koalitionsvereinbarung entband sich die Bundesregierung selbst ihrer politischen Steuerungspflicht und gab die gesundheitspolitische Verantwortung für die Bekämpfung der Immunschwächekrankheit zurück an die Länder. Bereits im März 1991 hatte das Kabinett verkündet, das Maßnahmenprogramm könne »aus verfassungsrechtlichen Gründen nicht langfristig« aufrechterhalten werden.[114] Kleinere Teilprogramme und die DAH wolle der Bund jedoch auch über 1991 hinaus fördern. Gelder für Aufklärungskampagnen in den neuen Bundesländern seien ebenfalls im Haushaltsplan vorgesehen. Die sogenannte Lernstrategie der ›alten‹ Bundesrepublik sollte in modifizierter Form in die neuen Bundesländer getragen werden, wo sich kurz nach der ›Wende‹ die Zahl der Infizierten in Grenzen hielt.[115] Aber auch in der ›alten‹ Bundesrepublik war seit 1988 die Zahl der infizierten Homosexuellen und Drogensüchtigen stark zurückgegangen. Zugleich stieg die Zahl der Personen, die das Virus in sich trugen, aufgrund lebensverlängernder Medikamente kontinuierlich an. Diesem Faktum gegenüber stand eine vergleichsweise geringe Zahl von Neuinfektionen unter Heterosexuellen.[116]

Dass sich Anfang der 1990er Jahre der politische Umgang mit Aids wandelte, verdeutlichten weitere Ereignisse: Neue Themen – etwa die Aids-Bedrohung in Afrika oder der riskante Sextourismus deutscher Bürger in Asien[117] – fanden Eingang in die Agenda des Parlaments. Des Weiteren zeichnete sich im Bonner Plenarsaal ebenjene Entwicklung ab, die aufmerksame Leser bereits in der ZEIT hatten beobachten können: Die Opposition setzte hinter die jahrelange Debatte über den richtigen und wirksamen Umgang mit Aids einen Schlussstrich und läutete eine Phase der kritischen Auseinandersetzung mit der Politik zwischen 1983 und 1990 ein. Damit verbunden waren Reformpläne wie die Gründung von »AIDS-Stiftungen« zur finanziellen Unterstützung mittelloser Aids-Kranker, die Novellierung des Bundesseuchengesetzes nach dem Vorbild des DDR-Seuchengesetzes und die Verschärfung des Arzneimittelgesetzes.[118] SPD und FDP erhoben schwere Vorwürfe gegen die damalige Regierung und beantragten im Oktober 1993 die Einsetzung eines Untersuchungsausschusses und einer unabhängigen Expertenkommission.[119] Diese sollten klären, inwieweit der Staat durch unterbliebene oder zu spät erfolgte Maßnahmen für den Tod von Personen verantwortlich sei, die Anfang der 1980er Jahre HIV-infiziertes Blut beziehungsweise HIV-infizierte Blutpräparate erhalten hatten. Anlass hierzu gaben Medienberichte über Bluter, die während einer medizinischen Behandlung mit dem Virus in Kontakt gekommen waren. Der SPIEGEL warf der alten Kohl-Regierung »Bummelei« und Vertuschung vor und sprach von der »größte[n] Arzneimittelkatastrophe in der Geschichte der Bundesrepublik«.[120] Bereits 1983 sei bekannt gewesen, dass sich der todbringende Erreger über Blut übertrage. Die Reaktion des Gesetzgebers, im Sommer 1995 ein »Gesetz über die humanitäre Hilfe für durch Blutprodukte HIV-infizierte Personen« zu erlassen und Betroffene zu entschädigen, symbolisierte einmal mehr, dass sich der Umgang mit Aids gewandelt hatte.

---

114 Vgl. zum Folgenden: Deutscher Bundestag, Drucksachen, 12. Wahlperiode, Nr. 324, 28.3.1991, S. 18; Nr. 397, 19.4.1991, S. 15ff.
115 Ende Mai 1991 lagen dem Bundesgesundheitsamt Meldungen über 31 Aids-Erkrankungen und 167 HIV-Infektionen in den neuen Bundesländern vor. Hauptsächlich hatten sich Homosexuelle angesteckt. Vgl. Deutscher Bundestag, Plenarprotokoll, 12. Wahlperiode, Nr. 33, 19.6.1991, 2732 A.
116 Vgl. Robert Koch-Institut, Epidemiologisches Bulletin 46, 2011, S. 418.
117 Vgl. etwa Deutscher Bundestag, Drucksachen, 12. Wahlperiode, Nr. 2864, 19.6.1992, S. 46.
118 Deutscher Bundestag, Drucksachen, 12. Wahlperiode, Nr. 936, 12.7.1991, S. 6; Nr. 2432, 10.4.1992, S. 41; Nr. 5746, 23.9.1993; Nr. 6479, 17.12.1993, S. 41f.
119 Deutscher Bundestag, Drucksachen, 12. Wahlperiode, Nr. 5974, 25.10.1993; Nr. 5975, 25.10.1993; Nr. 6035, 27.10.1993.
120 Der Tod aus der Spritze, in: Der SPIEGEL, 18.11.1991, S. 126–133, hier: S. 126 und 133.

Was die Bevölkerung in Deutschland betraf, zeigten demoskopische Studien, dass Anfang der 1990er Jahre ein signifikanter Bewusstseinswandel eingetreten war. Die bis dahin vorherrschende Wahrnehmung, wonach eine HIV-Diagnose einen baldigen Tod bedeutete[121], wich der Vorstellung, Aids sei eine chronische Krankheit. Hatten 1987 noch 65% der Befragten die Immunschwächekrankheit zu den gefährlichsten Krankheiten überhaupt gezählt, waren es drei Jahre später nur noch 45%.[122] Für eine gewisse Zeit hatte Aids partnerschaftlicher Treue einen neuen Stellenwert verliehen.[123] Mitarbeiter des Instituts für Demoskopie in Allensbach erhoben 1987, dass sich 61% der Männer und 70% der Frauen wünschten, dass Treue wieder »modern« werden würde.[124] Bei der Umfrage kämen »fast wieder die gleichen Werte heraus wie 1963«. Durch Aids sei »ein neuer Kurswert für Treue entstanden«, bilanzierten die Meinungsforscher.[125] Allerdings hatte dieser Wert nur eine kurze Haltbarkeitsdauer: Während 1987 fast jeder zweite im Alter zwischen 16 und 60 Jahren angab, er sei vorsichtiger beziehungsweise monogam geworden, schrumpfte die Zahl bereits ein Jahr später auf 26%.[126] Außerdem konnten Umfragen 1987 die Effizienz staatlicher Aufklärungskampagnen nachweisen, denn die Zahl derer, die annahmen, sich durch Speichel zu infizieren, halbierte sich binnen eines Jahres von 58% auf 21%.[127] Darüber hinaus äußerten 52% der Befragten, ihre partnerschaftlichen Gespräche über sexuelle Fragen seien »offener und freier« geworden.[128]

Den Beginn eines vorläufig letzten, bis heute andauernden Kapitels der Geschichte über Aids in der Bundesrepublik datiert Michael Bochow auf 1996. Der Soziologe und Aids-Experte begründet dies damit, dass seit diesem Jahr Mediziner antiretrovirale Kombinationstherapien einsetzen, deren Wirksamkeit frühere Medikamente deutlich übertreffen.[129] Durch diese Therapien, die Aids zu einer chronischen Krankheit machten, habe die Immunschwächekrankheit ihren Sonderstatus verloren. Angesichts des medizinischen Fortschritts und der therapeutischen Ergebnisse gingen einige Sexualwissenschaftler sogar so weit, zwischen dem »alten Aids« der 1980er Jahre und dem »neuen Aids« der späten 1990er Jahre zu differenzieren.[130] Rund ein Vierteljahrhundert nach den ersten Berichten über die neue geheimnisvolle Bedrohung aus den USA sprach Martin Dannecker von einem »Abschied von Aids«.[131] Der Frankfurter Sexologe bilanzierte 2006: »Inzwischen lässt sich für die westlichen Industrieländer sagen, dass eine HIV-Infektion nicht mehr gleichbedeutend mit Aids ist. [...] Die gesellschaftlichen Verhältnisse [haben] in den westlichen Industrieländern im Verein mit der medizinischen Kunst zu einer Situation geführt, die es ermöglicht, dass wir uns individuell und kollektiv von Aids verabschieden können.«[132]

---

121 Vgl. *Piel*, AIDS, S. 2199.
122 Dazu und zum Folgenden vgl. BZgA, Aids im öffentlichen Bewusstsein der Bundesrepublik Deutschland 2006, URL: <http://www.forschung.sexualaufklaerung.de/2178.html> [18.2.2012].
123 *Brokmann*, AIDS-Aufklärung als Happening, S. 1.
124 Vgl. *Edgar Piel*, Aids und Treue, in: Therapiewoche 38, 1988, S. 1073–1074.
125 Ebd., S. 1074.
126 *Brokmann*, AIDS-Aufklärung als Happening, S. 8.
127 Ebd., S. 6.
128 *Elisabeth Noelle-Neumann/Renate Köcher* (Hrsg.), Allensbacher Jahrbuch der Demoskopie 1984–1992, Bd. 9, München/New York etc. 1993, S. 125.
129 *Michael Bochow*, AIDS-Prävention. Erfolgsgeschichte mit offenem Ausgang, in: APuZ 2010, Nr. 15–16, S. 41–46, hier: S. 43.
130 Vgl. ebd., S. 43f.
131 *Martin Dannecker*, Abschied von Aids, in: Zeitschrift für Sexualforschung 19, 2006, S. 63–70, hier: S. 63.
132 Ebd., S. 64.

V. FAZIT

Die Immunschwächekrankheit Aids stellte die Bundesregierung in den 1980er Jahren vor neue Aufgaben, legte die Grundsätze und Funktionsweisen ihrer Politik offen und schuf Möglichkeiten für gesellschaftliche Wandlungsprozesse. Ebenso, wie sich binnen weniger Jahre die Wahrnehmung von Aids in der Bevölkerung dramatisch änderte, entwickelte sich der Umgang mit der Erkrankung im Bonner Parlament. Zeitverzögert entstand eine konsensfähige, an freiheitlichen Grundsätzen orientierte, aber auch stets fragile staatliche Aidspolitik, deren Inhalte die Koalitionsvereinbarung von 1987 dokumentierte.

Durch seine Auseinandersetzung mit Aids, die weitere Demokratisierungs- und Liberalisierungsprozesse in Gang setzte, griff der Staat aktiv in die Bekämpfung des HI-Virus ein und bestimmte parallel zu den Landesregierungen, in deren Kompetenzbereich eigentlich die Gesundheitsvorsorge fiel, Gegenmaßnahmen. Ziel der Bundesregierung war es, in der Bevölkerung einen Lernprozess zu initiieren, der ihr Verhalten nachhaltig ändern sollte. In der Art und Weise, wie die Regierung der Aids-Gefahr begegnete, spiegelte sich eine Politik des Vertrauens, der Freiheit, der Toleranz und Akzeptanz, aber auch eine Politik der Sachlichkeit und Rationalität. Anstatt traditionellen Formen staatlicher Ordnungspolitik Vorrang zu gewähren, hatte die Bundesregierung Vertrauen zu den Bürgern und setzte in die Vernunft des »präventiven Selbst«. Gleichzeitig jedoch erteilte sie dem Bundesseuchengesetz in einer Phase medizinischer Machtlosigkeit und epidemiologischer Unsicherheit keine kategorische Absage, sondern hielt sich die Möglichkeit offen, gegebenenfalls Zwangsmittel anzuwenden. Nicht nur die Bevölkerung, sondern auch die Politik selbst war somit Teil eines fortwährenden Lernprozesses – die Aidspolitik stets dynamisch und letztlich ein Provisorium.

Die parlamentarischen Diskussionen über die Aidspolitik zeigten, dass die Bundesregierung die Möglichkeiten und Grenzen staatlicher Einflussnahme erst ausloten musste. Dabei erkannte sie, dass überkommene Vorstellungen von Sicherheit seit Aids anachronistisch waren. Der Staat allein konnte in den 1980er Jahren keine Sicherheit vor der Immunschwächekrankheit gewährleisten, denn seine Macht endete an der Schlafzimmertür der Bürger. Nur durch eine erfolgreiche Kooperation zwischen Staat und Bürgern konnte zumindest ein gewisses Maß an Sicherheit erreicht werden. Zwar übte die Bundesregierung durch ihr liberales Maßnahmenpaket ihre traditionelle Gefahrenabwehr- und Schutzfunktion aus. Diese reduzierte sich jedoch darauf, die Bevölkerung durch Informationsangebote zu einem verantwortlichen Handeln anzuleiten. Das Konzept der »wehrhafte[n] Demokratie«[133], das Jahre zuvor angesichts des RAF-Terrorismus zum Einsatz gekommen war, wurde in den 1980er Jahren ersetzt durch ein Konzept des Vertrauens und einer rationalen Auseinandersetzung mit der Bedrohung.[134]

Altes und Neues mischten sich in der Aidspolitik. Die Planspiele und Maßnahmendiskussionen, die seit 1983 zur Bekämpfung der Aids-Bedrohung auf der Agenda des Bundestags standen, zeichneten sich durch ein Nebeneinander von innovativen und traditionellen Konzepten zur Bewältigung einer Krise aus. Einige Entscheidungen rekurrierten auf Entwicklungen und Ereignisse in der Geschichte der Bundesrepublik seit 1949. Sie reichten teils in die Zeit der sozial-liberalen Koalition, teils noch weiter zurück. Andere entstanden erst in der unmittelbaren Bedrohungssituation durch HIV und Aids.

Wie sehr die Bundesregierung der Vergangenheit verhaftet war und wie wenig sie aus ihrem Schatten treten konnte, zeigten die Diskussionen über die Verfolgung von Homosexuellen und Prostituierten während des Nationalsozialismus. Das Beharren auf der freiheitlichen Ordnung – die ebenfalls einen historischen Bezug, nämlich zum Grundgesetz der Bundesrepublik aus dem Jahr 1949 darstellte – war den Erfahrungen mit dem ›Drit-

---

133 *Maier*, Fortschrittsoptimismus oder Kulturpessimismus?, S. 7.
134 Vgl. auch den Beitrag von Christoph Julian Wehner in diesem Band.

ten Reich‹ geschuldet und insofern eine nationale Besonderheit. Während die Verweise seitens der Politik auf das Grundgesetz und den NS-Staat weiter in die deutsche Geschichte zurückreichten, spielten auch Entwicklungen der späten 1960er und 1970er Jahre eine Rolle: Das von der sozial-liberalen Regierung angestrebte Ziel, Politik für die Gesellschaft zu öffnen und einen Demokratisierungsprozess in Gang zu setzen, indem man Teile der Bevölkerung an Entscheidungen partizipieren lässt und Enquete-Kommissionen einberuft, avancierte zu einem Charakteristikum der Aidspolitik. Die Art und Weise, in den 1980er Jahren Politik zu gestalten, war insofern nicht neu. Sie knüpfte an einen früheren Regierungsstil an. Wenig innovativ war überdies das Konzept der Gesundheitsförderung. Allerdings erlebte es erst im Rahmen der Aids-Bedrohung einen bemerkenswerten Aufschwung. Bemühungen, Public-Health-Konzepte und Institutionen zur Gesundheitsprävention auszubauen, reichen bis in die Gegenwart. Dass auch freie Organisationen, deren Hilfe der Staat während der 1980er Jahre in Anspruch nahm, eine Geschichte hatten, verdeutlicht das Beispiel der DAH. Ihre Arbeit basierte auf Infrastrukturen und Kontakten der Schwulenbewegung als Teil der Neuen sozialen Bewegungen.

Neu war hingegen das Ausmaß staatlichen Vertrauens in diese Selbsthilfegruppe, der die Verantwortung für die Aufklärung homosexueller Männer übertragen und die finanziell unterstützt wurde. Dass eine Organisation, die aus den Neuen sozialen Bewegungen hervorgegangen war, von der Bundesregierung dermaßen öffentlich anerkannt wurde, war ebenso beispiellos wie ihre damit verbundene Inkorporation durch den Staat und der Versuch, Homosexualität, Sexualität und Tod zu enttabuisieren. Im Laufe der parlamentarischen Debatten hatten sich die Sagbarkeitsregeln im Plenarsaal geändert: Wenn die Bundestagsfraktionen Jahre zuvor noch über die »Bildungskatastrophe« und den »Deutschen Herbst« debattiert hatten, so setzten sie sich Mitte der 1980er Jahre mit Prostitution, Aufklärungskampagnen zu wasserlöslichen Gleitmitteln, der Zulassung von Kondomautomaten und der Verfügbarkeit sogenannter analverkehrsgeeigneter Präservative in öffentlichen Toiletten auseinander. Bedeutende Vorstöße in der Drogenpolitik hatte überdies die Enquete-Kommission unternommen, die den konventionellen Umgang mit Drogensüchtigen infrage stellte. Ihre Forderung, den Besitz von Spritzen und einer bestimmten Menge Drogen zu entkriminalisieren, erschien konservativen Politikern geradezu revolutionär.

Obwohl die Auseinandersetzung mit der Immunschwächekrankheit Aids stets mit einer Diskussion über Werte und Moral verbunden war und damit für die Regierung Kohl einen idealen Ansatzpunkt bot, um das Konzept der »geistig-moralischen Wende« in der Gesellschaft zu festigen, waren die politisch Verantwortlichen letztlich realistisch genug einzusehen, dass die Betonung traditioneller Werte und Tugenden wie Treue und Monogamie zwar helfen könnte, aber kaum das ultimative Mittel gegen die Ausbreitung von Aids darstellte. Deshalb nannten die Aufklärungsmaterialien der BZgA an erster Stelle der Schutzmaßnahmen den Gebrauch von Kondomen, partnerschaftliche Treue erst danach.[135] Wie die Ergebnisse diverser Meinungsumfragen andeuteten, steigerten sich in der Bevölkerung die Akzeptanz für Treue und der Wunsch nach traditionellen Werten, die ein Gefühl von Sicherheit aufkommen ließen, zumindest für eine kurze Zeit. Nachhaltig war diese Rückbesinnung jedoch nicht. Andere Ergebnisse der jahrelangen Auseinandersetzung mit der tödlichen Immunschwächekrankheit und der Aidspolitik reichen hingegen bis in die Gegenwart hinein. Dass Aids einen festen Platz im kollektiven Gedächtnis der Deutschen gefunden hat und trotz des Ausbleibens der großen Katastrophe weiterhin wahrgenommen wird, zeigt nicht zuletzt jene seit 1988 etablierte Geste der Solidarität in Form einer kleinen roten Schleife.

---

135 Vgl. BZgA (Hrsg.), AIDS. Was Sie über AIDS wissen sollten, Bonn 1985; Archiv des Deutschen Ärzteblatts, C 315.20.

Michael Ruck

Tanker in der rauen See des Struktur- und Wertewandels

Repräsentation, Partizipation und Administration während der 1980er Jahre – eine Problemskizze

»[Die deutschen Parteien] werden ihrem Verfassungsauftrag, Organ der gesellschaftlichen Willensbildung zu sein, immer weniger gerecht. Programmatisch hinken sie den gesellschaftlichen und politischen Entwicklungen um Jahre hinterher. [...] Die Parteien spielen in Deutschland eine so herausragende Rolle wie wohl in keinem anderen Land. Ihr Aufstieg in der Bundesrepublik lässt sich ohne den Korporatismus der sozialstaatlich verfassten Zugewinngemeinschaft nicht denken. Dieses Modell hat in den letzten Jahren seine Grundlage verloren. [...] der deutsche Parteienstaat hat seine beste Zeit hinter sich.«[1]

Dieses 2007 formulierte Verdikt eines intellektuellen Aktivisten aus der links-alternativen Protestbewegung der 1980er Jahre bringt den Tenor einer Debatte über jene »Krise der gesellschaftlichen Großorganisationen« auf den Punkt, welche in der Bundesrepublik nun schon seit einem Vierteljahrhundert geführt wird.[2] Im Mittelpunkt stehen dabei neben Kirchen, Gewerkschaften und Interessenverbänden in erster Linie die politischen Parteien als institutionelle Träger der Willensbildungs- und Entscheidungsprozesse im politisch-parlamentarischen Raum.[3] Mit Blick auf die offenkundige »Repräsentationslücke der Volksparteien« in der Gegenwart wird dabei aus zeithistorisch-genetischer Perspektive vor allem auch die Frage erörtert, ob die »Krise der politischen Repräsentation« generell als »eine Folge der Auflösung gesellschaftlicher Großgruppen und sozial-kultureller Milieus« erklärt und beschrieben werden könne.[4]

Diese These vertritt der sozialdemokratische Parteienforscher Peter Lösche seit Langem besonders dezidiert: Zwar gebe es zur politischen Repräsentation durch Parteien allen publizistischen Diskursen zur »Parteien-« und »Politik(er)verdrossenheit« zum Trotz »of-

---

1 *Dieter Rulff*, Normative Reflexe. Die Partei hat nicht mehr recht: Zum Wandel des Parteienstaats, in: Frankfurter Rundschau, 26.8.2005, S. 15; vgl. ders. (Hrsg.), Parteien im Umbruch, Berlin 2007. Zum politischen und beruflichen Werdegang des Autors vgl. seine Kurzbiografie; URL: <http://www.boell.de/stiftung/akademie/akademie-4891.html> [7.8.2012].
2 Vgl. etwa *Rudolf Speth*, Das Bezugssystem Politik – Lobby – Öffentlichkeit, in: APuZ 2010, Nr. 19, S. 9–15, hier: S. 9; *Uwe Jun*, Wandel des Parteien- und Verbändesystems, in: APuZ 2009, Nr. 28, S. 28–34, hier: S. 28; »Das Ende der Dinosaurier« – Verlust oder neue Freiheit? Die Krise der gesellschaftlichen Großorganisationen und die Demokratie. Hambacher Disput 20. August 2011, hrsg. v. der Landeszentrale für politische Bildung Rheinland-Pfalz, Mainz 2012. Aus der Frühphase der Debatten vgl. insb. *Peter Lösche/Christian Graf von Krockow* (Hrsg.), Parteien in der Krise. Das Parteiensystem in der Bundesrepublik und der Aufstand des Bürgerwillens, München 1986.
3 Vgl. etwa *Thomas Poguntke*, Das Parteiensystem der Bundesrepublik Deutschland: Von Krise zu Krise?, in: *Thomas Ellwein/Everhard Holtmann* (Hrsg.), 50 Jahre Bundesrepublik Deutschland. Rahmenbedingungen – Entwicklungen – Perspektiven, Wiesbaden/Opladen 1999, S. 429–439.
4 *Uwe Jun*, Die Repräsentationslücke der Volksparteien: Erklärungsansätze für den Bedeutungsverlust und Gegenmaßnahmen, in: *Markus Linden/Winfried Thaa* (Hrsg.), Krise und Reform politischer Repräsentation, Baden-Baden 2011, S. 95–124; ders., Die Krise politischer Repräsentation – eine Folge der Auflösung gesellschaftlicher Großgruppen und sozio-kultureller Milieus?, in: ebd., S. 125–148.

fensichtlich keine Alternative«[5], doch hätten in der Tat »soziale, wirtschaftliche, politische, also strukturelle Entwicklungen [...] zum Ende der Volksparteien geführt, indem die sozialmoralischen Milieus, auf denen diese einst basierten, erodierten«.[6]

Die seit den 1960er Jahren rasch fortschreitende Erosion jener »sozialmoralischen Milieus« (M. Rainer Lepsius), welche die versäulte Parteienlandschaft in Deutschland vom späten 19. Jahrhundert bis weit in die zweite Nachkriegszeit hinein strukturiert haben[7], stand in einem Wechselwirkungszusammenhang mit dem gesamtgesellschaftlichen »Wert(e)wandel« innerhalb westlicher Industriegesellschaften[8], der in den 1970er/80er Jahren zu einem bevorzugten Diskursgegenstand der sozialwissenschaftlichen Forschung zunächst im angelsächsischen Raum[9], dann auch in Westdeutschland avancierte[10] und neuerdings in den Fokus zeithistorischer Interpretationsversuche der Jahrzehnte »nach dem Boom«[11] rückt. Als wesentliche Merkmale dieses raum-zeitlich wie auch schicht-

---

5 *Peter Lösche*, Kleine Geschichte der deutschen Parteien, Stuttgart/Berlin etc. 1993, S. 9. Vgl. neuerdings prononciert in diesem Sinne *Karl-Rudolf Korte*, Lob des Opportunismus. Die Wandlungsfähigkeit unserer Parteien spricht für, nicht gegen sie, in: Die ZEIT, 14.7.2011, S. 11.

6 *Peter Lösche*, Ende der Volksparteien, in: APuZ 2009, Nr. 51, S. 6–12, hier: S. 12.

7 *M. Rainer Lepsius*, Parteiensystem und Sozialstruktur. Zum Problem der Demokratisierung der deutschen Gesellschaft (1966), in: ders., Demokratie in Deutschland. Soziologisch-historische Konstellationsanalysen, Göttingen 1993, S. 23–50 und 337–339. Vgl. dazu *Karl Rohe*, Wahlen und Wählertraditionen in Deutschland. Kulturelle Grundlagen deutscher Parteien und Parteiensysteme im 19. und 20. Jahrhundert, Frankfurt am Main 1992; *Lösche*, Kleine Geschichte der deutschen Parteien; *Michael Vester/Peter von Oertzen/Heiko Geiling* u. a., Soziale Milieus im gesellschaftlichen Strukturwandel. Zwischen Integration und Ausgrenzung, Frankfurt am Main 2001 (zuerst Köln 1993); *Jens Borchert*, Die Politik der Milieus und das Milieu der Politik, in: *Tobias Dürr/Franz Walter* (Hrsg.), Solidargemeinschaft und fragmentierte Gesellschaft: Parteien, Milieus und Verbände im Vergleich. Festschrift zum 60. Geburtstag von Peter Lösche, Opladen 1999, S. 73–88; *Peter Lösche/Franz Walter*, Katholiken, Konservative und Liberale: Milieus und Lebenswelten bürgerlicher Parteien in Deutschland während des 20. Jahrhunderts, in: GG 26, 2000, S. 471–492; *Franz Walter*, Vom Milieu zum Parteienstaat. Lebenswelten, Leitfiguren und Politik im historischen Wandel, Wiesbaden 2010.

8 Vgl. dazu für vieles *Georg W. Oesterdiekhoff/Norbert Jegelka* (Hrsg.), Werte und Wertewandel in westlichen Gesellschaften. Resultate und Perspektiven der Sozialwissenschaften, Opladen 2001; *Helmut Thome*, Wertewandel in Europa aus der Sicht der empirischen Sozialforschung, in: *Hans Joas/Klaus Wiegandt* (Hrsg.), Die kulturellen Werte Europas, Frankfurt am Main 2006, S. 386–443; *Hartmut Kaelble*, Europäischer Wertewandel am Ende des 20. Jahrhunderts. Ein internationaler Vergleich, in: *Stefan Ehrenpreis/Ute Lotz-Heumann/Olaf Mörke* u. a. (Hrsg.), Wege der Neuzeit. Festschrift für Heinz Schilling zum 65. Geburtstag, Berlin 2007, S. 311–328.

9 International impulsgebend wirkten die Publikationen von *Ronald Inglehart*, The Silent Revolution in Europe. Intergenerational Change in Post-Industrial Societies, in: American Political Science Review 65, 1971, S. 991–1017; *ders.*, The Silent Revolution. Changing Values and Political Styles among Western Publics, Princeton, NJ 1977.

10 Aus der Fülle zeitgenössischer Bestandsaufnahmen ragen heraus: *Helmut Klages/Peter Kmieciak* (Hrsg.), Wertwandel und gesellschaftlicher Wandel, Frankfurt am Main/New York 1984 (zuerst 1979); Wertwandel und Werteforschung in den 80er Jahren. Forschungs- und Literaturdokumentation, hrsg. v. Informationszentrum Sozialwissenschaften, Bonn 1991; *Oscar W. Gabriel*, Wertewandel, neue politische Bewegungen und kommunale Selbstverwaltung: Kommunale Demokratie im Übergang zum Postindustrialismus, in: *ders./Rüdiger Voigt* (Hrsg.), Kommunalwissenschaftliche Analysen, Bochum 1994, S. 79–103.

11 *Anselm Doering-Manteuffel/Lutz Raphael* (Hrsg.), Nach dem Boom. Perspektiven auf die Zeitgeschichte seit 1970, Göttingen 2008; vgl. *Anselm Doering-Manteuffel*, Nach dem Boom. Brüche und Kontinuitäten der Industriemoderne seit 1970, in: VfZ 55, 2007, S. 559–581; *ders.*, Der Epochenbruch in den 1970er-Jahren: Thesen zur Phänomenologie und den Wirkungen des Strukturwandels »nach dem Boom«, in: *Knud Andresen/Ursula Bitzegeio/Jürgen Mittag* (Hrsg.), »Nach dem Strukturbruch«? Kontinuität und Wandel von Arbeitsbeziehungen und Arbeitswelt(en) seit den 1970er-Jahren, Bonn 2011, S. 25–40.

spezifisch und generationell differenziert ablaufenden Wandels von Pflicht- und Akzeptanzwerten hin zu Selbstentfaltungs- und Partizipationswerten im Zeichen postmaterieller Orientierungen gelten Individualisierung, Pluralisierung und Entnormativierung. »Da Werte als zentrale, stabile, einstellungs- und verhaltenssteuernde Elemente des individuellen Ordnungssystems zu interpretieren sind, sollten sich auch die politischen Prioritäten bei Bevölkerung und politischen Entscheidungsträgern in Richtung einer ›neuen Politik‹ verschieben«, welche der oftmals nachgewiesenen »Ausbreitung partizipativer, egalitärer und damit nicht-materieller Wertorientierungen« in westlichen Industriegesellschaften inhaltlich wie prozedural Rechnung trägt. Solche empirisch unterlegten Prämissen der sozialwissenschaftlichen Begleitforschung des Wertewandels verweisen dessen zeithistorische Aufarbeitung auf seinen Beitrag zur Transformation der politischen Repräsentations- und Legitimationskultur ausgangs der ›alten‹ Bundesrepublik und seither.[12]

Mit Blick sowohl auf die sozialstrukturellen als auch auf die subjektiven Ursachen des Wandels beschreibt diese Problemskizze die 1980er Jahre als eine nicht randscharf abgrenzbare Phase der Anbahnung jener gegenwärtigen Politikstrukturen, -kulturen und -prozesse in Deutschland, in deren Verlauf und Konsequenz konventionell-repräsentative Formen der Politikgestaltung im parlamentarisch-pluralistischen Parteien- und Verbändestaat zusehends an Geltungskraft einbüßten. Unter gelegentlichem Verweis auf regionale Differenzierungen werden einige Aspekte jener Transformation der politischen Kultur und der gesellschaftlichen Repräsentationsstrukturen angesprochen, welche sich im Gefolge der säkularen Wandlungen überkommener Vergesellschaftungsformen und traditioneller Wertesysteme gegen Ende der 1970er Jahre schubhaft verstärkte.

Seitdem wurde der konfliktträchtige Widerspruch zwischen ausgreifenden Planungsszenarien und bürgerlichen Partizipationsansprüchen immer häufiger nicht mehr (nur) innerhalb der vorhandenen Institutionen demokratischer Repräsentation ausgetragen. Stattdessen trat nun eine rasch wachsende Zahl lokaler und regionaler »Bürgerinitiativen« auf den Plan. Das westdeutsche Parteiensystem wurde davon zunächst äußerlich noch nicht berührt. Doch bereits während der frühen 1980er Jahre begannen sich traditionelle Milieubindungen und Parteiorientierungen insbesondere auch dort erkennbar abzuschwächen[13], wo die »organisierte Zivilgesellschaft« aus dem Organisationsmilieu der Neuen sozialen Bewegungen in lokalen und regionalen Kontexten als Kollektivakteur auf den Plan zu treten begann. Einher damit ging eine tendenzielle Bedeutungsabnahme der Partner jenes tripartistischen Korporatismus, welcher die »Bonner Republik« wesentlich mitgeprägt hatte. In diesem multiplen Veränderungsszenario interpretierten die staatlichen und kommunalen Verwaltungen ihre Rolle als Protagonisten umfassender öffentlicher Daseinsvorsorge bereits während der 1980er Jahre nicht mehr nur eindimensional als

---

12 *Katja Ahlstich/Volker Kunz*, Die Entwicklung kommunaler Aufgaben in Zeiten des Wertewandels: Eine empirische Analyse der Aufgabenpräferenzen kommunaler Mandatsträger, in: *Gabriel/Voigt*, Kommunalwissenschaftliche Analysen, S. 167–210, hier: S. 169; vgl. die Erläuterungen zum Begriff des Wertewandels und die Schlussbetrachtung ebd., S. 171–181 und 200f. Zum neueren zeithistorischen Umgang mit solchen Befunden vgl. insb. *Andreas Rödder*, Wertewandel und Postmoderne. Gesellschaft und Kultur der Bundesrepublik Deutschland 1965–1990, Stuttgart 2004; ders./*Wolfgang Elz* (Hrsg.), Alte Werte – Neue Werte. Schlaglichter des Wertewandels, Göttingen 2008; *Thomas Raithel/Andreas Rödder/Andreas Wirsching* (Hrsg.), Auf dem Weg in eine neue Moderne? Die Bundesrepublik Deutschland in den siebziger und achtziger Jahren, München 2009; *Bernhard Dietz/Christopher Neumaier*, Vom Nutzen der Sozialwissenschaften für die Zeitgeschichte. Werte und Wertewandel als Gegenstand historischer Forschung, in: VfZ 60, 2012, S. 293–304.
13 Vgl. etwa *Peter Gluchowski/Fritz Plasser*, Zerfall affektiver Parteibindungen in Deutschland und Österreich, in: *Fritz Plasser/Oscar W. Gabriel/Jürgen W. Falter* u. a. (Hrsg.), Wahlen und politische Einstellungen in Deutschland und Österreich, Frankfurt am Main/Berlin etc. 1999, S. 3–29.

gouvernementale Modernisierungsagenten. Auch dieser Funktionswandel nahm seinen Ausgang zunächst auf kommunaler und regionaler Ebene, um nach der Jahrtausendwende rasch flächendeckend an Bedeutung zu gewinnen.

Mit Blick auf den historischen Stellenwert der 1980er Jahre wird abschließend die Schlüsselfrage bedacht, ob diese Veränderungen Teile eines – möglicherweise graduell beschleunigten – Wandlungsprozesses mit evolutionärem Charakter waren oder ob es sich dabei – und sei es in kumulierter Wirkung – um einen strukturellen Umbruch mit säkularem Stellenwert[14] im deutschen Repräsentationssystem gehandelt hat.

I. DIE KRISE DES PARTEIENSYSTEMS

Am gleitenden Ende der Nachkriegszeit bilanzierte Karl Dietrich Bracher den zurückliegenden Modernisierungsprozess des bundesdeutschen Parteiensystems seit Gründung der »Bonner Republik« im Wesentlichen positiv. Auf der Habenseite verbuchte der liberalkonservative Politikwissenschaftler und Zeithistoriker insbesondere »die prinzipielle Anerkennung der Demokratie als ›Parteienstaat‹«.[15] Zugleich mahnte er aber auch, den um 1970 erreichten Gleichgewichtszustand nicht als feste Größe zu betrachten:

> »Konzentrierter und unangreifbarer denn je zuvor zeigt sich das Bonner Parteiensystem dem gegenwärtigen Betrachter. [...] Die Sicherungen für ein stabiles Parteiensystem gehen sehr weit; ihr weiterer Ausbau könnte [...] die Gefahr einer Überinstitutionalisierung und einer Überstabilisierung [heraufbeschwören], die das Parteiwesen in seiner Substanz selbst treffen könnte. [...] Dieses hohe Maß an Institutionalisierung und Verstaatlichung der Parteien‹ [widerspricht] dem Wesen und der Funktion der Partei als einem beweglich offenen, freien Gebilde zwischen Staat und Gesellschaft und belebt die traditionellen Antiparteienaffekte wieder. Beide Tendenzen implizieren zugleich die problematische Neigung, die politische Dynamik in Gesellschaft und Staat zu unterdrücken oder die traditionelle Entpolitisierung noch zu verstärken.«[16]

Unter Rückgriff auf derlei Beobachtungen wähnte ein linkssozialistischer Fachkollege die Bundesrepublik wenige Jahre später gar »auf dem Weg zum Einparteienstaat«. Vor dem Hintergrund des »Deutschen Herbstes« porträtierte Wolf-Dieter Narr den »Parteienstaat in der BRD« als einen »Koloss auf tönernen Füßen, aber mit stählernen Zähnen«.[17]

Während sich diese pessimistische Vision so nicht realisiert hat, wurden die Warnungen Brachers hingegen in mancherlei Hinsicht bestätigt. Vor allem steht mittlerweile kaum noch dahin, dass sich das normative Leitbild der ersten Nachkriegsjahrzehnte bald schon endgültig als ein Transitorium von historisch marginaler Lebensdauer erweisen wird. Denn die sogenannten »Volksparteien« der rechten respektive der linken Mitte erwiesen sich schon seit den späten 1970er Jahren und erst recht nach dem Ende des Kalten Kriegs zu Beginn der 1990er Jahre als Produkte besonderer äußerer Umstände und innerer Befindlichkeiten einer bundesdeutschen Nachkriegsgesellschaft, deren politische Kultur durch einen umfassenden Wiederaufbau- und Wohlstandskonsens und durch das hegemoniale Leitbild einer »nivellierten Mittelstandsgesellschaft« (Helmut Schelsky)[18] geprägt wurde.

---

14 So die jüngst viel diskutierte These von Anselm Doering-Manteuffel und Lutz Raphael (vgl. Anm. 11).
15 *Karl Dietrich Bracher*, Das Bonner Parteiensystem, in: *ders.* (Hrsg.), Nach 25 Jahren. Eine Deutschlandbilanz, München 1970, S. 254–276, hier: S. 254.
16 Ebd., S. 274f.
17 *Wolf-Dieter Narr*, Parteienstaat – ein Koloß auf tönernen Füßen, aber mit stählernen Zähnen (Editorial), in: *ders.* (Hrsg.), Auf dem Weg zum Einparteienstaat, Opladen 1977, S. 7–25.
18 Vgl. dazu umfassend *Hans Braun*, Helmut Schelskys Konzept einer »nivellierten Mittelstandsgesellschaft« und die Bundesrepublik der 50er Jahre, in: AfS 29, 1989, S. 199–224; *Axel Schildt*, »Massengesellschaft« und »Nivellierte Mittelschicht«. Zeitgenössische Deutungen der westdeutschen Gesellschaft im Wiederaufbau der 1950er Jahre, in: *Karl Christian Führer/Karen*

Repräsentation, Partizipation und Administration während der 1980er Jahre 261

Gegen Ende der 1960er Jahre hatte der parlamentarisch-pluralistische Parteien- und Verbändestaat Bonner Provenienz unter den Auspizien von Großer Koalition und Konzertierter Aktion seine »klassische« Ausprägung, aber auch einen Gipfelpunkt erreicht. Seither verloren vor allem die DGB-Gewerkschaften sowohl als Partner des tripartistischen Korporatismus als auch die Interessenvertretungen einer zusehends heterogenen Arbeitnehmerschaft tendenziell an gesellschaftlichem Rückhalt und politischer Mitgestaltungsmacht. Gleichzeitig büßten die beiden großen Kirchen ihre teilhegemoniale Rolle im gesellschaftlich-politischen Raum weitgehend ein.[19] Die traditionellen Formen der Politikproduktion verloren nun zusehends an selbstverständlicher Geltungskraft. Seit den frühen 1970er Jahren wurde der konfliktträchtige Widerspruch zwischen ausgreifenden Gestaltungskonzepten und Planungsszenarien einerseits und bürgerlichen Partizipationsansprüchen andererseits immer häufiger nicht mehr innerhalb der konventionellen Institutionen demokratischer Repräsentation ausgetragen. Stattdessen erhob eine rasch wachsende Zahl informeller »Bürgerinitiativen« jeweils vor Ort vehementen Einspruch gegen Flurbereinigungen im Bereich der kommunalen Selbstverwaltung oder groß dimensionierte Bauvorhaben, flächenhafte Stadtsanierungen und andere Manifestationen hochfliegender Fortschritts- und Wachstumsfantasien im entgrenzten Handlungsfeld der Daseinsvorsorge und Infrastrukturentwicklung.[20] Diese dezentrale Protestbewegung »an der Basis« zwang das Augenmerk der Akteure in Politik, Verwaltung und Wissenschaft auf einen Aspekt zivilgesellschaftlicher Demokratisierung, den sie bisher noch kaum wahrgenommen hatten: die Widerständigkeiten unmittelbar Betroffener und ihrer aktivistischen Anwälte aus dem dispersen Potenzial der vormals studentischen Protestbewegung.[21]

Je länger desto deutlicher zeigte sich, dass im Konfliktdreieck »Planung – Prosperität – Partizipation« einander entfremdete Träger unterschiedlicher kultureller Codes aufeinanderstießen, deren konkrete Utopien ebenso im fundamentalen Widerspruch zueinander standen wie ihre Rationalitätsbegriffe.[22] Während die einen Planungs- und Implementa-

---

Hagemann/Birthe Kundrus (Hrsg.), Eliten im Wandel. Gesellschaftliche Führungsschichten im 19. und 20. Jahrhundert, Münster 2004, S. 198–213.

19 *Martin Greschat*, Protestantismus und Evangelische Kirche in den 60er Jahren, in: *Axel Schildt/ Detlef Siegfried/Karl Christian Lammers* (Hrsg.), Dynamische Zeiten. Die 60er Jahre in den beiden deutschen Gesellschaften, Hamburg 2003, S. 544–581; *Karl Gabriel*, Zwischen Aufbruch und Absturz in die Moderne. Die katholische Kirche in den 60er Jahren, in: ebd., S. 528–543; *Gerhard Schmidtchen*, Protestanten und Katholiken. Soziologische Analyse konfessioneller Kultur, Bern/München 1979 (zuerst 1973); *Wilhelm Damberg*, Abschied vom Milieu? Katholizismus im Bistum Münster und in den Niederlanden 1945–1980, Paderborn/München etc. 1997; *Benjamin Ziemann*, Säkularisierung und Neuformierung des Religiösen. Religion und Gesellschaft in der zweiten Hälfte des 20. Jahrhunderts, in: AfS 51, 2011, S. 3–36; *Thomas Großbölting*, Der verlorene Himmel. Religion in Deutschland seit 1945, Göttingen 2012.

20 Vgl. dazu *Habbo Knoch*, »Mündige Bürger«, oder: Der kurze Frühling einer partizipatorischen Vision, in: *ders.* (Hrsg.), Bürgersinn mit Weltgefühl. Politische Moral und solidarischer Protest in den sechziger und siebziger Jahren, Göttingen 2007, S. 9–56; *ders.*, Demokratie machen. Bürgerschaftliches Engagement in den 1960er und 1970er Jahren, in: *Sabine Mecking/Janbernd Oebbecke* (Hrsg.), Zwischen Effizienz und Legitimität. Kommunale Gebiets- und Funktionalreformen in der Bundesrepublik Deutschland in historischer und aktueller Perspektive, Paderborn/München etc. 2009, S. 49–62.

21 Vgl. dazu und zum Folgenden für viele seit 2000 publizierte Beiträge des Verfassers *Michael Ruck*, Von der Utopie zur Planung. Sozialdemokratische Zukunftsvisionen und Gestaltungsentwürfe vom 19. Jahrhundert bis in die 1970er Jahre, in: *ders./Michael Dauderstädt*, Zur Geschichte der Zukunft. Sozialdemokratische Utopien und ihre gesellschaftliche Relevanz, hrsg. vom Archiv der sozialen Demokratie der Friedrich-Ebert-Stiftung, Bonn 2011, S. 7–76.

22 Vgl. *Bernd Guggenberger/Udo Kempf*, Vorbemerkung, in: *dies.* (Hrsg.), Bürgerinitiativen und repräsentatives System, Opladen 1978, S. 9–22, hier: S. 14. Zu den diametralen Konzeptionen (räumlicher) Repräsentation und politischer Herrschaftsorganisation vgl. jetzt beispielhaft *Su-*

tionsprozesse durch die Hereinnahme partizipativer Elemente vor äußeren Hemmungen bewahren wollten, stellten die anderen das Wachstumsparadigma der ›langen‹ 1960er Jahre (1957–1973)[23] mit dem dazugehörigen Steuerungsinstrumentarium grundsätzlich infrage. Weder mit den sozialistischen Gesellschaftsutopien der studentischen Protestbewegung noch mit der sozialtechnokratischen Planungseuphorie des vorausgegangenen Jahrzehnts hatten diese Initialkonflikte der Neuen sozialen Bewegungen noch viel zu tun.[24] Der Repräsentationsgrundlage des »defizitären Planungsstaat(s)« wurde nun die »politische Legitimität« immer vehementer abgesprochen.[25]

Die beiden großen Kirchen boten dafür – wie auch für die Friedensbewegung der 1980er Jahre – mancherlei Foren und Unterstützung an.[26] Doch es gelang ihnen nicht, ihre angestammte Rolle als gesellschaftliche Basisinstitutionen auf diese Weise ungeschmälert zu bewahren. Die Erosion der traditionellen Weltanschauungsmilieus im Zuge jener Säkularisierungs-, Differenzierungs- und Individualisierungsprozesse, welche mit dem fundamentalen Wertewandel einhergingen, begrenzte zusehends die soziale Reichweite ihrer Normsetzungs- und Repräsentationsansprüche, noch bevor dieser tendenzielle Marginalisierungsprozess nach der deutsch-deutschen Vereinigung eine neue Dynamik gewann.[27]

Bereits seit Mitte der 1970er Jahre erörterten Politikwissenschaftler und Politiker intensiv die Herausforderungen der Bürgerinitiativ-Bewegung an die konventionelle Repräsentationskultur.[28] Angesichts der vordergründigen Stabilität des Parteiensystems sorgte

---

sanne Schregel, Der Atomkrieg vor der Wohnungstür. Eine Politikgeschichte der neuen Friedensbewegung in der Bundesrepublik 1970–1985, Frankfurt am Main/New York 2012, insb. S. 11–26, 30–33 und 37–40.

23 Vgl. dazu *Burkhart Lutz*, Der kurze Traum immerwährender Prosperität. Eine Neuinterpretation der industriell-kapitalistischen Entwicklung im Europa des 20. Jahrhunderts, Frankfurt am Main/ New York 1989 (zuerst 1984); *Hartmut Kaelble* (Hrsg.), Der Boom 1948–1973. Gesellschaftliche und wirtschaftliche Folgen in der Bundesrepublik Deutschland und in Europa, Opladen 1992.

24 Vgl. dazu eingehender *Michael Ruck*, Planung als Utopie. Gesellschaftsutopien der 68er und gesellschaftliche Planungseuphorie in den sechziger Jahren, in: vorgänge 47, 2008, H. 181, S. 13–22.

25 *Günter Trautmann*, Defizitärer Planungsstaat und politische Legitimität – Der Fall Brokdorf, in: *Bernd Guggenberger/Udo Kempf* (Hrsg.), Bürgerinitiativen und repräsentatives System, Opladen 1978, S. 309–336 (in 2. Aufl., Opladen 1984, nicht enthalten).

26 Vgl. dazu *Benjamin Ziemann*, Meinungsumfragen und die Dynamik der Öffentlichkeit. Die katholische Kirche in der Bundesrepublik nach 1968, in: Historisches Jahrbuch 126, 2006, S. 493–520; *Siegfried Hermle/Claudia Lepp/Harry Oelke* (Hrsg.), Umbrüche. Der deutsche Protestantismus und die sozialen Bewegungen in den 1960er und 70er Jahren, Göttingen 2007; *Bernd Hey/Volkmar Wittmütz* (Hrsg.), 1968 und die Kirchen, Bielefeld 2008; *Claudia Lepp*, Zwischen Konfrontation und Kooperation: Kirchen und soziale Bewegungen in der Bundesrepublik (1950–1983), in: Zeitgeschichtliche Forschungen 7, 2010, H. 3, S. 364–385; *Klaus Fitschen/ Siegfried Hermle/Katharina Kunter* u. a. (Hrsg.), Die Politisierung des Protestantismus. Entwicklungen in der Bundesrepublik Deutschland während der 1960er und 70er Jahre, Göttingen 2011; *Daniel Gerster*, Von Pilgerfahrten zu Protestmärschen? Zum Wandel des katholischen Friedensengagements in den USA und der Bundesrepublik Deutschland 1945–1990, in: AfS 51, 2011, S. 311–342.

27 Vgl. etwa *Wolfgang Jagodzinski*, Der religiöse Cleavage in Deutschland und Österreich, in: *Plasser/Gabriel/Falter*, Wahlen und politische Einstellungen in Deutschland und Österreich, S. 65–93; *Michael Terwey*, Säkularisierung und Kirchenkrise in Deutschland, in: *Rüdiger Schmitt-Beck/Martina Wasmer/Achim Koch* (Hrsg.), Sozialer und politischer Wandel in Deutschland. Analysen mit ALLBUS-Daten aus zwei Jahrzehnten, Wiesbaden 2004, S. 127–151; *Karl Gabriel*, Entkirchlichung und (neue) Religion, in: *Raithel/Rödder/Wirsching*, Auf dem Weg in eine neue Moderne?, S. 99–111.

28 Vgl. dazu insb. *Bernd Guggenberger/Udo Kempf* (Hrsg.), Bürgerinitiativen und repräsentatives System, 2., neubearb. u. erw. Aufl., Opladen 1984; *Dieter Rucht*, Planung und Partizipation.

der unverkennbar ansteigende »Institutionalisierungs- und Verstetigungsgrad« der »single-purpose-movements« bei den etablierten Parteien zunächst noch kaum für Befürchtungen, aus diesem unübersichtlichen Organisationsmilieu könne sich bald eine parlamentarisch relevante Alternativpartei als dauerhafte Konkurrenz entwickeln.[29] Bezeichnenderweise war es ein linksliberaler Politiker und Politikwissenschaftler, der schon frühzeitig, wiewohl betont zurückhaltend in der Prognose, über das Thema der kommenden Jahrzehnte schrieb: »Bürgerinitiativen und die Funktionskrise der Volksparteien«.[30]

Im Vordergrund stand ansonsten die erfahrungsgespeiste Sorge, dass kommunale wie staatliche Infrastruktur- und Investitionsplanungen durch Protestaktionen, Einreden und Klagen aus diesem Umfeld ausgerechnet in einer Zeit hinausgezögert würden, in der konjunkturbelebende und arbeitsmarktstützende Vorhaben oberste politische Priorität genossen. Auf wissenschaftlicher Seite nahm sich die Implementationsforschung dieses Komplexes an.[31] Auch das Problem der – vermeintlich gefährdeten – »Regierbarkeit« geriet vorübergehend mit in den Blick.[32] Im Übrigen wurden aus systematischer Perspektive von Beginn an grundsätzliche Fragen debattiert. Diese richteten sich einerseits auf die »Möglichkeiten« und die »Reichweite des direkten Bürgerengagements unter den spezifischen Funktionsbedingungen des parlamentarisch-repräsentativen, parteienstaatlichen Regimes«, andererseits auf den generellen »Zustand der parlamentarischen Parteiendemokratie als Ursachenkomplex für das Entstehen von Bürgerinitiativen« und auf die »Frage nach den spezifischen Struktur- und Funktionsschwächen repräsentativer Demokratie«. Alle diese Überlegungen zielten auf die Einschätzung der Systemrelevanz dieses neuen Phänomens im (einstweilen noch) vorpolitischen Raum:

»Bedeutet ihr massenhaftes Auftreten eher die Zurückdrängung und tendenzielle Überwindung der parlamentarischen Willensbildung oder vielmehr eine systemkonforme Kompensation des repräsentativen Defizits der Parteiendemokratie und damit eine Revitalisierung der überkommenen Verfassungsstruktur nebst ihrer repräsentativen, parteienstaatlich modifizierten Entscheidungsregel? Was sind die verfassungspolitischen und kulturellen Veränderungen?«[33]

Immerhin gelangten die Herausgeber eines zeitgenössischen Kompendiums zu der klaren Aussage: »Die Bürgerinitiativbewegung ist längst keine Quantité négligeable mehr, sie

---

Bürgerinitiativen als Reaktion und Herausforderung politisch-administrativer Planung, München 1982; vgl. ferner *Axel Werner*, Bürgerinitiativen – Versuch einer Bestandsaufnahme theoretischer Positionen und empirischer Befunde, in: Hans-Georg Wehling (Hrsg.), Kommunalpolitik, Hamburg 1975, S. 254–276; *Bernt Armbruster/Rainer Leisner*, Bürgerbeteiligung in der Bundesrepublik. Zur Freizeitaktivität verschiedener Bevölkerungsgruppen in ausgewählten Beteiligungsfeldern (Kirchen, Bürgerinitiativen, Vereinen), Göttingen 1975.

29 *Guggenberger/Kempf*, Vorbemerkung, S. 9f. und 16.
30 *Theo Schiller*, Bürgerinitiativen und die Funktionskrise der Volksparteien, in: *Guggenberger/Kempf*, Bürgerinitiativen und repräsentatives System, S. 188–210, hier: insb. S. 209f. Schiller war unter anderem 1974 bis 1976 Bundesvorsitzender der Deutschen Jungdemokraten. Vgl. ferner als frühe Zwischenbilanz *Renate Mayntz* (Hrsg.), Implementation politischer Programme, [Bd. 1]: Empirische Forschungsberichte, Bd. 2: Ansätze zur Theoriebildung, Königstein im Taunus/Opladen 1980/1983.
31 Vgl. umfassend die westdeutsche Pionierstudie von *Hans-Ulrich Derlien*, Die Erfolgskontrolle staatlicher Planung. Eine empirische Untersuchung über Organisation, Methode und Politik der Programmevaluation, Baden-Baden 1976.
32 Vgl. etwa *Wilhelm Hennis/Peter Graf Kielmansegg/Ulrich Matz* (Hrsg.), Regierbarkeit. Studien zu ihrer Problematisierung, Bd. 1, Stuttgart 1977 (mehr nicht erschienen). Vgl. dazu nunmehr eingehend *Gabriele Metzler*, Konzeptionen politischen Handelns von Adenauer bis Brandt. Politische Planung in der pluralistischen Gesellschaft, Paderborn/München etc. 2005, S. 404–411.
33 Alle vorstehenden Zitate aus: *Guggenberger/Kempf*, Vorbemerkung, S. 16f., mit Verweisen auf die einschlägigen Beiträge des Sammelbandes.

ist, herausgefordert vom Zustand der Parteien und des Parteiensystems, zu einer echten Herausforderung für die repräsentative Demokratie geworden.«[34] Allerdings schien das westdeutsche Parteiensystem von diesen Entwicklungen zunächst noch gar nicht berührt zu werden. Bei den Bundestagswahlen 1969, 1972, 1976 und 1980 verbuchten die beiden »Volksparteien« CDU/CSU und SPD unter hohen Wahlbeteiligungen zusammen jeweils um die 90 % der Wählerstimmen.[35] Die restlichen Stimmen gingen zum weitaus größten Teil auf das Konto der sozial-liberal optierenden FDP als dritter Kraft jenes »Zweieinhalb-Parteien-Systems«, das sich nach der »letzten Weimarer Wahl« im September 1949 (Jürgen W. Falter)[36] über zwei Jahrzehnte hinweg zu einem Markenzeichen der »Bonner Republik« entwickelt hatte.[37]

Hinter der Fassade äußerlicher Stabilität bahnte sich während der späten 1970er und zu Beginn der 1980er Jahre eine neue Asymmetrie des Parteiensystems an. Nach der Ratifizierung des Machtverlusts in Bonn durch die Bundestagswahlen von 1972 und 1976 wandelte sich die CDU binnen weniger Jahre von einer Kanzler-, Honoratioren und Wählerpartei in Richtung einer Apparat-, Mitglieder- und Programmpartei nach dem Vorbild von SPD und CSU.[38] Auf dieser Grundlage betrieben die Unionsparteien den Rückgewinn ihrer hegemonialen Stellung im Mitte-Rechts-Spektrum und im gesamten Parteiensystem.

Auf der Gegenseite wurde dieser Prozess des Wiedererstarkens durch die nachlassende Integrationskraft der SPD in der Regierungsverantwortung auf Bundesebene begüns-

---

34 Ebd., S. 14.
35 *Gerhard A. Ritter/Merith Niehuss*, Wahlen in der Bundesrepublik Deutschland. Bundestags- und Landtagswahlen 1946–1987, München 1987, S. 75–77. Zur tendenziellen Überlappung der Wählerpotenziale beider Volksparteien in dieser Phase vgl. *Ursula Feist/Manfred Güllner/Klaus Liepelt*, Strukturelle Angleichung und ideologische Polarisierung. Die Mitgliedschaft von SPD und CDU/CSU zwischen den sechziger und siebziger Jahren, in: Politische Vierteljahresschrift (PVS) 18, 1977, S. 257–278; *Peter Gluchowski/Hans-Joachim Veen*, Nivellierungstendenzen in den Wähler- und Mitgliedschaften von CDU/CSU und SPD 1959 bis 1979, in: Zeitschrift für Parlamentsfragen (ZfP) 10, 1979, S. 312–331.
36 *Jürgen W. Falter*, Kontinuität und Neubeginn. Die Bundestagswahl 1949 zwischen Weimar und Bonn, in: PVS 22, 1981, S. 236–263; vgl. *Winfried Becker*, Die Überwindung des Vielparteienstaates. Vom Weimarer zum Bonner Modell, in: Historisch-Politische Mitteilungen 17, 2010, S. 1–24.
37 Die ›klassische‹ Ausprägung des Parteiensystems am Ende der Nachkriegszeit wird in allen ihren Facetten umfassend dokumentiert in: *Richard Stöss* (Hrsg.), Parteien-Handbuch. Die Parteien der Bundesrepublik Deutschland 1945–1980, 2 Bde., Opladen 1983/1984. Zu dessen Wandlungen vgl. im Überblick *Hans-Dieter Klingemann*, Kontinuität und Veränderung des deutschen Parteiensystems 1949–1998, in: *Max Kaase/Günther Schmid* (Hrsg.), Eine lernende Demokratie. 50 Jahre Bundesrepublik Deutschland, Berlin 1999, S. 115–128; *Richard Stöss*, Kontinuität als Wandel. Das Parteiensystem vor und nach der deutschen Vereinigung, in: *Roland Czada/Hellmut Wollmann* (Hrsg.), Von der Bonner zur Berliner Republik. 10 Jahre Deutsche Einheit, Wiesbaden 2000, S. 308–327.
38 Vgl. dazu *Wulf Schönbohm*, Die CDU wird moderne Volkspartei. Selbstverständnis, Mitglieder, Organisation und Apparat 1950–1980, Stuttgart 1985; *Josef Schmid*, Die CDU. Organisationsstrukturen, Politiken und Funktionsweisen einer Partei im Föderalismus, Opladen 1990; *Felix Becker* (Red.), Kleine Geschichte der CDU 1945–1982, Stuttgart 1993; *Hans-Otto Kleinmann*, Geschichte der CDU 1945–1982, Stuttgart 1993; *Corinna Franz/Oliver Gnad* (Bearb.), Handbuch zur Statistik der Parlamente und Parteien in den westlichen Besatzungszonen und in der Bundesrepublik Deutschland, Bd. 2: CDU und CSU. Mitgliedschaft und Sozialstruktur 1945–1990, Düsseldorf 2005; *Franz Walter/Christian Werwath/Oliver d'Antonio*, Die CDU. Entstehung und Verfall christdemokratischer Geschlossenheit, Baden-Baden 2011. Zur Entwicklung der bayerischen Schwesterpartei vgl. *Alf Mintzel*, Die CSU-Hegemonie in Bayern. Strategie und Erfolg. Gewinner und Verlierer, Passau 1999; *Gerhard Hopp/Martin Sebaldt/Benjamin Zeitler* (Hrsg.), Die CSU. Strukturwandel, Modernisierung und Herausforderungen einer Volkspartei, Wiesbaden 2010.

tigt.³⁹ Nach der Durchsetzung der Ostverträge, der Entzauberung ihrer keynesianischen Wirtschaftspolitik im Zeichen von Inflation, Ölkrise und Massenarbeitslosigkeit sowie der Stagnation ihrer Sozial- und Demokratisierungspolitik unter dem Druck von Konsolidierungszwängen und dem Primat der Inneren Sicherheit sah sich die Sozialdemokratie mit einer eigenständigen Alternative auf der Linken konfrontiert, die sich um 1980 aus den Neuen sozialen Bewegungen – insbesondere der Anti-Atomkraft-Bewegung, der Ökologiebewegung, der Friedensbewegung und der Frauenbewegung – heraus formierte und nach ersten regionalen Erfolgen seit dem Frühjahr 1983 auch bei Bundestagswahlen als konkurrierendes Wahlbündnis auf den Plan trat.⁴⁰

Während der Agoniephase des letzten sozial-liberalen Kabinetts Schmidt/Genscher hatte der kurz zuvor von Willy Brandt ins Amt geholte SPD-Generalsekretär Peter Glotz den – bis heute begriffsmächtigen – Versuch unternommen, die drohende politisch-parlamentarische Fragmentierung und Marginalisierung jener gesellschaftlichen Mehrheit »links der Mitte«, welche sein Parteivorsitzender unter dem Eindruck der verlorenen Bundestagswahl im März 1983 imaginierte, doch noch abzuwenden. Im Vorfeld des Münchner Parteitags beschwor der gelernte Kommunikationswissenschaftler Anfang 1982 ebenso eloquent wie eindringlich die »Beweglichkeit des Tankers« in der rauen See des gegenwärtigen Struktur- und Wertewandels.⁴¹ Auf der einen Seite warb Glotz zwar

---

39 Vgl. dazu aus dem zeitgenössischen Schrifttum *Horst Becker/Bodo Hombach*, Die SPD von innen. Bestandsaufnahme an der Basis der Partei. Auswertung und Interpretation empirischer Untersuchungen in der SPD Nordrhein-Westfalen, Bonn 1983. Vgl. ferner *Fritz W. Scharpf*, Sozialdemokratische Krisenpolitik in Europa, Frankfurt am Main/New York 1987; *Peter Grafe*, Tradition & Konfusion – SPD. Alle Macht den Profis, Frankfurt am Main 1991; *Siegfried Heimann*, Zwischen Aufbruchstimmung und Resignation. Die SPD in den 80er Jahren, in: *Werner Süß* (Hrsg.), Die Bundesrepublik in den achtziger Jahren. Innenpolitik. Politische Kultur. Außenpolitik, Opladen 1991, S. 35–52; *Peter Lösche/Franz Walter*, Die SPD: Klassenpartei – Volkspartei – Quotenpartei. Zur Entwicklung der Sozialdemokratie von Weimar bis zur deutschen Vereinigung, Darmstadt 1992; *Karlheinz Blessing* (Hrsg.), SPD 2000. Die Modernisierung der SPD, Marburg/Berlin 1993; *Jens Borchert/Lutz Golsch/Uwe Jun* u. a. (Hrsg.), Das sozialdemokratische Modell. Organisationsstrukturen und Politikinhalte im Wandel, Opladen 1996; *Josef Boyer*, Die Sozialstruktur der SPD 1945–1990. Grundlagen und Perspektiven der Analyse, in: Mitteilungsblatt des Instituts für Erforschung der europäischen Arbeiterbewegung 1999, Nr. 22, S. 141–190; *Heinz Thörmer*, Ständiger Wandel als Aufgabe: Überlegungen zur Programmatik und zur Organisationskultur der SPD, in: *Dürr/Walter*, Solidargemeinschaft und fragmentierte Gesellschaft, S. 353–360; *Susanne Miller/Heinrich Potthoff*, Kleine Geschichte der SPD. Darstellung und Dokumentation 1848–2002, 8., aktual. u. erw. Aufl., Bonn 2002; *Josef Boyer/Till Kössler* (Bearb.), Handbuch zur Statistik der Parlamente und Parteien in der westlichen Besatzungszonen und in der Bundesrepublik Deutschland, Bd. 4: SPD, KPD und kleinere Parteien des linken Spektrums sowie Die Grünen. Mitgliedschaft und Sozialstruktur 1945–1990, Düsseldorf 2005; *Franz Walter*, Die SPD. Vom Proletariat zur neuen Mitte, Berlin 2002; *ders.*, Die SPD. Biographie einer Partei, 2. Aufl., Reinbek 2011; *Max Reinhardt*, Aufstieg und Krise der SPD. Flügel und Repräsentanten einer pluralistischen Volkspartei, Baden-Baden 2011.

40 Vgl. dazu *Hans-Dieter Klingemann/Max Kaase* (Hrsg.), Wahlen und politischer Prozeß. Analysen aus Anlaß der Bundestagswahl 1983, Opladen 1986; *Karl-Werner Brand/Harro Honolka*, Ökologische Betroffenheit, Lebenswelt und Wahlentscheidung. Plädoyer für eine neue Perspektive der Wahlforschung am Beispiel der Bundestagswahl 1983, Opladen 1987. Vgl. auch den Beitrag von Silke Mende in diesem Band.

41 *Peter Glotz*, Die Beweglichkeit des Tankers. Die Sozialdemokratie zwischen Staat und neuen sozialen Bewegungen, München 1982, dort der Klappentext: »Glotz legt hier unmittelbar vor dem entscheidenden Münchener SPD-Bundesparteitag im April 1982 keinen Leitantrag und keine Wahlkampfplattform vor, sondern analysiert mit großer Sensibilität für Krisenerscheinungen [...] die Situation unserer Zeit. Glotz beschreibt die auseinanderfallenden Wertorientierungen großer Gruppen unserer Gesellschaft und fragt nach der Regierbarkeit von Industriestaaten mit stagnierender Ökonomie. Er zeigt die Zangenbewegung auf, durch die Reformpar-

um Verständnis und Unterstützung für den etatistischen Krisenbewältigungspragmatismus der regierenden Sozialdemokraten in Bund und Ländern. Auf der anderen Seite ließ er jedoch keinen Zweifel daran, dass sich seine Partei sowohl in ihrer inhaltlichen Ausrichtung als auch – und erst recht – in ihrer Binnen- und Außenkommunikation auf die postmaterialistischen Dispositionen und kulturellen Praktiken wie auch auf die partizipativen Bedürfnisse und diskursiven Gepflogenheiten der jungen »neuen Mittelschichten« einlassen müsse, um die gesellschaftlich-politische »Meinungsführerschaft« respektive die »diskursive Hegemonie« der linken Volks- und Reformpartei SPD zu bewahren oder auch wiederzuerringen.[42]

Innerhalb der Sozialdemokratie stieß dieser viel beachtete Appell ihres intellektuellen Jungstars aus Bayern zunächst nur auf verhaltene Resonanz. Zwar öffnete sich die Partei nach dem Regierungsverlust im Bund 1982/83 einerseits für die Anliegen der Neuen sozialen Bewegungen, insbesondere der Friedensbewegung. Das von der deutsch-deutschen Vereinigung überrollte Berliner Programm von 1989 reflektierte ausdrücklich diese inhaltliche Neujustierung der SPD: »Unser Zukunftsentwurf ist ein Angebot für ein Reformbündnis der alten und neuen sozialen Bewegungen.«[43] Andererseits bewahrten die Protagonisten der etatistisch-korporatistischen Wachstums- und Modernisierungspolitik zurückliegender Jahrzehnte nicht nur innerhalb des Gewerkschaftsflügels und in den Ländern Stimme und Gewicht. Die überkommenen Organisationsstrukturen, Kommunikationsrituale und Willensbildungsprozesse widerstanden erst recht jenen »Modernisierungs«-Bestrebungen, die sich aufgeschlossener an zeitgemäßen Maximen wie Individualisierung und Selbstverwirklichung, Pluralisierung und Partizipation zu orientieren empfahlen. Das galt, allen Einzelinitiativen zum Trotz, weithin auch für das Verhältnis der – im Kern noch spürbar milieugeprägten – Sozialdemokratie zu den zivilgesellschaftlichen Kräften jenseits des bisherigen Partei- und Verbandswesens.

Angesichts dessen blieb die von Glotz und anderen Parteiintellektuellen seit Ende der 1970er Jahre verfochtene Anpassung des weiland so erfolgreichen Integrationsmodells »linke Volkspartei« an die sich beschleunigt wandelnde gesellschaftliche Realität[44] gerade auch auf – im weit verstandenen Sinne des Worts – »kulturellem« Feld[45] deutlich hinter dem zurück, was an Beweglichkeit zur (partei)politischen Absorption der Neuen sozialen Bewegungen vonnöten gewesen wäre. Die Beharrungskraft der traditionellen Strukturen und Praktiken speiste sich aus der habituellen Reserve gegen einen diskursorientierten

---

    teien gegenwärtig eingeschlossen werden – durch den Neokonservatismus auf der einen und neue soziale Bewegungen auf der anderen Seite – und versucht eine Partei zu beschreiben, die in dieser Zangenbewegung überleben kann.« Vgl. auch *ders.*, Junge Generation, alternative Bewegungen und die Aufgaben der Sozialdemokratie, in: *Thomas Meyer* (Hrsg.), Demokratischer Sozialismus – geistige Grundlagen und Wege in die Zukunft, München/Wien 1980, S. 307–315; *Peter Glotz*, Jugend und Gesellschaft. Die Herausforderungen der 80er Jahre, in: Gewerkschaftliche Monatshefte 31, 1980, S. 357–368; *ders.*, Sozialdemokraten und Jugendprotest, in: APuZ 1981, Nr. 39, S. 21–24.

42 Vgl. dazu insb. *Peter Glotz*, Die Arbeit der Zuspitzung. Über die Organisation einer regierungsfähigen Linken, Hamburg 1984; *ders.*, Kampagne in Deutschland. Politisches Tagebuch 1981–1983, Hamburg 1986.

43 Grundsatzprogramm der Sozialdemokratischen Partei Deutschlands. Beschlossen vom Programm-Parteitag der Sozialdemokratischen Partei Deutschlands am 20. Dezember 1989 in Berlin, geändert auf dem Parteitag in Leipzig am 17. April 1998, Abschnitt V: Unser Weg in die Zukunft, S. 53, URL: <http://www.spd.de/Politik/grundsatzprogramm/> [4.9.2012].

44 Vgl. etwa *Thomas Meyer*, Wertwandel, Industrielle Gesellschaft und Demokratischer Sozialismus, in: *ders.*, Demokratischer Sozialismus, S. 153–177; *Hermann Scheer*, Die SPD als Volkspartei und die Bürgerinitiativen, in: ebd., S. 331–342.

45 Vgl. dazu *Axel Schildt/Detlef Siegfried*, Deutsche Kulturgeschichte. Die Bundesrepublik – 1945 bis zur Gegenwart, München 2009, S. 13–16.

Eigensinn, welcher von ihren Verteidigern oftmals als ebenso »unsachliche« wie undisziplinierte Negierung bewährter Handlungslogiken und Verfahrensweisen wahrgenommen wurde. Im (selbst)kritischen Rückblick brachte die sozialdemokratische Historikerin Helga Grebing diese Vorbehalte Mitte der 1990er Jahre auf den Punkt: »Der Legitimationsdruck in Sachen tendenzieller Fundamentaldemokratisierung destruierte. Die Sozialdemokratie wollte viel zu viel diskursive antiautoritäre Meinungsvielfalt gelten lassen, was man nicht nur positiv interpretieren kann.«[46]

Außerhalb der SPD stießen die von Peter Glotz als Wortführer propagierten kulturellen Öffnungsversuche in Richtung alternativer Gruppierungen und Organisationen erst recht auf Zweifel und Ablehnung. Aus der Hochburg der Konkordanz- beziehungsweise Proporzdemokratie lobte der österreichische Medienschaffende Günther Nenning im SPIEGEL immerhin einerseits noch eine Reihe zukunftsweisender Ansätze in dessen Reformrezeptur – insbesondere die Abkehr von den überständigen Leitbildern der kommandogesteuerten Milieupartei, des traditionellen Etatismus und des eingefahrenen Korporatismus zugunsten von Diskursorientierung und zivilgesellschaftlicher Öffnung der Partei wie auch staatlicher Instanzen und Repräsentanten unter Anerkennung von Individualität und Pluralität der zivilbürgerlichen Lebensentwürfe und Lebensweisen. Andererseits unterlegte der links-sozialdemokratische Autor seine skeptische Ermunterung mit mildem Spott:

»Mögen also Kenner der Sozialdemokratie getrost bezweifeln, ob Glotz die gewünschte ›Beweglichkeit des Tankers‹ wiederherstellen kann. Unbestreitbar bleibt die Beweglichkeit des Tankwarts Peter Glotz. Er füllt Super in alle ihm zugänglichen Löcher des braven alten Fahrzeugs. Eine ebenso feuergefährliche wie lebensrettende Operation.«[47]

Ungleich härter wurde Glotz im Leitorgan der Alternativbewegung angegangen. Unter der Schlagzeile »Von der Liebenswürdigkeit einer Falltür« geißelte der langjährige taz-Autor Joachim Bruhn das Traktat dieses »Virtuose[n] des dialogischen Hinterhalts« als ein veritables »Verbrechen«:

»[Eine] Geiselnahme, die dem Opfer noch 26 Mark abverlangt. Der ›Tanker‹ – das ist die große Galeere der praktischen, positiven Reformarbeit der SPD, der Glotz freiwillige Sträflinge heuern will [...] – ein angestrengt mühseliger Versuch, die neuen sozialen Bewegungen mithilfe einiger zu nichts verpflichtender Anleihen beim alternativen Innerlichkeitsjargon der SPD vorzuspannen.«[48]

Und weiter bar jeder Ironie:

»Der Sklavenaufstand der Psyche gegen den ihr abgenötigten Plauderton fördert dann zutage, wie sehr die Gewalt des Apparates, dem Glotz als Bundesgeschäftsführer vorsteht, seine Psyche sich angeeignet hat. Sein Anliegen, mit den neuen sozialen Bewegungen in den Dialog zu treten, erweist sich als rationalistischer Gewaltstreich gegen das eigentlich von ihm Gemeinte (und faktisch Betriebene).«[49]

Im finalen Verdikt dieser bitteren Polemik manifestierte sich paradigmatisch die – zumindest einstweilen – unüberbrückbar tiefe kulturelle Kluft zwischen der »Staatspartei«

---

46 *Helga Grebing*, Wandlung der Untertanenkultur, in: *Inge Marßolek/Heinrich Potthoff* (Hrsg.), Durchbruch zum modernen Deutschland? Die Sozialdemokratie in der Regierungsverantwortung 1966–1982, Essen 1995, S. 79–82, hier: S. 81.
47 »Die Beweglichkeit des Tankwarts«. *Günther Nenning* über Peter Glotz Analyse der Sozialdemokratie, in: Der SPIEGEL, 10.5.1982, S. 218–223, hier: S. 223. Das sinnfällige Wortspiel wurde immer wieder aufgenommen – so von *Jürgen Blume/Andreas Westphal*, Die Beweglichkeit des Tankwarts. Zu Peter Glotz' »Arbeit der Zuspitzung«, in: spw. Zeitschrift für sozialistische Politik und Wirtschaft 7, 1984, H. 25, S. 396–405.
48 *Joachim Bruhn*, Von der Liebenswürdigkeit einer Falltür. Anmerkungen zu Peter Glotz. Aus: die tageszeitung, 16.4.1982. Bemerkungen anläßlich Peter Glotz' Buch Die Beweglichkeit des Tankers. Die Sozialdemokratie zwischen Staat und neuen sozialen Bewegungen (München 1982); URL: <http://www.ca-ira.net/isf/beitraege/pdf/bruhn-glotz.falltuer.pdf> [4.9.2012].
49 Ebd.

SPD[50] und dem »harten Kern« des alternativen Milieus: Mit der Entlarvung von »Glotzens meisterlicher Funktionalisierung der drohende[n] Wahrheit über diese Republik« als »Geburt der formalen Selbstkritik aus dem Geist der ungehemmten Apologie« war für Bruhn »zugleich die Frage beantwortet, die Glotz zu Anfang stellte: ›Hat der demokratische Sozialismus noch eine Chance?‹. Nein, einmal muss es schließlich genug sein: noch einmal erträgt das vielleicht die Geschichte, nicht aber die Menschen.«[51]

II. DIE ETABLIERUNG NEUER POLITISCHER AKTEURE

Begleitet von derlei (Re-)Integrations- und Abgrenzungsscharmützeln begann sich im Laufe der 1980er Jahre neben den vier »klassischen« Konfliktlinien (Klassenkonflikt, Konfessionskonflikt, Stadt-Land-Konflikt, Konflikt Zentrum-Peripherie)[52] eine ökologisch-emanzipativ-alternative Orientierung als neue »cleavage« mit dauerhaft »parteibildendem« Potenzial zu verfestigen[53] – der Ausgangspunkt für die Entstehung der anfänglichen Antiparteien-Partei der Grünen[54] und der Entfaltung eines Mehrparteiensystems, das bundesweit erst im Laufe der 1990er Jahre im Kontext wachsender Distanzierung von parteiendemokratischen Repräsentationsformen, für die etwa die Stichworte »Parteienverdrossenheit«, »Apathie« und »Protestwahlverhalten« stehen, Konturen gewann.[55]

---

50 Vgl. *Kurt Klotzbach*, Der Weg zur Staatspartei. Programmatik, praktische Politik und Organisation der deutschen Sozialdemokratie 1945–1965, Bonn 1996 (Nachdruck aus dem Jahr 1982).
51 *Bruhn*, Von der Liebenswürdigkeit einer Falltür.
52 Zu deren Ausprägung in der frühen Bundesrepublik vgl. *Juan J. Linz*, Cleavage and Consensus in West German Politics. The Early Fifties, in: *Seymour M. Lipset/Stein Rokkan* (Hrsg.), Party Systems and Voter Alignments. Cross-National Perspectives, New York/London 1967, S. 283–321; *Franz U. Pappi*, Konstanz und Wandel der Hauptspannungslinien in der Bundesrepublik, in: *Joachim Matthes* (Hrsg.), Sozialer Wandel in Westeuropa. Verhandlungen des 19. Deutschen Soziologentages 17. – 20. April 1979 im Internationalen Congress Centrum (ICC) in Berlin, Frankfurt am Main/New York 1979, S. 465–479. Zu ihren Ursprüngen vgl. etwa *Elfi Bendikat*, Politikstile, Konfliktlinien und Lagerstrukturen im deutschen, britischen und französischen Parteiensystem des späten 19. Jahrhunderts, in: PVS 30, 1989, S. 482–502.
53 Vgl. dazu aus der Fülle zeitgenössischer Analysen *Wilhelm P. Bürklin*, Wählerverhalten und Wertewandel, Opladen 1988; *Franz U. Pappi*, Neue Soziale Bewegungen und Wahlverhalten in der Bundesrepublik, in: *Max Kaase/Hans-Dieter Klingemann* (Hrsg.), Wahlen und Wähler. Analysen aus Anlaß der Bundestagswahl 1987, Opladen 1990, S. 143–192; *Herbert Kitschelt*, New Social Movements and the Decline of Party Organization, in: *Russell J. Dalton/Manfred Kuechler* (Hrsg.), Challenging the Political Order. New Social and Political Movements in Western Democracies, Cambridge/Oxford 1990, S. 179–208, insb. S. 201f.; *Russell J. Dalton/Robert Rohrschneider*, Wählerwandel und die Abschwächung der Parteineigungen von 1972–1987, in: ebd., S. 297–324; *Manfred Küchler*, Ökologie statt Ökonomie: Wählerpräferenzen im Wandel?, in: ebd., S. 419–445; *Dieter Fuchs*, Zum Wandel politischer Konfliktlinien: Ideologische Gruppierungen und Wahlverhalten, in: *Süß*, Die Bundesrepublik in den achtziger Jahren, S. 69–86; *Karl-Heinz Dittrich*, Wertorientierung und Parteiwechsel: Zur wertbezogenen Flexibilisierung des Wahlverhaltens am Beispiel der Bundestagswahl 1987, in: *Helmut Klages/Hans-Jürgen Hippler/Willi Herbert* (Hrsg.), Werte und Wandel. Ergebnisse und Methoden einer Forschungstradition, Frankfurt am Main/New York 1992, S. 252–268. Vgl. ferner *Wolfgang Müller*, Sozialstrukturelle Cleavages bei Bundestagswahlen in Theorie und Empirie. Persistenz, realignment oder dealignment?, Frankfurt am Main/Berlin etc. 1999; *Gerd Mielke*, Gesellschaftliche Konflikte und ihre Repräsentation im deutschen Parteiensystem. Anmerkungen zum Cleavage-Modell von Lipset und Rokkan, in: *Ulrich Eith/Gerd Mielke* (Hrsg.), Gesellschaftliche Konflikte und Parteiensysteme. Länder- und Regionalstudien, Wiesbaden 2001, S. 77–95.
54 Vgl. dazu nunmehr *Silke Mende*, »Nichts rechts, nicht links, sondern vorn«. Eine Geschichte der Gründungsgrünen, München 2011, sowie den Beitrag der Verfasserin in diesem Band.
55 Vgl. dazu umfassend *Klingemann*, Kontinuität und Veränderung des deutschen Parteiensystems; *Oscar W. Gabriel/Oskar Niedermayer/Richard Stöss* (Hrsg.), Parteiendemokratie in Deutsch-

Von Anfang bis Mitte der 1980er Jahre hatten die Parteien- und Wahlforscher überwiegend noch daran gezweifelt, dass sich der gesellschaftliche Struktur- und Wertewandel nachhaltig auf die fundamentale Tektonik des deutschen Parteiensystems auswirken würde. Die Analyse des Ergebnisses der Bundestagswahl 1987 erzwang eine Revision dieser affirmativen Annahmen:

»Die Stimmenverluste der beiden großen Parteien sind mehr als eine bloße Gewichtsverlagerung der politischen Kräfteverhältnisse. Sie signalisieren eine grundlegende Neuorientierung der ›Wählerpersönlichkeit‹ im Zuge sozialstruktureller Verschiebungen und gewandelter Wertvorstellungen. Der rasche Klimawechsel politischer Wetterlagen verspricht wegen dieser tiefreichenden sozialpsychologischen Ausstrahlung zu einem ›dauerhaften‹ Begleitphänomen auch der Wahlen der neunziger Jahre zu werden.«[56]

Voraussetzungen und Folgen dieser Entwicklung, welche ihren Höhepunkt bei den Landtagswahlen ausgangs der 1980er Jahre[57] und bei der Bundestagswahl 1994[58] erreichte, war aufseiten der sogenannten bürgerlichen Parteien zum einen die (temporär) nachlassende Integrationskraft der Unionsparteien in der Regierungsverantwortung. Zu der allfälligen Enttäuschung über uneingelöste Wahlversprechen und vermeintliche Sonderopfer kam die Frustration vieler rechtskonservativer Anhänger über die nach 1982/83 ausgebliebene »geistig-moralische Wende« und über die pragmatische Fortführung der bisherigen Ost- und Deutschlandpolitik. Zum anderen wurde die FDP nach ihrem Frontenwechsel und dem anschließenden Exodus sozialliberaler Kräfte wie auch angesichts ihrer Verwicklung in die »Flick-Affäre« um illegale Parteispenden an die Protagonisten des etablierten Parteiensystems in den Medien und der Bevölkerung zusehends als Klientelpartei der »Besserverdienenden« wahrgenommen und gemieden. Nach dem Verlust ihrer langjährigen Monopolstellung als parlamentarische Mehrheitsbeschafferin (»Zünglein an der Waage«) sowie dem flächenhaften Wegbrechen ihrer Stützpunkte in Ländern und Kommunen schien ihre parlamentarische Fortexistenz gegen Ende der 1980er Jahre akuter gefährdet denn je.[59] Das erratische Auftauchen von rechtspopulistischen »Anti-Parteien«

---

land, 2., aktual. u. erw. Aufl., Bonn 2001; *Ulrich von Alemann*, Das Parteiensystem der Bundesrepublik Deutschland, Opladen 2001; *Karlheinz Niclauß*, Das Parteiensystem der Bundesrepublik Deutschland. Eine Einführung, 2., überarb. u. aktual. Aufl., Paderborn/München etc. 2002; *Tobias Dürr*, Bewegung und Beharrung: Das künftige Parteiensystem, in: APuZ 2005, Nr. 32–33, S. 31–36; *Eckhard Jesse/Eckart Klein* (Hrsg.), Das Parteienspektrum im wiedervereinigten Deutschland, Berlin 2007; *Gerd Mielke/Ulrich Eith*, Im Versuchslabor. Der Strukturwandel des deutschen Parteiensystems, in: Blätter für deutsche und internationale Politik 53, 2008, S. 94–103; *Oskar Niedermayer*, Das fluide Fünfparteiensystem nach der Bundestagswahl 2005, in: ders. (Hrsg.), Die Parteien nach der Bundestagswahl 2005, Wiesbaden 2008, S. 9–35.
56 *Dittrich*, Wertorientierung und Parteiwechsel, S. 267f.
57 Vgl. dazu *Max Kaase/Wolfgang G. Gibowski*, Die Landtagswahlen 1987/88, in: APuZ 1988, Nr. 30–31, S. 3–18. Vgl. allgemein *Reiner H. Dinkel*, Landtagswahlen unter dem Einfluß der Bundespolitik. Die Erfahrung der letzten Legislaturperioden, in: *Jürgen W. Falter* (Hrsg.), Wahlen und politische Einstellungen in der Bundesrepublik Deutschland. Neuere Entwicklungen der Forschung, Frankfurt am Main/Bern etc. 1989, S. 253–262; *Kerstin Völkl/Kai-Uwe Schnapp/Everhard Holtmann* u. a. (Hrsg.), Wähler und Landtagswahlen in der Bundesrepublik Deutschland, Baden-Baden 2008.
58 Vgl. dazu *Helmut Jung*, Zwischen Frust und Lust – Eine Analyse der Bundestagswahl vom 16. Oktober 1994, in: *Gerhard Hirscher* (Hrsg.), Parteiendemokratie zwischen Kontinuität und Wandel. Die deutschen Parteien nach den Wahlen 1994, München 1995, S. 99–168; *Eckhard Jesse*, Das deutsche Parteiensystem nach dem Wahlen 1994, in: ebd., S. 33–63.
59 Vgl. dazu *Peter Lösche/Franz Walter*, Die FDP. Richtungsstreit und Zukunftszweifel, Darmstadt 1996; *Oliver Gnad* (Bearb.), Handbuch zur Statistik der Parlamente und Parteien in den westlichen Besatzungszonen und in der Bundesrepublik Deutschland, Bd. 3: FDP sowie kleinere bürgerliche und rechte Parteien. Mitgliedschaft und Sozialstruktur 1945–1990, Düsseldorf 2005; *Udo Leuschner*, Die Geschichte der FDP. Metamorphosen einer Partei zwischen rechts,

wie den »Republikanern«[60] oder der »Deutschen Volksunion« (DVU)[61] in regionalen und kommunalen Wahlgängen[62] unterstrich nur die sinkende Integrationsfähigkeit der bürgerlichen Regierungsparteien.

Im Zeichen der »neuen Unübersichtlichkeit« (Jürgen Habermas)[63] mit der fortschreitenden Fragmentierung und Erosion überkommener Milieustrukturen in eine wachsende Zahl fluider »Lebensstil-Milieus«[64] konfrontiert, fanden die bewährten Integrationsstrategien der Volksparteien immer weniger Ansatzpunkte für die Herstellung gesellschaftlicher Bündnisse konservativer wie reformorientierter Ausrichtung. Dieses weitflächige Abschmelzen traditioneller Milieubindungen und Parteiorientierungen[65] hatte sich allerdings während der 1980er Jahre bereits auf regionaler und kommunaler Ebene angekündigt.[66] Das galt insbesondere dort, wo die – seit den 1990er Jahren immer häufiger so ge-

    sozialliberal und neokonservativ, Münster 2005; *Franz Walter*, Gelb oder Grün? Kleine Parteiengeschichte der besserverdienenden Mitte in Deutschland, Bielefeld 2010.
60 Vgl. dazu *Dieter Roth*, Sind die Republikaner die fünfte Partei? Sozial- und Meinungsstruktur der Wähler der Republikaner (1989), in: *Kurt Bodewig/Rainer Hesels/Dieter Mahlberg* (Hrsg.), Die schleichende Gefahr. Rechtsextremismus heute, Essen 1990, S. 130–143; *Dieter Roth*, Die Republikaner. Schneller Aufstieg und tiefer Fall einer Protestpartei am rechten Rand, in: APuZ 1990, Nr. 37–38, S. 27–39; *Franz U. Pappi*, Die Republikaner im Parteiensystem der Bundesrepublik. Protesterscheinung oder politische Alternative?, in: APuZ 1990, Nr. 21, S. 37–44; *Gerhard Hirscher*, Die Republikaner. Auseinandersetzung mit einer Protestpartei zwischen Rechtspopulismus und Rechtsextremismus, München 1990; *Richard Stöss*, Die Republikaner im Parteiensystem der Bundesrepublik, in: Tel Aviver Jahrbuch (TAJB) 19, 1990, S. 429–448; *Hans-Gerd Jaschke*, Die »Republikaner«. Profile einer Rechtsaußen-Partei, 3., durchges. Aufl., Bonn 1994 (zuerst 1990); *Markus Klein/Jürgen W. Falter*, Die Wähler der Republikaner zwischen sozialer Benachteiligung, rechtem Bekenntnis und rationalem Protest, in: *Oscar W. Gabriel/Jürgen W. Falter* (Hrsg.), Wahlen und politische Einstellungen in westlichen Demokratien, Frankfurt am Main/Berlin etc. 1996, S. 149–173; *Siegfried Schumann*, Rechtsextreme Einstellungen und andere Determinanten der Sympathie zu den Republikanern, in: *ders./Jürgen R. Winkler* (Hrsg.), Jugend, Politik und Rechtsextremismus in Rheinland-Pfalz. Ergebnisse eines empirischen Modellprojekts, Frankfurt am Main/Berlin etc. 1997, S. 243–266.
61 Vgl. dazu *Hans-Jürgen Doll*, Die Entwicklung der »Deutschen Volksunion-Liste D« (DVU-Liste D), in: Bundesministerium des Innern (Hrsg.), Aktuelle Fragen des Extremismus, Bonn 1989, S. 99–107; *Stefan Mayer*, Zehn Jahre Deutsche Volksunion [DVU] als politische Partei, in: Extremismus & Demokratie 10, 1998, S. 184–198; *Lothar Probst*, Politische Mythen und symbolische Verständigung. Eine Lokalstudie über die rechtspopulistische DVU in Bremen, in: ZfP 26, 1995, S. 5–12.
62 Vgl. die detaillierte Übersicht: Wahlergebnisse der »Republikaner« und anderer rechtsextremer Parteien seit 1989, in: *Hans-Gerd Jaschke*, Rechtsextremismus und Fremdenfeindlichkeit. Begriffe – Positionen – Praxisfelder, Opladen 1994, S. 191f. Vgl. dazu *Richard Stöss*, Die extreme Rechte in der Bundesrepublik. Entwicklung – Ursachen – Gegenmaßnahmen, Opladen 1989, S. 177–228; *Kai Arzheimer/Harald Schoen/Jürgen W. Falter*, Rechtsextreme Orientierungen und Wahlverhalten, in: *Wilfried Schubarth/Richard Stöss* (Hrsg.), Rechtsextremismus in der Bundesrepublik Deutschland. Eine Bilanz, Opladen/Bonn 2000, S. 220–245.
63 *Jürgen Habermas*, Die neue Unübersichtlichkeit, Frankfurt am Main 1985.
64 Vgl. dazu *Peter A. Berger/Stefan Hradil* (Hrsg.), Lebenslagen, Lebensläufe, Lebensstile, Göttingen 1990; *Thomas Gensicke*, Deutschland im Übergang. Lebensgefühl, Wertorientierungen, Bürgerengagement, Speyer 2000; *Andreas Wirsching*, Erwerbsbiographien und Privatheitsformen: Die Entstandardisierung von Lebensläufen, in: *Raithel/Rödder/Wirsching*, Auf dem Weg in eine neue Moderne?, S. 83–97.
65 Vgl. dazu etwa *Peter Gluchowski/Fritz Plasser*, Zerfall affektiver Parteibindungen in Deutschland und Österreich, in: *Plasser/Gabriel/Falter*, Wahlen und politische Einstellungen in Deutschland und Österreich, S. 3–29.
66 Vgl. dazu *Uwe Jun/Melanie Haas/Oskar Niedermayer* (Hrsg.), Parteien und Parteiensysteme in den deutschen Ländern, Wiesbaden 2008. Vgl. etwa *Oskar Niedermayer*, Parteiensystementwicklung in Deutschland: Rheinland-Pfalz im Vergleich, in: *Ulrich Sarcinelli/Jürgen W. Falter/*

Repräsentation, Partizipation und Administration während der 1980er Jahre 271

nannte – »organisierte Zivilgesellschaft« aus dem Organisationsmilieu der Neuen sozialen Bewegungen[67] in den Bereich der politischen Willensbildungs- und teils auch Entscheidungsprozesse hineinwirken konnte. Mit Ausgang der ›alten‹ Bundesrepublik war deren »klassische« Parteienkonstellation obsolet.[68] Doch erst im Laufe der 2000er Jahre sollten alle diese Tendenzen in die fortschreitende Etablierung eines nicht hegemonialen Mehrparteiensystems münden, das sich im Zeichen abgeschwächter Lagerbildung regional ausdifferenzierte.

III. DER BEDEUTUNGSVERLUST DER GEWERKSCHAFTEN

Einher mit dieser umfassenden Auflockerung des Parteiensystems und der wachsenden Infragestellung der Repräsentationsansprüche und -methoden seiner traditionellen Protagonisten[69] ging eine – zunächst nur – relative Bedeutungsabnahme der Partner jenes tripartistischen Korporatismus (Staat – Unternehmer – Gewerkschaften), welcher die »Bonner« respektive die »Rheinische Republik« seit den Gründungsjahren wesentlich mitgeprägt hatte. Die Reorganisation der traditionell weltanschaulich fragmentierten Gewerkschaftsbewegung hatte sich in Westdeutschland überwiegend am Leitbild einer Einheitsgewerkschaft orientiert, die über konfessionelle und weltanschauliche Grenzen hinweg alle Arbeitnehmergruppen organisieren sollte. Daraus entstand 1949 der Deutsche Gewerkschaftsbund (DGB) als Föderation von 16 Industrie- und Regieverbänden, zu denen 1978 die Gewerkschaft der Polizei kam. Die 1945 gegründete Deutsche Angestellten-Gewerkschaft (DAG) hatte sich bereits im Juli 1948 von ihnen getrennt. 1948 zählten die

---

Gerd Mielke u. a. (Hrsg.), Politische Kultur in Rheinland-Pfalz, Mainz 2000, S. 213–227; *Kai Arzheimer*, 50 Jahre Wahlen in Rheinland-Pfalz, in: ebd., S. 229–254; *Gerd Mielke/Ulrich Eith*, Die Landtagswahl 1991: Erdrutsch oder Ausrutscher? Parteienkonkurrenz und Wählerbindungen in Rheinland-Pfalz in den 80er und 90er Jahren, in: ebd., S. 255–280; *Jürgen W. Falter*, Parteien und Wahlen in Rheinland-Pfalz: Wandel und Kontinuität, in: *Ulrich Sarcinelli/Jürgen W. Falter/Gerd Mielke* u. a. (Hrsg.), Politik in Rheinland-Pfalz. Gesellschaft, Staat und Demokratie, Wiesbaden 2010, S. 135–146; *Oskar Niedermayer*, Regionalisierung des Parteiensystems in der Bundesrepublik Deutschland, in: ebd., S. 182–201; *Jochen Führer/Thomas Noetzel*, Die Landtags- und Kommunalwahlen in Hessen – Trends und Zäsuren in der politischen Entwicklung des Landes, in: *Dirk Berg-Schlosser/Thomas Noetzel* (Hrsg.), Parteien und Wahlen in Hessen 1946–1994, Marburg 1994, S. 239–261, 4. Erosionsphase, S. 252–257; *Hans Zinnkann* (Red.), Die Landtagswahlen in Nordrhein-Westfalen von 1947 bis 1990, Düsseldorf 1993.
67 Vgl. dazu *Ansgar Klein*, Der Diskurs der Zivilgesellschaft. Politische Kontexte und demokratietheoretische Bezüge der neueren Begriffsverwendung, Opladen 2001, S. 131–204. Zur Entwicklung der Neuen sozialen Bewegungen vgl. umfassend *Karl W. Brand/Detlef Büsser/Dieter Rucht*, Aufbruch in eine andere Gesellschaft. Neue soziale Bewegungen in der Bundesrepublik Deutschland, aktual. Neuausg., Frankfurt am Main/New York 1986 (zuerst 1983); *Roland Roth/Dieter Rucht* (Hrsg.), Neue soziale Bewegungen in der Bundesrepublik Deutschland, 2., überarb. u. erw. Aufl., Bonn 1991 (zuerst 1987); *dies.* (Hrsg.), Die sozialen Bewegungen in Deutschland seit 1945. Ein Handbuch, Frankfurt am Main/New York 2008; *Sven Reichardt/ Detlef Siegfried* (Hrsg.), Das Alternative Milieu. Antibürgerlicher Lebensstil und linke Politik in der Bundesrepublik Deutschland und Europa 1968–1983, Göttingen 2010. Vgl. etwa *Frank W. Heuberger*, Rheinland-Pfalz auf dem Weg zur Bürgergesellschaft: Theoretische Grundlagen und landespolitische Rezeption einer gesellschaftlichen Leitidee, in: *Sarcinelli/Falter/Mielke*, Politik in Rheinland-Pfalz, S. 21–30; *ders./Birger Hartnuß*, Vom bürgerschaftlichen Engagement zur Engagementpolitik: Entwicklungsetappen der Bürgergesellschaft in Rheinland-Pfalz, in: ebd., S. 451–470.
68 Vgl. dazu im Einzelnen die zeitgenössische Bestandsaufnahme *Alf Mintzel/Heinrich Oberreuter* (Hrsg.), Parteien in der Bundesrepublik Deutschland, Opladen 1992 (zuerst 1990).
69 Vgl. etwa *Hermann Schmitt*, Neue Politik in alten Parteien. Zum Verhältnis von Gesellschaft und Parteien in der Bundesrepublik, Opladen 1987.

Gewerkschaften gut 4,7 Millionen Mitglieder, 1951 waren es bereits gut 5,9 Millionen zuzüglich 343.000 DAG-Mitglieder, 1972/73 wurde die Grenze von sieben Millionen (468.000 DAG-Mitglieder) überschritten und bis 1989/90 stieg die Zahl in Westdeutschland bis auf knapp acht Millionen (503.000 DAG-Mitglieder) an. Nach der deutsch-deutschen Vereinigung hatten die DGB-Gewerkschaften 1991 fast zwölf Millionen, die DAG 585.000 Mitglieder. Ende der 1990er Jahre war die Acht-Millionen-Schwelle bereits wieder unterschritten.

Nach dem Scheitern der gewerkschaftlichen Pläne zur durchgreifenden Neuordnung von Wirtschaft und Gesellschaft sowie den schweren Wahlniederlagen der SPD 1953 und 1957 beschränkten sich die DGB-Gewerkschaften fortan weitgehend darauf, ihre Klientel auf tarifvertraglichem und sozialpolitischem Feld am Wirtschaftsaufschwung der 1950er und 1960er Jahre teilhaben zu lassen. Dabei wurden beträchtliche Erfolge erzielt, die nach dem konjunkturellen Einbruch von 1966/67 bis zur Ölkrise 1973/74 unter der Großen Koalition, dann von der sozial-liberalen Koalition nochmals übertroffen werden konnten.[70] Seither befanden sich die Gewerkschaften vor dem Hintergrund zuvor nicht gekannter Massenarbeitslosigkeit und der beschleunigten Erosion des vormals dominierenden »Normalarbeitsverhältnisses« fortwährend in der Defensive gegen Bestrebungen, die Löhne und Gehälter sowie die sogenannten Lohnnebenkosten unter Verweis auf die globale Konkurrenzposition der deutschen Wirtschaft und die finanzielle Belastbarkeit der sozialen Sicherungssysteme zu begrenzen beziehungsweise abzusenken.[71] Das ökonomische und moralische Desaster ihrer gemeinwirtschaftlichen Unternehmungen trug in den 1980er und 1990er Jahren mit dazu bei, die Mobilisierungsfähigkeit und gesamtgesellschaftliche Reputation der Gewerkschaften weiter zu mindern und ihre Durchsetzungskraft zusätzlich abzuschwächen.[72]

---

70 Vgl. dazu und zum Folgenden *Andrei S. Markovits*, The Politics of the West German Trade Unions. Strategies of Class and Interest Representation in Groth and Crisis, Cambridge/New York etc. 1986; *Klaus Armingeon*, Die Entwicklung der westdeutschen Gewerkschaften 1950–1985, Frankfurt am Main/New York 1988; *Hans O. Hemmer/Kurt Th. Schmitz* (Hrsg.), Geschichte der Gewerkschaften in der Bundesrepublik Deutschland. Von den Anfängen bis heute, Köln 1990; *Michael Schneider*, Kleine Geschichte der Gewerkschaften. Ihre Entwicklung in Deutschland von den Anfängen bis heute, 2., überarb. u. aktual. Aufl., Bonn 2000; *Michael Ruck*, Gewerkschaften, in: *Axel Schildt* (Hrsg.), Deutsche Geschichte im 20. Jahrhundert. Ein Lexikon, München 2005, S. 130 und 183–188.

71 *Gerhard Brandt/Otto Jacobi/Walther Müller-Jentsch*, Anpassung an die Krise: Gewerkschaften in den siebziger Jahren, hrsg. v. Institut für Sozialforschung, Projektgruppe Gewerkschaftsforschung, Frankfurt am Main/New York 1982; insb. *Walther Müller-Jentsch*, Veränderungen im Verhältnis von Staat, Gewerkschaften und Mitgliedern, in: ebd., S. 82–98; *Klaus Armingeon*, Gewerkschaftliche Entwicklung und ökonomischer, beschäftigungsstruktureller und politischer Wandel. Das Beispiel der Gewerkschaften in der Bundesrepublik Deutschland, in: Soziale Welt 39, 1988, S. 459–485; *ders.*, Arbeitsbeziehungen und Gewerkschaftsentwicklungen in den achtziger Jahren: Ein Vergleich der OECD-Länder, in: PVS 30, 1989, S. 603–628; *ders.*, Einfluss und Stellung der Gewerkschaften im Wechsel der Regierungen, in: *Bernhard Blanke/Hellmut Wollmann* (Hrsg.), Die alte Bundesrepublik. Kontinuität und Wandel, Opladen 1991, S. 271–291; *Andrei S. Markovits*, The Crisis of the West German Trade Unions in the 1980s: An Inventory of Change and Continuity in an Era of Uncertainty, in: TAJB 19, 1990, S. 587–598; *Jürgen Hoffmann*, Gewerkschaften im Zangengriff der Moderne. Acht Thesen und einige Begründungen für eine neue gewerkschaftspolitische Orientierung, in: *Blanke/Wollmann*, Die alte Bundesrepublik, S. 292–309; *Christoph Weischer*, Gewerkschaften und gewerkschaftliche Politik im Modernisierungsprozess, in: Neue Politische Literatur 37, 1992, S. 93–128; *Ursula Birsl/Carlota Solé/Steven French*, Gewerkschaften in Europa zwischen Tradition und Wandel, in: *Borchert/Golsch/Jun*, Das sozialdemokratische Modell, S. 107–133.

72 Zum ersten und öffentlich wirkmächtigsten Skandal im Bereich der gewerkschaftlich kontrollierten Gemeinwirtschaft vgl. eingehend *Andreas Kunz* (Hrsg.), Die Akte Neue Heimat. Krise

Um ihre Konfliktfähigkeit trotz sinkender Mitgliederzahlen und überproportional verringerter Beitragseinnahmen zu erhalten, schlossen sich die Einzelgewerkschaften seit Ende der 1980er Jahre zu größeren Verbänden zusammen. Deren exklusiver Repräsentationsanspruch auf dem Feld der autonomen Regelung der Lohn- und Arbeitsbedingungen durch die beiden Arbeitsmarktparteien wurde und wird allerdings von eigenständigen Verbänden infrage gestellt, welche die materiellen und Statusinteressen einzelner Gruppen höher qualifizierter und/oder funktional herausgehobener Arbeitnehmer in doppelter Frontstellung gegenüber Arbeitergebern und Einheitsorganisationen mit erheblicher Konfliktbereitschaft geltend machen. Auch darin spiegelt sich jener – nicht zuletzt auch – mentale Differenzierungsprozess, welcher die deutsche Gesellschaft seit den 1970er Jahren immer spürbarer prägt.

Auch die Teilnahme an korporatistisch-technokratischen Diskursrunden exklusiven Zuschnitts wurde der sozialen Wirklichkeit vor dem Hintergrund von Strukturwandel und Wertewandel zusehends nicht mehr gerecht. Bereits die Konzertierte Aktion von 1966/67 scheiterte Mitte der 1970er Jahre auch an ihrer mangelnden gesellschaftlichen Rückbindung.[73] Die kurzlebigen »Bündnisse für Arbeit« erlitten Ende der 1990er/Anfang der 2000er Jahre das gleiche Schicksal. Danach wird sich der jahrzehntelang gültige Bonner Merksatz sobald nicht mehr bestätigen: »Regierungen kommen und gehen, die Konsensrunden bleiben bestehen.«[74]

IV. DIE ANPASSUNGSFÄHIGKEIT STAATLICHER UND KOMMUNALER VERWALTUNGEN

In diesem vielfältigen Veränderungsszenario definierten die staatlichen und kommunalen Verwaltungen ihre Rolle als Protagonisten umfassender öffentlicher Daseinsvorsorge[75] bereits während der 1980er Jahre nicht mehr nur gouvernemental im Sinne autoritativ vorgehender Modernisierungsagenten. Strukturell hat Horst Bosetzky deren erwiesene Anpassungsfähigkeit an gesellschaftliche Veränderungen unübertroffen auf den Punkt gebracht:

»Der Wertewandel wird [...] von real existierenden, grundsätzlich bürokratischen Organisationen, insbesondere von der öffentlichen Verwaltung in der Bundesrepublik Deutschland, keinesfalls als dramatisches Ereignis angesehen, als eine geschichtliche Kraft, die sie bedroht und als Prinzip in Frage stellt. Mit der [...] 4-A-Strategie (Ausblendung, Abstoßung, Absorption und Anpassung) ist es der Bürokratie vielmehr gelungen, erfolgreich mit dem Phänomen Wertewandel ›umzugehen‹

---

und Abwicklung des größten Wohnungsbaukonzerns Europas 1982–1998, 2 Bde., Frankfurt am Main/New York 2003; *Peter Kramper*, Das Unternehmen als politisches Projekt: Die NEUE HEIMAT 1950–1982, in: Mitteilungsblatt des Instituts für Soziale Bewegungen 2010, Nr. 44, S. 89–102. Vgl. auch den Beitrag von Peter Kramper in diesem Band.

73 Vgl. dazu jetzt umfassend *Andrea Rehling*, Konfliktstrategie und Konsenssuche in der Krise. Von der Zentralarbeitsgemeinschaft zur Konzertierten Aktion, Baden-Baden 2011, insb. S. 442–447; *dies.*, Die konzertierte Aktion im Spannungsfeld der 1970er-Jahre: Geburtsstunde des Modells Deutschland und Ende des modernen Korporatismus, in: *Andresen/Bitzegeio/Mittag*, Nach dem Strukturbruch?, S. 65–86; vgl. ferner *Michael Ruck*, Ein kurzer Sommer der konkreten Utopie – Zur westdeutschen Planungsgeschichte der langen 60er Jahre, in: *Schildt/Siegfried/Lammers*, Dynamische Zeiten, S. 362–401, hier: S. 383–387 und 395–397.

74 So ein ehemaliger Sprecher der Regierung Kohl, Peter Hausmann (CSU); zit. nach: *Michael Ruck*, Die Republik der Runden Tische: Konzertierte Aktionen, Bündnisse und Konsensrunden, in: *André Kaiser/Thomas Zittel* (Hrsg.), Demokratietheorie und Demokratieentwicklung. Festschrift für Peter Graf Kielmansegg, Wiesbaden 2004, S. 333–356, hier: S. 349.

75 Vgl. dazu *Michael Ruck*, Die Tradition der deutschen Verwaltung, in: *Anselm Doering-Manteuffel* (Hrsg.), Strukturmerkmale der deutschen Geschichte des 20. Jahrhunderts, München 2006, S. 96–108.

[…]. Mag sich auch einiges ändern oder geändert haben […]: Der Wertewandel führt paradoxer Weise zur Perpetuierung von bürokratischer Organisation und damit auch Sozialisation.«[76]

Operativ suchten »verhandelnde Verwaltung[en]«[77] während den 1980er Jahren politisch vorgegebene und selbst definierte Ziele immer häufiger mit Strategien durchzusetzen, welche seit den 1990er Jahren von der »Governance«-Forschung als Politikproduktion in nicht hierarchischen Netzwerken analysiert werden.[78] Auch dieser gegenwartsprägende Transformationsprozess der Verfassungswirklichkeit, den etwa Peter Glotz schon 1982 vorgedacht hatte, nahm seinen Ausgang zunächst auf kommunaler und regionaler Ebene, um nach der Jahrtausendwende im deutsch-europäischen Mehrebenensystem rasch flächendeckend an Bedeutung zu gewinnen.[79]

V. Fazit

Die späten 1970er und die 1980er Jahre präsentieren sich mithin – in ausgeprägt regionaler Differenzierung – als Inkubationszeit und Formierungsphase postmoderner Politikstrukturen und -prozesse in Deutschland. Aus einer zeithistorischen Perspektive, deren Erkenntnisinteresse sich auf die Genese gegenwärtiger respektive künftiger Zustände richtet, knüpfen sich an diesen Befund zwei grundsätzliche Fragen:

Die erste Frage bezieht sich auf den Verlauf des Wandlungsprozesses: Haben wir es mit einem säkularen Strukturbruch oder mit einer strukturellen Evolution zu tun? Die Antwort lautet kurz gefasst: Zwar sind in dem andauernden Transformationsprozess des (west)deutschen Parteiensystems, der sich zwischen 1970 und 2010 abgespielt hat, sowohl Momente des Wandels als auch der Beharrung zu erkennen. Ein Vergleich beider Systemzustände legt aber die Schlussfolgerung nahe, dass sich in der Zwischenzeit auf dem Feld der politischen Repräsentation und Partizipation kulturelle und strukturelle Veränderungen vollzogen haben, die als kumulativer »Bruch« einer Kontinuitätslinie bezeichnet werden können, deren Beginn im letzten Drittel des 19. Jahrhunderts gelegen hat.

Die zweite Frage bezieht sich auf die Bewertung dieses Prozesses: Haben wir es mit einer exzeptionellen Strukturkrise oder einer normalen Strukturanpassung zu tun? Die Antwort lautet kurz gefasst: Der Prozess beschleunigten Wandels überkommener Repräsentationsstrukturen, welcher in den 1980er Jahren an Dynamik gewann und seither nicht an Wirkmächtigkeit eingebüßt hat, wurde und wird in den betroffenen Großorganisatio-

---

76 *Horst Bosetzky*, Bürokratische Sozialisation in den Zeiten des Wertewandels, in: *Hans-Ulrich Derlin/Uta Gerhardt/Fritz W. Scharpf* (Hrsg.), Systemrationalität und Partialinteresse. Festschrift für Renate Mayntz, Baden-Baden 1994, S. 99–122, hier: S. 113f. Mancher Beleg für diese Feststellung findet sich in der überaus kenntnisreichen Studie von *Thomas Ellwein*, Der Staat als Zufall und Notwendigkeit. Die jüngere Verwaltungsentwicklung in Deutschland am Beispiel Ostwestfalen-Lippe, Bd. 2: Die öffentliche Verwaltung im gesellschaftlichen und politischen Wandel 1919–1990, Opladen 1997.
77 Vgl. dazu grundlegend *Nicolai Dose*, Die verhandelnde Verwaltung. Eine empirische Untersuchung über den Vollzug des Immissionsschutzrechts, Baden-Baden 1997.
78 Vgl. dazu *Gunnar Folke Schuppert*, Governance-Forschung. Vergewisserung über Stand und Entwicklungslinien, Baden-Baden 2005; *Julia von Blumenthal/Stephan Bröchler* (Hrsg.), Von Government zu Governance. Analysen zum Regieren im modernen Staat, Hamburg/Münster 2006; *Arthur Benz/Nicolai Dose* (Hrsg.), Governance. Regieren in komplexen Regelsystemen. Eine Einführung, 2., aktual. u. veränd. Aufl., Wiesbaden 2010.
79 Vgl. dazu etwa *Thomas Conzelmann/Michèle Knodt* (Hrsg.), Regionales Europa – europäisierte Regionen, Frankfurt am Main/New York 2002; *Jan Grasnick*, Regionales Regieren in der Europäischen Union. Bayern, Oberösterreich und Rhône-Alpes im Vergleich, Wiesbaden 2007; *Arthur Benz*, Multilevel Governance – Governance in Mehrebenensystemen, in: *Benz/Dose*, Governance, S. 113–135; *Dietrich Fürst*, Regional Governance, in: ebd., S. 49–68.

nen zwar als bedrohliche Krise empfunden und in ihrem publizistischen Umfeld mit entsprechend dramatischem Vokabular verhandelt. Aus (zeit)historischer Perspektive handelt es sich jedoch um einen jener multiplen Anpassungsprozesse, welche die Verfassungswirklichkeit jeweils mit den vorlaufenden Wandlungen von Wirtschaft, Technik wie von Gesellschaft und Kultur synchronisieren.

Dieser Adaptionsprozess bringt mancherlei Friktionen für Parteien wie für andere Großorganisationen, aber auch für die Gesellschaft als Ganzes mit sich. Überflüssig macht er diese Institutionen deshalb noch lange nicht. Denn zum einen ist ihre Konkurrenz eine wenn schon nicht hinreichende, so doch unerlässliche Voraussetzung für die Behauptungskraft der parlamentarischen Demokratie in einer freiheitlichen Gesellschaft gegen mancherlei antipluralistische Anfechtungen. Und zum anderen werden sie angesichts der fortschreitenden sozialen Disaggregation in ihrer Funktion als intermediäre (Vermittlungs-)Instanz zwischen Gesellschaft und Staat dringender denn je benötigt, um auseinanderstrebende und/oder konfligierende Interessen und Werte gebündelt in den politischen Willensbildungs- und Entscheidungsprozess einzubringen und ihrer jeweiligen Klientel die notwendigen Kompromisse zu vermitteln.

Insofern ist Peter Lösches Befund heute so treffend wie zu Beginn der 1990er Jahre: »Zu den Parteien gab und gibt es offensichtlich keine Alternative« – auch im vierten Jahrzehnt der »partizipatorischen Revolution«[80] unter den Auspizien des Wertewandels.

---

80 *Max Kaase*, Partizipatorische Revolution: Ende der Parteien?, in: *Joachim Raschke* (Hrsg.), Bürger und Parteien. Ansichten und Analysen einer schwierigen Beziehung, Opladen 1982, S. 173–189.

Silke Mende

Von der »Anti-Parteien-Partei« zur »ökologischen Reformpartei«
Die Grünen und der Wandel des Politischen

Im Juni 1982 gab Petra Kelly ein Interview im SPIEGEL, in dem sie die Vision einer »fundamentalen Antikriegspartei« formulierte, einer »ökologisch-gewaltfreien Partei«, die per se »keine Koalition« eingehe. Für die Grünen seien Parlamente stattdessen ein »Ort wie der Marktplatz, wie der Bauplatz, wo wir sprechen können, unsere Standpunkte hineintragen und Informationen hinaustragen können«. Gleichzeitig äußerte sie die Befürchtung, dass sich dieses Politikverständnis verändern könne: »Wenn die Grünen eines Tages anfangen, Minister nach Bonn zu schicken«, so Kelly, »dann sind es nicht mehr die Grünen, die ich mit aufbauen wollte.«[1] Die Überschrift des Interviews lautete: »Wir sind die Anti-Parteien-Partei«. Dieses für die frühen Grünen so einflussreiche Etikett hatte die grüne Parteisprecherin an dieser prominenten Stelle erfolgreich geprägt und popularisiert.
Wenig später, im Oktober 1982, findet sich an weniger bekanntem Ort, nämlich in der Frankfurter Sponti-Zeitschrift »Pflasterstrand«, ein auf mittlere Sicht hin nicht minder einflussreicher Artikel, in dem mit Blick auf die politische Rolle der Grünen eine ganz andere Sichtweise vertreten wird. Ein zentraler Passus des Texts, der als Antrag zum Landesparteitag der hessischen Grünen formuliert wurde, lautet: »In defensiver Fundamentalopposition zu verharren heißt, eine historische Chance zu verspielen, heißt der SPD den Spielraum geben, den die Bewegungen eigentlich den Grünen zugemessen haben.« Indem man zunächst Tolerierungsbündnisse mit der SPD einginge, könne verdeutlicht werden, »daß grüne Politik schon jetzt bis in die Sozialdemokratie hinein mehrheitsfähig wirksam wird«. Diese Strategie stelle möglicherweise Weichen »für die Schaffung eines ökologischen Blocks in den 90er Jahren«.[2] Unterzeichnet war dieser Beitrag von einigen Protagonisten aus der Frankfurter Sponti-Szene, unter ihnen Daniel Cohn-Bendit und Joschka Fischer. Die Autoren bezeichneten sich selbst als »Arbeitskreis Realpolitik«. Es war unter anderem diese, bald den hessischen Landesverband dominierende Gruppe, welche die Partei gegen massive Widerstände und um den Preis personeller Abspaltungen schließlich auf einen realpolitischen Kurs verpflichtete.
Den konkreten Kontext beider Dokumente bildeten die Wahlerfolge, welche die Grün-Alternativen 1982 in Hamburg und Hessen errungen hatten, wo die Sozialdemokraten in beiden Fällen auf ihre Unterstützung bei der Regierungsbildung angewiesen waren. Nach der hessischen Landtagswahl am 26. September 1982 prägte deren Vorsitzender Willy Brandt sein bekanntes Bonmot von einer neuen »Mehrheit diesseits der Union«.[3] Das zielte sowohl auf den bereits zu diesem Zeitpunkt absehbaren Bruch der Bonner sozialliberalen Koalition als auch auf die Perspektive nahender Neuwahlen im Bund. Der zu erwartende Einzug einer grünen Fraktion in den Deutschen Bundestag, der im März 1983

---
1 *Petra Karin Kelly*, »Wir sind die Anti-Parteien-Partei«, Spiegel-Gespräch, in: Der SPIEGEL, 14.6.1982, S. 47–56, hier: S. 49f. Zu Petra Kelly: *Saskia Richter*, Die Aktivistin. Das Leben der Petra Kelly, München 2010.
2 Zwischen puritanischer Skylla und opportunistischer Charybdis für eine listige Odyssee. Antrag zum Landesparteitag der Grünen, in: Pflasterstrand 1982, Nr. 143, S. 9–10. Vgl. auch *Wolfgang Kraushaar*, Die Frankfurter Sponti-Szene. Eine Subkultur als politische Versuchsanordnung, in: AfS 44, 2004, S. 105–121, hier: S. 117f.
3 Vgl. *Joachim Raschke*, Die Grünen. Wie sie wurden, was sie sind, Köln 1993, S. 300f. und 330–334. Das Brandt-Zitat: ebd., S. 330.

tatsächlich gelang, ließ nicht nur den SPD-Vorsitzenden über neue Macht- und Koalitionsoptionen nachdenken, sondern eben auch manche Grüne.

Insofern markiert das Jahr 1983 und das Nebeneinander der eingangs zitierten Texte nicht nur eine Zäsur im parteipolitischen System der Bundesrepublik[4], sondern auch einen Wendepunkt in der Geschichte der Grünen. Es war der Abschluss der grünen Formierungsphase, die im letzten Drittel der 1970er Jahre begonnen und 1980 in der Gründung der grünen Bundespartei ihren Höhepunkt gefunden hatte. Während Petra Kelly und andere das in diesem Zeitraum geprägte Selbstverständnis als »Anti-Parteien-Partei« bekräftigten, wurde von anderer Seite bereits auf eine parlamentarische Machtbeteiligung, auf die Schaffung eines »ökologischen Blocks in den 90er Jahren«, spekuliert. Der Widerstreit dieser unterschiedlichen Politikverständnisse prägte die Geschichte der Partei in den 1980er Jahren maßgeblich und ging als »Fundi-Realo«-Kontroverse in sie ein. Gleichzeitig wirft er die Frage auf, welche Rolle den Grünen in einem längerfristig angelegten »Wandel des Politischen« zukommt, der sich nicht auf die 1980er Jahre beschränken lässt, wenn er auch in diesem Jahrzehnt dauerhaften parlamentarischen Niederschlag fand. In dem Beitrag werden deshalb auch Entwicklungslinien in den Blick genommen, die bis in die späten 1960er Jahre zurückreichen. Es geht zum einen um jene politischen Transformationsprozesse in den letzten beiden Jahrzehnten der Bonner Republik, die sich an der Geschichte der Grünen ausschnittsweise ablesen lassen und für die sie in mancherlei Hinsicht sogar paradigmatisch sind. Zum anderen rückt vor allem die Entwicklung der Grünen selbst ins Blickfeld.[5] Beides war eng miteinander verschränkt und muss deshalb miteinander in Bezug gesetzt werden.

In einem ersten Schritt wird zunächst die Formierung der Grünen aus dem Kontext der Protestbewegungen seit den späten 1960er Jahren resümiert (I.). Die beiden folgenden Abschnitte sind sodann den ideologischen und organisatorischen Entwicklungen gewidmet. Es geht um die Verortung der Grünen im hergebrachten Rechts-Links-Spektrum und ihre Etablierung als linksökologische Partei (II.) sowie die Veränderung ihres ursprünglich radikaloppositionellen Politikverständnisses hin zur Realpolitik. (III.). In den drei darauffolgenden Abschnitten wird die programmatische Entwicklung der Partei exemplarisch beleuchtet. Das ist zum einen die Positionierung zu Wachstum und Fortschritt als Schlüsselkategorien der industriellen Moderne (IV.), zum anderen die Erschließung neuer Themenfelder jenseits von Ökologie, Frieden und Demokratie. Letztere hatten die Agenda der grünen Gründungsphase dominiert und wurden nun um neue Anliegen und Politikfelder ergänzt. Beispielhaft werden die grundlegenden grünen Positionen zu Migration und »multikultureller Gesellschaft« (V.) sowie zur Arbeits- und Sozialpolitik beleuchtet (VI.).

I. DIE FORMIERUNG DER GRÜNEN AUS DEM KONTEXT DER PROTESTBEWEGUNGEN

Als sich die Grünen am 12. und 13. Januar 1980 in Karlsruhe als Bundespartei gründeten, markierte das den vorläufigen Schlusspunkt einer Entwicklung, die am Ende der 1960er Jahre begonnen hatte. Damals betraten in der Bundesrepublik wie überall in Westeuropa neue Akteure die politische Bühne, außerparlamentarische Gruppen und Bewegungen

---

4 *Andreas Wirsching*, Abschied vom Provisorium. Geschichte der Bundesrepublik Deutschland 1982–1990, München 2006, S. 133, bewertet den Einzug der Grünen in den Bundestag und in die Landesparlamente als fundamentale Veränderung mit langfristigen Folgen.
5 Dabei kann es keinesfalls darum gehen, die Organisations-, Programm- oder Ereignisgeschichte der Partei detailreich oder gar umfassend nachzuzeichnen. Vgl. dazu die umfangreichen politikwissenschaftlichen Studien von *Rudolf van Hüllen*, Ideologie und Machtkampf bei den Grünen. Untersuchungen zur programmatischen und innerorganisatorischen Entwicklung einer deutschen »Bewegungspartei«, Bonn 1990, sowie vor allem *Raschke*, Die Grünen.

forderten das parlamentarische Parteiensystem heraus. Was 1968 mit APO und Studentenbewegung seinen Anfang nahm, setzte sich mit einer Vielzahl weiterer Protestbewegungen fort, die das Bild der 1970er und 1980er Jahre bestimmten.[6] In Bürger- und Basisinitiativen engagierten sich Zehntausende für die Rechte der Frauen und die Anliegen der ›Dritten Welt‹, sie kämpften gegen Umweltverschmutzung und Kernkraftwerke und machten sich für Bürger- und Minderheitenrechte sowie den weltweiten Frieden stark. Der von den zeitgenössischen Politik- und Sozialwissenschaften für diese Gruppen geprägte Begriff der »Neuen sozialen Bewegungen« hebt die Unterschiede zu den vermeintlich »alten« sozialen Bewegungen hervor, allen voran zur Arbeiterbewegung. Neben der Umwelt- und Friedensbewegung, der Frauen- und ›Dritte-Welt‹-Bewegung, werden zu ihnen ebenfalls Projekte und Initiativen aus dem alternativen Milieu sowie Selbsthilfegruppen im Gesundheits- und Sozialbereich gezählt.[7]

Ob der Bruch zu den sogenannten »alten« sozialen Bewegungen tatsächlich so glatt war, wie es die sozialwissenschaftliche Definition nahelegt, und wie sich vor allem das Verhältnis der Neuen sozialen Bewegungen zu ›1968‹ darstellte, bleibt indes umstritten. Einerseits unterstreicht der Bereich der politisch-sozialen Praxis deutlich das Neuartige der 68er.[8] An ihr antiinstitutionelles Politikverständnis und ihre öffentlichkeitsorientierten Protestformen konnten die Bewegungen der 1970er Jahre einerseits in vielfältiger Weise anschließen. Andererseits unterschieden sie sich von der Mehrheit der 68er in räumlicher, zeitlicher und thematischer Perspektive. Lokale und regionale Aktionszusammenhänge gewannen nun an Bedeutung. Das Engagement der Bürger- und Basisinitiativen galt meist konkreten Missständen und Interessen vor Ort, die mittels dezentraler Lösungen bewältigt werden sollten. Zudem trat an die Stelle von Zukunftsoptimismus und universellen Veränderungsansprüchen die Idee der »konkreten Utopie«, der zeitnahen Verwirklichung eigener Wertmaßstäbe und Vorstellungen im Hier und Jetzt. Schließlich repräsentierten die Protestbewegungen der 1970er Jahre neu auf die politische Agenda getretene Themen und Problemlagen. Sie hatten weniger die Anliegen und Konflikte der Arbeitsgesellschaft zum Gegenstand, sondern Fragen aus dem Bereich der Lebensqualität, die quer zu den klassischen industriegesellschaftlichen Konfliktlinien lagen.[9]

Hinsichtlich der Akteure ist der Befund ähnlich ambivalent. Wie bei den 68ern dominierten auch bei den Neuen sozialen Bewegungen junge, gut ausgebildete Angehörige der Mittelschichten mit einem Schwerpunkt im städtischen Bereich.[10] Dennoch haben wir es,

---

6 Beispielhaft zu 1968: *Norbert Frei*, 1968. Jugendrevolte und globaler Protest, München 2008, sowie *Ingrid Gilcher-Holtey* (Hrsg.), 1968. Vom Ereignis zum Mythos, Frankfurt am Main 2008. Zu den Neuen sozialen Bewegungen: *Roland Roth/Dieter Rucht* (Hrsg.), Die sozialen Bewegungen in Deutschland seit 1945. Ein Handbuch, Frankfurt am Main/New York 2008.

7 Vgl. die Definition bei *Roland Roth/Dieter Rucht*, Neue soziale Bewegungen, in: *Martin Greiffenhagen/Sylvia Greiffenhagen* (Hrsg.), Handwörterbuch zur politischen Kultur der Bundesrepublik Deutschland, 2., völlig überarb. u. aktual. Aufl., Opladen 2002, S. 296–302.

8 *Martin Klimke/Joachim Scharloth* (Hrsg.), 1968. Handbuch zur Kultur- und Mediengeschichte der Studentenbewegung, Bonn 2008.

9 Vgl. etwa die Beiträge in: *Sven Reichardt/Detlef Siegfried* (Hrsg.), Das alternative Milieu. Antibürgerlicher Lebensstil und linke Politik in der Bundesrepublik Deutschland und Europa 1968–1983, Göttingen 2010.

10 Beispielhaft: *Karl-Werner Brand*, Kontinuität und Diskontinuität in den neuen sozialen Bewegungen, in: *Roland Roth/Dieter Rucht* (Hrsg.), Neue soziale Bewegungen in der Bundesrepublik, Bonn 1987, S. 30–44, hier: S. 42. Diese Sozialstruktur sollte sich später im Großen und Ganzen auch bei den Grünen wiederfinden. Vgl. *Josef Boyer*, Die Grünen. Mitgliedschaft und Sozialstruktur, in: *ders./Till Kössler* (Bearb.), Handbuch zur Statistik der Parlamente und Parteien in den westlichen Besatzungszonen und in der Bundesrepublik Deutschland, Teilbd. 4: SPD, KPD und kleinere Parteien des linken Spektrums sowie DIE GRÜNEN. Mitgliedschaft und Sozialstruktur 1945–1990, Düsseldorf 2005, S. 947–1032.

anders als 1968, nicht mit dezidierten Jugendbewegungen zu tun: Gerade in der Umwelt-, aber auch der Friedensbewegung, die sich im Kontext des NATO-Doppelbeschlusses an der Wende zu den 1980er Jahren formierte, waren ebenfalls ältere Menschen engagiert. Und auch in ideologischer Hinsicht trafen hier mitunter sehr heterogene Gruppierungen aufeinander.[11] Anschließend an das Politikverständnis der 68er artikulierte sich der vielfältige Protest der Neuen sozialen Bewegungen zunächst bewusst außerhalb der Parlamente. Besonders in der Auseinandersetzung um die zivile Nutzung der Kernenergie verfestigte sich die Staats- und Parlamentarismus-Skepsis vor allem linker Gruppen.[12] Dennoch wurde im AKW-Konflikt der Grundstein dafür gelegt, dass sich ein Teil der Protestbewegungen im letzten Drittel der 1970er Jahre auf den Weg in die Parlamente machte. Besonders 1977, jenem Jahr, das den Höhepunkt der Auseinandersetzungen bildete und in dem sich die Kernkraftkontroverse aufs Engste mit dem Thema des Terrorismus verband, wurde für viele Aktivisten das Verfahrene der Situation deutlich. In Brokdorf, Grohnde und Kalkar eskalierte der Konflikt und wurde von gewalttätigen Konfrontationen begleitet, angesichts derer man begann, über politische Alternativen nachzudenken. Der »außerparlamentarische massenhafte Widerstand gegen den Bau von Atomkraftwerken«, fasste etwa Joschka Fischer seine Erfahrungen zusammen, war »an einen militärischen Endpunkt gelangt«.[13] Karl Kerschgens wiederum, der später einmal Fischers Staatssekretär im hessischen Umweltministerium werden sollte, war zu der Einsicht gekommen, dass die Arbeit der Bürgerinitiativen zwar zur Verzögerung und Verhinderung einiger Bauprojekte geführt habe, wirklich wirksame Politik jedoch nur über die Parlamente erfolgen könne.[14] Ausgehend von der Anti-AKW-Kontroverse entfaltete sich im letzten Drittel des Jahrzehnts eine zunächst dezentrale und sehr heterogene Wahlbewegung.[15] Aus den Protestbewegungen heraus wurden sogenannte grüne, bunte und alternative Listen gegründet, die bei Wahlen bald mehr als nur Achtungserfolge erzielten und Abgeordnete in die Parlamente entsandten. Was im lokalen und regionalen Bereich begann und sich in den Bundesländern fortsetzte, erreichte schließlich die Bundesebene. Im Januar 1980 gründeten sich die Grünen als Bundespartei und waren bald in weiteren Landesparlamenten vertreten. Auf ihren Einzug in den Bundestag mussten sie jedoch noch bis 1983 warten.

In dem hier nur kurz skizzierten Formierungsprozess der Grünen waren zwei Befunde besonders augenfällig, die bereits bei den Protestbewegungen der 1970er Jahre beobachtet werden konnten, bei der neu gegründeten Partei jedoch noch markanter ausgeprägt waren. Von Anhängern wie Kritikern gleichermaßen wurde das Aufkommen der Neuen sozialen Bewegungen wie der Grünen zunächst als Symptom für einen Umbruch in der bundesdeutschen Nachkriegsentwicklung, wenn nicht sogar in der Entwicklung der mo-

---

11 Zur Umweltbewegung beispielhaft: *Jens Ivo Engels*, Naturpolitik in der Bundesrepublik. Ideenwelt und politische Verhaltensstile in Naturschutz und Umweltbewegung 1950–1980, Paderborn 2006. Zur Friedensbewegung etwa: *Christoph Becker-Schaum/Philipp Gassert/Martin Klimke* u. a. (Hrsg.), »Entrüstet Euch!«. Nuklearkrise, NATO-Doppelbeschluss und Friedensbewegung, Paderborn 2012.
12 Vgl. *Thomas Dannenbaum*, »Atom-Staat« oder »Unregierbarkeit«? Wahrnehmungsmuster im westdeutschen Atomkonflikt der 70er Jahre, in: *Franz-Josef Brüggemeier/Jens Ivo Engels* (Hrsg.), Natur und Umwelt in Deutschland nach 1945. Probleme, Wahrnehmungen, Bewegungen und Politik, Frankfurt am Main/New York 2005, S. 268–286.
13 *Joschka Fischer*, Warum eigentlich nicht?, in: *ders.*, Von grüner Kraft und Herrlichkeit, Reinbek 1984, S. 88–98, hier: S. 88f. (zuerst erschienen in: Pflasterstrand 1978, Nr. 40).
14 Manuskript für Gepa-Rundbrief, Februar 1980: Warum wähle ich die Grünen?, S. 1f., Archiv Grünes Gedächtnis (AGG), Berlin, A-Kerschgens, Karl, Nr. 12.
15 Zu der Organisations- und Ereignisgeschichte des grünen Gründungsprozesses vgl. immer noch: *Lilian Klotzsch/Richard Stöss*, Die Grünen, in: *Richard Stöss* (Hrsg.), Parteien-Handbuch. Die Parteien der Bundesrepublik Deutschland 1945–1980, Sonderausgabe Bd. 3: EAP bis KSP, Opladen 1986, S. 1509–1598.

dernen Industriegesellschaft gewertet.¹⁶ Tatsächlich vertraten die frühen Grünen Werte und Überzeugungen, die sich von jenen der bundesdeutschen »Mehrheitsgesellschaft« markant unterschieden und bisher gültigen Leitvorstellungen entgegenstanden. In ihren Inhalten und ihrem Politikstil spiegelten sich zahlreiche jener Transformationsprozesse wider, die Politik und Gesellschaft der 1970er Jahre charakterisierten.¹⁷ Viele ihrer Forderungen wie ökologisches Wirtschaften oder weltweite Verteilungsgerechtigkeit ließen sich mit den industriegesellschaftlichen Prioritäten der Mehrheitsgesellschaft, allen voran Wirtschaftswachstum und Vollbeschäftigung, nicht ohne Weiteres in Einklang bringen. Darüber hinaus propagierten sie Werte und Ordnungsvorstellungen, die sich gegen die Zielvereinbarungen der nunmehr brüchig gewordenen Arbeitsgesellschaft richteten: Massenkonsum und wirtschaftliches Wachstum waren aus ihrer Sicht nicht bloß nicht mehr erreichbar, sondern auch nicht mehr wünschens- und erstrebenswert. Neben solchen in den 1970er Jahren neu auf die politische Agenda gesetzten Themen traten sie jedoch auch weiterhin für Anliegen ein, die bereits für die Protestbewegungen der 1960er Jahre von Bedeutung gewesen waren. Im Kontext von »Radikalenerlass«, »Repression« und Terrorismusbekämpfung war vor allem das Engagement für Grund- und Bürgerrechte weiterhin aktuell und spielte auch bei der Gründung der Grünen eine wichtige Rolle. Sowohl hinsichtlich bestimmter Inhalte als auch bestimmter Formen von Politik standen sie also einerseits in der Kontinuität der Protestbewegungen seit den späten 1960er Jahren, andererseits repräsentierten sie das Aufkommen neuer Themen und Politikfelder, vor allem rund um das Schlagwort »Lebensqualität« und dessen Kernthemen »Umwelt« und »Frieden«.

Daneben dominierte in der Formierungsphase der Grünen ein zweiter zeitgenössischer Befund. Er zielte auf die Vielfalt an Personen, Projekten und Programmen, die dort zusammentrafen. Auch dieser Eindruck hatte in mancher, wenn auch nicht solch auffälliger Weise, bereits die Initiativen und Bewegungen der 1970er Jahre charakterisiert und prägte nun in noch stärkerem Maße die Gründungsgrünen. Deren Spektrum reichte vom konservativen Naturschutz über verschiedene Konzepte eines »Dritten Wegs« bis hin zu unterschiedlichen Gruppen der undogmatischen Linken und Teilen kommunistischer Kadergruppen.¹⁸ In der grünen Bewegung trafen nach traditionellem Rechts-Links-Denken grundverschiedene, teilweise einander antagonistisch gegenüberstehende Gruppen und Personen zusammen. Darüber hinaus fielen immer wieder regionale Unterschiede ins Auge: Die Mitglieder grüner Listen und Initiativen in ländlichen Regionen vertraten andere Themen und Konzepte als ihre lebensweltlich ganz anders geprägten Kollegen, die in den bunten und alternativen Listen der Groß- oder Universitätsstädte organisiert waren. Darüber hinaus lässt sich, wenn auch mit Vorsicht, ein Nord-Süd-Unterschied beobachten.¹⁹ Mit Blick auf diese Vielfalt fragten sich zahlreich Zeitgenossen, ob bei all diesen Unterschieden eine grüne Parteigründung überhaupt gut gehen könne. Das illustriert etwa folgender, spontimäßig zugespitzter Bericht von der Offenbacher Delegiertenversammlung der Europagrünen im November 1979, der im »Pflasterstrand« erschien:

»Neugierig beguckt ein älterer Herr in Trachtenjacke die Buttons auf dem Leder von Conny von den Brühwarms, der für die Schwulen sprach. ›I'M EATING MY OWN SPERMA‹ ist da zu lesen. Ob der Ältere wohl englisch kann? Herren in Anzügen und Opis mit Goldnadeln und Schlips lau-

---

16 Vgl. etwa *Ernst Köhler*, Einige zaghafte Einwände gegen linken Pessimismus. Betrachtungen über ein unpolitisches Volk – und den Protest der Grünen, in: Die ZEIT, 31.8.1979, S. 46.
17 Zu den Transformationsprozessen der 1970er Jahre: *Konrad Jarausch* (Hrsg.), Das Ende der Zuversicht? Die siebziger Jahre als Geschichte, Göttingen 2008; *Anselm Doering-Manteuffel/ Lutz Raphael*, Nach dem Boom. Perspektiven auf die Zeitgeschichte seit 1970, 2., erg. Aufl., Göttingen 2010 (zuerst 2008).
18 Ausführlich: *Silke Mende*, »Nicht rechts, nicht links, sondern vorn«. Eine Geschichte der Gründungsgrünen, München 2011.
19 Vgl. etwa *Raschke*, Die Grünen, S. 244f. und 385–394.

schen Bahros kommunistischen Überzeugungen, im Foyer hält mir eine Dame im Spitzenblüschen eine flammende Rede, daß ich das Rauchen aufhören soll, und schon gar nicht hier, wo doch Kinder sind. Vor so viel Engagement werde ich ganz verlegen. [...] Es sind total widersprüchliche Leute, die sich da streiten. Aber sie streiten sich. [...] Für mich ist die Konfrontation dieser vielen verschiedenen Weltbilder – die Gruhlsche Fraktion mit der Frauenbewegung, die Arbeiterbewegung mit der Alternativbewegung, der KB mit den Juso-Grünen usw. – ersteinmal interessant. Und ich glaube, daß es trotz aller Unkenrufe, Lernprozesse geben wird, die wichtig und notwendig sind.«[20]

In dem Ausschnitt klingt bereits an, dass die Spontis sich zu diesem Zeitpunkt ihrer hier zur Schau gestellten skeptisch-ironischen Distanziertheit gegenüber dem grünen Parteiprojekt keinesfalls mehr sicher waren.[21] Gleichzeitig illustriert er, dass die Gründungsgrünen sowohl hinsichtlich ihrer Themen als auch ihrer Trägergruppen keine bloße Fortsetzung der 68er-Bewegung waren. Dennoch nahmen sie deren Impulse in vielerlei Hinsicht auf, veränderten und verstetigten sie, um sie schließlich in die Parlamente einzubringen und darüber auf lange Sicht auch die ursprünglich kritisierte bundesdeutsche Mehrheitsgesellschaft zu verändern. Insofern spiegelten die Gründungsgrünen in mehrfacher Hinsicht jene politischen und gesellschaftlichen Transformationsprozesse wider, die ihren Ausgang in den 1960er Jahren genommen hatten und sich nun im Formierungsprozess der Partei an der Wende zu den 1980er Jahren niederschlugen. Gleichzeitig sahen sich die Grünen selbst sehr rasch einer Reihe von Veränderungen gegenüber, die ihre frühe Parteigeschichte prägten und sie zehn Jahre nach ihrer Gründung und an der Wende zu den 1990er Jahren als eine in mancherlei Hinsicht stark gewandelte politische Kraft erscheinen ließen.

Das betraf zunächst ihre politisch-ideologische Verortung: Am Ende einer ganzen Reihe innerparteilicher Streitigkeiten und inhaltlicher Kontroversen, welche die 1980er Jahre durchzogen, wurden die Grünen zu einer reformorientierten, linksökologischen Partei, die mit dem Gründungsschlagwort des »nicht rechts, nicht links, sondern vorn« nur noch wenig gemein hatte und sich schrittweise vom ursprünglichen Selbstverständnis der »Anti-Parteien-Partei« entfernte. Wie es dazu kam und im Kontext welcher Wandlungsprozesse diese Entwicklungen zu sehen sind, wird in den folgenden beiden Abschnitten betrachtet.

II. VOM »NICHT RECHTS, NICHT LINKS, SONDERN VORN« DER GRÜNDUNGSPHASE ZUR LINKSÖKOLOGISCHEN PARTEI: DIE IDEOLOGISCHE ENTWICKLUNG DER GRÜNEN

Davon dass die grüne Bewegung vor dem Hintergrund neuer, seit der Wende zu den 1970er Jahren auftretender Herausforderungen und Problemlagen entstanden ist, war bereits die Rede. Eine für diesen Zusammenhang zentrale Kategorie, die der »Lebensqualität«, wurde zu Beginn des Jahrzehnts maßgeblich von Erhard Eppler, dem ökologischen Vordenker der Sozialdemokraten, in die bundesdeutsche Diskussion eingeführt.[22] Als er davon im April 1972 auf einer Tagung der IG Metall sprach, prognostizierte er, dass die mit der ökologischen Herausforderung zusammenhängenden Fragen auch zu Verschiebungen im politisch-ideellen Gefüge der westlichen Industriegesellschaften führen wür-

---

20 *E. Schnittlauch*, Grüne Katze im Sack? Gedanken zum Offenbacher Kongreß, in: Pflasterstrand 1979, Nr. 67, S. 23f. (Hervorhebung im Original).
21 Vgl. auch *Kraushaar*, Die Frankfurter Sponti-Szene, S. 115–117.
22 Vgl. die Aufsatzsammlung: *Erhard Eppler*, Maßstäbe für eine humane Gesellschaft. Lebensstandard oder Lebensqualität?, Stuttgart/Berlin etc. 1974. Dazu auch: *Kai F. Hünemörder*, Die Frühgeschichte der globalen Umweltkrise und die Formierung der deutschen Umweltpolitik (1950–1973), Stuttgart 2004, S. 227–241, sowie *Bernd Faulenbach*, Das sozialdemokratische Jahrzehnt. Von der Reformeuphorie zur neuen Unübersichtlichkeit. Die SPD 1969–1982, Bonn 2011, S. 224–229.

den: »Es werden Konservative sein, die, gebunden an handfeste Interessen, zumindest im Ökonomischen den Fortschrittsmythos hochhalten. [...] Und es werden Progressive sein, die sich der Realität stellen, die sich fragen, was innerhalb der nun sichtbaren Grenzen Fortschritt sei.«[23] Wenig später prägte der nunmehrige Vorsitzende der SPD-Grundwertekommission ein Begriffspaar, das diesen Gedanken aufgriff und darauf zielte, die konstatierte Veränderung bisheriger Wertmaßstäbe und politischer Zuschreibungen im Lichte der Ökologieproblematik begrifflich zu fassen. Er sprach von »wertkonservativ« und »strukturkonservativ« und popularisierte diese Unterscheidung in seinem 1975 erschienenen Bestseller »Ende oder Wende«.[24] Indem der Sozialdemokrat Eppler zwei Varianten von »konservativ« entwarf, suchte er einerseits die Umweltthematik für die Linke greif- und verstehbar zu machen und sie andererseits als Politikfeld der Sozialdemokraten zu besetzen.[25] Den Unionsparteien hingegen schob er kaum verhohlen den schwarzen Peter des Strukturkonservatismus zu. Gleichzeitig gelang es ihm, griffig auf den Punkt zu bringen, was viele in der bundesdeutschen Debatte der 1970er Jahre zu bemerken schienen: die Ahnung, dass sich die politische Landschaft der Nachkriegszeit veränderte und gewohnte politische Zuschreibungen von »konservativ« und »progressiv«, »rechts« und »links« angesichts der neu auf die Agenda getretenen Themen und Herausforderungen in Bewegung gerieten.[26] Die Umwelt- und Wachstumsproblematik spiegelte diese neue Verunsicherung besonders deutlich wider: »Die neuen ökologischen Fragen«, erinnert sich der Sozialdemokrat Johano Strasser, »komplizierten alles, was vordem relativ einfach erschienen war. Vor allem wurden die Fronten zwischen Links und Rechts fließend. Die ökologische Frage schuf ganz neue Fraktionierungen, die meist quer zu den gewohnten verliefen und darum Verwirrung stifteten.«[27]

Die Gründung der Grünen muss nicht zuletzt auch vor diesem Hintergrund gesehen werden. Denn ausnahmslos alle Gruppen und Strömungen, die in der Formierungsphase in ihnen zusammentrafen, waren in unterschiedlicher Weise davon überzeugt, dass die hergebrachten politischen Bezugsgrößen und Kategorien im Lichte der ökologischen Herausforderung nicht mehr griffen, sondern der Veränderung bedurften. Gleichzeitig erlaubte es die Situation der späten 1970er Jahre, die weithin als Periode der ideologischen Verschiebungen und begrifflichen Neuorientierungen wahrgenommen wurde[28], bisher un-

---

23 *Erhard Eppler*, Die Qualität des Lebens, in: IG Metall (Hrsg.), Aufgabe Zukunft. Qualität des Lebens, Bd. 1, Frankfurt am Main 1973, S. 86–101, hier: S. 98.
24 *Erhard Eppler*, Ende oder Wende. Von der Machbarkeit des Notwendigen, Stuttgart/Berlin etc. 1976, insb. S. 34–45 (zuerst 1975). Vgl. dazu: *Rüdiger Graf*, Die Grenzen des Wachstums und die Grenzen des Staates. Konservative und die ökologischen Bedrohungsszenarien der frühen 1970er Jahre, in: *Dominik Geppert/Jens Hacke* (Hrsg.), Streit um den Staat. Intellektuelle Debatten in der Bundesrepublik 1960–1980, Göttingen 2008, S. 207–228, hier: S. 219f., *Mende*, »Nicht rechts, nicht links, sondern vorn«, S. 433f., sowie *Faulenbach*, Das sozialdemokratische Jahrzehnt, S. 424f.
25 Das an der Wende zu den 1970er Jahren neu entdeckte Politikfeld »Umwelt« bildete zunächst einen Bestandteil der sozial-liberalen Reformagenda, bevor es seit 1975 unter Bundeskanzler Helmut Schmidt im Kontext der Wirtschaftskrise wieder hinter ökonomischen Prioritäten zurückzustehen hatte. Vgl. *Engels*, Naturpolitik in der Bundesrepublik, S. 275–294.
26 Vgl. hierzu und zum Folgenden: *Mende*, »Nicht rechts, nicht links, sondern vorn«, S. 407–445.
27 *Johano Strasser*, Als wir noch Götter waren im Mai. Erinnerungen, München/Zürich 2007, S. 192.
28 Am Beispiel der USA: *Daniel T. Rodgers*, Age of Fracture, Cambridge, MA/London 2011. Zu den in den 1970er Jahren beobachtbaren »Begriffskämpfen« in der Bundesrepublik: *Martin H. Geyer*, Rahmenbedingungen: Unsicherheit als Normalität, in: ders. (Hrsg.), Geschichte der Sozialpolitik in Deutschland seit 1945, Bd. 6: 1974–1982 Bundesrepublik Deutschland. Neue Herausforderungen, wachsende Unsicherheit, Baden-Baden 2008, S. 1–109. Demzufolge ließen sich überall »Versuche der Neupositionierung und der Neuorientierung erkennen, die einhergingen mit der Suche nach einer neuen Sprache.«; ebd., S. 5.

möglich erschienene politische Konstellationen zu denken, die jenseits des klassischen Rechts-Links-Gegensatzes lagen. Eng verknüpft war dies mit zwei politischen Debattensträngen, die die Bundesrepublik seit Mitte der 1970er Jahre prägten: die Selbstverständigungsdiskussionen des bundesdeutschen Konservatismus und die »Krise der Linken«.

Aus dem »Empfinden einer tiefen Hegemoniekrise« heraus, das den deutschen Konservatismus parteipolitischer wie publizistischer Couleur in den 1970er Jahren kennzeichnete, wurden unterschiedliche Versuche einer Erneuerung konservativen Denkens unternommen. Die Auseinandersetzung darüber, was »konservativ« sei beziehungsweise zu sein habe, war in der Bundesrepublik eng mit dem Schlagwort »Tendenzwende« verknüpft, das seit Mitte des Jahrzehnts die Diskussionen prägte. Es zielte zum einen auf die vermeintliche Erosion der Parameter sozialdemokratischer Politik im Zeichen von »Grenzen des Wachstums«, »Ölpreisschock« und wirtschaftlichen Krisen. Zum anderen formulierte es die Hoffnung auf eine baldige politische Wende hin zum konservativen Lager.[29] Die Hinwendung bekennender Konservativer zum grünen Parteiprojekt, wie etwa des ehemaligen CDU-Umweltexperten Herbert Gruhl, muss auch vor diesem Hintergrund betrachtet werden. Obwohl seinerzeit noch heftig darüber gestritten wurde, welche Richtung die Unionsparteien einschlagen sollten, stand für ihn wie für andere konservative Exponenten der Gründungsgrünen bereits fest, dass es der falsche sein würde. Denn in ihren Augen hatte der bundesdeutsche Konservatismus bereits seit den 1950er Jahren eine verhängnisvolle Abkehr von der konservativen Idee der Bewahrung vollzogen und sich stattdessen mit der technischen und Zug um Zug auch mit der kulturellen Moderne ausgesöhnt.[30] Ehemalige Parteigänger der CDU/CSU und nunmehrige Gründungsgrüne reklamierten für sich und die entstehende grüne Partei das Etikett »der wahren Konservativen«[31] und knüpften damit an die epplersche Unterscheidung von Wert- und Strukturkonservativen an, wenn auch unter umgekehrten ideologischen Vorzeichen:

»Wir erleben zur Zeit eine Umgruppierung der politischen Kräfte. Die alten Begriffe ›rechts‹ und ›links‹ stimmen schon lange nicht mehr. Was im politischen Sprachgebrauch als ›konservativ‹ bezeichnet wird, die Linie Strauß / Stoltenberg etwa, die sind ja für die schnellstmögliche, radikale Veränderung durch immer weiteres Wachstum, das sind die größten Veränderer, und ich sage jetzt: Zerstörer unserer Lebensgrundlage. Dagegen stellen sich die neuen Kräfte, die sich jetzt gruppieren. Das sind die echten Konservativen.«[32]

Die Auseinandersetzungen innerhalb des konservativen Lagers fanden ihr Pendant in Debatten auf der linken Seite des politischen Spektrums. Zeitgenössisch wurden sie als »Krise des Marxismus« oder weiter gefasst als »Krise der Linken« bezeichnet. Für die

---

29 Vgl. *Axel Schildt*, »Die Kräfte der Gegenreform sind auf breiter Front angetreten«. Zur konservativen Tendenzwende in den Siebzigerjahren, in: AfS 44, 2004, S. 449–478, Zitat: S. 478. Außerdem: *Frank Bösch*, Die Krise als Chance. Die Neuformierung der Christdemokraten in den siebziger Jahren, in: *Jarausch*, Das Ende der Zuversicht?, S. 296–309; *Jens Hacke*, Philosophie der Bürgerlichkeit. Die liberalkonservative Begründung der Bundesrepublik, Göttingen 2006, insb. S. 94–116, sowie *Nikolai Wehrs*, Protest der Professoren. Der »Bund Freiheit der Wissenschaft« und die Tendenzwende der 1970er Jahre, in: *Massimiliano Livi/Daniel Schmidt/Michael Sturm* (Hrsg.), Die 1970er Jahre als schwarzes Jahrzehnt. Politisierung und Mobilisierung zwischen christlicher Demokratie und extremer Rechter, Frankfurt am Main 2010, S. 91–112. Insbesondere mit Blick auf die Umweltthematik: *Graf*, Die Grenzen des Wachstums.
30 Zu diesem Prozess der ›Aussöhnung‹: *Paul Nolte*, Die Ordnung der deutschen Gesellschaft. Selbstentwurf und Selbstbeschreibung im 20. Jahrhundert, München 2000, S. 208–235, sowie *Axel Schildt*, Moderne Zeiten. Freizeit, Massenmedien und »Zeitgeist« in der Bundesrepublik der 50er Jahre, Hamburg 1995, S. 324–350.
31 *Herbert Gruhl*, Grüne Zukunftspolitik als historische Notwendigkeit. Böblinger Rede vom 8. September 1979 (erneuerte Fassung), 8.9.1979, S. 3, AGG, A-Vogel, Werner, Nr. 14.
32 Herbert Gruhl, zit. in: »In Hessen schaffen die Grünen fünf Prozent«. Sternreporter Heinrich Jaenecke sprach mit Herbert Gruhl, in: Der Stern, 22.6.1978.

Geschichte der Grünen waren sie, mittel- und langfristig betrachtet, ungleich bedeutsamer. Diese veritable Identitätskrise, die ab der zweiten Hälfte der 1970er Jahre weite Teile der bundesdeutschen, aber auch der westeuropäischen Linken erfasste, wurde durch ein ganzes Bündel von Entwicklungen verursacht, welche die Frage nach der Gültigkeit bisheriger Parameter linker Politik aufwarfen.[33] Dazu gehörten das Stillschweigen der Arbeitnehmer trotz steigender Arbeitslosigkeit und empfindlicher wirtschaftlicher Strukturkrisen, die Wirkungslosigkeit sozialistischer Rezepte in der spätkapitalistischen Gesellschaft und nicht zuletzt die Sprachlosigkeit linker Theorie angesichts der Ökologieproblematik. Darüber hinaus wurde in Debatten der »Neuen Linken« schon seit einiger Zeit ein Erlahmen des revolutionären Elans beklagt, der den antiautoritären Aufbruch von 1968 begleitet hatte.[34] Im bundesdeutschen Kontext machte sich diese mithin aus vielerlei Motiven gespeiste »Krise der Linken« etwa in der Erosion des K-Gruppen-Spektrums oder auch in den Suchbewegungen der undogmatischen Linken bemerkbar.[35] Und auch die SPD blieb von solcherlei Selbstverständigungsdebatten nicht verschont, wie die paradigmatische Auseinandersetzung zwischen Erhard Eppler und Helmut Schmidt oder auch die Entwicklung der Jusos unterstreicht.[36] Viele der an diesen Diskussionen Beteiligten engagierten sich während der Wende zu den 1980er Jahren an der Gründung der Grünen. Die »Krise der Linken« bildete eine wichtige Hintergrundfolie für ihre ökologische Neuorientierung. Es gab kaum ein anderes Thema, das die Prämissen eines traditionell sozialistischen Ansatzes derart herausforderte. Das brachte beispielsweise Joschka Fischer in einem Artikel aus dem Jahr 1978 pointiert zum Ausdruck: »Was ist denn in der Ökologie noch das alte Links und Rechts, was mit den bewährten Klassenkampffronten und der kommunistischen Utopie der befreiten Produktivkräfte, die heute doch wohl eher als gruselige Science-fiction erscheint.«[37] Wie andere Strömungen und Gruppen, die aus dem breiten Sammelbecken der bundesdeutschen Linken an der Gründung der Grünen beteiligt waren, hatten auch die Spontis im Laufe der 1970er Jahre markante Veränderungsprozesse durchlaufen.[38] Das, was ›1968‹ noch links war, galt für die linken Gründungsgruppen der Grünen in dieser Form nicht mehr.

Die beschriebenen Selbstverständigungsdebatten auf beiden Seiten des politischen Spektrums hatten den Boden für die grüne Parteigründung mit bereitet und das breite ideologische Bündnis der Anfangsphase, von »ganz links« bis »ganz rechts«, überhaupt erst ermöglicht.[39] Der grüne Gründungsslogan »nicht rechts, nicht links, sondern vorn« spiegelte

---

33 *Norberto Bobbio*, Rechts und Links. Gründe und Bewertungen einer politischen Unterscheidung, 4. Aufl., Berlin 2006 (zuerst 1994). Als wichtiger zeitgenössischer Beitrag: *Louis Althusser*, Über die Krise des Marxismus, in: ders., Die Krise des Marxismus, Hamburg 1978, S. 53–68. Dazu aus dem französischen Kontext der Debatten vgl. auch das Tübinger Dissertationsprojekt von *Martin Kindtner*, Wissenskritik als Gesellschaftskritik. Der französische Poststrukturalismus als Gegenwartsanalyse und politisches Projekt.
34 Vgl. beispielhaft das Themenheft »Linker Konservatismus« der Zeitschrift Ästhetik & Kommunikation 10, 1979, H. 35.
35 *Gerd Koenen*, Das rote Jahrzehnt. Unsere kleine deutsche Kulturrevolution 1967–1977, Köln - 2001; *Michael Steffen*, Geschichten vom Trüffelschwein. Politik und Organisation des Kommunistischen Bundes 1971 bis 1991, Berlin 2002, sowie *Andreas Kühn*, Stalins Enkel, Maos Söhne. Die Lebenswelt der K-Gruppen in der Bundesrepublik der 70er Jahre, Frankfurt am Main/New York 2005, insb. S. 261–285.
36 *Faulenbach*, Das sozialdemokratische Jahrzehnt, S. 587–615 und 640–645, sowie *Dietmar Süß*, Die Enkel auf den Barrikaden. Jungsozialisten in der SPD in den Siebzigerjahren, in: AfS 44, 2004, S. 67–104.
37 *Fischer*, Warum eigentlich nicht?, S. 97.
38 Vgl. *Kraushaar*, Die Frankfurter Sponti-Szene.
39 Weitere, in diesem Beitrag nicht näher beleuchtete Gründungsgruppen, welche den traditionellen Rechts-Links-Gegensatz seit jeher als obsolet betrachteten, wie die nationalneutralistische

die in ihren Reihen weitverbreitete Einsicht in scheinbar überholte politische Zuschreibungen wortmächtig wider und postulierte den Anspruch, etwas grundsätzlich Neues zu repräsentieren. Was jedoch an die Stelle der vermeintlich überholten Richtungsbegriffe treten sollte und wie grüne Politik in der Praxis konkret auszusehen habe, ließ er allerdings offen. In dem Moment, wo sich die Partei in die Niederungen des politischen Alltags, vor allem in die Parlamente begab, waren jedoch positiv konnotierte Konzepte gefragt. Gleichzeitig wurden die im Gründungskonsens übertünchten Spannungen offenbar und führten zu harten Zerreißproben, die mit Austritten und Abspaltungen einhergingen.

Das begann mit dem Auszug der Konservativen um Herbert Gruhl. Mit diesen hatten sich die linken Gruppierungen bereits in der Formierungsphase harte Wortgefechte geliefert, welche die Gründung der Grünen als breites und heterogenes Bündnis ein ums andere Mal infrage stellten. Was sich schon in der Formierungsphase abzeichnete, eskalierte nach dem Karlsruher Gründungsparteitag zum beherrschenden Konflikt der Anfangszeit.[40] Auf dem Saarbrücker Parteitag im März 1980, auf dem das Bundesprogramm der Grünen beraten wurde, wurde abermals deutlich, dass der breite und hauptsächlich negativ formulierte Zusammenschluss der Formierungsphase die unterschiedlichen Positionen der einzelnen Gruppen nicht mehr überbrücken konnte. Beim Thema »Abtreibung« kollidierte beispielsweise der im Kern konservative, ökologisch motivierte Schutz des ungeborenen Lebens mit dem liberalen Recht der schwangeren Frau auf Selbstbestimmung. Am schärfsten kamen die unterschiedlichen Positionen allerdings in den Auseinandersetzungen um die wirtschaftspolitischen Positionen zum Ausdruck. Schließlich wurde ein Programm verabschiedet, das in den wirtschafts-, sozial- und gesellschaftspolitischen Abschnitten hauptsächlich die Impulse der linken und ›mittleren‹ Gründungsgruppen aufnahm. Herbert Gruhl und andere konservative Ökologen forderten stattdessen ein unbedingtes »Primat der Ökologie« ein, das notfalls auch zulasten sozialer Wohlfahrt und bürgerlicher Freiheiten gehen solle. Das wiederum waren Positionen, mit denen sich die aus der Linken stammenden Gründungsgrünen äußerst schwertaten. Am Ende dieser sich verschärfenden Spannungen stand im Januar 1981 der bereits seit Längerem erwartete Parteiaustritt Herbert Gruhls, dem zahlreiche seiner Anhänger folgten. Einige von ihnen, darunter er selbst, gründeten eine eigene konservative Umweltpartei, die ÖDP.

Nach diesem ideologischen Konflikt der Anfangsphase war der Weg frei für die Weiterentwicklung der Grünen zu einer linksökologischen Partei.[41] Das unter dem Rubrum »nicht rechts, nicht links, sondern vorn« gebildete Bündnis der Formierungsphase hatte sich als zu heterogen erwiesen, um zu bestehen. Nach dem Abschied der Konservativen sollte stattdessen ein linksökologischer Wertekanon, wie er sich im Kontext der skizzierten »Krise der Linken« herausgebildet hatte, die Grünen dominieren und sich damit dauerhaft im parteipolitischen System der Bundesrepublik niederschlagen. Auf seine maßgeblichen Inhalte wird in den drei letzten Abschnitten dieses Beitrags zurückzukommen sein.

»Aktionsgemeinschaft Unabhängiger Deutscher« (AUD) oder auch ein anthroposophisches Netzwerk, suchten vor diesem Hintergrund, ihre harmonistischen, teilweise in der ersten Hälfte des 20. Jahrhunderts geprägten Ideen in den Gründungsprozess der Grünen einzubringen. Vgl. dazu *Mende*, »Nicht rechts, nicht links, sondern vorn«, S. 94–134 und 135–167. Zur AUD: *Richard Stöss*, Vom Nationalismus zum Umweltschutz. Die Deutsche Gemeinschaft/Aktionsgemeinschaft Unabhängiger Deutscher im Parteiensystem der Bundesrepublik Deutschland, Opladen 1980.

40 Vgl. die ausführliche Schilderung bei *Hüllen*, Ideologie und Machtkampf, S. 259–317.
41 *Raschke*, Die Grünen, S. 47–54. Dennoch wurden in den 1980er Jahren wiederholt Versuche unternommen, einen grünen Ansatz jenseits des Rechts-Links-Gegensatzes zu formulieren, etwa von den Ökolibertären um Winfried Kretschmann und Thomas Schmid oder der Gruppe »Grüner Aufbruch 88«. Vgl. ebd., S. 155 und 173.

Doch auch nach dieser ersten großen Auseinandersetzung kamen die Grünen nicht zur Ruhe, im Gegenteil. Die sogenannte »Fundi-Realo«-Kontroverse bildete den zweiten, ungleich langlebigeren Konflikt, der die grüne Parteigeschichte der 1980er Jahre prägte. Er entzündete sich am Politikverständnis der Grünen und insbesondere an der Frage, welche Rolle die Partei in den Parlamenten zu spielen habe.

III. Von der Radikalopposition zur Realpolitik: Grünes Politikverständnis und grüne Symbolpolitik

Nach dem großen Anfangskonflikt um den »Primat der Ökologie« hatten zwar nicht alle konservativ geprägten Mitglieder die Partei verlassen, und auch diejenigen Netzwerke, die sich einen wie auch immer gearteten »Dritten Weg« auf die Fahnen schrieben, waren größtenteils weiterhin an Bord, aber fortan dominierten jene Gruppen, die aus dem weit gespannten Spektrum der »Neuen Linken« stammten.[42] Für einen kurzen Zeitraum schien es so, als herrsche nun zunächst einmal Übereinstimmung über die grundsätzliche Konzeption der Grünen als politischer Kraft, sowohl in inhaltlicher als auch in formaler Hinsicht. Während Gruhl und seine Parteigänger stets deutlich gemacht hatten, dass sich Politik in den Bahnen der etablierten Parteiendemokratie und in den Parlamenten abzuspielen habe, vertrat die Mehrheit innerhalb der Gründungsgrünen ein anderes Politikverständnis. Sie hatte sich mit der Entscheidung, Listen oder gar Parteien zu gründen und damit für die Parlamente zu kandidieren, ohnehin sehr schwergetan. Infrage kam deshalb nur die Gründung einer »Alternative zu den herkömmlichen Parteien«, wie sich die Grünen in ihrem ersten Bundesprogramm von 1980 selbst bezeichneten.[43] Diese Formulierung und die dahinterstehenden Demokratiekonzepte und politischen Praktiken verweisen zunächst abermals auf die 1970er Jahre als prägendem Erfahrungsraum.

Die grüne Bewegung hatte sich seinerzeit auch vor dem Hintergrund einer im Laufe des Jahrzehnts immer stärker werdenden Kritik an den etablierten politischen Akteuren gebildet. Nicht nur deren Werte und Überzeugungen wurden von den Protestbewegungen infrage gestellt, sondern auch ihre Organisationsformen und ihr politischer Stil. »Im parlamentarischen System«, meinte etwa Irmgard Kohlhepp von der Westberliner Alternativen Liste (AL), »ist der Begriff ›Demokratie‹ eingeengt worden auf das, was die Parteien darunter verstehen: man delegiert die eigene Verantwortung an die gewählten ›Volksvertreter‹. Damit reduziert sich die Demokratie auf den Weg zur Wahlurne, im Übrigen können ›die da oben‹ machen, was sie wollen.«[44] Die hier anklingende und bei den frühen Grünen sehr verbreitete Parlamentarismus-Kritik entsprang in vielen Fällen einer grundsätzlichen Skepsis gegenüber der Bonner Parteiendemokratie und dem westlichen Modell der repräsentativen Demokratie im Allgemeinen. Darüber hinaus rührte sie von negativen Erfahrungen her, die viele ihrer Anhänger in den 1970er Jahren mit konkretem staatlichem Handeln gemacht hatten. Das betraf etwa die Auseinandersetzungen der »Neuen Linken« mit »Radikalenerlass« und »Repression«, sowie, vor allem im Kernenergiekonflikt, als ungerecht oder schikanös empfundene Erlebnisse mit staatlichen Entscheidungsinstanzen, über die sich auch bürgerliche Atomkraft-Gegner beklagten. Schließlich war

---

42 *Hüllen*, Ideologie und Machtkampf, S. 419.
43 Die Grünen (Hrsg.), Das Bundesprogramm, [Bonn 1980], S. 4. Fortan zitiert als: Bundesprogramm 1980. Vgl. hierzu und zum Folgenden auch: *Silke Mende*, »Die Alternative zu den herkömmlichen Parteien«. Parlamentarismuskritik und Demokratiekonzepte der ›Gründungsgrünen‹ in den siebziger und frühen achtziger Jahren, in: *Thomas Bedorf/Felix Heidenreich/Marcus Obrecht* (Hrsg.), Die Zukunft der Demokratie. L'avenir de la démocratie, Berlin 2009, S. 28–59.
44 *Irmgard Kohlhepp* [AL Berlin], »Menschlich miteinander leben«, in: zitty 1978, Nr. 25, S. 26.

die aus unterschiedlichen Traditionen gespeiste Staats- und Parlamentarismus-Kritik der Gründungsgrünen Ausdruck schwindenden Vertrauens in die Prämissen von Machbarkeitsglauben und Technikoptimismus, welche die ›langen 1960er Jahre‹ als Jahrzehnt der Planungseuphorie charakterisiert hatten.[45]

Doch worin sollte die »grundlegende Alternative zu den herkömmlichen Parteien« bestehen, die die Grünen in ihrem Bundesprogramm zu bieten versprachen? Den kleinsten gemeinsamen Nenner bildete ein Prinzip, das auch heute noch im Katalog der grünen Grundüberzeugungen zu finden ist: die »Basisdemokratie«.[46] Analog zu den in den Bürger- und Basisinitiativen vorherrschenden Prinzipien sollten Entscheidungen in einem transparenten Prozess auf der untersten verantwortlichen Ebene von kleinen, überschaubaren Gruppen getroffen werden. Denjenigen, die von ihnen »betroffen« waren, galt es Mitbestimmung, in manchen Fällen gar ein Vetorecht einzuräumen. Idealerweise sollte das Konsens- an die Stelle des Mehrheitsprinzips treten. Diese Demokratiekonzepte und Politikmodelle waren jedoch keine grünen Erfindungen, sondern vor allem beeinflusst von den Ideen und Handlungsmustern der »Neuen Linken«, der 68er-Bewegung und des alternativen Milieus, die den politischen Erfahrungs- und Sozialisationsraum vieler späterer Gründungsgrüner bildeten.[47] Als »Parteiorganisation neuen Typs« wollten die Grünen daran anknüpfen und, wie es im ersten Bundesprogramm hieß, das »genaue Gegenbild zu den in Bonn etablierten Parteien« werden.[48]

Dazu gehörte die Überzeugung, dass die grüne Parteigründung zunächst nur eine zusätzliche Möglichkeit sei, um alternative Themen und Konzepte auf die politische und öffentliche Tagesordnung zu setzen. Die Arbeit in der Partei und später auch in den Parlamenten sollte die Aktivitäten der Protestbewegungen lediglich ergänzen und keinesfalls ersetzen.[49] Der Anspruch spiegelte sich in einem wirkmächtigen Bild wider, das von der grünen Partei der Anfangszeit häufig gebraucht wurde: dem »Spielbein-Standbein«-Konzept. Während die Arbeit in den außerparlamentarischen Bewegungen weiterhin das unverzichtbare »Standbein« der grünen Bewegung sein sollte, war der grünen Parteiorganisation die Rolle des »Spielbeins« in den Parlamenten zugedacht.[50] In dieselbe Richtung zielte Petra Kellys eingangs zitiertes Schlagwort von den Grünen als »Anti-Parteien-

---

45 *Gabriele Metzler*, Konzeptionen politischen Handelns von Adenauer bis Brandt. Politische Planung in der pluralistischen Gesellschaft, Paderborn/München etc. 2005; *Michael Ruck*, Ein kurzer Sommer der konkreten Utopie. Zur westdeutschen Planungsgeschichte der langen 60er Jahre, in: *Axel Schildt/Detlef Siegfried/Karl Christian Lammers* (Hrsg.), Dynamische Zeiten. Die 60er Jahre in den beiden deutschen Gesellschaften, Hamburg 2000, S. 362–401, sowie *Alexander Schmidt-Gernig*, Das Jahrzehnt der Zukunft. Leitbilder und Visionen der Zukunftsforschung in den 60er Jahren in Westeuropa und den USA, in: *Uta Gerhardt* (Hrsg.), Zeitperspektiven. Studien zur Kultur und Gesellschaft, Stuttgart 2003, S. 305–345.
46 *Ralf Vandamme*, Basisdemokratie als zivile Intervention. Der Partizipationsanspruch der neuen sozialen Bewegungen, Opladen 2000. Mit Blick auf die Grünen: *Dieter Salomon*, Grüne Theorie und graue Wirklichkeit. Die Grünen und die Basisdemokratie, Freiburg im Breisgau 1992; *Gudrun Heinrich*, Basisdemokratie (Regelungen und Revisionen), in: *Raschke*, Die Grünen, S. 488–498, sowie *Joseph Huber*, Basisdemokratie und Parlamentarismus. Zum Politikverständnis der Grünen, in: APuZ 1983, Nr. 2, S. 33–45.
47 Vgl. etwa *Wolfgang Kraushaar*, Die transatlantische Protestkultur. Das zivile Ungehorsam als amerikanisches Exempel und als bundesdeutsche Adaption, in: *Heinz Bude/Bernd Greiner* (Hrsg.), Westbindungen. Amerika in der Bundesrepublik, Hamburg 1999, S. 257–284; *Sven Reichardt*, Authentizität und Gemeinschaftsbindung. Politik und Lebensstil im linksalternativen Milieu vom Ende der 1960er bis zum Anfang der 1980er Jahre, in: Forschungsjournal Neue Soziale Bewegungen 21, 2008, H. 3, S. 118–130, sowie *Salomon*, Grüne Theorie, passim.
48 Bundesprogramm 1980, S. 5.
49 Ebd., S. 4.
50 *Jens Siegert*, Wenn das Spielbein dem Standbein ein Bein stellt. Zum Verhältnis von Grüner Partei und Bewegung, Kassel 1986.

Partei«. Doch wollte man sich nicht allein auf solch integrative Formeln und identitätsstiftende Bekenntnisse verlassen. Die grüne Parteiorganisation wurde deshalb so konzipiert, dass die Beachtung basisdemokratischer Prinzipien gewährleistet schien. Aus den Protestbewegungen stammende grün-alternative Leitvokabeln, wie »Dezentralität« und »Transparenz«, »Basis« und »Betroffenheit«, schlugen sich in einem Katalog von Regularien nieder und flossen etwa in die »Sindelfinger Beschlüsse« ein, die auf dem entsprechenden Parteitag im Januar 1983 verabschiedet und mit Blick auf den als möglich erachteten Einzug in den Bundestag formuliert wurden. Die zukünftige Bundestagsfraktion wurde darin konzipiert als »Gemeinschaft, welche keine Hierarchie besitzt«[51] und der grüne Abgeordnete als Gegenbild zu den Mandatsträgern der etablierten Parteien entworfen. Er war an die Weisungen der Basis gebunden und musste zwangsläufig nach zwei Jahren rotieren, das heißt, sein Mandat einem vorher bestimmten Nachrücker überlassen. Um dem gefürchteten Vorwurf finanzieller Korrumpierung zu begegnen, erhielten die grünen Parlamentarier von der ihnen zustehenden Aufwandsentschädigung nur knapp ein Drittel. Die restlichen Gelder flossen ebenso wie Mittel aus der Wahlkampfkostenerstattung in sogenannte Ökofonds, aus denen Projekte der Neuen sozialen Bewegungen finanziert wurden.

Im Laufe der 1980er Jahre sahen sich jedoch besonders die grünen Parlamentsfraktionen einem steten Veränderungsdruck ausgesetzt, in dessen Folge diese Prinzipien schrittweise infrage gestellt und modifiziert wurden.[52] 1986 wurde die ursprüngliche Zwei- in eine Vierjahresrotation transformiert, ein Jahr darauf vollzog man die Abkehr vom Prinzip der Ehrenamtlichkeit der Parteiämter. Im April 1991, auf dem Parteitag in Neumünster, wurde die Rotation im Zuge einer größer angelegten Parteireform schließlich endgültig abgeschafft und die Grünen deklarierten sich als »ökologische Reformpartei«.[53]

Dieser Formulierung eines neuen grünen Selbstverständnisses waren jedoch zahllose Auseinandersetzungen und harsche Konflikte vorausgegangen, welche die Arbeit innerhalb der Partei, in den Parlamenten und vor allem im Verhältnis der einzelnen Gruppierungen zueinander – hier die Parteigrünen, dort die Fraktionsgrünen – begleitet hatten. Der schwierige Weg von der »Anti-Parteien-« zur »ökologischen Reformpartei« spielte sich vor der Folie eines grundsätzlichen Dilemmas ab: auf der einen Seite die Notwendigkeit zu effektiver politischer Arbeit, auf der anderen der Anspruch, ein neues Politikverständnis (vor) zu leben, das sich von den Mustern der etablierten Parteien unterschied. Dieser Grundkonflikt reichte bis in die Formierungsphase zurück und wurde durch den machtpolitisch wichtigen Einzug in den Bundestag nochmals verschärft.[54] Wie in der

---

51 Dok. 1, 16. Januar 1983, Beschlüsse der Bundesdelegiertenversammlung in Sindelfingen, in: *Josef Boyer/Helge Heidemeyer* (Hrsg.), Die Grünen im Bundestag. Sitzungsprotokolle und Anlagen 1983–1987, 2 Bde., Düsseldorf 2008, Bd. 1, S. 5–7, Zitat: S. 5. Hierzu und zum Folgenden auch: *Helge Heidemeyer*, (Grüne) Bewegung im Parlament. Der Einzug der Grünen in den Deutschen Bundestag und die Veränderungen in Partei und Parlament, in: HZ Bd. 291, 2010, S. 71–102, hier: S. 76f.; *Salomon*, Grüne Theorie, S. 142–147, sowie *Heinrich*, Basisdemokratie, S. 492–496.
52 Dabei kam vor allem der besonders im Blickpunkt von Medien und Öffentlichkeit stehenden Bundestagsfraktion die Rolle als Motor der Veränderung zu. Hierzu: *Heidemeyer*, (Grüne) Bewegung, sowie *ders.*, Einleitung, in: *Boyer/ders.*, Die Grünen im Bundestag, Bd. 1, S. XI–LI.
53 Erklärung von Neumünster, verabschiedet von der Bundesdelegiertenkonferenz, 26.–28.4.1991, S. 2, AGG, B. I. 1., Nr. vorl. 642. Zu den Modifizierungen beziehungsweise Revisionen der basisdemokratischen Prinzipien: *Heinrich*, Basisdemokratie, S. 496–498, sowie *Markus Klein/Jürgen W. Falter*, Der lange Weg der Grünen, München 2003, S. 94–96.
54 Hierzu und zum Folgenden ausführlich: *Raschke*, Die Grünen, S. 149–201. *Heidemeyer*, (Grüne) Bewegung, verweist auf die gegensätzlichen Entwicklungen von Bundestagsfraktion und Bundespartei. Während sich erstere mehrheitlich auf den Prozess der Parlamentarisierung einließ und die politische Machtoption ins Auge fasste, wurde letztere zum Gralshüter der basisdemokratischen und fundamentaloppositionellen Prinzipien. Ebd., insb. S. 82f.

Einleitung skizziert, gewann er eine neue, konkrete Dimension, als die Wähler in einigen Bundesländern, zunächst Hessen und Hamburg, die Grünen zu potenziellen Königsmachern sozialdemokratischer Regierungschefs erhoben. Damit schien die Perspektive grüner Regierungsbeteiligungen auf, gleichgültig ob als bloß tolerierende Kraft einer Minderheitsregierung oder gar als konventioneller Koalitionspartner am Kabinettstisch. Die grüne Gretchenfrage nach dem Umgang mit der politischen Macht war bereits in dem eingangs zitierten »Pflasterstrand«-Artikel gestellt worden. Wollte man, so hatten seine Verfasser formuliert, in »defensiver Fundamentalopposition [...] verharren« und damit »eine historische Chance [...] verspielen« oder »grüne Politik [...] bis in die Sozialdemokratie hinein mehrheitsfähig wirksam« machen?[55] Diese Konstellation bildete den Kern der sogenannten »Fundi-Realo«-Kontroverse, die die Organisations- und Strömungsgeschichte der Grünen in den 1980er Jahren am sichtbarsten prägte.[56] Der Perspektive der Regierungsbeteiligung, für welche die »Pflasterstrand«-Autoren im »Arbeitskreis Realpolitik« votiert hatten, hielten deren Gegner das Prinzip der »Fundamentalopposition« entgegen. Von den selbst ernannten »Realos« wurden sie deshalb erfolgreich als »Fundis« etikettiert, obwohl sie sich selbst lieber als »Radikalökologen« bezeichneten.[57] »Wir sind nicht im Parlament, um die anderen überzeugen zu wollen«, so ihre wortgewaltigste Protagonistin, Jutta Ditfurth, sondern um es als »Forum für grüne Öffentlichkeitsarbeit« zu nutzen.[58] Die Gruppe um Ditfurth, die einen institutionellen Schwerpunkt in der Grünen-Fraktion im Frankfurter Römer hatte, wurde bald unterstützt von den teilweise aus dem Kommunistischen Bund (KB) stammenden Hamburger Ökosozialisten sowie einer Reihe frei schwebender Anhänger des »Anti-Parteien-Ansatzes«, wie ihn Petra Kelly formuliert hatte oder auch Rudolf Bahro vertrat.

Die »Realos« wiederum sammelten sich zunächst um die ehemaligen Frankfurter Spontis. Zu ihnen gesellten sich im Laufe der 1980er Jahre andere Strömungen, wie die Ökolibertären. Obwohl ihre inhaltlichen Vorstellungen von grüner Politik mitunter verschieden waren, drängten alle unter dem Rubrum »Realpolitik« firmierenden Gruppen schrittweise auf eine Beteiligung an der politischen Macht. Ein erster Markstein dieser Strategie war die Tolerierung einer sozialdemokratischen Minderheitsregierung 1984 in Hessen, gefolgt von einer regulären Koalition von 1985 bis 1987, in der mit Joschka Fischer als Energie- und Umweltminister erstmals ein Grüner Verantwortung in der bundesdeutschen Exekutive übernahm.[59] Nicht nur wegen des schnellen Scheiterns dieses hessischen Experiments blieb der »Fundi-Realo«-Konflikt noch bis an die Wende zu den 1990er Jahren aktuell. Die beiden Lager hatten darüber hinaus ihre Hochburgen in unterschiedlichen Sphären der Partei: Die »Fundis« in Bundesvorstand und Bundeshauptausschuss, die »Realos« vor allem in der grünen Bundestagsfraktion, die sich angesichts des Erfordernisses von parlamentarischer Effizienz besonders stark dem Druck der Professionalisie-

---

55 Zwischen puritanischer Skylla und opportunistischer Charybdis für eine listige Odyssee, S. 9f.
56 Zusammenfassend unter anderem *Wirsching*, Abschied vom Provisorium, S. 129–133. Ein kurzer Überblick über den Konflikt und seine Akteure auch in: *Klein/Falter*, Der lange Weg, S. 56–60.
57 Zu diesen Selbst- und Fremdbezeichnungen: *Raschke*, Die Grünen, S. 153, der auch vermutet, dass die Gruppe um Fischer für sich selbst den Begriff »Realos« wählte, um die seinerzeit noch pejorativ belegten Schlagworte »Reform« oder gar »Reformismus« zu vermeiden. Ebd., S. 151.
58 Jutta Ditfurth, zit. in: *Jörg S. Mettke*, »Auf beiden Flügeln in die Höhe«. Grüne, Bunte und Alternative zwischen Parlament und Straße, in: *ders.* (Hrsg.), Die Grünen. Regierungspartner von morgen?, Reinbek 1982, S. 7–25, hier: S. 17.
59 *Christoph Becker-Schaum*, Von der Protestbewegung zur demokratischen Alternative. Die Grünen Hessen 1979–2004, in: *Helmut Berding/Klaus Eiler* (Hrsg.), Hessen. 60 Jahre Demokratie. Beiträge zum Landesjubiläum, Wiesbaden 2006, S. 151–187, sowie *Björn Johnsen*, Rot-grün in Hessen, in: *Raschke*, Die Grünen, S. 789–809.

rung ausgesetzt sah.[60] Darüber hinaus verdeutlicht der Konflikt, dass die widerstreitenden Machtzentren innerhalb der Grünen auch auf regionalen oder gar lokalen Bastionen mit je eigenen Traditionen und Anschauungen beruhten.

Die Situation klärte sich erst 1990/91, als sich zunächst die Ökosozialisten um die ehemaligen Hamburger KB-Leute Thomas Ebermann und Rainer Trampert von den Grünen abwandten. Eine Rolle spielte auch die herbe Wahlniederlage der Grünen bei der Wiedervereinigungswahl des Jahres 1990. Mit dem Slogan »Alle reden von Deutschland, wir reden vom Wetter« hatten sie im Wahlkampf einen bewussten, wenn auch wenig erfolgreichen Kontrapunkt zur allgegenwärtigen Deutschlanddiskussion setzen wollen. Als es nur das ostdeutsche Bündnis 90 in den Bundestag schaffte, die westdeutschen Grünen jedoch an der Fünfprozenthürde scheiterten, reagierten letztere mit der bereits angesprochenen Parteireform und der Selbstetikettierung als »ökologischer Reformpartei«. Auf demselben Neumünsteraner Parteitag, auf dem die Grünen ihren »inhaltlichen und strukturellen Neubeginn einzuleiten«[61] gedachten, verkündete die Gruppe um Jutta Ditfurth ihren Rückzug. Mit den dort gefassten Beschlüssen seien die Grünen, so die Frankfurter Radikalökologin, »eine autoritäre, dogmatische, hierarchische Partei« geworden und für »wirkliche gesellschaftliche Veränderungen verloren«. »Es ist vorbei«, beendete Ditfurth ihren Beitrag: »Die Grünen sind nicht mehr unsere Partei.«[62]

Vor dem Hintergrund dieser Entwicklungen – der schrittweisen Durchsetzung des realpolitischen Prinzips in der Parteiorganisation, der Parlamentsfraktion sowie im Strömungsbild der Grünen – kam deshalb dem Feld der Symbolpolitik besondere Bedeutung zu. Ungeachtet des Konflikts zwischen »Fundis« und »Realos« waren symbolpolitische Aktionen vor allem in der Formierungs- und Anfangsphase feste Bestandteile grüner Parteiarbeit. Sie hatte vor allem zwei Adressaten. Zum einen waren die Grünen, ebenso wie die 68er-Bewegung, Profis der Mediengesellschaft, die Politik zu inszenieren wussten. Es ging darum, einen eigenen politischen Stil zu prägen, der die Neuartigkeit grüner Politikentwürfe gegenüber den hergebrachten Formen und Prinzipien auch habituell unterstrich.[63] Zum anderen sollte der grünen Basis vermittelt werden, dass die grünen Parteifunktionäre und Abgeordneten weiterhin Teil der Protestbewegungen waren. Die Einheit von Partei und Bewegung galt es deshalb ostentativ zur Schau zu stellen. Diese Betonung grüner Andersartigkeit begann bereits in den Wahlkämpfen, die man häufig mit den bewährten Aktionsformen und Symbolen aus dem Repertoire der Protestbewegungen bestritt. Grün-alternative Markenzeichen wie Spontaneität und Authentizität, mitunter auch eine sorgfältig inszenierte Unprofessionalität, wurden dem Hochglanzwahlkampf der etablierten Parteien bewusst entgegengesetzt. Zur grünen Symbolpolitik sind darüber hinaus die eher unorthodoxen Verhaltensweisen zu zählen, welche die ersten grünen Schritte in den Parlamenten begleiteten und von Medien und etablierten Volksvertretern teils mit kurioser Neugier, teils mit entrüsteter Abneigung betrachtet wurden. Dazu gehörte eine eigene grüne »Kleiderordnung« ebenso wie das viel zitierte Stricken während der Parlamentsdebatten.[64]

---

60 *Wirsching*, Abschied vom Provisorium, S. 130f., sowie *Heidemeyer*, (Grüne) Bewegung, S. 82f.
61 Erklärung von Neumünster, S. 1. Vgl. *Raschke*, Die Grünen, S. 194–196.
62 *Jutta Ditfurth*, Rede auf der Bundesversammlung der Grünen in Neumünster am 28.4.1991, AGG, B. I. 1, Nr. vorl. 642.
63 Zu den Grundzügen grüner Symbolpolitik mit einem Schwerpunkt auf ihren visuellen Repräsentationen vgl. auch *Kathrin Fahlenbrach*, Die Grünen. Neue Farbenlehre der Politik, in: *Gerhard Paul* (Hrsg.), Das Jahrhundert der Bilder, Bd. 2: 1949 bis heute, Göttingen 2008, S. 474–481.
64 Vgl. zum Beispiel *Joachim Behnke*, Die neuen Maschen von Bonn. Im Deutschen Bundestag ist wegen der eigenwilligen Kleiderordnung der Grünen ein Machtkampf entbrannt: Die einen sind strikt dagegen. Die anderen dagegen stricken, in: Bunte, 17.3.1983, sowie *Paula Almqvist*, Parteien: »Putz und Porno alle Tage«. Stern-Reporterin Paula Almqvist beobachtete Lust und Frust der Grünen nach den ersten 100 Tagen im Bundestag, in: Stern, 7.7.1983. Zur Symbolpolitik der ersten grünen Bundestagsfraktion vgl. auch *Heidemeyer*, Einleitung, S. XXIX.

Noch deutlicher scheinen die symbolpolitischen Strategien der frühen Grünen jedoch in quasi-rituellen Inszenierungen auf, wofür sich die mit großer medialer Aufmerksamkeit verfolgten grünen Einzüge in die Parlamente besonders eigneten. Besonders eindrucksvoll gestaltete sich der Einzug der ersten Grünen-Fraktion in den Bundestag 1983. Die grünen Abgeordneten trugen Blumentöpfe und Nadelzweige in den Händen und wurden bis zu den Parlamentstoren begleitet von etwa hundert Vertretern ihrer »Basis«, Mitglieder deutscher, aber auch ausländischer Bürgerinitiativen. Inmitten des Zugs rollte ein großer Luftballon, der den bedrohten »blauen Planeten« symbolisieren sollte. Mit von der Partie war ebenfalls eine vom sauren Regen gezeichnete Fichte.[65] Während ihrer ersten Legislaturperiode im Bundestag unternahm die Fraktion dann zahlreiche weitere Versuche, alternative Politikvorstellungen nach außen zu tragen und grüne Programmatik symbolpolitisch zu untermauern. Dazu gehörte es, von Zeit zu Zeit außerhalb des Bundeshauses zu tagen. Anfang September 1984 fand beispielsweise eine Klausurtagung in Freudenstadt im Schwarzwald statt, wo auf das Waldsterben aufmerksam gemacht werden sollte.[66] Im Juni 1985 tagte die Fraktion dann im bayerischen Schwandorf, um sich über die geplante atomare Wiederaufbereitungsanlage in Wackersdorf zu informieren und ihre Unterstützung für die dortige Protestbewegung zu bekunden.[67]

Von der Grundstimmung her schwankten die Aktionen der Grünen zwischen zwei Polen: Einerseits knüpften sie an die antiautoritäre 68er-Tradition von APO und Spontitum an, indem sie ihre Vorhaben in einem ironisch-unernsten Stil und teilweise geradezu mit einem Augenzwinkern vorbrachten. Andererseits spiegelten sie jene apokalyptische Stimmung wider, welche die Auseinandersetzung um die Überlebensthemen »Umwelt« und »Frieden« schon in den 1970er Jahren vorwiegend begleitet hatte und welche die Grünen, damals wie auch in den 1980er Jahren, mit geradezu heiligem Ernst aufgriffen.[68] Die Vielfalt grüner Aktionen und die immer wieder auftretenden Debatten über die richtige Art der Symbolpolitik unterstreichen bloß abermals die Bandbreite der grünen Ursprünge. Ungeachtet der Tonart spielten die Anhänger aller Strömungen und Flügel auf der symbolpolitischen Klaviatur. Als etwa die Grün-Alternative Liste nach den Wahlen zur Hamburgischen Bürgerschaft im Jahr 1982 Tolerierungsgespräche mit der SPD aufnahm, verärgerte der grün-alternative Gesprächsführer Thomas Ebermann die Sozialdemokraten, indem er parallel zu den Verhandlungen an Hausbesetzungen teilnahm.[69] Und beim ersten großen Erfolg des »Realo«-Flügels, der rot-grünen Koalition in Hessen, ließ sich Joschka Fischer bekanntermaßen in Jeans, Tweed-Sakko und weißen Turnschuhen vereidigen.[70]

Vor allem mit Blick auf Fischers Turnschuhvereidigung im Dezember 1985 und die sich an der Wende zu den 1990er Jahren schließlich durchsetzende »Realo«-Perspektive

---

65 Vgl. Dok. 9, 22. März 1983, Fraktionssitzung, in: *Boyer/Heidemeyer*, Die Grünen im Bundestag, Bd. 1, S. 43–49, sowie *Dirk Cornelsen/Horst Schreitter-Schwarzenfeld*, Ohne Fichte ins Hohe Haus. Einzug der Grünen in den Bundestag. »Wildwuchs« und »gespreizte Würde«, in: Frankfurter Rundschau, 30.3.1983.
66 Dok. 95, 4. September 1984, Klausursitzung der Fraktion, erster Tag, sowie Dok. 96, 5. und 6. September 1984, Klausursitzung der Fraktion, zweiter und dritter Tag, in: *Boyer/Heidemeyer*, Die Grünen im Bundestag, Bd. 2, S. 561–589 und 589–595.
67 Dok. 141, 9. – 11. Juni 1985, Klausursitzung der Fraktion, in: ebd., S. 776–782.
68 Zum apokalyptischen Grundton: *Annekatrin Gebauer*, Apokalyptik und Eschatologie. Zum Politikverständnis der GRÜNEN in ihrer Gründungsphase, in: AfS 43, 2003, S. 405–420.
69 SPD/Grüne: Lange Zähne, in: Der SPIEGEL, 16.8.1982, S. 30–31.
70 Zur sogenannten Turnschuhvereidigung: *Eva-Maria Lessinger/Christina Holtz-Bacha*, Turnschuh-Minister. Die Physiognomie der Macht, in: *Paul*, Das Jahrhundert der Bilder, Bd. 2, S. 506–515. Hierzu und zum Folgenden auch: *Silke Mende*, Die Vereidigung Joschka Fischers zum hessischen Minister für Umwelt und Energie am 12. Dezember 1985, in: 100(0) Schlüsseldokumente zur Geschichte des 20. Jahrhunderts, URL: <http://www.1000dokumente.de/index.html?c=dokument_de&dokument=0074_tur&object=abstract&st=&l=de> [10.7.2012].

wird deutlich, dass Symbol- und Realpolitik keinesfalls zwei entgegengesetzte Pole bildeten, sondern oftmals zwei Seiten ein und derselben Medaille waren. Als eine Art *rite de passage* dienten symbolpolitische Aktionen und Inszenierungen dazu, die grüne Beteiligung an der Macht für die »Basis« als neues Stadium der Parteigeschichte vermittelbar zu machen. Sie sollten allerdings nicht nur den eigenen Anhängern diese realpolitische Wandlung erleichtern, sondern auch gegenüber einer breiteren Öffentlichkeit ein Alleinstellungsmerkmal grüner Politik erhalten: die grüne Neu- und Andersartigkeit in inhaltlichen wie formalen Fragen.

Dennoch war das symbolpolitische Terrain keineswegs frei von Spannungen zwischen der Partei und den Protestbewegungen. Bereits im Vorfeld der für den 1. bis 3. September 1983 geplanten Blockade des US-Raketenstützpunkts Mutlangen erreichte die Bundestagsfraktion ein Schreiben des Friedensaktivisten Klaus Vack. Im Namen der die Aktivitäten koordinierenden »Gruppe Friedens-Manifest« machte er seiner Verärgerung darüber Luft, dass die grünen Abgeordneten per Pressemitteilung und ohne vorherige Absprache mit den Organisatoren ihre geschlossene Teilnahme an der Aktion verlautbart hatten, obwohl nur fünf Abgeordnete es »für notwendig gefunden haben, sich anzumelden«: »Wir können uns des Eindrucks nicht erwehren, daß hier auf dem Rücken einer von der Basis her organisierten Aktion Parteipolitik gemacht wird.«[71] Mit ähnlichen Reaktionen war die grüne Bundesversammlung im Dezember 1985 konfrontiert, als sie, eigentlich im badischen Offenburg tagend, ins oberpfälzische Wackersdorf aufbrach, um dort die Proteste gegen die atomare Wiederaufbereitungsanlage zu unterstützen. Sie musste sich nicht nur den Vorwurf des Aktionismus gefallen, sondern sich von der Vertreterin einer Bürgerinitiative auch noch des »Ökotourismus« zeihen lassen.[72] Vielleicht waren es auch solche Erfahrungen, die dazu beitrugen, dass symbolpolitische Aktionen gegen Ende der 1980er Jahre weniger zu werden schienen. Möglicherweise bedurften Parteivertreter und Basis ihrer aber auch nicht mehr in der vormaligen Intensität, um das wechselseitige Verhältnis zu strukturieren. Analog zu den zur Wende der 1990er Jahre beendeten Flügelkämpfen auf Funktionärsebene steht zu vermuten, dass sich die Anhänger der Grünen mittlerweile entweder mit dem neuen realpolitischen Kurs angefreundet oder aber sich enttäuscht von ihnen abgewandt hatten, als die »Alternative zu den herkömmlichen Parteien« den etablierten Kräften in Bonn immer ähnlicher zu werden begann.

Stand in den beiden bisherigen Abschnitten die Organisations- und Strömungsgeschichte der Grünen im Mittelpunkt, so rückt nun die programmatische Perspektive ins Zentrum. Anhand dreier Ausschnitte soll das sich wandelnde grüne Selbstverständnis auf inhaltlicher Ebene exemplarisch nachvollzogen werden. Zunächst werden die für die Formierungsphase der Grünen wichtigen Positionierungen zu den Kategorien »Wachstum« und »Fortschritt« beleuchtet. In einem zweiten und dritten Schritt geht es sodann um die »Eroberung« neuer Themen. Dazu gehört zum einen der Bereich der Ausländer- und Migrationspolitik, zum anderen das von den Grünen zunächst vernachlässigte Feld der Sozialpolitik.

---

71 Dok. 36, 26. Juli 1983, Nichtordentliche Fraktionssitzung, Anlage A: Schreiben von Klaus Vack (Gruppe Friedens-Manifest) an die Grünen im Bundestag, in: *Boyer/Heidemeyer*, Die Grünen im Bundestag, Bd. 1, S. 215–216. Zu Mutlangen vgl. *Fabio Crivellari*, Blockade. Friedensbewegung zwischen Melancholie und Ironie, in: *Paul*, Das Jahrhundert der Bilder, Bd. 2, S. 482–489.
72 Vgl. *Klaus Hartung*, Apokalypse und Demokratie. Konstruktionsmerkmale der grünen Innenpolitik, in: *Otto Kallscheuer* (Hrsg.), Die Grünen – letzte Wahl? Vorgaben in Sachen Zukunftsbewältigung, Berlin 1986, S. 164–187, hier: S. 177.

IV. ABSCHIED VON WACHSTUM UND FORTSCHRITT? GRÜNE FORTSCHRITTS-VERSTÄNDNISSE IM WANDEL

Seit den späten 1960er Jahren drängte das Thema »Umwelt« mit Macht auf die öffentliche Agenda der Bundesrepublik.[73] Wenig später, im Zusammenwirken des Berichts an den »Club of Rome« und der ersten Ölkrise, wurde die Ökologiediskussion gleichzeitig zu einer Wachstumsdiskussion. Vom Konsensthema, dessen Dringlichkeit kaum jemand widersprach, wandelte sich die Umweltproblematik damit zum Konfliktthema. Ökologie und Ökonomie wurden zunehmend als die beiden Pole eines neuen Gegensatzes betrachtet. Auf die prognostizierten »Grenzen des Wachstums« und die damit zusammenhängenden Bedrohungsszenarien reagierte das politische Feld in der Bundesrepublik auf unterschiedliche Weise.[74] Vergleichsweise gut fügte sich die Kopplung der Umweltproblematik an die Wachstumsfrage in das Selbst- und Weltbild konservativer Politik ein.[75] Das galt insbesondere für die konservativen Netzwerke der Gründungsgrünen. Von den Unionsparteien wendeten sie sich, wie gesehen, ja gerade wegen einer auch in christdemokratischen Reihen zu beobachtenden Öffnung gegenüber Modernisierung und Liberalisierung ab. Aus ihrer Perspektive schien die drängender werdende Umweltproblematik nämlich nur zu deutlich zu illustrieren, wohin eine bloß auf steigenden Konsum und unbegrenzte individuelle Freiheiten setzende Politik letzten Endes führen würde. Gruhl und seine Anhänger machten für die drohende Ökokatastrophe deshalb vor allem die industriegesellschaftliche Wachstumsideologie verantwortlich und predigten eine Ethik des Verzichts, was empfindliche Einschränkungen bei materiellem Wohlstand und sozialer Wohlfahrt mit sich bringen würde.[76]

Für die Linke stellten die Ökologie- und Wachstumsdiskussionen dagegen eine ungleich größere Herausforderung dar, bildete die Vorstellung eines stetig steigenden Wirtschaftswachstums doch die Grundbedingung für eine an keynesianischen Modellen orientierte Politik der staatlichen Steuerung, wie sie die Boom-Jahre gekennzeichnet hatte und in welcher der Ausbau des Sozialstaats ein wichtiges Anliegen war.[77] Dasselbe galt für den noch weithin ungebrochenen Fortschrittsglauben der 68er, von dem sich viele ihrer Protagonisten auch danach nur schwer zu trennen vermochten. Als »die letzte Revolution, die noch nichts vom Ozonloch wusste«, bezeichneten etwa Daniel Cohn-Bendit und Reinhard Mohr den Aufbruch der 68er zu deren 20. Jahrestag.[78] Bei vielen Anhängern der Linken waren es deshalb vor allem die wirtschaftlichen Krisensymptome der 1970er Jahre, die

---

73 Vgl. zum Beispiel *Engels*, Naturpolitik in der Bundesrepublik, sowie *Joachim Radkau*, Die Ära der Ökologie. Eine Weltgeschichte, München 2011, insb. S. 134–164.
74 Vgl. *Patrick Kupper*, Die »1970er Diagnose«. Grundsätzliche Überlegungen zu einem Wendepunkt der Umweltgeschichte, in: AfS 43, 2003, S. 325–348, sowie *Hünemörder*, Frühgeschichte. Zum Bericht an den »Club of Rome« und dessen Rezeption, vgl. ebd., S. 222–227, sowie *Friedemann Hahn*, Von Unsinn bis Untergang: Rezeption des Club of Rome und der Grenzen des Wachstums in der Bundesrepublik der frühen 1970er Jahre, Diss., Freiburg im Breisgau 2006, URL: <http://www.freidok.uni-freiburg.de/volltexte/2722/pdf/hahn_friedemann_2006_von_unsinn_bis_untergang.pdf> [10.7.2012].
75 Vgl. *Graf*, Die Grenzen des Wachstums.
76 Vgl. vor allem *Herbert Gruhl*, Ein Planet wird geplündert. Die Schreckensbilanz unserer Politik, Frankfurt am Main 1975, S. 302. Hierzu auch: *Mende*, »Nicht rechts, nicht links, sondern vorn«, S. 298–310.
77 Vgl. *Tim Schanetzky*, Die große Ernüchterung. Wirtschaftspolitik, Expertise und Gesellschaft in der Bundesrepublik 1966–1982, Berlin 2007, sowie *Winfried Süß*, Der keynesianische Traum und sein langes Ende. Sozioökonomischer Wandel und Sozialpolitik in den 1970er Jahren, in: *Jarausch*, Das Ende der Zuversicht?, S. 120–137.
78 *Reinhard Mohr/Daniel Cohn-Bendit*, 1968. Die letzte Revolution, die noch nichts vom Ozonloch wußte, Berlin 1988.

zunächst merklich größere Verunsicherung hervorriefen als das Ökologiethema. Insbesondere die vielen undogmatischen und mehr noch die dogmatischen linken Gruppen im Gefolge von ›1968‹ stiegen vergleichsweise spät in die Umweltdebatte ein. Die Verknüpfung von Umwelt und Wachstum diskutierten sie stattdessen zunächst in den konventionellen Bahnen marxistischer Kapitalismuskritik.[79] Im Laufe der 1970er Jahre setzte in Teilen der Linken jedoch ein umwelt- und wachstumspolitisches Umdenken ein. Vielerorts zeigte die Auseinandersetzung mit der Ökologiebewegung und ihren Themen Einsichten in die Grenzen des sozialistischen Paradigmas gegenüber Fragen der Lebensqualität. Die gravierendste Schwierigkeit, mit der die Linke durch die Umweltthematik konfrontiert wurde, war folgende: Wie sollte künftig mit dem Prinzip wirtschaftlichen Wachstums umgegangen werden, das nicht nur eine Grundmaxime der künftigen kommunistischen Gesellschaftsordnung sein würde, sondern auch in den gegenwärtigen westlichen Marktwirtschaften den Garanten für die Wohlfahrt der »Arbeiterklasse« bildete? Am deutlichsten betonte der prominente Grüne Rudolf Bahro, der im Kontext der Ökologiedebatte eine »Entwicklungsetappe des Kapitalismus zu Ende« gehen sah, dass zumindest ein partieller Abschied vom Sozialismus und seinen Grundlagen zu nehmen sei. Seit Beginn der 1970er Jahre zeige sich, so der ehemalige DDR-Dissident, dass die »Aufteilung der Welt« auf einer bisher ungeahnten Stufe abgeschlossen sei und die Begrenztheit natürlicher Ressourcen einer weiteren Ausdehnung im Wege stehe. Die ökologische Herausforderung zwinge Sozialisten und Kommunisten deshalb zu radikalem Umdenken. Der Problematik von Umwelt und Wachstum müsse eine Erweiterung, wenn nicht gar eine Neudefinition sozialistischer Theorie gerecht werden.[80] Am Beispiel der Wachstumsdiskussionen wird exemplarisch deutlich, wie sich die Denkweise derjenigen Gruppen innerhalb der westdeutschen Linken veränderte, welche sich gegenüber der ökologischen Perspektive öffneten und sie zum Angelpunkt ihrer Analyse machten. Ursprünglich im Zentrum linker Perspektiven stehende Parameter wie Gleichheit und Mehrung gesellschaftlicher Wohlfahrt wurden im Lichte der ökologischen Bedrohungsszenarien um konservative Elemente der Bewahrung und des Maßhaltens ergänzt, aber keinesfalls ersetzt.[81] Diese Transformation und Ausweitung linker Politik bildete den Ausgangspunkt dafür, dass sich die Grünen in den 1980er Jahren, nach dem Auszug der selbst ernannten »wahren Konservativen« um Herbert Gruhl, als linksökologische politische Kraft etablieren konnten.

Mit dem Wachstum geriet jedoch noch eine weitere, damit eng verknüpfte Kategorie der Moderne in die Diskussion: die Idee des Fortschritts. Dass diese in den 1970er Jahren zum Gegenstand intensiver Debatten wurde, war keineswegs ausschließlich, aber doch wesentlich der neuen Bedrohungssituation geschuldet. Ob schleichende Umweltzerstörung, große ökologische Katastrophen, atomare Gefahr durch zivile oder militärische Nukleartechnik: All dem wohnte die Perspektive der umfassenden Vernichtung von Menschheit und Planet inne, die Zukunft schlechterdings unmöglich machen würde und damit dem Fortschritt seine elementare Grundlage entzog. Weit über die Reihen der grünen Bewegung hinaus nahm der Topos vom »Ende des Fortschritts«, wahlweise die Rede von seiner notwendigen Re- oder aber Neudefinition, einen festen Platz in den politischen und

---

79 Beispielhaft einige der Beiträge in: *Manfred Glagow* (Hrsg.), Umweltgefährdung und Gesellschaftssystem, München 1972. Zu linken Reaktionen speziell auf die »Grenzen des Wachstums« vgl. auch *Hahn*, Von Unsinn bis Untergang, S. 119–134. Dort auch weiterführende Literaturhinweise zur zeitgenössischen linken Kritik der Umweltdiskussion.
80 *Rudolf Bahro*, Die Linke unter der Fahne des ökologischen Humanismus sammeln. »Der Block an der Macht, das historische Block und das Organisationsproblem der Linken in unserem Land«: Überlegungen von Rudolf Bahro vor der »Sozialistischen Konferenz« [Teil I], in: Frankfurter Rundschau, 8.4.1980, S. 10.
81 Vgl. *Mende*, »Nicht rechts, nicht links, sondern vorn«, S. 304–310.

gesellschaftlichen Debatten der Zeit ein.[82] Auch und vor allem in den Reihen der Gründungsgrünen war die Ahnung präsent, dass die neu aufscheinenden Problemlagen der Gegenwart mit einem Bruch im hergebrachten Fortschrittsdenken einhergehen würden: »die 70-er Jahre unseres Jahrhunderts«, so Petra Kelly, »sind gekennzeichnet durch eine historische Zäsur, deren Tragweite uns erst langsam bewusst wird. Der jahrhundertealte, selbstverständliche Fortschrittsglaube hat sich ad absurdum geführt«.[83] In den grünen Debatten über Fortschritt bildeten sich ganz ähnliche Positionen und Frontstellungen ab wie in den Wachstumsdiskussionen. Ebenso wie beim Wachstum taten sich die konservativen Gruppen innerhalb der Gründungsgrünen sehr viel leichter mit der Erosion von Fortschrittsglauben und Zukunftszuversicht als die Linke. Aus ihrer Sicht verdeutlichte die ökologische Bedrohung, dass die übergeordnete Rolle des Menschen hinterfragt und sein Verhältnis zur Umwelt neu geordnet werden müsse. Im Lichte der neuen Herausforderungen habe der Mensch seine in den letzten Jahrhunderten allzu autonom ausgelegte Rolle zu überdenken und aufzugeben.[84] Viele konservative Gründungsgrüne sahen sich durch die neu aufziehenden Problemlagen in ihren kulturpessimistischen Positionen bestätigt und nahmen die zeitgenössischen Diskussionen zum Anlass, das liberale Fortschrittsdenken der Aufklärung nunmehr aus einer ökologischen Perspektive zu hinterfragen.

Diejenigen Linken wiederum, welche die Infragestellung des liberalen Fortschrittsbegriffs durch die Ökologieproblematik zu Ende dachten, fanden sich in einem schwer zu lösenden Dilemma wieder. »Mit der resoluten Kritik an Wachstum und Fortschritt«, so der Schweizer Umwelthistoriker Patrick Kupper, »wurden nämlich gerade die beiden Paradigmen hinterfragt, die den zwei großen konkurrierenden Denkströmungen der Moderne, dem Liberalismus und dem Marxismus, gemeinsam waren.«[85] Die Hintergrundfolie für die sozialistische Auseinandersetzung mit Fortschritt bildeten vor allem die Erfahrungen der ›langen 1960er Jahre‹, in denen sich schrittweise der Glaube festgesetzt hatte, »Fortschritt nicht nur kontrollieren, sondern ihn selbst machen zu können, ihm nicht machtlos gegenüberzustehen, sondern seine Richtung und sein Ziel zu bestimmen«, wie es Gabriele Metzler formuliert hat.[86] Seinerzeit war zudem eine argumentative Verkopplung zwischen Fortschritt, Technik und Wohlstand zu beobachten gewesen, die in der Bundesrepublik eine noch stärker identitätsstiftende Funktion besaß als in den klassischen westlichen Nationalstaaten.[87] Möglicherweise war es gerade diese Verkopplung, die im Laufe der 1970er Jahre für genau gegenläufige Tendenzen in puncto Fortschrittsoptimismus verantwortlich war: In Zeiten der wirtschaftlichen Krise, in denen zudem die Risiken wissenschaftlicher Technik- und Naturbeherrschung allenthalben sichtbar wurden, erschöpfte sich ein bloß auf Technik und Wohlstand rekurrierendes Fortschrittsverständnis. Mögliche Lösungen für dieses Dilemma, die in den Reihen der undogmatischen Linken diskutiert wurden, konstatierten eine Blickverengung auf die technische und materielle Seite des Fortschritts. Zur Zielscheibe grün-alternativer Kritik, so der Atomgegner Klaus Traube auf einem Kongress des Sozialistischen Büros in Hamburg, müsse der »Grundkonsens« der westlichen wie der östlichen Industriegesellschaften werden. Dieser beruhe auf »einem Fortschrittsbegriff, auf einer Utopie, die liberalistisch ist«. Ein solches Ver-

---

82 Vgl. zum Beispiel *Wolfgang Krohn*, Der Zwang zum Fortschritt, in: Kursbuch 1983, Nr. 73, S. 117–129, sowie *Heinz Theisen*, Zukunftsängste und pluralistische Demokratie, in: APuZ 1984, Nr. 35–36, S. 19–27. Vgl. hierzu und zum Folgenden: *Mende*, »Nicht rechts, nicht links, sondern vorn«, S. 389–405.
83 *Petra Karin Kelly*, Vortrag auf dem European Management Forum, Davos, 1.2.1983, S. 2, AGG, Petra-Kelly-Archiv, Nr. 587 (1).
84 Vgl. etwa *Gruhl*, Ein Planet wird geplündert, S. 225f.
85 *Kupper*, Die »1970er Diagnose«, S. 348.
86 *Metzler*, Konzeptionen politischen Handelns, S. 80.
87 Ebd.

ständnis vom Fortschritt, das einzig und allein den Wohlstand in den Vordergrund stelle, habe sich fatalerweise auch in die traditionelle Linke »eingeschlichen«. Ihre vor dem Hintergrund der vielfältigen Krisen notwendige Aufkündigung dieses Konsenses berge deshalb die Chance, eine Re-Definition von Fortschritt zu wagen: »zurück zu dem emanzipatorischen Fortschrittsbegriff der Aufklärung« lautete Traubes Empfehlung.[88] Dem stimmte der linkskatholische Schriftsteller, Gründungsgrüne und bekennende Konservative Carl Amery zu, wenn er notierte: »›Fortschritt‹ war und ist zunächst immer Fortschreiten der Erkenntnis.«[89]

Diese vor allem durch linke Gruppen und Protagonisten vorgenommene Aufspaltung des Fortschrittsbegriffs in eine technisch-materielle und eine humanistische Dimension war für die Grünen in ihrer Gründungsphase konstitutiv. Gleichzeitig unterstreicht sie, dass abgesehen von den konservativen Gruppierungen eine Mehrheit der Gründungsgrünen die Kategorie des Fortschritts nicht in toto negierte. Sie wandten sich stattdessen gegen ein auf bloß technische und materielle Aspekte verengtes Fortschrittsverständnis, wie es vor allem für die Bundesrepublik der ›langen 1960er Jahre‹ charakteristisch gewesen war. In dieser Ablehnung konnten sich die aus unterschiedlichen ideologischen Traditionen stammenden Gruppierungen ein weiteres Mal treffen. Die Mehrheit von ihnen plädierte für die Rückbesinnung auf ein Verständnis von Fortschritt, welches das aufklärerisch-emanzipatorische Potenzial des Begriffs betonte und als positiven Bezugspunkt für die Grünen zu etablieren suchte. Das relativiert den zeitgenössisch oft gehörten Pauschalvorwurf gegenüber den Grünen als »Fortschrittsfeinden« und verdeutlicht abermals, wie weit der grüne Gründungskonsens trug, an welchen Punkten aber auch seine bereits angesprochenen Sollbruchstellen zutage traten.

Blickt man auf die Positionsbestimmungen der Grünen in den 1980er Jahren, lässt sich behaupten, dass dieses ambivalente Fortschrittsverständnis auch weiterhin gültig blieb: emphatische Bejahung seines emanzipatorischen Gehalts bei einer gleichzeitig tief sitzenden Skepsis gegenüber einer technisch-materiellen Engführung des Begriffs. Vor allem anderen wurde deshalb weiterhin zunächst jede Form von Großtechnologie abgelehnt. Das betraf etwa die zivile Nutzung von Kernenergie im Allgemeinen, aber auch konkrete Großprojekte wie die geplante Startbahn West am Frankfurter Flughafen oder auch den Rhein-Main-Donau-Kanal. Diese Ablehnung stand in der Tradition der großen Proteste und Auseinandersetzungen seit Mitte der 1970er Jahre, an deren Erfahrungen und Schlagworte auch noch die Grünen der 1980er Jahre regelmäßig anknüpften. Abstrakte Zielscheibe blieb weiterhin die »entfremdete Fabrik- und Bürogesellschaft, die sich an zerstörerischem industriellen Wachstum ausrichtet.«[90] Über alle Politikfelder hinweg wurde somit das Denken und Handeln in Makrokategorien angeprangert, das mit den »Altparteien« und ihrer Politik der Planung und Steuerung assoziiert wurde: »Allen etablierten Konzepten ist die Orientierung am Staat und an nur quantitativen Größen gemeinsam.

---

88 Klaus Traube, zit. in: Plenum, 1.10.[19]78 (»NDR III sendete am 11.10.78 21.00 in der Reihe ›Menschen und Meinungen‹ 20 Minuten Ausschnitt aus der Plenumsdiskussion vom Sonntag«), abgedr. in: AG Alter Öko, Kleiner Nachschlag zum Großen Ratschlag, Dezember 1978, S. 8–15, hier: S. 10, APO-Archiv, Berlin, SB Berlin/Nord 1. Vgl. auch *Johano Strasser/Klaus Traube*, Die Zukunft des Fortschritts. Der Sozialismus und die Krise des Industrialismus, Bonn 1981, S. 44–55.
89 *Carl Amery*, Neue Dimension der Verantwortung. Zur Frage der Wachstumsgrenzen [1975], S. 2, Monacensia Literaturarchiv, München, NL Carl Amery, CA M 109, Ms. 109. Vgl. auch: *Andrei S. Markovits/Philip S. Gorski*, Grün schlägt Rot. Die deutsche Linke nach 1945, Hamburg 1997, S. 232f.
90 Die Grünen (Hrsg.), Gegen Arbeitslosigkeit und Sozialabbau. Sinnvoll arbeiten – solidarisch leben. Verabschiedet auf der Bundesdelegiertenversammlung am 15./16. Januar 1983 in Stuttgart-Sindelfingen, Bonn [1983], S. 6. Fortan zitiert als: Sofortprogramm 1983.

Nicht die betroffenen Menschen werden gesehen, sondern Geldgrößen stehen im Vordergrund.«[91]

Über diese etablierten Themen und Topoi hinaus gerieten in den 1980er Jahren aber auch zunehmend technische Neuerungen in den Blick, die vom maschinenlesbaren Personalausweis über neuartige Informations- und Kommunikationstechnologien bis hin zum Bereich der Neuen Medien und schließlich der Gentechnik reichten.[92] Letztere wurde vonseiten der Grünen von Beginn an sehr kritisch beäugt und seit deren Einzug in den Bundestag immer wieder zum Thema gemacht, etwa mithilfe öffentlicher Hearings oder einer Großen Anfrage.[93] Gentechnik verglichen sie mit der Entwicklung der Kernkraft: Die »unbeabsichtigten Begleiterscheinungen« würden »immer sehr viel schneller wachsen [...] als die herbeigesehnten Erfolge und Innovationsschübe für die Wirtschaft«.[94]

Die Einlassungen der Grünen zur Gentechnik wie zu anderen technologischen Neuerungen durchzogen einige durchgängige Prinzipien und Positionierungen, die an die Denkgewohnheiten der 1970er Jahre anknüpften, die es aber im Laufe der Zeit neu zu justieren galt. Das waren allen voran die aus dem Alternativmilieu stammenden Forderungen nach Dezentralität, Transparenz und Überschaubarkeit sowie der ebenfalls maßgeblich von den Protestbewegungen ausgefochtene Kampf gegen Entfremdungsprozesse jeglicher Art. Mit dem Aufkommen neuer Informations- und Kommunikationstechnologien wurden diese traditionell grün-alternativen Forderungen mit der neuen, sich erst in den 1980er Jahren herausbildenden Kategorie der »informationellen Selbstbestimmung« verbunden.[95] Die seit dem Bonner Regierungswechsel vorangetriebene Breitbandverkabelung und die bereits zuvor konzipierten Pläne zur Einrichtung privater Fernsehsender begriffen die Grünen als Gefahr für Demokratie und Grundrechte[96], geeignet, die öffentlich-rechtlichen Rundfunkanstalten systematisch zurückzudrängen und stattdessen Medien- und Meinungsmonopole auszubilden.[97] Ganz in Traditionen der Amerikakritik, die nicht nur weite Teile der Protestbewegungen, sondern auch die frühen Grünen charakterisiert hatten, wurde »eine ›Amerikanisierung‹ der Rundfunkkultur« befürchtet, »die durch die Dominanz flacher Unterhaltungssendungen und Werbung gekennzeichnet ist.«[98] Und auch von weiteren technischen Neuerungen auf der Basis »computerisierter vernetzter Großsysteme«, so fürchteten die Grünen, würde »eine Welle der Automatisierung und Computerisierung vieler Lebensbereiche einschließlich der sozialen Kontrolle aller Bürger« ausgehen.[99] Bei dem 1983 gestarteten Bildschirmdienst BTX, einem Internet-Vorläufer zum digitalen Austausch von Daten, würden »zwangsläufig sehr viele Daten über den Benutzer« anfal-

---

91 Ebd., S. 5 (Hervorhebung im Original: Fettdruck).
92 Vgl. etwa Die Grünen (Hrsg.), Farbe bekennen. Bundestagswahlprogramm 1987, Bonn 1986, S. 13, 17f. und 41f. Fortan zitiert als: Bundestagswahlprogramm 1987.
93 Große Anfrage der Abgeordneten Frau Dr. Hickel und der Fraktion DIE GRÜNEN: Gentechnik, in: Deutscher Bundestag, 10. Wahlperiode, Drucksache 10/1153, 21.3.1984, sowie Entschließungsantrag der Fraktion DIE GRÜNEN zur Großen Anfrage der Abgeordneten Frau Dr. Hickel und der Fraktion DIE GRÜNEN: Gentechnik, Deutscher Bundestag, 10. Wahlperiode, Drucksache 10/2740, 16.1.1985.
94 Pressemitteilung Nr. 142/84 vom 16. März 1984, Zitat: S. 2, AGG, B. II. 1., Nr. 102. Dort auch der Hinweis auf einige Aktionen der Grünen zum Thema »Gentechnik«.
95 Als Hintergrund hierzu und zum Folgenden: *Wirsching*, Abschied vom Provisorium, S. 434–452. Zur Kategorie der »informationellen Selbstbestimmung«: ebd., S. 396.
96 Sofortprogramm 1983, S. 32.
97 Die Grünen (Hrsg.), Umbau der Industriegesellschaft. Schritte zur Überwindung von Erwerbslosigkeit, Armut und Umweltzerstörung. Als Programm verabschiedet von der Bundesdelegiertenkonferenz der Grünen in Nürnberg (26. – 28. September 1986), Bonn 1986, S. 74. Fortan zitiert als: Umbauprogramm 1986. Vgl. auch den Beitrag von Frank Bösch in diesem Band.
98 Umbauprogramm 1986, S. 74 (Hervorhebung im Original: Fettdruck).
99 Ebd.

len. Deren Schutz vor Missbrauch sei bei Weitem nicht gewährleistet, der »vollständigen Überwachung« sowie der Vermarktung solcher Informationen als Ware mithin Tür und Tor geöffnet.[100]

Auffällig ist, dass sich der grüne Einsatz für informationelle Selbstbestimmung und gegen »die totale Verdatung der Menschen« weiterhin vor allem gegen den Staat richtete, der nach Ansicht der Grünen statt einem »gläsernen Menschen« Vorschub zu leisten endlich der Forderung nach einer »gläsernen Verwaltung« nachzukommen habe.[101] In Äußerungen wie diesen wird deutlich, wie stabil die antistaatlichen und antibürokratischen Reflexe der Grünen auch noch in den 1980er Jahren waren. Sie rührten aus den Kämpfen der Protestbewegungen gegen den Staat als »unkontrollierbare Megamaschine«, der seinen umfassenden Kontrollanspruch gegenüber den Bürgern vor allem in den Auseinandersetzungen um Atomkraftwerke und im Rahmen der Terrorismusbekämpfung an den Tag gelegt hatte. Dass nur zwei Jahrzehnte später der schutzbedürftige Bürger selbst seine Daten gegenüber internationalen Großunternehmen im Bereich von IT und Neuen Medien ganz freiwillig preisgeben würde, konnten nicht nur die Grünen damals noch nicht absehen. Ihre Beschäftigung mit dem Thema war ganz in zeitgenössischen Debatten verfangen, wie der um die Volkszählung oder, wenn auch weniger prominent, um die Einführung des maschinenlesbaren Personalausweises.[102]

Hinsichtlich neuer Technologien, die in den 1980er Jahren auf dem Vormarsch waren, legte die Partei also eine skeptische Haltung an den Tag und pflegte weiterhin ihren bereits in den 1970er Jahren zu beobachtenden Argwohn gegenüber dem technischen Fortschritt: »wissenschaftlich-technischer Fortschritt«, so formulierten die Grünen im Bundestag in einer Großen Anfrage, bedeute »nicht automatisch auch sozialen Fortschritt, mehr Demokratie und mehr Wohlfahrt«.[103] Diese kritische Haltung betraf auch und gerade den Mikrochip, der in gewisser Weise zum Symbol für den Aufbruch des digitalen Zeitalters avancierte.[104] Für viele Grüne wurde er dagegen zu einer Chiffre für die von neuen Technologien ausgehenden Bedrohungen. Im Sindelfinger Sofortprogramm »Gegen Arbeitslosigkeit und Sozialabbau« wurde die Abbildung eines Mikrochips dementsprechend mit einem Kommentar versehen, der an lang gehegte und aus unterschiedlichen politischen Richtungen vorgetragene Traditionen der Kulturkritik in Deutschland erinnerte: »Die Macht kriecht in die Maschine«.[105]

Für die 1970er Jahre lässt sich behaupten, dass zahlreiche Aspekte der Fortschrittskritik, wie sie die Gründungsgrünen formulierten, in Teilen der bundesdeutschen Gesellschaft einen kräftigen Resonanzkörper gefunden haben. Gilt dies ebenfalls für die eben geschilderten Facetten grüner Fortschritts- und Technologiekritik in den 1980er Jahren? Andreas Wirsching hat für die Geschichte der Bundesrepublik die These formuliert, dass die Planungs-, Technik- und Fortschrittskritik, welche weite Teile der bundesdeutschen Gesellschaft seit den mittleren 1970er Jahre geprägt habe, gegen Ende der 1980er Jahre von einem »neuen Optimismus, einer neuen Planungseuphorie und einem neuen Technokratismus« abgelöst wurde, sodass markante Teile der bundesdeutschen Gesellschaft ge-

---

100 Ebd.
101 Bundestagswahlprogramm 1987, S. 13.
102 Dazu: *Wirsching*, Abschied vom Provisorium, S. 393–398. Vgl. auch den Beitrag von Larry Frohman in diesem Band.
103 Große Anfrage der Fraktion DIE GRÜNEN: Auswirkungen der neuen Informations- und Kommunikationstechnologien auf die Lebens- und Arbeitswelt von Frauen (I). Kosten staatlicher Förderung und Erwerbsarbeit, Deutscher Bundestag, 10. Wahlperiode, Drucksache 10/4025, 16.10.1985, S. 2.
104 *Wirsching*, Abschied vom Provisorium, S. 435f.
105 Sofortprogramm 1983, S. 21.

rade dem technischen Fortschritt im Bereich der digitalen Informations- und Kommunikationstechnologien offen, wenn nicht sogar begeistert gegenüberstanden:[106]

»In Form eines komplexen, dialektischen Prozesses ›kippte‹ die Stimmung gewissermaßen: Optimistischere Prognosen und hoffnungsvollere Erwartungen traten zunächst neben, bald aber an die Stelle des grassierenden Kulturpessimismus. Neue Formen des Fortschrittsdenkens und der Technologieakzeptanz begründeten neue Modernisierungspostulate und wiesen gebieterisch in eine als hell deklarierte Zukunft, für die George Orwell eben nicht der geeignete Maßstab zu sein schien.«[107]

Diese für die Mehrheit der bundesdeutschen Gesellschaft überzeugende Einschätzung trifft auf die Grünen offenbar nicht zu, zumindest noch nicht in den 1980er Jahren. Allerdings bedürfte es eines genaueren Blicks auf die Positionsbestimmungen und internen Debatten der Partei in den 1990er Jahren bis hin zur Gegenwart, um einigermaßen abschätzen zu können, ob sie in puncto Fortschrittsverständnis und Technikbegeisterung ihren Abstand zu der in dieser Hinsicht »davoneilenden« Mehrheitsgesellschaft »aufholten«. Manches spricht dafür. So zeigt ein stichprobenartiger Blick ins Grundsatzprogramm der Partei von 2002, dass Gen- und nun auch Biotechnologie zwar weiterhin als überaus risikoreich eingestuft wurden[108], dem Zusammenhang von Technologie und Umweltschutz nun aber ein ungleich größerer Stellenwert zukam als noch in den 1980er Jahren.[109] Unter dem Stichwort »Informationstechnologien« wiederum verwiesen die Grünen nun nicht mehr bloß auf die demokratischen Risiken neuer Techniken, sondern auch auf deren partizipatorische und emanzipatorische Potenziale.[110]

Festzuhalten bleibt, dass grüne Fortschrittskonzepte in den 1980er Jahren mindestens ebenso differenziert zu betrachten sind wie diejenigen während ihrer Formierungsphase. Denn die skizzierte grüne Skepsis gegenüber dem technischen Fortschritt zeigte sich keineswegs in allen Bereichen so deutlich wie in dem der Informationstechnologie oder der Neuen Medien. Sehr viel differenzierter fielen die grünen Positionsbestimmungen in anderen Themenbereichen aus. Denn für die Grünen der 1980er Jahre gehörten zwei Prinzipien zu den unverzichtbaren Kernbestandteilen eines positiv besetzten Fortschrittsbegriffs: Zum einen war für sie die Reformierung und Liberalisierung der westdeutschen Gesellschaft, die in den 1960er und 1970er Jahren stattgefunden hatte, nicht verhandelbar. Sie sollte auch und gerade über die liberalkonservative »Bonner Wende« der Jahre 1982/83 hinaus vorangetrieben werden.[111] Zum anderen hielten gerade diejenigen Grünen, die aus dem linken oder dem Gewerkschaftsspektrum stammten, einen sozialen Fortschritt hin zur materiellen Besserstellung der Arbeitnehmer sowie anderer, wenig privilegierter Schichten für unverzichtbar. Inwiefern sich dieses liberal-humanistische Fortschrittsverständnis in den Politikfeldern »Demokratie und Bürgerrechte«, vor allem aber »Arbeit und Soziales« widerspiegelte, ist Gegenstand der beiden folgenden Abschnitte.

---

106 *Andreas Wirsching*, Durchbruch des Fortschritts? Die Diskussion über die Computerisierung in der Bundesrepublik, in: ZeitRäume. Potsdamer Almanach des Zentrums für Zeithistorische Forschung 2009/10, S. 207–218, Zitat: S. 207. Vgl. auch ders., Abschied vom Provisorium, S. 361–419, sowie S. 434–444.
107 *Wirsching*, Durchbruch des Fortschritts?, S. 209f.
108 Bündnis90/Die Grünen (Hrsg.), Die Zukunft ist grün. Grundsatzprogramm von Bündnis90/Die Grünen, Berlin 2002, zum Beispiel S. 18f., 55–57 und 86f. Fortan zitiert als: Grundsatzprogramm 2002.
109 Seinerzeit fanden Umwelttechnik und neue Technologien, etwa zur umweltfreundlichen Energieerzeugung, in grünen Programmpapieren teilweise nur recht vage Erwähnung und schienen manches Mal eher eine Art Platzhalter für noch nicht ausgereifte politische Konzepte, zum Beispiel eine alternative Energiepolitik, zu sein. Vgl. etwa Bundesprogramm 1980, S. 11 und 17.
110 Grundsatzprogramm 2002, zum Beispiel S. 18, 106–109, 118 und 127f.
111 Zur Liberalisierung: *Ulrich Herbert* (Hrsg.), Wandlungsprozesse in Westdeutschland. Belastung, Integration, Liberalisierung 1945–1980, Göttingen 2002.

V. BÜRGERRECHTE UND DEMOKRATIE FÜR ALLE: GRÜNE INTEGRATIONSPOLITIK UND DIE VISION EINER »MULTIKULTURELLEN GESELLSCHAFT«

Für die Mehrheit der Gründungsgrünen stand die neu gegründete Partei in der Tradition nicht zuletzt jener Bewegungen, die sich, angefangen mit der APO, seit den 1960er Jahren für Grundrechte und Demokratie eingesetzt hatten. Der Auseinandersetzung mit »Radikalenerlass« und »Repression« kam vor dem Hintergrund der Erfahrungen, die zahlreiche Parteigründer in den 1970er Jahren selbst gesammelt hatten, eine noch größere Rolle zu. Insofern nahm das Politikfeld »Demokratie und Bürgerrechte« in den Programmen und der alltäglichen Arbeit der Partei von Anfang an breiten Raum ein. Thematisch orientierte es sich zunächst an den Anliegen, Erfahrungen und Forderungen der 1960er und 1970er Jahre, von denen zahlreiche fortgeführt wurden. Das waren traditionell von den Grünen vertretene und von den etablierten Parteien wie der Mehrheitsgesellschaft vernachlässigte oder gar diskriminierte Gruppen, die sich in den Protestbewegungen organisiert hatten und deren Interessen und Anliegen wichtige Themenfelder grüner Politik blieben. Zu denken ist vor allem an die Frauen- sowie die Schwulen- und Lesbenbewegung. Gleichzeitig entdeckte grüne Bürgerrechtspolitik in den 1980er Jahren neue Themenfelder und Akteure, die von den etablierten Parteien nicht angemessen repräsentiert wurden. Damit rückten die Themen »Migration und Integration« verstärkt ins Zentrum grüner Politik, was in der Kontinuität des Ideals stand, sich für Minderheiten und Marginalisierte einzusetzen. »DIE GRÜNEN«, so hieß es im Aufruf zur Bundestagswahl von 1987, »sind die Partei der Menschenrechte und die der Minderheitenrechte. In ihr melden sich die zu Wort, die zu wenig Gehör finden und die ihre Freiheitsrechte einfordern. Im Zusammenleben mit Minderheiten entfaltet sich die demokratische und freiheitliche Kultur einer Gesellschaft.«[112]

Das Engagement der Grünen für eine liberale Ausländer- und Migrationspolitik ist vor dem zeithistorischen Hintergrund der 1980er Jahre zu betrachten, in denen dieses Politikfeld immer stärker zum Gegenstand heftiger und zunehmend vergifteter Auseinandersetzungen geriet.[113] Bereits 1973 hatte mit dem »Anwerbestopp« eine neue Phase in der bundesdeutschen Ausländerpolitik begonnen: Der Zuzug sogenannter ›Gastarbeiter‹, die in Zeiten wirtschaftlichen Aufschwungs und Arbeitskräftemangels ins Land gekommen waren und zu einem beträchtlichen Teil zum bundesdeutschen ›Wirtschaftswunder‹ beigetragen hatten, wurde nun, vor dem Hintergrund von Wirtschaftskrise, Arbeitslosigkeit und Rezession, beendet. Neue Themen wie Familiennachzug, bildungs- und sozialpolitische Gleichberechtigung sowie die politische und rechtliche Situation von in Deutschland lebenden Ausländern rückten ins Zentrum der Debatten. Obwohl Anfang der 1980er Jahre bereits die sozial-liberale Bundesregierung Maßnahmen zur »Rückkehrförderung« von ›Gastarbeitern‹ in ihre Herkunftsländer angestoßen hatte, erfuhr das Feld der Ausländer- und Asylpolitik mit der liberalkonservativen »Bonner Wende« von 1982/83 eine weitere Ideologisierung und Emotionalisierung, bei der sich die politischen Lager einander zunehmend unversöhnlich gegenüberstanden.

---

112 Die Grünen (Hrsg.), Zur Bundestagswahl 1987. Brief an unsere Wähler, Bonn [1987], S. 2, URL: <http://www.boell.de/downloads/stiftung/1987_Wahlaufruf.pdf> [10.7.2012]. Fortan zitiert als: Wahlaufruf 1987.
113 Hierzu und zum Folgenden: *Ulrich Herbert*, Geschichte der Ausländerpolitik in Deutschland. Saisonarbeiter, Zwangsarbeiter, Gastarbeiter, Flüchtlinge, München 2001, S. 231–285; *Karin Hunn*, »Nächstes Jahr kehren wir zurück...«. Die Geschichte der türkischen »Gastarbeiter« in der Bundesrepublik, Göttingen 2005; *Karl-Heinz Meier-Braun*, Integration und Rückkehr? Zur Ausländerpolitik des Bundes und der Länder, insbesondere Baden-Württembergs, Mainz/ München 1988, S. 18–74; *Klaus J. Bade/Jochen Oltmer*, Normalfall Migration, Bonn 2004; sowie *Wirsching*, Abschied vom Provisorium, S. 296–308.

Ein Ereignis, in dem das Klima der frühen 1980er Jahre brennglasartig aufscheint und bei dem auch das Engagement der frisch in den Deutschen Bundestag gewählten Grünen öffentlich sichtbar wird, ist der Fall des türkischen Asylbewerbers Cemal Kemal Altun, der bundesweite Aufmerksamkeit erregte.[114] Als Gegner der türkischen Militärregierung, die sich im September 1980 an die Macht geputscht hatte, war Altun Anfang 1981 nach Westberlin geflüchtet, wo er einige Monate später einen Asylantrag stellte. Als die türkischen Behörden wegen einer vermeintlichen Straftat seine Auslieferung verlangten, wurden die Spannungen zwischen geltendem Asylrecht und gültigen Auslieferungsabkommen sichtbar, denn kurz nachdem die Bundesregierung die Auslieferung bewilligt hatte, wurde Altun als Asylberechtigter anerkannt, wogegen wiederum der dem Bundesinnenministerium unterstehende Bundesbeauftragte für Asylverfahren Einspruch erhob. Bei der Verhandlung vor dem Berliner Verwaltungsgericht Ende August 1983 stürzte sich der 23-Jährige aus dem sechsten Stock des Gerichtsgebäudes und starb. Der Fall Cemal Altun, der bereits vorher Gegenstand heftiger Debatten und innenpolitischer Auseinandersetzungen gewesen war, gewann durch den Suizid nochmals an politischer Brisanz, zumal im Nachhinein öffentlich wurde, dass der ohnehin als Hardliner bekannte Bundesinnenminister Friedrich Zimmermann (CSU) in einem Brief an seinen liberalen Amtskollegen im Justizministerium, Hans A. Engelhard, die schnelle Auslieferung verlangt hatte, auch »im Interesse einer nach wie vor guten Zusammenarbeit mit der Türkei auf polizeilichem Gebiet«.[115] Die liberale Presse sprach von »kaltem Grauen«[116] und »zynischer Paragraphentreue«[117], während die Politik den Fall zum Gegenstand grundsätzlicher Positionsbestimmungen in der Asyl- und Ausländerdebatte machte.

Bereits vor dessen Suizid hatten sich die Grünen Cemal Altuns angenommen, ein Bleiberecht für den türkischen Oppositionellen gefordert und immer wieder darauf hingewiesen, dass ihn in der Türkei Haft und Folter erwarteten. So protestierten Abgeordnete der Partei vor dem türkischen Konsulat in Frankfurt am Main, die Westberliner AL-Abgeordnete Rita Kantemir besuchte ihn in der Auslieferungshaft und sein Mandat übernahm der Berliner Rechtsanwalt Wolfgang Wieland, der ebenfalls Mitglied der Alternativen Liste war. Eine große öffentliche Aufmerksamkeit erregende Aktion vor dem Bundeskanzleramt, bei der sich einige grüne Abgeordnete in einem Käfig »an den Zaun der Casa Kohl« ketteten, stand wiederum ganz im Zeichen der bereits beschriebenen grünen Symbolpolitik. Sie schaffte es bis in die Abendnachrichten und brachte den Beteiligten einen Strafbefehl wegen Verletzung der Bannmeile ein.[118] Schließlich machten die Grünen den Fall Cemal Altuns mehrfach zum Thema von Fragestunden[119] und Debatten im Bundestag. Inhaltlich verknüpften die grünen Reaktionen auf den Fall Cemal Altuns die Bereiche Asyl- und Ausländerpolitik miteinander und stellten ihn in eine Linie mit der als repressiv

---

114 Zum Hintergrund sowie zur Chronologie der Ereignisse vgl. das entsprechende Kapitel in: *Niels Seibert*, Vergessene Proteste. Internationalismus und Antirassismus 1964–1983, Münster 2008, S. 180–190, sowie das Papier: Cemal Kemal Altuns Tod und das Asyl- und Auslieferungsrecht, AGG, B. II. 1., Nr. 3081. Außerdem: *Herbert*, Geschichte der Ausländerpolitik, S. 266f.
115 Dieses Zitat: Cemal Kemal Altuns Tod, S. 5, sowie in der Presseberichterstattung, zum Beispiel: Zimmermann forderte die zügige Übergabe Altuns an die Türkei. Justizministerium spricht von »erheblichen Spannungen« zwischen Asyl- und Auslieferungsrecht, in: Süddeutsche Zeitung, 1.9.1983.
116 *Klaus Dreher*, Politisches Spiel mit der Akte Altun, in: Süddeutsche Zeitung, 2.9.1983.
117 *Hans Schueler*, Auslieferungsrecht gegen Asylrecht: Wo Paragraphentreue zynisch wird. Der Fall Altun: Menschlichkeit ist nicht gefragt, in: Die ZEIT, 9.9.1983.
118 *Seibert*, Vergessene Proteste, S. 184, sowie: Strafbefehle wegen Altun-Aktion: »Öffentlicher Aufzug in der Bannmeile«, in: taz, 5.11.1983. Dort auch das Zitat.
119 Vgl. zum Beispiel Deutscher Bundestag, 10. Wahlperiode, Drucksache 10/300 und 10/320, August 1983.

gebrandmarkten Strategie der Bundesregierung in diesem Politikfeld. Den Suizid des 23-jährigen Asylbewerbers verorteten sie in ein und demselben Kontext mit den Bemühungen der neuen Bundesregierung, die Rückkehr ehemaliger ›Gastarbeiter‹ in ihre Herkunftsländer zu erreichen. In einer Pressemitteilung zum Tod Altuns sprach die grüne Bundestagsfraktion dementsprechend von einer

»Vertreibungspolitik besonders gegenüber den türkischen Arbeitern [...], die kaum ein Mittel ausläßt, Ausländern das Leben hier zur Qual werden zu lassen. Diese staatlich betriebene Ausländer-Raus-Politik hat die Arbeitsemigranten zu Menschen zweiter Klasse gestempelt, deren politische, soziale und Grundrechte Stück für Stück beschnitten werden.«[120]

Welch scharfe rhetorische Geschütze, im Übrigen von nahezu allen Beteiligten, in der Diskussion um das Ausländer- und Asylrecht aufgefahren wurden, unterstreicht auch die Bundestagsdebatte vom 5. Oktober 1984, als es um einen von den Grünen eingebrachten Gesetzentwurf für ein Niederlassungsrecht ging.[121] Abermals den Fall Altuns aufgreifend bezeichnete Joschka Fischer die »gegenwärtige Praxis der Ausländerpolitik« als »eine bürokratisch ins Werk gesetzte kalte Vertreibungspolitik« und nannte Bundesinnenminister Zimmermann einen »schäumenden Ausländerfresser« sowie »braunschimmernde[n] Nachlaßverwalter der nationalsozialistischen Ausländer-Polizeiverordnung«.[122] Solcherlei Polemik, welche auch den politischen Kontrahenten der Grünen keineswegs fremd war, trug zur sich stetig steigernden Emotionalisierung der Debatten bei. Unabhängig davon benannte Fischer in seiner Rede wichtige Grundüberzeugungen, die die ausländerpolitischen Positionen der Grünen vor allem von den beiden Unionsparteien, aber auch vielen Liberalen wie Sozialdemokraten unterschied, und die sich ebenfalls in dem von der Partei eingebrachten Gesetzentwurf niederschlagen. Fischer sprach von dem unterbaren Zustand, dass die Solidargemeinschaft »nach der herrschenden Praxis im Ausländerrecht« nur für Deutsche gelte. Entgegen der steten und von den anderen Parteien vorgebrachten Behauptung, dass Deutschland kein Einwanderungsland sei, habe sich »eine verantwortliche und moralisch in den Menschenrechten begründete Politik« dieser Tatsache jedoch endlich zu stellen, denn »der Umgang der Mehrheit mit der Minderheit« sage »Wesentliches über den Zustand von Freiheit und Demokratie« aus.[123]

Der grüne Gesetzentwurf für ein Niederlassungsrecht ist vor dem Hintergrund zu sehen, dass die in Deutschland lebenden Ausländer sich in einer Art rechtlicher Grauzone bewegten. Die am Beginn der Anwerbepolitik stehende Vorstellung, die angeworbenen ›Gastarbeiter‹ würden nach einiger Zeit in ihre Herkunftsländer zurückkehren, hatte sich als Illusion erwiesen. Zu Beginn der 1980er Jahre lebten etwa 4,5 Millionen Ausländer in der Bundesrepublik, was einem Bevölkerungsanteil von etwa 7,5 % entsprach.[124] 77 % derjenigen, die aus den ehemaligen Hauptanwerbeländern stammten, lebten seit mindestens acht Jahren in der Bundesrepublik. Nur 2,4 % der Arbeitsmigranten besaßen jedoch eine Aufenthaltsberechtigung, welche den sichersten Aufenthaltsstatus versprach, von konkreten Teilhaberechten ganz zu schweigen.[125] Diese regelrechte Rechtsunsicherheit

---

120 Die Grünen im Bundestag, PM Nr. 310/83 vom 30. August 1983, Altuns Tod verlangt Konsequenzen – Rücktritt Zimmermanns gefordert, S. 1, AGG, B. II. 1., Nr. 138.
121 Gesetzentwurf der Fraktion DIE GRÜNEN: Entwurf eines Gesetzes über die Niederlassung von Ausländern (Niederlassungsgesetz), Deutscher Bundestag, 10. Wahlperiode, Drucksache 10/1356, 25.4.1984.
122 *Joschka Fischer*, Rede im Bundestag am 5. Oktober 1984, in: Deutscher Bundestag, 10. Wahlperiode, 89. Sitzung, 5.10.1984, S. 6581–6583.
123 Ebd., S. 6582f. (Hervorhebung im Original: Fettdruck).
124 *Bade/Oltmer*, Normalfall Migration, S. 77.
125 *Hunn*, »Nächstes Jahr kehren wir zurück ...«, S. 466. *Bade/Oltmer*, Normalfall Migration, S. 82, notieren, dass 1987 45,8 % aller Ausländer bereits zehn bis 20 Jahre, 13,9 % mehr als 20 Jahre und insgesamt 59,7 % länger als zehn Jahre in der Bundesrepublik lebten.

griffen die Grünen auf, indem sie forderten, dass »Einwanderer möglichst umfassend die gleichen Rechte und Pflichten wie deutsche Staatsangehörige« erlangen sollten, was dem »zentralen Verfassungsgrundsatz« von der »Gleichheit aller Bürger« entspreche: »Insbesondere die Gleichbehandlung auf dem Arbeitsmarkt, die freie politische Betätigung, die umfassende soziale Absicherung sowie die Chancengleichheit in der Ausbildung konkretisieren den Rechtsstatus des Niederlassungsberechtigten.«[126] Der grüne Gesetzentwurf sah dementsprechend vor, dass alle Ausländer, die seit fünf Jahren in der Bundesrepublik arbeiteten oder als Nichterwerbstätige seit acht Jahren hier lebten, ein dauerhaftes Niederlassungsrecht erhalten sollten, das Gleichstellung gegenüber deutschen Staatsangehörigen versprach. Darüber hinaus thematisierte das Papier bereits die Möglichkeit eines allgemeinen Wahlrechts für Ausländer.

Der Gesetzentwurf für ein Niederlassungsrecht, den die Grünen gemeinsam mit betroffenen Ausländern erarbeitet hatten[127], ist nur eine frühe von zahlreichen parlamentarischen Initiativen[128] und konkreten Forderungen, mithilfe derer die Partei den Status der in der Bundesrepublik lebenden Ausländer zu verbessern trachtete und die über das Ende der Bonner Republik hinaus den Grundkanon grüner Überzeugungen in der Integrations- und Bürgerrechtspolitik bilden sollten. 1989 brachte die Grünen-Fraktion erneut ein Paket von Gesetzentwürfen in den Bundestag ein, das diesmal vier aufeinander abgestimmte Einzelgesetze umfasste: Neben dem abermals geforderten Niederlassungsrecht und einem Aufenthaltsrecht für nachgezogene Ehepartner ging es um ein Einbürgerungsgesetz, das die Möglichkeit einer doppelten Staatsbürgerschaft vorsah, sowie die Novellierung des Bundeswahlrechts, welches mindestens fünf Jahre in der Bundesrepublik lebenden Ausländern ein aktives und passives Wahlrecht zusprach.[129] Damit sollte rechtliche Gleichstellung hergestellt werden, wie die in ausländerpolitischen Fragen federführende grüne Bundestagsabgeordnete Erika Trenz erläuterte: »Unser Interesse war dabei, zu vermitteln, daß gleiche Rechte einzig und allein dadurch bestimmt und hergeleitet werden, daß ein Mensch seinen/ihren Lebensmittelpunkt in der BRD gefunden hat, hier lebt, liebt, arbeitet und kämpft und die Frage der Nationalität hierbei keine Rolle für uns spielt.«[130] Die hier nur angedeutete Konzeption von Staatsbürgerschaft knüpfte an das *ius soli* an, das die Grünen dem geltenden *ius sanguinis* gegenüberstellten. Der grüne Entwurf für ein Einbürgerungsgesetz sah deshalb auch den Erwerb der deutschen Staatsbürgerschaft durch Geburt vor, wenn ein Elternteil ebenfalls in der Bundesrepublik geboren worden war, und zielte damit auf die »›dritte Ausländergeneration‹[, die] in der Bundesrepublik verwurzelt ist und hier ihre Heimat finden wird.«[131] Die im Grundgesetz gebrauchte Formulierung der »Volkssouveränität«, so wurde wiederum im Entwurf zur Änderung des Bundeswahlrechts argumentiert, gelte es stattdessen von einem überkommenen, auf das Abstammungsprinzip rekurrierenden »Volks«-Begriff zu lösen, denn die »pouvoir constitutionnelle« lasse sich nicht »in das Korsett eines rechtstechnischen Instituts wie der Staatsan-

---

126 Deutscher Bundestag, Drucksache 10/1356, S. 1.
127 Zu den Hintergründen und der Genese des Gesetzentwurfs vgl. *Ursula Rütten*, Grüne Ausländerpolitik. Ein Gespräch mit Uli Fischer und Muzaffer Tolali von der Bundestagsfraktion der Grünen, in: Fremdworte 4, 1984, S. 25–27 (überliefert in: AGG, B. II. 1., Nr. 3153).
128 Einen Überblick zu den parlamentarischen Initiativen der GRÜNEN im Bundestag in der 11. Wahlperiode (1987–1990) findet sich in: Die multikulturelle Gesellschaft. Für eine demokratische Umgestaltung in der Bundesrepublik. Positionen und Dokumentation, hrsg. v. Die Grünen im Bundestag, Arbeitskreis Recht und Gesellschaft, Bonn 1990, S. 111.
129 Deutscher Bundestag, 11. Wahlperiode, Drucksache 11/4462, 11/4463, 11/4464 und 11/4466, alle vom 3.5.1989.
130 *Erika Trenz*, Für Gestaltung und glaubwürdiges Handeln. Gegen rhetorische Kraftmeierei – Den Preis zahlen Flüchtlinge und Immigrant/innen – nicht wir!, 30.5.1989, S. 2, AGG, B. II. 1., Nr. 2219.
131 Deutscher Bundestag, Drucksache 11/4464, S. 6.

gehörigkeit zwängen«.¹³² Zuwanderung, pflichtete Bundesvorstandsmitglied Ozan Ceyhun bei einem Hearing im November 1990 bei, müsse »nicht völkisch, sondern nach menschenwürdigen Kriterien« geregelt werden.¹³³

Diese Forderung verwies schließlich auf ein weiteres Feld, das ebenfalls einen Eckstein grüner Ausländer- und Integrationspolitik bildete: das Thema »Asyl«. Das grundgesetzlich verbriefte »Asylrecht für politisch Verfolgte« war für die Grünen nicht verhandelbar, bereits in einer ersten Asylrechtsdebatte Anfang der 1980er Jahre hatten sie dessen »restriktiven Gebrauch« verurteilt.¹³⁴ Von dieser eindeutigen Position wichen sie auch in den folgenden Jahren nicht ab, in denen Asylrecht und Asylpolitik zum Gegenstand einer zunehmend kontroversen und emotionalisierten Diskussion gerieten, die im Jahr der Wiedervereinigung eine erneute Zuspitzung erfuhr: Als die Union angesichts rechtsradikaler Wahlerfolge, 1989 in Hessen und Westberlin, und mit Blick auf die Bundestagswahlen im Dezember 1990 eine von einflussreichen Medien unterstützte Kampagne für die Veränderung des Grundrechts auf Asyl begann, entwickelte sich »zwischen 1990 und 1993 eine der schärfsten, polemischsten und folgenreichsten innenpolitischen Auseinandersetzungen der deutschen Nachkriegsgeschichte.«¹³⁵ In dieser Debatte, die vor dem Hintergrund einer zunehmend polarisierten öffentlichen Meinung sowie einer Vielzahl rechtsextremistischer Gewalttaten gegen Ausländer und Asylbewerber stattfand, stemmten sich die Grünen vehement gegen jegliche Einschränkung des Grundgesetz-Artikels 16, dessen Änderung jedoch 1992 von einer Zweidrittelmehrheit des Bundestags beschlossen wurde und ein Jahr darauf in Kraft trat.¹³⁶

Wiederum eng mit der Asyldebatte verbunden war die Frage, ob die Bundesrepublik ein Einwanderungsland sei. Ähnlich wie die Asyldiskussion erschien dieser Punkt an der Wende zu den 1990er Jahren besonders virulent, war aber bereits während der gesamten 1980er Jahre diskutiert worden. Der Historiker und Migrationsexperte Klaus J. Bade bemerkte ein

»parteiübergreifendes Dementi ›Die Bundesrepublik ist kein Einwanderungsland‹. Es umschrieb und verstärkte zugleich die in den 1980er Jahren anhaltende politische Konzeptionslosigkeit in den Problembereichen von Migration, Integration und Minderheiten, für deren Gestaltung die ereignisreichen 1980er Jahre als verlorenes Jahrzehnt in die Geschichte eingehen.«¹³⁷

Zumindest die von Bade konstatierte »defensive Erkenntnisverweigerung« war bei den Grünen nicht zu beobachten, die etwa in ihrem Wahlaufruf zur Bundestagswahl 1987 davon sprachen, »daß die Bundesrepublik längst ein Einwanderungsland geworden ist«. Hinter dieser von allen Grünen prinzipiell geteilten Formel, die »Kulturvielfalt« als »Chance« begreifen wollte, »um von und mit anderen Kulturen zu lernen«¹³⁸, verbargen sich jedoch unterschiedliche Ansichten, die auch das Feld grüner Ausländer- und Migrationspolitik jenseits geteilter Grundüberzeugungen zum Gegenstand parteiinterner Debatten machten. In ihnen spiegelten sich nicht zuletzt die skizzierten Flügelkonflikte zwischen »Fundis«

---

132 Deutscher Bundestag, Drucksache 11/4462, S. 4.
133 *Ozan Ceyhun*, Für ein friedliches, gleichberechtigtes Zusammenleben, in: Die Grünen, Lieber Reinwandern statt Rausländern: »Brauchen wir ein Einwanderungsgesetz?«. Erste Anhörung, 26. Nov. 1990, Bonn 1990, S. 2.
134 Die Grünen (Hrsg.), Diesmal Die Grünen – warum? Ein Aufruf zur Bundestagswahl 1983, Bonn [1983], S. 12.
135 *Herbert*, Geschichte der Ausländerpolitik, S. 299.
136 Vgl. ebd., S. 296–322.
137 *Klaus J. Bade*, Ausländer- und Asylpolitik in der Bundesrepublik Deutschland: Grundprobleme und Entwicklungslinien, in: Einwanderungsland Deutschland. Bisherige Ausländer- und Asylpolitik. Vergleich mit anderen europäischen Ländern. Eine Tagung der Friedrich-Ebert-Stiftung am 14. und 15. Mai 1992 in Potsdam, Bonn 1992, S. 51–67, hier: S. 51.
138 Wahlaufruf 1987, alle Zitate: S. 8.

und »Realos« wider, die teilweise, wie auch in anderen Politikbereichen, die Auseinandersetzung um konkrete Konzepte zu überlagern drohten.

Das macht vor allem die sogenannte Debatte über »offene Grenzen« am Übergang zu den 1990er Jahren deutlich, die eingebettet war in die Diskussion darüber, wie die von den Grünen verfochtene Vision einer »multikulturellen Gesellschaft« konkret auszugestalten sei. Die parteiinterne Auseinandersetzung darüber, und damit über den Kurs der zukünftigen Ausländer- und Integrationspolitik, kulminierte in einem Beschluss, den der Parteitag in Münster am 21./22. Mai 1989 mit knapper Mehrheit verabschiedete. Gerade vor dem Hintergrund der bereits angesprochenen Erfolge rechtsradikaler Parteien stand er unter dem Motto: »Mut zur multikulturellen Gesellschaft – gegen Rechtsextremismus und Ausländerfeindlichkeit«.[139] Bestand darüber grundsätzlicher Konsens, so riefen konkrete Forderungen der gleichnamigen Resolution bei Teilen der Partei jedoch scharfe Kritik hervor. Das betraf insbesondere folgenden Passus: »DIE GRÜNEN betrachten das Bleiberecht als ein weltweites überstaatliches Menschenrecht, das keine Grenzen kennt. Es ist unvereinbar mit jeder Form der Abschottung von Grenzen.«[140] Insbesondere dieses Postulat und die daraus folgenden Konsequenzen wurden unter dem Stichwort »offene Grenzen« innerhalb der Partei kontrovers diskutiert. Erika Trenz und Monika Bethschneider, beides Expertinnen für Migrationsfragen, kritisierten bereits vor dem Parteitag die Konzeptionslosigkeit, die sie hinter dem Schlagwort vermuteten: »›offene Grenzen‹ sind eher ein flügelpolitisches Glaubensbekenntnis als eine ernstzunehmende einwanderungspolitische Aussage«.[141] Nach dem Münsteraner Beschluss ging Trenz in ihrer Kritik sogar noch weiter, indem sie beklagte, dass »dieser Beschluss [...] unsere Glaubwürdigkeit ggü. ImmigrantInnen und Flüchtlingen und denjenigen, die wir überzeugen wollen, geschadet« hat. Mit dieser stark idealisierten und in ihrer konkreten Ausgestaltung wenig durchdachten Pauschalforderung seien mühsam erarbeitete Konzepte in Einzelfragen, etwa zur rechtlichen Gleichstellung »so neben runter gefallen«. Stattdessen sei es

»ganz klar mal wieder um den Kampf zweier Linien [gegangen], der schon oft in unserer Partei jede Weiterentwicklung politischer Inhalte unmöglich gemacht hat. Mit einer kleinen Mehrheit wurde es wieder einmal geschafft, beim ›Kampf gegen Rechts in der eigenen Partei‹ den ›SIEG‹ davonzutragen.«[142]

Neben diesem an die »Fundis« gerichteten Vorwurf kritisierte sie jedoch ebenfalls die »Realos«. Diese versuchten, so Trenz, Teile des von den Grünen in den Bundestag eingebrachten Gesetzespakets »unter den Tisch fallen zu lassen, weil sie sich weitgehend an das vorherrschende Bewußtsein anpassen (Alle Rechte haben nur Deutsche) und nicht den radikaldemokratischen Ansatz vertreten.«[143] In der Debatte um den Beschluss von Münster manifestierte sich indes nicht nur abermals der Konflikt zwischen »Realos« und »Fundis«, sondern auch ihrer beiden parteiinstitutionellen Bastionen: Bundestagsfraktion und Bundesvorstand. So tadelte der flüchtlingspolitische Sprecher der Grünen im Bundestag, German Meneses-Vogl, die Entscheidungen der Bundesversammlung als »verwirrend« und »wenig überzeugend«[144], wohingegen die Sprecherin im Bundesvorstand,

---
139 Die Grünen, Mut zur multikulturellen Gesellschaft – gegen Rechtsextremismus und Ausländerfeindlichkeit, Münster 1989, AGG, B. II. 2., Nr. 831.
140 Ebd., S. 4.
141 *Erika Trenz/Monika Bethschneider*, Nicht nur Anti-Rassismus – für die multikulturelle Gesellschaft. Thesen zur Fraktionssitzung am 18.4.1989. Schwerpunktthema: Ausländerpolitik, Bonn 1989, S. 1f., AGG, B. II. 1., Nr. 2219.
142 *Trenz*, Für Gestaltung und glaubwürdiges Handeln. Gegen rhetorische Kraftmeierei – Den Preis zahlen Flüchtlinge und Imigrant/innen – nicht wir! (Hervorhebung im Original).
143 Ebd., S. 2.
144 Die Grünen im Bundestag, PM Nr. 452/89 vom 31. Mai 1989, Verwirrend – wenig überzeugend, AGG, B. II. 2., Nr. 831.

Verena Krieger, das Prinzip der »Offenen Grenzen« verteidigte und betonte, die Bundesrepublik habe »aufgrund ihrer mitverantwortung fuer not und elend in vielen laendern der dritten welt nicht das moralische recht, ihre grenzen zu schliessen«.[145]

Damit reagierte Krieger allerdings nicht nur auf die von Trenz, Meneses-Vogl und anderen geäußerte Kritik, sondern insbesondere auf ein Interview, das Daniel Cohn-Bendit dem SPIEGEL gegeben hatte. Darin hatte der »Realo« und designierte Frankfurter Dezernent für Multikulturelles zum einen die Münsteraner Formel vom »allgemeinen Bleiberecht« kritisiert und zum anderen eine scharfe Grundsatzkritik an vermeintlichen Prämissen grüner Ausländerpolitik formuliert, die in dem Vorwurf gipfelte: »Die Grünen verklären Ausländer, sie verklären Asylbewerber.«[146] Diese Zuspitzung sollte einerseits Positionen in der binnengrünen Auseinandersetzung markieren und gewiss auch die innerparteilichen Gegner provozieren. Andererseits verweist sie auf die bereits angedeuteten Unstimmigkeiten über die konkrete Ausgestaltung der »multikulturellen Gesellschaft«, die zu einem prägnanten und kontrovers diskutierten Symbolwort in der migrations- und integrationspolitischen Debatte der Bundesrepublik avancierte. Während es für die Grünen schlagwortartig die Utopie von einem friedlichen und respektvollen Neben- und Miteinander unterschiedlicher Kulturen im Einwanderungsland Bundesrepublik auf den Punkt brachte[147], geriet es für ihre politischen Gegner zum Reizwort.[148]

Der Begriff der »multikulturellen Gesellschaft« wurde dagegen nicht von den Grünen erfunden, wenn sie ihn auch sehr früh verwendeten und er in der öffentlichen Wahrnehmung eng mit ihnen verbunden war.[149] Zu seiner breiten Bekanntheit trug stattdessen vor allem CDU-Generalsekretär Heiner Geißler wesentlich bei. In einem Interview mit der ZEIT sprach er im Oktober 1988 davon, dass für ein »Land in der Mitte Europas [...] die Vision einer multikulturellen Gesellschaft eine große Chance« darstelle.[150] Anderthalb Jahre später veröffentlichte er im SPIEGEL sein »Plädoyer für eine ›multikulturelle Gesellschaft‹«, in dem er nüchtern feststellte: »Es geht nicht mehr darum, ob wir eine multikulturelle Gesellschaft wollen – wir haben sie bereits.«[151] Und ganz im Sinne der grünen

---

145 Die Grünen BuVo, gruene/auslaenderpolitik: bundesvorstands-sprecherin weist kritik cohnbendits zurück, 29. mai 1989, AGG, B. II. 2., Nr. 831 (Kleinschreibung im Original). Als Beispiel einer weiteren Kritik an Cohn-Bendits Interview: *Franz Scheurer*, Ideologische Ebene und de facto Ebene müssen klar voneinander getrennt werden, in: Die Grünen, Lieber Reinwandern statt Rausländern, S. 15–16.

146 »Die Grünen verklären die Asylbewerber«. Frankfurts designierter Dezernent für Multikulturelles, Daniel Cohn-Bendit, über die Ausländerpolitik seiner Partei, in: Der SPIEGEL, 29.5.1989, S. 98–103, hier: S. 99.

147 Für die programmatische Bedeutung vgl. etwa: Die Grünen (Hrsg.), Das Programm zur 1. Gesamtdeutschen Wahl 1990, [Bonn 1990], insb. S. 38f. Fortan zitiert als: Bundestagswahlprogramm 1990. Die verschiedenen grünen Positionen zur »multikulturellen Gesellschaft« sind beispielsweise abgebildet in: Die Grünen im Bundestag, Arbeitskreis Recht, Die multikulturelle Gesellschaft. Zur »Bedeutungsvielfalt« des Begriffs bei den Grünen auch: *Susanne Frank*, Staatsräson, Moral und Interesse. Die Diskussion um die »Multikulturelle Gesellschaft« 1980–1993, Freiburg im Breisgau 1995, S. 54–57.

148 Dazu: ebd., sowie *Herbert*, Geschichte der Ausländerpolitik, S. 312f. und 322–328.

149 Ein Beispiel für die frühe Verwendung durch die Grünen: *Fischer*, Rede im Bundestag am 5. Oktober 1984, S. 6583. Zum Folgenden sowie zur bundesdeutschen Debatte über die »multikulturelle Gesellschaft«: *Frank*, Staatsräson, Moral und Interesse. Zum Begriff und dessen unterschiedlicher Verwendung durch Befürworter und Gegner vgl. auch *Axel Schulte*, Multikulturelle Gesellschaft. Zu Inhalt und Funktion eines vieldeutigen Begriffs, in: Multikulturelle Gesellschaft. Der Weg zwischen Ausgrenzung und Vereinnahmung? Eine Tagung der Friedrich-Ebert-Stiftung am 9. und 10. Dezember 1991 in Bonn, Bonn 1992, S. 11–40.

150 Heiner Geißler, zit. in: »Demokratie ist kein Gesangsverein Harmonie«, in: Die ZEIT, 28.10.1988.

151 *Heiner Geißler*, Meise zu Meise? Plädoyer für eine »multikulturelle Gesellschaft«, in: Der SPIEGEL, 26.3.1990, S. 155–173, hier: S. 158.

Forderung nach Gleichstellung postulierte er, sehr zum Missfallen seiner Parteifreunde in der CDU und vor allem der CSU:

»Viele in unserem Land finden es unerträglich, mit Menschen auf Dauer zusammenzuleben, die aus einer anderen Kultur kommen, eine andere Muttersprache und eine andere Lebensphilosophie als die Deutschen selber haben. Für mich ist es dagegen unerträglich, daß in unserem Land Millionen von ausländischen Mitbürgern mindere Rechte haben als die Deutschen.«[152]

Trotz solcher Überlegungen, die grünen Positionen in vielem ähnelten, unterschied sich Geißlers Plädoyer davon insofern, als er seine Thesen auch vor dem Hintergrund ökonomischer und demografischer Prognosen formulierte, die eine Überalterung der bundesdeutschen Gesellschaft in nicht allzu ferner Zukunft voraussagten. Bei den Grünen war stattdessen äußerst umstritten, ob Einwanderungspolitik überhaupt solcherlei wirtschaftliche Nutzenerwägungen miteinbeziehen dürfe. Zudem lehnten viele Grüne in den 1980er Jahren den Begriff »Integration« ab, da er eine Art Assimilationszwang ausübe. So notierte beispielsweise der Bundestagsabgeordnete Uli Fischer:

»Für uns ist der Begriff ›Integration‹ ein untauglicher Begriff. Er drückt im Grunde genommen eine Subjekt-Objekt-Haltung aus, die wir von den Ausländern verlangen: er soll sich integrieren. Unser Begriff, den wir ganz bewußt dagegensetzen ist nicht Integration, sondern Gleichberechtigung. Die Menschen, die zu uns kommen, sollen, soweit das möglich ist, z. B. politische Rechte haben genauso wie wir. Sie sollen natürlich auch die gleichen Pflichten haben wie wir.«[153]

Das grüne Konzept der »multikulturellen Gesellschaft« zielte deshalb zunächst vor allem auf die Möglichkeit eines gleichberechtigten Neben- und Miteinanders unterschiedlicher Kulturen in der Bundesrepublik, sodass »ethnische Minderheiten in unserem Land [...] autonom in ihrer Tradition und Kultur leben« können.[154] Andere, wie Daniel Cohn-Bendit, warnten dagegen vor einer stereotypen Idealisierung von Migranten: »Es wäre verheerend«, bemerkte er in seinem bereits angesprochenen und von vielen Parteifreunden kritisierten SPIEGEL-Interview, »wenn man jetzt sagen würde, die eigentlich positive Lebensform ist die, die von den Fremden artikuliert wird. Auch die Grünen müssen kapieren, daß die Ausländer nicht die besseren Menschen sind.«[155] Seine Kollegin im Frankfurter Amt für Multikulturelle Angelegenheiten appellierte dazu, sich »von dieser paternalistischen Mitleidstour, die sich durch diese offene Grenzen Diskussion ja immer wieder gezeigt hat«, zu lösen. Darüber hinaus habe Migrationspolitik immer auch auf die »einheimische Bevölkerung« zu zielen und deren Ängste und Unbehagen ernst zu nehmen.[156] »Es geht nicht darum«, so wiederum Daniel Cohn-Bendit in einem Beitrag aus dem Jahr 1992, »den Ausländerfeinden auch nur einen Millimeter entgegenzukommen. Wohl aber darum, anzuerkennen, daß diese Gesellschaft Schwierigkeiten damit hat, sich als Einwanderungsland zu verstehen.«[157] Ungeachtet dieser Meinungsverschiedenheiten machte grüne Integrationspolitik in den 1980er und dann vor allem in den 1990er Jahren jedoch auch aus, dass sich in der Partei zunehmend Ausländer und Deutsche mit Migra-

---

152 Ebd., S. 164.
153 Zit. in: *Rütten*, Grüne Ausländerpolitik, S. 26 (Hervorhebung im Original).
154 *Erika Trenz*, Begrüßung und Einführung, in: Die Grünen, Lieber Reinwandern statt Rausländern, S. 3–4, hier: S. 3.
155 »Die Grünen verklären die Asylbewerber«, S. 103. Ähnlich und durchaus polemisch argumentiert der »Realo« und Sprecher der ökolibertären Strömung: *Thomas Schmid*, Multikulturelle Gesellschaft – großer linker Ringelpiez mit Anfassen, in: Frankfurter Hefte 36, 1989, S. 541–546.
156 Vgl. etwa *Rosi Wolf-Almanasreh*, Wir müssen unsere Politik grundsätzlich ändern, in: Die Grünen, Reinwandern statt Rausländern, S. 8–9, hier: S. 8. Ähnlich: *Daniel Cohn-Bendit*, Rede vor der Stadtverordnetenversammlung am 14. September 1989, ohne Paginierung, AGG, A-Fischer, Joschka, Nr. 170.
157 Zit. in: *Herbert*, Geschichte der Ausländerpolitik, S. 312.

tionshintergrund engagierten und sich keineswegs bloß zu Fragen von Zuwanderung und Integration äußerten. Dass diese sich immer weniger als Ausländer und Einwanderer, sondern als »neue Inländer« verstanden, unterstrich die Gründung der Initiative »Immi-Grün – Bündnis der neuen InländerInnen«, die der Partei Bündnis90/Die Grünen nahesteht.[158]

Darauf, dass Debatten innerhalb der Grünen im Laufe der 1980er Jahre immer stärker durch die Koordinaten und Dichotomien des »Fundi-Realo«-Konflikts gerahmt und teilweise überlagert worden sind, wurde bereits wiederholt hingewiesen. Und auch die Diskussionen um Migrations- und Integrationspolitik bildeten dabei, wie gesehen, keine Ausnahme. Mit dem Auszug vieler »Fundis« und dem vorläufigen Schlusspunkt dieser innerparteilichen Auseinandersetzung am Übergang zu den 1990er Jahren kehrte mittelfristig auch auf diesem Politikfeld Einigkeit über bestimmte Positionen ein. Auch hier sollte sich schließlich die auf Pragmatismus und Reform setzende Perspektive des »Realo«-Flügels durchsetzen. Viele der migrations- und integrationspolitischen Vorstellungen, welche die grünen Debatten der 1980er Jahre geprägt hatten, nicht zuletzt die Frage geregelter Einwanderung und die Reform des Staatsangehörigkeitsrechts, sollte die Partei Ende der 1990er Jahre erneut in den politischen und gesetzgeberischen Prozess einbringen, diesmal jedoch von der Regierungsbank aus, als Juniorpartner einer sozialdemokratisch geführten Bundesregierung und mit entsprechenden Abstrichen im Vergleich zu den ursprünglichen Forderungen der 1980er Jahre.[159]

VI. ARBEIT UND SOZIALES ODER DER WANDEL VON SOZIALSTAATLICHKEIT

War das Themenfeld »Ausländerpolitik und Integration« eines, das in der Kontinuität des radikaldemokratischen Politikverständnisses der Protestbewegungen aus den 1960er und 1970er Jahren stand und eine konsequente Ausweitung des grünen Engagements für Demokratie und Bürgerrechte bedeutete, so bildete die Wirtschafts- und Sozialpolitik hingegen ein Politikfeld, in dem es den Gründungsgrünen zunächst schwergefallen war, klare Programmvorstellungen und Konzepte zu entwickeln.[160] Doch gerade vor dem Hintergrund einer zugespitzten wirtschaftlichen und sozialen Krisensituation in der Bundesrepublik zu Beginn der 1980er Jahre, mit steigenden Arbeitslosen- und Sozialhilfeempfängerzahlen, galt es auch dort konkret Position zu beziehen.[161] Dadurch dass sich die Partei

---

158 Vgl. ImmiGrün – Bündnis der neuen InländerInnen, Gründungserklärung, beschlossen auf der außerordentlichen Mitgliederversammlung vom 18.12.1993, sowie ImmiGrün – Bündnis der neuen InländerInnen, Einladung zur ersten ordentlichen Mitgliederversammlung am 19. Februar 1994 (beides: AGG, B. II. 2., Nr. 673). Außerdem: Einfluß mit ImmiGrün, in: Der SPIEGEL, 1.7.1996, S. 44.
159 Vgl. dazu *Bade/Oltmer*, Normalfall Migration, S. 127–132.
160 Detailliert zu den divergierenden Wirtschaftskonzeptionen der Grünen sowie den damit verbundenen programmatischen Auseinandersetzungen: *Frieder Dittmar*, Das Realo-Fundi-Dispositiv. Die Wirtschaftskonzeptionen der Grünen, Marburg 2007. Zu den Grundzügen grüner Sozialpolitik in den 1980er Jahren: *Antonia Gohr*, Grüne Sozialpolitik in den 80er Jahren. Eine Herausforderung für die SPD, Bremen 2002.
161 Zu den zeitgenössischen Sozialstaatsdebatten sowie vor allem den Themen »Armut und Arbeitslosigkeit« vgl. beispielhaft *Martin H. Geyer*, Die Gegenwart der Vergangenheit. Die Sozialstaatsdebatten der 1970er-Jahre und die umstrittenen Entwürfe der Moderne, in: AfS 47, 2007, S. 47–93; *Winfried Süß*, Der bedrängte Wohlfahrtsstaat. Deutsche und europäische Perspektiven auf Sozialpolitik der 1970er-Jahre, in: AfS 47, 2007, S. 95–126, sowie die beiden Bände: *Thomas Raithel/Thomas Schlemmer* (Hrsg.), Die Rückkehr der Arbeitslosigkeit. Die Bundesrepublik Deutschland im europäischen Kontext 1973 bis 1989, München 2009, und *Hans Günter Hockerts/Winfried Süß* (Hrsg.), Soziale Ungleichheit im Sozialstaat. Die Bundesrepublik Deutschland und Großbritannien im Vergleich, München 2010.

in dem für die 1970er Jahre stilbildenden Antagonismus »Ökologie versus Ökonomie« um das neue Themenfeld »Umwelt« formiert hatte, konnte sie in wirtschafts- und sozialpolitischen Fragen zunächst auf wenig eigenes Profil verweisen:

»Die Entwicklung der grünen Wirtschaftsprogrammatik stößt zunächst auf die Schwierigkeit, daß die wirtschaftspolitische Profilierung der GRÜNEN lediglich ein Ergebnis ihrer Parlamentarisierung ist. Es gibt hier keine ›bewegungsmäßige‹ Vorarbeit, das wirtschaftspolitische Standbein (oder Spielbein?) muß eher als Anhängsel einer allgemein gewordenen Friedens-, Frauen- und Naturschutzbewegung verstanden werden. Allerdings bietet dies auch den Vorteil einer unvoreingenommenen Diskussion.«[162]

Dennoch müßten sich die Grünen bereits vor ihrem ersten Einzug in den Bundestag, sich ebenfalls mit den neuen sozialpolitischen Herausforderungen zu beschäftigen, was der große Beachtung findende Kongress »Zukunft der Arbeit« unterstrich, der »Wege aus Massenarbeitslosigkeit und Umweltzerstörung« aufzeigen wollte.[163] Ganz so unvoreingenommen und traditionslos, wie der oben zitierte Michael Opielka, einer der profiliertesten Sozialstaatsexperten seiner Partei, die Ausgangssituation der Grünen im Bereich »Arbeit und Soziales« zeichnete, war sie außerdem nun doch nicht. Gewiss hatte sich das Gros ihrer Wähler, Anhänger und Mitglieder wegen der grünen Kernthemen »Ökologie« und »Frieden« für sie entschieden. Dennoch stammten einerseits viele aus politischen Zusammenhängen, die sie teilweise gerade wegen der dort vertretenen wirtschafts- und sozialpolitischen Positionen verlassen hatten. Das gilt etwa für zahlreiche ehemalige Sozialdemokraten und Gewerkschafter, die sich von SPD und DGB abgewandt hatten, weil ihnen dort eine überzeugende Perspektive zur Vereinbarung von ökologischen und ökonomischen Zielen fehlte. Andererseits kamen viele Gründungsgrüne aus dem Alternativmilieu, wo sie alternative Konzepte und Praktiken des Lebens und Arbeitens kennengelernt hatten. Auch auf dem Feld der Wirtschafts- und Sozialpolitik war die grüne Partei also keine Tabula rasa, sondern konnte auf Erfahrungen aus dem Bewegungskontext der 1970er Jahre zurückgreifen.

In dieser Tradition stehend, schrieben sich die Grünen speziell die Förderung des Bereichs der »alternativen Ökonomie« auf die Fahnen, wozu selbst verwaltete Betriebe und Projekte gehörten, die vom Bioladen über die alternative Landkommune bis hin zu Selbsthilfeprojekten von Arbeitslosen reichten.[164] Von den dort gesammelten Erfahrungen wurden Konzepte und Prinzipien abgeleitet, die sich auch in den Arbeits- und Sozialstaatsvorstellungen der Partei niederschlagen. Im Namen von Dezentralität und Überschaubarkeit plädierte sie für eine basisdemokratische Selbstverwaltung von Arbeit in der Tradition des Genossenschaftsgedankens sowie eine Entflechtung großer Konzerne, die kontrollierbarer gemacht werden sollten.[165] Gleichzeitig formulierten die Grünen eine zuwei-

---

162 *Frank Beckenbach*, Das Umbaukonzept der Grünen – ein Beitrag zur Strategie der Wirtschaftsreform?, in: *Michael Opielka/Ilona Oster* (Hrsg.), Umbau des Sozialstaats, Essen 1987, S. 205–215, hier: S. 206.

163 Die im Oktober 1982 in Bielefeld stattfindende Veranstaltung wurde vom Bielefelder AStA organisiert, zum Trägerkreis gehörten neben den Grünen und dem Bundesverband Bürgerinitiativen Umweltschutz unter anderem auch der gewerkschaftsnahe »Arbeitskreis Leben« sowie die Jusos. Vgl. Zukunft der Arbeit. Wege aus der Massenarbeitslosigkeit und Umweltzerstörung. Kongress am 8. – 10. Okt. '82, Universität Bielefeld, sowie Diskussionsgrundlage [zum Abschluss des Kongresses »Zukunft der Arbeit«], o. O. 1982 (beide überliefert in: AGG, A-Goymann, Andrea/Wiesenthal, Helmut, Nr. vorl. 36).

164 Vgl. etwa den entsprechenden Absatz »Alternative Projekte und Selbstorganisation der Arbeitslosen«, in: Sofortprogramm 1983, S. 22–25. Vgl. hierzu und zum Folgenden auch: *Dittmar*, Das Realo-Fundi-Dispositiv, insb. S. 116–148, sowie *Gohr*, Grüne Sozialpolitik, S. 9–12. Zur Alternativbewegung auch: *Reichardt*, Authentizität und Gemeinschaftsbindung, sowie *ders./Siegfried*, Das alternative Milieu.

165 Vgl. zum Beispiel Bundesprogramm 1980, S. 8; Sofortprogramm 1983, S. 6f.

len harsche Sozialstaatskritik, die sich gegen den staatsinterventionistischen Charakter bundesdeutscher Sozialpolitik richtete und in den Denk- und Argumentationstraditionen grün-alternativer Staats- und Verwaltungskritik seit den 1970er Jahren stand: »Die Rolle des Sozialstaats beschränkt sich zunehmend darauf, durch seine Dienste und unter seinem Dach all die negativen Folgen des Industrialismus zu kompensieren. Je gewaltiger diese werden [...], desto mehr Mittel werden von diesen kompensativen Diensten absorbiert.«[166] Ebenfalls in Anlehnung an die Alternativbewegung wurde der Entfremdungscharakter herkömmlicher Lohnarbeit angeprangert. Stattdessen müsse es um die »Wiederaneignung der Arbeit durch den Arbeitenden«[167] gehen, weshalb unter dem Rubrum »sinnvoll arbeiten« auch das Prinzip moderner Arbeitsteilung hinterfragt wurde. Stattdessen gelte es, »ganzheitliche Gemeinschaftsprojekte« aufzubauen, »die alle Lebenszusammenhänge umfassen«. Ziel sei die »Überwindung der entfremdeten Trennung von Theorie und Praxis, von Kopf- und Handarbeit, von wohnen und arbeiten, von Arbeitszeit und Freizeit«.[168] Diese Perspektive beinhaltete ebenfalls eine explizit geschlechterpolitische Komponente, war doch die Frauenbewegung eine der ersten gewesen, die das Modell moderner Arbeitsteilung harsch hinterfragt hatte. In diesem Sinne zielten die Grünen darauf ab, geschlechtlich bedingte Arbeitsteilung aufzuheben, in deren Folge Männer immer noch ungleich stärker auf den lohnarbeitszentrierten und sozialversicherungspflichtigen Produktionssektor, Frauen hingegen auf den Reproduktionsbereich festgelegt waren.[169] Grüne Arbeitspolitik war deshalb in hohem Maße immer auch Frauen- und Emanzipationspolitik.

Insgesamt verweist die grüne Kritik am Prinzip der industriegesellschaftlichen Arbeitsteilung auf einen Arbeitsbegriff, der sich deutlich aus den Erfahrungen der Alternativ- wie der Frauenbewegung speiste und der über das herkömmliche, fordistische Verständnis von Lohn- und Erwerbsarbeit hinausging.[170] Bemerkenswert ist hierbei, dass die Grünen ihre Überlegungen in einem zeitgeschichtlichen Kontext formulierten, in dem sich hergebrachte Arbeitswelten veränderten und sich vermehrt »semantische Verschiebungen und Konflikte um den Arbeitsbegriff« entspannten.[171] So war in einigen frühen Programmpapieren der Grünen häufig, wenn auch nicht konsequent, von »Erwerbslosigkeit« statt von »Arbeitslosigkeit« die Rede, »denn Arbeit haben sehr viele Menschen, aber Erwerb nicht.«[172] Möglicherweise habe der Arbeitsplatz, so die nordrhein-westfälische Bundestagsabgeordnete Gabi Potthast in einem Interview, »einen Wert an sich bekommen«. Aber:

»Wenn etwas Wert hat in dieser Gesellschaft, dann ist es eigentlich das Geld, das über diesen Arbeitsplatz gewonnen wird, denn eine sinnvolle Tätigkeit kann man auch woanders ausüben. Deshalb

---

166 *Michael Opielka*, Einleitung: Warum »ökosoziale« Frage?, in: *ders.* (Hrsg.), Die ökosoziale Frage. Alternativen zum Sozialstaat, Frankfurt am Main 1985, S. 7–12, hier: S. 10.
167 Sofortprogramm 1983, S. 6.
168 Ebd., S. 23.
169 Zu dem auch dem bundesdeutschen Arbeits- und Sozialsystem zugrunde liegenden Modell des »voll erwerbstätigen ›strong male breadwinner‹« vgl. *Süß*, Der bedrängte Wohlfahrtsstaat, S. 103, zur feministischen Kritik am hergebrachten Arbeitsbegriff: *Geyer*, Die Gegenwart der Vergangenheit, S. 85f. Außerdem: *Gohr*, Grüne Sozialpolitik, S. 12 und 19.
170 *Dittmar*, Das Realo-Fundi-Dispositiv, S. 127–130. *Gohr*, Grüne Sozialpolitik, S. 23, spricht von einer »Erweiterung des gesellschaftlichen Arbeitsbegriffs«.
171 *Winfried Süß/Dietmar Süß*, Zeitgeschichte der Arbeit: Beobachtungen und Perspektiven, in: *Knud Andresen/Ursula Bitzegeio/Jürgen Mittag* (Hrsg.), »Nach dem Strukturbruch«? Kontinuität und Wandel von Arbeitsbeziehungen und Arbeitswelt(en) seit den 1970er-Jahren, Bonn 2011, S. 345–365, hier: S. 351. Vgl. auch den Beitrag von Dietmar Süß in diesem Band.
172 Dok. 77, 2. Mai 1984, Sitzung des erweiterten Fraktionsvorstands, Anlage A: April 1984, Sozialmagazin: Alles oder nichts. Interview mit Gabi Potthast, in: *Boyer/Heidemeyer*, Die Grünen im Bundestag, Bd. 2, S. 490–495, hier: S. 490. Fortan zitiert als: Interview mit Gabi Potthast.

müßte das Problem lauten, wie verteilen wir Gelder so um, daß niemand mehr gezwungen ist, erwerbstätig zu sein.«[173]

Um die Abhängigkeit von Lohn- und Erwerbsarbeit aufzuheben und den Weg für sinnvolle und selbstbestimmte Arbeit frei zu machen, diskutierten die Grünen stattdessen über die Einführung eines Grundgehalts. »Arbeitslosengeld, Arbeitslosenhilfe, Sozialhilfe usw.«, argumentierte beispielsweise Potthasts Fraktionskollege Eberhard Bueb, müsse der »Almosencharakter« genommen und »durch ein garantiertes Mindesteinkommen und eine Grundrente« ersetzt werden, »auf die jeder Anspruch hat und die es dem Einzelnen erst ermöglichen werde, selbstbestimmt tätig zu werden.«[174] Mehrere parlamentarische Initiativen und Gesetzentwürfe nahmen sich der Idee der Grundsicherung an[175], die in der Partei – eingebettet in eine übergeordnete Debatte über die Zukunft des Sozialstaats – breit und durchaus kontrovers diskutiert wurde.[176] Den Modellen lag die Vorstellung zugrunde, Arbeit und Einkommen zu entkoppeln: »als langfristiges Ziel«, so heißt es in einem Thesenpapier Michael Opielkas,

»soll ein neues Grundeinkommenssystem eingeführt werden, durch das die Gesellschaft die Garantie für die Befriedigung der Grundbedürfnisse aller Einwohner ungeachtet des durch Arbeit (oder Vermögen) erzielten Einkommens und ungeachtet der Familiensituation übernimmt. ›Wer nicht arbeitet, soll auch nicht essen‹ – mit jener mörderischen Ideologie würde endlich gebrochen.«[177]

Ausführlich dargelegt wurde die grüne Idee einer bedarfsorientierten Grundsicherung unter anderem in dem 1986 verabschiedeten Umbauprogramm, das detaillierte Überlegungen und Vorschläge für eine ökologische Transformation der Industriegesellschaft umfasste.[178] Die grünen Programme zu den Bundestagswahlen 1987 und 1990 bestätigten diesen Kurs ein weiteres Mal. Gleichzeitig machten sie deutlich, dass im Konzept der Grundsicherung eben beide Leitlinien grüner Sozialpolitik vereint werden sollten. Auf der einen Seite ging es um konkrete Hilfestellung für die Betroffenen und auf der anderen Seite um den langfristig angelegten Entwurf einer alternativen Arbeitsgesellschaft, in welcher der Arbeitsbegriff von der Fixierung auf Lohn- und Erwerbsarbeit losgelöst sein würde.[179]

Wie Dietmar und Winfried Süß in einem jüngst erschienenen Beitrag zur »Zeitgeschichte der Arbeit« festgehalten haben, ging es den Alternativen und, so mag man ergänzen, auch den Grünen »um Arbeit als Lebensform, als Nukleus eines selbst bestimmten Lebens«.[180] Insofern suchten die Grünen auch auf dem Feld der Sozial- und Arbeitspolitik

---

173 Ebd., S. 492.
174 Dok. 88, 10. Juli 1984, Fraktionssondersitzung, Anlage B: o. D., Sitzungsunterlage: Positionspapier von Eberhard Bueb zur Sozialpolitik, in: *Boyer/Heidemeyer*, Die Grünen im Bundestag, Bd. 2, S. 541–545, hier: S. 544.
175 Vgl. etwa Deutscher Bundestag, 10. Wahlperiode, Drucksache 10/3496, 18.6.1985, und 10/4209, 11.11.1985, zur Forderung einer Grundrente.
176 Vgl. die entsprechenden Beiträge in den aus dem Umfeld der Grünen hervorgegangenen Sammelbänden: *Michael Opielka/Martin Schmollinger/Angelika Fohmann-Ritter* (Hrsg.), Die Zukunft des Sozialstaats, Bd. 1: Sozialstaatskrise und Umbaupläne, 3., überarb. u. erw. Aufl., Stuttgart 1984; *Opielka*, Die ökosoziale Frage; *ders./Georg Vobruba* (Hrsg.), Das garantierte Grundeinkommen. Entwicklungen und Perspektiven einer Forderung, Frankfurt am Main 1986, sowie *Opielka/Oster*, Umbau des Sozialstaats. Ausführlich zu den parteiinternen Debatten über die Einführung unterschiedlicher Grundsicherungsmodelle: *Dittmar*, Das Realo-Fundi-Dispositiv, S. 288–303, sowie *Gohr*, Grüne Sozialpolitik, S. 22–30.
177 *Michael Opielka*, Jenseits von Armut und Kapitalismus. Thesen zur Begründung eines »Allgemeinen Grundeinkommens«, Januar 1985, S. 1, AGG, B. II. 1., Nr. 4275.
178 Umbauprogramm 1986, S. 94–97. Vgl. dazu: *Frank Beckenbach*, Umbau der Industriegesellschaft. Ein grünes Konzept und die Voraussetzungen seiner Verwirklichung, in: Blätter für deutsche und internationale Politik 9, 1986, S. 1025–1076.
179 Vgl. etwa Bundestagswahlprogramm 1990, S. 23.
180 *Süß/Süß*, Zeitgeschichte der Arbeit, S. 354.

Impulse aus den außerparlamentarischen Bewegungen und Milieus aufzunehmen und die selbst gewählte Rolle als deren parlamentarisches »Spielbein« zu erfüllen. Ein weiterer Gedanke, der sich aus solch einem alternativen Arbeitsbegriff ableitete, war die immer wieder vorgebrachte Forderung nach Umverteilung von Arbeit. Aus den steigenden Arbeitslosenstatistiken leiteten die Grünen die Einsicht ab, dass Arbeit offenbar nicht unbegrenzt vorhanden war und deshalb gerecht zu verteilen sei. Maßnahmen, die teilweise auch aus dem Gewerkschaftsspektrum gefordert wurden, wie die 35-Stunden-Woche, Überstundenabbau, aber auch Teilzeitarbeit und vermehrte Freistellungsmöglichkeiten, sollten bei vollem Einkommensausgleich für die unteren und mittleren Lohngruppen umgesetzt werden.[181] Neben dem zu erwartenden »positiven Arbeitsplatzeffekt« ging es auch bei der Forderung nach Arbeitszeitverkürzung um »die Schaffung größerer zeitlicher Freiräume, die den Menschen sinnvolle und kreative Tätigkeiten auch außerhalb der Erwerbsarbeit ermöglichen.«[182] Ob Arbeitsplatzverkürzung oder Grundsicherung, beidem lag langfristig die Idee einer »grundlegende[n] Abkehr vom bisherigen Prinzip des Sozialstaats« zugrunde: »Leistungen sollen nicht mehr an Wachstumsraten des kapitalistischen Systems gekoppelt werden, die Verteilung und Höhe der Leistungen soll nicht mehr alle Diskriminierungen, Ungerechtigkeiten und auch Privilegien des Erwerbssystems widerspiegeln und noch verstärken.«[183] Den Anspruch auf Existenzsicherung, so Helmut Wiesenthal, wollten die Grünen von der Erwerbsbiografie abgekoppelt wissen.[184]

Ungeachtet solcher auf Langfristigkeit ausgelegter Konzepte galt es jedoch in den Sozialstaatsdebatten der 1980er Jahre konkret Position zu beziehen. Nicht zuletzt und wenig überraschend spiegelte sich darin, wenn auch nicht entlang klarer Fronten, wieder einmal der die Parteigeschichte der 1980er Jahre dominierende Konflikt zwischen »Fundis« und »Realos« wider. Während die Vertreter des radikaloppositionellen Konzepts für den Ausstieg aus der Industriegesellschaft plädierten, argumentierten die Reformanhänger für deren Umbau. Welche Sprengkraft das darin angelegte Spannungsverhältnis zwischen langfristigen Arbeits- und Sozialstaatsutopien auf der einen und tagespolitischen Herausforderungen auf der anderen Seite zu entfalten drohte, illustriert beispielhaft das bereits angesprochene Interview, das Gabi Potthast im April 1984 dem »Sozialmagazin« gab und an dem sich eine heftige Debatte über die sozialpolitische Grundausrichtung der Grünen entzündete. In ihrem Gespräch mit zwei Redakteuren der Zeitschrift hatte die Bundestagsabgeordnete, die Mitglied im Bundestagsausschuss für Sozialordnung war, mit Aussagen auf sich aufmerksam gemacht, die sowohl bei den Interviewern als auch bei zahlreichen ihrer grünen Parteifreunde auf harsche Kritik stießen. Grundsätzlich sprach sie sich gegen das Prinzip einer reformistischen Politik der »pragmatischen Schritte« aus.[185] Statt konkrete sozialpolitische Forderungen zu formulieren und damit »in der Logik unseres Wirtschaftssystems« zu verharren, gelte es dagegen, den Ausstieg aus der Industriegesellschaft vorzubereiten, was durchaus auch die Rückkehr zu vorindustriellen Zuständen bedeuten könne.[186] Die im Laufe des Gesprächs mehrfach formulierte Skepsis, wenn nicht gar Verweigerung gegenüber kurzfristigen sozialpolitischen Forderungen, etwa dem von den Grünen entwickelten Programm zur Arbeitsplatzbeschaffung, geriet ebenso zum Anstoß der Kritik wie eine von den Interviewern bemängelte Mittelschichtattitüde. Auf

---
181 Vgl. vor allem Umbauprogramm 1986, S. 10f., aber auch Bundesprogramm 1980, S. 8f., sowie Bundestagswahlprogramm 1987, S. 34 und 42–45.
182 Sofortprogramm 1983, S. 10. Vgl. ebenfalls den Gesetzentwurf des Abgeordneten Hoss und der Fraktion DIE GRÜNEN: Entwurf eines Arbeitszeitgesetzes (AZG) vom 25. Oktober 1984, Deutscher Bundestag, 10. Wahlperiode, Drucksache 10/2188, 25.10.1984.
183 Sofortprogramm 1983, S. 27.
184 *Helmut Wiesenthal*, Programme, in: *Raschke*, Die Grünen, S. 113.
185 Interview mit Gabi Potthast, S. 493.
186 Ebd., S. 494.

die Frage, was sie beispielsweise einem arbeitslosen Sozialpädagogen raten würde, antwortete sie:

»Ich hab' da unheimliche Schwierigkeiten, überhaupt Empfehlungen auszusprechen, weil es da so etwas gibt wie den Einstieg in die Lethargie, wo der Wille nicht mehr ausreicht, etwas Produktives zu machen, um Bestätigung zu bekommen. Also ich hab' für mich erstmal keine Probleme, mein Leben sinnvoll zu gestalten, ohne daß ich in irgendeiner abhängigen Erwerbsarbeit stecke.«[187]

Es waren solche Äußerungen, die von Potthasts Parteifreunden als zynisch empfunden wurden und deshalb für zum Teil heftige Reaktionen sorgten. Annemarie Borgmann und Antje Vollmer, zwei von drei Sprecherinnen der grünen Bundestagsfraktion, distanzierten sich klar von den Kernpassagen des Interviews, denn es sei ein »Unding, wenn DIE GRÜNEN [...] für Sozialhilfeempfänger [...] nur den Ratschlag übrig haben, daß sich in einer selbstversorgten Landkommune mit DM 350 gut auskommen ließe.« Stattdessen sprachen sie sich dezidiert für eine Politik der pragmatischen Reformschritte aus, denn »jede Maßnahme, die auch nur ein Stück weit die Menschen vor Ausbeutung und sozialer Verelendung schützt, ihre materielle und damit psychische Lage wenigstens annähernd verbessert«, müsse versucht werden.[188] Ins gleiche Horn stießen die Autorinnen eines Offenen Briefs der Bundesfrauen-AG, wenn sie notierten: »Auch und gerade wer keine reformistischen Politikkonzepte vertritt, kann nicht – um einer abstrakten Utopie willen – zynisch über konkrete Probleme von Menschen hier und jetzt hinweggehen.«[189] Dennoch gab es auch andere Reaktionen. Eberhard Bueb, Willi Hoss, Michael Opielka und Karin Zeitler, allesamt ausgewiesene Sozialexperten der Partei, beanstandeten das Interview zwar ebenfalls und unterstrichen, dass sie Sozialabbau grundsätzlich ablehnten. Dennoch stimmten sie Potthast in einigen Punkten implizit zu, wenn sie etwa kritisierten, dass der Sozialstaat »in den zerstörerischen Schienen des Industriesystems« laufe: »Wo der Sozialstaat zu helfen verspricht, ist er zumindest kontraproduktiv. Weil er nach den Prinzipien des Industriesystems organisiert ist: professionell, arbeitsteilig, formalrechtlich, zerstückelnd.«[190]

Das sozialpolitische Dilemma der Partei, das anhand der Auseinandersetzungen um das Interview von Gabi Potthast exemplarisch deutlich wurde, beantworteten die Grünen mit einem für ihre Frühphase in mancherlei Hinsicht charakteristischen »Sowohl als auch«, was ebenfalls den geschilderten Flügelkämpfen geschuldet war. In diesem Sinne suchten die Grünen neben der langfristig angestrebten Utopie einer alternativen (Arbeits-)Gesellschaft dennoch konkrete sozialpolitische Vorstellungen in aktuellen Debatten zu formulieren. Bereits in dem angesprochenen Sofortprogramm »Gegen Arbeitslosigkeit und Sozialabbau«, das sie 1983 verabschiedeten, wurde diese zweigleisige Strategie festgeschrieben.[191] Zu diesen kurz- und mittelfristigen Zielsetzungen gehörte zunächst die pauschale Ablehnung jedweden Sozialabbaus, wie er vor allem von der neu gewählten christlich-liberalen Bonner Koalition befürchtet wurde. Neben konkreten Forderungen wie der nach Arbeitszeitverkürzungen oder dem Plädoyer für eine Grundsicherung entdeckten die

---

187 Ebd., S. 491f.
188 Dok. 77, 2. Mai 1984, Sitzung des erweiterten Fraktionsvorstands, Anlage C: o. D., Annemarie Borgmann, Antje Vollmer: Stellungnahme zum Interview mit Gabi Potthast, in: *Boyer/Heidemeyer*, Die Grünen im Bundestag, Bd. 2, S. 497–499, hier: S. 497.
189 Dok. 77, 2. Mai 1984, Sitzung des erweiterten Fraktionsvorstands, Anlage D: 6. Mai 1984, Offener Brief der Bundesfrauen-AG an Gabriele Potthast/MdB, in: *Boyer/Heidemeyer*, Die Grünen im Bundestag, Bd. 2, S. 499–500, hier: S. 500.
190 Dok. 77, 2. Mai 1984, Sitzung des erweiterten Fraktionsvorstands, Anlage B: o. D., Anmerkungen zum Interview von Gaby Potthast im »Sozialmagazin« von Eberhard Bueb, Willi Hoss, Michael Opielka, Karin Zeitler, in: *Boyer/Heidemeyer*, Die Grünen im Bundestag, Bd. 2, S. 495–496, hier: S. 496.
191 Sofortprogramm 1983, S. 10.

Grünen darüber hinaus vor allem jene gesellschaftlichen Gruppen für sich, die über keine sozialpolitische Lobby verfügten. Hier traf sich der sozialpolitische mit dem bereits geschilderten bürgerrechtlichen Marginalisierungsdiskurs. Dieser entspann sich vor dem Hintergrund laufender Debatten um »Neue Armut« und die »neue soziale Frage«. Letztere hatte der damalige rheinland-pfälzische Sozialminister sowie spätere CDU-Generalsekretär und Bundesfamilienminister, Heiner Geißler, Mitte der 1970er Jahre auf die politische Agenda gebracht. In Abgrenzung zu den stark tarifparteilich geprägten Sozialstaatsvorstellungen von SPD und Gewerkschaften kritisierte er überholt erscheinende, bloß »lohnarbeitszentrierte Konzeptionen der sozialen Sicherung« und zielte stattdessen auf die Unterprivilegierung von gesellschaftlichen Gruppen, die keine sozialen Sicherungsansprüche über ein geregeltes Arbeitsverhältnis hatten.[192] In eben diese sozialstaatliche Leerstelle suchten auch die Grünen vorzustoßen, wenn sie sich insbesondere jener Gruppen annahmen, die von den Sicherungssystemen des klassischen Sozialstaats nicht erfasst wurden und so buchstäblich durch das soziale Netz fielen. Bereits in ihrem Bundesprogramm von 1980 vermerkten sie, »daß trotz steigender Einkommen eine reale Verarmung stattfindet, deren Opfer neben den Einkommensschwachen vor allem Kinder, Jugendliche, Alte und Behinderte sind.«[193] Später griffen sie den in der zeitgenössischen Debatte prominent vertretenen Begriff der »Zwei-Drittel-Gesellschaft« auf, wonach ein Drittel der Gesellschaft in sozialen Belangen von den gut situierten zwei Dritteln zunehmend abgehängt werde.[194] Der Partei gelang es damit, ein bis dato wenig beachtetes sozialpolitisches Thema zu besetzen, für das sie mittels zahlreicher parlamentarischer Initiativen[195], Diskussionsforen und Hearings[196] Aufmerksamkeit sicherte. Darüber hinaus bettete sie es in ihre übergeordneten Sozialstaatskonzeptionen ein, zu denen auch das bereits angesprochene Prinzip der Grundsicherung gehörte. Das unterstrich etwa das »Sofortprogramm zur Eindämmung der Armut«, welches die grüne Bundestagsfraktion im November 1984 in die Beratungen des Haushaltsausschusses einbrachte.[197] Während die Interessen von Armen von den etablierten Parteien und Verbänden vernachlässigt wurden, trugen die Grünen

---

192 *Geyer*, Die Gegenwart der Vergangenheit, S. 86–88, sowie *Süß*, Der bedrängte Wohlfahrtsstaat, Zitat: S. 116. Zur »Neuen Armut«: ders., Armut im Wohlfahrtsstaat, in: *Hockerts/ders.*, Soziale Ungleichheit, S. 19–41, sowie *Wirsching*, Abschied vom Provisorium, S. 330–334. Zur Begriffspolitik der CDU in den 1970er Jahren, zu der nicht nur Heiner Geißlers »Erfindung« der »neuen sozialen Frage« gehörte, vgl. *Martin H. Geyer*, War over Words. The Search for a Public Language in West Germany, in: *Willibald Steinmetz* (Hrsg.), Political Languages in the Age of Extremes, Oxford/New York 2011, S. 293–330, insb. S. 297–309.
193 Bundesprogramm 1980, S. 5.
194 Vgl. Umbauprogramm 1986, S. 7, sowie Bundestagswahlprogramm 1990, S. 23. Wahlweise sprachen sie auch von der »Vier-Viertel-Gesellschaft«: Bundestagswahlprogramm 1987, S. 33. Vgl. auch *Markovits/Gorski*, Grün schlägt Rot, S. 234, sowie *Gohr*, Grüne Sozialpolitik, S. 7. Kritisch zum Begriff der »Zwei-Drittel-Gesellschaft«: *Wirsching*, Abschied vom Provisorium, S. 333f.
195 Vgl. vor allem Deutscher Bundestag, 10. Wahlperiode, Drucksachen 10/4503 und 10/4504, 9.12.1985, sowie Drucksache 10/5524, 20.5.1986.
196 Vgl. Die Grünen im Bundestag, Freiheit von Armut. Hearing zum grünen Vorschlag einer bedarfsorientierten Grundsicherung in allen Lebenslagen. Montag, 9. Juni 1986: Einladung und Programm, AGG, B. II. 1., Nr. 4275, sowie: Die Grünen und die Vorbereitungsgruppe für das Forum »Flexibel in die Armut?« (Hrsg.), Flexibel in die Armut! Forum am 6.12. – 7.12.86 Duisburg, AGG, Bibliothek, gend 030–45 a.
197 Die Grünen im Bundestag, Betr.: Sofortprogramm zur Eindämmung der Armut, sowie PM Nr. 591/84 vom 7. November 1984, Grüne: Sofortprogramm zur Eindämmung der Armut. Außerdem: »Sofortprogramm zur Eindämmung der Armut«. Gemeinsame Erklärung der GRÜNEN Nordrhein-Westfalen, Saarland, der Alternativen Liste Berlin und der GRÜNEN IM BUNDESTAG zu einer grünen Schlüsselforderung in den aktuellen Landtagswahlkämpfen, 7.3.1985 (alle: AGG, B. II.1., Nr. 4399).

also ein Gutteil dazu bei, dass das Thema »Neue Armut« kontinuierlich auf die politische Agenda gelangte, währenddessen sich, wie Winfried Süß bemerkt, »die Arbeitnehmer-Sozialstaatspartei SPD der Armutsthematik nur zögernd öffnete«.[198] Grüne Sozialstaatskritik bildete in den 1980er Jahren deshalb immer auch, wie es Antonia Gohr formuliert hat, »eine Herausforderung für sozialdemokratische Sozialpolitikkonzepte«.[199]

Tatsächlich unterstreicht gerade die Arbeits- und Sozialpolitik, wie angespannt mitunter das Verhältnis der Grünen zu Sozialdemokraten und auch Gewerkschaftern war. Dabei war die Skepsis eine beiderseitige, hatten doch die Gewerkschaften seit den 1970er Jahren den Vorstellungen der Umweltbewegung stets eine klare Absage erteilt, was sowohl deren Kritik an Wachstum und Industriegesellschaft als auch eine klare lebensweltliche Distanz betraf.[200] Vor allem letztere sorgte auch innerhalb der Grünen immer wieder für Konflikte, wenn sich Parteifunktionäre oder Bundestagsabgeordnete ohne akademischen Hintergrund in der Arbeit von Partei und Fraktion nicht mehr wiederfanden. Der bekannte Gründungsgrüne und Gewerkschaftsdissident Willi Hoss etwa beklagte sich während der Vorbereitung auf die Nachrüstungsdebatte im Bundestag, »daß die mehrheitlich intellektuell strukturierte Fraktion den Bereich der einfachen Leute, der Frauen, Gewerkschaftskollegen, Mütter und Kinder [...] unterschätzt.«[201] In dieselbe Richtung argumentierte auch der Ulmer Abgeordnete Udo Tischer, der in seinem Austrittsschreiben an die Bundestagsfraktion unter anderem auf seine ganz »anders geartete soziale Herkunft« als konservativer Kaufmann vom Lande verwies, während »fast die gesamte Fraktion aus dem Universitäten- oder Akademikerbereich kommt«.[202] Darüber hinaus kritisierte er die »Eiszeitentwicklungen zwischen GRÜNEN und den Gewerkschaften und der Arbeitnehmerschaft«.[203] Bitter sei »die beißende Arroganz, wie grüne Mandatsträger von oben herab programmatisch wie auch auf der persönlichen Kontaktebene mit den Gewerkschaftsführungen umherspringen«.[204]

In ihren Programmen vermieden es die Grünen zwar tunlichst, sich allzu deutlich von den Gewerkschaften zu distanzieren und beschworen stattdessen immer wieder und geradezu formelhaft das notwendige Bündnis zwischen Ökologie- und Arbeiter- sowie Gewerkschaftsbewegung.[205] Dennoch widersprach klassische Gewerkschaftspolitik den grundsätzlichen Vorstellungen grüner Sozialpolitik: Die Partei zielte auf jene Gruppen, die weder von den Gewerkschaften noch von den hergebrachten sozialen Sicherungssystemen erfasst wurden, wie etwa die Diskussionen um die »Neue Armut« illustriert haben. Im Zweifelsfall, kritisierten die Grünen, stehe »die ›Solidarität‹ von SPD und Gewerkschaften [...] vor den Interessen der Erwerbslosen.«[206] Des Weiteren stand der von den Grünen vertretene Arbeitsbegriff, welcher auf eine Entkopplung von der Lohn- und Erwerbsarbeit zielte, demjenigen der Gewerkschaften und auch der Sozialdemokraten diametral entgegen. Für diese »galten die Grünen daher lange als Vertreter eines ›arbeit-

---

198 *Süß*, Armut im Wohlfahrtsstaat, S. 36.
199 *Gohr*, Grüne Sozialpolitik, S. 6.
200 *Faulenbach*, Das sozialdemokratische Jahrzehnt, S. 598–600. Zum Verhältnis von Grünen und Gewerkschaften vgl. auch: *Markovits/Gorski*, Grün schlägt Rot, S. 248–250, sowie *Raschke*, Die Grünen, S. 697–703.
201 Dok. 55, 21. November 1983, Außerordentliche Fraktionssitzung, Anlage A: 22. November 1983, Protokollanhang: Schreiben von Willi Hoss, in: *Boyer/Heidemeyer*, Die Grünen im Bundestag, Bd. 1, S. 356–357, hier: S. 356.
202 Dok. 214, 20. Oktober 1986, Fraktionsvorstandssitzung, Anlage A: 17. Oktober 1986, Sitzungsunterlage: Schreiben von Udo Tischer an die Fraktion DIE GRÜNEN, in: ebd., Bd. 2, S. 984–990, hier: S. 985. Vgl. dazu auch: *Wirsching*, Abschied vom Provisorium, S. 121.
203 Schreiben von Udo Tischer, S. 984.
204 Ebd., S. 989.
205 Vgl. zum Beispiel Bundesprogramm 1980, S. 5, sowie Umbauprogramm 1986, S. 8.
206 Ebd., S. 58.

nehmerfeindlichen Ausstiegs aus der Industriegesellschaft«".[207] Langfristig jedoch entspannte sich das Verhältnis, was einerseits mit einer zunehmenden Öffnung der Sozialdemokratie zusammenhing, in deren sozialpolitische Debatten manch grüne Ideen und Denkanstöße Eingang fanden, und was andererseits mit der Entscheidung in der »Fundi-Realo«-Kontroverse zusammenhing: Nach deren Abflauen setzten sich vornehmlich die reformorientierten Positionen durch, die sich von den radikalen sozialstaatlichen Infragestellungen und Konzepten der Anfangsphase zunehmend entfernten.[208] Der Prozess der machtpolitischen Annäherung zwischen Grünen und Sozialdemokraten nahm zwar seinen Anfang mit ersten rot-grünen Koalitionen in den 1980er Jahren, wie jener in Hessen oder auch in Westberlin. Richtig an Fahrt gewann er jedoch erst in den 1990er Jahren, an deren Ende eine erste von Sozialdemokraten und Grünen gebildete Bundesregierung ihre Amtsgeschäfte in Berlin aufnahm.

VII. Fazit

Die 1980 gegründete Partei der Grünen ist hervorgegangen aus einer Vielzahl außerparlamentarischer Bewegungen, die das Bild der 1970er und frühen 1980er Jahre bestimmten. Indem sie sich als deren »parlamentarischer Arm« betrachtete, nahm sie zahlreiche der neuen thematischen und stilistischen Akzente auf, die in den Auseinandersetzungen um Umwelt, Frieden und Atomkraftwerke gesetzt worden waren. Gleichzeitig spiegelte die Gründung der Grünen eine Reihe von Unsicherheiten gegenüber Ordnungsmustern, Kategorien und Strukturmerkmalen wider, welche die sich wandelnde bundesdeutsche Gesellschaft »nach dem Boom« bis dato charakterisiert hatten. Die neu auf die politische Agenda getretene Umweltthematik und die mit ihr verknüpften Fragen der Lebensqualität entzogen sich hergebrachten Zuschreibungen und Einordnungen wie dem traditionellen Rechts-Links-Schema. Damit gerieten ebenfalls Schlüsselkategorien der modernen Industriegesellschaft in die Diskussion: Nicht nur die Grünen, aber diese besonders prominent, debattierten darüber, inwiefern Wachstum und Fortschritt weiterhin machbar und erstrebenswert seien und wie diese Begriffe angesichts der neu aufscheinenden ökologischen Parameter künftig inhaltlich zu füllen seien. Mit dem Bonner Repräsentativsystem stellten die Grünen schließlich etablierte parlamentarische Aushandlungsmuster infrage und setzten diesen die Idee basisdemokratischer Verfahren entgegen, welche die in Teilen der bundesdeutschen Gesellschaft seit den 1960er Jahren vermehrt anzutreffende Skepsis gegenüber einem als zentralistisch empfundenen Staats- und Verwaltungshandeln aufgriff.

Mit ihrem Versuch, diese und weitere Impulse des politischen Wandels in die Parlamente zu tragen, haben die Grünen teilweise beachtliche Erfolge verzeichnen können, sich aber auch immer wieder selbst revidieren und verändern müssen. Die teils erheblichen Strömungsgegensätze führten gerade in den 1980er Jahren zu heftigen innerparteilichen Auseinandersetzungen, hinter denen die thematischen Leitlinien und inhaltlichen Initiativen der Partei in der öffentlichen Wahrnehmung teilweise zu verschwinden drohten. Ungeachtet dessen unterstreicht die grüne Parteiarbeit in ihrem ersten Jahrzehnt jedoch die Fähigkeit der Partei, sensibel auf das Auftreten neuer Themen und Problemlagen zu reagieren, diese aufzugreifen und mal mehr, mal weniger erfolgreiche und umsetzbare Antwortversuche auf neue Herausforderungen des politischen und gesellschaftlichen Wandels in der Bundesrepublik zu formulieren. Das betraf zum einen die klassischen, aus den Debatten der 1970er Jahre herrührenden Themen aus der grünen Formierungsphase: Umwelt und Frieden, Frauen und Demokratie. Zum anderen weitete sich dieser traditio-

---

207 *Gohr*, Grüne Sozialpolitik, S. 32.
208 Ebd., S. 32f.

nelle Einsatz der Grünen für die Rechte und Anliegen von Minderheiten und Marginalisierten auch auf weitere Politikfelder, wie die Integrationspolitik, aus. Die Einsicht, dass die Bundesrepublik bereits am Beginn der 1980er Jahre de facto ein Einwanderungsland war, formulierten die Grünen früher als alle anderen Parteien. Mit ihrer Vision einer »multikulturellen Gesellschaft« lieferten sie ein integrationspolitisches Stichwort, über dessen konkrete inhaltliche Ausgestaltung sie sich zunächst uneinig waren. Im politischen Klima der 1980er und frühen 1990er Jahre, das sich gerade in Fragen der Ausländer- und Migrationspolitik äußerst ideologisiert und emotionalisiert darstellte, wirkte das nicht nur von den Grünen verfochtene Schlagwort zwar zunächst polarisierend, trug aber dauerhaft dazu bei, dass gesellschaftliche Gruppen in den Fokus rückten, die bis dato kaum eine (partei-)politische Lobby besessen hatten. Dasselbe gilt für eine Reihe von Ideen und Impulsen auf dem Feld der Arbeits- und Sozialpolitik, das in den 1980er Jahren zunehmend an Relevanz für die Partei gewann. Angesichts des Strukturwandels der Arbeitsgesellschaft und der damit verbundenen Herausforderungen, die sich an das hergebrachte Modell bundesdeutscher Sozialstaatlichkeit stellten, suchten die Grünen Antworten zu formulieren, die über den fordistischen Arbeitsbegriff und das damit verbundene Sozialstaatsmodell hinausgingen. Ein von ihnen ins Spiel gebrachter alternativer und ganzheitlicher Arbeitsbegriff hinterfragte sowohl das Modell industriegesellschaftlicher Arbeitsteilung als auch ein auf Lohn- und Erwerbsarbeit zentriertes Verständnis, welches die Grundlage für die sozialen Sicherungssysteme in der Bundesrepublik bildete. Neben solchen auf Langfristigkeit angelegten Politikentwürfen standen von Beginn an konkrete sozialpolitische Vorstellungen und Forderungen, die im Laufe der Parteigeschichte immer größere Bedeutung gewannen. Die Sozialwissenschaftlerin Antonia Gohr bescheinigt grüner Sozialpolitik in den 1980er Jahren vor diesem Hintergrund beträchtliche Innovationskraft. Die Grünen hätten »Bewegung in die erstarrte sozialpolitische Landschaft eines seit 30 Jahren eingefahrenen Allparteiensozialstaats« gebracht.[209]

In der links und progressiv geprägten, zunehmend reformorientierten Agenda der Grünen in den 1980er Jahren spiegelte sich auch die im Vergleich zur Formierungsphase veränderte Zusammensetzung der Partei wider. Von dem breiten Gründungsbündnis unter dem Motto »nicht rechts, nicht links, sondern vorn« waren nach dem Auszug der konservativen Grünen gleich am Beginn des Jahrzehnts und den weiteren Abspaltungen im Zuge der »Fundi-Realo«-Kontroverse vor allem die reformorientierten unter den undogmatischen Linken übrig geblieben. Damit war auch die in den 1980er Jahren noch offengehaltene Frage nach Ausstieg oder Umbau der Industriegesellschaft zugunsten eines pragmatischen Ansatzes entschieden. Ihren Weg in die Berliner Republik und die Regierungsfähigkeit auf Bundesebene beschritten die Grünen dementsprechend als »ökologische Reformpartei«.

Was bedeuten diese Beobachtungen für die Frage nach dem Zusammenhang zwischen der Formierung und Weiterentwicklung der Grünen und einem für die Bundesrepublik der 1980er Jahre feststellbaren »Wandel des Politischen«? Mit Blick auf andere Umweltproteste in diesem Jahrzehnt hat Jens Ivo Engels das Begriffspaar »Inkorporierung und Normalisierung« vorgeschlagen, das auch für die Geschichte der Grünen einige Erklärungskraft entfaltet.[210] Im Laufe der 1980er Jahre und dann vor allem in den 1990er Jahren schwenkten die Grünen auf den »Normalpfad« parlamentarischer Demokratie ein, wie sie sich in der Bundesrepublik nach 1945 herausgebildet hatte. Gleichzeitig setzte sich innerhalb der Partei die Perspektive der Reform gegenüber der der Fundamentalopposition durch, was Gesprächsangebote an die bundesdeutsche Mehrheitsgesellschaft

---

209 Ebd., S. 6.
210 *Jens Ivo Engels*, »Inkorporierung« und »Normalisierung« einer Protestbewegung am Beispiel der westdeutschen Umweltproteste in den 1980er Jahren, in: Mitteilungsblatt des Instituts für soziale Bewegungen 2008, Nr. 40, S. 81–100.

und Koalitionsoptionen gegenüber anderen Parteien des politischen Systems beinhaltete. Nicht zuletzt davon gingen von grüner Bewegung und Partei Impulse auf Politik und Gesellschaft der Bundesrepublik aus. So stehen die Grünen nicht zuletzt für ein erfolgreiches Agenda-Setting und die Veränderung von dominanten Werten und Überzeugungen innerhalb der bundesdeutschen Mehrheitsgesellschaft. Umwelt- und Frauenpolitik sind hier nur die markantesten Beispiele, die in den 1970er Jahren zunächst als Außenseiterpositionen formuliert worden waren und inzwischen zu festen Bestandteilen der politischen Tagesordnung weit über die Grünen hinaus geworden sind. Ein weiteres, in den 1980er Jahren hinzugekommenes Thema ist das der Integrationspolitik, dessen sich die Grünen sehr früh annahmen. Vielleicht ebenso wichtig scheint eine Frage, die Helge Heidemeyer mit Blick auf die Arbeit der ersten grünen Bundestagsfraktion aufgeworfen hat.[211] Inwiefern haben sich nicht nur die Grünen schrittweise dem Stil der etablierten Parteien angepasst, sondern inwiefern hat das grüne Politikverständnis wiederum auch die Politikmuster der etablierten politischen Akteure verändert? Vieles spricht dafür, dass dieser Prozess der Annäherung zwischen grün-alternativer und etablierter Parteipolitik auch über die Arbeit der Bundestagsfraktion hinaus keine grüne Einbahnstraße war.

Solcherlei Fragen nach dem Einfluss grüner Themen und Handlungsformen lassen sich jedoch nur schwierig endgültig beantworten, zumal sie weit über die 1980er Jahre hinausweisen und viele der von den Grünen mit angestoßenen Debatten bei Weitem noch nicht als abgeschlossen gelten können. Dazu gehört beispielsweise weiterhin die Frage nach der Vereinbarkeit von Ökologie und Ökonomie ebenso wie die nach der konkreten Ausgestaltung der Bundesrepublik als Integrationsgesellschaft sowie den Wandlungsmöglichkeiten bundesdeutscher Sozialstaatlichkeit. Festzuhalten bleibt, dass die 1980er Jahre am Beispiel der Grünen als Bestandteil einer länger gefassten Epoche des politischen Wandels aufscheinen, der bereits in den späten 1960er Jahren begann und aus heutiger Perspektive als noch nicht beendet aufzufassen ist.

---

211 *Heidemeyer*, Einleitung, S. XXXV.

Frank Ueköttet / Claas Kirchhelle

Wie Seveso nach Deutschland kam

Umweltskandale und ökologische Debatte von 1976 bis 1986

Wenige Themen haben in der Bundesrepublik in den 1980er Jahren einen derartigen Boom erfahren wie Umweltprobleme. Die Schaffung von Umweltministerien auf Landes- und Bundesebene sowie die Entstehung der Partei »Die Grünen« als einzige erfolgreiche Parteienneugründung der ›alten‹ Bundesrepublik sind nur zwei Symptome für einen Umbruch, der weit über die Sphäre des Politischen hinausreichte: Die Ökologie prägte Verhaltensweisen, Denk- und Konsummuster von Müsli und Vollkornbrot bis zum gräulichen »Umweltschutzpapier«. War Umweltpolitik in den 1970er Jahren noch ein klar umgrenzter Politikbereich gewesen, in dem es vor allem um Verschmutzungsprobleme ging, galt die Ökologie seit den 1980er Jahren als Querschnittsthema par excellence, sodass Umweltaspekte bei politischen und lebensweltlichen Themen aller Art tendenziell mitgedacht wurden. Das zeigte sich nicht zuletzt im Zuge der Wiedervereinigung 1989/90, als die Kritik an der Mangelwirtschaft der DDR in einem Ausmaß ökologisch konturiert war, die ein Jahrzehnt zuvor noch kaum denkbar gewesen wäre.

Dieser Bedeutungsgewinn ist leichter zu konstatieren, als zu erklären. Umweltprobleme waren um 1980 sowohl als Sachthemen wie auch als politische Spielfelder durchaus bekannt; beispielhaft erwähnt sei Hans-Dietrich Genscher, der sich als Innenminister im ersten sozial-liberalen Bundeskabinett mit ambitionierten umweltpolitischen Initiativen profilierte und zeitweise die ökologische Sache zu einer Domäne der FDP zu machen suchte.[1] 1971 wurde in Frankreich Robert Poujade zum ersten Umweltminister eines europäischen Staats ernannt.[2] Im folgenden Jahr veröffentlichte der »Club of Rome« seine berühmte Studie »Die Grenzen des Wachstums« und die Vereinten Nationen luden zu einem Umweltgipfel nach Stockholm, der bis zum Erdgipfel von Rio de Janeiro 1992 die größte Veranstaltung seiner Art blieb. Die Ökologie wurde in den 1980er Jahren nicht entdeckt, aber durchaus neu erfunden.

Der Aufschwung des Ökologischen war zunächst eine bundesdeutsche Besonderheit. Erst in den späten 1980er Jahren entstand ein kurzer transnationaler Boom des Grünen, der im Erdgipfel von Rio seinen Kulminationspunkt fand.[3] Kein anderes westeuropäisches Land zeigte um 1980 sonderliches Interesse an Umweltfragen und in den USA begann die Präsidentschaft Ronald Reagans sogar mit dem Versuch eines umweltpolitischen Rollback. In den meisten westlichen Ländern bestimmte die Wirtschaftskrise im Gefolge des zweiten Ölpreisschocks 1979/80 die politische Agenda und provozierte heftige Reaktionen. Mit den Amtsantritten von François Mitterrand in Frankreich, Margaret Thatcher in Großbritannien und Reagan in den USA verbanden sich Ansprüche grundlegender politischer Revirements; auch in Helmut Kohls »geistig-moralischer Wende« war noch ein gewisses Echo entsprechender Ambitionen zu verspüren. Die frühen 1980er Jahre weisen jedoch nicht nur eine bemerkenswerte Fähigkeit auf, das Feld des Politischen neu zu kar-

---

1 *Kai F. Hünemörder*, Die Frühgeschichte der globalen Umweltkrise und die Formierung der deutschen Umweltpolitik (1950–1973), Stuttgart 2004.
2 *Roger Cans*, Petite Histoire du Mouvement Écolo en France, Paris 2006, S. 125.
3 *Frank Uekötter*, The End of the Cold War. A Turning Point in Environmental History?, in: *John R. McNeill/Corinna Unger* (Hrsg.), Environmental Histories of the Cold War, New York/Cambridge 2010, S. 343–351.

tieren.⁴ Ähnlich wie der Neoliberalismus seither aus der angelsächsischen politischen Landschaft nicht mehr wegzudenken ist, so wurde die Umwelt in Deutschland in den 1980er Jahren zu einem festen Teil des politischen Diskurses, ja geradezu zu einem Eckpfeiler bundesdeutscher Identität.

Dieser Aufsatz spürt dem Bedeutungswandel ökologischer Themen nach, indem er die mediale Berichterstattung über potenziell skandalträchtige Ereignisse in drei bundesdeutschen Leitmedien (»Der SPIEGEL«, »Die ZEIT«, Frankfurter Allgemeine Zeitung) im Zeitraum von 1976 bis 1986 analysiert. Damit verbindet sich a priori keine Unterstellung einer kausalen Beziehung. Anders als in den USA, wo dem Durchbruch des Themas um 1970 die Ölkatastrophe von Santa Barbara vorausging, gab es in der Bundesrepublik zunächst keinen großen Unfall, aus dem sich mediale Aufmerksamkeit quasi zwangsläufig ergeben hätte. Es sei betont, dass die von den innerdeutschen Folgen her wohl gravierendste Katastrophe, der Reaktorunfall von Tschernobyl, am Ende des hier diskutierten Zeitraums geschah, als ökologische Themen bereits weitgehend etabliert waren. Es geht hier zunächst um Skandale als Indikatoren eines Umbruchs in der öffentlichen Meinung. Inwiefern Skandale darüber hinaus Umweltbewusstsein und Umweltbewegungen in der Bundesrepublik geprägt haben, wird in der Schlussbemerkung diskutiert.

I. EINE KLEINSTADT IN ITALIEN

Die Verseuchung des italienischen Orts Seveso mit Dioxin ging wie kaum eine andere Umweltkatastrophe in das kollektive Gedächtnis der Bundesrepublik ein. Dabei war diese Wirkung im Sommer 1976 in keiner Weise abzusehen. Zum einen handelte es sich bei dem Unglück von Seveso keineswegs um den ersten schweren Unfall in der chemischen Industrie: Bei Explosionen auf dem Werksgelände der BASF in Ludwigshafen waren 1921 561 und 1948 207 Menschen ums Leben gekommen.⁵ Im Jahr 1953 wurden zudem 42 Personen dem Giftstoff 2,3,7,8-Tetrachlordibenzodioxin (TCDD) ausgesetzt.⁶ Zum anderen ereignete sich das Unglück außerhalb der deutschen Grenzen. Italien nahm zwar einen prominenten Platz auf der mentalen Landkarte der Deutschen ein, aber die wenig pittoreske Peripherie der Industriestadt Mailand hatte in diesem Zusammenhang nie eine besondere Rolle gespielt. Von der Sache her hätte man das Ereignis auf eine Stufe mit jener Luftverschmutzungskatastrophe stellen können, die 1950 im mexikanischen Poza Rica 22 Todesopfer forderte und selbst in Fachkreisen weithin vergessen ist: als Unfall in einer peripheren Region, in der gottlob andere Regeln gelten als daheim.⁷

Auch vom politischen Kontext her waren die Bedingungen eigentlich nicht sehr günstig. Seit dem ersten Höhepunkt der Umweltdebatte in den frühen 1970er Jahren flaute das Interesse an Umweltthemen sowohl in Deutschland als auch im internationalen Rahmen deutlich ab. Gewiss waren die Zeiten vorbei, in der sich solche Vorkommnisse so brüsk ignorieren ließen wie die Katastrophe im belgischen Maastal 1930, zu der ein deutscher Forscher wenige Jahre später lapidar erklärte, solche Ereignisse besäßen »keine allgemei-

---

4 Vgl. *Martin H. Geyer*, Auf der Suche nach der Gegenwart. Neue Arbeiten zur Geschichte der 1970er und 1980er Jahre, in: AfS 50, 2010, S. 643–669, hier: S. 647.
5 *Jeffrey Allan Johnson*, Die Macht der Synthese (1900–1925), in: *Werner Abelshauser* (Hrsg.), Die BASF. Eine Unternehmensgeschichte, München 2002, S. 117–219, hier: S. 209f.; *Raymond G. Stokes*, Von der I. G. Farbenindustrie AG bis zur Neugründung der BASF (1925–1952), in: ebd., S. 221–358, hier: S. 348.
6 *Matthias Hofmann*, Lernen aus Katastrophen. Nach den Unfällen von Harrisburg, Seveso und Sandoz, Berlin 2008, S. 204.
7 *Ranjeet S. Sokhi/Mario Molina* (Hrsg.), World Atlas of Atmospheric Pollution, London/New York 2011, S. 14.

ne Bedeutung«.[8] Es ist jedoch festzuhalten, dass weder Bundeskanzler Helmut Schmidt noch Oppositionsführer Helmut Kohl das italienische Unglück im laufenden Bundestagswahlkampf politisch gebrauchen konnten. Die Katastrophe von Seveso liefert damit aufschlussreiche Einblicke, wie ein per se multivalentes Ereignis zu einer Interpretationsvorlage wurde, die im Verlauf der 1970er und 1980er Jahre immer wieder neu verwendet wurde.

Der eigentliche Unfall ereignete sich am 10. Juli 1976 gegen 12:30 Uhr in der Produktionsanlage der Industrie Chimiche Meda Società (ICMESA), einer Tochter des Hoffmann-La Roche-Konzerns. In der Unglücksanlage stellte die ICMESA den Stoff Trichlorphenol her, der eine Grundkomponente vieler chemischer Produkte wie Desinfektionsmittel und Herbizide ist – darunter auch das von den US-Amerikanern im Vietnamkrieg eingesetzte Agent Orange. Bei der Herstellung Trichlorphenols kann das hochgiftige TCDD als Nebenprodukt anfallen. Die Produktion der ICMESA erfolgte über ein Niedrigdruckverfahren, bei dem es zu Explosionen durch unkontrollierte exotherme Reaktionen kommen konnte. In der Bundesrepublik war dieses Verfahren deshalb verboten.[9] Bei der Abkühlung der Produktionsanlage am Ende der Arbeitswoche kam es zu einer Explosion, die das Überdrucksicherungssystem der Anlage zerstörte, eine dioxinhaltige Giftwolke freisetzte und ungefähr 1.800 Hektar Land verseuchte.[10]

Die Wolke war aber nur der Anfang der Katastrophe. Zwar informierte die ICMESA mehrere Stunden nach dem Unfall die Behörden, das volle Ausmaß wurde aber erst später erkannt und zunächst nicht öffentlich kommuniziert. So war zunächst unklar, was genau die Wolke enthielt und welche Schutzmaßnahmen zu ergreifen waren. Die Giftwolke zog über die benachbarten Orte Seveso und Meda und führte zu einem Absterben der lokalen Vegetation und einem Massensterben von Kleintieren. Bei mehreren Personen – darunter 14 Kindern – zeigten sich schwere Hautschäden durch sogenannte Chlorakne. Erst sechs Tage nach dem Unfall beschloss der Betriebsrat der ICMESA unter Streikdrohungen die Einstellung der Produktion, nachdem Arbeiter zuvor vom Führungspersonal zur Verbrennung ihrer Kleidung aufgefordert worden waren. Neun Tage nach dem Unfall bestätigte Hoffmann-La Roche schließlich, dass es sich bei dem freigesetzten Stoff um Dioxin handelte.[11] Bis zum April 1977 wurden 187 Fälle von Chlorakne diagnostiziert – 164 der Opfer waren Kinder.[12]

Die italienischen Behörden reagierten auf den Unfall in einer oft chaotisch wirkenden Weise, die viel Material für kritische Medienberichte bot. Nach einer ersten Evakuierungsorder erweiterten sie die Sperrgebiete mehrfach. Wütende und verunsicherte Anwohner wurden in der Gegend um Seveso und Meda aus ihren Häusern zwangsevakuiert und Schwangerschaftsabtreibungen für betroffene Frauen legalisiert. Die Evakuierten wehrten sich mit Blockaden und Einbrüchen in die Evakuierungszone gegen die scheinbare Willkür der staatlichen Maßnahmen und gegen den Imageschaden ihrer Heimat. Auch Mord- und Bombenanschläge wurden auf Vertreter der ICMESA, Mitarbeiter von Hoffmann-La Roche und verantwortliche Beamte verübt. Die Dekontaminierung des betroffenen

---

8 *Wilhelm Liesegang*, Die Reinhaltung der Luft, in: Ergebnisse der angewandten physikalischen Chemie, Bd. 3, Leipzig 1935, S. 1–109, hier: S. 9.
9 Vgl. *Hofmann*, Lernen aus Katastrophen, S. 201f.
10 *Gaetano M. Fara*, The ICMESA Accident. First Intervention for the Protection of Man and Environment, in: *Antonio Ballarin-Denti/Pietro Alberto Bertazzi/Sergio Facchetti* u. a. (Hrsg.), Chemistry, Man and Environment. The Seveso Accident 20 Years on: Monitoring, Epidemiology and Remediation. Proceedings of the Meeting Held in Milan, Italy 21 – 22 October 1996, Amsterdam/New York 1999, S. 7.
11 *Hofmann*, Lernen aus Katastrophen, S. 207f.
12 *Pietro A. Bertazzi/Ilaria Bernucci/Gabriella Brambilla* u. a., The Seveso Studies on Early and Long-Term Effects of Dioxin Exposure: A Review, in: Environmental Health Perspectives 106, 1998, S. 625–633, hier: S. 626.

Gebiets sollte bis 1980 dauern, zum Teil musste die obere Erdschicht umgepflügt oder ganz abgetragen werden. In der Umgebung von Seveso entstanden unterirdische Bunker für etwa 280.000 Kubikmeter verseuchten Materials.[13]

Die deutschen Medien nahmen das Seveso-Unglück zunächst nicht zur Kenntnis, was zweifellos ein Spiegel der zögerlichen Reaktion vor Ort war. Als der Vorfall jedoch in seiner Tragweite erkennbar wurde, setzte eine intensive Berichterstattung ein. Auffallend ist dabei, dass das Ereignis ohne erkennbares Zögern in einen engen Bezug zur bundesdeutschen Situation gestellt wurde. Obwohl das Niedrigtemperaturverfahren in der Bundesrepublik verboten war, galt Seveso rasch als alarmierender Indikator für das Gefahrenpotenzial der deutschen Chemieindustrie. Die ZEIT berichtete in ihrer Ausgabe vom 30. Juli 1976 in mehreren Artikeln über den »lautlosen Tod« aus »der Hexenküche« von Seveso.[14] Der Unfall wecke »Erinnerungen an den chemischen Krieg in Vietnam«.[15] In einer »Zivilisation, die ihren Bestand weitgehend von der Synthese Millionen verschiedener Chemikalien abhängig gemacht hat«, könnten aus jedem Chemiewerk, das bei normaler Funktionsweise harmlos sei, im Katastrophenfall »allerlei Chemikalien zusammenfließen, die in der Explosionshitze miteinander reagieren und möglicherweise abenteuerliche Verbindungen eingehen«.[16] Als immer mehr Details über das stümperhafte Katastrophenmanagement der Behörden, die mangelnden Sicherheitsvorkehrungen der ICMESA und die zögerliche Kommunikation Hoffmann-La Roches bekannt wurden, wandelte sich die ursprüngliche Unfallberichterstattung der ZEIT in eine Serie von Anklagen gegen die »häßlichen Multis« der Chemieindustrie im Allgemeinen.[17] In einer mehrseitigen Reportage über die verseuchte Zone berichtete ein ZEIT-Reporter sieben Monate nach der Katastrophe über seine Gefühle beim Abfahren der Grenze der kontaminierten Zone A:

»Schlimm ist vor allem, daß der Feind unsichtbar ist. Sichtbar sind nur die Folgen [...]. Haben die zuständigen Behörden vorgezogen, es nicht zu wissen? [...] Die Givaudan, die Roche-Oberen brauchten mehr als eine Woche – eine uneinholbare Woche! –, ehe sie das Malheur ihrer Giftmischerei eingestehen mochten! Daß sie nicht unüberhörbar Alarm schlugen, ist, gelinde gesagt, ungeheuerlich. [...] Eine ernstliche informierte Bevölkerung hätte die schleunige Totalräumung der vergifteten Gebiete wohl hingenommen. An Aufklärung aber lag kaum jemandem.«[18]

Noch drastischer war die Kritik des Nachrichtenmagazins »Der SPIEGEL«, das das Ereignis rasch in eine Genealogie der Umweltkritik stellte. In einer fünfseitigen Reportage mit der Überschrift »Geplünderte, vergewaltigte, vergiftete Erde« warnte das Magazin eindringlich vor der Gefahr eines deutschen Seveso.[19] Dabei zitierte der SPIEGEL sowohl Rachel Carsons »Der stumme Frühling« wie auch die vom »Club of Rome« publizierte Studie »Die Grenzen des Wachstums«:

»Am offenkundigsten scheinen solche Kassandra-Rufe sich zu bestätigen im Bereich der chemischen Industrie – und nicht nur, wenn sie unsichtbare Killer in die Biosphäre ausschüttet wie in Seveso. Ob in Hamburg-Billbrook eine Schwefelmühle in die Luft fliegt, [...] oder ob es bei einem der Chemie-Giganten knallt wie weiland bei dem schweren BASF-Unglück von 1921 [...] – die Gefahr ist unmittelbar, die Bedrohung hautnah.«[20]

Konkret griff der Artikel die Herstellung Trichlorphenols in der Hamburger Niederlassung der Firma Boehringer-Ingelheim an, bei der auch der Giftstoff TCDD entstand. Zur

---

13 *Hofmann*, Lernen aus Katastrophen, S. 209–215; vgl. hierzu auch *Fara*, The ICMESA Accident, S. 4–11.
14 *Thomas von Randow*, Der Tod aus der Hexenküche, in: Die ZEIT, 30.7.1976, S. 7.
15 *Friedhelm Gröteke*, Als Vögel vom Himmel fielen, in: Die ZEIT, 30.7.1976, S. 6.
16 *Von Randow*, Der Tod aus der Hexenküche, S. 7.
17 *Alexander Mayer*, Leben die Hühner noch?, in: Die ZEIT, 20.8.1976, S. 18.
18 *Rino Sanders*, Das Gift von Seveso wirkt weiter, in: Die ZEIT, 11.3.1977, S. 66.
19 Geplünderte, vergewaltigte, vergiftete Erde, in: Der SPIEGEL, 23.8.1976, S. 120–124.
20 Ebd., S. 121f.

Selbstverantwortung und Selbstkontrolle, die von der deutschen Chemieindustrie immer wieder betont wurden, bemerkte das Magazin lapidar, solchen Behauptungen sei »nur in Grenzen zu trauen«.[21] Zehn Monate nach dem Unglück berichtete der SPIEGEL erneut und fokussierte dieses Mal auf die Ratlosigkeit der Behörden bei Entgiftungsaktionen und die erneute Verunsicherung von Einwohnern durch eine steigende Zahl von Missbildungen bei örtlichen Säuglingen: »Manche Bürokraten der Regionalverwaltung und stockkatholische Ärzte hatten die Gefahren der Giftwolke lange Zeit verharmlost.«[22] Angesichts der sich ständig verändernden Verseuchungslage und der geplanten Entsorgung kontaminierten Materials in einem lokalen Riesenofen würden sich viele Bewohner »wie im Getto« fühlen.[23]

Mit Blick auf die Leitfrage ist bemerkenswert, dass sich die Frankfurter Allgemeine Zeitung, obgleich konservativ und an einem wichtigen Chemiestandort publizierend, dem generellen Tenor anschloss. Auch hier waren die Leitmotive die Unsichtbarkeit des Gifts und die Verantwortungslosigkeit der Chemieindustrie. So warnte die Frankfurter Allgemeine Zeitung in einem längeren Bericht vor »TCDD – de[m] Giftstoff von Seveso«[24] und verurteilte das durch die Katastrophe offenbarte verantwortungslose Gewinnstreben Hoffmann-La Roches und die Überforderung der italienischen Behörden.[25] Für das Feuilleton der Frankfurter Allgemeinen Zeitung war Seveso gar ein Signal für die Revitalisierung der deutschen Umweltpolitik:

»Wäre nicht die Giftkatastrophe von Seveso und gäbe es nicht von Zeit zu Zeit allerlei ›Unfälle‹, die auf die ökologische Krise, auf das bedrohte Gleichgewicht zwischen Mensch und Natur, hinwiesen, niemand redete mehr von diesem unliebsamen Thema. In einer Zeit, in der mancher um seinen Arbeitsplatz bangt, ist die Debatte über ›Nullwachstum‹ und ›Grenzen des Fortschritts‹ höchst unpopulär. [...]. Die wirtschaftliche Rezession hat einen Typus von Politiker auf den Plan gerufen, der, ohne sich groß um Visionen und Prognosen zu scheren, in den tiefen Honigtopf langt und uns den süßen Seim des ›Es wird schon nicht so schlimm‹ um den Mund schmiert.«[26]

Es sei traurig, so die Klage des Feuilletons, dass Politiker höchstens noch von Kläranlagen und Autovergasern sprechen würden, konsequente Umweltpolitik aber nur noch in Kulturzeitschriften debattiert werde.[27] Die Aussage des Feuilletons unterschätzte allerdings die Kollegen im Politikressort. Dort erschien schon im August 1976 ein Artikel über Lehren aus Seveso, der mit der Bemerkung begann, dass es nach Seveso schwerer sein werde, »von ›Umwelthysterie‹ zu reden, wenn von Industrien eingekreiste Gruppen der Bevölkerung angstvoll reagieren«.[28] Nicht nur die Informationspolitik der ICMESA in Meda sei katastrophal gewesen, auch deutsche Bürger und Behörden seien völlig uninformiert über die Nachbarschaftsrisiken moderner Großtechnologie, wie die Frankfurter Allgemeine Zeitung unter Verweis auf eine zeitgleiche Pannenserie im Block A des Kernkraftwerks Biblis konstatierte.[29] Gegen Jahresende erschien im Politikteil ein weiterer Artikel zu der Frage »Wie sicher sind Chemieanlagen?«, der das Risiko der Branche un-

---

21 Ebd.
22 Vom Wind verweht, in: Der SPIEGEL, 16.5.1977, S. 145.
23 Ebd., S. 146.
24 *Annelies Furtmayer-Schuh*, TCDD – der Giftstoff von Seveso, in: Frankfurter Allgemeine Zeitung, 18.8.1976, S. 21.
25 Vgl. hierzu: Die Giftwolke von Seveso ein Alarmsignal, in: Frankfurter Allgemeine Zeitung, 24.8.1976, S. 9; Was steht den Menschen von Seveso noch bevor?, in: ebd., 11.8.1976, S. 5; *Heinz-Joachim Fischer*, Seveso – zwei Monate danach, in: ebd., 11.9.1976, S. 7; *Sinah Kessler*, Das Hin und Her zwischen Hoffnung und Enttäuschung, in: ebd., 30.12.1976, S. 7.
26 *Ulrich Greiner*, Seveso und die Kulturkritik, in: Frankfurter Allgemeine Zeitung, 20.8.1976, S. 19.
27 Ebd.
28 *Key L. Ulrich*, Lehren aus Seveso und Biblis, in: Frankfurter Allgemeine Zeitung, 12.8.1976, S. 6.
29 Ebd.

umwunden ansprach und sogar einen späteren Buchtitel vorwegnahm: »800 Beinahe-Katastrophen, die im industriellen Bereich jährlich in der Bundesrepublik ›eintreten‹, zeigen, dass [...] Seveso [...] überall möglich [ist].«[30]

Insgesamt zeigt sich damit schon zu diesem Zeitpunkt eine bemerkenswerte Übereinstimmung der unterschiedlichen Leitmedien. Der anfänglichen Katastrophenberichterstattung folgte eine ungläubig kommentierende Aufdeckung eines desaströsen Sicherheits- und Krisenmanagements durch Hoffmann-La Roche und die italienischen Behörden. Leitthemen der Berichterstattung waren die Risiken der chemischen Industrie, das fragwürdige Vertrauen in Sicherheitsstandards und die unheimliche Wirkung der Giftstoffe. Die Relevanz des Geschehens für die Bundesrepublik galt lagerübergreifend als offenkundig und keiner vertieften Diskussion bedürftig. Seveso und das schon bald nach der Katastrophe als »Seveso-Gift« bezeichnete Dioxin wurden zu medialen Symbolen für die lauernde und unsichtbare Gefahr chemischer Großanlagen und für das Versagen nationaler Umwelt- und Sicherheitsmaßnahmen angesichts übermächtiger und verantwortungsloser multinationaler Konzerne. Aus Seveso wurde eine Interpretationsmatrize für die Verortung ähnlicher Katastrophen.

II. SEVESO IST ÜBERALL

Es liegt in der Natur eines skandalträchtigen Unglücks, dass der Stachel des Ereignisses nach einiger Zeit schwindet. Medien wenden sich über kurz oder lang anderen Themen zu, sodass Erinnerungen und Schlüsselbegriffe verblassen. Seveso tauchte zwar – wie gesehen – auch in bilanzierenden Bemerkungen zum Jahresende auf. Wichtiger jedoch war, dass durch die italienische Katastrophe ein Referenzrahmen entstanden war, in den sich neue Ereignisse einfügen ließen. Als sich zum Beispiel drei Monate nach Seveso eine Explosion in einer chemischen Produktionsanlage in Süditalien ereignete und zehn Tonnen Arsenik-Staub entwichen, folgte die Berichterstattung der ZEIT klar den bei Seveso erarbeiteten Interpretationslinien: Sofort wurde das zögerliche Eingreifen der Behörden wie auch die ausweichende Informationspolitik des staatlichen Unternehmens kritisiert.[31]

Ein Beitrag zur Verfestigung von Seveso als Topos der Umwelt- und Katastrophenerinnerung entstammte auch der Diskussion über das Buch »Seveso ist überall – Die tödlichen Risiken der Chemie«, das von dem Journalisten Egmont R. Koch und dem damaligen Mitarbeiter des Umweltbundesamts Fritz Vahrenholt verfasst wurde und 1978 auf den westdeutschen Buchmarkt kam.[32] Das Buch schloss bis in den Titel an die Interpretationsmuster an, die in den Wochen nach der Katastrophe entstanden waren.[33] Mancher Kritikpunkt hatte Züge einer Spiegelfechterei, so etwa wenn die Auffassung, die Seveso-Katastrophe sei lediglich »eine typische italienische Schlamperei«, emphatisch zurückgewiesen wurde.[34] In der Substanz war das Buch jedoch eine ausführliche Auseinandersetzung mit Unfällen und Kontroversen, in der die mangelnde Zulassungskontrolle chemischer Stoffe in der EG, die ungeklärte Frage ihrer Entsorgung und das permanente Risiko von Störfällen großer Anlagen thematisiert wurden. Das Buch richtete sich dezidiert gegen eine Selbstregulierung der Chemieindustrie, zugleich aber auch gegen ›neu-romantische‹ Forderungen nach Nullwachstum. Gefordert wurde eine Neuausrichtung der westdeutschen Umweltpolitik und der Regulierung der chemischen Industrie.[35]

---

30 Wie sicher sind Chemieanlagen, in: Frankfurter Allgemeine Zeitung, 20.12.1976, S. 5.
31 Vgl. Arsen auf Mandelbäumen, in: Die ZEIT, 8.10.1976, S. 24.
32 *Egmont R. Koch/Fritz Vahrenholt*, Seveso ist überall. Die tödlichen Risiken der Chemie, Köln 1978.
33 Vgl. *Rainer Flöhl*, Ist Seveso überall?, in: Frankfurter Allgemeine Zeitung, 18.8.1976, S. 18.
34 *Koch/Vahrenholt*, Seveso ist überall, S. 13.
35 Vgl. ebd., S. 14–17.

Das Echo der Medien auf das Buch war zunächst geteilt. Obwohl er keine Rezension des Buchs druckte, berief sich der SPIEGEL in einem gegen die Chemielobby gerichteten Bericht explizit auf Kochs und Vahrenholts Buch.[36] Die ZEIT bemühte sich in ihrer Rezension um einen neutralen Ton: Zwar kritisierte sie den zum Teil reißerischen Stil des Buchs wie auch die unkritische Übernahme gewisser Beispiele. Zugleich lobte die Besprechung jedoch das Bestreben, eine fundierte Diskussion über die deutsche Chemieindustrie anzustoßen. Vahrenholt und Koch würden nicht der »verbreiteten Gewohnheit« verfallen, »den Fortschritt zu verteufeln. Sie zeigen allerdings seine Risiken auf, und sie beweisen, daß die Sicherheit oft nicht so hoch ist, wie sie sein könnte und sollte.«[37]

Skeptischer äußerte sich die Frankfurter Allgemeine Zeitung. Ohne die unmittelbare Erinnerung der Katastrophe erschien das Buch, das eine Gegendarstellung der chemischen Industrie provozierte[38], in erster Linie als Ärgernis. Moniert wurden »die vielen Zerrbilder und Verfälschungen«, die Autoren gingen überdies »mit ihren Informationen sehr großzügig« um. Für den Rezensenten war das Buch eine Steilvorlage, um grundsätzlich zu werden:

»Allgemein als unbegreifliches Geheimnis betrachtet, hat die Chemie seit eh und je Bewunderung und Schrecken hervorgerufen. Irrationale Meinungen herrschen auch heute vor, wenn in der Öffentlichkeit über die Risiken der Chemie diskutiert wird. Dies bestätigt unter anderem der Erfolg des Buches ›Seveso ist überall‹.«[39]

Die politische Stoßrichtung zeigt auch der Schluss, in dem Vahrenholt als Mitarbeiter des Umweltbundesamts direkt angegriffen wurde: »Sicher ist jedenfalls, daß der Band kein Beitrag zur Kooperation, sondern zur Konfrontation und zu der von der Bundesregierung befürchteten ›Radikalisierung der öffentlichen Meinung‹ ist.«[40] Einen Monat zuvor hatte die Zeitung bereits freundlich über ein Symposium der BASF als »Veranstaltung gegen die Angst vor der Chemie« berichtet.[41] Allerdings muss man bei diesem Abrücken vom chemiekritischen Konsens in Rechnung stellen, dass der Terror der RAF seit 1976 manche Sichtweise verschoben hatte. Mehrfach hatte die Frankfurter Allgemeine Zeitung in der Zwischenzeit über Mordanschläge auf leitende ICMESA-Angestellte und italienische Beamte berichtet.[42]

Die neue Linie der Zeitung erwies sich jedoch als kurzlebig. Das lag neben weiteren Unfällen in deutschen Chemiefabriken und einer kurzen Angstwelle vor einer möglichen Dioxinfreisetzung durch Transformatorenbrände[43] vor allem an der wochenlangen Suche nach verschwundenen dioxinhaltigen Abfallfässern aus Seveso. Im September 1982 passierte ein Lastwagen mit 41 Fässern aus Seveso die italienisch-französische Grenze und verschwand spurlos. Der Verlust wurde jedoch erst im März 1983 von den französischen Behörden, Hoffmann-La Roche und dem Düsseldorfer Entsorger Mannesmann gemel-

---

36 Vgl. Aus der Reserve, in: Der SPIEGEL, 27.11.1978, S. 89.
37 *Rainer Käthe*, Ist Seveso überall?, in: Die ZEIT, 13.10.1978, S. 67.
38 Verband der Chemischen Industrie, Seveso ist nicht überall. Chemische Industrie zum Buch »Seveso ist überall«, Frankfurt am Main 1978.
39 *Rainer Flöhl*, Aus Katastrophen gelernt, in: Frankfurter Allgemeine Zeitung, 12.12.1978, S. L 11.
40 Ebd.
41 Vgl. *Key L. Ulrich*, Die Angst, Seveso sei überall in der Nähe in der Chemie, in: Frankfurter Allgemeine Zeitung, 20.11.1978, S. 8; vgl. hierzu auch: Hoffroche warnt vor Übertreibung der Pharma-Kostendämpfung, in: ebd., 10.6.1978, S. 7.
42 Gesundheitsbeamter in Seveso von Jugendlichen erschossen, in: Frankfurter Allgemeine Zeitung, 21.5.1977, S. 8; Anschlag am Jahrestag von Seveso, in: ebd., 9.7.1977, S. 5; Terroristen erschießen einen Direktor der Seveso-Fabrik, in: ebd., 6.2.1980, S. 3.
43 Vgl. Feuerwehr fürchtet Gift bei Transformatorenbrand, in: Frankfurter Allgemeine Zeitung, 13.2.1982, S. 37.

det.[44] Das Verschwinden der Fässer, deren Inhalt eigentlich in speziellen Öfen verbrannt werden sollte, verlieh dem Satz »Seveso ist überall« eine ganz neue Dimension. Die völlig ungesicherten Fässer, die insgesamt 6,5 Tonnen stark belastete Erde enthielten, wurden nach hektischer europaweiter Suche schließlich im Mai 1983 in einem verlassenen französischen Schlachthof gefunden. Ein von Mannesmann engagiertes kleines französisches Speditionsunternehmen hatte sie dort einfach abgestellt. Der Inhalt der Fässer wurde schließlich 1985 in einem Basler Spezialofen verbrannt.

Das Verschwinden der Dioxin-Fässer legte eine Interpretation entsprechend den Narrativen von 1976 nahe: Auch sieben Jahre nach Seveso gab es offenbar keine Sicherheit vor Dioxin. Der Skandal, der rein technisch gesehen eher Praktiken der Transport- und Entsorgungsbranche beleuchtete, galt als ein Skandal der chemischen Industrie. In ihrem Wirtschaftsressort berichtete die ZEIT über den Ausstieg des Chemiekonzerns Bayer aus der Produktion polychlorierten Biphenyls (»PCB«), bei dessen Verbrennung Dioxin entstehen kann. Es gebe, so die Deutung der ZEIT, einen »heilsamen Schock des Dioxin-Skandals«.[45] Der Dioxin-Skandal zeige erneut, dass man industriellen Selbstregulierungsversprechungen nicht trauen könne. Ausdrücklich gelobt wurde hingegen die »mitunter laienhafte Ungeduld der Kritiker«, die Veränderungen erzwinge.[46] Einen Monat später veröffentlichte die ZEIT ein Interview mit Fritz Vahrenholt, in dem dieser erneut auf die Problematik der mangelhaft geregelten Entsorgung chemischer Abfälle in der EG einging.[47]

Auch der SPIEGEL schürte die Empörung angesichts des Verschwindens der Fässer. Das Titelbild vom 30. Mai 1983 zeigte ein idyllisches Dorf auf einem unterirdischen, mit Totenkopf versehenen Giftfass, die Titelzeile rekurrierte auf Koch und Vahrenholt: »Überall ist Seveso«.[48] Wiederum wurden die Geschehnisse im Ausland in direkten Bezug zur Bundesrepublik gestellt: »Die eidgenössische Art, den eigenen todbringenden Dreck durch Verschweigen, Abwiegeln und Dementieren zu vernoniedlichen, ist üblich in der gesamten Zunft: Bei Hoechst in Frankfurt genauso wie bei Boehringer in Ingelheim.«[49] Zugleich wurde der Skandal zum Indikator einer noch viel größeren Katastrophe erklärt, die noch der Entdeckung harrte: »Im Untergrund der Republik schlummert ein Gemenge toxischer Stoffe, das, schleichend oder auch mal über Nacht, zum Umweltverhängnis werden kann.«[50]

Die Berichterstattung der Frankfurter Allgemeinen Zeitung unterschied sich von ZEIT und SPIEGEL nur in Nuancen. Es blieb nicht bei der spezifischen Kritik etwa an der ursprünglichen Entscheidung Hoffmann-La Roches, die Fässer zu deponieren und nicht gleich in »Höllenöfen« zu verbrennen.[51] Der Skandal diente auch als Anlass, in sorgevollem Ton über Dioxinlager in deutschen und europäischen Deponien zu berichten.[52] Mit Blick auf die Kanonisierung der Erinnerung ist wichtig, dass auch die Frankfurter Allgemeine Zeitung vom »Seveso-Gift Dioxin« sprach.[53] Eindeutig zeige der Vorfall,

---

44 Vgl. Dioxin: Chronik des Giftmüll-Skandals, in: Die ZEIT, 15.4.1983, S. 8.
45 *Richard Gaul/Wolfgang Gehrmann*, Im Giftschrank wird aufgeräumt. Die Chemie kann auf viele gefährliche Stoffe verzichten, in: Die ZEIT, 29.4.1983, S. 25–27, hier: S. 25.
46 Ebd., S. 26.
47 Vgl. Mehr Kontrollen, in: Die ZEIT, 27.5.1983, S. 22.
48 Der SPIEGEL, 30.5.1983. Im Heft wurde Vahrenholt, der inzwischen ins hessische Umweltministerium gewechselt war, zweimal zitiert (S. 34 und 45).
49 Verschweigen, Abwiegeln und Dementieren, in: Der SPIEGEL, 30.5.1983, S. 29.
50 Chemie-Müll: »Nach uns die Giftflut«, in: Der SPIEGEL, 30.5.1983, S. 32.
51 Dioxin läßt sich in Verbrennungsöfen ein für allemal vernichten, in: Frankfurter Allgemeine Zeitung, 13.4.1983, S. 7.
52 Vgl. Dioxin-Gift aus Seveso in Niedersachsen vergraben?, in: Frankfurter Allgemeine Zeitung, 22.4.1983, S. 1; Noch immer keine Spur der Giftfässer von Seveso, in: ebd., 3.5.1983, S. 3.
53 *Reinhard Wandtner*, Dioxin wird in einem ›Höllenofen‹ verbrannt, in: Frankfurter Allgemeine Zeitung, 24.8.1983, S. 9.

dass das deutsche und das europäische Abfallentsorgungsrecht verbessert werden müssten.[54]

So überdauerte im deutschen Mediendiskurs auch nach dem Ende der unmittelbaren Katastrophe von Seveso eine einstimmige Verurteilung der Chemieindustrie, die mit riskanten, verantwortungslosen Praktiken assoziiert wurde. Die nationalen Grenzen galten in diesem Zusammenhang als bedeutungslos; eine Alterisierung der Vorgänge in Italien, Frankreich und der Schweiz wurde in den drei Leitmedien nicht unternommen. Durch das Ereignis von Seveso, die Buchpublikation von 1978 und die folgenden Unfälle und Skandale wurde »Seveso« zu einem Mahnmal der chemisch-technischen Gefährdung; die chemische Industrie wurde damit zu einem Inbegriff der »Risikotechnologien«. Ähnliches galt für das »Seveso-Gift« Dioxin, dessen Erwähnen seither zu Erinnerungen an Seveso und die negativen und unheimlichen Aspekte der Chemieindustrie führte. Es passt ins Bild, dass Seveso mit der Verabschiedung einer gleichnamigen EG-Richtlinie auch juristisch kanonisiert wurde: Die EG-Richtlinie 82/501/EWG aus dem Jahr 1982 machte Betreiberangaben an lokale und nationale Behörden über Produktionsprozesse und -risiken sowie über die Auswirkungen potenzieller Unfälle verpflichtend.

III. DER ATOMSTAAT

Die Verarbeitung der Seveso-Katastrophe fiel in die Zeit der nuklearen Kontroverse, die sich seit Mitte der 1970er Jahre zu einem zentralen gesellschaftlichen Konfliktfeld entwickelt hatte und inzwischen als eines der am besten erforschten Felder der Umwelt-Zeitgeschichte gelten kann.[55] In gewisser Weise handelte es sich um einen affinen Konflikt, und die Atomkraft wurde am Ende in ähnlicher Weise als »Risikotechnologie« eingestuft wie die chemische Industrie. Dennoch war der Atomstaat zunächst kein Skandal, der wie bei der Katastrophe von Seveso unterschiedliche politische Lager verband. Dafür lassen sich drei Ursachenbündel benennen.

Zum Ersten war der Nutzen der Atomkraft greifbarer als jener der chemischen Industrie. Als chemisches Zwischenprodukt war das in Seveso produzierte Trichlorphenol zu weit von der Erfahrungswelt des normalen Konsumenten entfernt, um nennenswertes Interesse zu provozieren. Der Nutzen der Atomkraft war hingegen in einer Zeit der Energiekrisen durchaus auch Laien verständlich. Die Warnung, ohne Atomkraft gingen bald die Lichter aus, hatte seit der Ölkrise von 1973 eine alltagsweltliche Plausibilität. Der zweite Ölpreisschock von 1979/80 ließ erneut spürbar werden, dass die Verfügbarkeit von Energie einen Lebensnerv der westlichen Zivilisation tangierte.

Ein zweites Problem bestand darin, dass der Atomkonflikt rasch gewalttätige Züge annahm. Schon in Wyhl, das eigentlich für seine Gewaltfreiheit berühmt ist, war ein erheblicher Unmut zu spüren, der die Möglichkeit physischer Gewalt durchaus real erscheinen

---

54 Vgl. Verwunderung über irreführende Deklaration der Seveso-Fässer, in: Frankfurter Allgemeine Zeitung, 12.4.1983, S. 1.
55 *Joachim Radkau*, Aufstieg und Krise der deutschen Atomwirtschaft 1945–1975. Verdrängte Alternativen in der Kerntechnik und der Ursprung der nuklearen Kontroverse, Reinbek 1983; *Anselm Tiggemann*, Die »Achillesferse« der Kernenergie in der Bundesrepublik Deutschland. Zur Kernenergiekontroverse und Geschichte der nuklearen Entsorgung von den Anfängen bis Gorleben 1955 bis 1985, Lauf an der Pegnitz 2004; *Cornelia Altenburg*, Kernenergie und Politikberatung. Die Vermessung einer Kontroverse, Wiesbaden 2010; *Ulrich Kirchner*, Der Hochtemperaturreaktor. Konflikte, Interessen, Entscheidungen, Frankfurt am Main/New York 1991; *Mike Reichert*, Kernenergiewirtschaft in der DDR. Entwicklungsbedingungen, konzeptioneller Anspruch und Realisierungsgrad (1955–1990), Sankt Katharinen 1999; *Albrecht Weisker*, Expertenvertrauen gegen Zukunftsangst. Zur Risikowahrnehmung der Kernenergie, in: *Ute Frevert* (Hrsg.), Vertrauen. Historische Annäherungen, Göttingen 2003, S. 394–421.

ließ.⁵⁶ Im weiteren Verlauf kam es wiederholt zu bürgerkriegsähnlichen Eskalationen, die im zeitgenössischen Sprachgebrauch als »Schlachten« tituliert wurden. Das brachte die Thematik in einen assoziativen Zusammenhang mit Straßengewalt und Terrorfahndung. »Nach Erkenntnissen der Sicherheitsbehörden wächst in der Bundesrepublik die Gefahr, daß antidemokratische, gewaltbejahende Gruppen versuchen werden, unter Mißbrauch legaler Protestaktionen von Kernkraftgegnern zu einem neuen Schlag gegen die freiheitliche Rechtsordnung auszuholen«, berichtete die Frankfurter Allgemeine Zeitung im März 1979.⁵⁷ Im folgenden Monat kommentierte die Zeitung mit Genugtuung ein scharfes Urteil gegen einen gewalttätigen Grohnde-Demonstranten: »Lange Zeit galt es als eine allenfalls mit väterlich-betrübtem Kopfschütteln zu bedenkende Handlung, wenn bei Demonstrationen Ausschreitungen begangen wurden.«⁵⁸

Damit besaß der Atomprotest eine deutlich politische Einfärbung. Diese wurde unterstrichen durch Anleihen bei der linken Dogmatik, die in der jüngeren Literatur häufig unterschätzt werden. Der Atomstaat erschien vor allem dann als Skandal, wenn man ihn mit Versatzstücken der marxistischen Dogmatik analysierte. So schien der Atomstaat in geradezu schulmäßiger Form jene Verschränkung von Staat und Großkapital zu verkörpern, die das Theorem des Staatsmonopolitischen Kapitalismus (Stamokap) suggerierte. Es hing also ganz vom jeweiligen politischen Standpunkt ab, wo man bei der Atomkraft den eigentlichen Skandal lokalisierte.

IV. WALDSTERBEN

Um 1980 gab es gewissermaßen zwei Blaupausen für Umweltskandale. Beide zielten auf unsichtbare Gefahren und drehten sich um die Verantwortung von Experten und Industriellen, unterschieden sich jedoch markant mit Blick auf Trägergruppen und ideologische Verankerung. Der Seveso-Skandal betonte mit Gesundheit und Sicherheit weithin unstrittige Grundrechte des Staatsbürgers und wurde vor allem medial vermittelt. Weder öffentliche Demonstrationen noch Kontroversen zwischen politischen Eliten spielten bei der Skandalisierung eine nennenswerte Rolle. Der Atomkonflikt war hingegen mit linken Ideologemen aufgeladen und drehte sich mit dem Verständnis technologischen Fortschritts um eine Grundfrage moderner Gesellschaften. Der nukleare Skandal entstand zu wesentlichen Teilen in der Serie von Großdemonstrationen, die in Wyhl ihren Anfang nahm. Ob man die Atomkraft für einen Skandal hielt, war mithin eine Frage der persönlichen Partizipation. Anders als bei der chemischen Industrie bezogen bei der Atomkraft Spitzenpolitiker Position, gelegentlich quer zu den bestehenden Parteien. »Mit Helmut Schmidt und Erhard Eppler für und wider die Kernenergie«, lautete deshalb in den späten 1970er Jahren die spöttische Umschreibung der Haltung der SPD.⁵⁹

Dabei schlossen sich die beiden Modi der Skandalisierung nicht unbedingt aus. Sie liefen jedoch auf einen unterschiedlichen Status des Ökologischen in der bundesdeutschen Gesellschaft hinaus: Das Muster des Atomkonflikts machte ökologische Themen zu einem spezifischen Anliegen eines bestimmten politischen Milieus, während der Skandal vom Typ Seveso in die Mitte der Gesellschaft führte. Von daher ist es aufschlussreich, dass sich seit 1980 vor allem Ereignisse des zweiten Typs häuften: medial vermittelte Skandale, die ein breites Publikum mobilisierten und nicht an politische Lager gebunden waren.

---

56 Vgl. *Jens Ivo Engels*, Naturpolitik in der Bundesrepublik. Ideenwelt und politische Verhaltensstile in Naturschutz und Umweltbewegung 1950–1980, Paderborn 2006, S. 366.
57 Appell an die Kernkraftgegner, in: Frankfurter Allgemeine Zeitung, 10.3.1979, S. 4.
58 Für Grohnde 13 Monate, in: Frankfurter Allgemeine Zeitung, 18.4.1978, S. 1.
59 *Bernd Faulenbach*, Das sozialdemokratische Jahrzehnt. Von der Reformeuphorie zur Neuen Unübersichtlichkeit. Die SPD 1969–1982, Bonn 2011, S. 591.

Die Zunahme der spezifisch deutschen Breitenempörung bei Umweltproblemen ist kaum zu denken ohne die Debatte um ein katastrophales Waldsterben, die 1980 quasi aus dem Nichts entstand und inzwischen als Gegenstand der Geschichtswissenschaft erschlossen ist.[60] Seit Rudi Holzbergers Forschungen ist unstrittig, dass Medien in der Karriere des Themas eine prominente Rolle spielten, indem sie aus eigenem Antrieb Topoi und Blickwinkel definierten – allen voran den Begriff »Waldsterben« selbst, der nie ein wissenschaftliches Konzept war.[61] Jens Ivo Engels hat in der Debatte über die neuartigen Waldschäden »den entscheidenden Faktor für die ›Normalisierung‹ des Umweltschutzes in Westdeutschland« erkannt.[62] Damit bestätigte er eine Einschätzung, die Hans-Jochen Vogel bereits im Bundestagswahlkampf 1983 äußerte: »Wenn's um die Bäume geht, da kriegen wir eine Volksbewegung.«[63]

Die Waldsterbendebatte war jedoch auch in hohem Maße anschlussfähig für die Kritiker des Atomstaats. Es ging schließlich um denselben Komplex aus Großkonzernen und staatlicher Politik, der auch im Zentrum des Atomprotests gestanden hatte, ja sogar um dieselben Akteure: Ein Stromkonzern wie das Rheinisch-Westfälische Elektrizitätswerk gab für beide Anliegen eine kommode Zielscheibe ab. Auch Großdemonstrationen ließen sich mit dem neuen Anliegen legitimieren, etwa gegen das Kohlekraftwerk Buschhaus bei Helmstedt, das aufgrund seines exzessiven Schadstoffausstoßes als »größte Dreckschleuder der Nation« attackiert wurde.[64] Allerdings stellte sich in den 1980er Jahren heraus, dass einerseits die Bereitschaft zur Teilnahme schwand, andererseits Demonstrationen eher durch Kreativität als durch die Zahl der Teilnehmer Wirkung entfalteten. Auch dafür boten sich beim Waldsterben vielfältige Möglichkeiten. Die Umweltorganisation Robin Wood verpackte etwa im Dezember 1983 ein Stück Schwarzwald mit einer Plane, auf der die Parole »Wir haben den Wald nur von unseren Kindern geborgt« zu lesen war, während andere Aktivisten in Hamburg den Schornstein des Kohlekraftwerks Wedel bei Hamburg besetzten.[65] Damit zitierte Robin Wood einen Modus der Skandalisierung, bei dessen Geburt wiederum das Seveso-Gift eine Rolle gespielt hatte.

V. HAMBURGER SEVESO-LUFT: BOEHRINGER UND DER INSZENIERTE SKANDAL

Am 24. Juni 1981 fuhr ein Lastwagen der fiktiven Speditionsfirma Friedemann Grün auf das Werksgelände des Chemiekonzerns Boehringer-Ingelheim in Hamburg. Tatsächlich handelte es sich um Aktive des deutschen Ablegers von Greenpeace auf dem Weg zu einer spektakulären Protestaktion. Die mit Atemmasken ausgerüsteten Umweltschützer kletterten in Windeseile auf den Schornstein des Werks und entfalteten ein Banner mit der Weis-

---

60 Vgl. *Roderich von Detten*, Umweltpolitik und Unsicherheit. Zum Zusammenspiel von Wissenschaft und Umweltpolitik in der Debatte um das Waldsterben der 1980er Jahre, in: AfS 50, 2010, S. 217–269; *Roland Schäfer/Birgit Metzger*, Was macht eigentlich das Waldsterben?, in: *Patrick Masius/Ole Sparenberg/Jana Sprenger* (Hrsg.), Umweltgeschichte und Umweltzukunft. Zur gesellschaftlichen Relevanz einer jungen Disziplin, Göttingen 2009, S. 201–227; *Kenneth Anders/Frank Uekötter*, Viel Lärm ums stille Sterben: Die Debatte über das Waldsterben in Deutschland, in: *Frank Uekötter/Jens Hohensee* (Hrsg.), Wird Kassandra heiser? Die Geschichte falscher Ökoalarme, Stuttgart 2004, S. 112–138.
61 *Rudi Holzberger*, Das sogenannte Waldsterben. Zur Karriere eines Klischees: Das Thema Wald im journalistischen Diskurs, Bergatreute 1995.
62 *Jens Ivo Engels*, »Inkorporierung« und »Normalisierung« einer Protestbewegung am Beispiel der westdeutschen Umweltproteste in den 1980er Jahren, in: Mitteilungsblatt des Instituts für soziale Bewegungen 2008, Nr. 40, S. 81–100, hier: S. 85.
63 LÖLF gegen LIS, in: Der SPIEGEL, 10.1.1983, S. 32.
64 Selber schuld, in: Der SPIEGEL, 27.2.1984, S. 75 und 77.
65 Nürnberger Zeitung, 7.12.1983, S. 3.

sagung der Cree-Indianer: »Erst wenn der letzte Baum gerodet, der letzte Fluss vergiftet, der letzte Fisch gefangen ist, werdet ihr merken, dass man Geld nicht essen kann.«

Die zum Teil im Laster mitgebrachte Presse stieg aus und machte Aufnahmen von der Aktion. Insgesamt harrten die Umweltschützer 26 Stunden auf dem Schornstein aus und entnahmen Abgasproben, um sie auf Dioxin zu untersuchen.

Als eine der ersten Aktionen von Greenpeace auf deutschem Boden ist die Besetzung des Boehringer-Schornsteins Teil eines zivilgesellschaftlichen Mythos, an dessen Produktion der Umweltverband nicht unbeteiligt war.[66] Umso nachdrücklicher ist zu betonen, dass die Probleme beim Hamburger Chemiewerk von Greenpeace weder aufgedeckt noch erstmals skandalisiert wurden. Boehringer-Ingelheim war aufgrund seiner Dioxinemissionen in Wasser und Luft bereits vor der Schornsteinbesetzung mehrfach ins Visier der Hamburger Behörden geraten. So forderte bereits 1979 eine »Bürger-Aktion« des Viertels Hamburg-Billbrook vom Hamburger Senat eine Stilllegung der Produktion.[67] Die öffentliche Aufmerksamkeit hatte einiges mit der Sensibilisierung durch Seveso zu tun: Boehringer-Ingelheim war das letzte deutsche Chemieunternehmen, das noch Trichlorphenol herstellte. Dass im Hamburger Werk im Gegensatz zur Produktionsanlage der ICMESA kein explosionsanfälliges Niedrigtemperaturverfahren zur Anwendung kam, war da ein vergleichsweise belangloses technisches Detail.[68]

Für die im März 1981 gegründete deutsche Sektion von Greenpeace war das Werk damit ein naheliegendes Thema. Allerdings ist vor einer Interpretation zu warnen, die das spätere Geschick des Verbands im Umgang mit den Medien quasi zu einer überzeitlichen Konstante erklärt.[69] Zunächst war das mediale Echo der Hamburger Aktion durchaus überschaubar. Die Frankfurter Allgemeine Zeitung war das einzige der analysierten Organe, das unmittelbar über die Aktion berichtete. Dabei ging die Zeitung nicht auf die beim Atomprotest gern diskutierte Frage der Legitimität solcher Protestformen ein und konzentrierte sich auf die Sache: Zwar seien die Probleme des Boehringer-Werks schon länger bekannt gewesen, aber Greenpeace habe diese durch die eingehend geschilderte Schornsteinbesetzung kreativ und in provozierender Weise ins Blickfeld der Öffentlichkeit gerückt.[70] Wenig später berichtete die Frankfurter Allgemeine Zeitung erneut über die Produktion des Pestizids 2,4,5-T in Hamburg, bei der genau jenes Gift anfalle, das in Seveso und in Vietnam verheerende Wirkungen gezeigt habe. Greenpeace wurde in diesem Zusammenhang allerdings nicht erwähnt.[71] Erst als Greenpeace-Deutschland weitere Aktionen durchführte, etwa gegen die Dünnsäure-Verklappung in der Nordsee, berichteten auch die in Hamburg ansässigen Medien »Die ZEIT« und »Der SPIEGEL« über die Schornsteinbesetzung, die damit rückblickend als Gründungsmoment von Greenpeace-Deutschland popularisiert wurde. So lobte die ZEIT neun Monate später »Intelligenz und Mut« der Umweltschützer, die »gegen die Vergiftung und Ausplünderung« der Natur angesichts der »Indolenz und Arroganz der Macht« von Behörden und Unternehmen protestieren würden.[72] Im SPIEGEL erschienen 1982 mehrere Reportagen, die die Schornsteinaktion als neue Form

---

66 Vgl. etwa *Christiane Kohl/Jochen Bölsche*, Das Gold am Ende des Regenbogens. Greenpeace in der Bundesrepublik: gefeiert, kritisiert – und neuerdings überschätzt, in: SPIEGEL SPECIAL 1995, Nr. 11, S. 38–45, hier: S. 39; *Andrea Hösch*, Ein Macher mit Visionen, in: Greenpeace Magazin 2002, Nr. 3, URL: <http://www.greenpeace-magazin.de/index.php?id=3598> [13.2.2012].
67 Vgl. Giftige Chemikalie verseucht Kanal, in: Frankfurter Allgemeine Zeitung, 1.8.1979, S. 5; Verschärfte Auflagen für Boehringer, in: ebd., 27.9.1979, S. 13.
68 *Gaul/Gehrmann*, Im Giftschrank wird aufgeräumt, S. 26.
69 Vgl. *Martin Ludwig Hoffmann*, Mindbombs. Was Werbung und PR von Greenpeace & Co. lernen können, München 2008, S. 15–24.
70 Vgl. Protest vom Schornstein herab, in: Frankfurter Allgemeine Zeitung, 26.6.1981, S. 8.
71 Mitteilungen über Unkraut und sein Vertilgungsmittel, in: Frankfurter Allgemeine Zeitung, 10.7.1981, S. 8.
72 *Ute Blaich*, Mit Intelligenz und Mut, in: Die ZEIT, 26.3.1982, S. 52.

öffentlichen Protests lobten, darunter sogar eine Titelgeschichte; dort wurde die Schornsteinbesetzung bereits als Teil des kollektiven Gedächtnisses eingeführt.[73] Für SPIEGEL-Autor Jochen Bölsche lag der Vorzug der Greenpeace-Aktion auf der Hand:

»Sie besetzten einen 30 Meter hohen Fabrikschornstein, entnahmen hoch droben Abgasproben und schafften auf diese Weise prompt, was örtlichen Bürgerinitiativen mit Flugblättern und Broschüren (›Chemie-Skandal Boehringer‹) jahrelang nicht gelungen war: das Augenmerk der Öffentlichkeit auf die Gift-Emissionen des Unternehmens zu lenken«.[74]

Bis zum endgültigen Aus für Boehringer in Hamburg sollte es noch einige Zeit dauern. Erst nach weiteren Verstößen gegen Emissionsauflagen und der zunehmenden Erschwerung der Dioxinentsorgung auf hoher See infolge des Skandals um die Seveso-Fässer wurde die Produktion 1984 eingestellt und das Werk geschlossen.[75] Der Boden des Boehringer-Werks ist bis heute hochgradig belastet, und eine im Fachmagazin »The Lancet« erschienene Studie stellte 1991 bei der ehemaligen Belegschaft signifikant erhöhte Krebsraten fest.[76] Trotz der Zeitspanne zwischen Aktion und Werksschließung war für die Kommentatoren der analysierten Medien unstrittig, dass es ohne die öffentlichkeitswirksamen Aktionen von Greenpeace nicht zu einem Stopp der Dioxinemissionen gekommen wäre. Mit Blick auf die deutsche Umweltgesetzgebung meinte die ZEIT: »Wenn legale und illegale Umweltzerstörung [...] überhaupt [...] bestraft wird, so ist das eigentlich nur Greenpeace, Robin Wood und all den weniger spektakulär agierenden Bürgerinitiativen zu verdanken.«[77] Auch die Frankfurter Allgemeine Zeitung verwies auf die Bedeutung von Greenpeace für den deutschen Umweltschutz: »Dem Gefühl der Ohnmacht, das sich angesichts eines immer düsterer werdenden Himmels ausbreitet, setzt diese Gruppe mutig Widerstand entgegen. Davids Kampf gegen Goliath ist so aussichtslos nicht – dies ist die Greenpeace-Botschaft.«[78] Vom Selbstbild der Regenbogenkämpfer unterschied sich das nur noch in Nuancen.

VI. SANDOZ – EIN CHEMISCHES TSCHERNOBYL

Am Ende der hier diskutierten Chronologie steht das Sandoz-Unglück in Schweizerhalle bei Basel im Jahr 1986. Es zählt zu den Chemieunfällen, die von deutschen Medien sofort in eine assoziative Reihe mit dem Seveso-Unglück gestellt wurden. In der Nacht vom 1. November 1986 entfachten glimmende Partikel des Stoffs Berliner Blau in einer am Rhein gelegenen Lagerhalle des Basler Chemieunternehmens Sandoz (heute Novartis) einen Schwelbrand, der auf andere gelagerte Chemikalien übergriff und einen Großbrand auslöste. Das schnell herbeigerufene Großaufgebot der Basler Feuerwehr konnte zwar verhindern, dass das Feuer auf angrenzende Lagerhäuser überging, der Einsatz von Löschwasser führte jedoch dazu, dass zwischen 30 und 40 Tonnen der in der Halle gelagerten Chemikalien ungehindert in den Rhein flossen.[79] Unter den Chemikalien befanden sich circa 150 Kilogramm Quecksilber, erhebliche Mengen Thiophosphorsäureester und ein

---

73 Vgl. *Wilhelm Bittorf*, »Sie zeigen uns Wege aus der Ohnmacht«, in: Der SPIEGEL, 6.9.1982, S. 112–116, hier: S. 115.
74 *Jochen Bölsche*, »Die Erde wird ein öder Stern«, in: Der SPIEGEL, 19.4.1982, S. 64.
75 Boehringer legt Werk Hamburg still. Konsequenzen aus verschärften Umweltschutz-Auflagen, in: Frankfurter Allgemeine Zeitung, 22.6.1984, S. 6.
76 Vgl. *A. Manz/D. Flesch-Janys/H. Waltsgott* u. a., Cancer Mortality Among Workers in Chemical Plant Contaminated with Dioxin, in: The Lancet 338, 1991, S. 959–964.
77 *Michael Sontheimer*, Verbrechen, die sich lohnen, in: Die ZEIT, 30.8.1985, S. 34.
78 *Monika Zimmermann*, Davids Kampf gegen die Unvernunft, in: Frankfurter Allgemeine Zeitung, 17.10.1983, S. BUZ 1.
79 Vgl. *Nils Freytag*, Der rote Rhein. Die Sandoz-Katastrophe vom 1. November 1986 und ihre Folgen, in: Themenportal Europäische Geschichte, 2010, URL: <http://www.europa.clio-online.de/Portals/_Europa/documents/B2010/E_Freytag_Sandoz_Katastrophe_final.pdf> [31.5.2012].

Farbstoff, der den Rhein in beinahe biblischer Manier blutrot färbte.[80] Erschwerend kam hinzu, dass das ebenfalls in Basel ansässige Unternehmen Ciba-Geigy am Tag nach dem Sandoz-Brand 400 Kilogramm Atrazin in den Rhein eingeleitet hatte.[81] In den folgenden Tagen wanderte die blutrote Welle von Basel aus flussabwärts in die Nordsee und verursachte entlang des Rheins ein massives Fischsterben und einen zeitweiligen Stopp der örtlichen Trinkwassergewinnung.[82]

Neben dem eigentlichen Unfall sorgten vor allem die Informationspolitik des multinationalen Sandoz-Konzerns und das Verhalten der nur unzureichend informierten Schweizer Behörden für Kritik. So verkündeten der Sandoz-Konzern und die Basler Kantonsbehörden zunächst, dass die Umweltschäden infolge des Brands nur gering seien und es sich bei der roten Rheinfärbung lediglich um einen harmlosen Farbstoff handele.[83] Obwohl sich erste massive Schäden in der Rheinökologie bei Basel bereits am Folgetag zeigten, dauerte es bis zum 5. November, bis deutsche und französische Behörden schließlich den internationalen Rheinalarm auslösten. Trotz mehrerer Großdemonstrationen im sonst eher chemiefreundlichen Basel veröffentlichte der Sandoz-Konzern erst am 17. November eine Liste der gelagerten Chemikalien, die zu allem Überfluss am 21. November noch einmal korrigiert werden musste.[84] In der Folge stellte sich zudem heraus, dass der Konzern bereits 1981 von der Zürich-Versicherung auf Sicherheitsmängel in Schweizerhalle hingewiesen worden war, aber Maßnahmen wie die Errichtung standardmäßiger Auffangbecken für Löschwasser und die Einrichtung einer Sprinkleranlage nie durchgeführt hatte.[85]

Unmittelbar nach dem Brand berichtete die ZEIT zunächst nur über eine lokale Verseuchung des Rheins und kleinere Pannen bei der Brandbekämpfung – ein vergleichbarer Lagerbrand sei auch in Deutschland möglich.[86] Schon in der nächsten Ausgabe stellte die ZEIT den Brand bei Sandoz jedoch in eine Reihe mit den Katastrophen von Tschernobyl, Bhopal und Seveso.[87] Tatsächlich waren die Narrative von Seveso und Sandoz in wichtigen Punkten kongruent: der Austritt unheimlicher, zunächst unbekannter Stoffe, überforderte Behörden, Desinformation durch einen Chemiekonzern und die totale Verseuchung eines Ökosystems. Für den ZEIT-Autor Horst Bieber war klar, dass das Sandoz-Unglück aus einem gesellschaftlichen Systemfehler resultierte und nicht – wie von der Industrie behauptet – allein menschlichem Versagen anzulasten seien:

»Zum Schluß wird sich wohl wieder das erprobte Beruhigungskonzept durchsetzen: Fehler erkannt, Schwachstellen beseitigt, weiteres Handeln – und Nachdenken – überflüssig. [...] Nach Tschernobyl wurde kein Reaktor abgeschaltet, nach Sandoz muß kein deutsches Chemiewerk die Zwangsschließung befürchten. Russische Schlamperei im Gegensatz zu deutscher Wertarbeit; Schweizer Leichtfertigkeit [...] im Gegensatz zu deutscher Sorgfalt – an lauen Ausreden fehlt es nicht.«[88]

Die Formulierung lässt bereits erkennen, dass auch bei Sandoz die nationalstaatlichen Grenzen für die Einschätzung der Katastrophe nachrangig waren. Die Katastrophe sensibilisierte für die Gefahren der deutschen Chemieindustrie, sodass zwei Pannen deutscher Chemiewerke, die weniger gravierend waren als der Brand in Schweizerhalle und unter normalen Umständen kaum in die Wochenzeitung gelangt wären, zum Anlass für Folgeberichte wurden. Aus einem ungesicherten Lager der Hoechst-Werke bei Frankfurt am

---

80 Ebd. Die Verwandlung von ägyptischem Wasser in stinkendes Blut bei parallelem Fischsterben ist die erste der Zehn Plagen im Alten Testament.
81 Vgl. *Hofmann*, Lernen aus Katastrophen, S. 289.
82 Vgl. *Mark Cioc*, The Rhine. An Eco-Biography, 1815–2000, Seattle/London 2002, S. 109f.
83 Vgl. *Hofmann*, Lernen aus Katastrophen, S. 289.
84 Vgl. ebd., S. 290f.
85 Vgl. *Freytag*, Der rote Rhein.
86 Vgl. *Hans Schuh*, Basel: Umweltpolitische Lektion, in: Die ZEIT, 7.11.1986, S. 8.
87 Vgl. *Horst Bieber*, Der Rest des Risikos – im Rhein, in: Die ZEIT, 14.11.1986, S. 1.
88 Ebd.

Main lief am 12. November Chlorbenzol in den Rhein, und am 21. November leitete BASF 2.000 Kilogramm der dioxinhaltigen Dichlorphenoxyessigsäure in den Rhein; der Stoff wurde zunächst als Essigsäure ausgegeben.[89]

Auch die Berichterstattung des SPIEGEL folgte dem seit Seveso etablierten Muster. »Seveso ist überall – jetzt kam es auch in der sauberen Schweiz zu einer Chemie-Katastrophe«, begann der Bericht, dessen Titel unter Verwendung eines Zitats der Kölner Wasserwerke vom »Tschernobyl der Wasserwirtschaft« sprach.[90] Für den SPIEGEL war es selbstverständlich, dass Sandoz auch in deutschen Chemieanlagen möglich war. Die Beschwichtigungen der Schweizer Behörden und auch des Bundesumweltministers Walter Wallmann hielt das Magazin für irreführend und gefährlich. Zum Gegenbeweis druckte der SPIEGEL Karten, die die Belastung des Rheins durch die deutsche Chemieindustrie und die Größe deutscher Chemieanlagen am Rhein zeigten.[91] Der SPIEGEL listete zudem die größeren Unfälle in deutschen Chemieanlagen seit den 1950er Jahren auf und resümierte: »Vollends hilflos wären die zuständigen Behörden, wenn es tatsächlich irgendwann in einem der Ballungsräume zur Chemiekatastrophe käme [...]. Daß Bhophal demgegenüber ein kleiner Unfall war, darf als sicher angenommen werden.«[92] In diesem Zusammenhang erschien auch ein Artikel des inzwischen zum Staatsrat der Hamburger Umweltbehörde aufgestiegenen Fritz Vahrenholts. Angesichts des Sandoz-Unglücks forderte Vahrenholt, dass die deutsche Störfallverordnung auch auf Wasserverseuchungen ausgedehnt werden müsse: »Seveso, Bhopal und nun die Vergiftung des Rheins haben die Gefahren entschleiert, die mit der chemischen Produktion verbunden sein können.«[93] Die serielle Nennung von Katastrophenorten, die keiner ausführlichen Erläuterung bedurften, lässt erkennen, wie fest das Muster des Umweltskandals inzwischen etabliert war. Charakteristisch ist zudem, dass das Thema noch einige Zeit virulent blieb. Einen Monat nach dem Brand prangten auf dem SPIEGEL-Titel ein giftgrüner Rhein und ein unvorteilhaftes Porträt des seit wenigen Monaten amtierenden Bundesumweltministers Wallmann, der als »Kohls Weichmacher« bezeichnet wurde.[94]

Die Frankfurter Allgemeine Zeitung schien sich zunächst vom skizzierten Muster zu lösen. Trotz eines detaillierten Berichts über potenzielle Gesundheits- und Umweltschäden durch den Sandoz-Brand[95] druckte sie unmittelbar nach dem Unfall keine Warnungen vor dem Risikopotenzial deutscher Chemieanlagen. Obwohl die ökologischen Folgen tragisch seien, war Sandoz nach Ansicht der Frankfurter Allgemeinen Zeitung vor allem ein Schweizer Unglück, das nicht auf Deutschland übertragbar sei.[96] Während die Zeitung ausführlich die Folgen der Giftwelle in Deutschland und den Vertrauensverlust der Chemieindustrie in Basel dokumentierte, ging sie auf die Verseuchung des Rheins durch die Chemieproduktion im eigenen Land nicht ein.[97] Das Gleiche galt für ihre Berichterstat-

---

89 Vgl. *Robert Leicht*, Überall Gift, in: Die ZEIT, 28.11.1986, S. 1; vgl. hierzu auch: Neues Chemieunglück: Wieder Giftalarm am Rhein, in: Die ZEIT, 28.11.1986, S. 8.
90 »Das Tschernobyl der Wasserwirtschaft«, in: Der SPIEGEL, 10.11.1986, S. 161.
91 Vgl. »Wir sollten aufwachen und überlegen«, in: Der SPIEGEL, 17.11.1986, S.139–141.
92 Ebd., S. 151.
93 *Fritz Vahrenholt*, Wieviel Sicherheit ist sicher genug?, in: Der SPIEGEL, 17.11.1986, S. 150.
94 Der SPIEGEL, 1.12.1986.
95 Vgl. *Dieter Wenz*, Feuerbälle, Gestank, Katastrophenalarm, in: Frankfurter Allgemeine Zeitung, 3.11.1986, S. 7.
96 Vgl. Deutsche Chemie schließt Sandoz-Unfall aus, in: Frankfurter Allgemeine Zeitung, 11.11.1986, S. 15; Schärfere Umweltschutzgesetze gefordert, in: ebd., 17.12.1986, S. 4.
97 Vgl. Durch die Rheinvergiftung in Basel Wassernotstand in Rheinland-Pfalz, in: Frankfurter Allgemeine Zeitung, 10.11.1986, S. 7; *Wolfram van den Wyenbergh*, »Geben sie doch zu, daß sie auch mal hilflos sind«, in: ebd., 11.11.1986, S. 7; vgl. hierzu auch: *Dieter Wenz*, Die Basler fühlen sich wie auf einem Pulverfaß, in: ebd., 27.11.1986, S. 3; *Caroline Möhring*, Wird der Rhein sich je selbst reinigen können?, in: ebd., 12.11.1986, S. 9.

tung über die Reaktionen deutscher Politiker: Über Initiativen der Opposition zur schärferen Regulierung der Industrie wurde nur unkommentiert berichtet.[98] Stattdessen druckte die Zeitung am 13. November einen Bericht über die hohen Brandschutzvorkehrungen bei Hoechst.[99] Ein Leserbrief verstieg sich gar zu der Warnung, dass Sandoz »hochwillkommenes Wasser auf die internationalen Mühlen radikaler Chemiefeinde und Öko-Jakobiner« liefere.[100] Der einzige Bericht, der die schon vor Sandoz hohe Chemiebelastung des Rheins erwähnte, ging nur beiläufig darauf ein.[101]

Interessanterweise näherte sich die Frankfurter Allgemeine Zeitung jedoch wieder an die konsensuale Lesart an, als die Katastrophe in einer gewissen zeitlichen Distanz lag. Vier Monate nach dem Unglück fragte sich die Zeitung: »Wie tief sitzt der Schock von Schweizerhalle wirklich?«[102] Nach Sandoz habe sich bei Chemiekonzernen die Einsicht durchgesetzt, »daß die Wiedergewinnung des Vertrauens [...] von der Glaubwürdigkeit ihres umweltpolitischen Verhaltens abhängt«.[103] Ein anderer Artikel berichtete über ein von der Chemieindustrie im Mai 1987 ausgerichtetes Symposium, das eingestand, dass Brandrisiken auch in deutschen Chemiefabriken sehr real seien. Auch hier wurden die Beteuerungen der Industrie referiert, aus der Sandoz-Katastrophe gelernt zu haben, was zumindest implizit die Bedeutung des Ereignisses und die Legitimität von Konsequenzen anerkannte.[104] Eine ausführliche Darstellung der durch Sandoz offenbar gewordenen Risiken in Deutschland erschien schließlich ein Jahr nach dem Brand.[105]

Wie Nils Freytag in seiner Analyse der Schweizer Fernsehberichterstattung über das Sandoz-Unglück gezeigt hat, war Seveso 1986 auch in der Schweiz zu einem Referenzpunkt für europäische Chemiekatastrophen aufgerückt.[106] So verglich der Schweizer Bundespräsident Alphons Egli die Ereignisse ausdrücklich mit dem inzwischen zehn Jahre zurückliegenden Unfall der ICMESA. Tenor der von Freytag untersuchten Schweizer Berichterstattung war der Vertrauensverlust vieler Schweizer in die gesamte Chemiebranche. Ähnlich wie in Deutschland wurde Sandoz nicht als alleinstehendes Unglück interpretiert, sondern in eine Traditionslinie des Risikos gestellt, die mit Seveso ihren Anfang genommen hatte. Ein gemeinschaftlicher Beitrag von DRS aktuell, Rundschau und Zeitspiegel über den Brand von Schweizerhalle endete mit der suggestiven Frage: »Morgen?«[107] Ein besonderer Trumpf der visuellen Berichterstattung über das Sandoz-Unglück waren vor allem die ausdrucksstarken Bilder des blutroten Rheins und der toten Fische. Die Bilder stellten einen klaren kausalen Zusammenhang zwischen der chemischen Verseuchung des Rheins, die den Fluss rot gefärbt hatte, und den Auswirkungen dieser Stoffe auf die Fauna des Flusses her.[108]

Zu den politischen Konsequenzen des Sandoz-Unglücks in Deutschland gehörten eine Verschärfung und Ausweitung der Störfallverordnung und ein neues Umwelthaftungsge-

---

98 Der umweltpolitische Streit spitzt sich zu, in: Frankfurter Allgemeine Zeitung, 12.11.1986, S. 4.
99 »Nach menschlichem Ermessen unmöglich«, in: Frankfurter Allgemeine Zeitung, 13.11.1986, S. 37.
100 *Kurt Dannhäuser*, Fragen an Sandoz, in: Frankfurter Allgemeine Zeitung, 15.12.1986, S.9.
101 Plötzlich waren die Wasserflöhe tot, in: Frankfurter Allgemeine Zeitung, 12.11.1986, S. 10.
102 *Wolfram van den Wyenbergh*, Wie tief sitzt der Schock von Schweizerhalle wirklich?, in: Frankfurter Allgemeine Zeitung, 6.3.1987, S. 7.
103 Ebd.
104 *Caroline Möhring*, Alles, was brennbar ist, brennt auch eines Tages, in: Frankfurter Allgemeine Zeitung, 29.5.1987, S. 10.
105 Vgl. Strahlen und Gift – Risiken des Fortschritts, in: Frankfurter Allgemeine Zeitung, 28.11.1987, S. 13.
106 *Freytag*, Der rote Rhein.
107 Zit. nach: ebd.
108 Vgl. ebd.

setz für Verschmutzer.[109] Auf internationaler Ebene wurde auf Vorschlag der Internationalen Kommission zum Schutz des Rheins ein Aktionsprogramm aufgelegt, das die nachhaltige Besserung der Wasserqualität und eine Erhöhung der Fischbestände bezweckte.[110] Auch der Katastrophenschutz entlang des Rheins wurde neu koordiniert.[111] 1996 wurde zudem eine zweite sogenannte Seveso-Richtlinie erlassen, die die Erfahrungen des Sandoz-Unglücks berücksichtigte.[112] Die politischen Reaktionen auf mehreren Ebenen spiegelten den medialen Konsens. Keines der Organe versuchte, die Schwere der Rheinverschmutzung herunterzuspielen, und alle nutzten die Katastrophe von Seveso als Referenzpunkt. Die Einstufung von Sandoz als Umweltskandal war lagerübergreifend.

VII. UMWELTSKANDALE ALS MUSTER UND ERWARTUNG

Im Jahr 1986 veröffentlichte Ulrich Beck sein Buch »Risikogesellschaft«, das die Debatte über großtechnische Gefahren innerhalb und außerhalb der Wissenschaft maßgeblich prägte.[113] Vor dem Hintergrund der beschriebenen medialen Berichterstattung wird sichtbar, wie sehr sich Beck in seiner Diagnose an bereits bestehende Interpretationsschemata anlehnte: die Unentrinnbarkeit der Gefahr, die geografische Entgrenzung, die organisierte Unverantwortlichkeit von Experten, Industriemanagern und Behörden – all dies hatte sich seit Seveso zu einem lagerübergreifenden Muster entwickelt. Es steht zu vermuten, dass ein erheblicher Teil der ökologischen Expertenkritik über solche Skandale popularisiert worden ist. Bis heute fällt es Journalisten schwer, Dioxin zu erwähnen, ohne das Attribut »Seveso-Gift« zu verwenden, selbst wenn die Kontamination – wie im Jahr 2011 – vergiftetem Futtermittel entstammt.[114] Das Wort »Chemie« wurde von der neutralen Bezeichnung einer wissenschaftlichen Disziplin zu einem anklagenden Begriff, erkennbar etwa an einem SPIEGEL-Titel von 1978 über »Chemie in der Landwirtschaft«.[115] Auch in diesem Bericht fiel das Wort »Seveso«.[116]

Die Folge von Ereignissen definierte jedoch nicht nur Muster der Katastrophen- und Gefahrenwahrnehmung, sondern auch Deutungshoheiten. Nicht Umweltverbände oder Betroffene bestimmten das Skandalon, sondern Vertreter der Medien, eine Rolle, die insbesondere beim Waldsterben prägnant zutage trat. Damit veränderte sich die Rolle des ökologischen Protests: Während Demonstrationen beim Atomkonflikt noch genuiner Ausdruck öffentlichen Unmuts waren, entwickelten sie sich in den 1980er Jahren zu Ereignissen, die auf möglichst große mediale Wirkung abzielten – auch wenn nicht alle Verbände in dieser Beziehung so weit gingen wie Greenpeace und Robin Wood. So sehr Umweltverbände und die Partei »Die Grünen« Gewinner des Bedeutungszuwachses ökologischer Themen waren, so wenig waren sie doch in den 1980er Jahren Herren des Diskurses.

Interessanterweise ging die zunehmende Beachtung ökologischer Skandale mit einer wachsenden Offenheit des Bezugsrahmens einher. Anders als der Atomkonflikt lag die mit Seveso beginnende Tradition des ökologischen Skandals jenseits des politischen Streits: Wenn Politiker wie Walter Wallmann nach Sandoz in Bedrängnis gerieten, dann ging es

---

109 Vgl. *Hofmann*, Lernen aus Katastrophen, S. 339–341.
110 Vgl. *Nikolai A. Behr*, Die Entwicklung des Rheinschutz-Regimes unter besonderer Berücksichtigung des Sandoz-Unfalls vom 1. November 1986, München 2002, S. 111–112.
111 Vgl. *Cioc*, The Rhine, S. 182–185.
112 Vgl. Seveso II Richtlinie: Richtlinie 96/82/EG.
113 *Ulrich Beck*, Risikogesellschaft. Auf dem Weg in eine andere Moderne, Frankfurt am Main 1986.
114 Themenseite »Dioxin«, URL: <http://www.spiegel.de/thema/dioxinskandal_2011/> [19.2.2012].
115 Der SPIEGEL, 30.10.1978.
116 Ebd., S. 90.

dabei nicht mehr um weltanschauliche Fragen wie bei der Atomkraft. Die gängige Klage über schwindendes Vertrauen und der Ruf nach strengerer Aufsicht darf nicht verdecken, dass der politische Überbau im Schwinden begriffen war; selbst Helmut Kohl, ein Jahrzehnt lang Referent beim Industrieverband Chemie in Ludwigshafen und auch als Kanzler der chemischen Industrie eng verbunden, schürte nach Sandoz die öffentliche Entrüstung.[117] In bemerkenswerter Parallelität zum Aufstieg der Grünen ist somit eine wachsende Unverbindlichkeit politischer Konnotierungen festzustellen. Umweltskandale wurden in der Bundesrepublik nach Seveso mehr und mehr zu einem Konsensthema, dessen Bewertung in den verschiedenen politischen Lagern nur in Details und Tonlage variierte.

Insofern verschränkten sich im Diskurs über großtechnische Gefahren Politisierung und Entpolitisierung auf nur scheinbar widersprüchliche Weise. Einerseits wurde ein Aufgabengebiet, das zuvor von der Aura des Technisch-Unpolitischen umweht wurde, seit Seveso in das Zentrum der öffentlichen Aufmerksamkeit gerückt und mit emotional besetzten Begriffen aufgeladen. Andererseits verloren klassische politische Konfliktlinien an Relevanz: Wer nach dem Sandoz-Feuer die Chemieunternehmen attackierte, musste sich keine Sorgen mehr machen, damit Stamokap-Reflexe zu bedienen. Die Umweltdebatte machte scharfe Kritik an Großkonzernen salonfähig, entband sie jedoch ihres potenziell systemgefährdenden Potenzials. Was in den 1970er Jahren noch als Kryptomarxismus gegolten hätte, regte in der Umweltdebatte spätestens seit Mitte der 1980er Jahre nur noch wenige auf. Die »Radikalisierung der öffentlichen Meinung«, vor der die Frankfurter Allgemeine Zeitung in den 1970er Jahren gewarnt hatte, war tatsächlich eingetreten, und kaum jemand schien sich daran zu stören.

Die Chronologie der Umweltskandale liegt quer zu gängigen Periodisierungen der 1970er und 1980er Jahre, und das scheint durchaus charakteristisch für ökologische Themen zu sein. Seveso fiel ziemlich genau in die Mitte der sozial-liberalen Koalition, Sandoz geschah kurz vor der ersten Wiederwahl Helmut Kohls, mithin also in Zeiten, die in anderer Hinsicht gerade nicht Zäsuren waren. Es wäre vielleicht kurzsichtig, dies allein mit der inhärenten Zufälligkeit jeder an Katastrophen orientierten Chronologie zu erklären. Beide Ereignisse markieren nämlich grundlegende Veränderungen der Umweltdebatte. Um die Mitte der 1970er Jahre löste sich die Umweltbewegung von ihrer Tradition der Staatsnähe und wurde zu einer unabhängigen, aufmüpfigen Kraft, wie sich in einer wachsenden Zahl von Bürgerinitiativen und der Gründung grüner Parteien niederschlug. Dieser Umbruch näherte sich 1986 dem Ende: Diskurse, Verbände und Strukturen konsolidierten sich im bundesdeutschen Rahmen, während zugleich mit dem Montreal-Protokoll zur Bekämpfung des Ozonlochs und der wachsenden Rolle der Europäischen Union die Internationalisierung der Umweltpolitik begann. Insofern spiegelt die hiesige Chronologie den Status des Ökologischen als eines alternativen politischen Felds, das gleich einem System kommunizierender Röhren gerade dann boomte, wenn die Entwicklungen in anderen Feldern stagnierten.

Schließlich ist bemerkenswert, dass Umweltskandale im europäischen Ausland ohne erkennbares Zögern auf die Bundesrepublik bezogen wurden. Diese Bezugnahmen führten allerdings nicht zu einer transnationalen Vernetzung der Bewegungen oder einem wachsenden Interesse an den Umweltpolitiken des Auslands. Vielmehr wurden die Umweltskandale des Auslands in die bundesdeutsche Innenpolitik importiert und die Konsequenzen in diesem Kontext diskutiert. Ansprechpartner waren stets bundesdeutsche Akteure: Die Globalität der ökologischen Krise wurde so im Referenzrahmen der Bundesrepublik verhandelt, ein Paradoxon, das erst vor dem Hintergrund der neueren Globalisierungserfahrung so recht augenfällig wird. Die prononciert bundesdeutsche Konturierung der Umweltdebatte, die sich in den 1980er Jahren entwickelte, war nicht zuletzt das Produkt internationaler Umweltskandale.

---

117 Wallmann: Ein Minister wird vorgeführt, in: Der SPIEGEL, 1.12.1986, S. 24.

Larry Frohman

»Only Sheep Let Themselves Be Counted«[*]
Privacy, Political Culture, and the 1983/87 West German Census Boycotts

2010/11 was census time for the United Nations and its member countries, and in Germany preparations for the May 2011 census went off without any major disruptions.[1] This stands in stark contrast to the situation in the 1980s, when opposition to the planned 1983 census brought about a wave of protests, a legal challenge that led the country's Federal Constitutional Court to overturn the census law in the name of a new constitutional right to privacy, and then in 1987 a second wave of protest directed against a revised census law.

Although the law authorising the census had been approved in March 1982 without controversy[2], in January and February 1983 a nationwide boycott movement seemed to appear from nowhere. Initially, at least, the Kohl administration, which assumed power in March of that year in coalition with the FDP, regarded the boycott more as a matter of concern for the police than for the political system and failed to realise that opposition to the census was not limited to a fringe of anarchists, *Autonome*, communists, and Greens. In fact, there was substantial opposition to the census among the supporters of all three of the established political parties. A study undertaken for the Federal Ministry of the Interior in fall 1983 showed that 45 % of the entire population disagreed with the statement that everyone should complete the census form; the rate for supporters of the liberal FDP was 27.5 % and for the conservative CDU/CSU a surprising 30.7 %. Half of the people questioned opposed the census because they feared the misuse of their information; the rate was 31.4 % among FDP supporters, 40 % among CDU/CSU supporters, 60 % among SPD supporters, and a whopping 92 % among supporters of the Greens.[3]

Rather than taking to the streets, liberal and conservative adherents of the established political parties turned to the courts for redress, and two weeks before the scheduled start of the census the country's Federal Constitutional Court (the »Bundesverfassungsgericht«) – in a move that dumbfounded the administration – issued a temporary injunction blocking the census. In its final ruling on the matter in December 1983, the Court con-

---

[*] The title is taken from: Die Grünen, Nur Schafe werden gezählt, 1987, Archiv Grünes Gedächtnis (AGG), Berlin, B. II. 1, Nr. 2522. I would like to thank Maja Stadler-Euler and Gisela Wild for consenting to an interview (23. November 2009) and for granting me access to their papers relating to the census decision. Also, I found many of the newspaper stories that are cited according to their proper publication data in the Pressearchiv of the »Otto-Suhr-Institut« in Berlin. Part of the research for this essay was funded by DAAD. I would like to thank Young-sun Hong for her constant stream of constructive criticism. I would also like to thank Bob Moeller, Holger Nehring, and Carola Sachse for their comments and suggestions.

[1] In July 2010 the »Arbeitskreis Vorratsdatenspeicherung« filed a complaint with the »Bundesverfassungsgericht« asking that the census be stopped. However, the court declined to accept the case for review. See URL: <http://wiki.vorratsdatenspeicherung.de/images/VB_Zensus_anonymisiert.pdf>, and URL: <http://www.bundesverfassungsgericht.de/entscheidungen/rk20100921_1bvr186510.html> [both 27.10.2010].

[2] To be more precise, the census, which had originally been planned for 1981, had been delayed for two years by disagreements over how to reduce its total cost and how burdens were to be distributed between the federal states and the federal government. But no one had challenged the census in principle.

[3] The survey by ipos/Institut für praxisorientierte Sozialforschung can be found in Bundesarchiv Koblenz (BAK), B 106, Nr. 115173.

cluded that parts of the planned census violated the right to privacy, or what it called the right to »informational self-determination« (*informationelle Selbstbestimmung*), implicit in the country's constitutional commitment to human dignity and the free development of the individual personality. The decision, however, did not mark the end of the matter. While the Kohl administration immediately set about drafting a new census law that would meet the conditions set by the Court, it continued to disparage the privacy concerns that had motivated the 1983 protests and to insist on conducting a traditional *Totalerhebung* – that is, a count in which census takers are charged with seeking out and documenting every person residing within an assigned geographical area. This position limited the possibilities of constructive dialogue with a mistrustful public and ultimately led to a second boycott of the census, which had been rescheduled for May 1987. This second boycott was a bitter, highly contentious affair that dragged on for a year as protesters struggled to get their message out and defend themselves against a state that regarded the boycott as a virtual terrorist challenge to its authority.

Why did the census become the object of such controversy, and how did the boycott and the census decision of the Federal Constitutional Court alter the political culture of the Federal Republic? Virtually nothing has been written on the topic since the 1980s.[4] The boycotts themselves are mentioned only in passing in both the growing historical literature on the 1980s and the vast literature on new social movements, despite the fact that they present abundant fodder for sociological theorising. And, in contrast to the extensive legal commentary on the census decision, a historical analysis of the Court's reasoning in that decision has yet to be written.[5]

Although the country's first privacy protection (*Datenschutz*) laws had been passed in the 1970s, awareness of these laws and concern about the ways in which technological change were endangering personal privacy had, by and large, remained restricted to a body of experts in government and academia. What the census protests did was to set in motion a rapid learning process that, within a matter of months, made privacy, that is, control over the collection and use of personal information, into one of the central political issues of the 1980s and beyond. Aside from the fact that only in the past few years have the 1980s become the object of historical study, one of the reasons for this neglect is that the census was both the object of protest and focal point for a set of related concerns that, until that point, had largely remained unarticulated[6], and in the pages that follow I would like to make four main arguments concerning the census, personal information, the impact of the new information technologies and the census decision on civil liberties, and the historical significance of the boycott movement.

First, the boycotts are as much a part of the history of the present as an attempt by the successors of the New Left to master the country's unmastered NS past. The most important interpretation of the boycotts was formulated by Götz Aly und Karl-Heinz Roth in »Die restlose Erfassung«. In this volume, which was researched and written during the first round of the boycott and which exerted a pervasive influence on public thinking about the census, Aly und Roth argued that the various population technologies employed by

---

4 *Matthew Hannah*, Dark Territory in the Information Age. Learning from the West German Census Controversies of the 1980s, Ashgate 2010, is the only notable exception. But see also *Nicole Bergmann*, Volkszählung und Datenschutz. Proteste zur Volkszählung 1983 und 1987 in der Bundesrepublik Deutschland, Hamburg 2009.
5 The most recent major study is *Marion Albers*, Informationelle Selbstbestimmung, Baden-Baden 2005.
6 See, for example, *Freimut Duve*, Katalysator gegen den Orwell-Staat, in: *Jürgen Taeger* (ed.), Die Volkszählung, Reinbek 1983, pp. 25–30, esp. p. 26; Zwölfter Tätigkeitsbericht des Hessischen Datenschutzbeauftragten, 19.1.1984, p. 6, Hessischer Landtag, Drucksache 11/473, and *Wilhelm Steinmüller*, Der aufhaltsame Aufstieg des Geheimbereiches. Vom Verfassungsstaat zum Sicherheitsstaat, in: Kursbuch 1979, No. 56, pp. 169–198.

the Nazis played a central role in the implementation of their racial policies. They left no doubt that, in the hands of the bureaucrats who continued to shape government policy and practice, the census remained an instrument of social control and that the boycott remained the only line of defence against the creeping authoritarianism of a state that had learned little from the Nazi past.[7] On the other hand, Andreas Wirsching has argued in his recent »Abschied vom Provisorium« that the parallels drawn by the census opponents between the Nazi regime, the spectre of an Orwellian Big Brother, and the role of the census in the Federal Republic were »occasionally plausible, but frequently inadequate«.[8] In this work Wirsching views the new social movements of the 1980s as a defensive reaction to the structural changes in economic and cultural life since the beginning of the 1970s, and he argues that the more limited support for the 1987 boycott can be attributed to the emergence of a new, neo-liberal social formation, which embraced the new technologies as a solution to the economic problems of the previous decades and – gradually – as a means of personal self-realisation.

I will return below to Wirsching's claim that the critical attitude towards the new information technologies on the part of the census protesters was the product of a specific, historically-limited constellation. Here I would like to point out that, despite their opposing conclusions, both Aly/Roth and Wirsching measure the legitimacy and significance of the boycotts against the parallels that the protesters drew with the ›Third Reich‹. However, viewing the boycotts through the lenses of the Nazi past obscures other, more important factors that have not been the object of sustained analysis. In the 1970s and 1980s Germany was – after the United States and possibly Japan – the most technologically advanced country in the world. Without denying that the boycott was shaped by the memory of Nazi rule, I will argue that the protests were much more directly influenced by the new information technologies (that is, computers, databases, and the cable networks and telecommunication systems through which they were linked), which had been widely introduced in the public and private sectors since the late 1960s, and that the rhetoric of totalitarianism and surveillance only acquired its specific resonance in relation to these technologies and the disciplinary effects to which they gave rise.[9]

---

7 *Götz Aly/Karl-Heinz Roth*, Die restlose Erfassung. Volkszählung, Identifizieren, Aussondern im Nationalsozialismus, Berlin 1984; translated as: The Nazi Census. Identification and Control in the Third Reich, Philadelphia 2004. In the preamble to the second edition (2000), Aly and Roth claim that subsequent research has substantially confirmed their description of the ways in which these population technologies were implicated in the »Final Solution«. However, *Gudrun Exner/Peter Schimany*, Amtliche Statistik und Judenverfolgung. Die Volkszählung von 1939 in Österreich und die Erfassung der österreichischen Juden, in: GG 32, 2006, pp. 93–118, suggest that census data could not have played as great a role as Aly and Roth claim because this data was largely outdated even before the census could be completed and the results collated.
8 *Andreas Wirsching*, Abschied vom Provisorium. Die Geschichte der Bundesrepublik Deutschland 1982–1989 / 90, München 2006, pp. 393–398, citation p. 398 (all translations by the author).
9 The works that most influenced the understanding of these technologies and the dangers they posed were *Peter Brödner/Detlef Krüger/Bernd Senf*, Der programmierte Kopf. Eine Sozialgeschichte der Datenverarbeitung, Berlin 1981; *Monika Binas/Burckhard Kretschmann* (eds.), Das Datennetz. Computer bedrohen die Freiheit, Heidelberg 1983; *Rudolf Lindner/Bertram Wohak/Holger Zeltwanger*, Planen, Entscheiden, Herrschen. Vom Rechnen zur elektronischen Datenverarbeitung, Reinbek 1984; *Herbert Kubicek/Arno Rolf*, Mikropolis. Mit Computernetzen in die »Informationsgesellschaft«, Pläne der Deutschen Bundespost, wirtschaftliche Hintergründe, soziale Beherrschbarkeit, technische Details, Berlin 1986, and *Joseph Weizenbaum*, Computer Power and Human Reason. From Judgment to Calculation, San Francisco 1976 (German translation 1978). For an attempt to quantify West Germany's position in the global market for information technology, see Informationstechnik. Konzeption der Bundesregierung zur Förderung der Mikroelektronik, der Informations- und Kommunikationstechniken, Deutscher Bundestag, 10. Wahlperiode, Drucksache 10/1281.

Second, not only were the privacy laws and the census boycotts a response to technological change. The post-war welfare state represented an immense engine for taming the contingencies of industrial society, and social planning was the technology through which this goal was to be achieved.[10] But the deepening of the welfare state, the enthusiasm for social planning, and the increasingly reflective approach towards the management of large-scale social processes in West Germany from the 1960s into the 1980s gave rise to an unquenchable thirst for personal information to support the statistical construction and administrative management of the population. I would also argue that the opposition to the surveillance state that crystallised around the census represented a delayed reaction to the expanded collection and use of personal information by a welfare state that was coming to understand the growing number of problems that it faced, including both social problems and crime and terrorism, in terms of the languages of risk, (in)security and prevention. While most social theorists used the term »information society« to describe the ways in which new technologies were altering work processes and firm structures (and to analyse the social effects of these changes), social planners, technocrats in business and government, and protesters were more keenly attuned to the productivity and power of information itself.[11] As one of the earliest works on information and privacy in Germany explained in the cybernetic vocabulary that was so popular at the time, »information rules our entire life and cannot be thought away without destroying the foundation for progress, the economy, the state, and individual citizens. Society is itself virtually constituted by information« (»Gesellschaft wird durch Information geradezu erst konstituiert«).[12] This information was, as Interior Minister Gerhart Baum explained in 1979, necessary for the functioning of the modern »information and communication society.« Although information could not make modern industrial society less complex, »concrete facts can, however, render the fog of complexity more transparent and controllable.«[13] The recent literature on social planning has emphasised the precipitous disintegration of the social-liberal planning project in the very years of its seeming triumph.[14] However, although this may hold true for comprehensive macro-level social planning, planning did not so much collapse as retreat into the interstices of public and private bureaucracies and mutate into other, less visible forms, and expanded access to individual data on the clientele of the vast German social administration remained central to its functioning.

---

10 On the dynamic of risk, information, and contingency, see *Ulrich Bröckling*, Vorbeugen ist besser... Zur Soziologie der Prävention, in: Behemoth 1, 2008, pp. 38–48.
11 The concerns of the present essay are generally not addressed in the literature on »Wissensgeschichte« and the »Wissensgesellschaft«. For an introduction to the contemporary debate on the information society and its connections to the question of privacy, see Hessische Landesregierung (ed.), Informationsgesellschaft oder Überwachungsstaat. Strategien zur Wahrung der Freiheitsrechte im Computerzeitalter, Symposium der Hessischen Landesregierung, 2 Vol., Opladen 1986.
12 *Wilhelm Steinmüller/Bernd Lutterbeck/Christoph Mallmann* et al., Grundfragen des Datenschutzes. Gutachten im Auftrag des Bundesministeriums des Innern, Juli 1971, p. 35, Deutscher Bundestag, 6. Wahlperiode, Drucksache, 6/3826.
13 In an address to the Deutscher Bundestag, 29.11.1979, Hessisches Hauptstaatsarchiv (HHStA), Wiesbaden, Abt. 502, Nr. 5570b.
14 The literature on social planning has grown rapidly in recent years. See *Gabriele Metzler*, Konzeptionen politischen Handelns von Adenauer bis Brandt. Politische Planung in der pluralistischen Gesellschaft, Paderborn 2005; *Matthias Frese/Julia Paulus/Karl Teppe* (eds.), Demokratisierung und gesellschaftlicher Aufbruch. Die sechziger Jahre als Wendezeit der Bundesrepublik, Paderborn 2003, and *Michael Ruck*, Ein kurzer Sommer der konkreten Utopie – Zur westdeutschen Planungsgeschichte der langen 60er Jahre, in: *Axel Schildt/Detlef Siegfried/Karl Christian Lammers* (eds.), Dynamische Zeiten. Die 60er Jahre in den beiden deutschen Gesellschaften, Hamburg 2000, pp. 362–401.

The expanded collection of personal information was a historical innovation. It altered established relations between the citizen and the state, as well as those between individual citizens. If we analyse the language of the protesters, we can see that they employed a rhetoric of mistrust, objectification, and instrumentalisation. They were afraid of being digitised (or informationalised), networked, cabled, misplanned, and sold out (*verdatet, vernetzt, verkabelt, verplant,* and *verkauft*). They saw the census (*Volkszählung*) as a forced interrogation of the people (*Zwangsbefragung*) or an inquisition into its soul (*Volksverhör*), as a painful measure being inflicted upon the nation (*Volksquälung*) by a state whose motives were neither clear nor trusted, as a kind of mass snooping program on the part of the government (*Schnüffelaktion*), and as an effort to ferret out the secret thoughts of the citizenry (*Aushorchung*). They feared that they would become »transparent citizens« (*gläserne Bürger*) standing naked and impotent before the gaze of the omniscient and perhaps malevolent »surveillance state« (*Überwachungsstaat*). These concerns antedated the census itself, and the privacy legislation of the 1970s, the boycotts, the census decision, and then the flood of privacy-related legislation that followed across the remainder of the 1980s represented an attempt to assuage these fears and resolve the underlying conflicts by recasting the changing social, political, and informational relations between citizens, the state, and each other in binding juridical form. One of the main landmarks on the intellectual terrain of the 1970s was the debate between Niklas Luhmann and Jürgen Habermas over the nature of sociological systems theory and social communication. I would argue that their work represents an attempt to understand the penetration of public and private bureaucracies and their information collection practices into the pre-existing communicative structures of the life-world and that the analysis below will help us contextualise and historicise their theoretical labours – and thereby move beyond the hermeneutic horizon of the times.[15]

As we shall see in greater detail below, the expanded use of computers to collect and process personal information gave these conflicts an additional dimension. Office machines, punched-card tabulators, and, since the 1950s, computers had been used for routine mass calculations and data processing in such areas as payroll and pensions. However, planning depended on finding ways to use computers to run scenarios that would project developmental trends in a specific domain of social life (population trends, for example) and relate them to parallel developments in other areas (such as public finances, schools, health and social services, technology), which constituted the environment of the first system and whose autonomous needs and effects had to be reflexively incorporated into the planning logic of the primary system.[16] It was this synthetic act that transformed data into information.

One of the first major initiatives of the German government in the informational sphere was a plan to transform the local, manual population registries into a computerised national population information system (based on a proposed national identification number) that was expected to become the primary source of demographic and social information for planning at every level of government. However, not only did this plan generate

---

15 As Spiros Simitis wrote, »the transparency achieved through automated processing creates possibly the best conditions for colonisation of the individual's lifeworld«; *Spiros Simitis*, Reviewing Privacy in an Information Society, in: University of Pennsylvania Law Review 135, 1987, pp. 707–746, citation pp. 733f. Although this article will focus on conflicts with the state over the census, it is important not to lose sight of equally important issues in the private sector. See *Larry Frohman*, Virtually Creditworthy. Privacy, the Right to Information, and Consumer Credit in West Germany, 1950–1985, in: *Jan Logemann* (ed.), Cultures of Credit. Consumer Lending and Borrowing in Modern Economies, Washington 2012, pp. 129–154.

16 For one perspective on this historical moment, see Hessian Minister President *Albert Osswald*, Der soziale Rechtsstaat als Herausforderung, Stuttgart 1974, pp. 35ff.

the initial impulses that led to the privacy legislation of the 1970s. This population information system was quickly co-opted by the police and intelligence agencies, who wished to supplement it with machine-readable, counterfeit-proof identity cards and passports to create a more modern electronic population identification and control system that they felt was necessary to fulfil the primary raison d'être of the state: to provide security against crime and external enemies. However, the proposed use of the 1983 census to correct the local population registries fuelled the belief that the real purpose of the census was less to gather the aggregate statistical information needed for better social planning than to insure that every single member of the population was registered by the state, which would then be in possession of comprehensive, up-to-date, digitised information on the life of each individual citizen and where they could be found. From this perspective, the boycotts need to be seen as a deferred unfolding of the contradictions between the emancipatory intentions underlying the informational and planning policies of the social-liberal era and their unintended disciplinary effects.

The political environment was not favourable to the discursive resolution of these conflicts, and the intense preoccupation with domestic security across the 1970s and the corresponding expansion of state surveillance capacity gave a distinctly German edge to concerns that were, at bottom, similar in all western industrialised countries. The dramatic conflicts between the state and environmental and peace activists in the late 1970s and early 1980s drew their energy from the intense sense of personal, existential affectedness (*Betroffenheit*) on the part of the protesters, and the chasm that separated the world-views of the two parties kept each from recognising the other as a legitimate discursive partner.[17] This political paralysis was theorised by both the left and the right in terms of a crisis of ungovernability.

However, it is important to remember that, at the time of the 1983 census, »1984« lay just around the corner.[18] Concerns about the totalitarian potential of police surveillance touched close to home for many, and, although the widespread fear that the development of this technological and informational infrastructure was accelerating Germany's drift towards an authoritarian surveillance state may in retrospect appear as overly exaggerated, this concern was not taken out of thin air. Since the early 1970s the police and intelligence agencies had been charged with investigating the political loyalties of all applicants for government jobs in order to prevent the leftist enemies of the state from completing their long march through the country's decision-making institutions, and in 1972 the Federal Criminal Police rolled out its new computer system INPOL, which linked the information held by the individual state police forces to form a national police information system. Moreover, during these years the »Innenministerkonferenz« was pushing a plan to expand the authority of the police to collect personal information and take full advantage of the new information technologies at their disposal so as to more effectively prevent,

---

17 Thomas Dannenbaum, »Atom-Staat« oder »Unregierbarkeit«? Wahrnehmungsmuster im westdeutschen Atomkonflikt der siebziger Jahre, in: *Franz-Josef Brüggemeier/Jens Ivo Engels* (eds.), Natur- und Umweltschutz nach 1945. Konzepte, Konflikte, Kompetenzen, Frankfurt am Main 2006, pp. 268–286, and *Gabriele Metzler*, Staatsversagen und Unregierbarkeit in den 70er Jahren?, in: *Konrad Jarausch* (ed.), Das Ende der Zuversicht? Die siebziger Jahre als Geschichte, Göttingen 2008, pp. 243–260.

18 All of these concerns were described at length in *Jochen Bölsche* (ed.), Der Weg in den Überwachungsstaat, Reinbek 1979, which originally appeared as a series of articles: Die neue Welt von 1984, in: Der SPIEGEL, 3.1.1983, pp. 19–30; APuZ 1984, No. 34; and Kursbuch 1981, No. 66, on »die erfaßte Gesellschaft«. For an analysis of this rhetoric, see *Nicolas Pethes*, EDV im Orwellstaat. Der Diskurs über Lauschangriff, Datenschutz und Rasterfahndung um 1984, in: *Irmela Schneider/Christina Bartz/Isabell Otto* (eds.), Medienkultur der 70er Jahre, Vol. 3: Diskursgeschichte der Medien nach 1945, Wiesbaden 2004, pp. 57–75.

rather than just investigate and prosecute, crime. The ideologically polarised and slightly paranoid public mood of the time was brilliantly captured by Heinrich Böll in his 1974 novella »The Lost Honour of Katharina Blum«, which appeared long before the conflict between the RAF and the state reached its bloody high point in 1977. The census boycotts represented the first major public protest against the expansion of state surveillance capacity, and after 1982 the Kohl administration (especially Interior Minister Friedrich Zimmermann) played up the challenge to the constitutional system of the Federal Republic posed by the boycott precisely in order to better profile its own determination to reassert the authority of the state and bring an end to the crisis of ungovernability.

Third, my research on the census boycotts is part of a larger project on surveillance, privacy and personal information in post-war Germany, and the 1983 census decision stands at the centre of that project. James Whitman has recently identified what he sees as a difference in principle between what he sees as two geographically distinct »cultures of privacy«: a continental tradition, which has employed the concept of privacy to extend to a democratic citizenry the sphere of discretion once reserved to the nobility, and an American tradition, which is based on individualist principles and an 18th-century suspicion of state power.[19] In this essay I will argue that the census decision marked the breakthrough into German constitutional thought of something very much akin to what Whitman sees as a distinctly American view of privacy designed to limit the intrusion of the state into the individual private sphere. This defence of privacy against the state and the bureaucratic colonisation of society created a space for collaboration between the liberals who had driven much of the social reform agenda of the Brandt administration and the libertarian sensibilities of the alternative milieu and the new social movements.[20] Moreover, I will show 1. that the court's reasoning in the case relied on the same critical analysis of the impact of the new technologies on individual liberties as that employed by both the protesters and the liberals who challenged the census in court, 2. that the Court provided an explicit constitutional foundation for the privacy protection laws of the 1970s by making the privacy rights of the individual, rather than reason of state or promise of efficiency gains, into the standard against which the authority of the state to collect and use personal information would henceforth have to be measured, and 3. that it did so by basing these rights on a new conception of informational privacy, which was widely perceived as being better attuned to the dangers posed by computers and information technologies than the older sphere theory that had dominated post-war German thinking on privacy.

Fourth, and last, the census decision was a mixed blessing for the protesters because it legitimated their concerns without necessarily eliminating the underlying cause. As a result, although the 1987 census failed in practice to live up to the privacy protections that it promised, protesters were hard put to find firm legal ground for continued opposition. However, there are other important issues beyond these immediate political happenings. Although the census protests are hardly mentioned in the literature on the topic, they should be seen as a logical extension of the culture and concerns of the alternative movements of the 1970s.[21] The centre of gravity of the privacy movement was located within the alternative milieu (with the nascent Green Party and Alternative Lists providing its organisational infrastructure and national coordination), though it also drew support from

---

19 *James Q. Whitman*, Two Western Cultures of Privacy. Dignity versus Liberty, in: Yale Law Journal 113, 2004, pp. 1151–1221.
20 *Wirsching*, Abschied vom Provisorium, pp. 160ff.
21 The boycotts are mentioned exactly once each in *Sven Reichardt/Detlef Siegfried* (eds.), Das Alternative Milieu. Antibürgerlicher Lebensstil und linke Politik in der Bundesrepublik Deutschland und Europa 1968–1983, Göttingen 2010, and *Karl-Heinz Stamm*, Alternative Öffentlichkeit. Die Erfahrungsproduktion neuer sozialer Bewegungen, Frankfurt am Main 1988.

parliamentary liberalism, the institutional defenders of personal privacy (i.e. the federal and state privacy commissioners), and, ultimately, the Constitutional Court itself. Here I would like to suggest 1. that the census boycotts represent one element of a distinct privacy-based social movement comparable in origins, aims and significance to the environmental, peace, and women's movements and 2. that, like these other movements, the census boycotts represented not only a political conflict over the authority of the state, but also a conflict over the nature of politics itself.

The question of privacy figures prominently in all attempts to define the nature of the alternative movement and its relation to mainstream society. In a certain sense, privacy was the sine qua non of the alternative movements. However, the privacy that they staked out for themselves was quite different from that of the niche society postulated for East Germany. Like the broader alternative culture of the 1970s and early 1980s, the census protesters rejected both the established parties and the New Left because they abstracted from, and ultimately neglected, what they perceived to be the genuine needs and desires of the individual. Instead, alternative movements sought to retreat into an informational space where they could revolutionise everyday life and pursue their search for immediacy and authenticity without subordinating their experiences to the distorting, alienating logic of bureaucratic rule – a danger that was epitomised by the intrusion of the census, and with it the police, into the milieu.[22] The pause that followed in the wake of the census decision created an opportunity for the Greens, who had emerged as the ambivalent leaders of a protest movement that they could neither control nor disavow nor provide with a coherent strategy capable of winning broad public support, to think systematically about the ways in which personal information was used to govern in modern society, and the struggle over privacy, personal information and the census played an important, though heretofore overlooked, role in shaping the self-understanding of the Greens across the 1980s.[23] The Greens argued that the collection of personal information by the state and other bureaucratic organisations imposed upon the individual abstract categories that reflected the strategic, technocratic interests of those who controlled the collection process – thereby alienating the individual from his own information, from his sense of identity, and from the possibility of controlling the way that this information was used. The Green response to this problem, as we shall see, was to invert the logic of technocratic governance and argue that information collection by both the public and private sectors had to begin and end with the »real needs and desires« of the concrete individual, who had to be involved in an integral manner in determining what information was to be collected and how it was to be used.

This essay is divided into five sections. The first section sets the stage by describing the privacy issues raised by the 1983 census. In the second section I will argue that the protesters' critique of the surveillance state grew out of their understanding of the normalising, disciplinary effects of the new information technologies and that their arguments represented a direct response to the writings of Horst Herold, president of the

---

22 *Joseph Huber*, Wer soll das alles ändern. Die Alternativen der Alternativbewegung, Berlin 1980, pp. 65 and 77. Huber has rightly argued that this retreat from mainstream political and social life into a more private domain should not be equated with the depolitisation of the movement. But see also his comments on the (mis)fortunes of personal privacy within the alternative milieu itself (pp. 81f.).

23 The ecological concerns that were otherwise so important for the Greens did not figure prominently in their analysis of the census and surveillance. In this respect Andrei Markovits and Philip Gorski are correct in maintaining that the real focus of Green politics was the defense of both the reproductive sphere and individual autonomy in relation to bureaucratic domination. See *Andrei Markovits/Philip Gorski*, The German Left. Red, Green and Beyond, Oxford 1993, p. 153.

Federal Criminal Police (»Bundeskriminalamt«) and the leading advocate for the informationalisation of police work. In the third section I will examine the 1983 boycott and the arguments made before the Federal Constitutional Court in April of that year. In the fourth section will I argue 1. that the oral arguments later that year pivoted around diverging interpretations of the impact of the new information technologies on the constitutional rights of the individual and 2. that the Court's reasoning in the decision largely adopted the account of the disciplinary effects of the new technologies laid out by both the protesters and the liberal complainants in the case. The final section will discuss the aims, organisation, and achievements of the 1987 boycott and then show how the Greens sought to develop an alternative form of statistical knowledge that would avoid the problems caused by the authoritarian, technocratic use of personal information by modern bureaucracies.

I. THE CENSUS

Since the beginning of modern censuses in the late 1700s, a small number of people have always protested that these enumerations represented illegitimate snooping by the state into the private affairs of the citizen. But the first large-scale protest came in 1971, when 30 % of the Dutch population refused to return their census forms (with many others providing patently inaccurate information). The Dutch boycott was inspired by both memories of the nefarious purposes to which carefully-maintained population registry data had been put by the German occupiers and fears of how, in the absence of sufficient privacy protection, the digitisation of census data was enhancing the repressive potential of such vast stores of personal information. The difficulties in establishing adequate privacy protections eventually led to the indefinite postponement of the next census, which was scheduled for 1981.[24]

In Germany, even before the scheduled start of the 1983 census, statisticians were privately worried that similar concerns might lead to organised opposition there.[25] However, the first call to boycott the German census, which was issued in September 1982 by the War Resisters' International, found only limited resonance. The members of this group were incensed by the fact that, although the government was spending hundreds of millions of marks on the census and deemed this data so essential that it permitted substantial civil penalties to be levied on those who refused to provide the required information, the government itself refused to answer questions of such vital importance to the public as the location of nuclear missiles. Asserting a right to such information, the initiative proclaimed – with a concluding rhetorical flourish that was eventually adopted by virtually every group opposing the census – »if the administration remains silent regarding nuclear missiles, then we'll remain silent for peace! Politicians ask – but citizens do not answer!« (»wenn die Regierung für Atomraketen schweigt, schweigen wir für den Frieden! Politiker Fragen – Bürger antworten nicht!«).[26]

---

24 *Hermann Bleich*, Den Holländern steht die Freiheit vor der Statistik, in: Frankfurter Rundschau, 12.4.1983, and: Der gläserne Bürger, in: Der SPIEGEL, 21.2.1983, pp. 104–105. The 2008 Norwegian film »Max Manus: Man of War« contains scenes in which the population registry office is bombed by the resistance and the backup cards stored in a private apartment are destroyed to prevent the Germans from using the files to draft local citizens for military service.
25 Senator für Inneres an den Senator für Finanzen, Durchführung der Volks-, Berufs-, Wohnungs- und Arbeitsstättenzählung in Berlin, 8.11.1981, Landesarchiv Berlin (LAB), B Rep. 004, Nr. 1125.
26 Politiker fragen – Bürger antworten nicht!, Umweltmagazin 1982, No. 6, pp. 35–36, in: LAB, B Rep. 004, Nr. 1121. The Berlin »Verfassungsschutz« characterised the War Resisters' Inter-

But the boycott was really sparked by events in Hamburg. The Hamburg protests grew out of a meeting that held to discuss the dangers of the human resources information systems that were coming into use at the time. Although the census question was introduced into the discussion by a woman who had been summoned to work as a census taker, the participants quickly realised how explosive the issue was. The Hamburg protesters were initially opposed to what they considered to be the »unsocial« effects of the census. Not only would the correction of the population registries on the basis of census information, for example, have flagged people who claimed that they lived in West Berlin in order to avoid the draft, but who actually lived elsewhere. Information on average rents in specific areas for apartments of a certain size would, the Hamburg protesters argued, put landlords in a position to raise rents in the same way that knowledge of wage levels would enable employers to push wages down. If people did not defend themselves, they would be »digitized, cabled, planned, and sold out« (»verdatet, verkabelt, verplant und verkauft«).[27]

Although the rhetorical power of these arguments clearly exceeded their analytical precision, the protest nevertheless took on a life of its own, and commentators used phrases such as snowball, avalanche, and prairie fire to describe the speed at which the boycott movement spread across the country. By the beginning of March, the Hamburg coordinating office counted 400 boycott groups nationwide.[28]

The first question that needs to be asked is why so many people found so many provisions of the 1983 census so dangerous. Not only did it not differ in any significant respect from previous post-war censuses; its scope had even been reduced in comparison to the 1970 census in order to save money, and many of the more intrusive questions had been eliminated.[29] Virtually all of the controversial provisions were contained in § 9 of the census law, which regulated who was to have access to what kinds of census data for what purposes.

Like its 1970 counterpart, the 1983 census law permitted local governments, which were directly responsible for carrying out the census, to compare their population registries with census data and to correct the former on the basis of the latter. The registry correction – in conjunction with the proposed creation of a national population information system – needs to be seen as a major effort to expand the ability of the state to continuously monitor its population across its entire territory.[30] In addition to enabling the state to keep track of its citizens, up-to-date registry data was important because this information was the basis for determining representation in elected bodies at every level of government, calculating federal transfer payments to the states, and a number of other purposes. Since people often failed to notify authorities when they changed their residence and were

---

national as an umbrella group for a number of anarchist organisations. See Senatsrat Magen an die für die Dienstaufsicht über die Statistischen Landesämter zuständigen obersten Landesbehörden, Betr.: Boykott der Volkszählung, 11.2.1983, LAB, B Rep. 004, Nr. 1114. For a brief account of the 1983 boycott, see *Eva Hubert*, Politiker fragen – Bürger antworten nicht!, in: *Taeger*, Die Volkszählung, pp. 254–266.

27 Ibid., pp. 258f.; Volkszählung 1983. Beherrschen Computer das Land? (pamphlet published by those who had attended the December conference); Grün-Alternative-Liste (Hamburg), Volkszählung 83. Die Schaffung des »gläsernen« Menschen, [spring 1983], both in: Archiv des Instituts für Sozialforschung (AIfS), Hamburg, SBe 444, VoBo-Büro Hamburg, Box 1; and Volkszählung? (Reutlingen), AGG, B. I. 1, Nr. 243.

28 *Hubert*, Politiker fragen – Bürger antworten nicht!, p. 260. Der SPIEGEL later reported 500 such initiatives involving tens of thousands of protesters: Ohne Drohgebärde, ohne Angst, in: Der SPIEGEL, 18.4.1983, pp. 17–23, esp. p. 20.

29 BGBl. I, 1982, p. 369, and Deutscher Bundestag, 9. Wahlperiode, Drucksache 9/1068.

30 The »Wohngemeinschaften« and squats remained the last blank areas on the state's map of its own interior. On police efforts to render these dark territories light and legible: *Hannah*, Dark Territory, pp. 16–23 and 68–70.

thus counted in more than one place, the registry count systematically overestimated the size of the population, but it did so in geographically unpredictable ways. Moreover, many people intentionally registered as residents in different places in order to take advantage of both differing approaches to policing the *Berufsverbot* and more lenient unemployment assistance regulations.[31] But the situation was complicated by the fact that, while individuals with more than one residence had in the past been permitted to declare which residence was their primary one, the recently-approved national population registry law required local government to determine primary residence based on criteria laid down in that law. As a result, getting an accurate census count depended on determining legal (rather than actual) residence, and the registry comparison appeared to be the most efficient way of simultaneously carrying out these interrelated tasks.

But this comparison created an obvious potential for abuse. The Munich government, for example, offered census takers a premium for uncovering people who were living in the town without having registered with local officials, and this premium was doubled for unregistered foreigners. In both 1983 and 1987, younger neo-Nazis volunteered as census takers in order to ferret out undocumented aliens, as did some of their unreconstructed elders.[32] And, as noted above, the comparison could have negative consequences for individuals whose truthful answers to census questions did not correspond to registry data. The »Bundestag« tried to sidestep the issue of self-incrimination by stipulating that information obtained from the census could not be used to the disadvantage of the individual. However, it was not at all clear how officials could be expected to ignore their responsibility to enforce the law simply because the knowledge they obtained came through ostensibly confidential census data, and both the protesters and the Federal Constitutional Court quickly saw through this transparent contradiction.[33]

§ 9.2 permitted the federal and state statistical offices to provide individual population census data – excluding name – to federal and state ministries (and to other agencies designated by these ministries) if such information was necessary for the lawful performance of the responsibilities of these ministries. The problem was that excluding the individual's name was hardly a guarantee of anonymity. One of the main points of the protesters was that computers now made it relatively easy to de-anonymise such individual data as long as one had access to a minimal amount of name-based supplemental information that could be compared against census data. In addition, § 9.2 appeared to permit, for example, the Interior Ministry to make census data on every citizen available to the Federal Criminal Police, tax authorities, or the intelligence agencies, that is, to precisely those agencies that had the supplemental data needed to de-anonymise this individual data. This was obviously not the intent of the »Bundestag«, but there was nothing in the wording of the law that specifically prohibited such an action, and this provision led the protesters to characterise the Federal Statistical Office as a potential »data supermarket«, where the most diverse government agencies would be able to freely help themselves to easily de-anonymised census data. Coming as it did only a few years after the massive manhunt for the kidnappers of

---

31 One prominent German professor recently admitted at a conference that at the time he was registered in five different cities in five different federal states for just these reasons.
32 Hamburger Rechtsradikale bieten sich als Volkszähler an, in: Frankfurter Rundschau, 9.5.1987. See the letter from one elderly woman, who volunteered to again work as a census taker not because she valued the premium for uncovering illegal residents, but because doing so lay close to her heart, LAB, B Rep. 004, Nr. 1117. The same issue has recently surfaced with regard to the 2011 census. See URL: <http://www.taz.de/1/politik/deutschland/artikel/1/sachsen-gegen-npd-volkszaehler/> [10.4.2011].
33 Berlin and other cities contemplated circumventing this problem by means of a separate law that would have permitted census takers to have individuals complete a separate declaration of registry data. Senator für Inneres, Senatsvorlage Nr. 1021/82, 10.8.1982, LAB, B Rep. 004, Nr. 1120.

industrialist Hanns Martin Schleyer, census protesters feared that considerations of domestic security might in some future crisis situation tempt the government to abrogate the nominal protections traditionally accorded to census data (as American officials had done to facilitate the internment of Japanese residents during the Second World War).[34]

Lastly, § 9.3 had been the source of constant friction during the drafting of the law because the statistical needs of local government were very different from those of the state and federal governments. Statistical data that had been aggregated across larger geographical areas was of little use to local officials, who governed on a much smaller scale.[35] But while local governments were unhappy about shouldering a large portion of the costs of a census conducted primarily to meet the needs of the federal government, the federal government was reluctant to allow local officials access to individual information with no strings attached because within such a small geographical area it was virtually impossible to maintain the anonymity of such data. The final version of the law permitted local government to obtain name-based individual data for their own statistical analyses and to use individual data – without names – for social planning. However, the absence of adequate safeguards for individual data at the local level led the protesters to portray local census offices as an electronic version of a Nazi block wardens (*Blockwart*).[36]

To make matters even worse, the census forms themselves were designed in such a way as to positively encourage people to believe that their personal information would be misused. Because the questions began on the back side of the sheet identifying the head of household, it was impossible to anonymise the census data before the forms themselves were destroyed (something that had, in case of the 1970 census, taken a full decade). People were also concerned about the eight-digit code printed on the form. Although the code was intended to be used only to monitor paper flow, it could also be used to link individual census data back to the specific individuals named on the paper form, and the absence of explicit regulations governing the anonymisation of data simply encouraged people to think the worst about the government's respect for their privacy.

II. THE BOYCOTT, ROUND I: PRIVACY, THE POLICE, AND THE NEW INFORMATION TECHNOLOGIES

In thinking about Orwell's »1984«, the ›Third Reich‹ was never far from the minds of the protesters. For example, as the Union of German Journalists wrote to the Hessian Interior Minister,

»one need not have a guilty conscience or be a profound pessimist in order to see in a central computer containing information on more than 60 million citizens the utopia of the writer George Orwell glimmering on the horizon a year before 1984. If this information were to fall into the wrong hands, it would, for example, give the political police of a dictatorship a degree of power that Hitler's Gestapo could only have dreamed.«[37]

---

34 Kerstin Brückweh has recently linked similar debates over the British census to immigration reform in that country. *Kerstin Brückweh*, Ein Akt planerischer Notwendigkeit oder »an exercise in applied racism«? Die Produktion von Wissen über ethnische Herkunft in britischen Volkszählungen, in: AfS 50, 2010, pp. 353–371.

35 See the contributions to Verband Deutscher Städtestatistiker (ed.), Statistik im Spannungsfeld der Gesellschaft, Augsburg 1984.

36 Der Blockwart läßt grüßen, in: Die Grünen (Landesverband Hamburg), Unsere Daten selbst schützen – Die Volkszählung boykottieren! (1987), AIfS, SBe 444, VoBo-Büro Hamburg, Box 2, and Die Grünen im Bundestag, Vertrauen zählt. Vernunft boykottiert. Dokumentation Hearing 12.5.87, AGG, B. II. 1, Nr. 3129.

37 Deutsche Journalisten-Union to Hessischer Innenminister Herbert Günther, 23.2.1983, HHStA, 502, Nr. 5573.

Another letter-writer, who characterised himself as disinclined towards the New Left, but who nevertheless preferred to remain anonymous for fear of retribution, pointed out that such collections of personal information were intrinsically dangerous. After all, the Nazis did not come to power carrying with big signs announcing the crimes that they would later perpetrate. »It could be too late much faster than one thinks,« he warned.[38] Aly and Roth provided a scholarly foundation for such analogising, which reached its high – or low – point in 1987, with the characterisation of the census as the »precursor to mass annihilation« (*Vorstufe zur Massenvernichtung*) by the Green parliamentarian Jutta Ditfurth.[39]

People on both sides of the debate conceded that the census questions themselves were more banal than dangerous. However, this very banality created suspicions. It hardly seemed worth staging an entire census to learn whether someone drove or took the subway to work or how a person heated his or her house, especially since the personal information already held by the social insurance funds, hospitals, the police and other agencies was much more sensitive than any of questions asked by the census. On top of all of this, many people were sceptical of the value of census data for social planning because they did not see how, in the absence of the requisite insight and political will, census data would lead to more effective measures to combat the country's social problems. The slogan for the 1983 census was »knowledge for the future« (»Wissen für die Zukunft«). However, in view of all of these manifest inconsistencies, the protesters could only conclude that the official argument that census data was necessary for better social planning was nothing more than a transparent pretext for the complete registration of the population for security purposes. But what was qualitatively new about the census was that it promised to provide the state with up-to-date information on the entire population and to store the information in digital form in a single, central location and in a standardised, easily searchable format.[40] In such a situation, the only way to protect the individual liberties guaranteed by the constitution was to avoid being captured by the registration campaign, that is, to boycott the census. This reasoning culminated in a complex political pun in which the protection of both individual freedom and the constitution itself (*Verfassungsschutz*) depended on protecting oneself against being registered by the state (*Erfassungsschutz*), which, if successful, would make the person visible to, and thus more subject to the control of, the domestic intelligence agency (the »Verfassungsschutz«).

Although such individual information might have enhanced the power of the police, it was less this potential for naked repression than the new information technologies, and the normalising, disciplinary effects to which they gave rise, that hold the key to understanding the protests. As one anti-census pamphlet argued, the growing amount of information available, its concentration in public databases, and the ability to connect all of this data were giving rise to a surveillance state in which every action of each and every citizen – and not just a few anarchists – could be continuously monitored and accessed. According to this pamphlet,

»the greatest danger facing us – to be registered in this way by the security Moloch – lies in simply being different, in not conforming to the norm. This means that the person as an individual can *no*

---

38 Anonymous letter to Hessian Ministerpräsident Holger Börner, 29.3.1983, ibid.
39 Heftiger Streit bei den Grünen über Kampagne gegen die Volkszählung, in: Süddeutsche Zeitung, 27.5.1987. Interior Minister Zimmermann rejected any comparison with the Nazi census as »tasteless«. See also: Wo ist denn die Intimität?, in: Der SPIEGEL, 28.3.1983, pp. 34, 37, 40, 42–43 and 45.
40 Volkszählungsboykott. Informationsmaterial #4, März 1983, AIfS, SBe 444, VoBo-Büro Hamburg, Box 5, and Volkszählung 1987. 10 Minuten, die Sie noch bereuen werden, 7. Aufl., März 1987, AGG, C NRW LaVo/LGSt 01, Nr. 38.

longer move freely, but rather should be forced to conform to normal patterns of behaviour. *It should be possible to determine in advance every one of his actions.*«[41]

In such statements, the innermost kernel of the alternative identity shimmered through. However, as I will argue in the remainder of this section, assertions such as this also need to be understood as an extension of arguments made by privacy advocates at the time and as a reaction against the expanded use of the new information technologies by the police. At the time, the most incisive and influential analyst of such issues was Spiros Simitis, who had been appointed Hessian Privacy Commissioner in 1975.[42] In his writings on the nature of informational power, Simitis explained that both public and private bureaucracies were engaged in a continuous, reflexive planning process in hopes of reducing costs, maximising productivity, and enhancing their effectiveness, a process that had been given a quantum boost by the growing availability of both affordable computing power and digitised transactional data. While the use of the transactional data collected in the course of the everyday administration of social services or payroll systems could facilitate the rationalisation of the work of these organisations, such efforts also made planners aware of the limits of their knowledge, that is, they became aware of what they did not know and what they would need to know about social service recipients or workers in order to be able to plan more rationally. This awareness, in turn, stimulated efforts to gather ever more finely-grained information relating to the relevant individuals and then to develop more sophisticated methods of planning and information processing in order to use the growing amount of information at their disposal to manage processes that were, through this very process, becoming exponentially more complex.[43]

But the same rationalising process that drove this intrusion into, or this increasingly narrow circumscription of, the individual private sphere also gave rise to a second set of normalising effects that has received much less attention, but that is of more direct relevance for understanding the census boycotts. Taking the social administration as an example, Simitis argued that the reduction of costs depended on the intensified surveillance of the individual recipient, that is, on both gaining access to additional information – beyond benefit history – held by other agencies in order to determine all of the circumstances that might have contributed to rendering the person eligible for these services in the first place and then on using this information to continuously monitor the eligibility and behaviour of the individual benefit recipient. Similarly, planning for the optimal deployment of the production factor labour depended on knowledge not only of wage history, but also of training, work history, and other physical and psychological factors that might affect the performance of an individual worker in a specific position, as well as information about the physical demands and possible health dangers posed by the job.

While such surveillance might benefit the individual in various ways, Simitis warned that access to this information would also enable these bureaucracies to make individuals who deviated from established norms into the object of special solicitude and surveil-

---

41 Totale Überwachung. Die neue Welt von 1984 – Info, undated, AIfS, SBe 444, VoBo-Büro Hamburg, Box 5 (emphases in original).
42 The following paragraphs draw on *Spiros Simitis*, Datenschutz: Voraussetzung oder Ende der Kommunikation?, in: Europäisches Rechtsdenken in Geschichte und Gegenwart. Festschrift für Helmut Coing, München 1982, pp. 495–520; *idem.*, Reicht unser Datenschutzrecht angesichts der technischen Revolution? Strategien zur Wahrung der Freiheitsrechte, and *idem.*, Gesetzliche Regelungen für Personalinformationssysteme – Chancen und Grenzen, both in: Hessische Landesregierung (ed.), Informationsgesellschaft oder Überwachungsstaat, pp. 27–48 and 77–99.
43 This same dynamic also operated at the level of macrosocial planning. See *Fritz Scharpf*, Komplexität als Schranke der politischen Planung, in: *idem.*, Planung als politischer Prozess, Frankfurt am Main 1973, pp. 73–113, and *Metzler*, Konzeptionen politischen Handelns, pp. 404ff.

lance, which could very well lead to policies designed to improve, discipline, or discriminate against them: »the more, therefore, that the rationality of the social order is measured against the degree of compliance with pre-formulated administrative expectations, the clearer the manipulative function of data processing.«[44] Not only did this information increase the capacity of these bureaucratic organisations to intervene into the lives of these persons and influence their behaviour. The very awareness of the fact that these information systems could be used in this manner led people to preemptively adapt their behaviour to the norms and expectations of welfare experts and production engineers in order to avoid being labelled as deviant and thus being made the object of preventive normalising intervention. In short, the objective function of these systems was to make the individual into the object of technocratic manipulation, and the ability to represent the individual »without remainder« in such a system would mark, Simitis concluded, »the logical transition to a position in which the individual is regarded only as the object of a sequence of decisions or events that takes place apart from him and without his participation.« This process, Simitis concluded, would culminate only when the individual had internalised these external constraints and come to see them as the path to his own self-realisation.[45]

When census protesters complained about the dangers of *Verdatung*, they were not simply lashing out blindly against a new technology, but were, instead, echoing this academic discourse on the issue, and much of the rhetoric of the census protests must be understood as a response to Herold's claim that computers held the key to more efficient policing and greater security against crime, terror and social deviance. In fact, the pamphlet cited above should be seen as a direct response to a specific passage from one of Herold's essays that was widely cited by the protesters. In that 1980 essay, Herold had explained that

»the unlimited capacity of information processing would make it possible to accompany the individual along each and every step of his life, to continuously compile snapshots, comprehensive pictures, and profiles of his personality, to register, observe, and surveil him in every sphere of life, in all its forms and manifestations, and to keep the information won in this manner ready to hand without the grace of forgetting. The dangers of ›Big Brother‹ are no longer mere fiction. The present state of technology has made them real.«[46]

Of course, the protesters regarded Herold as the quintessential embodiment of those very dangers against which he was trying to warn here. However, Herold's vision of crime prevention and social control in modern society was the touchstone of the boycott in other ways as well. In a controversial, often-cited interview that he gave in 1980, Herold had laid out his conception of the relation between information, information technology, policing, and politics.[47] Herold harboured a classically positivist conviction that all social actions could be understood as the outcome of objective social causes or laws (and he was correspondingly dismissive of those who sought psychological explanations for

---

44 *Simitis*, Reicht unser Datenschutzrecht, p. 42.
45 *Simitis*, Datenschutz: Voraussetzung oder Ende der Kommunikation?, p. 511.
46 *Horst Herold*, Polizeiliche Datenverarbeitung und Menschenrechte, in: Recht und Politik 16, 1980, pp. 79–86, citation pp. 80f.
47 Herold gegen alle – Gespräche mit dem Präsidenten des Bundeskriminalamtes, in: Transatlantik 11, 1980, No. 2, pp. 29–36. I have been unable to obtain a copy of this version of Herold's interview and have relied instead on an unpaginated version that can currently be accessed at URL: <http://www.wikileaks.ch/wiki/Spiegel_and_TransAtlantik_injuncted_article_on_Dr._Horst_Herold,_former_president_of_the_BKA,_1980> [10.4.2011]. Unless otherwise noted, all citations in the following paragraphs refer to this version. On Herold, see *Birgit Seiderer*, Horst Herold und das Nürnberger Modell (1966–1971). Eine Fallstudie zur Pionierzeit des polizeilichen EDV-Einsatzes in der Reformära der Bundesrepublik, in: Mitteilungen des Vereins für Geschichte der Stadt Nürnberg 91, 2004, pp. 317–350.

such phenomena as terrorism). Police files held extensive information on the childhood upbringing, education, family circumstances, and work history of criminals, as well as on the crimes that they had committed. Herold argued that this information represented a unique resource for understanding, and thus combating, the causes of crime. However, he bemoaned the fact that the bulk, dispersal, and diverse formats in which this information was held, as well as resistance by both an uninformed public and traditionally-minded police officials, all combined to prevent the police from fully exploiting the »epistemological privilege« latent in this material in order to uncover those statistical correlations that hinted at underlying social causality:

»First of all, we must be able to analyse [*durchdringen*] the massive amount of data held by the police and link these pieces of information in multiple ways. This can be accomplished by existing technology. This could easily be done if we did not have to struggle against the prevailing data neurosis. I estimate that the German police hold perhaps 15 million criminal files. For ages, now, information has been collected on why people take drugs and why they break into pharmacies to steal them, why people have had abortions and why they do this and that, how they got started on a life of crime, etc. All of this knowledge is simply lying around – only we don't know what we really know. [It is a scandal] that we can not fully exploit this knowledge and combine it to form a picture of society!«

Herold clearly understood how the linkage of digitised data (especially when manual filing systems and the mountains of paper that they generated were replaced by electronic information systems fed by a constant stream of transactional data) could produce new and unexpected kinds of knowledge, as did the protesters[48], and I would like to briefly follow up on this issue before returning to the main thread of Herold's argument in this interview. In the past data that was collected in paper form could only be run through a system once and analysed in limited, predetermined ways; this was certainly the case with the massive data collected by previous censuses, which took years to tabulate. While these limitations had insured a relative degree of anonymity and privacy, the technological leap from the punched cards used to tabulate the 1970 census to the use of computers, digital storage media, and random access memory for the 1983 census promised to bring about a revolution in both the productivity of the personal information gathered through the census and its potential disciplinary power.

To cite one example given at the time, if in the past cash registers had simply multiplied price by quantity sold and added the result to a running total, the electronic cash registers that had already been introduced by the larger chain stores were in reality networked data entry stations that allowed the systems to generate an astonishing array of information on products, customers, and employees. And in his contribution to an important collection of essays and documents on the 1983 census, Johannes Schnepel argued that the introduction of computers had brought about fundamental change in the value of information in comparison with the age of paper records and punched cards. If, in earlier times, the value of any individual piece of information had been diminished by the effort involved in manually locating it and relating it to other pieces of information, the situation was inverted with the introduction of the computer, where the ease of accessing discrete pieces of information, connecting them in multiple ways, analysing the results of these linkages, and then disseminating this information in digital form was leading to an exponential increase in the value of such information. As Schnepel explained, »computers make information into a raw material for the automated mass production of an indeterminate number of new pieces of information.« The possibility of combining data in ways that had not – and could not have – been anticipated at the time when it was originally collected had been identified as one of the chief dangers of electronic data processing

---

48 For a later, influential account of policing as an information production process, see *Richard Ericson/Kevin Haggerty*, Policing the Risk Society, Toronto 1997.

by the architects of the country's privacy protection laws, and this line of reasoning led Schnepel to conclude – in terms that would be taken over almost directly by the Federal Constitutional Court – that

»in the computer age there is no longer any such thing as ›harmless‹ information because the restrictions on the subsequent use and linkages of information are undermined to an ever greater extent by computers and networks. Census data can be connected to information that is already held in [other] data depositories [*Informationssparkassen*] and to information that in the future will certainly be added to them.«

The greater the number of discrete sources of information that could be linked with one another in what Kevin Haggerty and Richard Ericson have called a »surveillant assemblage«, the greater the expressiveness of each individual piece of information. If steps were not taken to limit the use of these technologies, the protesters feared that the digitisation of ever more spheres of social life would bring about what Schnepel described as a »permanent, continuous [*alltäglichen*] census« – his version of the surveillance state.[49]

What distinguished the views of the Social Democrat Herold from more conservative conceptions of the role of police information systems was his belief that the primary purpose of these new technologies was to make repression less necessary, not (simply) to make it more effective, by mining the vast amounts of data available to the police in order to unearth the hidden social causes of crime and deviance that could then be made the object of preventive social policy. This was what Herold called the »social-sanitary« or social diagnostic function of the police.[50] As he explained in one of the most explosive passages in the interview, the mission of the Federal Criminal Police was

»to analytically penetrate the massive amounts of accumulated material concerning all abnormal, deviant forms of behaviour in society [zu allen abseitigen, abweichenden Verhaltensweisen in der Gesellschaft] in order to make rational insights available to society, to correct its own legal system, and to provide instruments for the prevention of crime.«

This passage was cited by the protesters at every opportunity. They regarded Herold's desire to use the new information technologies to identify, and then to eliminate, social deviance as a direct threat, and they linked this fear to the rhetoric of transparency, which Herold employed in this interview and which they bent to their own purposes. For the »taz«, it went without saying that the real purpose of the census was to register the entire population in order to provide the raw data needed for the cybernetic simulation of social processes so that steps could be taken to prevent social unrest. For the newspaper, the root of the problem was that the quality of the available information was declining because the statistics already collected by government agencies were based on the presumed existence of a regularly employed workforce and the reproductive framework of the nuclear family – precisely those institutions that were being most weakened by socio-economic crisis and cultural change. As a result, only a *Totalerhebung* could »make the underground [or subculture, *Untergrund*] transparent,« that is, only a full census could insure »the circumscription and computerised [*datenmäßig*] registration of all of those per-

---

49 *Johannes Schnepel*, Volkszählung und Computertechnologie, in: *Taeger*, Die Volkszählung, pp. 244–249, and *Kevin Haggerty/Richard Ericson*, The Surveillant Assemblage, in: British Journal of Sociology 51, 2000, pp. 605–622. Schnepel's argument here is based on *Johannes Schnepel*, Gesellschaftliche Ordnung durch Computerisierung, Frankfurt am Main 1984.
50 On the Social Democratic vision of domestic security through social reform, see *Albrecht Funk/ Falco Werkentin*, Die siebziger Jahre. Das Jahrzehnt innerer Sicherheit?, in: *Wolf-Dieter Narr* (ed.), Wir Bürger als Sicherheitsrisiko, Reinbek 1977, pp. 189–210, and *Stephan Scheiper*, Innere Sicherheit. Politische Anti-Terror-Konzepte in der Bundesrepublik Deutschland während der 1970er Jahre, Paderborn 2010.

sons whose way of life no longer corresponds with traditional schemata of production and reproduction and who can, therefore, no longer be captured in this manner.«[51]

The fear of the expanded use of information technologies by the police in the war on deviance resonated widely among the census protesters. Many of them had had first-hand experience with investigations of their political attitudes by the police and security agencies in conjunction with applications for jobs in the public sector. Homosexuals felt themselves especially threatened by a computer-enabled war on deviance. As one pamphlet warned,

»let's imagine that the Gestapo had had a tool comparable to modern computer files. Its terror against disagreeable contemporaries – among others, the later pink triangle concentration camp inmates – would have been even more perfect. Let's not make things so easy for the snoops [...]. We gays in particular, who have long been the object of ›pink lists‹, should be especially critical here and join the boycott.«[52]

Most of the imagery produced by the protesters played on either the connections between computers and massification or the ways in which expanded surveillance and the search for social transparency were distorting the process of individual identity formation. But one of the most frequently reprinted images in the first round of the census boycott (Figure 1) was based on a decidedly dystopian reading of the police and the census as vehicles for normalising and disciplining the population. Here, the viewer looks through the legs of a towering soldier or riot policeman, who is identifiable by his fatigues and combat boots. But rather than simply crushing the population like an overweening Leviathan in a display of naked power, the policeman is carefully cultivating the population by using a wide-toothed garden rake to weed out all of those individuals who deviated from prevailing social norms – leaving behind long columns of uniform, anonymous persons with blank, unexpressive faces.

The boycott movement was nothing if not diverse, and not all of the boycotters were focused so closely on the new information technologies. Some on the more Marxist left linked the census directly to the problems of the capitalist state. For example, the Marburg »Bunte Hilfe« maintained that the primary function of the census was »to perfect imperialist economic planning, further secure the preventive, seemingly uninterrupted and ubiquitous surveillance of the entire population, and make possible both more precisely targeted counter-insurgency measures to combat covert struggle and anti-riot plans to put down disturbances«, and the group hoped that the boycotters would come to understand the connection between the struggle against the census and the broader struggle against imperialism.[53] However, despite the appeal of such claims to among the communist and anarchist groups who supported the boycott, the primary object of most of the protests were the new information technologies, not the capitalist state.

---

51 Den Untergrund transparent machen. Volkszählung als Planungsinstrument, in: taz, 12.4.1983, p. 3. The illustration to this story was a map taken from the »Kriminalitätsatlas Bochum«, a computerised analysis of the ecology of crime which was based on the files of the Bochum police and inspired by Herold's earlier work in Nuremberg. *Hans-Dieter Schwind* (ed.), Empirische Kriminalgeographie. Bestandsaufnahme und Weiterführung am Beispiel von Bochum, Wiesbaden 1978.
52 Schwule – Boykottiert die »Volkszählung«!, undated, AGG, B. II. 1, Nr. 3374. Investigations by the privacy commissioners concluded that neither the Federal Criminal Police nor any of the state police forces were maintaining records on homosexuals simply because of their sexual orientation. Helmut Bäumler to Jutta Oesterle-Schwerin, 14.1.1988, AGG, B. II. 1, Nr. 5497.
53 Bunte Hilfe (Marburg), Volkszählung und Kriegsvorbereitung, AIfS, SBe 444, VoBo-Büro Hamburg, Box 5. See also Volkszählung? (Reutlingen, near Tübingen), AGG, B. I. 1, Nr. 243.

Figure 1: »Volkszählungsboykott«, 1983[54]

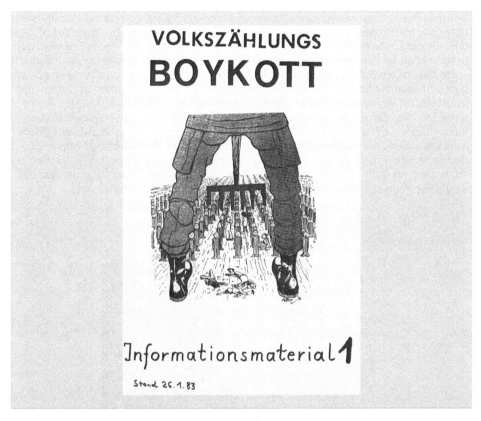

The perceived dangers of digitised census data were intensified by the positive synergies among the various information technologies coming into use at the time. One of the most controversial elements of this assemblage was the new national ID card, which had just received final approval by the »Bundesrat« in February 1983. The card had originally been proposed as a way of facilitating interaction between citizens and various state offices. However, the card took on an entirely different meaning with the intensified concern for domestic security in the 1970s. For the police, the most important advantage of the card – aside from the fact that it was much more difficult to counterfeit than the identification documents then in use – was the fact that it was machine readable: all that a policeman or border guard had to do was to swipe the card through a reader, which was connected via new communications technologies to the national police information system, in order to instantly verify the identity of the person and obtain all other relevant information on the individual. Since the identities of more people could be checked more quickly, the ID card promised to enhance police control over the country's borders and to make their control over the internal territory of the state more intensive and continuous.

But the ID card also had another effect that aroused the concerns of the census protesters. Every time the ID card was swiped, it left behind electronic traces, or »data shadows« (*Datenschatten*) documenting the circumstances of the inquiry. These data shadows were

---

54 This image first appeared on the cover of: Volkszählungsboykott. Informationsmaterial #1, 26.1.1983, AIfS SBe 444, VoBo-Büro Hamburg, Box 5, and AGG, B. I. 1, Nr. 243.

themselves sensitive pieces of information. However, the individual had no knowledge of what information might be recorded in such instances and no control over how it might be used. This transactional data was recorded for every contact, even though the individual may have been completely innocent or, at a minimum, not so strongly suspected of a specific misdeed as to permit the police to target him for investigation. The police were quick to seize upon the new capability – in conjunction with expanded stop-and-search authority – not only to trace the movements of suspect individuals, but also to mine this data in hopes of establishing connections between known suspects and other, as yet unknown individuals. These concerns were reflected in another cartoon (Figure 2), which shows Interior Minister Zimmermann holding up the new ID card. Although he proclaims to what looks to be a dubious journalist that the new ID card hardly has any drawbacks (literally »shadow sides«, *Schattenseiten*), the card casts on the brick wall behind him a shadow that is far larger than the laws of perspective would lead us to expect. This picture perfectly captures both the unknown dangers symbolised by the ID card and the fear that it would become yet another stone in the rising edifice of the surveillance state.

Figure 2: Der neue Ausweis hat kaum Schattenseiten[55]

As one pamphlet warned in apocalyptic language taken from Aldous Huxley rather than Orwell, the »cabylon« of new information technologies and the creeping progress towards the ability to instantaneously register each and every member of the population was bringing about the advent of a »brave new world«. The dystopian future that this group of protesters saw looming before them took the form of

»*a new social system*, a life- and machine-world in whose centre stands no longer the living person, but only combinations of signs. The citizen, who has been disaggregated into his individual traits [*heruntergerechnet*], interchangeable, and always susceptible to being equivalently represented by another, whose leisure and reproduction can be the object of planning.«[56]

In other words, not only did those bureaucratic institutions that collected information impose their own logic and categories upon it, thereby alienating the individual from his

---

55 Entschuldigung, aber was ich beantworte, überlassen Sie freundlicherweise mir, AGG, C NRW LaVo/LGSt 01, Nr. 38. Originally published in Hamburger Abendblatt, 5.8.1983.
56 Vor den Ufern von Kabylon. Aufruf zum Ratschlag gegen die »Schöne Neue Welt«, Juni 1983, AIfS, SBe 444, VoBo-Büro Hamburg, Box 1 (emphases in original).

information – and from his identity – and limiting both the way that the individual could present himself to others. At the same time, this information could then – like an electronic Frankenstein – be reassembled (the *Zeichenkombinationen* mentioned above) in multiple ways to form what have come to be known as »data doubles« in which the individual could not always see himself reflected. The result was, as the jurist Jürgen Simon noted, a schizophrenic situation very much like that described in Fyodor Dostoyevsky's »The Double«. To solve these problems privacy protection legislation would have to go beyond preventing the misuse of personal information and, instead, impose systematic constraints on the normal operation of multifunctional databases.[57]

Turning now to the actual 1983 events, while liberals focused on the legal measures to block the census, almost all of the other protesters, including the Greens, who first secured »Bundestag« representation in March of that year, called for a boycott.[58] The problem was that calling on people to disobey the law was classified as a misdemeanour[59], and both officials and police everywhere pulled out all of the stops to block the protest: the police closed down information stands and confiscated materials; cities refused to issue permits for protests or allow opposition groups to use public facilities for meetings; they pressured banks to close the accounts of boycott groups; reports on boycott activities became part of the chancellor's daily security briefing; and, of course, people were prosecuted. The boycotters were intent upon elbowing their way into the public sphere to establish the legitimacy of their protest – and the administration, the police, and the justice system were equally intent on denying them this symbolic victory. Only rarely did the courts side with the protesters on free speech grounds.[60] Even after the Federal Constitutional Court had blocked the census, Berlin officials insisted on continuing to prosecute one particularly vocal protester, arguing that, at the time of his actions, the law was still in force.[61]

All adults between 18 and 65 were liable for service as census takers; individuals who were selected could be fined if they refused. Officials everywhere were worried about the number of people seeking to avoid the job, and, as protests mounted in early 1983 and again in 1987, there was a pronounced tendency to rely on government employees, though it was impossible to do without substantial numbers of voluntary and honorary (*ehrenamtliche*) census takers. Officials were also concerned with guarding against both imposters and so-called Trojan census takers seeking to undermine the census from within, insuring the physical safety of real census takers, and taking down boycott signs and banners without arousing even more opposition. On the other side, protesters were busily setting up information stands, distributing fliers, holding meetings, and scribbling graffiti. They devoted a great deal of energy to devising ingenious ways of disrupting the census, such as explaining to the public that they could satisfy the letter of the law by providing all of the required information in a letter written by hand in miniscule Cyrillic script and carefully warning that the census forms could not be read by computer if they had been soaked in the bathtub, though without, of course, suggesting that upstanding

---

57 Jürgen Simon, Die erfasste Persönlichkeit, in: *Taeger*, Die Volkszählung, pp. 136–156.
58 Die Grünen (Hessen), Volkszählungsboykott!, and the Berlin Alternative List, Volkszählung '83? Ohne mich!, AGG, B. II. 1, Nr. 3319.
59 Until the 1970 reform of the criminal code, such calls had been classified as a more serious offence, and the »Frankfurter Allgemeine Zeitung« (7.4.1983) called for a quick return to the older version of the law.
60 See the decision by the Verwaltungsgericht Gelsenkirchen, 25.3.1983, LAB, B Rep. 004, Nr. 1119, which ruled that individual laws had to be interpreted with an eye out to the precedence of constitutionally guaranteed rights.
61 LAB, B Rep. 004, Nr. 1113.

citizens should engage in such actions.[62] Not all protest was non-violent: the Braunschweig registry office was bombed on April 11.[63]

While reluctantly conceding that the census law did raise serious legal questions, the conservative »Frankfurter Allgemeine Zeitung« tried to play down the importance of the boycott, arguing that, after the squatters movement and protests against the construction of both a nuclear power plant in Brokdorf and the west runway at the Frankfurt airport, the census simply provided »a new site on which the old opponents of our political system are gathering again.«[64] These arguments were echoed by Parliamentary State Secretary Horst Waffenschmidt and Interior Minister Zimmermann, who repeatedly insisted that the protests had been stirred up by a small number of »enemies of the state.«[65] And at the end of February there was a widely-publicised disputation between Günter Grass, who argued that there was more than ample reason to be mistrustful of the government, and federal privacy commissioner Hans Peter Bull, who took a more moderate position on the issue.[66]

In view of the rising tensions, a number of politicians from all parties suggested postponing the census until the legal and political issues could be clarified, though it was never completely clear whether these were strategic moves, statements of conviction, or some combination of both. However, administration officials were adamant that the census take place on schedule. In a last-minute effort to calm the seas, the federal and state privacy commissioners presented a list of suggestions that they felt would, if implemented by the states, adequately safeguard the privacy of census information.[67] Although federal and state interior ministry officials agreed to implement most of these suggestions, they did not affect the substance of the registry comparison or the other key provisions, and no law whose concrete meaning depended on such an informal agreement could have been expected to survive review by the courts. Nevertheless, by early April 1983 officials at every level of government were quite literally sitting at their desks gleefully rubbing their hands together in the expectation that the Federal Constitutional Court would quickly dispose of what they considered to be the manifestly unfounded constitutional complaints so that they could send out fines *en masse* before the count date to insure that these official reminders would have the desired effect.

III. THE CENSUS DECISION, ROUND I: FROM THE STREETS TO THE COURTS

The first three months of 1983 witnessed a remarkable learning process. As »Der SPIEGEL« noted at the end of March, since the beginning of the boycotts the privacy con-

---

62 For one such example, see Bunte Hilfe – Startbahn West, Rechtliche Informationen über die Auskunftspflicht bei der Volkszählung, Stadtarchiv Frankfurt, S3/17.008.
63 Schutz von Meldeämtern wird verstärkt, in: Frankfurter Allgemeine Zeitung, 12.4.1983.
64 *Friedrich-Christian Schröder*, Amnestie durch das Volkszählungsgesetz, in: Frankfurter Allgemeine Zeitung, 11.4.1983.
65 Rede des parlamentarischen Staatssekretärs beim Bundesminister des Innern, Dr. Horst Waffenschmidt, im Bundesrat, 18.3.1983, HHStA, Abt. 502, Nr. 5572a. However, Hessian Minister President Holger Börner defended the protesters and criticised Zimmermann for dismissing their privacy concerns and rejecting their right to question state actions. Debattenbeitrag von Ministerpräsident Holger Börner über das Volkszählungsgesetz 1983 in der 520. Sitzung des Bundesrates am 18. März 1983, ibid.
66 *Günter Grass/Hans Peter Bull*, Ein Streitgespräch, in: *Taeger*, Die Volkszählung, pp. 42–57.
67 Die Konferenz der Datenschutzbeauftragten zur Volkszählung 83, Stadler-Euler/Wild papers; Ergebnisvermerk. Besprechung des BMI mit den obersten Landesbehörden über den Forderungskatalog der Datenschutzbeauftragten in ihrer Konferenz vom 22. März 1983, LAB, B Rep. 004, Nr. 1119.

sciousness of the nation had »undergone a fundamental transformation«.⁶⁸ In the hearings leading up to the passage of the law, federal and state privacy commissioners had pointed out many of the problems with the census, but at the time neither they, the legislature, nor the public seemed to be fully aware of their import, and their criticisms of the census had become much more pointed as the boycott had gained force.⁶⁹ This learning process also affected the Federal Constitutional Court, which eventually chose to make the census the occasion for a broad statement of constitutional principle, rather than to decide the case on the narrower grounds available to it.

The Federal Constitutional Court received 102 formal complaints against the census and 1,121 less formal petitions.⁷⁰ Two of these complaints were selected for oral argument before the court: one by Maja Stadler-Euler, the former head of the liberal fraction of the Hamburg government, and her law partner Gisela Wild⁷¹, the other by Gunther von Mirbach, vice-chair of the Young Conservatives in Lüneburg, who was by his own characterisation »certainly no opponent of the state« (*Staatsverweigerer*). Since the final disposition of the case would take months, Wild argued that the court should issue a temporary injunction blocking the census. If the census were allowed to go forward and then later found to be unconstitutional, she argued, »the impotence of the citizen in comparison with the omnipotence of the state [would be] manifest«, and individual citizens might suffer immediate, irreparable harm because it was impossible to know what would be done with the information collected. On the other hand, she suggested, if the census were blocked and later found to be constitutional, then confidence in the rule of law could only be strengthened.⁷²

The original complaint by Stadler-Euler and Wild charged that the census violated a number of constitutional rights. But the issue that stood front and centre in the written briefs submitted by the complainants and at the April 12 hearing was the impact of the new information technologies on the constitutional rights of the individual. Although the census questions, when taken individually, may have been anodyne, what made the census unconstitutional, Stadler-Euler and Wild argued, was the new ability to combine the individual pieces of information and link them to a specific individual. In its 1969 microcensus decision, the Federal Constitutional Court had ruled that a census would be unconstitutional a) if it asked questions on matters that, by their very nature, enjoyed special protection because they belonged to the inviolable private sphere or b) if their cumulative effect was »to use compulsory means to register and catalogue the full personality of the individual, even if this were done in the guise of an anonymous statistical survey.«⁷³ While Stadler-Euler and Wild maintained that in their totality the census questions did, in fact, violate the limits established in the microcensus decision, they also argued that the linkages among public sector databases and the absolute lack of control over the exchange of data within this network rendered anonymity meaningless. As they pointed out, in Hamburg the (still manual) population registry, the computer systems for the police, in-

---

68 Volkszählung: Laßt 1000 Fragebogen glühen, in: Der SPIEGEL, 28.3.1983, p. 30.
69 *Hans Peter Bull*, Erster Tätigkeitsbericht des Bundesbeauftragten für den Datenschutz, 10.1.1979, Deutscher Bundestag, 8. Wahlperiode, Drucksache 8/2460, pp. 19f., and Simitis to Staatssekretär Reinhart Bartholomäi, 29.1.1979, HHStA, Abt. 502, Nr. 5570b.
70 Heute Entscheidung über die Volkszählung, in: Frankfurter Allgemeine Zeitung, 13.4.1983.
71 For the biographical background and motivations of Stadler-Euler and Wild, see »Probieren, ob's legal geht«, in: Die ZEIT, 22.4.1983. One point that needs to be added to this article is that Stadler-Euler had served on the »G-10 Kommission«, which was responsible for reviewing the wiretapping and letter-opening activities of the intelligence agencies.
72 Unless otherwise noted, all references to the March 1983 arguments before the Federal Constitutional Court are taken from documents in the possession of Stadler-Euler and Wild.
73 Entscheidungen des Bundesverfassungsgerichts (BVerfGE) 6, 1.

telligence, and domestic revenue services, and the information systems for the rest of the state administration were all housed in the police headquarters building. In such a situation, it was simply impossible for the individual to know who was accessing personal information for what purpose once it disappeared into the »mysterious channels« (*unergründliche Kanäle*) connecting these offices. Moreover, computer scientists had shown that the ability to compare census data without names to the other public sector databases had reduced the effort involved in de-anonymising this data to such an extent that it was no longer possible to speak in any meaningful sense of the anonymity or privacy of census data. One of the many amicus briefs filed in the case had been submitted by Klaus Brunnstein, a professor of information science in Hamburg and a prominent FDP politician, and he was represented before the court by Wilhelm Steinmüller, who in 1971 had been the lead author on an important early report on privacy law commissioned by the Interior Ministry. As their brief explained, the 1983 census was taking place »in a technological environment that was entirely different from the one that had prevailed at the time of earlier censuses, one that had rendered previous safeguards obsolete.« Though these safeguards may have been effective in the past, they simply did not address the problems presented by large-scale computer systems, where »the problem that must be solved (and which in the case of the 1983 census has not yet been solved) is not so much their misuse as their normal use.«[74]

Most of the privacy commissioners continued to maintain that the legitimate concerns regarding census data could be met by the organisational precautions. Simitis, however, went further than most of his colleagues in criticising the law, and he supported the call for a temporary injunction, though he remained a staunch defender of the need for such statistics. His main point was that the advent of computers had raised novel constitutional issues that had to be addressed before the census should be allowed to proceed. »Even census data that appears harmless in itself,« Simitis told the court, »can, when combined with other data, produce dangers that can not be adequately described in the categories of the microcensus decision. Networking [...] data linkages [...] allow data that are not in themselves particularly sensitive to appear in a different light.« What this meant, Simitis concluded, was that »it is not the information itself that destroys the private sphere, but rather the dysfunctional dissemination – over which the individual has no control – of this information.«[75]

The Interior Ministry, on the other hand, considered the constitutional complaints to be manifestly unfounded, and its response was an intellectually anaemic document that refused to concede the legitimacy of any of the questions that had been raised about the privacy of census data and the impact of the new information technologies. It should, therefore, be no surprise that the decision came down so heavily in favour of the complainants. The eight-member court decided unanimously that § 9.1–4 of the census law raised so many serious questions that this part of the census would have to be suspended until these issues could be definitively resolved. The court also ruled – this time by a narrower 5–3 margin (with the names of the three dissenting conservative justices published as a sign of their opposition to this part of the decision) – that a partial stay of the census would not be sufficient because, until it were established that the collection of census data »under the conditions of automated data processing« would not entail a mass

---

74 See, in addition to his brief, the interview with *Wilhelm Steinmüller*, Beten, daß die Sicherungen halten, in: Der SPIEGEL, 21.3.1983, pp. 106–110.
75 Or, as the civil liberties advocate Sebastian Cobler would later summarise the issue in his oral arguments, since the privacy of information depends on the context within which it is collected and used, »there is no ›insignificant‹ data, no ›interior‹ or ›exterior spaces‹ with different levels of discretion«; Cobler, Ausführungen in der mündlichen Verhandlung, 18.10.1983, LAB, B Rep. 004, Nr. 1111.

violation of constitutional rights, the potential harm involved in letting the census go forward outweighed the cost of temporarily delaying it.

IV. THE CENSUS DECISION, ROUND II: THE RIGHT TO INFORMATIONAL SELF-DETERMINATION

Public reaction to the April injunction was mixed. There were predictable recriminations by the major parties, though all of them had voted for the law. While the »Bundesverband Bürgerinitiativen Umweltschutz« interpreted the temporary injunction as a victory for the extra-parliamentary opposition, the »taz«, which served as the mouthpiece for the boycott movement, complained bitterly that the decision had taken the wind out of the sails of a protest movement that, if it had only continued for another month, would have led to the complete rejection of large-scale statistical surveys, rather than simply the temporary prohibition on individual parts of the census. On the other hand, writing in the »Bayernkurier«, State Secretary Carl-Dieter Spranger characterised the boycott as a »rehearsal for insurrection.« The »Frankfurter Allgemeine Zeitung« described the decision as a »victory over the state« and scolded the Court for letting itself be misused by opponents of the state. The more liberal »Frankfurter Rundschau«, however, praised the protests for helping to teach the nation to question the state, rather than encouraging citizens to show unquestioning deference towards it. Bull provided one of the best assessments of the protest. Writing in »Die ZEIT«, he explained that

»the discussion reveals a great deal regarding attitudes towards the state and the administration [*Verwaltung*], regarding fears and civic courage, regarding estimates of the effectiveness of the law and the protections it promises – but above all regarding how much citizens trust politicians and civil servants and how much they expect of them. There can hardly be a better example of the much-discussed legitimation crisis of the state.«[76]

In temporarily setting aside the census, the court had explained that its ultimate ruling on the case would focus on the ways in which advances in statistics and information technology since the 1969 microcensus decision were impacting the constitutional rights of the individual, and by the time of the main hearing in October 1983 both sides had come to see the census as epitomising the privacy problems associated with multifunctional databases, where the value and expressivity of one piece of information was, as we have seen, enhanced by the ability to creatively connect it with other pieces of information in ways that had not been anticipated at the time when the information had originally been collected.[77]

The question here was whether the use of personal information for purposes that were quite different from those for which this information had originally been collected violated the rule of law by making it impossible for the individual to be able to clearly understand the consequences of their actions (i. e. of the answers they provided to census

---

76 BBU wertet Entscheidung als »Erfolg der Initiativen«, unidentified clipping, OSI Presse-Archiv; Widerstand geklaut, in: taz, 14.4.1983; Ein Sieg über den Staat, in: Frankfurter Allgemeine Zeitung, 14.4.1983; Nicht nur aufgeschoben, in: Frankfurter Allgemeine Zeitung, 15.4.1983; *Hans-Herbert Gaebel*, Niederlage von Untertanen, in: Frankfurter Rundschau, 15.4.1983; *Carl-Dieter Spranger*, Der geprobte Aufstand, in: Bayernkurier, 23.4.1983; *Hans Peter Bull*, Der Staat – nur ein datengieriger Riese?, in: Die ZEIT, 15.4.1983, p. 56.
77 In the early 1970s Adalbert Podlech had already argued that the computation of statistical correlations among descriptive data could be understood as the construction of the kind of personality profile that had been prohibited by the court. See *Adalbert Podlech*, Verfassungsrechtliche Probleme öffentlicher Informationssysteme, in: Datenverarbeitung im Recht 1, 1972/73, pp. 149–169, here: pp. 156f.

questions). As Wild told the Court in her October oral argument, the terms of the privacy debate were shifting from the question of »misuse« of data, whose prevention had been the original thrust of the Federal Privacy Protection Law, to the demand by the state »to use information, once it had been collected, for *any* purpose.« Her goal was not to deny the state information for specific purposes, but rather

> »to curb the freedom of the state to gather data from its citizens without limit and to use this data for any purpose whatsoever [unbeschränkt und unkontrollierbar] [...]. The person who loses control over his personal information, who no longer knows who links which pieces of his information and in what context this is done, is helplessly exposed to the power of the state apparatus. He is deprived of the possibility of making himself heard, of representing himself, of enlightening [the user regarding the true meaning of the data], of influencing its use. He can not prevent his data shadow or, consequently, his personality from being deformed by this apparatus.«[78]

Arguing along similar lines, Simitis also tried to spell out the constitutional rationale for the imposition on the state of the strictest possible *Zweckbindung* for personal information. »Where the conditions under which information can be processed are not clearly defined and, in particular, do not insure compliance with this *Zweckbindung*«, he told the Court, »in the end the individual threatens to become – under the conditions of the automated processing of information pertaining to his person – an informational object that can be manipulated without limit.« Or, in the pithy wording of the jurist Adalbert Podlech that would later be taken over near verbatim by the court, »a social order in which citizens could no longer know who knew what about them, when, and in what context, as well as the legal framework that sustains this order, would not be consistent with § 2, 1 of the Basic Constitutional Law.«[79]

At issue here was the (re)definition of privacy. Post-war German jurisprudence had – building upon Lutheran notions of innerness and the 19th-century humanist idea of *Bildung* – conceptualised privacy in terms of a »sphere« into which the individual ought to be able to retreat from the demands of social life, and in the 1969 microcensus decision the Court had recognised the existence of an »inviolable sphere for the private development of the personality« (»ein unantastbarer Bereich privater Lebensgestaltung«). However, not only had the courts never succeeded in consistently delimiting the scope of this private sphere. Previous constitutional jurisprudence had also maintained that the individual was a social being, who had to accept those obligations and constraints that were necessary for ordered social life – limited only by the inviolability of that innermost sphere of personal freedom. This line of reasoning had subsequently been interpreted to mean that the privacy rights of the individual diminished in proportion to the extent to which he exited the mute, purely interior, private sphere and interacted with others in the external world. In the microcensus decision the Court had then ruled that this social nature meant that the individual was required to comply with statistical inquiries because they normally focused only on the external actions of the individual in the social world.[80] In addition, its focus on information that was deemed intimate or private by its very nature did not provide sphere theory with any way of addressing the problems arising out of the multifunctional combination of personal information that did not enjoy such protection. In view of this traditional understanding of privacy, Simitis urged the Court to reject the individualist premises of sphere theory and instead reconceptualise privacy in terms of the right of the individual to control the use of personal information in order to secure »that minimal degree of [social] distance that every individual needs in order to

---

78 As above, in the following all citations are from the Stadler-Euler/Wild papers unless otherwise noted (emphasis in original).
79 Podlech, Stellungnahme..., LAB, B Rep. 004, Nr. 1111.
80 BVerfGE 27, 1, p. 7.

exercise his fundamental rights and that thereby first renders viable [*existenz- und funktionsfähig*] a democratically structured state.« Or, as Podlech told the Court,

»privacy, that is, the possibility of withholding information for one's own protection, or of disseminating it in one's own interest, is not a property of an individual conceived as a socially isolated monad [*des isoliert gedachten Individuums*], which is lost through communication or social interaction with others. Privacy is a possible [or potential] quality of intercourse with others; it is a social quality of the person.«[81]

This reasoning was challenged by the Interior Ministry. Friedrich Zimmermann continued to disparage the privacy concerns relating to the census as being »merely theoretical«, and he warned in frustration and incomprehension

»that a state that cannot even count its citizens, whose citizens may not be asked where they live or where they work, a state that is prohibited from ascertaining how heavily these citizens are burdened by the cost of their apartments, must abdicate politically, and especially in the domain of social politics.«[82]

The Interior Ministry rested its constitutional arguments on the microcensus decision, claiming that the scope of the private sphere was far narrower than that claimed by the complainants, that the census questions did not individually intrude upon the protected private sphere or collectively entail the registration of the individual's personality, that privacy rights ceased to be absolute as soon as one entered into relation with the external, social world, that the right to anonymity had to be weighed off against the needs of the state, and that, in balancing these needs, the »Bundestag« had made a legitimate decision that – with respect to the registry comparison and the availability of census data to other agencies – census data was to enjoy less anonymity than that otherwise accorded to federal statistical data.[83]

In its brief, which was – in every sense of the word – a much more weighty document than the one it had submitted in April, the Interior Ministry explained that the multifunctional use of census data grew out of the role of the census as the cornerstone of the entire system of statistics that had been developed over the previous century; it insisted that the elimination of census data would severely diminish the value of the information collected by other surveys; and it argued that a *Totalerhebung* with compulsory answers was necessary because sampling could not provide reliable information on small, geographically bounded (sub)populations. But while the complainants had rested their arguments on the constitutional import of the absence of a narrow *Zweckbindung* regulating the flow of personal information within the public sector, the Interior Ministry argued that not only had the Federal Privacy Protection Law specifically not included such a strict *Zweckbindung*, but also that, in fact, the country's Federal Basic Law had – in the principle of *Amtshilfe* – authorised all federal and state agencies to provide to each other all of the assistance and information needed to perform their constitutional mandates (though the ministry conceded that opinion was divided as to the scope of this authorisation).[84]

In its ultimate ruling on the case in December 1983, the Court largely adopted the reasoning employed by the complainants. Since the 1970s privacy protection legislation had been stranded in a conceptual no-man's land between the limited prevention of abuse and

---

81 Podlech, Stellungnahme..., LAB, B Rep. 004, Nr. 1111.
82 Erklärung von Dr. Friedrich Zimmermann, 18.10.1983, LAB, B Rep. 004, Nr. 1111.
83 BMI to Präsidenten des BVG, Betr.: Verfassungsbeschwerden, 28.6.1983, LAB, B Rep. 004, Nr. 1111.
84 In *Rupert Scholz/Rainer Pitschas*, Informationelle Selbstbestimmung und staatliche Informationsverantwortung, Berlin 1984, the authors argued that the state was not only authorised, but also positively obligated to collect all of the information needed to discharge its security and welfare mandates.

the much stronger constitutional right to informational self-determination postulated by some privacy advocates.[85] However, even before the census decision, the Court had already begun to argue – as a remedy for the theoretical inconsistencies of sphere theory – that the individual should have a right to control the use of his or her personal information.[86] But the strong version of a right to informational self-determination – as a specific manifestation of the doctrine of *Persönlichkeitsrecht* – advanced by the Court represented a specific attempt to address the constitutional issues raised by computers. The Court's decision also reflected the thinking of the president of its first senate (which was responsible for adjudicating conflicts bearing on individual rights), former CDU Interior Minister Ernst Benda, who in 1974 had already published an important essay describing how the private sphere was being eroded by what he called the »dysfunctional dissemination« of personal information, a trope that, as we have seen, was cited by the complainants.[87] It was Benda who cast the deciding vote to postpone the census, and the Court decision ultimately reflected the arguments that he had made a decade before.

I do not have the space here to analyse in detail the census decision or the subsequent discussions around the right to informational self-determination. However, one key passage needs to be quoted in full because it sums up the Court's understanding of how state surveillance – both in electronic and traditional forms – can normalise, constrain, and discipline individual freedoms in ways that it concluded were ultimately inconsistent with the basic principles of liberal society. As the Court explained,

»individual self-determination assumes that – even under the conditions of modern information processing technologies – the individual is free to decide what actions to take or forebear from, including the freedom to actually act in accordance with this decision. Whoever can not with sufficient certainty determine what personal information about him is known in specific domains of his social environment, and whoever can not form a reasonable idea of the knowledge held by the people with whom he may enter into communication, may find his freedom to autonomously plan and decide to be constricted in essential ways. Any social order (as well as the legal order that makes it possible) in which the citizen could no longer know who knows what about him and in which context [this information is known] would not be compatible with the right to informational self-determination. Whoever is uncertain whether behaviour that deviates from the norm may be Registered at any time and permanently stored, used, or further disseminated will try to avoid attracting attention through such behaviour. Whoever can anticipate, for example, that participation in an assembly or a citizens' initiative will be registered by state officials and that this registration might prove detrimental to him, may choose not to exercise his fundamental rights. Not only would this limit the opportunities for individual development. It would also negatively impact the common good because self-determination is an elemental condition for the functioning of a free, democratic polity, which is founded upon the capacity of its citizens to act and participate.«[88]

In other words, the Court argued that the right to informational self-determination was essential to *both* the dignity and self-realisation of the individual *and* the proper functioning of a democratic society.

If we look beyond these broad statements of political principle, we can see that the Court's reasoning followed that of the complainants in maintaining that only a new conception of informational privacy could effectively protect the individual from the dangers

---

85 Earlier statements of such a constitutional right include *Wilhelm Steinmüller*, Grundfragen des Datenschutzes, Deutscher Bundestag, 6. Wahlperiode, Drucksache 6/3826; *Christoph Mallmann*, Datenschutz in Verwaltungs-Informationssystemen, Oldenbourg 1976, and *Podlech*, Verfassungsrechtliche Probleme öffentlicher Informationssysteme, pp. 149ff.
86 *Ulrich Amelung*, Der Schutz der Privatheit im Zivilrecht, Tübingen 2002.
87 *Ernst Benda*, Privatsphäre und »Persönlichkeitsprofil«. Ein Beitrag zur Datenschutzdiskussion, in: *Gerhard Leibholz/Willi Geiger* (eds.), Menschenwürde und freiheitliche Rechtsordnung. Festschrift für Willi Geiger, Tübingen 1974, pp. 23–44.
88 BVerfGE 65, 1, pp. 42f.

posed by the new information technologies. The Court agreed that the meaning of any individual piece of personal information depended not on its ostensible degree of intrinsic sensitivity or secrecy, but on the context in which it was used. Since this could not be determined in advance in the age of multifunctional databases and computer networks, the Court concluded in one of its most often-cited dicta that »under the conditions of automated data processing there is no longer any such thing as an ›insignificant‹ [or harmless, *belanglos*] piece of information«.[89] Therefore, if the individual were to be compelled to divulge his personal information, the scope of the permissible use of this data would have to be defined, as Simitis had argued, in a »precise, domain-specific« manner, and legislators would have to take appropriate measures to insure that information that had been collected for one purpose was not reappropriated for other, substantially different ends. The Court also ruled that the government could not warehouse personal information, that is, that it could not collect personal information without a concrete purpose in the anticipation that this information might eventually be of use for some later purpose (*auf Vorrat*). Moreover, because the intrinsic complexity of computer systems exceeded the technical knowledge of most citizens, the Court implied that the privacy commissioners had a constitutionally relevant role to play in protecting the right to informational self-determination.[90]

Nevertheless, the Court did uphold the constitutionality of the census. Both »comprehensive, continuous and constantly updated information on economic, ecological and social processes«[91] and the insights to be gained through the electronic processing of this information were essential, the Court argued, to the fulfilment of the social mandates of the constitution. However, the Court also made it clear that the state was not free to collect any kind of data it pleased. It ruled that the state would have to make do with less intrusive, anonymous data wherever possible and that it would have to provide for the functional anonymisation of personal information at the earliest possible moment and take the necessary steps to insure against its de-anonymisation: »Only under these assumptions can and may the citizen be expected to provide the information demanded of him under threat of penalty [*zwangsweise*]«.[92] The Court also concluded that, at the time, a *Totalerhebung* did not represent an excessively intrusive means of obtaining the desired information. However, it did rule that before any future censuses were conducted it would be necessary to determine whether there were any viable alternatives.[93] The Court insisted that a variety of organisational precautions would have to be taken to protect personal information during the census, when it could still be linked to specific individuals.[94] Finally, the Court declared unconstitutional both the registry comparison and the non-incrimination clause, as well as sections § 9.2–3, though it did rule that, if specifically authorised by the legislature, data that had been gathered for statistical purposes, but that had not yet been anonymised, could be made available to other agencies for statistical purposes, but only if the necessary precautions were taken to protect the rights of the individual.[95]

The Court defined the right to informational self-determination as »the principle that the individual himself has the authority to determine what personal information to reveal and how it can be used«.[96] In the immediate aftermath of the decision, many critics argued that a strong reading of this right would paralyse the state and bring an end to statistical

---

89 Ibid., p. 45.
90 Ibid., p. 46.
91 Ibid., p. 47.
92 Ibid., p. 50.
93 Ibid., pp. 52–54.
94 Ibid., p. 58.
95 Ibid., pp. 61–69.
96 Ibid., p. 43.

civilisation as they knew it. However, as the Court itself made clear, its ruling did not imply that the individual enjoyed unlimited, sovereign control or ownership over personal information. Rather, the Court regarded the individual as »a personality, which develops within a social community and which, therefore, depends on communication. Information – even that which can be attributed to a specific individual – constitutes a representation of social reality, a representation that can not be ascribed exclusively to the concerned individual«[97], and it ruled that it was the responsibility of the legislature to balance between the informational rights of the individual citizen and those of the community.[98]

In ruling that the unrestricted collection of personal information by the state was incompatible with the dignity and freedom of the individual guaranteed by the Federal Basic Law, the census decision injected a distinctly liberal element into a German political tradition, which in a Hobbesian manner tended to view the sovereignty of the state and the unhindered functioning of the executive and its bureaucracy as the source and guarantor of individual rights. However, this individualist moment was immediately reintegrated into the Court's long-standing conception of the individual as a social and communal being in such a way that, although the existence of an absolute limit to state information collection was reaffirmed, it remained the responsibility of the legislature to determine precisely where this limit lay in any concrete domain of social life – subject, of course, to review by the Court. Moreover, this liberal dimension of privacy was superimposed upon the continental understanding of privacy as discretion identified by James Whitman, though without supplanting it.

Although the protections afforded by the newly-proclaimed right to informational self-determination were directed specifically at the dangers of electronic data processing, as a statement of constitutional principle the newly-articulated right to informational self-determination quickly came to govern every aspect of the informational relations between the state and the citizen. Not only did the decision prevent the privacy protection legislation of the 1970s from dying of neglect at the hands of the Kohl administration.[99] It also necessitated the revision of a number of important laws to bring them into conformity with the principles laid out by the Court. These included the packet of security laws that was the top domestic priority of the Kohl administration, the country's statistical, census and archive laws, and the laws regulating the country's population information and identification system (the national population registry law, the ID card law, the passport law), as well as the country's police laws and the code of criminal procedure. Debate over these laws dominated legislative and public attention across the remainder of the decade, and the key issue in every case was balancing between the individual's right to privacy and the informational needs of the state. The decision also redefined the informational relations among individual citizens and set new standards for the collection, use and exchange of personal information by employers, banks and »Schufa«, the country's dominant consumer credit reporting agency.

The decision marked a virtually complete vindication of those who had challenged the census in the courts, though these persons were certainly disappointed by the subsequent political balancing between the rights of the individual and the informational needs of the state. It is, however, less clear whether the decision met the expectations of that segment of the population, whose goal was not simply to limit the reach of bureaucratic authority, but to revolutionise their own everyday life. If the 1983 court decision represented the victory of the liberal opposition to the unchecked expansion of the domestic security and planning state, then the 1987 boycott represented the moment – perhaps the last major political hurrah – of the alternative left.

---

97 Ibid., p. 44.
98 Ibid., p. 44.
99 *Ruth Leuze*, Freundliche Töne, doch keine Taten, in: Süddeutsche Zeitung, 20. / 21.4.1985, p. 10.

V. The Boycott, Round II: »Im Mittelpunkt steht immer der Mensch«

The second round of the boycott was longer and more complicated than the first, which had been abruptly truncated by the temporary injunction, and in this section I would like to begin by describing the boycott itself before turning to an analysis of the critique of technocracy through which the Greens came to understand the significance of their protest.

Almost immediately after the census decision was handed down, the administration set about drafting a new census law that would satisfy the conditions set out by the Court. For a moment, at least, it appeared that the administration would again give in to the demands of the cities for the more flexible use of individual information. However, since none of the parties was willing to take a chance on getting burned again, the administration quickly retreated in the face of criticisms from the privacy commissioners, and everyone felt that the law that was approved by the »Bundestag« in September 1985 could pass constitutional muster.[100]

Efforts to revive the slumbering boycott movement began in December 1986 with a coordinating meeting sponsored by several civil liberties groups hoping to halt the advance of the surveillance state and its »informational armament«. By the end of April there were approximately 1,000 boycott groups nationwide.[101] The Greens caused a minor uproar when their delegates wore boycott buttons to the first session of the »Bundestag« in February 1987, and they caused a major uproar by posing with a boycott banner in front of the parliament building in Bonn. The first action earned them a sharp admonishment from the »Bundestag« office, and the second led to a fine of 8,400 DM from the Bonn police for demonstrating within the protected zone surrounding the parliament building. Green parliamentarians and the authorities continued to spar through the spring and summer. When at a press conference the Greens gave an official phone number as the contact address for people seeking information on the boycott, the number was blocked, and they were warned that the use of official facilities for such a purpose constituted an infraction of the »Bundestag« rules. A new office phone number was also blocked, only to be mysteriously unblocked several weeks later. The police also passed up no opportunity to search the offices of both the Green »Bundestag« delegation and those of their state organisations, in the former case demonstrably forcing the lock despite an offer to provide the key.

But the Greens were not the only targets of police repression, which was by all accounts equally sharp in states governed by conservatives and Social Democrats.[102] Across the country, information stands were banned, printed materials confiscated, and phones tapped. In Rhineland-Pfalz alone there were at least 150 police raids on apartments, offices and print shops. The Bremen government voted in May not to participate in the census, though the courts quickly forced the city to reverse its position. In Berlin the state attorney sought to confiscate mail directed to the addresses of 20 boycott organisations. The country's highest prosecutor even got involved in the prosecution of a protest-related misdemeanour, explaining that a 10,000 DM fine would not be too high because of the possibility that opposition to the boycott would lead to terrorist acts.[103] Such a mentality

---

100 Deutscher Bundestag, 10. Wahlperiode, Drucksache 10/2814 and 3843, and BGBl. I, 1985, p. 2078. For a brief account of the key changes with regard to the 1983 law, see: Datenschrott für eine Milliarde?, in: Der SPIEGEL, 16.3.1987, pp. 30–53.
101 AlfS, SBe 444, VoBo-Büro Hamburg, Box 5. This figure was often cited. For a list of 125 such initiatives, see *Verena Rottmann/Holger Strohm* (eds.), Was Sie gegen Mikrozensus und Volkszählung tun können, Frankfurt am Main 1987, pp. 320ff.
102 For a sampling of such measures, see: Repressalien im Zusammenhang mit der Volkszählung, AGG, B. II. 1, Nr. 5466.
103 Die Strategie: Starker Staat, in: Die ZEIT, 12.6.1987.

equated a dispute over the role of the state with a terrorist attack upon it. Whether the fear that the boycotts would open the door to terrorism was real or just a pretext for intimidation, it came out later in the year that the state police forces were, in fact, collecting information on boycotters and entering it into the national police information system because they considered such protests potential political crimes. Officials relied here on the assumption that even terrorists began with small offences.[104] This line of reasoning created a gap big enough to drive a truck through, and the important thing to bear in mind here is that all of the repressive measures by the state represented an attempt – perhaps the first serious one since the banning of the communist party in the 1950s – to criminalise unwelcome political speech and to use the concerted power of the state to intimidate political opponents.

On the other side, once forced into a corner, protesters also played cat-and-mouse games with the police and the census apparatus. There were numerous cases where census takers were robbed of the cardboard briefcases containing their census papers, and officials decided as a precaution not to send census takers into the Hamburg Hafenstraße, choosing instead to rely on the post. There were, however, instances where protesters resorted to violence. The Leverkusen registry office was bombed, and an unsuccessful attempt was made to bomb the Oberhausen statistical office. The people who claimed responsibility for these actions portrayed their opposition to the census as part of a larger struggle against imperialism.[105] In addition, on May 1 a police raid on a boycott coordinating office in the Berlin district of Kreuzberg – a centre of the city's alternative *Szene* – set off two days of serious rioting, which was fuelled by a host of underlying social factors. In this way the boycott quickly became an exercise in the art of not being governed: in part an effort – sometimes violent – to avoid being irrevocably embraced by the informational grasp of the state, in part an effort to stake out a physical and social space for an alternative culture within the interstices of this state by means of a carnivalesque inversion of its logic.[106]

Although the local groups were essentially autochthonous, as the group with the highest profile and the greatest resources, as well as the only one with a nationwide organisational network, it was inevitable that the Greens would take on a leading role in the boycott. But deciding on a strategy and persuading the other groups to follow their erstwhile leaders was an entirely different story. The Greens had originally joined with a number of other groups in calling for a complete boycott.[107] However, from the very beginning there were

---

104 However, the federal privacy commissioner Alfred Einwag concluded that more than half of the 21,000 names in this file had been entered for cases of minor property damage (including snipping the numerical codes off the census forms), that another large group were related to insults, trespassing or resisting arrest charges in conjunction with blockades and demonstrations, and that about 75% of the total number of names contained in the file were due to minor offenses that, in the absence of other evidence, should not have been entered into the system in the first place. Einwag to BMI, Betr.: Datenschutzrechtliche Kontrolle bei der Abteilung Staatsschutz des BKA, 7.12.1988, AGG, B. II. 1, Nr. 6009, and Ruth Leuze, 8. Tätigkeitsbericht der Landesbeauftragten für den Datenschutz, Landtag Baden-Württemberg, Drucksache 9/5230, pp. 51–53. Other state police forces followed a similar policy. On the prosecution of such cases, see *Peter Quint*, Civil Disobedience and the German Courts, London 2008.
105 Kommunikee: Die Bombe ist gezündet – der Widerstand auch; Solidarität mit den Gefangenen. Wir lassen uns nicht spalten, both in: AIfS, SBe 444, VoBo-Büro Hamburg, Box 2.
106 *James Scott*, The Art of Not Being Governed. An Anarchist History of Upland Southeast Asia, New Haven 2009. For the carnivalesque aspects of the protest, see, for example, the film »Ach wie gut, daß niemand weiß...«, Vergisses Produktion, 1987, AIfS. On the discussion of violence in relation to the census, see *Hannah*, Dark Territory, pp. 165ff.
107 Resolution des Bundeshauptausschusses der Grünen vom 15. Februar 1987, in: Blätter für deutsche und internationale Politik 32, 1987, p. 631.

debates over just what was meant by this hard line and what it was supposed to achieve. Some people interpreted this as meaning that they should simply refuse to accept the census forms. On the other hand, the Greens wanted to collect as many forms as quickly as possible in order to provide irrefutable evidence that the government had failed in its effort to force through the census and to thereby lower the threshold of resistance for others who may have supported the boycott in principle, but who feared retribution. This was the strategy adopted by the 250 to 300 persons who attended the nationwide boycott coordinating meeting held on April 26.[108] However, not everyone supported this approach. For example, one Bochum boycott group complained that the Greens had all along been exploiting disagreements among the boycott groups in order to dominate the movement, and they argued that the Green strategy represented a covert means of degrading the local boycott groups, which provided the grassroots support for the entire movement, into mere messengers whose function would be exhausted in delivering over their census forms at the designated collection points. Such a strategy, they argued, undermined the solidarity of the local groups and left their members to face official retribution on their own.[109]

However, despite their rhetorical commitment to the cause, the Greens remained reluctant to wholeheartedly embrace the boycott. The more pragmatic Otto Schily, for example, opposed the boycott and criticised the party's tendency to justify opposition by claiming moral superiority for its own position – even though he had been a strong supporter of the boycott in 1983. In practice many of the Greens advocated what came to be known as a soft boycott or *Schummellinie*, that is, a strategy of evasion, resistance, delay, disruption, and systematic falsification of census returns in ways that they hoped would escape the plausibility checks of the local census offices. The assumption behind this approach was that throwing sand in the gears of the census machinery on such a massive scale would cause it to collapse while rendering the information collected of such doubtful accuracy as to be completely unusable. A classic example of such tactical resistance was the letter from Petra Kelly to the Bonn census office asking officials there to kindly answer 125 detailed questions so that she could make an informed decision about completing the form.[110] However, opponents of the *Schummellinie* argued that it was naive to believe that the local census offices would simply throw up their hands in resignation in the face of such resistance, and they pointed out that those who adopted such a strategy were willing, in principle, to give the state the information it asked for and that this strategy undermined the solidarity and anonymity of the protesters and thus made it easy for census officials to pick off these persons one by one once they had them in their sights.[111]

However, despite the unwillingness of many Greens to fully commit to the boycott, the party was criticised from all directions for ignoring the principle of majority rule whenever it appeared politically opportune.[112] As the Social Democratic Interior Minister of North Rhine-Westphalia wrote to Green »Bundestag« delegate Antje Vollmer,

»even if I can sympathise with the fact that individual citizens are not supporting the census, I cannot, on the other hand, understand that a political party is calling for the obstruction of a state measure that has been enacted as law by the German Bundestag. This is tantamount to openly calling

---

108 Kurzbericht vom Initiativentreffen am 26.4. in Köln; Beschluß der Bundeskonferenz am 26.4.87, both in: AGG, B. II. 1, Nr. 6017.
109 Rundbriefe zum Mikrozensus; Volkszählung, hrsg. von der VoBo-Gruppe Bochum-Langendreer 1987, Nr. 11, both in: AIfS, SBe 444, VoBo-Büro Hamburg, Box 3.
110 Kelly to Erhebungsstelle Bonn, 27.5.1987, AGG, Kelly papers Nr. 227.
111 Rundbriefe zum Mikrozensus; Volkszählung, hrsg. von der VoBo-Gruppe Bochum-Langendreer 1987, Nr. 11, both in: AIfS, SBe 444, VoBo-Büro Hamburg, Box 3.
112 On the broader question of civil disobedience and the limits of democracy in the 1980s, see *Wirsching*, Abschied vom Provisorium, pp. 98–103, and the literature cited there.

on citizens to break the law. I cannot imagine that, as a democratic party, the Greens wish to call into question the principle of majority rule that, according to our constitution, formally legitimates political decisions.«[113]

Such arguments, together with their own reluctance to challenge the law in court, made it difficult for the Greens to justify their call to boycott a law whose constitutionality was widely recognised, and it is not clear that they ever developed a compelling answer to this question. While some of the Greens argued – echoing an argument that had been made against the stationing of NATO nuclear weapons in Germany – that the census posed such an immediate existential danger as to justify resistance, the legal staff of the Green »Bundestag« delegation rejected such notions of civil disobedience and insisted that the party had to respect the principle of majority rule. Nevertheless, they went on to argue that the boycott could still be justified as a means of achieving full recognition for the right to informational self-determination. Since this right was implicit in the constitution, resistance could, they suggested, be seen as a struggle *for*, rather than *against*, the constitution.[114]

Despite these arguments, support for the 1987 boycott remained more clearly limited to the left or alternative milieu than had been the case in 1983, and it never succeeded in winning the support of the moderate middle classes, at least not for the hard line.[115] According to Stephan Maria Tanneberger, the boycott coordinator for the Greens in North Rhine-Westphalia, one reason for this failure was that the boycott movement had remained a single-issue movement. This view was echoed by the socialist boycott groups, which recognised that »most people were concerned only about the boycott and not about the rejection of the surveillance state, or even the existing state.« Since the fall of 1983, people whose privacy consciousness had been awakened by the first round of the boycott had begun to hold regular meetings to study the impact of new technologies and the other elements of the surveillant assemblage (especially the new identity card). Tanneberger argued that one way to win broader support for the boycott was to look beyond the census and try to forge a new social movement around the issues of surveillance and information technology: »Why should it remain a pipe dream to organise [...] a nationwide network of initiatives, comparable to the peace or anti-nuclear movements, focused on the development of control and surveillance technologies?«[116]

Once the actual counting began in late May 1987, the boycott shifted into a different register because it was impossible to know exactly what was happening. Mounds of census returns piled up in local offices, and it was clear that no one was going to know anything for certain until officials had had time to work through these papers. Moreover, no one knew how accurate the information was in those returns that had been received. One thing that was clear, however, was that all of the organisational precautions that the

---

113 *Roderich Reifenrath*, Legalität – Legitimität, in: Frankfurter Rundschau, 25.2.1987, and Schnoor to Vollmer, 3.3.1987, AGG, B. II. 1, Nr. 3103.
114 Schily empfiehlt Methode Schwejk, in: taz, 25.2.1987; Wir untergraben unsere Position, in: taz, 26.2.1987; Die Grünen und der Boykott, in: Frankfurter Rundschau, 10.3.1987; Die Grünen im Bundestag/Justitiariat, Über den Unsinn einer Volkszählung, den Sinn eines Volkszählungsboykottes und dessen legitimatorische Probleme, undated, AGG, B. II. 1, Nr. 2522.
115 Similarly, within the peace movement support for civil disobedience remained limited to a minority who also identified with the Greens. *Wirsching*, Abschied vom Provisorium, p. 103.
116 Info-Mappe, 3. Aussendung, 4.6.1987, AIfS, SBe 444, VoBo-Büro Hamburg, Box 3; Thesen der Vereinigten Sozialistischen Partei (VSP) zur Bewertung der bisherigen VoBo-Bewegung in Hamburg, ibid., Box 4. For evidence of the way that concern about the new information technologies helped place the 1983 census in a broader context and generate broad support for the 1987 boycott, see the minutes of the second Koordinierungstreffen in Sachen Personalausweis, and the materials relating to the Kabylon meetings, in: AGG, B. II. 1, Nr. 3087.

Court had required census officials to take in order to protect the privacy of personal data during the census itself were widely, and intentionally, ignored.[117]

By the early fall, the fines that the cities levied on boycotters were beginning to take their toll on the movement, which was clearly running out of steam, and in early October the refusal of the Constitutional Court to review complaints against the census dealt the boycott a serious blow.[118] By this time, boycotters were coming to a more realistic, though not necessarily disillusioned, appraisal of the situation. As the Bavarian Greens noted at the end of October, most people had put the boycott behind them in one way or another; they »had weathered fines, penalties, appeals, motions and complaints, but in the end they had not managed to avoid completing (in one way or another) the form.« Nevertheless, neither they nor other groups considered the boycott a failure. The Bavarian Greens concluded that, although they had originally favoured the hard line, the success of the movement should now be measured in terms of a heightened popular awareness of the problems of privacy and data protection. As the Berlin political scientist Wolf-Dieter Narr wrote in the name of the »Committee for Constitutional Rights and Democracy«, it was important that a sizeable minority had stood up for civil liberties and that a much larger number had only filled out the forms under duress, not out of belief in the inherent legitimacy or necessity of the census. But, Narr emphasised, there was no reason for boycotters to hold out at any cost.[119] Even though the boycott was now on the defensive, the leaders of the protest argued that it was important to remain focused on its political significance, rather than on the success or failure of their legal challenges. As one group calling itself the »Data Pirates« argued, the strength of the boycott movement lay less in its legal sophistry than in the ability to mobilise a broad segment of the population. In the face of recent setbacks, the task was to provide the movement with an opportunity to demonstrate their continued opposition to a census that they could not halt:

»For sure, the boycott movement is not a revolutionary movement. But neither is it a mere association of progressive lawyers. There must be a way for those protesters for whom [...] the boycott itself is over to articulate [their political goals]. These boycotters represent the majority of the movement, and they can be mobilised [...]. This potential for resistance is more impressive than a few hundred people willing to file lawsuits!«[120]

Nevertheless, it was clear that the boycott, hard or soft, was not going to bring the administration to its knees. By the spring of 1988, most cities were reporting a boycott rate of less than 1%.[121] And for these last few stragglers, the census law permitted officials to take information from the population registries as a last resort, so that by the time Zimmermann presented the preliminary results of the census he was technically correct to claim that nearly 100% of the population had participated. However, his claim that these results were due to the success of the administration in convincing the people of need for

---

117 Leuze, 8. Tätigkeitsbericht der Landesbeauftragten für den Datenschutz, pp. 17–59; Claus Henning Schapper, 6. Tätigkeitsbericht des Hamburgischen Datenschutzbeauftragten, Hamburgische Bürgerschaft, Drucksache 13/1412, pp. 48–66.
118 Volkszählung: Massenwiderstand endgültig abgehakt?, in: taz, 14.10.1987.
119 Winfried Eckardt, Die Grünen, Landesverband Bayern, Volkszählung 87 – (Vorläufiges) Resümee einer Kampagne. Bericht an den Landesausschuss der Grünen am 31.10.87 in Regensburg, AGG, Petra Kelly papers, Nr. 227, and Wolf-Dieter Narr, Offener Brief an alle diejenigen, die sich nicht ohne weiteres »volkszählen« ließen, insbesondere aber an die Volkszählungs-Boykott-Initiativen, 5.11.1987, AGG, C NRW LaVo/LGSt 01, Nr. 41.
120 Datenpiraten, Thesenpapier zur Perspektive der Vobo-Bewegung in Hamburg, [October 1987], AIfS, SBe 444, VoBo-Büro Hamburg, Box 3.
121 For some of the exceptions, see: Vertraulich – Senatsdrucksache Nr. 603, 12.4.1988, AIfS, SBe 444, VoBo-Büro Hamburg, Box 5b. City officials noted that they stood to lose 3,000 DM in federal funds for each individual who was not counted.

their information and the state's commitment to protecting their privacy was part delusion, part newspeak.[122]

The newsweekly »Die ZEIT« was less overtly ideological, but no less critical, in its assessment of the boycott. The paper argued that the movement's attack on the need for and the quality of statistical data had failed to understand that the welfare state had to do its best to manage the problems with which it was confronted and that, at a minimum, reliable data would increase the probability that the outcomes would also be good. As proof, the paper noted that, according to the city's population registries, Berlin should have had a population of 1,881,000. However, the actual census count had come in at 2,041,000. The former figure would have indicated a population decrease of 241,000 persons in comparison with the 1970 census, the latter a decrease of only 108,000. The difference between the two figures was approximately 133,000 persons, »an additional large city for which schools, housing and public spaces must be planned.«[123]

As I have tried to suggest in the preceding pages, the census protests should be understood as a response to the same political developments and macro-sociological transformations of the post-war welfare state that have elsewhere been identified as the catalysts of the new social movements. In the concluding pages of this section I will argue that the census boycotts also gave the Greens an opportunity to think not only about issues of privacy and surveillance, but also about the purpose of the census and the ways in which statistical information was subsequently used, and that they took advantage of this opportunity to develop a systematic critique of the technocratic use of statistical data by public and private sectors, which clearly reflected the thinking of the alternative milieu and the new social movements out of which the party had grown.

In their pamphlet »Only Sheep Let Themselves Be Counted« (»Nur Schafe werden gezählt«), the Greens began by explaining why the compulsory collection of statistical data was incompatible with the autonomy and self-determination of the individual. Not only did such data pools lend themselves to misuse, and not only did such information have the potential to make the individual into a digitised, fully transparent object of observation by public and private agencies. The collection of statistics in this manner was also, they argued, based on an elitist, authoritarian, technocratic conception of democracy.[124] One could, as »Die ZEIT« had done, argue that better statistics lead to better policy. However, the Greens rejected this approach, maintaining instead that such statistics could not lead to better policy as long as the way in which the problem was defined pre-determined the possible answers and thus barred the way to meaningful participation by the individual citizen. Compulsory answers to census questions whose phrasing reflected the interests of the organisations collecting and using the data inevitably degraded autonomous individuals, they insisted, into the object of technocratic rule by others. Such an approach was characteristic of what they called an »authoritarian welfare state.« In such a polity, they continued, the state

»ascertains [...] the objective data, defines social problems and grievances, and provides citizens which what it has determined to be their needs. Citizens are occasionally called to the polls, but their desires with regard to housing, work and transportation are [regarded as] merely subjective and, therefore, statistically and politically irrelevant. We reject such a conception of politics.«[125]

---

122 Bulletin des Presse- und Informationsamts der Bundesregierung Nr. 167/1988, pp. 1488–1489. See the criticism in: Die Predigt wurde nicht verstanden, in: Die ZEIT, 22.11.1987, p. 2.
123 *Horst Bieber*, Neue Fakten übers Volk, in: Die ZEIT, 16.12.1988, and *idem.*, Viele Fragen – und welche Antworten?, in: Die ZEIT, 20.2.1987.
124 Die Grünen, Nur Schafe werden gezählt, 1987.
125 Die Grünen im Bundestag/Justitiariat, Über den Unsinn einer Volkszählung, AGG, B. II. 1, Nr. 2522.

Privacy, Political Culture, and the 1983/87 West German Census Boycotts 375

The outcome of this process is captured in Figure 3. Here, the individual has been emptied of all concrete needs and desires to such an extent that he can only appear as the passive object of the rectangular logic of technocratic social planning and of the abstract statistical schemata through which he is represented. In this view of the world, the individual is not a real person, but a cipher devoid of all agency and individuality. He becomes simply one more element in the calculable structure of the planned society. Constructing a viable alternative to technocratic rule would require, the Greens argued, a number of changes to the political system: more participation by citizens in the planning process, the displacement of decision-making authority from officials to the public at the local level, the development at all governmental levels of new institutional forms for such participation (referenda and co-determination), the right to examine the planning documents used by the administration (*Akteneinsicht*, or freedom of information), the right of citizens' groups to be heard in the planning process and standing to challenge decisions in the courts, and the strengthening of the extra-parliamentary opposition, »because otherwise in the end nothing can be accomplished at the parliamentary level.«[126] Only these changes would make it possible for political decision-making »to orient itself towards the genuine, actual needs of the population.«[127]

Figure 3: »Volkszählung. Die nächste kommt bestimmt!«[128]

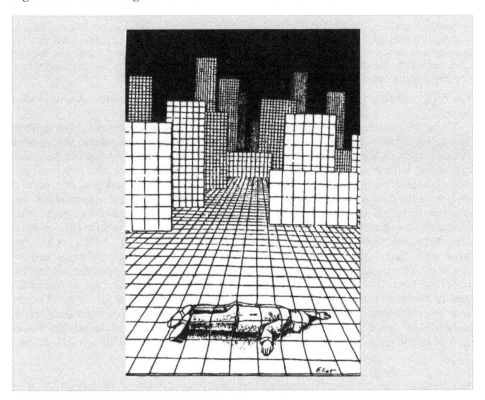

---

126 Die Grünen, Nur Schafe werden gezählt.
127 Entschliessungsantrag der Abg. Dr. Vollmer, M. Such und der Fraktion Die Grünen/Bündnis 90, 23.10.1990, AGG, Bestand A, Manfred Such, Nr. 84.
128 AGG, B. II. 1, Nr. 2522.

Many of these issues were addressed at a February 1985 hearing on the microcensus law, which in the aftermath of the census decision had to be revised to insure its constitutionality in advance of the microcensus scheduled for later that year.[129] In view of the court's strictures to use the least intrusive methods possible to gather the least amount of information needed to achieve its goals, the administration rolled out all of the big statistical guns to buttress its claim that the microcensus, in conjunction with the traditional *Totalerhebung*, represented the only way to collect the information needed to govern the welfare state.

Since the end of the 1960s, state officials and social researchers had been working to develop a system of social indicators, which they hoped could be used to measure, and thereby guide the production of, that elusive thing known as »welfare«, and they saw these social indicators as the cornerstone of a system of social monitoring, which they hoped could be used in a cybernetic manner to guide the development of social programs and then to assess their success in enhancing »quality of life.« One of the leading figures in this field of empirical social research was the sociologist Wolfgang Zapf.[130] At the hearing, Zapf linked the need for census data to the advent of the information society. He noted that, although there had been much debate recently concerning the transition from an industrial to an information society, the discussion had focused primarily on the way that technology was altering productive and administrative processes, but not on the information itself. However, he warned,

»a society that has no knowledge of its most elementary vital processes can not be considered an ›information society‹. [...] A society with televisions, video terminals and phones, and personal computers is not an information society if it does not know anything about itself, if it does not have empirically founded knowledge of its structures and processes, of the objective and subjective living conditions of its citizens, of old and new inequalities.«

For Zapf, statistical knowledge constituted the »informational infrastructure« of modern society.[131]

While the protesters had suggested that the intrusive *Totalerhebung* should be replaced by smaller, more focused samples modelled on public opinion or social research surveys, virtually every expert testifying at the hearing argued, first, that the census and the microcensus had to be maintained in their present form because this integrated statistical program provided the only way of linking structural and developmental data, and, second, that, since the census and microcensus together provided the baseline for sampling, they could never be reliably supplanted by such methods. They also argued with equal vehemence that mandatory answers had to be retained in order to insure that the data collected provided a complete and accurate foundation for state social policy. Tellingly confusing cause with effect, Egon Hölder, the president of the Federal Statistical Office, argued that it was not the resistance aroused by the legal requirement to complete the census, but rather the boycott and the current political climate, that was threatening to impair the quality of census results – and thereby making mandatory answers all the more necessary. Arguing along similar lines, Zapf described census data as the indispensable »informational tax« owed by all citizens as an act of solidarity; he blamed the privacy discussion of recent years for encouraging individuals to think of themselves as self-enclosed

---

129 Deutscher Bundestag, 10. Wahlperiode, Drucksache 10/2600.
130 *Wolfgang Zapf*, Sozialberichterstattung. Möglichkeiten und Probleme, Göttingen 1976; *Wolfgang Glatzer/Wolfgang Zapf* (eds.), Lebensqualität in der Bundesrepublik, Frankfurt am Main 1984.
131 Zapf, Stellungnahme, 11.2.1985, AGG, B. II. 1, Nr. 139. Zapf had set out some of these arguments in: Der Zugang der Wissenschaft zur statistischen Information – Forderung und Realität, in: Statistisches Bundesamt (ed.), Datennotstand und Datenschutz. Die amtliche Statistik nach dem Volkszählungsurteil, Stuttgart 1985, pp. 38–49.

monads and thus to neglect the ways in which they were enmeshed in market exchanges and other social systems; and he argued that mandatory answers to census questions were the only way to prevent the worrying gap between the rights of the individual to state social services and »the willingness of citizens to make possible – through the provision of information – the rational provision of these services« from growing too wide.[132]

But from the perspective of the Greens, what such arguments overlooked was that statistical data always reflected the interests, the definitional power, and the logic of domination of those bureaucratic organisations that collected and controlled this information, and they linked the increasingly authoritarian informational policies of the state to an intensified concern for domestic security and to the need to preventively manage the interrelated social, political and economic problems that were threatening the stability of the capitalist welfare state.[133] But the Greens also went on to develop an alternate theory of statistical governance in which the real needs and desires of the individual would play a central role. As Ulrike Erb, one of the Green experts on computers and the new information technologies, explained, the bureaucratic structures of the political and economic domains shared a common logic of domination that enabled them to define what counted as statistical knowledge, to organise this information in ways that corresponded their own interests, and then to impose these schemata upon the public via mandatory answers. The problem with a census organised in this manner, she argued, was not that it collected too much information, but rather that it did not collect enough information and that the information that it did collect was systematically distorted by the imposition of these alienating and disempowering schemata of social knowledge. The statistical categories used by the census, Erb argued in a language of *Betroffenheit* that embodied the longing for authentic experience that was the core value of the new social movements, »always distort the reality they depict because they filter out individual aspects from a complex system while neglecting other essential factors [...]. Such a computer-compatible population census is not conducive to the humane solution of individual, regional, and social problems.« In order for the census to really contribute to the solution of urgent social problems, it would, she maintained, have to inquire into the real »*needs* and *desires*« of the population. What Erb and others meant by this was that the census should not simply inquire into the education, the income and the means of transportation used most often by the individual. Rather, the census should ask »which activities one would prefer to engage in, whether income is sufficient to live on, and where one would like to see public transportation expanded in order to be able to abstain more often from driving.«[134]

It was precisely this issue that so many people had in mind when they argued that the mere collection of data – so long as it had been pre-structured by those who wished to use it for planning purposes – created a near-irresistible pressure to adopt certain kinds of policy responses. As the Greens explained in their pamphlet »Only Sheep let Themselves Be Counted« (»Nur Schafe werden gezählt«),

»the census asks about the means of transportation that people (must) use to get to work, but not about the form of transportation they would like to be able to use. Whoever is forced to drive will

---

132 See the memoranda submitted by Egon Hölder, Heinz Grohmann (president of the »Deutsche Statistische Gesellschaft«), the »Deutsches Institut für Wirtschaftsforschung«, and Zapf, AGG, B. II. 1, Nr. 139.
133 See Roland Appel, Sicherheitsstaat und formierte Gesellschaft als Strukturelemente konservativer Politik, AGG, B. II. 1, Nr. 5466, and *Roland Appel*, Vorsicht Volkszählung!, in: *idem./Dieter Hummel* (eds.), Vorsicht Volkszählung!, Köln 1987, pp. 12–36. Appel's arguments here are similar to those advanced by *Joachim Hirsch*, Der Sicherheitsstaat. Das »Modell Deutschland«, seine Krise und die neuen sozialen Bewegungen, Hamburg 1980.
134 *Ulrike Erb*, Volkszählung zwischen den Interessen von Volk und Staat, in: *Appel/Hummel*, Vorsicht Volkszählung!, pp. 82–85 (emphases in original).

provide information that will later be used to justify the construction of new roads and the expansion of existing ones. In the past anonymous housing ghettos, inner cities dominated by the banks, municipal highways and mammoth schools have been justified by planners in this and similar ways.«

This created a perverse situation in which, according to a Green policy paper, »the state is no longer there for the citizen, but the citizen for the state«, that is, it created a situation where »citizens [...] are no longer asked for their opinion, but only for their data, which is then used to control them.« In this way, Erb explained, the politically incapacitated citizenry was »forced into a permanent press data corset« and so manoeuvred by the census questions as to create a situation »in which they can no longer either pose any inconvenient demands or express individual interests [...]. In order to govern people and polities, people are reduced to categorisable and calculable data.«[135]

The thrust of these arguments are nicely captured in the poster by the graphic artist Klaus Staeck (Figure 4), whose caption reads »The individual always stands at the centre« or, in a more figurative rendering »Man (or the unalienated individual) is always the measure.« The way in which the face (or the head, in either case, the seat of the person's individuality) is covered or replaced by a bar code symbolises the ways in which the fullness of individual experience is always attenuated or reduced by being forced into the statistical categories that reflect the logic of technocratic rule. It is, however, impossible to determine whether the caption is intended to be read as a description of reality (which seems unlikely) or as an imperative to be realised – or whether it represents an ironic comment on the growing distance between ideal and reality.

Figure 4: Poster by Klaus Staeck, 1981[136]

---

135 Ulrike Erb, Volkszählung zwischen den Interessen von Volk und Staat. BVG-Verhandlung zur Volkszählung, 19.1.1984, AGG, B. II. 1, Nr. 3255; Die Grünen, Nur Schafe werden gezählt.
136 Reprinted by permission of Klaus Staeck.

This attempt to make personal, private, and ostensibly more authentic experience into the basis for social life and politics was a central feature of the alternative movement. However, such efforts were not unproblematic. The alternative media had struggled with the contradiction between the reporting of authentic experience outside the alienating channels of mainstream media (*Betroffenenberichterstattung*) and the role of the journalist in interpreting such experiences to the broader public, and Erb's statement here seems to imply that the meaning of such experience would be self-interpreting. However, there was always the danger that such an emphasis on immediacy and authenticity would imprison its advocates within their own subjectivism and make it impossible to put Erb's alternative vision of statistical governance into practice for communities that were larger and structured in a more complex manner than the alternative milieu.[137]

VI. Conclusion

The immediate outcome of the boycott was neither the reenchantment of the state envisioned by Friedrich Zimmermann nor the carnivalesque inversion longed for by the Greens, but rather an intense sense of disenchantment and disillusionment with political life (*Politikverdrossenheit*) and a festering mistrust of the technocratic state. Although the state may have saved itself from abdication, it did so at the cost of dissipating the loyalty of many of its citizens. This mood was captured by Anselm Kiefer in a work entitled »60 Millionen Erbsen«, or »Sixty Million Peas.« This over-sized installation was composed of large metal storage shelves holding dozens of thick, leaden folio volumes with peas pressed between their covers to symbolise the objects of the census (Figure 5). Contained within their leaden, bureaucratic pods, the peas, which were dried and uncounted (Kiefer himself was one of the boycotters), make a powerful statement about the ultimate (in)significance of the census, while the uneven volumes give the unmistakable impression that, despite the importance attributed to the census by the administration, this particular archive represents a repository of knowledge that was seldom consulted and, in fact, hardly deserving the name. Kiefer's ironic distance from the census is further reflected by the »Hampelmann« – a child's puppet-toy manipulated by pulling a string and here symbolising the machinations of a state intent on asserting its authority – hanging upside down from one of the volumes. The surveillance cameras mounted in the corners of the room make clear the connection between this massive act of bureaucratic hubris and the looming surveillance state, while the film hanging out of the cameras raises the question of the legitimacy and the capacity – both technical and political – of that state, as well as the role of the boycott in blunting the intrusion of the state into the private sphere.

The 2011 census was the first full-scale count since 1987. The 1991 census was called off due to reunification, which was probably fortunate since there could not have been much enthusiasm for conducting another count so soon after the events of 1987. However, the methodological and political debate over the best means of determining the size and characteristics of the population continued after 1987, and by the mid-1990s a tentative decision had been reached to abandon the traditional *Totalerhebung*. The 2001 census, which in lieu of a full count simply drew together information from the population registries and the microcensus, was a product of this transitional moment. The 2011 census was based on an entirely different approach. Population figures were be drawn from the local registries; descriptive information were be collected by bringing together registry information with information from the Federal Employment Administration (»Bundes-

---

137 On the alternate media, see *Stamm*, Alternative Öffentlichkeit.

Figure 5: »60 Millionen Erbsen«, 1987[138]

agentur für Arbeit«); and household information were be constructed from individual information on the basis of a shared address and other data.[139]

As noted at the outset, in contrast to the 1980s there has been surprisingly little public protest against the 2011 census[140], and the question is, in part, to what extent the absence of such protest can be seen as the result of a sea change in German political culture since the mid-1980s? On the one hand, the spread of computers through the public administration and the expanded use of personal information for social planning was a long-term process that began in the mid-1960s and that reached a provisional conclusion or saturation point across the 1980s. Although the census decision had made it clear that the informational relations between the citizen and the state were subject to constitutional limita-

---

138 bpk, Berlin/Hamburger Bahnhof – Museum für Gegenwart, Nationalgalerie, Staatliche Museen, Berlin, Germany/Photo: Jens Ziehe/Art Resource, New York. Compare also: Der SPIEGEL, 18.3.1991.
139 *Heinz Grohmann*, Von der Volkszählung zum Registerzensus. Paradigmenwechsel in der deutschen amtlichen Statistik, in: Wirtschafts- und Sozialstatistisches Archiv 3, 2009, pp. 3–23, and Deutscher Bundestag, 16. Wahlperiode, Drucksache 16/12219. In 1988, Die ZEIT found the traditional *Totalerhebung*, with all its faults and limitations, preferable to a Scandinavian-style registry-based census. *Bieber*, Neue Fakten übers Volk.
140 One explanation – that has been advanced from a number of quarters – for the relative absence of public protest is that, since only a small proportion of the total population are being personally interviewed, while the primary count is taking place by computer behind the scenes, not as many people feel directly affected by the census as was the case in 1987. See, among others, *Sebastian Heiser*, Die Vermessung der Republik, in: taz, 11.3.2011.

tions, it was left up to the »Bundestag« to balance between the individual right to informational self-determination and the informational needs of the community, and the concrete meaning of this right was defined – and constrained – by the packet of security laws passed in the second half of the decade, by the police laws passed by the various federal states (which were, primarily, information-collection laws), by the 1990 revision of the Federal Privacy Protection Law, and by numerous administrative regulations and court decisions (such as that governing the collection and distribution of personal information by »Schufa«). This gradual juridification of privacy protection left a bad taste in the mouths of many persons, who felt that it simply sanctified the overly-intrusive practices long employed by the police, and these laws, regulations, and court decisions constrained the space available for political protest.

In addition, as Andreas Wirsching has shown, the »fear and suspicion [*Angst*] of the computer«, which had been so pervasive in earlier years, began to dissipate in the 1980s. The birth and inexorable spread of the personal computer since the second half of the 1970s posed a serious challenge to the original privacy protection paradigm, which had been oriented around the control of mainframes, and gave computing, which had heretofore been monopolised in the hands of large, powerful, and opaque bureaucratic organisations, a human face. The 1980s saw the birth of hacker culture, and the computer did increasingly come to be seen both as a potential solution to the structural problems that had plagued the economy since the early 1970s and, gradually, as a vehicle for individual self-realisation.

Where Wirsching's otherwise compelling analysis gives pause is in his suggestion that the energies of the social movements and their protest potential dissipated across the middle of the 1980s because the advent of a new neo-liberal economic and technological paradigm, in conjunction with the cultural reorientation that accompanied this change, rendered their concerns increasingly irrelevant, thus consigning them to the dustbin of history. Since the spread of mainframe computers for administrative purposes from the 1960s through the 1980s altered the way that individuals interacted with both the state and large corporations, it is hardly surprising that this moment of technological discontinuity provoked both sustained reflection and political protest, though this pan-Atlantic process was polarised in Germany to an unusual degree by domestic terrorism, the expansion of state surveillance capacity, and the diverse efforts to integrate these developments into larger narratives of the country's modern history. However, the privacy concerns that were institutionalised in the census decision remain a vital element in Germany's political culture, and, after a period of political exhaustion in the 1990s, over the past decade this concern for privacy has reemerged as a potent political force – the meteoric rise of social networking sites from »Friendster« to »Facebook« notwithstanding. In its 2008 *Online-Durchsuchung* decision, the Federal Constitutional Court expanded the 1983 right to informational self-determination to include what it called a right to the confidentiality and integrity of information technology systems; this represented a response to both advances in information technology and the expanded use of these technologies by police and intelligence agencies since 2001.[141] Similarly, in March 2010 the Court overturned the law on *Vorratsdatenspeicherung*, imposing much more restrictive conditions than originally stipulated by the »Bundestag« (and than required by the European Union).[142] And the last thing that I saw at the end of a recent research trip to Germany was a television interview with Simitis, who was explaining the privacy problems raised by the recently-implemented – and even more recently abandoned – system for tracking work history and associated social data (ELENA).

---

141 BVerfG, 1 BvR 370/07, 27.2.2008, URL: <http://www.bverfg.de/entscheidungen/rs20080227_1bvr037007.html> [10.4.2011].
142 BVerfG, 1 BvR 256/08, 2.3.2010, URL: <http://www.bverfg.de/entscheidungen/rs20100302_1bvr025608.html> [10.4.2011].

Privacy may no longer provide the moving force for a broad-based social movement seeking, as it did in the 1980s, to revolutionise everyday life. However, in this, as in so many other domains, the decline of the social movements of the 1970s and 1980s has gone hand in hand with the entry of their ideas into mainstream culture and the institutionalisation of their concerns within the political system of the Federal Republic. The right to informational self-determination was the legacy of both the liberal and alternative challenges to the 1983 census and to the broader expansion of state surveillance that it symbolised, and this new approach to understanding the informational relations between the citizen and the state still defines the parameters of German thinking on these issues.

Philipp Hertzog

Pragmatische Politisierung

Verkehrsplaner und die Grenzen der Machbarkeit um 1980

Experten und ihre Rolle im demokratischen Entscheidungsprozess haben in den vergangenen Jahren unter dem Stichwort »Verwissenschaftlichung der Politik« verstärkt die Aufmerksamkeit der Geschichtswissenschaft erhalten.[1] Dabei wurde etwa der wachsende Einfluss von Sachverständigen auf die Wirtschaftspolitik, in der planenden Gestaltung von Arbeitsmarkt und Bildungswesen, aber auch in der Verkehrspolitik untersucht, um nur die augenfälligsten Bereiche zu nennen.[2] In diesem Beitrag soll nun der Blick auf das politische und gesellschaftliche Bewusstsein der Experten selbst gerichtet werden: Wie sahen sie ihre Aufgabe und ihre Durchsetzungsmöglichkeiten in der Bundesrepublik der späten 1970er und frühen 1980er Jahre?[3] Die Untersuchung erfolgt am Beispiel der Verkehrsplaner, die sich im betreffenden Zeitraum bei der Konzeption und Umsetzung von Neubaustrecken der Bahn mit zahlreichen von gesellschaftlichen Gruppen und Politikern artikulierten Interessen und Protesten auseinandersetzen mussten. Somit stehen die vor Ort und in den verschiedenen Ebenen der öffentlichen Verwaltung aktiven Planungsexperten als Akteure im Fokus, nicht der eher akademische Diskurs der Verkehrswissenschaft.[4]

Auf der Suche nach Zäsuren für den Wandel von Fortschrittsglauben zu Zukunftsskepsis werden gemeinhin die Studie »Grenzen des Wachstums« (1972) und die Ölkrise von Ende 1973 mit ihren sozioökonomischen Folgen genannt. Eine Periodisierung von schrittweise verlaufenden Prozessen wie Bewusstseins- und Wertewandel im Allgemeinen und hier im Besonderen die Abkehr von Machbarkeitsdenken und Fortschrittsoptimismus lässt sich allerdings nur schwerlich an konkreten Jahreszahlen festmachen. Es darf jedoch als weitgehender Forschungskonsens gelten, dass sich in der zweiten Hälfte der 1970er Jahre nach und nach die Erkenntnis durchgesetzt hatte, dass nicht alle denk- und planbaren Pro-

---

1 Vgl. das AfS 50, 2010, insb. den Beitrag von *Mitchell G. Ash*, Wissenschaft und Politik. Eine Beziehungsgeschichte im 20. Jahrhundert, S. 11–46; außerdem *Stefan Fisch/Wilfried Rudloff* (Hrsg.), Experten und Politik. Wissenschaftliche Politikberatung in geschichtlicher Perspektive, Berlin 2004, darin vor allem: *Wilfried Rudloff*, Politikberatung als Gegenstand historischer Betrachtung. Forschungsstand, neue Befunde, übergreifende Fragestellungen, S. 13–57.
2 Vgl. zu den genannten Politikbereichen insb. *Alexander Nützenadel*, Stunde der Ökonomen. Wissenschaft, Politik und Expertenkultur in der Bundesrepublik 1949–1974, Göttingen 2005; *Tim Schanetzky*, Die große Ernüchterung. Wirtschaftspolitik, Expertise und Gesellschaft in der Bundesrepublik 1966 bis 1982, Berlin 2007; *Gabriele Metzler*, Konzeptionen politischen Handelns von Adenauer bis Brandt. Politische Planung in der pluralistischen Gesellschaft, Paderborn 2005; *Michael Hascher*, Politikberatung durch Experten. Das Beispiel der deutschen Verkehrspolitik im 19. und 20. Jahrhundert, Frankfurt am Main/New York 2006.
3 Für erste zeitgenössische Annäherungen an die hier historisch untersuchte Fragestellung vgl. *Gerd Hortleder*, Das Gesellschaftsbild des Ingenieurs. Zum politischen Verhalten der Technischen Intelligenz in Deutschland, Frankfurt am Main 1970; *Eugen Kogon*, Die Stunde der Ingenieure. Technologische Intelligenz und Politik, Düsseldorf 1976; *Wilfried Laatz*, Ingenieure in der Bundesrepublik Deutschland. Gesellschaftliche Lage und politisches Bewußtsein, Frankfurt am Main 1979.
4 Mit dem Gesellschaftsverständnis der Verkehrswissenschaft als Fachdisziplin setzt sich ausführlich eine kürzlich publizierte Dissertation auseinander: *Anette Schlimm*, Ordnungen des Verkehrs. Arbeit an der Moderne – deutsche und britische Verkehrsexpertise im 20. Jahrhundert, Bielefeld 2011.

jekte auch machbar waren.⁵ Ich gehe von der These aus, dass Ingenieure und andere Experten in diesem historischen Kontext mehr als zuvor ihre Planungen rechtfertigen und gegebenenfalls anpassen mussten. Technisch machbare Lösungen mussten sich neben strengeren ökonomischen Vorgaben nunmehr daran messen lassen, ob sie auch gesellschaftlich durchsetzbar waren. Natürlich waren Ingenieure auch zuvor auf politische Entscheidungen angewiesen, um Großprojekte planen und vor allem finanzieren zu können; sie standen aber, so die These weiter, unter deutlich geringerem öffentlichen Legitimationsdruck. In Zeiten verbreiteter Fortschritts- und Planungseuphorie, verbunden mit geringer Skepsis gegenüber den Heilsversprechen der Technik, galten entsprechende Experten als willkommene Botschafter der Zukunft.⁶ Dazu kommt, dass sich ihre Macht zunächst im Hintergrund entwickelte; Entscheidungsstrukturen zwischen politischen Repräsentanten, öffentlicher Verwaltung und Sachverständigen blieben der Öffentlichkeit weitgehend verborgen. Dies änderte sich spätestens in der zweiten Hälfte der 1970er Jahre, sodass Planer fortan nicht nur mit verringerten Ressourcen, sondern auch unter verstärkter öffentlicher Beobachtung agieren mussten. Neue soziale Bewegungen, insbesondere Umweltaktivisten, die an dieser Entwicklung entscheidend beteiligt waren, sind ein viel beachtetes Forschungsfeld der jüngeren Geschichtswissenschaft⁷, und auch die Politologie begleitete sie von Beginn an mit ungebrochener Intensität.⁸ In diesem Beitrag soll nun der Ansatz umgekehrt werden, indem nicht die bürgerschaftlichen Partizipationsinteressen im Zentrum der Untersuchung stehen, sondern jene Akteure, gegen die sich – als Teil eines als »technokratisch« wahrgenommenen staatlichen Planungswesens – der Protest von Umwelt- und Naturschützern sowie lokalen Bürgerinitiativen richtete: technische Experten und ihre Verortung in der politischen Auseinandersetzung. Statt »Bottom-up«-Bewegungen werden also deren primäre Gegner in den Blick genommen sowie die Reaktion dieser, in ihrer bisherigen Hegemonie infrage gestellten technologischen Eliten. Sie sollen hier als in ihrem jeweiligen Fachgebiet aufgrund ihrer Ausbildung und Erfahrung als maßgeblich angesehene, im politischen Entscheidungsprozess gefragte (und in der Sache zunächst kaum *hinter*fragte) Experten verstanden werden. Der »Technokratie«-Vorwurf war indes nicht neu, wurde nun aber auch außerhalb der sozialwissenschaftlichen Fachdiskussion verwendet.⁹ Statt der *theoretisch* geführten »Technokratie«-Debatte stellt dieser Aufsatz die

---

5 Vgl. die durchgehend erhellenden Beiträge im Sammelband von *Konrad Jarausch* (Hrsg.), Das Ende der Zuversicht? Die siebziger Jahre als Geschichte, Göttingen 2008; zur historiografischen Suche nach Zäsuren der 1970er Jahre vgl. *Anselm Doering-Manteuffel/Lutz Raphael*, Nach dem Boom. Perspektiven auf die Zeitgeschichte seit 1970, Göttingen 2008. Für die weitere Entwicklung in den 1980er Jahren vgl. das Kapitel »Gebrochenes Fortschrittsbewußtsein und politischer Protest«, in: *Andreas Wirsching*, Abschied vom Provisorium. Geschichte der Bundesrepublik Deutschland 1982–1990, München 2006, S. 361–419, hier insb.: S. 361–377.
6 Vgl. neben der bereits genannten umfassenden Studie von Gabriele Metzler zur »Politischen Planung in der pluralistischen Gesellschaft« auch *dies.*, »Geborgenheit im gesicherten Fortschritt«. Das Jahrzehnt von Planbarkeit und Machbarkeit, in: *Matthias Frese/Julia Paulus/Karl Teppe* (Hrsg.), Demokratisierung und gesellschaftlicher Aufbruch. Die sechziger Jahre als Wendezeit der Bundesrepublik, Paderborn 2003, S. 777–797; *Michael Ruck*, Ein kurzer Sommer der konkreten Utopie. Zur westdeutschen Planungsgeschichte der langen 60er Jahre, in: *Axel Schildt/ Detlef Siegfried/Karl Christian Lammers* (Hrsg.), Dynamische Zeiten. Die 60er Jahre in der Entwicklung der beiden deutschen Gesellschaften, Hamburg 2000, S. 362–401.
7 Zu der Entwicklung in den 1980er Jahren vgl. die Beiträge von Silke Mende, Michael Ruck und Susanne Schregel in diesem Band.
8 Gerade bei einschlägig publizierenden Autoren wie Roland Roth und Dieter Rucht, die sich bereits zeitgenössisch mit dem Phänomen auseinandersetzten, ist dabei ein durchaus affirmativer Zungenschlag nicht zu übersehen; mit den Neuen sozialen Bewegungen scheint sich in dieser Lesart gleichsam die innere Demokratisierung der ›alten‹ Bundesrepublik vollendet zu haben.
9 In den deutschen Sozialwissenschaften war »Technokratie« vor allem in den 1950er bis 1970er Jahren ein umfassend und kritisch diskutiertes Schlagwort, wobei (als Auswahl aus dem vielfäl-

Frage in den Mittelpunkt, wie die gesellschaftliche Bedeutung der Technik von den *praktischen* Akteuren selbst beurteilt wurde.

Die hier vorgelegte Untersuchung technischer Planungsakteure versteht sich als Teil einer übergreifenden Planungsgeschichte, die sich in den letzten Jahren als eigenständiges Forschungsfeld etabliert hat.[10] Die Verkehrspolitik ist hierbei eines jener politischen Ressorts, denen planerische Strukturen unweigerlich immanent sind: Großprojekte der Verkehrsinfrastrukturen benötigen allein aus technischen und wirtschaftlichen Gründen langfristige Planungsprozesse, unabhängig davon, ob im zeitgenössischen politischen Kontext auch in anderen Politikbereichen der Planungsgedanke Konjunktur hat oder nicht. Allerdings kam eine allgemeinpolitische Planungseuphorie, wie sie für die 1960er und frühen 1970er Jahre diagnostiziert wurde, naturgemäß auch der Innovations- und Investitionsfreude in diesem Sektor zugute.[11]

Der folgende Text nähert sich der skizzierten Problematik in zwei Teilen. Zunächst wird der Erfahrungshorizont ausgeleuchtet, auf den die Planungsingenieure um 1980 zurückblickten, wobei insbesondere ihre Verortung im Kontext der genannten »Technokratie«-Debatte, ihr Verhältnis zur Politik sowie ihr Blick auf die Gesellschaft im Fokus stehen[12]; dass sich auf diesen Grundlagen eine pragmatische Wende im Verhältnis zwischen Technik und Öffentlichkeit abzeichnete, die sich beispielhaft in der Verkehrsplanung niederschlug, bildet die Grundthese des zweiten Abschnitts. Die chronologisch fließende Abgrenzung der beiden Großkapitel verweist hierbei auf die eingangs thematisierte Problematik, klare Zäsuren für einen gesellschaftlichen Wandlungsprozess zu definieren.

Mit Blick auf das Rahmenthema dieses AfS-Bandes lässt sich somit die These formulieren, dass im Selbstverständnis der Ingenieure ein Wandel *zum* Politischen nachzuzeichnen ist: indem sie sich auf den Dialog mit nicht technischen Akteuren einließen und akzeptierten, dass die nach ihrer Auffassung fachlich beste Lösung nicht immer durchsetzbar war, und mehr noch, indem sie das Politische selbst – Argumente außerhalb rein technischer Einwände – als neuen Parameter in die Suche nach der ›besten‹ Lösung integrierten. Somit ist bei den hier untersuchten Akteuren auch ein Wandel *des* Politischen um 1980 zu beobachten, der sich im folgenden Jahrzehnt festigte und ausdifferenzierte: Mit einer pragmatischeren Planung – veränderten Interaktionsmustern zwischen Bürgerinitia-

---

tigen Schrifttum) insbesondere auf die Texte von Helmut Schelsky, Hermann Lübbe, Hans Lenk und Jürgen Habermas zu verweisen ist. Für eine erste zeitgenössische Bilanz vgl. *Hortleder*, Das Gesellschaftsbild des Ingenieurs, insb. S. 93–107, mit weiterführenden Quellenverweisen; eine historische Überblicksdarstellung zum »Technokratie«-Topos legte jüngst Dirk van Laak vor: *ders.*, Technokratie im Europa des 20. Jahrhunderts – eine einflussreiche »Hintergrundideologie«, in: *Lutz Raphael* (Hrsg.), Theorien und Experimente der Moderne. Europas Gesellschaften im 20. Jahrhundert, Köln 2012, S. 101–128.

10 Vgl. etwa das Themenheft von GG 34, 2008, darin insb. die Beiträge von *Dirk van Laak*, Planung. Geschichte und Gegenwart des Vorgriffs auf die Zukunft, S. 305–326, und *Anselm Doering-Manteuffel*, Ordnung jenseits der politischen Systeme: Planung im 20. Jahrhundert. Ein Kommentar, S. 398–406.

11 Der Einfluss allgemeinpolitischer Planung auf ein ohnehin planungsintensives Ressort wird beschrieben in: *Ariane Leendertz*, Ordnung schaffen. Deutsche Raumplanung im 20. Jahrhundert, Göttingen 2008, S. 355ff.; der Ausbau von Infrastrukturen habe den Befürwortern einer zentral im Kanzleramt gesteuerten Planung als wichtiges Mittel gegolten, um den »›Anpassungsprozeß‹ von Wirtschaft und Gesellschaft an neue Strukturen« (ebd., S. 357) zu fördern.

12 An dieser Stelle sei der Hinweis auf mein laufendes Dissertationsprojekt gestattet, das in einem deutsch-französischen Vergleich die Planung von Infrastruktur-Großprojekten untersucht und dabei unter anderem die sozialwissenschaftlichen Debatten um »Technokratie« der Praxis der Planungsakteure und ihrer politisch-gesellschaftlichen Selbstverortung gegenüberstellt; für erste Ansätze dazu vgl. *Jens Ivo Engels/Philipp Hertzog*, Die Macht der Ingenieure. Zum Wandel ihres politischen Selbstverständnisses in den 1970er Jahren, in: Revue d'Allemagne et des Pays de langue allemande 43, 2011, S. 19–38.

tiven, Umweltverbänden, Planern und anderen Experten sowie Verwaltung und Politik – ging eine Neuverhandlung der politischen Deutungsmacht und Legitimation, der Austragungsformen planungspolitischer Auseinandersetzung und der Regierbarkeit einer technisierten Demokratie einher.

Natürlich ließe sich, neben der Verkehrsplanung, das politische Selbstverständnis technischer Akteure auch in anderen Sektoren untersuchen; angesichts der insbesondere in diesem Bereich aktiven Protestbewegung käme dabei etwa die Atomkraft infrage. Die Entscheidung für Experten aus dem Bereich der Infrastrukturplanung bietet sich jedoch nicht nur aufgrund der Komplexität und offensichtlichen Größe der Vorhaben an, sondern auch wegen ihrer politischen, ökonomischen und zudem kulturellen Bedeutung für die Daseinsvorsorge in einer industrialisierten Gesellschaft.[13] Für die Bahnplaner selbst etwa war der Entwurf von Neubaustrecken ein außerordentliches Ereignis, für viele sicher der Höhepunkt ihrer Karriere, nachdem die Bahn in der Nachkriegszeit vor allem wegen stillgelegter Strecken und eingefahrener Defizite von sich reden gemacht hatte und angesichts ihrer Infrastruktur als »Verkehrsmittel des 19. Jahrhunderts« galt. Die einzigartige Möglichkeit, in großem Umfang neue Bahnstrecken planen zu können, wollten sich die Ingenieure weder von zögerlichen Politikern noch von einer skeptischen Öffentlichkeit nehmen lassen. Auch die einhellige Überzeugung, sich für das Richtige einzusetzen – und zudem auch für das ›Gute‹ im Sinne von Umweltschutz und Energieverbrauch –, zeichnet die untersuchten Planer als vergleichsweise homogene Akteursgruppe aus, zumal es hier ausdrücklich nicht darum geht, technische Auseinandersetzungen nachzuzeichnen, sondern um den Blick einer Expertengruppe auf die Zweifel einer als nicht fachkundig aufgefassten Politik und Öffentlichkeit.

I. ZWISCHEN POLITIKSKEPSIS UND TECHNIKKRITIK

Einleitend wurde auf die allgemeine Planungsfreudigkeit der bundesdeutschen Politik der späten 1960er und frühen 1970er Jahre hingewiesen. Für diese umfassenden Steuerungsfantasien können als politisches Schlagwort die »Konzertierte Aktion« und als Person beispielhaft Kanzleramtsminister Horst Ehmke genannt werden, mit seiner Vision, alle Ministerien und ihre jeweiligen Zuständigkeitsbereiche von einer zentralen Schaltstelle aus zu koordinieren.[14]

Naturgemäß ist die Einteilung in Phasen von Planungseuphorie und -skepsis rückblickend erfolgt, allerdings nicht erst durch die historiografische Suche nach Zäsuren. Bereits die zeitgenössischen Sozialwissenschaften stellten eine deutliche Veränderung in der Mitte der 1970er Jahre fest und die Presse griff entsprechende Debatten auf und sprach über ihre Gegenwart ganz selbstverständlich von einem »Zeitalter der Planer«[15]; in diesem öffentlichen Diskurs fällt auf, dass der Begriff der Planungseuphorie vor allem dann fiel, wenn es darum ging, Vergänglichkeit und Scheitern von Planungen zu unterstellen oder zu konstatieren.[16] Während im Kontext der Technikdiskussion viel *über* Experten, Ingenieure

---

13 Vgl. ebd.; sowie grundlegend zur historischen Bedeutung von Infrastrukturprojekten *Dirk van Laak*, Infra-Strukturgeschichte, in: GG 27, 2001, S. 367–394.
14 Umfassend bei *Ruck*, Ein kurzer Sommer; *Metzler*, Konzeptionen politischen Handelns; speziell zu Ehmkes Politikvorstellungen vgl. *Winfried Süß*, »Wer aber denkt für das Ganze?«. Aufstieg und Fall der ressortübergreifenden Planung im Bundeskanzleramt, in: *Frese/Paulus/Teppe*, Demokratisierung und gesellschaftlicher Aufbruch, S. 349–377.
15 *Peter Beckert*, Planung zwischen Ölkrise und Pillenknick. Schwierigkeiten bei der Raumordnung von der Isar bis zur Elbe, in: Frankfurter Allgemeine Zeitung, 2.1.1974.
16 Vgl. beispielhaft *Rolf Zundel*, Planung und Planer in Bonn: Die Hochkonjunktur ist vorbei. Statt großer Rosinen wieder kleine Brötchen, in: Die Zeit, 30.4.1976. Dort heißt es süffisant, die

und Planer gesprochen wurde, steht die *Selbst*verortung dieser Akteure gegenüber politischen Entscheidungsinstanzen und im gesellschaftlichen Raum im Fokus dieses Aufsatzes. Ihre Positionsbestimmung geschieht vor allem mittels einer Quellenanalyse der einschlägigen technischen Fachzeitschriften.[17] Mit den Verkehrsplanern wird eine Gruppe untersucht, die bei der Entwicklung und Durchsetzung des neuen Hochgeschwindigkeitsverkehrs der Bahn große Verantwortung für dieses von der Öffentlichkeit intensiv beachtete technische Großprojekt trug. Hierbei werden die ab etwa 1970 geplanten und 1991 in Betrieb genommenen Streckenprojekte im Einzelnen nicht dargestellt[18], sie dienen lediglich als Hintergrundfolie, vor der die Erfahrungen der Ingenieure mit politischer Planung zu beleuchten sind.

Da von wissenschaftlich-technisch beratenen Regierungen effiziente, zukunftsorientierte Politik erwartet wurde, gelangte in den 1970er Jahren zunehmend auch die Bedeutung der im Hintergrund politischer Entscheidungsprozesse agierenden Experten, Sachverständigen und Gutachtern ins Bewusstsein der Öffentlichkeit. Die letztgültigen Entscheidungen über Planung und Bau von Großprojekten trafen dabei weiterhin die entsprechenden politischen Ebenen, sodass aus Sicht der Experten selbst ihre Wichtigkeit für politisches Handeln stetig wuchs, ihre Möglichkeiten zur Durchsetzung technisch machbarer und aus ihrer Sicht sachlich angemessener Lösungen jedoch stets ihre Grenzen in der politischen Durchsetzbarkeit fanden: »Die letzte gesellschaftliche Entscheidung nimmt dann keine Rücksicht mehr auf Wissenschaftlichkeit«, befand eine Tagung von Ingenieuren 1974.[19] Das Spezialwissen der Experten ließ sich somit im politischen und, spätestens nach dem Erstarken der Neuen sozialen Bewegungen, auch im gesellschaftlichen Raum nur bedingt in konkrete Ergebnisse umwandeln.

Der Planer als Technokrat?

Für die traditionell auf technische Expertise im Hintergrund spezialisierten Akteure war ihr Auftreten im öffentlichen Raum durchaus ungewohnt. Erste Erfahrungen beschrieb 1978 Wilhelm Linkerhägner von der Zentralen Transportleitung der Deutschen Bundesbahn (DB):

»Der Ingenieur wird in Einzelgesprächen, in Verhandlungen mit Fachbehörden und Verbänden bis hin zu öffentlichen Diskussionen mit mehreren hundert Beteiligten als der Repräsentant der Deut-

---

»vielberufene und vielgescholtene Planungseuphorie, Zwillingsschwester der Reformeuphorie, ist lange gestorben«. Die Stimmungslage in Bonn schwanke nun »zwischen heilsamer Nüchternheit und heilloser Lähmung«. Bezogen auf Ingenieure resümiert die Frankfurter Allgemeine Zeitung 1982, »die Planungseuphorie der siebziger Jahre hat den Arbeitsmarkt für Verkehrs- oder Regionalplaner gesättigt«. *Hiltraud Böhm*, Die Planungsseligkeit ist dahin. Bauingenieure sind aber immer noch gefragt, in: Frankfurter Allgemeine Zeitung, 15.3.1982.

17 Systematisch ausgewertet wurden insbesondere die »VDI-Nachrichten« (VDI-N) als größte deutschsprachige Ingenieurszeitschrift und somit wichtigstes Kommunikationsorgan von Vertretern aller technischen Berufe sowie speziell für die Planer im Eisenbahnwesen die Zeitschriften »Der Eisenbahningenieur« (EI) und »Die Bundesbahn« (DB). Das Mitteilungsblatt »Der Ingenieur im öffentlichen Dienst« (herausgegeben 1972 bis 1985 vom gleichnamigen Zentralverband) gibt aufschlussreiche Hinweise auf die Anliegen dieser für die politische Planung von Großprojekten besonders relevanten Gruppe.

18 Es handelt sich um die ersten deutschen Hochgeschwindigkeitsstrecken Hannover-Würzburg und Mannheim-Stuttgart (Gesamtlänge etwa 425 Kilometer); ausführlicher zum verkehrshistorischen Hintergrund vgl. *Thomas Zeller*, Straße, Bahn, Panorama. Verkehrswege und Landschaftsveränderung in Deutschland von 1930 bis 1990, Frankfurt am Main 2002, S. 288–409; *Stefan Zeilinger*, Wettfahrt auf der Schiene. Die Entwicklung von Hochgeschwindigkeitszügen im europäischen Vergleich, Frankfurt am Main 2003, insb. S. 132–181.

19 *Heiner Ruppik*, Die Politik braucht Ingenieure – Ingenieure brauchen die Politik. DVT-Tagung: »Ingenieure und Naturwissenschaftler, resignieren sie vor der Politik?«, in: VDI-N, 20.9.1974.

schen Bundesbahn angesehen. Er muß dort – neben den technischen Problemen – sowohl die ökonomischen als auch die unternehmens- und verkehrspolitischen Interessen umfassend vertreten.«[20]

Dabei stieß der Ingenieur auch auf den populären und oft als undifferenzierten Kampfbegriff gebrauchten Vorwurf der Technokratie: »Die Verantwortung für die negativen Wirkungen des Wachstums wird [...] zunehmend dem Ingenieur als ›Technokraten‹ zugewiesen, während die positiven Aspekte des Wachstums weiterhin als Erfolg politischen Handelns dargestellt werden.«[21] Es wäre nun sicher überzogen, die seit den 1950er Jahren in den Sozialwissenschaften publikationsreich geführte »Technokratie«-Debatte für ein Thema zu halten, das durchweg die Öffentlichkeit beschäftigte. Zumindest für die direkt mit dem »Technokratie«-Vorwurf konfrontierte Berufsgruppe der Ingenieure war das Thema jedoch nicht fremd und als solches auch in ihren fachinternen Debatten präsent.[22]

Allgemein wurde hier unter »Technokratie« verstanden, dass gerade die sich als unpolitisch definierenden technischen Experten die wahre Macht zur Politik- und Zukunftsgestaltung in den Händen hielten. Zur Debatte stand die Machtverteilung zwischen demokratisch legitimierten politischen Akteuren auf der einen Seite und jenen, die für sich die Legitimation des Wissens in Anspruch nahmen, auf der anderen Seite. Mit der zunehmenden Übernahme des Kampfbegriffs »Technokratie« durch die Neuen sozialen Bewegungen der 1970er Jahre blieb der Vorwurf nicht mehr auf die technische Elite im eigentlichen Sinne beschränkt; auch eine angeblich bürgerfeindliche Verwaltung galt vielen Protestinitiativen als Inbegriff staatlicher Technokratie. Dabei wehrten sie sich insbesondere gegen die Formulierung vorgeblicher »Sachzwänge«, mit denen Planungen auch gegen gesellschaftlichen Widerstand durchgesetzt werden sollten.

Es soll nicht unterschlagen werden, dass Kritik am Diskussionsstil von Ingenieuren durchaus aufgenommen wurde. In Überlegungen zu einer geschickteren Artikulation ihrer Interessen machten sie bereits Anfang der 1970er Jahre Defizite in der Ausbildung der bundesdeutschen technologischen Elite für ihr mangelndes Durchsetzungsvermögen in der Öffentlichkeit verantwortlich: Die »Verteidigung des eigenen Standpunktes« werde im Ingenieurstudium zu wenig geübt; »hier zeigt sich der Vorteil geisteswissenschaftlicher Studien. Sie sind mit Problemen des menschlichen Lebens befaßt und bedienen sich der Sprache nicht nur zur Vermittlung von Informationen, sondern stellen die Sprache in den Mittelpunkt ihrer Arbeit«.[23] Als Gegenmodell wurde gern bewundernd auf Frankreich verwiesen, wo der Schwerpunkt der *Grandes Écoles* »in erster Linie in der Vermittlung eines ausgeprägten allgemeintheoretischen Wissens« liege, »das die späteren Absolventen in die Lage versetzt, sich schnell an jede Situation und Problemstellung in der Praxis ihres Fachs anzupassen. [...] Großer Wert wird auf hohes Niveau der kulturellen Bildung gelegt.«[24]

---

20 *Wilhelm Linkerhägner*, Die Neubaustrecken der DB – eine Herausforderung für den Ingenieur, in: EI 29, 1978, S. 303–311, hier: S. 304; als Vertreter der Zentralen Transportleitung (Mainz) war er für die Koordinierung der Entwürfe und Planungen zu den Neubaustrecken verantwortlich und in dieser Funktion auch Ansprechpartner der Gegner und Befürworter entlang der Strecke.
21 Ebd.
22 Davon zeugen zahlreiche Artikel in ihrem Leitorgan – den VDI-Nachrichten –, wo auch geisteswissenschaftlichen Autoren wie Hans Lenk oder Hermann Lübbe breiter Raum für häufig mehrteilige Essays über »Technokratie« und die gesellschaftliche Rolle der Technik eingeräumt wurde.
23 *Manfred Weigend*, Der Ingenieur als Führungskraft, in: EI 24, 1973, S. 202–203, hier: S. 203.
24 *K. Herterich*, Ingenieurausbildung im Ausland. Der französische Ingenieur lernt Originalität und Qualität. Der Schwerpunkt der Ausbildung liegt in der Vermittlung eines allgemeintheoretischen Wissens, in: VDI-N, 28.3.1980. Eindeutiger als der Text ist die beigefügte Karikatur von Gerd Wukasch. Dort blickt ein sichtlich verkrampfter deutscher Ingenieur – Aktentasche in der Hand und Kugelschreiber in der Jackettasche – skeptisch (oder neidisch?) auf seinen französischen Kollegen, der neben den modischen auch die kulturellen Insignien eines Bohemien vereint (Geige, Pinsel und Farbmischpalette, Bücher).

Während die Kritik an der Ausbildung die 1970er Jahre hindurch ihre Aktualität behielt[25], erkannten die Planer in der Praxis die Notwendigkeit, ihre Projekte auf Augenhöhe mit den betroffenen Bürgern zu erörtern. Zunehmend werde versucht, die Festsetzung von »Sachzwängen« durch »sachliche Diskussionen« und die »Verdeutlichung technischer Zusammenhänge« zu ersetzen, hieß es beim Ingenieurtag 1981 – ein Indiz für die »pragmatische Wende« im Ingenieursdenken, auf die später näher einzugehen ist[26], wobei der Wandel der Diskussionskultur erst am Anfang stand: Wer mit Blick auf Proteste stets von »Durchsetzungsstrategien«, vom »Wegschlagen von Bremsklötzen« und der »Beseitigung« sogenannter irrationaler Behinderungen zu sprechen pflege, dürfe sich über Vertrauensverlust in der Bevölkerung nicht wundern, mahnte der auch für den Verkehr zuständige nordrhein-westfälische Wirtschaftsminister Reimut Jochimsen – einst selbst Leiter der wenig zimperlichen Planungsabteilung im Bundeskanzleramt unter Horst Ehmke.[27]

Politikskepsis der Ingenieure

Die Ausprägung eines pragmatischen Umgangs der Planungsingenieure mit politischen und gesellschaftlichen Forderungen um 1980 ist vor ihrem Erfahrungshorizont der (späten) 1960er und der 1970er Jahre zu betrachten. Dabei wird im Folgenden die These vertreten, dass aus Sicht der »technologischen Intelligenz«[28] und insbesondere der hier untersuchten Verkehrsplaner politische Entscheidungsstrukturen zumindest skeptisch betrachtet wurden, da es aus ihrer Sicht insbesondere im von Parteilogiken geprägten parlamentarischen Prozess an Sachkenntnis mangelte. Parallel dominierten in ihrer gesellschaftlichen Selbstverortung angesichts zunehmender Technikkritik die Zweifel über eine angemessene Würdigung ihrer Kompetenz. In dieser Gemengelage verwundert es nicht, dass die Frage nach dem Verhältnis von Technik und Politik bei Fachtagungen der Ingenieure allgegenwärtig war. Ebenfalls in diesem historischen Kontext ist wohl die Begründung einer »Hauptgruppe ›Der Ingenieur in Beruf und Gesellschaft‹« zu sehen, die 1973 beim Verein Deutscher Ingenieure (VDI) eingerichtet wurde[29] und es als »eine der vornehmsten Aufgaben der technisch-wissenschaftlichen Verbände« verstand, »Staat und Gesellschaft den hier vereinigten Sachverstand zur Verfügung zu stellen«.[30]

---

25 Die Überführung der Ingenieurschulen in Fachhochschulen ab 1970 diente einer Vereinheitlichung der Abschlüsse und einer zunehmenden Akademisierung; die Ingenieurselite – jene, die in Planungsentscheidungen involviert waren und in den einschlägigen Fachpublikationen meinungsbildende Artikel verfassten – dürften davon jedoch kaum betroffen gewesen sein, da sie ganz überwiegend diplomierte Absolventen der bereits bestehenden Technischen Hochschulen waren.

26 [*Fr.*], Technikbewertung geht alle an. Mit sachlichen Argumenten die Probleme lösen, in: VDI-N, 5.6.1981. Zur Begriffsgeschichte des »Sachzwang«-Begriffs vgl. den lesenswerten Essay von *Willibald Steinmetz*, Anbetung und Dämonisierung des »Sachzwangs«. Zur Archäologie einer deutschen Redefigur, in: *Michael Jeismann* (Hrsg.), Obsessionen. Beherrschende Gedanken im wissenschaftlichen Zeitalter, Frankfurt am Main 1995, S. 293–333.

27 Reimut Jochimsen, zit. in: [*B.*], Der Mensch steuert seine Technik. VDI-Tagung diskutierte Bedürfnisse der Menschen, die auf den technischen Fortschritt einwirken, in: VDI-N, 20.2.1981.

28 Begriffsverwendung nach Eugen Kogon, der darunter eine Erweiterung rein »technischer« Intelligenz um »Bearbeitungs-, Verarbeitungs- und Verfahrensfragen« versteht, vgl. *Kogon*, Die Stunde der Ingenieure, S. 59.

29 Zusammengelegt aus bis dahin fünf Gruppen zum Oberthema »Technik und Gesellschaft«, vgl. *Walter Kaiser*, Ingenieure in der Bundesrepublik Deutschland, in: ders./*Wolfgang König* (Hrsg.), Geschichte des Ingenieurs. Ein Beruf in sechs Jahrtausenden, München/Wien 2006, S. 233–268, hier: S. 241.

30 *Siegfried Balke* [Vorsitzender der VDI-Hauptgruppe], Vorwort, in: *Holger Hillmer/Rolf Wolfgang Peters/Martin Polke*, Studium, Beruf und Qualifikation der Ingenieure, Düsseldorf 1976, S. V–VIII, hier: S. V.

Folgerichtig unterstützten die VDI-Nachrichten den Techniksoziologen und Politikwissenschaftler Eugen Kogon, der 1970 eine groß angelegte Umfrage zum politischen Selbstverständnis der Ingenieure lancierte: »Philosophische und kulturkritische Abhandlungen über die Technik gibt es viele. Wenig bekannt ist über die Denk- und Verhaltensweisen der Ingenieure selbst und ihr Verhältnis zur Politik.«[31] Kogon, der zum Zeitpunkt der Umfrage selbst seit fast zwei Jahrzehnten an einer Technischen Hochschule (in Darmstadt) Soziologie und Politikwissenschaft lehrte, verwies ausdrücklich auf seine dort gewonnenen Erfahrungen mit Ingenieuren und Naturwissenschaftlern – vielleicht auch, um gegenüber den Befragten zu verdeutlichen, dass er sie nicht aus einem sozialwissenschaftlichen Elfenbeinturm zu sezieren beabsichtigte. Seine Prämisse – »Politik und Technik verschränken sich. Die personalen Kompetenzen lassen sich da nicht mehr fein säuberlich und traditionell trennen« – ist wohl ebenso aus eigenen akademischen Erfahrungen erwachsen wie der Wunsch nach Antworten auf die großen Fragen seines Forschungsvorhabens:

»Ist die Technologische Intelligenz der Bundesrepublik Deutschland [...] der Aufgabe gewachsen, vor die sie gestellt ist? Sieht sie das Problem? Ist sie bereit, ›einzusteigen‹? Damit fertig zu werden – demokratisch oder autoritär? Wie denkt sie darüber – falls überhaupt? Man wird zugeben, daß dies nicht nebensächliche Fragen sind.«[32]

Der Rücklauf übertraf mit über 25.000 ausgefüllten Fragebögen alle Erwartungen, ein Indiz dafür, dass die Frage nach dem Verhältnis von Technik und Politik nicht nur die publizistisch aktive Technikelite beschäftigte. Als Beispiel seien zwei der zur Abstimmung gestellten Thesen genannt, die sich ausdrücklich mit dem Verhältnis der befragten Techniker zur Politik befassten; diese plakativen Aussagen hatte Kogon zuvor in Gruppendiskussionen und Interviews gesammelt: »Die Techniker sind die Kamele, auf denen die Kaufleute und die Politiker reiten« und »Die technologische Intelligenz enthält sich der Politik wegen der Irrationalität, mit der diese betrieben wird«. Eine klare Mehrheit, über 70 % der befragten Ingenieure, stimmte der »Kamel«-Aussage zu, unter Angehörigen der technologischen Intelligenz im öffentlichen Dienst lag die Zustimmung sogar bei über 90 %. Der Gleichsetzung von Politik und Irrationalität stimmte etwa die Hälfte der Befragten völlig oder bedingt zu, ein Drittel lehnte die Aussage ab; auffällig ist hier die hohe Zahl unentschiedener Antworten, die sich »neutral« zu der provokant formulierten These positionierten.[33] Die von Ingenieuren vermisste Rationalität in der politischen Sphäre fand sich auch in mancher nicht zur Abstimmung gestellter Aussage wieder, die Kogon »aus Gruppenunterredungen« mit »Ingenieuren und Naturwissenschaftlern unterschiedlicher Abteilungs-, Leitungs- und Ausführungsposition« zusammengestellt hatte: »Mehr Rationalität und Realismus in den politischen Entscheidungen würde die Politiker den Technikern und den Naturwissenschaftlern verständlicher machen.«[34]

Eine grundsätzliche Skepsis gegenüber demokratischen Entscheidungsverfahren und ihrer nicht immer sachlich einleuchtenden Ineffizienz brachte auch Heinz Bubel als Leiter der Bahnbauzentrale in Frankfurt am Main zum Ausdruck. Er ließ sich 1977 im SPIEGEL damit zitieren, der »Preis der Demokratie« sei nicht billig, daher beneide er »unsere Vor-

---

31 *Eugen Kogon*, Technologische Intelligenz und Politik. Eine Umfrage der VDI-Nachrichten, in: VDI-N, 29.4.1970. Neben dem Abdruck in den VDI-Nachrichten wurde der Fragebogen mit Unterstützung anderer Verbände den jeweiligen Mitgliedern zugänglich gemacht, etwa unter Eisenbahn- und Postingenieuren, Elektrotechnikern und Eisenhüttenleuten; die Ergebnisse erschienen 1976. Vgl. *Kogon*, Die Stunde der Ingenieure, dort ist auch der vollständige Fragebogen abgedruckt (S. 63–72).
32 *Kogon*, Technologische Intelligenz.
33 Vgl. *Kogon*, Die Stunde der Ingenieure, S. 297f.
34 Ebd., S. 173.

fahren, die noch als Ingenieure eine Trasse bauen konnten.«[35] Dies mag wie der Ruf eines ewig gestrigen Ingenieurs nach einem autoritären Regime klingen, in dem er ohne Rücksicht auf gesellschaftliche Proteste planen könnte. Vielleicht hat der SPIEGEL das Zitat aber auch nicht zufällig abgedruckt, um ein technokratisches Klischee zu bestätigen. Dafür spricht die ikonografische Darstellung des Planers vor großflächigen Landkarten, die ihn wie einen General vor aufgezeichneten Frontverläufen erscheinen lassen; eine solche Wahrnehmung legen auch die martialischen Bildunterschriften (»Geschosse auf Schienen«; »Ohne Opfer kein Fortschritt«) nahe. Offenbar lieferte Bubel – der zeitgleich in fachinternen Beiträgen deutlich gemäßigter auftrat – die Vorlage, mit dem der SPIEGEL das Abziehbild eines Verkehrsplaners inszenieren wollte.

Die im »Kamel« präsente Denkfigur eines im Hintergrund ohne eigene Gestaltungsmacht beratenden und fremdbestimmt ausführenden Experten mag vielleicht einer klassischen Ingenieurslogik entsprechen, nach der er sich ohne Ansehen der politischen Ziele für die Bereitstellung der technischen Mittel verantwortlich erklärte. Diese Denkfigur hatte sich im Nachkriegsdeutschland bei der ehemaligen nationalsozialistischen Technikelite großer Beliebtheit erfreut, um ihre Mittäterschaft in einer vermeintlich unpolitischen Sphäre zu situieren.[36] In den 1970er Jahren, spätestens mit der erstarkenden Bürgerbewegung, die auch die Interessen der Experten hinterfragte, war ein Rückzug aus dem politischen und gesellschaftlichen Kontext technischer Planungen immer seltener möglich. Dennoch muss die Darstellung der ausführenden »Kamele« nicht als bewusste Machtkaschierung verstanden werden (anders als das offensichtliche Interesse nach 1945, als politisch unbelastet eingestuft zu werden): Nach allem, was der in zeitgenössischen Fachzeitschriften publizierten Meinung der Ingenieurselite zu entnehmen ist, entwickelte sie im Laufe der 1970er Jahre tatsächlich beachtliche Selbstzweifel über ihren mangelnden Gestaltungsspielraum und ihre vermeintliche oder tatsächliche gesellschaftliche Missachtung.

Die Vorstellung einer irrationalen Politik zieht sich leitmotivisch durch die technischen Fachzeitschriften der 1970er Jahre und begründete auch die Zurückhaltung der Ingenieure beim politischen Engagement. Bei der pessimistisch betitelten Tagung »Ingenieure und Naturwissenschaftler – resignieren sie vor der Politik?« hieß es 1974, wer trotz der mangelnden Wissenschaftlichkeit den Schritt in die Politik wage, verzichte auf die »Merkmale des Ingenieurhaften«.[37] Der ehemalige Post- und Atomminister Siegfried Balke – selbst promovierter Chemiker – bedauerte 1975 vor einer Versammlung technischer Vertreter: »Wir fordern ja nicht zum ersten Mal ›Ingenieure in die Politik‹! Aber unsere Erfolgsbilanz ist leider kläglich.«[38] Die »politische Verfahrenstechnik« zu beherrschen, erläuterte er, beinhalte auch »die primitive Erfahrung, daß bei politischen Entscheidungen nicht die Individuen oder Gruppen mit den besseren Argumenten gewinnen, sondern die mit den meisten Stimmen oder Wählern«.[39] Vielleicht lässt sich in dieser Kritik des technisch vorgebildeten Politikers an der Qualität politischer Entscheidungsverfahren die Hoffnung er-

---

35 Heinz Bubel, zit. nach: Statt Kino, in: Der SPIEGEL, 26.12.1977, S. 57–59, hier: S. 59. Die Bahnbauzentrale wurde 1976 eingerichtet und hatte fortan die oberste Verantwortung für die endgültige Durchsetzung und den Bau der geplanten Neubaustrecken.
36 Vgl. nach wie vor richtungsweisend: *Karl-Heinz Ludwig*, Technik und Ingenieure im Dritten Reich, Düsseldorf 1974; zur neueren geschichtswissenschaftlichen Auseinandersetzung vgl. *Werner Lorenz/Torsten Meyer* (Hrsg.), Technik und Verantwortung im Nationalsozialismus, Münster 2004.
37 *Ruppik*, Politik braucht Ingenieure.
38 Siegfried Balke, zit. im Tagungsbericht bei *Herbert Wienecke*, Ingenieure und Naturwissenschaftler – resignieren sie vor der Politik?, in: EI 26, 1975, S. 398–400, hier: S. 398. Siehe auch *Michael Binder*, Der Ingenieur – ein politisches Neutrum?, in: Der Ingenieur im öffentlichen Dienst 2, 1973, S. 1–3.
39 Balke, zit. nach: *Wienecke*, Ingenieure und Naturwissenschaftler, S. 398.

kennen, durch ein stärkeres politisches Engagement der naturwissenschaftlich-technischen Berufsgruppen eine Rationalisierung der politischen Auseinandersetzung zu erreichen und durch Verwissenschaftlichung und behutsam ›politisierte‹ Ingenieure zu einer vorsichtig ›entpolitisierten‹ Politik zu kommen.

Ähnliche Stimmen hatte auch Kogon als Reaktion auf seine Frage, »was Politik sei und was man von ihr zu halten habe« gesammelt: »Warum wird die Leitung der meisten Ministerien nicht mit Experten besetzt?«, regte ein Technikvertreter in Gruppengesprächen mit dem Sozialwissenschaftler an. Schließlich seien von den Regierungsvertretern umfangreiche und folgenschwere Entscheidungen über Finanzierungen zu treffen, »ein Sachverständiger in der Leitung könnte die zu treffenden Entscheidungen doch besser beurteilen.«[40] War das also der Gegenentwurf, eine von »Technokraten« geführte apolitische Expertenregierung?[41] Zu diesem Thema meldete sich 1974 die Ingenieurin und Bundestagsabgeordnete Helga Schuchardt zu Wort, eine der wenigen also, die sich trotz ihrer technischen Vorbildung ins Parlament gewagt hatten. Schuchardt warnte vor der »elitären Meinung«[42], dem Ingenieur automatisch die besseren Argumente zuzuschreiben. Nach ihrer Erfahrung höre die Rationalität des Ingenieurs bereits dort auf, wo sein abgegrenztes Fachgebiet nicht mehr betroffen sei. Die politisch notwendige Fähigkeit zu übergreifendem Denken fehle vielen Spezialisten. Damit wandte sich Schuchardt also ausdrücklich gegen die Idee einer an der rationalen Lösung von »Sachzwängen« orientierten Expertenregierung.

Solche gemäßigten Positionen wurden auch von außerhalb der Öffentlichkeit stehenden technischen Akteuren in den qualitativen Interviews bei Kogon zum Ausdruck gebracht: »Der Politiker kann kein Spezialist sein, er muß die Fähigkeit besitzen, aus verschiedenen Meinungen die beste Lösung für das Gemeinwohl ausfindig zu machen und sie durchzusetzen«[43]; in dieser Aussage ist auf bemerkenswert knappem Raum sowohl das klassisch technische Denken enthalten, nach dem es die eine »beste Lösung« gibt, als auch die Orientierung auf das »Gemeinwohl« (als hier sehr monolithisch erscheinende Einheit) sowie die pragmatische Erkenntnis, dass es im politischen Handeln neben der Entscheidung vor allem um das »Durchsetzen« geht. Zusammenfassend meinte Kogon zu seinen Gesprächen, die »Vorherrschaft einer Neigung zur Technokratie ist nicht festzustellen, eher der Ansatz zur Tendenz, sich der Politik gegenüber distanziert zu verhalten, allenfalls bis zur Abstinenz«[44] – also weder die Forderung nach einer Expertenregierung noch nach mehr Experten *in* der Regierung. Auch die Auswertung technischer Fachzeitschriften zeigt, dass eine stärkere Berücksichtigung naturwissenschaftlich-technischen Fachwissens im politischen Prozess gefordert wurde, ohne selbst in politische Ämter zu streben. Gerade im Zuge der pragmatischeren Auseinandersetzung mit politischen und gesellschaftlichen Entscheidungsmechanismen (siehe Kapitel II) setzte sich auch unter Planungsingenieuren die Einsicht durch, dass das Politische mehr ist als die Summe rationaler Lösungsansätze.

Technikfeindliche Gesellschaft?

Während einerseits, wie im vorherigen Abschnitt dargestellt, in der publizierten Ingenieursmeinung der 1970er Jahre ihre verstärkte Skepsis gegenüber dem ihrer Ansicht nach

---

40 *Kogon*, Die Stunde der Ingenieure, S. 172f.
41 Eine Idee, wie sie gerade in Krisenzeiten immer wieder Fürsprecher fand und findet, so jüngst zu beobachten an den ausdrücklich als »parteiübergreifend« oder »unpolitisch« präsentierten Expertenregierungen in Griechenland und Italien 2011/12.
42 Helga Schuchardt, Vortrag im Rahmen der Tagung »Ingenieure und Naturwissenschaftler – resignieren sie vor der Politik?«, zit. nach: *Wienecke*, Ingenieure und Naturwissenschaftler, S. 399.
43 *Kogon*, Die Stunde der Ingenieure, S. 175.
44 Ebd.

wenig effektivem politischen Handeln hervortrat, sahen sich andererseits die technischen Experten selbst in einer zunehmend defensiven Position gegenüber einer immer stärker als »technikfeindlich« wahrgenommenen Gesellschaft. Derartige Überlegungen tauchten in der zweiten Hälfte der 1970er Jahre nicht aus dem Nichts auf, und es wäre auch zu einfach, allein die Ölkrise und ihre direkten Konsequenzen als Ursache einer Zäsur zu sehen. Ingenieure selbst diskutierten bereits zuvor mögliche Paradigmenwechsel im Blick auf die technischen Möglichkeiten und ihre gesellschaftliche Akzeptanz.[45] Die Historiografie hat für die 1970er Jahre wachsende Zweifel an der Problemlösungskompetenz der Politik angesichts der wirtschaftlichen und technischen Komplexität der notwendigen Entscheidungen beschrieben; die Frage nach der Macht der Technik und ihrer determinierenden Wirkung für politisches Handeln lieferte der zeitweise leidenschaftlich geführten »Unregierbarkeitsdebatte« reichlich Diskussionsstoff.[46]

Es geht hier nun ausdrücklich nicht darum, eine wie auch immer messbare »Technikfeindlichkeit« empirisch nachzuweisen, sondern um die Reaktionen von Planungsingenieuren auf eine zunehmende Skepsis der Gesellschaft gegenüber technischen Großprojekten. Im Vergleich zu der aus den Nachkriegsjahrzehnten gewohnten Fortschrittsbegeisterung und einer von der Öffentlichkeit mehrheitlich begrüßten Modernisierung war dies natürlich ein Bruch, den auch zeitgenössische Ingenieure als solchen artikulierten: »Bis zum Ende der 60er Jahre wurden Veränderungen der Umwelt durch umfangreiche Baumaßnahmen [...] von der Bevölkerung hingenommen. Sie galten zunächst als notwendiger Wiederaufbau, dann als Zeichen für wirtschaftliches Wachstum und damit als Zeichen der Verbesserung des eigenen Lebensstandards«[47]; nunmehr (1978) sei die Planungsdiskussion jedoch von gesteigertem Umweltbewusstsein – »in einigen Fällen bis zur Umwelthysterie«[48] – und wachsenden Bürgerinitiativen geprägt.

Einerseits blieb unter den hier untersuchten Ingenieuren auch im Krisenjahrzehnt der 1970er Jahre die Überzeugung verbreitet, dass die technischen Möglichkeiten immense Fortschritte in allen Lebensbereichen ermöglichten und damit auch die Ansprüche und Wünsche der zukünftigen Gesellschaft rasant wachsen würden, verbunden mit dem Selbstbewusstsein, dass allein durch den Sachverstand des Ingenieurs die technischen Notwendigkeiten zufriedenstellend gelöst werden könnten.[49] Andererseits stand diese Machbarkeitseuphorie im Widerspruch zur gesellschaftlichen und politischen Selbstwahrnehmung der Ingenieure. Diese schienen sich, glaubt man dem Tenor der in ihren Fachzeitschriften veröffentlichten Beiträge, mit ihrer technischen Kompetenz, planerischen Notwendigkeiten und futuristischen Ideen mitunter alleingelassen und zu Unrecht kritisiert zu fühlen.

Der langjährige Vorsitzende des Verbands Deutscher Eisenbahn-Ingenieure (VDEI), Herbert Wienecke, fasste diesen inneren Widerspruch bereits 1971 in seinem jährlichen Grußwort zusammen. Er stellte zunächst fest, dass

»niemand auf den technischen Fortschritt, den Motor des Wirtschaftswachstums, verzichten möchte, auch die Kreise nicht, die hin und wieder vor der möglichen Herrschaft der so ›verachteten‹ Technik warnen zu müssen glauben. Allzu gern sind Bürger und Verwaltungen der Bundesrepublik in zunehmendem Maße bereit, die Annehmlichkeiten und Vorteile der modernen Technik im privaten sowie im öffentlichen Bereich zu nutzen.«

---

45 Vgl. etwa *Rolf W. Goering*, Fortschritt wohin? VDI-Tagung untersuchte Wirkung des Technischen Fortschritts auf Wirtschaft und Gesellschaft, in: VDI-N, 25.11.1970.
46 Historisch dazu (mit umfangreichen Verweisen auf die zeitgenössische Publizistik) *Gabriele Metzler*, Staatsversagen und Unregierbarkeit in den siebziger Jahren?, in: *Jarausch*, Das Ende der Zuversicht, S. 243–260.
47 *Linkerhägner*, Die Neubaustrecken der DB, S. 304.
48 Ebd.
49 Vgl. etwa *Albert Kuhlmann*, Unverzichtbarer Sachverstand. Der Sachverständige im Spannungsfeld von Technik, Wirtschaft, Staat und Gesellschaft, in VDI-N, 17.9.1976.

Während »der Ingenieur, der Träger dieser Entwicklung«, zwar als »willkommener und unentbehrlicher Mitarbeiter« gelte, entspreche »seine gesellschaftspolitische Einordnung [...] noch nicht überall seiner Funktion.« Die Ursache für diese Verkennung des Experten meinte Wienecke in der verbreiteten Unkenntnis der Bevölkerung zu erkennen, da

»die geistige Durchdringung unserer Welt bei weitem noch nicht so weit fortgeschritten ist wie ihre technische Gestaltung. Mangelndes Wissen verbindet sich mit einer fehlerhaften Einschätzung der Technik. Unbehagen und Protest sind die Folgen dieses nur schwer verständlichen Verhaltens der Gesellschaft.«[50]

Angesichts der zunehmend konstatierten Technikskepsis suchten die Ingenieure auf ihren Fachtagungen nach Selbstbestätigung. Veranstaltungen wie »Technik und Ingenieure in der Öffentlichkeit« erbrachten nach eigener Wahrnehmung »wertvolle Argumentationshilfen in der Technikdiskussion« und lieferten »weitere Anregungen zum Abbau der sogenannten Technikfeindlichkeit«.[51]

Fachpolitiker, die durchaus offen auf technischen Tagungen empfangen wurden, betonten unbeirrt die Bedeutung des Ingenieurs für die Gesellschaft und unterstützten die Warnungen vor einer allgemeinen Technikfeindlichkeit. So erinnerte der Berliner Wirtschaftssenator Guido Brunner anlässlich der Ausstellung »Die nützlichen Künste – Gestaltende Technik und Bildende Kunst seit der Industriellen Revolution«, die zum Ingenieurtag 1981 ein positives Technikbild vermitteln sollte: »Noch zu Beginn der 1970er Jahre glaubte man an die unerschöpflichen Möglichkeiten der Technik zur Erweiterung der menschlichen Freiheit. Heute sehen wir, daß mit der Technik zugleich viele Probleme und Sachzwänge geschaffen wurden.«[52] Mit dieser Feststellung erklärte er das Erstarken der Umweltschutzbewegung und ihrer Forderung, »daß sich der Mensch nicht länger ausschließlich und vollkommen der Technik unterordnen« dürfe. Es sei Aufgabe der Politik, technologische Erneuerungen zu fördern, ohne dabei die »Ängste in den Menschen vor einer übertechnisierten Zukunft« zu ignorieren.[53] Damit brachte er eine politisch vielfach verkündete Auffassung zum Ausdruck, nach der Ingenieure die technische und wissenschaftliche Entwicklung nicht stoppen dürften, sondern im Gegenteil die guten Seiten der Technik zum Wohle des Menschen nutzbar machen müssten.[54]

Im Bundesministerium für Forschung und Technik (BMFT) wollte man naturgemäß von einer angeblichen Technikfeindlichkeit der Bevölkerung nichts wissen: Minister Andreas von Bülow warnte beim Ingenieurtag 1981 vor einem »Herbeireden von Technikfeindlichkeit«[55], den Ausdruck hielt er vor allem für die Jugend für verfehlt. Dass nicht mehr von »technischem Fortschritt«, sondern von »Wandel« gesprochen werde, sah er als sprachliches Indiz für eine »vorurteilsfreiere Betrachtung der technischen Entwicklung«.[56] Beim nächsten Ingenieurtag zeigte sich das nunmehr unionsgeführte Ministerium ähnlich optimistisch: »Wir sind auf dem richtigen Weg, Technik in den Dienst des Menschen zu stellen, faktisch viel weiter, als es in der öffentlichen Kritik oft wahrgenommen wird«.[57]

---

50 *Herbert Wienecke*, Zum Jahreswechsel, in: EI 22, 1971, S. 5–6, hier: S. 5.
51 *M. Gerhard*, »Technik und Ingenieure in der Öffentlichkeit« – Vortrags- und Diskussionstagung des VDI, in: EI 34, 1983, S. 71–72, hier: S. 72.
52 *Guido Brunner*, Technik als sozialer Einflußfaktor, in: VDI-N, 10.4.1981.
53 Ebd.
54 So auch Verkehrsminister Werner Dollinger, wiedergegeben bei *Lothar Semisch*, Internationaler Eisenbahn-Ingenieurtag in Nürnberg, in: EI 36, 1985, S. 377–382, hier: S. 380.
55 Zit. nach: [*Fr.*], Technikbewertung geht alle an.
56 Zit. nach: *Josef Windsinger*, Technik im Dienste des Menschen. VDI-Deutscher Ingenieurtag 1981 in Berlin, in: EI 32, 1981, S. 414–417, hier: S. 414f.
57 So der Parlamentarische Staatssekretär Alfred Probst, zit. nach: *Josef Windsinger*, Deutscher Ingenieurtag 1983 in Frankfurt, in: EI 34, 1983, S. 419–420, hier: S. 420.

Technikfeindlichkeit war also ein umstrittener Topos, der sich jedoch konsequent durch die Ingenieurszeitschriften der späten 1970er und frühen 1980er Jahre zog und mit dem sich die Verbände einerseits mit ihrem klassischen Mittel der Tagungsdiskussion auseinandersetzten. Andererseits versuchten sie, dem unterstellten gesellschaftlichen Wissensdefizit mit innovativen Ideen entgegenzutreten. Dazu gehörten 1983 einminütige, spendenfinanzierte Filme, die das ganze Jahr über im ZDF-Werbefernsehen ausgestrahlt wurden: »Die Filme zeigen anschaulich, daß Technik das Leben erleichtert, es vielfältiger, freizügiger und sicherer macht. Der persönliche Nutzen der Technik wird an Beispielen aus dem Haushalt, der Industrie, des Verkehrs, der Kommunikation und anderen Bereichen demonstriert.« Als Zielgruppe nannte der VDI ausdrücklich »junge Menschen«, die Filme sollten »zum Gespräch in der Schule, in der Familie und mit Gleichaltrigen anregen.«[58] Damit war sich die VDI-Führung mit dem BMFT einig, dass es eine der Hauptaufgaben des VDI war, »Technik so darzustellen, daß sie der Öffentlichkeit plausibel und verständlich wird«, um »so manches Mißverständnis auszuräumen, das in der Bevölkerung zu einer gewissen Technikfeindlichkeit geführt hat«.[59] Entsprechend scharf stellte sich der VDI auch gegen die Kürzung der TV-Reihe »Bilder der Wissenschaft«, »da dies die einzige ARD-Sendung ist, in der Technik zu Wort kommt.«[60]

Natürlich waren mit einer pragmatischen Annäherung der technischen Elite an politische Entscheidungsträger und eine skeptische Öffentlichkeit (wie im folgenden Kapitel beschrieben) nicht schlagartig alle Missverständnisse vom Tisch. Dem Lamento, einer technikskeptischen Gesellschaft gegenüberzustehen, folgte ein vielleicht noch dramatischeres Wehklagen über die Technikfeindlichkeit der Jugend, das sich bis weit in die 1980er Jahre hinein fortsetzte und insbesondere ihr mangelndes Interesse für Ingenieurberufe bedauerte.[61] Als fleißiger publizistischer Kritiker einer als technikfeindlich bemängelten Gesellschaft profilierte sich der Physiker und Informatiker Karl Steinbuch; für seine stets prägnanten und meist polemischen Verlautbarungen erarbeitete er sich im SPIEGEL den Ruf als »konservativer Wanderprediger«.[62] Die reformorientierte Bildungspolitik habe dafür gesorgt – tat er in gewohnter Manier vor dem Verband Technisch-Wissenschaftlicher Vereine kund – dass die meisten Schüler bis zum 14. Lebensjahr nichts von Naturwissenschaft und Technik erführen – außer im Fach »Gesellschaftslehre« in der Unterrichtseinheit über »kapitalistische Ausbeutung« und »Umweltzerstörung«.[63] Steinbuch selbst hatte jedoch bereits ein Jahrzehnt zuvor die Gründe für eine mangelnde Durchsetzung der Ingenieure und Naturwissenschaftler in der Öffentlichkeit auch in ihrer politischen »Passivität« gesehen.[64]

II. PRAGMATISCHE WENDE NACH DER KRISE

In der Ankündigung seiner Umfrage unter Ingenieuren zitierte Eugen Kogon 1970 aus Vorgesprächen, die er mit Vertretern seiner zukünftigen Forschungsobjekte geführt hatte:

---

58 [e], Kurzfilme werben für Energie und Technik. Sendungen des VDI im ZDF-Werbefernsehen erklären die Technik, in: VDI-N, 21.1.1983.
59 Ebd.
60 [sh], VDI gegen Beschneidung der Sendezeit in der ARD, in: VDI-N, 26.8.1983.
61 Ein ähnliches Anliegen kommt heute unter der Abkürzung »MINT« (Mathematik, Informatik, Naturwissenschaften, Technik) daher, in Anlehnung an den im Jahr 2000 vom Arbeitgeberverband gegründeten »Verein mathematisch-naturwissenschaftlicher Excellence-Center an Schulen e. V.«.
62 Sonnenschein unter Vollast, in: Der SPIEGEL, 9.9.1985.
63 *Josef Windsinger*, Deutscher Verband Technisch-Wissenschaftlicher Vereine – DVT – tagte in Düsseldorf, in: EI 34, 1983, S. 236.
64 Dies legte Steinbuch 1971 (Februar/März) in einer vierteiligen Artikelreihe der VDI-Nachrichten (»Die technische Intelligenz als politische Kraft«) ausführlich dar.

»Die Technik dient. So sagt man. Es sei nicht Sache des Ingenieurs, über Anwendungen zu entscheiden; er habe nur zu erfinden, zu bauen und in Funktion zu halten«.[65] Die Aufteilung der Zuständigkeiten wurde so lange nicht als verbreitetes Problem artikuliert, wie Ingenieure nicht nur relativ ungehindert, sondern durchaus großzügig von der Politik finanziert planen und bauen konnten. Dies änderte sich grundlegend und in doppelter Hinsicht, als zum einen die ökonomischen Ressourcen knapper bemessen werden mussten und sich zum anderen die gesellschaftliche Skepsis gegenüber der technischen und planerischen Veränderung der alltäglichen menschlichen Umgebung und der Umwelt verstärkt artikulierte. Tatsächlich ist in den späten 1970er Jahren eine Wandlung im Selbstverständnis der Ingenieure mit den beschriebenen Zweifeln an ihrer Position in Gesellschaft und Politik zu konstatieren. Als eine wichtige Konsequenz dieser Unzufriedenheit ist bei den hier untersuchten Planungsexperten ein Wandel zu einem pragmatischeren Verständnis zu erkennen, dessen Ausprägung und Umsetzung im folgenden Abschnitt untersucht werden.

Die Tendenz zu pragmatischer Mäßigung einstiger Machbarkeitseuphorien und Zukunftsvisionen zeigte sich nicht nur in der Kommunikation zwischen Planern und Öffentlichkeit, sondern auch ganz konkret in den reduzierten Vorhaben neuer Bahnstrecken, die weit hinter den um 1970 skizzierten Netzkonzepten zurückblieben und in denen einstige futuristische Visionen neuartiger Verkehrsmittel keinen Platz fanden. Aus der vormals postulierten Verkehrs-Revolution wurde so der Bau von Entlastungs- und Ergänzungsstrecken.[66] Die Verkehrsplaner der Bundesbahn mussten sich im Bemühen um die Durchsetzung der Neubaustrecken darauf einlassen, dass die Planung von Großprojekten zunehmend auf gesellschaftspolitische Kompromissfindung angewiesen war. Hier war Expertenwissen zwar weiterhin gefragt, vielleicht sogar in zunehmendem Maße, aber eben nicht mehr nur zur Beurteilung von Sachfragen, sondern bei der Suche nach Lösungen, die nicht nur technisch machbar, sondern auch politisch durchsetzbar waren. Dieses verstärkt politische Handeln der Ingenieure beinhaltete, auch wenn es nicht allen leicht fiel, ihre wachsende Akzeptanz gesellschaftlicher Mitbestimmung, obwohl dies zur Aufweichung bisheriger Wissensvorsprünge führte. Die Mäßigung gegenüber einer früheren Machbarkeitsideologie, verknüpft mit der Beschränkung des Ingenieurs im demokratischen Institutionengefüge, brachte der neue VDEI-Vorsitzende Josef Windsinger im Herbst 1982 mit dem berühmten Gelassenheitsgebet auf den Punkt: »Gib mir die Gelassenheit, Dinge hinzunehmen, die ich nicht ändern kann; gib mir den Mut, Dinge zu ändern, die ich ändern kann, und gib mir die Weisheit, das eine vom anderen zu unterscheiden«[67] – ein neues, notgedrungen pragmatisches Selbstverständnis des Experten.

Umweltschutz – vom Hemmnis zur Herausforderung

Auf dem Weg zu einer pragmatischen Aushandlung politischer und technischer Planung war der zunehmend gesellschaftlich eingeforderte Umwelt- und Landschaftsschutz einer der wichtigsten neuen Parameter. Während Umweltschutz zunächst als Planungshemmnis wahrgenommen worden war, behandelten führende Ingenieure das Thema spätestens um 1980 offensiv, indem sie regelrechte Anleitungen zur Planungssicherheit unter den Bedingungen des verstärkten Umweltschutzes erarbeiteten.[68] Umweltfolgen wurden so als neuer

---

65 *Eugen Kogon*, Der Ingenieur und die Politik, in: VDI-N, 24.6.1970.
66 Vgl. dazu *Philipp Hertzog*, Bundesdeutsche und französische Geschwindigkeitsversprechen der 1970er Jahre – Verkehrsplanung zwischen Vision und Utopie, in: *Uwe Fraunholz/Anke Woschech* (Hrsg.), Technology Fiction. Technische Visionen und Utopien in der Hochmoderne, Bielefeld 2012, S. 115–143, hier insb. das Fazit »Vision, Utopie und Mythos« (S. 140–143).
67 *Josef Windsinger*, Neuer Verbandsvorsitzender des VDEI, in: EI 33, 1982, S. 513–514.
68 Vgl. *Linkerhägner*, Die Neubaustrecken der DB, S. 304; *Dietrich Neidhardt*, Öffentlichkeitsarbeit für die Neubaustrecke Mannheim-Stuttgart, in: DB 54, 1978, S. 599–603.

Faktor, Umweltverträglichkeit als neuer Parameter in die technische Planung einbezogen und als solcher auch als Herausforderung statt nur als Hindernis angesehen. Ähnliche Bedeutung dürfte der neu ins Bewusstsein getretenen Energieknappheit zukommen, die ebenfalls die Lösungskompetenz der Ingenieure auf die Probe stellte.[69] Der Bedarf an technischen Experten hatte sich durch die Krise nicht verringert, im Gegenteil erforderten engere Grenzen der Planung und neue gesellschaftspolitische Forderungen besonders hohe Planungssicherheit, wirtschaftliche Effizienz und ökologische Vorkehrungen. Umweltschutz wurde als neuer »Faktor« beziehungsweise »Parameter« der Planungen betrachtet und ließ sich somit verhältnismäßig leicht in die Sprache der Ingenieure überführen: Die Folgen für die Umwelt ließen sich im Allgemeinen »quantifizieren« oder zumindest in »Operatoren« und mögliche »Konsequenzen« zerlegen und wurden somit in Planungsmodellen »berechenbar«.[70] Mit ähnlicher, durchaus wohlwollender Aufmerksamkeit der Ingenieure konnten besorgte Bürger rechnen, wenn es um Lärmschutz ging. Auch hier galt, dass sich die voraussichtlichen Lärmemissionen quantifizieren ließen und deren Vermeidung im Sinne eines zusätzlichen Planungsgesichtspunkts einkalkuliert werden konnte – zusätzliche Herausforderungen also, die aber weitgehend mit den gewohnten Mitteln des Ingenieurs zu bewältigen waren.

Vielleicht lässt sich sogar die These formulieren, dass der kompetente Umgang mit zuvor als »nicht sachgerecht« abgelehnten, von Laien vorgebrachten Argumenten, den Planern zu neuem gesellschaftlichen Selbstbewusstsein verhelfen konnte. In der Planungspraxis ging damit einher, dass die Ingenieure sich auf neue Akteure einlassen mussten, die das gewohnte Kräfteverhältnis durcheinanderbrachten; Wilhelm Linkerhägner, der jahrelang vor Ort die Neubauplanungen gegenüber Kommunen und Bürgerinitiativen rechtfertigen musste, zog daraus eine pragmatische Lehre:

»Verkehrsplanung ist mehr denn je ein gesellschaftspolitisches Ereignis, politische Probleme und solide Ingenieurarbeit können nicht als Gegensatz angesehen werden. Der in früheren Zeiten gerne gewählte Ausweg des Ingenieurs, sich nur als Naturwissenschaftler zu verstehen, geht hier am Problem vorbei.«[71]

Dem SPIEGEL gestand er sogar: »Wir haben einst Dinge geplant, [...] da stünden uns heute die Haare zu Berge.«[72]

Während Linkerhägner als Vertreter der Zentralen Transportleitung vor allem in der Planungsphase involviert war, bündelte die Bundesbahn die Verantwortung für die Umsetzung der Strecken – eine in diesem Umfang auch für das Staatsunternehmen neuartige Aufgabe – bei der Bahnbau-Zentrale und ihrem Leiter Heinz Bubel. Er formulierte ganz ähnlich, dass eine »nach rein ingenieurmäßigen Gesichtspunkten konzipierte, kostengünstigste Trassierung«[73] in der Bundesrepublik nicht mehr möglich sei. »Prinzipien des Bahnbaus unserer Vorfahren [...] müssen hinter Belangen des Umweltschutzes vielfach zurückstehen. Einer Trassenplanung ohne angemessene Würdigung der sozioökonomischen Gegebenheiten sowie der ökologischen Situation bleibt der Erfolg versagt.«[74] Ob

---

69 Entsprechend stand der Verbandstag der Eisenbahningenieure 1982 unter dem Motto »Umwelt und Energie – Herausforderung an den Eisenbahningenieur«.
70 Vgl. etwa *Manfred Weihprecht*, Umwelt und Planung. Planungsparameter für neue Eisenbahnstrecken, in: EI 33, 1982, S. 341–342.
71 *Linkerhägner*, Die Neubaustrecken der DB, S. 304.
72 Zit. nach: Nichts läuft ohne Tunnel, in: Der SPIEGEL, 24.12.1979, S. 53–60, hier: S. 55.
73 *Heinz Bubel*, Die Neubaustrecken der DB, eine Investition in die Zukunft, in: DB 52, 1976, S. 439–450, hier: S. 445. Ganz ähnlich einige Jahre später sein Kollege Helmut Maak: »Großprojekte, wie die Neubaustrecke, in dicht besiedelte Räume einzufügen, ist heute nicht mehr nur aufgrund einer an rein ingenieurmäßigen Kriterien orientierten Planung möglich«. *Helmut Maak*, Die Projektgruppe H/W Süd der Bahnbauzentrale, in: EI 33, 1982, S. 269–278, hier: S. 269.
74 *Bubel*, Die Neubaustrecken der DB, S. 445.

hier nun Resignation überwog oder der Ehrgeiz, die neuen Herausforderungen zu meistern, muss wohl der individuellen Interpretation überlassen werden.

Die neue Realität des Planens brachte innerhalb der Bundesbahn neue Akteure in den Vordergrund: Juristen sowie die Abteilung für Öffentlichkeitsarbeit. Rechtlich ging es vor allem darum, die anstehenden Raumordnungs- und Planfeststellungsverfahren so ausgiebig wie nötig, aber doch aus Ingenieurssicht so effizient wie möglich über die Bühne zu bringen. DB-Jurist Kurt Küchler hatte bereits 1975 infrage gestellt, ob die 20 Jahre alten Planfeststellungsrichtlinien der Bundesbahn noch den neuen Bedürfnissen »der zunehmenden Sensibilität der Öffentlichkeit bei Fragen des Umweltschutzes und des daraus resultierenden organisierten Widerstandes«[75] gerecht würden. Natürlich beschäftigten juristische Fragen die Ingenieurszunft auch über die Verkehrsplanung hinaus, »Technologierecht« bekam wachsenden Stellenwert in der juristischen wie in der technischen Diskussion. Der Heidelberger Rechtswissenschaftler Fritz Nicklisch mahnte in den VDI-Nachrichten, »der Gesetzgeber muß verhindern, daß gesellschaftliche Minderheiten den Fortschritt blockieren«. Die zeitgenössisch erwogene Einrichtung spezialisierter Institutionen der Legislative und der Judikative – »technische Unterparlamente« und »Technologie-Kammern« – hielt er allerdings nicht für den geeigneten Weg, »um dem mangelnden technischen Sachverstand beim Gesetzgeber abzuhelfen.«[76] Statt auf derartige vermeintliche »Patentlösungen« zu vertrauen, die vor allem an der Unmöglichkeit scheitern würden, das gesamte Spektrum an nötigem Sachverstand in einem solchen Gremium zu vereinen, schlug er die behutsame Verbesserung des bestehenden Technologierechts vor.[77]

Die Öffentlichkeitsarbeit wurde nach und nach als selbstverständlicher und integraler Bestandteil der Planung auf eine Ebene mit den eigentlich technischen Aufgaben der Ingenieure gestellt. Als Vertreter der neuen Bahn traten allerdings auch hier weiterhin technische Experten vor Presse und Bürgerversammlungen auf, so etwa der Diplom-Ingenieur Dietrich Neidhardt als Sprecher der »Projektgruppe M[annheim]/S[tuttgart]«. In seinen Äußerungen wurde der eigene Lernprozess deutlich, den er ab den späten 1970er Jahren durchlaufen hatte: Die Realisierung der Neubaustrecken falle

»in einen Zeitraum öffentlicher Auseinandersetzung über die Demokratisierung der Planung durch Bürgerbeteiligung, hervorgerufen durch die Skepsis vieler Bürger gegenüber jeder öffentlichen Planung, sowie der Neubestimmung der Werte zwischen Wirtschaftswachstum, Freiheit durch Mobilität, Umweltschutz und Interessen einzelner«.[78]

Zahlreiche weitere Äußerungen belegen, dass das Thema »Öffentlichkeitsarbeit« nun eine zuvor ungekannte Rolle in der DB-Organisation einnahm; manche Textabschnitte lesen sich dabei fast wie ein Vademekum für den Planer, eine Anleitung zur taktischen Argumentation, insbesondere ohne der »Versuchung« nachzugeben, »dem Fachmann unsinnig erscheinende Vorschläge kurz abzutun«.[79] Bei aller pragmatischen Auseinandersetzung mit den neuen Planungsbedingungen hielt sich das Denkmuster, es gebe Fachwissen auf der einen und Vorurteile auf der anderen Seite. Projektgegner, so die Bahn, nutzten Informationslücken gezielt aus, »um durch einseitige und zum Teil auch falsche Darstellungen Verunsicherung und Ablehnung zu erzeugen und so das Projekt zu verzögern und möglichst zu Fall zu bringen.«[80]

---

75 *Kurt Küchler*, Das Planungsrecht bei Neubaustrecken, in: DB 1975, S. 369–375, hier: S. 375.
76 *Fritz Nicklisch*, Drei Schwachstellen im Technologierecht. Der Gesetzgeber muß verhindern, daß gesellschaftliche Minderheiten den Fortschritt blockieren, in: VDI-N, 30.9.1983. Ein zweiter Teil erschien am 7. Oktober 1983 unter dem Titel »Fortschritt der Technik und Statik des Rechts. Ist das Technologierecht reformbedürftig?«.
77 Vgl. *Nicklisch*, Drei Schwachstellen.
78 *Neidhardt*, Öffentlichkeitsarbeit für die Neubaustrecke Mannheim-Stuttgart, S. 599.
79 Ebd., S. 600.
80 Ebd.

Bürgerinitiativen – Neuaushandlung der Legitimation

Mit den neuen Parametern, die sich im Falle des Umweltschutzes noch verhältnismäßig einfach in technisches Denken übertragen ließen, betraten auch neue Akteure die Bühne politisch-technologischer Planung: Die entstehenden Bürgerinitiativen[81] blieben den Planungsingenieuren vielfach eine fremde Welt. Dennoch gebot das Eigeninteresse erfolgreicher Planungen, sich auch mit als unberechenbar angesehenen Kontrahenten pragmatisch zu arrangieren. Die im vorhergehenden Abschnitt beschriebene Öffentlichkeitsarbeit war eine Möglichkeit, mit Bürger- wie mit Umweltinitiativen umzugehen. Es stellte allerdings eine ungleich schwierigere Herausforderung als das Einberechnen von Umwelt-Faktoren dar, sich auf (vermeintliche) Befindlichkeiten von Anwohnern und regionalpolitische Sonderwünsche einzulassen; zu Konflikten führten nicht nur Proteste gegen die Trasse, sondern auch politisch vorgegebene »übergeordnete« Ziele, etwa die vom Land Niedersachsen angesichts der besonderen Zonenrandproblematik geforderte und von der Bahn lange aus wirtschaftlichen Gründen abgelehnte Streckenführung über Göttingen. Die Auseinandersetzungen auf politischer und gesellschaftlicher Ebene zwangen die technischen Experten nicht nur, ihr eigenes Verständnis von Demokratie und Legitimation zu schärfen: Gegenüber Bürgerinitiativen, die ihrerseits die Macht nicht demokratisch gewählter technischer Experten infrage gestellt hatten, gerierten sich die Bahnplaner als Hüter des Gemeinwohls, demokratischer Entscheidungswege und eines Wirtschaftswachstums, das entscheidend von den neuen Verkehrsbauten abhänge. Demgegenüber unterstellten sie Bürgerinitiativen, dass ihnen die erforderliche »Gesamtschau« und somit die demokratische Legitimierung fehle, indem sie versuchten, »aus ortsbezogener Betrachtung Planungen zu verhindern, die an anderer Stelle noch größeren Schaden verursachen«.[82] Zwar hatten die Planer gelernt, Bürgerinitiativen als »durchaus legitimes Mittel einer demokratischen Meinungsäußerung«[83] zu akzeptieren, betonten aber stets im gleichen Atemzug, dass diese für »Gespräche auf sachlicher Basis« zur Verfügung stehen und daran interessiert sein müssten, »eine allen gerecht werdende Lösung der im Raume stehenden Probleme zu finden«.[84] Dass dieser übergreifende Anspruch von einigen lokalen Initiativen unweigerlich nicht eingelöst werden konnte, brachte die Planer bis hin zum Bundesbahnpräsidenten zu mitunter recht holzschnittartigen Vorstellungen:

»Zu verurteilen sind selbstverständlich all diejenigen, die aus einem falsch verstandenen *Eigennutz* und einer Überbewertung eigener Interessen *sinnvolle* Vorhaben stoppen. Und es wäre zu wünschen, wenn solche Aktionen unter dem Decknamen ›Bürgerinitiativen‹ möglichst rasch gestoppt werden könnten.«[85]

Hier mag man bereits Grundzüge einer Konfrontation erkennen, wie sie 2010 um das Bahnhofsprojekt »Stuttgart 21« unübersehbar zutage getreten ist: Auf der einen Seite die

---

81 In Abgrenzung zur zuvor beschriebenen Umweltschutzbewegung werden hier unter »Bürgerinitiativen« zumeist lokale Gruppen (oder ihre regionalen Zusammenschlüsse) verstanden, die sich aus verschiedenen Motiven den geplanten Neubaustrecken mit Alternativvorschlägen oder totaler Ablehnung entgegenstellten. Während es im vorhergehenden Kapitel um die Auseinandersetzung um das Sachthema »Umweltschutz« ging, stehen hier die Personengruppen im Fokus. Dabei gibt es Überschneidungen (etwa Bürgerinitiativen für lokale Umwelt- oder Lärmschutzmaßnahmen), entscheidend ist die Differenzierung zwischen dem Umgang der Planer mit einer neuen thematischen Herausforderung einerseits und neuartigen Interaktionspartnern andererseits.
82 *Linkerhägner*, Die Neubaustrecken der DB, S. 308.
83 *Bubel*, Die Neubaustrecken der DB, S. 446.
84 Ebd.
85 *Wolfgang Vaerst*, Die Zukunft der Deutschen Bundesbahn im Spannungsfeld von Unternehmensauftrag und politischer Einflußnahme, in: EI 29, 1978, S. 539–545, hier: S. 544 (Hervorhebung nicht im Original).

Bahn, die sich durch Entscheidungen repräsentativ-demokratischer Gremien im Recht sieht und mit der bundesweiten Bedeutung ihrer Projekte argumentiert, auf der anderen Seite lokale Initiativen, die für den Erhalt ihrer Umwelt, der bisherigen Bausubstanz und gegen Verschwendung von Steuergeldern protestieren. Eine historische Analyse der Entscheidungsprozesse und der breiten gesellschaftspolitischen Debatten über technische Großprojekte wird in diesem Lichte auch zu einer Zustandsbeschreibung der repräsentativen Demokratie um 1980. Allen diesbezüglichen Äußerungen in den einschlägigen Fachzeitschriften ist gemeinsam, dass Bürgerinitiativen allenfalls als legitim angesehen wurden, wenn ihnen kein »Sankt-Florians-Prinzip«[86] unterstellt werden konnte. Gern gaben die Bahningenieure hier Anekdoten von unsachlichen Forderungen lokaler Repräsentanten zum Besten: »So soll es Bürgermeister gegeben haben, die gegen das Versprechen eines neuen Schwimmbades die Rücknahme ihrer Klage angeboten haben.«[87]

Die Beschäftigung der Gerichte mit Verkehrsfragen war in der Tat beachtlich und auch dies eine neue Erfahrung, die unter Planungsingenieuren zu neidvollen Blicken nach Frankreich führte, wo Planung und Bau der ersten Hochgeschwindigkeitsstrecken sichtbar schneller vorankamen: Dort ließen sich »Projekte, denen die Regierung die ›Déclaration d'utilité publique‹ erteilt hat, kaum noch zu Fall bringen oder verzögern«[88], bemerkten die VDI-Nachrichten. »In der Bundesrepublik kann sich dagegen der Einzelne gegen die Interessen von Millionen stellen und durch die lange Verfahrensdauer bei Ausschöpfen des gesamten Rechtsweges zumindest endlose Verzögerungen erreichen.«[89] Die Maxime »Gemeinnutz vor Eigennutz«, polemisierte der Kommentator, sei wohl »in der demokratischen Bundesrepublik in Verruf geraten [...]. Doch auch Frankreich scheint uns noch immer ein demokratischer Staat zu sein.«[90]

Maßgeblich für die durchgehende Argumentation der Planungsingenieure war die Gegenüberstellung von Sachkenntnis und Unwissen. Der Planer sah sich hierbei in der Rolle, die Bevölkerung aus ihrer »über weite Strecken stark emotionsgeprägte[n] Ablehnung« zu befreien und »mit überzeugenden Argumenten« den Widerstand gegen die »angebliche Verplanung und Zerschneidung der Landschaft« zu mindern.[91] Der aufklärerische Eifer war dabei kein Alleinstellungsmerkmal der *Eisenbahn*ingenieure:

»Es liegt [...] heute mehr denn je in der Hand der Ingenieure, die Öffentlichkeit sachkundig und überzeugend darüber zu informieren, daß nur ein vernünftiger technischer Fortschritt der Garant für die Sicherung unserer Zukunft sein kann, und daß die technische Intelligenz bereit ist, in engerer Zusammenarbeit mit Politik, Wirtschaft und Wissenschaft dafür Sorge zu tragen, daß die Belange der Humanität und der sozialen Sicherheit immer gewahrt bleiben«[92],

---

86 »Heiliger Sankt Florian, verschon' mein Haus, zünd' andere an«; gebräuchlicher ist heute das englische Akronym »NIMBY« (»not in my backyard«) für den Wunsch nach guter Anbindung an Infrastrukturen, ohne persönlich von ihren Nachteilen betroffen zu sein; vgl. zur Begriffsverwendung erneut *Bubel*, Die Neubaustrecken der DB, S. 446.
87 *Ralf Roman Rossberg*, Im Schneckentempo zur modernen Bahn. Statt technischer Probleme juristische Hürden – Teures bundesdeutsches Planungsrecht, in: VDI-N, 21.5.1982.
88 Ebd.; die Gegenüberstellung ist freilich sehr vereinfacht. Wie im Planfeststellungsverfahren gibt es vor der Erteilung einer »Déclaration d'utilité publique« im französischen Verwaltungsrecht durchaus Einspruchsmöglichkeiten.
89 [*rrr = Ralf Roman Rossberg*], Notizen aus der Praxis. Kurzer Prozeß, in: VDI-N, 21.5.1982.
90 Ebd.; allgemein erschien der bundesdeutschen Technikelite das heimische »Akzeptanzproblem [...] größer als in den meisten Nachbarländern«, *H. L. Brandt*, Einstellung zur Technik verändert sich. Frühzeitige und glaubwürdige Informationen verbessern notwendige Vertrauensbasis, in: VDI-N, 4.6.1982.
91 *Aris Samaras*, Bisheriger Ablauf der Planfeststellungsverfahren bei der Realisierung der Neubaustrecke Mannheim-Stuttgart, in: DB 54, 1978, S. 579–584, hier: S. 581.
92 Einladung zum Deutschen Ingenieurtag, in: VDI-N, 10.4.1981.

versprach die Einladung zum Deutschen Ingenieurtag 1981. Da mag die fast heilsbringerische Selbstdarstellung des Leiters der Projektgruppe Mannheim/Stuttgart kaum noch überraschen, die sich in der Überzeugung ausdrückte, wer nur genug wisse, könne auch nicht mehr gegen die Planungen sein:

»Häufig höre ich in den zahlreichen Gesprächen entlang der Strecke Äußerungen wie ›wir haben nichts von der neuen Strecke‹ oder ›die nützt doch nur den großen Städten‹. Daraus ist zu entnehmen, daß die großen Vorteile, die diese Strecke für unser Land und seine Bewohner hat, noch nicht von allen erkannt werden.«[93]

Bezeichnend ist auch die Formulierung, insbesondere »unabhängige und oft fachkundige Personen oder Institutionen« drückten ihre »klare Zustimmung« zu den Neubaustrecken aus.[94] Unwissen erschien somit in der Darstellung von Planungsingenieuren als Grund für Protest und diente gleichzeitig der Delegitimierung von Projektgegnern. Selbst den gut organisierten Aktivisten der »Aktionsgemeinschaft Schnellbahntrasse« wurde attestiert, ihre Argumente widersprächen sich häufig, »wenn sie konsequent zu Ende gedacht werden«.[95]

Bei aller pragmatischen Annäherung an die politische Sphäre behielten die Planungsingenieure ihr klassisches Ideal (oder die Illusion) der Rationalität und der *einen* richtigen Lösung bei: Weiterhin schien es objektiv richtige und falsche Bürgerinteressen zu geben. Doch bei alledem übersahen die Ingenieure, dass es nicht immer entscheidbar ist, wo berechtigte Einwände oder »schützenswerte Interessen«[96] aufhören und wo egoistische Partikularinteressen oder »übertriebene Forderungen«[97] beginnen. Damit waren die Bahnplaner mitten in der gesellschaftspolitischen Auseinandersetzung angekommen, wo sie sich nicht mehr auf eine letztgültige technische Wahrheit zurückziehen konnten, sondern am Wettstreit konkurrierender »Wahrheiten« teilnehmen mussten. Denn die Trassengegner hatten sich auf die Diskussionsmethoden der Bahn eingelassen und boten ihrerseits Sachargumente auf. Mit der Mobilisierung von Gegenexperten brach endgültig das vorherige Monopol der Bahn, die Macht des Spezialwissens auf ihrer Seite zu wähnen. Im Extremfall mussten die Planungsingenieure sogar professionell in Auftrag gegebene Gutachten der Gegenseite zur Kenntnis nehmen.[98] Gegenüber der Öffentlichkeit erschütterte dies das Ansehen des »Sachverstands«, wie ein leitender Redakteur der Süddeutschen Zeitung 1983 vor Ingenieuren erläuterte: Die immer engere Verquickung von technischen Sachfragen mit politischen und wirtschaftlichen Interessenlagen provoziere ein grundsätzliches Misstrauen gegen alle angeblichen »technischen Sachzwänge«, die doch häufig der Verbrämung politischer Interessen dienten.[99]

---

93 *Erich Fein*, Mit verkürzten Fahrzeiten wird die Eisenbahn attraktiver. Streckenüberlastung wirkt sich sogar als Verspätung im Ausland aus, in: VDI-N, 1.5.1981.
94 *Neidhardt*, Öffentlichkeitsarbeit für die Neubaustrecke Mannheim-Stuttgart, S. 600.
95 Ebd.; eine akribische sozialwissenschaftliche Untersuchung der Protestbewegung legte bereits 1981 vor: *Werner Hagstotz*, Betroffenheit und kollektives Handeln im ländlichen Raum. Empirisch-theoretische Studie über Bürgerinitiativen im Konflikt um Planung und Bau der Neubaustrecke Mannheim-Stuttgart, Frankfurt am Main 1981.
96 *Rossberg*, Im Schneckentempo.
97 *Bubel*, Die Neubaustrecken der DB, S. 446.
98 Vgl. etwa *Georg-Dietrich Jansen/Jürgen Schmidt*, Regionalwirtschaftliche Untersuchung zur Trassenführung der Neubaustrecke Hannover-Kassel, Essen 1975; das Gutachten richtete sich nicht gegen die Neubaustrecke als solche, sondern gegen die von der Bahn beabsichtigte Trassenführung an Göttingen vorbei. Auftraggeber war die niedersächsische Landesregierung.
99 Vgl. Malte Buschbeck, wiedergegeben im Bericht von *Gerhard*, Technik und Ingenieure, S. 71.

Rückblickende Narrative der Planungsakteure

Der Wandel zu einer pragmatischen Planung, mit den entsprechenden neuen Herausforderungen an den Ingenieur, wurde in der zeitgenössisch publizierten Meinung der bundesdeutschen Technikelite vielfach mit Stolz über das flexible Reagieren auf die veränderten Rahmenbedingungen reflektiert; zugleich erinnerten aber auch wehmütige Stimmen an die Vorzüge früherer planerischer Freiheiten im Geiste verbreiteter Technikbegeisterung. Der Ingenieurtag 1981 stand sicher nicht zufällig unter dem Motto »Technik im Dienste des Menschen«. Was zunächst progressiv klingt, kann im Kontext der vorhergehenden Erfahrung auch als trotzig verstanden werden. Bereits in der Einladung erinnerte der VDI daran, dass die Menschen technischen Fortschritt gern annahmen, solange er »nur mit dem Gedanken an mehr Wohlstand, größere wirtschaftliche und soziale Sicherheit und steigende Lebensqualität verbunden war.«[100]

»Aus der Begeisterung ist Skepsis geworden«[101] – dieses Bewusstsein veränderter gesellschaftspolitischer Prämissen betraf die Ingenieure und Naturwissenschaftler im Allgemeinen ähnlich wie die Verkehrsplaner im Besonderen. Bundesbahnpräsident Wolfgang Vaerst resümierte,

»daß das Bewußtsein der Bevölkerung, der wir Neubaustrecken teilweise zumuten, ein anderes geworden ist. Der Ingenieur von heute, der Technik einsetzt für den Fortschritt, muß sehen, daß er diese Technik, die den Fortschritt bringen soll, den Menschen erst einmal verständlich machen muß«.[102]

Eine solche Erfahrung stand im Gegensatz zur rückblickenden Planungserzählung der Nachkriegszeit, als etwa der S-Bahn-Bau »ohne größerer Beeinflussung, den technischen Anforderungen entsprechend, ingenieurmäßig abgewickelt werden«[103] konnte. Es lag auf der Hand, dass auf dem Gebiet der dicht besiedelten und infrastrukturell bereits engmaschig vernetzten Bundesrepublik auch unabhängig von Bürgerprotesten und Umweltbewegung nicht mehr nach den gleichen Maßstäben geplant und gebaut werden konnte wie im 19. Jahrhundert. Dennoch rechneten Bahnvertreter immer wieder vor, wie seinerzeit »jährlich rund tausend Kilometer« gebaut worden waren, während es neuerdings nur »im Schneckentempo zur modernen Bahn«[104] gehe. Dabei bot der Rückblick auf die Erfahrungen der 1970er Jahre immerhin willkommenen Anlass zu betonen, dass »die Aufgaben des Eisenbahningenieurs, insbesondere des Planungsingenieurs, [...] bei der Planung und dem Bau dieser Maßnahmen eine erhebliche Wandlung und Ausweitung«[105] erfahren hatten. Schließlich »bedarf es heute größter Anstrengungen von Ingenieuren, die Neubaustrecken raumpolitisch durchzusetzen und zu bauen. Hier werden besondere Ingenieurleistungen erwartet und vollbracht.«[106] Die hier nur in einer kleinen Auswahl zitierten rückblickenden Bemerkungen technischer Fachpublikationen um 1980 vermitteln einen beispielhaften Einblick in die Reaktion der Ingenieure auf die gesellschaftliche Veränderung – auch ohne dass sie diese zwangsläufig mit soziologischen Schlagwörtern wie »Planungseuphorie« oder »Fortschrittsskepsis« beschrieben.

Mitunter diente der Rückblick auf früheres Planen auch anekdotischen Zwecken – oder, weniger wohlwollend betrachtet, einer Delegitimierung der Projektgegner durch Lächer-

---

100 Einladung zum Deutschen Ingenieurtag, in: VDI-N, 10.4.1981.
101 *Brandt*, Einstellung zur Technik.
102 *Vaerst*, Die Zukunft der Deutschen Bundesbahn, S. 544.
103 *Knut Reimers*, Die Aufgaben des Eisenbahningenieurs heute, in: EI 37, 1986, S. 95–98, hier: S. 96.
104 So das Motto – immerhin mit Fragezeichen – eines Symposiums in Mannheim, vgl. *Rossberg*, Im Schneckentempo.
105 *Linkerhägner*, Die Neubaustrecken der DB, S. 304.
106 Zit. nach: *Semisch*, Internationaler Eisenbahn-Ingenieurtag, S. 379.

lichkeit. Als Bürgerinitiativen bereits seit etwa einem Jahrzehnt etabliert waren, hob der Technikchef der Bundesbahn, Knut Reimers, zu einem despektierlichen Vergleich an: Bereits die Eisenbahnpioniere im 19. Jahrhundert hätten sich mit Problemen konfrontiert gesehen, »wie wir sie erst seit kurzem wieder kennen«. Er stellte dazu eine nicht näher nachgewiesene Quelle von 1839 neben die aktuellen Proteste:

»›Im Zusammenhang mit Eisenbahnbauten in Hamburg befürchten die Gegner dieser Maßnahme, daß die Dove-Elbe versanden, Häuser, Wälder und Ernten in ständiger Feuersgefahr stehen, Vögel tot vom Himmel fallen werden und sich das Leben der Reisenden in ständiger Gefahr befinden wird.‹ [...] Im Jahre 1977 sieht eine Bürgerinitiative, die sich in diesem Raum gegen den geplanten Bau der Güterumgehungsbahn gebildet hat, die Gemüseversorgung von Hamburg ernsthaft gefährdet«.[107]

Reimers schlug nicht nur eine gewagte historische Brücke, er nutzte auch die Gelegenheit zur wohlfeilen Verunglimpfung der technisch nicht ausgebildeten Gegner: »Damals wie heute sahen sich also die Eisenbahningenieure beim Bau neuer Strecken massiven Widerständen gegenüber. Gründer von Eisenbahngesellschaften wie Erbauer von Strecken mußten gegen eine Vielzahl von Vorurteilen und Rückständigkeiten ankämpfen.«[108]

In den Erzählungen der Planungsingenieure um 1980 zeichnet sich das offenbar im professionellen Gedächtnis tief verankerte Bild einer Epoche ab, in der Ingenieure weithin anerkannt und bewundert wurden; ein Zeitfenster der »technokratischen Hochmoderne«[109], geprägt von Fortschrittsglauben und Planungsbegeisterung, das sich in dieser Lesart nach der Überwindung antitechnischer Urängste in den Anfangsjahren der Eisenbahn öffnete und mit dem Erstarken technikskeptischer Bürgerbewegungen wieder geschlossen wurde.

III. ZUSAMMENFASSUNG: WANDEL ZUM POLITISCHEN

Es war fast schon eine Bilanz, die der Ressortchef »Technik« der Bundesbahn 1986 zog. Er betonte die Bereitschaft der DB zur sachlichen Auseinandersetzung mit Kritikern, was ihn zu der Erkenntnis gebracht hatte, dass »Innovationsfreudigkeit und modernste Technik allein nicht ausreichen, um die Akzeptanz für die Vorhaben zu gewinnen.«[110] Nach über zehn Jahren Erfahrung bei Planung und Bau von Hochgeschwindigkeitsstrecken in Zeiten gesellschaftspolitischer Skepsis und Proteste blickte er auf die neuartigen Aufgaben der Planungsexperten zurück und zeigte sich erwartungsgemäß zufrieden damit, wie sie die neuen Herausforderungen gemeistert hatten:

»Dem Eisenbahningenieur fällt es zu, das Projekt in seiner Gesamtheit unter einer Vielzahl nichttechnischer Aspekte zu betrachten und begründen zu müssen, eine Aufgabe, in die unsere Ingenieure erst hineinwachsen mußten. Die Fortschritte beim Bau unserer beiden Neubaustrecken dokumentieren jedoch, daß ihnen dies in hervorragender Weise gelungen ist.«[111]

Dabei lag die wichtigste Neuerung wohl darin, dass Planungsingenieure nunmehr ihre Vorhaben »gegenüber einer kritischen und *informierten* Öffentlichkeit vertreten mussten«[112]

---

107 *Reimers*, Die Aufgaben des Eisenbahningenieurs heute, S. 95.
108 Ebd.
109 So die titelgebende und zugleich forschungsleitende Epochen-Hypothese am Dresdner Sonderforschungsbereich 804 »Transzendenz und Gemeinsinn«, im Teilprojekt M »Das Fortschrittsversprechen von Technik und die Altruismusbehauptung der Ingenieure in der technokratischen Hochmoderne (ca. 1880–1970)« (Leitung: Thomas Hänseroth).
110 *Reimers*, Die Aufgaben des Eisenbahningenieurs heute, S. 97.
111 Ebd.
112 Ebd. (Hervorhebung nicht im Original).

– und dass sie eben jener Öffentlichkeit damit eine Sachkenntnis zugestanden, die sie zuvor als unantastbares Monopol der Experten betrachtet hatten.

Diese – freilich nur begrenzte – Akzeptanz neuer Interaktionspartner im Planungsprozess war Ausdruck eines neuen pragmatischen Umgangs mit Skepsis und Kritik. Natürlich ließe sich einwenden, dass den Ingenieuren kaum etwas anderes übrig blieb; die in diesem Aufsatz vorgeschlagene Quellenanalyse ihrer Fachzeitschriften legt jedoch nahe, dass die veränderten Rahmenbedingungen öffentlicher Planung eben nicht nur als Belastung und Einschränkung, sondern vielmehr als neue Herausforderung angesehen wurden: Technische Lösungen mussten nun über die reine Funktionalität hinaus auch an zahlreiche neue, von Umweltschützern und Bürgerinitiativen geforderte Parameter angepasst werden. Die planende Technikelite sah in der Erfüllung dieser Erwartungen auch die Chance auf eine verstärkte (zuvor als unbefriedigend wahrgenommene) soziale und politische Anerkennung. Das »Kamel, auf dem Politiker reiten«, strebte zwar weiterhin kaum in politische Ämter, erkannte aber das politische Potenzial der eigenen Planungsverantwortung.

Anstatt sich auf ihre zuvor in technischen Fragen unangefochtene Deutungshoheit berufen zu können, mussten sich die vor allem als Experten im Hintergrund agierenden Ingenieure nun zunehmend mit öffentlich vorgetragener Kritik auseinandersetzen. Auf diese Situation reagierten die meisten Ingenieure nach anfänglichem Unverständnis mit einem dem Fach eigenen Pragmatismus, indem sie politische »Parameter« als neue Planungsherausforderung in ihre Projekte integrierten. Die zunehmende Politisierung der Öffentlichkeit, die sich etwa im Zulauf zu den Neuen sozialen Bewegungen ausdrückte, erforderte – zumindest in begrenztem Maße – auch eine Politisierung der Ingenieure, indem diese sich auf den außerfachlichen Dialog einließen. Dabei blieb ihre Ablehnung gegenüber Partikularinteressen (oder Einsprüchen, die als solche wahrgenommen wurden) bestehen. Den gegen Experten gerichteten Vorwurf fehlender demokratischer Legitimation gaben diese an die Bürgerinitiativen zurück. Damit kritisierten die einstigen apolitischen *Sach*walter in der Auseinandersetzung um die politische Deutungshoheit des »Gemeinwohl«-Begriffs ausgerechnet jene Gruppe, die sich unter dem Leitbild verstärkter Partizipation als Ausdruck lebendiger Demokratie verstand. Umgekehrt operierten Bürgerinitiativen zunehmend selbst mit Sachargumenten, informierten sich und bemühten sich um die Aufstellung eigener Gegenexperten. So bekam die Sachdiskussion unweigerlich eine politische Dimension, und auch die Ingenieure mussten angesichts widersprüchlicher Gutachten die Existenz divergierender Bewertungen anerkennen, die alle jeweils für sich technisch-naturwissenschaftlich belegbare Validität in Anspruch nahmen.

Der vorliegende Aufsatz formuliert die These einer Zäsur der Planungspraxis politisch-technischer Großprojekte um 1980. Eine solche Herangehensweise liefert einen ungewöhnlichen Blickwinkel auf die zeitgenössischen Wandlungsprozesse, ohne dabei freilich allgemeingültige Aussagen über *die* Ingenieure oder *die* Gesellschaft treffen zu können. Der Text stützt sich auf die publizierte Meinung einer Fachelite der (Planungs-)Ingenieure und auf ihre Einschätzung der Position des Ingenieurs in Politik und Gesellschaft. Damit ist natürlich über das politische Engagement einzelner Ingenieure, oder aber das völlige politische Desinteresse anderer, keine valide Aussage zu treffen. Parteipolitische Präferenzen von Ingenieuren wurden in diesem Aufsatz nicht thematisiert, da sie in den untersuchten Fachzeitschriften weitgehend bedeutungslos bleiben. Seltene wertende Äußerungen, etwa in der Fachzeitschrift der Eisenbahningenieure anlässlich der Bundestagswahl 1982, sind wohl vor allem als typisches Lamento einer Lobby zum Antritt einer neuen Regierung zu deuten: »In Bonn ist eine neue Bundesregierung angetreten. Wir hoffen auf eine neue, bessere Verkehrspolitik«[113]; angesichts des jährlichen Verbandstags wurde der Wunsch geäußert, »daß sich die neue Bundesregierung u. a. dadurch von der alten Regie-

---

113 *Windsinger*, Neuer Verbandsvorsitzender, S. 514.

rung unterscheiden möge, daß sie sich mehr mit der Bundesbahn und weniger mit sich selbst beschäftigt«[114] – wohlfeile Kritik, die in ihrer Beliebigkeit wohl bei jeder parteipolitischen Konstellation anzutreffen gewesen wäre. Die Untersuchung politischen und gesellschaftlichen Wandels – sofern dieser sich überhaupt an Daten festmachen lässt – ist darauf angewiesen, eigene Epochengrenzen vorzuschlagen. So zeichnete sich der in diesem AfS-Band unter dem Rahmenthema einer historischen Annäherung an die 1980er Jahre skizzierte Wandel hin zu einer Politisierung von Planungsexperten bereits ab Mitte der 1970er Jahre ab und hatte in den frühen 1980er Jahren weitgehende Verbreitung gefunden. Der Regierungswechsel von 1982 mag eine »Wende« der regierungsamtlichen Verlautbarungen zur Technologiepolitik bedeutet haben; für die hier untersuchte Perspektive der Planer selbst hatte das jedoch keine direkten Auswirkungen.

Es wäre freilich vereinfacht, von einer linearen Entwicklung auszugehen, die in den frühen 1980er Jahren ihren Abschluss im *politischen* Ingenieur fand und fortan »Bahninnovateure und Ökologiekrieger«[115] friedlich vereinte. Vielmehr ist wohl von einem wellenförmigen Verlauf vorübergehender Planungseuphorien und neuer Technikkritik – etwa nach der Reaktorkatastrophe von Tschernobyl 1986 – auszugehen. Entscheidende und dauerhafte Folge der für die Zeit um 1980 beschriebenen Entwicklung dürfte indes gewesen sein, dass fortan technische Planer und bürgerschaftlicher Protest als gesellschaftspolitische Akteure in der Öffentlichkeit standen, häufig im Konflikt, aber im gemeinsamen Bewusstsein um die notwendigen Aushandlungsprozesse.

Dass mit den Grünen in den 1980er Jahren eine Partei in die Parlamente einzog, die aus den Bürgerinitiativen der 1970er Jahre hervorgegangen war, hat der technischen Planungselite zusätzlich die Notwendigkeit demonstriert, sich gegenüber politischen Auseinandersetzungsformen zu öffnen – auch wenn sich manche weiterhin insgeheim oder offen über »irrationale Blockierer« geärgert haben mögen. Gegenüber der Öffentlichkeit indes entwickelte die Bundesbahn wahre Schlachtpläne, die Akzeptanz ihrer einschneidenden Planungen zu erhöhen: In einem stolzen Artikel präsentierte sie »Streuartikel« – sie »tragen dazu bei, die Diskussion um die Neubaustrecken aufzulockern«[116] – und legte damit die taktischen Marketingtricks erstaunlich offen. Diese Stoffbeutel, Aufkleber und Luftballons zierte alle ein eigens zu diesem Zweck entworfenes Logo[117], welches die Zeitschrift »Die Bundesbahn« mit einer treuherzigen Bildunterschrift versehen hatte: »Dieses Signet soll der Öffentlichkeit den Bau der Neubaustrecken sympathisch machen«[118] – das ist dann wohl ingenieurmäßig geplante Herstellung von Sympathie.

---

114 Ebd.
115 So die vielsagende Überschrift einer Glosse der VDI-Nachrichten von [*Pak = Paul Kalinowski*], in: VDI-N, 11.12.1981.
116 *Gunther Ellwanger*, Neubaustrecken und Ausbaustrecken der Deutschen Bundesbahn im Blickpunkt der Öffentlichkeit, in: DB 57, 1981, S. 769–775, hier: S. 775.
117 Ein stilisierter Triebwagen fährt zwischen Bäumen und unter einer strahlenden Sonne (sie nimmt die Hälfte des Logos ein) auf dem Schriftzug »NBS« mit dem Zusatz: »Neubaustrecken sichern die Zukunft«. Eine derartige ikonografische Ähnlichkeit zu den verbreiteten »Atomkraft? Nein danke!«-Aufklebern war sicher nicht beabsichtigt.
118 Ebd., S. 774.

Susanne Schregel

Die »Macht der Mächtigen« und die Macht der »Machtlosen«
Rekonfigurationen des Machtdenkens in den 1980er Jahren

Wenn es in den späten 1970er und frühen 1980er Jahren einen Wandel des Politischen gab, so kann dieser auch als ein Wandel der Macht beschrieben werden. Insbesondere im Umfeld alternativer Gruppierungen und bei den Protagonisten der Neuen sozialen Bewegungen der Bundesrepublik entstand in dieser Zeitphase eine intensive Auseinandersetzung um Macht, um Machtlosigkeit und um die Notwendigkeit, ein neues Verständnis von Macht entfalten zu müssen: Alternativ geprägte Akteure diskutierten im Rekurs auf Fragen der Macht, wie vorgefundene Modi politischer Ziel- und Entscheidungsfindung zu bewerten seien. Sie erörterten die Durchsetzung politischer Vorgaben und Ziele durch Instanzen der Exekutive unter Bezugnahme auf Termini der Macht. Schließlich verständigten sie sich auch in einer Metadiskussion um Macht darüber, wie eigene politische Prioritäten gesetzt und praktisch umgesetzt werden könnten. Die Auseinandersetzung um Macht in den späten 1970er und frühen 1980er Jahren stellte insofern wesentliche Parameter des Politischen zur Debatte. Es ist das Ziel dieser Studie, die Konturen jener linksalternativen Auseinandersetzung um Macht zu umreißen. Dabei soll speziell dargelegt werden, wie im Zuge alternativer Rekonfigurationen des Machtdenkens die qualitative Neubestimmung von Macht zum politischen Ziel avancierte.

Auch wenn bereits einzelne Beiträge zu diesem Thema vorliegen[1], galt der Auseinandersetzung um Macht im Kontext alternativer politischer Deutungsmuster bisher wenig historiografische Aufmerksamkeit. In der Mehrzahl der neueren geschichtswissenschaftlichen Arbeiten zu den 1970er und 1980er Jahren spielt Macht keine hervorgehobene Rolle; diese betrachten eher Ansätze alternativer Lebensreform einerseits, Deutungen von Politik und Staatlichkeit andererseits.[2] Auch sprachgeschichtliche Studien und Nachschlagewerke zur jüngsten Zeitgeschichte erschließen Machtbegriffe kaum.[3] Der vorlie-

---

1 *Belinda Davis*, »Women's Strength against Crazy Male Power«. Gendered Language in the West German Peace Movement of the 1980s, in: *Jennifer A. Davy/Karen Hagemann/Ute Kätzel* (Hrsg.), Frieden – Gewalt – Geschlecht. Friedens- und Konfliktforschung als Geschlechterforschung, Essen 2005, S. 244–265, thematisiert auch Machtrhetoriken in der (Frauen-)Friedensbewegung der frühen 1980er Jahre. Machtkonzeptionen in der Friedensbewegung stehen im Mittelpunkt von *Susanne Schregel*, Der Atomkrieg vor der Wohnungstür. Eine Politikgeschichte der neuen Friedensbewegung in der Bundesrepublik, 1970–1985, Frankfurt am Main/New York 2011, insb. Kap. 1.4., 1.5. und Kap. 8.
2 So etwa *Sven Reichardt/Detlef Siegfried*, Das Alternative Milieu. Konturen einer Lebensform, in: dies. (Hrsg.), Das Alternative Milieu. Antibürgerlicher Lebensstil und linke Politik in der Bundesrepublik Deutschland und Europa 1968–1983, Göttingen 2010, S. 9–24; *Frank Biess*, Die Sensibilisierung des Subjekts: Angst und »neue Subjektivität« in den 1970er Jahren, in: Werkstatt Geschichte 2008, H. 49, S. 51–72; *Anselm Doering-Manteuffel/Lutz Raphael*, Nach dem Boom. Perspektiven auf die Zeitgeschichte seit 1970, Göttingen 2008; *Konrad H. Jarausch*, Verkannter Strukturwandel. Die siebziger Jahre als Vorgeschichte der Probleme der Gegenwart, in: ders. (Hrsg.), Das Ende der Zuversicht? Die siebziger Jahre als Geschichte, Göttingen 2008, S. 9–26, hier: S. 12–15; *Gabriele Metzler*, Staatsversagen und Unregierbarkeit in den siebziger Jahren?, in: ebd., S. 243–260.
3 Vgl. so *Carsten Dutt* (Hrsg.), Herausforderungen der Begriffsgeschichte, Heidelberg 2003; *Thomas Niehr*, Schlagwörter im politisch-kulturellen Kontext. Zum öffentlichen Diskurs in der BRD von 1966 bis 1974, Wiesbaden 1993; *Georg Stötzel/Thorsten Eitz* (Hrsg.), Zeitgeschicht-

gende Aufsatz setzt hier an. Verstanden auch als Beitrag zu einer historischen Semantik des 20. Jahrhunderts[4], plädiere er dafür, der Historizität des Politischen gerade auch als Historizität der Macht nachzugehen.[5]

Konkret folgt die Untersuchung den alternativ geprägten Rekonfigurationen des Machtdenkens über verschiedene Stationen. Ein einführender Blick gilt zunächst Gegenständen und Adressaten linksalternativer Machtkritik der 1970er und 1980er Jahre (I.). Anschließend wird gezeigt, wie alternativ geprägte Akteure machtkritische Positionen in eine Diskussion um die Qualität von Macht weiterführen konnten und die Entwicklung einer Macht anstrebten, die politische Veränderungen herbeiführen sollte, ohne der zuvor kritisierten Macht formgleich oder qualitativ ähnlich zu werden (II.). Schließlich soll dargelegt werden, was diese alternative Macht nach den Ausführungen ihrer Befürworter im Einzelnen prägte. Diskutiert werden hierzu die drei wichtigsten Gegenstandsbereiche, innerhalb derer sich die linksalternative Auseinandersetzung um die Möglichkeiten und Konturen einer solchen Macht artikulierte: erstens die Trägerschaft der Macht, zweitens die angestrebte Subjektivierung der Macht sowie drittens die Hervorhebung von Nicht-Macht als positiver Qualität (III.).

Wie deutlich wird, liegt der Fokus dieser Untersuchung somit nicht auf einer einzelnen sozialen Bewegung oder politischen Strömung. Vielmehr verfolgt sie die Auseinandersetzung um Macht über Strömungen und soziale Bewegungen hinweg. Zwar ermöglicht ein solches Vorgehen nur eine geringe bewegungsspezifische Differenzierung und Kontextualisierung. Dies wird jedoch durch einen nicht zu vernachlässigenden analytischen Gewinn aufgewogen. Denn nur eine solche übergreifende Betrachtung kann deutlich machen, inwiefern alternative Rekonfigurationen des Machtdenkens zwar polyfon verliefen, sich aber wechselseitig stützten und letztlich zu einem übergreifenden Diskurs um Macht und »andere« Mächte zusammenflossen. Ein Betrachtungsschwerpunkt liegt gleichwohl auf der Frauenbewegung, der (Frauen-)Friedensbewegung sowie auf religiös begründeten Politikansätzen, indem diese die im Folgenden erörterte Auseinandersetzung in besonderem Maße stützten.

---

liches Wörterbuch der deutschen Gegenwartssprache, Darmstadt 2002; *Gerhard Strauß/Ulrike Haß/Gisela Harras* (Hrsg.), Brisante Wörter von Agitation bis Zeitgeist. Ein Lexikon zum öffentlichen Sprachgebrauch, Berlin/New York 1989; *Georg Stötzel/Martin Wengeler* (Hrsg.), Kontroverse Begriffe. Geschichte des öffentlichen Sprachgebrauchs in der Bundesrepublik Deutschland, Berlin/New York 1995. *Karin Böke*, »Männer und Frauen sind gleichberechtigt«. Schlüsselwörter in der frauenpolitischen Diskussion seit der Nachkriegszeit, in: ebd., S. 447–516, hier: S. 486, streift zumindest den Begriff der»Frauenmacht«.

4 Vgl. *Willibald Steinmetz*, New Perspectives on the Study of Language and Power in the Short Twentieth Century, in: *ders.* (Hrsg.), Political Languages in the Age of Extremes, Oxford 2011, S. 3–51; *Christian Geulen*, Plädoyer für eine Geschichte der Grundbegriffe des 20. Jahrhunderts, in: Zeithistorische Forschungen 2010, H. 1, URL: <http://www.zeithistorische-forschungen.de/16126041-Geulen-1-2010> [15.6.2012].

5 Der Umgang mit Macht in programmatischen Texten zur Politikgeschichte erscheint insgesamt ambivalent. So weist *Achim Landwehr*, Diskurs – Macht – Wissen. Perspektiven einer Kulturgeschichte des Politischen, in: Archiv für Kulturgeschichte 85, 2003, S. 71–117, hier: insb. S. 110–112, der Macht etwa einen hohen Stellenwert in der Erforschung des Politischen zu. Im Kontext der »neuen Politikgeschichte« spielt Macht insofern eine Rolle, als sie einen Faktor in der Bewertung einer Kommunikation als »politisch« bildet. So wird Kommunikation dann als politisch definiert, »wenn sie auf kollektive Handlungseinheiten Bezug nimmt, Regeln des Zusammenlebens, Machtverhältnisse oder Grenzen des jeweils Sag- und Machbaren thematisiert und Breitenwirkung, Nachhaltigkeit und Verbindlichkeit besitzt, beansprucht oder zuerkannt erhält«. Zitat aus *Willibald Steinmetz*, Neue Wege einer historischen Semantik des Politischen, in: *ders.* (Hrsg.), »Politik«. Situationen eines Wortgebrauchs im Europa der Neuzeit, Frankfurt am Main/New York 2007, S. 9–40, hier: S. 15.

Wegen des Interesses gerade an der zeitgebundenen Variabilität der Macht soll an dieser Stelle auf eine Vordefinition des Machtbegriffs verzichtet werden. Ohne der Nutzung eines analytischen Machtvokabulars prinzipiell seine Berechtigung absprechen zu wollen, scheint ein solches Vorgehen in diesem Fall wenig fruchtbar zu sein. »Macht« etwa nach der bekannten Definition von Max Weber zu bestimmen als »jede Chance, innerhalb einer sozialen Beziehung den eigenen Willen auch gegen Widerstreben durchzusetzen, gleichviel worauf diese Chance beruht«[6], würde den Blick zu stark auf personale Beziehungen lenken. Eine solche Perspektive müsste Macht im Hinblick auf Handeln verstehen. Schließlich wäre eine potenzielle Konflikthaftigkeit von Machtverhältnissen vorausgesetzt, obgleich diese historisch durchaus auch negiert werden kann. Eine solche systematische Produktion blinder Stellen gilt es aber zu vermeiden, sodass hier von vorab getroffenen begrifflichen Einengungen abgesehen wird.

Eine letzte methodische Vorbemerkung richtet sich schließlich auf die Quellenarten, die der vorliegenden Studie als Grundlage dienen. Dieser Beitrag argumentiert, dass gerade die Untersuchung, *wie* die Verständigung um und über Macht geschah, einen entscheidenden Mehrwert für die Erschließung des alternativen Machtdiskurses geben kann.[7] So waren es neben argumentativen Diskussionsbeiträgen auch kleine Beispielerzählungen und Parabeln, Meditationen und Gedichte, in denen Verständigungsprozesse über Macht Gestalt annahmen. Diese Bewegung hin zu nicht streng argumentativen Ausdrucksformen verkörperte sinnfällig den Wunsch linksalternativer Akteure, sich nicht allein theoretisch-abstrahierend mit Macht auseinanderzusetzen und durch lineares Argumentieren den mit dieser Praxis gewöhnlich gepaarten Ansprüchen an Rationalität und abschließende Klärung der Gedanken nachzukommen. Im Gegenteil: Der Übertritt der Machtdebatte in das Medium der Erzählung, der Meditation und der Lyrik artikulierte den Anspruch, das Experimentelle, Unabgeschlossene und Tentative in den Bereich der politischen Grundlagenreflexion zu bringen. Als Quellengrundlage dienen daher neben argumentierenden Texten gleichrangig auch Erzählungen und Verse. Lediglich exemplarisch werden Bildquellen herangezogen.

I. DIE MACHTKRISE DER 1970ER UND 1980ER JAHRE

Der Blick auf die alternativen Rekonfigurationen des Machtdenkens soll seinen Beginn bei einer Parabel nehmen, die in einem Sammelband zeitgenössischer Beiträge über die Startbahn West erschien: »Die Macht«, »Das Flugzeug«, »Die Kiefer«, »Der progressive Mensch«, »Der Hirsch« und andere trafen sich im Wald, um über das Für und Wider des geplanten Flughafenausbaus zu diskutieren. Während »Das Flugzeug« als Abgeordneter des »Fortschritts« das okkasionelle Fällen von Bäumen für notwendig hielt, betonte »Die Kiefer« als Vertreterin des »Waldes« die problematischen ökologischen Folgen der Startbahn für Tiere, Bäume und Menschen. »Der progressive Mensch« verwies die Startbahn-Gegner zurück auf eine Existenz als »Höhlenwesen«, während der Redebeitrag des »Hirsches« im Flugzeuglärm unterging. »Die Macht« aber erschien als eigentliche Moderatorin des Gesprächs. Insgeheim auf der Seite der Startbahn-Befürworter, unterband sie faktisch die Diskussionsteilnahme der Startbahn-Gegner. Statt aber offen zu unterdrücken, strebte die Macht danach, zumindest den Anschein eines offenen Meinungsaustauschs zu

---

6 *Max Weber*, Wirtschaft und Gesellschaft. Grundriss der verstehenden Soziologie [1922], Frankfurt am Main 2005, Kap. 1, §16, hier: S. 38.
7 Auf den Wandel von Kommunikationsstilen seit ›1968‹ verweist so *Joachim Scharloth*, Die Sprache der Revolte. Linke Wörter und avantgardistische Kommunikationsstile, in: *Martin Klimke/Joachim Scharloth* (Hrsg.), 1968. Handbuch zur Kultur- und Mediengeschichte der Studentenbewegung, Stuttgart/Weimar 2007, S. 223–234.

ermöglichen und so ihre eigentliche Rolle als Unterdrückerin zu verschleiern (»Der Schein muß doch gewahrt bleiben!«). Auch die Frage, ob ein Gespräch über die Startbahn unter den gegebenen Umständen überhaupt Sinn mache, erstickte sie im Keim – eine Metadiskussion über »die Macht« und ihre Rolle im demokratischen Prozess wehrte in dieser Parabel also die Macht selbst ab. Unter immer lauter werdendem Flugzeuglärm wurde ein Gespräch schließlich völlig unmöglich. Die Geschichte schloss mit der abgesetzt und kursiv gedruckten Anmerkung: »Eine Diskussion zu einem späteren Zeitpunkt hatte keinen Sinn mehr, da der Wald leider schon betoniert war.«[8]

Dass diese kleine Erzählung gerade die Macht fokussierte und deren Rolle zu explizieren versuchte, kann ins Zentrum linksalternativer Machtkritik der späten 1970er und frühen 1980er Jahre führen. Denn in dieser Zeitphase kursierten in den Neuen sozialen Bewegungen der Republik und im Umfeld des linksalternativen Milieus ausgeprägt machtkritische Positionen, die Macht mit antidemokratischen Tendenzen und einem Hang zur Verselbstständigung assoziierten. Obgleich der Macht dabei tendenziell bewegungsübergreifend problematische Eigenarten und Effekte attestiert wurden, artikulierten sich machtkritische Figuren in den florierenden sozialen Bewegungen der Republik dennoch in besonderen Schwerpunkten.

In der Bürgerinitiativ- und Ökologiebewegung figurierte an prominenter Stelle die Auseinandersetzung mit zentralisierenden Macht-Tendenzen, welche lokalen Kräften die Entscheidungskompetenzen entzögen und dadurch Mensch und Umwelt beeinträchtigten. In diesem Sinne bemerkte etwa ein Autor eines Ratgebers über die Rückkehr zum »Leben auf dem Lande«:

»Der Souverän ist das Volk. Es setzt die Regierung ein. Die Regierung hat den Wählerwillen zu erfüllen – sollte man glauben. Aber das ist so lange her, daß es die meisten Regierungen vergessen haben. Die meisten Völker werden gegen ihren eigenen Willen regiert. Der Staat ist gegen die Rückkehr zum einfachen Landleben. Der Staat will Industrie, Reichtum, Fortschritt, Konsum, Superbauten, Superstraßen und Supermänner [...]. Also gibt es Städte, Machtkonzentration und Geschlossenheit der Siedlungen. Schon deshalb, weil die Machthaber alles andere als bescheidene Selbstversorger, sondern Großverdiener und Fortschrittswahnsinnige sind. Sie wollen die Welt nach ihrem eigenen Bilde gestalten – und so sieht sie auch aus.«[9]

Zentralismuskritische Aussagen dieser Art gewannen an Tiefenschärfe durch ihre Kontrastierung mit einer auf »Betroffenheiten« basierenden, kleinräumigen politischen Orientierung, wie sie lokale ökologische Initiativen verkörpern sollten. So sah Wolfgang Sternstein in einem Orientierungspapier für den Bundesverband Bürgerinitiativen Umweltschutz (BBU) die gegebene »Gesellschaftsordnung [...] durch das Streben nach Macht, Reichtum, Ansehen und Wissen sowie durch die Angst vor Machtlosigkeit, Armut, Verachtung und Unwissenheit« und durch »die Zentralisation von Macht, Kapital, Wissen usw.« gekennzeichnet. Demgegenüber wollten die Bürgerinitiativen »den Prozeß der fortschreitenden Zentralisation in allen gesellschaftlichen Bereichen umkehren« und »eine gerechtere, freiere und menschlichere Gesellschaftsordnung« schaffen.[10] Die negative Belegung von Macht mit Destruktion und Zentralisierung fundierte sich insofern auch vor einem Gegenbild.

---

8 *Karen Joisten*, Eine Diskussion, in: *Heinz Mees/W. G. Reinheimer* (Hrsg.), Die falsche Richtung: Startbahn West. Ein Lesebuch, Rüsselsheim 1982, S. 192–196.
9 *Gerhard Schönauer*, Zurück zum Leben auf dem Lande. Erfahrungen und Grundlagen, Vorschläge für jeden, München 1979, S. 87.
10 Entwicklung, Ziele und Aufgaben des BBU? Orientierungspapier von Wolfgang Sternstein, BBU-Vorstandsmitglied, zit. nach: *Hans Günter Schumacher*, Verhältnis des Bundesverbandes Bürgerinitiativen Umweltschutz zu den Umweltparteien, in: *Rudolf Brun* (Hrsg.), Der grüne Protest. Herausforderung durch die Umweltparteien, Frankfurt am Main 1978, S. 59–73, hier: S. 63.

In der Anti-AKW-Bewegung verklammerten sich vor allem in der Figur der Atomkraftwerke machtkritische Positionen mit Staats- und Technikkritik.[11] Aktivisten beklagten etwa ein »auf Machtzuwachs von Machtinstitutionen« orientiertes System[12] oder führten den Ausbau der Atomenergie auf »Machtpolitik«[13] zurück. Neben den Energiekonzernen galt die Aufmerksamkeit insbesondere staatlichen Strukturen, die zur Sicherung der Atomkraftwerke notwendig seien. Denn in atomkraftkritischen Deutungsmustern erschienen die Werke als Elemente einer Technologie, die durch ihre Begünstigung von Spezialisierung »schon in sich die Ansätze von Machtmißbrauch beinhaltet«.[14] Nach der bekannten Formulierung Robert Jungks, dass die Entstehung eines autoritären »Atom-Staats«[15] nahe bevorstehen könnte, verschmolz die Auseinandersetzung um die politischen wie ökologischen Gefahren der Atomkraftwerke auf diese Weise untrennbar mit einer Diskussion um staatliche Macht beziehungsweise Gewalt und ihre Grenzen. Ihre Konturen erhielt diese Debatte nicht zuletzt in der Auseinandersetzung mit der NS-Geschichte.[16]

Auch in der Frauenbewegung und der Frauenfriedensbewegung entwickelten sich stark machtkritische Aussagemuster. Diese waren insgesamt sehr vielfältig: Sie umschlossen die Themen und Gegenstände des ökologischen Themenstrangs und der Friedensbewegung, stellten Macht jedoch insbesondere als eine Macht der Männer beziehungsweise als eine patriarchal geprägte Macht infrage. Eine negative Besetzung von Macht in der Frauenbewegung äußerte sich etwa in der Überzeugung, man müsse »Widerstand leisten gegen Männer, die mit der Macht drohen«.[17] Sie zeigte sich in der Erklärung, »daß Frauen keine Lust mehr haben, Macht über sich ausüben zu lassen, sich verplanen zu lassen«, etwa durch »Macht, die durch Ärzte auf sie ausgeübt wird«.[18] Sie manifestierte sich in der Kritik an »patriarchalen Strukturen der Verteilung von Macht und Arbeit zwischen Lehrerinnen und männlichen Vorgesetzten« (»Die gesellschaftliche Rollen- und Machtverteilung funktioniert auch in unseren großen Bewußtseinsfabriken, den Schulen, perfekt.«).[19] Oder

---

11 Vgl. dazu *Andreas Pettenkofer*, Erwartung der Katastrophe – Erinnerung der Katastrophe. Die apokalyptische Kosmologie der westdeutschen Umweltbewegung und die Besonderheiten des deutschen Risikodiskurses, in: *Lars Clausen/Elke M. Geenen/Elisio Macamo* (Hrsg.), Entsetzliche soziale Prozesse. Theorie und Empirie der Katastrophen, Münster 2003, S. 185–204, insb. S. 194–201.
12 *Manfred Brockmann*, Notwendige Stationen der Besinnung und Verantwortung: unsere Gottesdienste, in: *Ulfrid Kleinert* (Hrsg.), Gewaltfrei widerstehen. Brokdorf-Protokolle gegen Schlagstöcke und Steine, Reinbek 1981, S. 180–186, hier: S. 186 (Zitat aus dem Kollektenaufruf).
13 *Rosemarie Rübsamen*, Technik in der Männerwelt, oder: Der (un)heimliche Inhalt von Naturwissenschaft und Technik, in: *Eva Quistorp* (Hrsg.), Handbuch Leben. Frauen wehren sich gegen Umweltzerstörung, Gelnhausen 1981, S. 52–56, hier: S. 53.
14 Der Kampf gegen Kernkraftwerke. Am Anfang einer neuen Massenbewegung?, in: Pflasterstrand (Frankfurt am Main) 1976, H. 1, S. 15–16.
15 *Robert Jungk*, Der Atom-Staat. Vom Fortschritt in die Unmenschlichkeit, München 1977, insb. S. XIV und XVI. Vgl. zum Kontext auch *Thomas Dannenbaum*, »Atom-Staat« oder »Unregierbarkeit«? Wahrnehmungsmuster im westdeutschen Atomkonflikt der siebziger Jahre, in: *Franz-Josef Brüggemeier/Jens Ivo Engels* (Hrsg.), Natur- und Umweltschutz nach 1945. Konzepte, Konflikte, Kompetenzen, Frankfurt am Main/New York 2005, S. 268–286, insb. S. 274–276.
16 Vgl. *Pettenkofer*, Erwartung der Katastrophe, S. 197f.
17 Frauen für den Frieden Stuttgart, Frauen für den Frieden. Flugblatt Mai 1980, Dokumentationsstelle für unkonventionelle Literatur, Württembergische Landesbibliothek Stuttgart, Flugblattsammlung.
18 *Tina Morgenschweis-Willwacher*, Nicht gerade ein Protokoll …, in: Grüne Frauen Politik. Texte zur 1. Bundesfrauenkonferenz der Grünen, Hamburg 1985, S. 203–204.
19 *Ulrike Fichera/Heidi Stork*, Lehrerinnen und ihr Rektor oder: Der Rektor und seine Frauen – Schulwirklichkeit aus Frauensicht, in: Feministisches Interdisziplinäres Forschungsinstitut Frankfurt am Main, *Uta Enders-Dragässer/Gabriele Stanzel* (Hrsg.), Frauen Macht Schule. Dokumentation der 4. Fachtagung der AG Frauen Schule 1985 in Frankfurt, Frankfurt am Main 1986, S. 35–68, hier: S. 35.

sie artikulierte sich im Zusammendenken alltäglicher und militärischer Gewalt als einer gemeinsamen Form patriarchaler Dominanz: »Der Frieden der Politiker ist für Frauen Krieg: Die Herr-schaft [sic] von Mächtigen über Ohnmächtige.«[20] Die Machtfrage ließ sich auch ohne größere Umwege in eine Geschlechterfrage übersetzen – etwa wenn ein Frauenfriedensaufruf aus Skandinavien mit der Erläuterung zitiert wurde, »daß sich keine Frau dem Gefühl entziehen kann, daß die Männer, die sich allüberall an der Macht befinden, das ganze Spiel der Macht schlicht lieben und Jungen gleichen, die groß geworden sind und eine neue Form des Spiels Räuber und Gendarm entdeckt haben.«[21]

In der Friedensbewegung waren es neben dem Staat und den (männlichen) Regierenden insbesondere das Militär sowie die »Supermächte«, »Großmächte« oder der »Machtapparat auf beiden Seiten«[22], die als Träger destruktiver Macht benannt wurden. Gerade Akteure der Friedensbewegung assoziierten Macht und die Entstehung staatlicher »Machtmittel«[23] durch atomare Rüstung in besonderem Maße mit Vernichtung und Tod. In einer Rede Uta Ranke-Heinemanns am 22. Oktober 1983 in Bonn hieß es etwa:

»Die letzte Spielzeit im deutschen Theater ist eröffnet. Die Stationierung der Raketen ist im Gange. Das ist der erste Akt. Die Anlage der Massengräber ist geprobt. Diese bilden den letzten Akt. Aus diesem Stück werden wir nicht mehr nach Hause gehen, denn an seinem Ende wird auch das Publikum begraben, wenn dann noch Statisten da sein werden, uns zu verscharren. Andernfalls werden wir nach der Massakrierung unter freiem Himmel liegenbleiben, und das wird unsere letzte Freiheit sein. Aber der Himmel wird kein Himmel mehr sein, sondern eine verseuchte Wüste, ein Leichentuch über dem entstellten Gesicht der Erde. Das ist das Spiel, das die Mächtigen mit uns spielen, und wir dürfen nichts dagegen tun.«[24]

In einem Atemzug erschienen die »Mächtigen, die Heerführer, die Imperatoren, alle, die sich als Totmacher einen Namen machten«.[25] Aussagen aus der Friedensbewegung konnotierten neben der eigenen Regierung auch die USA – als Politik der US-Regierung, als Staat oder als »Supermacht« – mit einem Übermaß an destruktiv begriffener Macht.[26] Neben der Zuschreibung von Macht an einzelne Personen oder Institutionen konnte diese in der Friedensbewegung auch systemisch verstanden werden: »Wer also will, daß unsere Welt als Lebensraum bestehen bleibt, kann die todbringenden Strukturen der Macht und Arroganz in West und Ost nicht mehr weiter hinnehmen.«[27]

---

20 Internationaler Frauentag: Das Kriegsministerium einspinnen, in: taz, 8.3.1983, S. 7.
21 Dieses Beispiel sollte Schule machen. Skandinaviens Frauen gegen den Krieg!, in: diskofo 11, 1980, H. 35, S. 20.
22 *Eva Senghaas-Knobloch*, Einmischung in friedenspolitischer Absicht. Zwischen Machtpolitik und Subjektivität, in: Feministische Studien 3, 1984, H. 2, S. 9–26, hier: S. 11.
23 Vereinigte Münchner Friedensinitiativen (Rede), abgedr. in: *Matthias Hoppe* (Hrsg.), München April '82. Ostermärsche – SPD-Parteitag – Demonstrationen, München 1982, S. 80–82, hier: S. 80.
24 *Uta Ranke-Heinemann*, Wartet nicht auf die Männer. Bonner Frauenforum, in: Courage 8, 1983, H. 12, S. 11–12.
25 *Dies.*, Ansprache auf der Abschlußkundgebung der Demonstration für Abrüstung am 22. Mai 1976 in Bonn, in: Blätter für deutsche und internationale Politik 21, 1976, S. 711–712.
26 So figurierte in der Frauenfriedensbewegung etwa prominent die Figur vom Machtwahnsinn der USA, denen ein Streben nach Macht und der Drang zur Machtmonopolisierung zugeschrieben wurde. Dorothee Sölle bezeichnete gar die Macht als eine Ersatzreligion der Amerikaner. Vgl. *Davis*, »Women's Strength against Crazy Male Power«, S. 253f.; *dies.*, Europe is a Peaceful Woman, America is a War-Mongering Man? The 1980s Peace Movement in NATO-Allied Europe. Contribution to the Web-Feature »European History – Gender History«, in: Themenportal Europäische Geschichte (2009), URL: <http://www.europa.clio-online.de/2009/Article=409> [15.6.2012], Anm. 31.
27 *Uli Jäger/Michael Schmid-Vöhringer* (Hrsg.), »Wir werden nicht Ruhe geben…« – Die Friedensbewegung in der Bundesrepublik Deutschland 1945–1982. Geschichte – Dokumente – Perspektiven, Tübingen 1982 (Vorwort).

Vergleicht man diese populären Muster der Machtkritik, so wird deutlich, dass diese an zahlreiche Personen, Institutionen und Strukturen gerichtet waren. Kritische Aussagen galten der Macht des Staats und der Wirtschaft, der Macht von Vertretern des Staats oder der Wirtschaft (gleich Regierungen – Parteien – Politiker – Polizei – Militär – Männer), den als autoritär beziehungsweise faschistisch betrachteten politischen Systemen (USA – »Atomstaat«) sowie den zentralen Gegenbildern der jeweiligen sozialen Bewegungen (Atomkraftwerke – Patriarchat/Männer – Militär/Waffen). Über diese Unterschiede hinweg mündeten machtkritische Positionen aber einmütig in die Feststellung, dass Machtbesitz und Machtkonzentration (in den falschen Händen oder an der falschen Stelle) einen gefährlichen, antidemokratischen und menschliche Potenziale unterdrückenden Zustand verursacht hätten. Die Form einer generalisierten geschichtsphilosophischen Verlusterzählung annehmend, konnten Aussagen über Macht sogar die Gestalt einer kritischen Reflexion auf den eigenen Standpunkt in der Zeit annehmen. So stellten machtkritische Aussagen einem imaginären Zustand des »Vorher« – an dem Parteien sich etwa noch an Zielen orientierten oder die Regierung das Volk als eigentlichen Souverän achtete – einen Zustand des antidemokratischen »Nachher« gegenüber, dessen destruktives Potenzial aus einem Prozess der Fehlverteilung, der Verselbstständigung oder der unzulässigen Konzentration von Macht erwachsen sei.[28] Thematisch relativ plurale Stränge der Machtkritik flossen insofern zu einer übergreifenden Krise der Macht zusammen, in deren Rahmen sich die Bewertung vorgefundener politisch-ökonomischer Gegebenheiten in alternativen Deutungsmustern der späten 1970er und frühen 1980er Jahre vollzog.

II. TEILHABEFORDERUNGEN AN MACHT UND DIE FRAGE NACH DER MACHTQUALITÄT

Die Verbreitung machtkritischer Positionen ging einerseits mit einer demonstrativen Distanzierung alternativ geprägter Akteure von einer fragwürdig gewordenen Macht einher. So positionierten sie sich etwa »gegen die überhandnehmende Bürokratie, der die Bürger hilflos ausgeliefert [...] sind, gegen die zunehmende Willkür und den zunehmenden Machtmißbrauch der wirtschaftlichen und staatlichen Apparate«[29]. Sie setzten sich ab von den »grauen Anzügen, die in Bonn ihre gutbezahlten Zeremonien formelhafter Machtausübung abziehen«.[30] Sie erklärten, nicht nach »Machterwerb [...], sondern Machtabbau bzw. Machtkontrolle«[31] zu streben, oder drängten darauf, auch »machtpolitisch ihre Authentizität«[32] zu bewahren. Andererseits war die Frage, wie das eigene Handeln vor diesem Hintergrund zu konzeptualisieren wäre, allein durch Machtkritik oder erklärten Machtverzicht offensichtlich auch nicht überzeugend gelöst. Am Ende der 1970er Jahre

---

28 Vgl. neben den oben angeführten Zitaten auch die Verlusterzählung zum Parlamentarismus bei *Roland Vogt*, Auf der Suche nach neuen Formen politischer Vertretung. Grundsatzreferat zum Kongress »Bürgerinitiativen vor Wahlen – Möglichkeiten und Alternativen«, veranstaltet vom BBU am 8./9. April 1978 in Kassel, in: Jahrbuch Grünes Gedächtnis 2008, S. 64–67, hier: S. 66. Interessant auch das Narrativ bei *Carl Amery*, Natur als Politik. Die ökologische Chance des Menschen, Hamburg 1976, S. 100f., über das Scheitern der Zentralmacht, eine Schutzfunktion auszuüben und ökologische Probleme zu lösen.
29 Die Grünen, Wahlplattform zur Bundestagswahl 1980, Teil »Grundsätze«, zit. nach der Online-Dokumentation unter URL: <http://www.boell.de/downloads/stiftung/1980_Wahlplattform.pdf> [1.6.2012].
30 *Dirk Schneider*, Der Einzige? Die Kolumne, in: zitty (Berlin) 7, 1983, H. 5, S. 35.
31 *Petra Karin Kelly*, Wie sich die Ökologiebewegung zur Friedensbewegung erweiterte. Variante A, in: *dies./Jo Leinen* (Hrsg.), Prinzip Leben. Ökopax – die neue Kraft, Berlin 1982, S. 5–14, hier: S. 8.
32 *Walter Oswalt*, Die politische Logik der Sonnenblume, in: *Wolfgang Kraushaar* (Hrsg.), Was sollen die Grünen im Parlament?, Frankfurt am Main 1983, S. 93–112, hier: S. 98.

kann so eine gewisse Verschiebung beziehungsweise Neujustierung des Machtdiskurses beobachtet werden: Die machtkritische Debatte wurde nun verstärkt auch in eine – weiterreichende – Auseinandersetzung um die Frage vorangetrieben, welche Macht eigentlich Geltung gewinnen sollte. Neben die quantitativ orientierten Fragen »Wer hat *wie viel* Macht? Wo wirkt *wie viel* Macht? Und wie sollte es sein?« rückte damit vermehrt die Frage nach Machtqualität.

Positionen und Politikansätze im Widerstreit

Welcher Unterschied zwischen einer Orientierung an einer Machtteilhabe einerseits und einer Orientierung an Machtqualitäten andererseits bestand, sollen einführend einige Wortwechsel aus dem Umfeld der Kontroverse um die Zulassung von Frauen zur Bundeswehr verdeutlichen. Diese Auseinandersetzung nahm ihren Anfang Mitte 1978 mit einem »Emma«-Beitrag Alice Schwarzers, der die Zulassung von Frauen zur Bundeswehr forderte. Die Diskussion, die daraufhin innerhalb der Frauenbewegung und in antimilitaristischen Initiativen entstand, provozierte zugleich eine Metadebatte um Aspekte der Macht.

Schwarzer problematisierte den Ausschluss von Frauen aus der Bundeswehr als Problem einer Machtverteilung. So gründete ihr Plädoyer, Frauen den freiwilligen Dienst in der Bundeswehr zu erlauben, im Prinzip auf der Forderung, dass Frauen an der »Macht« teilhaben sollten.[33] Dass das Thema »Frauen und Waffen« »tabuisiert« werde, sei – so Schwarzer – »kein Zufall« und auch »nicht etwa Galanterie, sondern eine reine Machtfrage«. Der Ausschluss von Frauen aus der Bundeswehr habe tatsächlich »frauenfeindliche und gefährliche Gründe«: Erstens gehe es in dieser Frage »um Macht: und da, wo es um Macht geht, glänzen Frauen in Männergesellschaften generell durch Abwesenheit«. Zweitens bedinge der Ausschluss von Frauen aus der Bundeswehr »die ideologische und reale Verfestigung des Männlichkeitswahns«. Drittens schließlich sei »das Männer-Militär extremster Ausdruck der Aufgabenverteilung zwischen Männern und Frauen«. Auch wenn es also nicht praktisch darum gehe, ins Militär zu gelangen, stelle sie deshalb »die *grundsätzliche* Forderung des Zugangs für Frauen zu *allen* Machtbereichen«.[34]

Schwarzers Position war innerhalb der Frauenbewegung sehr umstritten. Interessant wird ihre Forderung in diesem Zusammenhang dadurch, dass sie zum Anschlusspunkt skeptischer Fragen avancierte, welche Teilhabe an welcher Macht eigentlich erstrebenswert wäre. So erklärte etwa die Redaktion von »diskofo«, einer Zeitschrift für Wehrdienstverweigerer, in einem offenen Brief an »Emma« ihr Erschrecken vor der von Schwarzer vertretenen Position:

»Ihr sprecht davon, hier seien Frauen aus einem wichtigen gesellschaftlichen Machtbereich ausgeschlossen. Wir fragen Euch: welche Macht ist es, die Ihr da erobern wollt? Ist es die Macht, in anderen Ländern einzumarschieren, Völkermord zu begehen, ganze Landstriche mit chemischen und biologischen Kampfstoffen zu verseuchen?«[35]

Diese negative Belegung der Macht machte zugleich fraglich, welchen Zweck eine gleiche Beteiligung an Macht in diesem Kontext eigentlich erfüllen könne: »Wollt Ihr teilhaben an der ›Macht‹, im Innern für ›Ruhe und Ordnung‹ zu sorgen, wie es im ›Krisen-

---

33 Vgl. zu dieser Debatte *Karola Maltry*, Die neue Frauenfriedensbewegung. Entstehung, Entwicklung, Bedeutung, Frankfurt am Main 1993, S. 68–74; *Belinda Davis*, The Gender of War and Peace. Rhetoric in the West German Peace Movement of the Early 1980s, in: Mitteilungsblatt des Instituts für soziale Bewegungen 32, 2004, S. 99–130, hier: S. 101–109.
34 *Alice Schwarzer*, Frauen ins Militär?, in: Emma 2, 1978, H. 6, S. 5 (Hervorhebung im Original). Vgl. auch die Argumentation in: *dies.*, Frauen ins Militär?, in: Emma 3, 1979, H. 10, S. 5.
35 Diskofo-Redaktion, Offener Brief an die »Emma«, in: diskofo 10, 1979, H. 30, Einlegeblatt.

fall‹ auch Auftrag der Bundeswehr ist???«[36] In vergleichbarer Weise warf eine »Emma«-Leserin die Frage auf, welche Art von Macht hier eigentlich gefordert werden solle:

»Ich bin nicht bereit, das Wort Macht in seinem traditionellen Sinn mit Inhalt zu füllen. Frauenbewegung habe ich bisher als Aufbruch zu etwas Neuem erlebt, nicht als unbedingte Integration in bestehende Institutionen und Verhältnisse. Neue Weiblichkeit kann doch nicht angepaßte Weiblichkeit bedeuten. Nein danke, dann bleibe ich lieber machtlos.«[37]

Ähnlich begründete Petra Kelly ihre Position:

»Es ist ein gefährlicher Irrtum, irgendeinen Anteil am Machtbereich Militär für Frauen zu fordern. Dies ist kein neuer Machtbereich für uns Frauen, sondern einfach nur ein Machtbereich für Militaristen. Die Teilhabe an dieser Art von Macht ist uns Frauen in der Geschichte immer wieder zum Verhängnis geworden.«[38]

In dieser sich auftuenden Diskrepanz zwischen Rufen nach einer Machtteilhabe einerseits und einer Ausrichtung an Machtqualität andererseits artikulierte sich letztlich auch ein Wettstreit divergierender Politikansätze seit ›1968‹. Nicht zufällig verortete Alice Schwarzer ihr Plädoyer für eine Machtteilhabe der Frauen daher auch im Rahmen einer Strategiedebatte um alternativ-politische Handlungsformen, wenn sie erklärte:

»Es zeichnet die neuen Emanzipationsbewegungen seit 1968 aus – auch die der Frauen –, daß sie nicht nur in Zahlen und Machtkategorien denken. Sie interessieren sich vor allem für den Menschen und darum auch für seine Veränderung, die Voraussetzung für die Veränderung unmenschlicher Verhältnisse ist. Der Kampf auf der Bewußtseinsebene ist darum gut und wichtig – nur: er allein, ohne den Kampf um Macht, ist gefährlich. Was nutzt schon das schönste Bewußtsein angesichts blanker Gewehrläufe? Und was nutzt der lauterste Friedenswille, wenn der, der die Waffen hat, nicht mitspielt?«[39]

Handlungsstrategien, die im Sinne einer »orthodoxen« Linken das Erringen von Macht – auch im Rahmen eines auf Kollektiven oder Gruppen beruhenden Macht-»Kampfs« – für notwendig hielten, kontrastierten also mit Ansätzen der »undogmatischen« beziehungsweise »alternativen« Linken, welche eine qualitative Transformation von Macht im Rahmen stärker individualisierter Politikdeutungen favorisierten. Letztere orientierten sich an den Fragen: »Wer hat *welche* Macht? Wo wirkt *welche* Macht? Und wie sollte es sein?« Während Schwarzer beide Ansätze miteinander verbinden wollte, wurde zunehmend Machtqualität und nicht mehr Machterwerb und Machtbesitz betont. Der häufig konstatierte Postmaterialismus politischer Bewegungen, welcher sich an einer Orientierung nicht an Besitzwerten, sondern an nicht besitzhaften Zielen wie der Suche nach einer gesteigerten Lebensqualität manifestieren sollte, fand insofern eine allgemeine Artikulation im Inneren angestrebter Machtverhältnisse.

Die Pluralisierung der Macht in Mächte

Die Frage nach einer qualitativen Beschaffenheit positiv zu bewertender Macht ebnete einem Begriffskampf den Boden, der »Macht« allmählich in »etablierte« und »andere« Mächte aufzuspalten begann. Die Anführungszeichen, in die »Macht« in der oben zitierten Stellungnahme von »diskofo« rückte[40], waren deutliches Zeichen für diesen einsetzenden Pluralisierungsprozess. Zwar war der Machtbegriff in den politischen Bewegungen seit ›1968‹ zu keinem Zeitpunkt eindeutig gewesen. Bereits Begriffsprägungen und

---

36 Ebd.
37 *Barbara Findler*, Leserbrief, in: Emma 2, 1978, H. 8, S. 31.
38 *Petra Karin Kelly*, Gegen militärische Denkweisen, in: dies., Um Hoffnung kämpfen. Gewaltfrei in eine grüne Zukunft, Bornheim-Merten 1983, S. 119–124, hier: S. 120.
39 *Schwarzer*, Frauen ins Militär? (1978).
40 Vgl. das Zitat bei Anm. 36.

Slogans wie die einer »Eigenmacht« von Bürgerinitiativen[41], einer »Gegenmacht«[42], einer »Macht von unten«[43], keiner Macht für niemand[44], einer »Phantasie an die Macht«[45], einer »Männermacht«, einer »Frauenmacht«[46] oder einer »Macht der Armen«[47] zeugen von einer großen Variabilität der Machtbegrifflichkeit auch in den späten 1960er und in den 1970er Jahren. Diese teilten Macht allerdings nicht primär in qualitativ divergente Mächte, die sich als fremd gegenüberzustehen vermochten, sondern fokussierten stärker die Trägerschaft der Macht.[48] Der Umgang mit Macht in den späten 1970er und frühen 1980er Jahren hob sich in diesem Sinne in seiner Ausrichtung und Intensität von der vorhergegangenen Zeitphase ab.

Ausdrücklich befürworteten alternativ geprägte Akteure nun den Versuch, sich den Begriff der Macht selber anzueignen und mit einer qualitativ transformierten Machtkonzeption neu zu füllen. »Aus unserer gelebten gesellschaftlichen Unterdrückung als Frauen formulieren wir als unsere Forderung *nicht:* die Gleichberechtigung an der existierenden Macht«, hieß es in einem Text über patriarchale Strukturen in der Schule, und weiter programmatisch: »Die Macht, die patriarchalische Wertvorstellungen und Normen festigt, die auf dem Sexismus in unserem Erziehungs- und Bildungswesen basiert, *diese Macht wollen wir auf keinen Fall ausüben.*« Tatsächlich schlugen die Autorinnen einen grundsätzlicheren Zugang zum Problem der Macht vor: »*Wir fordern, daß die Männerherrschaft auf einer fundamentalen Ebene in Frage gestellt wird: Wir wollen die Macht neu definieren.*«[49] Diese Anstrengungen, eine »alternativ« geprägte Macht zu beschreiben, reagierten auch auf die – gerade in der Frauenbewegung vertretene – Befürchtung, dass

---

41 Vgl. etwa *Roland Günter/Rolf Hasse*, Handbuch für Bürgerinitiativen. Argumente, Berichte, Erfahrungen, Berlin 1976, S. 15: »Bürgerinitiativen sind Trainingsfelder für die Bevölkerung. Sie entwickeln Eigenmacht, d. h. Realisierung der Demokratie«.
42 Der Begriff der Gegenmacht ging zurück auf den von John K. Galbraith vertretenen Begriff der »countervailing power« (1956). Vgl. dazu Art. »Gegenmacht«, in: *Wolfgang Fritz Haug* (Hrsg.), Historisch-kritisches Wörterbuch des Marxismus. Bd. 4: Fabel bis Gegenmacht, Hamburg 1999, Sp. 1358–1362, hier: Sp. 1360f.; *Klaus-Dieter Ziehmann*, Gewerkschaft als Gegenmacht. Zur Problematik des Selbstverständnisses der Gewerkschaft (DGB) als Gegenmacht im parlamentarisch-pluralistischen System der Bundesrepublik Deutschland, Diss., Bonn 1976.
43 Vgl. etwa *Hans-Jürgen Benedict/Theodor Ebert*, Vorwort, in: *dies.* (Hrsg.), Macht von unten. Bürgerrechtsbewegung, außerparlamentarische Opposition und Kirchenreform, Hamburg 1968, S. 5–7, mit der Empfehlung von Martin Luther Kings »Programm einer Organisierung der ›Macht von unten‹«.
44 So etwa Ton-Steine-Scherben-Album »Keine Macht für Niemand« (1972).
45 *Ingrid Gilcher-Holtey*, »Die Phantasie an die Macht«. Mai 68 in Frankreich, Frankfurt am Main 1995, S. 9f.
46 Vgl. etwa *Ingrid Strobl*, Die Hexen, in: Emma 1, 1977, H. 10, S. 14–21. Vgl. auch das kritische Fazit bei *Ilse Lenz*, Strukturen und Machtverhältnisse in der Frauenbewegung, in: Dokumentationsgruppe der Sommeruniversität der Frauen e. V. Berlin (Hrsg.), Autonomie oder Institution. Über die Leidenschaft und Macht von Frauen, Berlin 1981, S. 154–155, hier: S. 155.
47 *Heinrich Grosse*, Die Macht der Armen. Martin Luther King und der Kampf für soziale Gerechtigkeit, Hamburg 1971.
48 Eine Sonderstellung nahm in diesem Zusammenhang der Ansatz der sogenannten »gewaltfreien« Bewegung ein. Hier wurde frühzeitig ein qualitativ-ermöglichender Machtbegriff vertreten. So hatte Theodor Ebert 1968 einen Begriff der »Gegenmacht« propagiert, den er mit einem Verständnis von Macht verband als »die Fähigkeit, andere zu bestimmten Handlungen zu motivieren«. Vgl. *Theodor Ebert*, Die außerparlamentarische Opposition und die gewaltfreie Macht, in: *Benedict/Ebert*, Macht von unten, S. 74–130, hier: S. 80–82.
49 *Fichera/ Stork*, Lehrerinnen und ihr Rektor, S. 59 (Hervorhebung im Original). Vgl. auch die religiöse Variation desselben Themas bei *Christa Springe*, Macht und Ohnmacht von Frauen. Frauenforum am 9. Juni, in: *Hans-Jochen Luhmann/Gundel Neveling-Wagener*, im Auftrag des Präsidiums des Deutschen Evangelischen Kirchentages (Hrsg.), Deutscher Evangelischer Kirchentag Hannover 1983. Dokumente, Stuttgart 1984, S. 495–499, hier: S. 496f.

eine zu stark gesuchte Distanz zum »Erringen« und »Haben« von Macht unnötigerweise politische Gestaltungsmöglichkeiten aufgebe und sich dadurch als politisch kontraproduktiv erweisen werde.[50]

Im Rahmen dieser Versuche pluralisierten sich mögliche Machtbegriffe; Macht wurde uneindeutig, ihr Bedeutungsgehalt fragil. Dies können sehr eindrücklich die scharfsinnigen Ausführungen einer Übersetzerin von Texten der feministischen Dichterinnen und Aktivistinnen Adrienne Rich und Audre Lord illustrieren. Damit konfrontiert, die Begriffe »power, powerful, empowering« aus dem Englischen übertragen zu müssen, führte diese 1983 über den Begriff der »Macht« im Gegensatz zum englischen »Power« aus: »*Power* ist ein griffiges, praktisches Allerweltswort [...], ›Macht‹ hingegen ein engeres, zwiespältiges Wort – in feministischen Ohren fast ein Tabuwort, das immer verdächtig nach ›Macht über andere‹, ›Bemächtigung‹, ›Machtergreifung‹ usw. klingt.« Deutschsprachige Frauen wichen nach der Beobachtung der Übersetzerin daher auch ins Englische aus, um das Reden von der »Macht« zu umgehen: »Frauen haben bekanntlich nicht die Macht, aber einige von uns haben neuerdings ›Power‹; es gibt ›Power-Frauen‹ und ›Power-Lesben‹: während wir ›die‹ Macht (die Männermacht?) ablehnen, entwickeln wir unter der Tarnung eines englischen Worts womöglich ›Macht‹«. Somit schien sich eine inhaltliche Neubesetzung der Macht vorzubereiten: »›Macht‹ beginnt, auf feministisch einen anderen Klang zu haben als auf patriarchalisch«.[51] In dieser Figur doppelter Übersetzbarkeit – manifestiert in der Übertragbarkeit von Macht zu Power einerseits, der Idee einer inneren Zweisprachigkeit der Macht (in ihrer Formulierbarkeit »auf patriarchalisch« oder »auf feministisch«) andererseits – äußerte sich ein sprachsensibler Blick auf die zeitgenössisch stattfindende Pluralisierung der Macht.[52]

III. KONTUREN EINER »ANDEREN« MACHT

Der alternativ geprägte Diskurs um Macht blieb so nicht im Negativen, sondern stellte einer »konventionellen« Macht zugleich auch Entwürfe einer neu bestimmten Form der Macht gegenüber. Diese als positiv adressierte Macht trat unter verschiedenen Bezeichnungen auf. So sah etwa Dorothee Sölle die Akteure der Friedensbewegung als »von einer

---

50 Kritisch gegenüber einer allzu starken Macht-Distanz etwa: und nun...? (Editorial), in: Emma, Sonderbd. 1, 1980 (Wahlboykott? Haben Frauen noch die Wahl? Eine Streitschrift zu den Wahlen '80!), S. 1–2; *Astrid Osterland*, Tabu Macht, in: ebd., S. 54–58; *Anna Dorothea Brockmann*, Wider die Friedfertigkeit. Gedanken über den kriegerischen Alltag, in: Courage 6, 1981, H. 3, S. 20–22; *dies.*, Frauen und Macht bei den Grünen, in: Grüne Frauen Politik, S. 207–213; *Elke A. Richardsen*, Zwei rechts, zwei links, eine fallenlassen, in: Grüne Frauen Politik, S. 220–223; *Ulla Brühn-Heimann*, Die magische Phase, in: Emma 5, 1981, H. 1, S. 50–51; *Edith Laudowicz*, Frauen und Friedensbewegung. Überlegungen zur aktuellen Diskussion, in: Blätter für deutsche und internationale Politik 27, 1982, S. 74–89, hier: S. 80f. und 86f.; *Margarete Mitscherlich-Nielsen*, Frauen und Macht. Auszug aus »Die friedfertige Frau«, Kapitel »Frauen und Aggression«, in: Emma 9, 1985, H. 3, S. 36–37.
51 *Renate Stendhal*, Anmerkung der Übersetzerin, in: *Dagmar Schultz* (Hrsg.), Macht und Sinnlichkeit. Ausgewählte Texte von Adrienne Rich und Audre Lord, Berlin 1983, S. 12–13 (Hervorhebung im Original).
52 Vgl. auch *Sybille Brüggemann*, »Ich kann meinen Ärger nicht verbergen, um Euch Schuldgefühle zu ersparen«. Rezension, in: taz, 9.2.1984, S. 10: »Besinnen wir uns mit A. Rich auf die ursprüngliche Bedeutung des Wortes Macht: Power – posse, potere, pouvoir – können, über ein Potential verfügen, eigene schöpferische Energie besitzen und nutzen: *Macht als Fähigkeit zur Wandlung*, so können wir einen Anfang finden. [...] Es ist der Verdienst der Übersetzerin, die Lebendigkeit und ›POWER‹ der Sprache im Deutschen so weiterzugeben, daß die Wucht und die Genauigkeit der Bilder und Ideen eine Distanzierung nicht zuläßt«.

anderen Macht getragen«.⁵³ Eine Publikation der Friedensbewegung stellte »der mißbrauchten Macht eine neue Macht« gegenüber: »die Macht des Lebens«⁵⁴. Ein Öko-Aktivist erklärte in ähnlichen Worten: »Wir wollen *nicht* die Macht der Verantwortungslosen teilen, wollen *nicht* ihre Verantwortung übernehmen, das können wir nicht! Wir wollen der *Macht des Lebens* Stimmen geben!«⁵⁵ Eine Veröffentlichung politisierter Theologie beschrieb den Kirchentag in Hannover 1983 als einen Ort, an dem »eine sanfte Macht spürbar«⁵⁶ geworden sei.

Eine einheitliche und konsistente Theorie dieser alternativ gedeuteten Macht zu entwickeln, erscheint weder erstrebenswert noch denkbar. Logische Abgeschlossenheit zu erreichen, war ohnehin nicht das erklärte Ziel alternativer Machtreflexionen. Dennoch ist es möglich, zentrale Themen und Problemstellungen zu verdeutlichen, auf die sich Rekonfigurationen des Machtdenkens in den späten 1970er und frühen 1980er Jahren richteten. Diese sollen in drei Gegenstandsbereiche gegliedert werden.

Träger der Macht – Richtungen und Wirkungsweisen der Machtausübung beziehungsweise -entfaltung

Ein erster Gegenstandsbereich, in dem sich in den späten 1970er und frühen 1980er Jahren Rekonfigurationen des Machtdenkens vollzogen, betraf Annahmen über die Trägerschaft der Macht sowie über Richtungen und Wirkungsweisen der Machtausübung. In Absetzung zu den zuvor skizzierten Mustern der Machtkritik, die eine allzu starke Machtkonzentration und die illegitime Bündelung von Macht in den Händen weniger (Menschen oder Strukturen) bemängelten, betonte der alternativ geprägte Machtdiskurs stärker eine Sozialität und Gemeinschaftlichkeit der Macht. Petra Kelly brachte diese Orientierung auf die griffige Formel, an »die Stelle von ›Macht über‹« müsse die »geteilte Macht treten, die Macht, Dinge von unten zu tun, die Entdeckung unserer eigenen Stärke im Gegensatz zu einer passiven Hinnahme von Macht«.⁵⁷ Macht wurde also konzeptuell demokratisiert beschrieben, als eine Beziehung zwischen Vielen. In dieser Weise als Relation gedacht, verlor Macht zudem ihren Charakter als endliche Ressource. Die »New-Age-Bibel« von Marilyn Ferguson stellte in diesem Sinne einer »Macht *für* andere (Aufseherfunktionen) oder gegen sie« mit einer »Gewinn/Verlust-Orientierung« eine »Macht *mit* anderen« mit einer »Gewinn/Gewinn-Orientierung« gegenüber⁵⁸ – die Macht der einen

---

53 *Dorothee Sölle*, Fühlt die eigene Stärke (Rede), in: *Bernd Weidmann/Herbert Meyer/Peter Grohmann* (Hrsg.), 500.000 gegen Reagan & NATO. Dokumentation: 10.6. in Bonn, NATO-Politik 1949–1982, Reagan in Berlin, I.D.E.E., Göttingen 1982, S. 44–45.
54 *Gerhard Karl Rollmann*, Militär in Osthessen/Mittelhessen oder Die Vorbereitung des 3. Weltkrieges, in: Friedensinitiative Osthessen/*Peter Krahulec* (Hrsg.), Fulda Gap. The First Battle of the Next War. Untersuchung zur Militarisierung Osthessens. 1. und 2. Oktober 1983, Materialien, S. 161–171, hier: S. 161, Archiv Aktiv e. V., Hamburg.
55 *Uwe* (Öko-Gruppe), Neun Thesen zur bunten Liste, in: Pflasterstrand (Frankfurt am Main) 1980/81, H. 95/96, S. 7 (Hervorhebung im Original).
56 *Jörg Zink*, Vielleicht ist es noch nicht zu spät. Biblische Reden, Stuttgart 1983, S. 13, sowie Umschlagtext innen.
57 *Petra Karin Kelly*, Frauen und Gewaltfreier Widerstand, in: Die Grünen im Bundestag/AK Frauenpolitik (Hrsg.), Frauen und Ökologie. Gegen den Machbarkeitswahn. Dokumentation zum Kongreß vom 03.–05.10.1986 in Köln, Köln 1987, S. 19–28, hier: S. 21.
58 Zitat aus *Marilyn Ferguson*, Die sanfte Verschwörung. Persönliche und gesellschaftliche Transformation im Zeitalter des Wassermanns, Basel 1982, S. 245 (»Leitsätze des neuen Paradigmas der Macht und Politik«), Hervorhebung im Original. Zu der Publikation allgemein vgl. *Pascal Eitler*, Die »New-Age-Bibel«. Marilyn Ferguson und »Die sanfte Verschwörung«, in: Zeithistorische Forschungen 7, 2010, H. 3, URL: <http://www.zeithistorische-forschungen.de/16126041-Eitler-3-2010> [15.6.2012]. Zum Zusammenhang New Age/Religion/Politik gene-

sollte also nicht mehr zulasten des Machtbesitzes anderer gehen, sondern sich gemeinschaftlich vermehren.

Ein solcher Ansatz, Macht als Beziehung zwischen Vielen (Personen und/oder Dingen) hervorzuheben, zeitigte zwei wichtige Folgen. So begünstigte er erstens eine konzeptionelle Enthierarchisierung der Macht. Denn Mächtigkeit konnte in dieser Interpretation nicht anhand von Positionsunterscheidungen ermessen werden, die sich aus Machtakkumulationen in einem hierarchisch gegliederten System ergeben; Maße des Habens oder Nicht-Habens von Macht und daraus resultierende Über- und Unterordnungsverhältnisse verloren damit ihre Unterscheidungskraft. Macht, erklärte so ein zeitgenössischer Zeitschriftenbeitrag, gebe es als

»unterordnende Macht, die einige Leute in der Wirtschaft, in der Verwaltung, in der Regierung, in Verbänden und Kirchen besitzen und verteidigen. In der Regel ist diese Macht in einem hierarchischen System verteilt und versucht weitgehend, das Handeln der untergeordneten Menschen zu bestimmen.«

Daneben existiere aber

»die gewaltfreie Macht einer dynamischen sozialen Bewegung. Diese Macht sozialer Gruppierungen ist nicht mehr abhängig von fortwährender Unterordnung, sondern von der gewaltfreien Disziplin gesellschaftlich handelnder (und lebender) Gruppen. Ihr Prinzip heißt nicht Unterordnung, sondern Zuordnung.«[59]

Einer »Macht der Ausbeutung und Unterdrückung anderer Menschen« stand so in einer Einführung zu einer Frauenringvorlesung eine »Macht der Selbstbestimmung über das eigene Leben«[60] entgegen; eine Beschreibung von Macht als »blinde Durchsetzung von etwas« kontrastierte in einer feministisch-theologischen Interpretation mit ihrer Schilderung als »Wirken, Wirksamwerden in Freiheit«[61].

Macht in dieser Weise als relational, demokratisiert und nicht hierarchisierend hervorzuheben, hatte eine zweite bemerkenswerte Konsequenz. So ermöglichte eine Charakterisierung von Macht als produktive Beziehung zwischen Vielen die Dissoziation von Macht und Herrschaft: Indem Macht hier »nicht auf Konkurrenz und Rivalität, sondern im Gegenteil auf der Beteiligung möglichst vieler Frauen und Männer«[62] beruhen sollte, wurden Verteilungskämpfe, Versuche der Beeinflussung oder der Unterdrückung bereits konzeptionell überflüssig. Das Modell einer nicht hierarchischen Macht erübrigte somit auch jenen Kampf um Positionen, den ein hierarchisch gegliedertes System der Machtverteilung impliziert hätte. In solch einem Machtkonzept wird aber auch der Begriff der Herrschaft – sowie überhaupt von Formen der Überordnung, Dominanz, illegitimen Beeinflussung oder Gewalt – tendenziell inhaltslos. So erklärt sich das Plädoyer für eine Macht

---

rell *Pascal Eitler*, »Alternative« Religion. Subjektivierungspraktiken und Politisierungsstrategien im »New Age« (Westdeutschland 1970–1990), in: *Reichardt/Siegfried*, Das Alternative Milieu, S. 335–352.
59 *Christiane Busch*, »Ohne Rüstung leben« und politisches Handeln, in: Informationen Ohne Rüstung leben 1981, H. 16, S. 4.
60 *Brigitte Kassel/Elke Lüders*, Einleitung, in: *Andrea Beddies/Brigitte Kassel/Elke Lüders* (Hrsg.), Macht, Ohnmacht, Frauenmacht. Facetten einer schwierigen Beziehung. Dokumentation einer vom Autonomen Frauenreferat im AStA der TU Berlin im Sommersemester 1985 veranstalteten Ringvorlesung, Berlin 1986, S. 7–8, hier: S. 8. Die Aussage bezog sich auch auf Adrienne Rich und ihre Formulierung einer »Macht als Fähigkeit zur Wandlung«.
61 *Elisabeth Moltmann-Wendel*, Das Land, wo Milch und Honig fließt. Perspektiven einer feministischen Theologie, Gütersloh 1985, S. 15.
62 *Springe*, Macht und Ohnmacht, S. 498.

»ohne sexistische oder rassistische Inhalte,
ohne patriarchalisch bürokratische Organisationsformen,
ohne Hierarchie,
ohne *Herr*schaft.«[63]

Subjektivierung der Macht: Emotion – Erfahrung – Gemeinschaft

Dass sich der Diskurs um alternative Mächte dagegen wandte, Macht und Mächtigkeit an einer Positionierung innerhalb einer Hierarchie der Machtakkumulation zu messen, bereitete einer Betonung alternativer Machtmaßstäbe und vermuteter alternativer Machtquellen den Weg. Anstelle von Über- und Unterordnungsverhältnissen in einem hierarchisch gegliederten Machtsystem erschienen nunmehr Selbstverhältnisse und die Qualität menschlicher Beziehungen als eigentliches Substrat politischer Macht. Konversionslogische Semantiken individueller »Umkehr« avancierten so zum gliedernden Prinzip temporal strukturierter Narrative des gesellschaftlichen »Umbruchs«.[64] Diese subjektive Wendung bildet den zweiten Gegenstandsbereich alternativer Rekonfigurationen des Machtdenkens.

Dass Subjektivität als wichtiger Faktor in der Befassung mit Macht galt, äußerte sich zum einen in Beschreibungen einer als vorherrschend betrachteten Macht: Die Teilhabe an einer dominanten Form der Macht galt als Auslöser einer Entfremdung vom eigenen Selbst; sie wurde mit einer verkümmerten Sinnlichkeit, einer »Verkrüppelung der Leute, [einer] Steinwerdung«[65] verbunden. Obgleich sie im parlamentarischen Kontext bewusst das »Spiel« »mit der ›Macht‹« gesucht habe, berichtete etwa eine Grünen-Aktivistin, habe ihre Zeit als Abgeordnete in Bremen doch deutlich ihr »Wesen« beeinträchtigt:

»Ich mußte langsam eine Verselbstständigung dieses Machtstrebens wahrnehmen, und gleichzeitig eine zunehmende Entfremdung in meinem Privatbereich. Als ob ich ständig gepolt wäre mit einer unsichtbaren Welt, die mir jede Art von Genuß, sei sie menschlich, künstlerisch oder sogar kulinarisch, entzog.«[66]

Die konstatierte sinnliche Verarmung wurde hier also auch darauf zurückgeführt, dass ein Machtstreben über kurz oder lang alle anderen Ziele und Interessen überlagern werde.[67]

Derartigen Berichten über eine verkümmernde Sinnlichkeit traten zum anderen Erzählungen über eine größere Empfindungsfähigkeit und Gemeinschaftlichkeit durch den Nicht-Besitz von Macht gegenüber. Das Gegenstück von Erzählungen über die negativen Folgen herkömmlicher Macht bildeten Berichte, nach denen gerade Machtdistanz Personen dazu befähigen konnte, besonders sensibel, authentisch und ehrlich zu agieren. In diesem Sinne erklärte etwa der Psychoanalytiker Horst-Eberhard Richter in einem Interview auf die Frage, ob Frauen – insbesondere in der Friedensbewegung – mutiger seien

---

63 *Fichera/Stork*, Lehrerinnen und ihr Rektor, S. 59 (Hervorhebung im Original).
64 Das Begriffspaar von Umbruch und Umkehr übernehme ich von *Pascal Eitler*, »Umbruch« und »Umkehr«. Der christlich-marxistische Dialog um »1968«, in: *Bernd Hey/Volkmar Wittmütz* (Hrsg.), 1968 und die Kirchen. Bielefeld 2008, S. 249–268.
65 Leserbrief Burkhardt, »Biggi«, »Hartl«, in: Emma 2, 1978, H. 8, S. 29.
66 *J. Delphine Brox*, in: *Claudia Gehrke/Gerburg Treusch-Dieter/Brigitte Wartmann* (Hrsg.), Frauen Macht (Konkursbuch 12), Tübingen 1984, S. 89–95, hier: S. 94. Vgl. auch *Markus* (GAL), Wer ist schizophren?, in: Maulwurf (Münster) 2, 1980, H. 2, S. 2.
67 Auch diese Deutung konnte durch die Rezeption US-amerikanischer Einflüsse gestützt werden. Macht, stellte so ähnlich eine 1985 ins Deutsche übersetzte Publikation der amerikanischen Autorin Marilyn French fest, habe »einen hohen menschlichen Preis«; sie reduziere »die ganze Fülle des Lebens auf das lineare Streben in Richtung auf ein Ziel, das ewig unerreichbar bleibt – da niemand je genug hierarchische Macht haben wird«. Das Buch führte die Möglichkeit eines baldigen Untergangs der Zivilisation auf die Entstehung eines am Machtstreben orientierten Patriarchats zurück. Vgl. *Marilyn French*, Jenseits der Macht. Frauen, Männer und Moral, Reinbek 1985, S. 811.

als Männer, diese seien »weniger verdorben [...] durch die Machtperspektive und durch diese heute weitgehend männliche Rivalitätswelt«. Dies befähige sie, »ohne Rücksicht auf ihr Ansehen, Prestige, Karriere offen und ehrlich zu protestieren«. Frauen handelten stärker in Übereinstimmung mit ihren Gefühlen: »Wenn Frauen protestieren, dann ist da weniger Taktik, mehr Offenheit, sie sind eben auch nicht so eingebunden in die Machtfunktionen.«[68] Keine Macht im überkommenen Sinne zu haben, erschien insofern als eine gute Voraussetzung produktiven politischen Engagements. Stärker noch, konnte eine geringe Teilhabe an (konventioneller) Macht im Verbund mit entwickelten persönlichen wie gemeinschaftlichen Qualitäten sogar zur Grundlage und Quelle einer (anderen) Macht erhoben werden.

Eine wichtige Position in Entwürfen einer alternativ geprägten Macht kam speziell der Emotionalität zu: Macht mit Emotionalität zu verbinden, Macht auf Emotionalität zu gründen oder die Mächtigkeit von Emotionen zu betonen, geriet zum Signum alternativ geprägter Macht- und Politikansätze.[69] Gerade das direkte Gegensatzverhältnis, in das der machtkritische Diskursstrang Emotionalität und (konventionelle) Macht gesetzt hatte, ließ Gefühle als Basis alternativer Mächte denkbar werden. So konnte etwa ein Redner in Gorleben 1977 erklären: »Unsere Emotionalität ist das Beste, was wir haben gegen schieres Geld- und Machtinteresse. Unsere unglücklichen Gefühle und Ahnungen, unsere Sorge und unsere Angst sind zugleich auch unsere Kraft, und die lassen wir uns nicht versachlichen.«[70] Stellungnahmen wie diese werteten Emotionalität als besonderes politisches Potenzial auf.[71] Auch Erfahrungsberichte über das eigene, alternativ-politische Handeln implizierten emotionale Kategorien und mit diesen assoziierte Qualitäten wie Gemeinschaftlichkeit und Beziehungsfähigkeit als genuine Machtquelle.[72] Inspiriert nicht zuletzt von Aussagen Martin Luther Kings, fand in diesem Zusammenhang eine Verbindung zwischen Macht und Liebe besondere Betonung:

»Was wir brauchen, ist die Erkenntnis, daß Macht ohne Liebe rücksichtslos und schimpflich und daß Liebe ohne Macht sentimental und blutleer ist. Macht im besten Sinne ist Liebe, die die Forderung nach Gerechtigkeit erfüllt. Gerechtigkeit im besten Sinne ist Liebe, die alles ändert, was sich der Liebe entgegenstellt.«[73]

---

68 Vgl. »Ich bin kein demagogisch-faszinierender Typ«. Horst-Eberhard Richters Vermittlungsrolle zwischen Basis und offiziellen Institutionen, in: zitty (Berlin) 7, 1983, H. 10, S. 24–29, hier: S. 28f.
69 Zu alternativen Gefühlsbezügen und ihren Hintergründen vgl. etwa *Biess*, Die Sensibilisierung; *Susanne Schregel*, Konjunktur der Angst. »Politik der Subjektivität« und »neue Friedensbewegung«, in: *Bernd Greiner/Christian Th. Müller/Dierk Walter* (Hrsg.), Angst im Kalten Krieg, Hamburg 2009, S. 495–520; *Albrecht Weisker*, Expertenvertrauen gegen Zukunftsangst. Zur Risikowahrnehmung der Kernenergie, in: Ute Frevert (Hrsg.), Vertrauen. Historische Annäherungen, Göttingen 2003, S. 394–420.
70 *Nicolas Born*, Rede in Gorleben [gehalten am 12.3.1977], in: *ders.*, Die Welt der Maschine. Aufsätze und Reden, hrsg. v. *Rolf Haufs*, Reinbek 1980, S. 213–215, hier: S. 214f.
71 Vgl. auch *Senghaas-Knobloch*, Einmischung in friedenspolitischer Absicht, S. 10, die Fraueninitiativen in der Friedensbewegung im Gefolge des Aufrufs aus Skandinavien mit den Worten würdigt: »Emotionalität in Sachen Weltpolitik und Machtpolitik blieb nicht länger privat und öffentlich unsichtbar aus Furcht, sich damit lächerlich zu machen. Das ist ein Bruch mit einer tradierten Arbeitsteilung. Denn in der Sphäre der Machtpolitik galt und gilt Emotionalität nichts, jedenfalls nicht die offen gezeigte«.
72 Vgl. etwa *Manfred Back*, Das Hüttendorf, in: *Mees/Reinheimer*, Die falsche Richtung, S. 22–30, hier: S. 27f.; *Heike Mahlke*, Meine Zuversicht war stärker als meine Angst, in: *Hans Eckehard Bahr/Heike und Gottfried Mahlke* u. a. (Hrsg.), Franziskus in Gorleben. Protest für die Schöpfung, Frankfurt am Main 1981, S. 86–91, hier: S. 88f.
73 Als Motto vorangestelltes Zitat von Martin Luther King, in: *Gernot Jochheim*, Die gewaltfreie Aktion. Idee und Methoden, Vorbilder und Wirkungen, Hamburg/Zürich 1984, S. 91. Ausführlicher zum Machtkonzept der »gewaltfreien« Gruppierungen vgl. auch ebd., S. 56–68.

Petra Kelly führte aus: »Bis jetzt orientierte sich Politik an Interessen und Machtkonstellationen. *Zuwendung und Liebe*, so behaupte ich, *müssen ein wesentlicher Teil der neuen, alternativen politischen Kultur werden.*«[74] Und an anderer Stelle war zu lesen: »Liebe als Macht von unten. Denn die Sanftmütigen werden das Erdreich besitzen.«[75]

Diese konzeptionelle Subjektivierung und Emotionalisierung der Macht beeinflusste auch Annahmen darüber, wie Macht politisch entfaltet werden könnte. Denn wenn Macht sich auf Selbstverhältnisse und zwischenmenschliche Beziehungen richtete und zugleich aus diesen erwuchs, plausibilisierte sich der Ansatz, Machstrukturen auch von einem veränderten zwischenmenschlichen Verhalten aus verändern zu wollen. Soziales Verhalten, eine individuelle Persönlichkeitsentwicklung und übergreifende politische Strukturen konnten so aufeinander bezogen werden: »Der Prozeß der ›Machtergreifung‹ ist [...] identisch mit dem der Selbstveränderung und Wiederaneignung verlorener Fähigkeiten und Mittel. Für unsere Ziele ungeeignet wäre demgegenüber die gewaltsame oder parlamentarische Eroberung von Machtzentren.«[76] »Die neue Macht manifestiert sich durch das Entstehen einer neuen Art von Mensch«.[77] »Zum Glück kann sich kein Politiker vorstellen, welche Macht ein vollständiger Mensch darstellt.«[78]

Als symptomatisch soll an dieser Stelle eine Geschichte referiert werden, die im Informationsblatt der Initiative »Ohne Rüstung leben« erschien. Sie berichtete von einer Diskussion zwischen einem Sprecher der Gruppe und einem »Jungen Mann« am Rande des Kirchentags 1979. Im Streit über die Frage, ob es Militär geben müsse, griff der »Junge Mann« dem Bericht zufolge auf seine persönlichen Erfahrungen zurück: Er erzählte, dass er in seiner Jugendgruppe hin und wieder Ruhe schaffen müsse, indem er »den ärgsten Schreier« packe und durchschüttele. Obgleich er dies nicht wirklich gut finde, sei ein solches Einschreiten doch notwendig: »Das ist wie bei den Supermächten, die bei den Völkern für Ordnung sorgen. Das muß auch sein.« Der Sprecher von »Ohne Rüstung leben« setzte seine Erfahrung dagegen, dass man Gruppen auch ohne »Gewaltanwendung« leiten könne:

»Mir hat neulich ein junges Mädchen erzählt, wie sie es macht. – Die kann ohnehin nicht die Schreier am Hemd packen. – Aber jeder weiß, daß sie Vorschläge einbringt für etwas, bei dem alle mitmachen können. Die Vorschläge freilich bringt sie erst, wenn alle zuhören. Ihre Macht entwickelt sich beim Warten. Schließlich will die Mehrzahl ein Gespräch.«[79]

Das Nachdenken über persönliches Verhalten, Modi der Kommunikation und die Gestaltung der Verteidigungspolitik erschienen in dieser Geschichte ineinander verquickt: Die Betrachtung dessen, wie Menschen sich untereinander verständigen, bildete die Grundlage einer Reflexion über das Verhalten großer »Machtträger« wie der Supermächte USA und UdSSR. Zugleich veranschaulichte die Erzählung die Möglichkeit umfassender politischer Veränderungen, indem sie auf die Möglichkeit persönlicher Verhaltensänderungen rekurrierte. Die Geschichte machte insofern Macht- und Politikveränderung als Selbst-

---

74 *Petra Karin Kelly*, Brief an Willy Brandt, 5.11.1982, in: *dies.*, Um Hoffnung kämpfen, S. 178–205, hier: S. 183 (Hervorhebung im Original).
75 *Volker Schmidt*, Macht und Liebe. Bildmeditationen zum Prager Sommer 1968, in: *Kleinert*, Gewaltfrei widerstehen, S. 152–155, hier: S. 155. Vgl. auch *Michelle Cliff*, Vorwort, in: *Schultz*, Macht und Sinnlichkeit, S. 14–22, hier: S. 22; *Ferguson*, Die sanfte Verschwörung, S. 264f.
76 *Dieter Halbach/Gerd Panzer*, Zwischen Gorleben & Stadtleben. Erfahrungen aus drei Jahren Widerstand im Wendland und in dezentralen Aktionen, Berlin 1980, S. 44.
77 *Ferguson*, Die sanfte Verschwörung, S. 272.
78 Echter Glaube ist sichtbar, in: taz, 17.2.1983, S. 12 (Leserbrief eines »Sannyasin«).
79 Schritte auf dem Weg zum Frieden. Erinnerungen an ein Gespräch am Rande des Kirchentages, in: Informationen Ohne Rüstung leben 1979, H. 9, S. 2.

veränderung lesbar – eine Deutung, die eine Therapeutisierung der Politik wie eine Politisierung der Religion gleichermaßen ermöglichte.[80]

Die subjektive Wendung des Machtdiskurses wirkte sich nicht zuletzt darauf aus, in welcher Art und Weise eine Verständigung über Macht stattfinden sollte. Begründet durch die Annahme, dass Macht auch zentral mit Selbstverhältnissen und Beziehungen zu anderen zu tun hat, widersetzten sich Aktivisten teils dem Anspruch, eine Machtdebatte theoretisierend-abstrakt zu führen. Über Macht zu reden schien nunmehr nur möglich als Reden über das eigene Selbst, über die eigenen Erfahrungen.[81] Insofern erklärt sich, wenn eine aus den USA kommende und stark vom New Age geprägte Form der Selbsterfahrungsarbeit sogar explizit versuchte, Erfahrungswerte und insbesondere Gefühle der Verzweiflung – in einer »Theorie vom Mächtigwerden durch Zulassen des Schmerzes und Bewußtmachen unserer ›Verbundenheit‹« – politisch nutzbar zu machen. Eine Macht, charakterisiert durch »›Unverwundbarkeit‹ durch Rüstung, Panzerung, abgetrennte Einheiten«, sollte durch eine Macht infrage gestellt werden, die als »Öffnen der Grenzen, in der Verwundbarkeit, der Verbindung al[l]er Dinge, Ideen, Lebewesen miteinander« gekennzeichnet wurde.[82] »Verzweiflung und Mächtigwerden« gehörten nach dieser Deutung insofern zusammen, als die Verdrängung der atomaren Vernichtungsdrohung politische Kraft koste. Das Offenlegen von Verzweiflung und das Finden positiver Emotionen in gemeinsamen *empowerment*-Übungen[83] sollte dagegen zu politischer Aktivität führen. Diese bewusste Wendung auf Erfahrungskategorien und Körperlichkeit sowie die gesuchte Distanz zum Sprachlich-Theoretischen stellt im Übrigen auch das Studium einer historischen Semantik der Macht in alternativen Kontexten vor größere Herausforderungen. Denn die Persistenz der Begrifflichkeit tendiert hier dazu, neben Bedeutungsverschiebungen auch Diskontinuitäten der Verständigungsmodi selbst zu verschleiern, welche gerade im Sprachgebrauch und in den Kommunikationsformen nach ›1968‹ auftraten.[84]

---

80 Vgl. dazu auch *Eitler*, »Alternative« Religion.
81 Vgl. etwa *Lenz*, Strukturen und Machtverhältnisse, S. 154. Die Organisatorin einer AG zum Thema »Macht in der Frauenbewegung« erklärt hier, dass sie die Auseinandersetzung mit Macht nur in Erfahrungskategorien suchen könne: »Bei der Vorbereitung spürte ich, wie ich mich selbst verweigerte, diesen Komplex, der mir schmerzhaft ist, in geordneten Thesen und objektiver Überschau zuzubereiten, verdaubar zu machen. Ich wollte eine Selbsterfahrungsgruppe, in der wir das ›Tabu um die Macht‹ brechen und damit persönliche Erfahrungen politisch diskutieren«. Vgl. ähnlich *Anke Martiny*, Wer nicht kämpft, hat schon verloren. Frauen und der Mut zur Macht, Reinbek 1986, S. 7, mit der Erklärung, sie könne das Thema »Frauen und Macht« nicht »theoretisch« erörtern: »Die eigene Person und deren Entwicklung mußte bewußt einbezogen werden«.
82 Vgl. *Sophie Behr*, Etwas Neues unter der Sonne: Gegen die Verzweiflung und zum Mächtigwerden, in: taz, 14.1.1983, S. 12; Interview mit Linda Bullard: »Zu politischer Arbeit hinführen«, ebd. Im Jahr 1986 erschien zudem eine englischsprachige Buchpublikation zum »despair work« in deutscher Übersetzung; vgl. *Joanna Macy*, Mut in der Bedrohung. Psychologische Friedensarbeit im Atomzeitalter. Ein Selbsterfahrungsbuch, München 1986. Anders als in den Berichten der »taz«, die mit dem Begriffspaar »Macht«/»Ermächtigung« agierten, wurde in der Buchpublikation »personal power« oftmals mit »Mut« übersetzt, »empowerment« mit »Ermutigung«. Zum Hintergrund vgl. auch *Maik Tändler*, »Psychoboom«. Therapeutisierungsprozesse in Westdeutschland in den späten 1960er- und 1970er-Jahren, in: *Sabine Maasen/Jens Elberfeld/Pascal Eitler* u. a. (Hrsg.), Das beratene Selbst. Zur Genealogie der Therapeutisierung in den ›langen‹ Siebzigern, Bielefeld 2011, S. 59–94, insb. S. 79f.
83 Speziell zum *empowerment*-Begriff vgl. *Ulrich Bröckling*, Empowerment, in: ders./*Susanne Krasmann/Thomas Lemke* (Hrsg.), Glossar der Gegenwart, Frankfurt am Main 2004, S. 55–62.
84 Auch die Beziehung zwischen Aussagen über Macht und Handlungsformen, die diesen ihre praktische Kontur verleihen, behält eine gewisse Unschärfe – daher auch meine Skepsis gegenüber einem rein sprachbasierten Zugang. Vgl. *Schregel*, Der Atomkrieg, S. 23f.

Nicht-Macht als positive Qualität – Die Machtlosigkeit der Macht

Ein dritter Gegenstandsbereich, innerhalb dessen sich der Diskurs um eine alternativ geprägte Macht artikulierte, betraf schließlich das Verhältnis von Macht zu Nicht-Macht beziehungsweise Ohnmacht. Der machtkritische Diskurs der frühen 1980er Jahre brach hierbei eine binäre Opposition von Macht zu Ohnmacht teilweise auf. Dabei stellte er nicht allein Nicht-Macht als möglicherweise positive Qualität heraus. Er bewertete vielmehr Ohnmacht teils auch als Quelle einer Macht eigener Art und konstatierte eine faktische Machtlosigkeit der (konventionellen) Macht. Eine nicht unwesentliche Pointe des hier verfolgten Diskurses lag damit darin, dass in diesem die Machtfrage letztlich entschieden werden konnte, ohne dass die Machtfrage hätte gestellt werden müssen: Nicht das Erringen von Macht, sondern das Entfalten einer »anderen« Macht galt als politisches Ziel.

Die Infragestellung des Verhältnisses von Macht und Ohnmacht konnte in einer starken und in einer schwachen Version geschehen. Die schwache Deutung legte nahe, dass auch die scheinbar Machtlosen eine Macht entwickeln könnten, welche sich im Sinne von Mikropraktiken oder Listen beschreiben ließe. Nicht von ungefähr waren die frühen 1980er Jahre eine Blütephase der Alltagsgeschichte, die gerade auch nach Handlungspotenzialen »kleiner Leute« jenseits scheinbar übermächtiger Strukturen fragte.[85] Eine solche Sichtweise konnte gewohnte Perspektiven auf Macht- und Herrschaftsverhältnisse hinterfragen. So hieß es etwa im Klappentext zum Sammelband »Listen der Ohnmacht«, der alltägliche »Widerstandsformen« von Frauen zum Thema hatte, das Buch wolle nicht wie bisherige Studien vor allem auf die »Machtlosigkeit, den Zustand erlittener Unterdrückung« von Frauen abzielen. Vielmehr betone es »Frauen als handelnde Subjekte« und frage nach der »›Macht der Ohnmächtigen‹, die sich historisch auf sehr unterschiedliche Weise ausgedrückt« habe.[86] Eine Rezensentin, von dieser Umdeutung der Machtlosigkeit sichtlich irritiert, bemerkte insoweit »eine eigenartige Inkonsequenz« des Bandes: »von ›Ohnmacht‹ und ›Widerstand‹ wird gesprochen, aber das eigentliche Thema ist – Macht«.[87] Diese Umdeutung war freilich, aus der Perspektive alternativer Rekonfigurationen des Machtdenkens gesehen, in sich durchaus folgerichtig.

Als starke Version in der Verhältnisumkehrung von Macht und Ohnmacht können hingegen Deutungen verstanden werden, welche den bewussten Verzicht auf Macht, eine körperlich-physische Unterlegenheit oder das Selbst-Opfer als Quelle von Macht eigener Art begrüßten. Insbesondere in christlich-religiösen Kontexten konnte das Nicht-Haben von Macht in Anlehnung an biblische Texte als eigentliche Macht oder Stärke positiv gewendet werden. Bezug nehmend auf die Schwachheit Jesu, die doch in Stärke umgekehrt worden sei, und auf Jesu Zusicherung: »Meine Kraft ist den Schwachen mächtig«[88], erschien das Nicht-Haben von Macht hier als moralische Überlegenheit: Es verwies auf – vor einem höheren Maßstab – richtig gesetzte Prioritäten und konnte damit als Kraft eige-

---

85 Vgl. dazu auch *Detlef Siegfried*, Die Rückkehr des Subjekts. Gesellschaftlicher Wandel und neue Geschichtsbewegung um 1980, in: *Olaf Hartung/Katja Köhr* (Hrsg.), Geschichte und Geschichtsvermittlung. Festschrift für Karl Heinrich Pohl, Bielefeld 2008, S. 125–146.
86 *Claudia Honegger/Bettina Heintz* (Hrsg.), Listen der Ohnmacht. Zur Sozialgeschichte weiblicher Widerstandsformen, Frankfurt am Main 1981, Klappentext.
87 *Vita Quell*, Weiblicher Widerstand oder weibliche Macht, in: Pflasterstrand (Frankfurt am Main) 1982, H. 127, S. 31. Vgl. ähnlich auch die Reaktion bei *Frigga Haug*, Tagträume. Dimensionen weiblichen Widerstands, in: Das Argument 1984, H. 147, S. 681–698, hier: S. 682: »Ich schlage von daher vor, die Frage, wer in welcher Form gegen was Widerstand leistet, nicht durch eine Veränderung von Definitionen zu lösen«.
88 *Kurt Oeser*, Es ist nie zu spät. Bürgerprotest gegen Startbahn West. Der »Umweltpfarrer« berichtet und zieht eine Zwischenbilanz der Ereignisse südlich des Rhein-Main-Flughafens, Dreieich [1981], S. 150–152 (Meditation aus dem Gottesdienst im Hüttendorf, 6.9.1981).

ner Art verstanden werden. Schriften politisierter Theologie griffen in den frühen 1980er Jahren auf dieses Muster zurück und fundierten es biblisch:

»Alle biblischen Zeugnisse sprechen zu uns von der *Macht der Ohnmächtigen*. Das war die Gotteserfahrung des armen Volkes Israel. Das war die Gotteserfahrung des gekreuzigten Christus. Das ist auch die Erfahrung des göttlichen Geistes heute: Gottes Geist ist ohne Macht mächtig, auch in uns. Entdecken wir ihn in uns und uns in ihm! Die ›Macht der Ohnmächtigen‹ – das ist der *Name Gottes*, des *wahren Gottes*.«[89]

Im Hintergrund der Diskussion stand dabei auch die Auseinandersetzung um die Bergpredigt und die in dieser Zeitphase oft gestellte Frage, wie christliches Agieren für Frieden und Gerechtigkeit aussehen könnte und sollte.[90]

Diesen Zusammenhang zwischen Macht und Ohnmacht im Gefolge politisierter Religion beziehungsweise religiös begründeter Politik soll ein Beispiel aus einer Publikation aus dem Umfeld der Startbahn-West-Proteste weiter veranschaulichen. Im Kapitel »Die Macht der Ohnmächtigen als Wirklichkeit erlebt« berichtete der als evangelischer »Umweltpfarrer« bekannt gewordene Kurt Oeser:

»In der ersten Oktoberhälfte 1981 brachten viele Zeitungen ein Bild, das die Betrachter des Bildes und Leser des dazugehörigen Textes so rasch nicht wieder vergessen werden: Vor einem Trupp von Polizeibeamten mit Helmen und Schutzschilden steht ein junger Mann mit nacktem Oberkörper, voller Trauer – es sieht so aus, als weine er – und Folgendes soll er in diesem Moment gesagt haben: ›Ich habe doch nichts als diesen Wald, den ich liebe. Laßt mir diesen Wald!‹ Monatelang lebte er im Hüttendorf, lebte unter zum Teil primitivsten Verhältnissen im Wald, um diesen Wald zu schützen. Er lebte draußen stellvertretend für uns und schien, wie kaum ein anderer, geneigt zu sein, an diesem Tage die Macht der Ohnmächtigen zu verkörpern.«[91]

Die Textpassage demonstriert plastisch, wie das Oppositionsverhältnis von Macht zu Ohnmacht erodieren konnte: Die Ausführungen des Pfarrers fassten das Verhältnis des jungen Manns zur Staatsgewalt als Gegensatz von nacktem Körper versus technisierter Übermacht. Die Zuschreibung von Trauer und das Liebesbekenntnis zum Wald betonten die Emotionalität des Manns, sein Potenzial zur Beziehungsfähigkeit trotz seiner erklärten (aktuellen) Einsamkeit. Auch die beigegebene Fotografie kann in diesem Sinne gedeutet werden.[92]

---

89 *Jürgen Moltmann*, Ohne Macht mächtig. Predigten, München 1981, Zitat: S. 8 (Vorwort, Pfingsten 1981), Hervorhebung im Original. Auch auf den Kirchentagen wurde die Frage nach der Macht aufgeworfen. Vgl. etwa *Springe*, Macht und Ohnmacht; *Elisabeth Moltmann-Wendel/Annemarie Schönherr/Reinhild Traitler*, Frauenforum, in: *Konrad von Bonin* (Hrsg.), Deutscher Evangelischer Kirchentag Düsseldorf 1985. Dokumente, Stuttgart 1985, S. 89–103, hier: S. 96f.; *Willy Brandt*, Frieden und Macht: Die Tragik der Mächtigen, in: *Luhmann/Neveling-Wagener*, Deutscher Evangelischer Kirchentag Hannover 1983, S. 249–259.
90 *Jan Ole Wiechmann*, Der Streit um die Bergpredigt. Säkulare Vernunft und religiöser Glaube in der christlichen Friedensbewegung der Bundesrepublik Deutschland (1977–1984), in: AfS 51, 2011, S. 343–374.
91 *Oeser*, Es ist nie zu spät, S. 9. Vgl. auch *Christiane Dannemann/Ulrich Dannemann*, Die Startbahn West ist überall. Christliche Existenz heute, erlebt in den Auseinandersetzungen um den Frankfurter Flughafen. Ein Tagebuch, München 1982, S. 63, mit einem Bericht über einen Weihnachtsgottesdienst am 24.12.1980 in der Waldkirche im Hüttendorf. Zum Hintergrund vgl. *Freia Anders*, Die Evangelische Kirche in Hessen und Nassau im Konflikt um die Startbahn West, in: *Hey/Wittmütz*, 1968 und die Kirchen, S. 207–232.
92 *Oeser*, Es ist nie zu spät, S. 11. Herzlichen Dank an den Fotografen Dietmar Treber für die Abdruckerlaubnis.

Abbildung: Die Macht der Ohnmächtigen (Dietmar Treber)

Die fotografische Zentrierung des bloßen Oberkörpers in Kontrast zu den Uniformen, Helmen, Schilden und Handschuhen der Polizisten hob den Demonstranten als Inbegriff authentischer Menschlichkeit hervor. Die Anspielung auf den gekreuzigten Jesus vertiefte diese Botschaft weiter.[93] Neben eine Herrschafts- und Machtrepräsentation auf der Basis von Uniformen und Ausrüstung trat so eine spezifische Sinnlichkeit der Ohnmacht[94], welche die Pointe moralischer Überlegenheit in (scheinbarer, physischer) Unterlegenheit auch visuell entfaltete.[95]

Der Diskurs um eine alternativ geprägte Macht kulminierte schließlich in der Position, dass sich Macht im konventionellen Sinne aus einer grundsätzlicheren Perspektive heraus als tatsächlich machtlos erweisen werde. Diese Annahme trat auch in nicht primär religiös geprägten Zusammenhängen auf. So erklärte etwa das »Friedensmanifest« der Grünen aus dem Jahr 1981 unter der Überschrift »Nicht die Regierungen, wir selbst sind kompetent für unser Leben«:

»Der Weg zum Frieden wird weit und beschwerlich sein. [...] Die Mächte des Krieges und der Zerstörung werden ihr Arsenal an Lügen, Geld und Gewalt gegen die Friedensbewegung einsetzen.

---

93 Zu Fotografien als Lieferanten von Authentizität vgl. auch *Sven Reichardt*, Inszenierung und Authentizität. Zirkulation visueller Vorstellungen über den Typus des linksalternativen Körpers, in: *Habbo Knoch* (Hrsg.), Bürgersinn mit Weltgefühl. Politische Moral und solidarischer Protest in den sechziger und siebziger Jahren, Göttingen 2007, S. 225–250; speziell zum Zusammenhang von Authentizitätsproduktion und staatlicher Repression ebd., S. 229f.
94 Die Formulierung einer »Sinnlichkeit der Macht« ist übernommen von *Jan Andres/Alexa Geisthövel/Matthias Schwengelbeck* (Hrsg.), Die Sinnlichkeit der Macht. Herrschaft und Repräsentation seit der Frühen Neuzeit, Frankfurt am Main/New York 2005.
95 Vgl. zu einer ähnlichen Bildsprache in der Friedensbewegung *Schregel*, Der Atomkrieg, S. 246f.

Trotz alledem: Die Macht der Mächtigen kann überwunden werden durch den unbeugsamen Friedenswillen von Millionen Menschen der weltweiten Basisbewegung für den Frieden, einer Bewegung, die alle Teile des Westens und des Ostens ergreifen wird. Nicht die ›Mächtigen‹ dieser Erde, nicht die gerissenen Politiker und nicht die eiskalten Strategen werden Frieden schaffen. Nein, wahrhaft *ent-waffnend* wirken die Wärme, die Hoffnung und der Mut von Millionen ›Machtlosen‹, die vereinzelt ohnmächtig, gemeinsam jedoch unwiderstehlich sind.«[96]

Dass die »Mächtigen« tatsächlich mächtig seien, bestritt diese Passage auf eine sehr interessante Art und Weise. Dem zuvor beschriebenen Trend zu einer Emotionalisierung und Subjektivierung folgend, brachte sie zahlreiche machtkritische Muster zusammen: Der Figur der »gerissenen Politiker« und der »eiskalten Strategen« mit den Zuschreibungen von Kognition und Kälte stellte sie so eine »Wärme«, eine »Hoffnung« und einen »Mut« der »Machtlosen« entgegen[97] – eine Aussage, die gerade in ihrer Perspektivierung auf »West« und »Ost« gleichermaßen durch eine Formulierung Václav Havels von einer »Macht der Machtlosen« an Aktualität und Komplexität gewann.[98] Die zitierte Passage desavouierte eine destruktive »Macht« der anderen als eine vordergründig machtvolle, tatsächlich aber in entscheidender Hinsicht ins Nichts greifende Form der Macht: Die Macht der »Mächtigen« erschien insofern als leer, weil ihr keine positiven Qualitäten aneigneten und ihr nicht das Vermögen zukam, qualitative Veränderungen zum Besseren herbeizuführen. Sozialität im Sinne von Gemeinschaftlichkeit und Einigkeit wurde dagegen als entscheidender Faktor hervorgehoben, um Ohnmacht letztlich doch überwinden zu können. Dass in den zitierten Sätzen neben den »Mächtigen« nunmehr sogar die »Machtlosen« in Anführungszeichen rückten, kann dabei einen weiteren Schritt in der Umdeutung von Macht markieren: Auch der Begriff der Machtlosigkeit war nun mehrdeutig und fragil geworden. Durch ihren Hinweischarakter auf entstehende Bedeutungskonkurrenzen kann die Zeichensetzung damit auch an dieser Stelle als interessanter Indikator begriffsgeschichtlicher Umdeutungen *in statu nascendi* gelesen werden.

Nicht zuletzt die erzählerisch-lyrisch-meditative Befassung mit Macht ermöglichte Aussagen und Inhalte, die in stärker argumentativen medialen Formaten nicht in gleicher Form ihren Platz gefunden hätten. Dies soll abschließend an einem Gedicht erörtert werden. In der bundesweiten Zeitschrift der Grünen erschienen, stellte dieses unter der Überschrift »Macht, Ohnmacht, Leben« fest:

»Ohn' Macht
ist alle Macht.
Leer, hilflos und mächtig
taumeln wir
trunken von der Droge Macht

bis
wir die Kraft der Machtlosigkeit
spüren
und
leben.«[99]

---

96 Die Grünen, Friedensmanifest. Text vom Oktober 1981, Broschüre von 1982, Schlussteil, Archiv für Alternatives Schrifttum, Duisburg, 90.VIII. GRU.1.1981:6 (Hervorhebung im Original).
97 Zur Wärmemetaphorik vgl. auch *Sven Reichardt*, »Wärme« als Modus sozialen Verhaltens? Vorüberlegungen zu einer Kulturgeschichte des linksalternativen Milieus vom Ende der sechziger bis Anfang der achtziger Jahre, in: vorgänge 44, 2005, H. 171/172, S. 175-187.
98 Vgl. *Steinmetz*, New Perspectives, S. 26 und 28f. (unter Rekurs auf Havels Essay über die Macht der Machtlosen von 1978/79).
99 *Uschi Fritz*, Macht, Ohnmacht, Leben, in: Die Grünen 4, 1983, H. 44, S. 2.

Die zwei Strophen des frei von Reimen oder Metrum gesetzten Gedichts umfassten zwei Sätze, wobei der erste einführende Satz kurz und komprimiert, der zweite expositorische Satz länger und gestreckter erschien. Die erste Aussage »Ohn' Macht/ist alle Macht«, die einen logischen Widerspruch zum Ausgangspunkt des Gedichts setzte, ruhte auf diese Weise in sich selbst; sie erschien nahezu geschlossen. Die weiteren Zeilen des Gedichts formulierten im Gegensatz dazu eine transitorische Situation. Diese setzte – im einschließenden »wir« – bei der Konstatierung eines Zustands der Wirklichkeitsverzerrung und Täuschung durch »Macht« ein. Nach einer Leerzeile und dem Beginn einer neuen und abschließenden Strophe mündete die anfängliche Offenheit in die Feststellung einer »Kraft der Machtlosigkeit«. Diese wurde nicht theoretisch ausformuliert, sondern imaginiert als Gefühl (»spüren«) und Alltagspraxis (»leben«).

Wenn das Gedicht Macht als »Droge« ansprach, so implizierte es als eine Folge der Macht, eine ›natürliche‹ Wahrnehmung der Menschen zu modifizieren und eine verzerrte Erfahrung zu begründen. Nur auf diese Weise löste sich das scheinbare Paradox der als gleichzeitig konstatierten Leere, Hilflosigkeit und Mächtigkeit: Denn die Überzeugung, durch »Macht« tatsächlich »mächtig« zu sein, resultierte in dieser Deutung aus einer Wirklichkeitsverzerrung eben durch diese Macht. Erst die Erfahrung der Machtlosigkeit konnte diese konstatierte Fehlperzeption durchbrechen: Die authentische Macht-Erfahrung, das Finden einer positiven Macht, welche nicht verfälscht und entfremdet, ermöglichte sich erst auf dem Weg der Ausnüchterung – also im Machtverzicht.

Entfaltete das Gedicht damit wie die zuvor angeführten Passagen eine dezidert machtkritische Position, so war es ihm doch in besonderer Weise möglich, logisch-semantische Widersprüchlichkeiten zuzulassen und produktiv zu machen. Auf diese Weise konnte es, ausgehend von einem gesetzten Unbehagen gegenüber einer konventionellen Macht, einen Prozess der Macht-Umgestaltung schildern, dessen Prozessualität gerade auch Teil der Aussage war. Das Suchen und Erfahren, und die damit bedingten Prozesse der Selbstveränderung, wurden insofern zum gestalterischen Element, welches durch seine formale Gestaltung über bloße Aussagen »über« Macht hinausweisen konnte.

Der in diesem Beitrag verfolgte Diskurs um eine alternative Macht hatte mithin eine radikale Neujustierung und Umdeutung von Macht zum Gegenstand: Während machtkritische Positionen eine als konventionell betrachtete Macht als destruktiv und gefährlich angriffen, entstand zugleich die Vision einer nicht hierarchischen und demokratisierten Form der Macht. Diese sollte als produktive Beziehung die diagnostizierten Probleme und Fehler konventioneller Macht umgehen. Im Hinblick auf die entscheidenden Fragen der Menschheit, so die Pointe des hier verfolgten alternativen machtkritischen Diskurses, erwies sich (konventionelle) Macht dabei letztlich als machtlos, Ohnmacht aber als eine (mögliche) Quelle von »Kraft«, »Stärke« oder »Macht«.

IV. FAZIT

Wie dieser Beitrag gezeigt hat, kursierte im Umfeld des linksalternativen Milieus und der Neuen sozialen Bewegungen der Bundesrepublik in den späten 1970er und frühen 1980er Jahren ein ausgeprägt machtkritischer Diskurs. Indem dieser den Besitz einer als vorherrschend begriffenen »Macht der Mächtigen« als politisch kontraproduktiv und gefährlich adressierte, leitete er zugleich zu Entwürfen einer als qualitativ andersartig bestimmten Macht über. Die Konturen einer alternativ interpretierten und deutlich weiblich codierten Macht entstanden, welche die konstatierten Fallstricke konventioneller Macht umgehen sollte. Diese anzustrebende Macht wurde weniger als Besitz denn als Beziehung konzipiert. Anders als konventionelle Macht sollte sie zudem die Wahrnehmungsfähigkeit und Emotionalität des Einzelnen nicht einschränken, sondern sogar auf dieser gründen. Die intendierte Demokratisierung, Enthierarchisierung und Subjektivierung der Macht bereitete schließlich einer diskursiven Infragestellung des Verhältnisses von Macht zu Ohnmacht den Weg: »Konventionelle« Macht konnte nunmehr als – vor einem übergreifenden Maßstab – letztlich ohnmächtig, Macht außerhalb konventioneller »Macht« aber trotz ihres Verzichts auf Hierarchie oder Gewalt als gerade machtvoll bezeichnet werden.

Die Ergebnisse dieser Studie verdeutlichen, welche Erträge eine Historisierung populärer Machtreflexionen und Machtnarrationen bringen kann. Denn die Befassung mit populären Machtkonzeptionen erschließt Ansätze alternativ-politischen Handelns, die ansonsten kaum in ihrer ganzen Komplexität verständlich werden. So zeigen die in diesem Beitrag verfolgten Rekonfigurationen des Machtdenkens, inwiefern sich gerade die auf persönliche Eigenarten, auf Subjektivität und Emotionalität abzielenden Praktiken linksalternativer Akteure zeitgenössisch als Ansätze alternativer Re-Politisierung plausibilisierten. Gleiches gilt für Tendenzen zu einer Therapeutisierung des Politischen oder für die Popularisierung religiös geprägter Handlungsformen in politischen Konflikten. Selbst wenn Aktivisten dabei von einer Explizierung im Sinne einer ausführlichen theoretischen Beschreibung von Macht absahen, zeigen doch auch die verstreuten Aussagen, Erzählungen und Bilder, dass diese auf ein gestaltetes Machtkonzept zurückgreifen konnten. Im Sinne der oben umrissenen Konturen alternativ gedeuteter Macht traten dabei trotz möglicher Unterschiede in ihrer thematischen Ausrichtung und konnotativen Belegung frappierende Gemeinsamkeiten hervor, welche alternativ-politische Handlungsformen und ihre Deutung strömungs- und bewegungsübergreifend verbanden.

Das Beispiel der linksalternativen Auseinandersetzung um eine »Macht der Mächtigen« und eine Macht der »Machtlosen« kann zudem illustrieren, inwiefern eine historische Semantik des 20. Jahrhunderts auch Rücksicht nehmen muss auf Begriffsimporte und eine »generelle Internationalisierung des Sinngehalts« von Begriffen, »in denen sich die historisch-politische Selbstreflexion artikulierte«[100]. Dass ein zeitgenössischer Beobachter einen Beitrag zu Jugendprotesten von 1981 ausgerechnet mit der skeptischen Überschrift »Trauer-Power«[101] versah, kann so nicht allein die qualitative Neudeutung der Macht auch in Absetzung zur »Flower-Power«-Generation versinnbildlichen; es unterstreicht auch die Prävalenz englischer Begrifflichkeiten und die transnationalen Bedingtheiten von Machtsemantiken in alternativen Zusammenhängen. Die Entstehung einer »Power«-Rhetorik[102] kann in diesem Kontext auch auf Mehrsprachlichkeit als eine Stra-

---

100 *Geulen*, Plädoyer für eine Geschichte der Grundbegriffe, Abs. 13.
101 *Jörg Bopp*, Trauer-Power. Zur Jugendrevolte 1981, in: Kursbuch 1981, Nr. 65, S. 151–168. Interessanterweise bezieht sich der Autor dabei ausgerechnet auf ein Flugblatt, welches in Sponti-Manier gerade »Nicht Trauer, sondern power« (S. 163) gefordert hatte. Die Überschrift verkehrt dieses Zitat in sein Gegenteil, indem es die Entgegensetzung aufhebt.
102 Eine umfassende Aufarbeitung von Power-Rhetoriken und Power-Sprüchen gerade auch unter Einbezug von »Black Power« und »Flower-Power«-Bezügen der 1960er und 1970er Jahre kann hier nicht geleistet werden. Vgl. aber als Beispiele aus den 1980er Jahren neben den oben angeführten Belegstellen: *Regina Kramer*, Auf die Dauer hilft nur Power, in: Courage 7, 1982, H. 11, S. 40–41; Grüne: Wahl der Fraktionsspitze. Frauen-Power als rettender Anker, in: taz, 5.4.1984, S. 1; Auf die Dauer – Mädchen Power! (Zeichnung), in: Emma 9, 1985, H. 12, S. 31; *Franziska Becker*, Power!, Zürich 1983 (hier: S. 34f., mit Zitat aus der »taz«: »Schwanger sein ist Power!«). Zu »powern« als Verb vgl. etwa: Frauen powern bei Greenpeace, in: Emma 8, 1984, H. 1, S. 18–24; *Edith Kohn*, Total sein, frei sein, Bhagwan muß dabei sein. Von linker Politik zum rosaroten Business. Ein Szeneportrait, in: Pflasterstrand (Frankfurt am Main) 1983, H. 156, S. 12–15 (hier: S. 15, mit der Erklärung eines Bhagwan-Anhängers: »Es ist eine andere Politik, ich finde das total politisch. Bei allem, was wir machen, setzen wir auf den positiven Zug und nicht aufs Gegenpowern. Das ist nicht die Politik ok finden, wie sie läuft, sondern sie so zu sehen, wie sie ist.«). Als weitere kreative Aneignung vgl. *Hendrik Müller-Lenhartz*, Leserbrief: Betrifft: »Pedalpower«-Radfahren in Berlin, in: zitty (Berlin) 7, 1983, H. 20, S. 4. Die historische Aussage »Flowerpower ist seit Neunzehnhundertpaarund-

tegie verweisen, in der Muttersprache fraglich gewordene Begriffe zu umgehen, sprachliche Distanz einzunehmen oder in der temporären Fremdsprachlichkeit nach neuen Bedeutungen oder Ausdrucksformen zu suchen. Dabei traten in diesem Fall besonders starke Bezüge auf US-amerikanische Vorbilder auf. Die direkten oder indirekten Referenzen etwa auf Gandhi, Havel oder den Friedensaufruf von Frauen aus Skandinavien können aber ebenfalls aufzeigen, dass die Verweissysteme und Hintergründe alternativer Rekonfigurationen des Machtdenkens insgesamt komplex und vielfältig waren und sich nicht in US-Bezügen erschöpften.

Zwar war es nur eine Minderheit der bundesdeutschen Bevölkerung, welche die hier beschriebene Skandalisierung einer »Macht der Mächtigen« und die Suche nach alternativ geprägter Macht aktiv unterstützte; Reaktionen zeugten auch von Skepsis, Unverständnis, Entgeisterung bis Wut. So konnte zeitgenössisch etwa gegen eine Politisierung der christlichen Religion auch die These einer »Macht als Gottesordnung« vertreten werden, der auch die Bergpredigt nicht widerspreche.[103] Kritische Betrachter des New Age störten sich gerade auch am Machtbegriff, den dieses vertrete:

»New Age verdrängt die Machtfrage. Sie ist für New Age einfach nicht existent. Wie kommt man dazu, Hunderte von Seiten über ›Wendezeit‹ zu schreiben, und das Machtproblem nicht einmal anzudeuten? [...] Natürlich finden wir in New-Age-Literatur den Begriff ›Macht‹. Um der wirklichen Machtfrage auszuweichen, macht man aber den Trick: Macht ist Energie. Also verfügt jeder Mensch über Macht. ›Die Macht fließt aus einem Zentrum im Inneren, einem geheimnisvollen Allerheiligsten, das mehr wert ist als Geld, Name oder Geleistetes‹ (Ferguson). Noch nie etwas gehört von – struktureller Gewalt, – von Machtstrukturen, – von Gewaltmonopol? Ach nein, kein Problem! Da kommen uns dann die UFOs zu Hilfe. Ist New Age so naiv?«[104]

Selbst innerhalb alternativ geprägter Kontexte konnte eine Strategie, die ein Streben nach Machtakkumulation zurückwies, als fatal begriffen werden. So bemängelte etwa ein Aktivist Aktionsformen der Friedensbewegung, die – wie Fasten und Schweigen – auf demonstrativen Machtverzicht setzten:

»Eine Friedensbewegung, die den Wölfen der Macht die eigene Kehle zum Biß hinhält, die sich weigert, konkrete Gegenmacht durch konkrete Politik sowohl auf der Straße wie in den Institutionen zu entwickeln, wird zum unfreiwilligen Partner der Omnipotenzphantasien, wie sie in Gestalt des ›gewinnbaren Atomkrieges‹ durch die Hirne der Hochrüstungspolitiker gaukeln.«[105]

Auch bei den Grünen war die hier beschriebene Machtkonzeption umstritten. In diesem Sinne erklärte etwa eine Grünen-Anhängerin zum Umgang von Frauen mit Macht, man könne die

»Macht hinter diesem Männerstaat mit all seinen verschiedenen Machtetagen [...] nicht einfach abschaffen [...], indem man sagt, nein, ich will das nicht, und nein, ich will da nicht mitarbeiten, und nein, ich will mich da verweigern [...]. Das ist genau die Mentalität, die reine Verweigerungshaltung, vor der die Herren in den Machtetagen überhaupt keine Angst haben. Das ist denen ja lange recht, wenn all die Frauen, denen das nicht paßt, mit ihrem Strickzeug und ihrer Schafwolle sich in irgendeine Ecke zurückziehen und sich diesem Staat verweigern.«[106]

---

siebzig ausgestorben« schließlich findet sich bei: *Klaus Nissen*, Flowerpower in Friedberg, in: Pflasterstrand (Frankfurt am Main) 1983, H. 159, S. 40.

103 *Walter Künneth*, Wehrpflicht für Christen nicht zumutbar?, in: Aktion Sühnezeichen/Friedensdienste (Hrsg.), Christen im Streit um den Frieden. Beiträge zu einer neuen Friedensethik, Positionen und Dokumente, Freiburg im Breisgau 1982, S. 205–211.

104 *Hans A. Pestalozzi*, Die sanfte Verblödung. Gegen falsche New Age-Heilslehren und ihre Überbringer. Ein Pamphlet, Düsseldorf 1985, S. 51.

105 Die Wallfahrt zum Tode. Albert Sellner über die neuen Qualitäten der Friedensbewegung, in: Pflasterstrand (Frankfurt am Main) 1983, H. 167, S. 19–21.

106 *Erika Hickel*, zit. in: *Barbara Böttger/Anne Lütkes/Carola Möller*, Grüne Parlamentarierinnen – Macht für Frauen?, in: beiträge zur feministischen theorie und praxis 8, 1985, H. 13, S. 131–144, hier: S. 134. Vgl. auch Anm. 50.

Aus solchen Erwägungen blieb auch in alternativen Politikansätzen das Ziel eines »Erringens« von Macht oder einer Entwicklung gesellschaftlicher »Gegenmacht« stets bestehen.

Dennoch würde es zu kurz greifen, die verfolgten Rekonfigurationen des Machtdenkens lediglich als ein Randphänomen zu betrachten. Gerade Konflikte, die um diesen Machtansatz entstanden, können schließlich darauf verweisen, dass es sich bei diesen um einen durchaus grundsätzlichen und auch wahrgenommenen Versuch handelte, Macht neu zu deuten. Im Sinne einer Heuristik der Extreme gelesen, macht die Entstehungsmöglichkeit eines solchen (Anti-)Machtdiskurses so auf generellere Fragen und Probleme aufmerksam, welche in der fraglichen Zeitphase zur Klärung drängten. Dabei lässt sich die Wendung zu einer Relationalität, Subjektivität und Machtlosigkeit betonenden Form der Macht zum einen bewegungsintern als Abgrenzungsbewegung hin zu Politikansätzen deuten, die auf ein Erringen von Macht durch Klassen, Schichten oder Gruppen abzielten oder Gewalt und Zwang als Mittel der Politik hinnahmen oder befürworteten. Zum anderen artikulierte sich im Entwurf einer »anderen« Macht aber auch zentral die Frage, auf welche Art und Weise politische Veränderungen herbeizuführen sind und welcher Stellenwert speziell dem institutionalisierten politischen System hierin zukommt.

Der alternative machtkritische Diskurs rekurrierte hierbei zwar einerseits auf einen physisch starken Staat, wie ihn etwa der autoritäre Überwachungsstaat oder der die Vernichtung der Bürger im Atomkrieg in Kauf nehmende Rüstungsstaat repräsentierte. Andererseits entstand der Diskurs um alternativ geprägte Mächte aber auch aus der Vorstellung eines äußerst schwachen, da nicht mehr aus eigenen Kräften zu positiver Veränderung fähigen Staats: Betrachtet als in ihren Eigengesetzlichkeiten gefangen, entstand das Bild einer nur noch auf sich selbst gerichteten und dadurch reformunfähigen institutionell verfassten Politik, in der Machterwerb als Selbstzweck wichtiger geworden sei als inhaltliche Ziele oder politische Werte. Auch das Gewaltmonopol des Staats war davon berührt, indem mit den gleichen Begründungen auch die Notwendigkeit und Legitimität von Gewalt und Zwang durch Instanzen der Exekutive bestritten werden konnten. Im machtkritischen Diskurs dieser Zeitphase deutet sich insofern eine Bruchstelle zu einem Machtdenken an, das im Aufkommen des modernen Territorialstaats, in einer analog einsetzenden Politisierung und Zentrierung von Macht, in einer repräsentativen Legitimation von Macht und Gewalt und im Aufkommen des staatlichen Gewaltmonopols seine historische Form gefunden hatte.[107]

Es ist daher sicherlich kein Zufall, dass parallel zum Aufkommen des alternativen Machtdiskurses eine Rezeption postmoderner beziehungsweise poststrukturalistischer Machttheorien einsetzte; Michel Foucaults Deutung von Macht als Kräfteverhältnis, als produktive statt repressive Kategorie, und seine Ausführungen zum Zusammenhang von Sexualität und Macht fanden insbesondere in der Frauenbewegung und in der entstehenden Frauenforschung der frühen 1980er Jahre besonderes Interesse.[108] Für die Entstehungsmöglichkeit des (Anti-)Machtdiskurses waren postmoderne Theorieentwicklungen

---

107 *Karl-Georg Faber/Karl-Heinz Ilting/Christian Meier*, Macht, Gewalt, in: *Otto Brunner/Werner Conze/Reinhart Koselleck* (Hrsg.), Geschichtliche Grundbegriffe. Historisches Lexikon zur politisch-sozialen Sprache in Deutschland, Bd. 3: H–Me, Stuttgart 1982, S. 817–935.

108 So wurden *Michel Foucault*, La volonté de savoir, sowie *ders.*, Surveiller et punir, 1976 beziehungsweise 1977 bei Suhrkamp in deutscher Übersetzung publiziert. 1976 erschien die Zusammenstellung »Mikrophysik der Macht« im Merve-Verlag, Berlin; ebendort 1978 die Aufsatzsammlung »Dispositive der Macht«. Gerade Foucaults Machtanalytik wurde offensichtlich – im Positiven wie im Negativen – auch als besonderes Kennzeichen in Abgrenzung zu marxistisch geprägten Theorie- und Politikentwicklungen wahrgenommen. Vgl. dazu *Michael Jäger*, Trauer über Foucaults Tod, in: Das Argument 1984, H. 146, S. 522–523.

gleichwohl weniger ausschlaggebend.[109] Die Versuche, im Rahmen alternativer Politikansätze zu einer neuen Form der Macht zu gelangen, erklären sich kaum durch philosophische Begründungen. Sie werden vielmehr erst begreiflich mit Blick auf parallel erfolgende Rekonfigurationen von Staatlichkeit und staatlichem politischen Handeln: Die Kritik an einem zentrierenden, hierarchisch agierenden Machtzentrum sowie die Negation des Rechts einer von dort ausgehenden Gewaltanwendung setzte eine Entselbstverständlichung von Staatlichkeit und speziell des staatlichen Gewaltmonopols in einem solchen Ausmaß voraus, welche der machtkritische Diskurs des alternativen Milieus zwar modulieren, kaum aber aus sich heraus denkmöglich machen oder kausal auslösen konnte. Die Macht-, Staats- und Politikkrisen der späten 1970er und frühen 1980er Jahre erweisen sich in diesem Sinne als nahtlos ineinander verzahnt.

---

109 Statt einer Philosophisierung der Machtgeschichte scheint insofern auch eher eine weitere Historisierung philosophischer Machtdiskurse produktiv, um die Konturen zeithistorischer Rekonfigurationen des Machtdenkens weiter zu erschließen.

Morten Reitmayer

Comeback der Elite

Die Rückkehr eines politisch-gesellschaftlichen Ordnungsbegriffs

Der Terminus »Elite« stellt einen zentralen Begriff der politischen Ideengeschichte im Europa des 20. Jahrhunderts dar.[1] Ganz allgemein bezeichnet er die Herrschafts- und Funktionsträger einer politisch-sozialen Ordnung, ohne dass damit bereits gesagt wäre, durch welche konkreten sozialen Merkmale, Zuschreibungen oder Funktionslogiken die Zugehörigkeit zur Elite bestimmt wird und welcher Art jene politisch-soziale Ordnung ist. Allerdings verweist der Begriff »Elite« stets auf die ausschlaggebende Bedeutung sozialer Minderheiten.

Gleichzeitig jedoch handelt es sich beim Terminus »Elite« um einen Quellenbegriff, den die Zeitgenossen zu verschiedenen Zeitpunkten des 20. Jahrhunderts in den europäischen Gesellschaften mit unterschiedlich ausgeprägter Leidenschaft, aber auch in unterschiedlichen Bedeutungsgehalten jenen Herrschafts- und Funktionsträgern verliehen haben. So fand der Elite-Begriff etwa in Frankreich sehr früh – noch vor 1900 – Eingang in die politische Sprache, in Italien und Großbritannien sehr spät und fast ausschließlich in den engen Spielräumen der von Sozialwissenschaftlern dominierten Debatten.[2] In Deutschland spielt der Elite-Begriff in dieser Hinsicht erst seit dem Ende des Zweiten Weltkriegs eine bedeutende Rolle, weil er bis dahin im Schatten konkurrierender Ordnungsbegriffe – Klasse, Stand, Führer – stand.[3] Danach verbreitete er sich jedoch sehr schnell in Form eines relativ stabilen Meinungswissens über die politisch-soziale Ordnung der Gesellschaft – einer Doxa[4], weil er den spezifischen politisch-ideellen Erfahrungen und Erwartungen vieler Politiker, Publizisten, Wissenschaftler und Unternehmer im Nachkriegsdeutschland außerordentlich entgegenkam. Den inhaltlichen Kern dieser Doxa bildete die Überzeugung von der ausschlaggebenden Bedeutung von Minderheiten in allen menschlichen Gesellschaften, ohne damit bereits auf eine bestimmte Eliten-Theorie oder einen bestimmten Elite-Begriff (Funktionselite, Machtelite oder ähnliche) festgelegt zu sein. Vielmehr bildete die Elite-Doxa das stabile Zentrum eines ansonsten weitgehend offenen Meinungsfelds über die jeweilige Ausgestaltung und inhaltlich Füllung des Elite-Begriffs.

Dabei folgte auch in der Bundesrepublik die Verwendung des Elite-Begriffs bestimmten ideengeschichtlichen Konjunkturen und Eigenlogiken und stellte keinen linearen Diffusionsprozess – etwa im Sinne einer kumulativen Zunahme politisch-ideeller Rationalität – dar. Aus diesem Grund ist bereits die bloße Häufigkeit (oder aber die Seltenheit)

---

1 *Morten Reitmayer*, Politisch-soziale Ordnungsentwürfe und Meinungswissen über die Gesellschaft in Europa im 20. Jahrhundert, in: *Lutz Raphael* (Hrsg.), Theorien und Experimente der Moderne. Europas Gesellschaften im 20. Jahrhundert, Wien 2012, S. 37–63; *ders.*, Eliten, Machteliten, Funktionseliten, Elitenwechsel, in: Docupedia-Zeitgeschichte, URL: <http://docupedia.de/zg/Eliten> [5.10.2011].
2 *Reitmayer*, Politisch-soziale Ordnungsentwürfe; *Jean-François Sirinelli*, The École Normale Supérieure and Elite Formation and Selection during the Third Republic, in: *Jolyon Howorth/Philip G. Cerny* (Hrsg.), Elites in France. Origins, Reproduction and Power, London 1981, S. 66–77.
3 *Morten Reitmayer*, Elite. Sozialgeschichte einer politisch-gesellschaftlichen Idee, München 2009, auch für das Folgende.
4 Zum Begriff der Doxa als »jenes Ensembles von Thesen, die stillschweigend und jenseits des Fragens postuliert werden«, vgl. *Pierre Bourdieu*, Entwurf einer Theorie der Praxis auf der ethnologischen Grundlage der kabylischen Gesellschaft, Frankfurt am Main 1976, S. 318–334.

seines Auftretens ein guter Indikator für die Problematisierung oder sogar die Infragestellung der jeweiligen politisch-sozialen Ordnung.

Wie es der Aufsatztitel bereits umreißt, erfolgte zu Beginn der 1980er Jahre eine auffallende Zunahme der Verwendung des Elite-Begriffs in der politischen Sprache der Bundesrepublik, die angesichts der relativen »Flaute« im Jahrzehnt davor eine durchaus erklärungsbedürftige »Rückkehr« dieses Ordnungsbegriffs darstellt. Deshalb soll in diesem Aufsatz einerseits der Versuch unternommen werden, die tieferen Ursachen für diese Wiederkehr freizulegen, und andererseits einige plausible Vermutungen über die historische Signifikanz dieses »Comeback« anzustellen. Auf welche Erfahrungen, Problemlagen, Interessen und Erwartungen reagierten diejenigen, die den Terminus in die politischen und vorpolitischen Zeitdiagnosen trugen, und welche Akteursgruppen lassen sich als Träger dieser ideengeschichtlichen Konjunkturverläufe identifizieren? Um diese Fragen zu beantworten, soll nach einer kurzen Skizze der Verbreitung der Elite-Doxa in Westdeutschland während der 1960er und 1970er Jahre (also der Vorgeschichte unseres Untersuchungszeitraums) zunächst der Konjunkturverlauf des Elite-Terminus in der politischen Sprache der Bundesrepublik rekonstruiert werden. Sodann werden zwei zeitgenössische Diskussionsstränge näher untersucht, in denen der Elite-Begriff eine zentrale Rolle spielte und für erhebliche öffentliche Aufregung sorgte (was per se schon auf seine politisch-ideelle Relevanz hinweist): die Auseinandersetzung um die Empfehlung des Wissenschaftsrats zur »Förderung besonders Befähigter« aus dem Jahr 1981 sowie der Vorstoß des damaligen Außenministers Hans-Dietrich Genscher zu Gründung von Elite-Hochschulen mit dem Zweck, der seiner Ansicht nach sich abzeichnenden Innovationskrise der westdeutschen Industrie zu begegnen. Schließlich soll noch ein Panoramablick auf die verschiedenen, im Wesentlichen nicht konvergierenden oder sogar disparaten Erörterungszusammenhänge, die sich in den 1980er Jahren mit dem Thema »Elite« auseinandersetzten, geworfen werden, um den gemeinsamen Nenner der verschiedenen Aussagen über diesen politisch-ideellen Gegenstand zu finden, bevor in einem abschließenden Resümee der Frage nachgegangen wird, ob es sich beim Comeback des Ordnungsbegriffs »Elite« um eine bloße Wiederkehr längst etablierter Bestände des politisch-sozialen Meinungswissens handelte oder um eine tiefere ideengeschichtliche Zäsur, die einem weiterreichenden Wandel der politischen Ideen in der Bundesrepublik Bahn brach.

Dieses Untersuchungsprogramm zeigt sich deutlich der von Anselm Doering-Manteuffel und Lutz Raphael entwickelten »Nach dem Boom«-These verpflichtet, die das Ende der Nachkriegszeit aus einer Reihe von Strukturbrüchen erklärt, welche sowohl ökonomisch die Prosperitätsphase nach 1945/50 als auch politisch-ideell eine von Konsensvorstellungen geprägte, gleichermaßen fortschritts- wie sicherheitsorientierte Ära beendeten und eine Epoche beginnen ließen, in der eher wirtschaftsliberale (»neoliberale«) Optionen das politische Handeln bestimmten und deren Zeitdiagnosen und politische Leitbegriffe die Entfaltungsmöglichkeiten des Individuums zum Zentralwert erhoben.[5] In dieser Perspektive stellt sich die Frage, ob es sich beim Comeback der Elite um einen solchen ideengeschichtlichen Strukturbruch handelte, der mithalf, ein »sozialdemokratisches Jahrzehnt« zu beenden, und in dessen Semantik in die Zukunft gerichtete, neue politische Ordnungsideen zu erkennen sind, oder ob die konservativen und liberal-konservativen

---

5 *Anselm Doering-Manteuffel/Lutz Raphael*, Nach dem Boom. Perspektiven auf die Zeitgeschichte seit 1970, Göttingen 2008, S. 10f. Vgl. *dies.*, Der Epochenbruch in den 1970er Jahren. Thesen zur Phänomenologie und den Wirkungen des Strukturwandels »nach dem Boom«, in: *Knud Andresen/Ursula Bitzegeio/Jürgen Mittag* (Hrsg.), Nach dem Strukturbruch? Kontinuität und Wandel von Arbeitswelten, Bonn 2011, S. 25–40; *Eckart Conze*, Die Suche nach Sicherheit. Eine Geschichte der Bundesrepublik Deutschland von 1949 bis zur Gegenwart, München 2009; *Julia Angster*, Konsenskapitalismus und Sozialdemokratie. Die Westernisierung von SPD und DGB, München 2003.

Die Rückkehr eines politisch-gesellschaftlichen Ordnungsbegriffs 435

Gegenentwürfe zu den Partizipationsforderungen der 1960er und 1970er Jahre lediglich eine ideengeschichtliche »Rückwärtsbewegung« ausdrückten.[6]

Bislang überwogen in der Forschung zu den 1970er und 1980er Jahren Perspektiven, die auf den Niedergang der Institutionen, Ideen, Sozialgruppen, Konstellationen und Arrangements der Boom-Epoche gerichtet waren, was sich in den Titeln der einschlägigen Werke überdeutlich ablesen lässt: »Das Ende der Zuversicht«, »Abschied vom Provisorium«, »Die große Ernüchterung«.[7] Der »Nach dem Boom«-Ansatz verspricht dagegen, die Umbrüche in den Zeitdiagnosen und den Wandel politisch-ideeller Leitbegriffe zukunftsoffen konzipieren zu können, auch wenn ein treffendes Label, eine materiale Bestimmung der Konturen der »Nach dem Boom«-Epoche noch fehlt. In der spezifischen Ausformung der Elite-Doxa, so lautet die These dieser Studie, manifestierte sich jedenfalls das ideengeschichtlich »Neue« der späten 1970er und 1980er Jahre. Der Wandel der Elite-Semantik war Teil jenes Wandels der Leitbegriffe und Zeitdiagnosen, die auch der Artikulation der politischen Ziele eine neue Richtung gaben und so den »Wandel des Politischen« ausdrückten.

Die empirische Grundlage der Untersuchung besteht einerseits aus den betreffenden Artikeln der großen überregionalen Zeitungen und Zeitschriften der Bundesrepublik (Frankfurter Allgemeine Zeitung, Süddeutsche Zeitung, »Der SPIEGEL«, »Die ZEIT«, Rheinischer Merkur, »Die Welt«), daneben auch aus publizistischen Einzelveröffentlichungen, andererseits aus den Beiträgen der empirischen Elitenforschung dieser Zeit. Zur quantifizierenden Analyse wurde ein Quellenkorpus aus den leicht erschließbaren Artikeln der Frankfurter Allgemeinen Zeitung gebildet. Hier sollten das »Comeback der Elite« und der »Wandel des Politischen« greifbar werden.

I. Die Verbreitung der Elite-Doxa in den 1960er und 1970er Jahren

Die Geschichte der Elite-Doxa war in den 1960er Jahren zunächst dadurch gekennzeichnet, dass sie sich wesentlich verwissenschaftlichte. Bis zum Anfang des Jahrzehnts hatten fast ausschließlich[8] Modelle einer homogenen Wert- und Charakter-Elite die westdeutschen Debatten bestimmt, die Ausdruck und Medium eines hohen Konsens- und Konformitätsdrucks waren. Nicht immer die Absicht, wohl aber die soziale Logik dieser Erörterungen bestand darin, den westdeutschen Herrschafts- und Funktionsträgern, die seit 1945 in einem weitgehend verwandelten politischen, politisch-ideellen und rechtlichen Umfeld zu operieren hatten, ein neues Orientierungs- und Handlungswissen und neue Legitimationsweisen und »Rechtfertigungslogiken«[9] zur Verfügung zu stellen. Denn hier ist an das

---

6 So ließen sich etwa die Argumente von Bernd Faulenbach und von Axel Schildt verstehen; vgl. *Bernd Faulenbach*, Die Siebzigerjahre – ein sozialdemokratisches Jahrzehnt?, in: AfS 44, 2004, S. 1–37; *Axel Schildt*, »Die Kräfte der Gegenreform sind auf breiter Front angetreten«. Zur konservativen Tendenzwende in den Siebzigerjahren, in: ebd., S. 449–478.
7 *Konrad H. Jarausch* (Hrsg.), Das Ende der Zuversicht? Die siebziger Jahre als Geschichte, Göttingen 2008; *Andreas Wirsching*, Abschied vom Provisorium. Geschichte der Bundesrepublik Deutschland 1982–1990, München 2006; *Tim Schanetzky*, Die große Ernüchterung. Wirtschaftspolitik, Expertise und Gesellschaft in der Bundesrepublik 1966 bis 1982, Berlin 2007. Vgl. auch das Kapitel »gedämpfte Erwartungen« in Tony Judts europäischer Geschichte der Nachkriegszeit: *Tony Judt*, Die Geschichte Europas seit dem Zweiten Weltkrieg, München 2005.
8 Die Ausnahme stellt das Konzept der politischen Funktionselite des Politologen Otto Stammer dar, das in den 1950er Jahren die außerakademische Öffentlichkeit aber nicht erreichte. Ausländische Elite-Modelle – selbst diejenigen emigrierter deutscher Autoren wie etwa Karl Mannheim – wurden praktisch ignoriert. *Otto Stammer*, Das Elitenproblem in der Demokratie, in: Schmollers Jahrbuch 71, 1951, H. 5, S. 1–28.
9 *Luv Boltanski/Eve Chiapello*, Der neue Geist des Kapitalismus, Konstanz 2003.

enorme Legitimationspotenzial der Elite-Doxa zu erinnern. Kaum jemand hat dieses Potenzial besser – allerdings zustimmend und völlig unkritisch – ausgedrückt als James Burnham, der in paretianischer Tradition die Begriffe »Elite« und »Herrschende Klasse« synonym verwendete:

»Stärke und Schwäche einer Nation, ihre Kultur, ihre Ausdauer, ihre Blütezeit und ihr Verfall, alles hängt in erster Linie vom Wesen ihrer herrschenden Klasse ab. Noch genauer gesagt, um eine Nation studieren und verstehen zu können, um vorauszusagen, was geschehen wird, bedarf es vor allem und in erster Linie einer Analyse ihrer herrschenden Klasse. Politische Geschichte und politische Wissenschaft sind somit vorwiegend Geschichte und Wissenschaft der herrschenden Klassen, ihres Ursprungs, ihrer Entwicklung, Zusammensetzung, Struktur und Veränderung.«[10]

Anders gesagt, wenn das Wohl und Wehe einer jeden Gesellschaft hauptsächlich von ihrer Elite abhing, dann war deren Machtakkumulation und Privilegierung wohl in Einzelfällen, etwa bei Übertretung bestimmter Konventionen, nicht aber grundsätzlich zu kritisieren. Aus diesem Grund beinhaltete die Elite-Doxa für die Mitglieder der Elite ein wichtiges und sehr großes Legitimationspotenzial.

Gleichzeitig manifestierte sich in der spezifischen Ausformung der Elite-Doxa der 1950er und 1960er Jahre mit der Dominanz von Modellen einer Wert- und Charakter-Elite eine kulturell begründete Ablehnung ihres politisch-ideellen Antipoden, der »Massen-Gesellschaft«, einerseits die allmähliche Akzeptanz der parlamentarischen Demokratie durch den deutschen Konservatismus und andererseits die vorübergehende Aufgabe der Idee des freien Spiels der gesellschaftlichen (nicht nur der ökonomischen) Kräfte im deutschen Liberalismus zugunsten eher konformistischer Ordnungsvorstellungen (etwa bei Wilhelm Röpke).[11] Die Konvergenz dieser beiden Bewegungen mündete gewissermaßen in den Elite-Begriff und ermöglichte auf diese Weise längerfristig die Annäherung dieser seit dem 19. Jahrhundert miteinander rivalisierenden politischen Strömungen.

Eine eigenständige, das heißt ihre Fragestellungen und Methoden nicht aus den außerwissenschaftlichen Bedürfnissen nach Meinungswissen ableitende sozialwissenschaftliche Elitenforschung etablierte sich erst im Verlauf der 1960er Jahre, entfaltete aber schnell erhebliche Rückwirkungen in eine breitere Öffentlichkeit hinein. Die Verwissenschaftlichung der Elite-Doxa erfolgte einerseits durch sozialwissenschaftliche Grundlagenarbeiten, die aus unterschiedlichen Perspektiven heraus den bis dahin als wissenschaftlich-analytische Kategorie in Deutschland gerade nicht etablierten Elite-Begriff ihren akademischen Disziplinen anverwandelten[12], und andererseits durch den Ideenimport aus dem englischsprachigen Ausland, dessen Forschungsstand jetzt erst in der Bundesrepublik wahrgenommen wurde.[13] Ihren Abschluss fand diese Phase mit der Veröffentlichung des Buchs »Gesellschaft und Demokratie in Deutschland« von Ralf Dahrendorf, in dem der damalige Starsoziologe den nunmehr wissenschaftlich konsekrierten Elite-Begriff zum Angelpunkt einer umfassenden Deutung der neueren deutschen Geschichte machte, um eine Antwort auf die Frage zu geben, weshalb sich in Deutschland bis zu diesem Zeitpunkt (also 1965) keine liberale Demokratie etabliert habe.[14] Indem Dahrendorf erfolg-

---

10 *James Burnham*, Die Machiavellisten. Verteidiger der Freiheit, Zürich 1949, S. 113f. (Zitate wurden an die neue Rechtschreibung angeglichen).
11 *Reitmayer*, Elite, S. 213–236; *ders.*, Traditionen konservativen Elitedenkens in der Adenauerzeit, in: *Michael Hochgeschwender* (Hrsg.), Epoche im Widerspruch. Ideelle und kulturelle Umbrüche in der Adenauerzeit, Bonn 2011, S. 27–51.
12 *Urs Jaeggi*, Die gesellschaftliche Elite. Eine Studie zum Problem der sozialen Macht, 2., erw. Aufl., Bern/Stuttgart 1967 (zuerst Bern 1959); *Hans Peter Dreitzel*, Elitebegriff und Sozialstruktur. Eine soziologische Begriffsanalyse, Stuttgart 1962; *Wolfgang Zapf*, Wandlungen der deutschen Elite. Ein Zirkulationsmodell deutscher Führungsgruppen 1919–1961, München 1965.
13 *Reitmayer*, Elite, S. 517–533.
14 *Michael Prinz*, Ralf Dahrendorfs »Gesellschaft und Demokratie« als epochenübergreifende Interpretation des Nationalsozialismus, in: *Matthias Frese/Michael Prinz* (Hrsg.), Politische

reich[15] die deutschen Eliten ins Zentrum seiner liberaldemokratischen Zeitdiagnose stellte, immunisierte er den Begriff gegenüber Angriffen der politischen Linken am Vorabend der Studentenrevolte, denn »Elite« konnte jetzt auch die selbst ernannten Avantgarden beschreiben, die die Bundesrepublik in eine liberale oder sozialistische Richtung hin verändern wollten. Folgerichtig wandte sich die aufbegehrende 68er-Bewegung semantisch zunächst nicht gegen die westdeutsche »Elite«, sondern gegen das »Establishment« als Kurzformel für die Vorstellung eines sozialexklusiven und eng verflochtenen Kreises der Inhaber von Machtpositionen in Politik, Wirtschaft und Kultur.[16] Allerdings verschob sich diese semantische Konfliktlinie um 1970 herum zu einer Renaissance der Klassenterminologie, sodass nun die »Herrschende Klasse« oder bündig »das Kapital« zum Ziel der politisch-ideellen Angriffe von Studierenden, Wissenschaftlern und Publizisten wurde.[17] Dieser Prozess berührte nicht unbedingt den Bedeutungsgehalt, wohl aber die dominierende Konnotation des Elite-Begriffs in der Bundesrepublik, der durch die synonyme Verwendung von »Elite«, »Herrschender Klasse«, »Bourgeoisie« und »Kapital« die semantische Verbindung zu den voluntaristischen Vorstellungen von politischer Avantgarde und gesellschaftlicher Liberalisierung verlor. Nirgends wird diese synonyme Verwendungsweise der Begriffe so augenfällig wie im »Kursbuch«, dem publizistischen Flaggschiff der westdeutschen Neuen Linken. Hier finden sich in der Nummer 42 aus dem Jahr 1975 unter dem Rahmenthema »Unsere Bourgeoisie« Beiträge mit sprechenden Titeln: »Unsere B. [Bourgeoisie]« von Alfons Scharf; »Bürgerliche Attrappen« (Ellen von Friedeburg); »Dossier. Unsere Bourgeoisie. Materialien zur Naturgeschichte und zum Sozialcharakter der in Deutschland herrschenden Klasse« (Karl Markus Michel); »Eure Elite« (Bernt Engelmann); »Kapitalfraktionen. Thesen zur Analyse der herrschenden Klasse« (Rudolf Hickel); »Bourgeoisie in Frankreich« (Ernst Gerhards); »Die neuen Kleider der Bourgeoisie« (Pierre Bourdieu und Yvette Delsaut); »Eine Bourgeoisie in Zement« (Vittoria Alliata).[18]

Erst mit dieser neuen semantischen Frontstellung war die Voraussetzung für eine konservative Inanspruchnahme des Elite-Begriffs, wie sie dann in den 1980er Jahren erfolgte, gegeben. Dazwischen lag die oben erwähnte »Flaute« in der Verwendung des Begriffs während der 1970er Jahre, als zwar die empirische Elitenforschung vor allem in der Politikwissenschaft durchaus weitergeführt wurde, dies aber nur geringe Auswirkungen auf die politische Sprache zeitigte. Die Ursache hierfür lag auch in der deutlich geringeren Präsenz der sozialwissenschaftlichen Elitenforschung in der politisch-publizistischen Öffentlichkeit. Ihr gelang es in den 1970er Jahren eben nicht, ihre wissenschaftlichen Anliegen (die sich zugegebenermaßen häufig in der Rekonstruktion eines ausschnitthaften So-

---

Zäsuren und gesellschaftlicher Wandel im 20. Jahrhundert. Regionale und vergleichende Perspektiven, Paderborn 1996, S. 755–777.
15 *Ralf Dahrendorf*, Gesellschaft und Demokratie in Deutschland, München 1965. Das Buch erlebte bis 1975 nahezu jährlich eine neue Auflage.
16 *Joachim Scharloth*, Die Sprache der Revolte. Linke Wörter und avantgardistische Kommunikationsstile, in: *Martin Klimke/Joachim Scharloth* (Hrsg.), 1968. Handbuch zur Kultur- und Mediengeschichte der Studentenbewegung, Stuttgart 2007, S. 223–234; *Klaus Hofmeier*, Lieben Sie Establishment?, Köln 1968; *Siegfried Jäger*, Linke Wörter: Einige Bemerkungen zur Sprache der APO, in: Muttersprache 80, 1970, S. 85–107; *Gerhard Strauß/Ulrike Hass/Gisela Harras*, Brisante Wörter von Agitation bis Zeitgeist. Ein Lexikon zum öffentlichen Sprachgebrauch, Berlin/New York 1989, S. 134–142; *Thomas Niehr*, Schlagwörter im politisch-kulturellen Kontext, Wiesbaden 1993, S. 181–188; *Barbara Brunotte*, Rebellion im Wort. Eine zeitgeschichtliche Dokumentation, Frankfurt am Main 1973.
17 Ablesbar etwa an den sprachlichen Verschiebungen der Arbeiten von *Urs Jaeggi*, Die gesellschaftliche Elite; *ders.*, Macht und Herrschaft in der Bundesrepublik, Frankfurt am Main/Hamburg 1969; *ders.*, Kapital und Arbeit in der Bundesrepublik, Frankfurt am Main 1973.
18 Unsere Bourgeoisie (Kursbuch, Nr. 42), Berlin 1975.

zial- und Einstellungsprofils erschöpften) mit den Orientierungsbedürfnissen einer weiteren politischen Öffentlichkeit zu verbinden, wie es Ralf Dahrendorf in den 1960er Jahren geradezu paradigmatisch vorexerziert hatte.[19] Dieser hatte seinerzeit nichts weniger als eine Antwort auf die »deutsche Frage« – *der* politischen Frage in Westdeutschland schlechthin – versprochen, und eine gewaltige Resonanz erzielt. Diese Antwort gab er dann mittels neuester Auskünfte zu den deutschen Eliten. Demgegenüber musste das Echo auf Veranstaltungen zum Thema »Brauchen wir noch Eliten?« wie im Jahr 1977[20] selbst bei hochkarätiger Besetzung (unter anderem Hartmut von Hentig, Ludwig von Friedeburg) geradezu zwangsläufig dünn ausfallen. Tatsächlich präsentieren sich die 1970er Jahre ideengeschichtlich zwar nicht als ein »sozialdemokratisches Jahrzehnt«[21], sicherlich aber als eine Dekade verstärkter und vor allem neuer Partizipationsforderungen sowie pluralistischer, auch partikularer und mitunter auch konfligierender Mitsprache-, Teilhabe- und Autonomieansprüche sowohl breiter Bevölkerungsschichten (oder derer, die sich als ihre Repräsentanten verstanden) als auch diverser Minderheiten, die im Horizont der Elite-Doxa gar nicht formulierbar waren.[22] Deshalb fehlte es in den *high seventies* (um Arthur Marwick[23] zu paraphrasieren) einfach an Möglichkeiten, zeitdiagnostische Fragen im Lichte der Elitenforschung zu beantworten. Erst die Reaktionen auf diese Ansprüche, die teilweise als »konservative Tendenzwende«[24] antraten, ließen den Elite-Begriff zu einem sinnvollen Instrument in der politischen Sprache werden.

II. KONJUNKTUREN DES ELITE-BEGRIFFS AM BEISPIEL DER FRANKFURTER ALLGEMEINEN ZEITUNG

Ein erster Überblick über die Konjunkturen des Elite-Begriffs in den 1970er und 1980er Jahren lässt sich anhand einer Analyse der Verwendung des Terminus in der Frankfurter Allgemeinen Zeitung, dem bürgerlichen Leitmedium par excellence, verschaffen. Hier vollzog sich anschaulich der begriffliche Wandel in der politischen Sprache innerhalb der Ideenhorizonte verschiedener Spektren von Liberalismus und Konservatismus. Und hier werden bereits die politisch-ideellen Kräfte sichtbar, die diesen Wandel vorantrieben. Erneut sollen dabei die Konstellationen der 1970er Jahre die Hintergrundfolie des Wandels abgeben.

Schon rein quantitativ unterschieden sich die 1970er Jahre von den 1980er Jahren hinsichtlich der Verwendung des Elite-Begriffs in der Frankfurter Allgemeinen Zeitung. Erschienen zwischen 1970 und 1979 insgesamt 30 Artikel, in den das Wort »Elite« beziehungsweise »Eliten« im Titelbereich auftauchte, so waren es zwischen 1980 und 1989 nicht weniger als 64. Der Jahresdurchschnitt verdoppelte sich also; in letzten Jahr der ›alten‹ Bundesrepublik, also 1990, erschienen sogar elf solcher Artikel.[25] Allerdings ist hier eine Einschränkung vorzunehmen: Insgesamt erschienen in der Frankfurter Allgemeinen Zeitung zwischen 1970 und 1990 nicht weniger als 258 Artikel mit dem Wort »Elite« im Titelbereich, von denen allerdings nur 105 gezählt wurden, weil in den übrigen 153 (also

---

19 *Reitmayer*, Elite, S. 533–560.
20 Wissens-Kapitalisten?, in: Süddeutsche Zeitung, 1.3.1977, S. 8; Brauchen wir noch Eliten?, in: Frankfurter Allgemeine Zeitung, 28.2.1977, S. 19.
21 *Faulenbach*, Die Siebzigerjahre.
22 Vgl. die Beiträge im Archiv für Sozialgeschichte 44, 2004 zum Rahmenthema »Die Siebzigerjahre«; daneben *Jarausch*, Das Ende der Zuversicht?; *Doering-Manteuffel/Raphael*, Nach dem Boom.
23 *Arthur Marwick*, The Sixties. Cultural Revolution in Britain, France, Italy and the United States, c. 1958 – c. 1974, Oxford 1998.
24 Vgl. *Schildt*, »Die Kräfte der Gegenreform sind auf breiter Front angetreten«.
25 Eigene Berechnungen; auch für das Folgende.

bei rund 60 %) der Elite-Begriff in Zusammenhang mit Sportlern und Sportereignissen verwendet wurde. Dieses gewissermaßen subkutane, unterhalb der Wahrnehmungsebene der politischen Semantik erfolgte Einsickern des Elite-Begriffs in den sprachlichen Horizont der Leserschaft – besonders in Berichten über den prestigereichen Pferdesport, bei dem der Terminus sowohl die Leistung der Pferde und Jockeys als auch die Siegespreise, die Gestüte und ihre Besitzer sowie die soziale Qualität der Zuschauerschaft bezeichnen konnte – kann hier jedoch aufgrund der offensichtlichen methodischen Schwierigkeiten nicht berücksichtigt werden.

Eine Untergliederung der Dekaden erlaubt sodann eine noch präzisere zeitliche Einordnung. Wählt man zur Vermeidung von Zufälligkeiten Fünfjahresschritte, so steigt die Verwendung des Elite-Begriffs bis Mitte der 1980er Jahre deutlich an: Durchschnittlich erschienen bis 1974 jährlich nur 2,4 entsprechende Artikel, bis 1979 schon 3,6 und im Jahrfünft von 1980 bis 1984 sogar 7,8 – um in der letzten Periode bis 1989 auf immerhin noch 5,0 abzusinken. Das Jahr 1984 markierte mit 15 Artikeln deutlich den Höhepunkt der Konjunktur. Bevor wir uns dem unmittelbaren Anlass des 1984er-Booms zuwenden, soll jedoch noch eine genauere Aufschlüsselung des statistischen Materials erfolgen.

Ordnet man die Elite-Artikel einfachen Themengebieten zu, so fällt nicht nur auf, dass es das Bildungssystem war, auf das sich die meisten Elite-Erörterungen bezogen (in 42 von 93 Fällen)[26], sondern auch, dass in den 1970er Jahren der Elite-Begriff häufiger im Zusammenhang mit den schönen Künsten und anderen Phänomenen der kulturellen Produktion verwendet wurde (zwölf gegenüber zehn Artikeln zum Bildungssystem). Dieser Bezug verschwand nach 1980 jedoch weitgehend. Der Befund deutet auf eine relativ schwache Politisierung oder politische Aufladung des Elite-Begriffs und damit auf eine geringere politisch-ideelle Brisanz und Relevanz im Erörterungsraum der Frankfurter Allgemeinen Zeitung während der 1970er Jahre hin. In den 1980er Jahren dagegen dominierte die Einbindung des Elite-Begriffs in die politisch stark aufgeladenen Auseinandersetzungen über Probleme des westdeutschen Bildungssystems, vor allem die Probleme des Hochschulwesens.[27] In diesen Artikeln diente der Elite-Begriff ganz überwiegend zur politischen Denunziation des Hochschulausbaus und der Bildungsexpansion als »Vermassung« des höheren Bildungswesens (»Massenuniversität«), der die Forderung nach der (Wieder-)Erschaffung einer akademischen Elite gegenübergestellt wurde. Auf diesen Zusammenhang wird noch zurückzukommen sein.

Einen analogen zahlenmäßigen Verlauf nahm die Verwendung des Elite-Begriffs zur Bezeichnung für Personengruppen des ökonomischen Felds (»Wirtschaftselite«). In den 1970er Jahren findet sich diese Verbindung gar nicht, um dann in den 1980er Jahren regelmäßig Anwendung zu finden.[28] Dies ist insofern bemerkenswert, als die symbolischen Angriffe der studentischen Neuen Linken auf die Unternehmerschaft während der 1970er Jahre sicherlich heftiger gewesen sind als im Folgejahrzehnt und der Elite-Begriff theoretisch nutzbar zur Abwehr dieser Attacken gewesen wäre. Doch gerade die dafür geeignete Deutung der Unternehmer als Leistungselite hatte sich offenbar noch nicht ausreichend etabliert. Erst zu Beginn der 1980er Jahre erschienen Beiträge, die die Vorstellung einer unternehmerischen Leistungselite ausdrücklich gegen »linke Ideologen« ins Feld führten und aus der Bestenauslese bei den Führungsnachwuchskräften einen Elite-An-

---

26 Einerseits wurden hier Artikel mehreren Themengebieten zugeordnet, andererseits ließen sich einige Artikel gar keinem derartigen Themengebiet zuordnen, weshalb die Anzahl dieser Zuordnungen nicht mit derjenigen der Artikel übereinstimmt.
27 *Silke Hahn*, Zwischen Re-education und Zweiter Bildungsreform. Die Sprache der Bildungspolitik in der öffentlichen Diskussion, in: *Georg Stötzel/Martin Wengeler* (Hrsg.), Kontroverse Begriffe. Geschichte des öffentlichen Sprachgebrauchs in der Bundesrepublik Deutschland, Berlin/New York 1995, S. 163–209.
28 Insgesamt 17 von 93 Nennungen.

spruch für das gesamte Unternehmen ableiteten.[29] Dieser Nachweis des Zusammenhangs zwischen individuellen, aber vergleichbaren Leistungswerten und dem Besetzen und Halten der unternehmerischen Spitzenpositionen – methodisch im strengen Sinn schwierig und bis in die Gegenwart empirisch nicht befriedigend gelöst[30] – war wissenschaftlich abgesichert (noch) nicht geführt und auf der Ebene des Meinungswissens – der »Elite-Doxa« – in den 1970er Jahren noch nicht verbreitet. Tatsächlich setzte sich das Modell der Leistungselite in der Frankfurter Allgemeinen Zeitung breitenwirksam erst zu Beginn der 1980er Jahre durch, und zwar bezogen auf das Bildungssystem, nicht auf die Unternehmerschaft. Und auch diese Bewegung war zwar heftig, aber nur von kurzer Dauer: Im Wesentlichen handelte es sich um Artikel aus den Jahren 1981 bis 1984. Der Tenor dieser Artikel bestand allerdings nicht darin, das Bildungssystem für seine Leistungsfähigkeit in Forschung und Lehre und damit für seine erfolgreiche Elitenbildung zu loben, sondern lautete umgekehrt, die Hochschulen müssten – wieder – in die Lage versetzt werden, an frühere Erfolge anzuknüpfen, wobei die Ursache allen Übels nicht in der Vertreibung und Ermordung jüdischer, liberaler und sozialistischer Wissenschaftler nach 1933 (als des Verlusts von Spitzenkräften) gesehen wurde[31], sondern umgekehrt in der Ausweitung des Zugangs zu universitärer Bildung in den 1960er und 1970er Jahren sowie in der vermeintlich egalitären Militanz einiger lautstarker Studierendengruppen.

Interessanterweise verzichteten diese Beiträge auch darauf, Maßnahmen zur besseren Vergleichbarkeit der von den Studierenden und Lehrenden erbrachten Leistungen einzufordern – etwa die Einführung eines Concours-Systems nach französischem Vorbild, Evaluationen, und vor allem ein transparenter Kriterienkatalog zur Bewertung von Leistungen – um dieses Problem des dezentralisierten deutschen Hochschulwesens zu lösen.

Systematischer Wettbewerb als Movens und transparente Vergleichbarkeit der Leistungen (immerhin theoretisch denkbare Möglichkeiten zur Bewältigung der »Überfüllungskrise« der westdeutschen Hochschulen) stellten keine strukturpolitischen Ziele dar. Tradierte Strukturen sollten offenbar keinesfalls angetastet werden. »Leistung« als Konstituens des Elite-Status (aus der letztlich ja auch materielle Privilegierung abgeleitet wurde) speiste sich in diesem Horizont allein aus der Kombination von intrinsischer Motivation und kontingenter Begabung und stellte insofern eher ein erneuertes Modell des in den 1950er Jahren dominierenden Konzepts der Wert- und Charakter-Elite dar. Relative Intransparenz und individualisierte Überprüfung der Leistungen versprachen offenbar eine höhere Statussicherheit als konkurrenzbasierte Modelle.

Entsprechend häufiger und seit etwa 1980 vor allem viel konstanter in seiner Verbreitung war das Modell der Qualitäten-Elite[32], und zwar sowohl bezogen auf das Bildungssystem als auch auf die Unternehmerschaft und die Akteure im Feld der schönen Künste. Dieser Befund ist ideengeschichtlich durchaus von einiger Relevanz. Mit »Qualitäten-Elite« ist hier zunächst einmal gemeint, dass sich der Elite-Status bestimmten individuellen Eigenschaften verdankte. Das bedeutete in aller Regel, besonders talentierte jüngere Menschen (»Hochbegabte«) als zukünftige Elite anzusehen. Das besondere bildungspolitische Interesse an einer kleinen Zahl von gewissermaßen »von Natur aus« außergewöhnlichen und – so die Hoffnung – zu Außergewöhnlichem befähigten Individuen, deren

---

29 *Anton Szöllösi*, Elite und Leistung, in: Frankfurter Allgemeine Zeitung, 1.9.1980, S. 11; Selex. Elite in Zeiten der Gleichmacherei, in: Frankfurter Allgemeine Zeitung, 21.5.1981, S. 16.
30 Vgl. die entsprechenden Bemerkungen bereits bei *Dreitzel*, Elitebegriff und Sozialstruktur, S. 79–87 (»Das Leistungswissen als Auslesekriterium«).
31 Andernorts wurde auf diesen Zusammenhang durchaus hingewiesen; vgl. *Joachim Nettelbeck*, Das Wissenschaftskolleg zu Berlin. Konzeption und Intentionen, in: *Karl Ermert* (Hrsg.), Eliteförderung und Demokratie. Sollen, können, dürfen deutsche Hochschulen Eliten bilden?, Tagung vom 22. – 24. Mai 1981, Loccum 1981, S. 34–46, hier: S. 37.
32 34 gegenüber bloß 24 Zuordnungen zu Modellen der Leistungselite (insgesamt 101 Zuordnungen); eigene Berechnungen.

Existenz auf den ersten Blick sozialen Bedingungen entrückt zu sein schien, ist erklärungsbedürftig. Denn nicht die bestmögliche Förderung und damit das individuelle Wohl dieser Menschen war das Thema jener Erörterungen, sondern der optimierte Einsatz dieser wenigen besonders Befähigten für die spätere westdeutsche Wirtschaft und Kultur. Doch die Leistungsprofile des höheren Bildungssystems auf diese unkalkulierbare Minderheit auszurichten und die eigenen Erwartungen an den zukünftigen wissenschaftlich-technischen und vor allem den ökonomischen Fortschritt vor allem an diese Gruppe zu richten, erscheint rückblickend auf den ersten Blick wenig plausibel zu sein. Dieses Interesse stellte jedoch die politisch-ideelle Konsequenz aus zwei nicht miteinander zu vereinbarenden, aber aus den »Weltwollungen« (Karl Mannheim) der Autoren jener Artikel nach Vereinigung drängenden Meinungsgewissheiten dar: erstens der Sorge um die zukünftige wirtschaftliche Prosperität, die bei ausbleibendem oder jedenfalls zu geringem Nachwuchs von höchster wissenschaftlich-technischer Qualifikation gefährdet zu sein schien; mit unabsehbaren Folgen für den Wohlstand der Bundesrepublik (dieses Argument wird unten weiter ausgeführt). Die zweite Meinungsgewissheit bestand in der Ablehnung einer quantitativen Steigerung des »Output« der westdeutschen Universitäten, mit anderen Worten in der Ablehnung der Bildungsexpansion der 1960er und 1970er Jahre sowie der damit zusammenhängenden soziokulturellen und politischen Folgen der Studentenrevolte, die teils als Vorbedingung, teils als Konsequenz der Bildungsexpansion gesehen wurde. Die Bildungsexpansion hatte in dieser Sichtweise zu einer »Akademikerschwemme« geführt, die den Sozialstatus der akademisch gebildeten Happy Few, zumindest aber den ihrer Nachkommen, die sich in ihrer Karriere einer verstärkten Konkurrenz ausgesetzt sehen würden, bedrohte. Kurz gesagt, man wollte mehr Wissen (aus Angst vor dem wirtschaftlichen Niedergang der Bundesrepublik), aber nicht mehr Wissende (aus Angst um die Bildungs- und Wohlstandsprivilegien der eigenen Schicht). Diese doppelte Statusangst, oder besser, dieses Doublebind, führte zu der Suche nach Möglichkeiten, die Wissensproduktion der Hochschulen zu erhöhen, ohne mehr Hochschulabsolventen zu produzieren. Hochbegabte Studierende versprachen genau diese Möglichkeit.

Neben diesen beiden Elite-Konzepten – Elite-Individuen als Inhaber besonderer persönlicher Qualitäten und Elite-Mitglieder als besondere Leistungsträger – tauchten noch andere Elite-Vorstellungen in den Artikeln der Frankfurter Allgemeinen Zeitung auf, wenn auch weitaus seltener. Vor allem in den 1970er Jahren erschienen Beiträge, in denen mit dem Elite-Begriff eine besonders privilegierte Schicht bezeichnet wurde; allerdings beraubte eine solche Verwendungsweise die derart titulierte Sozialgruppe all der oben erläuterten Legitimationseffekte, die mit dem Elite-Begriff sonst verbunden waren. Dies ist vermutlich auch die Ursache für die absolut marginale Verwendung von Konzepten einer Machtelite. Und so finden sich diese Elite-Vorstellungen vor allem in für die westdeutsche Gesellschaft politisch-ideell unbedenklichen Auslandsreportagen.[33] Noch seltener waren Begriffsverwendungen, die auf weitere Elite-Modelle hinweisen, etwa die Elite als Avantgarde (am ehesten noch in Artikeln über kulturelle Produktion)[34], Elite als Funktionselite in einem strengeren Sinn[35] oder aber Elite als Gruppe von durch Wertbindungen und Charaktermerkmale ausgezeichnete Individuen; letztgenanntes Modell hatte immerhin die Elite-Diskussionen der 1950er Jahre dominiert.[36] Häufiger[37], aber ohne politische Aufladung, erschienen rein positional gedachte Bedeutungen des Elite-Begriffs.

---

33 Elite und Demokratie, in: Frankfurter Allgemeine Zeitung, 23.2.1972, S. 11; Englands neue Elite, in: Frankfurter Allgemeine Zeitung, 14.1.1975, S. 20.
34 Fanatische Killer halten sich für die Elite, in: Frankfurter Allgemeine Zeitung, 8.3.1975, S. 3; Elite, in: Frankfurter Allgemeine Zeitung, 24.5.1978, S. 25; Statt einer Oligarchie eine Elite, in: Frankfurter Allgemeine Zeitung, 12.7.1984, S. 10.
35 Ohne Eliten geht es nicht, in: Frankfurter Allgemeine Zeitung, 30.11.1988, S. 1.
36 *Reitmayer*, Elite, S. 148–189.

Der Elite-Begriff als Ausdruck einer gedachten politisch-sozialen Ordnung erschien in der Frankfurter Allgemeinen Zeitung während der 1980er Jahre also nicht nur weitaus häufiger als in den 1970er Jahren, er veränderte auch seinen Bedeutungsgehalt insofern, als er in weitaus stärker politisch aufgeladenen Bedeutungszusammenhängen verwendet wurde. Vor allem waren es Probleme des Bildungssystems und hier besonders Auseinandersetzungen um die Rolle der Universitäten, die aus der Öffnung des Hochschulzugangs sowie aus der Politisierung eines Teils der Studierendenschaft im Gefolge der 68er-Bewegung resultierten, die im Horizont des Elite-Begriffs gedeutet und als Bedrohung der akademisch vermittelten Elite-Bildung kritisiert wurden.

III. Die Empfehlung des Wissenschaftsrats vom Mai 1981

Kaum ein anderer Einzelbeitrag entfaltete während des Untersuchungszeitraums größere Auswirkungen auf die Elite-Diskussion als die Empfehlung des Wissenschaftsrats »zur Förderung besonders Befähigter« aus dem Jahr 1981.[38] In bildungsgeschichtlicher Perspektive ist diese Episode bereits von Silke Hahn begriffsgeschichtlich untersucht worden.[39] Im Unterschied dazu geht es hier jedoch nicht um die Bedeutung des Fahnenworts »Elite« für die Geschichte des westdeutschen Bildungswesens, sondern umgekehrt um die Relevanz des Themenfelds »Bildungspolitik« für die Ausbreitung des Ordnungsbegriffs »Elite«. Denn erst die Auseinandersetzung um jenes bildungs- und wissenschaftspolitische Strategiepapier verhalf dem Elite-Begriff zu seinem außerordentlichen Comeback in die politische Sprache der Bundesrepublik. Die öffentliche Resonanz auf dieses wissenschaftsoffizielle Dokument war enorm: Im Bundestag richtete die CDU/CSU-Fraktion eine Kleine Anfrage an die Bundesregierung bezüglich der »Notwendigkeit von Elitebildung in der Wissenschaft«[40], die Frankfurter Rundschau veröffentlichte den vollständigen endgültigen Text der Empfehlung (frühe Fassungen kursierten offenbar halb öffentlich über ein Jahr vor der Publikation der offiziellen »Empfehlung«)[41], alle wichtigen Tages- und Wochenzeitungen diskutierten die Empfehlung[42], und die Evangelische Akademie in Loccum organisierte sofort – die Schlussfassung der Empfehlung lag bei Konferenzbeginn erst rund eine Woche vor – eine hochkarätig besetzte Tagung zum Thema »Elitebildung an den westdeutschen Hochschulen«.[43] Dabei waren die im Papier des Wissen-

---

37 11 von 101 Zuordnungen.
38 Empfehlung zur Förderung besonders Befähigter vom 15.5.1981, in: Empfehlungen und Stellungnahmen des Wissenschaftsrates 1981, Drucksache 5307/81, S. 70–79.
39 *Hahn*, Zwischen Re-education und Zweiter Bildungsreform, S. 197–205.
40 »Wir fragen deshalb die Bundesregierung: 1. Wie beurteilt die Bundesregierung die Ausführung des Wissenschaftsrates zur Notwendigkeit von Elitebildung in der Wissenschaft im Sinne einer ›bewussten Förderung derer, von denen außerordentliche Leistungen zu erwarten sind‹, und wie steht die Bundesregierung zum Begriff einer wissenschaftlichen Elite?«, Deutscher Bundestag, 9. Wahlperiode, Drucksache 9/683, 21.1.1981, Kleine Anfrage der Abgeordneten Pfeifer et al. und der Fraktion der CDU/CSU.
41 »... vor allem die Pflege des der Wissenschaft eigenen Ethos«, in: Frankfurter Rundschau, 1.6.1981, S. 10–11.
42 Tritt ein für Eliten, in: Frankfurter Allgemeine Zeitung, 9.7.1980, S. 10; Elite, in: Frankfurter Allgemeine Zeitung, 22.5.1981, S. 12; *Hermann Rudolph*, Elite. Ein Begriff kehrt wieder. Exzellenz ist das Unterfutter der Egalität, in: Die ZEIT, 30.5.1980, S. 1; *Hans Joas*, Die Sehnsucht nach dem noblen Gelehrtendasein, in: Frankfurter Rundschau, 24.12.1981, S. 11.
43 *Ermert*, Eliteförderung und Demokratie. Auf der Tagung sprachen unter anderem Peter Graf Kielmansegg für den Wissenschaftsrat, Joachim Nettelbeck für das Wissenschaftskolleg zu Berlin, der Bremer Senator für Wissenschaft und Kunst (Horst-Werner Franke), der leitende Ministerialrat Dietrich Bächler vom Bayerischen Staatsministerium für Unterricht und Kultus,

schaftsrats geäußerten Empfehlungen (»Maßnahmen«) und ihre »Grundsätze« vergleichsweise unspektakulär. Der Wissenschaftsrat empfahl den Universitäten, Veranstaltungen für Studienanfänger in Form kleinerer Lerngruppen sowie Sommerschulen als Ergänzung eines zunehmend reglementierten Curriculums durchzuführen.[44] Weiterhin sollten der Wettbewerb zwischen Fakultäten, Fächergruppen und Einzelfächern deren Leistungsfähigkeit in Forschung und Lehre steigern und die Hochschulen mehr Autonomie bei der Ausstattung von Neuberufungen erhalten. Auslandsaufenthalte und Aufbaustudiengänge sollten den Studierenden die Vertiefung ihrer Kenntnisse ermöglichen, Auszeichnungen für besondere Leistungen die Studierenden weiter anspornen. Abschließend wurde die Rolle der Begabtenförderungswerke (damals noch: »Hochbegabtenförderungswerke«) der Kirchen und der »Studienstiftung des deutschen Volkes« besonders hervorgehoben.

Diese Empfehlungen als solche waren keineswegs geeignet, dem Papier des Wissenschaftsrats besondere Aufmerksamkeit zu sichern und Aufregung zu erzeugen. Politisch-ideeller Zündstoff verbarg sich vielmehr zum einen in den kurzen Vorbemerkungen der Empfehlung, zum anderen in dem durchgehenden Verweis auf die Auslese der besonders begabten Studenten (in den einschlägigen Texten wurde stets die maskuline Form verallgemeinert verwendet, wobei vieles dafür spricht, dass Studentinnen tatsächlich selten zu den »besonders Talentierten« und damit Förderungswürdigen gerechnet wurden) durch die Hochschullehrer, die als »besondere Verpflichtung« letzterer bezeichnet wurde. Die Vorbemerkungen wiederum verwiesen auf die »Notwendigkeit der Elitebildung« an den Universitäten:

»Jedes Gemeinwesen ist, um gedeihen und Herausforderungen bestehen zu können, auf ein hohes Qualifikations- und Leistungsniveau der gesamten Bevölkerung, darüber hinaus in allen Bereichen immer wieder auf herausragende Leistungen einzelner und kleiner Gruppen angewiesen, darauf also, dass es Menschen gibt, die bereit und fähig sind, Außerordentliches zu leisten – in der Politik und in der Verwaltung, in der Industrie, in den freien Berufen, im Handwerk, in den Gewerkschaften, in der Wissenschaft und in der Schule.«[45]

Auch wenn hier wie im gesamten Text durchaus versucht wurde, die Förderung der besonderen »Talente« mit der notwendigen Breitenbildung zu verkoppeln oder beide zumindest nicht gegeneinander ausspielbar zu machen, mussten diese Empfehlungen mindestens wie eine partielle Kursänderung der Hochschulpolitik wirken, nämlich als Einschränkung, wenn nicht sogar als Aufgabe des Primats der Breitenbildung, und zwar gerade zu einer Zeit, in der die Strukturprobleme des westdeutschen Hochschulausbaus angesichts der nicht Schritt haltenden Vergrößerung der Lehrkapazitäten mehr als deutlich zutage traten. Und in der Tat wies der Politikwissenschaftler Peter Graf von Kielmansegg als Mitglied – wenn auch nicht als Sprecher – des Wissenschaftsrats in Loccum darauf hin, dass die Empfehlung eine Reaktion des Rats auf die »Zielorientierung« der Bildungspolitik der zurückliegenden 15 Jahre gewesen sei, die er mit den Begriffen »Expansion« und »Chancengleichheit« charakterisierte.[46] Der Wissenschaftsrat habe diesen Prozess durchaus selbst mit vorangetrieben, halte es nun aber für notwendig, »das ganze Spektrum der Vielfalt von Aufgaben des Bildungssystems wieder deutlicher in den Blick zu bringen«, was um so notwendiger sei, als in den kommenden Jahren (und hier verwendete Kielmansegg eine wundervolle Metapher der Massen-Doxa als Kontrapunkt zum Elite-

---

ein Vertreter des Bundesministeriums für Bildung und Wissenschaft (Matthias Schütz) sowie der Präsident der Universität Würzburg und Vizepräsident der Westdeutschen Rektorenkonferenz Theodor Berchem.
44 Empfehlung zur Förderung besonders Befähigter, S. 76–79 (auch für das Folgende).
45 Ebd., S. 71.
46 *Peter Graf von Kielmansegg*, Grundsatzdiskussion und Stellungnahmen zu den »Empfehlungen zur Förderung besonders Befähigter«, in: *Ermert*, Eliteförderung und Demokratie, S. 47–55, hier: S. 48f.

Begriff) »eine noch gewaltigere *Studentenlawine* über sie [die Hochschulen] hinwegrollen wird als im vergangenen Jahrzehnt«.[47] Gerade diese Spannung zwischen dem Bekenntnis zur Auslese und damit der Förderung einer Minderheit einerseits und den Defiziten der »Massenuniversitäten« andererseits wurde in der folgenden Berichterstattung immer wieder aufgegriffen und trieb die Elite-Rhetorik weiter voran.

Dabei hatte sich zunächst sogar der Wissenschaftsrat selbst die Frage gestellt, welcher inhaltliche Zusammenhang zwischen den geforderten Einzelmaßnahmen (also den Auslandssemestern, Sommerschulen für Studierende und anderen) und dem Elite-Begriff denn bestünde. Und hier war Kielmanseggs Antwort geradezu entwaffnend: Der Wissenschaftsrat hatte, gerade angesichts des eher unspektakulären Maßnahmepakets, ein Reizwort verwendet, um Aufmerksamkeit zu erzeugen:

»In einer Öffentlichkeit, die ständig mit vielen, aufregenden Themen beschäftigt ist, muss man sich etwas einfallen lassen, um Gehör zu finden. Und es erschien uns leichter, mit unserem Thema Gehör zu finden, wenn wir auch in der Wortwahl den Versuch einer gelinden Provokation unternähmen.«[48]

Außerdem sei es schließlich um die Spitzengruppe der Studierenden gegangen, dies habe man deutlich herausstellen wollen, obwohl Kielmansegg insistierte, dass die besonders begabten Studierenden noch keine Elite darstellten; dies könnten sie erst nach ihrem Studium durch berufliche Leistung und Verantwortungsübernahme werden.[49]

Obendrein machte die vollkommen fehlende Problematisierung des Begriffs der »Begabung« im Papier des Wissenschaftsrats – also des Prinzips der Qualitäten-Elite – und die alleinige und ganz individuell zu handhabende Zuständigkeit der Universitätsprofessoren für die Auswahl der als »begabt« geltenden Studenten das Prozedere der Auslese weder transparent noch vergleich- und kontrollierbar und musste so fast zwangsläufig das Misstrauen schüren, hier werde ein bildungspolitischer Rollback-Versuch, der Abkehr von der Breitenbildung gestartet.[50] Und der Herausgeber des Rheinischen Merkur, Otto B. Roegele, propagierte unter der Überschrift »Elite ist nicht mehr Tabu« einen solchen Paradigmenwechsel: Es müsse »unser gesamtes Bildungssystem unter ein neues Vorzeichen gestellt werden [...] die Förderung der möglichst vielen durch die Auslese der wirklich Begabten, Leistungsfähigen und Leistungswilligen ersetzt werden.«[51]

Der bayerische Ministerialrat Dietrich Bächler beispielsweise tat in Loccum alles, um dieses Misstrauen zu schüren: Zwar erklärte er, man könne das Papier des Wissenschaftsrats »nicht als Restauration oder roll-back denunzieren«.[52] Doch ansonsten artikulierte Bächler auf knappstem Raum gewissermaßen alle denkbaren Topoi des konservativen Meinungswissens[53] zum Bildungswesen: Für die Malaisen des westdeutschen Bildungssystems sah er den »linken Flügel unseres bildungspolitischen Spektrums« als verantwortlich an (und keine Strukturprobleme, etwa den steigenden ökonomischen Bedarf an wissenschaftlich ausgebildeten Arbeitskräften gegenüber der strukturellen Unterfinanzierung des Bildungswesens), denn die von diesem »Spektrum« geforderte »soziale Öffnung« des Hochschulzugangs habe nur dahin geführt, dass »sozial offenbar bedeutet, dass

---

47 Ebd., S. 49 (Hervorhebung nicht im Original).
48 Ebd., S. 50.
49 Ebd., S. 49–51.
50 Dies vermutete beispielsweise der Leiter des Referats Hochschule und Forschung der Gewerkschaft Erziehung und Wissenschaft, *Gerd Köhler*, Grundsatzdiskussion und Stellungnahmen zu den »Empfehlungen zur Förderung besonders Befähigter«, in: *Ermert*, Eliteförderung und Demokratie, S. 79–87, hier: S. 81f.
51 *Otto B. Roegele*, Elite ist nicht mehr Tabu, in: Rheinischer Merkur/Christ und Welt, 1.8.1980, S. 1.
52 *Dietrich Bächler*, Grundsatzdiskussion und Stellungnahmen zu den »Empfehlungen zur Förderung besonders Befähigter«, in: *Ermert*, Eliteförderung und Demokratie, S. 60–63, hier: S. 61.
53 *Reitmayer*, Traditionen konservativen Elitedenkens in der Adenauerzeit, S. 27–51.

nach dem Abitur nicht mehr gefragt wird«.⁵⁴ Diese Naturalisierung ungleicher Bildungschancen erschien Bächler dabei genauso selbstverständlich wie die gleich weiter unten zu erörternde Notwendigkeit von Eliten in der Demokratie. Bei ihm war der Topos von der Notwendigkeit der Elite aufs Engste verkoppelt mit der Vorstellung einer natürlichen Ungleichheit der menschlichen Begabungen und daraus folgend auch ihrer Bildungschancen und erhielt auf diese Weise eine ausgesprochen antiegalitäre Stoßrichtung.

Und schließlich sah Bächler die Qualität der »besonderen Befähigung« – und damit die soziale Qualität des Elite-Status – als ausschließlich von der Natur bedingt, und weil »die Natur nicht gerecht ist und Begabung höchst ungleich verteilt« – dies sei schließlich eine »Binsenweisheit« – sei das Ansinnen, hier eine ausgleichende soziale Gerechtigkeit zu schaffen, genauso sinnlos wie der Versuch »Mozart das Komponieren [zu] verbieten [...], damit Salieri nicht in seinem Selbstwertgefühl beeinträchtigt wird«.⁵⁵ Hier nahm Bächler also ein Genie in Anspruch für die These der naturgewollten Ungleichheit – ein scheinbar unschlagbares Argument, das allerdings nur den Kern der Debatte verdeckte, in der es nicht um Verbote, sondern um Ressourcenallokationen ging.

Letzteres tritt am deutlichsten zutage in dem Diskussionsbeitrag des Romanisten Theodor Berchem, Präsident der Universität Würzburg und Vizepräsident der Westdeutschen Rektorenkonferenz, der durch seine Positionen prädestiniert war, die Interessen der Hochschullehrerschaft zu vertreten (weshalb ihm der ebenfalls in Loccum anwesende Vertreter des Hochschulverbands, Hans-Ulrich Harter, in den zentralen Punkten ausdrücklich beipflichtete).⁵⁶ Berchem schilderte ausführlich die Probleme der Überfüllung der Hochschulen und prognostizierte einen weiteren Anstieg der Studierendenzahlen von einer Million auf rund 1,35 Millionen bis 1988, womit er deutlich realistischer prognostizierte als Bächler, der mit einem Rückgang rechnete⁵⁷ (tatsächlich waren es 1990 bereits 1,52 Millionen⁵⁸): Das »inflationäre Anwachsen der Studentenzahlen« habe zur Anonymisierung der Beziehungen zwischen Dozenten und Studierenden geführt, zur Bürokratisierung der Studienverläufe und last, not least zu erheblichen Beeinträchtigungen der Forschung. Angesichts dieser Problemlagen erschien Berchem eine Orientierung an Elite-Vorstellungen offensichtlich als Schlüssel zur Lösung der universitären Überfüllungskrise: Einerseits empfahl er nämlich, möglichst viele Abiturienten vom Hochschulbesuch abzuschrecken⁵⁹, andererseits eine Konzentration auf die Auslese der Begabten. Dies schien ihm aus zwei Gründen gerechtfertigt: erstens wegen der »naturgegebenen Ungleichheit« (also mit dem gleichen Argument wie sein bayerischer Mitstreiter Bächler), die »kein Bildungssystem der Welt aufheben« könne; »es sei denn, durch eine Reduzierung der Leistungsansprüche auf das Niveau der Schwächsten«⁶⁰ – und zweitens angesichts der sozialökonomischen Anforderungen an die westdeutsche Gesellschaft:

»Um den gegenwärtigen Standard unseres Landes halten und die gesellschaftlichen und geistigen Probleme meistern zu können, die sich aus dem Wandel der Zeit ergeben, sind wir auf die Spitzen-

---

54 *Bächler*, Grundsatzdiskussion, S. 60f.
55 Ebd., S. 60–63.
56 *Theodor Berchem*, Grundsatzdiskussion und Stellungnahmen zu den »Empfehlungen zur Förderung besonders Befähigter«, in: *Ermert*, Eliteförderung und Demokratie, S. 67–73; *Hans-Ulrich Harten*, Grundsatzdiskussion und Stellungnahmen zu den »Empfehlungen zur Förderung besonders Befähigter«, in: *Ermert*, Eliteförderung und Demokratie, S. 88–90.
57 *Bächler*, Grundsatzdiskussion, S. 60.
58 *Christoph Führ*, Zur deutschen Bildungsgeschichte seit 1945, in: *Christoph Führ/Carl-Ludwig Furck* (Hrsg.), Handbuch der deutschen Bildungsgeschichte. 1945 bis zur Gegenwart, Bd. VI/1: Bundesrepublik Deutschland, München 1998, S. 1–24, hier: S. 21; *Christoph Oehler*, Die Hochschulentwicklung nach 1945, in: ebd., S. 412–446.
59 *Berchem*, Grundsatzdiskussion, S. 71.
60 Ebd., S. 69.

leistung einer bestens funktionierenden Minderheit angewiesen, auch um unseren sozialen Standard zu halten.«[61]

Wenn also ohnehin das Gedeihen einer Gesellschaft von den Leistungen einer kleinen Minderheit abhing – und dieses Axiom stellte bekanntlich den Kern der Elite-Doxa dar –, dann erschien es sinnvoll, die ohnehin knappen Ressourcen des Bildungssystems auf die Auslese dieser Minderheit zu konzentrieren.[62]

Eben darum sprach beispielsweise Bächler über die Elite im Modus der Evidenz als Ausdruck vollkommener doxischer Gewissheit:

»Diese Frage [...] (ob eine Demokratie überhaupt Eliten benötigt und verträgt) zu bejahen[,] erscheint mir so *selbstverständlich*, dass ich mich allenfalls darüber wundern konnte, in welch trotzigem Bekennerton die ersten Entwerfer des Wissenschaftsratspapiers diese *Selbstverständlichkeit* formuliert haben, als müsse man sich verteidigen gegen die Hüter der reinen Lehre von der Gleichheit.«[63]

Der logische Status des Elite-Begriffs in diesen Ausführungen zum Bildungssystem bestand offensichtlich nicht allein in der Rechtfertigung einer stärkeren Leistungsauslese und allgemein einer Reallokation der Ressourcen der Hochschulen. Vielmehr stellte die Elite-Doxa für konservative und liberale Hochschullehrer und -politiker eine Art Erzeugungsprinzip für Aussagen und Praktiken im und für den Wissenschaftsbetrieb dar, das angesichts der von ihnen als Überfüllungskrise wahrgenommenen Situation an den Universitäten weitgehend einheitliche Vorschläge zur Lösung jener Krise und zu den Aufgaben der einzelnen universitären Statusgruppen hervorbrachte, die im Wesentlichen auf eine Stärkung der Position der Ordinarien hinausliefen. Gleichzeitig machte die Diskussion über die Überfüllungskrise der Hochschulen und die Vorschläge zur Problemlösung die Aktivierung der Elite-Doxa attraktiv und sorgte für ihre weite Verbreitung in der politischen Sprache.[64]

Die weitergehende Relevanz dieser Auseinandersetzungen besteht deshalb darin, dass hier im Horizont konservativer Gesellschaftsvorstellungen die Verschränkung von Bekenntnissen zur universitären Elite-Bildung mit den Sorgen um die sozialökonomische Leistungsfähigkeit der westdeutschen Wirtschaft und Gesellschaft sowie mit dem Glauben an die Steigerung der Leistungskraft der Hochschulen durch eine Stärkung des Konkurrenzprinzips erfolgte. Diese Forderungen nach Elite-Bildung durch Konkurrenz und deren Dynamiken – statt durch Vererbung, ständische Anschließung und durch das Stillstellen sozialen Wandels – stellte ganz offensichtlich eine nicht unerhebliche Verschiebung in der Produktion konservativen Meinungswissens dar.[65]

IV. DIE GENSCHER-DEBATTE UND DIE KRITIK AN DEN 68ERN UND DER BILDUNGS-EXPANSION

Nächst der Debatte um das Papier des Wissenschaftsrats stand der Elite-Begriff während der 1980er Jahre im Zentrum einer zweiten Auseinandersetzung: der Kontroverse um

---

61 Ebd., S. 68.
62 Diese Position hatte sich bereits auf einem deutsch-schweizerisch-österreichischen Rektorentreffen im März 1980 herauskristallisiert. Vgl. Die Massenuniversität und die Qualität der Ausbildung, in: Frankfurter Allgemeine Zeitung, 14.3.1980, S. 6.
63 *Bächler*, Grundsatzdiskussion, S. 62 (Hervorhebungen nicht im Original).
64 Vgl. etwa den Artikel »über Chancen und Eliten bei der Rektorenkonferenz in Darmstadt« von *Kurt Reumann*, Aus der Kreuzung von Pferd und Esel geht nur ein unfruchtbares Maultier hervor, in: Frankfurter Allgemeine Zeitung, 13.5.1983, S. 3.
65 Vgl. *Panajotis Kondylis*, Konservativismus. Geschichtlicher Gehalt und Untergang, Stuttgart 1986, S. 355–373.

den Vorstoß des damaligen Außenministers und FDP-Bundesvorsitzenden Hans-Dietrich Genscher. Dieser hatte im Dezember 1983 zunächst in einer Rede vor den Arbeitgeberverbänden und eine Woche später noch einmal in einem Brief an die Mitglieder der FDP-Führungsgremien und die Mandatsträger der Partei für die Einrichtung von Elite-Hochschulen geworben, um einer sich seiner Meinung nach abzeichnenden Innovationskrise der deutschen Industrie wirksam zu begegnen.[66] Auf der einen Seite standen Genschers Äußerungen damit im Kontext der in den frühen 1980er Jahren heftig diskutierten und teilweise hysterisch formulierten (und seitdem periodisch wiederkehrenden) Warnungen vor einem technologischen Abstieg der westdeutschen und darüber hinaus der westeuropäischen Industriegesellschaften[67] »auf dem Weg in den Untergang« (Genscher).[68] Urheber von Genschers Rede war denn auch der auf diesem Feld einschlägig operierende damalige Planungschef im Auswärtigen Amt, Konrad Seitz. Hier wetterten internationale Experten und materiell Interessierte gegen den vermeintlichen deutschen Hang zu Technikfeindlichkeit und Fortschrittspessimismus, propagierten eine gezielte Elite-Förderung und forderten die deutschen Arbeitnehmer auf, endlich einzusehen, dass »ihre Löhne zu hoch und die Gewinne der Unternehmer ›viel zu gering‹« seien. Andererseits handelte es sich bei Genschers Vorschlägen um eine gezielte wahlkampftaktische Aktion.

Im Zentrum von Genschers Vorschlag stand ein Triptychon aus wirtschaftsliberalen Vorstellungen von »Elite«, »Konkurrenz« und »Leistung«, gepaart mit einem Bekenntnis zur sozialen Ungleichheit.[69] Den Ausgangspunkt bildete dabei die Vorstellung, mehr Wettbewerb im Bildungssystem würde den anscheinend ins Stocken geratenen Innovationsprozess wieder in Gang setzen: »Wir brauchen die Konkurrenz zwischen privaten und öffentlichen Hochschulen; das wird auch den staatlichen Bildungseinrichtungen neue Impulse geben.«[70] Deshalb sei »die Förderung privater Universitäten und privater Schulen [...] ein Gebot der Stunde«. Denn Genscher war sich sicher: »Wir werden zu Spitzenleistungen in der Forschung nur wieder in ausreichendem Maße gelangen, wenn wir Elite-Universitäten schaffen, wie sie die Vereinigten Staaten, Japan, Großbritannien und Frankreich ganz selbstverständlich haben«, und schlug als erste Maßnahmen die Einrichtung zweier »Elite-Institute« zur industrienahen Erforschung von Mikro- und Optoelektronik sowie der Biotechnologie vor. Angesichts der wie immer knappen Ressourcen des Bildungssystems forderte er, man müsse »den Mut haben, die uneingeschränkte Lehr- und Lernmittelfreiheit [die 1983/84 keineswegs bestand] infrage zu stellen, damit genügend öffentliche Mittel vorhanden sein könnten«. Auch wenn Genscher versprach, die eingesparten Gelder sollten Jugendlichen zugutekommen, »denen es an den materiellen Voraussetzungen fehle«[71], so war doch offensichtlich, dass hier staatliche Leistungen, von denen in erster Linie einkommensschwache Familien profitierten, zugunsten der Förderung sehr kleiner Minderheiten – auch Genscher sprach ausdrücklich von den »Hochbegabten« als Zielgruppe der Elite-Universitäten – eingestellt werden sollten. Diese Minderheit der besonders Begabten bezeichnete auch Genscher als »Elite« (auch er verwendete damit einen

---

66 Streit in der FDP um die Elite-Ausbildung stört das Wahlkampfkonzept, in: Frankfurter Allgemeine Zeitung, 16.1.1984, S. 4.
67 *Malte Buschbeck*, Der Ruf nach Spitzenleistungen, in: Süddeutsche Zeitung, 3.1.1981, S. 4.
68 Ein bißchen Mao, in: Der SPIEGEL, 9.1.1984, S. 28–30 (auch für das Folgende), Zitat S. 28.
69 Streit in der FDP um die Elite-Ausbildung (auch für das Folgende).
70 Der Glaube an die effizienzsteigernden Effekte des Wettbewerbs war mindestens in Teilen der Hochschulwelt durchaus verbreitet (wie das Papier des Wissenschaftsrats ja gezeigt hat), auch wenn in aller Regel nicht erörtert wurde, auf welchen Ebenen (zwischen ganzen Universitäten, Einzelfächern, Fächergruppen und Fakultäten oder auch zwischen Professoren) das Konkurrenzprinzip wirken sollte. Vgl. etwa *Michael Kloepfer*, Die Spitze der Bildungspyramide, in: Frankfurter Allgemeine Zeitung, 11.1.1981, S. 8; In Koblenz soll die »Elite« studieren, in: Frankfurter Allgemeine Zeitung, 12.1.1984, S. 11.
71 An dieser Stelle blieb offen, ob damit Studiengebühren an Elite-Hochschulen gemeint waren.

Begriff der Qualitäten-Elite), wobei er sich einer Unterscheidung bediente, die seit den 1950er Jahren dazu diente, das jeweils eigene Elite-Konzept gegen Kritik zu immunisieren, nämlich der Unterscheidung zwischen demokratiefeindlichen und demokratiekompatiblen oder sogar demokratieförderlichen Elite-Begriffen: »Geld- und Standeseliten haben in der demokratischen Gesellschaft keinen Platz«.[72] Diese Unterscheidung wurde häufig erweitert oder präzisiert durch das Hinzufügen weiterer Attribute, indem die als demokratietauglich bezeichneten Eliten als sozial offen im Zugang und als fluide im sozialen Aggregatzustand gedacht wurden, während nur die im Zugang geschlossenen und sozial zu »Kasten« verfestigten Eliten als demokratieavers angesehen wurden.[73]

Diese Unterscheidung konnte jedoch auch als gleichsam normative Schlussfolgerung verwendet werden: Dann folgte aus der Feststellung, dass die Bundesrepublik eine funktionierende Demokratie war, dass ihre Eliten gar nicht undemokratisch sein konnten. Diese Verschiebung und die daraus folgende Zweideutigkeit treten beispielsweise in dem erwähnten Loccumer Vortrag von Theodor Berchem zutage, der eingangs seines Referats feststellte:

»Das Wort Elite ist in unserem Land noch immer so sehr von Affekten umwittert und mit Tabus behaftet, dass es schwerfällt, emotionsfrei und sachlich über den Begriff zu reflektieren [...]. Ein Blick in die einschlägigen Handbücher der Soziologie macht offenkundig, dass es an einer angemessenen Definition dessen, was in der heutigen Gesellschaft unter Elite zu verstehen ist, fehlt. Eher besteht schon Übereinstimmung darüber, was nicht darunter zu verstehen sei, nämlich eine Elite der überkommenen Vorrechte, eine durch Herkunft, Vermögen oder sonstwie privilegierten Klasse. Eliten in unserer Zeit sind vielmehr weitgehend durchlässige, offene Gruppen mit laufender Kommunikation zwischen oben und unten, in der jeder mittels Qualifikation und Leistung vordringen kann.«[74]

Genschers Abgrenzungsargument war also bereits in die Diskussion eingeführt. Deshalb konnte er umstandslos einen Begriff der Leistungselite verwenden, um seinen Argumentationsbogen – von der Angst vor einem technologischen Rückstand namentlich gegenüber Japan und den Vereinigten Staaten über den Glauben an die effizienzsteigernde Wirkung von Konkurrenz unter den Hochschulen hin zur Forderung nach der Einrichtung von Elite-Universitäten – zu spannen: »Wer ja sagt zur Leistungsgesellschaft[,] muss auch ja sagen zu Leistungseliten«.[75]

Wie ernst gemeint Genschers Vorstoß war, ist nicht zu rekonstruieren. Auf jeden Fall war er eingebettet in seinen Versuch, die im Gefolge der »Wende« von 1982 schwächelnden Liberalen auf dem Feld der Bildungspolitik stärker zu positionieren und dies zum Thema der anstehenden Landtagswahlkämpfe zu machen.[76] Zum Medienereignis wurde Genschers Vorstoß jedoch erst, als sich innerhalb der eigenen Partei wie beim Koalitionspartner Widerstand gegen seine Pläne regte. Der RCDS bezeichnete Genschers Vorstoß als »Irrweg«, und selbst der egalitären Neigungen unverdächtige bayerische Kultusminister Hans Maier sprach sich gegen Genschers Vorschlag aus.[77] Doch schon Mitte Januar 1984 galt die wichtigste innerparteiliche Kritikerin des bildungspolitischen Kurses Genschers, Hildegard Hamm-Brücher, als »isoliert«.[78] Offensichtlich hatte die Verwendung

---

72 Streit in der FDP um die Elite-Ausbildung.
73 *Joachim Nettelbeck*, Grundsatzdiskussion und Stellungnahmen zu den »Empfehlungen zur Förderung besonders Befähigter«, in: *Ermert*, Eliteförderung und Demokratie, S. 42–45; *Bächler*, Grundsatzdiskussion, S. 62f.; *Szöllösi*, Elite und Leistung, unter ausdrücklicher Berufung auf die Empfehlung des Wissenschaftsrats.
74 *Berchem*, Grundsatzdiskussion, S. 67.
75 Streit in der FDP um die Elite-Ausbildung.
76 *Wirsching*, Abschied vom Provisorium, S. 154–171.
77 Maier gegen Elite-Hochschulen, in: Frankfurter Allgemeine Zeitung, 16.1.1984, S. 4; Geburtenschwund und Schulpolitik. Die Kultusminister unter Einigungszwang, in: Frankfurter Allgemeine Zeitung, 4.2.1984, S. 2.
78 Die FDP braucht einen neuen Generalsekretär, in: Frankfurter Allgemeine Zeitung, 17.1.1984, S. 3.

des Elite-Begriffs Genschers Vorschlägen eine politische und mediale Aufmerksamkeit beschert, die diesen bei der Beschränkung auf die angestrebte Gründung zweier Forschungsinstitute wohl kaum zuteilgeworden wäre. Im Übrigen ist davon auszugehen, dass dem FDP-Bundesvorsitzenden bewusst war, dass die Fragen des Wettbewerbs zwischen staatlichen und privaten Hochschulen in den Kompetenzbereich der Bundesländer fielen. Es ist also naheliegend, im Gebrauch des Elite-Begriffs auf dem Feld der Bildungspolitik einen strategischen Einsatz zur Gewinnung von Aufmerksamkeit zu sehen, nicht anders als es Graf Kielmansegg hinsichtlich der Empfehlung des Wissenschaftsrats offen zugegeben hatte.

Dabei wäre es allerdings irrig anzunehmen, der Elite-Begriff sei ein Reizwort gewesen, das allein negative Reaktionen hervorgerufen hätte. Wie oben dargestellt wurde, stellte er im akademischen Feld geradezu einen Schlüssel zur Lösung universitärer Probleme dar (die auch von Genschers Kritikern nicht geleugnet wurden[79]) und war deshalb zumindest für große Teile der Hochschullehrerschaft attraktiv, und dasselbe ist auch für weite Teile der Gymnasiallehrerschaft anzunehmen, die mit analogen Problemen zu kämpfen hatte. Der mittlerweile zum Präsidenten der Westdeutschen Rektorenkonferenz avancierte Theodor Berchem zum Beispiel nannte Genschers Vorschlag »eine interessante, im Prinzip zu bejahende Idee«, die allerdings aus Kostengründen kaum zu verwirklichen sei.[80]

Doch nicht nur strukturelle Problemlagen, die auf die Bildungsexpansion der 1960er und 1970er Jahre zurückgeführt wurden, machten den Elite-Begriff, vor allem in seiner ›gereinigten‹ Form der Leistungselite, attraktiv.

Denn nicht nur als Paradigma zur Lösung struktureller Problemlagen, die auf die Bildungsexpansion der 1960er und 1970er Jahre zurückgeführt wurden, und als technokratische Wunschvorstellung zur Stärkung des Innovationsstandorts (West-)Deutschland fand der Elite-Begriff, vor allem in seiner scheinbar politisch ›gereinigten‹ Variante der Leistungselite, Verwendung. Einerseits war zwar gerade der Begriff der Leistungselite zumindest dem Inhalt (wenn auch nicht immer dem Wort) nach dasjenige Elite-Konzept, das partei- und milieuübergreifend die größte Zustimmung fand.[81] Andererseits diente der Begriff der Leistungselite immer wieder zum Angriff auf verschiedene soziokulturelle und soziopolitische Folgen jener Bildungsexpansion sowie der Studentenrevolte. Diese Angriffe wurden zum Teil oben bereits erläutert, nämlich die Behauptung, die starke Zunahme der Studierendenzahlen habe bereits strukturell zu einer Verminderung der Qualität in Forschung und Lehre führen müssen. Über diese Entgegensetzung von Quantität und Qualität hinaus wurden aber auch neue pädagogische Konzepte und ganz allgemein veränderte Einstellungen gegenüber Pflicht- und Akzeptanzwerten verantwortlich gemacht für eine Untergrabung des Elite konstituierenden Leistungsprinzips und damit der Grundlage moderner Gesellschaften schlechthin:

»Auch jene, die sich bewusst anti-egalitär geben, können das Leben nur aushalten, weil sie verstohlen auf jene Reserven zurückgreifen, die sie offiziell bekämpfen oder leugnen. Jenes Minimum an

---

79 *Stefan Hüfner*, Wird nach der Demokratie jetzt die Ausbildung von Eliten verordnet?, in: Frankfurter Rundschau, 9.2.1984, S. 13.
80 Wer trägt die Kosten für Elite-Hochschulen, in: Frankfurter Allgemeine Zeitung, 12.1.1984, S. 4.
81 *Peter Glotz*, Die Linke und die Elite, in: Der SPIEGEL, 13.10.1980, S. 48–49 (Es »wäre eine Verleugnung der Realität, wenn man die Rolle leugnete, die nach wie vor der einzelne, kreative Forscher im Forschungsprozess spielt. [...] Um so dringlicher ist der Kampf um offene Eliten, gegen die Abschließung von Führungsschichten zu Kasten.«, ebd., S. 48); *Björn Engholm*, Der diskrete Charme der Elite, in: Der SPIEGEL, 20.2.1984, S. 46–47 (»Wir brauchen die hervorragend Begabten, die besonders Leistungsfähigen, die Verantwortungsbereiten, die in Führungspositionen bestätigten Persönlichkeiten«, ebd., S. 47); *Robert Leicht*, Ganz schön elitär, in: Süddeutsche Zeitung, 6.3.1984, S. 4; *Christian Graf Krockow*, Gerechtfertigte Ungleichheit. Das Leistungsprinzip erfordert klare Maßstäbe, in: Die ZEIT, 8.2.1980, S. 63.

›Lebensqualität‹, auf das auch die Verächter der Zivilisation nicht verzichten wollen, ist *nur durch Leistungs-Eliten zu garantieren.*«[82]

Auf der gleichen Linie argumentierte der Handelskammer-Syndikus Anton Szöllösi in der Frankfurter Allgemeinen Zeitung: Wer eine Demokratisierung der Wirtschaft oder eine Ausweitung der Mitbestimmung fordere, der beschädige mit dem hier waltenden Leistungsprinzip die politische Demokratie und die sozialökonomische Ordnung. Es sei daher

»nur folgerichtig, wenn die neomarxistische, basisdemokratische und anarcho-syndikalistische Linke, die ›elitär‹ mit ›anti- oder undemokratisch‹ gleichsetzt, auch der auf Wettbewerb beruhenden sozialen Marktwirtschaft ›Konsumterror‹, ›Leistungszwang‹ oder gar ›Leistungsterror‹ und andere ›repressive‹ Merkmale sowie ›spätkapitalistische‹ Legitimationsschwierigkeiten nachsagt.«[83]

Selbstverständlich formulierten nicht alle Autoren derart vulgär und die Differenzierungen der soziokulturellen Aufbrüche »nach dem Boom« verzeichnend. Doch vor allem drei Befunde dieses Ausschnitts der Eliten-Diskussion der 1980er Jahre erscheinen signifikant für die Relevanz des Elite-Begriffs in der politischen Sprache jener Zeit zu sein: erstens der politisch-mediale Aufmerksamkeitswert, der dem Gebrauch des Terminus »Elite« innewohnte. Zweitens die besondere Bedeutung des Konzepts der Leistungselite: Gerade weil das Leistungsprinzip in sämtlichen hier herangezogenen Aussagen zum Elite-Begriff als unumstößlich angesehen wurde, ließen sich mit dem Begriff der Leistungselite höchst wirkungsvoll jene Forderungen untermauern, die in den Augen ihrer Urheber darauf zielten, die Auswüchse der ökonomischen, kulturellen und politischen Partizipations- und Autonomieansprüche der beiden Vorjahrzehnte zurückzudrängen. Und drittens ist die Anschlussfähigkeit des wirtschaftsliberalen Credos aus »Elite«, »Konkurrenz« und »Leistung« an die oben erörterten konservativen Überlegungen festzuhalten.

V. Ein Panoramablick auf die Eliten-Debatte der 1980er Jahre

Selbstverständlich erschöpften sich die Erörterungen zum Elite-Thema während der 1980er Jahre nicht in den bis hierher untersuchten Auseinandersetzungen. Allerdings besaßen die meisten der diesbezüglichen Aussagen keinen gemeinsamen Zielpunkt; nur in Ausnahmefällen wie der Genscher-Debatte oder der Kontroverse um die Empfehlung des Wissenschaftsrats kreuzten sich die verschiedenen Stellungnahmen. Auch ist es wenig sinnvoll, diese quasi lexikalisch nach Topoi zu ordnen; vielmehr soll der Versuch unternommen werden, die verschiedenen Orte und Sprecher zu identifizieren und bei aller Disparatheit die gemeinsamen Erfahrungen, Axiome und Erwartungen zu rekonstruieren, die sich im Elite-Begriff bündelten.

Mindestens vier unterschiedliche Diskussionskreise müssen dabei unterschieden werden: erstens die wissenschaftliche empirische Elitenforschung, die hauptsächlich von der Politik gepflegt wurde; zweitens das Feld der Stellungnahmen aus der Unternehmerschaft; drittens eine linksliberale Strömung des politischen Journalismus und der Publizistik; und schließlich viertens die insgesamt dominierende konservativ-liberale Richtung.

Zu 1: Die akademischen Forschungen über die westdeutschen Eliten übten in der fraglichen Dekade alles in allem nur einen geringen Einfluss auf allgemeine politische Diskussionen aus; nicht zufällig waren Vertreter der empirischen Elitenforschung in den beiden oben dargestellten Auseinandersetzungen überhaupt nicht präsent! Der eine Grund für das verhältnismäßig geringe Interesse der breiteren politischen Öffentlichkeit an diesen Forschungsergebnissen dürfte in dem außerordentlich langwierigen Forschungsprozess der politikwissenschaftlichen Elitenforschung gelegen haben (die um 1970 auf die-

---

[82] *Gerd-Klaus Kaltenbrunner*, Elite. Erziehung für den Ernstfall, Asendorf 1984, S. 27f. (Hervorhebung im Original).
[83] *Szöllösi*, Elite und Leistung.

sem Feld die Soziologie beerbt hatte[84], was sich etwa an den Wissenschaftsbiografien von Soziologen wie Wolfgang Zapf und Erwin K. Scheuch zeigen ließe, die in den 1960er und 1970er Jahren Elitenforschung betrieben hatten beziehungsweise dies in den 1990er Jahren auch wieder taten[85]). Die Ergebnisse der sogenannten »Bonner Elitestudie« von 1972 wurden erst um 1980 veröffentlicht; die Interpretation der Befunde aus der sogenannten »2. Mannheimer Elitestudie« von 1981 erst zu Beginn der 1990er Jahre. Dies war nicht zuletzt dem enormen empirischen Aufwand dieser Projekte geschuldet.[86] Alle diese Studien gingen davon aus, dass eine kleine Gruppe von 3.000 bis 3.500 Personen beziehungsweise Positionen die »Machtelite« der Bundesrepublik darstellte, und strebten tendenziell eine Totalerhebung an. Eine vorläufige Synthese dieser Projekte aus dem Jahr 1982 fand öffentlich keinen messbaren Niederschlag.[87]

Mit der Ablösung der Soziologie durch die Politikwissenschaft auf diesem Forschungsfeld vollzog sich auch eine Akzentverlagerung auf die Betonung der kontinuierlichen Ausübung tendenziell politischer Macht auf nationaler Ebene durch die Elite.[88] Dies hatte zum einen zur Folge, dass nur ein kleiner Personenkreis zur Elite gezählt wurde (»Spitzenpositionen«). Zum anderen folgte aus der Betonung der Kategorie »Macht« die dominierende Verwendung des Begriffs der »Machtelite«, von dem aus keine politisch-semantische Brücke zu den in der politischen Öffentlichkeit verwendeten Konzepten einer Leistungselite zu schlagen war.

Ein weiterer Grund für den geringen Austausch bestand wohl in den recht selbstgenügsamen Untersuchungszielen dieser Großforschung, die im Wesentlichen durch die positivistische Leitfrage »Wer sind die Eliten der Bundesrepublik?«[89] (der Untertitel einer dieser Texte lautete: »Woher kommen sie? Was prägt sie? Was wollen sie?« und schlug damit gerade keine Brücke zu politisch-zeitdiagnostischen Themen)[90] gekennzeichnet war. Weiterreichende Wissensbedürfnisse, wie Dahrendorf sie durch die Verkoppelung der Untersuchung der Sozialstruktur von Eliten und dem von ihm als mangelhaft angesehenen Grad der Liberalität der Bundesrepublik bedient hatte, wurden in den 1980er Jahren von dieser Elitenforschung nicht gestillt. Positiv formuliert, bezog diese Elitenforschung ihre Fragestellungen und Methoden allein aus den sozialwissenschaftlichen Diskursen selbst – allerdings gelang es ihr damit nicht, weitere Aufmerksamkeit zu erlangen. Nur gelegentlich wandten sich ihre Protagonisten an eine breitere Öffentlichkeit; etwa als 1982 Rudolf Wildenmann, der Nestor der politikwissenschaftlichen Elitenforschung, in zwei Artikeln für die ZEIT Zwischenergebnisse präsentierte.[91] Hätte der zweite dieser Beiträge nicht den Titel »Die Elite wünscht den Wechsel« getragen, das Interesse

---

84 Auch übten beispielsweise die Arbeiten Endruweits auf diese Forschung keinen Einfluss aus. *Günter Endruweit*, Elitebegriffe in den Sozialwissenschaften, in: Zeitschrift für Politik 26, 1979, S. 30–46; *ders.*, Elite und Entwicklung. Theorie und Empirie zum Einfluss von Eliten auf Entwicklungsprozesse, Frankfurt am Main 1986.
85 Vgl. die Literatur bei *Wolfgang Felber*, Eliteforschung in der Bundesrepublik Deutschland, Stuttgart 1986.
86 Für die »Bonner Elitestudie« wurden 1.825 Interviews mit »Spitzenpositionsträgern« ausgewertet; für die »2. Mannheimer Elitestudie« 1.744. *Ursula Hoffmann-Lange*, Eliten, Macht und Konflikt in der Bundesrepublik, Opladen 1992, S. 85f.; *Rudolf Wildenmann/Max Kaase/Albrecht Kutteroff* u. a., Führungsschicht in der Bundesrepublik Deutschland 1981, Mannheim 1982, S. 2–25.
87 *Dietrich Herzog*, Politische Führungsgruppen. Probleme und Ergebnisse der modernen Elitenforschung, Darmstadt 1982.
88 *Hoffmann-Lange*, Eliten, Macht und Konflikt, S. 19–34.
89 Exemplarisch *Ursula Hoffmann-Lange*, Wer gehört zur Machtelite der Bundesrepublik?, in: Georg Wehling, Eliten in der Bundesrepublik Deutschland, Stuttgart/Berlin etc. 1990, S. 164–178.
90 *Rudolf Wildenmann*, Unsere oberen Dreitausend, in: Die ZEIT, 5.3.1982, S. 9–10.
91 Ebd.; *ders.*, Die Elite wünscht den Wechsel, in: Die ZEIT, 12.3.1982, S. 6–7 (auch für das Folgende).

an den beiden staubtrockenen (zweifelsohne gründlichst erarbeiteten, aber eher in eine Fachzeitschrift passenden) Texten wäre wohl äußerst gering ausgefallen. Wildenmann porträtierte eine westdeutsche Positionselite von rund 3.000 »Spitzenpositionsträgern«, beschäftigte sich dabei ausführlich mit der Konfessionszugehörigkeit, und kam zu dem beruhigenden Ergebnis, dass die Grundwerte und Spielregeln der Demokratie von der bundesdeutschen Positionselite voll und ganz geteilt würden.[92] »Die Herrschaftsformel der Bundesrepublik ist viel solider, als es sich in öffentlichen Diskussionen darstellt.«[93] Vor allem die Kompromissbereitschaft der Elitemitglieder wurde als besonderes Charakteristikum herausgestellt, und selbst die (betriebliche) Mitbestimmung werde ganz überwiegend akzeptiert, die Todesstrafe hingegen nicht. Dass schließlich eine Mehrheit dieser Positionselite im Frühjahr 1982 eine Koalition von CDU/CSU und FDP befürwortete, war kaum noch eine Überraschung. Es dürfte deutlich geworden sein, dass das Comeback der Elite in die politische Sprache der Bundesrepublik nicht von der wissenschaftlichen Elitenforschung ausging.

Zu 2: Deutlicher noch als in der Anzahl der einschlägigen Artikel in der Frankfurter Allgemeinen Zeitung wird an den Stellungnahmen im Raum der Unternehmerschaft offenbar, wie sehr die frühen 1980er Jahre ein »Comeback der Elite« beinhalteten. Allerdings bestanden zwischen diesen Stellungnahmen und den oben skizzierten Auseinandersetzungen nur wenige Berührungen. Akademie- oder sonstige halbwissenschaftliche Tagungen besaßen diesbezüglich in den 1980er Jahren nicht die hohe Relevanz wie in den 1950er und 1960er Jahren.[94] Das lag hauptsächlich daran, dass in den 1980er Jahren der Raum der Unternehmerschaft nicht von Strukturkonflikten und Anpassungszwängen im unternehmerischen Selbstverständnis durchzogen wurde, wie dies in den 1950er Jahren der Fall gewesen war.[95] Am ehesten erfolgten derartige Berührungen noch auf den Seiten der Frankfurter Allgemeinen Zeitung, etwa durch den bereits zitierten Artikel von Anton Szöllösi oder einen Beitrag des Hauptgeschäftsführers der Wirtschaftsvereinigung Eisen- und Stahlindustrie und späteren CDU-Bundestagsabgeordneten Ruprecht Vondran, der 1981 paradigmatisch das auf Wertbindungen, Charaktermerkmalen und der semantischen Transformation von »Machtbesitz und -ausübung« in »Verantwortungsübernahme« basierende Elite-Bild der Unternehmerschaft formulierte:

»Elite ist notwendiger Bestandteil jeder funktionsfähigen Gesellschaft. Es muss sie in allen Bereichen geben, nicht nur in der Wirtschaft [hier war für Vondran ihre Existenz offensichtlich evident], sondern ebenso in Kultur und Politik. Nur wer bereit ist, Spitzenleistungen zu erbringen, Verzicht und Durchhaltevermögen zu zeigen, ist dazu zu rechnen. Diese Minderheit unterscheidet sich von den vielen durch die Bereitschaft, Verantwortung zu übernehmen.«[96]

---

92 Rund zehn Jahre zuvor hatte sich hier eine soziologische Studie noch deutlich skeptischer gezeigt; vgl. *Helge Pross/Karl W. Boetticher*, Manager des Kapitalismus. Untersuchung über leitende Angestellte in Grossunternehmen, Frankfurt am Main 1971.
93 *Wildenmann*, Die Elite wünscht den Wechsel, S. 7.
94 *Reitmayer*, Elite, S. 56–65 und 356–376.
95 Mit »Strukturkonflikten« sind hier politisch-symbolische Angriffe wie diejenigen von klein- und mittelständischen Unternehmern auf die Manager der großen Ruhrkonzerne über deren Arrangement mit den Bedingungen des Montanmitbestimmungsgesetzes gemeint, in denen Erstere den Letztgenannten absprachen, überhaupt »Unternehmer« zu sein. Vgl. *Reitmayer*, Elite, S. 324–356. Ausdrücklich nicht gemeint ist die Vorstellung, das relative Interesse von Unternehmern am Elite-Begriff sei eine bloße Widerspiegelung eines ökonomischen Strukturwandels. Einen zeitgeschichtsnahen Überblick über derartige Wandlungsprozesse geben *Friederike Sattler/Christoph Boyer* (Hrsg.), European Economic Elites. Between a New Spirit of Capitalism and the Erosion of State Socialism, Berlin 2009; *Friederike Sattler*, Europäische Wirtschaftseliten? Unternehmensstrukturen, Sozialprofile und Leitbilder im beschleunigten Wandel seit den 1970er Jahren, in: AfS 49, 2009, S. 63–106.
96 *Ruprecht Vondran*, Der Geist des Dienens, in: Frankfurter Allgemeine Zeitung, 31.7.1981, S. 11.

Den eigentlichen Auftakt zur unternehmerischen Elite-Diskussion machten 1978 und 1980 zwei vom arbeitgebernahen »Institut der deutschen Wirtschaft« herausgegebene Broschüren aus der Feder der Institutsmitarbeiterin Gabriele Wölke. Das erste der beiden Hefte beschäftigte sich mit den Spitzenuniversitäten in Großbritannien (»Oxbridge«), den Vereinigten Staaten (»ivy league«) und in Frankreich (»grandes écoles«) – insofern war der Titel der Schrift »Eliteschulen« etwas irreführend.[97] Die im Untertitel gestellte Frage »Kommt die Demokratie ohne Eliten aus?« wurde am Ende des Texts nicht eindeutig beantwortet. Vielleicht, so mutmaßte Wölke, sei die Zeit für die Gründung von »Elitehochschulen« in der Bundesrepublik einfach noch nicht reif. Jedenfalls übte diese Broschüre – ebenso wie die zweite – keinerlei Einfluss auf die Kontroverse um die Empfehlung des Wissenschaftsrats oder die Genscher-Debatte aus. Was das zweite Heft[98] anbetrifft, ist diese ausgebliebene Wirkung sogar noch bemerkenswerter, weil es einerseits den Stand der Debatte zum Elite-Begriff nicht schlechter zusammenfasste als andere journalistische oder publizistische Veröffentlichungen und andererseits recht ausführlich die anstehende Gründung des Berliner Wissenschaftskollegs kommentierte, welche in der Debatte um die Wissenschaftsrats-Empfehlung immerhin eine gewisse Rolle spielte. Aber da es sich bei den beiden Broschüren im Wesentlichen um Orientierungshilfen für Unternehmer handelte[99] und ihnen damit gewissermaßen auch die Persönlichkeit und Originalität der Argumente fehlte[100], wurden sie von den Journalisten und Wissenschaftlern offenbar nicht als relevant erachtet.

Das Gleiche dürfte für den kontinuierlichen Strom von Erörterungen gelten, der in der Wirtschaftspublizistik existierte, also in Zeitschriften wie dem »Arbeitgeber« oder der »Wirtschaftswoche«. Hier finden sich zwar nur wenige Beiträge, die den Elite-Begriff ausdrücklich als Fahnenwort verwendeten.[101] Aber durch ihre Darstellung der – im Horizont der angenommenen Leserschaft relevanten – ökonomischen Abläufe als Resultate der Entscheidungen kleiner Minderheiten (nämlich der Geschäftsführungen) verbreiteten und bestätigten sie mit scheinbarer Evidenz das zentrale Basisaxiom der Elite-Doxa, dass nämlich das Wohlergehen jeder Gesellschaft und ihrer Teilbereiche vom Handeln einer kleinen Minderheit – der Elite – abhinge, im gesamten Raum der Unternehmerschaft.

Einige, wenn auch kritische Aufmerksamkeit fand ein im Jahr 1981 von der arbeitgebernahen Walter-Raymond-Stiftung veranstaltetes Symposion zum Thema »Elite – Zukunftsorientierung in der Demokratie«[102], auf dem unter anderem der Schweizer Soziologe Walter Rüegg und die SPD-Politikerin Anke Fuchs als Redner auftraten. Die Süddeutsche Zeitung befand, »das Gespräch […] scheiterte in vollkommener Disharmonie«[103], und machte die Konfrontation zwischen den Unternehmern und Professoren einerseits und der Staatssekretärin Anke Fuchs andererseits dafür verantwortlich. Die ausführlich dokumentierte Diskussion zu den Referaten macht deutlich, wie stark erstens in der Unternehmerschaft noch immer Modelle einer Wert- und Charakter-Elite auch zur Selbst-

---

97 *Gabriele Wölke*, Eliteschulen. Kommt die Demokratie ohne Eliten aus?, Köln 1978.
98 *Gabriele Wölke*, Eliten in der Bundesrepublik. Zur Rückkehr eines Begriffs, Köln 1980.
99 Die Hefte erschienen in der Reihe »Beiträge zur Gesellschafts- und Bildungspolitik« des »Instituts der deutschen Wirtschaft« als Nr. 34 und Nr. 54, die ausdrücklich diese Funktion haben sollte.
100 Zu den Spielregeln und Kriterien publizistischer Produktion vgl. *Reitmayer*, Elite, S. 69–99.
101 *Peter Waldmann*, Eliten in der modernen Industriegesellschaft, in: Der Arbeitgeber 3, 1980, S. 117–118; *Burkhard Wellmann*, Elite – Zukunftsorientierung in der Demokratie, in: Der Arbeitgeber 7, 1981, S. 351–352; Nachhilfe für Elite, in: Wirtschaftswoche, 5.6.1987, S. 57–59; Elite in der Idylle, in: Wirtschaftswoche, 31.10.1987, S. 83–85.
102 Elite. Zukunftsorientierung in der Demokratie (Veröffentlichungen der Walter-Raymond-Stiftung, Bd. 20), Köln 1982.
103 *Malte Buschbeck*, Wenn Eliten nach Eliten rufen, in: Süddeutsche Zeitung, 14./15.3.1981, S. 10.

beschreibung dominierten, in denen nicht die individuelle Leistung als solche Elite konstituierend gedacht wurde, sondern als Folge bestimmter Wertbindungen und Charaktermerkmale. Und zweitens zeigten die Ausführungen der anwesenden Hochschullehrer, wie sehr diese die Zunahme der Studierendenzahlen als Bedrohung und als krisenhaften Niveauverlust wahrnahmen. Der gemeinsame Nenner fast aller dieser Ausführungen lag in der Überzeugung, dass erstens der moderne Wohlfahrtsstaat sowohl systemisch als auch individuell-charakterlich dysfunktional geworden sei und Deformationen produziere, dass zweitens aus der studentischen und intellektuellen Linken, zu der ausdrücklich auch die Vertreter der »Kritischen Theorie« gerechnet wurden[104], ein gefährlicher Gegner von Demokratie, Marktwirtschaft und geordnetem menschlichem Zusammenleben erwachsen sei, der mittlerweile selbst – selbstverständlich illegitime – Eliteansprüche anmelde, und dass schließlich drittens Politik und Wirtschaft auf aktive Minderheiten angewiesen seien, wobei die Fähigkeit der politischen (nicht der wirtschaftlichen und der wissenschaftlichen!) Elite, die Probleme der Zeit zu erkennen und zu lösen, mehr als einmal infrage gestellt wurde.

Zu 3: Stärker in der politisch-publizistischen Öffentlichkeit vertreten als die akademische Elitenforschung oder die Unternehmerschaft, aber mit ihren Vorstellungen insgesamt minoritär zeigte sich die linksliberale Strömung der Debatten um die Semantiken der Elite. Hierfür dürfte vor allem ihre Themenwahl verantwortlich gewesen sein: Ein echter Bedarf, eine »Nachfrage« nach dem Orientierungswissen, das die Elite-Doxa bereitstellte, bestand im Wesentlichen nur auf dem Feld der Hochschulpolitik, und zwar hier seitens konservativer Bildungspolitiker und mehr noch bei den Hochschullehrern, genauer, ihrer höchsten und einflussreichsten Statusgruppe, der Professoren, die sich anscheinend in ihrem professionellen Selbstverständnis als allein selbstverantwortlich arbeitende Forscher und Lehrende durch die Expansion der Studierendenschaft und die bürokratischen und didaktischen Folgeprobleme nicht weniger herausgefordert sahen als einige Jahre zuvor durch renitente Studierende und Nachwuchswissenschaftler. Auf diese Problemlagen ging die linksliberale Strömung jedoch gerade nicht ein. Vielmehr stand hier einerseits die Kritik am Machtmissbrauch der Mächtigen und den Privilegien der Privilegierten im Vordergrund, wie gerade der SPIEGEL sie kultiviert hatte und wie sie auch in der Süddeutschen Zeitung und der ZEIT zu finden war.[105] Andererseits begaben sich »Die ZEIT« und die Süddeutsche Zeitung auf die Suche nach kulturellen »Gegeneliten«, die für die gesellschaftlich notwendige Kreativität und Deutungsarbeit zuständig sein sollten, die gleichzeitig aber auch als Sand im Getriebe eines technisch-wirtschaftlichen Verwertungszusammenhangs gesehen werden konnten. So schrieb Christian Graf von Krockow in der ZEIT unter der Überschrift »Wir brauchen die ›Ausgeflippten‹« (Untertitel: »Wie unsere Leistungs- und Konkurrenzgesellschaft human bleiben kann«):

»Die Wechselwirkung von Leistung und Konkurrenz erzwingt das unerbittliche ›Vorwärts‹. [...] Das von Hobbes gezeichnete Bild vom allgemeinen, tödlichen Wettkampf wirkt gewiss alles andere als heiter. Es signalisiert eher Hölle als Paradies. [...] Offenbar [bleibt] nur der Weg in die Inkonsequenz, in den *Widerspruch*. [...] was wir dann wohl auch brauchen, ist zur Leistungselite die *Gegenelite*. Denn irgendwer muss doch formulieren, worum es geht, muss für die Realisierung eintreten und dabei vorangehen. [...] Ohne ihren nicht bloß wortreichen, sondern praktisch gelebten Widerspruch wäre sie [unsere schöne moderne Welt] unausweichlich auf die eigene Katastrophe programmiert.«[106]

---

104 Elite. Zukunftsorientierung in der Demokratie, Diskussion, S. 92 und 97.
105 Professoren über Professoren: Wieder Elite, in: Der SPIEGEL, 6.1.1975, S. 46–52; Freude im Klub der Einkommensmillionäre, in: Der SPIEGEL, 13.7.1987, S. 56–62.
106 *Christian Graf von Krockow*, Wir brauchen die »Ausgeflippten«, in: Die ZEIT, 15.2.1980, S. 57 (Hervorhebung nicht im Original).

Gelegentlich (aber nur sehr selten) findet sich sogar eine sanft formulierte, aber inhaltlich durchaus entschiedene Zurückweisung des Glaubens an die Notwendigkeit von Eliten überhaupt.[107]

Was die argumentative Durchschlagskraft dieser Skepsis gegenüber den Forderungen nach gezielter Elite-Bildung und dem Eröffnen größerer Handlungsspielräume für die Elite-Mitglieder jedoch immer wieder bremste, war ihr oben erläutertes, gleichsam a priori gegebenes Einverständnis gegenüber dem Konzept der Leistungselite, das den hier in Rede stehenden Beiträgen stets das Gepräge eines »Ja-aber« gab: Ja zum Konzept der Leistungselite, aber nicht so viel Förderung der Eliten wie gefordert. Diese Argumentationsfigur war alles in allem nicht geeignet, den Propagandisten der universalen Notwendigkeit von Eliten und Elite-Bildung wirkungsvoll entgegenzutreten.

Zu 4: Die Überzeugung von der Notwendigkeit der Eliten gehörte zum festen Bestandteil des Elite-Glaubens in seiner liberal-konservativen und konservativen Strömung. Da er ein Grundaxiom der meisten dieser Beiträge darstellte, wurde er entsprechend selten expressis verbis formuliert. Eine sprechende Ausnahme bildete hier ein Kommentar des Herausgebers der Frankfurter Allgemeinen Zeitung, Fritz Ulrich Fack, zur Genscher-Debatte unter dem Titel »Eliten werden gebraucht«.[108] An dieser Stelle war allerdings weniger das Legitimationsmoment der Elite-Doxa zu erblicken. Vielmehr handelte es sich um eine offensive Selbstvergewisserung nach den Herausforderungen während der beiden vorherigen Dekaden, in denen das ideenpolitische Gewicht eben stärker auf der Seite der Teilhabeansprüche und auch der Forderung nach Autonomie von den Entscheidungen der Eliten gelegen hatte.

Am Ende des Untersuchungszeitraums erschien dann in der Frankfurter Allgemeinen Zeitung ein längerer Text zum Elite-Thema, der, obwohl publizistischer Natur, Eingang in wissenschaftliche Literaturverzeichnisse fand: Der Aufsatz des vielfach ausgezeichneten Biologen und Präsidenten der Deutschen Forschungsgemeinschaft Hubert Markl mit dem Titel: »Wer nicht hören will, muss führen. Anmerkungen eines Biologen zur Elite«.[109] Dieser Artikel bündelte die vorangegangenen Debatten des zurückliegenden Jahrzehnts zu einer liberal-konservativen Synthese und enthielt damit als Quintessenz alle wichtigen Grundannahmen der dominierenden Strömung unseres Erörterungszusammenhangs.

Erstens war für Markl die Notwendigkeit von Leistungseliten in allen (außer den allerprimitivsten) menschlichen Gesellschaften und die Existenz von Eliten überhaupt vollkommen evident. Dieser Glaube war für ihn derart selbstverständlich, dass er ihn in seinem Text nur voraussetzte, ohne ihn ausdrücklich formulieren zu müssen. Zweitens wohnte für ihn die Unterordnung unter diese Leistungsträger der menschlichen Natur inne und stellte keineswegs ein »Produkt einer autoritätsfixierten Erziehung dar, mit deren Hilfe Eliten ihre vorteilhafte Stellung sichern«. Markl bezeichnete dabei dieses Autoritätsverhältnis ausdrücklich und mehrmals als eines der »Gefolgschaft« – an sich ein seit dem nationalsozialistischen »Führerprinzip« eindeutig auf eine bestimmte Ausformung einer Autoritätsbeziehung (nämlich der strikten Unterordnung unter die Befehle des »Führers«) festgelegter Terminus.[110] Drittens: Egalität und egalitäre Erziehung führe in den Terror; Markl führte für diese These nichts weniger als einen Völkermord an: »Jeder soll

---

107 *Harry Pross*, Braucht Kultur Eliten?, in: Süddeutsche Zeitung, 29.4.1978, S. 113–114.
108 *Fritz Ulrich Fack*, Eliten werden gebraucht, in: Frankfurter Allgemeine Zeitung, 11.1.1984, S. 1; ähnlich *Heinz J. Kiefer*, Demokratie braucht Eliten, in: Rheinischer Merkur/Christ und Welt, 2.10.1981, S. 2 (Kiefer war Vorsitzender des Ruhr-Instituts Essen); vgl. zudem die Überschrift der Einleitung bei *Kaltenbrunner*, Elite, S. 7: »Ohne Elite geht es nicht! Eine Kampfansage an die Übermacht der Unfähigen«.
109 *Hubert Markl*, Wer nicht hören will, muss führen. Anmerkungen eines Biologen zur Elite, in: Frankfurter Allgemeine Zeitung, 21.1.1989, Bild und Zeit, S. 1.
110 Vgl. *Reitmayer*, Elite, S. 307–323.

dasselbe denken, jeder soll dasselbe sagen, keiner soll mehr wissen oder können als andere, herausragende Köpfe sind auf Normalmaß zu stutzen – Pol Pot hat daraus nur die grausig-wörtliche Konsequenz gezogen.« Viertens seien die Eliten zwar diejenigen, welche die Ziele der jeweiligen Gruppe festlegten, doch seien sie in arbeitsteilig verfassten Gesellschaften für die Realisierung dieser Ziele auf die Unterstützung ihrer »Teams« oder »Gefolgschaften« angewiesen. Daraus folge fünftens, dass Eliten Verantwortung für ihre »Gefolgschaft« wahrnähmen, und zwar schon aus Eigennutz, um ihre eigenen Ziele tatsächlich verwirklichen zu können. Daraus entstehe gewissermaßen das Gemeinwohl: »Es ist für alle vorteilhaft, wenn die Eliten ihren Vorteil nicht auf Kosten, sondern zum Nutzen anderer, zum Nutzen aller suchen.« Den Anreiz, selbst zur Elite zu gehören, sah Markl sechstens weniger in den materiellen Privilegierungen der Eliten als vielmehr in der »Leistungslust« der durch Begabung, Bildung und Willen qualifizierten Elite-Individuen gegeben. Siebentens schließlich nahm Markl durchaus Teile der liberalen Strömung der Eliten-Diskussion auf, indem er durchaus die Existenz und Notwendigkeit kreativ-künstlerischer Teileliten zugestand und die Bedeutung »spielerischer, disziplinloser Neugier […], die sie erst kreativ macht« betonte. Aber gerade aus der Existenz eines differenzierten Universums von Teileliten schloss er auf die Notwendigkeit eines differenzierten (und segregierenden) Bildungssystems, in dem etablierte Hierarchien und Teilungen offenkundig gewahrt werden konnten. Diese Befunde eines ausgewiesenen Spitzenwissenschaftlers waren wie dazu geschaffen, die zurückliegende Diskussion zu bündeln und den erneuerten Elite-Glauben milieuübergreifend, aber unter liberal-konservativen Vorzeichen zu verfestigen: An die Stelle der Elite-Semantik der Boom-Epoche, die eine Balance aus Sicherheit und Fortschritt im Zeichen von Konsens und Konformität suchte, war eine neue Ausformung der Elite-Doxa getreten, die als Mittel zur Wahrung sozialer Hierarchien durchaus das Leistungs- und Konkurrenzprinzip vorsah sowie die freie Entfaltung des Individuums, letzteres aber nur den wenigen Auserwählten vorbehalten wollte.

Allerdings muss eine Teilströmung unterschieden werden, die sich vielleicht als »Konservatismus sans phrase« bezeichnen lässt und die in einem wesentlichen Punkt von der liberal-konservativen Strömung abwich: Sie gab sich durchaus offen für die Entstehung sozial verfestigter Herrschaftseliten und teilte damit die oben skizzierte Unterscheidung zwischen demokratieverträglichen, offenen Eliten und demokratieaversen, geschlossenen »Kasten« nicht. Zu dieser Richtung gehörte etwa der konservative Publizist Gerd-Klaus Kaltenbrunner, der bereits Ende der 1970er Jahre mit einem einschlägigen Sammelband hervorgetreten war[111] und der 1984 in seiner im Ton aggressiven und vulgären, Differenzierungen nicht zulassenden Schrift »Elite. Erziehung für den Ernstfall« aus dem Pluralismus der Eliten und deren Arrangement als »Veto-Gruppen« (David Riesman) folgenden Schluss zog:

»Was weitgehend fehlt, ist eine ›Über-Elite‹, die den Willen und die Macht hat, jenen allgemeinen Interessen, die bei keinem der sonstigen verschiedenen Verbände aufgehoben sind, zum Durchbruch zu verhelfen. Diese Elite müsste in einem ausgezeichneten Sinne eine *Staats-Elite* sein, ausgerüstet mit den Mitteln, auch noch die mächtigsten Kräfte der Industriegesellschaft dem Gebot des Allgemeinwohls zu unterwerfen.«[112]

Diese offensichtlich mit einer repräsentativen Demokratie nicht vereinbare Vorstellung eines allgemeinen Standes, der das Allgemeinwohl verbürgen konnte, hatte in den 1950er Jahren in der westdeutschen Elite-Diskussion eine nicht unerhebliche Rolle gespielt und mag in den 1980er Jahren in einigen konservativen Milieus noch vertreten gewesen sein,

---

111 *Gerd-Klaus Kaltenbrunner* (Hrsg.), Rechtfertigung der Elite. Wider die Anmaßungen der Prominenz, Freiburg im Breisgau/Basel etc. 1979.
112 *Kaltenbrunner*, Elite, S. 50 (Hervorhebungen im Original).

war aber mit den Diskursregeln der gehobenen politischen Publizistik dieses Jahrzehnts, wie sie unter anderem die Frankfurter Allgemeine Zeitung verkörperte, nicht vereinbar und dort allenfalls auf den Leserbriefseiten zu finden.[113]

Schließlich muss noch auf einen Topos eingegangen werden, der die konservative Strömung derart stark durchzog, dass Außenstehende sich gelegentlich darüber lustig machten[114] – die Behauptung, mit dem Reden über Eliten werde ein Tabubruch vollzogen:[115] »Man darf das Wort Elite immer noch nicht laut sagen.«[116] Wer genau das Tabu ausgesprochen hatte, war nicht ganz klar; es handelte sich angeblich aber um den großen Kreis der »Nivellierer« und sonstigen Apologeten der Gleichheit. Allerdings wurde nie etwas über eine Ahndung des Tabubruchs bekannt. Die Behauptung des Tabubruchs besaß vor allem die Funktion, sich selbst den Anstrich des Tabubrechers zu geben und den eigenen intellektuellen Mut, der mit dem Tabubruch ja verbunden war, hervorzuheben. Dieser Mut speiste sich offenbar aus dem Nomos des intellektuellen Felds selbst, der ja darin bestand, um der Wahrheit willen »die Dinge beim Namen zu nennen«.[117] Auf dieses Erzeugungsprinzip intellektueller Produktion soll abschließend lediglich hingewiesen werden, um vor der Fehlinterpretation zu schützen, die hier untersuchten Erörterungen seien bloße intellektuelle Spielereien oder Auftragsarbeiten zum Lobe der privilegierten Klassen.

VI. ZUSAMMENFASSUNG UND AUSBLICK

Die 1980er Jahre waren kein »Jahrzehnt der Elite«. Aber sie brachten den Elite-Begriff zurück in die politische Sprache der Bundesrepublik. Diese Rückkehr stellte in erster Linie eine Reaktion auf institutionen- und ideengeschichtliche Wandlungsprozesse dar, die in den 1960er Jahren begonnen und nun ihrerseits neue Probleme aufgeworfen hatten.

Das Feld, um das die Elite-Diskussion der 1980er Jahre kreiste, war dasjenige der Bildungspolitik, genauer, der Hochschulpolitik. Bekanntlich hielt an den Universitäten der Ausbau der Kapazitäten mit dem Andrang neuer Studierender nicht Schritt. Die Folgen waren eine Bürokratisierung der Hochschularbeit und Beeinträchtigungen oder zumindest Erschwerungen in Forschung und Lehre, die ein großer Teil der Professorenschaft als Überfüllungskrise wahrnahm. Da ausreichende staatliche Mittel für einen weiteren Hochschulausbau nicht zur Verfügung gestellt wurden, schien eine gezielte Förderung der begabtesten Studierenden, der zukünftigen akademischen Elite, einen gangbaren Ausweg zu bieten: freiere Lehrveranstaltungen mit kleinen Gruppen hoch motivierter und sehr gut vorgebildeter Studierender, die Einrichtung exklusiver akademischer Treffpunkte für die besten Forscher, vielleicht sogar die Gründung neuer Institute, die dem alten Wissenschaftsideal entsprechen würden. Derartige Ideen wurden an verschiedenen Orten lanciert und diskutiert. Auf einen fruchtbaren Nährboden fielen sie dort, wo sie an andere Problemlagen ankoppeln konnten. Eine derartige Problemlage stellten die von vielen befürchtete Innovationskrise der westdeutschen Industrie und die Angst vor einem wirtschaftlichen Abstieg der Bundesrepublik dar. Erst die argumentative Verbindung dieser beiden Problemkreise verlieh den Vorstellungen und Vorschlägen zur Bildung einer akademischen Elite beziehungsweise zur Wiederherstellung der Fähigkeiten von Universitä-

---

113 *Hermann Hummel-Liljegren*, Wo bleibt das Fragen nach geistiger Elite?, in: Frankfurter Allgemeine Zeitung, 23.6.1981, S. 6.
114 *Gunter Hofmann*, Wir sind nicht auf den Hund gekommen, in: Die ZEIT, 16.8.1985, S. 1.
115 *Fack*, Eliten werden gebraucht; *Winfried Martini*, Schreckwort »Elite«, in: Frankfurter Allgemeine Zeitung, 18.1.1984, S. 9.
116 Elite, in: Frankfurter Allgemeine Zeitung, 22.5.1981, S. 12.
117 *Reitmayer*, Elite, S. 69–99.

ten, Eliten hervorzubringen, ihre Durchschlagskraft, und führte so zur Rückkehr des Elite-Begriffs in die politische Sprache der Bundesrepublik.

Deshalb war diese Rückkehr im Wesentlichen auch kein einfaches Zurück zu überkommenen hochschul- und allgemeinpolitischen Verhältnissen. Die mit dem Elite-Begriff verbundenen geforderten und tatsächlich ergriffenen Maßnahmen wiesen einen Weg in die hochschulpolitische Zukunft, nicht zurück in die Vergangenheit: Die im Begriff der Leistungselite konzipierte Verbindung von akademischer Elite und ökonomischem Erfolg konnte gar keine Anknüpfung an den Antimaterialismus des Bildungsbürgertums bedeuten, und die Forderung nach Konkurrenz zwischen staatlichen und privaten Hochschulen ebenso wenig. Die Möglichkeit, zu den niedrigen Studierendenzahlen der 1950er Jahre und früher zurückzukehren, wurde gar nicht erst ernsthaft erwogen, und die Gründung von Elite-Hochschulen hätte gerade nicht in einer deutschen, sondern einer französischen, britischen oder amerikanischen Tradition gestanden. »Akademische Leistungselite« wies in die Zukunft, nicht in die Vergangenheit.

Dieser Wandel der Elite-Doxa – die Rückkehr des Elite-Begriffs in die politische Sprache, doch gegenüber den 1950er und 1960er Jahren in verändertem Bedeutungsgehalt – fällt in jenen Bereich des Wandels der Zeitdiagnosen und Leitbegriffe, in dem der »Nach dem Boom«-Ansatz die ideengeschichtlichen Strukturbrüche zwischen der Boom-Ära und der folgenden Epoche zu verorten versucht. Der Wandel der Leitbegriffe und Zeitdiagnosen veränderte auch die Formulierung der politischen Ziele und damit der Ziele des politischen Handelns selbst. An der Verschiebung der bildungspolitischen Zielvorgaben war dies deutlich zu beobachten, und an der großen Bedeutung, die der Elite-Begriff dabei spielte, ebenso. In diesen Zielsetzungen hatten sich, das macht eine Analyse der Elite-Doxa dieser Jahrzehnte deutlich, liberale und konservative Ideenwelten so weit einander angenähert, dass sie zwar nicht ununterscheidbar geworden waren, jedoch im politischen Feld einen neuen Basiskompromiss hervorbrachten, in dem die Bewahrung der vertrauten sozialen Hierarchien und Appropriationschancen sich nicht mehr in ständischer Abgeschlossenheit, durch Vererbung und durch die Verlangsamung sozialen Wandels vollziehen musste, sondern im Gegenteil den Dynamiken der modernen Marktgesellschaft überantwortet werden konnte. Das waren die Strukturbrüche »nach dem Boom« und der Beginn des ›Neuen‹.

Noch einmal: Die 1980er Jahre waren kein »Jahrzehnt der Elite«. Tiefgreifende Strukturentscheidungen, etwa hinsichtlich der Form und Richtung der Einbettung der Bundesrepublik in die Europäische Gemeinschaft, des Arrangements der Institutionen ihrer politischen Ökonomie oder eben der Struktur des weiterführenden Bildungswesens (um nur einige der klassischen Felder des »Elitehandelns« zu nennen), wurden in dieser Dekade nicht gefällt. Partizipationsforderungen wurden von ganz verschiedenen Gruppen weiter erhoben und in nicht geringem Umfang auch erfüllt. Langfristig allerdings erhöhte die Verbreitung und Befestigung der Elite-Doxa jedoch die Wahrscheinlichkeit, dass die Spitzen der Herrschafts- und Funktionsträger – der »Eliten« – dazu neigen würden, Strukturentscheidungen von großer Reichweite mehr und mehr in abgeschotteten Zirkeln der Macht zu fällen und allenfalls noch im Nachhinein Zustimmung einzuholen. Doch das ist eine Geschichte späterer Jahre.

Annette Vowinckel

Neue Deutsche Welle

Musik als paradoxe Intervention gegen die »geistig-moralische Wende« der Ära Kohl

I. EINLEITUNG, QUELLEN UND FORSCHUNGSSTAND

Als Neue Deutsche Welle (NDW) wird gemeinhin eine musikalische Bewegung bezeichnet, die sich in der Bundesrepublik der frühen 1980er Jahre herausragender Popularität erfreute und deren Markenkern zunächst darin bestand, dass alle ihre Vertreter mit deutschsprachigen Texten arbeiteten. Wenngleich das Phänomen konzeptionell vor allem dieser Dekade zugeordnet wird, so spiegeln die einschlägigen Texte doch ebenso Entwicklungen, die wir in historischer Perspektive schon den 1970er Jahren zuschreiben. Dass die Neue Deutsche Welle intuitiv oft als kulturelle Nebenwirkung der von Helmut Kohl eingeforderten »geistig-moralischen Wende« gedeutet worden ist, erscheint bei genauerer Betrachtung indes als eine Fehlleistung des Gedächtnisses: Sie war keine Reaktion auf die »Wende«, sondern eine Begleiterscheinung des Übergangs vom ›Wirtschaftswunder‹ zur Ära »nach dem Boom«[1], und sie griff Entwicklungen auf, die heute unter den Stichpunkten Individualisierung, Deregulierung, Globalisierung, Rückzug des Staats aus den sozialen Sicherungssystemen und Rückzug der Bürgerinnen und Bürger vom Öffentlichen ins Private auf Themen verweisen, die als charakteristisch bereits für die späten 1970er Jahre gelten. Mit anderen Worten: Die Neue Deutsche Welle kommentierte nicht die »Wende«, sondern antizipierte sie und versuchte, ihr ein eigenes Programm entgegenzusetzen.

Wenn es also auf den ersten Blick als paradox erscheint, dass die Neue Deutsche Welle ihren Höhepunkt bereits 1982 erreichte und danach schnell von der Bildfläche beziehungsweise von den Plattentellern verschwand, so lässt sich dies im Rückblick dahingehend interpretieren, dass mit dem Antritt der Regierung Kohl die Artikulation der in den 1970er Jahren kumulierten Ängste bereits ihre Halbwertzeit überschritten hatte. Inspirationsquellen der Neuen Deutschen Welle waren nämlich nicht der von Ronald Reagan 1983 avisierte »Krieg der Sterne«, die Einführung des dualen Rundfunksystems (in der Bundesrepublik 1984), die Explosion der Challenger, die Reaktorkatastrophe von Tschernobyl (beide 1986) oder gar Reagans Aufforderung an Michail Gorbatschow, die Mauer einzureißen (1987). Diese Ereignisse wurden von der Neuen Deutsche Welle nicht kommentiert, sondern bestätigten die Unkenrufe, die bereits Ende der 1970er Jahre ertönt waren.

Liest man also die Texte der Neuen Deutschen Welle als Versuch der paradoxen Intervention gegen eine Reihe von Entwicklungen, die sich kaum mehr aufhalten ließen, so wird deutlich, warum als ›Gegner‹ gar nicht die 1982 antretende schwarz-gelbe Regierung identifiziert wurde, sondern eine »Hippiekultur«, die vom Rockmusiker bis zur Umweltaktivistin alles einschloss, was sich als ›links‹ gerierte und die konservative Wende durch Kritik, Protest oder aktiven Widerstand abzuwenden versuchte. Ein solches Unterfangen erschien den Protagonisten der Neuen Deutschen Welle als sinnlos und unwürdig. Sie empfahlen stattdessen eine mimetische Annäherung an die »Welt aus Beton«.

Gerade in dieser Hinsicht erwies sich die bundesrepublikanische Neue Deutsche Welle als Zwilling einer in der DDR in der zweiten Hälfte der 1970er Jahre aufkeimenden mu-

---

[1] *Anselm Doering-Manteuffel/Lutz Raphael*, Nach dem Boom. Perspektiven auf die Zeitgeschichte seit 1970, Göttingen 2010.

sikalischen Bewegung, die zwar nie mit dem gleichen Begriff etikettiert wurde, die aber deutliche Parallelen zum westdeutschen Fall aufwies. Gemeinsamkeiten zwischen Ost und West waren weniger auf wechselseitige Beeinflussung zurückzuführen als vielmehr darauf, dass sie diesseits und jenseits der Mauer der ästhetische Ausdruck eines Lebensgefühls waren, das ab der zweiten Hälfte der 1970er Jahre sowohl im kapitalistischen Westen als auch im sozialistischen Osten vorherrschte. Eine solche Deutung unterläuft traditionelle Deutungsmuster des Kalten Kriegs, da sie kulturelle Entwicklungen in Ost und West gerade nicht auf ideologisch oder systemisch bedingte Unterschiede, sondern auf Ähnlichkeiten bei der Ausformung spätmoderner Lebensstile (vor allem bei der Gestaltung des Arbeitsalltags, der Freizeit und der Konsumgewohnheiten) und letztlich auf die systemübergreifende Krise der 1970er Jahre zurückführen.[2]

Gleichwohl bleibt die Geschichte der Neuen Deutschen Welle in erster Linie ein Kapitel bundesrepublikanischer Geschichte. Ich werde deshalb im Folgenden – im Anschluss an eine Darstellung des Forschungsstands und der Quellenlage – Aufstieg und Niedergang, soziale Zusammensetzung und ›Programm‹ der Neuen Deutschen Welle in Westdeutschland untersuchen, wobei sich das Augenmerk zum einen auf die Orte, Akteure und Institutionen, zum anderen auf die Texte richten wird. Meine Untersuchung stützt sich auf vier Gruppen von Quellen: Erstens gibt es zahlreiche Artikel über die Neue Deutsche Welle beziehungsweise einzelne Bands, die überwiegend in Musikzeitschriften wie SoundS, Spex oder Musikexpress, teilweise auch in der Tagespresse (hier wurde vor allem die Frankfurter Allgemeine Zeitung systematisch ausgewertet) und in überregionalen Wochenzeitungen und Magazinen (Die ZEIT, Der SPIEGEL) veröffentlicht wurden. Zweitens existieren zahlreiche zeitgenössische Schriften, die zum Teil noch vor dem Ende der Neuen Deutschen Welle von deren Protagonisten – teils in selbstkritischer Manier – veröffentlicht wurden. Drittens gibt es eine Reihe von Interviews und autobiografischen Texten, in denen die Protagonisten mit größerem zeitlichen Abstand (in der Regel zehn bis 25 Jahre) Auskunft über ihre Aktivitäten, ihre ästhetischen Konzepte und Erinnerungen an die Hochzeit der Neuen Deutschen Welle geben (hier ist die Grenze zwischen Literatur und Quelle zum Teil fließend). Viertens und letztens stehen als Quellen die Songtexte zur Verfügung, die Aufschluss über das Weltbild und die ästhetischen Konzepte der beteiligten Personen geben.

Der Forschungsstand lässt sich wie folgt zusammenfassen: Bereits in den 1980er Jahren erschien eine Reihe von Texten über die Neue Deutsche Welle, die zwischen autobiografischer (Selbst-)Darstellung, nostalgischer Erinnerung und Spott schwanken.[3] 1984 veröffentlichten die damaligen Autoren der Frankfurter Allgemeinen Zeitung, Mathias Döpfner und Thomas Garms (heute beide im Vorstand der Axel Springer AG tätig), eine Art kritisches Begleitbuch zur Neuen Deutschen Welle, in dem sich offensichtliche Begeisterung für die Musik mit kritischer Berichterstattung aus der Perspektive aufgeklärter Zeitgenossen mischt.[4] 1989 wurde eine musikwissenschaftliche Dissertation zum Thema veröf-

---

2 Zur Geschichte der 1970er Jahre vgl. *Thomas Borstelmann*, The 1970s. A New Global History from Civil Rights to Economic Inequality, Princeton/Oxford 2012; zur Geschichte der Bundesrepublik vgl. *Andreas Wirsching*, Abschied vom Provisorium. Geschichte der Bundesrepublik Deutschland 1982–1990, München 2006.
3 In einem von Diedrich Diederichsen edierten Band erklärt ein Autor namens Kid P., die deutsche Jugend sei dumm und die Neue Deutsche Welle sei »noch dümmer und arrogant und langweilig«; *Kid P.*, Die Neue Deutsche Welle, in: *Diedrich Diederichsen* (Hrsg.), Staccato. Musik und Leben, Heidelberg 1982, S. 9–56, hier: S. 9. Es folgen Schimpftiraden auf zahlreiche Kollegen, von denen auch der Herausgeber des Bandes und seine Band »Nachdenkliche Wehrpflichtige« nicht verschont bleiben.
4 *M[athias] O. C. Döpfner/Thomas Garms* (Hrsg.), Neue deutsche Welle. Kunst oder Mode? Eine sachliche Polemik für und wider die neudeutsche Popmusik, Frankfurt am Main 1984. Als Kernthemen der NDW identifizieren die Autoren darin den »elektrifizierte[n] Lebensrhythmus der Industrie- und Computergesellschaft, eine aus der Angst vor Krieg und Umweltzerstörung gewach-

fentlicht, in der Winfried Longerich eine erste »Standortbestimmung« vornimmt.[5] In den 1990er Jahren erschienen Einzeldarstellungen verschiedener Gruppen, darunter Monografien über die ostdeutsche Band »Pankow«[6] und die westdeutsche Band »Der Plan«[7], sowie einige musikhistorische Überblicksdarstellungen, in denen die Neue Deutsche Welle zum Teil recht prominent abgehandelt wird.[8] Bei Frank Laufenbergs Buch »Völlig losgelöst. Die Musik der Achtziger« (der Titel zitiert Peter Schillings Stück »Major Tom«) handelt es sich allerdings um eine reine Chronologie[9], während Jens Reisloh die Neue Deutsche Welle als eine von vielen Ausdrucksformen des »Neuen Deutschen Lieds« betrachtet, unter dessen begrifflichem Dach er so unterschiedliche deutschsprachige Bands und Interpreten wie »Ton Steine Scherben«, Udo Lindenberg, Konstantin Wecker, »Kraftwerk«, »BAP«, »Element of Crime«, »Blumfeld« und »Wir sind Helden« zusammenfasst.[10] Hier wird die Neue Deutsche Welle nicht auf die Jahre 1979 bis 1984 datiert, sondern in eine Traditionslinie gestellt, deren Ursprünge bis ins 8. Jahrhundert zurückreichen.[11] Auch in einigen Publikationen zur Popkultur[12] beziehungsweise zur Kulturgeschichte der 1980er Jahre wird die Neue Deutsche Welle als zentrales Phänomen aufgegriffen.[13]

2001 erschien der unterdessen zum Kultbuch erklärte Band »Verschwende Deine Jugend«, in dem der Musikjournalist Jürgen Teipel Passagen aus Interviews mit mehr als 100 Akteuren aus der ehemaligen NDW-Szene thematisch so zusammenstellt, dass sie ein eigenständiges Narrativ ergeben.[14] Die darin verwandten Passagen haben, wenngleich sie offenbar sprachlich überarbeitet wurden, begrenzt auch Quellencharakter.

---

sene Endzeitstimmung, die Haßliebe zum Konsum und de[n] Wunsch nach nationaler Identität«, die »aufgegriffen und in einer schnörkellosen Gebrauchslyrik reflektiert« werden (S. 24).
5 *Winfried Longerich*, »Da da da«. Zur Standortbestimmung der Neuen Deutschen Welle, Pfaffenweiler 1989. Longerich beschreibt verschiedene lokale Szenen, die durch Kommerzialisierung bedingten Veränderungen sowie den schnellen Niedergang der Neuen Deutschen Welle und führt diesen vor allem auf die Oberflächlichkeit der Platten- und Unterhaltungsindustrie zurück, ohne jedoch eine Verortung des Phänomens in der Geschichte der Bundesrepublik vorzunehmen.
6 *Wolfgang Herzberg*, Paule Panke/Hans im Glück. Texte für und über die Gruppe Pankow, Berlin 1990.
7 *Rainer Moritz*, Der Plan: Glanz und Elend der Neuen Deutschen Welle. Die Geschichte einer deutschen Musikgruppe, Kassel 1993.
8 *Jürgen Boebers-Süßmann/Ulli Engelbrecht*, Skandal im Sperrbezirk. Rockmusik und Lebensgefühl in den 80er Jahren, Essen 1999; *Ekkehard Jost* (Hrsg.), Die Musik der achtziger Jahre. Sechs Kongreßbeiträge und drei Seminarberichte, Mainz 1990; *Ronald Galenza/Heinz Havemeister* (Hrsg.), Wir wollen immer artig sein… Punk, New Wave, HipHop und Independent-Szene in der DDR 1980–1990, Berlin 1999; *Hermann Haring*, Rock aus Deutschland West. Von den Rattles bis Nena. Zwei Jahrzehnte Heimatklang, Reinbek 1984.
9 *Frank Laufenberg*, Völlig losgelöst. Die Musik der Achtziger, München 1999.
10 Vgl. *Jens Reisloh*, Deutschsprachige Popmusik: Zwischen Morgenrot und Hundekot. Von den Anfängen um 1970 bis ins 21. Jahrhundert, Münster 2011, S. 12.
11 Vgl. ebd., Falttafel, S. 393.
12 *Peter Kemper/Thomas Langhoff/Ulrich Sonnenschein*, »Alles so schön bunt hier«. Die Geschichte der Popkultur von den Fünfzigern bis heute, Stuttgart 1999.
13 *Frauke Langguth/Jan Weyrauch* (Hrsg.), Irgendwie, irgendwo, irgendwann. Die 80er, Berlin 1999.
14 *Jürgen Teipel*, Verschwende Deine Jugend. Ein Doku-Roman über den deutschen Punk und New Wave, Frankfurt am Main 2001 (im Folgenden wird aus der Auflage von 2007 zitiert; im Juni 2012 erschien eine neue erweiterte Auflage). »Verschwende deine Jugend« ist der Titel eines Stücks von »D. A. F.« (1981). Als Quelle, die Aufschluss über das Selbstverständnis der vertretenen Protagonisten gibt, ist dieses Buch von unschätzbarem Wert – wobei allerdings zu berücksichtigen ist, dass es sich bei den Textpassagen nicht um Interviewtranskripte (»O-Ton«) handelt, sondern um sprachlich geglättete und stilistisch vereinheitlichte Textpassagen, die 15 bis 20 Jahre nach dem Ende der Neuen Deutschen Welle entstanden. Diese Texte geben also weniger Aufschluss darüber, wie »es eigentlich gewesen« ist, als wie »es eigentlich erinnert« wird.

Eine elegante essayistische Analyse bietet Frank Apunkt Schneiders Buch »Als die Welt noch unterging. Von Punk zu NDW«, dessen praktischer Mehrwert in einer 140 Seiten umfassenden Diskografie und »Kassettografie« liegt.[15] Ähnlich angelegt ist das Buch »Alles nur geträumt. Fluch und Segen der Neuen Deutschen Welle« von Hollow Skai (das ist der Künstlername des Musikproduzenten Holger Poscich), in dem mit dem Wissen des Insiders die Entwicklung lokaler NDW-Szenen nachgezeichnet wird.[16] 2003 erschien zudem ein von Christian Graf bearbeitetes »NDW-Lexikon«, das auf knapp 300 Seiten Einträge zu Bands und Einzelpersonen enthält und damit suggeriert, dass das Wissen über die Neue Deutsche Welle enzyklopädischen Status erlangt hat.[17]

2011 erschien mit Barbara Hornbergers Dissertation »Geschichte wird gemacht. Die Neue Deutsche Welle. Eine Epoche deutscher Popmusik« eine aktuelle wissenschaftliche Arbeit, die eine systematische Darstellung einschließlich aller Phasen und Strömungen der Neuen Deutschen Welle enthält.[18] Die Arbeit steht an der Schnittstelle von Musikwissenschaft beziehungsweise -pädagogik und einer Kultursoziologie, die sich vor allem auf die britischen Cultural Studies beruft, dabei aber auch eine semantische Untersuchung der Songtexte einschließt. Hier wird die Neue Deutsche Welle als Jugend- oder Subkultur in den Blick genommen, ohne dass jedoch aktuelle Forschungen zur Geschichte der Bundesrepublik beziehungsweise der 1970er und 1980er Jahre einbezogen würden – was sich vor allem im Hinblick auf die Sozialstruktur und ›Programmatik‹ als problematisch erweist.[19] Demgegenüber soll hier versucht werden, die Neue Deutsche Welle einer historischen Standortbestimmung jenseits des Kontexts von Sub-, Jugend- und Musikkultur

---

15 *Frank Apunkt Schneider*, Als die Welt noch unterging. Von Punk zu NDW, Mainz 2007.
16 *Hollow Skai*, Alles nur geträumt. Fluch und Segen der Neuen Deutschen Welle, Innsbruck 2009, S. 179.
17 *Christian Graf*, Das NDW-Lexikon. Die Neue Deutsche Welle – Bands und Solisten von A bis Z, Berlin 2003. Ebenso wenig wie Teipels Interview-Roman gibt Graf eine Übersicht über die gesamte Neue Deutsche Welle. Eine dem Buch vorangestellte Liste der »Top 50 der Neuen Deutschen Welle« enthält keine Stücke von »D. A. F.« oder »Fehlfarben«, während Nena, Hubert Kah und Markus jeweils mit gleich drei Stücken vertreten sind. Für die Bands »Mittagspause« und »S. Y. P. H.« gibt es keine Einträge, dafür aber für Ina Deter und Rio Reiser, die für gewöhnlich nicht als NDW-Vertreter gelten.
18 *Barbara Hornberger*, Geschichte wird gemacht. Die Neue Deutsche Welle. Eine Epoche deutscher Popmusik, Würzburg 2011.
19 Vgl. *Annette Vowinckel*, Rezension zu: Barbara Hornberger, Geschichte wird gemacht. Die Neue Deutsche Welle. Eine Epoche deutscher Popmusik, Würzburg 2011, in: H-Soz-u-Kult, 26.5.2011, URL: <http://hsozkult.geschichte.hu-berlin.de/rezensionen/2011-2-158> [15.5.2012]. Darüber hinaus wären noch zahlreiche Arbeiten zur Geschichte des Hörens und des Klangs zu nennen, die hier nur kursorisch erwähnt werden können. Unlängst veröffentlichte Jürgen Müller unter dem Titel »The Sound of Silence« einen Forschungsüberblick zur Geschichte des Hörens (*Jürgen Müller*, »The Sound of Silence«. Von der Unhörbarkeit der Vergangenheit zur Geschichte des Hörens, in: HZ Bd. 292, 2011, S. 1–29). Hervorzuheben wäre zudem das federführend von Daniel Morat herausgegebene Themenheft, dessen Beiträge sich auch den politischen Implikationen des Hörens beziehungsweise der Klangproduktion widmen (*Daniel Morat/Christine Bartlitz/Jan-Holger Kirsch* (Hrsg.), Politik und Kultur des Klangs im 20. Jahrhundert, Themenheft Zeithistorische Forschungen 8, 2011, H. 2, URL: <http://www.zeithistorische-forschungen.de/site/40209130/default.aspx> [15.5.2012]). Vgl. auch *Nora M. Alter/Lutz Koepnick* (Hrsg.), Sound Matters. Essays on the Acoustics of Modern German Culture, New York/Oxford 2004; *Peter Payer*, Vom Geräusch zum Lärm. Zur Geschichte des Hörens im 19. und frühen 20. Jahrhundert, in: *Wolfram Aichinger/Franz X. Eder/Claudia Leitner* (Hrsg.), Sinne und Erfahrung in der Geschichte, Innsbruck 2003, S. 173–192; *R. Murray Schafer*, The Tuning of the World, Toronto/New York 1977 (dt. Die Ordnung der Klänge. Eine Kulturgeschichte des Hörens, Mainz 2010); *Holger Schulze* (Hrsg.), Sound Studies. Traditionen – Methoden – Desiderate. Eine Einführung, Bielefeld 2008; *Jonathan Sterne*, The Audible Past. Cultural Origins of Sound Reproduction, Durham/London 2003.

zu unterziehen und sie als eigenständigen soziokulturellen Akteur in der Geschichte der ›alten‹ Bundesrepublik, der DDR und des Kalten Kriegs zu verorten.

II. Entstehung und Begriff der Neuen Deutschen Welle

Der Begriff »Neue Deutsche Welle« wurde bereits 1979 von dem Musikjournalisten Alfred Hilsberg geprägt. In der Musikzeitschrift SoundS – zu dieser Zeit »Pflichtlektüre« für alle, die sich für Rock- und Popmusik interessierten[20] – veröffentlichte er eine dreiteilige Artikelserie unter dem Titel »Neue Deutsche Welle. Aus grauer Städte Mauern« und brachte damit den Begriff in Umlauf sowie die Existenz einer neuen musikalischen Bewegung ins öffentliche Bewusstsein. Hilsberg verwies mit dem Begriff auf die britische »New Wave«-Musik, aber auch darauf, dass es sich bei den von ihm beschriebenen Bands um eine sehr heterogene Masse handelte, die keinerlei Wert auf Programmatik legte und deshalb stets das in Musik umsetzte, was ihr gerade in den Sinn kam.[21] Die SoundS-Redaktion bat er deshalb, auf die weitere Verwendung des Begriffs zu verzichten, fand damit aber kein Gehör.[22]

Gegenstand der Artikelserie war eine in Deutschland eben entstehende Musikszene, die sich auf Punk und New Wave berief und die vor allem in Düsseldorf, Hamburg, Hannover und Berlin florierte. Namentlich erwähnte Hilsberg Bands wie »Male«, »Charley's Girls«, »Mittagspause«, »Hans-A-Plast«, »KFC« (kurz für: Kriminalitätsförderungsclub), »D. A. F.« (kurz für: Deutsch-Amerikanische Freundschaft), »Ätztussis«, »Neonbabies«, »S. Y. P. H.«, »Weltaufstandsplan« und »Din A Testbild« – und damit eine ganze Reihe von Gruppen, die Anfang der 1980er Jahre, als die Neue Deutsche Welle den Höhepunkt der Popularität erreichte, entweder schon nicht mehr existierten, ihren Namen geändert oder sich in neuer Besetzung zusammengefunden hatten: »Charley's Girls« benannten sich um in »Mittagspause«, Teile von »Mittagspause« formten sich um zu den »Fehlfarben« und übernahmen deren Stücke »Militürk« und »Ernstfall«, Annette Humpe von den »Neonbabies« wechselte zu »Ideal« und nahm das Stück »Blaue Augen« mit – die Liste ließe sich beliebig verlängern. Gleichwohl unterscheidet sich die 1979 in der Zeitschrift SoundS genannte Liste signifikant von derjenigen, die die kollektive Erinnerung an die Deutschen Welle dominiert. Darauf rangieren ganz oben, neben den aus Hilsbergs Milieu stammenden Bands »Fehlfarben« und »D.A.F.« auch Gruppen und Interpreten wie »Geier Sturzflug«, »Trio«, »Spliff«, »Extrabreit«, »Spider Murphy Gang«, Frl. Menke, Nena, Markus und Hubert Kah. Bei genauerem Hinsehen kann also kaum von *einer* Neuen Deutschen Welle die Rede sein; vielmehr handelt es sich um verschiedene Teilphänomene, die allein in der rückblickenden Wahrnehmung häufig zu einer einheitlichen Erscheinung verschmolzen werden. Während sich nämlich die von Hilsberg beschriebene Szene musikalisch und weltanschaulich aus der Punk-Bewegung speiste, zogen andere Vertreter der Neuen Deutschen Welle ihren Erfolg aus einer Weiterentwicklung deutscher Rockmusik oder aus der ironischen Verfremdung des traditionellen deutschen Schlagers.

Allen Strömungen gemeinsam ist immerhin, dass sie statt Kritik – ein im deutschen Sprachraum überaus beladener Begriff – die ästhetische Unterwanderung pflegten, sei es durch die Reduktion auf ein sprachliches und musikalisches Minimalprogramm, sei es durch Verballhornung oder unverhohlenen Zynismus. Während aber die aus der Punktra-

---

20 »Liebesbrief nach DIN«. Sammlung Mutfak, in: *Wolfgang Müller* (Hrsg.), Geniale Dilettanten, Berlin 1982, S. 58.
21 *Alfred Hilsberg*, Aus grauer Städte Mauern: Neue Deutsche Welle, in: SoundS 1979, H. 10, S. 20–25; ders., Aus grauer Städte Mauern (Teil 2): Dicke Titten und Avantgarde, in: SoundS 1979, H. 11, S. 22–27; ders., Aus grauer Städte Mauern (Teil 3): Macher? Macht? Moneten?, in: SoundS 1979, H. 12, S. 44–48.
22 Vgl. *Schneider*, Als die Welt noch unterging, S. 12.

dition stammenden Gruppen provokative Töne anschlugen, pflegten Musiker wie Nena, Markus oder Hubert Kah einen musikalischen Mainstream, der über Begriff und Konzept des »Spaßhabens« definiert wurde. Auffällig ist, dass sich die verschiedenen Strömungen in der kollektiven Erinnerung der Bundesdeutschen längst vermischt haben. Ich werde im Folgenden, bevor ich auf Themen und Texte der Neuen Deutschen Welle eingehe, drei Strömungen beschreiben, die sich – idealtypisch zugespitzt – als »Postpunk«, als »Postrock« und »Postschlager« charakterisieren lassen und die sich zum Teil vehement voneinander abgrenzten.

III. POSTPUNK, POSTROCK UND POSTSCHLAGER

Die erste Neue Deutsche Welle: Postpunk

Die wichtigste Inspirationsquelle für die Neue Deutsche Welle war anfangs die britische Punkmusik, die vielen deutschen Jugendlichen nicht nur eine allgemeine Protesthaltung gegen »Staat und Gesellschaft« vermittelte, sondern auch eine direkte Teilhabe am Musikgeschehen ermöglichte. Hieß es zunächst noch, dass jeder, der drei Akkorde auf der Gitarre beherrsche, eine Band gründen könne, erklärte der Schlagzeuger der »Einstürzenden Neubauten« bald, seine Vorbilder seien nicht Musiker, »die drei Akkorde können, sondern solche Leute, die gar keinen Akkord können«.[23] Angeregt durch Berichte in der Musikzeitschrift SoundS, zum Teil auch durch Besuche von Bandmitgliedern in England, entstand Ende der 1970er Jahre eine deutsche Punkbewegung, die zunächst englische Texte und englische Gruppennamen (»Slime«, »Neurotic Arseholes«, »Coroners«) bevorzugte, bald aber auch auf die deutsche Sprache zurückgriff. Bei den Namen der Bands handelte es sich häufig um Begriffe, die in Deutschland einen besonders hohen Provokationsgrad erreichten und sich nihilistisch gaben, wie »Rotzkotz«, »Abwärts«, »Notdurft«, »Päderastenhaufen« oder »Verdauungsstörung«. Immerhin erkannte die Frankfurter Allgemeine Zeitung an, dass die Texte der Neuen Deutschen Welle »ebenso aus dem Sprachmüll der Werbung [schöpften], wie aus verdrängter Phantasie« und dass sie mitunter gar phantasievoll »Versatzstücke tagtäglicher Reizüberflutung in ironischen Reimen und antinomischen Metaphern« kombinierten.[24]

Zu den ersten Orten, an denen sich die neue »Krautpunk«-Szene traf, gehörten der Ratinger Hof in Düsseldorf, die Hamburger Markthalle und das SO 36 in Berlin. Sie fungierten als Kneipe und Veranstaltungsort, zum Teil als Übungsraum und vor allem als Treffpunkt für eine Musikszene, die sich vom reinen Punk bald lossagen sollte. Der Ratinger Hof, ab Mitte der 1970er Jahre von Carmen Knoebel, der Ehefrau des Künstlers Imi Knoebel, geführt, wurde 1976 ästhetisch völlig umgestaltet: Häkeldeckchen verschwanden von den Tischen, die Wände wurden weiß gestrichen, der Raum mit Neonlampen neu beleuchtet.[25] Das Programm: Abschied von der »Hippiekultur« der 1970er Jahre und Aufbruch in eine nüchterne, antiromantische Phase, die zu dieser Zeit noch keinen Namen hatte.

Zu den Gruppen, die im Ratinger Hof spielten, gehörten die von Peter Hein mit gegründete Band »Charley's Girls«, »Male« und »Fehlfarben«, »KFC« und »S. Y. P. H.« sowie die Wuppertaler Bands »Der Plan« (ursprünglich: »Weltaufstandsplan«) und »D. A. F.«. Diese Gruppen waren zum Teil personell eng verflochten: Gabi Delgado-

---

23 Rockmusik: Die neue deutsche Welle, in: Der SPIEGEL, 23.3.1981, S. 204–208, hier: S. 205.
24 *Peter Kemper*, Wo geht's lank? Peter Pank, Schönen Dank! Abgesaus auf die Neue Deutsche Welle, in: Frankfurter Allgemeine Zeitung, 26.3.1983, S. 6.
25 Zur Geschichte des Ratinger Hofs vgl. *Ralf Zeigermann* (Hrsg.), Der Ratinger Hof, Königswinter 2010, und *Jörg Kemp*, Nicht von dieser Welt. Der legendäre Ratinger Hof und seine Protagonisten, Norderstedt 2008.

Lopez spielte erst bei »Charley's Girls«, dann bei »Mittagspause« und schließlich bei »D. A. F.«, Chrislo Haas war Gründungsmitglied von »Weltaufstandsplan/Der Plan« und »D. A. F.«, Peter Hein gehörte zu »Charley's Girls« und »Mittagspause«, bevor er als Sänger der »Fehlfarben« bekannt wurde, Thomas Schwebel war Gitarrist bei »S. Y. P. H.«, »Mittagspause« und »Fehlfarben«. Musikalisch emanzipierten sich diese Bands bald vom reinen Punk und erfanden den »Postpunk, in Deutschland auch Neue Deutsche Welle genannt« (Hollow Skai).[26] Spezifisch für die Düsseldorfer Szene war eine enge Verbindung zur Bildenden Kunst, vor allem zu Imi Knoebel, Jörg Immendorf, Gerhard Richter, Thomas Ruff und Nam June Paik, die im Ratinger Hof verkehrten und dort nicht selten auf ihre Studenten trafen. Markus Oehlen, der nicht nur malte, sondern mit »Charley's Girls« auch Musik machte, soll dort zeitweise gekellnert haben.[27] Bereits im März 1978 berichtete Alfred Hilsberg in SoundS unter dem Titel »Rodenkirchen is burning« (ein Titel, den er aus dem »Ostrich«, einem der ersten deutschen Punk-Fanzines, abgeschrieben hatte) über die deutsche »Krautpunk«-Szene, zu der er neben »Male« und »Charley's Girls« auch die Bands »Big Balls & The Great White Idiot«, die »Jackets« und »PVC« zählte.[28] Von einer »Neuen Deutschen Welle« war hier zwar noch nicht die Rede, doch werden die Ereignisse von Rodenkirchen – bei denen es sich um eine Saalschlacht plus Verfolgungsjagd im Anschluss an einen Auftritt von »Male« und »Charley's Girls« bei einer Abiturfeier handelte – retrospektiv gern zum Schlüsselereignis der NDW stilisiert.[29]

Neben Düsseldorf entwickelten sich Hamburg, Hannover und Berlin zu Hochburgen des deutschen Postpunk. In Hamburg spielten »Abwärts«, »Palais Schaumburg«, »X-mal Deutschland« und »Die Zimmermänner«, in Hannover »Hans-A-Plast«, »Rotzkotz«, »Bärchen und die Milchbubis« und »Der moderne Man«, in Berlin »Din A Testbild«, die »Neonbabies«, »Mania D.« (Vorläufer von »Malaria!«), »Die Tödliche Doris«, »Ideal« und die »Einstürzenden Neubauten«. Außer durch regelmäßige Konzerte an den üblichen Veranstaltungsorten wurde die Dynamik der Neuen Deutschen Welle durch zahlreiche Festivals verstärkt: Das Berliner SO 36 wurde am 12./13. August 1978 mit dem zweitägigen »Mauerbaufestival« eröffnet, 1979 fand in der Frankfurter Kunsthochschule das »Shvantz-Festival« statt, Alfred Hilsberg organisierte in Hamburg die Festivals »Into the Future«, »Geräusche für die 80er« (beide 1979) und »Kommt gut!« (Dezember 1980), mit denen er nebenbei den Verkauf der Platten des von ihm gegründeten »ZickZack«-Labels förderte.[30] Journalistisch flankiert wurde die Entstehung der Neuen Deutschen Welle durch die Zeitschrift SoundS, die bald als »Zentralorgan« der Neuen Deutschen Welle galt. Redakteure und Autoren wie Detlef und Diedrich Diederichsen, Xao Seffcheque (Alexander Sevschek), Alfred Hilsberg und Georg Seeßlen verschafften dem Postpunk nicht nur eine große Aufmerksamkeit innerhalb der deutschen Musikszene, sie waren auch personell eng mit den Musikern vernetzt – Peter Hein und Andreas Dorau agierten mitunter selbst als Autoren. Als die Zeitschriften SoundS und Musikexpress 1983 von einem Schweizer Verleger aufgekauft und fusioniert wurden, wechselte ein großer Teil der Belegschaft zu der 1980 gegründeten Zeitschrift Spex, die fortan die Berichterstattung prägte. 1982 hatte zudem der Musikexpress ein Sonderheft zum Thema »Neue Deutsche Welle« produziert, in dem verschiedene lokale Szenen und einzelne Bands ausführlich vorgestellt wurden.[31] Zu diesem Zeitpunkt hatten sich die lokalen Netzwerke al-

---

26 *Skai*, Alles nur geträumt, S. 42.
27 Vgl. ebd., S. 36f.
28 *Alfred Hilsberg*, Rodenkirchen is burning. Krautpunk, in: SoundS 1978, H. 3, S. 21–24.
29 Vgl. *Teipel*, Verschwende deine Jugend, S. 58ff.
30 Vgl. Neue Deutsche Welle. Punk, Avantgarde, Tanzrhythmen, in: Musikexpress, Sonderheft »Neue Deutsche Welle«, 1982, S. 5–7, insb. S. 5.
31 Vgl. *Rudolf Eichmann*, Szene Hamburg. Im Zickzack-Kurs durch's Versuchsfeld der Hansestadt, in: ebd., S. 8–11; *Inga Kraut*, Szene Berlin: »Wall-City-Rock« und »Geniale Dilettanten«,

lerdings längst zu einer überregionalen Szene weiterentwickelt, und folglich begannen auch überregionale Medien, von einer Bewegung zu sprechen, die den Begriff »Neue Deutsche Welle« nun nicht mehr abstreifen konnte.

Die zweite Neue Deutsche Welle: Post(kraut)rock

Zu Beginn der 1980er Jahre gesellten sich zum Postpunk Düsseldorfer, Hamburger und Berliner Provenienz eine Reihe von Gruppen, die sich musikalisch eher an die Traditionen der Rockmusik anlehnten. Dazu gehörte zum Beispiel die Gruppe »Spliff«, die sich 1980 aus den Resten der »Nina Hagen Band« in Berlin formierte und die mit Titeln wie »Carbonara«, »Heut' nacht« und »Computer sind doof« die Charts stürmte. Dazu kam die aus Hagen stammende Band »Extrabreit« mit »Hurra hurra, die Schule brennt«, die »Spider Murphy Gang« mit »Skandal im Sperrbezirk«, »Trio« mit »Da, da, da« und »Geier Sturzflug« mit »Bruttosozialprodukt«, dem »Gassenhauer des Jahres« 1983. Im Unterschied zum Postpunk, der die Betonlandschaften des Ruhrgebiets besang und gelegentlich mit Nazisymbolen kokettierte, sangen diese Gruppen durchaus sozialkritische Texte, die allerdings – anders als bei Krautrockern wie Udo Lindenberg oder Marius Müller-Westernhagen – durchgehend ironisch klangen.

Von Bands wie »Trio«, »Extrabreit« und »Nichts« grenzten sich Alfred Hilsberg und die SoundS-Redaktion in auffälliger Vehemenz ab – wobei nicht auszuschließen ist, dass die Ablehnung ursächlich durch deren Erfolg ausgelöst wurde. Alfred Hilsberg beschrieb dies später so:

»1981 hatte noch jemand bei mir angerufen: ›Willst du Trio machen?‹ Ich sagte: ›Nein, diesen Scheiß mache ich nicht.‹ Die hatten so ein gnadenlos schlechtes Konzept – ein Nichts an Ideologie und Musik. Dann hatte ich das Angebot, Extrabreit zu machen. Die haben mich ein Jahr lang mit Material zugeschissen. Aber ich fand das so grausam. Und diese Gruppen gingen halt alle zur Industrie und waren auch für ein breiteres Publikum interessant, weil sie leicht konsumierbar waren. Dadurch hatten es aber unsere Gruppen schwer, überhaupt noch wahrgenommen zu werden.«[32]

Von der 1981 in Düsseldorf gegründeten Band »Nichts« hieß es in einem SoundS-Artikel, ihre Texte seien »gewollt ›lustig‹ (ohne Charme) oder ernst (unfreiwillig komisch). [...] Kauf ihre Musik, ein Eigenheim und ein Mittelklasseauto«.[33] Das recht erfolgreiche Stück »Radio« (»Lieber Gott ich wünsch mir so/meine Stimme im Radio«) sei »nett/lustig/lalala. Für deutsche Verhältnisse absolut erste Liga! Internationaler Klasse nicht gewachsen«.[34]

Im SPIEGEL wurde »Trio«, Shooting Star aus Großenkneten mit dem Superhit »Da da da, ich lieb dich nicht, du liebst mich nicht«, zwar hoch gelobt, doch der Hinweis auf die positiven Erwähnungen in der Berliner Morgenpost (»Schräge Vögel GmbH«), Münchens tz (»so lustig wie Otto«) und Hörzu (»die ungewöhnlichste und originellste Rockentdeckung aus deutschen Landen«) rückte die Band aus der Perspektive der selbsternannten Gralshüter des Postpunk wiederum ins Zwielicht.[35] Applaus von solchen Zeitungen trug der Band innerhalb der Musikszene eher Kritik und Häme ein, als dass sie für Akzeptanz gesorgt hätte – während »Trio« sich in der Bevölkerung einer beeindruckenden Beliebtheit erfreute und noch heute als einer der wichtigsten Impulsgeber der NDW-Bewegung erinnert wird.

Aufgrund des kommerziellen Erfolgs diffamierten SoundS-Autoren bald auch »Ideal« als »echte Mittelstands-Band, weder Proleten noch esoterische Kunst-Naturen, die musi-

---

in: ebd., S. 44–46; *Karl Kraut*, Szene Hannover: Politpunk, Psycho-Beat und Pogo mit menschlichem Antlitz, in: ebd., S. 36–39.
32 *Teipel*, Verschwende deine Jugend, S. 326.
33 Kid P., Neues und Böses über Düsseldorf, in: SoundS 1982, H. 1, S. 14f., hier: S. 14.
34 Ebd., S. 15.
35 Rock-Musik. Da da da, in: Der SPIEGEL, 19.7.1982, S. 150f., hier: S. 150.

kalische FDP«.[36] Lobende Äußerungen von Peter Maffay (»Ich glaube, dass Ideal eine Bereicherung für die deutsche Rock-Szene ist«) und Udo Lindenberg[37] erwiesen sich für die Gruppe als ebenso schädlich wie der Applaus der Hörzu für »Trio« – von »Krautrockern« wollte man schließlich nicht verstanden, sondern vielmehr *nicht* verstanden werden. Folgerichtig distanzierte sich Annette Humpe ihrerseits von Udo Lindenberg: Wenn der versuche, »den Sozialarbeiter raushängen zu lassen«, sei das peinlich und sie (Humpe) könne außerdem auch »diesen aus der DDR, diesen Fritzen, Biermann nicht hören. Mir wird schlecht!«[38] Den Kollegen aus der Postpunk-Sparte (zu der immerhin ihre Schwester Inga gehörte und mit der sie selbst eng vernetzt war) hielt Humpe vor, es gehe ihnen nur mehr um leere Provokation: »So 'ne Sachen wie ›Graue B-Film-Helden‹ kannste konstruieren, ohne den Hintergrund begriffen zu haben, ohne daß es dich irgendwie berührt, und wenn du drauf reinfällst, dann tust du mir leid. [...] Ich könnte irgend'ne Frechheit singen, um zu provozieren, und das ganze ist doch nur konstruiert«.[39] Im Gegenzug warfen SoundS-Autoren allerdings auch die Frage auf: »Wie hätten wir reagiert, wenn Ideal seit Beginn an auf [dem Independent-Label] Ata-Tak erschienen wäre wie etwa Andreas Dorau, der ziemlich wahrscheinlich ein infantileres und oberflächlicheres Publikum anspricht?«[40]

Bald hagelte es von SoundS bis Frankfurter Allgemeine Zeitung Kritik an allem, was irgendwie der Neuen Deutschen Welle zugeschlagen wurde. Die »Spider Murphy Gang« beispielsweise wurde in der Frankfurter Allgemeinen Zeitung als Rock-'n'-Roll-Band beschrieben, die von der Neuen Deutschen Welle »gleichsam hinterrücks nach oben« gespült worden sei.[41] Auch »Geier Sturzflug« wurde anlässlich eines Konzerts gnadenlos verrissen:

»Sind die Bochumer eine schlagerselige Tanzkapelle? Oder eine Teeny-Band? Gehören sie ins Lager der ›Muesli‹-Gruppen zwischen ›Bap‹ und ›Bots‹? Das wissen sie zur Zeit wohl selbst nicht so genau, und die wenigen, die aus Neugierde in den Konzertsaal gekommen waren, auch nicht. Da standen Knirpse im Grundschulalter mit offenen Mündern vor der Bühne, da wippten langhaarige Freaks und solide Mittvierziger einträchtig mit den Füßen. Selbst einige weißhaarige ältere Damen riskierten einen Blick in die Halle.«[42]

Es liegt auf der Hand, dass es zu diesem Zeitpunkt schon nicht mehr beziehungsweise nicht vorrangig um ästhetische Fragen und antibürgerliche Provokation ging, sondern um Konkurrenzen und Animositäten, um Geld und Ruhm. Der widerständige Habitus hatte bald schon eher Unterhaltungs- als Provokationswert – und einen hohen Unterhaltungswert teilten die Postrock-Musiker auch mit der dritten Neuen Welle deutschsprachiger Popmusik, die Anfang der 1980er Jahre mit Nena, Markus und Hubert Kah die Hitlisten stürmte.

---

36 Ebd.; vgl. auch *Xao Seffcheque/Thomas Schwebel*, Das Ideal Interview, in: SoundS 1982, H. 4, S. 26–28. »Es ist historisch erwiesen, daß speziell in Krisenzeiten [...] der Trend zu immer profanerem Entertainment geht, hin zur Ablenkung, zur Verdrängung und nur selten zur Bewältigung. Der Beweis wird sehr schön anhand des kommerziellen Erfolgs der beliebtesten deutschen Gruppen geliefert: Ideal, DAF, Fehlfarben, in dieser Reihenfolge.« (ebd., S. 26).
37 Ebd., S. 26. Lindenberg wird hier vorgestellt als »Hobby-Politologe Udo ›Wozu sind Kriege da?‹ Lindenberg« und zitiert mit den Worten: »[Ideal] drücken das aus, was viele Jugendliche heute denken und fühlen«.
38 Ebd., S. 27.
39 Ebd., S. 28.
40 Ebd.
41 Blick zurück und immer jung. Die Münchner Band Spider Murphy Gang in der Festhalle, in: Frankfurter Allgemeine Zeitung, 11.11.1982, S. 33.
42 Adrett und nett. Die Gruppe »Geier Sturzflug« auf Tournee, in: Frankfurter Allgemeine Zeitung, 2.9.1983, S. 53.

Die dritte Neue Deutsche Welle: Postschlager

Ab 1981 stieß eine Reihe von Bands und Interpreten zur Neuen Deutschen Welle, die mit dem Postrock Düsseldorfer Couleur nichts, mit der Postrock-Variante nur recht wenig gemein hatten. Sie sangen deutschsprachige Texte, lehnten sich aber – in ironischer Verfremdung – eher an den Schlager an als an die ›Erfinder‹ der Neuen Deutschen Welle, bei denen sie massive Abwehrreaktionen auslösten. Zu dieser neuen Strömung gehörten neben Markus (»Ich will Spaß«) vor allem Nena (»99 Luftballons«), Joachim Witt (»Goldener Reiter«), Hubert Kah (»Sternenhimmel«), Peter Schilling (»Major Tom«) und Frl. Menke (»Hohe Berge«). Sie stiegen mit ihren Stücken schnell in die Hitlisten auf, wenngleich sie von Musikzeitschriften wie SoundS und Spex weitgehend ignoriert wurden. Im November 1983 schrieb die ZEIT unter dem Titel »Untergang – du meine Lust« anlässlich einer Debatte über den Zugang zu Dieter Thomas Hecks »Hitparade«:

> »Da läuft von Schleswig Holstein bis Bayern Nena, da düst der Wirbelwind, der die Liebe mitbringt, durch die Sender, da darf der Schmalzheini Markus seinen Schrott ablassen, aber ehe eine schmeichelhafte Satire wie ›Besuchen Sie Europa, so lange es noch steht‹ in die ZDF Hitparade darf, gibt es einen Eiertanz.«[43]

Damit implizierte der Autor, dass der Postrock von »Geier Sturzflug« neben Nena und Markus in der Hitparade durchaus gut aufgehoben sei und bestätigt damit eine Sicht, in der sich auch der Postrock à la »Extrabreit«, »Geier Sturzflug« und »Spider Murphy Gang« weit von den Ursprüngen der Neuen Deutschen Welle entfernt hatte.

In dem NDW-Lexikon, das Christian Graf 2003 veröffentlichte, beginnt der Eintrag für den Musiker Markus so:

> »Im April 1982 erhielt ich einen Brief mit folgendem Wortlaut: ›Darf ich mich zunächst einmal vorstellen: Mein Name ist Axel Klopprogge und ich bin der Produzent der beiliegenden EP ›Kugelblitze und Raketen‹ von Markus. Die Lieder sind schöne Melodien zum Mitsingen und von hohem Tanzwert; ein jedes Lied ein dufter Kumpel für den Alltag. Wir wollten da weiter machen, wo die Klaviernoten unserer Väter aufhören mussten.‹«[44]

Unter den Begriff »Neue Deutsche Welle« subsumierte die breite Öffentlichkeit etwa ab 1981 also auch solche Musik, die »schöne Melodien zum Mitsingen« anbot, statt mit mangelnden musikalischen Kenntnissen und defätistischen Texten zu provozieren.

Beim Publikum erfreuten sich die Vertreter dieser Richtung außerordentlicher Beliebtheit – und dies verlangt nach einer Erklärung. Während die SoundS-Szene ihnen wahlweise vorwarf, sich für Geld zu prostituieren oder überhaupt kein Talent zu haben, kam offenbar die Verballhornung des Schlagers in der breiten Bevölkerung als eben solche an. Schließlich überschnitt sich das Publikum dieser Interpreten eher mit dem von »Fehlfarben« und »Extrabreit« als mit der Zielgruppe des »Musikantenstadls«. Es darf also gemutmaßt werden, dass die Postschlager-Strömung eine Form der Subversion entwickelte, die den Postpunks nicht nur nicht gefiel, sondern die sie auch nicht verstanden.

Das vom Musikexpress 1982 veröffentlichte Sonderheft »Neue Deutsche Welle« beispielsweise enthält zwar einen Beitrag über Joachim Witt, erwähnt aber Nena, Markus und Frl. Menke nicht einmal im Register, wenngleich dies vorgibt, »sämtliche Bands« der Neuen Deutschen Welle aufzulisten.[45] Zwar heißt es im Musikexpress, Joachim Witt kenne persönlich »all die legendären Musiker der frühen Bands wie *Mittagspause*, *Male*, oder *Hans-a-plast*«[46], doch wird er in Jürgen Teipels Interviewsammlung »Verschwende

---

43 Untergang – du meine Lust, in: Die ZEIT, 11.11.1983, URL: <http://www.zeit.de/1983/46/untergang-du-meine-lust> [15.5.2012].
44 *Graf*, Das NDW-Lexikon, S. 178.
45 Musikexpress, Sonderheft »Neue Deutsche Welle«, S. 3 und 62.
46 *Hardy Potzdorf*, »Ich bin euer Herbergsvater«. Joachim Witt, in: ebd., S. 56–57, hier: S. 57.

deine Jugend« von den ›legendären Musikern‹ nicht einmal am Rande erwähnt. Über andere Vertreter des Postschlagers äußern sich Teipels Interviewpartner zudem äußerst despektierlich. Fabsi (Claus Fabian, »ZK«) berichtet, er habe Hubert Kah und seine Band auf einer Bravo-Party getroffen, wo einer der Musiker mit einer »Art Irokesenschnitt« aufgetreten sei – aber »nicht geschoren, sondern einfach mit Karnevalsschmiere hochgekämmt. [...] Die wussten gar nicht, was das alles bedeutete«.[47] Meikel Clauss (»Minus Delta t«) wird noch deutlicher: »Auf dieser Bravo-Party mussten Hubert Kah echt aufpassen, sich von uns keine einzufangen. Diese ganze Art von Neuer Welle, die sich da gerade entwickelte – das war ja alles nur noch kommerziell. [...] [Wir] wurden einfach mit einer Welle von Scheiße überspült«.[48] Ähnlich sprach Peter Hein von Nena, »Extrabreit« und Ina Deter – es habe »keine schlimmere Schmach« gegeben als mit diesen »ins selbe Regal gestellt« zu werden.[49]

Die wohl einschlägigste Vertreterin des Neuen Deutschen Schlagers, die ab 1982 die Hitlisten eroberte, war die – wie »Extrabreit« – aus Hagen stammende Susanne Kerner alias Nena. Der mittlerweile sehr breiten Neuen Deutschen Welle wurde sie zugeordnet, weil sie deutsche Texte sang und von der Plattenindustrie und der Bravo-Redaktion massiv protegiert wurde (1983 gab es kaum eine Bravo-Titelseite ohne ein Bild von ihr). Anlässlich eines versuchten Comebacks schrieb die Frankfurter Allgemeine Zeitung 1989 rückblickend, Nena habe seinerzeit »versöhnliches Licht in die düstere Szenerie des Punk« gebracht – »Unsicherheit, Alltagsbammel und die Wirrnis der großen Welt fanden ohne Ironie oder intellektuelle Reflexion in innerlichen Kinderreimen Ausdruck«.[50] Seitens der Postpunk-Szene wurde Nena indes wahlweise ignoriert oder beschimpft. Dessen ungeachtet zählt sie heute zu denjenigen Interpreten, die die Neue Deutsche Welle zu einem Erfolgsprojekt machten und dafür sorgten, dass die Generation der heute 40- bis 50-Jährigen die frühen 1980er Jahre als eine von starken musikalischen Eindrücken geprägte Zeit erinnert – und zwar überwiegend jenseits der damals tobenden Grabenkämpfe um Authentizität, Kommerzialisierung und (unterstellten) musikalischen Stumpfsinn.

Zunächst aber war die Folge der Verschiebung der Neuen Deutschen Welle vom Postpunk zum Postschlager, dass eine massive Distanzierung der »Gründer« von den »Nachahmern« und schließlich auch von der Neuen Deutschen Welle als solcher einsetzte. In seinem Buch »Alles nur geträumt« zieht der Hannoveraner Plattenproduzent Hollow Skai die Bilanz: »Plötzlich [wollte] niemand mehr dazugehören. Das scheint typisch zu sein für die Deutschen – niemand war dabei«.[51]

IV. NEUE DEUTSCHE WELLE IN DER DDR

Parallel zur Neuen Deutschen Welle der Bundesrepublik entwickelte sich eine ähnliche musikalische Bewegung in der DDR – wenngleich das Phänomen dort bis heute nicht mit dem aus dem westdeutschen Kontext stammenden Begriff belegt worden ist. Bereits 1974 hatte sich die damals noch in Ostberlin lebende Nina Hagen samt ihrer Band »Die Traminer« mit einem Stück zu Wort gemeldet, in dem sie alias Gesine mit ihrem Freund Micha eine Reise nach Hiddensee unternimmt und sich anschließend bei ihm beklagt, dass er die Reise nicht anständig, sprich: in Farbe, dokumentiert habe (»Du hast den Farbfilm vergessen, mein Michael/nun glaubt uns kein Mensch wie schön's hier war ha ha ha

---

47 *Teipel*, Verschwende deine Jugend, S. 311.
48 Ebd.
49 Ebd., S. 289.
50 *Thomas Garms*, Feminine Wärme. Nena: »Wunder gescheh'n«, in: Frankfurter Allgemeine Zeitung, 12.12.1989, S. B2.
51 *Skai*, Alles nur geträumt, S. 12.

ha/Du hast den Farbfilm vergessen, bei meiner Seel'/alles blau und weiß und grün und später nicht mehr wahr«). Die Themen, die in diesem Stück angeschnitten werden, weisen einige Übereinstimmungen mit denjenigen auf, die wenige Jahre später in Westdeutschland von »Mittagspause«, »Fehlfarben« oder »Ideal« besungen wurden. Es geht um die Grenzen der romantischen Liebe und um die als unauthentisch und monoton, wörtlich: als schwarz/weiß empfundene Realität (hier in der sozialistischen Variante). Musikalisch war die Botschaft als fröhlicher Ohrwurm verpackt, doch sollte Nina Hagen bald eine deutliche Affinität zu härteren Klängen entwickeln. Rückblickend zeichnet sich hier möglicherweise ihre bevorstehende Ausreise nach Großbritannien – das Mutterland des Punk – ab, die 1976 erfolgte. 1977 zog Nina Hagen nach Westberlin und gründete dort mit vier Musikern die »Nina Hagen Band«, deren männliche Mitglieder sich wenig später zu der Band »Spliff« umformierten. Zunächst aber fanden in der »Nina Hagen Band« Elemente der Kritik am Spätkapitalismus und am Spätsozialismus zueinander, die sich im Kern wenig unterschieden.

Tatsächlich waren in der DDR der späten 1970er Jahre gleich mehrere Gruppen mit einer Agenda aufgetreten, die wie ihr westdeutsches Pendant dem Punk britischer Provenienz verpflichtet war. Die Themen: Langeweile, Entfremdung, der Kalte Krieg, Betonlandschaften und unbefriedigender Arbeitsalltag standen dabei im Mittelpunkt. Artikuliert wurde die Skepsis an den bestehenden Verhältnissen von Bands wie »Juckreiz«, »Mona Lise« oder »Pankow« – ein Name, der neben einer Anspielung auf die Punkbewegung auch einen Verweis auf das DDR-Establishment enthielt, das sich in dem Berliner Stadtteil Pankow komfortable Villen eingerichtet hatte. Weitere DDR-Bands nannten sich »Müllstation«, »Tapeten-Wechsel«, »Wisch & Web«, »Menschenschock«, »Schleim-Keim«, »Planlos«, »Paranoia«, »Ernst F. All« oder »Wutanfall« – schon die Wahl der Namen weist starke Ähnlichkeiten mit denen westdeutscher Gruppen auf.[52] Andere DDR-Bands übten sich in gezielter Provokation der DDR-Regierung und nannten sich »Antifaschistischer Schutzwall« oder »Schwarzer Kanal«.[53]

Wie im Westen distanzierten sich diese deutschsprachig singenden Bands scharf von den Subkulturen der 1960er und 1970er Jahre:

»Es gab den damals sehr oft zitierten Ehrenkodex der Punks, der sie von den Nachfolgern der Hippies im Osten, den Bluesern, den sogenannten Pennern, abgrenzen sollte. Mit ihnen war man damals unversöhnlich verfeindet und es gab am laufenden Band Schlägereien zwischen den wesentlich älteren Pennern und den gerade der Schulbank entsprungenen Punks.«[54]

Wie »D. A. F.« im Westen entdeckten einige DDR-Musiker schnell das enorme provokative Potenzial des Nationalsozialismus. »Spion«, Sänger der Gruppe »Ahnungslos«, bezeichnete sich selbst als Nazi, nachdem er inhaftiert worden war – ihm wurde zum Vorwurf gemacht, die Parole »DDR = KZ« an eine Hauswand gesprüht zu haben. Michael Horschig erklärt die (vermeintliche) Wandlung des Sängers zum Nazi so: »Er war Punk und er wollte wie alle Punks Leute schockieren und wachrütteln, wozu ihm jedes Mittel recht war. Dadurch, daß er sich [...] als Nazi deklarierte, konnte er sie schocken und die Schuld dem Staat zuschieben, nach dem Motto: ›Dieser Staat erzeugt Nazis!‹«.[55]

Inhaftiert wurden in der DDR auch Mitglieder der Bands »Namenlos«, »Paranoia« und »Vitamin A«, weil sie als Feinde des Sozialismus und deshalb als nicht integrierbar galten. Allerdings reagierten die Verhafteten mehrheitlich nicht mit Nazi-Provokationen, mit denen man das antifaschistische Selbstverständnis der DDR besonders empfindlich atta-

---

52 NDDW. Neue Musik aus der DDR – die real existierende Welle (Teil 1), in: SoundS 1982, H. 8, S. 18–19, und Teil 2, in: SoundS 1982, H. 9, S. 18–19; *Galenza/Havemeister*, Wir wollen immer artig sein, S. 6.
53 Vgl. ebd.
54 *Michael Horschig*, In der DDR hat es nie Punks gegeben, in: ebd., S. 17–40, hier: S. 21.
55 Ebd., S. 22.

ckieren konnte, sondern damit, dass sie sich mit den Juden als Opfern staatlicher Verfolgung identifizierten. Dass DDR-Politiker eine »Lösung des Punkproblems« einforderten, hatte für sie zur Folge, dass man »das Gefühl der Verwandtschaft des Wortes zur Endlösung der Judenfrage nicht los[wurde]. Viele Punks trugen deshalb 1981 dicke fette Judensterne. In der gesamten Gesellschaft geächtet, verfolgt, verhaftet, vorgeführt und endgelöst, fühlten sich die Punks als die Juden von heute«.[56] Entsprechend fielen manche Texte aus: »Ich bin K. O. und will nach Haus/ich denke mir, ich penn mich aus./Dann endlich geh ich durch die Tür/bis jetzt lief einer hinter mir./Aufgepaßt du wirst überwacht,/vom MfMfSSS.«[57]

Ähnlich wie bei der Neuen Deutschen Welle (West) entwickelte sich in der DDR ab 1981 aus dem Punk heraus eine Haltung, die nicht mehr die Konfrontation mit dem ›System‹, sondern eher dessen subversive Unterwanderung zum Projekt machte. Infolge der massiven Repression lösten sich viele Punkbands selbst auf und aus dem »No Fun der ersten Generation wurde das Spaß-Haben der zweiten Generation« – fortan spielten auch »Äußerlichkeiten wie Haartracht, Boots, Badges, Lederjacken eine wesentlich größere Rolle«.[58] Im Unterschied zu der Spaß-Generation der westlichen Neuen Deutschen Welle definierte sich das Pendant im Osten jedoch nicht über die Verballhornung von Schlagern oder das Aufgreifen politisch korrekter Themen, sondern, so Michael Horschig, Gründer der Band »Namenlos«, über einen stark ausgeprägten Egoismus: »Es wurde im Namen von Spaß jede Menge Scheiße an Schwächeren gebaut; Selbstzerstörung und Alkoholismus waren 1981/82 oft Begleiterscheinungen des Punk.«[59]

Die DDR-Regierung reagierte allerdings nicht nur mit brutaler Repression, sondern auch mit dem Versuch der Einfriedung solcher Bands, die sich kooperativ zeigten oder die Kooperation mit dem Staat taktisch nutzten, um sich drohenden Repressalien zu entziehen. Dabei handelte es sich zum Teil um Gruppen, die sich vom Punk bereits entfernt und einen neuen, eigenen Stil geprägt hatten. 1982 wurde in Ostberlin das von der Band »Pankow« produzierte Bühnenstück »Paule Panke oder Der Freitag eines Schlosserlehrlings« aufgeführt, das das eintönige Dasein eines werktätigen DDR-Bürgers zum Gegenstand hat. Der Protagonist ist gelangweilt, er hasst Hierarchien und liebt Smalltalk über Musik und das Fernsehprogramm (»Und krieg ich mal den richtigen Bus ist auch Mathilde drin/ich biete alle Kräfte auf und schieb mich zu ihr hin/wir quatschen vom TV Programm und von der letzten Platte/und sie sagt ob sie wieder Knatsch mit ihrem Alten hatte«).[60] Auch wenn sich die Band regierungskritisch gerierte, wurde sie von dieser doch zumindest zeitweise recht wohlwollend behandelt. So jedenfalls stellten es die nach Ostberlin gereisten SoundS-Autoren dar, die in einem zweiteiligen Artikel über »Neue Musik aus der DDR – die real existierende Welle« erklärten:

»Paule mag die Betriebsversammlungen nicht. Pankow ist da mit ihm einer Meinung (und darf das von offizieller Seite auch ganz offensichtlich sein), denn sie prangern nicht Paules ablehnende Haltung, sondern seine Feigheit an. Paule, der seiner Wut über den von der Partei vorgeplanten Feierabend gerne Luft lassen würde, traut sich nicht vor den mächtigen Genossen, die da vorne große Reden schwingen. Die emanzipierte Freundin von Paul, Mathilde [...] ist da mutiger, sie erkämpft den Arbeitskollegen den wohlverdienten Feierabend.«[61]

1985 erhielt die Band »Pankow« die Erlaubnis, in Frankfurt am Main aufzutreten, wurde dort allerdings gnadenlos verrissen:

---

56 Ebd., S. 26.
57 Text von Alternative 13 (1979) und Namenlos (1983), zit. nach: ebd., S. 26.
58 Ebd., S. 27.
59 Ebd., S. 28.
60 Der Text des Lieds sowie des gesamten Bühnenstücks ist abgedr. in *Wolfgang Herzberg*, Paule Panke oder Der Freitag eines Berliner Schlosserlehrlings, Berlin 1990, S. 26f.
61 NDDW. Neue Musik aus der DDR (Teil 2), S. 18.

»Pankow ist der [...] Name eines Quintetts, das in der Batschkapp wieder einmal einige Vorurteile gegenüber der DDR-Rockmusik bestätigte: Im Osten nichts Neues. Wer nach dem Lesen des Programms erwartet hatte, diese Band balanciere mit ihren Texten auf jenem schmalen Grat, wo Dissidenten gerade noch geduldet werden, sah sich getäuscht. Ein Großteil der Lyrik verzichtete völlig auf einen politischen Anspruch, schilderte privates Glück und Unglück, und auch die übrigen Verse schienen zum Anecken wenig geeignet. [...] Biederer Rock, der nur selten das harmonische Grundschema verließ, eiferte der Neuen Deutschen Welle nach und wurde sauber, aber spannungslos präsentiert.«[62]

Umgekehrt geriet aber auch die westdeutsche Neue Welle, die von der DDR-Regierung zunächst als Protestbewegung gegen den Kapitalismus (miss)verstanden worden war, im Osten ins Kreuzfeuer der Kritik. In einer im Westen verbreiteten Agenturmeldung hieß es, die Neue Deutsche Welle, die sich auch in der DDR großer Beliebtheit erfreue, habe unterdessen

»starke ideologische Bedenken der SED geweckt. Nach Ansicht der Parteizeitung ›Lausitzer Rundschau‹ haben Sender, Manager und Psychologen in der Bundesrepublik den ›ursprünglichen Protest der Jugendlichen in eine salonfähige, regimetreue Welle‹ umfunktioniert, die mittlerweile Milliardenumsätze bringe. In seiner jüngsten Ausgabe schrieb das Blatt, die Texte hätten in der Anfangsphase ›noch gewisse politische Realitäten‹ widergespiegelt und seien ein ›Ventil für die Erfahrungen und Gefühle der jugendlichen Arbeitslosen im kapitalistischen Krisenalltag‹ gewesen. Jetzt aber seien sie einer starken Kontrolle unterworfen, um das Schlimmste zu verhindern und Profite aus der Popularität dieser Musik zu ziehen.«[63]

Ein großer Unterschied zwischen West und Ost bestand darin, dass in der DDR eine staatliche Kontrolle über alle Musikproduktionen durch eine »Einstufungskommission« ausgeübt wurde, die sensibel auf sozialismuskritische Texte reagierte. Eine Chance, hieß es in dem bereits zitierten SoundS-Artikel,

»hat nur, wer ein in sich geschlossenes, durchdachtes künstlerisches Konzept vorweisen kann und in der Lage ist, sein Programm exakt zu reproduzieren. Tapetenwechsel könnte einen Song ›Alles ist Scheiße‹ betiteln, müsste den nächsten dann aber ›Alles wird gut‹ nennen. Drei Akkorde pro Song wären durchaus ausreichend, wenn die Musiker ihre Griffe beherrschen und nicht umgekehrt.«[64]

Überrascht gaben sich die 1982 anlässlich der Paule-Panke-Inszenierung nach Ostberlin gereisten SoundS-Autoren zwar darüber, dass dort detaillierte Kenntnisse der westlichen Musikszene verbreitet waren; weniger überraschte sie indes, dass das Ende des Treffens mit den ostdeutschen Punks »stark an ähnliche Treffen in der BRD in den Jahren '76-'80 [erinnerte]. Die Polizei kam und nahm auf dem Alexanderplatz alle vorübergehend fest«.[65]

1982 berichtete auch der SPIEGEL erstmals über deutsche Punkmusik in der DDR:

»Zum Speien finden Punker, die mittlerweile in fast allen DDR-Großstädten auftauchen, ihren mausgrauen Alltag im SED-Staat. Die Aussteiger unter den drei Millionen Jugendlichen zwischen 14 und 25 Jahren haben keinen Bock auf die überfüllten Staats-Diskotheken der Freien Deutschen Jugend (FDJ), wo Musik und Kleidung zensiert werden: kein Punk, keine Jeans. Die Statussymbole im Wohlstandssozialismus, Schrankwand und Farbglotze, Auto und Datsche, gelten vielen Jugendlichen als ›spießbürgerlich‹ [...], reizen nicht mehr zu Arbeit und Konsum. Häufig klagen sie über Leistungsdruck in der Schule, staatliche Bevormundung bei der Wahl von Lehrstelle und Beruf – Verdruß am Staat hüben wie drüben.«[66]

---

62 Im Osten nichts Neues, in: Frankfurter Allgemeine Zeitung, 6.7.1985, S. 37.
63 Regimetreu. SED-Kritik an »Neuer deutscher Welle«, in: Frankfurter Allgemeine Zeitung, 12.8.1982, S. 17.
64 NDDW. Neue Musik aus der DDR (Teil 1), S. 19.
65 Ebd.; vgl. auch *Horschig*, In der DDR, S. 23ff.
66 Vgl. Auf die Sahne. Bei ihrer Jugendarbeit hat die SED neue Schwierigkeiten: mit Punker-Gruppen, in: Der SPIEGEL, 14.6.1982, S. 59–61.

Ein Blick auf die Themen der Punk- und Postpunkbewegungen in der Bundesrepublik und in der DDR ergibt bei allen systembedingten Unterschieden (zum Beispiel der Ablehnung englischsprachiger Musik durch die Kulturbehörden der DDR bei gleichzeitiger Amerikanisierung der westdeutschen Musiklandschaft) eine Reihe von gemeinsamen Topoi, die sich mit sieben Stichworten fassen lassen: Monotonie des Arbeitsalltags, Kritik der Konsumkultur, das Aufkommen neuer Medien an der Schwelle zur Digitalisierung (zum Beispiel Synthesizer), Entfremdung von der Natur/Lob des Betons, Zweifel am Konzept der romantischen Liebe und der Realität der Kleinfamilie, Kalter Krieg und die Sinnlosigkeit von Ideologie und Ideologiekritik. Es steht außer Frage, dass die Neue Deutsche Welle der DDR vor allem hinsichtlich der Medienaufmerksamkeit, die ihr zuteilwurde, kaum mit der bundesdeutschen gleichziehen konnte. Gleichwohl lassen Übereinstimmungen bei der Wahl der Themen darauf schließen, dass es sich hier um eine Bewegung handelte, die jenseits ideologischer Differenzen Elemente des spätmodernen Alltags aufgriff, die die soziale, politische und kulturelle Wirklichkeit der frühen 1980er Jahre in Ost und West signifikant prägten.

V. VON ALLTAG BIS ZONENZOMBIE: DIE TEXTE DER NEUEN DEUTSCHEN WELLE

Die 1970er Jahre sind hinlänglich als eine Dekade beschrieben worden, in der die Zeit des ›Wirtschaftswunders‹ nach dem Zweiten Weltkrieg zu Ende ging und in welcher die Rede vom unbegrenzten Wachstum in rasanter Geschwindigkeit an Überzeugungskraft verlor. Wenn Thomas Borstelmann für die USA davon spricht, dass eine Stagnation des Wirtschaftswachstums in Verbindung mit steigender Inflation, die bald als »Stagflation« in den Wortschatz einging, für einen grundlegenden Stimmungswechsel in der Bevölkerung sorgte, lässt sich dies problemlos auf die Verhältnisse in der Bundesrepublik übertragen.[67] Zwar stiegen die vielfältigen Konsumangebote einer auf den modernen Verbraucher ausgerichteten Wirtschaft an, doch sanken, inflationsbereinigt, die Einkommen und mit dem Ansteigen der Arbeitslosigkeit auch die Zuversicht, mit der die Bundesbürger bis dahin der Zukunft entgegengesehen hatten. Hinzu kam eine ganze Reihe von weiteren Abstiegs- und Bedrohungsszenarien: Die Energiepreise stiegen infolge der Ölkrisen von 1973 und 1979 deutlich an. Der internationale Terrorismus, der sich infolge des Sechstagekriegs von 1967 entwickelt hatte, schwappte mit dem Attentat auf die israelische Olympiamannschaft 1972 nach Deutschland über und auch der Binnenterrorismus der RAF wurde zunehmend zum Problem. Der Wohlfahrtsstaat drohte aufgrund des sinkenden Steueraufkommens an seine Grenzen zu stoßen, der Reaktorunfall von Harrisburg ließ 1979 Zweifel an der Ungefährlichkeit der friedlichen Atomenergienutzung aufkommen, Helmut Schmidt setzte den NATO-Doppelbeschluss gegen massiven Widerstand in der eigenen Partei durch und bezahlte dafür mit dem Amt des Bundeskanzlers. Infolge der Studentenbewegung gerieten traditionelle Geschlechterrollen zunehmend ins Wanken und die Ahnung, dass die in Zeiten des ›Wirtschaftswunders‹ nach Deutschland geholten ›Gastarbeiter‹ nicht in ihre Heimatländer zurückgehen, sondern ihre Kinder und Enkel in Deutschland aufziehen würden, wurde allmählich zur Gewissheit.

Flankiert wurden diese Entwicklungen durch eine Verschiebung der Kräfteverhältnisse im internationalen Maßstab: Die USA mussten sich aus Vietnam zurückziehen und damit erstmals die Erfahrung machen, dass sie eine als klein und rückständig wahrgenommene Nation nicht militärisch besiegen konnten. Die Sowjetunion machte die gleiche Erfahrung in Afghanistan, sodass am Ende beide Supermächte mit den Grenzen der eigenen militärischen Macht konfrontiert wurden. In Großbritannien betrieb die Regierung Thatcher eine Politik der Deregulierung der Märkte und kürzte radikal die sozialen Leistungen des Staats.

---

67 Vgl. *Borstelmann*, The 1970s, S. 53ff.

In dieser Atmosphäre war in Großbritannien eine Punk-Bewegung entstanden, deren No-Future-Rhetorik die Entwicklungen der 1970er Jahre zusammenfasste und, in trotziger Manier, programmatisch wendete. Vor dem Hintergrund, dass ähnliche Entwicklungen wie in Großbritannien auch für Deutschland befürchtet wurden, erstaunt es kaum, dass die Bewegung in den deutschen Sprachraum überschwappte, wenngleich sich die hier entstehende Neue Deutsche Welle in ihren ästhetischen Ausdrucksformen bald stark vom Punk abgrenzte. Zentral war dabei das Bemühen, nicht mehr auf die englische Sprache als Sprache der Rockmusik und als Indiz einer in der Realität nicht nachweisbaren Internationalität zurückzugreifen, sondern in deutscher Sprache Texte zu verbreiten, die von der Bevölkerung auch verstanden wurden. Gabi Delgado-Lopez (selbst Sohn spanischer Einwanderer) erklärte im Interview mit Jürgen Teipel, ihn habe »der Umgang mit der deutschen Sprache fasziniert«, er habe »unbedingt aggressive Musik mit deutschen Texten« machen wollen und sich gefragt: »Das passt so gut mit der Sprache. Warum machen das die Leute nicht? [...] Wir haben uns bald mehr für Dadaismus interessiert als für Punk«.[68]

Folgt man Peter Kemper, so wurde mit der Neuen Deutschen Welle die Musik tatsächlich »zur Spielwiese von Sprüchen, Gags und Botschaften, die ein heute Dreißigjähriger nur schwer, ein Vierzigjähriger kaum noch verstehen kann. Die Sätze ›ticken‹ in einem anderen Rhythmus, gehorchen einer neuen ›Grammatik der Realitätserfahrung‹«.[69] Dabei geht es zum einen um den Aspekt der Verständlichkeit: Deutsche Texte, so Moritz R., erzeugten grundsätzlich »einen direkteren Kontakt zwischen Band und Publikum«.[70] Dabei geht es aber zum anderen auch darum, Phänomene sprachlich so zu fassen, dass sie Unerwartetes, Provozierendes, Irritierendes, Erheiterndes oder Ernüchterndes transportieren.

Tatsächlich scheint es, als sei es der Neuen Deutschen Welle gelungen, Botschaften in deutscher Sprache zu verbreiten, die in englischer Sprache kaum verstanden worden wären. Ein Blick auf den Inhalt deutscher Texte zwischen 1978 und 1983 lässt folgende thematische Schwerpunkte erkennen, die die eben beschriebenen historischen Entwicklungen der 1970er und frühen 1980er Jahre in erstaunlicher Unmittelbarkeit aufgreifen: Es geht um die Abgrenzung von der »Hippiekultur«, um das Verhältnis von Natur und Kultur in einer von Umweltkatastrophen gezeichneten Industriegesellschaft, um Alltag und Langeweile, um Arbeit (beziehungsweise Faulsein), um die Entwicklung einer neuen Konsumkultur, um die Kritik der Romantik im Zeitalter des Materialismus, aber auch um Deutschland und die NS-Vergangenheit, um den Kalten Krieg (einschließlich Ideologie und Ideologiekritik) und um die Veränderungen, welche durch die eben einsetzende Digitalisierung ausgelöst wurden und die sich mit dem Einzug von Computern und Synthesizern auch in den Übungskellern der NDW-Musiker bemerkbar machten.

Für die hier vorgenommene qualitative Analyse wurden etwa 250 Texte ausgewertet, die von Vertretern aller Phasen und Strömungen der Neuen Deutschen Welle geschrieben wurden, darunter »Abwärts«, »Mittagspause«, »Fehlfarben«, »D. A. F.«, »Hans-A-Plast«, »Die Tödliche Doris«, Frl. Menke, Hubert Kah, »Der Plan«, »DÖF« (Deutsch-Österreichische Freundschaft), »Spliff«, Andreas Dorau, »UKW«, »Spider Murphy Gang«, »Ideal«, »Extrabreit«, »Trio«, »Geier Sturzflug« und schließlich »Pankow« und »Mona Lise« aus der DDR. Als besonders signifikant für eine Analyse der Themen erwiesen sich allerdings die frühen Texte von »Abwärts«, »Mittagspause«, »Fehlfarben«, »D. A. F.«, »Ideal« und »Spliff«, während beispielsweise die Texte von Hubert Kah, »Spider Murphy Gang« und »DÖF« kaum Elemente enthielten, die nicht auch in der klassischen Rockmusik, in englischsprachigen Texten oder gar im Schlager zu finden sind; hier liegt der entscheidende Unterschied in der ironischen Wendung klassischer Motive aus den Bereichen der Liebe, Freizeit und Mobilität.

---

68 *Teipel*, Verschwende deine Jugend, S. 78.
69 *Kemper*, Wo geht's lank?.
70 *Moritz*, Der Plan, S. 14.

Abschied von den 1970er Jahren, oder: »Wenn ich eine Kuh sehe, könnte ich kotzen«

Von zentraler Bedeutung für die Selbstbeschreibungen vor allem des Postpunk (und weniger des Postrock oder Postschlager) waren das Motiv der Abgrenzung von der Kultur der 1970er Jahre und die Lust an der Provokation von Gruppen, die als »Spießer«, »Hippies« oder »68er« bezeichnet wurden. Diese Motive ziehen sich wie ein roter Faden durch die Aussagen derjenigen Personen, die Jürgen Teipel für das Buch »Verschwende deine Jugend« interviewte. Godehard Buschkühl (Gitarrist bei »Coroners«, »Front« und »Mona Mur«) äußert sich darin abfällig über die »ganzen 68er-Hippielehrer mit langen Haaren« und deren Vorliebe dafür, »in Teestuben rumzuhängen und Cat Stevens und diese ganze Dudelmusik zu hören«.[71] Markus Oehlen (Schlagzeuger bei »Charley's Girls« und »Mittagspause«) spricht von einem »Späthippiemuff«[72], der anfangs auch im Ratinger Hof noch präsent gewesen sei und von dem sich die Protagonisten des Postpunk dezidiert absetzen wollten. Den Konsum von Drogen, vor allem von Cannabisprodukten, lehnten sie – zumindest anfangs – mehrheitlich ab mit der Begründung, dass Punk »keine bedröhnte Hippiescheiße« sei (Peter Hein).[73] Und von einem Auftritt mit »Charley's Girls« in einer Kölner Galerie berichtet Gabi Delgado-Lopez (»D. A. F.«), das Publikum habe aus lauter Hippies bestanden, »die noch gar nicht mitgekriegt hatten, dass es sie nicht mehr gibt«.[74]

Die Postpunks betrachteten sich als eine »Generation zwischen den Generationen«[75], deren Selbstbild in Teilen allerdings, wie Moritz R. (»Der Plan«, »Ata Tak«) sich erinnert, auch noch stark von den Protestbewegungen (bis hin zum Linksterrorismus) der 1970er Jahre bestimmt war: »Wir schleppten auch als Punks noch Haltungen der Hippies mit uns herum, vor allem jene rigorose, moralisch-politische Art, durch die sich diese Generation hervorgetan hat.«[76] Diedrich Diedrichsen erklärte in einem SoundS-Artikel von 1980, die Ablehnung beruhe durchaus auf Gegenseitigkeit: Deutsche Postpunks attackierten die »68er-Revolutionäre« und diese täten ihrerseits alles, »um das Lebensgefühl der ihr nachfolgenden Generation nicht zu Wort kommen zu lassen«.[77] Die Folge war, dass die Protagonisten der frühen Neuen Deutschen Welle sich zwar nicht von der politischen Radikalität an sich, umso mehr aber von dem in Teilen der Linken verbreiteten ›Gutmenschentum‹, von Naturverbundenheit, vor allem von der Friedensrhetorik der späten 1970er und frühen 1980er Jahre distanzierten. Der Gründung der Grünen setzten sie ein Lob der Industriekultur, eine gezielt gepflegte Aggressivität und eine Affinität zu faschistischen Symbolen entgegen, die von allen Linken als pure Provokation aufgefasst wurde (und als solche auch gemeint war).

Das Programm des Postpunk bestand im Gegenzug darin, das Leben in anonymen und betonierten Großstädten – ein per se negativ konnotiertes Thema – neu zu besetzen. Harry Rag (»S. Y. P. H.«) erklärte rückblickend, man habe mit der »Grauheit [...] natürlich kokettiert. Im Herzen [seien] Leute wie Franz Bielmeier und [er] schon romantisch« gewesen und das Stück »Zurück zum Beton« habe er »durchaus im Sinne von Rousseaus ›Zurück zur Natur‹« getextet, nur eben mit »umgekehrten Vorzeichen«.[78] Moritz R. erklärte die Bedeutung der Industrielandschaft für seinen Alltag wie folgt:

---

71 *Teipel*, Verschwende deine Jugend, S. 60.
72 Ebd., S. 49.
73 Ebd., S. 53.
74 Ebd., S. 75. Vgl. auch S. 144, Äußerung von Tobias Brink (»KFC«, »Nichts«; »heute Psychiater«): »Student, Sozialarbeiter und Kiffer – das waren Attribute, die nicht akzeptiert werden konnten«.
75 *Moritz*, Der Plan, S. 11f.
76 Ebd.
77 *Diedrich Diederichsen*, SoundS-Diskurs: Ideologien, Identitäten, Irrwege?, in: SoundS 1980, H. 1, S. 18–19, hier: S. 18.
78 *Teipel*, Verschwende deine Jugend, S. 89.

»In Wuppertal gab es ja viele ehemalige Fabriken. Und ich bin gerne auf alte Fabrikgelände gegangen, wo noch die Maschinen stehen. Das war so: Industriegelände als Abenteuerspielplatz entdecken. Und dass ich mit diesem Gefühl nicht alleine war, das sieht man an den Stücken von S. Y. P. H. – ›Zurück zum Beton‹, das war für mich programmatisch.«[79]

Thomas Schwebel (»Mittagspause«, »S. Y. P. H.«, »Fehlfarben«) bestätigte diese Faszination:

»Ich fand dieses Städtische toll. Es gab mal ein Interview mit [der britischen Punkband] Clash, in dem einer von denen sagt: ›Wenn ich eine Kuh sehe, könnte ich kotzen.‹ Das war so: Peng! ›Leckt mich am Arsch mit eurer blöden Natur! Wir leben hier in Städten!‹ Deswegen dieser Text von mir, ›Industrie-Mädchen‹, wo sich zwei Leute neben einem Kernkraftwerk lieben, und das piept dazu.«[80]

Gabi Delgado-Lopez stellte eine direkte Verbindung zum Futurismus her, der ihn nach eigener Auskunft direkt beeinflusste:

»diese positive Einstellung zu neuen Technologien, zur Zukunft und zum Fortschritt und zur Maschine. Zum Motor. Das hat mir gefallen. Wir fanden die ganzen abstrakten Konstruktivisten toll – die ganzen Cyborg-Maschinenmenschen. [...] Und so wie die Surrealisten gesehen haben, dass ein Heizkörper genauso schön sein kann wie ein nackter Frauenkörper, haben wir gesehen, dass so ein Hippie-Dödel-Sonnenuntergang noch genauso schön sein kann, wenn eine hässliche Kokerei davor steht.«[81]

Beispiele dafür, dass städtische Betonlandschaften der ländlichen Idylle vorgezogen wurden mit dem Hinweis, sie hätten einen deutlich höheren Realitätsgehalt, gibt es zuhauf. Die Gruppe »Abwärts« beschrieb ihre Lebenswelt mit den Zeilen: »Linke Seite Supermarkt/Rechte Seite Abenteuerspielplatz/In der Mitte Autobahn [...]/Maschinenland, Maschinenland/Wann bist du denn wohl abgebrannt?« (»Maschinenland«). Bei »Geier Sturzflug« hieß es: »Verseucht mir meinen Garten mit Schwefeldioxyd/vernebelt mir die Sinne, bis man nichts mehr sieht/baut mir durch die Küche noch 'ne Autobahn/schneidet mir die Haare, zieht mir noch 'nen Zahn./Und wenn es wirklich nötig ist, dann will ich nicht so sein/dann lagert noch Plutonium in meinem Keller ein« (»Pure Lust am Leben«). Neben der als normal empfundenen Veränderung der Lebenswelt durch den Bau von Hochhäusern, Fabriken und Autobahnen wurden gehäuft auch Atomkraftwerke erwähnt, die jedoch nicht als ernsthafte Bedrohung, sondern ebenfalls als Teil der industriellen Gesellschaft erschienen (»Neben dem Kernkraftwerk da haben wir uns geliebt«). Als Bedrohung wurde die Atomkraft erst in dem Moment empfunden, in dem Kernwaffen ins Spiel kamen – dann aber war das Thema in der Regel eher der Kalte Krieg als die Kernkraft an sich.

Besonders deutlich kommt die Ablehnung von »Hippiekultur« und Flower Power auf dem Cover der »Fehlfarben«-LP »Monarchie und Alltag« zum Ausdruck, auf dem die mit einer Plakatwerbung (»Zehn Millionen Fernsehzuschauer können sich nicht irren«) versehene, ansonsten graue und schmucklose Brandwand eines Mietwohnungsblocks vor orangerot getöntem Himmel zu sehen ist. Gegen die aufkommenden Bestrebungen der Friedens-, Hausbesetzer- und Umweltbewegungen, sich bestimmte Stücke der Neuen Deutschen Welle zu eigen zu machen beziehungsweise gar für ihre Ziele zu nutzen, verwehrten sich deren Protagonisten mehr oder weniger erfolglos. Dies galt vor allem für die LP »Monarchie und Alltag«, die im Jahr 2000 mit einer Goldenen Schallplatte ausgezeichnet wurde, nachdem sie – über einen Zeitraum von 20 Jahren – 250.000 Mal verkauft worden war. Gegen den Willen der »Fehlfarben« war bereits 1982 das Stück »Es geht voran« als Single ausgekoppelt worden, welches zum erfolgreichsten Stück der Band wurde. Michael Kemner erinnert sich:

---

79 Ebd.
80 Ebd.
81 Ebd., S. 79.

»Wir hatten die Stücke, die wir konnten, schon alle aufgenommen. Und auf einmal spielt Thomas [Schwebel] so ein Chic-mäßiges Riff, das er schon mal im Übungsraum gespielt hatte. Thomas fand Chic toll. Wir haben Chic gehasst. Disco war ja völlig verpönt. […] Aber dann kam Horst Luedtke, dieser Typ von EMI, und sagte: ›Spiel das noch mal.‹ Und Peter [Hein]: ›Ach, hört doch auf mit dem Scheißstück.‹ Aber dann hat er doch schnell noch einen Text dazu gemacht.«[82]

Abbildung: Cover der »Fehlfarben«-LP »Monarchie und Alltag« (Martin Bücker); im Original ist der Himmel orangerot eingefärbt.

Bezeichnete die Frankfurter Allgemeine Zeitung den Titel als »Schlachtruf einer ganzen Generation desillusionierter Neonkinder«[83], so lehnte Peter Hein das Stück beziehungsweise seine Wirkung zumindest zeitweise radikal ab:

»Anfangs habe ich gar nicht bemerkt, dass ›Es geht voran‹ als Hymne von allen möglichen Friedensbewegungen missbraucht wurde. Aber ich fand das dann ziemlich scheiße. Ich war ja nicht unbedingt Hausbesetzersympathisant. Und ich habe mich eben gewundert, wo da der Zusammenhang sein soll. Aber dann dachte ich: ›Na gut, das Stück sollen sie nehmen. Kann ich eh nicht leiden.‹«[84]

---

82 *Teipel*, Verschwende deine Jugend, S. 258f.
83 Auch Legenden kommen in die Jahre, in: Frankfurter Allgemeine Zeitung, 21.1.1984, S. 34.
84 *Teipel*, Verschwende deine Jugend, S. 291.

Grenzten sich die Musiker des Postpunk zunächst vor allem von »Hippies«, »Linken« und »Alternativen« ab, so distanzierten sie sich bald auch von der Punkbewegung, von der Peter Hein behauptet, sie habe ihn »ziemlich genervt«. Die Zeile »Es ist zu spät für die alten Bewegungen« habe er nicht nur auf »Hippies, sondern auch auf Punks [bezogen]. Auf alle alten Bewegungen. Das war meine Stimmung. Genau wie in diesem D. A. F.-Stück: ›Alle gegen alle‹«.[85]

Alltag und Langeweile

Eines der häufigsten Themen der frühen Neuen Deutschen Welle war der Alltag, der – dies wird kaum überraschen, weil es in der Natur des Alltags selbst liegt – als langweilig und banal empfunden wurde. Auffällig ist indes die Beharrlichkeit, mit der die Texte das Thema adressierten. Bei »Ideal« zum Beispiel wird das ganze Leben (mit Ausnahme der berühmten »Blauen Augen«) als eintönig und belanglos beschrieben, wobei auffällt, dass dies auch auf Dinge ausgeweitet wird, die sonst gerade nicht als alltäglich gelten: »Insiderfeten, da schlaf ich ein/ich will auch nicht in London sein/Bei Sex und Drugs und Rock'n'Roll/ist das Maß an Stumpfheit voll//Da bleib ich kühl, kein Gefühl« (»Blaue Augen«). Das Leben wird als ewige Wiederkehr dargestellt: »Alle Worte tausendmal gesagt/Alle Fragen tausendmal gefragt/Alle Gefühle tausendmal gefühlt/tiefgefroren – tiefgekühlt« (»Eiszeit«). Noch radikaler wird der Gedanke in dem Stück »Komm, wir lassen uns erschießen« formuliert: »Langeweile killt nur langsam/du wirst sehn, es tut uns gut/ mir ist heute so gewaltsam/mir ist nach Schüssen heut zumut. [...] Komm, wir lassen uns erschießen/an der Mauer Hand in Hand/Komm, wir lassen uns erschießen/mit dem Kopf an der Wand.«

Aus der Perspektive einer gut situierten Frau (nachempfunden von »Hans-A-Plast« in dem Stück »Sicherheit«) wird die Langeweile anders beschrieben, unterscheidet sich aber nicht grundsätzlich von der Monotonie, die »Ideal« besingt: »Staubsauger, Konto auf der Schweizer Bank/manchmal wünscht sich die Dame eine Gefahr.../Doch auf Russen und Amerikaner/Ist kein Verlass mehr/So in Sicherheit/glänzt die Langeweile.« Als langweilig wird allerdings nicht nur der persönliche Alltag empfunden, sondern auch das Weltgeschehen wird als abwechslungsarm beschrieben: »Die Geschichte ist langweilig und immer dasselbe/die Bücher zum Thema, sind auch nicht das Gelbe« (»Es liegt ein Grauschleier über der Stadt« von »Fehlfarben«). Eng verbunden mit dem Befund der Langeweile ist eine ostentative Gleichgültigkeit: »Die Milch ist sauer, das Bier ist schal/es ist mir alles total egal/Zeitungsstapel und ein faules Ei/mir geht es alles am Arsch vorbei« (»Du bringst mich nicht runter« von »Abwärts«). Mitunter bringt die Langeweile dann kriminelle Energie hervor: »Nichts los in der Stadtmitte/Kids zerstören ein Telefon/Auftraggeber: Aggression/denn sie haben nichts zu tun/Nichts los in der Stadtmitte« (»Stadtmitte« von »ZK«).

Hollow Skai beschreibt die von der Neuen Deutschen Welle aufgegriffene Stimmung so:

»Die angesichts des Baus von Atomkraftwerken und der Stationierung von Pershing II-Raketen nachvollziehbare Endzeitstimmung, die damals in der Bundesrepublik herrschte, sorgte dafür, dass der Alltag, wie es in der *FAZ* hieß, nur noch ›als wechselvolles Kaleidoskop von Klischees, Bruchstücken, Frustrationen und Gefühlssignalen‹ erlebt wurde. Die Lieder erzählten keine Geschichten mehr, ›weil das Leben keine mehr schrieb‹«.[86]

Skai bezieht sich zwar ausdrücklich auf den Westen Deutschlands, doch könnte man dies auch auf Texte aus der DDR übertragen, zum Beispiel auf das Stück »Langeweile« von

---

85 Ebd., S. 202.
86 *Skai*, Alles nur geträumt, S. 67f.

»Pankow«, in dem es heißt: »Den alten Krimi so oft gelesen/rohe Spaghetti zu viel gekaut/zu lange geschlafen/zu oft gebadet/und vor allem zu viel Fernsehen geschaut.«

Die Monotonie des Alltags bildete sich allerdings nicht nur in den Texten, sondern bei einigen Bands auch in der Musik ab – vor allem bei der oft als Vorläufer des Techno beschriebenen Gruppe »D. A. F.«. Bei Live-Konzerten wurden Aufnahmen von bis zu 20 verschiedenen Kassettenrecordern eingespielt, das Ergebnis:

»In ständiger Répétition eingängiger Figuren nutzt [Delgado-Lopez] den Hypnose-Effekt der Minimalmusik. Es gibt keine Soli, keine Spannungsbögen, keine Entwicklung. Dumpf ziehen die schnellen Rhythmen ihre Bahn, das harte Schlagzeugspiel hat den Abwechslungsreichtum eines Metronoms. Ekstatischer Ausdruck paart sich mit schleppender Monotonie und läßt Klangbilder von der Sinnlichkeit einer Neonreklame entstehen.«[87]

Arbeiten/Arbeitslosigkeit/Faulsein

Eines der bekanntesten und erfolgreichsten Stücke der Neuen Deutschen Welle war der Titel »Bruttosozialprodukt« von »Geier Sturzflug«, den Friedel Geratsch und Reiner Beierle zwar bereits 1977 (zu der Zeit unter dem Namen »Duo Dicke Lippe«) geschrieben hatten, der aber erst Jahre später im Windschatten der Neuen Deutschen Welle zum Hit wurde.[88] Anfang 1983 erreichte der Titel Platz eins der deutschen Hitlisten und verweilte 22 Wochen lang unter den Top Ten. Neben der Auszeichnung »Gassenhauer des Jahres« erhielt das Stück eine »Goldene Europa« und eine Reihe von weiteren Preisen. »Bruttosozialprodukt« ist eine Parodie auf den Fabrikalltag, der in der Lebenswelt der aus Bochum stammenden Bandmitglieder sicherlich eine nicht ganz unbedeutende Rolle spielte: »Wenn früh am Morgen die Werkssirene dröhnt/und die Stechuhr beim Stechen lustvoll stöhnt/in der Montagehalle die Neonsonne strahlt/und der Gabelstaplerführer mit der Stapelgabel prahlt./Ja dann wird wieder in die Hände gespuckt/wir steigern das Bruttosozialprodukt.«

Die enorme Popularität dieses Stücks lässt sich unter anderem damit erklären, dass damit ein sehr großes Zielpublikum angesprochen wurde, das den Produktionsalltag nur zu gut kannte und für das der Text ein schwer auszuschlagendes Identifikationsangebot bereithielt. Das Thema »Arbeitsalltag« hatte indes auch im Postpunk bereits eine zentrale Rolle gespielt, wobei jedoch eher Zynismus als Ironie den Ton angab. Das Stück »Nacht Arbeit« von »D. A. F.« zum Beispiel ist gar nicht humoristisch angelegt: »normales leben in der neuen zeit/lebensstandardsteigerung/schnelle produktion/für die schnelle republik/wer täglich stirbt lebt für den augenblick./das leben ist langweilig/es macht keinen spaß/das leben ist flach/nachtarbeit ist arbeit in der nacht [...].« Neben der Langeweile wird hier vor allem die Sinn- und Freudlosigkeit der Produktionsarbeit herausgestellt, während die Bevölkerung der »schnellen Republik« lediglich als Konsument auftritt.

Während gesamtgesellschaftlich eher die steigende Arbeitslosigkeit als Problem ausgemacht wurde, priesen NDW-Musiker das Glück, nicht arbeiten zu müssen – sei es, weil die Eltern zahlen (»Arbeit macht das Leben schwer/ich hab keinen Grund dazu/Lebenslange Unterstützung von meinem Vati hätt' ich gern«, zitiert aus »Reicher Vati« von »Hans-A-Plast«), sei es, weil das Arbeitsamt zahlt – ein Zustand, den »Geier Sturzflug« in »Arbeitslos« ironisch als Zustand der Glückseligkeit darstellt: »Arbeitslos, den ganzen Tag zu Haus/so siehst du in meinen schönsten Träumen aus/du und ich, wir lieben diese Welt/unsere Ich-AG ist alles was jetzt zählt!/Auch die nächsten 20 Jahre werden schön (so schön)/weil wir nahtlos in die Rente übergehen!«[89]

---

87 *Peter Kemper*, Lust an der Vergeblichkeit. Die Rockgruppe »Deutsch-Amerikanische Freundschaft« auf Tournee, in: Frankfurter Allgemeine Zeitung, 15.2.1982, S. 23.
88 Vgl. *Hornberger*, Geschichte wird gemacht, S. 281.
89 Das Stück wurde erst 2004 produziert, fängt aber rückblickend die Stimmung Anfang der 1980er Jahre sehr gut ein.

Die Gruppe »Abwärts« beschrieb im gleichnamigen Stück einen »Zonenzombie«, der aus der DDR in die Bundesrepublik übersiedelt, dort »keine Arbeit und kein Brot« findet und der deshalb zum Sozialamt gehen muss – hämisch kommentiert im Refrain mit: »Hey Zombie, du liegst ganz weit vorn/Hey Scheißer, zum verlieren geborn«. Es ging also keineswegs darum, die Arbeit im Arbeiter- und Bauernstaat als bessere Form der Arbeit anzupreisen; vielmehr ging es um die Monotonie der Fabrikarbeit in Ost und West, welche den Menschen zwar Geld einbringt, dafür aber Lebenszeit stiehlt.

Konsumkultur

Der Lohn der Arbeit bestand aus Sicht der Neuen Deutschen Welle darin, Geld ausgeben und Waren konsumieren zu können. Allein: Der Konsum wurde als ebenso unbefriedigend empfunden wie die Lohnarbeit selbst. So heißt es in dem Stück »Bruttosozialprodukt« von »Geier Sturzflug«: »An Weihnachten liegen alle rum und sagen pu-uh-uh-uh/ der Abfalleimer geht schon nicht mehr zu/die Gabentische werden immer bunter/und am Mittwoch kommt die Müllabfuhr und holt den ganzen Plunder«. Wie gehabt findet sich neben der ironischen auch eine zynische Sicht auf die Konsumgesellschaft, wie sie zum Beispiel von der Gruppe »Abwärts« vorgetragen wurde: »Dies ist die Stadt mit dem schlechten Geruch/Schaufenster blinken – Lichterketten/mit all dem Plunder den wir so gern hätten« (»Dies ist die Stadt«). Dem bereits zitierten »Zonenzombie« hielt die Gruppe vor: »Und den ganzen Krempel hier/bezahlen könnt ihr den doch nie/Ihr seid am Ende angekommen/ihr fickt euch immer selbst ins Knie.«

Die »Fehlfarben« diagnostizierten ganz allgemein: »Was ich haben will, das krieg ich nicht/und was ich kriegen kann, das gefällt mir nicht« (»Paul ist tot«), »Trio« prägte die unterdessen zum geflügelten Wort avancierte Zeile »Immer konsumieren, um das alles zu ertragen« (»Ja ja ja«), während »Hans-A-Plast« das Konsumangebot der Kaufhäuser subversiv wendete: »Heute Nacht hab ich im Kaufhaus geknackt/und alle Schaufensterkerle durchgefickt/Ich schaute den Puppen tief in die Augen/die coolen Blicke machen mich ganz ganz ganz ganz ganz verrückt!« (»Monopoly«). Das Konsumangebot der Industriegesellschaft wird hier als unbefriedigend empfunden, zudem wurde DDR-Bürgern, die in den Westen übersiedeln, vorgeworfen, sie hätten die der Konsumgesellschaft inhärente menschliche Leere billigend in Kauf genommen.

Kritik der Romantik

Als Schlüsseltext der frühen Neuen Deutschen Welle ist immer wieder ein Stück der Gruppe »S. Y. P. H.« von 1979 beschrieben worden, das ursprünglich den Titel »Industriemädchen« trug und dann ein Jahr später von den »Fehlfarben« unter dem Titel »Große Liebe« neu eingespielt wurde. Darin heißt es:

»Ich sah sie zum ersten Mal/bei der Raffinerie/So was wie sie das sah ich noch nie/Beim Elektrizitätswerk sah ich sie wieder/Vor Freude riss ich fast die Hochspannung nieder/Ich mag sie, ich mag sie […]/Ich kam in ihr Zimmer hinterm Güterbahnhof/Drei Stock über, über'n Hinterhof/Neben dem Kernkraftwerk da haben wir uns geliebt/Neben uns ein Gleis der schnelle Brüter lief/Ich mag sie, ich mag sie.«

Weiterhin gibt es erstaunlich viele Stücke aus allen Phasen der Neuen Deutschen Welle, die die romantische Liebe in unterschiedlicher Weise zum Thema machen. Bei »D. A. F.« heißt es, wie immer minimalistisch gefasst: »Drück dich an mich/so fest wie du kannst/ küss mich mein Liebling/so viel wie du kannst« (»Als wär's das letzte Mal«); ein anderer Text geriert sich als homoerotisches Märchen: »Ein schöner junger Prinz/verirrte sich im Wald/plötzlich wurde es dunkel/da packten ihn die Räuber/doch einer von den Räubern liebte diesen Prinzen/ich liebe dich mein Prinz/ich liebe dich mein Räuber« (»Der Räuber und der Prinz«).

In dem Stück »All that Heaven Allows« von »Fehlfarben« wird eine äußerst fragile Liebeserklärung übermittelt, die eher von Verlustangst als von Sorglosigkeit geprägt ist:

»Ich verknote meine Gedanken mit dir/und ersticke fast in diesem Gewirr/Ich bin zu feige dir zu gesteh'n/dass all meine Gedanken sich nur um dich dreh'n!//Ich brauch' deinen Schutz und will dich beschützen/Ich hab' dich nötig, will dich nicht benützen/Ich wollte mehr – mehr noch als alles/Jetzt hab ich Angst – Angst ich verlier' es/ich drück' mich um Antwort auf deine Fragen/Die Wahrheit kann ich nämlich selbst nicht ertragen!«

Viel frecher, aber doch mit dem Einwand, dass »zu viel Gefühl« nur »gefährlich« sei, formuliert es die Gruppe »Ideal« in »Blaue Augen«:

»Deine blauen Augen/machen mich so sentimental, so blaue Augen/wenn du mich so anschaust/ wird mir alles andere egal, total egal/Deine blauen Augen sind phänomenal/kaum zu glauben/was ich dann so fühle/ist nicht mehr normal. Das ist gefährlich, lebensgefährlich, zuviel Gefühl.«

Langjährige Beziehungen werden hingegen in dem gleichen defätistischen Duktus beschrieben wie Arbeitsalltag und Konsumgesellschaft – besonders signifikant ist dies in dem Stück »Rita« von »Pankow«: »Sa ma Rita, fällt dir denn nix bessres ein/als mich zu bemuttern und fernsehn zu zwein./Sa ma Rita hast du denn noch nicht geschnallt/dein gutes Essen macht mich fett und alt./Sa ma Rita merkst du denn noch immer nicht, dass so viel Liebe einem glatt das Herz zerbricht.«

In anderen Stücken werden romantische Themen von Gruppen wie »Trio« (»Da da da – ich lieb dich nicht, du liebst mich nicht«) oder »Extrabreit« (»Aaaaaannemarie, du bist blond wie Bier/Aaaaaannemarie, bitte fick mit mir!«) nur mehr verballhornt beziehungsweise in einem Atemzug mit Prostitution verhandelt (»In München steht ein Hofbräuhaus«). In den Stücken der späten, auf den Schlager zurückgreifenden Neuen Deutschen Welle wird hingegen auf klassische Motive des romantischen Liebeslieds zurückgegriffen, zum Teil zwar mit ironischem Subtext, im Ton jedoch gänzlich anders als die Liebeslieder des Postpunk, die überraschenderweise eher einen tragischen Unterton haben. Bei Nena heißt es dann jedoch ganz optimistisch: »Ich hab heute nichts versäumt/denn ich hab nur von dir geträumt«, und Hubert Kah möchte mit seiner Angebeteten »in der Südsee steh'n, in den Abendhimmel seh'n/Oh, guter Mond am Firmament spür', wie meine Sehnsucht brennt« (»Sternenhimmel«). »DÖF« produzierte mit »Codo der Dritte« ein äußerst erfolgreiches Stück, in dem es heißt: »Und ich düse, düse, düse, düse im Sauseschritt/und bring' die Liebe mit von meinem Himmelsritt/Denn die Liebe, Liebe, Liebe, Liebe, die macht viel Spaß/viel mehr Spaß als irgendwas«. Enthalten die frühen Stücke noch eine Kritik der Romantik aus dem Geist des Betons, überziehen die späteren Stücke diese Romantik mit einer dicken Schicht von Kitsch und Ironie, die das Thema wieder erträglich machen soll, sich dabei aber auch den Vorwurf gefallenlassen müssen, sie intellektuell eher dürftig zu unterfüttern.

Deutschland und die NS-Vergangenheit

Ähnlich wie die britischen Punks spielte die Postpunk-Fraktion der Neuen Deutschen Welle bereits sehr früh mit nationalsozialistischen Zeichen und Parolen, wohl merkend, dass diese gesamtgesellschaftlich ein weit höheres provokatives Potenzial hatten als Attacken auf die »Hippies« oder Hymnen auf den Beton, mehr noch: dass man mit der NS-Symbolik auch die »Linken« gezielt provozieren konnte. Padeluun (»Minus Delta t«) erklärt:

»Nachdem Schleyer getötet wurde, gab es doch so spontane Demonstrationen für Frieden und gegen Gewalt. Und ich ging dann halt hin und hatte einen Arbeitskittel mit ›RAF‹ auf dem Rücken. Die Leute aus diesem Friedenszug sind mit Fackeln auf mich losgegangen. Letztendlich hat mich die Polizei gerettet. [...] Diese Leute hatten alles besetzt, was Protest hieß. Also musste ich mich mit ihnen auseinandersetzen. Das hieß etwa, in einen linken Buchladen zu gehen und zu sagen: ›Heil Hitler, Genossen‹. Danach musste ich erst mal eine Stunde über Politik diskutieren.«[90]

Jäki Eldorado behauptet, Punk sei für ihn so interessant gewesen, »weil es auf einmal keinerlei ideologischen Ballast mehr gab. Du [...] [b]rauchtest keine Rücksicht mehr zu nehmen, ob der jetzt mit einem Hakenkreuz rumläuft oder die RAF gut fand – das war alles eins« (auch wenn natürlich »die Punks die RAF viel besser« gefunden hätten).[91] Damit bekräftigt Eldorado, was Alfred Hilsberg schon 1978 von den britischen Punks behauptet hatte, nämlich, dass das Hakenkreuz bei ihnen kaum »Ausdruck faschistischer Tendenzen« gewesen sei, sondern vielmehr »als Symbol der Provokation gegenüber den heute 50jährigen und ihrem vom Zweiten Weltkrieg [...] geprägten Weltbild« fungiert habe und folglich eine Waffe im Kampf der Generationen gewesen sei.[92]

Vom deutschen Postpunk wurde der Umgang britischer Punks und Skinheads mit NS-Symbolen adaptiert, ohne dass die spezifisch deutschen Bedingungen irgendeine Rolle gespielt hätten. Von Ralf Dörper berichtet Franz Bielmeier, dieser habe im »Ostrich« unter dem Pseudonym »Der Gasmann« geschrieben und »mit Begeisterung seine Judenwitze erzählt. Das war ein Freiraum. Judenwitze waren tabu. Nicht dass Punk eine Nazibewegung gewesen wäre. Aber schon eher keine friedliche Sache. Wir waren so was Antifriedliches«.[93] Moritz R. beschreibt das Spiel mit NS-Symbolen als reine Ironie:

»Man fühlte sich riesig, wenn man mit Nazisprüchen daher kam. Dieser doppelbödige Humor wurde oft nicht verstanden. Dass mit dem Hakenkreuz durch die Gegend zu laufen ein Symbol der kulturellen Befreiung war, das haben viele nie gerafft. Wenn du ein Hakenkreuz abbildest, dann ist das ja noch lange kein Faschismus.«[94]

Und Gudrun Gut (»Mania D«, »Malaria!«) erklärte: »In diesem hippieverseuchten Berlin musste man natürlich für Struktur sorgen. Und deswegen wurde heftigst mit militärischen Symbolen geflirtet.«[95]

Der Vorwurf, rechte Ideologien zu verbreiten, traf vor allem die Gruppe »D. A. F.«, die 1981 mit »Tanz den Mussolini« einen Top Hit landete. Allerdings geriet das Stück auch heftig in die Kritik, weil darin in einem Atemzug Adolf Hitler, Benito Mussolini, Jesus Christus und der Kommunismus genannt wurden, was viele Hörer als Blasphemie oder als politisch inkorrekt empfanden. Der Vorwurf der Faschismusnähe traf die Gruppe »D.A.F.« nicht nur wegen der Texte, sondern auch wegen ihres Gesamtauftritts. Als Alfred Hilsberg Gabi Delgado-Lopez nach der Bedeutung seines Skinhead-Haarschnitts fragte, erklärte dieser:

»Klar ist das auch ne Mode, aber eine, die näher an der Wirklichkeit ist als andere Moden, weil sie unheimlich funktionell ist. Man hat einfach den Schädel, den man wirklich hat. [...] Die politische Ideologie dahinter lehnen wir ab. Jedenfalls ist das alles nur ein winziger Teil von uns.«[96]

Im Interview mit Jürgen Teipel erklärte Delgado-Lopez später:

»Wir fühlten uns als Kinder der Fabrik. So faschomäßig. Wir waren auch beseelt von einem metafaschistischen Geist. Wir waren natürlich keine Nazis. Aber wir haben das geliebt. Monroe [das ist Franz Bielmeier von »Charley's Girls«] und ich. [...] Wir haben dann das so genannte Innenstadtfronttreffen einberufen. Das war einfach eine gefakte politische Bewegung. So ein goldenes Nichts.«[97]

---

90 *Teipel*, Verschwende deine Jugend, S. 73.
91 Ebd., S. 65.
92 *Alfred Hilsberg*, Die Revolution ist vorbei – wir haben gesiegt!, in: SoundS 1978, H. 2, S. 32–36, hier: S. 36.
93 *Teipel*, Verschwende deine Jugend, S. 42.
94 Ebd., S. 85.
95 Ebd., S. 241.
96 *Alfred Hilsberg*, Der Räuber und der Prinz. Deutsch-Amerikanische Freundschaft, in: SoundS 1981, H. 3, S. 28–31, hier: S. 29.
97 *Teipel*, Verschwende deine Jugend, S. 78f.

Die massenhafte Anwesenheit von Skinheads bei einem Konzert im britischen Middlesbrough nahm »D. A. F.« billigend (fast etwas stolz) in Kauf:
»Da war so eine Hölle. Nur Skins. Und der oberste Führer von denen auf der Bühne. Wir starteten mit ›Gewalt‹. Das fanden die ziemlich seltsam. Die haben ja nur Ska gehört. Dann haben wir ›Kebabträume‹ mit diesem Refrain ›Deutschland, Deutschland, alles ist vorbei‹ gespielt. Und dann schwenkte das um. Plötzlich nur noch ›Deutschland! Deutschland! Sieg Heil!‹. Dann kam ›Mussolini‹ mit der Adolf-Hitler-Zeile. Da standen die alle wie eine Eins, haha. Und der Führer die ganze Zeit mit uns auf der Bühne. Wie so eine Art Zensor. Das hat mir gefallen.«[98]

Texte wie der des Stücks »Die lustigen Stiefel« legen allerdings andere Interpretationen nahe. Darin heißt es, in einer Art, die kaum anders als zynisch zu verstehen ist: »Die lustigen Stiefel marschieren über Polen/die lustigen Stiefel marschieren über Polen/die lustigen Stiefel marschieren über Polen./Die deutschen Kinder marschieren ein in Polen/in lustigen Stiefeln.« Zu beurteilen, ob hier tatsächlich revisionistische Propaganda betrieben oder ob die Provokation vom Publikum als solche auch verstanden wurde, ist aus heutiger Sicht kaum mehr möglich.

Der Journalist Peter Glaser bestätigt jedenfalls, dass die Strategie der Provokation sehr erfolgreich war: »Man kann sich das heute gar nicht mehr vorstellen, wie sämtliche Sozialpädagogen Deutschlands bei D. A. F. an die Decke gingen. Und da kleben blieben. Weil das für sie nicht anders erklärbar war, als dass das Nazis sein müssen.«[99] Andererseits tat selbst die Frankfurter Allgemeine Zeitung das Spiel mit den NS-Symbolen als Provokation ab und erklärte, dass »gerade das Kalkül politischer Abgrenzung von ›rechts‹ nach ›links‹« dem »enthistorisierten Bewusstsein« der NDW-Texter »völlig unverständlich und gleichgültig« sei. Es gebe deshalb kaum Anlass zur Besorgnis, es könne sich hinter den Texten tatsächlich faschistisches Gedankengut verbergen.[100] Vielmehr werde Geschichte – einschließlich der nationalsozialistischen Gewaltverbrechen – in den »Tanznummern der achtziger Jahre [...] als Farce inszeniert«.[101] In ähnlicher Manier wird in einem SPIEGEL-Artikel die Band »KFC« vorgestellt – der Name, eine Abkürzung des Begriffs Kriminalitätsförderungsclub, sei »ironisch gemeint, denn sonst säße das junge Quartett längst als kriminelle Vereinigung hinter Gittern«. Dass »KFC« auf einem LP-Cover seine Musik als »[e]ntartete Musik« bezeichnet und dazu einen »Tingeltangel-Neger mit dicken Wulstlippen [...] wie in einer Nazi-Karikatur« abbildet, bleibt im SPIEGEL unkommentiert.[102]

Die Vermutung liegt nahe, dass ein solcher Umgang mit der NS-Vergangenheit schon wenige Jahre später, nach den Kontroversen um das Fassbinder-Stück »Der Müll, die Stadt, der Tod« und um den Wiederaufbau der Neuen Synagoge in Frankfurt am Main nicht mehr als »Spiel« abgetan worden wäre. Insgesamt war die Strategie des *épater le bourgeois* im Postpunk also nur begrenzt erfolgreich. Bis heute wird der Vorwurf, die als ideologiefern wahrgenommene Neue Deutsche Welle habe bewusst faschistische Ideologien unterstützt, nicht ganz ernst genommen. Auffällig ist allerdings, dass Elemente der NS-Ideologie und -Ästhetik ausschließlich innerhalb der Postpunk-Fraktion und auch hier nur begrenzt eingesetzt wurden. Das von der Gruppe »Mittagspause« produzierte Stück »Deutschland 1979« spielt zwar auf die NS-Vergangenheit an, zieht dann aber eine Verbindungslinie zur bundesrepublikanischen Gesellschaft der Gegenwart und kritisiert implizit deren unzureichende Distanzierung von der nationalsozialistischen Vergangenheit: »Ward einst groß gewesen/Weiber und hohe Spesen/suspendiert und ausrangiert/frönt

---

98 Ebd., S. 226f.
99 Ebd., S. 304f.
100 *Kemper*, Wo geht's lank?.
101 *Kemper*, Lust an der Vergeblichkeit.
102 Rockmusik: Die neue deutsche Welle, in: Der SPIEGEL, 23.3.1981, S. 204–208, hier: S. 204.

dem Hobby ungeniert/1979 Deutschland«.[103] Der Text des Stücks »Hallo, ich heiß Adolf« von »Abwärts« schwankt zwischen Zynismus und Ironie:

»Es ist ein hässlicher Tag ohne Sonnenschein/man hört die Stiefel trampeln und die Horden schreien/ in den Straßen liegt Nebel und Tränengas/es geht immer für oder gegen was./Im Kopf ist nicht viel in der Hand liegt ein Stein / und alle sind stolz Deutsche zu sein/Da kam aus dem Nichts eine Gestalt auf mich zu/und sagt ›Hallo ich heiße Adolf und wer bist du?‹«.

Während Gruppen wie »D. A. F.«, »Der Plan« und »KFC« bewusst mit NS-Symbolen spielten und die Folgen billigend in Kauf nahmen, zeigten sich andere Bands erstaunt darüber, dass in ihrem Publikum plötzlich Rechtsradikale auftauchten: »Merkwürdig fand ich«, so Thomas Schwebel, »dass zwischen den ganzen Künstlern und Leuten wie Franz [Bielmeier], die damit kokettiert haben, auch echte Nazis rumstanden.«[104] Zu einer internen Auseinandersetzung darüber, wie viel Provokation durch die mimetische Annäherung an rechte Ideologien erlaubt oder sinnvoll sei, kam es innerhalb der Neuen Deutschen Welle allerdings nicht.

Der Kalte Krieg

Eines der bekanntesten Stücke der Neuen Deutschen Welle zum Thema »Kalter Krieg« war die Satire »Besuchen Sie Europa« von »Geier Sturzflug«. Darin heißt es:

»Wenn im Canale Grande U-Boote vor Anker gehen/und auf dem Petersplatz in Rom Raketenabschußrampen stehn/überm Basar von Ankara ein Bombenteppich schwebt/und aus den Hügeln des Olymp sich eine Pershing 2 erhebt.//Dann ist alles längst zu spät, dann ist, wenn schon nichts mehr geht, besuchen Sie Europa, solange es noch steht.«

Was hier noch Gegenstand der Verballhornung ist, wird in dem Stück »Computerstaat« von der Gruppe »Abwärts« weit bedrohlicher dargestellt. Hier wird ein Szenario entworfen, in dem »die Russen« – quasi als Rache für »Stalingrad« – in Deutschland einmarschieren beziehungsweise einen dritten Weltkrieg vom Zaun brechen: »Samstagabend Irrenanstalt/Der KGB im deutschen Wald/Sonntag, da ist alles tot/Im Golf von Mallorca der Weltkrieg droht.//Stalingrad, Stalingrad/Deutschland Katastrophenstaat.«

In dem Stück »Osten währt am längsten« von »D. A. F.« wird »der Westen« nicht, wie im Westen sonst üblich, als überlegenes System, sondern als Zwilling des Ostens dargestellt:

»Osten währt am längsten/der Osten währt am längsten/und der Osten ist am besten/und der Westen ist am besten/der Luxus ist im Westen/der Westen ist zufrieden/er leckt sich seine Wunden/ und der Luxus ist im Westen/doch der Osten währt am längsten/der Osten währt am längsten/der Osten ist am besten/der Westen ist am besten.«

Ein solcher Text lässt sich als Hinweis darauf lesen, dass in den Augen der »D. A. F.«-Musiker die Systemkonkurrenz eine Scheinkonkurrenz war, weil keines der beiden Systeme die Probleme der Zeit nachhaltig lösen konnte.

In dem Stück »Militürk« – ursprünglich 1980 von »Fehlfarben« geschrieben, aber noch im gleichen Jahr unter dem Titel »Kebabträume« von »D. A. F.« gecovert – wird die Rolle der Sowjetunion als Gegner im Kalten Krieg auf die Türkei übertragen, die angeblich Deutschland überrollen und die Deutschen zu den »Türken von morgen« machen will: »Kebabträume in der Mauerstadt/Türk-Kültür hinter Stacheldraht./Neu-Izmir ist in der DDR/Atatürk der neue Herr.//Hürriyet für die Sowjetunion/in jeder Imbissstube ein Spion/ Im ZK Agent aus Türkei/Deutschland, Deutschland, alles ist vorbei« (»Kebab-Träume«).

---

103 Eine Aufnahme des Stücks ist nachzuhören unter URL: <http://www.youtube.com/watch?v=VGDl0HHKoHg> [15.5.2012].
104 *Teipel*, Verschwende deine Jugend, S. 50f.

Grundsätzlich widersetzte sich die Neue Deutsche Welle mit solchen Texten den gängigen Positionen der späten 1970er und frühen 1980er Jahre, in denen die Bedrohung durch die Sowjetunion und die Vorbereitung des NATO-Doppelbeschlusses einerseits konservative Eliten, andererseits eine politisch korrekte Friedensbewegung auf den Plan rief, die einander humorlos gegenüberstanden und kaum bereit waren, sich von den jeweiligen Ideologien zu lösen.

Computer/Digitalisierung/Medien

Die Neue Deutsche Welle war eine der ersten musikalischen Bewegungen, die systematisch mit digitalen Geräten, vor allem Synthesizern, arbeitete. Dennoch gab es eine verbreitete Skepsis gegenüber digitalen Medien und vor allem eine Kritik am Computer, der einerseits in Form des Synthesizers als Musikinstrument eingesetzt, andererseits rundheraus abgelehnt wurde: In dem Stück »Computer sind doof« von »Spliff« heißt es: »Der Wäschetrockner flirtet mit dem Video/und sendet Strahlen aus, ein elektronischer Zoo/ Die Kaffeemaschine tört den Toaster an/ich krieg die Kurve nicht mehr oh mann oh mann .../falsch programmiert, falsch programmiert [...]/Computer sind doof.« Das Stück »Gummitwist« von »Der Plan« ist ähnlich gehalten:

»Woher weht der Wind von morgen/wozu wird das Ding gebaut?/Wonach schreit der Mensch von heute/wer hat mein Gehirn geklaut?//Ich frage Leute auf der Straße/in der U-Bahn, im Büro/alle woll'n Computer haben/keiner weiß genau wieso.//Gib mir Parallelschnittstellen, 64-Bit-Prozessor/Fortram, Logo, CPU/und VisiCalc und RAM-Modul.«

Elektronische Datenspeicherung wird in dem »Extrabreit«-Stück »Polizisten« als Attribut des Überwachungsstaats präsentiert: »Polizisten speichern, was sie wissen elektronisch ein/alles kann ja irgendwann und irgendwie mal nützlich sein./Polizisten wissen, was zu tun ist, denn sie haben Funkverkehr,/Polizisten werden jeden Tag und jeden Monat immer mehr.« Allerdings gibt es auch positivere Töne. Frl. Menke stellt sich schon einmal auf die digitale Partnervermittlung ein und bittet ganz freundlich: »Komm Computer, rechne aus/Wer kommt zu mir nach Haus/Millionen Daten schon/Komm find mir die Person/ Computer krieg es raus/Computer, druck es aus/Adresse, Telefon/Der Idealperson«.

Was fehlt?

Aufschlussreich ist eine Analyse derjenigen Themen, die von der Neuen Deutschen Welle in Songtexten aufgegriffen wurden. Ebenso aufschlussreich ist es allerdings, die Themen zu benennen, die *nicht* aufgegriffen wurden. Dazu gehören quasi alle internationalen politischen Ereignisse, sofern sie nicht entweder eine der Supermächte oder den Kalten Krieg, besser noch: beide betrafen. Zwar taucht Ronald Reagan als »Grauer B-Film-Held« auf, zwar geistert latent die Möglichkeit eines dritten Weltkriegs durch die Texte, doch wird kein politisches Ereignis namentlich erwähnt – weder die Wahl Margaret Thatchers zur Premierministerin von Großbritannien noch der Einmarsch der Sowjetunion in Afghanistan noch der NATO-Doppelbeschluss, der mit den Zeilen: »Interslip und Floppy Chip/ Pershing II und Apple Panic/sind die Russen unsre Feinde/ach, die Welt ist so verwirrend!« (»Gummitwist« von »Der Plan«) eher abgetan als auf die Agenda gesetzt wird. Wichtige Ereignisse, die der Historiker Frank Bösch in internationaler Perspektive als einschneidend für die Wende von den 1970er zu den 1980er Jahren benennt – darunter zum Beispiel die Revolution in Nicaragua, Chinas Öffnung für die Marktwirtschaft und der Besuch von Papst Johannes Paul II. in Polen – spielen kaum eine oder gar keine Rolle.[105]

---

105 *Frank Bösch*, Umbrüche in die Gegenwart. 1979 als Jahr globaler Krisen und Krisenreaktionen, in: Zeithistorische Forschungen 9, 2012, H. 1, URL: <http://www.zeithistorische-forschungen.de/16126041-Boesch-1-2012> [13.7.2012].

Dass es sich um eine »deutsche« Welle handelte, erscheint in diesem Licht nicht nur als ein spezifisches Merkmal, sondern auch als eine Form von Ignoranz gegenüber der internationalen Politik, sofern sie Deutschland nicht unmittelbar betraf.

Des Weiteren fehlt in den Texten jeglicher Hinweis auf den »Frieden« – ein Thema immerhin, das mit der Friedensbewegung eine mobilisierende Kraft entfaltete. Auch Religion spielt keine Rolle, weder in Form der seit den 1960er Jahren virulenten Esoterik noch als Feindbild (sieht man einmal von ein paar despektierlichen Bemerkungen über den Pfarrerssohn Andreas Dorau beziehungsweise dessen Vater ab[106]). Grundsätzlich kann also kaum davon die Rede sein, dass die Neue Deutsche Welle alle in der Luft liegenden Themen bereitwillig aufgriff. Im Gegenteil: Es fand eine starke Reduktion auf solche Themen statt, die unmittelbar die Lebenswirklichkeit der Musiker betraf.

VI. Sozialstruktur und Geschlechterbeziehungen in der Neuen Deutschen Welle

Im Unterschied zu den Protagonisten des britischen Punk, die überwiegend aus der Arbeiterschicht oder dem sozialen Prekariat stammten, rekrutierten sich die Begründer der Neuen Deutschen Welle überwiegend aus klein- und gutbürgerlichen Familien. Ihre Väter waren in der Regel gut situierte Akademiker, nicht wenige waren Anwälte, Pfarrer oder Architekten. Franz Bielmeier beschrieb seinen Vater rückblickend als »recht wohlhabend«[107]; immerhin erbte er nach dessen frühem Tod so viel Geld, dass er davon das Label »Rondo Records« gründen konnte, ohne anderweitig Geld verdienen zu müssen. Der Vater von Tommi Stumpf (»KFC«) kam laut Tobias Brink »aus der kommunistischen Szene« und »war Anwalt für Linke«.[108] Der Vater von Frank-Martin Strauss alias FM Einheit (»Abwärts«, »Palais Schaumburg«, »Einstürzende Neubauten«) war Architekt[109], der von Harry Rag (das ist Peter Braatz, »S. Y. P. H.«) nach Auskunft seines Mitstreiters Uwe Jahnke »so ein gediegen-konservativer Malermeister«[110], in dessen Solinger Villa Alfred Hilsberg ihn 1980 zum Interview aufsuchte – zu diesem Zeitpunkt arbeitete der Sohn auch im Betrieb des Vaters (»Da will ich die Meisterprüfung machen«).[111] Seine Mutter, berichtet Harry Rag, sei eine Kindheitsfreundin von Rudi Dutschke gewesen, was aber in der Familie seiner Freundin gar nicht gut ankam: »Ich kam da rein und zeigte stolz unsere Platte. Und da stand unten links: ›Für Rudi Dutschke‹. Die waren schockiert. ›Das ist doch einer von der RAF!‹ Völlig absurd! Aber damals wurde das alles in einen Topf geworfen.«[112] Ralf Hertwig beschreibt seine Eltern als »eher Mittelstand« – sein Vater arbeitete in nicht weiter spezifizierter Position »in einer Bank«.[113] Der Vater von Andreas Dorau war evangelischer Pfarrer, weshalb nach Auskunft eines Freundes der Sohn »ziemliche Hemmungen [hatte] und [...] immer ordentlich einen trinken [musste], bevor er ein Mädchen angesprochen hat«.[114] Die Mutter von Annette und Inga Humpe war Organistin und regte Tochter Annette zum Musikstudium an.[115] Von Blixa Bargeld (»Einstürzende

---

106 Vgl. die Äußerung von Pyrolator (das ist Klaus Dahlke) in: *Teipel*, Verschwende deine Jugend, S. 323.
107 *Teipel*, Verschwende deine Jugend, S. 36.
108 Ebd., S. 143.
109 Ebd., S. 168.
110 Aussage von Uwe Jahnke, in: ebd., S. 190.
111 Das Solinger Gefühl. Harry Rag/S. Y. P. H., in: SoundS 1981, H. 1, S. 20–23, hier: S. 21.
112 *Teipel*, Verschwende deine Jugend, S. 190f.
113 Ebd., S. 206.
114 Ebd., S. 323.
115 *Xao Seffcheque/Thomas Schwebel*, Ideal. Der Traum meiner Eltern, in: SoundS 1982, H. 4, S. 26–28, hier: S. 28, Interview mit Annette Humpe: »Ich bin unheimlich kleinbürgerlich und

Neubauten«) wusste Jäki Eldorado zu berichten, er stamme aus »völlig langweiligen Verhältnissen«, seine Mutter arbeite für die Bahnhofsmission, der Vater sei »so ein Nichts« und der Sohn habe deshalb »sein eigenes Nichtssein glorifiziert«.[116]

Einen proletarischen Hintergrund hatten hingegen Peter Hein, Frank Fenstermacher und Gabi Delgado-Lopez. Hein wohnte zur Zeit der »Fehlfarben«-Gründung »noch in seinem Kinderzimmer bei seiner Mutter. Was damals in Düsseldorf niemand wissen durfte – aber viele doch wussten«.[117] Bei Hein zu Hause habe, so Michael Kemner, eine Atmosphäre geherrscht »wie in der Kirche. Ganz verkrampft. Schuhe ausziehen und ruhig sein«.[118] Frank Fenstermacher ergänzt:

»Peter Hein kommt ja, ähnlich wie ich, aus einer Arbeiterfamilie, oder jedenfalls aus einem kleinbürgerlichen Elternhaus. Er hatte mit seinem Bruder zusammen ein Kinderzimmer mit Etagenbett. Alles voll mit Flugzeugmodellen. Und auf dem Boden die Carrera-Bahn. Unglaublich, dass da solche Texte herkamen.«[119]

Gabi Delgado-Lopez, Sohn spanischer Einwanderer, berichtet von sich selbst:

»Ich bin als Gastarbeiterkind in asozialen Siedlungen aufgewachsen. Da habe ich gelernt, dass man auch böse und radikal sein muss. Natürlich ist es erstrebenswert, der weise, weiche Typ zu sein. Intelligent. Aber der größte Meister kann da stehen, und da kommt so ein *hool* mit dem Baseballschläger und haut dem auf den Kopf, und der große Meister ist fürs Leben geschrottet. Und deswegen – wenn dich einer blöd anmacht – musst du auch in der Lage sein zu sagen: ›Pass auf, du kriegst gleich in die Fresse!‹ Du musst auch mal einem in die Eier treten können.«[120]

Zum Teil sorgte die unterschiedliche soziale Herkunft durchaus für Spannungen innerhalb der Musikszene. Thomas Schwebel erinnert sich, es habe einen Konflikt gegeben zwischen zwei Gruppen, die er als »Punkhelden« und »Kunstwichser« titulierte; dieser Konflikt habe indes nicht die tatsächlichen sozialen Verhältnisse widergespiegelt – im Gegenteil:

»Das Komische ist ja, dass KFC diese Prollecke vertreten hat, gegen Kunstwichser wie Peter Hein. Obwohl Peter Hein als Einziger fast einen Prollhintergrund hatte. Tommi Stumpf hat wie in krummer Hund darunter gelitten, dass er aus einer gutbürgerlichen Familie kam. Die haben sich da alle andere Rollen zugelegt.«[121]

Für Alex Hacke, der sich selbst als »kleinen Jungen aus einer sauberen Mittelstandsfamilie« beschreibt, war das »Wichtigste: die Auseinandersetzung mit Dreck. Und mit Ekel. Ich fand das faszinierend, wie Blixa [Bargeld] und Andrew [Chudy] gewohnt haben. Das war unglaublich. Voll gepisste Joghurtbecher neben dem Bett. Aber das hatte was«.[122] Claus Fabian (»ZK«) wiederum behauptet, es sei bezeichnend für das soziale Netz der Postpunks gewesen, dass »keiner von dem anderen [wusste], wie es zu Hause aussieht. Viele haben in [Düsseldorf-]Bilk gewohnt. Aber wir haben uns nicht in Vierteln oder Gangs getroffen, sondern immer nur im [Ratinger] Hof«.[123]

Vor allem aber war der Postpunk eine männliche Angelegenheit: Von 80 Personen, die Jürgen Teipel in »Verschwende deine Jugend« zitiert, sind lediglich zwölf weiblich, darunter die Kneipenbetreiberinnen Carmen Knoebel und Kerstin Eitner, sodass nur

---

eng aufgewachsen. Ich würde sagen, ich verwirkliche den Traum meiner Eltern, die hätten das gern gemacht was ich mache, aber haben sich nicht getraut«.
116 *Teipel*, Verschwende deine Jugend, S. 68.
117 Aussage von Muscha (das ist Jürgen Muschalek, Gitarrist von »Charley's Girls«), in: ebd., S. 106.
118 Ebd., S. 286.
119 Ebd.
120 Ebd., S. 176.
121 Ebd., S. 151.
122 Ebd., S. 237.
123 Ebd., S. 106.

zehn aktive Musikerinnen übrig bleiben.[124] Diese spielten zum Teil in gemischten Bands (»Ideal«, »Neonbabies«, »Din A Testbild«, »Abwärts«, »Hans-A-Plast«), zum Teil in reinen Frauenbands wie »Östro 430«, »Mania D« und »Malaria!«, zum Teil spielten sie auch in mehreren Bands: Gudrun Gut zum Beispiel war Mitgründerin und Schlagzeugerin der Frauenbands »Mania D« und »Malaria!«, spielte aber auch mit den gemischten Bands »Din A Testbild« und »Einstürzende Neubauten«. Sie berichtet von sich, sie sei – mit Jäki Eldorado – einer der ersten beiden Punks in Berlin gewesen (»Er war der Allererste und ich die Zweite«[125]), doch sei das Punkmilieu eindeutig männlich dominiert gewesen:

»Auch dieses Gockelgehabe. Das hatte nichts mit weiblichem Selbstverständnis zu tun. Deswegen war es richtig, sich zu Frauenbands zu verbünden. Da konntest du ganz locker ausprobieren, ohne dass es diesen Geschlechterkampf gab. [...] Wenn eine Frau da ist, dann ist die Band anders. Das gibt einen anderen Sound.«[126]

Im Mai 1980 schmückte ein Foto von »Hans-A-Plast« die Titelseite der Zeitschrift SoundS, die das Thema »Frauen machen Musik« erstmals prominent aufgriff. Ein Beitrag zur Rolle der Frauen in der Rockmusik (zu der hier auch die Neue Deutsche Welle gezählt wurde) betonte, für Frauen seien dort ganz neue Rollenmuster entstanden – »eben weil sie nicht als ›Nur-Frauen‹ mißverstanden werden« konnten, finde man hier mehr Frauen als in anderen Sparten der Musik. Namentlich genannt werden zum Beispiel die Gründerinnen der Frauenbands »Unterrock« und »Ätztussis«, als programmatisch wird ein Text von »Unterrock« zitiert: »Ich kauf mir eine Tigerhose/aus Plastik und Synthetik/ich scheiße in die Kaffeedose/benutz das zur Kosmetik/[...] färb mir mein Haar im Straßengulli/steck mir ein Kleeblatt in die Kimme/und wenn du mich dann noch lieb hast/find ich das irre schrill«.[127]

Moritz R. hingegen schildert die Dinge aus männlicher Perspektive:

»Ich selbst habe es eher genossen, in Jungscliquen rumzuhängen. Durch Punk konnte man als Mann zum ersten Mal wieder was mit Männern anfangen. [...] Was Mädels betrifft: Man musste halt auf einmal mit kurzhaarigen Frauen rummachen. Das war eine ganz schöne Umstellung. Aber mit denen konnte man auch was machen. Nachts auf Eisenbahnbrücken rumklettern. Ich mochte das, dass die nicht immer mit Stöckelschuhen unterwegs waren und beim ersten Straßengraben schon nicht mehr weiterkonnten.«[128]

Seiner Ansicht nach hatten die 1970er Jahre zwar die sexuelle Befreiung der Frau befördert, dafür aber den Männern ein neues Problem geschaffen: »Frauen waren nackt, sexy und selbstbewusst. Der männliche Körper wurde überhaupt nicht thematisiert. Das ist erst durch Punk passiert. Insofern war Punk auch so was wie die nachträgliche Befreiung des Mannes.«[129]

Diese Beschreibung des Verhältnisses von Männern und Frauen ist durchaus typisch für die Postpunk-Zeit, änderte sich allerdings im Verlauf weniger Jahre, vor allem mit der etwa 1982 einsetzenden Wende der Neuen Deutschen Welle hin zum verfremdeten Schlager, der – wenn auch oft ironisch – wieder auf traditionellere Frauenbilder zurückgriff.

---

124 Dies sind: Beate Bartel (»Mania D«), Annette Benjamin (»Hans-A-Plast«), Gudrun Gut (»Mania D«, »Din A Testbild«, »Einstürzende Neubauten«), Margita Haberland (»Abwärts«), Hagar (Andreas Dorau/»Marinas«), Nina Hagen (»Nina Hagen Band« – eher Zeitzeugin als Teil der NDW), Annette Humpe (»Ideal«, »Neonbabies«), Inga Humpe (»Neonbabies«), Bettina Köster (»Mania D«, »Din A Testbild«) und Martina Weith (»Östro 430«).
125 *Teipel*, Verschwende deine Jugend, S. 64.
126 Ebd., S. 197.
127 *Jill Vaudeville*, Zwei und zwei sind nicht mehr vier – alle Mauern stürzen ein, in: SoundS 1980, H. 5, S. 24–28, hier: S. 27.
128 *Teipel*, Verschwende deine Jugend, S. 84.
129 Ebd., S. 306.

VII. ÖKONOMISCHE ASPEKTE: KOMMERZIELLER AUFSTIEG UND NIEDERGANG

Anfangs wurde die Musik der Neuen Deutschen Welle von kleinen und unabhängigen Labels vertrieben, die in der Regel von Musikern oder Musikjournalisten gegründet wurden und sich zum Ziel setzten, den eigenen ästhetischen und weltanschaulichen Ansprüchen eher zu folgen als den Gesetzen des Markts, den internationale Labels wie »EMI«, »Columbia« oder »PolyGram« beherrschten. Zu den kleinen deutschen Labels, die die Musik der Neuen Deutschen Welle vertrieben, gehörten neben Alfred Hilsbergs »Zick-Zack Records« (Hamburg) vor allem Franz Bielmeiers »Rondo Records« und das von Frank Fenstermacher, Moritz R. und Kurt Dahlke betriebene Label »Ata Tak« (beide Düsseldorf), Hollow Skais »No Fun« (Hannover), Uli Rehbergs »Konnekschen« (Hamburg) und Burkhard Seilers »Zensor« (Berlin).[130] Fast alle Bands des Postpunk wurden von einem dieser Labels produziert, was zwar der Grundidee des »selber machen statt konsumieren« durchaus entsprach, sich finanziell indes oft als nachteilig erwies. Zwar hieß es im Musikexpress 1982, der »unermüdliche« Alfred Hilsberg habe mit ansehen müssen, »wie ihm seine Schäfchen, das große Geld witternd, davonliefen und sich von den lukrativen Angeboten der Industrie den Kopf verdrehen ließen. Nicht immer zu ihrem Besten!«[131] Tatsächlich jedoch hatte sich schnell herausgestellt, dass Hilsberg – statt seine Bands am Umsatz zu beteiligen – geradezu manisch alles verfügbare Geld in immer neue Produktionen steckte, bis ihm die eigene Klientel auf den Leib rückte.

Thomas Schwebel erklärt rückblickend, Hilsberg habe ihn von einem Wechsel zu einem großen Label abgeraten.

»Aber dieses Paralleluniversum der Unabhängigen weiter mit aufzubauen hätte für uns nur Sinn gehabt, wenn es wirklich besser gewesen wäre als das bestehende Universum. Ich hatte aber nie einen Pfennig Geld gesehen. Es gab mauschelige Verträge. Falsche Abrechnungen. Ich hatte das Gefühl, ich werde hier genauso beschissen wie bei der Industrie – nur auf eine noch fiesere Art, weil es unvorbereitet passierte –, da lag es doch nahe, gleich zur Industrie zu gehen.«[132]

Ralf Hertwig (»Palais Schaumburg«) berichtet, dass er sich das Geld, das Alfred Hilsberg ihm schuldete, mit Gewalt habe holen müssen, dass Hilsberg aber dennoch ein hohes Ansehen in der Musikszene genossen habe:

»Wir haben mit Front nie Geld gesehen. Bis wir Alfred mal aus dem Bett geklingelt haben. Gode[hard Buschkühl] hat ihn am Kragen gepackt: ›Jetzt gibst du uns die Knete her!‹ Dann hat er aus irgendeinem Umschlag – aus diesem Chaos unter seinem Bett – vier Hunderter rausgezogen. Da waren wir erst mal zufrieden. Man konnte ihm einfach nicht böse sein. Er hat das echt aus Überzeugung gemacht. Für mich ist er nur vergleichbar mit Leuten wie John Peel. Er hat sich nie umbiegen lassen.«[133]

Umgekehrt warnte Hilsberg – nicht ganz uneigennützig – bereits in der SoundS-Ausgabe von Juli 1980 die neuen Bands davor, zu den großen Labels abzuwandern. Grund für deren plötzlich aufkommendes Interesse sei, dass manch eine »lobende Plattenkritik in SoundS oder das zufällige Hören einer im eigenen Preßwerk hergestellten Avantgarde-Single [...] manche Etage in den großen Firmen aufhören und aktiv werden lasse«.[134] Für die betroffenen Bands bedeute das aber, dass sie

»den Spaß, die Kreativität, die Ideen [...] verlieren [könnten], die eigentlich im Vordergrund der Arbeit gestanden haben. Wer allerdings deshalb bei einer der Großen unterschreibt, der läuft nicht

---

130 Vgl. *Klaus Walter*, Die Gunst der Stunde Null. Independent, Avantgarde und kleine Labels, in: *Kemper/Langhoff/Sonnenschein*, »Alles so schön bunt hier«, S. 217–227, insb. S. 218f.
131 Musikexpress, Sonderheft »Neue Deutsche Welle«, S. 8.
132 *Teipel*, Verschwende deine Jugend, S. 257.
133 Ebd., S. 301.
134 *Alfred Hilsberg*, Vom unabhängigen Schallplattenproduzieren..., in: SoundS 1980, H. 7, S. 32–33, hier: S. 33.

nur mit schlechtem Gewissen herum, der sollte auch wissen, dass damit den Unabhängigen bereits im jetzigen Stadium des Aufbaus das lebensnotwendige Wasser abgegraben wird.«[135]

Als Vorbild wird im gleichen SoundS-Heft die Wuppertaler Band »Der Plan« dargestellt, die ihre Platten selbst produzierte und unter Einsatz der eigenen Arbeitskraft über »Ata Tak« (eine lautmalerische Abwandlung des Galerienamens »Art Attack«) vertrieb.[136] Im Mai 1981 folgte ein wohlwollender Artikel über die Gruppe »Hans-A-Plast«, die dem »No Fun«-Label die Treue hielt, weil sie nicht bereit war, marktfreundliche Kompromisse zu machen. Im Interview bestätigte Sängerin Annette Benjamin Hilsbergs Unkenrufe: »Alle Interessenten wollten uns auch partout bei der zweiten LP einen Produzenten dazusetzen. Auf so was lassen wir uns natürlich keinesfalls ein.« Gitarrist Jens Meyer fügte hinzu: »Wir haben von Rotzkotz (die zwischendurch ein kurzes Intermezzo bei Weltrekord/EMI gaben) erfahren, was es bedeutet, einen Produzenten von der Firma im Studio zu haben. Die sind fast wahnsinnig geworden, weil der ständig reingeredet hat – auch Grundsätzliches.«[137]

Auf Dauer erwies sich die Zusammenarbeit mit größeren Labels dennoch als durchaus sinnvoll oder zumindest lukrativ. 1980 wurde das »Fehlfarben«-Label »Weltrekord« von »EMI« aufgekauft und auch »Ideal« wurde ab 1981 von »WEA«, einer Tochter der »Warner Music«, produziert. Hinzu kam, dass die großen Labels begannen, aktiv neue deutschsprachige Bands zu rekrutieren, da sich die Plattenindustrie seit einigen Jahren in einer schweren Krise befand und neue Absatzmärkte suchte.[138] Die Folge war, dass bald die ersten Stücke der Neuen Deutschen Welle in den Hitlisten landeten. In der Musikszene stießen solche Entwicklungen zwar auf massive Kritik, doch ließ sich der Einwand, dass auch die kleinen Labels die Musiker »ausbeuteten« oder stilistisch beeinflussten, nicht gänzlich entkräften.

1981 ermittelte die Musikzeitschrift SoundS in einer Umfrage die beliebtesten Musiker und Bands, wobei sich herausstellte, dass die Neue Deutsche Welle die Listen im Sturm erobert hatte. Bei den Musikern stand zwar mit Holger Czukay (»Can«) noch ein »Krautrocker« auf Platz eins, es folgten aber mit Pyrolator (»Der Plan«), Robert Görl (»D. A. F.«), Xao Seffcheque (»Family 5«), Tom Dokoupil (»Wirtschaftswunder«), Peter Hein (»Fehlfarben«), Annette Humpe (»Ideal«), Holger Hiller (»Palais Schaumburg«), Gabi Delgado-Lopez (»D. A. F.«) und FM Einheit (»Abwärts«, »Einstürzende Neubauten«) insgesamt neun Protagonisten einer Neuen Deutschen Welle, die selbst von der SoundS protegiert worden waren.[139]

Ab 1982 sprang der Funke auf die bundesweiten Charts über. In diesem Jahr stand der Postrock-Titel »Skandal im Sperrbezirk« (»Spider Murphy Gang«) insgesamt acht Wochen lang auf Platz eins, Falcos »Kommissar« drei und »Ich will Spaß« von Markus immerhin noch zwei Wochen lang.[140] Bei den Langspielplatten waren es »Dolce Vita« (»Spider Murphy Gang«) und »85555« (»Spliff«), die sich acht beziehungsweise drei Wochen an der Spitze hielten. Im gleichen Jahr zeigten sich allerdings auch deutschspra-

---

135 Ebd.
136 ... und was der Plan dazu sagt. Ein Interview mit dem Plan, nicht nur über das Plattenmachen, von Geri-Reig-Kenner Ludwig Sigurt Dankwart, in: SoundS 1980, H. 7, S. 33–34.
137 *Michael O. R. Kröher*, Hans-A-Plast. Wir sind Musiker und keine Müllwerker!, in: SoundS 1981, H. 5, S. 26–28, hier: S. 28.
138 *Jutta Lieb*, »Schallplatte/CD«, in: *Werner Faulstich* (Hrsg.), Grundwissen Medien, München 1994, S. 275–295, insb. S. 283; vgl. Schallplatten: Nichts läuft mehr so richtig, in: Der SPIEGEL, 19.12.1983, S. 133–134.
139 Poll '81, SoundS 1982, H. 2, S. 10–11. Bei den Bands waren es (in dieser Reihenfolge) »D. A. F.«, »Ideal«, »Palais Schaumburg«, »Fehlfarben«, »Der Plan«, »Kraftwerk«, »Abwärts«, »Einstürzende Neubauten«, »Wirtschaftswunder« und »KFC« – in der Kategorie »Newcomer national« tauchten außerdem »Nichts«, »Krupps«, Andreas Dorau, »Trio«, »Malaria!«, »Liaisons Dangereuses«, »Östro 430« und »Grauzone« auf.
140 Liste der Nummer-eins-Hits in Deutschland (1982), URL: <http://de.wikipedia.org/wiki/Liste_der_Nummer-eins-Hits_in_Deutschland_(1982)> [15.5.2012].

chige Interpreten sehr erfolgreich, die mit der Neuen Deutschen Welle gar nichts zu tun hatten, darunter die Grand-Prix-Siegerin Nicole mit »Ein bisschen Frieden« und die Kölsch-Rocker »BAP« mit »Für usszeschnigge!« In den Jahressinglecharts 1982 tauchten außer den bereits genannten noch einige weitere NDW-Gruppen auf: »Trio« (»Da da da«, Rang 4), Joachim Witt (»Goldener Reiter«, Rang 9), Hubert Kah (»Rosemarie«, Rang 12), »Grauzone« (»Eisbär«, Rang 16), »Extrabreit« (»Hurra, Hurra die Schule brennt«, Rang 30), »UKW« (»Sommersprossen«, Rang 32) und »Rheingold« (»Dreiklangsdimensionen«, Rang 44).[141] 1983 standen Nena (»99 Luftballons«), »DÖF« (»Codo der Dritte«), Peter Schilling (»Major Tom«) und »Geier Sturzflug« (»Bruttosozialprodukt«) zeitweise auf Platz eins. Mit Ausnahme von Nena waren sie allerdings alle bereits 1984 wieder von den Spitzenrängen verschwunden.[142]

Dass die Neue Deutsche Welle die Mitte der Gesellschaft erreicht hatte, ließ sich nicht zuletzt daran ablesen, dass das Jugendamt der Evangelischen Kirche in Hessen und Nassau im Frühjahr 1983 ein Seminar zum Thema »Rock 'n' Roll und Neue Deutsche Welle« anbot; für die Teilnahme konnten sich Angestellte des Öffentlichen Diensts Bildungsurlaub nehmen – was von der Frankfurter Allgemeinen Zeitung allerdings als »besonders krasse[r] Fehlgriff« bezeichnet wurde.[143] 1982 verzeichnete gar die GEMA leicht steigende Lizenzeinnahmen im Bereich der deutschsprachigen Musik: Die Einnahmen aus deren Export stiegen von 36,4 Millionen DM im Jahr 1981 auf 40,6 Millionen DM im Folgejahr, während die Zahlungen für den Import fremdsprachiger Musik geringfügig auf 133,6 Millionen DM zurückgingen – eine Entwicklung, die die GEMA selbst auf das Konto der Neuen Deutschen Welle verbuchte.[144]

Die internationale Wirkung der Neuen Deutschen Welle hielt sich indes in Grenzen. Zwar ließ sich Nena mit einer englischen Version von »99 Luftballons« auch in den USA vermarkten[145], die meisten Gruppen wurden jedoch nicht über die Grenzen des deutschsprachigen Raums hinaus bekannt. Eine Ausnahme von der Regel bildeten die »Einstürzenden Neubauten«, von denen die Frankfurter Allgemeine Zeitung berichtete: »Was die Kölner Avantgarde-Rockgruppe Can für die sechziger Jahre und die High-Tech-Tüftler Kraftwerk für die siebziger Jahre waren, das waren die Neubauten für die achtziger Jahre: einfach zehn Jahre weiter und die einzige deutsche Band mit internationaler Wirkung.«[146]

Nach 1983 ließ das Interesse an der Neuen Deutschen Welle massiv nach. Zwar verzeichneten Interpreten wie »BAP« und Herbert Grönemeyer große Erfolge, von einer »Bewegung« konnte indes nicht mehr die Rede sein. Die Musikindustrie jedenfalls, kommentierte Hollow Skai, habe »aus dem Schicksal der NDW nur eins gelernt: Wie man eine Jugendbewegung bis zum Exitus auspressen kann«.[147]

Die Zeitschrift SoundS hatte bereits im Herbst 1981 einen Abgesang auf die Neue Deutsche Welle angestimmt und veröffentlichte einen augenzwinkernden Nachruf auf alles, was SoundS selbst einst gepriesen hatte:

»Im Olympiastadion München, im Frankfurter Waldstadion, im Düsseldorfer Rheinstadion, im Volksparkstadion Hamburg und im Olympiastadion Berlin finden Ende September konzertante

---

141 Ebd.
142 URL: <http://de.wikipedia.org/wiki/Liste_der_Nummer-eins-Hits_in_Deutschland_(1984)> [15.5.2012].
143 Rock&Roll und Sex im Bildungsurlaub, in: Frankfurter Allgemeine Zeitung, 26.4.1983, S. 11.
144 Deutsche Musik ein wenig beliebter im Ausland, in: Frankfurter Allgemeine Zeitung, 14.7.1982, S. 12.
145 Vgl. *Thomas Garms*, Nena auf Tournee. Die Wirrnis der Welt und Alltags-Bammel, in: Frankfurter Allgemeine Zeitung, 6.4.1984, S. 27.
146 *Detlev Reinert*, Langsamer Vulkantanz. Die deutsche Popgruppe »Einstürzende Neubauten« auf Tournee, in: Frankfurter Allgemeine Zeitung, 23.9.1989, S. 29.
147 *Skai*, Alles nur geträumt, S. 236.

Gottesdienste zur Rettung der Neuen Deutschen Welle statt. Unter gemeinsamer Leitung von Holger Hiller, Pyrolator und Frieder Butzmann tritt die Big-Band der NDW in der Besetzung Malaria (Saxofon), Der Plan (Synthesizer), Palais Schaumburg (Waldhörner), Abwärts (Rhythmusgitarren), Buttocks (Rhythmusboxen), Krupps und Einstürzende Neubauten (Stahlschlacht) und Nachdenkliche Wehrpflichtige (A Capella) auf. Die Liturgie wurde geschrieben von Blixa Bargeld und Peter Hein. Die Predigt zum Thema: Welche Lehren können wir für die NDW aus dem Musikgeschmack Stalins ziehen – hält D. Diederichsen. [...] Als Preise winken goldene Flexidiscs von Xao Seffcheque ›Wir sind die Hippies von morgen‹ und A. Hilsberg ›Wir sind die Geldschweine von heute‹. Die Feldgottesdienste werden über Satelliten in allen Punk-Exklaven empfangen werden können.«[148]

Etwas profaner formulierte es Moritz R. (»Der Plan«): »Die Neue Deutsche Welle musste sich als solche hinstellen, um überhaupt durchzubrechen. Jetzt hat jedes Medium darüber berichtet und es ist uninteressant geworden. [...] Ich bin für die Veranstaltung eines Abschlussballes der neuen deutschen Welle.«[149] Im Juli 1982 riefen Gröfaz (Alfred Hilsberg) und Goldman (Jäki Eldorado) zum »Generalstreik« gegen die Neue Deutsche Welle auf:

»Boykottiere Plattenläden, in denen NDW-Produkte verkauft werden, z. B. durch Versperren des Eingangs (Herumstehen[de] Gruppen, durch Mopeds, Fahrräder)! Blockiert alle Kopfhörer! Redet sehr laut, wenn NDW-Platten aufgelegt werden! Kennzeichnet NDW-verseuchte Läden nächtens durch Schriftzüge wie ›Vorsicht Neue Welle!‹! [...] Bastelt subversive Aufkleber mit Sprüchen wie ›Ideal – Illegal – Scheißegal‹! Säubere deine Schallplatten-Sammlung von NDW-Platten! Überzeuge deinen Freund/deine Freundin, das gleiche gute Werk zu tun!«[150]

In das gleiche Horn stieß die Frankfurter Allgemeine Zeitung, die im März 1983 schrieb, zwar hätten viele das »Rauschen« der NDW noch

»lautstark in den Ohren, doch [sei] die Macht ihrer Bewegung, ihre kulturelle Sogwirkung [...] dahin. [...] Der alte deutsche Schlager erblüht derweil in Neuer Deutscher Peinlichkeit (Andreas Dorau, Markus, Nena und andere), deutscher Mainstream-Rock hat sich wieder einmal etabliert (Ideal oder Spliff), während Experimente wie eh und je von ›Randgruppen‹ (›Kowalski‹, ›Zatopek‹, ›Ja Ja Ja‹ und ›Quick Culture‹) gepflegt werden.«

Insgesamt, so das Fazit, sei die Neue Deutsche Welle »zum Tummelplatz von Phrasen, vorgestanzten Gags und Belanglosigkeiten verflacht«.[151] So verschwand die Neue Deutsche Welle etwa 1984 ebenso schnell von der Bildfläche, wie sie aufgetaucht war. Im kollektiven Gedächtnis der Bundesdeutschen hat sie sich allerdings einen festen Platz erobert. Sie steht für die Zeit um die »geistig-moralische Wende«, auch wenn sie zeitgleich mit der sozial-liberalen Koalition schon auf ihr Ende zugesteuert war.

VIII. Schluss: Die »geprellte Generation«

In ihrem Buch über die Geschichte der Bundesrepublik und Westeuropas »nach dem Boom« stellen Anselm Doering-Manteuffel und Lutz Raphael fest, dass es – unabhängig vom »Geschnatter« über die Postmoderne in »Medien und Akademikerkreisen«[152] – einen strukturellen Bruch zwischen der Nachkriegszeit einschließlich der 1970er Jahre und den darauffolgenden Dekaden gab. Als charakteristisch für diesen Bruch benennen sie die Entwicklung des internationalen Finanzkapitalismus, die deutliche Abnahme individueller und gesellschaftlicher Planungssicherheit, das Aufkommen einer weit über konjunk-

---

148 *Gröfaz* [Alfred Hilsberg]/*Goldman* [Jäki Eldorado], Falsche Freunde gibt es überall. Diskurs über Kriegsschauplätze 81, in: SoundS 1981, H. 9, S. 24–25, hier: S. 25.
149 Zit. nach: *Alfred Hilsberg*, Der Plan, in: SoundS 1981, H. 11, S. 28–31, hier: S. 30.
150 Gröfaz und Goldmann, bekannt von Funk und Fernsehen, rufen zum Generalstreik gegen die ›Neue Deutsche Welle‹ (auch NDW genannt) auf!, in: SoundS 1982, H. 7, S. 44–45.
151 *Kemper*, Wo geht's lank?.
152 *Doering-Manteuffel/Raphael*, Nach dem Boom, S. 90.

turelle Zyklen hinaus strukturell bedingten Arbeitslosigkeit sowie die allgemeine Beschleunigung der Arbeitswelt, die unter anderem auf die Einführung von Computern und die stetig schrumpfende Halbwertzeit von Wissen zurückzuführen sei. Grundsätzlich träfen die langfristigen Veränderungen die Industrienationen in ihrer Gesamtheit, doch habe der Strukturbruch die Generation derer, die 1990 etwa 30 Jahre alt waren und die Raphael und Doering-Manteuffel in Anlehnung an Helmut Klages als »geprellte Generation«[153] bezeichnen, besonders hart getroffen. Die Eltern dieser Alterskohorte (genauer: die Väter) arbeiteten noch vom Eintritt in das Erwerbsleben bis zum Eintritt ins Rentenalter an ein und demselben Arbeitsplatz in der Industrie oder im Büro und lebten ihr Leben in einem »Dreieck von Fabrik, Familie, Feierabend«, das Klages selbst zwar despektierlich als »Daseinskargheit« bezeichnete, welches aber dennoch ein Maximum an Wohlstand und Planungssicherheit versprach.[154] Gestört wurde dieses Szenario allenfalls durch vorübergehende Konjunkturschwächen. Ansonsten gab es im Leben dieser Eltern einen etwa 20 Jahre währenden Zeitabschnitt, in dem Kinder aufgezogen wurden, gefolgt von einem ähnlich langen Zeitabschnitt, in dem dafür gesorgt wurde, dass die Kinder es »einmal besser haben« würden. Die Generation der um 1960 Geborenen hingegen sah sich damit konfrontiert, dass es eine solche Planungssicherheit nicht mehr gab, dass sie vielmehr dauerhaft mit dem Risiko der Arbeitslosigkeit leben, den Arbeitsplatz vielfach wechseln und letztlich auch um eine sichere Rente bangen mussten. Eine »lange Gegenwart«, wie sie das Leben der Eltern maßgeblich geprägt hatte, kannte diese Generation nicht mehr.[155] Kompensationsstrategien konnten die Rückkehr zur alten oder der Aufbruch in eine neue Religiosität sein, eine Flucht in virtuelle Welten oder das Eintauchen in eine Jugendkultur, die sich dem vorherrschenden Lebensmuster entzog beziehungsweise widersetzte.

Ähnliche Einschätzungen finden sich auch in anderen Darstellungen: Die 1970er Jahre werden für gewöhnlich als diejenige Dekade beschrieben, in der der Aufschwung zu Ende ging, Energie teurer wurde und soziale Sicherungssysteme erstmals an ihre tatsächlichen oder vermeintlichen Leistungsgrenzen stießen. Frank Bösch hat so zuletzt in einem programmatischen Aufsatz über das Jahr 1979 argumentiert, in dem sich die Krise deutlicher verdichtete als in dem häufig als Höhepunkt der Krise identifizierten Jahr 1973. 1979 wurde der Schah von Persien gestürzt, die Sowjetunion marschierte in Afghanistan ein und Margaret Thatcher wurde zur Premierministerin Großbritanniens gewählt – eine Wahl, die eine Deregulierung der Londoner Finanzmärkte bei gleichzeitiger Kürzung staatlicher Sozialleistungen zur Folge hatte. Die Ablösung der Regierung Carter durch Ronald Reagan (1980) und der Regierung Schmidt durch Helmut Kohl (1982) standen unter ähnlichen Vorzeichen.

Tatsächlich weisen die Themen der Neuen Deutschen Welle erstaunliche Übereinstimmungen mit dem Szenario auf, das Helmut Kohl am 13. Oktober 1982, dem Tag seines Amtsantritts als Bundeskanzler, so zeichnete: »Es besteht eine tiefe Unsicherheit, gespeist aus Angst und Ratlosigkeit, Angst vor wirtschaftlichem Niedergang, Sorge um den Arbeitsplatz, Angst vor Umweltzerstörung, vor Rüstungswettlauf, Angst vieler junger Menschen vor ihrer Zukunft.«[156] Viele junge Menschen bekämpften die genannten Ängste – die, wohlgemerkt, nicht mit Kohls Amtsantritt aufkamen, sondern auf die Kohl zu reagieren hatte –, indem sie sie musikalisch verarbeiteten.

---

153 Vgl. ebd., S. 51; sowie *Helmut Klages*, Wertedynamik. Über die Wandelbarkeit des Selbstverständlichen, Zürich 1988. Den Begriff der »geprellten Generation« verwandte Bourdieu sinngemäß in »Die feinen Unterschiede« als Titel eines Unterkapitels. Vgl. *Pierre Bourdieu*, La distinction. Critique sociale du jugement, Paris 1979 (Une génération abusée, S. 159–166).
154 *Doering-Manteuffel/Raphael*, Nach dem Boom, S. 103.
155 Ebd.
156 *Helmut Kohl*, Reden 1982–1984, Bonn 1984, S. 14, hier zit. nach: *Wirsching*, Abschied vom Provisorium, S. 32.

Blickt man mit dem Abstand von zwei Dekaden auf die ›alte‹ Bundesrepublik zurück, so läuft man unwillkürlich Gefahr, diese 1980er Jahre, die Andreas Wirsching die Zeit des »Abschieds vom Provisorium« genannt hat, als Vorgeschichte der deutsch-deutschen Vereinigung zu deuten.[157] Kaum etwas aber wäre weniger geeignet, eine solche Deutung – die Wirsching selbst dezidiert ablehnt – zu belegen, als die Neue Deutsche Welle. Nichts hatte diese weniger auf dem Schirm als eine Vereinigung der beiden deutschen Staaten oder ein friedliches Ende des Kalten Kriegs. Mit dem nämlich hatte sie sich ebenso arrangiert wie mit der DDR, die sie weder als Feind noch als Hinterland linker Utopie betrachtete, sondern als eine Landschaft aus Beton, die frappierende Ähnlichkeit mit den Industrielandschaften im Westen aufwies und der sich zumindest Teile der Neuen Deutschen Welle mimetisch anglichen.

Ein Blick auf die Geburtsdaten der Protagonisten zeigt, dass diese den Geburtsjahrgängen zwischen 1955 und 1960 angehörten, 1980 etwa 25 bis 30 Jahre alt waren und damit exakt die von Doering-Manteuffel und Raphael als »geprellte Generation« beschriebene Alterskohorte repräsentieren.[158] Einige von ihnen hatten eine abgeschlossene Ausbildung, einige hatten ein Studium entweder abgebrochen oder auch beendet, die meisten aber – mit Ausnahme von Peter Hein, der seinem Arbeitgeber Rank Xerox treu blieb – arbeiteten unter gänzlich anderen Bedingungen als die Generation ihrer Eltern. Arbeitslosigkeit war für sie kein Schicksalsschlag, sondern fester Bestandteil von Erfahrungswelt und Erwartungshorizont. Statt von Lebensgefährten sprachen sie von Lebensabschnittsgefährten. Reisen in ferne Länder – die in der Darstellung von Doering-Manteuffel und Raphael als ein Markt beschrieben werden, der trotz der Krise kontinuierlich wuchs – waren nicht nur selbstverständlich geworden, sie wurden schon wieder als langweilig beschrieben (»Monotonie in der Südsee«). Allein das Konsumverhalten erwies sich in der Zeit des Bruchs als ein von erstaunlicher Kontinuität geprägtes Feld, und nichts lag der Neuen Deutschen Welle ferner als Konsumverweigerung (wenngleich es ursprünglich ein Element der Selbststilisierung gewesen war, Musik über kleine Labels zu vermarkten und das Treiben der Großen unter den Generalverdacht der Kommerzialisierung zu stellen). Lutz Raphaels und Anselm Doering-Manteuffels These, der zufolge die »Kritik an der omnipräsenten Kommerzialisierung […] zum immer schnelleren Wechsel (sub)kultureller Stile insbesondere in der Jugendkultur« führte und diese »den Gestus radikaler Konsumkritik in den Zyklus der Moden konsumwilliger Lebensstile« integrierte, gilt mit Sicherheit zumindest für Teile der Neuen Deutschen Welle.[159] So betrachtet bilden die Biografien der Personen, von denen dieser Text handelt, den Übergang von der Prosperität in die Strukturkrise so genau ab, dass man geradezu von einer Selbstähnlichkeit der musikalischen Bewegung mit ihren historischen Bedingungen sprechen kann.

Wenn Raphael und Doering-Manteuffel 2010 behaupteten, für die »geprellte Generation« sei es leichter gewesen, eine Zukunft zu erträumen, als sie planvoll zu entwerfen, bestätigten sie wörtlich, was Peter Hein bereits 1979 in dem Stück »Paul ist tot« besungen hatte: »Was ich haben will, das krieg ich nicht./Und was ich kriegen kann, das gefällt mir nicht./Ich will nicht was ich seh/Ich will was ich erträume.«[160] Weder Arbeit noch Konsum oder gar eine Kleinfamilie konnten den eklatanten Mangel an Begeisterung für eine Lebenswelt kompensieren, die diesseits und jenseits der Mauer als grau beschrieben wurde. Was an dieser Haltung am Ende jugendlicher Protest oder gelangweilte Attitüde war – wie es in den Feuilletons oft kolportiert wurde – sei dahingestellt. In jedem Fall traf die Neue Deutsche Welle zwischen 1979 und 1983 einen Ton, der nicht nur die Gestimmtheit der Musiker wiedergab, sondern die Gestimmtheit einer ganzen Gesellschaft.

---

157 Vgl. *Wirsching*, Abschied vom Provisorium, S. 695.
158 Vgl. *Teipel*, Verschwende deine Jugend, S. 365–369.
159 *Doering-Manteuffel/Raphael*, Nach dem Boom, S. 124f.
160 Ebd., S. 103.

Philipp Gassert

Arbeit am Konsens im Streit um den Frieden

Die Nuklearkrise der 1980er Jahre als Medium gesellschaftlicher Selbstverständigung

Die Kontroverse um die Nachrüstung und über den NATO-Doppelbeschluss war ein zentraler politischer und gesellschaftlicher Konflikt der frühen 1980er Jahre. Denn sie betraf weit mehr als eine Handvoll außen- und sicherheitspolitischer Experten. Sie schlug in der Bundesrepublik weite Kreise in ihren Bann. Dafür sorgten Proteste: Hunderte von kleineren und größeren Veranstaltungen, von Informationstischen auf Marktplätzen, kleinräumigen Straßentheatern, lokalen Umzügen, Foren und Podiumsdiskussionen, bis hin zu Großveranstaltungen wie der langen Menschenkette von Neu-Ulm nach Stuttgart während der »Aktionswoche Herbst '83«.[1] Auch der Deutsche Bundestag war kontinuierlich Forum des »Raketenstreits«. 37 Mal befasste er sich mit dem am 12. Dezember 1979 von der NATO verabschiedeten Doppelbeschluss, bevor er am 22. November 1983 mit der Stimmenmehrheit von Union und FDP grünes Licht für die Stationierung von 108 Pershing-II-Raketen und 96 Cruise Missiles auf westdeutschem Boden gab.[2] Er sollte, auch dank des Einzugs der Grünen in den Bundestag[3], in den folgenden Jahren immer wieder darauf zurückkommen, während an Symbolorten der Stationierung wie Mutlangen Protest beinahe alltäglich wurde.[4] Vor Gericht dauerten die Auseinandersetzungen noch bis weit in die 1990er Jahre an. Mehrfach musste sich auch das Bundesverfassungsgericht damit beschäftigen.[5]

Die Bedeutung dieser wichtigsten politischen Großkontroverse der 1980er Jahre liegt auf mehreren Ebenen: Ihre primäre politische Bedeutung erwächst daraus, dass sie als politisch-parlamentarisches Ereignis mit dem Regierungswechsel vom Oktober 1982 ursächlich verknüpft war.[6] Ihre gesellschaftliche Wirkung aber liegt darin, dass sie konsti-

---

1 Einen Einblick in die Breite der Aktivitäten geben die »Rundbriefe« des Bonner Koordinationsausschusses, Archiv Grünes Gedächtnis, ZS 8389. Zu den Organisations- und Protestformen vgl. *Christoph Becker-Schaum*, Die institutionelle Organisation der Friedensbewegung, in: *ders./Philipp Gassert/Martin Klimke* u. a. (Hrsg.), »Entrüstet Euch!«. Nuklearkrise, NATO-Doppelbeschluss und Friedensbewegung, Paderborn 2012, S. 151–168.
2 Deutscher Bundestag, Plenarprotokoll, 10. Wahlperiode, 36. Sitzung, 22.11.1983, S. 2590, Wiederabdruck in: Die Nachrüstungsdebatte im Deutschen Bundestag. Protokoll einer historischen Entscheidung, Reinbek 1984, S. 11–274; der Leitantrag von CDU/CSU und FDP, in: ebd., S. 272–274; die Zahlen nach *Jeffrey Herf*, War by Other Means. Soviet Power, West German Resistance, and the Battle of the Euromissiles, New York 1991, S. 205.
3 Eckart Conze spricht in diesem Zusammenhang von einer Reparlamentarisierung der Nachrüstungskontroverse ab 1983, vgl. *Eckart Conze*, Modernitätsskepsis und die Utopie der Sicherheit. NATO-Nachrüstung und Friedensbewegung in der Geschichte der Bundesrepublik, in: Zeithistorische Forschungen 7, 2010, H. 2, S. 220–239.
4 *Volker Nick/Volker Scheub/Christof Then*, Mutlangen 1983–1987. Die Stationierung der Pershing II und die Kampagne Ziviler Ungehorsam bis zur Abrüstung, Mutlangen 1993.
5 Entscheidungen des Bundesverfassungsgerichts (BVerfGE) 66, 39: 16.12.1983; 68, 1: 18.12.1984; 73, 206: 11.11.1986; 76, 211: 14.7.1987; 92, 1: 10.1.1995; als Überblick über die Rechtsprechung *Werner Offenloch*, Erinnerung an das Recht. Der Streit um die Nachrüstung auf den Straßen und vor den Gerichten, Tübingen 2005.
6 Wie genau die Gewichtung wirtschaftspolitischer und außenpolitischer Konfliktpunkte im Bruch der Koalition 1981/82 vorzunehmen ist, ist umstritten, vgl. vor allem *Andreas Wirsching*, Abschied vom Provisorium. Geschichte der Bundesrepublik Deutschland 1982–1990, München

tutiver Teil sinnstiftender Debatten über das bundesdeutsche Gemeinwesen war sowie zu einem gewichtigen Ausdruck der mentalen Verarbeitung der sozioökonomischen Umbrüche der 1970er und 1980er Jahre wurde.[7] Die Nuklearkrise war auch Reflexionsraum des zeitgenössisch viel diskutierten Wandels elementarer Wertvorstellungen, der in den 1960er Jahren eingesetzt hatte, sich in den 1970er Jahren beschleunigte und auch in den 1980er Jahren noch anhalten sollte.[8] Und schließlich steht die Raketendebatte für den Wandel der politischen Kommunikationsformen und des Politischen überhaupt, wie sich anhand der medialen Strategien der Nachrüstungsgegner wie auch der Befürworter zeigen lässt.[9]

Es wird hier von »Nuklearkrise« gesprochen, weil in dem großen Streit um Frieden und Nachrüstung nur vordergründig über eine rein außen- und sicherheitspolitische Option debattiert wurde. Der salopp so bezeichnete »Raketenstreit« besaß stellvertretende Funktion für soziale Selbstverständigungs- und Identifikationsdebatten.[10] In Gesellschaften mit demokratischen Rückkopplungsprozessen sind außenpolitische Kontroversen in der Regel in innergesellschaftliche Konfliktlinien integriert.[11] Die sich nach dem Höhepunkt der Entspannung Mitte der 1970er Jahre anbahnende erneute Verschärfung des Ost-West-Konflikts, verstärkt seit der Kontroverse über die Neutronenbombe schon 1977, dann dem Doppelbeschluss und dem sowjetischen Einmarsch in Afghanistan 1979

2006, S. 19f.; *Friedhelm Boll/Jan Hansen*, Doppelbeschluss und Nachrüstung als innerparteiliches Problem der SPD, in: *Philipp Gassert/Tim Geiger/Hermann Wentker* (Hrsg.), Zweiter Kalter Krieg und Friedensbewegung. Der Nato-Doppelbeschluss in deutsch-deutscher und internationaler Perspektive, München 2011, S. 203–228, hier: S. 222–224.

7 *Anselm Doering-Manteuffel/Lutz Raphael*, Nach dem Boom. Perspektiven auf die Zeitgeschichte seit 1970, Göttingen 2008; *Konrad Jarausch*, Das Ende der Zuversicht? Die siebziger Jahre als Geschichte, Göttingen 2008; *Thomas Raithel/Andreas Rödder/Andreas Wirsching* (Hrsg.), Auf dem Weg in eine neue Moderne? Die Bundesrepublik Deutschland in den siebziger und achtziger Jahren, München 2009; kritisch zur Krisendebatte *Martin H. Geyer*, Auf der Suche nach der Gegenwart. Neue Arbeiten zur Geschichte der 1970er und 1980er Jahre, in: AfS 50, 2010, S. 643–669, hier: S. 650.

8 So zeitgenössisch *Erhard Eppler*, Friedensbewegung, in: *Walter Jens* (Hrsg.), In letzter Stunde. Aufruf zum Frieden, München 1982, S. 143–166, hier: S. 152; einen intellektuellen Bezugspunkt dieser Debatte bildete die Studie von *Ronald Inglehart*, The Silent Revolution. Changing Values and Political Styles among Western Publics, Princeton, NJ 1977; zur Historiografie des »Wertewandels« vgl. *Andreas Rödder*, Werte und Wertewandel. Historisch-politische Perspektiven, in: *ders./Wolfgang Elz* (Hrsg.), Alte Werte – Neue Werte. Schlaglichter des Wertewandels, Göttingen 2008, S. 9–25.

9 Vgl. die Hinweise bei *Frank Bösch*, Umbrüche in die Gegenwart. Globale Ereignisse und Krisenreaktionen um 1979, in: Zeithistorische Forschungen 9, 2012, H. 1, S. 8–32, sowie zur Mediengeschichte allgemein *Holger Nehring*, Debatten in der medialisierten Gesellschaft. Bundesdeutsche Massenmedien in den globalen Transformationsprozessen der siebziger und achtziger Jahre, in: *Raithel/Rödder/Wirsching*, Auf dem Weg in eine neue Moderne, S. 45–65.

10 Ein paralleles Argument in Bezug auf die Erdölkrise beziehungsweise sozialstaatliche Debatten findet sich bei *Rüdiger Graf*, Die Grenzen des Wachstums und die Grenzen des Staates. Konservative und die ökologischen Bedrohungsszenarien der frühen 1970er Jahre, in: *Dominik Geppert/Jens Hacke* (Hrsg.), Streit um den Staat. Intellektuelle Debatten in der Bundesrepublik, Göttingen 2008, S. 207–228; und bei *Winfried Süß*, Der keynesianische Traum und sein langes Ende. Sozioökonomischer Wandel und Sozialpolitik in den siebziger Jahren, in: *Jarausch*, Das Ende der Zuversicht, S. 120–137, hier: S. 133.

11 Als Überblick zu dieser Debatte vgl. *Eckart Conze*, Zwischen Staatenwelt und Gesellschaftswelt. Die gesellschaftliche Dimension in der Internationalen Geschichte, in: *Wilfried Loth/Jürgen Osterhammel* (Hrsg.), Internationale Geschichte. Themen – Ergebnisse – Aussichten, München 2000, S. 117–140; vgl. die Gegenposition bei *Andreas Rödder*, Sicherheitspolitik und Sozialkultur. Überlegungen zum Gegenstandsbereich der Geschichtsschreibung des Politischen, in: *Hans-Christof Kraus/Thomas Nicklas* (Hrsg.), Geschichte der Politik. Alte und neue Wege, München 2007, S. 95–125.

sowie dem Amtsantritt Ronald Reagans 1981 – allesamt wichtige ereignisgeschichtliche Marken –, warf vehement Fragen nach der Positionierung der Bundesrepublik in Europa auf. Hierbei wurde dann auch intensiv über die kulturelle und politische Westorientierung gestritten, wobei der Vorwurf beziehungsweise die Zurückweisung von »Antiamerikanismus« zum Mittel der Positionsbestimmung wurde. Und es wurden, auch dies dürfte nicht überraschen, diametral entgegengesetzte »Lehren aus der Vergangenheit« gezogen und mit »gesinnungs-« oder »verantwortungsethischen« Positionen untermauert.

Daher war der »Streit um den Frieden« – so die hier vertretene These – letztlich eine Arbeit am bundesrepublikanischen Konsens. Er hatte integrierende Funktion.[12] So erbittert über die Stationierung auch debattiert wurde, so offenkundig ist gleichzeitig, dass beide Seiten ihre Argumente aus Grundsatzpositionen heraus legitimierten, die in der politischen Kultur der Bundesrepublik inzwischen annähernd konsensualen Status erreicht hatten (vor allem im Vergleich zu den 1960er Jahren): erstens die kulturelle Westbindung, zweitens die erinnerungskulturelle Akzeptanz der NS-Erblast und, damit verknüpft, drittens die Vorstellung eines deutschen Friedensauftrags in Europa sowie viertens die Akzeptanz von Parlamenten und Gerichten als Foren des politischen Streits. Dass die Bundesrepublik sich nun übereinstimmend als Teil einer politischen Kultur des demokratischen Westens verstand, zeigte sich – neben den vielfachen Verweisen beider Seiten des Debattenspektrums auf die engen Beziehungen in die USA – auch an der relativ weitgehenden Akzeptanz bestimmter Protestformen selbst durch die Befürworter der Nachrüstung; zudem argumentierten beide Seiten in ähnlicher Weise mit den »historischen Erfahrungen« des Zweiten Weltkriegs, woran sich die breite Einwurzelung eines post-nationalsozialistischen Erinnerungskonsenses zeigen lässt. Und wie sehr Deutschland als Friedensmacht gesehen wurde, dafür steht die Akzeptanz der Formel von »Frieden in Freiheit« durch die Befürworter der Nachrüstung sowie die überwältigende Resonanz des Themas »Frieden« in der Populärkultur.

Dass Streit nicht konsenssprengend, sondern konsensstabilisierend und konsensbildend wirkt, klingt paradox. Hier lässt sich anknüpfen an theoretische Überlegungen Georg Simmels, der in seiner klassischen Studie über die »Soziologie des Streits« (1908) argumentiert hat, dass Streit eine Form der Vergesellschaftung sei. Jede Gesellschaft benötige »irgendein quantitatives Verhältnis von Harmonie und Disharmonie, Assoziation und Konkurrenz, Gunst und Missgunst[,] um zu einer bestimmten Gestaltung zu gelangen«. Für Simmel waren gesellschaftliche Konflikte daher »keineswegs bloße soziologische Passiva, negative Instanzen, so dass die definitive, wirkliche Gesellschaft nur durch die anderen und positiven Sozialkräfte zustande käme«. Vielmehr sei Gesellschaft das Ergebnis beider. Streit wollte er daher als »positiv«, als sozial aufbauend verstanden wissen.[13] In der Nachfolge Simmels hat unter anderem Ralf Dahrendorf in den 1960er und 1970er Jahren auf das gesellschaftlich integrative Potenzial von Konflikten hingewiesen. Bei Dahrendorf richtete sich dies in seinem bekannten Buch »Gesellschaft und Demokratie in Deutschland« insbesondere auch gegen das deutsche Gemeinschaftsdenken und die »Sehnsucht nach Synthese«.[14] Hieran knüpfte später die moderne Konfliktforschung an,

---

12 Klaus Naumann spricht mit Bezug auf die Nachrüstungsdebatte sogar von »Selbstanerkennung« der Bundesrepublik durch die »kryptokommunistische« Linke, die dadurch von einer externen zu einer internen Haltung der Opposition gekommen sei, vgl. *Klaus Naumann*, Nachrüstung und Selbstanerkennung. Staatsfragen im politisch-intellektuellen Milieu der ›Blätter für deutsche und internationale Politik‹, in: *Geppert/Hacke*, Streit um den Staat, S. 269–289.
13 *Georg Simmel*, Der Streit, in: *ders.*, Soziologie. Untersuchungen über die Formen der Vergesellschaftung, Berlin 1923, S. 186–255, hier: S. 187; vgl. zur Kritik *Carsten Stark*, Die Konflikttheorie von Georg Simmel, in: *Torsten Bonnacker* (Hrsg.), Sozialwissenschaftliche Konflikttheorien. Eine Einführung, Wiesbaden 2008, S. 83–96.
14 *Ralf Dahrendorf*, Gesellschaft und Demokratie in Deutschland, Stuttgart 1965; *ders.*, Konflikt und Freiheit. Auf dem Weg zur Dienstklassengesellschaft, München 1972; hierzu *Jörn Lamla*,

für die gehegte Konflikte letztlich grundlegend für sozialen Wandel in offenen Gesellschaften sind. Helmut Dubiel zufolge ist der »unblutige Dauerstreit der demokratischen Öffentlichkeit« Charakteristikum einer modernen Zivilisation.[15]

Zweifellos trifft die Simmel-These nicht summarisch auf jede beliebige historische Epoche und Konstellation zu, beziehungsweise bringt jede Art von Konflikt notwendig positive Effekte der gesellschaftlichen Integration hervor.[16] In der soziologischen und politikwissenschaftlichen Konfliktforschung wird, zurückgehend auf Klassiker der politischen Ideengeschichte wie Machiavelli, Hegel oder Tocqueville, seit Jahrzehnten intensiv darüber debattiert, wann und unter welchen Bedingungen ein Konflikt integrierend, ab wann er desintegrierend, ab wann er als »Bindemittel«, ab wann er als »Lösemittel« gesellschaftlicher Bindungen wirkt.[17] Daher bringen Verallgemeinerungen die historische Analyse nicht sehr weit. Doch auch ohne die ausdifferenzierte Diskussion der Konfliktforschung, mit zum Teil widersprüchlichen Konfliktbegriffen[18], auch nur annähernd referieren oder ihr gerecht werden zu können[19], kann darauf verwiesen werden, dass der Streit um die Nachrüstung für die Untersuchung der spezifischen Voraussetzungen einer positiv vergesellschaftenden Funktion von Konflikt ein aufschlussreiches Fallbeispiel darstellt.

In diachroner und damit historisch interessierter Perspektive kann der Streit um den NATO-Doppelbeschluss und den Frieden in den 1980er Jahren daher als Teil einer wachsenden Akzeptanz von Konflikt und damit der Verbreitung einer demokratischen Konfliktkultur nach westlichem Vorbild verstanden werden. Streit war in den 1980er Jahren auf der Basis eines Minimalkonsenses akzeptabel, wobei auch die Austragungsformen dieses Streits nicht über Nacht von allen akzeptiert wurden, aber doch als Teil einer demokratischen Debattenkultur zunehmend konsensual werden konnten.[20] Daher stelle ich im Folgenden in einem ersten Schritt im Überblick die Charakteristika der Friedensbewegung heraus und zeige kurz, welche Resonanz der Streit um den Frieden in der Populärkultur fand. Anschließend steht im zweiten Teil die Verbindung von Nuklearkrise und außenpolitischer Krisenperzeption im Mittelpunkt. In einem dritten und vierten Schritt wird an der Debatte über die Westbindung und die NS-Vergangenheit nach den soziale

---

Die Konflikttheorie als Gesellschaftstheorie, in: *Bonnacker*, Sozialwissenschaftliche Konflikttheorien, S. 207–229.

15 *Helmut Dubiel*, Integration durch Konflikt?, in: *Jürgen Friedrichs/Wolfgang Jagodzinski* (Hrsg.), Soziale Integration, Wiesbaden 1999, S. 132–143. Dubiel wendet sich gegen die Kritik von *Albert O. Hirschman*, Wieviel Gemeinsinn braucht die liberale Gesellschaft?, in: Leviathan 1994, S. 293–304, der gegenüber einer funktionalistischen Integrationsthese die Bedeutung von gemeinsamen Werten betont.

16 Simmel akzeptiert, dass es »Kämpfe« gibt, in denen »der Beisatz des vereinheitlichen Elementes gleich Null« geworden sei, wenn es zum Beispiel um Vernichtung schlechthin gehe. *Simmel*, Der Streit, S. 194. Diese Grenzfälle treffen jedoch auf demokratische Gesellschaften in der Regel nicht zu.

17 Hierzu *Hirschman*, Wieviel Gemeinsinn braucht die liberale Gesellschaft, S. 297f.; sowie als weiterer Klassiker der soziologischen Diskussion vor allem *Lewis A. Coser*, Continuities in the Study of Social Conflict, New York 1967.

18 *Rudolf-Christian Hanschitz*, Konflikte und Konfliktbegriffe, in: *Gerhard Falk/Peter Heintel/Ewald E. Krainz* (Hrsg.), Handbuch Mediation und Konfliktmanagement, Wiesbaden 2005, S. 63–82.

19 *Peter Imbusch*, Sozialwissenschaftliche Konflikttheorien – ein Überblick, in: *Peter Imbusch/Ralf Zoll* (Hrsg.), Friedens- und Konfliktforschung. Eine Einführung, Wiesbaden 2010, S. 143–178, sowie die Beiträge in *Bonnacker*, Sozialwissenschaftliche Konflikttheorien.

20 Dies wird besonders deutlich an dem Streit um die Sitzblockaden und die Frage der Nötigung, vgl. *Jürgen Habermas*, Ziviler Ungehorsam – Testfall für den demokratischen Rechtsstaat. Wider den autoritären Legalismus in der Bundesrepublik, in: *Peter Glotz* (Hrsg.), Ziviler Ungehorsam im Rechtsstaat, Frankfurt am Main 1983, S. 29–53, vgl. auch unten Teil V.

Identität und Konsens stiftenden Aspekten der Debatte gefragt, bevor in einem abschließenden Teil noch auf Protest als Kommunikationsmedium eingegangen wird.

I. ZUR POPULARITÄT DES FRIEDENS IN DEN 1980ER JAHREN

Es ist nicht selbstverständlich, dass Menschen demonstrierend auf die Straßen gehen, sich im kalten November-Wetter vor ein Kasernentor setzen oder dass »nukleare Weltuntergänge« in der Populärkultur zum modischen Massenphänomen werden. Beides war in den frühen 1980er Jahren relativ weit verbreitet. Die Protestmobilisierung erreichte in den 1980er Jahren eine neuartige Intensität in der Bundesrepublik – wie praktisch in ganz Westeuropa und Nordamerika.[21] Millionen verliehen ihrer Ablehnung der drohenden Stationierung von Pershing-II-Raketen und Cruise Missiles Ausdruck beziehungsweise traten in den USA für ein Einfrieren (»Freeze«) der Rüstung ein.[22] Unvergessen unter Zeitzeugen sind die Podien auf den beiden Kirchentagen 1981 und 1983, während die Demonstrationen im Bonner Hofgarten 1981 und 1983, die »Prominenten-Blockade« von Mutlangen sowie die Menschenketten aus Anlass des »heißen Herbsts« 1983 sich ins kollektive Gedächtnis eingeprägt haben. Nicht minder wirken manche der populären Lieder nach, wie Nicoles »Ein bißchen Frieden«, Nenas »99 Luftballons« oder auch Filme und literarische Zeugnisse der nuklearen Kultur der 1980er Jahre.[23]

Die neue Friedensbewegung der 1980er Jahre hatte eine lange Vorgeschichte in der ›alten‹ Friedensbewegung und in der Ökologiebewegung, aus deren Reihen sich auch die wichtigsten Bewegungsaktivisten rekrutierten.[24] Verwiesen Kritiker der Bewegung vor allem auf den von der kommunistischen Deutschen Friedensunion lancierten »Krefelder Appell« vom 16. November 1980 als wichtige Initialzündung der neuen Friedensbewegung[25],

---

21 Mit der wichtigen Ausnahme Frankreich; für einen ersten, über Deutschland hinausgreifenden historischen Überblick vgl. die entsprechenden Kapitel bei *Lawrence S. Wittner*, Toward Nuclear Abolition. A History of the World Nuclear Disarmament Movement, 1971 to the Present, Stanford, CA 2003.
22 Zu den transatlantischen Unterschieden vgl. *Wilfried Mausbach*, Vereint marschieren, getrennt schlagen? Die amerikanische Friedensbewegung und der Widerstand gegen den NATO-Doppelbeschluss, in: *Gassert/Geiger/Wentker*, Zweiter Kalter Krieg, S. 283–304; *Holger Nehring*, Transnationale Netzwerke der bundesdeutschen Friedensbewegung, in: *Becker-Schaum/Gassert/Klimke*, Entrüstet Euch, S. 213–228.
23 Vgl. *Philipp Baur*, Nukleare Untergangszenarien in Kunst und Kultur, in: *Becker-Schaum/Gassert/Klimke*, Entrüstet Euch, S. 325–338 – Baur arbeitet in Augsburg an einem entsprechenden Dissertationsprojekt; *Ulrich Krökel*, »Bombe und Kultur«. Künstlerische Reflexionen über die Atombombe von Hiroshima bis Černobyl, in: *Michael Salewski* (Hrsg.), Das nukleare Jahrhundert. Eine Zwischenbilanz, Stuttgart 1998, S. 188–216; *Ilona Stölken-Fitschen*, Bombe und Kultur, in: *Michael Salewski* (Hrsg.), Das Zeitalter der Bombe. Die Geschichte der atomaren Bedrohung von Hiroshima bis heute, München 1995, S. 258–281.
24 Zur Kontinuität mit der älteren Friedensbewegung *Benjamin Ziemann*, A Quantum of Solace? European Peace Movements during the Cold War and their Elective Affinities, in: AfS 49, 2009, S. 351–389, hier: S. 363f.; zum Kontext der 1970er Jahre *Thomas Leif*, Die strategische (Ohn-)Macht der Friedensbewegung. Kommunikations- und Entscheidungsstrukturen in den achtziger Jahren, Opladen 1990, S. 296f.; *Rüdiger Schmitt*, Die Friedensbewegung in der Bundesrepublik Deutschland. Ursachen und Bedingungen einer neuen sozialen Bewegung, Opladen 1990, S. 15f.; *Alice Holmes Cooper*, Paradoxes of Peace. German Peace Movements since 1945, Ann Arbor 1996, S. 211–233; *Susanne Schregel*, Der Atomkrieg vor der Wohnungstür. Eine Politikgeschichte der neuen Friedensbewegung in der Bundesrepublik 1970–1985, Frankfurt am Main 2011, S. 69ff.
25 Zuletzt *Helge Heidemeyer*, NATO-Doppelbeschluss, westdeutsche Friedensbewegung und der Einfluss der DDR, in: *Gassert/Geiger/Wentker*, Zweiter Kalter Krieg, S. 247–267; *Udo Baron*, Kalter Krieg und heißer Frieden. Der Einfluss der SED und ihrer westdeutschen Verbündeten

so wird in der historischen und sozialwissenschaftlichen Forschung inzwischen betont, dass nach einer »Diskussions- und Latenzphase« 1980/81 die von christlichen Gruppen wie den Evangelischen Studentengemeinden getragenen Demonstrationen auf dem Hamburger Kirchentag vom 20. Juni 1981 den, gerade auch medial, wichtigsten Durchbruch erbrachten: einerseits aufgrund des unerwartet hohen Mobilisierungserfolgs mit erstmals 100.000 Demonstranten, andererseits aufgrund der öffentlichkeitswirksamen Konfrontation zwischen prominenten Nachrüstungskritikern wie dem ehemaligen Berliner Bürgermeister und Pastor Heinrich Albertz auf der einen Seite und dessen Parteifreunden Bundeskanzler Helmut Schmidt und Verteidigungsminister Hans Apel auf der anderen Seite.[26] Hier dürfte auch die räumliche Nähe zu führenden linksliberalen Hamburger Pressehäusern eine Rolle gespielt haben, weil prominente, transatlantisch orientierte Journalisten wie Marion Gräfin Dönhoff oder Theo Sommer von der ZEIT der Friedensbewegung nun erstmals größere Aufmerksamkeit schenkten.[27]

Diese Ereignisgeschichte muss hier nicht vertieft werden. Zusammengefasst seien wichtige Charakteristika der neuen Friedensbewegung der 1980er Jahre hervorgehoben: Erstens hat die sozialwissenschaftliche Bewegungsforschung die relativ hohe Protestintensität des Konflikts um die Nachrüstung herausgearbeitet. Diese stellten für die ›alte‹ Bundesrepublik einen absoluten Höhepunkt dar. Zwar erreichten die außerparlamentarischen Protestbewegungen der späten 1960er Jahre im Vergleich zur Friedensbewegung eine höhere Ereignisfrequenz, aber es handelte sich, mit Ausnahme der Kampagne gegen die Notstandsgesetze, um relativ kleine Personengruppen. Quantitativ wurden die Zahlen der Friedensbewegung erst Anfang der 1990er Jahre übertroffen, als die Empörung über Angriffe auf ethnische Minoritäten und fremdenfeindliche Vorfälle sowie die Proteste gegen den Irak-Krieg mehr Menschen häufiger protestieren ließen, dann aber in einem insgesamt größer gewordenen Gesamtdeutschland.[28]

Ein zweites Charakteristikum der Protestbewegung der 1980er Jahre ist die Verbreiterung der Protestkultur in Hinblick auf ihre geografische Ausdehnung.[29] Protest war kein Phänomen mehr allein der Städte, sondern auch ländlicher Regionen.[30] Hier bietet sich

---

auf die Partei ›Die Grünen‹, Münster 2003. Schon zeitgenössisch wurde im Zusammenhang mit der »Volksfront-These« die Zusammenarbeit beziehungsweise Förderung seitens der SED breit thematisiert, vgl. die entsprechenden Beiträge in der Frankfurter Allgemeinen Zeitung, 17.10.1981 und 26.10.1981. Zur Kritik an der Unterwanderungsthese *Holger Nehring/Benjamin Ziemann*, Führen alle Wege nach Moskau? Der NATO-Doppelbeschluss und die Friedensbewegung – eine Kritik, in: VfZ 59, 2011, S. 81–100.

26 So schon *Alice Cooper Holmes*, The West German Peace Movement and the Christian Churches. An Institutional Approach, in: The Review of Politics 50, 1988, S. 71–98.

27 *Marion Gräfin Dönhoff*, Angst in der Luft, in: Die ZEIT, 26.6.1981; Pazifismus '81: Selig sind die Friedfertigen, in: Der SPIEGEL, 15.6.1981; weitere Belege bei *Susanne Schregel*, Konjunktur der Angst. »Politik der Subjektivität« und »neue Friedensbewegung« 1979–1983, in: *Bernd Greiner/Christian Th. Müller/Dierk Walter*, Angst im Kalten Krieg, Hamburg 2009, S. 495–520.

28 *Dieter Rucht/Roland Roth*, Soziale Bewegungen und Protest – eine theoretische und empirische Bilanz, in: *dies.* (Hrsg.), Die sozialen Bewegungen in Deutschland seit 1945. Ein Handbuch, Frankfurt am Main/New York 2008, S. 635–668, hier: S. 646. Es lässt sich quellenkritisch anmerken, dass letztlich nur die Medienresonanz gemessen wird, die aber in Ermangelung anderer Daten eine plausible Aussage über die Protestintensität ermöglichen dürfte. Nicht berücksichtigt sind übrigens die Mobilisierungserfolge der Nachrüstungsbefürworter, weil diese nicht als soziale Bewegungen klassifiziert werden, sondern als von Parteien ausgehend. Diese Eingrenzung müsste diskutiert werden.

29 Einen Eindruck von der regionalen Dichte und Verbreitung der Friedensbewegung gibt die Tabelle 5 bei *Schmitt*, Die Friedensbewegung, S. 104.

30 Christoph Becker-Schaum spricht von etwa 4.000 bis 5.000 lokalen und regionalen Gruppen, wobei an einzelnen Orten oft mehrere Gruppen existieren könnten, vgl. *Becker-Schaum*, Die institutionelle Organisation, S. 151.

ebenfalls ein Vergleich mit den späten 1960er Jahren und den Konflikten um 1968 an. Damals erregte es nationale und internationale mediale Aufmerksamkeit, wenn sich ein Bundeskanzler bei einem Wahlkampfauftritt in Oberschwaben einer Gruppe jugendlicher Störer erwehren musste.[31] Die Proteste fanden überwiegend in den großen Metropolen und Universitätsstädten statt.[32] In den 1980er Jahren hingegen griff die Protestmobilisierung weit hinaus – ein Unterschied übrigens auch zur alten Friedensbewegung. Diese geografische Ausweitung der Protestkultur hängt wesentlich mit den Militär- und Stationierungsorten zusammen. Diese lagen in der Regel außerhalb der großen Städte. Auch die potenziellen Kriegsschauplätze wie die zu einiger Berühmtheit gelangte kleine oberhessische Gemeinde Hattenbach im berüchtigten »Fulda Gap« lagen in der Provinz. Diese lokalen Initiativen erlangten dann an Symbolorten wie in Mutlangen auch national und über das europäische Netzwerk der Stationierungsorte sogar international Beachtung.

Diese geografische Ausweitung und Regionalisierung von Protestpartizipation hatte sich schon in der Anti-Atomkraft-Bewegung abgezeichnet. Im Kampf gegen die zivile Nutzung der Kernkraft erreichte über eine Regionalisierung bestimmter Probleme die Protestkultur nun auch wertkonservative Milieus, wie im bekannten Fall der Weinbauern in Wyhl, die auch habituell überhaupt keine Affinität zur Neuen Linken gezeigt hatten.[33] Hier müsste noch intensiver gefragt werden, wie sich durch derartige Allianzen der Charakter von Protest an sich veränderte. Während sich auch ›1968‹ Anfang der 1970er Jahre in die Provinz vorgearbeitet hatte, war der Protest gegen den NATO-Doppelbeschluss von Anfang an ein geografisch sehr viel breiter aufgestelltes Phänomen.[34]

Daraus ergibt sich als ein drittes Spezifikum der neuen Friedensbewegung eine Ausweitung des milieuspezifischen Resonanzbodens, den die Protestkulturen nun in den 1970er und 1980er Jahren erfuhren. Es gab nun das Phänomen des protestierenden bürgerlichen oder auch bäuerlichen Establishments. Ein bekanntes Beispiel dafür ist die Prominenten-Blockade in Mutlangen, während derer sich etablierte Intellektuelle wie Heinrich Böll oder Walter Jens inmitten von Hunderten weiterer Demonstranten vor einem Kasernentor niederließen.[35] Auch die 68er genossen Sympathien und Unterstützung im Establishment. Doch auch wohlmeinende Unterstützer aus der älteren Generation waren damals kaum bereit, gemeinsam mit den Studierenden mit einem Ho-Chi-Minh-Plakat durch deutsche Universitätsstädte zu marschieren. Das heißt, wir haben es in quantitativer

---

31 Der Kanzler und die Ketzer von Konstanz, in: Die Welt, 25.4.1968; Bei Sonnenschein ist dieser Kanzler gut, in: Süddeutsche Zeitung, 24.4.1968.
32 Trotz der inzwischen erfolgten historischen Differenzierung und der Entdeckung von ›1968‹ in seiner geografischen Ausdehnung; vgl. dazu den Literaturüberblick bei *Philipp Gassert*, Das kurze »1968« zwischen Geschichtswissenschaft und Erinnerungskultur: Neuere Forschungen zur Protestgeschichte der 1960er-Jahre, in: H-Soz-u-Kult, 30.4.2010, URL: <http://hsozkult.geschichte.hu-berlin.de/forum/2010-04-001> [2.5.2012].
33 So zielten zum Beispiel die Bild- und Textstrategien der Bürgerinitiativen in Wyhl darauf ab, die gesellschaftliche Breite der Anti-AKW-Bewegung zu zeigen, vgl. *Bernd Nössler/Margaret de Witt* (Hrsg.), Wyhl. Kein Kernkraftwerk in Wyhl und auch sonst nirgendwo. Betroffene Bürger berichten, Freiburg im Breisgau 1976; vgl. *Roger Karapin*, Protest Politics in Germany. Movements on the Left and Right since the 1960s, University Park, PA 2007, S. 116ff.; *Jens Ivo Engels*, Umweltschutz in der Bundesrepublik – von der Unwahrscheinlichkeit einer Alternativbewegung, in: *Sven Reichardt/Detlef Siegfried* (Hrsg.), Das Alternative Milieu. Antibürgerlicher Lebensstil und linke Politik in der Bundesrepublik Deutschland und Europa 1968–1983, Göttingen 2010, S. 405–422.
34 Vgl. *Schregel*, Der Atomkrieg, S. 164ff.
35 *Michael Schmid*, Vor 25 Jahren. »Prominentenblockade« am Pershing-Depot in Mutlangen, URL: <http://www.lebenshaus-alb.de/magazin/005236.html> [2.5.2012]; vgl. auch *Fabio Crivellari*, Blockade. Friedensbewegung zwischen Melancholie und Ironie, in: *Gerhard Paul* (Hrsg.), Das Jahrhundert der Bilder, Bd. 2: 1949 bis heute, Göttingen 2008, S. 482–489.

und qualitativer Hinsicht mit einer deutlichen Verbreiterung der aktiven Protestpartizipation zu tun. »Kampf dem Atomtod« war ein Elite-Phänomen beziehungsweise ein Parteiprojekt der SPD und der organisierten Arbeiterschaft gewesen; ›1968‹, jedenfalls jenseits der Anti-Notstandsbewegung, wesentlich ein Protest der akademischen Jugend. Der Protest gegen den NATO-Doppelbeschluss hingegen war ein weiter übergreifendes und dafür sozial auch weniger ausdifferenziertes Phänomen. Anschließend an die Anti-AKW- und Umweltbewegung der 1970er Jahre übergriffen Protestkulturen nun Milieus, Klassen und Generationen. Es lässt sich somit eine Demokratisierung von Protest seit den 1970er Jahren beobachten.

Diese soziale Verbreiterung der Protestbasis wird viertens an der breiten Resonanz des Streits um den Frieden in der Populärkultur deutlich. Imaginationen des nuklearen Tods wurden erneut zum Charakteristikum der westlichen Kulturgeschichte der frühen 1980er Jahre. Filme wie »The Day After« (1983) oder »When the Wind Blows« (1986), die auch in Deutschland ein (zum Teil skeptisches) Publikum fanden[36], lokalisierten ganz bewusst den nuklearen Untergang in »middle America« beziehungsweise aus der Perspektive eines einfachen englischen Rentnerpaars. Ernstfallromane wie Gudrun Pausewangs »Die letzten Kinder von Schewenborn« schilderten einen atomaren Schlagabtausch aus einer spezifisch lokalen Perspektive heraus.[37] Lieder wie Nenas »99 Luftballons« standen als Ikonen des »Zweiten Kalten Kriegs« hoch in der Publikumsgunst. Der nukleare Weltuntergang sprach eine breite Palette von Musikstilen an, von Punk-Bands wie »The Clash« über den politischen Rock wie zum Beispiel Udo Lindenberg mit »Wozu sind Kriege da« bis zu dem ostentativ unpolitischen Schlager »Ein bißchen Frieden«, mit dem Nicole den »Grand Prix Eurovision de la Chanson« 1982 gezielt eroberte. Für die breite Resonanz des Themas spricht auch, dass es innerhalb kürzester Zeit zu einer rasenden Vermarktung des »nuclear pop« kam, wenn zum Beispiel eine rein kommerzielle Schöpfung wie die von dem Münchener Impresario Frank Farian erfundene Gruppe »Boney M.« mit dem nuklearen Weltuntergangssong »We Kill the World« (1981) einen Disco-Hit landete.[38]

Die Hochphase nuklearer Weltuntergänge vor allem in der Musik datiert auf 1982 bis 1984, sowohl in Deutschland als auch in Großbritannien und den USA. Dies zeigt eine Auswertung der Charts in der Zeitschrift BRAVO. Ab 1985 verschwand das Thema langsam: Der Pop gewann von nun an eine oftmals sentimentalere Qualität in Bezug auf Nuklearfragen, wobei Tschernobyl eine wichtige Schnittstelle darstellte. Nur in bestimmten Subgenres wie Heavy Metal, Punk und Hardcore nutzte sich das Thema nicht so schnell ab und spielte dort weiterhin eine Rolle. Hier kam es zu einem relativ klaren Bruch um 1987, bald nach dem INF-Vertrag. Daher lässt sich wohl eine Kernphase des »nuclear pop« 1982 bis 1984 postulieren, in der der Mainstream aus kommerziellen Gründen auf den Wagen aufsprang, das Ganze aber dann fallen ließ, sowie eine längere Phase, von etwa 1977/78 (Neutronenbomben-Kontroverse) bis Ende der 1980er Jahre, in der subkulturelle oder randständige Genres wie Punk oder die alternative Rockszene dem Thema »nuklearer Tod« noch eine Weile die Treue hielten.[39]

---

36 Für die skeptisch-ironische Sicht, vgl. *Ulrich Greiner*, Apokalypse Now. Über den amerikanischen Film »The Day After« und neuere apokalyptische Romane, in: Die ZEIT, 2.12.1983.
37 *Gudrun Pausewang*, Die letzten Kinder von Schewenborn. Oder ... sieht so unsere Zukunft aus? Ravensburg 1983, vgl. auch *Matthias Horx*, Es geht voran. Ein Ernstfall-Roman, Berlin 1982.
38 *Philipp Gassert*, Die Vermarktung des Zeitgeistes: Nicoles »Ein bißchen Frieden« (1982) als akustisches und visuelles Dokument, in: Zeithistorische Forschungen 9, 2012, H. 1, S. 168–174; *Baur*, Nukleare Untergangsszenarien.
39 Hierzu und zu dem folgenden *Baur*, Nukleare Untergangsszenarien; *Martin Klimke/Eckart Conze/Jeremy Varon* (Hrsg.), Accidental Armageddons. The Nuclear Crisis and the Culture of the Cold War in the 1980s (i. E.); *Martin Klimke*, Pop for Peace? Nuclear and Environmental Discourse in 1980s Popular Music (i. V.).

Ein ähnliches Bild ergibt sich in Hinblick auf die Buchproduktion. Wertet man die Titel von Buchreihen wie »rororo aktuell« statistisch aus, so kommen vergleichbare Ergebnisse zustande. Weil die Produktion solcher Texte häufig vor dem aktuellen Hintergrund 1981/82 erfolgte, wurde für Publikationen erst 1983 zum Kulminationsjahr. Danach ging das Thema im populären Buchmarkt stark zurück. Es setzte aber in der Folge eine breite Rezeption durch verschiedene Sekundärmedien wie etwa die Schulpädagogik sowie eine intensivierte Bewegungsforschung ein.[40] Das Thema »Frieden« war in den frühen 1980er Jahren für einige wenige Jahre hoch aktuell, bevor sich in der gesellschaftlichen Problem- und Krisenperzeption andere Komplexe nach vorne schoben. Auch die »Bewegungsunternehmer« und Aktivisten wandten sich wieder stärker der zivilen Nutzung der Kernenergie zu, mit Gorleben und Wackersdorf als neuen (auch medialen) Brennpunkten der Proteste.[41]

Der (implizite) Vergleich mit der Anti-AKW-Bewegung spricht für die Annahme, dass im Streit um die Nachrüstung ein umfassender Prozess gesellschaftlicher Selbstfindung stattfand. Die große Breite der Resonanz des Themas »Frieden«, eben auch in relativ unpolitischen künstlerischen und popkulturellen Genres, untermauert die These, dass es im Streit um den Frieden um mehr als um ein oberflächliches Thema ging. Etwas zugespitzt: Wenn ein Friedenslied in den Charts reüssiert, dann trägt die große Debatte – die Betroffenheit über die Möglichkeit des nuklearen Todes – offensichtlich zur Konsensbildung bei. Gerade Populärkultur kann uns hier historisch weiterhelfen, weil sie, nicht zuletzt aufgrund ihrer Marktorientierung und der Notwendigkeit, bei breiten Schichten anzukommen, Resonanzboden und Seismograf gesellschaftlicher Stimmungen und Befindlichkeiten ist.[42]

II. NUKLEARKRISE UND AUSSENPOLITISCHE KRISENPERZEPTION

Damit ein Thema in einer demokratischen Kultur weite Kreise zieht, muss es mit einer intensiven gesellschaftlichen Wahrnehmung sozialer Entwicklungen und Krisen verbunden sein.[43] Eine sozial- und wirtschaftspolitische Krisenperzeption korrespondierte seit Mitte der 1970er Jahre mit dem Szenario einer wachsenden Krisenhaftigkeit der internationalen Beziehungen. Dafür lassen sich zahlreiche Zitate anführen. Der Berliner Politikwissenschaftler und Berater Willy Brandts und des SPD-Bundesvorstands, Richard Löwenthal, sah aufgrund der sich formierenden innenpolitischen Opposition in den USA und der UdSSR schon 1973 die Entspannung akut gefährdet.[44] Carl Friedrich von Weizsäcker sprach drei Jahre später davon, dass »die Angst vor den Russen und Kommunisten [...] nach einem Rückgang in der Ära Brandt heute wieder im Wachsen« ist, und hielt den dritten Weltkrieg für »wahrscheinlich«.[45] Spätere nachrüstungskritische Politiker und In-

---

40 *Wolfgang Höfler*, Erziehung angesichts atomarer Drohung, Diss., Heidelberg 1984.
41 Vgl. *Philipp Gassert*, Popularität der Apokalypse: Zur Nuklearangst seit 1945, in: APuZ 2011, Nr. 46–47, S. 48–54.
42 Vgl. *Kaspar Maase*, Was macht Populärkultur politisch?, Wiesbaden 2010; *Vittoria Borsò/ Christiane Liermann/Patrick Merziger* (Hrsg.), Die Macht des Populären. Politik und populäre Kultur im 20. Jahrhundert, Bielefeld 2010; *Florian Niedlich* (Hrsg.), Facetten der Popkultur. Über die ästhetische und politische Kraft des Populären, Bielefeld 2012.
43 Dies klingt tautologisch. Es muss aber doch betont werden, dass kulturelle Wahrnehmungsmuster und darin eingeschlossen soziale Diskurse nicht beliebig »gesetzt« werden können.
44 *Richard Löwenthal*, Der instabile Weltfriede. Vom Sinn und Grenzen der Entspannung [1973], abgedr. in: *ders.*, Weltpolitische Betrachtungen. Essays aus zwei Jahrzehnten, hrsg. v. *Heinrich August Winkler*, Göttingen 1983, S. 203–218.
45 *Carl Friedrich von Weizsäcker*, Wege in der Gefahr. Eine Studie über Wirtschaft, Gesellschaft und Kriegsverhütung, München 1976, S. 109; Weizsäckers Diktum findet sich in Dutzenden von Flugblättern zitiert.

tellektuelle wie zum Beispiel Erhard Eppler oder der Journalist und Autor des Kernenergie-kritischen Klassikers »Der Atomstaat«, Robert Jungk, stellten laufend Bezüge zwischen der krisenhaften Entwicklung der westlichen Gesellschaften im Inneren und dem außenpolitischen Gezeitenwechsel dieses langen Jahrzehnts her.[46]

In der Tat hatte die Entspannungspolitik mit Leonid Breschnews Besuch im Weißen Haus 1973 ihren Höhepunkt erreicht und überschritten. Der israelisch-arabische Jom-Kippur-Krieg von 1973, die kommunistischen Umstürze beziehungsweise Umsturzversuche im ehemals portugiesischen Afrika 1974/75, die Unzufriedenheit führender amerikanischer Politiker über die SALT-Verhandlungen, das Drängen einflussreicher Kreise in NATO und US-Administration auf eine Modernisierung nuklearer Waffen sowie die Verfestigung des Eindrucks in den USA und in der Bundesrepublik, dass die Sowjetunion sich nicht an die Regeln der Entspannung halte, trübten die weltpolitischen Horizonte ein.[47] Nixons Nachfolger, Gerald R. Ford, verbannte aus innerparteilichen Rücksichten – er wurde im Vorwahlkampf 1976 von weiter rechts ausgerichteten Parteifreunden massiv herausgefordert – »Détente« aus dem Vokabular der US-Administration.[48] Dagegen konterte Egon Bahr, damals noch Bundesminister für wirtschaftliche Zusammenarbeit, im März 1976: »Die Entspannung hat erst begonnen.«[49] Doch in den USA kehrten auch führende liberale Mitglieder des Establishments wie Senator Henry Jackson zu einer ideologischen Erneuerung des Ost-West-Gegensatzes zurück.[50]

In der Bundesrepublik, wie auch sonst in Westeuropa, verlief die Wiederbelebung ideologisch konfrontativer Muster eines »zweiten Kalten Kriegs« deutlich abgeschwächter. Die CDU/CSU-Opposition profilierte sich nach ihrer stillschweigenden Akzeptanz der Ostpolitik 1974/75 zunächst nur marginal über einen außenpolitischen Dissens. Sie griff bevorzugt »weiche Themen« im Bereich von Bildung, Umwelt und Sozialem auf.[51]

---

46 *Erhard Eppler*, Wege aus der Gefahr, Reinbek 1981, S. 12; *Robert Jungk*, »Tauben aller Welt vereinigt Euch« [1975], abgedr. in: ders., Und Wasser bricht den Stein. Streitbare Beiträge zu drängenden Fragen der Zeit, Freiburg im Breisgau/Basel etc. 1986, S. 198–199; ders., Menschenbeben. Der Aufstand gegen das Unerträgliche. Ein Bericht, Gütersloh 1983; von liberalkonservativer Seite findet sich das Argument ausgearbeitet bei dem Bracher-Schüler *Heinz Theisen*, Katastrophenstimmung und freiheitliche Demokratie. Gefährdungen, Grenzen und Möglichkeiten freiheitlicher Politik in den prognostizierten Bedrohungsfeldern unserer Zukunft, Köln 1985.
47 Vgl. *Klaus Schwabe*, Weltmacht und Weltordnung. Amerikanische Außenpolitik von 1898 bis zur Gegenwart. Eine Jahrhundertgeschichte, Paderborn 2006, S. 377f.; *James T. Patterson*, Restless Giant. The United States from Watergate to Bush v. Gore, Oxford/New York etc. 2005, S. 122f.
48 In einem Fernsehinterview am 1. März 1976, vgl. Archiv der Gegenwart (AdG), 5.3.1976, S. 20061. Vgl. dazu ferner das Schreiben des Gesandten Hansen, Washington, in: Akten zur Auswärtigen Politik der Bundesrepublik Deutschland 1976, hrsg. im Auftrag des Auswärtigen Amts vom Institut für Zeitgeschichte, bearb. v. *Matthias Peter/Michael Ploetz/Tim Geiger*, München 2007, Dok. 80, S. 381–384, hier: S. 382f.
49 *Egon Bahr*, Die Entspannung hat erst begonnen, in: Die ZEIT, 26.3.1976; vgl. *Andreas Vogtmeier*, Egon Bahr und die deutsche Frage. Zur Entwicklung der sozialdemokratischen Ost- und Deutschlandpolitik vom Kriegsende bis zur Vereinigung, Bonn 1996, S. 222; Fords Aussage relativierend hingegen Brandt in der Süddeutschen Zeitung, 15.3.1976, abgedr. in: *Willy Brandt*, Die Entspannung unzerstörbar machen. Internationale Beziehungen und deutsche Frage 1974–1982, bearb. v. *Frank Fischer*, Bonn 2003, S. 178–180.
50 Vgl. *Wayne Sanders*, Peddlers of Crisis. The Committee on the Present Danger and the Politics of Containment, New York 1999; *Patrick Keller*, Neokonservatismus und amerikanische Außenpolitik. Ideen, Krieg und Strategie von Ronald Reagan bis Georg W. Bush, Paderborn 2008, S. 71f.
51 *Frank Bösch*, Die Krise als Chance. Die Neuformierung der Christdemokraten in den siebziger Jahren, in: *Jarausch*, Das Ende der Zuversicht, S. 296–309, hier: S. 306; *Clay Clemens*, Reluc-

Selbst bei entspannungsskeptischen Christdemokraten sorgte der scharfe Antikommunismus in den USA immer wieder für Irritationen.[52] Obwohl auch in der Bundesrepublik die großen Erwartungen an die Détente enttäuscht worden waren, überwog doch in der Bonner Politik parteiübergreifend die Annahme, dass in den Beziehungen zur Sowjetunion und zum Warschauer Pakt der Entspannungskurs weitergeführt werden müsse.[53] Hier sahen sich die Unionsparteien trotz des vielfach demonstrierten Schulterschlusses mit der republikanischen Reagan-Administration in einer besonderen deutschen Verantwortung.[54] Indes festigte die scharfe antikommunistische Rhetorik der amerikanischen Neokonservativen und später der Regierung Reagan in Westeuropa antiamerikanische Feindbilder und atlantische Missverständnisse.[55] Die von Reagan für die eigene Klientel lautstark propagierte »Politik der Stärke« erlaubte es deutschen Gegnern des Doppelbeschlusses, mit mehr oder weniger passenden Zitaten aus dem Munde des Präsidenten zu punkten.[56]

Vor dem Hintergrund konkreter politischer Anlässe wie der Wahl Reagans ist das Argument der stellvertretenden Funktion der Nuklearkrise zu qualifizieren. Der breite Mobilisierungserfolg der Friedensbewegung und der Nachrüstungskritiker kann nicht allein als Symptom des »Wertewandels« und wachsender Fortschrittsskepsis gesehen werden. Außenpolitische Debatten sind, wie jede Debatte, zu einem gewissen Grad selbstreferenziell und folgen ihren eigenen Gesetzen. Wichtige Kritiker des Doppelbeschlusses standen klar in der Tradition der neuen Ostpolitik der 1970er Jahre und wollten das, was sie für außenpolitische Errungenschaften der Ära Brandt hielten, über die »Krise der Entspannung« hinweg retten. Personell wird dies dadurch unterstrichen, dass führende Sozialdemokraten, wie eben Brandt, aber auch Bahr, Eppler, Oskar Lafontaine und Karsten Voigt, sich ostentativ gegen den mit der sowjetischen Intervention in Afghanistan Ende 1979 offenkundig gewordenen Trend zur neuerlichen Verschärfung des Ost-West-Gegensatzes stemmten.[57] Auch der Nachrüstungsbefürworter und »Vordenker« des Doppelbeschlusses, Bundeskanzler Schmidt und dessen Verteidigungsminister Georg Leber und später Hans Apel, schätzten die Möglichkeiten weiterer Entspannungsschritte grundsätz-

---

tant Realists. The Christian Democrats and the West German Ostpolitik, Durham, NC 1989; zum Beispiel wurde Kurt Birrenbach, ein scharfer Kritiker der Ostverträge und Warner vor der Aggressivität der UdSSR, als Vorsitzender der Studiengruppe »Ost-West-Beziehungen« der Deutschen Gesellschaft für Auswärtige Politik seitens der CDU durch den Entspannungsbefürworter Richard von Weizsäcker ersetzt, vgl. *Hans-Peter E. Hinrichsen*, Der Ratgeber. Kurt Birrenbach und die Außenpolitik der Bundesrepublik Deutschland, Köln 2000, S. 550f.

52 Vgl. *Tim Matthias Weber*, Zwischen Nachrüstung und Abrüstung. Die Nuklearwaffenpolitik der Christlichen Demokratischen Union Deutschlands zwischen 1977 und 1989, Baden-Baden 1994, S. 126f.; *Clemens*, Reluctant Realists, S. 85.

53 Vgl. pars pro toto *Löwenthal*, Weltpolitische Betrachtungen, S. 203–234; *Helga Haftendorn*, Deutsche Außenpolitik zwischen Selbstbeschränkung und Selbstbehauptung, Stuttgart 2001, S. 264–275.

54 *Hermann Wentker*, Der NATO-Doppelbeschluss und die deutsch-deutschen Beziehungen, in: *Becker-Schaum/Gassert/Klimke*, Entrüstet Euch, S. 88–102.

55 Zu antiamerikanischen Dispositionen vgl. *Ziemann*, A Quantum of Solace, S. 374; sowie den Beitrag von Reinhild Kreis in diesem Band.

56 Vgl. statt vieler Einzelnachweise die Beiträge zu *Jens*, In letzter Stunde; *Josef Janning*, Die neue Friedensbewegung 1980–1986, in: *ders./Hans-Josef Legrand/Helmut Zander* (Hrsg.), Friedensbewegungen. Entwicklung und Folgen in der Bundesrepublik Deutschland, Europa und den USA, Köln 1987, S. 36–53, hier: S. 37.

57 »Mut für eine bessere Zukunft«. Sozialdemokraten appellieren an den SPD-Bundesvorstand, die SPD-Bundestagsfraktion, den sozialdemokratischen Bundeskanzler, in: Blätter für deutsche und internationale Politik 26, 1981, S. 118–120; vgl. auch die zahlreichen Äußerungen von Brandt aus dieser Zeit, in: *Brandt*, Entspannung unzerstörbar machen, S. 178–180, 204–213, 221–225, 254–268 und 327–343; vgl. auch *Rudolf Augstein*, Entspannung ist teilbar, in: Der SPIEGEL, 14.1.1980.

lich weniger optimistisch ein als ihre Vorgänger.⁵⁸ Zwischen den Entspannungsoptimisten und den Nachrüstungskritikern gab es zahlreiche personelle Überschneidungen, wie umgekehrt bei den Entspannungspessimisten und den Nachrüstungsbefürwortern.

Der Streit um die Neutronenwaffe 1977/78 lässt die Muster der späteren Kontroverse um den Doppelbeschluss erstmals erkennen.⁵⁹ Hier konvergierten deutlich Interpretationen einer gesellschaftlichen Krise mit der einer Krise der internationalen Beziehungen. Obwohl es sachliche Argumente für die Neutronenwaffe gab, sofern man die nukleare Abschreckung im Grundsatz für richtig hielt, lehnte Bahr in seiner aufsehenerregenden und den Debattenstil prägenden Intervention in der Parteizeitung »Vorwärts« diese Waffe als eine »Perversion des Denkens« ab, gegen die »Gefühl und Gewissen« rebellierten.⁶⁰ Mit »Gefühl« und »Gewissen« hatte der bislang als »rational« kalkulierender »Realpolitiker« geltende Bahr sich Termini einer nachrüstungskritischen Positionierung zu eigen gemacht.⁶¹ Er traf den emotionalen Kern der alternativen Technologiekritik. Wegen des SPD-internen Streits um »Amerikas Wunderwaffe für Deutschland«⁶² eröffnete das der Union sicherheitspolitische Profilierungschancen. Aus Sicht des späteren Bundesverteidigungsministers Manfred Wörner führte die Diskussion um die Neutronenwaffe »schlaglichtartig vor Augen«, was der Begriff »Gleichgewicht des Schreckens« meine. Weil sie potenziell Schaden begrenze, trage sie dazu bei, die »Abschreckung und damit die Kriegsverhinderung wirksamer« zu machen.⁶³ Die Nachrüstungskritiker hingegen fürchteten sich vor einer Absenkung der »nuklearen Schwelle«.⁶⁴

Für die Union war die Neutronenwaffenkontroverse auch ein Mittel, ihre relative Distanz zu den USA in den 1960er Jahren durch nun stark pronocierte Bündnistreue und Rekurs auf ihre »traditionell pro-amerikanische Einstellung« vergessen zu machen und mit scharfer Rhetorik die eigenen Reihen Détente-kritisch einzuorden. Mit deutsch-amerikanischen Treueschwüren konnten sich die Christdemokraten nun als die (neue) atlantische Partei positionieren und stellten angesichts der transatlantischen Zerwürfnisse in der Ära Schmidt die Rolle der USA für die Sicherheit Westeuropas erneut heraus.⁶⁵ Als

---

58 *Hans Apel*, Der Abstieg. Politisches Tagebuch 1978–1988, Stuttgart 1990, S. 68–107; *Hartmut Soell*, Helmut Schmidt 1969 bis heute. Macht und Verantwortung, München 2008, S. 757f.
59 Vgl. *Helga Haftendorn*, Sicherheit und Stabilität. Außenbeziehungen der Bundesrepublik zwischen Ölkrise und NATO-Doppelbeschluss, München 1986, S. 105; *Soell*, Helmut Schmidt, S. 712, spricht vom »Vorspiel« der Neutronenwaffe; *Herf*, War by Other Means, S. 60, davon, die Affäre sei »a microcosm and foreshadowing of the battle to come over the euromissiles« gewesen; vgl. auch *Tim Geiger*, Die Regierung Schmidt-Genscher und der NATO-Doppelbeschluss, in: *Gassert/Geiger/Wentker*, Zweiter Kalter Krieg, S. 95–122.
60 *Egon Bahr*, Ist die Menschheit dabei verrückt zu werden?, in: Vorwärts, 21.7.1977.
61 Es war eine typische Gegenüberstellung vor allem der konservativen Medien, die die Sachlichkeit und theoretische Vernunft der Befürworter der Nachrüstung mit der Emotionalität und dem Utopismus der Friedensbewegung kontrastierten, vgl. etwa den Kommentar von *Günter Gillessen*, Die Sehnsucht nach Verweigerung, in: Frankfurter Allgemeine Zeitung, 21.3.1981; *Fritz Ulrich Fack*, »Frieden schaffen ohne Waffen«, in: Frankfurter Allgemeine Zeitung, 15.6.1981.
62 So der sehr sprechende Titel des SPIEGEL vom 18. Juli 1977: »Neutronen-Bombe: Amerikas Wunderwaffe für Europa«.
63 Manfred Wörner im Deutschen Bundestag, Plenarprotokoll, 8. Wahlperiode, 39. Sitzung, 8.9.1977, S. 2990.
64 Die Absenkung der »nuklearen Schwelle« war ein Standardkritikpunkt der Friedensforschung, vgl. *Dieter Senghaas*, Abschreckung und Frieden. Studien zur Kritik organisierter Friedlosigkeit, Frankfurt am Main 1969, S. 114f. Vor allem der Reagan-Administration wurde später vorgeworfen, sie wolle den Nuklearkrieg »führbar« machen, vgl. *Alfred Mechtersheimer/Peter Barth* (Hrsg.), Den Atomkrieg führbar und gewinnbar machen? Dokumente zur Nachrüstung, Bd. 2, Reinbek 1983, S. 48–103.
65 In den 1960er Jahren hatte sich die Union sehr kritisch gegenüber dem westlichen Zug zur Détente gezeigt und zunehmend Boden gegenüber der SPD als der »atlantischen Partei« der 1960er

Carter 1978 die Pläne für die neue Waffe sang- und klanglos begrub, brachte dies nicht nur Schmidt (und dessen britischen Kollegen Premierminister James Callaghan) in eine diplomatische Zwickmühle, sondern auch die Union, deren Außenpolitiker den Kanzler für den »dramatischen Verfall« der deutsch-amerikanischen Beziehungen schalten.[66]

Die weitere Debatte verlief auf den in der Neutronenwaffenkontroverse verlegten Schienen: Erstens versuchten Teile der SPD mit nachrüstungskritischer Positionierung Brücken zu den alternativen Milieus und Bewegungen zu schlagen, an deren postmaterielle Haltungen Politiker wie Bahr und später Lafontaine und Eppler appellierten, durchaus mit dem parteipolitischen Ziel einer Reintegration des grün-alternativen Potenzials in den Schoß der Sozialdemokratie.[67] Zweitens war Bahrs Intervention klarer Ausdruck seiner Unzufriedenheit mit »Krisenmanagement« und technokratischem »Sachzwang«, was sich auch gegen Schmidt richtete, dem die visionären Qualitäten eines Willy Brandt abgesprochen wurden. Das »Vorspiel der Neutronenwaffenkontroverse« war drittens Modus der Selbstverständigung über krisenhafte Entwicklungen nicht nur von Wirtschaft und Gesellschaft, sondern auch der internationalen Beziehungen; letzteres war somit viertens psychologisch eng verbunden mit dem (innerparteilichen) Kampf um das Erbe der Ostpolitik; fünftens wurde die Logik der Abschreckung wieder intensiver in ihren Konsequenzen durchdacht.[68]

Auch in anderen westlichen Ländern wurde, oft in neomarxistischen und postkolonialen Termini, die Krisenhaftigkeit der internationalen Beziehungen als ein gesellschaftliches und politisches Grundsatzproblem westlicher Gesellschaften erörtert. Amerikanische Kritiker hoben die totalitären Eigenschaften der Nuklearwaffen hervor, das Wuchern der Sicherheitsbürokratien und den Verlust an politischer Transparenz. Das erste Opfer der atomaren Hochrüstung sei die Demokratie, so Richard Falk, ein Friedensaktivist und Politikwissenschaftler der Princeton University.[69] Gemeinsam mit dem Arzt und Psychologen Robert Jay Lifton, der durch seine Forschungen zu Hiroshima bekannt geworden war, argumentierte er, die Demokratie werde nur dann überleben, wenn sich der Westen dieser »Instrumente des Massenmords« entledige.[70] Auch der britische Historiker und Friedensaktivist sowie Mitbegründer der blockübergreifenden Friedensorganisation European

---

Jahre verloren, vgl. *Tim Geiger*, Atlantiker gegen Gaullisten. Außenpolitischer Konflikt und innerparteilicher Machtkampf in der CDU/CSU 1958–1969, München 2008; *Philipp Gassert*, »Vertrauen, Einsicht und guten Willen zu wecken«: Die Entspannungspolitik der 1960er Jahre und die Bundesrepublik Deutschland, in: *Siegfried Münchenbach* (Hrsg.), Only Rock 'n' Roll? Unser Bild von den 60er Jahren, München 2011, S. 266–305.

66 Vgl. *Weber*, Zwischen Nachrüstung und Abrüstung, S. 121.
67 Diesen Punkt thematisiert Eppler offen in *ders.*, Friedensbewegung, in: *Jens*, In letzter Stunde, S. 143–166, hier: S. 160f.; hierzu *Bernd Faulenbach*, Das sozialdemokratische Jahrzehnt. Von der Reformeuphorie zur neuen Unübersichtlichkeit. Die SPD 1969–1982, Bonn 2011, S. 593ff. und 709ff.
68 Es kam zu einer Rückbesinnung auf die Tradition der Friedensbewegung und der intensiven historischen Beschäftigung mit früherer Opposition gegen Atomwaffen, vgl. zum Beispiel *Christian Walther*, Atomwaffen und Ethik. Der deutsche Protestantismus und die atomare Aufrüstung 1954–1961. Dokumente und Kommentare, München 1981; *Gernot Erler*, »Eine Drohung, Selbstmord zu machen, ist keine vernünftige Verteidigungspolitik«. Die Kampagne »Kampf dem Atomtod« 1957–1959 und der Widerstand gegen die Nachrüstung heute, in: *Anton-Andreas Guha*, Die Nachrüstung – Der Holocaust Europas. Thesen und Argumente, Freiburg im Breisgau 1981, S. 95–107; oder die Neuauflage des Klassikers von Gudrun Ensslin und Bernward Vesper durch *Walter Jens* (Hrsg.), Leben im Atomzeitalter. Schriftsteller und Dichter zum Thema unserer Zeit, Gräfeling 1987.
69 *Richard Falk*, Nuclear Weapons and the End of Democracy, in: PRAXIS International 1, 1982, S. 1–12.
70 *Robert Jay Lifton/Richard Falk*, Indefensible Weapons. The Political and Psychological Case Against Nuclearism, New York 1983.

Nuclear Disarmament (END) Edward P. Thompson sprach von einem »Exterminismus« der Befürworter nuklearer Waffen.[71] Der wesentlich von Thompson verfasste Gründungsaufruf von END geht direkt auf den Zusammenhang der inneren wirtschaftlichen und sozialen Krise und der Krise der internationalen Beziehungen ein[72], während seine Kollegin Mary Kaldor von der »London School of Economics« die Pläne von Carter und Reagan als Reaktion auf die Krise der amerikanischen Hegemonie beschrieb.[73]

III. NUKLEARKRISE UND WESTBINDUNG

Eine der zentralen diskursiven Achsen des Nachrüstungsstreits stellten daher die Beziehungen der Bundesrepublik zu ihren westlichen Partnern und vor allem zu den USA dar. Die äußere Sicherheit Westdeutschlands ruhte seit den 1950er Jahren auf dem westlichen Verteidigungsbündnis, wonach das deutsch-amerikanische Verhältnis, wie der CDU-Politiker Walther Leisler Kiep Anfang der 1970er Jahre nur leicht scherzend meinte, als »das zweite ungeschriebene Grundgesetz Deutschlands« dessen wichtigste Determinante darstellte.[74] Dieser Konsens schien nun infrage gestellt. Daher haben rückblickend Peter Graf Kielmansegg, aber auch Heinrich August Winkler, Jeffrey Herf, Eckart Conze und andere davon gesprochen, dass mit der Ablehnung des NATO-Doppelbeschlusses seitens der Friedensbewegung der »sicherheitspolitische Konsens [zerbrach], der zwei Jahrzehnte lang gehalten hatte«[75]. Das unterschätzt, dass ein Konsens nichts Fixes ist. Auch während der Kontroversen um die Westintegration in den 1950er Jahren oder während des Ringens zwischen »Atlantikern« und »Gaullisten« sowie des Streits um die Ostpolitik in den 1960er und 1970er Jahren wurde ein außen- und sicherheitspolitischer Konsens wie jeder andere gesellschaftliche Konsens neu »erarbeitet« und erneut formuliert.[76]

Was genau dieser Konsens der westlichen Verteidigung nun beinhaltete, musste in den späten 1970er und frühen 1980er Jahren neu erarbeitet werden. Auch für den sicherheitspolitischen Bereich dürfte gegolten haben, dass der von der zeitgenössischen Politikwissenschaft konstatierte »Basiskonsens« zugunsten der Harmel-Formel von »Abschreckung und Entspannung« eher latent und bestenfalls der Konsens eines Expertenzirkels war.[77]

---

71 *Edward P. Thompson*, Notes on Exterminism, the Last Stage of Civilization, in: New Left Review 121, May – June 1980, S. 3–31.
72 END Committee, Appeal for European Nuclear Disarmament, in: *Edward P. Thompson/Dan Smith* (Hrsg.), Protest and Survive, Harmondsworth 1980, S. 13.
73 *Mary Kaldor*, The Role of Nuclear Weapons in Western Relations, in: *dies./Dan Smith* (Hrsg.), Disarming Europe, London 1982, S. 105–124.
74 *Walther Leisler Kiep*, Good-Bye America – was dann? Der deutsche Standpunkt im Wandel der Weltpolitik, Stuttgart 1972, S. 106.
75 *Peter Graf Kielmansegg*, Nach der Katastrophe. Eine Geschichte des geteilten Deutschland, Berlin 2000, S. 234; *Eckart Conze*, Die Suche nach Sicherheit. Eine Geschichte der Bundesrepublik Deutschland von 1949 bis in die Gegenwart, München 2009, S. 544; *Heinrich August Winkler*, Der lange Weg nach Westen, Bd. 2: Deutsche Geschichte 1933–1990, München 2000, S. 370f.; *Herf*, War By Other Means, S. 27, sieht nicht nur den außenpolitischen, sondern den demokratischen Konsens insgesamt infrage gestellt.
76 Von dem Zerbrechen des Konsenses sprachen in den 1980er Jahren nicht nur die Befürworter, sondern auch die Gegner der Nachrüstung, etwa *William Borm*, Der sicherheitspolitische Konsens ist zerbrochen: Rede auf dem Parlament der Mehrheit, in: Die Nachrüstungsdebatte im Deutschen Bundestag, S. 288–292.
77 *Thomas Risse-Kappen*, Die Krise der Sicherheitspolitik. Neuorientierung der Entscheidungsprozesse im politischen System der Bundesrepublik Deutschland, Mainz 1988, S. 87; der Bericht des belgischen Außenministers Pierre Harmel, auf dem die am 14. Dezember 1967 verabschiedete künftige Aufgabenbeschreibung der NATO basierte, findet sich abgedr. in: Europa-

Dieser latente, weil für zehn bis 15 Jahre kaum artikulierte Konsens über atomare Abschreckung (auch in der abgespeckten Variante des Harmel-Berichts) wurde erst in dem Augenblick erneut prekär, als angesichts des »Endes der Entspannung« und der krisenhaften Zuspitzung der internationalen Lage nach der KSZE-Gipfelkonferenz in Helsinki 1975 viele Zeitgenossen (darunter die erst jetzt zu politischem Bewusstsein gelangende, in den 1960er Jahren geborene »successor generation«) sich klar machten, was während der Auseinandersetzung um Neutronenwaffen schon kurz aufgeschienen, dann aber noch einmal verdrängt worden war: Dieser sicherheitspolitische Konsens beruhte auf der glaubwürdigen Einsatzdrohung mit Nuklearwaffen, also darauf, dass die Freiheit »im Ernstfall« mit Atomwaffen auch auf deutschem Territorium verteidigt werden« sollte.

Hinzu kam das relative Unverständnis über die amerikanische Politik, das die Kritiker des Doppelbeschlusses durchaus mit dessen Befürwortern teilten. Daher war die westdeutsche Friedensbewegung wie die in den USA partiell eine Anti-Reagan-Bewegung. Dessen ausgeprägte Feindbild-Rhetorik dürfte wesentlich zur Verschärfung der innerdeutschen Auseinandersetzung um den Doppelbeschluss beigetragen haben.[78] Nicht nur im »Krefelder Appell«, sondern auch im »Bielefelder Appell« sozialdemokratischer Gruppen – der den Vorwurf der kommunistischen Unterwanderung der Friedensbewegung zu korrigieren trachtete – wurde der Nachrüstungsteil des Doppelbeschlusses abgelehnt, weil Deutschland nicht »einer amerikanischen Entscheidung« ausgeliefert werden dürfe, »die beinhaltete, dass ein auf Europa begrenzter Atomkrieg führbar ist«[79]. Entsprechende Interviews hochrangiger amerikanischer Politiker wie zum Beispiel von Caspar Weinberger und Überlegungen in amerikanischen Planungsstäben, wie »Sieg sei möglich«, waren Wasser auf die Mühlen der Nachrüstungskritiker und wurden in entsprechenden Quellensammlungen fleißig dokumentiert oder fanden Eingang in Flugblätter und Reden auf den Friedensdemonstrationen.[80]

Die sicherheitspolitischen Pläne der Reagan-Administration lösten unter den intellektuellen Vordenkern der Friedensbewegung, aber auch in den zahlreichen lokalen und regionalen Initiativen, eine nachhaltige Diskussion darüber aus, wie gut deutsche Interessen noch im atlantischen Bündnis aufgehoben wären und ob die deutsch-amerikanische Achse auch weiter das »zweite Grundgesetz« der Bundesrepublik bilden dürfe. Dabei wurde ironischerweise der von bundesdeutscher Seite maßgeblich angestoßene Doppelbeschluss zum amerikanischen Oktroi umgedeutet.[81] Während der Kontroverse auf dem Hamburger Kirchentag zwischen Schmidt und dem Kieler CDU-Ministerpräsidenten Gerhard Stoltenberg einerseits und Heinrich Albertz andererseits rutschte letzterem vor Tausenden von Zuhörern der Satz heraus, man müsse der Wahrheit ins Auge sehen: Eine Folge des »entsetzlichen Hitler-Krieges« sei, »dass wir in beiden Teilen Deutschlands nicht nur Verbündete haben, sondern besetztes Land sind«.[82]

Archiv 23, 1968, D75–76; dazu grundlegend *Helga Haftendorn*, Kernwaffen und die Glaubwürdigkeit der Allianz. Die NATO-Krise von 1966–1967, Baden-Baden 1994.
78 Vgl. etwa *Karl Dietrich Bredthauer*, Noch kann der Atomkrieg verhindert werden. Zur Lage am Beginn des »Stationierungsjahres«, die neuen Abrüstungsvorschläge des Ostens, die westliche Reaktion und die Friedensbewegung, in: Blätter für deutsche und internationale Politik 28, 1983, S. 272–292.
79 »Bielefelder Appell« (Dezember 1980), abgedr. in: Vorwärts, 14.5.1981, online verfügbar unter URL: <http://germanhistorydocs.ghi-dc.org/pdf/deu/Chapter12Doc7KM.pdf> [2.5.2012].
80 Vgl. etwa *Mechtersheimer/Barth*, Den Atomkrieg, S. 59, 73 und 79, mit entsprechenden Erklärungen von Mitgliedern und Mitarbeitern der Reagan-Administration.
81 Detailliert: *Herf*, War by Other Means, S. 119f.
82 Albertz während des Podiumsgesprächs »Wie christlich kann Politik sein?« am 19. Juni 1981 in der Sporthalle Alsterdorf, abgedr. in: *Hans-Jochen Luhmann/Gundel Neveling* (Hrsg.), Deutscher Evangelischer Kirchentag Hamburg 1981. Dokumente, Stuttgart 1981, S. 677–695, hier: S. 692.

Das Diktum von Deutschland als »besetztem Land« hat Albertz später korrigiert[83], aber es war durchaus nicht untypisch für die Opfer-Mentalität, die manche Anhänger und Sympathisanten der neuen Friedensbewegung an den Tag legten. Hier wurde in der Tradition der 1950er Jahre mehr nationaler Spielraum, nun aber von links, nach dem Motto »Die BRD ist El Salvador« eingefordert.[84] Schmidt rügte Albertz auch deshalb heftig, weil doch die Bundesrepublik drauf und dran sei, ein »wirklicher Partner« der Vereinigten Staaten zu werden.[85] Doch für Albertz war angesichts der atomaren Rüstung und der strategischen Wiederausrichtung der US-Politik auf einen harten antisowjetischen Konfrontationskurs die Frage des nationalen Interesses neu gestellt:

»Wer sind wir eigentlich, in welcher Lage befinden wir uns als Deutsche mitten in Europa gegenüber den die Welt beherrschenden Supermächten, wie groß oder klein ist der Spielraum für eigene Entscheidungen, wie dicht das Netz der Abhängigkeiten, wie unvergleichbar unsere Lage sogar zu der unserer europäischen Nachbarn im Westen wie im Osten?«[86]

Grafisch aufgearbeitet und drastisch visualisiert wurde dieser »besetzte Zustand« der Bundesrepublik durch entsprechende Titelbilder von einschlägigen Publikationen, die Raketen oder Atomwaffenexplosionen auf westdeutschem Territorium symbolisierten, oder dem umfangreichen Kartenmaterial, das dem »Militarisierungsatlas der Bundesrepublik« zu entnehmen war. Ein Kapitel dieses von Alfred Mechtersheimer mit herausgegebenen Buchs wurde ausdrücklich überschrieben: »Ein besetztes Land«.[87] Dieses argumentative Grundmuster, in Deutschland ein Opfer des Supermächte-Konflikts, aber insbesondere des durch Reagan verschärften »amerikanischen Imperialismus« zu sehen, durchzieht wie ein Leitmotiv zahlreiche Publikationen der Friedensbewegung und ihr nahestehender Intellektueller in den 1980er Jahren. Nicht nur von kommunistischer Seite lancierte Publikationen, sondern auch stärker auf Kritik auch an der Sowjetunion achtende Aufrufe und Dokumente verleihen dieser Wahrnehmung Europas als quasi-kolonialem Protektorat der Supermächte-Imperien Ausdruck.[88]

Angesichts der harschen Kritik an den Plänen der US-Administration seitens vieler Mitglieder der Friedensbewegung wurde regelmäßig der polemisch zugespitzte Vorwurf ins Feld geführt, die Friedensbewegung huldige vorurteilsbeladenem Antiamerikanismus.[89] Dieser Vorwurf traf einen Nerv und rief schärfste Gegenreaktionen hervor. Heinrich Böll

---

83 *Heinrich Albertz*, Von der Nation und von Wichtigerem, in: *Jens*, In letzter Stunde, S. 135–142, hier: S. 135.
84 Vgl. *Philipp Gassert*, Anti-Amerikaner? Die deutsche Neue Linke und die USA, in: *Jan C. Behrends/Árpád von Klimó/Patrice G. Poutrus* (Hrsg.), Anti-Amerikanismus im 20. Jahrhundert. Studien zu Ost- und Westeuropa, Bonn 2005, S. 250–267; *Andrea Ludwig*, Neue oder deutsche Linke? Nation und Nationalismus im Denken von Linken und Grünen, Opladen 1995, S. 66.
85 Unser Haus, unser Kiez, unser Bauch. Gibt es einen neuen deutschen Nationalismus, in: Der SPIEGEL, 1.2.1982, S. 34–41, hier: S. 34; sowie der Leserbrief zum »neuen Nationalismus« in der Ausgabe vom 1. März 1982; Nationalistische Töne von weit Links, in: Frankfurter Allgemeine Zeitung, 5.5.1982.
86 *Albertz*, Von der Nation, S. 135f.
87 *Alfred Mechtersheimer/Peter Barth* (Hrsg.), Militarisierungsatlas der Bundesrepublik. Streitkräfte, Waffen und Standorte. Kosten und Risiken, Darmstadt 1986, S. 13.
88 Diese Stilisierung zum Opfer klang vernehmlich in Artikelserien des Mainstreams der linksliberalen Hamburger Trias an, wo zum Beispiel der SPIEGEL im Juli 1981 titelte: »Deutschland – Schießplatz der Supermächte« und damit eine Formulierung aus dem Diskussionsbeitrag von Albertz auf dem Kirchentag übernahm. Die Serie wurde publiziert als *Wilhelm Bittorf* (Hrsg.), Nachrüstung. Der Atomkrieg rückt näher, Reinbek 1982.
89 Als zeitgenössischen Reflex dieser Vorwürfe vgl. die Studie von *Emil-Peter Müller*, Antiamerikanismus in Deutschland. Zwischen Care-Paket und Cruise Missile, Köln 1986; zur Diskussion *Ziemann*, A Quantum of Solace, S. 372ff.

rief auf der Bonner Hofgartendemonstration am 10. Oktober 1981 ins Publikum, als Schriftsteller sei er wie seine Kollegen 1945 »von der amerikanischen Literatur befreit worden«. Er sei pro-amerikanischer als die CDU/CSU, in der die amerikanische Politik »weniger umstritten« sei »als in Amerika selbst«.[90] »Nein, es ist *kein* Anti-Amerikanismus«, so der Tübinger Rhetorikprofessor Walter Jens, in »Übereinstimmung mit den Proklamationen der Bürgerrechts-Bewegung die Hybris des Reagan-Regimes beim Namen zu nennen« sowie Divergenzen zwischen deutschen und amerikanischen Überlebensplänen auszudeuten.[91] Auch die grüne Bundestagsabgeordnete und ehemalige Bundesvorstandssprecherin (das heißt Parteivorsitzende) Petra Kelly hob immer wieder die Gemeinsamkeit ihres Kampfs gegen die Reagan-Administration mit dem ihrer Freunde in den USA hervor.[92]

Für konservative Kreise war die massive Kritik an der Reagan-Administration eine willkommene Chance, bündnistreu und pro-amerikanisch aufzutreten. Wie früher Konrad Adenauer warnte der CDU-Vorsitzende und spätere Bundeskanzler Helmut Kohl vor der »Illusion eines dritten Weges«, einer »deutschen Sonderrolle« zwischen Ost und West.[93] Die SPD betreibe »den bösen Geist des Antiamerikanismus«.[94] Der sicherheitspolitische Streit erzeuge »schlechte Stimmung« im deutsch-amerikanischen Verhältnis und fördere in den USA isolationistische Trends. Lafontaine und Eppler seien »sowjetischer als die Sowjets«, Ausführungen des SPD-Fraktionsvorsitzenden Herbert Wehner nannte Kohl eine »glatte Hilfsaktion« für die UdSSR.[95] Die Kritiker des Doppelbeschlusses schürten Kriegsangst, doch die Union sei ebenso »für den Frieden«.[96] Nicht die Moral der Abschreckung stehe zur Debatte, sondern die Verteidigung westlicher Werte und der Grundlagen der Demokratie, wie Freiheit, Gerechtigkeit und Menschenrechte. Der Friede in Europa sei nicht das Ergebnis »neutralistischer Politik, sondern das Ergebnis der Verteidigungsbereitschaft und -fähigkeit des freien Westens«. Es gelte auch künftig, »in der Gemeinschaft freier Völker gemeinsam mit unseren Freunden unser Schicksal in Friede und Freiheit« gestalten zu können.[97]

Auch in den kritischen Jahren 1981 bis 1983 blieb die Zustimmung zur NATO und zum Bündnis mit den USA innerhalb der Bundesrepublik konstant hoch, ja verzeichnete so-

---

90 *Heinrich Böll*, Dieser Tag ist eine große Ermutigung, in: Bonn 10.10.1981. Reden, Fotos, hrsg. v. der Friedensdemonstration für Abrüstung und Entspannung in Europa/Aktion Sühnezeichen-Friedensdienste/Aktionsgemeinschaft Dienst für den Frieden, Bornheim 1981, S. 159–162, hier: S. 159.
91 *Jens*, Appell in letzter Stunde, in: *ders.*, In letzter Stunde, S. 7–26, hier: S. 13 (Hervorhebung im Original).
92 *Petra Kelly*, »Sie sollen sich Sorgen machen«. Rede auf dem zweiten Forum der Krefelder Initiative, Dortmund, 21.11.1981, in: *dies.*, Um Hoffnung kämpfen. Gewaltfrei in eine grüne Zukunft. Köln 1983, S. 69–71.
93 »Bericht des Parteivorsitzenden Dr. Helmut Kohl«, 29. Bundesparteitag der Christlich Demokratischen Union Deutschlands, 9./10. März 1981 in Mannheim, Ms., Bonn 1981, S. 23–45, hier: S. 34f., auch online unter URL: <http://www.kas.de/wf/de/71.8935/> [6.8.2012].
94 Ebd.
95 Kohl nennt Äußerungen Herbert Wehners eine »glatte Hilfsaktion für die Sowjetunion«, in: Frankfurter Allgemeine Zeitung, 9.2.1979; die weiteren Zitate bei *Weber*, Zwischen Nachrüstung und Abrüstung, S. 132.
96 So Kohl auf dem 30. Bundesparteitag der CDU: »Wir gehören zur deutschen Friedensbewegung«, Protokoll des 30. Bundesparteitags, 2. bis 5. November 1981 in Hamburg, Ms., Bonn, S. 28–57, hier: S. 33.
97 »Frieden und Freiheit. Resolution zur aktuellen Friedensdiskussion. Verabschiedet vom Bundesausschuss der CDU am 15. Juni 1981«, abgedr. in: *Alfred Mechtersheimer* (Hrsg.), Nachrüsten? Dokumente und Positionen zum NATO-Doppelbeschluss, Reinbek 1981, S. 182–189, Zitate S. 186 und 189.

gar höhere Werte als zehn Jahre zuvor.[98] Sowohl die kulturelle als auch die politische Westbindung wurde bekräftigt. Gegner und Befürworter des NATO-Doppelbeschlusses sahen sich als Teil einer transatlantischen politischen Gemeinschaft, die eben über nationale Grenzen hinweg in sich zerstritten und uneinig war. So wenig in den USA Einigkeit über den außenpolitischen Kurs der Regierung Reagan bestand, so wenig konnte dies in der Bundesrepublik der Fall sein. Während Kohl bedauerte, dass er bei seinen Besuchen in den USA gegenüber *seinen* amerikanischen Freunden »bohrende Fragen« beantworten musste, »wohin der Weg der Bundesrepublik führt«[99], hob Kelly deutlich hervor, dass sie mit *ihren* amerikanischen Freunden um »Hoffnung kämpfte«[100], oder machte Brandt *seinen* Freunden in den USA klar, dass die Ablehnung neuer Raketen nicht Antiamerikanismus sei, sondern den Forderungen des amerikanischen »Freeze«-Movement entspreche, das in der Demokratischen Partei und bei liberalen Senatoren wie Edward Kennedy große Unterstützung fand.[101]

Es führt daher vermutlich nicht weiter, den Nachrüstungskritikern eine »Entfremdung von den Demokratien des Westens« zu attestieren und die eigenen damaligen Befürchtungen nachträglich im Gewand der Historiografie ins Recht zu setzen[102], wenn Mitglieder der Friedensbewegung sich mit schöner Regelmäßigkeit auf Henry David Thoreau, Martin Luther King, Mahatma Ghandi und andere von der US-Friedensbewegung verehrte Protagonisten des gewaltfreien Widerstands beriefen und in diesem Sinne als Agenten der »Verwestlichung« und Verbreiterung einer, auch für die Nachrüstungsbefürworter unstrittigen, demokratischen Protestkultur gesehen werden können.[103] Die Friedensbewegung stellte sicher, dass auf ihren Massenveranstaltungen und Demonstrationen prominente Teilnehmer aus den USA, Großbritannien und den Niederlanden sprachen und gut sichtbar auf dem Podium platziert wurden. Durchweg wird in ihren Broschüren dieser Internationalismus auch entsprechend visualisiert.[104] »Wir können uns berufen auf die entschiedene Haltung der katholischen und protestantischen Kirchenführer der USA und auf die dortige Friedensbewegung, ebenso auf die Erklärung der Kirchen in der DDR«, hieß es im »Friedens-Manifest '83« des Friedenscamps in Mutlangen im Sommer 1983.[105]

---

98 Die Zustimmung zur NATO und zum Bündnis mit den USA betrug 75 bis 80% in den früheren 1980er Jahren, in den 1970er Jahren sprachen sich nur 60 bis 70% für einen Verbleib in der NATO aus, vgl. *Gebhard Schweigler*, Grundlagen der außenpolitischen Orientierung der Bundesrepublik Deutschland. Rahmenbedingungen, Motive, Einstellungen, Baden-Baden 1985, S. 158.
99 Helmut Kohl auf dem 30. Bundesparteitag der CDU in Hamburg, S. 33.
100 Vgl. den Titel ihres Buchs: *Kelly*, Um Hoffnung kämpfen.
101 Offener Brief des Vorsitzenden der SPD, Brandt, auf Fragen amerikanischer Freunde, 7.8.1983, in: *Willy Brandt*, Gemeinsame Sicherheit. Internationale Beziehungen und deutsche Frage 1982–1992, bearb. v. *Uwe Mai/Bernd Rother/Wolfgang Schmidt*, Bonn 2009, S. 142–146.
102 So aber *Winkler*, Der lange Weg nach Westen, Bd. 2, S. 373, der seine innerparteiliche Kritik innerhalb der SPD auf diese Weise in den Stand einer historisch abgesicherten Aussage setzt. Vgl. die zeitgenössischen Beiträge von Winkler, Gesine Schwan und anderen in: *Jürgen Maruhn/Manfred Wilke* (Hrsg.), Wohin treibt die SPD? Wende oder Kontinuität sozialdemokratischer Sicherheitspolitik, München 1984. Ähnlich die inadäquate Darstellung in *Hans-Ulrich Wehler*, Deutsche Gesellschaftsgeschichte, Bd. 5: Bundesrepublik und DDR, München 2008, S. 250.
103 So hob Kohl mehrfach darauf ab, dass es den Amerikanern nun »wahrlich nicht an demokratischem Verständnis etwa für Demonstrationen freier Bürger für Ziele [mangelt], die von denen der Regierung abweichen«, 30. Bundesparteitag der CDU in Hamburg, S. 33.
104 Vgl. die Fotos in: Bonn 10.10.1981; sowie die entsprechende Presseberichterstattung.
105 »Gemeinsam Gegen Atomraketen«, Friedenscamp Schwäbisch Gmünd vom 6.8. bis 4.9.1983. Handbuch, hektografierte Broschüre im Besitz des Verfassers.

IV. NUKLEARKRISE UND NS-VERGANGENHEIT

Sicherheitspolitik diente erneut als Kulisse, vor deren Hintergrund wie schon aus früheren Anlässen wie zum Beispiel während der Kontroverse über die Wiederbewaffnung über »Deutschlands Ort in der Welt« gestritten wurde, und zwar durchaus im Sinne einer prinzipiellen Westorientierung und Selbstverständigung darüber, was »demokratische Kultur« bedeute. Dabei spielte unvermeidlich auch die deutsche Vergangenheit eine zentrale Rolle. Vergangenheitspolitische Bezüge wurden regelmäßig als »Mahnung« und »Auftrag« zu friedlicher Politik ins Feld geführt, häufig aus Anlass des in den 1980er Jahren stark ausgeweiteten Gedenkens zu den 40. und 50. Jahrestagen der NS-Machtübernahme und des Zweiten Weltkriegs: »Deutschland, das in der Vergangenheit seine Nachbarn das Fürchten gelehrt hat, hat es nötiger als andere, durch Taten glaubwürdige Schritte in Richtung auf einen für alle sicheren Frieden zu unternehmen«, so der Appell einer Wilmersdorfer Friedensgruppe am 8. Mai 1980.[106]

»Lehren aus der Vergangenheit« für oder wider die Nachrüstung wurden von beiden Seiten ohne viel Federlesens gemustert und werfen ein Schlaglicht auf den gesellschaftlichen Grundsatzcharakter der Debatte. Als Oppositionsführer begründete Kohl sein Eintreten für den Doppelbeschluss mit der »verantwortungsethischen« Position, dass »wir alle [...] die Lektion der Geschichte in zwei schrecklichen Kriegen gelernt [haben], die Vertriebenen und die Flüchtlinge, die Hinterbliebenen und die Gefallenen zweier Weltkriege«. Politik müsse durch »geschichtliche Erfahrung und praktische Vernunft der Apokalypse vorbauen, muss die Erpressung verhindern, die in der Möglichkeit der Entfesselung des Infernos liegt«.[107] In einem heftigen parlamentarischen Schlagabtausch im Juni 1983 warf CDU-Generalsekretär Heiner Geißler dem Grünen-Politiker Joschka Fischer vor, dass der gesinnungsethische Pazifismus der 1980er Jahre dem der 1930er Jahre gleiche, »der Auschwitz erst möglich gemacht habe«. Der Tod von Millionen Menschen wäre nicht erfolgt, so Geißler weiter, »wenn es die damalige Schwäche [...] der freiheitlichen Demokratien dem Diktator des nationalsozialistischen Regimes nicht leichtgemacht hätte, den Krieg zu beginnen. Das ist die Wahrheit«.[108]

Fischer seinerseits hatte wenige Tage zuvor in einem SPIEGEL-Interview gesagt, es sei doch »moralisch erschreckend, dass es offensichtlich in der Systemlogik der Moderne, auch nach Auschwitz noch nicht tabu ist, weiter Massenvernichtung vorzubereiten«.[109] Zwar hatte er vor »schnellen Analogieschlüssen« zwischen NS-Verbrechen und dem Ost-West-Konflikt gewarnt, doch war seine Ausführung insofern repräsentativ, als in der Friedensbewegung die Parole »Nie wieder Krieg« und die Erinnerung an den nationalsozialistischen Judenmord als Motivation für gegenwärtiges politisches Handeln sehr weit verbreitet waren. Immer wieder wurde mit Erinnerungen an den Zweiten Weltkrieg zum »Widerstand gegen Atomraketen« geworben und öffentlich gepunktet. Die Gedenktage zum 8. Mai, zum »Antikriegstag« am 1. September oder das Andenken an anti-nationalsozialistische Widerstandskämpfer, an die Vertreibungen und in stark wachsendem Maße auch die Luftkriegserinnerung boten zentrale Anknüpfungspunkte, um das Publikum über die Vergegenwärtigung des Vergangenen zu einer »pazifistischen Haltung« zu mobilisieren.[110]

---

106 Wilmersdorfer Friedensappell (der Friedensinitiative Wilmersdorf im Kulturhaus Wilmersdorf e. V.), 8.5.1980, Faksimile in: *Fritz Teppich*, Flugblätter und Dokumente der Westberliner Friedensbewegung 1980–1985, Berlin 1985, S. 15.
107 Helmut Kohl auf dem 30. Bundesparteitag der CDU in Hamburg, S. 33f.
108 Deutscher Bundestag, Plenarprotokoll, 10. Wahlperiode, 13. Sitzung, 15.6.1983, S. 755.
109 »Wir sind ein schöner Unkrautgarten«, SPIEGEL-Gespräch mit Joschka Fischer und Otto Schily, in: Der SPIEGEL, 13.6.1983, S. 23–27, hier: S. 26.
110 Für die Zusammenhänge zwischen Luftkriegserinnerung und Friedensbewegung vgl. die Fallstudien zu Würzburg (Georg Seiderer), Hagen (Ralf Blank) und Pforzheim (Christian Groh),

So forderte die erwähnte Wilmersdorfer Friedensinitiative dazu auf, dass die Älteren »sich erinnern« sollten, um die Jungen durch ihre Erzählungen gegen ein leichtfertiges Vergessen dessen zu immunisieren, »was das hieß: Hunger – Kälte – Flüchtlingselend – Ausgebombtsein«.[111] Mit Zitaten aus dem Stuttgarter Schuldbekenntnis der Evangelischen Kirche Deutschlands von 1945 beschwor eine christliche Berliner Initiative, in einer Stadt, »in der die Wunden des letzten Krieges noch sichtbar« seien, »rechtzeitig unsere Stimme« zu erheben, »nicht erst wieder, wenn es zu spät ist«.[112] Auch der Schriftsteller und spätere Literaturnobelpreisträger Günter Grass führte schweres vergangenheitspolitisches Geschütz ins Feld, als er hinter der Logik der atomaren Rüstung jene »zynische Abwendung von den Grundwerten menschlicher Ethik« vermutete, »die damals die Wannsee-Konferenz, den Beschluß der Endlösung zur Folge gehabt hat und die in unseren Tagen militärische Planspiele produziert, deren Ernstfallverläufe hier fünfzig und anderswo achtzig Millionen Tote als unvermeidbaren Ausfall verbuchen«.[113]

Es waren nicht allein der nationalsozialistische Judenmord, der Zweite Weltkrieg und seine Jahrestage (wie übrigens auch der Überfall auf die Sowjetunion im Juni 1941[114]), sondern auch der Erste Weltkrieg und das Kaiserreich, die für die aktuelle außen- und sicherheitspolitische Debatte zahlreiche Möglichkeiten historischer Rückbezüge und der geschichtspolitischen Instrumentalisierung eröffneten, so wie ja auch die großen geschichtspolitischen Gesten von Helmut Kohl sich auf beide Weltkriege bezogen.[115] Vergleiche zur Juli-Krise 1914 wurden besonders häufig während der Doppelkrise um Afghanistan und die Besetzung der US-Botschaft in Teheran 1979/80, das heißt zu Beginn der Nachrüstungsdebatte formuliert. Vor allem der SPIEGEL, allen voran Rudolf Augstein in seinen Kommentaren zur Krisenhaftigkeit der internationalen Beziehungen der 1980er Jahre, stellte regelmäßig historische Parallelen zu Bismarck, Wilhelm II., dem Kaiserreich und dem Ausbruch des Ersten Weltkriegs her.[116] Es dürften insgesamt in den frühen 1980er Jahren die Bezüge auf 1914 nicht seltener gewesen sein als die auf die NS-Zeit, wobei sich aufgrund des höheren Skandalwerts der NS- beziehungsweise Holocaust-Vergleiche letztere geschichtskulturell vermutlich stärker abgelagert haben dürften und daher in Erinnerung geblieben sind. Erst im Verlauf der 1980er Jahre ergab sich eine Verlagerung von 1914er-Analogien zu Holocaust-Analogien, was auch mit dem Sieges-

---

in: *Jörg Arnold/Dietmar Süß/Malte Thießen* (Hrsg.), Luftkrieg. Erinnerungen in Deutschland und Europa, Göttingen 2009, S. 159–160, 180–181 und 190–195; sowie umfassend *Jörg Arnold*, The Allied Air War and Urban Memory. The Legacy of Strategic Bombing in Germany, Cambridge/New York etc. 2011, S. 283–309.

111 Flugblatt der Friedensinitiative Wilmersdorf, in: *Teppich*, Flugblätter und Dokumente, S. 25.
112 Berliner Christen gegen den Atomtod [circa Oktober 1981], in: ebd., S. 85.
113 *Günter Grass*, Vom Recht auf Widerstand. Rede auf der Gedenkveranstaltung der SPD zum 50. Jahrestag der Machtergreifung Hitlers in Frankfurt, in: *ders.*, Essays und Reden, Bd. 3: 1980–1997, Göttingen 1997, S. 63–70.
114 Vgl. die Ausführungen von Brandt aus Anlass von Gesprächen in Moskau, in: AdG, 8.7.1981, S. 24723.
115 Mit dem Auftritt gemeinsam mit François Mitterrand in Verdun beziehungsweise mit Ronald Reagan in Bitburg und Bergen-Belsen als zentralen ereignisgeschichtlichen Markierungen, vgl. *Jan-Holger Kirsch*, Hier geht es um den Kern unseres Selbstverständnisses als Nation. Helmut Kohl und die Genese des Holocaust-Gedenkens als bundesdeutscher Staatsräson, in: Potsdamer Bulletin für Zeithistorische Studien 2008, Nr. 43/44, S. 40–48.
116 *Rudolf Augstein*, Krieg in Sicht?, in: Der SPIEGEL, 14.1.1980; Trotz Kissinger Holocaust, in: Der SPIEGEL, 28.1.1980; SPIEGEL-Titel »Wie im August 1914? Angst vor dem großen Krieg«, 21.4.1980; Angst, dass die Sicherungen durchbrennen, in: ebd. (Vergleich Afghanistan – 1914); Letzter Sprung in den Abgrund? Kriegsausbruch 1914 und Krisenlage 1980 – vieles ist analog, in: ebd.

zug dieses Begriffs in der Erinnerung an den Zweiten Weltkrieg im Laufe der 1980er Jahre zu tun haben dürfte.[117]

War zu Beginn des »Raketenstreits« oft noch der Erste Weltkrieg primär Fokus historischer Vergleiche und Analogien[118], so rückte mit wachsender Dringlichkeit der Debatte und gleichzeitig wachsender Prominenz des »Holocaust« in der Erinnerungskultur westlicher Länder der NS-Judenmord ins Zentrum der geschichtspolitischen Bezüge, wie sich ja auch die Bezüge auf »deutsche Opfer« im Kontext der Nachrüstungsdebatte verstärkten. 1982/83, das heißt auf dem Höhepunkt der Nachrüstungskontroverse, wurde Hunderte und Tausende Male durch Worte, entsprechende Visualisierung und symbolische Handlungen (Demonstrieren in Häftlingskleidern, mit auf Plakate geschriebenen Parolen wie »Pershing macht frei«[119]; symbolisches Massensterben in Fußgängerzonen[120]) eine Parallele von »nuklearem Holocaust« und Judenmord gezogen.[121] Angesichts der Bedeutung, die dem Holocaust in der westlichen Erinnerungskultur in den 1980er Jahren als zentraler moralischer Referenz allmählich zuwachsen sollte[122], stellten beide Seiten in aus heutiger Sicht geradezu befremdlicher Schärfe heraus, dass es hier längst nicht mehr um eine sicherheitspolitische Frage ging. Es wurde mit einer durch die ›Wende‹ von 1982/83 noch einmal verschärften Polemik darüber gestritten, »wohin die Bundesrepublik triebe«, in welche Richtung sich Politik und politische Kultur entwickelten und ob eine »linksliberale politische Hegemonie« erfolgreich gegen eine »neokonservative Tendenzwende« verteidigt werden könne.[123]

Die atemberaubend holzschnittartige Instrumentalisierung der NS-Vergangenheit während der Nachrüstungsdebatte verweist auf eine stärkere Akzeptanz oder wenigstens auf einen breiteren Kenntnisstand um den Judenmord im Zweiten Weltkrieg. So wenig die Kontrahenten in ihren politischen Folgerungen auch darin übereinstimmten, wozu »Hitler«

---

117 Dies ist mein Eindruck auf der Basis einer ersten Auswertung der historischen Bezüge der Berichte zur Nachrüstungskontroverse im SPIEGEL und in der Frankfurter Allgemeinen Zeitung. Die Forschung hat sich bisher vor allem mit NS-Bezügen befasst, so geht *Conze*, Modernitätsskepsis, auf die politische Instrumentalisierung des Holocaust ein, erwähnt aber den Ersten Weltkrieg nicht.
118 Dass die Analogien zu 1914 auch während der Hochphase 1983 weiter gezogen wurden, zeigen zum Beispiel die Ausführungen von Oskar Lafontaine, der an die Zustimmung der SPD zu den Kriegskrediten 1914 erinnerte als einen historischen Fehler der Parteigeschichte, der sich nicht wiederholen dürfe, in: AdG, 27.10.1983, S. 27106; der Grünen-Politiker Rudolf Bahro meinte am 20. November 1983, derzeit herrsche »die Mentalität von 1914«, Reagan präpariere eine neues Sarajewo, in: AdG, 22.11.1983, S. 27193. Helmut Kohl seinerseits erinnerte vor seiner Fraktion daran, dass 1914 aus subjektivem Fehlverhalten hervorgegangen sei, nicht aus Kriegswillen heraus, vgl. *Andreas Rödder*, Bündnissolidarität und Rüstungskontrollpolitik. Die Regierung Kohl-Genscher, der NATO-Doppelbeschluss und die Innenseite der Außenpolitik, in: *Gassert/Geiger/Wentker*, Zweiter Kalter Krieg, S. 123–136, hier: S. 126.
119 Vgl. die Illustrationen in *Nick/Scheub/Then*, Mutlangen.
120 Diesmal wollen wir nicht schweigen, in: Der SPIEGEL, 29.8.1983; der Artikel berichtet über die geplante Aktionswoche im Oktober 1983, unter anderem über ein Neu-Ulmer Friedenscamp unter dem Motto »Wollt ihr den totalen Frieden« sowie über Programmpunkte wie »Veranstaltungen mit ehemaligen Flakhelferinnen«.
121 Der Begriff des »nuklearen Holocaust« war schon 1981 anscheinend so selbstverständlich, dass er ohne nähere Erläuterung als Buchtitel dienen konnte, vgl. *Guha*, Die Nachrüstung – Der Holocaust Europas.
122 Vgl. *Jan Eckel/Claudia Moisel* (Hrsg.), Universalisierung des Holocaust? Erinnerungskultur und Geschichtspolitik in internationaler Perspektive, Göttingen 2008.
123 Gut sichtbar wird der Zusammenhang mit dem heraufziehenden ›Historikerstreit‹ etwa in Äußerungen wie denen von *Hans-Ulrich Wehler*, Geschichtswissenschaft heute, in: *Jürgen Habermas* (Hrsg.), Stichworte zur geistigen Situation der Zeit, Bd. 2: Politik und Kultur, Frankfurt am Main 1979, S. 709–753.

jetzt »mahnte«, welcher politische und moralische Imperativ aus der Erinnerung an den Zweiten Weltkrieg im Hier und Jetzt abgeleitet werden könnte, so sehr schien sich doch ein Konsens zu formieren, dass das Selbstverständnis der Bundesrepublik nun einmal auf der Akzeptanz nicht nur der von »deutschem Boden« ausgegangenen Kriege basierte, sondern gerade auch der spezifischen Verbrechen der NS-Zeit, deren rückhaltloser Ablehnung es bedurfte: »Wir wollen aus der Geschichte lernen. Wir wollen nie wieder die Fehler machen, die zur Nazibarbarei geführt haben«[124], so Kohl. Vermied der CDU-Vorsitzende auch den Vergleich mit Auschwitz, so ähnelten die oben erwähnten Bezüge seines Generalsekretärs denen, welche von Mitgliedern der Friedensbewegung gebraucht wurden, so hatte etwa die in New York lehrende deutsche Theologin Dorothee Sölle in Mutlangen die Pershing II als »fliegende Verbrennungsöfen« bezeichnet.[125] Dies ist ein im Rückblick vielleicht nicht ganz so schockierendes Verdikt, wenn man sich vor Augen hält, dass sich Mitglieder der amerikanischen *Ploughshares*-Bewegung auf vergleichbar drastische Weise historischer Analogieschlüsse bedienten.[126]

V. NUKLEARKRISE UND DEMOKRATISCHE PROTESTFORMEN

Beide Seiten stritten im Nachrüstungskonflikt darum, was die Orientierung nach Westen, das Verhältnis zu den USA und die zunehmende historische Beschäftigung mit dem Holocaust, aber auch der Rückgriff zu den beiden Weltkriegen als erinnerungspolitische Markierungen für das politische Handeln im Herbst 1983 bedeuteten. Ob nun 1914 oder 1939 zum Nachrüsten oder zum Gegenteil mahnten: Geschichtspolitisch wurde auf dem gleichen Spielfeld gerungen, beide Seiten der Kontroverse orientierten sich historisch und politisch prinzipiell an denselben Ereignissen, allerdings ohne zu den gleichen Schlussfolgerungen zu kommen. Beide Seiten bezogen sich auf die »Lehren aus der Vergangenheit«, beide reklamierten aber daraus unterschiedliche Handlungsanweisungen. Dies gilt auch für die Vorstellung, dass Deutschland und Europa als Friedensmächte zwischen den Blöcken ausgleichend wirken konnten.[127] Auch hierzu findet sich in den Quellen viel formelhafte Gemeinsamkeit, ohne dass es hier nun nennenswerte Übereinstimmung in Hinblick auf die Entscheidung über den NATO-Doppelbeschluss gegeben hätte.[128]

Diese graduelle Ausweitung des Basiskonsenses in der politischen Kultur dürfte sich selbst in den hochkontroversen Auseinandersetzungen um die Protestformen zeigen, deren Akzeptanz insgesamt zugenommen hatte. Um die Frage der »Blockaden« entbrannte in den 1980er Jahren ein heftiger juristischer und politischer Streit, der erst Jahre nach dem Ende der ›alten‹ Bundesrepublik entschieden werden konnte. Während Demonstrationen zu den grundsätzlich von allen Seiten akzeptierten politischen Artikulationsformen gehörten, die nicht zuletzt über eine lange Tradition in der organisierten Arbeiterbewegung verfügten, so gilt dies nicht für bestimmte Formen des zivilen Ungehorsams wie die aus den USA beziehungsweise aus Indien importierten Sitzblockaden, die vor Raketendepots wie in Mutlangen oder Heilbronn stattfanden. Diese Blockaden wurden von den Gerichtshöfen noch lange als Ausübung von Gewalt angesehen und es wurde intensiv

---

124 Helmut Kohl auf dem 30. Bundesparteitag der CDU in Hamburg, S. 30.
125 *Nick/Scheub/Then*, Mutlangen, S. 6.
126 Vgl. *Mausbach*, Vereint marschieren.
127 Diesen relativ breiten Konsens konnte Helmut Schmidt noch einmal am 31. März 1982 formulieren, vgl. dessen Ausführungen im Bundestag, in: AdG, 31.3.1982, S. 25471f.
128 Zeitgenössisch wurde das oft nicht so gesehen, wenn es zum Beispiel für Otto Schily den Anschein hatte, als wäre »einer ganzen Generation von Politikern der Begriff des Friedens abhanden gekommen«, vgl. dessen Ausführungen im Bundestag am 21. November 1983, in: AdG, 22.11.1983, S. 27197.

über das Ausmaß der damit einhergehenden Nötigung gestritten. Gerade von konservativer (politischer, aber auch polizeilicher und richterlicher) Seite wurde vehement gegen die Blockaden vorgegangen.[129]

Dem stehen Äußerungen gegenüber, wonach konservative Nachrüstungsbefürworter schon zeitgenössisch eine relativ entspannte Haltung an den Tag legen konnten. So zum Beispiel Helmut Kohl, der sich im September 1983 in einer Fraktionssitzung seiner Partei über die Blockaden wie folgt amüsierte:

»Wenn die Leute partout auf der Straße sitzen wollen – dann lassen wir sie sitzen [...]. Es wird aus vielen Anlässen Verkehr umgeleitet, dann kann man den Verkehr auch um Leute herumleiten, die da sitzen wollen. Die Jahreszeit ist ja vielleicht so, dass das Sitzen dann nicht mehr ganz so komfortabel ist.«[130]

Auch hob Kohl zeitgenössisch fast schon mantrahaft auf den »subjektiv« guten Willen der Nachrüstungsgegner ab, denen er zwar kaum politische Klugheit attestierte, jedoch ernsthaftes politisches Engagement. Deutlich weniger langmütig klingt der Altkanzler im Rückblick, wenn er in seinen »Erinnerungen« vor allem die gewalttätigen Aspekte der Proteste betont und fast durchgängig auf die Rolle der östlichen finanziellen Unterstützung abhebt, und so die DDR und ihre Agenten als hauptverantwortliche Verführer für die Mobilisierung des Protests gegen den NATO-Doppelbeschluss brandmarkt.[131] Er übernimmt damit im Nachhinein ungeschmälert die zeitgenössischen Positionen des bayerischen Ministerpräsidenten Franz Josef Strauß, der sich schon damals deutlich kritischer gegenüber der Friedensbewegung positionierte als Kohl und einige liberal-konservative CDU-Größen wie Geißler.[132]

Entgegen diesen geschichtspolitisch scharfen retrospektiven Abgrenzungen war die CDU in den 1980er Jahren, und zwar auch ein Teil ihrer politisch maßgeblichen Mitgliederschaft, bereit, sich mit dem Anliegen der Friedensbewegung auseinanderzusetzen und sie zwar kritisch, aber doch differenziert zu betrachten. So wurde von einigen Persönlichkeiten wie dem früheren Generalsekretär Kurt Biedenkopf kurzfristig sogar die atomare Abschreckung ganz abgelehnt.[133] Der JU-Vorsitzende und nachmalige Bundesverkehrsminister Matthias Wissmann oder andere CDU-Nachwuchskräfte wie der damalige Vorsitzende der Schüler-Union und spätere Bundespräsident, Christian Wulff, machten klar, dass man die Motive der Friedensbewegung verstehen und anerkennen müsse. So fand Wulff auf dem Bundesparteitag der CDU 1981 erstmals nationale Aufmerksamkeit, als er forderte, man solle »berücksichtigen, dass viele Menschen in diesem Lande, jüngere wie ältere, Angst haben«.[134] Auch CDU-Generalsekretär Geißler drängte seine

---

129 Ausführlich *Offenloch*, Erinnerungen an das Recht.
130 Helmut Kohl in der CDU/CSU-Fraktionssitzung vom 6. September 1983, Archiv für Christlich-Demokratische Politik (ACDP), Sankt Augustin, 08–001, 1071/1, 10/10, zit. nach: *Rödder*, Bündnissolidarität und Rüstungskontrollpolitik, S. 133.
131 Vgl. *Helmut Kohl*, Erinnerungen 1982–1990, München 2005, S. 192–197; Wirsching betont Kohls damals kompromisslose Haltung, vgl. *Andreas Wirsching*, Die Beziehungen zu den USA im Kontext der deutschen Außenpolitik 1982–1998, in: *Günter Buchstab/Hans Otto Kleinmann/Hanns Jürgen Küsters* (Hrsg.), Die Ära Kohl im Gespräch. Eine Zwischenbilanz, Weimar 2010, S. 357–366.
132 Die relativ kompromisslose Haltung von Strauß und der CSU im Vergleich zu Kohl und der CDU wird deutlich im 12-Punkte-Papier »Politik für Sicherheit, Frieden und Freiheit«, 19.11.1983: »Lebensfragen unserer Sicherheit können und dürfen nicht von außerparlamentarischen Bewegungen der Straße beeinflusst oder gar entschieden werden, wenn diese Kräfte in wesentlichen Teilen von Handlangern Moskaus gesteuert werden«, in: AdG, 22.11.1983, S. 27192.
133 *Kurt Biedenkopf*, Rückzug aus der Grenzsituation, in: Die ZEIT, 30.10.1981. Für diesen Artikel wurde Biedenkopf im CDU-Vorstand gerügt.
134 Protokoll des 30. Bundesparteitags in Hamburg, S. 60; Wissmanns Äußerungen ebd., S. 88–90.

Partei dazu, in einen Dialog mit der Jugend einzutreten, und lud deshalb junge Menschen und sogar Mitglieder der Friedensbewegung zu Diskussionen auf den CDU-Parteitag 1981 nach Hamburg ein.[135]

Unter dem Motto »Wir gehören zur deutschen Friedensbewegung« suchten einerseits liberal-konservative Kräfte in der CDU diskursiv mit der Formel vom »Frieden in Freiheit« das Anliegen der Friedensbewegung zu unterlaufen[136], aber sie waren andererseits durchaus bereit, zu einem gewissen Grad deren Aktionsformen in das eigene Repertoire zu übernehmen. Weil sich die Union in der Friedensbewegung mit einem gut informierten, schlagkräftig organisierten und vor allem laut- und meinungsstarken Gegner konfrontiert sah, der Rückgriff auf die alternativen Expertennetzwerke der Friedensforschung besaß[137], und sich vor allem auf den evangelischen, aber auch auf den katholischen[138] Kirchentagen eine potenziell zur Kernklientel der Union zählende Wählergruppe von den gesinnungsethischen Argumenten der Stationierungsgegner anstecken ließ, hatten die Vertreter der Union hier oft einen schweren Stand.[139] Dieses Defizit versuchte man systematisch auszugleichen. Spätestens mit dem Bundesparteitag im November 1981 (mit 2.700 Teilnehmern der größte Partei-Kongress der Nachkriegsgeschichte) war das Friedensthema ganz oben auf der Agenda der Unionspolitik angelangt. Die dabei fehlende Geschlossenheit innerhalb der Partei deutete jedoch auf einen bei den Christdemokraten, ähnlich wie auch im sozialdemokratischen Milieu, bestehenden sachlichen und zum Teil generationellen Konflikt hin, dem man mit Dialogangeboten und »Neuen Formen der Parteiarbeit« in Gestalt »offener Parteitage« und Foren begegnen wollte.[140]

Hatte schon ›1968‹ gelegentlich auf die Union abgefärbt[141], so wirkte auch der Aktions- und Politikstil der Friedensbewegung ansteckend: Als die CDU am 5. Juni 1982, wenige Tage vor einem Besuch Reagans, ihre erste Großdemonstration im Bonner Hofgarten organisierte, orientierte sie sich nicht nur in Umsetzung und Art der Veranstaltung – mit einem Begleitprogramm in einer »Bunten Meile«, mit Auftritten von Bands und Promi-

---

135 Ebd., Der Bundesparteitag selbst stand unter dem Motto »Mit der Jugend«.
136 *Lutz Kaupp*, Konservative Sprachkritik und Wahlkampfstrategien der CDU in den frühen achtziger Jahren am Beispiel der Formel »Frieden in Freiheit«, Hannover 1993.
137 Vgl. *Corinna Hauswedell*, Friedenswissenschaften im Kalten Krieg. Friedensforschung und friedenswissenschaftliche Initiativen in der Bundesrepublik in den achtziger Jahren, Baden-Baden 1997; *Ulrike C. Wasmuht*, Geschichte der deutschen Friedensforschung. Entwicklung, Selbstverständnis, politischer Kontext, Münster 1998.
138 So sah sich der unter dem Motto »Kehrt um und glaubt – erneuert die Welt« stehende 87. Katholikentag im September 1982 in Düsseldorf mit den von friedensbewegten Jungchristen und der »Initiative Kirche von unten« organisierten Gegenveranstaltungen »Kehrt um. Entrüstet euch!« konfrontiert.
139 Vgl. zur Friedensbewegung im kirchlichen Bereich *Sebastian Kalden/Jan Ole Wiechmann*, Kirchen, in: *Becker-Schaum/Gassert/Klimke*, Entrüstet Euch, S. 247–261.
140 Dokumentation: Die CDU im Gespräch mit der Jugend. Zwischenbericht über die Aktivitäten der Partei seit dem Hamburger Parteitag, Bonn 1982. »Dialog« und »offene Parteitage« wurden in der Folge bis auf Kreisverbandsebene weitergeführt. Bereits im Mai 1981 beschloss eine Landesgeschäftsführerkonferenz die Einsetzung der Kommission »Neue Formen der Parteiarbeit« mit den Unterkommissionen »Spitzenpolitikerveranstaltungen«, »Zielgruppenarbeit«, »Massenverteilmittel« und »Ortsverbandsarbeit«; dort gewonnene Erkenntnisse flossen in neue Handlungsanweisungen zur Parteiarbeit sowie in den Bundestagswahlkampf 1983 ein, vgl. Bericht der Bundesgeschäftsstelle. Anlage zum Bericht des Generalsekretärs. 31. Bundesparteitag, 25./26. Mai 1983 in Köln, Ms., Bonn 1983, S. 9ff.; vgl. auch Handbuch für die Ortsverbandsarbeit. Erfolgreich für die CDU, Bonn 1983.
141 Vgl. *Frank Bösch*, Macht und Machtverlust. Die Geschichte der CDU, München 2002, S. 94ff.

nenten – stark am Repertoire der Gegenseite.[142] Auch ging es dabei um eine symbolische Rückeroberung des von der Friedensbewegung ein gutes halbes Jahr vorher besetzten Terrains.[143] Der für die Öffentlichkeitsarbeit verantwortlichen CDU-Bundesgeschäftsstelle stand ab September 1981 ein erfahrener Kämpfer der 1968er Jahre und ausgewiesener Experte in Sachen politischer Kommunikation, der Wahlkampfmanager und spätere Berliner CDU-Kultursenator Peter Radunski als Bundesgeschäftsführer vor.[144] Als vorläufiger Höhepunkt des »heißen« Debattenherbstes im Stationierungsjahr 1983 organisierte er zum Beispiel die Aktion »10.000 Friedenstage der CDU – Gemeinsam für Frieden und Freiheit«, um auch auf Ortsverbandsebene die Mitglieder zu schulen und die Diskurshoheit zurückzugewinnen.[145]

VI. FAZIT

Die Tatsache, dass die CDU ihren kommunikativen Stil neuen Umgangsformen anpasste, ist noch kein Beleg für die integrierende Funktion der Nuklearkrise. Hier wird es noch weiterer Forschungen bedürfen, um genauer bestimmen zu können, in welchem Umfang exakt die Kontroverse über den NATO-Doppelbeschluss als Teil einer bundesrepublikanischen Arbeit am Konsens gesehen werden kann. Dennoch: Sozioökonomische »Unsicherheit« und Krisenperzeptionen erzwangen Umdenken und Anpassung, eröffneten aber angesichts des in der 1970er Jahren abgeschlossenen Übergangs zur Konsumgesellschaft gerade im Bereich der politischen Kommunikation auch neue Chancen.[146] Die als »Rebellion am Markt« ironisierten Proteste der 68er entfalteten so vermittelt auch über die sozialen Bewegungen der 1970er und 1980er Jahre eine weitere Breitenwirkung.[147] Diese Rezeption neuer Formen der Vermittlung von Politik wurde auf der Ebene der Populärkultur angesprochen, sie lässt sich aber auch an den medialen Strategien von Protestbewegung und Unionsparteien während der Nachrüstungskontroverse ablesen, wenn man betrachtet, was letztere von ersterer lernten. Protest wurde sozial akzeptierter, indem sich bisher wenig protestaffine Kreise gegenüber bestimmten Formen der politischen Kommunikation und der populären Kultur öffneten.

---

142 Vgl. Deutsches Monatsblatt Mai 1982, Nr. 5; Aktionszeitung: 5. Juni, Hofgarten in Bonn – Großdemonstration Gemeinsam für Frieden und Freiheit, ACDP, Bundespartei, Ordner 2/20, 2/207 Broschüren und Flugblätter Jan. '82 – Aug. '83.
143 Mit der Hofgartendemonstration vom 10. Oktober, vgl. Bonn 10.10.1981.
144 Nichts dem Zufall überlassen, in: Die ZEIT, 4.2.1983; Heiner Geissler: »Ich bin voll unabhängig«, in: Der SPIEGEL, 29.9.1986; Die kleinere Lösung – Der Mann, der die Hauptstadt-Entscheidung managte, war als Kultursenator bis zuletzt nicht erste Wahl, in: Berliner Zeitung, 26.1.1996.
145 Eine genaue Übersicht über den konkreten Verlauf, die im Zusammenhang mit der Aktion in großem Umfang publizierten Materialien (allein elf verschiedene Argumentationsbroschüren) sowie der massiven Zahl durchgeführter Veranstaltungen finden sich in: Union in Deutschland 26, 1983, 1.9.1983; Deutsches Monatsblatt Juli/August 1983, Nr. 7/8; Bericht der Bundesgeschäftsstelle. Anlage zum Bericht des Generalsekretärs. 32. Bundesparteitag, 9. bis 11. Mai 1984 in Stuttgart, Ms., Bonn 1984, S. 6ff.; Bundesgeschäftsstelle (Hrsg.), Dokumentation der Aktion »10000 Friedenstage der CDU«, Bonn 1984, Archiv für Christlich-Demokratische Politik, Sankt Augustin, CDU, Bundesgeschäftsstelle 07-001-12471, Akten der HA IV.
146 *Frank Bösch/Norbert Frei* (Hrsg.), Medialisierung und Demokratie, Göttingen 2006; *Philipp Gassert/Christina von Hodenberg*, Medien: Manipulation und Markt, in: *Kiran Klaus Patel/ Christoph Mauch* (Hrsg.), Wettlauf um die Moderne. Die USA und Deutschland 1890 bis heute, München 2008, S. 426–453; *Werner Faulstich*, Die Mediengeschichte des 20. Jahrhunderts, Paderborn 2012.
147 *Axel Schildt/Detlef Siegfried* (Hrsg.), Between Marx and Coca-Cola. Youth Cultures in Changing European Societies, 1960–1980, Oxford 2006.

So kompromisslos sich die Standpunkte auch während der Nachrüstungsdebatte oft einander gegenüberstanden, so lässt sich doch im Rückblick von 30 Jahren deutlicher erkennen, wie viele Gemeinsamkeiten die Kontrahenten verbanden. Weder drifteten in den 1980er Jahren »harmoniebedürftig« gewordene Westdeutsche in weltpolitische Verantwortungslosigkeit und »Machtvergessenheit« ab, wie der Politikwissenschaftler Hans-Peter Schwarz 1985 befürchtete[148], noch standen sie kurz davor, sich als »Wanderer zwischen Ost und West« aus dem westlichen Bündnis zu lösen.[149] Weder wurden die düsteren Szenarien von Literaten wie Jonathan Schell oder Anton-Andreas Guha Wirklichkeit, die der Welt einen »atomaren Holocaust« prophezeiten, weil ein Krieg immer wahrscheinlicher werde.[150] Noch erwies sich der Satz des Journalisten und CDU-Renegaten Franz Alt, »Raketen sind Magneten«, als rechtzeitiger Alarm.[151] Vielmehr scheint sich die kulturelle und politische Westbindung gefestigt zu haben, lässt sich eine allmähliche Akzeptanz der NS-»Erblast« als eine positive Ressource im Selbstverständnis der Bundesrepublik beobachten[152] und fanden bestimmte Formen des Protests und der politischen Kommunikation breitere Resonanz. Auch inhaltlich dehnte sich damit der Minimalkonsens über die Grundlagen der westdeutschen Demokratie als einer post-nationalsozialistischen, demokratischen Ordnung eher aus, als dass er geschmälert worden wäre.[153]

---

148 *Hans-Peter Schwarz*, Die gezähmten Deutschen. Von der Machtbesessenheit zur Machtvergessenheit, Stuttgart 1985, S. 107f.
149 So *Winkler*, Der lange Weg nach Westen, Bd. 2, S. 373.
150 *Jonathan Schell*, Das Schicksal der Erde. Gefahr und Folgen eines Atomkriegs, 5. Aufl., München 1984 (die Auflagenhöhe betrug zu diesem Zeitpunkt bereits 116.000).
151 *Franz Alt*, Frieden ist möglich. Die Politik der Bergpredigt, München 1983, S. 43.
152 Vgl. den Beitrag von Jacob Eder in diesem Band.
153 Hierzu das Forschungsprojekt »Die Nuklearkrise: Nachrüstung, politischer Protest, Populärkultur und gesellschaftliche Selbstverständigung in den 1980er Jahren« an der Universität Augsburg, URL: <http://www.philhist.uni-augsburg.de/lehrstuehle/geschichte/transatlantische/forschung/Projekte/Nuklearkrise/> [9.7.2012].

Jan Hansen

Zwischen Staat und Straße

Der Nachrüstungsstreit in der deutschen Sozialdemokratie (1979–1983)

Die Kontroverse um den NATO-Doppelbeschluss und die Nachrüstung wirkte auf die deutsche Sozialdemokratie als Katalysator einer Selbstverständigung über Grundsatzfragen. Dabei ging es nicht nur um die Sicherheitspolitik, sondern auch um das Verhältnis zu den Neuen sozialen Bewegungen, um innerparteiliche Protestkulturen sowie die Einstellungen zum Ost-West-Gegensatz und zur bundesdeutschen Staatlichkeit. Der Nachrüstungsstreit war für die SPD der »Ort«, an dem grundlegend über Selbstbild und Weltwahrnehmung gesprochen wurde. Dass die Debatte um die Stationierung nuklearer Mittelstreckenwaffen in Westeuropa und insbesondere der Bundesrepublik einen solchen Charakter entwickeln würde, war indes nicht selbstverständlich.

Die Sozialdemokratie hatte sich in ihrer Geschichte stets mit Fragen von Krieg und Frieden auseinandergesetzt, doch war ihr Verhältnis zum Militärischen meist ambivalent geblieben. Auf der einen Seite engagierte sie sich für die Zurückdrängung kriegerischer Mittel aus den internationalen Beziehungen, auf der anderen Seite hielt sie am Prinzip der Landesverteidigung – im Kalten Krieg auch mit nuklearen Waffen – fest.[1] Das gewaltige Echo, das der NATO-Doppelbeschluss und die in ihm anvisierte Nachrüstung mit 108 Abschussvorrichtungen für Pershing-II-Mittelstreckenraketen und 464 bodengestützten Marschflugkörpern (Cruise Missiles) – wovon 96 in der Bundesrepublik stationiert werden sollten – innerparteilich hervorrief, ist nur vor dem Hintergrund der Bedeutung zu verstehen, die die SPD friedenspolitischen Themen traditionell beimaß. Hatte sie sich noch in den 1970er Jahren mit ihrer Ost- und Entspannungspolitik als »Friedenspartei«[2] profiliert, forderte die Kontroverse um den maßgeblich von Bundeskanzler Helmut Schmidt initiierten NATO-Doppelbeschluss dieses Selbstbild nun heraus. Im Streit um die Nachrüstung fand sie sich in einer dramatischen Spannung zwischen den Anforderungen an eine Regierungspartei und ihrer zumindest partiellen Sympathie für die Friedensbewegung wieder. In diesem Sinne diskutierte sie die Raketenstationierung buchstäblich zwischen Staat und Straße.[3]

In meinem Beitrag möchte ich die Debatten in der deutschen Sozialdemokratie um die Nuklearwaffen historisieren und in ihren gesellschaftlichen und kulturellen Kontext einbetten. Dabei soll im Vordergrund stehen, dass die innerparteilichen Kontroversen ge-

---

1 Vgl. Grundsatzprogramm der Sozialdemokratischen Partei Deutschlands. Beschlossen vom Außerordentlichen Parteitag der SPD in Bad Godesberg vom 13. bis 15. November 1959, hrsg. v. Vorstand der SPD, Bonn 1959, S. 8–12.
2 Vgl. dazu *Michael Longerich*, Die SPD als »Friedenspartei« – mehr als nur Wahltaktik? Auswirkungen sozialdemokratischer Traditionen auf die friedenspolitischen Diskussionen 1959–1983, Frankfurt am Main/Bern etc. 1990, insb. S. 29–115.
3 Zur Kontroverse um den NATO-Doppelbeschluss in der SPD vgl. *Friedhelm Boll/Jan Hansen*, Doppelbeschluss und Nachrüstung als innerparteiliches Problem der SPD, in: *Philipp Gassert/ Tim Geiger/Hermann Wentker* (Hrsg.), Zweiter Kalter Krieg und Friedensbewegung. Der NATO-Doppelbeschluss in deutsch-deutscher und internationaler Perspektive, München 2011, S. 203–228; aus der älteren Forschungsliteratur seien zwei Publikationen hervorgehoben: *Anton Notz*, Die SPD und der NATO-Doppelbeschluss. Abkehr von einer Sicherheitspolitik der Vernunft, Baden-Baden 1990; sowie *Thomas Risse-Kappen*, Die Krise der Sicherheitspolitik. Neuorientierungen und Entscheidungsprozesse im politischen System der Bundesrepublik Deutschland 1977–1984, Mainz/München 1988.

wissermaßen ein Miniaturabbild der gesamtgesellschaftlichen Diskussion waren und als solches sichtbar gemacht werden müssen. Weder diskutierte die größte westdeutsche Regierungspartei in einer nur auf sich selbst bezogenen Weise über die Nachrüstung, noch konnte sie sich allgemeinen zeitgenössischen Entwicklungen verschließen. Auch war die SPD nie bloß politische Partei, sondern immer auch Sammelbecken einer höchst heterogenen, gesellschaftlich wirksamen Bewegung. Deshalb versteht sich dieser Text nicht ausschließlich als Beitrag zu einer Geschichte der Parteien: Denn wenn die Debatte in der SPD als Katalysator einer grundsätzlichen Selbstverständigung eng an die gesamtgesellschaftliche Kontroverse rückgebunden war, in der sich ganz ähnliche Tendenzen feststellen lassen[4], können die sozialdemokratischen Auseinandersetzungen in ihrer Verflochtenheit und Rückgebundenheit auch als Teil einer Kultur- und Gesellschaftsgeschichte des Kalten Kriegs gelesen werden.

Im Folgenden soll untersucht werden, ob und inwieweit sich der Nachrüstungsstreit in der SPD unter der Formel »Wandel des Politischen« fassen lässt. Darunter soll ein komplexes Nebeneinander von politischen, gesellschaftlichen und kulturellen Transformationsprozessen verstanden werden, in dem diskursive Rahmensetzungen neu bestimmt wurden. Das »Politische« ist dabei nicht einfach in den Institutionen des Staats (dem Parlament, der Regierung, den Parteien) ›gegeben‹, sondern Objekt eines permanenten Aushandlungsprozesses.[5] Es wird ununterbrochen ›gemacht‹ und ist niemals schon da. Wird eine solche Definition des »Politischen« zugrunde gelegt, lässt sich der Streit um die Nachrüstung als Selbstverständigungsdebatte über die Form, den Inhalt und die Grenzen dessen verstehen, in dem wahrgenommen, gedeutet und kollektiv verbindlich gehandelt werden konnte. Im Mittelpunkt steht also die Frage, inwiefern und durch welche Diskurse im Nachrüstungsstreit politische Rahmensetzungen erörtert und neu bestimmt wurden.[6] Meine These lautet, dass die Transformationsprozesse auf mindestens drei Ebenen lokalisiert werden können: den Formen der Artikulation von politischem Dissens (das heißt den Modi der Aushandlung dieser Rahmensetzungen), den sozialdemokratischen Repräsentationen[7] des Ost-West-Gegensatzes und den Einstellungen gegenüber der bundesdeutschen Staatlichkeit.

---

4 In der Nachrüstungsdebatte zeigten sich nach Eckart Conze »ideelle Grundlagen des gesellschaftlichen Umbruchs«, vgl. *Eckart Conze*, Modernitätsskepsis und die Utopie der Sicherheit. NATO-Nachrüstung und Friedensbewegung in der Geschichte der Bundesrepublik, in: Zeithistorische Forschungen 7, 2010, H. 2, Abs. 2, URL: <http://www.zeithistorische-forschungen.de/16126041-Conze-2-2010> [12.2.2012]; dazu auch gründlich *Philipp Gassert*, Viel Lärm um Nichts? Der NATO-Doppelbeschluss als Katalysator gesellschaftlicher Selbstverständigung in der Bundesrepublik, in: *ders./Geiger/Wentker*, Zweiter Kalter Krieg und Friedensbewegung, S. 175–202; Jan Ole Wiechmann diagnostiziert mit Hinblick auf die Nachrüstungskontroverse eine »Säkularisierungskrise«. *Jan Ole Wiechmann*, Der Streit um die Bergpredigt. Säkulare Vernunft und religiöser Glaube in der christlichen Friedensbewegung der Bundesrepublik Deutschland (1977–1984), in: AfS 51, 2011, S. 343–374; während Susanne Schregel zutreffend eine »Staats- und Machtkrise« sieht, *Susanne Schregel*, Der Atomkrieg vor der Wohnungstür. Eine Politikgeschichte der neuen Friedensbewegung in der Bundesrepublik 1970–1985, Frankfurt am Main/New York 2011, insb. S. 20–23 und 337–340.
5 Vgl. exemplarisch *Achim Landwehr*, Diskurs – Macht – Wissen. Perspektiven einer Kulturgeschichte des Politischen, in: Archiv für Kulturgeschichte 85, 2001, S. 71–117; *Ute Frevert*, Neue Politikgeschichte: Konzepte und Herausforderungen, in: *dies./Heinz-Gerhard Haupt* (Hrsg.), Neue Politikgeschichte. Perspektiven einer historischen Politikforschung, Frankfurt am Main 2005, S. 7–26; *Roger Chartier*, Die unvollendete Vergangenheit. Geschichte und die Macht der Weltauslegung, Berlin 1989, insb. S. 10–19.
6 Vgl. für die Friedensbewegung *Benjamin Ziemann*, A Quantum of Solace? European Peace Movements during the Cold War and their Elective Affinities, in: AfS 49, 2009, S. 351–389, hier: S. 352 und 372f.
7 Zum Repräsentationsbegriff vgl. *Chartier*, Die unvollendete Vergangenheit, S. 10–19.

Der Text ist in sieben Abschnitte unterteilt. Zunächst werde ich einen knappen Abriss über den Verlauf des Nachrüstungsstreits geben (I.), die wichtigsten Haltungen zur Raketenstationierung herausarbeiten (II.) und das sozialdemokratische Verhältnis zum außerparlamentarischen Protest, insbesondere der Friedensbewegung, untersuchen (III.). Da für diesen Beitrag die Annahme zentral ist, dass eine Vielzahl von Aushandlungsformen für die Rahmensetzungen konstitutiv waren, werde ich im vierten Teil neue Formen der Artikulation von politischem Dissens anhand von Visualisierungsstrategien, der Inszenierung von Körpern sowie habituellen Deutungskämpfen betrachten (IV.). Im fünften Abschnitt stehen die sozialdemokratischen Einstellungen zum Ost-West-Gegensatz im Vordergrund: In zwei Unterkapiteln sollen die Wahrnehmungen und Deutungen von Amerika (genauer: der USA) und dem »Westen« in der SPD sowie Europa- und weltgesellschaftliche Ordnungsvorstellungen diskutiert werden (V.). Das abschließende inhaltliche Kapitel analysiert den Nachrüstungsstreit als »Ort« der Neuverhandlung von Staatlichkeit (VI.), während ein kurzer Schlussabschnitt die Untersuchungsergebnisse unter der Leitfrage nach dem »Wandel des Politischen« zusammenfasst (VII.).

I. CHRONOLOGIE EINES STREITS

Mit Recht lässt sich argumentieren, dass schon die kurze, aber heftige Diskussion um die Enhanced Radiation Weapon (die Neutronenwaffe oder -bombe) zur unmittelbaren Vorgeschichte der Kontroverse um die Nachrüstung in der SPD zu zählen ist, weil sie bei den späteren Kritikern Sensibilität für sicherheitspolitische Fragen geweckt hatte.[8] Dabei kam insbesondere dem Artikel von Egon Bahr im »Vorwärts« Bedeutung zu, mit dem er auf einen Bericht der Washington Post über angebliche Pläne der US-Regierung zur Produktion und Stationierung einer neuartigen Nuklearwaffe reagierte.[9] Diese Waffe sollte, so Walter Pincus in der Washington Post, in erster Linie organisches Leben töten, aber Gegenstände wie feindliche Panzer vergleichsweise unzerstört lassen. Hier setzte die Kritik Bahrs an, der »die Skala aller Werte auf den Kopf gestellt« sah, wenn die »Erhaltung alles Materiellen« wichtiger werde als der Schutz des Lebens, und die Neutronenbombe als »ein Symbol der Perversion des Denkens« bezeichnete. Auch wenn die letztliche Entscheidung von US-Präsident Jimmy Carter für einen Produktionsverzicht nur indirekt etwas mit dem Debattenbeitrag des SPD-Bundesgeschäftsführers zu tun hatte[10], nahm dieser doch wichtige »diskursive Weichenstellungen« vor, »durch die ›Leben‹ und ›Materialismus‹ in direkten Oppositionen erschienen«.[11] Die Kritik am »Materialismus im triumphalen Exzess«[12]

---

8 Für eine ausführlichere Auseinandersetzung mit der Chronologie des Nachrüstungsstreits sei hier verwiesen auf *Notz*, Die SPD und der NATO-Doppelbeschluss; *Boll/Hansen*, Doppelbeschluss; *Judith Michel*, Willy Brandts Amerikabild und -politik 1933–1992, Göttingen 2010, S. 454–493; *Hartmut Soell*, Helmut Schmidt. 1969 bis heute, Macht und Verantwortung, München 2008, S. 709ff.
9 Vgl. *Walter Pincus*, Neutron Killer Warhead Buried in ERDA Budget, in: Washington Post, 6.6.1977; *Egon Bahr*, Ist die Menschheit dabei, verrückt zu werden? Die Neutronenbombe ist ein Symbol der Perversion des Denkens, in: Vorwärts, 21.7.1977, S. 4.
10 Vgl. zur Bedeutung der Diskussion in der Bundesrepublik auf die amerikanische Entscheidungsfindung Warren Christopher an Jimmy Carter, 13.4.1978, Jimmy Carter Presidential Library (Carter Library), Atlanta, Plains File, CREST, NLC-128-13-7-8-0; David Aaron an Zbigniew Brzezinski, ERW: Possible Way Out, April 1978, ebd., Zbigniew Brzezinski Collection, box (b) 22, folder »Defense – Enhanced Radiation Warhead: [3/78–8/78]«; Jimmy Carter an Helmut Schmidt, 6.4.1978, ebd.
11 *Schregel*, Der Atomkrieg, S. 52.
12 *Bahr*, Die Neutronenbombe.

entsprach dem Zeitgeist und sie bereitete eine wichtige Argumentationsfigur der späteren Nachrüstungskritik vor.

Von einem vergleichbaren Protest in der SPD kann als Reaktion auf die Verabschiedung des NATO-Doppelbeschlusses am 12. Dezember 1979[13] keine Rede sein. Ein Grund hierfür dürfte gewesen sein, dass es Bundeskanzler Helmut Schmidt im Laufe des Jahres 1979 gelungen war, seine Partei auf den Kurs der Allianz einzuschwören. Nachdem im Januar 1979 auf der französischen Karibikinsel Guadeloupe die Vorentscheidung für eine Modernisierung des nuklearen NATO-Mittelstreckenarsenals mit einem integrierten Verhandlungsangebot an die Sowjetunion gefallen war, informierte Schmidt die SPD-Fraktion im Bundestag eingehend über die Thematik.[14] Zwar gab es zu Beginn des Jahres noch Stimmen, die wie der Fraktionsvorsitzende Herbert Wehner die »Notwendigkeit zusätzlicher Waffensysteme« infrage stellten[15], doch legte sich ein Führungskreis der Partei am 16. Mai 1979 im Kanzleramt grundsätzlich auf die doppelte Strategie der NATO fest.[16] Um die Kritiker in Fraktion und Partei einzubinden, nahm die Antragskommission zum Bundesparteitag der SPD, der Anfang Dezember 1979 in Berlin stattfand, in den sicherheitspolitischen Leitantrag die Bedingung auf, dass der »Gang der Verhandlungen und die erwarteten Ergebnisse« es möglich machen müssten, »Beschlüsse zu überprüfen und, wenn nötig, zu revidieren«.[17] Deshalb sollte, so die Parteitagsentscheidung, die Bundesregierung der Stationierung »nur unter der auflösenden Bedingung zustimmen«, dass auf sie »verzichtet wird, wenn Rüstungskontrollverhandlungen zu befriedigenden Ergebnissen führen«. Während das NATO-Kommuniqué von einer »verbindlichen Festlegung« auf die Dislozierung sprach, deren Umfang noch zu überprüfen sei[18], sollte nach Dafürhalten der SPD auf die Stationierung auch ganz verzichtet werden können. Hinter dieser Formulierung stand die Erwartung, dass ein rüstungskontrollpolitischer Erfolg zwischen Amerikanern und Sowjets die Stationierung der Marschflugkörper und Pershing-II-Raketen überflüssig machen könnte (»Null-Lösung«[19]).

Die SPD setzte zu Beginn und im Verlauf des Jahres 1980 große Hoffnungen darauf, dass die Verhandlungen zwischen den USA und der Sowjetunion in Genf zügig beginnen

---

13 Bulletin des Presse- und Informationsamts der Bundesregierung der Bundesrepublik Deutschland (Bulletin) Nr. 154/1979, S. 1409–1410.

14 Vgl. die im Bundeskanzleramt gefertigten Sprechzettel für Helmut Schmidt zu den Fraktionssitzungen am 16. Januar 1979 und 6. Februar 1979, Archiv der sozialen Demokratie (AdsD), Bonn, Helmut-Schmidt-Archiv (HSA), 1/HSAA010700; vgl. auch die amerikanische Aufzeichnung über den Gipfel von Guadeloupe: Stuart Eizenstat an Jimmy Carter, Guadeloupe Summit, 4.1.1979, Carter Library, President's Files: Staff Secretary's File [Handwriting File], b 114, folder »1/10/79 [1]«.

15 *Herbert Wehner*, Deutsche Politik auf dem Prüfstand, in: Neue Gesellschaft (NG) 26, 1979, S. 92–94, hier: S. 93.

16 Vgl. die handschriftlichen Aufzeichnungen Horst Ehmkes zu diesem Treffen, AdsD, Dep. Horst Ehmke, 1/HEAA001042; auch *Horst Ehmke*, Mittendrin. Von der Großen Koalition zur Deutschen Einheit, Berlin 1994, S. 308; *Hans Apel*, Der Abstieg. Politisches Tagebuch 1978–1988, Stuttgart 1990, S. 82f.; *Egon Bahr*, Zu meiner Zeit, München 1996, S. 508f.

17 Parteitag der Sozialdemokratischen Partei Deutschlands vom 3. bis 7. Dezember 1979 in Berlin, Bd. 2: Angenommene und überwiesene Anträge, hrsg. v. Vorstand der SPD, Bonn 1979, S. 1243; zur Debatte um die Sicherheitspolitik auf dem Parteitag auch *Bernd Faulenbach*, Das sozialdemokratische Jahrzehnt. Von der Reformeuphorie zur Neuen Unübersichtlichkeit. Die SPD 1969–1982, Bonn 2011, S. 557–561.

18 Bulletin Nr. 154/1979, S. 1410.

19 Der Begriff der »Null-Lösung« geht dem Inhalt nach auf Helmut Schmidt zurück, der ein solches Ergebnis im Vorfeld des Berliner SPD-Parteitags in der Fraktion als »idealen theoretischen Fall« bezeichnete. »Dieser ideale optimale Fall setzt aber voraus, daß die Sowjetunion vieles von dem wieder abwrackt, was sie produziert hat«. Helmut Schmidt, Abschrift der Äußerungen vor der SPD-Fraktion am 13. November 1979, undatiert, AdsD, HSA, 1/HSAA006524.

würden. Der dramatische Klimasturz in den internationalen Beziehungen um die Jahreswende 1979/80 machte diese Hoffnungen jedoch zunichte.[20] Dass die Entspannung trotz des sowjetischen Afghanistan-Einmarschs, des US-amerikanischen Boykotts der Olympischen Sommerspiele in Moskau und der sich generell verschärfenden Beziehungen zwischen den Supermächten fortgesetzt werden müsse, war zu Beginn des Jahres 1980 ein immer wiederkehrendes Leitmotiv der Debatte in der SPD.[21] In diesem Sinne kann der Brief eines Stuttgarter Genossen an den Parteivorsitzenden Willy Brandt exemplarisch für die verbreitete Sorge um die sozial-liberale Ost- und Entspannungspolitik stehen: Es sei gerade »in der gegenwärtigen schlimmen Situation« notwendig, so der Verfasser, »Ansatzpunkte für eine Fortsetzung der europäischen Entspannung zu finden und zu nutzen«.[22] Dennoch begannen erst um den Jahrestag des NATO-Doppelbeschlusses Ende 1980 die Debatten darüber, wie wahrscheinlich ein verhandlungspolitisches Ergebnis über die Mittelstreckenraketen in Genf noch sei.[23] Mit Bedenken bezüglich der Ernsthaftigkeit der Verhandlungsabsichten beider Supermächte artikulierte sich von nun an immer deutlichere Kritik am Kurs der Bundesregierung. Die SPD nahm nicht so sehr an der Beschlussfassung und dem Inhalt der NATO-Entscheidung Anstoß, sondern daran, dass die Bestimmungen des Doppelbeschlusses, und hier vor allem der Verhandlungsteil, nicht ernst genommen würden. So war der Nachrüstungsstreit in der SPD nicht unbedingt eine Debatte um die Entscheidung des Bündnisses, sondern eher um ihre konkrete Ausführung. Der angeblich mangelhafte Verhandlungswille insbesondere der US-amerikanischen Seite unter Präsident Ronald Reagan war das Deutungsparadigma, mit dem sich weite Kreise der SPD von der Nachrüstung distanzierten.

Im sogenannten Bielefelder Appell sammelte sich im Dezember 1980 eine nennenswerte Zahl von Parteimitgliedern und forderte, die »Stationierung atomarer Mittelstreckenraketen in Westeuropa durch die Rücknahme des NATO-Beschlusses« zu verhindern.[24] Dieser Appell war die unmittelbare Reaktion auf den sogenannten Krefelder Appell, der wegen seiner Initiierung durch DKP-nahe Kreise im SPD-Spektrum überwiegend als nicht akzeptabel galt.[25] Wie der »Bielefelder Appell« zeigte, ging die Kritik an der

---

20 Vgl. mit weiteren Belegen *Tim Geiger*, Die Regierung Schmidt-Genscher und der NATO-Doppelbeschluss, in: *Gassert/Geiger/Wentker*, Zweiter Kalter Krieg und Friedensbewegung, S. 114–116.
21 Vgl. den Bericht über eine Veranstaltung der sozialdemokratischen »Initiative für Frieden, internationalen Ausgleich und Sicherheit« mit Egon Bahr: *Jens Fischer*, Keine Eiszeit nach Kabul. Der sowjetische Einmarsch hat Grundlagen und Ziele der Entspannung nicht widerlegt, in: Vorwärts, 31.1.1980, S. 3; *Karsten D. Voigt*, Standfest in den Sturm. Trotz aller Rückschläge müssen die Bemühungen um Entspannung global fortgesetzt werden, in: Vorwärts, 17.1.1980, S. 9.
22 Rolf Linkohr an Willy Brandt, 4.2.1980, AdsD, Willy-Brandt-Archiv (WBA), A11.6, 37.
23 Vgl. die gegensätzlichen Beiträge im Vorwärts: *Erwin Horn*, Was unverändert das Ziel bleibt, sowie *Gert Bastian*, Bevor der Wettlauf außer Kontrolle gerät, beide in: Vorwärts, 18.12.1980, S. 16–17.
24 »Mut für eine bessere Zukunft«. Sozialdemokraten appellieren an den SPD-Bundesvorstand, die SPD-Bundestagsfraktion, den sozialdemokratischen Bundeskanzler [Bielefelder Appell], abgedr. in: Blätter für deutsche und internationale Politik 26, 1981, S. 118–120, hier: S. 118.
25 Der Bundesgeschäftsführer Peter Glotz bat in einem auf den 8. April 1981 datierten Brief die leitenden Landes- und Bezirksgeschäftsführer sowie die Unterbezirke darum, »die Partei über die Träger und die tatsächlichen Hintergründe des Krefelder Appells zu informieren, damit nicht – vielleicht mit bester Absicht – politischer Schaden entsteht«, AdsD, WBA, A11.5, 30; vgl. auch Intern. Informationsdienst des Sozialdemokratischen Partei Deutschlands, 10.4.1981. Erhard Eppler verweigerte die Unterzeichnung des »Krefelder Appells«, vgl. seinen Schriftwechsel mit Josef Weber, einem Mitinitiator des Appells, vom 30.5.1981 beziehungsweise 5.6.1981, AdsD, Dep. Erhard Eppler, 1/EEAC000063. Der »Krefelder Appell« ist abgedr. in: Entrüstet Euch. Analysen zur atomaren Bedrohung, hrsg. v. Bundesvorstand Die Grünen, o. O. [1983], S. 16.

Stationierungsabsicht des Bündnisses zunächst vor allem von Mitgliedern ohne herausgehobene Parteifunktion sowie den unteren Gliederungen aus. Es waren Ortsvereine, Kreisverbände und Unterbezirke, in denen der Doppelbeschluss kritisch diskutiert und seine Logik hinterfragt wurde. In diesem Zusammenhang war der Beschluss der baden-württembergischen SPD vom 3. Mai 1981 in Aalen ein erster Höhepunkt des innerparteilichen Protests gegen die Nachrüstung.[26] Die Delegierten des Landesparteitags verlangten die Prüfung der Frage, »ob die Geschäftsgrundlage für den Beschluss des Berliner Parteitages entfallen und eine Revision des Beschlusses« notwendig sei. Neben Baden-Württemberg und den Bezirken Mittelrhein und Hessen-Süd zählten schließlich auch die traditionell linken Landesverbände Bremen, Saarland und Schleswig-Holstein zu den Vorreitern im Protest gegen die Stationierungsabsicht des Bündnisses.[27]

Der Evangelische Kirchentag vom 17. bis 21. Juni 1981 in Hamburg, der unter dem inoffiziellen Motto »Fürchtet Euch« stattfand (einer bewussten Umkehrung des offiziellen Mottos »Fürchtet Euch nicht«), war sicherlich ein erster Kulminationspunkt des gesamtgesellschaftlichen Protests gegen die Nachrüstung; für die Sozialdemokratie wichtiger war jedoch die Friedensdemonstration am 10. Oktober 1981 auf der Bonner Hofgartenwiese. Denn neben den vielen einfachen Mitgliedern trat im Hofgarten mit dem Präsidiumsmitglied Erhard Eppler zum ersten Mal ein prominenter Sozialdemokrat auf einer großen öffentlichen Kundgebung gegen die Nachrüstung auf. Nicht zuletzt aus diesem Grund kam es im Vorfeld der Demonstration zu einer schweren Konfrontation über Themen der Sicherheitspolitik im Präsidium und im Vorstand der Partei.[28] Bemerkenswert daran war vor allem, dass Epplers Rede wie auch die Teilnahme weiterer Sozialdemokraten öffentlich dokumentierten, dass in Fragen der Sicherheitspolitik mittlerweile ein tiefer Riss durch die SPD ging. Zwar gelang es Helmut Schmidt ein halbes Jahr später auf dem Bundesparteitag der SPD in München erneut, eine Mehrheit für seine Politik zu organisieren. Der Preis war jedoch das Zugeständnis an die Nachrüstungskritiker, dass ein außerordentlicher Parteitag im Herbst 1983 über die dann vorliegenden Gesprächsergebnisse befinden und die endgültige Haltung der SPD zur Nachrüstung festlegen sollte. Während der sicherheitspolitische Leitantrag also die schon in Berlin eingeführte Denkfigur zuspitzte, dass es »keinen Automatismus der Stationierung geben« dürfe, betonte er gleichzeitig, es dürfe nicht stationiert werden, »bevor die SPD ihre Meinung über die dann vorliegenden Ergebnisse festgelegt« habe.[29] Doch dazu sollte es nicht mehr kommen.

Das Scheitern der sozial-liberalen Koalition im September 1982 und der Gang der SPD in die Opposition[30] verstärkten die Kritik an der Nachrüstung parallel zu den aussichtslos werdenden Verhandlungen zwischen den Supermächten. Überhaupt wurden diese Deutungsmuster für viele Sozialdemokraten erst zwingend und erreichten die Parteispitze, als mit dem »Herrschaftssicherungsargument« der aus Sicht mancher Kritiker wichtigste Grund für den NATO-Doppelbeschluss entfallen war. Als es keine Regierung mehr zu

---

26 Vgl. den vom baden-württembergischen SPD-Vorstand verfassten Leitantrag zum Parteitag in Aalen, 24.3.1981, AdsD, Dep. Egon Bahr, 1/EBAA000838.
27 Vgl. *Gode Japs*, Der Kanzler stieß auf Widerspruch. SPD-Parteitag Bremen: Diskussion um Friedenssicherung und Beschäftigungspolitik, in: Vorwärts, 10.12.1981, S. 10; *Johann Jul*, NATO-Doppelbeschluss: Ausstieg oder Moratorium? Saarland und Südbayern: SPD diskutiert Friedenspolitik, in: ebd., 12.11.1981, S. 10; Eckart Kuhlwein, »Links, dickschädlig und frei«. Unveröffentlichtes Manuskript über die Entwicklung der SPD Schleswig-Holstein von 1970 bis 2003, Privatarchiv Eckart Kuhlwein, Ammersbek; vgl. *Boll/Hansen*, Doppelbeschluss, S. 215f.
28 Die Episode eines Streits um die Teilnahme Epplers an der Demonstration zwischen Helmut Schmidt und Willy Brandt ist dokumentiert ebd., S. 216f.
29 Parteitag der Sozialdemokratischen Partei Deutschlands vom 19. bis 23. April 1982 in München, Bd. 2: Angenommene und überwiesene Anträge, hrsg. v. Vorstand der SPD, Bonn 1982, S. 910.
30 Vgl. *Andreas Wirsching*, Abschied vom Provisorium. Geschichte der Bundesrepublik Deutschland 1982–1990, München 2006, S. 18–22.

stützen galt und Helmut Schmidt seinen innerparteilichen Gegnern nicht mehr mit Rücktrittsdrohungen begegnen konnte, erstarkte die Skepsis gegenüber der Stationierung dramatisch. Dennoch forderte zu diesem Zeitpunkt nur eine Minderheit in der SPD den sofortigen Ausstieg aus dem NATO-Beschluss – so zum Beispiel die Jusos (»Aufhebung des sogenannten ›Nach‹-Rüstungsbeschlusses«[31]), die SPD-Frauen (dass der »NATO-Beschluß über die Stationierung von Mittelstreckenraketen in Europa schnellstens rückgängig gemacht wird«[32]), einzelne Gliederungen[33] und SPD-Politiker (Gerhard Schröder, Oskar Lafontaine, Katrin Fuchs oder Hans-Ulrich Klose[34]). Die meisten Sozialdemokraten waren bereit, das Ende der Genfer Abrüstungsverhandlungen abzuwarten und dann über die Stationierung zu entscheiden.[35]

Meilensteine auf dem Weg zur Zurückweisung der Stationierung markierten das »Regierungsprogramm« der SPD zur Bundestagswahl 1983 und ein sicherheitspolitisches Papier, das die Fraktion Anfang Juni 1983 beschloss. Während das auf den Kanzlerkandidaten Hans-Jochen Vogel zugeschnittene Wahlprogramm scharfe Kritik an der Verhandlungspraxis der Supermächte übte und insbesondere Washington zu mehr Konzessionen ermahnte[36], bereitete ein vom stellvertretenden Fraktionsvorsitzenden Horst Ehmke erarbeitetes Papier die Abkehr von der Nachrüstung argumentativ vor, indem es ultimativ die rüstungskontrollpolitische Einigung in Genf verlangte und damit drohte, dass alles andere »unsere Entscheidung wesentlich beeinflussen« würde.[37] Als die Genfer Gespräche im November 1983 wegen fehlender Kompromissbereitschaft beider Supermächte dann vor dem ergebnislosen Ende standen, lehnte die SPD am 19. November 1983 auf ihrem Kölner Sonderparteitag die Stationierung mit großer Mehrheit ab.[38] Dabei lautete das Argument, die SPD sei der Ansicht, dass in Genf nicht alle Möglichkeiten für eine Einigung genutzt worden seien. Sie forderte deshalb weitere Verhandlungen mit dem Ziel, die Stationierung überflüssig zu machen.[39]

---

31 Antrag des Bundesvorstandes zum Bundeskongress der Jungsozialisten vom 26. bis 28. Juni 1981 in Lahnstein [»Für eine wirkliche Friedenspolitik – Den NATO-Raketenbeschluss verhindern«], undatiert, AdsD, HSA, 1/HSAA009499.
32 Antrag des Bundesvorstandes zur Bundeskonferenz der Arbeitsgemeinschaft Sozialdemokratischer Frauen vom 15. bis 17. Juni 1981 in Bonn, abgedr. in: Blätter für deutsche und internationale Politik 26, 1981, S. 881.
33 Vgl. exemplarisch den frühen Beschluss der Delegiertenversammlung des SPD-Unterbezirks Bremen-Ost, 29.4.1981, AdsD, SPD-Parteivorstand (SPD-PV), 11175.
34 Vgl. die Debatte auf dem Münchner SPD-Parteitag: Parteitag der Sozialdemokratischen Partei Deutschlands vom 19. bis 23. April 1982 in München, Bd. 1: Protokoll der Verhandlungen, hrsg. v. Vorstand der SPD, Bonn 1982, S. 708–711 (Lafontaine), S. 323–325 (Schröder), S. 723–726 (Fuchs), S. 729–732 (Klose).
35 Vgl. exemplarisch das Referat von Egon Bahr im Rahmen der Arbeitsgruppe II »Friedens- und Sicherheitspolitik«, in: SPD-Parteitag 1982 in München. Bd. 1: Protokoll, S. 305–315.
36 Vgl. Regierungsprogramm der SPD 1983–1987. Beschlossen vom Wahlparteitag der SPD am 21. Januar 1983 in Dortmund, hrsg. v. Vorstand der SPD, Bonn 1983, S. 55.
37 Handreichung zur Politik des westlichen Bündnisses, zur Strategie-Debatte und zu den Genfer Verhandlungen, in: Vor der Genfer Entscheidung. Friedenspolitische Aktivitäten der SPD im Herbst 1983, hrsg. v. der SPD-Bundestagsfraktion, Bonn 1983, S. 3–7, hier: S. 6.
38 Nur 14 Delegierte votierten für die Stationierung, neben Helmut Schmidt handelte es sich unter anderem um Hans Apel, Georg Leber, Hans Matthöfer, Annemarie Renger und Hans-Jürgen Wischnewski, vgl. Vor Bundestagsdebatte und Raketenstationierung gibt die SPD Schmidts Politik auf, in: Frankfurter Allgemeine Zeitung, 21.11.1983.
39 Vgl. Bundesdelegierten-Konferenz und Außerordentlicher Parteitag der Sozialdemokratischen Partei Deutschlands vom 18. bis 19. November 1983 in Köln. Protokoll der Verhandlungen und Dokumentarischer Anhang, hrsg. v. Vorstand der SPD, Bonn 1983, S. 198f.

II. Haltungen zur Nachrüstung in der SPD

Das sicherheitspolitische Grundprinzip, auf dessen Hintergrund über die Nachrüstung gestritten wurde, war die Gleichgewichtsidee. Insbesondere Helmut Schmidt, der sich schon in seiner Zeit als Verteidigungsexperte der Fraktion 1961 programmatisch mit ihr auseinandergesetzt hatte[40], galt in Deutschland und der westlichen Welt als Theoretiker dieses Prinzips schlechthin. Dabei war »Gleichgewicht« nicht etwa eine Erfindung Schmidts, sondern Kernbestandteil der NATO-Doktrin[41]; der Bundeskanzler war jedoch einer der ersten westeuropäischen Politiker gewesen, die das Prinzip mit wissenschaftlichem Anspruch zu durchdringen versucht hatten. Sein noch als Verteidigungsminister 1970 publiziertes Buch »Strategie des Gleichgewichts« formulierte den Deutungsanspruch, dass Sicherheit nur auf einem »gegenseitige[n] Patt der nuklearen Abschreckung« beruhen könne.[42] Während das »Wissen um die Labilität des Gleichgewichts auf beiden Seiten« zur permanenten Verbesserung der jeweils eigenen Waffensysteme führe, sollte nach Schmidt das hier seinen Ausgang nehmende Wettrüsten durch politische Vereinbarungen gemindert werden. Schmidts sicherheitspolitische Konzeption beruhte demnach nicht allein auf »Gleichgewicht«, sondern dachte den rüstungskontrollpolitischen Ansatz integrativ mit.[43] In diesem Sinne war es in seiner Wahrnehmung wichtig, »dass es eben keine Sicherheit gegen den anderen, sondern nur eine Sicherheit mit dem anderen zusammen geben kann«.[44] Diese gemeinsame Sicherheit, für die er 1978 in einer Rede vor der 10. Sondergeneralversammlung der Vereinten Nationen zu Fragen der Abrüstung in New York den Begriff der »Sicherheitspartnerschaft« einführte[45], sollte auf dem Verhandlungsweg und nur im Notfall durch Rüstung erreicht werden.

Auch die Entscheidung der NATO von 1979 – Verhandlungen mit der Sowjetunion und gegebenenfalls Stationierung neuer Nuklearwaffen – koppelte die Grundsätze von »Gleichgewicht« und »Rüstungskontrolle« zu einer Argumentationsfigur. Für diese Disposition, die für Schmidt wie für die meisten führenden Persönlichkeiten der NATO prägend war, schien es essenziell, dass mit der Sowjetunion verhandelt und bei einem Scheitern der Gespräche stationiert werden müsse.[46] Gegenüber dem SED-Generalsekretär Erich Honecker unterstrich Schmidt, dass ihn »die außerordentliche Aufrüstung der Sowjetunion gerade auf dem Gebiet der Mittelstreckenwaffen mit größter Sorge« erfülle, da das Gleichgewicht »durch die sowjetischen Rüstungsmaßnahmen zunehmend in bedrohlicher Weise gestört« werde.[47] In seiner Sicht war das westliche Angebot deshalb der »einzig erfolgversprechende Weg, um in diesem Bereich Stabilität« zu erzielen. Im Bundestag

---

40 Vgl. *Helmut Schmidt*, Verteidigung oder Vergeltung. Ein deutscher Beitrag zum strategischen Problem der NATO, Stuttgart 1961, insb. S. 26–28.
41 Die von der NATO erklärte doppelte Bereitschaft zu Verteidigungsanstrengungen *und* Rüstungskontrolle mit dem Ziel des Gleichgewichts fand ihren Ausdruck im Harmel-Bericht von 1967, vgl. Bulletin Nr. 149/1967, S. 1257f.
42 *Helmut Schmidt*, Strategie des Gleichgewichts. Deutsche Friedenspolitik und die Weltmächte, Stuttgart 1970, S. 63.
43 Vgl. auch Helmut Schmidt an Ingeborg Drewitz, 22.1.1981, AdsD, HSA, 1/HSAA006816.
44 Helmut Schmidt, Rede zum Jahresempfang der Evangelischen Akademie Tutzing am 26. Januar 1982, 26.1.1982, ebd., 1/HSAA010437.
45 Die Rede ist abgedr. in: NG 25, 1978, S. 668–674.
46 Vgl. Helmut Schmidt, Manuskript der Ansprache auf dem SPD-Landesparteitag Nordrhein-Westfalen am 2. Februar 1980 in Bochum, undatiert, AdsD, HSA, 1/HSAA010435; vgl. auch die Ausführungen zur Sicherheitspolitik in der Regierungserklärung Helmut Schmidts nach der Bundestagswahl 1980: Deutscher Bundestag, 9. Wahlperiode, 5. Sitzung, 24.11.1980, insb. S. 26, URL: <http://dip21.bundestag.de/dip21/btp/09/09005.pdf> [12.2.2012].
47 Helmut Schmidt an Erich Honecker, 4.5.1981, Bundesarchiv (SAPMO-BArch), Berlin, DY 30/2407, Bl. 16–22, hier: Bl. 17.

bezeichnete Verteidigungsminister Hans Apel es als richtig und notwendig, die »Verhandlungen und die Gegenmaßnahmen parallel laufen zu lassen«.[48] Es gehe darum, deutlich zu machen, dass »Verteidigungspolitik und Rüstungskontrollpolitik ein Ganzes sind«. Schmidt und Apel ließen an der Verbindung von Gleichgewicht und Rüstungsbegrenzung genauso wenig Zweifel aufkommen wie daran, dass es die Sowjetunion war, die mit ihrer Aufrüstung, dem Afghanistan-Einmarsch und den zahllosen Propaganda-Manövern im Umfeld der Verhandlungen über die Mittelstreckenwaffen in Genf für die gegenwärtige Krise der Ost-West-Beziehungen hauptverantwortlich war.[49] Der Vorsitzende des Unterbezirks Recklinghausen, Horst Niggemeier, als Mitglied der Kommission für Sicherheitspolitik beim SPD-Vorstand ein entschiedener Verfechter des Doppelbeschlusses, betonte, dass er das »Offensivpotential des Warschauer Paktes als Bedrohung« empfinde. Auch wenn er »dem Osten keine aggressiven Absichten« unterstellen wolle, interpretiere er es doch als »große weltpolitische Tragik«, dass die »Sowjetunion eine militärische Aufrüstung ohne Beispiel durchführte«, während »wir im Westen für Entspannung und Abrüstung optierten«.[50] In den Augen der Befürworter des NATO-Doppelbeschlusses musste hier etwas unternommen werden.

Gegen eine solche Position, die innerhalb der SPD vorwiegend im eher konservativen Spektrum des »Seeheimer Kreises« artikuliert wurde, sammelte sich eine stetig größer werdende Zahl von Sozialdemokraten.[51] Die Kritik an der Nachrüstung und der Argumentation der Regierungsspitze wurde dabei sowohl auf einer formalen wie auch auf einer inhaltlichen Ebene vorgetragen. Formal hieß es in den Jahren ab 1980 immer wieder, eine Überprüfung des Berliner Parteitagsbeschlusses sei notwendig, weil eine veränderte Situation entstanden sei. Hier wurden die Nicht-Ratifikation des SALT-II-Abkommens durch den US-amerikanischen Senat angeführt[52] und »Zweifel an der Ernsthaftigkeit des amerikanischen Verhandlungswillens«[53] geäußert. Während die SPD auf ihrem Parteitag 1979 die Erwartung geäußert hatte, dass SALT II rasch ratifiziert werde, da bei einem Scheitern des Abkommens »durch ein Nachrüsten im Bereich der nuklearen Mittelstreckensysteme die Gefahren eines neuen Rüstungswettlaufs gefährlich steigen und eine neue Lage schaffen« würden[54], führte das Ausbleiben der Ratifizierung im US-Senat dazu, dass beim SPD-Vorstand zahlreiche Briefe von Ortsvereinen eingingen, die die Rücknahme der Zustimmung zum NATO-Doppelbeschluss forderten.[55] Als der stellvertretende Fraktionsvorsitzende Horst Ehmke aus den USA berichtete, dass der Vertrag nach den

---

48 Deutscher Bundestag, 8. Wahlperiode, 141. Sitzung, 8.3.1979, S. 11147, URL: <http://dip21.bundestag.de/dip21/btp/08/08141.pdf> [12.2.2012].
49 So Helmut Schmidt an Leonid Breschnew, 8.12.1980, AdsD, Dep. Egon Bahr, 1/EBAA000955; vgl. auch Helmut Schmidt, Tonbandabschrift der Rede auf dem 30. Landesparteitag der bayerischen SPD am 17. Mai 1981 in Wolfratshausen, undatiert, AdsD, HSA, 1/HSAA010436.
50 Horst Niggemeier, Ausführungen anläßlich des Empfangs der Stadt Datteln am 13.11.1980 zum 25jährigen Bestehen der Bundeswehr, 13.11.1980, AdsD, SPD-PV, Kommission für Sicherheitspolitik, 2/PVAD000013.
51 In der Forschungsliteratur sind bereits einige Vorschläge zur Systematisierung der divergierenden innerparteilichen Strömungen vorgetragen und diskutiert worden, vgl. *Risse-Kappen*, Die Krise der Sicherheitspolitik, S. 97–123; *Boll/Hansen*, Doppelbeschluss, S. 207–212.
52 Das SALT-Abkommen sah die beiderseitige Begrenzung strategischer Nuklearwaffen vor. Erst dadurch wurden die Disparitäten im Mittelstreckenbereich virulent. Vgl. *Geiger*, Die Regierung Schmidt-Genscher, S. 98f. und 106.
53 *Hermann Scheer*, Zweifel an der Ernsthaftigkeit des amerikanischen Verhandlungswillens, in: Vor der Genfer Entscheidung, S. 18.
54 Parteitag der SPD 1979 in Berlin, Bd. 2: Anträge, S. 1242–1243.
55 Vgl. Übersicht über die dem Parteivorstand – Referat Organisation – zugegangenen Anträge aus der Organisation für den Zeitraum vom 6. Juli – 3. August 1981, undatiert, AdsD, HSA, 1/HSAA009805.

Präsidentschafts- und Kongresswahlen »sowohl in der neuen Regierung als auch im neuen Senat keine Chance mehr« habe[56], war die entspannungskritische Umorientierung der US-Administration für viele SPD-Mitglieder das entscheidende Argument, mit dem die Rücknahme der Einwilligung in die Nachrüstung gefordert wurde. So hieß es in einem Antrag des Kreisverbands Nürnberg an den Landesparteitag in Wolfratshausen, die SPD solle den NATO-Doppelbeschluss widerrufen, »da die Bedingungen, unter denen zugestimmt wurde [...], nicht erfüllt« seien.[57]

Auf der inhaltlichen Ebene fand dieses Argument seine Entsprechung im Narrativ, dass der NATO-Doppelbeschluss und die drohende Stationierung die Entspannungs- und Verständigungspolitik mit der Sowjetunion aufs Spiel setzen würde. In einem vieldeutigen Brief an Schmidt prophezeite Egon Bahr, dass »die Entspannung zu Ende« wäre, wenn die Nachrüstung käme.[58] Dagegen verlange das »deutsche Interesse« die »Erhaltung unserer eigenständigen Entspannungspolitik«. Die Abkehr davon würde, so mahnte Bahr den Kanzler, die Aufgabe dessen bedeuten, »was Du als das eine historische Verdienst von Willy bezeichnet hast«. Nicht nur würde das Ende der Entspannung die Arbeit »der sozial-liberalen Koalition hinfällig machen«, sondern auch eine kriegerische Auseinandersetzung immer wahrscheinlicher werden lassen. Dies war ein gängiges Deutungsmuster in vielen sozialdemokratischen Äußerungen. In seinem Buch »Wege zur Abrüstung« argumentierte der SPD-Abgeordnete Karsten Voigt, die Stationierung der Mittelstreckenwaffen würde »auf längere Sicht das Risiko eines Kriegsausbruches erhöhen«.[59] Sofern bislang die kriegsverhütende Funktion des Abschreckungssystems »auf der Fähigkeit der Atommächte zur wechselseitigen Vernichtung« beruht habe, entstehe nun mit der »Tendenz zur Präzisierung und ›Härtung‹ der strategischen Zerstörungsmittel« eine Situation, »in der eine Seite mit einem ersten Nuklearschlag das Potential des Gegners auszuschalten imstande ist, so dass ein Angriff wieder militärisch erfolgversprechend erscheinen könnte«. In diesem Argument machte die Stationierung der Marschflugkörper und Pershing-Raketen eine atomare Offensive beinahe zwangsläufig. Es war der Saarbrücker Oberbürgermeister Oskar Lafontaine, der deshalb den »Countdown zum nuklearen Holocaust« anlaufen sah.[60] Erhard Eppler, mit Lafontaine die Galionsfigur der sozialdemokratischen Nachrüstungskritik, analysierte 1983 in einem viel beachteten Buch das strategische Denken der NATO und kam zu dem Schluss, dass es auf einer »tödlichen Utopie der Sicherheit« gründete.[61] So waren sich viele Sozialdemokraten darin einig, dass das Spiel

---

56 Horst Ehmke, Bericht über die Lage in den USA nach den Wahlen, 28.1.1981, ebd., 1/HSAA 006819.
57 Antrag des SPD-Unterbezirks Nürnberg zum 30. Landesparteitag der SPD Bayern in Wolfratshausen, undatiert, ebd., 1/HSAA009652.
58 Egon Bahr an Helmut Schmidt, 2.6.1979, AdsD, Dep. Egon Bahr, 1/EBAA000953. Dieser Brief, der deutlich vor die Verabschiedung des NATO-Doppelbeschlusses datiert, ist noch in einer anderen Hinsicht aufschlussreich, wirft er doch ein bezeichnendes Licht auf den frühen Widerstand Bahrs gegen den sicherheitspolitischen Kurs Schmidts. Auf eine Rücktrittsdrohung Schmidts am 16. Mai 1979 in kleiner Runde im Kanzleramt anspielend, schrieb Bahr: »Der Kurs bei TNF würde [...] meine Fähigkeit zerstören, in meiner gegenwärtigen Rolle zu dienen, auch, soweit sie über die reinen Funktionen des Bundesgeschäftsführers hinausgehen«. Die Antwort Schmidts folgte einige Tage später: »Vorsorglich bitte ich Dich, mein bisheriges Schweigen zu Deinem Brief nicht als Zustimmung zu werten. Vielmehr halte ich an meiner Auffassung fest, die ich in unserem Gespräch dargelegt habe. Wir sollten uns vorbehalten, bei der Bedeutung dieser Sache ein weiteres Mal darüber zu reden«. Helmut Schmidt an Egon Bahr, 22.6.1979, ebd.
59 *Karsten D. Voigt*, Wege zur Abrüstung, Frankfurt am Main 1981, S. 45.
60 *Oskar Lafontaine*, Nato-Beschluss widerspricht Parteitag '79, in: Sozialdemokrat Magazin, 1982, Nr. 4, S. 15.
61 *Erhard Eppler*, Die tödliche Utopie der Sicherheit, Reinbek 1983.

»mit dem Atomfeuer«[62] in einen nuklearen Schlagabtausch zwischen den Vereinigten Staaten und der Sowjetunion über Europa münden müsse. Dieser nukleare Krieg würde aber das Ende Europas, wenn nicht gar des Planeten in seiner bekannten Form bedeuten. Hier fand die Sozialdemokratie Anschluss an die in der Friedensbewegung diskutierten Atomkriegsszenarien und -erzählungen darüber, welche Verwüstungen ein Nuklearschlag hinterlassen würde.[63]

Die Angst vor einer nuklearen Apokalypse war der Kern der Nachrüstungskritik.[64] Eine Flut von Papierschnipseln, die im Büro des Bremer Bürgermeisters Hans Koschnick einging, enthielt nur denselben großgeschriebenen, schlichten Satz »Ich habe Angst vor dem Atomtod«[65], der symptomatisch für die verbreitete Furcht vor der nuklearen Katastrophe stehen kann. Eine Genossin aus Bayern schrieb: »Ich habe Angst. Angst um mein Leben, das ich vor 25 Jahren begonnen habe. Denn mein Leben und das Leben aller Menschen in der Bundesrepublik gerät immer mehr in Gefahr vernichtet zu werden«. Während ein anderer Petent der Parteizentrale im Bonner Erich-Ollenhauer-Haus mitteilte, er »habe Angst vor der Zerstörung unseres Planeten durch Wahnsinnige! Bitte helfen Sie mit, diesen Wahnsinn zu stoppen. Seien Sie Sozialdemokraten!«, brachten manche Mitglieder ihre Angst damit zum Ausdruck, dass sie Postkarten schickten, die von Nuklearstrahlung deformierte Menschenkörper zeigten. Die in den Zuschriften deutlich werdende kollektive Furcht vor einer nuklearen Apokalypse speiste sich, wie Eckart Conze argumentiert hat, aus einer tiefen Skepsis gegenüber der technischen Moderne und dem Glauben an die Rationalität von Fortschritt.[66]

Es war diese »Angst vor dem Atomtod«, die bei vielen Sozialdemokraten eine intensive Beschäftigung mit der offiziellen Sicherheitspolitik, mit militärischen Strategien und nuklearen Doktrinen motivierte. Ganze Ortsvereine und Unterbezirke durchliefen sicherheitspolitische Schnellkurse und lernten mit den Raketentypen, -reichweiten und -sprengkräften umzugehen – mal mehr, mal weniger gut.[67] Die sich so herausbildende sicherheitspolitische Öffentlichkeit war gewiss ein entscheidender Grund dafür, dass die Nachrüstungsdebatte in der Partei teilweise auf durchaus bemerkenswertem Niveau geführt wurde. Und sie war auch der Nährboden für die alternativen Verteidigungskonzepte, die für die Debatte charakteristisch wurden.[68] Möglich war diese Akademisierung des Nachrüstungsstreits nur vor dem Hintergrund der erheblichen Veränderung in der Sozialstruktur der SPD-Funktionäre, des Vordringens von Studenten und Akademikern seit den 1960er Jahren.[69]

Es soll hier nicht darum gehen, die komplexen militärischen und strategischen Argumente gegen die Nachrüstung zu rekonstruieren, wie sie in der SPD diskutiert wurden.

---

62 Arbeitskreis Frieden und Abrüstung der Arbeitsgemeinschaft Sozialdemokratischer Frauen im Unterbezirk Wiesbaden an Willy Brandt, Gefährdung des Weltfriedens, 21.8.1981, AdsD, WBA, A11.6, 41.
63 Zu den Atomkriegsszenarien in der Friedensbewegung *Schregel*, Der Atomkrieg, S. 137–184.
64 Vgl. dazu *dies.*, Konjunktur der Angst. »Politik der Subjektivität« und »neue Friedensbewegung«, 1979–1983, in: *Bernd Greiner/Christian Th. Müller/Dierk Walter* (Hrsg.), Angst im Kalten Krieg, Hamburg 2009, S. 495–520.
65 Zuschriften an den Parteivorstand, AdsD, SPD-PV, Kommission für Sicherheitspolitik, 2/PVAD 000018. Auch die nächsten Zitate sind dieser Mappe entnommen.
66 Vgl. *Conze*, Modernitätsskepsis und die Utopie der Sicherheit, Abs. 9f.
67 Vgl. exemplarisch den von Janos Trencseni verfassten, bemerkenswerten Bericht des Arbeitskreises für Politik im SPD-Ortsverein Sindelfingen, 1981/82, AdsD, SPD-PV, 2/PVEH000299.
68 Vgl. den Überblick über alternative Verteidigungskonzepte im Bericht »Kriegsverhinderung im Atomzeitalter« der Arbeitsgruppe »Neue Strategien« beim SPD-Parteivorstand, abgedr. in: Politik. Aktuelle Informationen der SPD, Nr. 9, Juli 1983; zu dieser Thematik aus kritischer Perspektive: Frau und Gesellschaft. Sozialdemokratischer Informationsdienst, Argumente Nr. 18, September 1982, AdsD, SPD-PV, 9383.
69 Vgl. *Faulenbach*, Das sozialdemokratische Jahrzehnt, S. 274ff.

Der wichtigste Einwand im sozialdemokratischen Spektrum zielte auf das Ende der Entspannung, die drohende Kriegsgefahr und die sich damit verbindende Angst vor einer nuklearen Katastrophe. Ein weiteres Moment trat hinzu, das gerade für die Diskussion im linken Spektrum von Bedeutung war. So forderten viele SPD-Mitglieder, dass die hohen Ausgaben für den Verteidigungshaushalt zugunsten eines Ausbaus der Entwicklungshilfe oder des Sozialstaats umgeschichtet werden sollten. Es war Willy Brandt, der die Nord-Süd-Problematik in den Nachrüstungsstreit einführte, indem er ein globales Umdenken verlangte, das Abrüstung als Voraussetzung für die Überwindung des Hungers in den Entwicklungsländern anerkannte.[70] Wenn für Rüstung jährlich das 25-fache der Entwicklungsausgaben bereitstehe, so rechnete Brandt vor, binde sie zu viele finanzielle Ressourcen, die dringend zur Linderung der Not in den Entwicklungsländern gebraucht würden.[71] In diesem Argument traf sich der wohlfahrtsstaatliche Impetus der Sozialdemokratie mit dem internationalistischen und antimilitaristischen Anliegen zu einem wirkmächtigen Deutungsdispositiv. Das Credo »Entwicklungspolitik ist Friedenspolitik«[72] war gerade deshalb eine so gern verwendete Denkfigur, weil es verschiedene sozialdemokratische Traditionen geschickt bündelte.

Diejenigen Sozialdemokraten, deren Augenmerk nicht so sehr auf die Entwicklungsländer gerichtet war, sondern auf den Ausbau staatlicher Zuwendungen, konnten das Argument auch sozialpolitisch wenden und die Intensivierung entsprechender wohlfahrtsstaatlicher Programme fordern. Schon der »Bielefelder Appell« verlangte unter dem Schlagwort »soziale Sicherheit statt militärischer Aufwand« die Kürzung des Rüstungsetats.[73] Auch der SPD-Abgeordnete Karl-Heinz Hansen skizzierte eine grundsätzlich andere Verteidigungspolitik, die »die Verteidigung des Anspruchs auf soziale Fürsorge« leisten sollte.[74] Nach Dafürhalten Karsten Voigts musste die Friedensbewegung »Arbeiterbewegung und die Arbeiterbewegung muss[te] Friedensbewegung werden«.[75] Insofern war der Nachrüstungsstreit in der SPD auch ein ordnungspolitischer Diskurs um den Zusammenhang von Wirtschaftswachstum, Rüstungsausgaben und Sozialstaat, in dem die Partei Grundsatzfragen ihrer sozialdemokratischen Identität neu bestimmen konnte.

III. DIE SPD UND DER AUßERPARLAMENTARISCHE PROTEST

Die Rede von der SPD als »Friedenspartei« ist stets ein wichtiges historisches Narrativ unter Sozialdemokraten gewesen.[76] Der Verweis auf die antimilitaristischen und antiim-

---

70 Vgl. die Kurzfassung des Berichts der unter Brandts Vorsitz arbeitenden »Unabhängigen Kommission für Internationale Entwicklungsfragen«, in: Vorwärts, 6.3.1980, S. 15–18; vgl. dazu auch Department of State Briefing Paper, The Brandt Commission Report on North-South Issues, 26.2.1980, Carter Library, Brzezinski Material: VIP Visit File, b 5, folder »Germany, Chancellor Schmidt, 3/4–6/80: Briefing Book [I]«; *Michel*, Willy Brandts Amerikabild, S. 427–438.
71 Vgl. *Willy Brandt*, Abrüstung und Entwicklung – »Wir brauchen eine fundamentale Umorientierung«, in: NG 25, 1978, S. 749–751; *ders.*, Der organisierte Wahnsinn. Wettrüsten und Welthunger, Köln 1985, S. 11.
72 *Willy Brandt*, Entwicklungspolitik ist Friedenspolitik, in: *Horst Ehmke/Karlheinz Koppe/Herbert Wehner* (Hrsg.), Zwanzig Jahre Ostpolitik. Bilanz und Perspektiven, Bonn 1986, S. 249–258.
73 »Mut für eine bessere Zukunft« [Bielefelder Appell], S. 118.
74 *Karl-Heinz Hansen*, Leben und Überleben. Ansichten und Aussichten, in: *Jürgen Reents* (Hrsg.), Es grünt so rot. Alternativen zwischen Mode und Modell, Hamburg 1982, S. 72–88, hier: S. 88.
75 *Karsten D. Voigt*, Wir brauchen eine neue Friedensbewegung. Zehn Thesen zur friedenspolitischen Aufgabe der demokratischen Linken, in: Vorwärts, 26.6.1980, S. 10.
76 Vgl. dazu *Longerich*, Die SPD als »Friedenspartei«, S. 356ff.

perialistischen Traditionen in der Arbeiterbewegung erlebte zu Beginn der 1980er Jahre eine Renaissance, als Willy Brandt im Kontext der Debatte um die Nachrüstung formulierte, die SPD sei »die eigentliche politische Friedensbewegung in unserem Land«.[77] Brandt begründete diesen Anspruch mit seiner Politik des Ausgleichs gegenüber den Staaten des Warschauer Pakts sowie mit der Gleichgewichts- und Rüstungskontrollpolitik, die in sozialdemokratischen Deutungen die Voraussetzung für Frieden und Stabilität in Europa geschaffen hatten. Unumstritten war dieser Anspruch nicht. Er geriet insbesondere dort in die Kritik, wo Teilen der SPD die Entspannungsbereitschaft und der Abrüstungswille von Parteispitze und Regierung nicht weit genug ging. Die Jusos, die SPD-Frauen, etliche Orts-, Kreis- und Unterbezirke sowie eher links orientierte Bundestagsabgeordnete und Vorstandsmitglieder beteiligten sich an den Protestaktionen der Friedensbewegung und bekannten sich innerhalb der Partei dazu.[78] Angesichts dieser im Laufe des Nachrüstungsstreits immer deutlicher werdenden Tendenz ist es schwierig, besagte Spektren der SPD klar von der Friedensbewegung zu trennen.[79]

Aus Sicht des Großteils der SPD-Führung war die Mitarbeit von Sozialdemokraten in der Friedensbewegung misslich. Insbesondere Helmut Schmidt drang in den Gremien der Partei darauf, dass die SPD in ihren offiziellen Stellungnahmen Distanz zur außerparlamentarischen Bewegung hielt. Dabei bediente er sich gern zweier Denkfiguren, die Unterstützung für seine Sicherheitspolitik mobilisieren sollten. Zum einen betonte er, dass die auf den Prinzipien des Gleichgewichts und der Rüstungskontrolle basierende Verteidigungsphilosophie den einzigen realistischen Weg darstellte, um das Wettrüsten abzubremsen und den Frieden zu sichern.[80] Da aus seiner Sicht die Ziele der Friedensbewegung nicht realisierbar waren, lehnte er nicht nur die Zielvorstellungen der Bewegung, sondern auch die Aktivitäten von SPD-Mitgliedern in ihr ab. Gegenüber Willy Brandt verlangte Schmidt, alle Mitglieder der Partei »zu ersuchen«, sich von Veranstaltungen der Friedensbewegung »fernzuhalten«.[81] Vor der SPD-Bundestagsfraktion betonte er, dass die Öffentlichkeit und die Medien eventuelle Aktivitäten von SPD-Mitgliedern in der Bewegung als »Kampfansage gegen die Außen- und Sicherheitspolitik der Bundesregierung« begreifen würden. Dies »kann mir und der Bundesregierung nicht gleichgültig sein«.[82] Daneben war der Hinweis auf das in manchen Teilen der Friedensbewegung ungeklärte Verhältnis zur Gewalt als Ausdrucksform von Protest ein anderes wichtiges Argumentationsmuster, das Schmidt häufig gegen eine Beteiligung von Sozialdemokraten an Aktionen der Friedensbewegung in Anschlag brachte.[83]

Zum anderen fiel es Schmidt erkennbar schwer, die Kritik an seiner Sicherheitspolitik in ihrem Kernanliegen zu verstehen. In seiner Wahrnehmung standen hinter den Protesten der Friedensbewegung »zum Teil sachliche Gründe, zum Teil nur schwer erklärbare

---

77 *Willy Brandt*, Vorwort, in: Die Friedenspartei SPD. Argumente, Grundpositionen und Stellungnahmen zur deutschen Friedenspolitik 1981 (Forum Frieden), hrsg. v. Vorstand der SPD, Bonn 1981, S. 3.
78 Vgl. exemplarisch das Schreiben des SPD-Unterbezirkvorstands Bonn an die Mitglieder der SPD Bonn, in dem zur Teilnahme an Aktionen der Friedensbewegung aufgerufen wurde, 1.10. 1983, AdsD, Dep. Horst Ehmke, 1/HEAA000875; dazu auch SPD-Bezirk Mittelrhein, [Materialien zur Vorbereitung und Durchführung von Friedensaktionen], Juli 1983, AdsD, Dep. Karsten D. Voigt, H 31.
79 Vgl. *Thomas Leif*, Die strategische (Ohn-)Macht der Friedensbewegung. Kommunikations- und Entscheidungsstrukturen in den achtziger Jahren, Opladen 1990, insb. S. 46–50.
80 Vgl. SPD-Parteitag 1982 in München, Bd. 1: Protokoll, S. 149.
81 Helmut Schmidt an Willy Brandt, 16.9.1981, AdsD, Dep. Erhard Eppler, 1/EEAC000115.
82 Helmut Schmidt, Sprechzettel für die Fraktionssitzung am 6. Oktober 1981 zur Bonner Friedensdemonstration, 5.10.1981, AdsD, HSA, 1/HSAA010724.
83 Vgl. exemplarisch die Tonbandabschrift der Rede Helmut Schmidts am 16. Mai 1981 in Recklinghausen, undatiert, ebd., 1/HSAA010436.

Ängste«.[84] Während er die »sachlichen Gründe« für nicht stichhaltig hielt und deshalb zurückwies, waren die »schwer erklärbaren Ängste« das Movens der Friedensbewegung, das sich ihm nicht erschloss. Er äußerte zwar Verständnis für manche von den Protestierenden artikulierte konkrete Kritik, die kollektive Furcht vor der nuklearen Apokalypse verstand er aber nicht. Vielmehr setzte Schmidt dem Angstdiskurs der Friedensbewegung einen eigenen Begriff von Angst entgegen, der im Kern darauf gründete, dass die Prinzipien der offiziellen Sicherheitspolitik nicht länger durchsetzbar waren. Die Angst vor dem »nuklearen Tod« beantwortete Schmidt mit seiner Sorge vor einem militärischen Ungleichgewicht, das seinerseits in die nukleare Katastrophe führen musste.

In der Bundestagsdebatte, die der Demonstration im Bonner Hofgarten 1981 voranging, versicherte Schmidt den Protestierenden, dass auch er Angst um den Frieden habe. Er begründete diese Furcht um das Gleichgewicht und das Funktionieren der Abschreckung explizit durch seine persönlichen Erfahrungen im Zweiten Weltkrieg und bat die Demonstranten, »dass unsere innere Betroffenheit, dass unsere unverdrängbare eigene Erfahrung im Laufe von 50 und 60 Lebensjahren bitte auch ernst genommen werden«.[85] Das auf persönliches Erinnern rekurrierende Legitimierungsmuster Schmidts kontrastierte scharf mit dem Prophetismus der Friedensbewegung. Während Nachrüstungsgegner in der SPD kollektive Ängste artikulierten, die auf eine apokalyptische Zukunft gerichtet waren, beurteilten die Befürworter des NATO-Doppelbeschlusses die Angst nur dann als gerechtfertigt, wenn sie sich auf individuelle Erfahrungen gründete. So war der Angstdiskurs im Nachrüstungsstreit nicht nur spezifisch für die Stationierungskritiker, sondern fand seine Entsprechung bei den Unterstützern der Philosophie des Doppelbeschlusses. Allerdings standen hier grundsätzlich verschiedene Geschichts- und Zukunftsbilder miteinander in Konflikt.

Es ist aufschlussreich zu erwähnen, wie es auch für Schmidt, Brandt und andere führende Sozialdemokraten feststand, dass die innerhalb und außerhalb der Partei vorgebrachte Nachrüstungskritik das Spezifikum einer jüngeren Generation war. Das Sprechen über den Protest gegen die Raketenstationierung wurde deshalb semantisch wie analytisch sehr häufig mit Begriffen wie »Jugend«, »Heranwachsende« oder »junge Erwachsene« verquickt.[86] Im Bundestag wandte sich Schmidt explizit »an alle Jüngeren«, an »viele junge Menschen« und an »jüngere Leute« und versuchte, ihnen die Prinzipien seiner Politik verständlich zu machen.[87] Der SPD-Vorstand berief sogar eine eigenständige Arbeitsgruppe zum »Jugendprotest«[88], die parallel zur Enquete-Kommission des Bundestags »Jugendprotest im demokratischen Staat« arbeitete.[89] Die Interpretation der Nachrüstungskritik

---

84 Helmut Schmidt, Sprechzettel für die Fraktionssitzung am 8. Dezember 1981 zum Ausblick auf das Jahr 1982, 7.12.1981, ebd., 1/HSAA010726; vgl. auch Helmut Schmidt, Abschrift der Äußerungen vor der SPD-Fraktion am 26. Juni 1981, 1.7.1981, ebd., 1/HSAA006562.
85 Deutscher Bundestag, 9. Wahlperiode, 57. Sitzung, 9.10.1981, S. 3325, URL: <http://dip21.bundestag.de/dip21/btp/09/09057.pdf> [12.2.2012].
86 Horst Ehmke, Notizen zu »Jugend, Staat«, Speyer, 15.1.1983, AdsD, Dep. Horst Ehmke, 1/HEAA000695; Antje Huber an die Mitglieder des Deutschen Bundestages, Zur aktuellen Situation der Jugend in der Bundesrepublik Deutschland, 14.5.1981, AdsD, HSA, 1/HSAA010105; Bernd Schoppe an Helmut Schmidt, Einstellung und Erwartung der Jugend, 9.10.1980, AdsD, Dep. Egon Bahr, 1/EBAA000832.
87 Deutscher Bundestag, Stenografische Berichte, 9.10.1981, S. 3324 und 3325.
88 Vgl. SPD und Jugendprotest. Thesen der Ad-hoc-Arbeitsgruppe Jugend beim SPD-Parteivorstand, in: Politik. Aktuelle Informationen der Sozialdemokratischen Partei Deutschlands, Juni 1981; dazu *Gode Japs*, Nicht nur auf Stimmenfang. SPD-Studie zum Jugendprotest fordert »ernsthafte Änderung der Politik«, in: Vorwärts, 18.6.1981, S. 4.
89 Vgl. Herbert Wehner an die Mitglieder der SPD-Bundestagsfraktion, Zwischenbericht der Enquête-Kommission »Jugendprotest im demokratischen Staat« – Zusammenfassung, 6.5.1982, AdsD, HSA, 1/HSAA010106; vgl. ferner Jugend 81: Lebensentwürfe, Alltagskulturen, Zukunftsbilder, hrsg. v. Jugendwerk der Deutschen Shell, Hamburg 1981.

als Anliegen einer jüngeren Generation war ein Wahrnehmungsdispositiv nicht nur in der Sozialdemokratie. Verknüpften die jeweiligen Sprecher den Begriff »Jugend« mit Konnotationen wie »Unerfahrenheit«, »Unwissenheit« und »Aufmüpfigkeit«, ließ sich dadurch ein wirkmächtiges Narrativ konstruieren, in dem die Kritik an der Stationierung als Anliegen einer über ihre Geburtsjahrgänge identifizierten Bevölkerungsgruppe relativiert wurde.[90] So war die Kontroverse um den NATO-Doppelbeschluss nicht zuletzt ein Streit, der von den Zeitgenossen anhand von Begriffen wie »Jugend« und »Generation« gedeutet wurde.

Auch der Parteivorsitzende Willy Brandt äußerte sich mit diesen Argumentationsmustern zum Nachrüstungsprotest.[91] Was aber das konkrete Verhältnis der SPD zur Friedensbewegung betraf, bezog er eine im Vergleich zu Schmidt nuancierte Position. Zwar artikulierte er das Diktum von der SPD als der »eigentlichen politischen Friedensbewegung« und hielt an anderer Stelle fest, dass der außerparlamentarische Protest »keine in Wahlen erworbene Legitimation« habe und die »politische Verantwortung« deshalb von anderen (sprich der SPD) übernommen werden müsste.[92] Denn die Gestaltung von Politik war aus sozialdemokratischer Perspektive die genuine Aufgabe von Parteien – und nicht von Bewegungen. Gleichzeitig war in seinem Verständnis die SPD aber eine »Integrationspartei«[93], deren Aufgabe es war, die außerparlamentarisch artikulierte Kritik einzubinden, weil es in ihrem eigenen Interesse lag, sich neuen Wählerschichten nicht zu verschließen. Brandt wollte, wie er sich später erinnerte, »möglichst viele der jungen Leute in der Sozialdemokratie angesiedelt wissen und auf diese Weise verhindern, was vielleicht nicht zu verhindern war – ihre eigene parlamentarische Vertretung«.[94]

Die Anstellung des Berliner Friedensaktivisten Wolfgang Biermann als Referenten für Rüstungskontrolle und Abrüstung beim Parteivorstand war deshalb sowohl als Zeichen an die Friedensbewegung zu verstehen, dass die SPD ihre Sorgen ernst nehme, wie auch als innerparteiliches Signal, »damit die SPD noch stärker als bisher in die um das Friedensthema sich bildende Jugendbewegung einwirkt«.[95] Biermann hielt für den SPD-Vorstand nicht nur Kontakt zum Koordinationsausschuss der Friedensbewegung (und arbeitete dort aktiv mit)[96], sondern informierte auch in zahllosen Vermerken über die Diskussionen in diesen Gremien[97] und versuchte häufig, die Position der Parteiführung im Sinne der Friedensbewegung zu nuancieren.[98]

---

90 Die Nachrüstungskritik wurde zweifelsohne generationenübergreifend vorgetragen, vgl. *Josef Janning*, Die neue Friedensbewegung 1980–1986, in: *ders./Hans-Josef Legrand/Helmut Zander* (Hrsg.), Friedensbewegungen. Entwicklung und Folgen in der Bundesrepublik Deutschland, Europa und den USA, Köln 1987, S. 36–54, hier: S. 42.
91 Vgl. Willy Brandt an Horst Krautter, 22.10.1981, AdsD, WBA, A11.2, 126A.
92 *Brandt*, Vorwort zu: Die Friedenspartei SPD.
93 *Willy Brandt*, Die Partei der Freiheit. Willy Brandt und die SPD 1972–1992 (Berliner Ausgabe, Bd. 5, bearb. v. *Karsten Rudolph*), Bonn 2002, Dok. 79, S. 354–363, hier: S. 356.
94 *Willy Brandt*, Erinnerungen. Mit den »Notizen zum Fall G«, München 2003, S. 344.
95 Peter Glotz an die Mitglieder des Präsidiums, 9.10.1981, AdsD, HSA, 1/HSAA009872. Die Einstellung Biermanns war im Erich-Ollenhauer-Haus heftig umstritten, vgl. Dietrich Stobbe an Willy Brandt, 20.10.1981, AdsD, WBA, A11.2, 123.
96 Vgl. Wolfgang Biermann, Protokoll der Arbeitsgruppe »Widerstandstag der Parteien, Parlamente, Ministerien« des Koordinierungsausschusses der Friedensbewegung für die Herbstakt[i]onen; Sitzung vom 19.7.1983 in Bonn, undatiert, AdsD, Dep. Karsten D. Voigt, H 31.
97 Vgl. exemplarisch Wolfgang Biermann an Peter Glotz, Einschätzung der Aktionskonferenz der Friedensbewegung am 5./6.11.1983, 7.11.1983, AdsD, WBA, A11.4, 110; Wolfgang Biermann an Peter Glotz, Planungen der Friedensbewegung zum Herbst 1983, 16.3.1983, ebd.
98 Vgl. ebenfalls nur exemplarisch Wolfgang Biermann an Peter Glotz, Entwicklung der sozialdemokratisch geprägten Friedensinitiative unter möglicher Beteiligung von Gewerkschaftern und Vertretern aus der Friedensbewegung, 26.8.1982, ebd., 109; Wolfgang Biermann an Egon

Man muss nicht davon ausgehen, dass die allmähliche Korrektur des sicherheitspolitischen Kurses der Partei nach dem Verlust der Regierungsverantwortung im September/ Oktober 1982 zugunsten einer größeren Nähe zur Friedensbewegung in erster Linie auf das Betreiben Biermanns zurückging; zu unübersehbar war mittlerweile der außerparlamentarische und innerparteiliche Protest. Zwar hatte das Erich-Ollenhauer-Haus schon 1981 ein großes »Friedensforum« organisiert, auf dem unter anderem Hans Apel mit Gert Bastian, Anton-Andreas Guha und Petra Kelly diskutierte.[99] Doch erst im Laufe des Jahres 1983 nahmen die Kooperationsformen zwischen der Partei und der Friedensbewegung ein Ausmaß an, das klare Grenzziehungen erschwerte. Im Sommer bezeichnete schließlich das schon genannte Papier der Fraktion für SPD-Mitglieder (»Handreichung«) die Friedensbewegung als »Bundesgenossen« und empfahl offiziell die Teilnahme an (gewaltfreien) Aktionen.[100] Die Annäherung der SPD an die Friedensbewegung war bemerkenswert: Auch wenn Bewegungsaktivisten eine zu große Nähe zur Sozialdemokratie stets ablehnten, auf Distanz und parteipolitischer Neutralität insistierten (wenn sie nicht ohnehin bei den Grünen aktiv waren), gelang es der SPD, die Anschlussfähigkeit ihres sicherheitspolitischen Kurses an Teile der Friedensbewegung herzustellen.[101]

IV. FORMEN DES PROTESTS IN DER SPD

Die enger werdende Zusammenarbeit vieler SPD-Mitglieder mit Friedensaktivisten bedingte auch, dass Protestformen der außerparlamentarischen Bewegung Eingang in das sozialdemokratische Handlungsrepertoire fanden und eine spezifische Protestkultur generierten. Diese neuartigen Artikulationsformen spiegeln eine Transformation der Verfahren zur Aushandlung etablierter Rahmensetzungen, wie sie gleichzeitig selbst Motor eines »Wandels des Politischen« waren.

Was die Möglichkeiten der verbalen Artikulation von Widerspruch betrifft, sollen hier zunächst drei verschiedene Typen differenziert werden. Politischer Dissens konnte erstens durch den rational begründenden und nüchternen Vortrag von Argumenten geäußert werden. Insbesondere jene Nachrüstungskritiker bedienten sich dieser Form, die sich mit dem Habitus der Wissenschaftlichkeit umgeben wollten. Es waren Sozialdemokraten wie Ulrich Albrecht, Hans Günter Brauch oder Christian Krause, die als »Friedensforscher« und »Gegenexperten« darauf angewiesen waren, dass die (Partei-)Öffentlichkeit ihnen die auf Objektivität rekurrierende Autorität des Wissenschaftlers zuschrieb.[102] Deshalb sollte die Form des Vortrags seinen Inhalt stützen und Glaubwürdigkeit potenzieren. Diesen Zweck verfolgten zweitens auch die emphatisch oder emotional vorgetragenen Protestnoten, die Betroffenheit und Furcht vor der drohenden nuklearen Apokalypse transportierten. Das Artikulationsmuster lässt sich vor allem bei Eppler und bei Vertreterinnen der Arbeitsgemeinschaft Sozialdemokratischer Frauen (ASF) feststellen. Eppler äußerte häufig nicht

---

Bahr, Geschäftsgrundlage des NATO-Doppelbeschlusses vom 12.12.1979, 16.2.1983, AdsD, Dep. Karsten D. Voigt, H 120.
99 Vgl. *Hans Apel/Egon Bahr/Rudolf Bahro* u. a. (Hrsg.), Sicherheitspolitik contra Frieden? Ein Forum zur Friedensbewegung, Bonn 1981.
100 Beschluss zu friedenspolitischen Aktivitäten vom 27. Juni 1983, in: Vor der Genfer Entscheidung, S. 22f.
101 In der Tat lässt sich diese Entwicklung auch im Kontext der Vorgeschichte der rot-grünen Koalition von 1998 lesen, vgl. mit dieser These *Boll/Hansen*, Doppelbeschluss, S. 224f.
102 Vgl. exemplarisch *Ulrich Albrecht*, Kündigt den Nachrüstungsbeschluss! Argumente für die Friedensbewegung, Frankfurt am Main 1982; *Hans Günter Brauch*, Einseitige abrüstungspolitische Vorabmaßnahmen. Die Möglichkeiten der Bundesrepublik, in: Frankfurter Hefte (FH) 36, 1981, S. 2–6; *Christian Krause*, Atomwaffen in Europa. Gefahren und Wege zu mehr Sicherheit, in: NG 28, 1981, S. 1115–1121.

etwa wissenschaftlich fundierte Argumente, sondern brachte seinen »Zweifel«, seine »Verzweiflung über eine Sicherheitskonzeption« zum Ausdruck, »die letztlich nur mit dem eigenen Selbstmord drohen kann«.[103] Ein beliebtes Narrativ in der ASF war der Hinweis auf die »Irrationalität« der offiziellen Sicherheitspolitik. In dieser Deutung sollte die Besinnung auf die eigene Angst den Blick auf die Rationalität und Notwendigkeit von Abrüstung freigeben.[104] Eine dritte Möglichkeit, Dissens zu kommunizieren, war schließlich das Stilmittel der verbalen Provokation. Oskar Lafontaine bewies seine Könnerschaft in dieser Disziplin, als er in einem Interview mit dem »Stern« Helmut Schmidt attestierte, mit den von ihm hochgeschätzten Tugenden ließe sich ein KZ betreiben.[105] Auch das Enfant terrible der SPD, Karl-Heinz Hansen, setzte ein verbales Ausrufezeichen, als er Schmidt im Zusammenhang mit der Rüstungsexportpolitik der Bundesregierung »Geheimdiplomatie gegen das eigene Volk« attestierte.[106]

Für den Nachrüstungsstreit in der SPD war aber vor allem die Intensivierung non-verbaler und performativer Artikulationsformen charakteristisch.[107] So wurde die Debatte um die Stationierung nicht nur durch den wörtlichen Austausch von Argumenten, sondern auch durch visuelle, körperorientierte und habituelle Kommunikationsstrategien verhandelt. Die ikonografische Gestaltung von Plakaten war dabei eine wirkmächtige, weil eingängige Form, politischen Widerspruch kundzutun.[108] Insbesondere untere Gliederungsebenen und die Jusos griffen in der Auseinandersetzung mit der Parteispitze auf bildliche Strategien zurück. Ein Schwarz-Weiß-Plakat der SPD in Stuttgart beispielsweise zeigte eine Brücke, die der Betrachter laut Überschrift in der japanischen Stadt Hiroshima lokalisieren sollte (Abb. 1). Diese Brücke wies Körperschatten von Opfern der Atombombe auf, die dort einmal gelegen haben mussten. Deutlich wird beim Betrachten dieses Plakats ein spezifisches Argumentationsmuster gegen die Nachrüstung, das auf historisch verheerende Erfahrungen mit dem Einsatz von Nuklearwaffen rekurrierte und zahlreichen friedensbewegten Visualisierungen gemeinsam war. Dass die Gefährdung jedes Einzelnen hochaktuell war, machten die Jusos mit einem Plakat deutlich, das die gewaltige, übermächtige und gesichtslose Bedrohung durch Raketen mit der Darstellung eines einzelnen schutzlosen Körpers kontrastierte (Abb. 2). Während vom linken und rechten Bildrand gleichge-

---

103 Erhard Eppler, »Wir wollen diese Kette zerschlagen«. Rede auf der Friedensdemonstration am 10. Oktober 1981 in Bonn, abgedr. in: Sozialdemokratischer Pressedienst, 12.10.1981, S. 6–8.
104 So Katrin Fuchs auf dem SPD-Parteitag 1982 in München. Bd. 1: Protokoll, S. 724f.; vgl. auch die Bandabschrift der Diskussion auf der ASF-Bundeskonferenz 1981 in Bad Godesberg, in der dieses Motiv immer wieder anklingt, AdsD, SPD-PV, 8954.
105 Lafontaine wurde im »Stern« zitiert: »Helmut Schmidt spricht weiter von Pflichtgefühl, Berechenbarkeit, Machbarkeit, Standhaftigkeit. […] Das sind Sekundärtugenden. Ganz präzis gesagt: Damit kann man auch ein KZ betreiben. Das sind Sekundärtugenden, auf die man zurückgreift, wenn innerlich nicht bewältigt ist, worum es geht, nämlich um die Bewahrung des Lebens«. *Jürgen Serke*, Mein Sozi für die Zukunft, in: Stern, 15.7.1982, S. 54–60, hier: S. 55f. Gegenüber Willy Brandt stritt Lafontaine diese Aussagen jedoch ab, vgl. Oskar Lafontaine an Willy Brandt, 1.9.1982, AdsD, HSA, 1/HSAA009414; vgl. auch unversöhnlich Helmut Schmidt an Oskar Lafontaine, 15.7.1982, AdsD, Herbert-Wehner-Archiv, 1/HWAA001926, und die Antwort Lafontaines vom 3.8.1982, ebd.
106 Dieser Vorwurf fiel auf einer Juso-Veranstaltung am 8. Mai 1981, zit. nach: *Karl-Heinz Hansen*, Schlußplädoyer vor der Schiedskommission des SPD-Bezirks Niederrhein, in: spw 4, 1981, H. 12, S. 5–8.
107 Vgl. *Jürgen Martschukat/Steffen Patzold*, Geschichtswissenschaft und »performative turn«. Eine Einführung in Fragestellungen, Konzepte und Literatur, in: *dies.* (Hrsg.), Geschichtswissenschaft und »performative turn«. Ritual, Inszenierung und Performanz vom Mittelalter bis zur Neuzeit, Köln/Weimar etc. 2003, S. 1–31; *Kathrin Fahlenbrach*, Protestinszenierungen. Visuelle Kommunikation und kollektive Identitäten in Protestbewegungen, Wiesbaden 2002.
108 Vgl. dazu *Benjamin Ziemann*, The Code of Protest. Images of Peace in the West German Peace Movements, 1945–1990, in: Central European History 17, 2008, S. 237–261.

Abbildung 1: »Stationierung Nein«
Anti-Nachrüstungsplakat der SPD in Stuttgart, 1983
(Archiv der sozialen Demokratie)

Abbildung 2: »*Verhindern wir's. Gemeinsam.*«
Die Jungsozialisten gehörten zu den schärfsten Gegnern der Stationierung in der SPD, 1983 (Archiv der sozialen Demokratie)

wichtig Raketen gegeneinander zielten, schien der individuelle Mensch, der auf hellem Bildhintergrund mit Schlagschatten gezeichnet war, der Gefahr hilflos ausgeliefert zu sein. Dieses Bild enthielt mit der Gegenüberstellung von Maschine und Mensch auch ein explizit technik- und fortschrittsskeptisches Moment. Dass aus der übermächtigen Gefahr aber nicht Ohnmacht resultierte, versprach die Bildunterzeile: »Verhindern wir's. Gemeinsam.« Mit der positiven Zukunftsvision einer friedlichen Welt arbeitete schließlich eine Zeichnung der »Sozialistischen Jugend Deutschlands – Die Falken«, die im oberen und im unteren Teil jeweils eine Kinderzeichnung enthielt, die durch ein rotes Feld mit der Inschrift »Nie wieder Krieg!« getrennt waren (Abb. 3). Während das obere Bild ein lächelndes Kind vor blühender, sonnendurchfluteter Landschaft zeigte, konnte der Betrachter unten ein weinendes Kind vor brennenden Häusern im Bombenhagel sehen. Die Ikonografie beruhte hier nicht nur auf einem klaren Gegensatz, sondern verwendete auch eine positiv konnotierte Symbolik (Kind, blühende Landschaft, Sonne), die deutlich machte, dass eine friedliche Welt realisierbar war. Diese als besonderes Anliegen von Kindern ausgewiesene Forderung unterstellte den Erwachsenen, dass sie potenziell nicht fähig zum Frieden seien.

Wie die kurze und vereinfachende Analyse einiger wichtiger ikonografischer Codes des Nachrüstungsprotests in der SPD andeutet, erlebte die visuelle Kommunikation von Widerspruch im sozialdemokratischen Nachrüstungsstreit eine Hochzeit. Zwar waren Bildstrategien historisch gesehen eine in der SPD häufig genutzte Form des politischen Ausdrucks gewesen. Sie erfreuten sich auch bei den Wahlstrategen im Erich-Ollenhauer-Haus einer großen Beliebtheit, wie die Zitierung der Einbahnstraßensymbolik in der Werbung zum Antikriegstag 1983 (»Vertragen statt Rüsten«) deutlich macht (Abb. 4). Im Protest gegen die Stationierung nahm ihre Bedeutung aber entscheidend zu. Visualisierungen konstituierten eine wirkungsmächtige Form, politischen Dissens zu äußern.

Der nicht über das Sprechen transportierte Widerspruch konnte auch mithilfe von körperlich-performativem Protest ausgedrückt werden. Hier ist zunächst an die traditionsreiche Straßendemonstration zu denken, die seit dem 19. Jahrhundert fest im Protestfundus der Arbeiterbewegung verankert war. Sie wurde von zahlreichen SPD-Gliederungen gern und häufig genutzt, um Nachrüstungskritik zu visualisieren. Die großen Friedensdemonstrationen im Bonner Hofgarten der Jahre 1981/83 waren solche Ereignisse, bei denen sich SPD-Mitglieder nicht nur dadurch zu erkennen gaben, dass sie den Rednern ihrer Partei (Erhard Eppler 1981 beziehungsweise Willy Brandt 1983) applaudierten, sondern auch, indem sie die Embleme ihrer Partei präsentierten und sich damit zur SPD bekannten. Abbildung 5 zeigt beispielhaft Teilnehmer der Kundgebung am 22. Oktober 1983 im Hofgarten, die ein Transparent mit der Aufschrift »ASF/SPD Düsseldorf« hochhalten. Auch die Menschenketten und Schweigekreise, die als politische Aktionsformen in den 1980er Jahren über transnationale Austauschprozesse in die Bundesrepublik kamen[109], wurden erfolgreich in das sozialdemokratische Handlungsrepertoire integriert und als politische Rituale etabliert. Andere performative Akte waren schließlich Blockaden und Besetzungen. Die schweren Ausschreitungen anlässlich des Bundeswehrgelöbnisses in Bremen im Mai 1980 unter Beteiligung der Jusos[110] oder die Blockade des Regierungsviertels im November 1983 anlässlich der Stationierungsdebatte des Bundestags, an der sich ganze SPD-Kreisverbände und sogar einzelne Unterbezirke beteiligten[111], deuten auf einen tiefgreifenderen Wandel hin. Sie können als Ausdruck dafür gewertet werden, dass sich die Artikulation von politischem Dissens in der Tradition der bereits um 1968 erprobten Protestformen verstärkt vom Parlament auf die Straße verlagerte, einfallsreicher wurde und die etablierten Formen politischer, auch innerparteilicher Aushandlungsprozesse radikal infrage stellte.

---

109 Vgl. *Schregel*, Der Atomkrieg, S. 229.
110 Vgl. Hans Koschnick an Holger Börner, 5.11.1980, AdsD, WBA, A11.3, 45; Signale überhört, in: Der SPIEGEL, 12.5.1980, S. 25–27.
111 Vgl. die Berichterstattung der Süddeutschen Zeitung vom 22. November 1983.

Der Nachrüstungsstreit in der deutschen Sozialdemokratie (1979–1983) 541

Abbildung 3: »Nie wieder Krieg!« – Plakat der »Sozialistischen Jugend Deutschlands – Die Falken« zum Antikriegstag am 1. September 1983 (Landesverband Nordrhein-Westfalen der Sozialistischen Jugend Deutschlands – Die Falken)

Abbildung 4: »Vertragen statt rüsten«
SPD-Plakat zum Antikriegstag am 1. September 1983
(Archiv der sozialen Demokratie)

Abbildung 5: Vertreterinnen der ASF Düsseldorf bekennen sich am 22. Oktober 1983 in Bonn zur SPD (J. H. Darchinger/Friedrich-Ebert-Stiftung)

Das lässt sich auch mit Hinblick auf die habituellen Deutungskämpfe exemplifizieren, die, historisch sicher nicht beispiellos, im Nachrüstungsstreit eine neue Qualität erreichten. Die Debatte um die nuklearen Mittelstreckenwaffen in der SPD war weit stärker als frühere Auseinandersetzungen ein Konflikt, der auf kulturelle Gegensätze in der Partei zurückging. Will man ihn in diesem Kontext verstehen, muss man sich vergegenwärtigen, dass er wesentlich durch habituelle Deutungskämpfe katalysiert wurde, beziehungsweise dass sich mit diesen performativen Konflikten die Ausdrucksformen für die Verhandlung diskursiver Rahmensetzungen veränderten. Dabei hatte es die Partei in ihrer Geschichte schon häufiger erlebt, dass die jüngeren Mitglieder im Vergleich zur älteren Führungsriege ›alternative‹ Formen des Auftretens präferierten. Sie pflegten eine andere Erscheinung, redeten eine andere Sprache und bevorzugten andere Handlungs- und Politikformen.[112] Was jedoch in diesem Ausmaß neu war und historiografische Zweifel an der Stichhaltigkeit einer Interpretation des Nachrüstungsstreits als Generationenkonflikt nährt, war die Tatsache, dass die habituellen Deutungskämpfe nun auch innerhalb einer Generation ausgetragen wurden.

So evozierten Helmut Schmidt und Erhard Eppler – um diese beiden gegensätzlichen Persönlichkeiten exemplarisch zu betrachten – grundsätzlich andere öffentliche Bilder von sich. Teils selbstinszeniert, teils durch mediale Zuschreibungen trugen sie den Nachrüstungsstreit gewissermaßen nicht nur auf der politischen, sondern auch auf der habituellen Ebene aus. Den Zeitungslesern und Fernsehzuschauern konnte an Helmut Schmidt vor allem auffallen, dass er klassische Anzüge trug, seit seiner Jugend die Frisur nicht verändert hatte und mit seinem distinguierten Hamburger Akzent äußerst seriös und weltläufig wirkte. Dieses *public image*, das Glaubwürdigkeit, Beständigkeit und Führungs-

---

112 Vgl. *Dietmar Süß*, Die Enkel auf den Barrikaden. Jungsozialisten in der SPD in den 1970er Jahren, in: AfS 45, 2004, S. 67–104.

stärke versprach, unterstützte die politische Position des Bundeskanzlers ungemein. Dagegen setzte die Inszenierung Erhard Epplers andere Schwerpunkte. Schon sein Äußeres unterschied sich bewusst von dem der Parteielite. Indem er Rollkragenpullover trug, in einer Jeans zu Gremiensitzungen erschien, indem er sich mit seinem melodischen süddeutschen Akzent keine Mühe gab, hanseatische Weltläufigkeit zu simulieren, sondern die »friedenspolitische Wendung in den Nahraum«[113] nachvollzog und bei vielen Gelegenheiten auf seinen Glauben rekurrierte, bediente er anti-elitäre Deutungsmuster (»Glaubwürdigkeit durch Normalität«), inszenierte sich erfolgreich als Gegenbild zu Schmidt und entsprach den Anforderungen des ihn tragenden nachrüstungskritischen Milieus. Die habituellen Gegensätze zwischen Schmidt und Eppler waren offensichtlich. Sie machen bei aller Vorläufigkeit der sie analysierenden Überlegungen deutlich, dass der Nachrüstungsstreit nicht zuletzt durch kulturelle Aushandlungsprozesse beeinflusst wurde. Mit visuellen, körperorientierten und habituellen Strategien fanden dabei neue Modi der Performanz Eingang in das sozialdemokratische Protestrepertoire, die gleichermaßen Spiegel und Katalysator eines »Wandels des Politischen« waren.

V. WEGE AUS DER BLOCKKONFRONTATION

Debatten um die USA und den »Westen«

Neben den Formen der Artikulation von politischem Dissens wandelten sich in der Kontroverse um den NATO-Doppelbeschluss auch die Weltwahrnehmungen und -deutungen in der SPD. Dies lässt sich in Bezug auf die zeitgenössischen Debatten um Amerika und den »Westen« veranschaulichen. Es war geradezu ein Markenzeichen sozialdemokratischer Haltungen zur Nachrüstung, dass die Zurückweisung der Raketenstationierung mit Kritik an der Außen- und Verteidigungspolitik der US-Regierung und insbesondere mit der Person Ronald Reagans verknüpft wurde.[114] Die Ablehnung von Reagans Position zur Entspannungspolitik und der Widerstand gegen die von vielen Sozialdemokraten als »zu stark für den Frieden«[115] begriffene Rhetorik des Präsidenten waren wesentliche Triebfedern des Nachrüstungsstreits. Dabei setzte die Kritik häufig bei der konkreten Verhandlungsführung der Amerikaner in Genf an, die als zu wenig ernsthaft beurteilt wurde. Diese Deutung war ein argumentativer Topos in weiten Teilen der SPD.[116] Hatte noch Kanzler Schmidt den SPD-Vorstand im Februar 1981 vor Kritik an den USA gewarnt[117], stand dies in Widerspruch zu den Ausführungen Egon Bahrs, der den Amerikanern zwei Monate später attestierte, sie befänden sich »in einer Psychose«.[118] In einem nächsten Schritt vermischte sich diese Wahrnehmung mit sicherheitstheoretischen Grundsatzüberlegungen und ging in Unbehagen gegenüber den Rüstungsabsichten Washingtons über. Der Vor-

---

113 *Schregel*, Der Atomkrieg, S. 11.
114 Peter Glotz bezeichnete Reagan einmal als »Aufrüstungsfanatiker«, der den NATO-Doppelbeschluss »pervertiert«, vgl. Peter Glotz an Elisabeth Hesse, 19.8.1983, AdsD, SPD-PV, 10928.
115 *Roland Krönke*, Zu stark für den Frieden. Beginn der Reagan-Ära, in: Vorwärts, 15.1.1981, S. 1.
116 Vgl. *Eppler*, Die tödliche Utopie der Sicherheit, S. 81f.
117 Vgl. Protokoll der Sitzung des Vorstandes am 2. Februar 1981, in: AdsD, SPD-PV, Vorstandssekretariat, 354; gegenüber den Amerikanern schlug der Kanzler indes deutlichere Töne an: US-Botschaft Bonn an Department of State, Schmidt will sing worried song in Washington, Mai 1981, Ronald Reagan Presidential Library (Reagan Library), Simi Valley, Executive Secretariat, NSC: Country File, RAC b 14, folder »Germany, FRG (1/20/81–6/30/81) (1)«.
118 Protokoll der Sitzung des Präsidiums am 9. März 1981, in: AdsD, SPD-PV, Vorstandssekretariat, 160.

wurf lautete, die USA wollten »um jeden Preis [...] stationieren«[119], um den entscheidenden strategischen Vorteil gegenüber der Sowjetunion zu gewinnen. Denn die neuen Waffen bedeuteten, so Bahr, »dass wir den Amerikanern den Arm leihen, mit dem man die Sowjetunion erreichen kann«[120], und damit in den Worten Epplers »eine optimale Fähigkeit zur ›Enthauptung‹ der anderen Seite«.[121] Von hier war es nicht mehr weit zu der Mutmaßung über eine grundsätzliche sicherheitspolitische Neuorientierung Washingtons. Die Rede von der »Strategie des führbaren und gewinnbaren Atomkriegs«[122] in Europa hatte zweifelsohne ihren Ursprung in unbedachten Äußerungen US-amerikanischer Militärstrategen[123], des Präsidenten[124] und in einem missverständlichen Strategiepapier, welches noch aus der Amtszeit Carters stammte.[125] Sie fand aber in Europa und vor allem der Bundesrepublik einen fruchtbaren Boden. Vertreter der SPD griffen sie auf und machten sie zu einem Argument gegen die Stationierungsabsicht des Bündnisses: Waren die atomaren Mittelstreckenraketen erst einmal aufgestellt, drohte in den Deutungen der Nachrüstungskritiker der atomare Krieg, den Reagan angeblich in Kauf zu nehmen bereit war, weil er sich auf Europa beschränken lasse. In diesem Sinne bezichtigte Eppler »die amerikanischen Planer«, sie würden »kühlen Kopfes über den atomaren Holocaust in Europa nachdenken«.[126] Die ASF Wiesbaden sprach aus, was große Teile der Sozialdemokratie dachten: Nicht die Sowjetunion gefährde »zur Zeit den Weltfrieden«, sondern das »Machtstreben einer handvoll amerikanischer Staatsbürger in verantwortlicher Stellung«.[127] Die Bundesrepublik erschien in diesen Deutungen als »Opfer« des US-amerikanischen Rüstungswahnsinns.[128] Zudem waren argumentative Referenzen auf den Nationalsozialismus in der Auseinandersetzung mit den USA wie überhaupt im Nachrüstungsstreit weit verbreitet.[129]

Während die Distanzierung von der US-amerikanischen Verhandlungsposition in Genf mehr oder weniger argumentatives Allgemeingut in der SPD war[130], blieb sie in dem Maße

---

119 Wie Egon Bahr in Ost-Berlin gesagt haben soll: Information über das Gespräch des Ministers für Auswärtige Angelegenheiten der DDR, Oskar Fischer, mit Egon Bahr am 25.8.1983, undatiert, SAPMO-BArch, DY 30/2410, Bl. 35–42, hier: Bl. 39.
120 Egon Bahr an Helmut Schmidt, 2.6.1979, AdsD, Dep. Egon Bahr, 1/EBAA000953.
121 *Eppler*, Die tödliche Utopie der Sicherheit, S. 82.
122 *Oskar Lafontaine*, Angst vor den Freunden. Die Atomwaffenstrategie der Supermächte zerstört die Bündnisse, Reinbek 1983, S. 31; vgl. auch *Karl-Heinz Hansen*, Sicherheitspolitik als Friedenspolitik, in: *Klaus Thüsing/Arno Klönne/Karl-Ludwig Hesse* (Hrsg.), Zukunft SPD. Aussichten linker Politik in der Sozialdemokratie, Hamburg 1981, S. 39–64, hier: S. 56–58.
123 Vgl. insb. *Colin Gray/Keith Payne*, Under the Nuclear Gun: Victory is Possible, in: Foreign Policy 39, 1980, S. 14–27.
124 Vgl. Reagans berüchtigte »Evil Empire Speech«: Remarks at the Annual Convention of the National Association of Evangelicals in Orlando, Florida, 8.3.1983, The Public Papers of President Ronald W. Reagan, Reagan Library, URL: <http://www.reagan.utexas.edu/archives/speeches/1983/30883b.htm> [12.2.2012].
125 Vgl. dazu Stan Sienkiewicz an die Mitglieder des Committee on Foreign Relations, Additional Background on PD-59, The Recent Presidential Directive on U. S. Nuclear Weapons Targeting Strategy, and Secretary of Defense Brown's Speech on this Subject, 9.9.1980, Carter Library, Zbigniew Brzezinski Collection, b 35, folder »P[residential] D[irective] 59: [5/80–1/81]«.
126 *Eppler*, Die tödliche Utopie der Sicherheit, S. 92.
127 Arbeitskreis Frieden und Abrüstung der Arbeitsgemeinschaft Sozialdemokratischer Frauen im Unterbezirk Wiesbaden an Willy Brandt, Gefährdung des Weltfriedens, 21.8.1981, AdsD, WBA, A11.6, 41.
128 Vgl. dazu auch Günter Grass an die Mitglieder des Bundestages, November 1983, ebd., A10.1 Rosen, 188.
129 Vgl. *Conze*, Modernitätsskepsis und die Utopie der Sicherheit, Abs. 9; *Gassert*, Viel Lärm um Nichts?, S. 197f.
130 Vgl. die Ausführungen Helmut Schmidts gegenüber amerikanischen Journalisten: [Wortprotokoll über ein Informationsgespräch von Bundeskanzler Helmut Schmidt mit 18 US-amerikanischen Journalisten am 29. Oktober 1981 in Bonn], 3.11.1981, AdsD, HSA, 1/HSAA008965.

umstritten, wie sie von der Sicherheitspolitik abstrahierte und als Grundsatzkritik an der Ost-West-Konfrontation vorgetragen wurde. Insbesondere der konservative Parteiflügel lief Sturm gegen die damit perzipierte Relativierung der »westlichen Wertegemeinschaft«. Die Politologin Gesine Schwan meinte in der Auseinandersetzung um den NATO-Doppelbeschluss gar die »Gretchenfrage der SPD« zu erkennen, nämlich: »Wie wichtig ist ihr die Erhaltung der westlichen Freiheit?« Indem die SPD den Boden des Beschlusses verlasse, so Schwan, trete sie in Gegensatz zu den USA und relativiere den sowjetischen Totalitarismus. Der von Eppler und Lafontaine propagierte Kurs führe »geradewegs dahin, die im Zeichen der Freiheit angetretene deutsche Sozialdemokratie de facto zu einem der wirksamsten Instrumente sowjetischer Hegemonialpolitik zu machen«.[131] Die Befürchtung, die SPD relativiere die deutsche Westbindung und verharmlose den Kommunismus, war ein wirkungsmächtiges Deutungsmuster bei Befürwortern der Nachrüstung in SPD, CDU[132] und US-Regierung.[133] Die Rede von einer »Finnlandisierung«[134] der SPD oder vom »Zerfall des sicherheitspolitischen Konsenses«[135] war diesseits und jenseits des Atlantiks weit verbreitet.

Kritik an Ronald Reagan und seiner Regierung wurde indes von den wenigsten Stationierungsgegnern in der SPD als »Antiamerikanismus« oder als Distanzierung vom »Westen« wahrgenommen. Eher schon sollte die von Eppler vorgebrachte These, dass der von beiden Supermächten erhobene Anspruch auf ideologische Allgemeingültigkeit im nuklearen Zeitalter aufgegeben werden müsse[136], ein in dieser Form neuartiges Unbehagen gegenüber den traditionellen Perzeptionsmustern der Ost-West-Konfrontation signalisieren.[137] Auch Egon Bahr argumentierte mit diesen Vorzeichen, wenn er forderte, dass die Realisierung divergierender Gesellschaftssysteme der Erhaltung des Friedens untergeordnet werden müsse.[138] Kein politisches, wirtschaftliches oder kulturelles Ziel könne erreicht werden, »wenn es keinen Frieden gibt«, so Bahr.[139] Wurde die Sicherheitspolitik

---

131 *Gesine Schwan*, Die SPD und die westliche Freiheit, in: *Jürgen Maruhn/Manfred Wilke* (Hrsg.), Wohin treibt die SPD? Wende und Kontinuität sozialdemokratischer Sicherheitspolitik, München 1984, S. 38–52, hier: S. 38 und 51.

132 Vgl. entsprechende Äußerungen des CDU/CSU-Fraktionsvorsitzenden Alfred Dregger: Deutscher Bundestag, 10. Wahlperiode, 35. Sitzung, 21.11.1983, S. 2355, URL: <http://dip21.bundestag.de/dip21/btp/10/10035.pdf> [12.2.2012].

133 Vgl. Rowland Evans, Germany's Left Looks To Moscow, 11.8.1978, Carter Library, Brzezinski Material: Country File, b 24, folder »German Federal Republic, 7/78–1/79«; James M. Rentschler an Richard V. Allen: Pacifism in the FRG, 1.5.1981, Reagan Library, Executive Secretariat, NSC: Country File, RAC b 14, folder »Germany, FRG (1/20/81–6/30/81) (4)«.

134 *Roland Krönke*, Die Windmühlenflügel heißen Neutralismus. Das Gespenst der Finnlandisierung geht wieder um, in: Vorwärts, 25.11.1983, S. 14; Philip M. Crane an Ronald Reagan, 16.9.1981, Reagan Library, Executive Secretariat, NSC: Country File, RAC b 14, folder »Germany, FRG (9/1/81–12/31/81) (6)«.

135 *Karl Kaiser*, Der Zerfall des sicherheitspolitischen Konsenses in der Bundesrepublik Deutschland. Die Entwicklung der Diskussion in den achtziger Jahren, in: *Manfred Funke/Hans-Adolf Jacobsen* (Hrsg.), Demokratie und Diktatur. Geist und Gestalt politischer Herrschaft in Deutschland und Europa. Festschrift für Karl Dietrich Bracher, Düsseldorf 1987, S. 476–491.

136 Vgl. *Eppler*, Die tödliche Utopie der Sicherheit, S. 115–122.

137 Die bekannte Forderung Lafontaines nach Austritt der Bundesrepublik »aus der militärischen Integration der NATO« wird man ebenfalls in dieses Deutungsmuster einordnen können, vgl. *Lafontaine*, Angst vor den Freunden, S. 81.

138 *Egon Bahr*, Von der Strategie der Abschreckung zur gemeinsamen Sicherheit, in: *Ehmke/Koppe/Wehner*, Zwanzig Jahre Ostpolitik, S. 95–101.

139 *Egon Bahr*, Sozialdemokratische Sicherheitspolitik ist ein Teil der Entspannungspolitik, in: *Rolf Seeliger* (Hrsg.), Amerikanische Raketen wider deutsche Interessen. Argumente gegen die Stationierung neuer atomarer Mittelstreckenwaffen mit einer Dokumentation, München 1983, S. 7–17, hier: S. 10.

der Reagan-Administration massiv kritisiert, zielten diese Äußerungen nicht so sehr auf die grundsätzliche Infragestellung dessen, »was Amerika ausmacht«[140], sondern vielmehr auf die Prämissen des Kalten Kriegs an sich.[141] Der Gegensatz zwischen West und Ost, Demokratie und Kommunismus, Freiheit und Unterdrückung war im Zeichen der ubiquitären nuklearen Bedrohung aus der Perspektive der Nachrüstungskritiker nicht länger die primäre Streitfrage. In der Tat lässt sich die Kontroverse um den NATO-Doppelbeschluss auch als Indikator dafür lesen, dass der Kalte Krieg in den Köpfen vieler Menschen längst beendet war. Für die als neu wahrgenommenen »großen Probleme« und »Herausforderungen« lieferte das System des Kalten Kriegs keinen Referenz- und Orientierungsrahmen mehr. Im Gegenteil, der Kalte Krieg war selbst zum Problem geworden.[142]

Der andere wichtige Grund dafür, dass die meisten Sozialdemokraten ihre Argumente als über den Vorwurf des »Antiamerikanismus« erhaben glaubten, war die historisch beispiellose Intensivierung der transatlantischen Netzwerke zwischen der SPD und Akteuren in den USA, die sich im Nachrüstungsstreit beobachten lässt (und die gleichwohl hinter den Bemühungen von CDU/CSU und Konrad-Adenauer-Stiftung zurückblieb[143]). Es war vor allem die SPD-Bundestagsfraktion, die mit Reisen in die Vereinigten Staaten zu Diskussionen mit Vertretern des Weißen Hauses, des Außen- und Verteidigungsministeriums[144], mit Senatoren und Kongressabgeordneten[145], mit Vertretern von einflussreichen Thinktanks, Gewerkschaften und Medienvertretern[146], vor allem aber mit den Aktivisten der »Nuclear Weapons Freeze Campaign«[147] den Vorwurf ad absurdum zu führen suchte, sie lasse sich von antiamerikanischen Ressentiments leiten.[148] Auch umgekehrt empfingen

---

140 *Philipp Gassert/Detlef Junker/Wilfried Mausbach* u. a. (Hrsg.), Was Amerika ausmacht. Multidisziplinäre Perspektiven, Stuttgart 2009.
141 Sehr explizit wurde dieser Deutungsanspruch auch von den Frauen in der SPD vorgetragen, vgl. Frauen für den Frieden. Diskussionspapier für die Bundeskonferenz der Arbeitsgemeinschaft Sozialdemokratischer Frauen vom 18. – 20.5.1979 in Erlangen, undatiert, AdsD, SPD-PV, 10366.
142 Vgl. das Forschungsprojekt von Frank Reichherzer an der Humboldt-Universität zu Berlin, das sich mit »Transformationen des Westens« seit den 1960er Jahren beschäftigt.
143 Dieser Rückstand gegenüber der Opposition wurde in der SPD aufmerksam registriert, vgl. Wolfgang Biermann, Zur Tätigkeit der Friedrich-Ebert-Stiftung, undatiert, AdsD, NL Dietrich Stobbe, 192. Vgl. den Beitrag von Reinhild Kreis in diesem Band.
144 Vgl. exemplarisch: Dietrich Stobbe, Bericht über meine Gespräche mit der Administration in Washington über den aktuellen Stand sowie die Einschätzungen zu den INF-Verhandlungen in Genf, 1.6.1983, AdsD, Dep. Egon Bahr, 1/EBAA000517; Peter Tarnoff an Zbigniew Brzezinski, Request for Appointment with Dr. Brzezinski: Egon Bahr, Secretary-General of the West German Social Democratic Party, 30.6.1980, Carter Library, Brzezinski Material: Country File, b 25, folder »German Federal Republic, 6/80«; Department of State an US-Botschaft Bonn, The Secretary's meeting with Horst Ehmke, Juli 1981, Reagan Library, Executive Secretariat, NSC: Country File, RAC b 14, folder »Germany, FRG (7/1/81–8/31/81) (3)«; Dennis Blair an Richard V. Allen, Your Meeting with Egon Bahr, Monday, September 21, 10:45 A.M., 18.9.1981, ebd., folder »Germany, FRG (9/1/81–12/31/81) (8)«.
145 Vgl. Gespräche Professor H. Ehmke, MdB, mit den Senatoren Nunn (D-Georgia), Hatfield (R-Oregon) und Biden (D-Delaware) am 3. Dez. 1980, 16.12.1980, AdsD, Dep. Horst Ehmke, 1/HEAA000794.
146 Vgl. Fritz Fischer an Helmut Schmidt, Kurzvermerk über Gespräche von Willy Brandt in Washington und New York (11. – 15. Februar 1980), 19.2.1980, ebd., HSA, 1/HSAA009410.
147 Vgl. Karl-Heinz Hansen an David Cortright, 13.7.1981, Swarthmore College Peace Collection, SANE, Inc. Records (DG 58), series G, b 71; Voices from Europe: No More Missiles – Prominent West Europeans to Tour U. S., Speak Out on Opposition To NATO Missile Plans [Press Advisory], undatiert, ebd.; Mike Mawby's contacts in Europe, undatiert, ebd. b 131.
148 Der Freiburger SPD-Kreisvorsitzende Gernot Erler bezeichnete es als notwendig, »den wiederkehrenden Vorwurf des Antiamerikanismus an unsere Adresse durch verstärkte Hinweise auf das andere Amerika zu unterlaufen«. Gernot Erler an Peter Glotz, 9.7.1982, AdsD, SPD-PV, 10928.

SPD-Politiker in den frühen 1980er Jahren eine bemerkenswerte Anzahl von Besuchern aus den USA.[149] Nicht zuletzt führte die Friedrich-Ebert-Stiftung in diesen Jahren eine für die transatlantische Verständigung wichtige Dialogreihe durch.[150] In der sozialdemokratischen Selbstwahrnehmung ging es also darum, das im Zuge der teilweise recht drastischen Kritik an der Reagan-Regierung aufkommende Deutungsmuster des »Antiamerikanismus« zu kontern, indem erstens ein intensiver Gesprächsfaden zu Vertretern der Washingtoner Administration gesponnen wurde (denen gegenüber Abgesandte der Fraktion die Bedenken der SPD bezüglich der Nachrüstung darlegten, wenngleich ohne jeden Erfolg[151]) und indem zweitens transnationale Netzwerke mit dem »anderen Amerika«, den Reagan-Kritikern in den USA, geknüpft wurden. Dieses Gegennarrativ fasste der linksorientierte »Frankfurter Kreis« so zusammen: »unser Widerstand richtet sich nicht gegen Amerika, sondern gegen die gegenwärtige amerikanische Rüstungs- und Nuklearpolitik«. Der Widerstand müsse deshalb so »geführt werden, daß er der amerikanischen Friedensbewegung Argumente« gebe.[152] Der Höhepunkt dieser Kooperationen war schließlich ein Besuch Willy Brandts und anderer SPD-Politiker im September 1983 in Washington, wo sie in einem von der »Freeze Campaign« organisierten Hearing des US-Kongresses die Position der SPD gegenüber der amerikanischen Öffentlichkeit erläuterten.[153]

Das sozialdemokratische Verhältnis zu Amerika war also paradox:[154] Während die Fundamentalkritik an der Außen- und Sicherheitspolitik der Vereinigten Staaten weitgehend Konsens war und in der Person Ronald Reagans ein wichtiges Feindbild fand, begannen SPD-Politiker und amerikanische Friedensaktivisten eine bemerkenswerte transatlantische Vernetzung. Die heftigen Gegenreaktionen des konservativen SPD-Spektrums machten indes deutlich, wie dünn das Eis immer noch war, wenn über »Deutschlands Ort in der Welt«[155] gesprochen wurde. Während viele SPD-Nachrüstungskritiker in den Weltdeutungen des Kalten Kriegs nicht mehr eine adäquate ideelle Rahmensetzung fanden, waren Begriffe wie »Antiamerikanismus« und »westliche Wertegemeinschaft« aufseiten der Befürworter der Raketenstationierung nach wie vor wirkungsmächtige diskursive Konstrukte.

---

149 Vgl. Veronika Isenberg an Willy Brandt, Ihr Gespräch heute um 15.00 Uhr mit Randall Forsberg, Vorsitzende des National Advisory Board der Freeze-Bewegung, 6.6.1983, AdsD, WBA, A11.2, 144.
150 Vgl. European-American Workshop on Current Security Issues am 23. und 24. Juni 1983 in der Friedrich-Ebert-Stiftung, undatiert, AdsD, Dep. Karsten D. Voigt, H 133; vgl. auch Günter Grunwald an Horst Ehmke, [Übersicht über das USA-Programm der Friedrich-Ebert-Stiftung 1983/84], 6.9.1983, ebd., H 70.
151 Mündliche Mitteilung von Dieter Dettke, dem damals verantwortlichen Referenten der Fraktion, am 29. Oktober 2011 in Washington, D.C.
152 [Ergebnisprotokoll der Sitzung der AG Frieden im Frankfurter Kreis am 16. April 1983 in Oer-Erkenschwick], undatiert, AdsD, Dep. Erhard Eppler, 1/EEAC000126.
153 Die Ausführungen Brandts sind abgedruckt und kommentiert in *Willy Brandt*, Gemeinsame Sicherheit. Internationale Beziehungen und deutsche Frage 1982–1992 (Berliner Ausgabe, Bd. 10, bearb. v. *Uwe Mai/Bernd Rother/Wolfgang Schmidt*), Bonn 2009, Dok. 9, S. 157–171.
154 Zu den transatlantischen Netzwerken ausführlicher *Jan Hansen*, Der Protest und die Mächtigen: Zu den Auswirkungen von Friedensbewegung, Nuclear Weapons Freeze Campaign und Solidarność auf das Bonner »Establishment«, in: *Hanno Balz/Jan-Hendrik Friedrichs* (Hrsg.), »All We Ever Wanted …«. Eine Kulturgeschichte europäischer Protestbewegungen der 1980er Jahre, Berlin 2012, S. 231–246.
155 Ich entleihe diese Formel *Gassert*, Viel Lärm um Nichts?, S. 192.

Europakonzepte und weltgesellschaftliche Ordnungsvorstellungen

Indem die Sozialdemokratie über Wege aus dem sicherheitspolitischen Status quo stritt, wurden im Nachrüstungsstreit auch Vorstellungen von Europa virulent. Denn die Wiederherstellung der Entspannungspolitik galt in der SPD zuerst als eine europäische Aufgabe: Bedrohten die Nuklearwaffen den Kontinent, musste ihnen europäisch begegnet werden. Dieses Deutungsmuster setzte eine bestimmte diskursive Weichenstellung voraus. Indem die USA beziehungsweise ihre Regierung gewissermaßen als Agent von Militarisierung und Aufrüstung gekennzeichnet wurde, konnte das Streben nach Frieden und Entspannung wirkungsvoll als europäische Eigenschaft konstruiert werden. In diesem Sinne wurde ein Begriffskosmos entworfen, in dem die gegensätzlichen Termini »Aufrüstung und Abrüstung«, »Konfrontation und Entspannung«, »Krieg und Frieden« jeweils mit den Supermächten beziehungsweise den USA auf der einen und Europa auf der anderen Seite identifiziert wurden. Im sozialdemokratischen Weltbild galten »Europa« und »Krieg« als weit auseinanderliegende Pole auf derselben diskursiven Achse – oder, wie Egon Bahr es formulierte: »So lange die Militarisierung des Denkens anhält, nimmt die Schwäche Europas zu«.[156] Während die europäischen Staaten zur Zusammenarbeit und zur Einigung untereinander bereit waren, schienen die Supermächte und insbesondere die USA an der Konservierung der Blockkonfrontation interessiert. Es war der Juso-Vorsitzende Gerhard Schröder, der in diesem Sinne die »Behauptung von der Identität der ökonomischen und politischen Interessen zwischen den Ländern Westeuropas und den USA« zurückwies.[157] Mit diesen Rahmensetzungen war es einfach, die Wiederherstellung der Entspannungspolitik als eigentlich ureuropäische Aufgabe zu definieren. So meinte die zeitgenössische Formel von der »Europäisierung der Sicherheitspolitik«[158] im Kern nichts anderes, als den »Stellenwert der militärischen Machtfaktoren zurückzudrängen und sich der Polarisierung der Welt entgegenzustellen«.[159]

Konkret ausformuliert, implizierte die Formel zunächst den Auf- beziehungsweise Ausbau der militärischen Kooperationen der Europäischen Gemeinschaft im Sinne der Errichtung eines selbstständigeren westeuropäischen Verteidigungssystems auf der Basis enger deutsch-französischer Abstimmung. Die Idee einer atomwaffenfreien Zone in Mitteleuropa oder das Konzept der »strukturellen Nichtangriffsfähigkeit« entsprachen gleichfalls den Vorstellungen eines verselbstständigten, friedlichen und denuklearisierten Europas.[160] Eine berühmte Formel Charles de Gaulles aktualisierend, sollte im nächsten Schritt die Idee der »Europäischen Friedensordnung«[161] die geltende Abschreckungsdoktrin der NATO transzendieren. Diese Überlegungen gingen auf den der SPD nahestehenden Publizisten Peter Bender zurück, der 1981 in einem viel beachteten Buch die »Europäisierung Europas« vorgeschlagen hatte.[162] Zahlreiche Sozialdemokraten griffen diese Vorstellung

---

156 *Egon Bahr*, Gemeinsame Sicherheit – Perspektiven europäischer Sicherheitspolitik, in: Zur Lage Europas im globalen Spannungsfeld. Jahrbuch 1982/1983, hrsg. v. Deutsche Gesellschaft für Friedens- und Konfliktforschung, Baden-Baden 1983, S. 567–574, hier: S. 567.
157 Gerhard Schröder, [Rundbrief »Sozialdemokratische Positionsbestimmung«], 25.1.1980, AdsD, Dep. Erhard Eppler, 1/EEAC000051.
158 *Bahr*, Gemeinsame Sicherheit, S. 568; Positionspapier des SPD-Unterbezirks Bremen-Ost zur Friedenspolitik, Mai 1984, AdsD, Dep. Egon Bahr, 1/EBAA000511.
159 *Bahr*, Gemeinsame Sicherheit, S. 568.
160 *Bahr*, Neuer Ansatz der gemeinsamen Sicherheit, in: NG 29, 1982, S. 659–668; *Andreas von Bülow*, Das Bülow-Papier. Strategie vertrauenschaffender Sicherheits-Strukturen in Europa – Wege zur Sicherheitspartnerschaft, Frankfurt am Main 1985.
161 Wolfgang Biermann an Karsten D. Voigt, Forum Europäische Friedensordnung, 24.6.1985, AdsD, Dep. Karsten D. Voigt, H 163.
162 *Peter Bender*, Das Ende des ideologischen Zeitalters. Die Europäisierung Europas, Berlin 1981; vgl. auch entsprechende Initiativen im linken sozialdemokratischen Milieu: Wolfgang

auf und popularisierten sie in der Partei.¹⁶³ Der Essener Parteitag verabschiedete 1984 schließlich »Schritte zu einer europäischen Friedensordnung«.¹⁶⁴

Die Europavorstellungen der Sozialdemokratie beinhalteten über diese konkreten sicherheitspolitischen Maßnahmen hinaus fast zwangsläufig die naheliegende Generalforderung nach einer Vertiefung und Weiterentwicklung der europäischen Einigung. Wilhelm Bruns von der Friedrich-Ebert-Stiftung formulierte, dass sich Europa »von den vorgegebenen Sachzwängen befreien und den Mut entwickeln« müsse, »neue Wege zu beschreiten«.¹⁶⁵ Dabei solle die Europäische Gemeinschaft »als Kern eines künftigen geeinten Europas« einen »von den Interessen der Supermächte unabhängigen Beitrag zu Entspannung und Frieden in der Welt« leisten. Im Postulat einer Vertiefung der europäischen Integration bis hin zu den »Vereinigten Staaten von Europa«¹⁶⁶ gingen SPD-Vertreter aber noch einen Schritt weiter. Denn nachdem das Integrationsstreben Europas und die Rivalität der Supermächte als diskursive Gegensätze konstruiert waren, konnte das geeinte (Gesamt-)Europa auch selbst als Gegenentwurf zur Blockkonfrontation stilisiert werden.¹⁶⁷ In der Vorstellung Lafontaines war die »Verselbständigung Europas der Weg«, um »die Rivalität der beiden Weltmächte zu mindern«.¹⁶⁸ Die Europäer könnten »durch ihre Verselbständigung dazu beitragen, dass das Duopol in einer pluralistischen Mächtestruktur aufgelöst wird«. So führte der Weg von der Abrüstung und der Verhinderung der Raketenstationierung über die Vertiefung der westeuropäischen Integration und eine gesamteuropäische Annäherung zur Auflösung der Blöcke. Europa war als das Instrument konstruiert, mit dem sich diese Polarität grundsätzlich auflösen ließe.¹⁶⁹

Die Forderung nach einer Intensivierung des europäischen Zusammenschlusses und einer Überwindung der Blockkonfrontation war implizit gegen eine Stärkung der Nationalstaaten gerichtet. So formulierte Eppler programmatisch, dass das Prinzip des souveränen Nationalstaats keinen Platz in einer Welt habe, die »sich Gewaltanwendung zwischen Staaten« nicht mehr leisten könne.¹⁷⁰ Auch in der Vorstellung Lafontaines konnte das Resultat einer Auflösung der Blöcke »nicht die Wiederherstellung des souveränen Staates sein«.¹⁷¹ Dies verwies darauf, dass in den Europäisierungsdiskursen der SPD auch die deutsche Teilung und die Perspektiven einer Wiedervereinigung verhandelt wurden. Indem Eppler, Lafontaine und andere Sozialdemokraten die »Europäisierung Europas« forderten, hatten sie die in den 1980er Jahren immer noch virulente »deutsche Frage« implizit schon verneint. Die deutsche Einheit war abzulehnen, weil sie nur in einem größeren europäischen Kontext denk- und vorstellbar schien.

Wiemer an Horst Ehmke, Vermerk über eine »Denkschrift Friedensvertrag Deutsche Konföderation Europäisches Sicherheitssystem« aus dem Kreis um Dr. Peter Brandt und Herbert Ammon, 6.5.1985, AdsD, Dep. Horst Ehmke, 1/HEAA000805.

163 Vgl. Horst Ehmke, Überlegungen zur Selbstbehauptung Europas. Ein Diskussionspapier [in: Politik. Aktuelle Informationen der Sozialdemokratischen Parteitag Deutschlands, 1/1984], ebd., 1/HEAA000696.
164 Beschlüsse des Parteitags der SPD vom 17. bis 21. Mai 1984 in Essen, hrsg. v. Vorstand der SPD, Bonn 1984, S. 88.
165 *Wilhelm Bruns*, Europäische Sicherheitspolitik, in: NG 29, 1982, S. 654–658, hier: S. 657.
166 *Karl Kaiser*, Sicherheit und Integration, in: NG/FH 32, 1985, S. 849–856.
167 Vgl. *Hermann Scheer*, Abhängigkeit der Europäer von den Großmächten muss überwunden werden. Reichlich Stoff für eine wirkungsvolle Opposition, in: Vorwärts, 5.1.1985, S. 19.
168 *Lafontaine*, Angst vor den Freunden, S. 87f.; vgl. auch Hajo Hoffmann, Thesen zur Entwicklung Europas zwischen den Blöcken, April 1983, AdsD, Dep. Karsten D. Voigt, H 178.
169 Der Essener Parteitag forderte »eine europäische Friedensordnung«, die die »Blöcke überwindet«. Beschlüsse des SPD-Parteitages 1984 in Essen, S. 88.
170 *Eppler*, Die tödliche Utopie der Sicherheit, S. 193.
171 *Lafontaine*, Angst vor den Freunden, S. 90.

Genau genommen war dies aber nicht einmal der einzig mögliche Weg. In den hier untersuchten Deutungsdispositiven beinhaltete die Vertiefung und Ausdehnung der europäischen Integration zwangsläufig die Abtretung von souveränen Hoheitsrechten an intergouvernementale oder supranationale Instanzen. Nach Lafontaine waren deshalb auch »internationale Vereinbarungen entsprechend den Bestimmungen der Charta der Vereinten Nationen« eine Möglichkeit, das nationalstaatliche Prinzip obsolet zu machen. Die gegeneinander gerichteten Blöcke sollten nicht durch die Rekonstruktion von Nationalstaaten aufgelöst werden, sondern durch die Weiterentwicklung und Stärkung von internationalen Organisationen. Dabei war die »Verselbständigung Europas« ein »erster wichtiger Schritt«, dem aber ein »internationales Sicherheitssystem« auf Grundlage »universell anerkannter Instrumente des Völkerrechts« folgen müsse.[172] Während die europäische Einigung die Rivalität der Supermächte abmildern und aufheben sollte, war die Vorstellung eines internationalen Sicherheitssystems und einer unter dem Dach der Vereinten Nationen organisierten internationalen Gemeinschaft die langfristig konzipierte Leitidee, die spätestens mit dem Essener Parteitag 1984 zur offiziellen SPD-Programmatik erhoben wurde.[173]

In den sozialdemokratischen Ideen von Europa und der Welt wurden traditionelle Ordnungsvorstellungen neu ausgehandelt. Diese Deutungen, die im Kern auf die Überwindung des nationalstaatlichen Prinzips und der Blockkonfrontation abzielten und sie durch supra- oder internationale Ordnungen ersetzen wollten, waren durch eine spezifische Bedrohungsvorstellung gekennzeichnet. Wer mit Lafontaine erkannte, dass die Atombombe »eine globale Bedrohung« war, »der niemand entrinnen« konnte, musste in diesem Narrativ nicht nur einsehen, dass »die Idee des souveränen Staates abstirbt«[174], sondern auch, dass der Ubiquität der Bedrohung nur mit internationalistischen Ansätzen zu begegnen war. Aus dem solchermaßen artikulierten Bewusstsein von einer globalen Bedrohung resultierten die Ideen, die weltgesellschaftliche Konzepte vorsahen und sich in der SPD einer großen Beliebtheit erfreuten. So war die Auseinandersetzung mit dem »Ort Deutschlands in der Welt« nicht zuletzt auch eine Verhandlung der aus der nuklearen Rüstung herrührenden weltumspannenden Gefährdung der Menschheit.[175]

VI. DER NACHRÜSTUNGSSTREIT ALS »ORT« DER NEUVERHANDLUNG VON STAATLICHKEIT

Die Debatte um NATO-Doppelbeschluss und Nachrüstung katalysierte im SPD-Spektrum neben den Wahrnehmungen und Deutungen von Amerika, dem »Westen«, Europa und der Welt auch eine grundlegende Selbstverständigung über die repräsentativen Institutionen des Parlamentarismus sowie den Staat und sein Handeln. Dass der Protest gegen die Raketen in der Friedensbewegung auch und gerade in Auseinandersetzung mit einem spezifischen Staatsbild geführt wurde, ist mittlerweile häufig beschrieben worden.[176] Doch hat die Forschung bislang zu wenig darüber nachgedacht, inwieweit diese Staatsbilder in die nachrüstungskritische sozialdemokratische Partei hineinreichten, die ja nicht in erster

---

172 Ebd., S. 83f.
173 Vgl. Beschlüsse des SPD-Parteitages 1984 in Essen, S. 92.
174 *Lafontaine*, Angst vor den Freunden, S. 90.
175 Vgl. auch *Conze*, Modernitätsskepsis und die Utopie der Sicherheit, Abs. 11.
176 Vgl. mit weiteren Belegen *Schregel*, Der Atomkrieg, S. 20–23; vor allem aber die ausgezeichnete Analyse bei *Klaus Naumann*, Nachrüstung und Selbstanerkennung. Staatsfragen im politisch-intellektuellen Milieu der »Blätter für deutsche und internationale Politik«, in: *Dominik Geppert/Jens Hacke* (Hrsg.), Streit um den Staat. Intellektuelle Debatten in der Bundesrepublik 1960–1980, Göttingen 2008, S. 269–289.

Linie Teil einer außerparlamentarischen Bewegung, sondern tragende Säule des parlamentarischen Systems war. Nach meinen Überlegungen betraf der »Wandel des Politischen« deshalb auch die Selbstverortung der SPD im Gefüge der »Bonner Republik«.

Ihren Ausgang nahmen staatskritische Gegennarrative bei juristischen Argumenten.[177] Der Bremer Rechtsprofessor und Sozialdemokrat Wolfgang Däubler stellte die Behauptung auf, dass die Stationierung zwei Zielen des Grundgesetzes widerspreche. Zum einen sah Däubler das Grundrecht auf Leben und körperliche Unversehrtheit infrage gestellt (Art. 2, Abs. 2 GG).[178] Wenn die Stationierung komme, so der Jurist, wachse die Gefahr eines Nuklearkriegs beträchtlich. In eine ähnliche Richtung zielte zum anderen der Hinweis auf das »Friedensprinzip« des Grundgesetzes (Art. 26, Abs. 1 GG). In der Paraphrasierung Däublers verlangte es »von allen deutschen Staatsorganen, militärische Maßnahmen ausschließlich am Verteidigungszweck zu orientieren«. Deshalb sei jedes Vorhaben verfassungswidrig, »das die Kriegsgefahr erhöht, das die Schwelle nuklearer Auseinandersetzungen senkt«.[179] Auch die Arbeitsgemeinschaft Sozialdemokratischer Juristen (ASJ) wies 1982 darauf hin, dass die Stationierung, »die zum atomaren ›Erstschlag‹ ohne Zweitschlagrisiko verwendet werden« könne, den im Grundgesetz untersagten »objektiven Tatbestand einer verfassungswidrigen Friedenstörenden Handlung« erfülle.[180]

Neben konkreten Bestimmungen des Grundgesetzes und im Widerspruch zu ihren internationalistischen Denkansätzen sahen die Nachrüstungskritiker durch die Stationierung auch die Souveränität der Bundesrepublik bedroht. Wenn Horst Ehmke in einem Interview mit der Nachrichtenagentur Associated Press einräumte, dass das »Erstgeburtsrecht des Parlaments«, über »neue Waffensysteme der Bundesrepublik im Rahmen seiner Haushaltsbeschlüsse« zu entscheiden, »nicht dadurch umgangen werden« dürfe, dass »ein fremder Staat auf seine Kosten neuartige Waffen auf dem Boden der Bundesrepublik stationiert«[181], hatte dieses Deutungsmuster in den Reihen der Kritiker eine ungemein mobilisierende Wirkung. Es konnte auch grundsätzlicher vorgebracht werden, indem der Schriftsteller Günter Grass die »Gefahr des Verfassungsbruches und der Fremdbestimmung durch Aufgabe von Souveränität« prognostizierte[182] oder indem Däubler argumentierte, dass der US-amerikanische Präsident im Ernstfall »über Leben und Tod der deutschen Bevölkerung« entscheide und eine »derartige Preisgabe vitaler Souveränitätsrechte« im Grundgesetz nicht vorgesehen sei.[183]

Aus den Wortmeldungen, in denen die westdeutsche Souveränität als bedroht dargestellt wurde, ließen sich unschwer weiterreichende Folgerungen ableiten. Denn die Wahrnehmung einer Gefährdung von Souveränität implizierte ja bereits, dass der Gesetzgeber

---

177 Vgl. hierzu *Werner Offenloch*, Erinnerung an das Recht. Der Streit um die Nachrüstung auf den Straßen und vor den Gerichten, Tübingen 2005.
178 *Wolfgang Däubler*, Friedensbewegung, Widerstand und Recht, in: spw 6, 1983, H. 20, S. 323–328.
179 Ebd., S. 326. Sofern die »Drohung mit dem Ersteinsatz« das entscheidende Element der Flexible Response war, widersprach sie nach Däubler auch Art. 2, Ziff. 4 der UN-Charta, ebd., S. 325.
180 Beschlüsse der Bundeskonferenz der Arbeitsgemeinschaft Sozialdemokratischer Juristen (ASJ) am 12./13. Juni 1982 in Kiel, AdsD, SPD-PV, Kommission für Sicherheitspolitik, 2/PVAD 000025. Ob Däubler an der Formulierung dieses Beschlusses beteiligt war, ließ sich nicht mehr rekonstruieren. Ferner ASJ Nordrhein-Westfalen, Die verfassungs- und völkerrechtliche Verpflichtung zum Frieden. 8 Thesen, undatiert [1982], AdsD, Dep. Egon Bahr, 1/EBAA 000043.
181 [Abschrift eines Interviews der Nachrichtenagentur AP mit Horst Ehmke zur Verfassungsmäßigkeit der Raketenstationierung], August 1983, AdsD, Dep. Horst Ehmke, 1/HEAA000695.
182 Günter Grass an die Mitglieder des Bundestages, November 1983, AdsD, WBA, A10.1 Rosen, 188.
183 *Däubler*, Friedensbewegung, Widerstand und Recht, S. 323.

das Grundgesetz und die äußere Staatlichkeit nicht hinreichend schützte. So generierte die Nachrüstungskritik in ihrer juristischen Lesart einen Gegendiskurs, in dem Legislative und Exekutive in den Verdacht gerieten, bestehendes Recht zu brechen. Doch auch im Hinblick auf den in der Friedensbewegung artikulierten Protest gegen die Nachrüstung, der im parlamentarischen Betrieb nicht den erwünschten Widerhall fand, argwöhnten manche Stationierungsskeptiker, dass das parlamentarische Verfahren seine demokratische Legitimation eingebüßt habe. Wenn der stellvertretende ASJ-Vorsitzende Horst Isola »eine Überschreitung des parlamentarisch-repräsentativen Mandats« befürchtete, sollte die Stationierung gegen den tausendfach artikulierten Protest auf der Straße durchgesetzt werden[184], wenn der ehemalige Bundesjustizminister Jürgen Schmude argumentierte, dass der Verweis auf die Legalität des Entscheidungsprozesses als Nachweis von Legitimität nicht ausreiche, die Ängste und Befürchtungen der Menschen vielmehr »mit größtmöglichem Ernst« bei der Entscheidungsfindung berücksichtigt werden müssten[185], dann deutet dies darauf hin, dass der Gesetzgeber nicht nur im Verdacht stand, die Bestimmungen des Grundgesetzes nicht ernst zu nehmen, sondern auch darauf, dass an seiner demokratischen Legitimation grundsätzlich gezweifelt wurde. Die »Mehrheitsdemokratie« stieß in den sozialdemokratischen Deutungen an ihre »Grenzen«.[186] Daraus konnte zweierlei folgen.

Zum einen stellten nachrüstungskritische SPD-Mitglieder die Forderung nach einer Volksbefragung über die Raketenstationierung auf. Weil der Gesetzesvorbehalt verlange, »dass wesentliche Fragen des Gemeinschaftslebens durch den Gesetzgeber entschieden werden«, könnten sie, so Däubler, »nicht durch eine einfache Bundestagsresolution«, sondern müssten »durch den Gesetzgeber als solchen entschieden werden«.[187] Mit dem »Gesetzgeber als solchen« meinte der Jurist die Wählerinnen und Wähler. Die Forderung nach einem Plebiszit war in dieser Argumentation der basisdemokratische Ausweg, mit dem Sozialdemokraten die von ihnen wahrgenommenen Legitimationsdefizite der repräsentativen Demokratie zu kompensieren hofften. Dass die parlamentarische Demokratie eines Korrektivs durch mündige Bürger bedurfte, war der Ausgangspunkt vieler staatskritischer Deutungen in der SPD. Selbst Egon Bahr erschien die Möglichkeit »einer Volksbefragung«, an die er bisher »nicht im Traum gedacht habe, [...] als eine große Erleichterung«, die »uns viel ersparen« könne.[188] Horst Ehmke diagnostizierte immerhin ein »Spannungsverhältnis zwischen der repräsentativen und einer plebiszitären Mehrheit«. Er hoffte zwar darauf, dass diese Spannung in der demokratischen Praxis durch einen »Prozeß der Konsensbildung« gelockert werden könne[189], doch machte er sich keine Illusionen darüber, dass sich die Kritik am demokratischen Verfahren des Staats im Spektrum

---

184 *Horst Isola*, Elf Gründe für den Widerstand. Plädoyer für die Einlösung der Verfassungsrechte in der Stationierungsfrage, in: Vorwärts, 2.6.1983, S. 14–15, hier: S. 15; vgl. auch Horst Isola an den Vorstand der SPD Bremen, 17.9.1982, AdsD, WBA, A10.1 Rosen, 187.
185 Vgl. *Jürgen Schmude*, Moral, Menschenrechte, Widerstandsrecht und die politischen Grundentscheidungen der Gegenwart, in: NG 31, 1984, S. 16–23, hier: S. 23.
186 *Bernd Guggenberger/Claus Offe* (Hrsg.), An den Grenzen der Mehrheitsdemokratie. Politik und Soziologie der Mehrheitsregel, Opladen 1984.
187 *Wolfgang Däubler*, Rechtswidrige Stationierung, in: Blätter für deutsche und internationale Politik 28, 1983, S. 1180–1182.
188 Egon Bahr an Willy Brandt, 23.11.1982, AdsD, WBA, A11.3, 49. Die SPD stand der von der Friedensbewegung anlässlich der Europawahl am 17. Juni 1984 durchgeführten Volksbefragung positiv gegenüber, vgl. SPD-Pressemitteilung, 7.6.1984; vgl. auch Sozialdemokratischer Pressedienst, 19.6.1984, S. 1. Die Jusos beteiligten sich aktiv an ihrer Durchführung, vgl. Bundesvorstand der Arbeitsgemeinschaft der Jungsozialisten (Jusos), Hinweise zur Volksbefragungsaktion der Friedensbewegung, Februar 1984, AdsD, WBA, A11.13, 82.
189 Horst Ehmke, Herausforderung an die Allianz – Sicherheitspolitik in der Demokratie. Referat auf der Internationalen Wehrkundetagung vom 10. – 12. Februar 1984 in München, undatiert, AdsD, Dep. Horst Ehmke, 1/HEAA000623.

der SPD nur durch eine Ausweitung von Bürgerbeteiligung und Mitbestimmung entschärfen ließ.[190]

Zum anderen führte von der Wahrnehmung einer schwindenden Legitimation parlamentarischer Entscheidungen der Weg zur Proklamation des »Rechts auf Widerstand«. In der Lesart mancher SPD-Vertreter war »Widerstand« ohnehin ein notwendiger Teil des demokratischen Prozesses: »Sich nicht zu fügen, nein zu sagen, zu protestieren und Gegenaktionen zu organisieren, ist das von niemandem ernstlich bestreitbare Recht jedes Bürgers in einem demokratisch verfassten Gemeinwesen«.[191] Wenn einzelne Bezirksverbände[192] und Vertreter der ASJ das nach ihrem Verständnis im Grundgesetz garantierte »Recht auf Widerstand gegen die Vorbereitung eines Atomkrieges« betonten[193] und sogar der Bundestagsabgeordnete Björn Engholm davon sprach, dass es »erstmals in der deutschen Geschichte [...] ein Widerstandsrecht und eine -pflicht des Bürgers« wahrzunehmen gelte[194], war es doch Konsens in der SPD, dass Widerstand gewaltfrei und friedlich bleiben musste. So betonte der SPD-Bundestagfraktionsvorsitzende Hans-Jochen Vogel 1983 im Parteirat, dass »das im Artikel 20, Absatz 4, des Grundgesetzes definierte Widerstandsrecht [...] für Auseinandersetzungen um die Nachrüstung nicht herangezogen werden« könne.[195]

Der hier angesprochene Diskurs um den Widerstand zeigt, dass die sozialdemokratischen Einstellungen zur repräsentativen Verfasstheit der Demokratie in Bewegung geraten waren. Analog zu den Diskussionen in der Friedensbewegung und bei den Grünen wandten sich Nachrüstungskritiker nicht nur gegen die Raketen, sondern schlossen aus der Wahrnehmung demokratisch nicht mehr ausreichend legitimierter politischer Prozesse (in einer schwachen Lesart) auf die Notwendigkeit von mehr Bürgerpartizipation oder (in einer starken Lesart) auf die Berechtigung zum Widerstand.

Die sozialdemokratische Kritik am parlamentarisch-repräsentativen Prinzip machte jedoch nicht bei den legislativen Verfahren halt, sondern ging über in eine Neuverhandlung traditioneller Staatsbilder. Die alte, positiv besetzte sozialdemokratische Leitvorstellung des fürsorgenden Staats vermischte sich im Nachrüstungsstreit parallel zu Diskursen der Friedensbewegung mit Bildern, die ihn jetzt grundsätzlich kritisch zeichneten. Ausgangspunkt dieser Vorstellungen war die Identifizierung des Staats mit der von ihm propagierten zivilen und militärischen Nutzung der Kernenergie. Der »Atom-Staat«[196] galt in diesen Deutungen als Instrument und Spielball der »Rüstungslobby«[197], als Agent einer anonymen und sich auf den »Sachzwang«[198] versteifenden »Expertokratie«[199] oder als schlichtweg »lebensgefährlich«[200], weil er mit der Stationierung das Leben seiner Bürger

---

190 Das Protokoll der Präsidiumssitzung vom 7. November 1983 notierte »Einigkeit darüber«, dass die »Einführung zusätzlicher plebiszitärer Elemente in die Verfassung« unabhängig von der Nachrüstungsfrage grundsätzlich beraten werden sollte. Protokoll der Sitzung des Präsidiums am 7. November 1983, AdsD, SPD-PV, Vorstandssekretariat, 232.
191 *Däubler*, Friedensbewegung, Widerstand und Recht, S. 325.
192 Vgl. »Widerstand gegen Aufrüstung« [Antrag zum Bezirksparteitag der SPD Hessen-Süd am 8. Oktober 1983], undatiert, AdsD, Dep. Karsten D. Voigt, H 57.
193 *Erich Küchenhoff*, Recht auf Widerstand gegen die Vorbereitung eines Atomkrieges, in: *Seeliger*, Amerikanische Raketen, S. 89–95.
194 *Björn Engholm*, Einseitige Abrüstungsschritte als Elemente einer neuen sozialdemokratischen Friedenspolitik?, in: *Seeliger*, Amerikanische Raketen, S. 30–40, hier: S. 31.
195 Protokoll der Sitzung des Parteirates am 31. Mai 1983, AdsD, SPD-PV, Vorstandssekretariat, o. Sign.
196 *Robert Jungk*, Der Atom-Staat. Vom Fortschritt in die Unmenschlichkeit, Reinbek 1986.
197 *Erhard Eppler*, Wege aus der Gefahr, Reinbek 1985, S. 95.
198 *Jungk*, Der Atom-Staat, S. 13.
199 *Eppler*, Wege aus der Gefahr, S. 79.
200 *Wolfgang Biermann/Jürgen Egert*, Thesen zur gegenwärtigen Kriegsgefahr, Stellenwert der »Nachrüstung« und Aufgaben der Friedensbewegung, in: spw 5, 1982, H. 14, S. 49–56, hier: S. 55.

riskierte.[201] Diese neuen Staatsvorstellungen erreichten in der SPD sicherlich nicht die Intensität, die sie in der außerparlamentarischen Friedensbewegung hatten. Sie ließen aber Teile des sozialdemokratischen Spektrums nicht unberührt, die friedenspolitisch engagiert waren und in ihrem Selbstverständnis Distanz zur eigenen Parteiführung wahrten. Dass die SPD als »Staatspartei«[202] überhaupt ihre Einstellung zum Repräsentativprinzip diskutierte und neue Wahrnehmungsmuster in Bezug auf den Staat entwickelte, deutet auf die tiefgreifende Wirkung hin, die der Nachrüstungsstreit für sie hatte.

Nahmen die Gegner der Stationierung im außerparlamentarischen Protest und seinen Forderungen nach Volksbefragung und Widerstand ein positiv konnotiertes Mehr an Bürgerpartizipation wahr, sahen die Nachrüstungsbefürworter die »Krise des Staates« dämmern. In einem Diskussionspapier des Zentralkomitees der deutschen Katholiken (ZdK), das der SPD-Abgeordnete Heinz Rapp als ZdK-Mitglied mit einem zustimmenden Begleitschreiben an Ehmke schickte, wurde der außerparlamentarische Protest »gegen den Staat« abgelehnt, weil er das Ziel verfolge, »ihn zu beseitigen« oder »staatliche Maßnahmen unmittelbar zu verhindern«.[203] Widerstand sei »notwendigerweise unfriedlich, ganz gleich, ob er dabei gewalttätig wird oder nicht«. Das hier zum Ausdruck kommende traditionelle Verständnis, das den Staat in der Wahrnehmung seiner hoheitlichen Aufgaben durch den außerparlamentarischen Protest gefährdet sah, beruhte vor allem auf der Befürchtung, dass der Protest »die Beseitigung oder die Veränderung des demokratisch-freiheitlichen Systems« anstrebe, »dem Staat mit Ablehnung« begegne und ihn »als ein menschenfeindliches Monster an den Pranger« stelle. Das Papier mutmaßte, dass solche Haltungen auf »mangelnder Einsicht in den sittlichen Sinn des Staates« beruhten.[204] Auch Gesine Schwan meinte bei der SPD-Linken eine grundsätzliche »Reserve gegenüber der repräsentativen Demokratie«[205] auszumachen. Und Helmut Schmidt äußerte in der SPD-Fraktion seine Sorge bezüglich derjenigen, »die den demokratischen Regeln skeptisch gegenüberstehen oder sie nicht anerkennen wollen«.[206] Die Angst vor der »Unregierbarkeit« des Staats ging um.[207]

Die Neuverhandlung von Staatlichkeit war also ein elementarer Diskursstrang im Nachrüstungsstreit der SPD. Während die Stationierungsgegner die demokratische Legitimation des parlamentarisch-repräsentativen Systems bezweifelten und mit ihrer Kritik an den legislativen Verfahren auch einer neuen Wahrnehmung des Staats zum Durchbruch verhalfen, formulierten auf der anderen Seite des sozialdemokratischen Spektrums Befürworter

---

201 Vgl. auch *Gassert*, Viel Lärm um Nichts?, S. 184–186; *Holger Nehring/Benjamin Ziemann*, Führen alle Wege nach Moskau? Der NATO-Doppelbeschluß und die Friedensbewegung – eine Kritik, in: VfZ 59, 2011, S. 81–100, hier: S. 97f.
202 *Wolf-Dieter Narr/Hermann Scheer/Dieter Spöri*, SPD, Staatspartei oder Reformpartei?, München 1976; auch *Kurt Klotzbach*, Der Weg zur Staatspartei. Programmatik, praktische Politik und Organisation der deutschen Sozialdemokratie 1945–1965, Berlin/Bonn 1982.
203 Heinz Rapp an Horst Ehmke, Widerstandsrecht im demokratischen Staat. Erklärung des Zentralkomitees der deutschen Katholiken, 25.10.1983, AdsD, Dep. Horst Ehmke, 1/HEAA 000658. Auch die folgenden Zitate sind diesem Papier entnommen.
204 Vgl. auch *Helmut Schmidt*, Bemerkungen zu Moral, Pflicht und Verantwortung des Politikers, in: Merkur 35, 1981, S. 449–465.
205 *Schwan*, Die SPD und die westliche Freiheit, S. 44.
206 Helmut Schmidt, Sprechzettel für die Fraktionssitzung am 17. März 1981 zu den Ausschreitungen am Rande von Demonstrationen, undatiert, AdsD, HSA, 1/HSAA010719; vgl. in diesem Sinne auch *Peter Glotz*, Staat und alternative Bewegungen, in: *Jürgen Habermas* (Hrsg.), Stichworte zur »Geistigen Situation der Zeit«, Bd. 2: Politik und Kultur, Frankfurt am Main 1979, S. 474–488.
207 Vgl. zur Historisierung vergleichbarer Krisen-Narrative in den 1970er Jahren *Gabriele Metzler*, Staatsversagen und Unregierbarkeit in den siebziger Jahren?, in: *Konrad H. Jarausch* (Hrsg.), Das Ende der Zuversicht? Die siebziger Jahre als Geschichte, Göttingen 2008, S. 243–260.

der Stationierung Widerstand gegenüber diesen Einstellungen und generierten das Deutungsmuster einer »Krise der Demokratie«. In diesem Sinne war der Nachrüstungsstreit der »Ort«, an dem grundsätzlich über die westdeutsche Staatlichkeit gesprochen wurde.

VII. Schluss: »Wandel des Politischen«

Die Debatte um den NATO-Doppelbeschluss und die Nachrüstung in der SPD war nicht nur eine sicherheitspolitische Kontroverse, sondern auch ein Modus der Verständigung über Fragen, die für die Selbst- und Weltdeutung der Sozialdemokratie große Bedeutung hatten. Darauf wies schon hin, dass die Nachrüstungskritik in der SPD ihren Ausgang nicht etwa bei konkreten militärstrategischen Einwänden gegen die Stationierung der Marschflugkörper und Pershing-II-Raketen nahm, sondern von der Angst vor einem Ende der Entspannung, der Eskalation des Rüstungswettlaufs und der nuklearen Apokalypse motiviert wurde. Dabei diskutierte die SPD die Nachrüstung im Spannungsfeld zwischen ihrer Beteiligung an der Regierung und der zumindest partiellen Sympathie für die Friedensbewegung. Sah sie sich einerseits zur Unterstützung der Sicherheitspolitik von Kanzler Schmidt verpflichtet, wuchs andererseits das Verständnis für das außerparlamentarische Protestanliegen parallel zur sich verschärfenden Krise der Entspannungspolitik und der zunehmenden Stationierungswahrscheinlichkeit. So bildete die sozialdemokratische Kontroverse die gesamtgesellschaftliche Debatte wie in einem Brennglas ab: In der SPD stritt mit Helmut Schmidt der wohl entschiedenste Verfechter des NATO-Doppelbeschlusses in der Bundesrepublik mit Erhard Eppler, eine der wichtigsten Symbol- und Integrationsfiguren der Protestbewegung, um den sicherheits- beziehungsweise friedenspolitischen Kurs der Partei. Es gelang der SPD nicht, dieses Dilemma zwischen Staat und Straße aufzulösen. Vielmehr oszillierte sie bis ins Jahr 1983 hinein zwischen Maximalpositionen und rang sich erst spät zur Ablehnung der Raketenstationierung durch. Gerade die Tatsache, dass die Partei die westdeutsche Nachrüstungsdiskussion mit all ihren Facetten in sich selbst austrug, macht sie als Untersuchungsgegenstand so relevant.

In diesem Aufsatz stand die Frage im Vordergrund, ob und inwieweit sich in der Debatte um den NATO-Doppelbeschluss in der SPD ein »Wandel des Politischen« festmachen lässt. Es wäre sicher naheliegend, den Wandel von etablierten Deutungsmustern zunächst im Hinblick auf die kritischen Einstellungen gegenüber der militärischen Nutzung der Kernkraft zu lokalisieren, die in der Sozialdemokratie ihren endgültigen Durchbruch im Nachrüstungsstreit erlebten. Doch gerade weil diese nuklearskeptischen Traditionen schon in der frühen Bundesrepublik innerhalb der SPD vorhanden waren, scheint sich hier nicht so sehr ein grundsätzlicher Wandel vollzogen, sondern vielmehr eine ältere Diskurslinie durchgesetzt zu haben. Gleichwohl ist der Hinweis wichtig, dass die Auseinandersetzungen auch um die zivile Atomtechnologie – welche in der Partei bis in die 1970er Jahre als Garant für Sicherheit in der Energieversorgung und als Symbol des Wachstums- und Fortschrittsglaubens unhinterfragt geblieben war – spätestens im Anti-AKW-Protest und schließlich im personell und thematisch daran anschließenden Widerstand gegen die Nachrüstung eine dezidiert kritische Wendung nahmen.

Schon eher ist es plausibel, einen Transformationsprozess in den sozialdemokratischen Diskussionen um neue Verteidigungskonzepte zu suchen, die in diesem Text nur gestreift werden konnten. Unbestritten führte der Nachrüstungsstreit zu einer beispiellosen Beschäftigung mit der Verteidigungs-, Sicherheits- und Friedenspolitik selbst bei einfachen Parteimitgliedern. Die Auseinandersetzung der »tausend Clausewitze«[208] mit Fragen der

---

208 »Heute gebe es in der SPD ›tausend Clausewitze‹«, berichtete Karsten D. Voigt seinen Gesprächspartnern in Washington, vgl. den Drahtbericht Nr. 5628 der Botschaft Washington an das Auswärtige Amt vom 13.12.1983, AdsD, Dep. Karsten D. Voigt, H 95.

NATO-Strategie resultierte in neuen Ansätzen für eine Verteidigungskonzeption, die die Doktrin der nuklearen Abschreckung überwinden sollte. Die Spannbreite reichte von der »Gemeinsamen Sicherheit«, der »strukturellen Angriffsunfähigkeit« bis zur »Sozialen Verteidigung«, die auch in der SPD ihre Anhänger hatte. Im Vergleich zu den nuklearkritischen Einstellungen in der Sozialdemokratie scheinen hier tatsächlich neue Deutungsansprüche mehrheitsfähig geworden zu sein.

Der Schwerpunkt in diesem Text lag aber auf den Formen der politischen Auseinandersetzung, den sich verändernden Einstellungen zum Ost-West-Gegensatz sowie den Debatten um die westdeutsche Staatlichkeit, in denen sich komplexe Transformationsprozesse festmachen lassen. So evozierte das schwierige Verhältnis der SPD zum außerparlamentarischen Protest neue Artikulationsformen für politischen Dissens, die den innerparteilichen Protestfundus nachhaltig erweiterten. Neben den Visualisierungen und ikonografischen Codes, die politischen Widerspruch eingängig transportieren halfen, konstituierten performative Strategien und habituelle Deutungskämpfe mögliche Wege, einen politischen Gegensatz auszutragen. Zwar waren diese Formen der Artikulation von Dissens für sich genommen keineswegs alle neu, doch führte die Intensität, mit der im Nachrüstungsstreit von ihnen Gebrauch gemacht wurde, zu einem nachhaltigen Wandel der politischen Kultur in der SPD. Auch die Einstellungen zu »Deutschlands Ort in der Welt« begannen sich in Teilen des SPD-Spektrums zu verändern. Hier entwickelte sich die massive Kritik an der US-amerikanischen Sicherheitspolitik zu einer erst latenten, dann aber immer deutlicher werdenden Forderung nach Überwindung des Ost-West-Gegensatzes und der Blockkonfrontation. Das Postulat der Unterordnung der ideologisch motivierten Auseinandersetzung zwischen den USA und der Sowjetunion unter das gemeinsame Ziel der Friedenssicherung, das nicht nur innerparteilich in den Verdacht des »Antiamerikanismus« und der Relativierung »westlicher Werte« geriet, sah die Suspension des nationalstaatlichen Prinzips vor und ging in Vorstellungen der »Europäisierung Europas« und eines internationalen Sicherheitssystems über. Gleichzeitig verhalf die populäre Ablehnung des parlamentarisch-repräsentativen Mehrheitsprinzips, mit dem sich die Stationierung legitimieren ließ, im SPD-Spektrum neuen Partizipationsforderungen und letztlich auch Staatsbildern zum Durchbruch. Diese Vorstellungen, die den Staat nicht länger nur fürsorgend-positiv zeichneten, sondern von ihm angeblich ausgehende Gefährdungen betonten, riefen bei den Nachrüstungsbefürwortern in der Partei einen Gegendiskurs über die »Krise des Staates« hervor und führten zu einer die Gesamtpartei erschütternden Neuverhandlung der Rahmensetzungen von Staatlichkeit.

Bei aller Vorsicht gegenüber verallgemeinernden Schlüssen und unter Betonung der zahlreichen diskursiven Kontinuitätslinien, die für den Nachrüstungsstreit in der SPD wichtig waren, bleibt für die hier untersuchte Debatte entscheidend, dass anhand der nuklearen Mittelstreckenraketen und der konkreten sicherheitspolitischen Entscheidung von 1979 grundsätzliche Fragen des sozialdemokratischen Selbst- und Weltbilds diskutiert wurden und dass dabei komplexe Transformationsprozesse zum Durchbruch kamen. Dieser durch neue Wahrnehmungs-, Deutungs- und Handlungsmuster charakterisierte »Wandel des Politischen« stieß zwar innerparteilich immer wieder an Grenzen, entfaltete aber durchaus langfristige Wirkung. Der Nachrüstungsstreit war für die SPD deshalb auch eine Selbstverständigungsdebatte über die Form, den Inhalt und die Grenzen dessen, in dem wahrgenommen, gesprochen und kollektiv verbindlich gehandelt werden konnte.

Claudia Kemper

International, national, regional

Die Organisation »Internationale Ärzte zur Verhütung des Atomkrieges« und der Wandel im anti-atomaren Protest in der ersten Hälfte der 1980er Jahre

Westdeutschland im Herbst 1983: Die Demonstrationswelle gegen die NATO-Nachrüstung erreichte kurz vor der Bundestagsabstimmung im November ihren Höhepunkt.[1] In den Monaten zuvor organisierten sich landesweit unterschiedliche Gruppen und Initiativen, um im Oktober ihren Protest auf die Straße zu bringen. Auch der im Sommer gegründete Verein »Ärzte zur Verhütung des Atomkrieges« mobilisierte und koordinierte seine Regionalgruppen, um gemeinsam zu demonstrieren. Der Verein ging auf einen Zusammenschluss regionaler Ärzte-Basisinitiativen zurück, der sich schon 1982 als westdeutsche Sektion der internationalen Organisation »International Physicians for the Prevention of Nuclear War« (IPPNW) konstituiert hatte. Die IPPNW wiederum hatte sich 1980 als Dachorganisation in Boston gegründet, es folgten nationale Sektionsgründungen, die je nach Situation aus Basisinitiativen oder dem Engagement einzelner Ärzte hervorgingen. In der Bundesrepublik fand die Sektion der IPPNW aus beiden Richtungen zusammen – insgesamt trafen in ihr internationale, nationale und regionale Interessen und Ziele ärztlichen Engagements gegen Atomwaffen zusammen.

Das Ziel des öffentlichen Protests im Oktober 1983, die Verhinderung der NATO-Nachrüstung, verband alle Beteiligten, aber im Verein »Ärzte zur Verhütung des Atomkrieges« äußerten verschiedene Mitglieder während der Vorbereitung die Sorge, mit den eigenen Aktionen innerhalb der verschiedenen Friedensdemonstrationen nicht wahrgenommen zu werden.[2] Vor dem Hintergrund, als Teil der Friedensbewegung agieren und gleichzeitig das Profil als Ärzteorganisation stärken zu wollen, diskutierten der Vorstand und einzelne Ärzte-Initiativen seit dem Frühsommer 1983, welchen Charakter der Protest haben sollte. Während etwa aus der Westberliner Ärzte-Initiative die dringende Mahnung kam, eine »kurze Demonstration« könne kaum Interesse für eine Reise nach Bonn wecken, plädierten eher konservative Aktive, man solle anstatt »spektakulärer Demonstrationen« eine wirklich »gute Veranstaltung« mit »guten Referenten« organisieren.[3] Während des internationalen Kongresses der IPPNW, der im Juni 1983 in Amsterdam stattfand, machte sich die westdeutsche Sektion dafür stark, den 1. Oktober als Aktionstag des gesamten europäischen Gesundheitswesens auszurufen. Die Fäden für die westdeutschen Aktionen liefen in Heidesheim bei Till Bastian[4] zusammen, der schließlich im August einen Ablaufplan an seine Kollegen sandte. Während die Mobilisierung in anderen Ländern überschaubar

---

1 *Tim Warneke*, Aktionsformen und Politikverständnis der Friedensbewegung. Radikaler Humanismus und die Pathosformel des Menschlichen, in: *Sven Reichardt/Detlef Siegfried* (Hrsg.), Das alternative Milieu. Antibürgerlicher Lebensstil und linke Politik in der Bundesrepublik Deutschland und Europa, 1968–1983, Göttingen 2010, S. 445–472. Vgl. auch den Beitrag von Philipp Gassert in diesem Band.
2 Brief Horst-Eberhard Richter an Till Bastian, 13.6.1983, Forschungsstelle für Zeitgeschichte (FZH) Archiv, 16.3.A/2.1.1.
3 Brief Barbara Hövener an Vorstand und Beirat der IPPNW, [Juli 1983]; Brief Ulrich Gottstein an Till Bastian, 6.7.1983, FZH Archiv, 16.3.A/2.1.1.
4 Till Bastian (Jahrgang 1949) arbeitete als niedergelassener Arzt und übernahm von 1983 bis 1987 die Geschäftsführerposition in der westdeutschen IPPNW-Sektion.

blieb, rechnete die bundesdeutsche Sektion mit großem Andrang. Ärzte aus der ganzen Bundesrepublik sollten sich am 1. Oktober, nach Orten und Initiativen geordnet, um 10 Uhr vor der Stadthalle in Bad Godesberg treffen und dann zum Gesundheitsministerium und dem daneben liegenden Amt für Zivilschutz ziehen. Dort sollten, so Bastian, alle Ärzte »als Symbol der Verweigerung gegenüber den zunehmenden Aufrüstungsbestrebungen im Gesundheitswesen und zum Zeichen unserer Hilflosigkeit nach einem Atomkrieg« ihre weißen Kittel ausziehen »und auf den Boden legen«.[5]

Dieser erste national organisierte Straßenprotest der westdeutschen Sektion der IPPNW im Herbst 1983 war zwar von Ärzten gut besucht, aber in seiner Wirkung durchaus ernüchternd. Ausgehend von den einsetzenden Lernprozessen soll in diesem Aufsatz der Frage nachgegangen werden, unter welchen Bedingungen sich die »Internationalen Ärzte zur Verhütung des Atomkrieges« in ihren internationalen, nationalen und regionalen Bezügen entwickeln konnten. Mit welchen Motiven und Zielen vertraten die Aktiven der verschiedenen Ebenen ihre Interessen, wie wollten sie diese umsetzen und wie trieben sie auf diese Weise die Gesamtentwicklung voran? Die organisatorische und vor allem inhaltliche Abstimmung im Demo-Herbst 1983 bildete nur eine von vielen Situationen, in denen die Ärzte Zweck und Form ihres Engagements aushandeln mussten. Hierbei liegt das Augenmerk auf den Schnittstellen zwischen den verschiedenen Ebenen, an denen organisatorische und inhaltliche Fragen und Konflikte die Selbstfindung der Organisation vorantrieben. Diese Perspektive gibt nicht nur Aufschluss über die spezifische Entwicklung der IPPNW, sondern auch über die Handlungsmöglichkeiten und Konfliktpunkte internationaler Organisationen während der 1980er Jahre, die wiederum als Indikator für einen Wandel des Politischen gelten können.

In einem ersten Schritt werden die Rahmenbedingungen für internationale Nichtregierungsorganisationen Ende der 1970er und Anfang der 1980er Jahre ausgelotet (I.). Vor diesem Hintergrund erhält der Gründungszusammenhang der IPPNW eine beispielhafte Bedeutung und wird die Gelegenheitsstruktur deutlich, in der sich das internationale Anliegen der Ärzte popularisieren ließ. Von Beginn an war im Konzept der blockübergreifenden Friedensorganisation auch ihre Konfliktträchtigkeit eingebaut, denn der internationale Austausch bedeutete keineswegs einen über-nationalen Status der Interessen (II.). Vielmehr konzentrierten sich die verzwickten Verhältnisse von globalem Anliegen und nationalen Bezügen in der IPPNW und beförderten den Aufbau institutionalisierter Entscheidungswege. Der Blick auf die medialen Vermittlungsstrategien sowie Konflikte und Praktiken der westdeutschen Sektion und ihre Verbindungen mit dem »Central Office« in Boston offenbart die Dynamiken von Professionalisierung und Institutionalisierung (III.). Von Beginn an musste sich die zugleich international und national agierende Ärzteorganisation mit dem Wandel ihres Selbstverständnisses auseinandersetzen. In diesem Prozess bildete das Jahr 1985 mit dem Erhalt des Friedensnobelpreises eine Wegscheide (IV.) für die weitere Entwicklung der IPPNW.

I. Experten und Protest

Neben der symbolträchtigen und verbindenden Geste, vor dem Gesundheitsministerium den weißen Arztkittel abzulegen, war es für die Organisatoren des Ärzte-Protests im Herbst 1983 nicht einfach, allen Interessen ihrer Basis bei der Kundgebung gerecht zu werden. In einzelnen Regionalgruppen waren Ärzte abgewiesen worden, die sich explizit gegen die sowjetische SS-20-Aufrüstung äußern wollten.[6] Andere Regionalgruppen wurden von Ärzten getragen, die zugleich in allgemeinen Friedensinitiativen aktiv waren und

---

5 Rundbrief Till Bastian, [August 1983], FZH Archiv, 16.3.A/2.1.1.
6 Brief Ulrich Gottstein an Wolfgang Braus, 12.9.1983, FZH Archiv, 16.3.A/2.1.1.

deren Aktionsformen auch auf den Ärzte-Protest im Oktober ausweiten wollten. Beispielsweise hatte das Bonner Friedensplenum zum Antikriegstag am 1. September mit einer »5-vor-12«-Aktion gestartet, bei der »möglichst viele Leute mittags um 5 vor 12 Alarm schlagen«.[7] Aber die Protestform stand in keinem Zusammenhang mit der ethischen Botschaft der »weißbekittelten« Ärzte, sodass der Vorschlag von diesen nicht aufgegriffen wurde. Gleichzeit gab es regionale Ärzte-Initiativen wie in Tübingen, deren Engagement Vorbildcharakter entfaltete. Generell entwickelten die südwestdeutschen Ärzte-Initiativen durch die Nähe zum Raketendepot in Mutlangen rege Aktivitäten im Straßenprotest. Kurz vor der Aktion in Bad Godesberg berichtete Horst-Eberhard Richter[8] von dort: »Die Versammlung der Weißbekittelten vor einem großen Transparent direkt auf der Straße vor dem Depot bot nicht nur ein eindrucksvolles Bild, sondern fand auch viel Interesse und Bestätigung seitens der Mitblockierer und des Publikums.«[9] Die Aktion habe gezeigt, wie wichtig es in Zukunft werde, »daß wir als Ärzte bzw. Vertreter von Gesundheitsberufen nicht nur eigene Veranstaltungen aufziehen, sondern unsere Solidarität mit anderen in der Friedensbewegung aktiven gesellschaftlichen Gruppen durch gemeinsames Auftreten bekunden«. Die Frage der Eigenständigkeit und öffentlichen Wahrnehmung als Friedens-Ärzte-Organisation sollte die Aktiven dauerhaft und auf verschiedenen Ebenen beschäftigen.

Zur Demonstration in Bad Godesberg am 1. Oktober 1983 kamen schließlich einige Tausend Ärzte, die zum Gesundheitsministerium zogen und eine gemeinsame Resolution überreichten. Dennoch wurde der Erfolg dieser ersten größeren Aktion der westdeutschen IPPNW von den Aktiven zwiespältig beurteilt. Nachdem schon wenige Tage danach die Reaktionen beim Organisationsleiter Till Bastian eintrafen, schlussfolgerte dieser in einem Brief an den Vorstand und Beirat, die »Demonstration selbst wurde von uns schon als Erfolg angesehen, weil die IPPNW erstmals auf der Straße ›Farbe bekannt‹ hat«, allerdings sei »die Demonstrationsroute [...] beschissen« gewesen. Unter anderem habe man nicht die für eine medienwirksame Demonstration nur unzulängliche »Lage der Bonner Ministerien« bedacht; ein zunächst geplanter Zug durch die Innenstadt war wegen des verkaufsoffenen Samstags von der Polizei verboten worden und der ursprüngliche Kundgebungsort wurde wegen einer Kirmes kurzfristig verlegt.[10] Auf diese Weise kam es zu einem »Samstagvormittagsspaziergang durch ausgestorbene Bad Godesberger Villenviertel«, mit einer »Abschlusskundgebung auf dem Parkplatz neben fahrenden Zügen« und einer misslungenen »Kittel-ableg-Aktion«.[11] Der Zug zum Gesundheitsministerium hatte vor Ort nur wenig Interesse geweckt und auch kein größeres Medienecho hervorgerufen. Es setzte sich schnell die Erkenntnis durch, dass größere Vorhaben, bei denen die »Ärzte zur Verhütung eines Atomkrieges« als eigenständiger Teil der Friedensbewegung und als geschlossene Sektion der IPPNW öffentlichkeitswirksam wahrgenommen werden sollten, einen effektiven Organisationsapparat brauchten.[12]

---

7 Brief Bonner Friedensplenum an Till Bastian, 3.9.1983, FZH Archiv, 16.3.A/2.1.1.
8 Horst-Eberhard Richter (1923–2011) war als Psychotherapeut schon seit den 1970er Jahren in Initiativgruppen und Projekten aktiv. Sein gruppentherapeutisches Konzept fand in dieser Zeit weite Verbreitung. 1980 wandte er sich der Friedensbewegung zu und agierte im Vorstand und Beirat der westdeutschen IPPNW als intellektuelle Leitfigur.
9 Brief Horst-Eberhard Richter an Sprecherräte und Beiräte der Sektion, 12.9.1983, FZH Archiv, 16.3.A/2.1.1.
10 Vgl. *Barbara Hudec*, »Wir Helfer wollen nicht Beihilfe leisten«, in: taz, 3.10.1983, S. 3, FZH Archiv, 16.3.A./4.2.1.
11 Vgl. Briefe der Beschäftigten des Krankenhauses Wilmersdorf an die Geschäftsstelle der Sektion Bundesrepublik Deutschland der IPPNW, Gießen, 7.10.1983, und Till Bastian an Vorstand und Beirat der IPPNW, 10.10.1983, FZH Archiv, 16.3.A/2.1.1.
12 Brief Helmut Koch an Vorstand und Beirat, 6.10.1983; Brief Till Bastian an Vorstand und Beirat, 10.10.1983, FZH Archiv, 16.3.A/2.1.2.

Als kurz danach am 22. November im Bundestag die Nachrüstung endgültig beschlossen wurde, herrschte Frust: »Dabei war auch unter uns viel TRAUER, VERZWEIFLUNG und WUT zu spüren. Wie soll es weitergehen, wenn jetzt stationiert wird? Recht einmütig haben wir die Auffassung vertreten, daß wir unsere Kritik an der Rüstungspolitik noch grundsätzlicher vortragen müssen, daß wir uns deutlicher und gerade im Alltag VERWEIGERN müssen«[13], forderte Bastian alle Mitglieder auf. Nach der Enttäuschung setzte ein Lernprozess ein: Aufbau und Organisation der westdeutschen IPPNW sollten professionalisiert werden, und die Einrichtung einer festen Geschäftsstelle Ende 1983 in Heidesheim war ein erster Schritt in diese Richtung.

Der Verein »Ärzte zur Verhütung des Atomkrieges« war eine von vielen Organisationen, die sich innerhalb der breiten Friedensbewegung zu Beginn der 1980er Jahre zusammengefunden hatten[14], unterschied sich aber von den meisten anderen durch seine nicht nur ideelle, sondern auch organisatorisch angelegte Internationalität. In der Friedens-Ärzte-Organisation kamen regionale Interessen und nationale Befindlichkeiten genauso zum Tragen wie der Anspruch, die internationale Politik zu beeinflussen. Da sich die Organisation nicht nur in unterschiedlichen Regionen entwickelte, sondern auch aus verschiedenen Motiven heraus formierte, war eine Verständigung über ihre Ziele keineswegs selbstverständlich. Es gab unterschiedliche Vorstellungen darüber, welchen Zweck und welche Ausgestaltung der blockübergreifende Kerngedanke der Organisation hatte und verfolgen sollte, womit die institutionalisierte Abstimmung zwischen internationaler, nationaler und regionaler Ebene der IPPNW eine notwendige Voraussetzung für ihre Existenz und Professionalisierung war.[15] Zum einen beruhte die IPPNW auf einem Expertennetzwerk, in dem sich die medizinische Elite über nationale Grenzen hinweg verband, und zum anderen ging sie aus basisorientierten Ärzte-Initiativen hervor, die sich der Friedensbewegung und nationalen politischen Problemlagen verbunden fühlten.[16] Die Anliegen der ärztlichen Basisinitiativen mit dem internationalen »Central Office« zu verbinden und auszugleichen, geriet zu einer wesentlichen Herausforderung der westdeutschen Sektion der IPPNW.

Transnationalen Austausch und gemeinsame Stellungnahmen nationaler Kampagnen gab es während jeder Phase der Friedensbewegung im Kalten Krieg.[17] Zahlreiche Aktive waren schon in den 1950er und 1960er Jahren über nationale Grenzen hinweg vernetzt und tauschten sich über Strategien und Argumente aus. Solche Vernetzungen beruhten

---

13 Rundbrief Till Bastian an die Mitglieder, 3.11.1983, FZH Archiv, 16.3.A/2.1.1 (Hervorhebung im Original).
14 Zur Konstellation innerhalb der westdeutschen Friedensbewegung vgl. *Warneke*, Aktionsformen und Politikverständnis, S. 448; *Klaus Naumann*, Nachrüstung und Selbstanerkennung. Staatsfragen im politisch-intellektuellen Milieu der »Blätter für deutsche und internationale Politik«, in: *Dominik Geppert/Jens Hacke* (Hrsg.), Streit um den Staat. Intellektuelle Debatten in der Bundesrepublik 1960–1980, Göttingen 2008, S. 269–289, hier: S. 274. Vgl. auch *Thomas Leif*, Die strategische (Ohn-)Macht der Friedensbewegung. Kommunikations- und Entscheidungsstrukturen in den achtziger Jahren, Opladen 1990; *Annette Schaub/Rüdiger Schlaga*, Verbände, Gruppen und Initiativen in der westdeutschen Friedensbewegung, in: *Reiner Steinweg* (Hrsg.), Die neue Friedensbewegung. Analysen aus der Friedensforschung, Frankfurt am Main 1982, S. 377–400.
15 Zum Zusammenhang von Bürokratie und internationaler Organisation vgl. *Michael N. Barnett/Martha Finnemore*, Rules for the World. International Organizations in Global Politics, Ithaca, NY 2004.
16 Die IPPNW lässt sich deshalb auch als »epistemic community« in nationaler und transnationaler Ausprägung verstehen. *Madeleine Herren*, Internationale Organisationen seit 1865. Eine Globalgeschichte der internationalen Ordnung, Darmstadt 2009, S. 10.
17 *Patrick Burke*, A Transcontinental Movement of Citizens? Strategic Debates in the 1980s Western Peace Movement, in: *Gerd-Rainer Horn/Padraic Kenney* (Hrsg.), Transnational Moments of Change. Europe 1945, 1968, 1989, Landham, MD 2003, S. 189–206, hier: S. 191.

vorrangig auf dem Engagement Einzelner und gerieten meist im Moment der notwendigen Institutionalisierung ins Stocken.[18] Für eine grenzüberschreitende Entfaltung der Friedensbewegung spielten bestehende Institutionen oder internationale Zusammenschlüsse eine wichtige Rolle[19], wobei zu den erfolgreichsten und öffentlichkeitswirksamsten Mitteln internationale Kongresse, Resolutionen oder Proteste im Rahmen von Gedenktagen gehörten.[20] Obwohl mit solchen Aktionen international orientierte Ideen und gemeinsame Ziele diskutiert wurden, wirkten sie vor allem im nationalen Kontext.[21] Einrichtungen, die sich um internationale Anknüpfungspunkte bemühten, waren etwa das »National Committee for a Sane Nuclear Policy« (SANE, gegründet 1957 in den USA), der »Interkerkelijk Vredesberaad« (IKV, gegründet 1966 in den Niederlanden) oder die »Campaign for Nuclear Disarmament« (CND, gegründet 1958 in Großbritannien). Eng mit der CND und der »Bertrand Russell Peace Foundation« verbunden war die 1980 ins Leben gerufene »European Nuclear Disarmament Campaign« (END). Parallel zu den grenzüberschreitenden Friedenskampagnen setzten sich auch Ärzte gegen die Atomrüstung ein, deren Engagement in der Bundesrepublik auf das eigene Land beschränkt blieb.[22]

Von allen wissenschaftlich intendierten Zusammenschlüssen dürfte die seit Mitte der 1950er Jahre stattfindende Pugwash-Konferenz als die bekannteste internationale Expertenvereinigung gelten, durch die Expertise über die atomaren Gefahren in die politische Kommunikation geleitet wurde.[23] Pugwash war jedoch eher eine gemeinsame Plattform

---

18 »These exchanges, however, did not add up to a coherent European civil society. Their ability to transform short-lives encounters into a more durable network of transnational exchanges was not only hampered by the persistence of national identities and orientations among the activists. Another limiting factor was the diversity of the social contexts and strategies in which the movements were situated, and not least also linguistic problems.« *Benjamin Ziemann*, A Quantum of Solace? European Peace Movements during the Cold War and their Elective Affinities, in: AfS 49, 2009, S. 351–389, hier: S. 359. Vgl. auch *Stephen Milder*, Thinking Globally, Acting (Trans-)Locally. Petra Kelly and the Transnational Roots of West German Green Politics, in: Central European History 43, 2010, S. 301–326; *Saskia Richter*, Die Aktivistin. Das Leben der Petra Kelly, München 2010.
19 *Andreas Buro*, Friedensbewegung, in: *Roland Roth/Dieter Rucht* (Hrsg.), Die sozialen Bewegungen in Deutschland seit 1945. Ein Handbuch, Frankfurt am Main 2008, S. 267–291, hier: 280.
20 *Dieter Rucht*, Transnationale Öffentlichkeiten und Identitäten in neuen sozialen Bewegungen, in: *Hartmut Kaelble/Martin Kirsch/Alexander Schmidt-Gernig* (Hrsg.), Transnationale Öffentlichkeiten und Identitäten im 20. Jahrhundert, Frankfurt am Main/New York 2002, S. 327–351, hier: 341.
21 *Holger Nehring*, National Internationalists. British and Westgerman Protests against Nuclear Weapons, the Politics of Transnational Communications and the Social History of the Cold War, 1957–1964, in: Contemporary European History 14, 2005, S. 559–582.
22 In der Bundesrepublik gründeten sich im Kontext der Kampf-dem-Atomtod-Bewegung 1956 durch die Initiative Bodo Mansteins der »Kampfbund gegen Atomschäden e.V.«, die »Notgemeinschaft zur Verteidigung der Volksgesundheit« in München und die »Ärztegesellschaft zur Ächtung des Atomkrieges«. Vgl. *Gunar Stempel*, Neues Denken in den 50er Jahren – Ärztinnen und Ärzte gegen Remilitarisierung und Atombewaffnung in der Bundesrepublik Deutschland, in: *Thomas M. Ruprecht* (Hrsg.), Äskulap oder Mars? Ärzte gegen den Krieg, Bremen 1991, S. 451–467. In Großbritannien hatte sich schon 1951 die »Medical Association for Prevention of War« zusammengefunden und 1962 in den USA die »Physicians for Social Responsibility« (PSR). Vgl. *Patricia Craig*, Gesundheits- statt Rüstungswettlauf – Die britische Medical Association for Prevention of War (MAPW), in: *Ruprecht*, Äskulap oder Mars, S. 425–435.
23 Das wissenschaftliche Netzwerk und seine Konferenzen sind nach dem Ort der ersten »Pugwash Conference on Science and World Affairs« 1957 in Kanada benannt. Die hauptsächlich von Physikern getragene Konferenz-Reihe war im Rahmen der »Atoms for Peace«-Politik der USA möglich geworden, mit der die zivile Atomforschung begann, sich international zu vernetzen. Vgl. *Götz Neuneck/Michael Schaaf* (Hrsg.), Zur Geschichte der Pugwash-Bewegung in Deutschland: Symposium der Deutschen Pugwash-Gruppe im Harnack-Haus Berlin, 24. Februar 2006, Berlin 2007.

als eine nicht staatliche Organisation. Ab Ende der 1970er Jahre traten schließlich vermehrt transnationale Wissenschaftlervereinigungen auf, die sich im internationalen Dialog vor allem zum Thema »Rüstungskontrolle« als Akteur etablierten. Dazu gehörten die »Federation of American Scientists« (FAS), die »Union of Concerned Scientists« (UCS), der »Natural Resources Defense Council« (NRDC) und das »Committee on International Security and Arms Control« (CISAC) der »National Academy of Sciences« (NAS).[24] Festzuhalten ist, dass Experten zwar seit den 1950er Jahren Teil der Friedensbewegung und des blockübergreifenden Dialogs waren, aber sich erst in der neuen Friedensbewegung Expertenorganisationen fanden, die zum einen im Bewegungsmilieu entstanden und dort auch verankert blieben und die zum anderen ihre internationale fachliche Vernetzung als strategisches Mittel zum Organisationsaufbau einsetzten. Eine gleichzeitig ›von unten‹ wie ›von oben‹ in West und Ost entstehende Organisation wie die IPPNW vereinigte zu Beginn der 1980er Jahre international gültige Sachargumente und Moral in beispielhafter Weise.[25] Die weltweite Anhängerschaft untermauerte hierbei ihr internationales Renommee als eine Dialogagentur zwischen Ost und West.

Das Gelegenheitsfenster öffnete sich für die IPPNW zu Beginn der 1980er, als es nahelag, mit internationalen Zusammenschlüssen einen friedlichen Gegenentwurf nicht nur zur Atombombenbedrohung zu bieten, sondern auch zu den seit 1981 schwierigen und dann abgebrochenen Abrüstungsverhandlungen zwischen den USA und der Sowjetunion. Gleichzeitig wirkte es sich positiv für nicht staatliche Initiativen aus, dass sich in der öffentlichen Kommunikation seit der zweiten Hälfte der 1970er Jahre vor allem in Deutschland eine erhöhte Risikosensibilität durchsetzte[26], die etwa durch einen stetig steigenden Politikanteil im Fernsehprogramm und dessen ausgeweiteter Nutzung befördert wurde.[27] Die Frequenz der Unglücks- und Katastrophenberichterstattung nahm bis zu Beginn der 1980er Jahre in Fernsehen, Hörfunk und Presse deutlich zu und mit ihr die Auffassung, dass der Katastrophenvermeidung mehr Aufmerksamkeit geschenkt werden muss. Da Massenmedien auf Risiken fokussierten und gleichermaßen ihre notwendige Vermeidung

---

24 *Matthew Evangelista*, Transnational Organizations and the Cold War, in: *Melvyn P. Leffler/Odd Arne Westad* (Hrsg.), Cambridge History of the Cold War III. Endings, Cambridge 2010, S. 400–421, hier: S. 410.

25 *Matthew Evangelista*, Unarmed forces. The Transnational Movement to End the Cold War, Ithaca, NY 1999, S. 149ff.; *Melanie Arndt*, Fukushima ist nicht Tschernobyl?, in: Zeitgeschichte Online (2011), URL: <http://www.zeitgeschichte-online.de/md=Fukushima-Tschernobyl, 10> [15.1.2012].

26 *Eleanor Singer/Phyllis M. Endreny*, Reporting on Risk. How the Mass Media Portray Accidents, Diseases, Disasters, and Other Hazards, New York 1993, S. 101–102. Vor allem die Situationen, die im Nachhinein als Beinahe-Katastrophen eingeordnet wurden, erschienen, medial verstärkt, als »sichtbare Form der Risiken«. *François Walter*, Katastrophen. Eine Kulturgeschichte vom 16. bis ins 21. Jahrhundert, Stuttgart 2010, S. 204. Gleichzeitig implizierten die Medienberichte, jede Katastrophe sei vermeidbar. *Shirley Harrison* (Hrsg.), Disasters and the Media. Managing Crisis Communications, Basingstoke/London 1999, S. 9. Über die Unverhältnismäßigkeit von statistischen und berichteten Risiken vergleiche Peters, der auf Arbeiten von Combs und Slovic (1979) sowie Kepplinger (1989) verweist: *Hans Peter Peters*, Massenmedien und Technikakzeptanz. Inhalte und Wirkungen der Medienberichterstattung über Technik, Umwelt und Risiken, 1995, URL: <http://www.hpp-online.de/downloads/heft_50.pdf> [13.12.2011], S. 7; vgl. auch *ders.*, Massenmedien als Vermittler zwischen Experten und Nichtexperten, in: *Max Kerner* (Hrsg.), Aufstand der Laien. Expertentum und Demokratie in der technisierten Welt, Aachen 1996, S. 61–88.

27 *Klaus Arnold*, Wie Deutschland begann, sich für Politik zu interessieren. Medienrezeption in den 1960er und 1970er Jahren, in: *ders./Christoph Classen/Susanne Kinnebrock* u. a. (Hrsg.), Von der Politisierung der Medien zur Medialisierung des Politischen? Zum Verhältnis von Medien, Öffentlichkeiten und Politik im 20. Jahrhundert, Leipzig 2010, S. 323–346, hier: S. 333–334.

breitenwirksam vermittelten, spielten sie nicht nur für Parteien oder politische Verbände, sondern auch für Nichtregierungsorganisationen in der Umwelt- und Friedensbewegung eine immer größere Rolle und bedingten ihren Erfolg.

Experten spielten für die Vermittlung der komplexen Risikogemengelage eine zentrale Rolle.[28] Während der 1970er und 1980er Jahre »vernutzte und verschliss« sich zwar speziell im Feld der Atomenergie das regierungsnahe Expertenwissen.[29] Da jedoch der Beratungsbedarf in Politik, Öffentlichkeit und Bewegung umso höher war, je komplexer und unabgeschlossener das Wissen über umwelt- und friedenspolitische Fragen schien, desto mehr Experten und Gegenexperten konnten in diesem Feld reüssieren.[30] Die Atomenergie-Diskussion stand beispielhaft für die generell sich entgrenzenden ökonomischen und ökologischen Problemlagen, wodurch plurale Problembearbeitung und gesellschaftliche Selbststeuerung notwendig und möglich wurden.[31] Die Gründung des »BUND« 1975, der »Grünen« 1979/80, von »Robin Wood« 1982, aber auch die Institutionalisierung von Friedensforschung[32] und Ökologie[33] zeigen, dass sich nicht nur neue Protestformen, sondern auch Gegenexperten als politische Akteure legitimieren konnten.[34]

Die von den Neuen sozialen Bewegungen meist auf lokaler Ebene populär gemachten Problemfelder »Umweltverschmutzung«, »Technologierisiken« oder »Rüstungswettlauf« fanden in der medialen Kommunikation durch die fortgesetzte »Verschränkung von Lo-

---

28 Zur zeitgenössischen soziologisch-philosophischen Reflexion des Risikos vgl. unter anderem *Ulrich Beck*, Risikogesellschaft. Auf dem Weg in eine andere Moderne, Frankfurt am Main 1986; *Anthony Giddens*, The Consequences of Modernity, Cambridge 1990; *Peter Koslowski/ James M. Buchanan*, Ethik des Kapitalismus, Tübingen 1982; *Patrick Lagadec*, Das große Risiko. Technische Katastrophen und gesellschaftliche Verantwortung, Nördlingen 1987; *Hermann Lübbe*, Sicherheit. Risikowahrnehmung im Zivilisationsprozeß, in: *Ulrike Becker* (Hrsg.), Risiko ist ein Konstrukt. Wahrnehmungen zur Risikowahrnehmung, München 1993, S. 23–41.
29 *Bernd-A. Rusinek*, Die Rolle der Experten in der Atompolitik am Beispiel der Deutschen Atomkommission, in: *Stefan Fisch/Wilfried Rudloff* (Hrsg.), Experten und Politik. Wissenschaftliche Politikberatung in geschichtlicher Perspektive, Berlin 2004, S. 189–210, hier: S. 209. Vgl. auch *Joachim Radkau*, Aufstieg und Krise der deutschen Atomwirtschaft 1945–1975. Verdrängte Alternativen in der Kerntechnik und der Ursprung der nuklearen Kontroverse, Reinbek 1983, S. 78.
30 *Wilfried Rudloff*, Einleitung: Politikberatung als Gegenstand historischer Betrachtung, in: *Fisch/Rudloff*, Experten und Politik, S. 13–57, hier: S. 32. »Dem Aufstieg der Figur des Experten folgte der des ›Gegenexperten‹. Als ein aus ähnlichen Erkenntnisquellen schöpfender Antagonist, dessen Urteil jedoch der vorherrschenden Problemsicht widerspricht, übertrug der ›Gegenexperte‹ den kontroversen, unabgeschlossenen Charakter des wissenschaftlichen Prozesses in die politische Arena und verkörperte so die politische Vieldeutigkeit des verfügbaren Wissens« (ebd., S. 28f.). Vgl. auch *Wolfgang van den Daele*, Objektives Wissen als politische Ressource. Experten und Gegen-Experten im Diskurs, in: *ders.* (Hrsg.), Kommunikation und Entscheidung. Politische Funktionen öffentlicher Meinungsbildung und diskursiver Verfahren, Berlin 1996, S. 297–326, hier: S. 300.
31 *Gabriele Metzler*, Krisenbewusstsein, Krisendiskurs und Krisenbewältigung. Die Frage der »Unregierbarkeit« in Ost und West nach 1972/73, in: Zeitgeschichte 34, 2007, S. 151–161, hier: S. 155; *Jens Ivo Engels*, Umweltprotest und Verhaltensstile. Bausteine zu einer vergleichenden Untersuchung von Protestbewegungen, in: vorgänge 42, 2003, H. 4, S. 50–58, hier: S. 50.
32 Die Hessische Stiftung Friedens- und Konfliktforschung wurde 1970, das Institut für Friedensforschung und Sicherheitspolitik an der Universität Hamburg 1971 gegründet. Nach einer Phase der Grundlagenforschung etablierte sich die Friedensforschung Ende der 1970er Jahre auch in der Politikberatung. URL: <http://www.hsfk.de/> und URL: <http://www.ifsh.de/> [25.1.2012].
33 1977 gründete sich in Freiburg das Öko-Institut e. V. als »unabhängige Forschungs- und Beratungseinrichtung für eine nachhaltige Zukunft«. URL: <http://www.oeko.de/das_institut/dok/ 558.php> [25.1.2012].
34 *Eckart Conze*, Die Suche nach Sicherheit. Eine Geschichte der Bundesrepublik Deutschland von 1949 bis in die Gegenwart, München 2009, S. 646.

kalismus und globaler moralischer Orientierung« zudem ihre internationale Relevanz.[35] Die Medienmechanismen nutzend, machten sich internationale Nichtregierungsorganisationen selbst zum Medienereignis, bei dem die lokale Aktion in einen internationalen Kontext gestellt wurde.[36] Auch für die neue Friedensbewegung spielten die Mechanismen medialer Inszenierbarkeit eine wichtige Rolle, die von den Aktiven systematisch für die eigenen Interessen genutzt wurden.[37] Dies war notwendig, weil sich Friedensideen, anders als Krieg und Katastrophen, nur hochgradig symbolisch massenmedial vermitteln lassen.[38]

In diesem Kontext präsentierte sich die 1980 gegründete IPPNW als ein medial einprägsames Novum. Die IPPNW war die erste und einzige medizinische Expertenorganisation aus Ost und West, die sich mit großer Anhängerschaft und öffentlich für den Frieden engagierte. Die IPPNW wollte mit global orientierten Kampagnen und Veröffentlichungen an die Schnittstelle zwischen Fachwissen, Berufsethos und Öffentlichkeit treten – sie entfaltete mithilfe ihres blockübergreifend inszenierten Gegenexpertenstatus ihre symbolpolitische Kraft in und außerhalb der anti-atomaren Friedensbewegung.[39] Dass aus der blockübergreifenden Initiative eine internationale Organisation entstand, war aber keineswegs zwangsläufig, sondern sie bildete sich im Wechselverhältnis von internationalem Anspruch und organisationsinternen Entwicklungen. Da die Internationalisierung auf der Arbeit nationaler Sektionen beruhte, beeinflussten deren Interessen den Charakter der gesamten Organisation.

II. Internationale und nationale Ärzte zur Verhütung des Atomkrieges 1980–1982

Bis 1983 wirkten sich die zugespitzte internationale Blockkonfrontation und die anstehende Aufrüstungsrunde direkt auf die Organisationsarbeit der IPPNW aus. Nur als »Single-Issue«-Organisation, die sich allein für die Verhinderung eines Atomkriegs einsetzte, war es möglich, Ärzte des Ostblocks in die nicht staatlichen Strukturen zu integrieren. Diese

---

35 »Mündige Bürger«, oder: Der kurze Frühling einer partizipatorischen Vision. Einleitung, in: *Habbo Knoch* (Hrsg.), Bürgersinn mit Weltgefühl. Politische Moral und solidarischer Protest in den sechziger und siebziger Jahren, Göttingen 2007, S. 9–53, hier: S. 52. Vgl. auch *Holger Nehring*, Debatten in der medialisierten Gesellschaft. Bundesdeutsche Massenmedien in den globalen Transformationsprozessen der siebziger und achtziger Jahre, in: *Thomas Raithel/Andreas Rödder/Andreas Wirsching* (Hrsg.), Auf dem Weg in eine neue Moderne? Die Bundesrepublik Deutschland in den siebziger und achtziger Jahren, München 2009, S. 45–65, hier: S. 47.

36 Vgl. zur notwendigen narrativen Struktur von Medienereignissen *Friedrich Lenger/Ansgar Nünning* (Hrsg.), Medienereignisse der Moderne, Darmstadt 2008. Die Umweltorganisation Greenpeace, 1971 in den USA und 1980 auch in der Bundesrepublik gegründet, setzte diese mediale Eigenlogik besonders erfolgreich um. Vgl. *Christian Krüger/Matthias Müller-Hennig* (Hrsg.), Greenpeace auf dem Wahrnehmungsmarkt. Studien zur Kommunikationspolitik und Medienresonanz, Münster 2000. Ärzte waren bis Anfang der 1980er Jahre vor allem im Rahmen humanitärer Aktionen international engagiert und in den Medien sichtbar. Der Nothilfeverein »Cap Anamur – Deutsche Not-Ärzte e. V.« gründete sich zunächst regional 1979 in Köln unter dem Namen »Ein Schiff für Vietnam«, die internationale Ausweitung folgte 1982. »Ärzte ohne Grenzen« hatte sich 1971 in Frankreich gegründet und konzentrierte sich zunächst auf Opfer von Katastrophen; 1979 spaltete sich die Organisation und es folgten eine deutliche Internationalisierung und ein professioneller Ausbau der Logistik.

37 *Warneke*, Aktionsformen und Politikverständnis.

38 Einige Überlegungen zur Bildlichkeit des Friedensbegriffs bei *Thomas Kater*, Über Gewalt und Frieden. Bilder des Politischen, in: *Benjamin Ziemann* (Hrsg.), Perspektiven der historischen Friedensforschung, Essen 2002, S. 57–85.

39 *Claudia Jenkes*, Friedensbewegung und Medien, Idstein 1997, S. 25.

Zielsetzung machte es möglich, dass keine Sektion der IPPNW gezwungen war, sich gegen Atomenergie oder konventionelle Waffen auszusprechen. Sie war aber zugleich Anlass für die zunehmende Kritik etwa aus der schwedischen, niederländischen oder westdeutschen Sektion, die den Ansatz als nicht weitreichend genug erachteten.

Die Gründung der Dachorganisation »International Physicians for the Prevention of Nuclear War« im Jahr 1980 in den USA ging auf das Zusammentreffen verschiedener Interessengruppen und Initiativen an der Harvard Medical School in Boston zurück. Zum einen gab es fachliche Kontakte in die Sowjetunion durch den Kardiologen Bernard Lown[40] und seinen jüngeren Kollegen James Muller[41], die schon mehrmals sowjetische Kliniken besucht hatten. Sie waren nicht nur mit dem Kardiologen Evgenij Chazov[42] bekannt, sondern auch mit Mikail Kuzin, dem Leiter des wichtigsten Chirurgie-Zentrums der Sowjetunion. Einen anderen Anstoß erhielt das Ärzte-Engagement durch die Initiative des Psychiaters Eric Chivian, der Kinderärztin Helen Caldicott und des Notarztes Ira Helfand, die eine amerikanische anti-atomare Ärztebewegung mobilisieren wollten. Sie griffen dabei auf die schon seit 1962 bestehende Organisation »Physicians for Social Responsibility« (PSR) zurück.[43]

Die neu aktivierte PSR richtete ihre Zentrale ebenfalls in Boston ein, und eine Reihe ihrer führenden Ärzte war mit der IPPNW vernetzt. Während sich die PSR im Nachgang zur Reaktorkatastrophe bei Harrisburg mit zahlreichen Ortsgruppen in den USA ausbreitete, bemühten sich Lown und Muller um eine Zusage von Chazov für eine gemeinsame Konferenz zum Thema »medizinische Folgen eines Atomkriegs«. Nach einem Briefwechsel avisierte man für Dezember 1980 ein amerikanisch-sowjetisches Vorbereitungstreffen im symbolträchtigen Genf. Um die ohnehin sensible Situation, als eine amerikanisch-sowjetische Initiative zu agieren, nicht zu verkomplizieren, legten die beteiligten Ärzte schon im Vorfeld des ersten Treffens fest, die Ziele der Organisation strikt auf die Verhinderung eines Nuklearkriegs zu beschränken. Während die IPPNW sich zum Ziel setzte, als blockübergreifende und durch Spenden finanzierte »Umbrella«-Organisation vor allem politische Führungsgruppen und -personen zu beeinflussen, arbeitete die PSR als amerikanische Massen- und Flächenorganisation mit »Chaptern« von Seattle bis Miami.

Die Ausrichtung auf ein einziges Ziel und der politische Überparteilichkeitsanspruch der IPPNW waren Teil der Strategie, um sich als internationaler Ansprechpartner zu legitimieren und im nächsten Schritt öffentliche Glaubwürdigkeit zu erlangen. Die Idee, von einer unpolitischen Organisation zu sprechen, ließ man bald aus offensichtlichen Gründen fallen, schließlich stand die Beeinflussung politischer Entscheidungen – etwa der Abschluss eines Atomwaffenteststoppvertrags – an oberster Stelle der IPPNW-Agenda. Hier zeichnete sich ein Hauptaspekt im Selbstverständnis der Organisation ab, der zugleich das größte Konfliktpotenzial bot: Wie ließ sich der politische Prozess beeinflussen, ohne eine politische Organisation zu werden oder als solche wahrgenommen zu werden? Aus die-

---

40 Bernard Lown (Jahrgang 1921), langjähriger Präsident der IPPNW, war Kardiologe am Bostoner »Brigham and Women's Hospital«, lehrte an der »Harvard School of Public Health« und wurde unter anderem für die Erfindung des Defibrillators bekannt.

41 James Muller (Jahrgang 1943) arbeitete zunächst am John Hopkins Hospital in Baltimore und wechselte 1973 an die Harvard Medical School. Er hatte schon als junger Arzt 1967 das erste Mal die Sowjetunion besucht. Vgl. auch *Irwin Abrams*, The Origins of International Physicians for the Prevention of Nuclear War: The Dr James E. Muller Diaries, in: Medicine, Conflict and Survival 15, 1999, S. 15–31.

42 Evgenij Chazov (Jahrgang 1929) war als Kardiologe unter anderem Leiter das nationalen sowjetischen Herzforschungszentrums; er war Abgeordneter des Obersten Sowjets und Mitglied der Akademie der medizinischen Wissenschaften der UdSSR, 1983 bis 1987 Ko-Präsident der IPPNW, ab 1987 Gesundheitsminister der UdSSR.

43 Vgl. *Helen Caldicott*, Die »Physicians for Social Responsibility«. Ärztinnen und Ärzte in sozialer Verantwortung, in: *Ruprecht*, Äskulap oder Mars, S. 501–506.

sem Anspruch leitete die IPPNW die Mittel zur Einflussnahme in politischen Kreisen ab: erstens die Einhaltung strikter Neutralität durch Wissenschaftlichkeit, zweitens Mobilisierung der Medien und drittens Netzwerkarbeit. Die Arbeit kulminierte in den jährlich stattfindenden internationalen Konferenzen, die mit prominenter Besetzung und größtmöglicher Presseresonanz sowie Reaktionen von Politikern abgehalten wurden. Die ersten Jahre der IPPNW waren von den Vorbereitungen, der Ausrichtung und Nachsorge dieser Konferenzen geprägt.

Damit sich die IPPNW auch organisatorisch internationalisieren konnte, musste zunächst im März 1981 der erste blockübergreifende Kongress erfolgreich und mit positiver öffentlicher und politischer Resonanz durchgeführt werden. Nominell ging die Konferenz von den amerikanischen und sowjetischen Ärzten aus, aber faktisch wickelte das Bostoner »Central Office« die Koordination dieser wie auch aller folgenden Konferenzen ab. Beispielhaft für die Sorgfalt, mit der die IPPNW-Organisatoren versuchten, einen überparteilichen Drahtseilakt in einer politisch aufgeladenen Stimmung zu vollziehen, waren etwa die Besuche von James Muller beim sowjetischen Botschafter und im State Department kurz vor der Konferenz.[44] Dort sah man etwa den Auftritt des Kreml-Beraters Georgi Arbatov, der auf Wunsch der sowjetischen Delegation der IPPNW eine der *keynotes* hielt, sehr kritisch. Die amerikanischen Sicherheitsberater hatten zudem eine Schwächung der amerikanischen Position befürchtet, falls es während dieser international besetzten Konferenz oder in der Abschlussresolution zu Forderungen nach einseitigen Abrüstungsbemühungen gekommen wäre. Die IPPNW bemühte sich ausdrücklich, alle diese Bedenken zu berücksichtigen, und in der Tat ging die Abschlussresolution der Konferenz nur auf Punkte ein, die beide Seiten für bedenkenlos erklärt hatten: Verhandlungen zu einem Atomwaffenteststopp und eine wissenschaftlich orientierte Aufklärung der Öffentlichkeit.[45]

In den Gesprächen, die Muller mit den Vertretern im State Department und in der sowjetischen Botschaft geführt hatte, wurde deutlich, dass die IPPNW in eine diplomatische Kommunikationslücke getreten war. Die Bostoner Ärzte pflegten Kontakte zu amerikanischen Regierungsstellen, und von sowjetischer Seite erfolgte die Einrichtung eines medizinischen Komitees unter Vorsitz von Evgenij Chazov auf Empfehlung von Leonid Breschnew. Den amerikanischen Ärzten war das Kalkül der staatlichen Stellen nicht entgangen, die IPPNW für eigene Zwecke zu nutzen, aber sie bezogen es in ihr Vorhaben ein und setzten sich fortan mit der Gratwanderung zwischen Einflussnahme und Überzeugungsarbeit auf der einen Seite und Inanspruchnahme und Instrumentalisierung auf der anderen Seite auseinander.

Dem von allen zusätzlichen Forderungen entschlackten Anliegen der IPPNW, Nuklearwaffen zu beseitigen, konnten amerikanische wie sowjetische Regierungsstellen zustimmen, schließlich galten Nuklearwaffen hier wie da als Mittel zur Verteidigung vor einem Erstschlag. Insofern gehörte es zur politischen Logik im Ost-West-Konflikt, die Aufklärung der Bevölkerung über die Gefahren von Atomwaffen zumindest gutzuheißen. Aus politischer Sicht entlastete das Zusammentreffen der IPPNW-Ärzte und ihre Proklamation reiner Fachdiskussionen das diplomatische Klima. Mit ihm war eine weitere Kommunikationsebene eingerichtet und möglicherweise als Kanal zum indirekten Austausch nutzbar. Dies geschah unter anderem durch die überwiegend positive Presseresonanz in den USA und der Sowjetunion auf die erste IPPNW-Konferenz.

---

44 Memo Muller to IPPNW-members, subject: Meeting with officials from the State Department, Soviet Embassy and National Security, 5.3.1981, Harvard Medical Library in the Francis A. Countway Library of Medicine, Boston, IPPNW Records (H MS c408), box 4/31.

45 Arbatov war führender Westernologe und Gründer des Amerika-Instituts der sowjetischen Akademie der Wissenschaften. Briefe an Department of State, 16.3.1981, Harvard Medical Library in the Francis A. Countway Library of Medicine, IPPNW Records (H MS c408), box 9/56.

In westdeutschen Medien wurde das Ereignis kaum beachtet. Der SPIEGEL berichtete zurückhaltend über den »internationalen Ärzteklub« und nahm die Resolution vor allem als einen Hinweis, dass Ärzte im Atomkriegsfall streiken würden.[46] Die Wirkung der Konferenz entfaltete sich in Westdeutschland zunächst innerhalb der Profession und – ähnlich wie in den USA – auf zwei Ebenen. Zum einen veranstalteten Hamburger und Berliner Ärzte im September 1981 einen »Medizinischen Kongress zur Verhinderung des Atomkrieges«, bei dem bundesweite Initiativen tagten und gegen Atomenergie protestierten. Neben den Basisinitiativen gab es zum anderen Ärzte wie den Internisten Ulrich Gottstein[47], die an einem internationalen Friedensengagement interessiert waren, aber noch Zweifel am blockübergreifenden Vorhaben der IPPNW hatten. Während die Basisgruppen mit Blick auf eine Mitgliedschaft in der IPPNW eine amerikanische Dominanz in Strategiefragen befürchteten, zögerten andere mit einer öffentlichen Positionierung wegen einer möglichen Vermengung mit »der Linken« innerhalb der Friedensbewegung. Erst der Kontakt Gottsteins mit Bernard Lown in Boston vernetzte die Führungsebene der IPPNW mit dem Ärzte-Engagement in Deutschland.

Die Bostoner Ärzte befürworteten die zügige Einrichtung einer westdeutschen Sektion, in der sich alle Ebenen der institutionalisierten Ärzteschaft wiederfänden. Der Schatzmeister des Bostoner Büros, Eric Chivian, bemühte sich um einen direkten Kontakt zum Präsidenten der Bundesärztekammer (BÄK), Karsten Vilmar, um diesen von der mittleren Forderungslinie der IPPNW nach bilateralen und keineswegs unilateralen Abrüstungsbemühungen und von einer Mitarbeit zu überzeugen. Zur gleichen Zeit stand Chivian im regen Austausch mit dem zögernden Gottstein, dem weder daran gelegen war, eine Opposition innerhalb der Ärzteschaft zu etablieren noch in der politischen Debatte über die atomare Nachrüstung ihren links-dominierten Gegnern an der Seite zu stehen. Vielmehr unterstützte er das Anliegen des »Central Office«, als unabhängiger medizinischer Thinktank in den entscheidenden Kreisen Einfluss auf eine atomare Abrüstung nehmen zu können und die Positionen der amerikanischen und sowjetischen Regierungen einzufordern.[48] Gottsteins Einschätzung, dass Meinungsäußerungen zur atomaren Frage in Westdeutschland, von wem auch immer geäußert, in einem politisch aufgeheizten Klima kommentiert und angegriffen würden, bestätigte sich insofern, als die BÄK die westdeutsche Sektion vor allem als oppositionelle Gruppierung von links deutete. Der Geschäftsführer der BÄK, Volrad Deneke, ging im Ärzteblatt vehement gegen den Hamburger Kongress vor, bei dem »linke Propagandisten« am Werk seien, die unter der Devise »Ärzte gegen den Atomkrieg« »zulasten der Selbstverteidigungsbereitschaft in der NATO ganz offenkundig Propaganda zugunsten der vom sowjetischen Imperialismus militant gerüsteten sozialistischen Internationale betrieben«.[49]

Weniger brachial, aber ebenso dezidiert kritisierte der Herausgeber der ZEIT, Gerd Bucerius, das Auftreten der deutschen Ärzte, die im Gegensatz zu ihren amerikanischen Kollegen mit Beschuldigungen anstatt sachlicher Argumentation vorgehen würden.[50] Wo der IPPNW-Auftaktkongress Anfang 1981 in Airlie »akribisch bewiesen« habe, was ein Atomkrieg bedeute, und daraus seinen Appell an die Staatsoberhäupter der USA und der Sowjetunion abgeleitet hätte, würden die deutschen Ärzte ihre Aussagen in politischer Ab-

---

46 »Abgehärtet wie noch nie«, in: Der SPIEGEL, 13.4.1981.
47 Ulrich Gottstein (Jahrgang 1926), Internist, leitete ab 1971 die Medizinische Klinik des Bürgerhospitals Frankfurt am Main, war Professor für Innere Medizin an der Universität Frankfurt und bis 1995 Vorstandsmitglied der westdeutschen IPPNW-Sektion.
48 Briefwechsel Eric Chivian und Ulrich Gottstein, 1981, Harvard Medical Library in the Francis A. Countway Library of Medicine, IPPNW Records (H MS c408), box 11/41.
49 Zit. nach: *Rainer Jogschies*, Betrifft: Ärzte gegen den Atomkrieg. Ein Portrait des Friedensnobelpreisträgers, München 1986, S. 51.
50 *Gerd Bucerius*, Ärzte, Atomkrieg. Anmerkungen zu einem Kongreß, in: Die ZEIT, 18.9.1981.

sicht verstellen und Zwietracht säen. Das Misstrauen von Bucerius gegen die Sowjetunion ließ ihn am Versuch der deutschen Ärzte, die Blocküberwindung voranzutreiben, zweifeln und eher Vertrauen in eine Initiative fassen, die direkt aus den USA stammte. Die Wahrnehmung der westdeutschen Sektion durch die BÄK oder Bucerius stand diametral den Absichten der IPPNW in Boston und der angehenden Führungsriege der westdeutschen IPPNW gegenüber. Denn diese trafen Vorbereitungen, um aus dem Initiativenkonglomerat, das den Hamburger Kongress dominiert hatte, eine »centrist Drs. movement« mit »mainstream interest« in der Bundesrepublik durchzusetzen. Zur Sicherstellung planten Chivian und Muller einen Deutschland-Besuch im Anschluss an die Konferenz in Cambridge.[51]

Ende 1981 vermeldete Gottstein, bei aller Vorsicht gegenüber der aus seiner Sicht zu emotional und revolutionär agierenden Friedensbewegung in der Bundesrepublik, vier renommierte Ärzte, darunter Horst-Eberhard Richter, gewonnen zu haben, die mit ihm zusammen am zweiten Kongress der IPPNW in Cambridge teilnehmen würden. Zudem würde für Februar 1982 eine Versammlung aller Ärzte-Initiativen nach Frankfurt am Main eingeladen, um einen Zusammenschluss und die Mitgliedschaft in der IPPNW zu diskutieren.[52] Vor allem das Thema »Katastrophenmedizin« und die Debatte um den Zivilschutz verband das Engagement der meist sehr unterschiedlich motivierten Mediziner innerhalb der Friedensbewegung.

Auf dem Weg dahin galt es, Bedenken vor allem unter den jüngeren Ärzten aus dem Weg zu räumen, die die amerikanisch-sowjetische Initiative für zu unpolitisch und deshalb wirkungslos hielten. Zu diesen Kollegen gehörte unter anderem Barbara Hövener von der Westberliner Ärzte-Initiative, die zur gleichen Zeit wie Gottstein die Vernetzung vorantrieb. Sie organisierte die Sammlung von über 50 Ärzte-Initiativen, die bei einem Treffen im Januar 1982 beschlossen, weiterhin ohne festen Organisationsrahmen zu agieren. »But we will see«[53], sagte sie auch, denn die Verabschiedung der Frankfurter Erklärung – einer von Horst-Eberhard Richter verfassten Resolution zur medizinischen Verpflichtung zum Widerstand gegen die Atomrüstung – sollte zeigen, dass die Koordination einer medizinischen Bewegung auch basisdemokratisch durchaus möglich war.

Um eine Spaltung zu verhindern, verschob man die geplante Gründung des Vereins »Ärzte zur Verhütung des Atomkrieges« mit entsprechender Satzung auf den Sommer 1983. Im Februar 1982 wurde lediglich die Konstitution einer westdeutschen Sektion der IPPNW auf der Grundlage der Frankfurter Erklärung beschlossen. Beim ersten Zusammentreffen im Zeichen der IPPNW stritten konservative, christlich motivierte und linke Ärzte über den Charakter der Einrichtung. Auf der einen Seite gab es Ärzte wie Gottstein, die von der Initiative Lowns tief beeindruckt waren und dem Gedanken der nationalen Sektionseinordnung in die überwölbende IPPNW-Politik anhingen. Auf der anderen Seite gab es politisch orientierte Basisgruppen, die die IPPNW-Mitgliedschaft als Mittel zum Zweck einer besseren Argumentation innerhalb der Anti-Atom-Debatte ansahen. Ansonsten wollte man eigene Akzente setzen. So, wie über das Verhältnis zur amerikanischen Zentrale der internationalen Organisation diskutiert wurde, stritten die Ärzte auch über Nähe und Distanz zur Friedensbewegung und ›den‹ Linken: Hier wurde wiederum die internationale Vernetzung als eine besondere Chance für Einflussnahme gedeutet und als Basis eine »urärztliche Ethik« proklamiert. Gegenüber der Friedensbewegung wolle man nicht die Distanz überbetonen, sich aber auch nicht mit ihr identifizieren. Insgesamt

---

51 Brief [Carol Kearns, Boston] an Andy Haines, London, 2.11.1981, Harvard Medical Library in the Francis A. Countway Library of Medicine, IPPNW Records (H MS c408), box 14/1.
52 Brief Gottstein an Chivian, 14.12.1981, Harvard Medical Library in the Francis A. Countway Library of Medicine, IPPNW Records (H MS c408), box 11/41.
53 Text von Barbara Hövener, Berliner Ärzteinitiative gegen Atomenergie, undatiert, Harvard Medical Library in the Francis A. Countway Library of Medicine, IPPNW Records (H MS c408), box 11/41.

herrschte der Tenor vor, man solle zur Erreichung der eigenen Anliegen »pädagogisch vorgehen« und eine »didaktische Beschränkung auf ›N[uclear] W]ar]‹« beibehalten.[54]

Zum zweiten Weltkongress der IPPNW im April 1982 in Cambridge reisten schon 200 Teilnehmer aus 31 Ländern, davon sechs Kollegen aus der DDR, wo das »Komitee der Ärzte der DDR zur Verhütung eines Nuklearkrieges« kurz zuvor eingerichtet worden war, und neun aus der Bundesrepublik.[55] Im Vorfeld des Kongresses hatte sich das »Central Office« schwergetan, die Verantwortung für das Programm und den Ablauf dem englischen Organisationskomitee zu überlassen. In diesem saß eine Reihe von Aktiven der »Medical Campaign Against Nuclear War« (MCANW), und die Bostoner Ärzte befürchteten, nationale Interessen der Briten und das internationale Konzept der Zusammenkunft würden zum Nachteil der IPPNW vermengt werden. Aus Boston erhielten die Organisatoren in Cambridge deshalb schon im Sommer zuvor den präzisen Hinweis »that the international meeting be separate from the complex national politics that involve the national medical groups«.[56] Die Trennung solle nicht nur wegen der Außenwahrnehmung der IPPNW gewahrt werden, sondern müsse auch mit Blick auf zukünftige Tagungen in Westdeutschland und in der Sowjetunion und deren »extremely complicated political issues« verfolgt werden.[57] Jeder Anschein, der zur Polarisierung nationaler Friedensgruppen innerhalb der IPPNW führen könne, müsse vermieden werden.

Organisatorisch mussten vor dem zweiten Kongress in Cambridge viele Unklarheiten zwischen Boston und London beseitigt werden. So war lange Zeit nicht eindeutig vereinbart, welchen finanziellen Anteil die Dachorganisation übernehmen würde, woran sich die grundsätzliche Frage anschloss, ob Boston als technischer Berater, Partner oder Veranstalter der Cambridge-Konferenz auftreten würde.[58] Das Finanzierungsproblem verwies zum einen auf die bislang wenig geübte Kommunikation zwischen den amerikanischen und europäischen Organisationsteilen und zum anderen auf die noch grundsätzlich ungeklärte Verfassung der gesamten IPPNW. Je mehr nationale Ärzte-Gruppen den Beitritt zur IPPNW anstrebten, desto dringender wurde nicht nur eine deutliche Kompetenztrennung, sondern auch die Definition des identitätsstiftenden Gehalts der IPPNW als »umbrella« für alle national konstituierten Mediziner-Gruppen. Solange die internationale Verknüpfung der IPPNW noch nicht in einer Satzung abgebildet war, handelte das Bostoner Office nur im Rahmen individueller Absprachen mit nationalen Gruppen. Deren Mitgliederstatus musste zudem geklärt werden, um die langfristige anteilige Finanzierung festzulegen.[59]

Zum Gradmesser des politischen Selbstverständnisses der Ärzte geriet immer wieder die Diskussion über das Maß an Neutralität, die in den Resolutionen am Ende der internationalen Konferenzen zum Ausdruck kommen sollte.[60] Aus Sicht der westdeutschen bewegungsaffinen Basisgruppen war es schwer nachvollziehbar, wenn IPPNW-Präsident Lown die Ärzte aufforderte, sie sollten sich aus politischen Diskussionen heraushalten, um ihre Glaubwürdigkeit nicht zu verlieren. Sie argumentierten, ein wesentlicher Aspekt des westdeutschen Ärzte-Engagements könne schließlich auf ein politisches Vorhaben

---

54 Ergebnisprotokoll der 1. Vollversammlung der BRD-Sektion der IPPNW am 08.05.1982 im Ärztehaus Frankfurt am Main, FZH Archiv, 16.3.A/2.1.1.
55 Summary proceedings of second congress, April 1982 Cambridge, Harvard Medical Library in the Francis A. Countway Library of Medicine, IPPNW Records (H MS c408), box 5/6.
56 Brief Eric Chivian an Claire Ryle, 3.7.1981, Harvard Medical Library in the Francis A. Countway Library of Medicine, IPPNW Records (H MS c408), box 14/4.
57 Ebd.
58 Memo to Eric Chivian, from Mairi Maeks, re Meeting Andy Haines on 4/22, Harvard Medical Library in the Francis A. Countway Library of Medicine, IPPNW Records (H MS c408), box 14/38.
59 IPPNW Preparatory Meeting, Berystede Hotel, Ascot, UK, 2. – 4.10.1981, Harvard Medical Library in the Francis A. Countway Library of Medicine, IPPNW Records (H MS c408), box 14/29.
60 Ebd., S. 36.

der Bundesregierung zurückgeführt werden und habe deswegen politisch ausgerichtet zu sein. Vor allem im Zivilschutz seien viele Ärzte gegenwärtig von den Auswirkungen der atomaren Abschreckung betroffen, indem sie zu präventiven Fortbildungskursen herangezogen werden sollten.[61] Ein Gutteil der Basis wollte die nationalen Belange im internationalen Rahmen der IPPNW deutlicher berücksichtigt sehen.

Im Unterschied zur Kritik der Basis an einem angeblich unpolitischen Kurs der IPPNW bemühte sich Gottstein wiederum, die Internationalität der IPPNW als Legitimation der nationalen Gruppe zu deuten. Indem er den überparteilichen Charakter der IPPNW mithilfe des internationalen Zusammenhangs des deutschen Ärzte-Engagements hervorhob, wollte er den Vorwurf politischer Voreingenommenheit entkräften. Im Feuilleton der Frankfurter Allgemeinen Zeitung stellte Gottstein unter dem Titel »Mediziner entdecken ihre Verantwortung« das Konzept der IPPNW vor.[62] Ausgehend von den Erfahrungen in Hiroshima, über Albert Einsteins Vorbild bis zur »Göttinger Erklärung« ordnete er die Anfänge der Organisation an der Harvard Medical School in ein notwendiges ethisches Verantwortungshandeln von Medizinern ein. Vor allem wies Gottstein auf die Anerkennung der Ärzte sowohl in der American wie in der British Medical Association hin, um die Glaubwürdigkeit der IPPNW-Ziele zu unterstreichen, bei denen es darum ginge, »ohne direkte politische Einflußnahme, frei von Polemik und aller Parteipolitik, ausschließlich auf ärztlichem Wissen beruhend und [von] ärztlichem Gewissen getrieben, ungeschminkt [über] die Folgen des Einsatzes von Atomwaffen aufzuklären«[63]. Um das Prinzip einer blockübergreifenden Internationalität der IPPNW in der westdeutschen Öffentlichkeit und Politik populär zu machen, war der Zeitpunkt während der Nachrüstungsdebatte zwar günstig. Aber es brauchte gleichzeitig Bekenntnisse zur wissenschaftlichen Unabhängigkeit, um glaubwürdig zu wirken.

III. MEDIENSTRATEGIEN UND INSTITUTIONALISIERUNG 1982–1984

Der entscheidende Schub für die Legitimation der blockübergreifenden Initiative der IPPNW dürfte der TV-Auftritt von Lown und Chazov und jeweils zwei weiteren Ärzten aus den USA und der Sowjetunion gewesen sein. Das sowjetische Fernsehen übertrug im Juni 1982 ein Gespräch der sechs Ärzte über die medizinischen Folgen einer durch technisches Versagen ausgelösten Atombombenexplosion. Dieses unkriegerische Szenario bildete die Gesprächsbasis und war mit Absicht gewählt, denn so konnte ausschließlich über die gesundheitlichen Folgen des Ereignisses gesprochen werden. Das Ambiente der Fernsehsendung verband die Offenheit eines Journalistengesprächs mit der Vertraulichkeit einer Tafelrunde: Die Ärzte saßen an einem dezent mit Blumen dekorierten Rundtisch und jeder der sechs Teilnehmer kam zu Wort, um einen Aspekt zu erläutern. Die Gesprächsrunde wurde insofern zu einem Medienereignis, weil sie vom sowjetischen Fernsehen landesweit ausgestrahlt wurde. Da die Verhinderung eines freien Informationsflusses in den Medien einer der größten Vorbehalte gegenüber der »Friedenspolitik« im Ostblock war[64], bildete der TV-Auftritt ein mächtiges Argument gegen die IPPNW-Kritiker: »For many Soviet viewers, the program provides the first real glimpse of the horrors of nuclear war«, stellte etwa die »New York Times« heraus.[65]

---

61 Statement to the Aims and Current Status of the West German Medical Movement opposed to Nuclear Weapons by Knut Sroka, Hamburg, West Germany [1982], Harvard Medical Library in the Francis A. Countway Library of Medicine, IPPNW Records (H MS c408), box 14/23.
62 *Ulrich Gottstein*, Ärzte und Atomkrieg. Mediziner entdecken ihre Verantwortung, in: Frankfurter Allgemeine Zeitung, 6.5.1982.
63 Ebd.
64 Vgl. »Der Frieden muss bewaffnet sein«, in: Die ZEIT, 23.9.1983.
65 »Eye Opener«, in: New York Times, 12.7.1982.

So, wie Massenmedien generell eine herausragende Funktion für die Wirkung der Friedensbewegung hatten, spielte der massenmediale Sinngebungsmechanismus auch eine wichtige Rolle für die IPPNW. Mit dem TV-Auftritt konnten die Ärzte nicht nur den Zusammenhang »zwischen den globalen Dimensionen des Systemkonflikts und den lokalen Verhältnissen« plausibel präsentieren[66], sondern auch eine vermeintlich simple Lösung für ein mittlerweile hoch abstraktes Problem anbieten. Der Systemkonflikt wurde mit jedem gemeinsamen Auftritt ad absurdum geführt, ohne dass dem sowjetischen Part jedoch weitergehende politische Bekenntnisse abverlangt wurden. Indem die IPPNW globale Dimensionen auf die Beziehungsebene transponierte und somit persönliche Zuständigkeit postulierte, verfolgte sie ein in der Friedensbewegung weitverbreitetes Prinzip. In Broschüren und Anzeigen visualisierten die Ärzte ihr Anliegen mit Bild- oder Datenmaterial aus Hiroshima und appellierten an eine Zuständigkeit des Lesers, indem individuelle, gemeinschaftliche und globale Interessen gleichgesetzt wurden.[67] Ähnlich funktionierte das nahraumorientierte Atomkriegsszenario, eine gängige und international verbreitete Erzählweise, die sich im Kern an wissenschaftlichen Publikationen orientierte.[68]

Nicht nur die Verbindung räumlicher Bezüge, sondern auch kommunikativer Ebenen fand sich in den Veröffentlichungen der Ärzte. Aufklärung und emotionaler Appell gingen hierbei Hand in Hand, denn die Vermittlung von Fachwissen diente auch der Gewinnung weiterer Unterstützer. Beim Adressaten sollte nicht nur kurzfristige Aufmerksamkeit ausgelöst werden, sondern auch eine sachlich herbeigeführte Bewusstseinsänderung, die – so die Annahme – zu einer längerfristigen Unterstützung führe.[69] Der Slogan: »Wir werden euch nicht helfen können«, mit dem viele Aktionen und Annoncen der Ärzte versehen waren, bezog sich unmittelbar, aber mit negativem Vorzeichen, auf individuellen Schutz und die politisch diskutierte Atom-Prävention. Regelmäßig wurden großräumige Anzeigen geschaltet, die alle zahlenden Unterstützer namentlich aufführten. Die namensgebundene Anzeigenschaltung unterschied die Protestform der IPPNW von den anonymen Massenprotesten auf der Straße. Zudem verband sich mit ihr Anerkennung und Wiedererkennung sowohl innerhalb der IPPNW und Ärzteschaft als auch außerhalb der Organisation. Darüber hinaus glaubte die IPPNW, die aufgeführten Namen könnten helfen, die mitunter in der Friedensbewegung als elitär wahrgenommene Organisation zu personalisieren und zu lokalisieren. Während die Ärzte sich auf diese Weise um eine Annäherung an das Laienpublikum bemühten, setzten sie den Status der eigenen Profession gezielt ein, um ihre Glaubwürdigkeit zu erhöhen. Ein Strategieelement hierfür war der Jahresbericht, den alle nationalen Sektionen wie die Zentrale vorlegten und der die medizinische Expertise in geballter Form präsentierte. Zudem orientierte er sich an dem in Nichtregierungsorganisationen verbreiteten Anspruch auf Transparenz und fungierte, ähnlich wie Rundbriefe, Reports und Kongresse, als Mittel zur Mitgliederbindung.

Beim dritten internationalen Kongress der IPPNW in Amsterdam im Juni 1983 gab es erstmals einen Workshop zur Frage »Ärzte und die Medien«. Zur Diskussion legte Horst-

---

66 *Thomas Lindenberger* (Hrsg.), Massenmedien im Kalten Krieg. Akteure, Bilder, Resonanzen, Köln 2006, S. 12.
67 Vgl. Anzeige der IPPNW »Warum Ärzte vor der Atomrüstung warnen«, in: Rems-Zeitung, 31.3.1984. Die Verknüpfung von lokaler Betroffenheit und Krisenwahrnehmung vollzog sich auch in der humanitären Hilfe. Nach der Liberalisierung des Spendenmarkts steigerte sich das Pro-Kopf-Spendenaufkommen der Bundesrepublik bald erheblich, wobei sich das Spendenaufkommen zunehmend an die Medienpräsenz von Spendenzwecken band. Vgl. *Gabriele Lingelbach*, Die Entwicklung des Spendenmarktes in der Bundesrepublik Deutschland. Von der staatlichen Regulierung zur medialen Lenkung, in: GG 33, 2007, S. 127–157; *Sigrid Baringhorst*, Politik als Kampagne. Zur medialen Erzeugung von Solidarität, Opladen 1998, S. 101.
68 *Susanne Schregel*, Der Atomkrieg vor der Wohnungstür. Eine Politikgeschichte der neuen Friedensbewegung in der Bundesrepublik 1970–1985, Frankfurt am Main 2011, S. 140.
69 *Lingelbach*, Die Entwicklung des Spendenmarktes, S. 155.

Eberhard Richter einen Text über den Medienumgang der IPPNW vor. Zu diesem Zeitpunkt bewegte alle europäischen Sektionen die Frage, welcher Weg effektiv sei, um die Öffentlichkeit vom Anliegen der Ärzte zu überzeugen. Richter hatte in den Monaten zuvor schon die eigene Sektion zu mehr Medienpräsenz aufgefordert und appellierte nun an alle Ärzte, mit Medienvertretern offensiver als bislang umzugehen. Man könne in der aktuellen politisch aufgeheizten Situation kaum mehr darauf warten, dass geneigte Journalisten über die Arbeit der IPPNW berichten. Vielmehr müsse jeder einzelne Arzt in seinem lokalen Umfeld auf Äußerungen in der Presse reagieren und jede Sektion müsse eigene Veröffentlichungen vorlegen und Journalisten aktiv darüber informieren. Die Ärzte müssten dringend lernen, ihre Berührungsängste zu verlieren: »In this process, personal conversations are especially important: they allow a fuller explanation of many things that get too summary a treatment in the normal written reports for agencies and editorial offices.«[70]

In Richters Text fand sich auch der Hinweis, dass die Ärzte westlicher Sektionen nur glaubwürdig arbeiten könnten, wenn die öffentliche Kritik osteuropäischer Ärzte an ihren Regierungen gewährleistet sei. Solche Forderungen reihten sich in ein in zunehmende Nachfragen der Sektionen hinsichtlich der konkreten Zusammenarbeit mit dem sowjetischen Part, die über den zweifellos wichtigen symbolpolitischen Aspekt hinausgehen sollte.[71] Viele Ärzte wollten eine außenpolitische Instrumentalisierung der IPPNW durch den Kreml nur noch in Kauf nehmen, wenn auch sichtbare Fortschritte in der blockübergreifenden Zusammenarbeit erreicht würden. Die Diskussion verdeutlichte, dass sich die mediale Vermittlung der ärztlichen Anliegen nur effektiv ausweiten ließ, wenn sie mit einer faktischen Verbesserung der internen Zusammenarbeit aufwarten konnte.

Drei Jahre nach ihrer Gründung wurde in Amsterdam eine umfangreiche Institutionalisierung der IPPNW eingeleitet. Die Ärzte beschlossen eine verbindliche Satzung und richteten neue Entscheidungsstrukturen ein. Neben dem neu gebildeten »International Council«, in dem die damals 30 IPPNW-Sektionen mit je einem Delegierten vertreten waren, war die Einrichtung eines europäischen Büros in London als Vertretung aller europäischen Sektionen innerhalb der IPPNW beschlossen worden.[72] Vor wie nach der Einrichtung des Büros tat sich das »Central Office« schwer, die Kontrolle über die Umsetzung der IPPNW-Politik an eine zusätzliche Ebene abzugeben. Aus seiner Sicht musste die Ausdifferenzierung der Kommunikationswege und Gremien mit einer erhöhten Sorgfalt einhergehen, damit die IPPNW ungebrochen als international agierender Solitär wahrgenommen werden würde. Nationale Sektionen konnten weiterhin unter ihren jeweiligen Vereinsnamen und mit Bezug auf nationale Besonderheiten agieren, sollten aber immer auch IPPNW-Grundsätze vertreten. Einer Ärzte-Gruppe aus Wales begegnete Eric Chivian mit einigem Unverständnis, als diese eine »IPPNW Wales« einrichten wollte, würden dadurch doch die Grenzen zwischen nationalen Gruppen und IPPNW verwischt. Vielmehr sollten sich die walisischen Ärzte als regionale Gruppe der britischen MCANW konstituieren.[73]

In dieser Phase zeichnete sich eine bemerkenswerte Veränderung in der Selbstwahrnehmung der Ärzte ab, durch die auch die Grenzen der blockübergreifenden Idee deutlich

---

70 Horst-Eberhard Richter, Some Remarks on the Theme of Workshop 8 »Physicians and the Public/Media«, [Juni 1983], Harvard Medical Library in the Francis A. Countway Library of Medicine, IPPNW Records (H MS c408), box 17/54.
71 *Andrew Orkin*, Soviet Physicians against Nuclear War: a PR Ploy?, in: Canadian Medical Association Journal 130, 1984, S. 464–466.
72 Schon seit Herbst 1982 agierte Marlene Laubli als Consultant zwischen London und Boston, die im Anschluss an die Amsterdamer Konferenz die Einrichtung eines European Office koordinierte.
73 Brief Eric Chivian an Dr. M.J. MacPherson, Cardiff, 25.3.1983, Harvard Medical Library in the Francis A. Countway Library of Medicine, IPPNW Records (H MS c408), box 6/21.

wurden. Die IPPNW hatte, maßgeblich aus Boston gesteuert, ein erkennbares Profil entwickelt, das sie auf der internationalen Bühne jedoch nur erfolgreich einsetzen konnte, wenn sie zum einen konkrete Forderungen formulierte, die sich erfüllen und die in den Medien entsprechend präsentiert werden konnten. So lag der Amsterdamer Konferenz nicht mehr nur ein Grußwort der sowjetischen, sondern auch der amerikanischen Regierung vor – ein Umstand, der in der Presse als Erfolg auf dem Weg zum Dialog zwischen den Blöcken gewertet wurde.[74] Zum anderen mussten die Bostoner Ärzte lernen, die unterschiedlichen Ansätze ihrer Sektionen zuzulassen, um die nationale Verankerung zu ermöglichen. So hatten sie Anfang 1983 mehrmals das niederländische Organisationskomitee besucht und Vorschläge zur besseren Vermarktung der Konferenz oder zum Umgang mit der Presse gemacht. Die Niederländer nahmen diese zwar freundlich an, verbaten sich aber vorsorglich jede Einmischung bei der inhaltlichen Gestaltung, vor allem auf den Panels.[75] Die niederländische Sektion war ähnlich wie die skandinavischen sehr basisorientiert und reagierte sensibel auf Anweisungen ›von oben‹.

In Westdeutschland hatte die IPPNW-Sektion von Beginn an über das eigene Profil innerhalb der internationalen Organisation und zugleich innerhalb der nationalen Friedensbewegung gestritten. Nach der politischen Niederlage der Friedensbewegung Ende 1983 wurde die Selbstfindung akut. Die westdeutsche Sektion musste sich nach dem Aufrüstungsbeschluss nicht nur mit ihren inhaltlichen Ansprüchen und den einer effektiven Organisation auseinandersetzen, sondern auch mit der Frage, wie sie ihren Rahmen innerhalb der Friedensbewegung absteckte. Bislang war die Mobilisierung von Ärzten im Rahmen der gesamten Friedensbewegung und ihrer Ziele möglich gewesen, aber nach 1983 konnte man sich nicht mehr auf einen gesellschaftlichen Sog verlassen. Für eine Verstetigung der Arbeit musste die Sektion – ähnlich wie ein Interessenverband – gegenüber den Ärzten eine Mitgliedschaft plausibel begründen.[76] Zwar hatten bis zum Sommer 1983 knapp 6.000 Ärzte die Frankfurter Erklärung unterschrieben und galten somit als Anhänger der IPPNW, aber weniger als ein Drittel von ihnen war auch zahlendes Mitglied des Vereins.[77] Dieses Verhältnis veränderte sich auch nicht nach dem Godesberger Protest – einer Aktion, die 70.000 DM gekostet hatte.[78] Der friedenspolitische Output des Vereins hing bis zu diesem Zeitpunkt vom intensiven Engagement jedes einzelnen Mitglieds ab und war nicht systematisch gewährleistet. Typischerweise standen im Wochenkalender jedes aktiven Mitglieds »zwei Abendveranstaltungen, Mitorganisation einer lokalen Ärzte-Initiative, Beteiligung an einer lokalen Friedensinitiative, Organisation von Regionalaktionen […], Drucklegung und Versand von IPPNW-Plakaten« und vieles mehr.[79]

Die westdeutsche Sektion finanzierte sich hauptsächlich durch Mitgliedsbeiträge, die über lange Zeit bei monatlich 20 DM lagen; die relativ hohen Tagungsgebühren sollten diesen verhältnismäßig niedrigen Betrag gegenfinanzieren. Dennoch blieb die Finanzierung und die Verteilungsfrage ein Dauerthema in der Sektion wie im »Central Office«. Diesem floss theoretisch von jeder Sektion eine Pauschale pro Mitglied zu. Aber das System wurde schon allein durch die Tatsache auf die Probe gestellt, dass aus vielen östlichen Sektionen nur jährliche Pauschalbeiträge eintrafen. Vor dem Hintergrund der ver-

---

74 Reagan Greets Peace Activists, in: Los Angeles Times, 19.6.1983.
75 Note to IPPNW Staff and Board from Joseph Goodman, Re: Visit to Holland, 9.3.1983, Harvard Medical Library in the Francis A. Countway Library of Medicine, IPPNW Records (H MS c408), box 11/9.
76 *Wolfgang Streeck*, Vielfalt und Interdependenz. Überlegungen zur Rolle von intermediären Organisationen in sich ändernden Umwelten, in: Kölner Zeitschrift für Soziologie und Sozialpsychologie 37, 1987, S. 471–495.
77 Neueste Statistik, Stand 9.9.1983, FZH Archiv, 16.3.A/2.1.2.
78 Brief Till Bastian an Sprecher und Vorstand, 1.11.1983, FZH Archiv, 16.3.A/2.1.2.
79 Brief Harald Theml an Vorstand und Beirat, [25.10.1983], FZH Archiv, 16.3.A/2.1.2.

breiteten Fundraising-Kultur in den USA organisierte sich die IPPNW-Zentrale zügig als professioneller Spendenakquisiteur und Finanzverwaltung.[80] Da die Förderungen nur mit entsprechender Erfolgsbilanz weiterflossen und zudem die Konkurrenz an Initiativen, Kampagnen und Organisationen, die sich in der Friedens- und Umweltbewegung engagierten, wuchs, bemühte sich jedoch auch die amerikanische Sektion PSR frühzeitig um eine breite Finanzierung nicht nur durch Mitgliedsbeiträge, die größtenteils in den »Chaptern« blieben, sondern auch aus Stiftungen. Die offensive Einwerbung von Mitteln beeinflusste das professionelle Selbstverständnis, auf dessen Grundlage die PSR davon ausging, in Washington Einfluss nehmen zu können.[81] Die PSR war zwar wie die westdeutsche Sektion der IPPNW eine Mitglieder- und somit Massenorganisation, propagierte aber selbstbewusst ihr Selbstverständnis als »grassroot organization of experts«.[82]

In der westdeutschen Sektion setzte sich erst mit Verzögerung eine Organisationsführung durch, die sich auch an Marketingaspekten orientierte. Dazu trug bei, dass zu Beginn der 1980er Jahre die Marketinginstrumente zur Geldeinwerbung zwar im humanitären Bereich, aber noch nicht in bewegungsaffinen Basisorganisationen entfaltet waren.[83] Vereine und gemeinnützige Einrichtungen finanzierten sich in der Regel durch Mitgliederbeiträge, und in der westdeutschen Sektion zögerte man zudem bei jedem Schritt, der die Sektion in eine professionelle Institution verwandeln und der dezentralen, regional verankerten Struktur widersprechen könnte. Zugleich sah man die Notwendigkeit, Abläufe und Außenwirkung effizienter steuern zu müssen. Es dauerte somit zwei Jahre, bis Anfang 1984 eine Geschäftsstelle eingerichtet und einer der Ärzte als fest angestellter Geschäftsführer eingesetzt werden konnte.[84]

Mit der Vollzeit-Geschäftsführerstelle für Till Bastian wurde ein erster Schritt zur Entlastung und Systematisierung getan, wobei es nun darauf ankam, die neuen Kommunikationswege mit geringen Reibungsverlusten zu etablieren. Bis dahin hatte Horst-Eberhard Richter den Posten des »Als-ob-Geschäftsführers« mit seiner fachlichen Autorität und mit gruppentherapeutischem Fingerspitzengefühl ausgefüllt.[85] Auch wenn der nun eingesetzte, bezahlte Geschäftsführer aus der Bewegung kam und selbst Arzt war, erhöhten sich die Erwartungen an Transparenz und Leistungsfähigkeit. Bastian bemühte sich auch im Nachgang zur Godesberger Protestveranstaltung, den Mehrwert der Heidesheimer Ge-

---

80 Nicht nur über die katholische, sondern auch zunehmend professionelle Konkurrenz aus anderen Milieus und Institutionen in den USA vgl. *Mary J. Oates*, The Catholic Philanthropic Tradition in America, Bloomington 1995. Mit Beiträgen, die auch in die jüngere Zeitgeschichte reichen: *Thomas Adam/Simone Lässig/Gabriele Lingelbach* (Hrsg.), Stifter, Spender und Mäzene. USA und Deutschland im historischen Vergleich, Stuttgart 2009.
81 Als eine steuerbegünstigte »non-profit educational organization« war es der PSR nicht erlaubt, die Gesetzgebung durch »propaganda« oder »action« zu beeinflussen. Die internen Richtlinien hielten deshalb alle Mitglieder dazu an, in erster Linie Analysen und Daten zur Verfügung zu stellen und beim Kontakt mit Regierungsstellen als »technische Berater« aufzutreten. Vor diesem Hintergrund professionalisierte die PSR zügig ihr indirektes Lobbying vor allem beim Umgang mit Medienvertretern. Vgl. Policy on Public Speaking and The Doctor as Teacher. Role of the Media, [1980], Swarthmore College Peace Collection, Physicians for Social Responsibility Acc. 94A–073 Series II, Box 35/Folder 1980.
82 Memo: To Jane Wales, ED; from Mary Lord, Director Planning and Development; Re Goals, Objectives, Strategy and Structure for PSR, 2.6.1983, Swarthmore Peace Collection, Physicians for Social Responsibility Acc. 94A–073 Series II, Box 39/Folder PSR Board of Directors.
83 *Lingelbach*, Die Entwicklung des Spendenmarktes, S. 269–287.
84 Zur notwendigen Umstrukturierung der zuvor hauptsächlich in Richters Gießener Büro bewältigten administrativen Aufgaben und zur Einrichtung einer Geschäftsstelle in Heidesheim mit dem Geschäftsführer Till Bastian vgl. unter anderem Brief Till Bastian an IPPNW-Kolleginnen und Kollegen, 3.11.1983; Brief Horst-Eberhard Richter an Mitglieder der IPPNW, 10.11.1983, FZH Archiv, 16.3.A/2.1.2.
85 Brief Horst-Eberhard Richter an Mitglieder der IPPNW, 10.11.1983, FZH Archiv, 16.3.A/2.1.2.

schäftsstelle allen Mitgliedern deutlich zu machen. Vor allem müsse die Pressearbeit angekurbelt und die vereinsinterne Kommunikation verbessert werden.[86] Da das internationale Auftreten der IPPNW »von den beiden Großmächten geprägt wird«, galt es auch hier, kritisch Einfluss zu nehmen.[87] Bastians Appell, die IPPNW dürfe nicht nur in Kongresshallen, sondern müsse auch auf der Straße präsent sein, kann in diesem Kontext verortet werden, denn dem neuen Geschäftsführer war daran gelegen, die westdeutsche Sektion nicht nur als Teil eines internationalen Expertennetzwerks zu präsentieren. Mit dem nächsten nationalen Kongress im März 1984 in Tübingen und den parallelen Straßenaktionen wollte die westdeutsche Sektion ihr Auftreten und ihre Wirkung nachhaltig verbessern – erstmals trat die westdeutsche Sektion als Mitveranstalter der Konferenz auf und sicherte sich damit mehr Einfluss auf den Ablauf. Die dahinterstehenden Überlegungen waren nicht mehr allein vom Wunsch getragen, als Ärzte zur atomaren Abrüstung beizutragen, sondern auch von Schlussfolgerungen, wie die vorhandenen Ressourcen situativ optimal genutzt werden könnten. Insofern setzte neben der fachlichen und emotionalen Auseinandersetzung eine organisatorische Verbesserung im anti-atomaren Ärzte-Protest ein.

War es auf internationaler Ebene um eine Einhegung der amerikanischen Dominanz innerhalb der IPPNW gegangen, mussten sich die westdeutschen Ärzte nun damit beschäftigen, wie die europäischen Interessen zu koordinieren waren oder welches Alleinstellungsmerkmal sie in der deutschen Friedensbewegung auszeichnete. Im Februar 1984 gab Richter der Leitungsebene des Vereins zu bedenken:

»So sehr wir mit der allgemeinen Friedensbewegung darin übereinstimmen, daß der Kampf gegen die weitere Stationierung wichtig ist, so darf unsere IPPNW-Sektion nicht konturlos mit dem Raketen-Protest identisch werden. Zweitens wird es von vielen von uns frustrierend und gewiß von der Öffentlichkeit als eher langweilig empfunden (sofern das überhaupt an die Öffentlichkeit dringt), wenn wir uns nur daran anhängen, was andere erdacht und gemacht haben.«[88]

In der Tat unterschieden sich die Ärzte vor allem in ihrer Binnenintegration von anderen Gruppen der Friedensbewegung, die vor allem durch die medizinische Ethik und das politische Thema »Zivilschutz« funktionierte. Während konservative oder ältere Ärzte wie Ulrich Gottstein auch für das Auftreten in der Öffentlichkeit eher fachbezogene Themen und Formen bevorzugten, forderten jüngere Kollegen, man dürfe sich nicht auf »Informationsveranstaltungen, Kongresse, Vorträge usw., so wichtig auch all dies sein mag, beschränken«.[89] Die im Herbst 1983 geübte Protestpraxis der Ärzte orientierte sich an den üblichen Demonstrationsformen und hatte zugleich das Berufsgruppenmerkmal der Ärzte hervorgehoben. Aber über kurz oder lang würde die Markierung der eigenen Gruppe durch das Tragen weißer Ärztekittel nicht ausreichen, um sich von anderen abzuheben, zumal die Zahl berufsbezogener Friedensinitiativen in dieser Phase sehr hoch war. Mit den Initiativen der Psychologen, Informatiker, Naturwissenschaftler, Richter und Staatsanwälte hatte die westdeutsche IPPNW gemeinsame Anzeigen geschaltet, aber im Unterschied zu diesen generell lokal entstandenen Initiativen wollten die Ärzte über die kollektive Bindung ihrer Profession und die symbolische Wirkung in die Öffentlichkeit hinausgehen und ihr spezifisches Fachwissen zur politischen Aufklärung einsetzen.

Das mitunter schwierige Aufeinandertreffen von Interessen der Basis und Vorstellungen der Führungsebene ähnelte sich auf internationaler und nationaler Ebene. International wie national pflegte die IPPNW für Kongresse das Prinzip der rotierenden Veranstal-

---

86 Brief Till Bastian an Sprecher und Vorstand, 1.11.1983; Brief Till Bastian an IPPNW-Kolleginnen und Kollegen, 3.11.1983, FZH Archiv, 16.3.A/2.1.2.
87 Ebd.
88 Brief Horst-Eberhard Richter an Sprecher und Beirat, 1.2.1984, FZH Archiv, 16.3.A/2.1.2.
89 Rundbrief Till Bastian an Mitglieder IPPNW, 9.11.1983, FZH Archiv, 16.3.A/2.1.2.

tungsorte, die dann von der jeweiligen Gruppe vor Ort organisiert wurden. In der Bundesrepublik sollten dann je nach Stärke der örtlichen Ärzte-Initiative die Tagung oder Aktionen gestaltet werden, seit April 1983 immer in enger Absprache mit dem Vorstand und Beirat des Vereins.[90] Die Demonstration in Bad Godesberg im Oktober 1983 verlief auch deshalb wenig befriedigend, weil keine starke örtliche Initiative die Detailplanung hatte übernehmen können. Bei den nationalen Kongressen kritisierten die Aktiven vor Ort oft die Informationspolitik von Vorstand und Beirat als einerseits unzureichend und andererseits zu bestimmend. Diese Konstellation war in unterschiedlichen Ausprägungen ein grundsätzliches Merkmal der internen Abläufe in der IPPNW.[91]

Die Umstrukturierung der nationalen Sektion zahlte sich beim Kongress in Tübingen im März 1984 aus. Die Werbung im Vorfeld, das Rahmenprogramm in Schulen oder auf der Straße und die Einladung prominenter oder streitbarer Gäste schlugen sich in einer breiten Presseresonanz nieder. Zum ersten Mal konnten Vertreter der Bundesärztekammer als Diskussionsteilnehmer gewonnen werden und unter dem Titel »Unser Eid auf Leben verpflichtet zum Widerstand« war Walter Jens als ein Hauptredner eingeladen, dessen Vortrag die ZEIT in Gänze abdruckte.[92] Darin spannte der Rhetorikprofessor und Medienkritiker den ethischen Bogen von Sokrates über den Nationalsozialismus bis zur Apparatemedizin, in dem sich Mediziner des Atomzeitalters bewegten. Wissenschaft per se generiere keinen Moralkodex, sondern nur der Wissenschaftler durch sein Tun. Die tageszeitung (taz) mokierte sich über diesen und andere Prominente aus dem Kulturbetrieb, die dem Ärztekongress zu größerer Resonanz als bislang verholfen und den Ärzten vor allem »eine Streicheleinheit nach der anderen« verpasst hätten.[93] Die aus dem Bewegungsmilieu stammende »taz« sah mit der IPPNW vor allem einen finanziell gut ausgestatteten und männlich dominierten Friedens-Club agieren.

Die Ärzte hatten in Tübingen ihren Aktions- und Medienradius deutlich ausweiten können, womit sich aber nicht nur Erfolge, sondern auch neue Konfliktlinien abzeichneten. Horst-Eberhard Richters Gespür für gruppendynamische Prozesse ließ ihn in dieser Phase an die Selbstfindungskräfte der Ärzte mahnen, denn nach der »erreichten inneren Konsolidierung« müsse der Verein »neben der Fortsetzung unseres Kampfes in puncto Katastrophenmedizin und Zivilschutz mehr nach außen gehen«. Richter spitzte die Profilfrage zu und fragte seine Kollegen auf der Leitungsebene, ob die westdeutsche Sektion nunmehr als ein Honoratiorenverband und als »elitäre Akademikerangelegenheit« zu verstehen sei oder ob man im Selbstverständnis der Basisgruppen arbeite.[94] Er sah Berührungsängste mit Gewerkschaften oder anderen Initiativen und nahm Vorwürfe wahr, die »feinen Ärzte« müssten angesichts der nachlassenden Mobilisierungskraft in der Friedensbewegung den »anderen mehr helfen«.[95]

Die Sorge um den Charakter der IPPNW war im Sommer 1984 nicht nur auf nationaler Ebene spürbar. Auch das blockübergreifende Kernstück der internationalen Dachorganisation ließ sich nicht unhinterfragt aufrechterhalten. Ausgerechnet in Helsinki während der vierten internationalen Konferenz wich der sowjetische Ko-Präsident der Organisation Chazov von seinem bislang stoisch verfolgten bilateralen Aufklärungsmodus ab und äußerte sich einseitig zur amerikanischen Regierungspolitik. Die europäischen Sektionen wa-

---

90 Auf der 3. Mitgliederversammlung in München im April 1983 wurde der Beschluss gefasst, die Organisation nicht mehr allein den Ärzte-Initiativen vor Ort zu überlassen.
91 Zur Essener Tagung 1987, unter anderem Aussendungen an den Vorstand, FZH Archiv, 16.3.A/2.3.1.
92 *Walter Jens*, Hippokrates und Holocaust, in: Die ZEIT, 18.5.1984.
93 »Partisanen der Humanität«. 4. Medizinischer Kongreß der Ärzte gegen Atomkrieg in Tübingen, in: taz, 2.4.1984.
94 Brief Horst-Eberhard Richter an Sprecherrat und Beirat, 12.4.1984, FZH Archiv, 16.3.A/2.1.2.
95 Brief Horst-Eberhard Richter an Sprecherrat und Beirat, 12.4.1984, FZH Archiv, 16.3.A/2.1.2.

ren empört, und auch die Presse griff Chazovs Tenor kritisch auf.[96] Auch Lown zeigte sich mit Blick auf die symbolpolitische Wirkung und Integrationskraft der IPPNW nachdenklich, er befürchtete, sie könne durch »national or block loyalties« von innen zersetzt werden.[97] Deshalb stellte er seinen Kollegen Ende 1984 die Gretchenfrage: »How do we influence the political process without becoming a political group?«[98] Erstmals formulierte Lown offen seine Enttäuschung, dass der Handlungsspielraum der sowjetischen Kollegen in der IPPNW weiterhin erheblich eingeschränkt blieb und wenig dazu beitrug, die polarisierte Weltsituation wenigstens innerhalb der IPPNW abzubauen. Auch die Mitglieder des »International Council« diskutierten über die Frage, wie die Organisation nicht nur angesichts der heiklen internationalen Konstellation, sondern auch im Zuge ihrer Ausweitung ihre »professional credibility« bewahren könne. Abhilfe schien nur die Einrichtung weiterer Gremien zu versprechen, die sich, etwa wie das internationale Strategie- und Planungskomitee, mit solchen Fragen beschäftigen sollten.[99]

IV. BLOCKÜBERGREIFENDE INTERNATIONALITÄT IM KALTEN KRIEG 1985

Im Oktober 1985 gab das Nobelpreiskomitee bekannt, der IPPNW den Friedensnobelpreis zu verleihen. Der Preis bedeutete aus Sicht der Ärzteorganisation internationale Anerkennung und einen Popularitätsschub, geriet aber auch zu einer öffentlichen Herausforderung für ihr Selbstverständnis. Wie in einem Brennglas verdeutlichte die in der Bundesrepublik geführte politische Diskussion um die Vergabe des Friedensnobelpreises an eine Ost-West-Organisation die spezifische Bedeutung von Internationalität im Zeichen des Kalten Kriegs der 1980er Jahre. Der Friedensnobelpreis honorierte und popularisierte zum einen die blockübergreifende Idee der IPPNW und führte zum anderen vor Augen, wie sehr diese Idee in den Kategorien des Kalten Kriegs operierte und deshalb an die Grenzen ihrer Glaubwürdigkeit stieß.

In der Bundesrepublik löste die Verleihung des Friedensnobelpreises ein enormes Presseecho und vielfältige öffentliche Reaktionen aus.[100] Der kurz nach der Verkündung abgehaltene nationale Kongress der westdeutschen Sektion in Mainz geriet zum Medienereignis. Bastian stellte fest: »wir sind jetzt wer in der Öffentlichkeit«.[101] Insgesamt erhoffte man sich bei der IPPNW, der Nobelpreis würde die Ärzte als »akzeptableren Gesprächspartner« für die Politik aufwerten.[102] Während die Beitrittserklärungen und Anfragen anstiegen, mussten sich Geschäftsführung und Vorstand nach der Verkündung zugleich mit Kritik der Bundesregierung am sowjetischen Part innerhalb der Organisation auseinandersetzen. Des »Kanzlers Kettenhund« Heiner Geißler ging hierbei gegen die gesamte IPPNW vor, deren Ko-Präsident Chazov 1973 eine Erklärung gegen Andrej Sacharow mit unter-

---

96 *Horst Bacia*, »Die Welt spielt eine neue Version von russischem Roulette«. Kongreß der »Internationalen Ärzte für die Verhütung des Atomkrieges«, in: Frankfurter Allgemeine Zeitung, 9.6.1984.
97 Brief Bernard Lown an Susan Hollan, 11.10.1984, Harvard Medical Library in the Francis A. Countway Library of Medicine, IPPNW Records (H MS c408), box 19/6.
98 Telex Lown an Andy Haines, 18.11.1984, Harvard Medical Library in the Francis A. Countway Library of Medicine, IPPNW Records (H MS c408), box 19/5.
99 Minutes International Council, Helsinki, 3.6.1984, Harvard Medical Library in the Francis A. Countway Library of Medicine, IPPNW Records (H MS c408), box 19/6.
100 Vgl. unter anderem *Günter Barudio*, Der Friedens-Nobelpreis von 1983 bis 1988. Lech Walesa, Desmond Mpilo Tutu, Internationale Ärzte gegen Atomkrieg (IPPNW), Elie Wiesel, Oscar Arias Sánchez, UNO-Friedenstruppen, Zug 1993.
101 Brief Horst-Eberhard Richter an Vorstand und Beirat, [November 1985], FZH Archiv, 16.3.A/ 2.1.7.
102 Brief Helmut Koch an Vorstand und Beirat, 6.11.1985, FZH Archiv, 16.3.a./2.1.7.

schrieben hatte, der die sowjetische Rüstungspolitik kritisierte.[103] Geißlers Attacken waren unverhältnismäßig, aber nutzten einen Schwachpunkt der IPPNW gekonnt aus. Denn seit dem KSZE-Prozess und dem Einsetzen der osteuropäischen Oppositionsbewegungen war die Menschenrechtsfrage im Ost-West-Verhältnis keine abstrakte Größe mehr und ihr Beschweigen von westlichen Vertretern fiel umso mehr auf. Nach der von Lown vertretenen offiziellen Lesart der IPPNW verzichtete diese auf alle kompromittierenden Themenfelder, um eine Zusammenarbeit mit der sowjetischen Seite überhaupt zu ermöglichen. Erst die Lösung des atomaren Konflikts würde den Weg frei machen, um über alle anderen Probleme zu verhandeln. Dies war der symbolpolitische Kern der amerikanisch-sowjetischen Ärzte-Initiative, dem ein Großteil der westdeutschen Sektion bislang mit Skepsis und stillschweigend zugestimmt hatte. Nun war sie zu Stellungnahmen aufgefordert.

Geißlers Fokus auf Sacharows Verbannung war mit Bedacht und mit Blick auf die besondere deutsch-deutsche Situation gewählt. Denn der westdeutschen Öffentlichkeit war seit der Neuen Ostpolitik in den 1970er Jahren die Menschen- und Bürgerrechtspolitik der DDR in vielen Facetten bekannt. Geißlers Aussage vor der rheinland-pfälzischen CDU, Chazov habe an mehreren Menschenrechtsverletzungen mitgewirkt und die Nobelpreisverleihung an die IPPNW sei eine Schande, wurde von allen Fernsehsendern aufgegriffen und in den Abendnachrichten ausgestrahlt. Horst-Eberhard Richter wurde am späten Nachmittag desselben Tages durch einen Reuter-Redakteur informiert und bemühte sich bis zum Abend, in allen Sendern eine Gegendarstellung der westdeutschen Sektion unterzubringen. Zu diesem Zeitpunkt gingen er und seine Kollegen von einer antikommunistischen Diffamierungskampagne aus und wiesen Geißlers Vorwürfe als »haltlose Verdächtigungen« zurück.[104] In der Tat konnte Geißler nur auf Chazovs Unterschrift von 1973 verweisen, jedoch blieb das Handicap der blockübergreifenden Idee der Organisation von nun an in den Medien präsent.[105] Innerhalb der westdeutschen Sektion war, auch nach Absprache mit Boston, ein offensiver Kurs vereinbart worden, der vor allem von Richters und Bastians Medienarbeit geprägt war, die ein Abrücken von Chazov als den »Anfang von unserem Ende« einschätzten.[106] Sie sahen in Geißlers Angriff vor allem ein innenpolitisches Manöver gegen die Ärzte-Opposition zur Zivilschutzpolitik, das mit einem Verweis auf die internationale Relevanz der IPPNW entkräftet werden sollte. Gerade weil die erneuten Genfer Abrüstungsverhandlungen ergebnislos geblieben seien, agiere die IPPNW »als eine Art ›Dauer-Genf‹, nur viel konkreter«.[107]

Die Vorwürfe, bei der westdeutschen IPPNW handele es sich um eine Art kommunistische Frontorganisation, mussten die Aktiven in eine geradezu schizophrene Situation versetzen.[108] Schließlich versuchten sie seit Jahren, einerseits innerhalb der Friedensbewegung als eigenständige, aber nicht elitäre Organisation neben anderen Vereinigungen anerkannt zu werden. Andererseits bemühten sie sich bei der Planung regionaler Aktionen, die im Namen der IPPNW stattfanden, Ärzte-Initiativen mit DKP-nahen Mitgliedern zu

---

103 »Feig und faul«, in: Der SPIEGEL, 18.11.1985.
104 Protokoll der Ereignisse vom 9.11.1985, Horst-Eberhard Richter, FZH Archiv, 16.3.A/2.1.7.
105 Vgl. »Druck auf Tschasow«, in: taz, 15.11.1985; »Fauler Friede«, in: taz, 16.11.1985; Heiner Geißler bleibt sich treu. Der schlimmste Hetzer seit Goebbels, in: Vorwärts, 16.11.1985.
106 Brief Till Bastian an Vorstand und Beirat, 12.11.1985, FZH Archiv, 16.3.A/2.1.7.
107 Ebd.
108 Dass es sich hierbei nicht bloß um eine zeitgebundene Zuspitzung handelte, zeigt die nach wie vor nicht abgeschlossene Diskussion über einen möglichen Einfluss der Sowjetunion oder der DDR auf die westdeutsche Friedensbewegung. Vgl. *Gerhard Wettig*, Die Sowjetunion in der Auseinandersetzung über den NATO-Doppelbeschluss 1979–1983, in: VfZ 57, 2009, S. 217–260; die Entgegnung von *Holger Nehring/Benjamin Ziemann*, Führen alle Wege nach Moskau? Der NATO-Doppelbeschluss und die Friedensbewegung – eine Kritik, in: VfZ 59, 2011, S. 81–100. Eine Antwort darauf: *Gerhard Wettig*, Der Kreml und die Friedensbewegung Anfang der achtziger Jahre, in: VfZ 60, 2012, S. 143–150.

marginalisieren. Aber die internationale Situation und nationale Reaktion darauf forderte die Sektionsleitung nun heraus, ein prosowjetisches und gleichzeitig überparteiliches Bekenntnis abzulegen. Politisch ging es bei dem Streit um die Frage, wieweit Friedensarbeit in den Koordinaten des Kalten Kriegs möglich war, ohne auf Menschenrechtsfragen explizit einzugehen. Auf der Ebene der Organisation kollidierten im Streit um den Friedensnobelpreis die internationalen und nationalen Interessen der IPPNW; er zwang sie zur Geschlossenheit und leitete zugleich ihre Differenzierung ein.

Innerhalb der westdeutschen Sektion führte die Auseinandersetzung nicht so sehr zu einem Aufgreifen der konkreten Menschenrechtsfrage als vielmehr zu einem erneuten Schub in der Selbstfindung, zu der auch eine Themenausweitung und eine Abgrenzung von der internationalen Ebene gehörten. Denn es stellte sich unter anderem heraus, dass es zahlreiche regionale Ärzte-Gruppen gab, die zwar formal der IPPNW angehörten, aber sich nicht als Teil der internationalen Organisation begriffen. Geschäftsführung und Vorstand verstärkten erneut ihre Öffentlichkeitsarbeit, die auch eine umfangreiche Information der Mitglieder beinhaltete. Bis zum nächsten internationalen Kongress, der 1986 in Köln stattfand, setzte sich dieser kritische Prozess fort. Schließlich standen, zum Teil ungewollt, zum Teil forciert, in Köln zwei Themen zur Debatte, die die westdeutsche Sektion auf Jahre beschäftigen sollten: die nationalen Auswirkungen der Reaktorkatastrophe in Tschernobyl und die nationalsozialistische Vergangenheit deutscher Mediziner.

Das Jahr 1985 veränderte die IPPNW nicht schlagartig, sondern markierte den Übergang zu einem gewandelten politischen Selbstverständnis als internationale Friedensorganisation. Drei Entwicklungen trafen in dem Jahr zusammen. Erstens kamen der 1983 in Amsterdam begonnene internationale Institutionalisierungsprozess und der Ende desselben Jahres in der westdeutschen Sektion begonnene Aufbau professioneller Strukturen zu einem ersten Ende. Die Institutionalisierung ging mit der Erkenntnis einher, die blockübergreifende Symbolik pragmatisch und nicht als Alleinstellungsmerkmal der IPPNW einsetzen zu können. Zweitens war der bis zu diesem Zeitpunkt eingeübte professionelle Umgang mit Medien und Marketinginstrumenten umso notwendiger, weil der Niedergang der Friedensbewegung seit dem Nachrüstungsbeschluss durch systematische Kampagnen- und Tagungsarbeit aufgefangen werden musste.[109] Drittens wirkte sich die internationale Anerkennung durch den Friedensnobelpreis unmittelbar auf die zukünftige nationale Sektionsarbeit aus, war aber zunächst eine nachträgliche Beglaubigung des Engagements in den vorherigen Jahren. Der Friedensnobelpreis fiel zusammen mit dem Ende der angespannten internationalen Konfliktsituation, denn im November 1985 trafen sich der neue Generalsekretär der KPdSU Michail Gorbatschow und der amerikanische Präsident Ronald Reagan erstmals zu Verhandlungen in Genf, nachdem es seit 1983 keine Gespräche zwischen den beiden Staaten gegeben hatte.[110] Für die Friedensbewegung war dies ein Erfolg der eigenen Arbeit, aber es bedeutete auch, dass die Konfliktsituation nicht mehr eindeutig verhärtet war und somit die Friedensarbeit komplizierter und differenzierter wurde. Die IPPNW stellte sich mit einer deutlich national ausgerichteten Friedensarbeit darauf ein.

---

109 Vgl. hierzu die Bedeutung des Koordinierungsausschusses für die Friedensbewegung generell: *Thomas Leif*, Die professionelle Bewegung – zentrale Entscheidungsgremien und Meinungsführer, in: *Josef Janning/Hans-Josef Legrand/Ulrich Albrecht* (Hrsg.), Friedensbewegungen. Entwicklung und Folgen in der Bundesrepublik Deutschland, Europa und den USA, Köln 1987, S. 54–63.
110 Vgl. die Einordnung dieser Phase in den gesamten Kalten Krieg bei *Gordon S. Barrass*, The Great Cold War. A Journey Through the Hall of Mirrors, Stanford, CA 2009.

V. Fazit

So, wie die erste große Mobilisierungswelle gegen die atomare Bedrohung in den 1950er Jahren als Selbstverständigungsprozess der jungen Bundesrepublik interpretiert wird[111], gilt auch die zweite, weitaus größere Welle der frühen 1980er Jahre als Ausdruck gesellschaftlicher Veränderungen.[112] Mit der Nachrüstungsentscheidung 1983 ließ die Mobilisierung der Kriegsgegner deutlich nach und brach die bis dahin vermeintliche Geschlossenheit der Friedensbewegung auseinander. Dennoch entpuppte sich die Niederlage in der Frage der NATO-Nachrüstung längerfristig als eine substanzielle Erfahrung der teilnehmenden Aktiven auf politischer und organisatorischer Ebene und bildete den Hintergrund für die Herausbildung »engagierter Profis« in der Friedensarbeit.[113] Hatte noch zu Beginn der 1980er Jahre die internationale Friedensidee als Mobilisierungskitt lokale, nationale und internationale Interessen bis zu einem gewissen Grad binden können, setzte nach 1983 eine internationale Differenzierung und nationale Profilbildung ein.[114] So wie in den gesamten Neuen sozialen Bewegungen setzte sich auch in der westdeutschen Friedensbewegung die Institutionalisierung als konsequente Folge in der Auseinandersetzung mit dem Staat durch.[115] Hierbei etablierten sich endgültig neue Protestformen und neue Akteure in der öffentlichen politischen Diskussion. In diesem Kontext müssen die »Internationalen Ärzte zur Verhütung des Atomkrieges« verortet werden.

Als sich die Dachorganisation der IPPNW 1980 in Boston gründete, war ihr erstes und einziges Ziel, mithilfe ihrer medizinischen Expertise blockübergreifend Politiker von einer anti-atomaren Abrüstungspolitik zu überzeugen. Die Ost-West-Ärzte-Initiative bildete einen Gegenentwurf zur angespannten internationalen Situation, die ihre mobilisierende Kraft durch die medial vermittelbare Symbolik ihrer Idee entfalten konnte. Diese Idee der blockübergreifenden Internationalität stieß jedoch an ihre Grenzen, als sich die IPPNW in den nationalen Kontexten etablieren und institutionalisieren musste.[116] Je mehr nationale Sektionen der IPPNW beitraten, desto mehr Rahmenbedingungen, Anliegen und auch Befindlichkeiten mussten integriert werden, um das Ziel in den Kampagnen und Konferenzen zu fokussieren.[117] Professionalisierung bedeutete vor allem für die nationa-

---

111 Forschungsstelle für Zeitgeschichte in Hamburg/Institut für Friedensforschung und Sicherheitspolitik/Carl-Friedrich von Weizsäcker-Zentrum für Naturwissenschaft und Friedensforschung (Hrsg.), »Kampf dem Atomtod!«. Die Protestbewegung 1957/58 in zeithistorischer und gegenwärtiger Perspektive, München/Hamburg 2009; *Holger Nehring*, Politics of Security. The British and West German Protests against Nuclear Weapons and the Cold War, 1957–1965, erscheint Oxford 2013.
112 *Philipp Gassert*, Viel Lärm und Nichts? Der NATO-Doppelbeschluss als Katalysator gesellschaftlicher Selbstverständigung in der Bundesrepublik, in: *ders./Tim Geiger* (Hrsg.), Zweiter Kalter Krieg und Friedensbewegung. Der NATO-Doppelbeschluss in deutsch-deutscher und internationaler Perspektive, München 2011, S. 175–202, hier: S. 176.
113 *Jenkes*, Friedensbewegung und Medien, S. 11.
114 Vgl. *Benjamin Ziemann*, Peace Movements in Western Europe, Japan and the USA since 1945. Introduction, in: Mitteilungsblatt des Instituts für soziale Bewegungen 32, 2004, S. 5–20, hier: S. 12.
115 In dieser Entwicklung flankiert von staatskritischen Intellektuellen wie Jürgen Habermas oder Claus Offe. Vgl. *Jens Hacke*, Staat in Gefahr. Die Bundesrepublik der 1970er Jahre zwischen Legitimationskrise und Unregierbarkeit, in: *Geppert/Hacke*, Streit um den Staat, S. 188–206, hier: S. 201.
116 *Sam Marullo/David S. Meyer*, Antiwar and Peace Movements, in: *David A. Snow/Sarah Anne Soule/Hanspeter Kriesi* (Hrsg.), The Blackwell Companion to Social Movements, Oxford 2004, S. 641–665, hier: S. 642.
117 *David A. Snow*, Framing Processes, Ideology, and Discursive Fields, in: *ders./Soule/Kriesi*, The Blackwell Companion to Social Movements, S. 380–405.

len Sektionen, sich über die eigene Rolle als Akteur innerhalb des nationalen und internationalen politischen Systems zu verständigen.

Die fortschreitende Institutionalisierung und Professionalisierung stand in keinem Widerspruch zu der zunehmenden Differenzierung innerhalb der Organisation, denn beides war die Folge von Lernprozessen im politischen Feld. Nach dem Aufbruch 1980 änderten sich mit dem Nachrüstungsbeschluss Ende 1983 die politischen und gesellschaftlichen Koordinaten für die Friedensbewegung. Auch die westdeutsche Sektion der IPPNW war unmittelbar vom Misserfolg der friedenspolitischen Zielsetzung betroffen und reagierte mit einer Sicherstellung ihrer Kommunikationswege. Die überwiegend lose assoziierten und politisch sehr unterschiedlichen Regionalgruppen mussten integriert und für die internationale Idee nachhaltig gewonnen werden. Gleichzeitig bemühte sich die Führungsebene gegenüber dem »Central Office« in Boston um Eigenständigkeit. Die nationalen Probleme wie der Zivilschutz und der innerärztliche Konflikt sollten auch auf dieser Ebene artikuliert werden.

Das blockübergreifende internationale Prinzip wirkte vor allem in der Initialphase der IPPNW produktiv nach innen und symbolpolitisch nach außen. In den ersten Jahren konnten durch symbolträchtige Medienereignisse die Einzigartigkeit der IPPNW und die Absurdität der atomaren Ost-West-Abschreckungssituation vor Augen geführt werden. Aber mit Ausweitung der IPPNW, die 1983 von der UNO als internationale Nichtregierungsorganisation anerkannt wurde, ließ sich dieses Prinzip nicht auf die Ebene des nationalen Engagements übertragen. Von Beginn an hatte es Kritik an einem vermeintlich zu unpolitischen Kurs gegeben, ab 1984 wurde das Spannungsverhältnis zwischen symbolpolitischem Anspruch, organisatorischer Praxis und nationalen Interessen akut und fand 1985 nach der Verleihung des Nobelpreises auch in den Medien seinen Niederschlag.

Die blockübergreifende Initiative änderte ihre friedenspolitische Funktion. War sie zu Beginn das symbolpolitische Kernstück der Ärzteorganisation, wurde sie im Laufe der Jahre vor allem durch Interventionen der Sektionen hinterfragt. Der Ost-West-Austausch der IPPNW hatte sich zunächst auf die offiziellen Kanäle zwischen West und Ost konzentriert, um den Abrüstungsdialog voranzutreiben. Aber mit der Zeit mehrten sich kritische Stimmen an diesem einseitigen Kurs und zugleich Eigeninitiativen, die auf alternative Kanäle zwischen West und Ost auswichen.[118] Bis 1986 dauerten die internen Diskussionen und Findungsphasen, wie sich die Ärzteorganisation jenseits ihres Engagements gegen Atomwaffen positionieren wolle, an. Die Ärzte mussten sich mit der zwiespältigen Situation auseinandersetzen, als internationale Organisation keineswegs ein übernationales Kollektiv zu bilden, sondern die Vereinigung zahlreicher sehr unterschiedlicher nationaler Einheiten zu sein.

---

118 Eine ähnliche zweiseitige Entwicklung beobachtet Burke bei der END: *Burke*, A Transcontinental Movement, S. 203.

Christoph Julian Wehner

Grenzen der Versicherbarkeit – Grenzen der Risikogesellschaft
Atomgefahr, Sicherheitsproduktion und Versicherungsexpertise in der Bundesrepublik und den USA

Ulrich Becks Buch »Risikogesellschaft. Auf dem Weg in eine andere Moderne« gehört ohne Zweifel zu den wirkungsstärksten sozialwissenschaftlichen Publikationen der 1980er Jahre. In essayistischem Stil verfasst, widmete sich die Studie dem Gestaltwandel westlicher Industrienationen im letzten Drittel des 20. Jahrhunderts. Im Unterschied zu »modernen« Gesellschaften, in denen die ungleiche Verteilung von Wohlstand und Reichtum als zentrales Konfliktfeld des Politischen identifiziert werden könne, kennzeichne »spätmoderne« Gesellschaften die Expansion kollektiver Risiken und Gefahren, welche wiederum als »Nebenfolgen« aus der technischen Entwicklung der Industriemoderne resultierten. »Not läßt sich ausgrenzen, die Gefahren des Atomzeitalters nicht mehr« – mit derart eingängigen Formeln verlieh Beck seiner Auffassung einer neuen Qualität von Umwelt- und Technikrisiken Ausdruck, die soziale, generationelle und territoriale Grenzen gänzlich übersteigen.[1] Das Buch war nur wenige Monate nach der Reaktorhavarie von Tschernobyl im April 1986 erschienen, und es war vor allem diese Gleichzeitigkeit, die der Hypothese von der »Risikogesellschaft« in der bundesdeutschen Öffentlichkeit prompt eine enorme Plausibilität verschaffte.[2] In Anbetracht der zahlreichen Katastrophenereignisse der letzten Jahre – von den Terroranschlägen in New York 2001 bis zur japanischen Erdbeben- und Atomkatastrophe 2011 – wirkt das Interpretament heute aktueller denn je: »Zu Risiken und Nebenwirkungen der Moderne fragt man am besten Ulrich Beck.«[3]

I. »RISIKOGESELLSCHAFT« ZWISCHEN ZEITDIAGNOSE UND HISTORIOGRAFISCHEM NARRATIV

Die anhaltend hohe Präsenz des Stichworts in der medialen Öffentlichkeit sollte allerdings nicht den Blick dafür verstellen, dass die »Risikogesellschaft« in der Zeitgeschichtsforschung erst in der letzten Zeit verstärkt reflektiert wird. Dabei lassen sich grundlegend zwei Rezeptionsformen unterscheiden: Zum Ersten ist das Feld der Sicherheitsgeschichte seit einigen Jahren im Auftrieb, was sich mittlerweile in einer ausdifferenzierten Forschungslandschaft sowie einer Fülle von Monografien und Aufsatzdarstellungen niederschlägt.[4] Der Begriff »Risikogesellschaft« dient hier oftmals zur Umschreibung eines historischen Zeitabschnitts, der sich von den ökologischen Konflikten der 1970er Jahre bis in die Gegenwart erstrecke und durch die Zunahme von spezifisch neuen Risiken, Be-

---
1 Vgl. *Ulrich Beck*, Risikogesellschaft. Auf dem Weg in eine andere Moderne, Frankfurt am Main 1986, S. 7.
2 Vgl. *Anselm Doering-Manteuffel/Lutz Raphael*, Nach dem Boom. Perspektiven auf die Zeitgeschichte seit 1970, 2., erg. Aufl., Göttingen 2010, S. 86.
3 *Gabriele Metzler*, Demokratisierung des Risikos? Ulrich Becks »Risikogesellschaft«, in: Zeithistorische Forschungen 7, 2010, H. 2, Abs. 3, URL: <http://www.zeithistorische-forschungen.de/16126041-Metzler-2-2010> [2.11.2011].
4 Vgl. als Überblick *Tatjana Tönsmeyer/Annette Vowinckel*, Sicherheit und Sicherheitsempfinden als Thema der Zeitgeschichte: Eine Einleitung, in: ebd., URL: <http://www.zeithistorische-forschungen.de/16126041-Editorial-2-2010> [8.11.2011].

drohungsperzeptionen und Verunsicherungen geprägt sei. Für diese Narration ist die Studie von Beck gleich von doppeltem Erkenntnisinteresse: Sie bildet einerseits (und häufig implizit) den Referenzrahmen der historischen Darstellung, andererseits sticht sie als einflussreicher Quellentext hervor, der wesentliche Entwicklungen der 1970er und 1980er Jahre adäquat abbildet.[5] Dabei bleibt mitunter unklar, ob sich der Begriff auf ein reales historisches Phänomen, wie auch Beck die »Risikogesellschaft« verstanden wissen wollte[6], oder auf das zeitgenössische Deutungsmodell bezieht. Andere Autoren heben demgegenüber die Verankerung der »Risikogesellschaft« in der zeitgenössischen politischen Kultur der Bundesrepublik stärker hervor. Diese zweite Rezeptionsweise hat ihren Platz in den Debatten um eine jüngere Zeitgeschichte »nach dem Boom«, in denen der zeithistoriografische Umgang mit den Theorieangeboten aus den gegenwartsnahen Sozialwissenschaften in der letzten Zeit vermehrt problematisiert wird.[7] Gerade die jüngere Zeitgeschichtsforschung müsse sich um die Klärung ihres Verhältnisses zu den Nachbardisziplinen bemühen, weil »die sozialwissenschaftliche Theoriebildung des 20. Jahrhunderts eben jene Phänomene [erfasse], die in die Zuständigkeit der Zeitgeschichte fallen, sie zugleich aber noch immer in wesentlichen Teilen unsere eigene Weltaneignung prägt.«[8] Aus dieser wissens- und theoriegeschichtlich inspirierten Perspektive markiert die »Risikogesellschaft« in erster Linie eine partikulare Zeitdiagnose, die insbesondere in den 1970er und 1980er Jahren mit zahlreichen anderen soziologischen Gesellschaftsbeschreibungen konkurriert. Zur Aufgabe der zeithistorischen Forschung wird es dann, die Entstehungskontexte, Prämissen und Folgewirkungen derartiger Theorien zu klären, oder kurz: die Emergenz- und Wirkungsgeschichte sozialwissenschaftlicher Gegenwartsdiagnosen zu untersuchen.[9]

Der vorliegende Aufsatz versteht sich als ein Beitrag zu den skizzierten Forschungsfeldern, indem er die in den Sozialwissenschaften nach wie vor populäre Epochenschwelle der »Risikogesellschaft« einer zeithistorischen Einordnung unterzieht. Für dieses Unterfangen reicht es indes nicht aus, die hervorstechenden Topoi der Studie – Chemie- und Atomgefahren, Waldsterben, Gentechnologie – als prägende Diskursfelder der westdeutschen Gesellschaft der 1970er und 1980er Jahre zu identifizieren. Vielmehr sollen die raren *empirischen* Voraussetzungen des Interpretaments selbst in die Untersuchung einbezogen und hinsichtlich ihrer historischen Problemgenese befragt werden. Daher setzt der Aufsatz bei dem Kriterium an, das bereits in der Soziologie die Zäsur zwischen »Industriegesellschaft« und »Risikogesellschaft« begründete – dem Versicherungsprinzip.[10]

---

5 Historische Prozesse vollziehen sich demnach *in* der Risikogesellschaft, worauf entsprechende Kapitelüberschriften verweisen. Vgl. unter anderem *Eckart Conze*, Suche nach Sicherheit. Eine Geschichte der Bundesrepublik Deutschland von 1949 bis in die Gegenwart, München 2009, S. 569–574; *Peter Borscheid*, Mit Sicherheit leben. Zur Geschichte und Gegenwart des Versicherungswesens, in: Zeithistorische Forschungen 7, 2010, H. 2, Abs. 7–10, URL: <http://www.zeithistorische-forschungen.de/16126041-Borscheid-2-2010> [8.11.2011].

6 Vgl. *Beck*, Risikogesellschaft, S. 13.

7 Die »Risikogesellschaft« wird hier auch als »Etikett für die 1980er Jahre« herausgestellt. Vgl. *Doering-Manteuffel/Raphael*, Nach dem Boom, S. 87.

8 *Rüdiger Graf/Kim Christian Priemel*, Zeitgeschichte in der Welt der Sozialwissenschaften. Legitimität und Originalität einer Disziplin, in: VfZ 59, 2011, S. 1–30, hier: S. 3.

9 Vgl. ebd., S. 29f. Die Legitimität kongruenter Erkenntnisziele von Sozialwissenschaften und Zeitgeschichte betonen dagegen *Thomas Raithel/Andreas Rödder/Andreas Wirsching*, Einleitung, in: dies. (Hrsg.), Auf dem Weg in eine neue Moderne? Die Bundesrepublik Deutschland in den siebziger und achtziger Jahren, München 2009, S. 7–14.

10 Das Versicherungsprinzip ist zwar in der Studie noch nicht präsent, zieht sich seit den späten 1980er Jahren allerdings beständig durch die Publikationen der Risikosoziologie. Vgl. als Auswahl *Ulrich Beck*, Die Erfindung des Politischen. Zu einer Theorie reflexiver Modernisierung, Frankfurt am Main 1993, S. 40–45; *ders.*, Weltrisikogesellschaft. Auf der Suche nach der verlorenen Sicherheit, Bonn 2007, S. 234–251; *Wolfgang Bonß*, Vom Risiko. Unsicherheit und Ungewißheit in der Moderne, Hamburg 1995, S. 225–232.

Gemeint ist damit die Annahme Becks und anderer, dass die privatwirtschaftliche Nicht-Versicherbarkeit ökologischer und großtechnischer Gefahren einen Epochenschnitt markiere, demzufolge eine erste industriegesellschaftliche (und versicherbare) Moderne von einer zweiten risikogesellschaftlichen (und eben nicht mehr versicherbaren) Moderne zu unterscheiden sei. Noch in Becks 2006 erschienenem Buch »Weltrisikogesellschaft« heißt es, das »Fehlen eines angemessenen *privaten* Versicherungsschutzes [sei] *der* institutionelle Indikator für den Übergang in die unkontrollierbare Risikogesellschaft der Zweiten Moderne«.[11] Während Beck – wie aus dem Zitat deutlich wird – von einer absoluten und zeitenthobenen Leitdifferenz »versicherbar versus nicht-versicherbar« ausgeht, folgt dieser Beitrag der Überlegung, dass es sich bei den »Grenzen der Versicherbarkeit« um eine genuin historische Kategorie handelt. Für diese Hypothese lassen sich zunächst drei wesentliche Argumente anführen, die im Verlauf noch weiter entwickelt werden. Erstens sind aus der Versicherungsgeschichte zahlreiche Fälle bekannt, in denen sich unübersichtliche Gefahren, die – so Peter Borscheid – »speziell zu Beginn von Innovationszyklen« nicht versicherbar waren, schließlich doch in versicherbare Risiken verwandeln ließen. Auch für den umgekehrten Transformationsweg finden sich Beispiele.[12] Diese Fälle indizieren zweitens, dass es sich bei Versicherbarkeitsgrenzen um äußerst flexible Konstrukte der Versicherungsökonomie handelt, die in risikopolitischen Verfahren überhaupt erst hergestellt und zudem beständig nachjustiert werden. »Grenzen der Versicherbarkeit« sind also zunächst einmal schlichtweg das Ergebnis kalkülbasierten Risikohandelns.[13] Ihre Genese lässt sich daher nur verstehen, wenn man die vielschichtigen ökonomischen, legislativen, politischen, technischen und soziokulturellen Rahmenkontexte der Risikopolitik von Versicherungen in den Blick nimmt und ferner die Bedingungen ihres historischen Wandels klärt.[14] Dies leitet über zu einem dritten Einwand, der sich auf das erwähnte Kriterium eines fehlenden »angemessenen privaten Versicherungsschutzes« als Epochenmarker der »Risikogesellschaft« bezieht. Entgegen der Suggestion ist die Angemessenheit von Versicherungsschutz keinesfalls ein absolutes, sondern vielmehr ein relatives Kriterium, das von den jeweiligen Wahrnehmungs- und Wissensbezügen zu einem Risiko beeinflusst ist. Da es sich bei Risikowissen immer auch um kontingentes »Zukunftswissen«[15] handelt, können Gefahrenperzeptionen und damit auch Einschätzungen, ob der jeweilige Versicherungsschutz zu hoch oder zu niedrig angesetzt ist, in unterschiedlichen Diskurskontexten und Zeiträumen erheblich differieren.

Dies zeigte sich besonders deutlich im Zuge der gesellschaftlichen Kontroversen um die Atomenergie, die vor allem in den 1970er Jahren »bundesweit *das* stilbildende Konfliktfeld des Umweltbereichs« darstellten.[16] Hier wurden nicht nur neue Wahrnehmungs-, Bewertungs- und Akzeptanzmuster technischer Großgefahren explizit; auch die Frage der Versicherbarkeit dieser Gefahren avancierte zu einem zentralen Sujet der zeitgenössi-

---

11 *Beck*, Weltrisikogesellschaft, S. 239f. (Hervorhebungen im Original).
12 In jüngster Zeit berührten etwa die Anschläge auf das World Trade Center die Versicherbarkeit des Terrorrisikos. Vgl. *Borscheid*, Mit Sicherheit leben, Abs. 8; vgl. auch die weiterführenden Überlegungen bei *Cornel Zwierlein*, Der gezähmte Prometheus. Feuer und Sicherheit zwischen Früher Neuzeit und Moderne, Göttingen 2011, insb. S. 21–24.
13 Vgl. dazu *Herfried Münkler*, Strategien der Sicherung: Welten der Sicherheit und Kulturen des Risikos. Theoretische Perspektiven, in: *ders./Matthias Bohlender/Sabine Meurer* (Hrsg.), Sicherheit und Risiko. Über den Umgang mit Gefahr im 21. Jahrhundert, Bielefeld 2010, S. 11–34, insb. S. 20ff.
14 Eine derart weite Untersuchungsperspektive verfolgt etwa *Martin Lengwiler*, Risikopolitik im Sozialstaat. Die Schweizerische Unfallversicherung 1870–1970, Köln 2006.
15 *Heinrich Hartmann/Jakob Vogel* (Hrsg.), Zukunftswissen. Prognosen in Wirtschaft, Politik und Gesellschaft seit 1900, Frankfurt am Main 2010.
16 Vgl. *Ute Hasenöhrl*, Zivilgesellschaft und Protest. Eine Geschichte der Naturschutz- und Umweltbewegung in Bayern 1945–1980, Göttingen 2011, S. 405 (Hervorhebung im Original).

schen Atomkonflikte, in denen sich die gesellschaftliche Vertrauens- und Orientierungskrise der 1970er Jahre brennglasartig bündelte.[17] Die Kontroversen um die Kernenergie lassen indes auf grundlegende Veränderungen in der politischen Debattenkultur der Bundesrepublik schließen, die letztlich auch die Diagnose von der »Risikogesellschaft« prägten und in Teilen vorwegnahmen. Da das Problem der Versicherbarkeit von technisch-ökologischen Katastrophenrisiken ferner eng mit der gesellschaftlichen Vertrauensbildung in die Funktionalität staatlicher und nicht staatlicher Entschädigungsvorsorge verflochten ist, stellt sich die Frage nach der Relevanz des Problemfelds für den Wandel der bundesrepublikanischen Sicherheitskultur in dieser Zeit.[18] Inwieweit veränderte sich die öffentliche Wahrnehmung der Kernenergie im Zuge der »ökologischen Wende« der 1970er und 1980er Jahre? Wie perzipierten und beeinflussten Versicherungsökonomen als Risikoexperten sui generis gesellschaftliche Risiko- und Sicherheitsdiskurse? Und wie wirkten sich die öffentlich-medialen Atomkontroversen und gravierende Reaktorunfälle auf die Risikopolitik der Versicherungswirtschaft aus?

Um diese Fragen zu klären, greift der Beitrag auf einen von der Experten- und Wissensgeschichte inspirierten Begriff des Politischen zurück. Unter dem »Politischen« wird im Folgenden ein gesellschaftlicher Wissens- und Kommunikationsraum verstanden, in dem Risikowissen erzeugt, ausgehandelt und in politische »Deutungs- und Geltungsansprüche« übersetzt wird.[19] Gesonderte Aufmerksamkeit wird dabei der Verbreitung versicherungsökonomischen Risikowissens und der damit verbundenen Ordnungsvorstellungen im Spannungsfeld von Wirtschaft, Politik und Gesellschaft zuteil.[20] Der Fokus des Beitrags liegt gemäß der Ausrichtung des Bandes auf der Bundesrepublik, der Untersuchungsgegenstand macht es zuweilen jedoch erforderlich, auch die internationale Entwicklung, besonders in den USA, zu berücksichtigen. Auch wäre es verkürzt, die 1980er Jahre als eine geschlossene Dekade zu historisieren. Vielmehr verbindet sich in der Geschichte der Kernenergie die Nachgeschichte des Zweiten Weltkriegs mit der Vorgeschichte der Gegenwart, weshalb in der Historiografie zum Thema mit Recht lange Untersuchungszeiträume dominieren. Im ersten Abschnitt werden knapp die Grundzüge versicherungsökonomischer Risikopolitik im Kontext der frühen amerikanischen und westdeutschen Atompolitik skizziert. Der zweite Abschnitt widmet sich dann dem Stellenwert von Versicherungsexpertise für die Risikowahrnehmungen der Umwelt- und Anti-Atomkraft-Bewegung in den 1970er Jahren. Im dritten und letzten Abschnitt wird untersucht, welche Rückkopplungen von den Atomkontroversen in den 1980er Jahren auf die Risikopolitik der auf diesem Feld tätigen Versicherungen ausgingen. Abschließend wird die Frage diskutiert, inwieweit sich die Emergenz des Deutungsmodells »Risikogesell-

---

17 Vgl. *Patrick Kupper*, Expertise und Risiko, Vertrauen und Macht. Gesellschaftliche Ursachen und Folgen erodierender Autorität von Kernenergie-Experten in den 1970er Jahren, in: Schweizerische Zeitschrift für Geschichte 55, 2005, S. 60–69.
18 »Sicherheit« lässt sich im Anschluss an die Überlegungen von Eckart Conze als ein »umfassender soziokultureller Orientierungshorizont« begreifen, der sich in verschiedenen Diskurs-, Zeit- und Wissenskontexten ständig neu formiert. Vgl. *Eckart Conze*, Sicherheit als Kultur. Überlegungen zu einer »modernen Politikgeschichte« der Bundesrepublik Deutschland, in: VfZ 53, 2005, S. 357–381, hier: S. 360.
19 Vgl. *Veronika Lipphardt/Kiran Klaus Patel*, Neuverzauberung im Gestus der Wissenschaftlichkeit. Wissenspraktiken im 20. Jahrhundert am Beispiel menschlicher Diversität, in: GG 34, 2008, S. 425–454, hier: S. 431. Vgl. zum »Politischen« als Kommunikationsraum *Ute Frevert*, Politische Kommunikation und ihre Medien, in: *dies./Wolfgang Braungart* (Hrsg.), Sprache des Politischen. Medien und Medialität in der Geschichte, Göttingen 2004, S. 7–19.
20 Experten lassen sich im weitesten Sinne als »Träger eines verwissenschaftlichten und fachbezogenen Bereichswissens« definieren. Vgl. *Lutz Raphael*, Experten im Sozialstaat, in: *Hans Günter Hockerts* (Hrsg.), Drei Wege deutscher Sozialstaatlichkeit. NS-Diktatur, Bundesrepublik und DDR im Vergleich, München 1998, S. 231–258, hier: S. 232f.

schaft« aus der zeitgenössischen Problemwahrnehmung der Grenzen materieller Sicherheitsproduktion herleiten lässt.[21]

II. RISIKOPOLITIK AN DEN »GRENZEN DER VERSICHERBARKEIT«? – KATASTROPHENWISSEN UND ELITENDISKURSE IN DEN 1950ER UND 1960ER JAHREN

So wie überhaupt die gesamte Entwicklung der zivilen Kerntechnik in den USA ihren Ausgang nahm, wurde dort auch die Versicherungs- und Haftungsproblematik von Atomrisiken etwas früher virulent als in der Bundesrepublik. Bereits in den späten 1940er Jahren, als die kommerzielle Verwendung der Kernenergie noch reine Spekulation war, tauchte das Thema in Politik und Versicherungswirtschaft gelegentlich auf. Es besaß jedoch noch keine Priorität, da sich die wenigen betriebenen Forschungsreaktoren sämtlich in staatlicher Obhut befanden, was einen privaten Versicherungsschutz weitgehend obsolet machte. Erst nachdem der amerikanische Kongress im August 1954 den »Atomic Energy Act« verabschiedet hatte, avancierte die Frage, wer im Fall einer Reaktorkatastrophe finanzielle Entschädigung leisten solle, zu einem zentralen Konfliktthema der zeitgenössischen Atompolitik. Das Gesetz hatte die privatwirtschaftliche Nutzung der Kernenergie formell zwar legalisiert, die Haftungs- und Versicherungsthematik allerdings noch vollständig ausgeklammert, sodass keine verbindlichen Sicherheiten existierten – weder im Sinne einer von der Privatwirtschaft eingeforderten Rechts- und Planungssicherheit noch im Sinne eines finanziellen Schutzrahmens für die Bevölkerung.[22] Damit ist zugleich das Spannungsfeld der nun unmittelbar aufkeimenden Konflikte um die finanzielle Risikoverteilung zwischen Staat und Privatwirtschaft umrissen, das die Züge eines Dilemmas trug: Zum einen musste eine Haftungslösung gefunden werden, die den Interessen der Reaktorbauer und -abnehmer Rechnung trug und Anreize erzeugte, trotz unübersichtlicher Marktprognosen und evidenter Katastrophenpotenziale in die Kernenergie zu investieren. Zum anderen war es erforderlich, einen finanziellen Entschädigungsrahmen für die potenziellen Drittopfer einer Reaktorkatastrophe rechtlich zu verankern. Die in diesem Zusammenhang naheliegende Idee, das staatliche Haftungsmonopol schlichtweg beizubehalten, wurde zunächst zwar diskutiert, letztlich jedoch verworfen, da sie der generellen Privatisierungstendenz des »Atomic Energy Act« zuwiderlief und ferner mit weitreichenden staatlichen Aufsichts- und Kontrollbefugnissen verbunden gewesen wäre, was von Vertretern der Industrie energisch abgelehnt wurde.[23]

Wie sich jedoch zeigte, implizierte die Alternative einer marktwirtschaftlich geregelten Versicherungshaftung ebenfalls gravierende Probleme. Denn die US-amerikanische Assekuranz war keinesfalls gewillt, für die hohen Risiken der Atomenergie blindlings Versicherungsschutz zu gewähren. Während die utopischen Verheißungen des »Atomzeitalters«, die erstmalig in Dwight D. Eisenhowers berühmter »Atoms for Peace«-Rede vor der UN-Vollversammlung im Dezember 1953 propagiert worden waren, in zahlreichen

---

21 Wesentliche Überlegungen dieses Beitrags gehen auf meine Magisterarbeit zurück: *Christoph Wehner*, Risiko und Routine. Die deutsche Versicherungswirtschaft und die Herausforderung der Kernenergie, 1955–1979, unveröffentlichtes Manuskript, Bochum 2010. Ihm liegt ferner die vorläufige Auswertung von diversem Material zur Atomversicherung aus dem Firmenhistorischen Archiv der Allianz AG, München, und dem Unternehmensarchiv der ERGO-Versicherungsgruppe, Düsseldorf, zugrunde. Dieser Grundstock wird ergänzt durch deutsche und amerikanische Printmedienartikel, ein Sample aus dem umfangreichen grauen Literaturkonvolut der Anti-AKW-Bewegung sowie diverse gedruckte Quellen und Periodika aus dem versicherungs- und atomwirtschaftlichen Publikationsfeld.
22 Vgl. *George T. Mazuzan/J. Samuel Walker*, Controlling the Atom: The Beginnings of Nuclear Regulation 1946–1962, Berkeley, CA/Los Angeles etc. 1984, S. 94f.
23 Vgl. für zeitgenössische Stimmen aus der Industrie ebd., S. 96f.

westlichen Gesellschaften eine hochgestimmte »Atomeuphorie« auslösten[24], dominierten in der US-Versicherungsbranche fundamentale Unsicherheiten. 1956 legte ein amerikanischer Versicherungsökonom seine Zweifel an der Verantwortbarkeit der zivilen Kernenergienutzung vor dem für Atomfragen zuständigen Kongress-Komitee, dem »Joint Committee on Atomic Energy« (JCAE), anschaulich dar:

> »We have heard estimates of catastrophe running not merely into millions or tens of millions, but into hundreds of millions and billions of dollars. [...] It is a reasonable question as to whether a hazard of this magnitude should be permitted, if it actually exists. Obviously there is no principle of insurance that can be applied to a single location where the potential loss approaches such astronomical proportions. [...] Even if insurance could be found, there is a serious question whether the amount of damage to persons and property would be worth the possible benefit accruing from atomic development.«[25]

Diese Einschätzung wurde in demselben Jahr durch eine erste offizielle Risikostudie der »Atomic Energy Commission« (AEC) erhärtet, die zum einen zwar proklamierte, dass ein schweres Reaktorunglück nahezu ausgeschlossen werden könne, zum anderen aber den in einem solchen Fall zu erwartenden wirtschaftlichen Gesamtschaden auf die horrende Summe von sieben Milliarden US-Dollar bezifferte.[26] Damit stand erstmals eine konkrete Zahl im Raum, die in der Versicherungswirtschaft zweifellos mehr Eindruck hinterließ als die hochgradig spekulative Wahrscheinlichkeitsaussage. Spätestens zu diesem Zeitpunkt war in den USA klar, dass die Idee einer privatwirtschaftlichen Versicherungshaftung nicht realisierbar war.

Diese Spannungslinien sind in Grundzügen auch auf die Bundesrepublik übertragbar, in der infolge der Genfer Atomkonferenz von 1955 um die Risikoverteilung zwischen Staat und Markt gerungen wurde. Die Skepsis der auf diesem Gefahrenterrain besser informierten amerikanischen Assekuranz besaß insgesamt eine wichtige Orientierungsfunktion für die deutsche Versicherungsbranche, die der zeitgenössischen Atombegeisterung in Politik und Kultur dann auch zügig eine nüchterne Sicht auf die Kernenergie entgegenstellte.[27] So monierte etwa der Versicherungsökonom Ernst Pohl, der eine 1955 innerhalb des Gesamtverbands der Versicherungswirtschaft (GDV) eingerichtete »Atom-Kommission« leitete, dass die potenziellen Auswirkungen eines Reaktorunfalls gemeinhin »unzulässig bagatellisiert« würden und entsprechende »Gutachten, die eine Gefahr verneinen, sich im Irrtum« befänden.[28] Diese Vermutungen bestätigten sich erstmals mit Nachdruck,

---

24 Auch wenn die These einer generellen Atomeuphorie in den 1950er Jahren inzwischen von der Forschung revidiert worden ist, so besaß das manichäische Bild einer zerstörerischen militärischen Atomnutzung auf der einen und einer vergleichsweise risikoarmen »friedlichen« Kernenergienutzung auf der anderen Seite zeitgenössisch eine enorme Evidenz. Vgl. *Melanie Arndt*, From Nuclear to Human Security? Prerequisites and Motives for the German Chernobyl Commitment in Belarus, in: HSR 35, 2010, H. 4, S. 289–308, insb. S. 293f.
25 Zit. nach: *Stephanie Cooke*, In Mortal Hands: A Cautionary History of the Nuclear Age, Bloomsbury 2009, S. 121.
26 Vgl. zur AEC-Studie *Mazuzan/Walker*, Controlling the Atom, S. 203–208.
27 Der Wissenstransfer verlief in dieser Zeit äußerst einseitig. Einer der frühesten Artikel zur Versicherbarkeit von Atomrisiken, der in einer deutschen Fachzeitschrift erschien, stammte von dem amerikanischen Versicherungsökonomen Reuel C. Stratton, der, wie es hieß, als »einer der ersten Versicherungsfachleute [...] mit den Problemen der Kernspaltung in Berührung« gekommen war. *Reuel C. Stratton*, Lebensversicherung und Atomrisiko in den USA, in: Versicherungswirtschaft (VW) 10, 1955, S. 278–279.
28 Die zehnköpfige Kommission setzte sich aus Versicherungsexperten unterschiedlicher Sparten zusammen, die zum Teil auch dem Arbeitskreis »Haftung und Versicherung« der Deutschen Atomkommission angehörten und in dieser Funktion die Bundesregierung berieten. Vgl. *Ernst Pohl*, Atomrisiko und Versicherung, in: VW 10, 1955, S. 548–550, hier: S. 549f.; ähnlich *Rolf Reiser*, Die Versicherung der Atomrisiken, in: Atomwirtschaft (AtW) 1956, S. 481–485.

als es 1957 im britischen Windscale zum Brand eines Forschungsreaktors kam, der mehrere direkte Todesfälle und radioaktive Emissionen nach sich zog, was von der Versicherungsbranche aufmerksam registriert wurde.[29] Auch der GDV bezog sich auf diesen Vorfall, als er seinen Mitgliedsunternehmen empfahl, die »Beteuerungen über die absolute Sicherheit von Reaktoren [...] nicht allzu wörtlich« zu nehmen.[30] Insbesondere im Haftpflichtbereich, aus dem die Mittel der Drittopferentschädigung hätten bereitgestellt werden müssen, verlegten sich die Versicherer in der Folge auf eine restriktive Politik der Risikoabwälzung, da sie hier exorbitante Schadensummen und Entschädigungsforderungen befürchteten. Dabei bildeten die Analogsetzung der Atomkraft zu nicht versicherbaren Umweltgefahren sowie der Verweis auf den wohlstandsmehrenden Nutzen der Kernenergie zentrale Argumente, die unterstrichen, dass derartige Katastrophenrisiken nicht in den Zuständigkeitsbereich der Versicherungswirtschaft fallen dürften, sondern hier vielmehr der Bund gefordert sei.[31] Dem entsprach, dass durch Kernenergie verursachte Schäden in den Bedingungen der konventionellen Versicherungssparten alsbald grundsätzlich ausgeschlossen wurden.[32]

Um die Mitte der 1950er Jahre kam es in der deutschen Branche allerdings zu einer folgenschweren versicherungstechnischen Ausdifferenzierung der Nukleargefahren in »Atomrisiken« einerseits und »Normalrisiken« andererseits, die auf Überlegungen der amerikanischen Versicherungswirtschaft basierte.[33] Mit dem Begriff »Atomrisiko« wurde fortan das eigentliche Haftpflicht-Katastrophenrisiko bezeichnet, das in der Tat als nicht versicherbar galt. Unter die Kategorie »Normalrisiko« wurden dagegen die technischen Risiken eines Kernkraftwerks rubriziert, deren Abdeckung auf dem privaten Versicherungsmarkt durchaus möglich schien.[34] Als sich abzeichnete, dass die technikinhärenten Risiken der Kernenergie versicherbar sein würden, veränderten sich auch die Schwerpunkte der Risikopolitik: Zur restriktiven Strategie der Risikovermeidung im Bereich der Katastrophenhaftpflicht trat nun die Strategie des Risikoeinschlusses in den technischen Versicherungszweigen. Für letztere waren aus Sicht der Versicherer drei Faktoren ausschlaggebend: Erstens sollte durch die Bereitschaft zur partiellen Gefahrenübernahme der Drohkulisse einer allumfassenden Staatsversicherung begegnet und sollten ex ante Marktfelder abgesteckt werden. Zweitens fiel die Erwartung eines lukrativen Zukunftsmarkts[35] ins Gewicht, auch im unübersichtlichen Feld der Kernenergie früh aktiv zu werden und über das Instrument der Versicherungspools nationale wie internationale Marktkapazitäten zu bün-

---

29 Vgl. dazu grundlegend *Lorna Arnold*, Windscale 1957: Anatomy of a Nuclear Accident, London 1992.
30 Geschäftsbericht des GDV 1957/1958, S. 67.
31 Vgl. *Joachim Radkau*, Aufstieg und Krise der deutschen Atomwirtschaft 1945–1975. Verdrängte Alternativen in der Kerntechnik und der Ursprung der nuklearen Kontroverse, Reinbek bei Hamburg 1983, S. 389f.
32 Vgl. *Jürgen Rehmann*, Vierzig Jahre Nuklearversicherung: Ist das Poolsystem noch zeitgemäß?, in: *J.-Matthias Graf von der Schulenburg* (Hrsg.), Neue Wege des Versicherungsmanagements. Festschrift zum 60. Geburtstag von Günther Schmidt, Karlsruhe 1997, S. 305–323, insb. S. 306.
33 So zitierte die »Versicherungswirtschaft« einen »maßgebenden Berater der Atomindustrie in den USA« mit dem Vorschlag, man »müsse zwischen den normalen Risiken eines Atomkraftwerkes [...], die nicht anders seien als in jeder normalen industriellen Anlage, und den speziell der Atomkraft eigenen Gefahren« unterscheiden. O. A., Wer soll Atomrisiken decken?, in: VW 19, 1955, S. 566.
34 Vgl. dazu *Peter Borscheid*, 100 Jahre Allianz, München 1990, S. 366.
35 »Es betrifft hier einen Industriezweig, der in der Zukunft eine gleiche oder sogar grössere Bedeutung haben wird, als heute die von Elektrizität und Turbinen getriebenen Installationen.«; Schreiben von Bicker, Caarten & Obreen an die Norddeutsche Versicherungs-Gesellschaft, 15.12.1958, ERGO, D 0001–00023.

deln.³⁶ Drittens schließlich spielten auch der Glaube an den technischen Fortschritt und das Selbstverständnis der Versicherungswirtschaft, diesen stets auf Augenhöhe begleitet zu haben, eine nicht zu unterschätzende Rolle für das finanzielle Engagement der Branche.³⁷ Das »Atom« galt in der Versicherungswirtschaft paradoxerweise gerade aufgrund seiner Katastrophenpotenziale als ein Risiko, dessen Beherrschbarkeit in Wirtschaftskreisen wie in der Öffentlichkeit enormes Prestige verhieß.³⁸ Technikvisionen und Technikkritik waren und blieben in der Risikopolitik der Versicherungen eng miteinander verschränkt.

Die Ambivalenz dieser Positionen spiegelte sich auch im ersten deutschen Atomgesetz von 1960 wider, an dessen Ausgestaltung führende Versicherungsrepräsentanten im Rahmen eines der Deutschen Atomkommission angeschlossenen Arbeitskreises unmittelbar mitwirkten.³⁹ Das Gesetz folgte in der Risikoverteilung zwischen Staat und Markt weitestgehend dem amerikanischen »Price-Anderson Act«, der bereits 1957 in Kraft getreten war, und beinhaltete eine Haftungsgarantie des Bundes. Die finanzielle Obergrenze dieser Garantie wurde in den USA auf 500 Millionen US-Dollar festgesetzt. In der Bundesrepublik übernahm man diese Ziffer und ersetzte schlichtweg die Währung.⁴⁰ Es handelte sich dabei jeweils um symbolische Summen, die freilich nicht von den horrenden Prognosen der erwähnten AEC-Studie stimuliert waren. Sie waren vielmehr so angelegt, dass der Versicherungswirtschaft eine realistische Aussicht blieb, in der Zukunft zur staatlichen Haftung aufzuschließen und diese schließlich zu ersetzen.⁴¹ Einstweilen wurde die von den Kernkraftwerksbetreibern vorzuweisende Haftpflichtversicherung allerdings auf die Höhe von 60 Millionen US-Dollar beziehungsweise 120 Millionen DM begrenzt, was im zeitgenössischen Industrievergleich nichtsdestotrotz jeweils enorme Summen waren.⁴²

---

36 Derartige Pools entstanden zu dieser Zeit in nahezu allen westlichen Gesellschaften nach dem Vorbild der US-amerikanischen Entwicklung. In der Bundesrepublik konstituierte sich 1957 und damit sogar zwei Jahre vor der Verabschiedung des ersten Atomgesetzes die »Deutsche Kernreaktor-Versicherungsgemeinschaft« (DKVG) als Atomversicherungspool, dem bereits im Gründungsjahr 81 deutsche Versicherungsgesellschaften angehörten. Die Risikopoolung ist eine Versicherungstechnik für ausgewählte Spitzenrisiken, die von einer Gesellschaft oder einem nationalen Markt nicht getragen werden können. Über wechselseitige Rückversicherung und quotenmäßige Risikostreuung auf dem internationalen Markt, so die dahinter stehende Überlegung, lassen sich finanzielle Risiken auf viele Schultern verteilen und damit gleichsam »atomisieren«. Dies kann hier nicht weiter verfolgt werden. Vgl. zur DKVG *Radkau*, Aufstieg und Krise der deutschen Atomwirtschaft, S. 391; *Margit Szöllösi-Janze*, Geschichte der Arbeitsgemeinschaft der Großforschungseinrichtungen, 1958–1980, Frankfurt am Main 1990, S. 35f.
37 Ein Versicherungsökonom argumentierte etwa, die »Technik [werde] voraussichtlich bald soweit sein, dass die Atomenergie [...] friedlichen Zwecken dienstbar gemacht werden kann, ohne die heute noch latenten Katastrophenmöglichkeiten mit in Kauf nehmen zu müssen. Dann [werde] die Versicherung eines Atomkraftwerkes nicht mehr Aufregung verursachen [...], als dies heute bei einer traditionellen Industrieanlage der Fall« sei. *Juan Theler*, Zur Versicherung des Atomrisikos, Basel 1960, S. 96.
38 Derartige imagepolitische Überlegungen finden sich bei *Pohl*, Atomrisiko und Versicherung; *Willy E. Belser*, Über die Zweckmäßigkeit der Poolung von Atomrisiken, in: VW 14, 1959, S. 572–584, insb. S. 573.
39 Vgl. für die Zusammensetzung des Arbeitskreises *Walter Ternäben*, Handbuch der Atomwirtschaft. Nutzung der Atomenergie für friedliche Zwecke, hrsg. unter Mitarbeit der Südwestfälischen Industrie- und Handelskammer zu Hagen, Bd. 2, Hagen 1956, Fach B I 331, S. 1f.
40 Vgl. *Radkau*, Aufstieg und Krise der deutschen Atomwirtschaft, S. 391.
41 Dennoch lag die Bundesrepublik mit diesem Haftungsvolumen im europäischen Vergleich an der Spitze und auch deutlich über dem durch die OECD-Haftungskonvention von Paris (»Pariser Konvention«) im Jahr 1960 festgeschriebenem Minimalbetrag. Vgl. *Hans Fischerhof*, Deutsches Atomgesetz und Strahlenschutzrecht. Kommentar, Bd. 1, Baden-Baden/Bonn 1962, S. 499.
42 In der Bundesrepublik richtete sich diese Summe nach der rechtlichen Vorgabe, dass die Deckungsvorsorge »im Regelfall nicht hinter dem Höchstmaß des Versicherungsschutzes zurück-

Die Umsetzung der Haftung sollte als Tranchenmodell erfolgen, bei dem die Garantie des Bundes erst dann griff, wenn die privatwirtschaftlichen Kapazitäten ausgelastet waren. Jenseits der staatlichen Sockeldeckung bestand jedoch grundsätzlich keine weitere Haftungsverpflichtung, woran sich bis zu einer Atomgesetznovelle im Jahr 1985, mit der eine »unbegrenzte« Haftungsverpflichtung für Kernkraftwerksbetreiber eingeführt wurde, auch nichts änderte.

Das Atomgesetz von 1960 bedeutete in mehrfacher Hinsicht eine Zäsur für die Kernenergieentwicklung in der Bundesrepublik. Erstens lässt sich die Sozialisierung des Haftpflichtrisikos ohne Zweifel als die erheblichste Subventionsmaßnahme des Bundes für die zivile Nutzung der Atomkraft bezeichnen.[43] Zweitens wurde das Entschädigungsproblem durch seine Verrechtlichung freilich nicht obsolet, da letztlich niemand eine konzise Vorstellung davon besaß, welche Konsequenzen ein gravierender Reaktorunfall tatsächlich nach sich ziehen würde. Dieser Anspruch wurde vonseiten des Gesetzgebers aber auch nicht angelegt. Indes schien die unmittelbare Zielsetzung des Gesetzes mit der Stiftung eines rechtlichen Sicherheitsrahmens, der überhaupt erst privatwirtschaftliche Handlungsoptionen eröffnete, erreicht, und der Bund zog sich in der Folge deutlich aus der kerntechnischen Entwicklung zurück.[44] Drittens entlastete die Staatsgarantie die Privatwirtschaft von den finanziellen Katastrophenrisiken, was eine neue risikopolitische Phase einleitete: Die Atomversicherung entwickelte sich in den 1960er Jahren zum konventionellen Industriegeschäft, das zwar immer noch erhebliche Risiken beinhaltete, aber letztlich übersehbar und durch spezielle Versicherungslösungen kalkulierbar geworden war.[45] Wenngleich der Bund mit der Verankerung einer Gefährdungshaftung[46] eine formelle Konzession an die Bevölkerung geleistet hatte und die staatliche Entschädigungstranche auch erheblich höher ausfiel als die privatwirtschaftliche, besaß der Förderungsaspekt in dieser Rechtsfigur deutlichen Vorrang vor dem Schutzzweck.[47] Darin allerdings schlichtweg einen Primat der Wirtschaftlichkeit vor der Sicherheit zu erblicken, würde überblenden, dass es gerade privatwirtschaftliche Sicherheitsinteressen waren, die in die Ausgestaltung des Atomgesetzes einflossen. Die Bevorzugung dieser Interessen durch den Bund entsprach zum einen dem von der internationalen Entwicklung geprägten Bestreben, möglichst zügig in die kommerzielle Kernkraftnutzung einzusteigen und dafür zeitnahe prak-

---

bleiben [darf], der auf dem Versicherungsmarkt zu zumutbaren [...] Aufwendungen erhältlich ist«. Zit. nach: ebd., S. 272.

43 Vgl. *Radkau*, Aufstieg und Krise der deutschen Atomwirtschaft, S. 391; ähnlich für die Schweiz *Patrick Kupper*, Atomenergie und gespaltene Gesellschaft. Die Geschichte des gescheiterten Projektes Kernkraftwerk Kaiseraugst, Zürich 2003, S. 177.

44 Vgl. *Albrecht Weisker*, Systemwettstreit oder Konvergenz durch Sachzwänge? Die Ausbaupläne der Kernenergie in der Bundesrepublik und der DDR in den 1960er Jahren, in: *Heinz-Gerhard Haupt/Jörg Requate* (Hrsg.), Aufbruch in die Zukunft. Die 1960er Jahre zwischen Planungseuphorie und kulturellem Wandel. DDR, ČSSR und Bundesrepublik Deutschland im Vergleich, Weilerswist 2004, S. 185–206, hier: S. 189. Mit dem Laisser-faire-Prinzip, technologische Großgefahren so lange zu akzeptieren, wie nichts passiert, versinnbildlicht sich in der Verschiebung des Haftungsproblems auf die Zukunft zudem ein generelles Kennzeichen der frühen Atompolitik. Vgl. *Bonß*, Vom Risiko, S. 198f.

45 Vgl. *Borscheid*, 100 Jahre Allianz, S. 366. Die Versicherungswirtschaft zeigte sich mit dem Gesetz auch äußerst zufrieden. Vgl. als Reaktionen etwa *Erich Höft*, Kernenergieversicherung, in: AtW 1962, S. 590–592; *Heinrich Hagmaier*, Deckungsvorsorge und Kernenergie, in: VW 17, 1962, S. 134–137.

46 *Fischerhof*, Deutsches Atomgesetz, S. 533. Das Prinzip der Gefährdungshaftung, das bei als besonders gefährlich klassifizierten Technologien das bürgerlich-liberale Verschuldensprinzip ersetzt, verlagert die Beweislast von dem Geschädigten auf den Schädiger.

47 Vgl. *Thorsten Koletschka*, Der Supergau als Anlageobjekt? Rechtliche und wirtschaftliche Aspekte der Versicherung von Großschadensrisiken durch Finanzinstrumente, Wiesbaden 2004, S. 14.

tische Lösungen zu finden. Zum anderen waren die atomrechtlichen Weichen ohne öffentliche Beteiligung gestellt worden – ein kritischer gesellschaftlicher Risikodiskurs als Forum öffentlicher Sicherheitsbedürfnisse existierte im Grunde nicht.[48]

III. VERSICHERER ALS »KOMMERZIELLE VERTRAUENSWÄCHTER« – SICHERHEITSPRODUKTION UND EXPERTENWISSEN IN DEN ATOMKONTROVERSEN DER 1970ER JAHRE

Während die Sicherheitsdiskurse der 1950er und 1960er Jahre in erster Linie arkanpolitische Aushandlungsprozesse zwischen Funktionsträgern aus Politik, Wirtschaft und Wissenschaft darstellten, entwickelte sich die Kernenergie in den 1970er Jahren zum dominanten gesellschaftlichen Konfliktthema. Die zunächst in den amerikanischen, dann mit zeitlicher Verzögerung auch in der westdeutschen Gesellschaft einsetzenden Atomkontroversen indizierten nicht nur einen fundamentalen Wandel der Bewertungs- und Akzeptanzmuster nuklearer Risiken, sondern mehr noch eine generelle Vertrauenskrise in »Fortschritt« und »Wachstum« als Leitkategorien der gesellschaftlichen Entwicklung.[49] Insbesondere auf dem soziotechnischen Problemfeld der Kernenergie zeichnete sich der Übergang von einem »goldenen Zeitalter des Sicherheitsdiskurses« der 1950er und 1960er Jahre zu einem »zunehmend kritisch begründeten Risikodiskurs« in den 1970er und 1980er Jahren in besonderem Maße ab.[50] In der zeithistorischen Forschung gelten die Atomkontroversen der 1970er Jahre darüber hinaus als illustres Fallbeispiel für die Erosion von Expertenautorität im Kontext einer aufdämmernden »Wissensgesellschaft«, in der die »rationale« Problemlösungskapazität von Expertenwissen zunehmend dem Dissens von Expertenmeinungen Platz gemacht habe. Folgt man diesem Narrativ, manifestierte sich die kollektive Verunsicherung der bundesdeutschen Gesellschaft der 1970er Jahre primär in dem Verlust von Expertenvertrauen.[51] Die Grundzüge dieses Interpretaments lassen sich bis in die zeitgenössischen Atomkontroversen selbst zurückverfolgen: Schon 1979 beschrieb etwa der Sozialwissenschaftler Peter Weingart, einer der bekanntesten Theoretiker der »Wissensgesellschaft«, die Entzauberung von Kernenergie-Experten unter dem Eindruck des Reaktorunfalls im US-amerikanischen Atomkraftwerk »Three Mile Island« prägnant als »Harrisburg-Syndrom«.[52] Die These transportierte ein dichotomisches Grundverständnis der Atomkonflikte, das auch in zeitgeschichtlichen Darstellungen übernommen wurde: Demzufolge sei vor allem die Expertise der nuklearen Community in Akzeptanzprobleme geraten, während von der Umwelt- und Anti-Atomkraft-Bewegung in Stellung gebrachte Gegen-Experten – zumal »Überläufer« wie der ehemalige Atommanager Klaus Traube – in der Öffentlichkeit an Glaubwürdigkeit und Deutungsmacht

---

48 Vgl. *Albrecht Weisker*, Expertenvertrauen gegen Zukunftsangst. Zur Risikowahrnehmung der Kernenergie, in: *Ute Frevert* (Hrsg.), Vertrauen. Historische Annäherungen, Göttingen 2003, S. 394–421, hier: S. 402.
49 Darauf verwies bereits *Patrick Kupper*, Die »1970er-Diagnose«. Grundsätzliche Überlegungen zu einem Wendepunkt der Umweltgeschichte, in: AfS 43, 2003, S. 325–348.
50 *Martin Lengwiler/Stefan Beck*, Historizität, Materialität und Hybridität von Wissenspraxen. Die Entwicklung europäischer Präventionsregime im 20. Jahrhundert, in: GG 34, 2008, S. 489–523, hier: S. 491.
51 Vgl. *Weisker*, Expertenvertrauen gegen Zukunftsangst, S. 418; *Thomas Raithel*, Neue Technologien: Produktionsprozesse und Diskurse, in: *ders./Rödder/Wirsching*, Auf dem Weg in eine neue Moderne, S. 31–44, hier: S. 37; *Kupper*, Expertise und Risiko, S. 62–66.
52 Vgl. *Peter Weingart*, Das »Harrisburg-Syndrom« oder die De-Professionalisierung der Experten. Einleitung, in: *Helga Nowotny*, Kernenergie: Gefahr oder Notwendigkeit?, Frankfurt am Main 1979, S. 9–17; *ders.*, Die Stunde der Wahrheit? Zum Verhältnis der Wissenschaft zu Politik, Wirtschaft und Medien in der Wissensgesellschaft, Weilerswist 2001.

gewonnen hätten.[53] Da sich Versicherungen in den 1950er Jahren als früheste »Professionskritiker« der zivilen Kernenergienutzung identifizieren lassen, stellt sich die Frage nach der Signifikanz und Verortung ihrer Expertise in den Risikokonflikten um die Kernenergie.

Mit der Entstehung der nuklearen Kontroversen veränderten sich auch die Referenzkontexte versicherungsökonomischer Risikopolitik grundlegend. In den USA wie in der Bundesrepublik hatte sich seit den 1950er Jahren ein relativ stabiler Konsens zwischen Staat und Markt über die finanzielle Verteilung der Atomgefahren eingestellt, der bis weit in die 1960er Jahre kaum als Problem wahrgenommen wurde. Dieser Konsens basierte allerdings von Beginn an auf der Prämisse, dass die finanziellen Konsequenzen eines Reaktorunfalls privatwirtschaftliche Kapazitäten tatsächlich übersteigen und eben nicht versicherbar sein würden, worauf sich in dieser Zeit vor allem Repräsentanten der Nuklearindustrie beriefen. Der Rekurs auf die »Grenzen der Versicherbarkeit« besaß in diesem Zusammenhang eine genuin risikopolitische Funktion, da sich so die weitere staatliche Förderung der Kernenergie legitimieren und letztlich auch der Fortbestand des kerntechnischen Versicherungsgeschäfts sicherstellen ließ. Die Permanenz der staatlichen Risikoübernahme besaß allerdings auch eine Kehrseite: Erstens stand die erhebliche Subventionierung der Atomenergie offenkundig im Widerspruch zum liberalen Charakter insbesondere der US-amerikanischen Energiewirtschaft, was die Konkurrenzfähigkeit der Kernenergie unter den Bedingungen eines freien Markts stets unter Vorbehalt stellte. Zweitens ließ sich die Risikoaversion der Versicherungswirtschaft jedoch auch als Vertrauensproblem in die Sicherheit von Kernkraftwerken interpretieren, frei nach der Beobachtungslogik: Was sich nicht versichern lässt, kann auch nicht sicher sein. Dass sich – wie gezeigt – auch die Regierungen über Haftungslimitierungen vor unübersehbaren Kostenfolgen abgesichert hatten, verlieh dieser Interpretation eine weitere Schärfe. Während bis in die späten 1960er Jahre ökonomische Einwände gegen die Kernenergie dominierten, spielte die Risikoaversion der Versicherungen in den 1970er Jahren zunehmend in gesellschaftliche Angstperzeptionen und Unsicherheiten hinein. Die »Grenzen der Versicherbarkeit« avancierten in dieser Zeit zu einem Medium der gesellschaftlichen Risikokommunikation, zunächst in den USA, dann auch in der Bundesrepublik.

»Versicherbarkeit« als Entschädigungsproblem – Die Price-Anderson-Kontroverse in den USA

In den Vereinigten Staaten formierte sich seit den späten 1960er Jahren eine gesellschaftliche Kontroverse um den »Price-Anderson Act«, die einigen Beteiligten als »one of the most heated controversies in the nuclear power debate«[54] in Erinnerung blieb. Bereits zuvor war es zu unterschiedlichen Einwendungen gegen die in diesem Gesetz verankerten Haftungs- und Entschädigungslimits gekommen: zum einen von Repräsentanten der Kohleindustrie, welche die staatliche Haftungsgarantie wiederholt unter dem Aspekt der Wettbewerbsverzerrung kritisierten[55], zum anderen von einzelnen Juristen, die aufgrund der

---

53 So stellte etwa Bernd-A. Rusinek fest, dass sich in den 1970er Jahren kein Expertenwissen »so nachdrücklich vernutzt und verschlissen zu haben [scheint], wie eben jenes der Atomexperten – so sie die Kernenergie befürworteten«. Vgl. *Bernd-A. Rusinek*, Die Rolle der Experten in der Atompolitik am Beispiel der Deutschen Atomkommission, in: *Stefan Fisch/Wilfried Rudloff* (Hrsg.), Experten und Politik: Wissenschaftliche Politikberatung in geschichtlicher Perspektive, Berlin 2004, S. 189–210, hier: S. 209.
54 So der Kommentar von Keiki Kehoe, einem Wortführer der Price-Anderson-Opposition im Kongress, auf dem Buchrücken von *John Johnson*, Insuring Against Disaster: The Nuclear Industry on Trial, Macon 1986.
55 Vgl. *J. Samuel Walker*, Containing the Atom: Nuclear Regulation in a Changing Environment, 1963–1971, Berkeley, CA/Los Angeles etc. 1992, S. 133.

Haftungslimits den Gleichheitsgrundsatz der Opferentschädigung verletzt sahen und deshalb die Verfassungsmäßigkeit des »Price-Anderson Act« in Zweifel zogen.[56] Diese Kassandrarufe erzeugten bis in die 1970er Jahre allerdings kaum öffentliche Resonanz, was sich erst änderte, als das Versicherbarkeitsproblem von der zeitgenössischen Publizistik aufgegriffen wurde. Ein wichtiger Impulsgeber der öffentlichen Price-Anderson-Kontroverse war der amerikanische Publizist Sheldon Novick, der als Herausgeber des »Environment«-Magazins dem umweltbewegten Milieu angehörte. Novick publizierte 1969 unter dem Titel »The Careless Atom« ein »bahnbrechendes Opus zu den Risiken der zivilen Kerntechnik« und widmete dem »Problem of Insurance« darin gar ein eigenes Kapitel.[57] Offiziellen Sicherheitsproklamationen, wie sie etwa von der AEC zu vernehmen waren, begegnete Novick mit dem Verweis auf die Risikopolitik der Versicherungen, die deutlich anzeige, welche Gefahren mit Kernkraftwerken tatsächlich verbunden seien:

»The problem was simply that insurance companies politely but firmly declined to insure reactors for anything like the full amount of risk. [...] Instead of accepting the very reasonable judgment that if reactors were uninsurable they were not ready for commercial application, the joint committee [on atomic energy] proposed a unique solution to the problem. In order to open the atomic energy field to ›private enterprise‹, the federal government would itself provide the insurance which private companies would not. This may sound like an odd sort of free enterprise – the taxpayer assuming the risk and private industry accepting the profits.«[58]

Novick stellte 1969 selbst noch mit Erstaunen fest, dass dem »Price-Anderson Act« bislang in der Öffentlichkeit nur wenig Aufmerksamkeit zuteilgeworden sei.[59] Der eigentliche »Take-off« der gesellschaftlichen Kontroverse fiel dann in das Schlüsseljahr 1973, als neben den Medien auch die Umwelt- und Verbraucherschutzbewegung um den charismatischen Konsumentenanwalt Ralph Nader das Problemfeld erschlossen und insbesondere die mit der limitierten Haftung verbundene Entschädigungsproblematik erfolgreich popularisierten.[60] Die Price-Anderson-Opposition griff dazu auf unterschiedliche Formen der Aufmerksamkeitserzeugung zurück: Neben diversen Anzeigen, Informationsbroschüren und sogar dezidierten Anti-Price-Anderson-Flyern[61] bildeten vor allem Karikaturen populäre Ausdrucksmittel, um öffentliche Ängste vor dem Ausbleiben adäquater Opferentschädigung zu schüren und die Dringlichkeit des eigenen politischen Anliegens zu unterstreichen.

Die hinsichtlich ihrer Akteurs-Zusammensetzung heterogene und in ihren Zielvorstellungen von graduellen Unterschieden geprägte Price-Anderson-Opposition einte die Forderung, dass sich der Staat aus der Haftung zurückziehen und stattdessen eine unlimitierte Versicherungshaftung für Kernkraftwerksbetreiber im »Price-Anderson Act« verankert

---

56 Einer der Wortführer dieser Kritik war der Washingtoner Juraprofessor Harold P. Green, der ehemals selbst für die AEC tätig gewesen war, sich in den späten 1960er Jahren aber zum Kritiker des »Price-Anderson Act« gewandelt und wiederholt auf die Rechtsunsicherheit in der öffentlichen Entschädigung verwiesen hat. Vgl. etwa *Harold P. Green*, Nuclear Power: Risk, Liability, and Indemnity, in: Michigan Law Review 71, 1973, S. 479–510.
57 Vgl. *Sheldon Novick*, The Careless Atom, Boston 1969, insb. S. 62–89. Die Bezeichnung stammt von *Joachim Radkau*, Die Ära der Ökologie. Eine Weltgeschichte, München 2011, S. 127. Vgl. zur Rezeption der Studie *Walker*, Containing the Atom, S. 395ff.
58 *Sheldon Novick*, The Ominous Atom, in: Chicago Tribune, 30.3.1969.
59 *Novick*, The Careless Atom, S. 71.
60 In der Bundesrepublik lässt sich eine dem amerikanischen »consumerism« vergleichbare kritisch-radikale Verbraucherschutzbewegung hingegen nicht ausmachen. Vgl. dazu ausführlich *Christian Kleinschmidt*, Konsumgesellschaft, Verbraucherschutz und Soziale Marktwirtschaft. Verbraucherpolitische Aspekte des »Modell Deutschland« (1947–1975), in: Jahrbuch für Wirtschaftsgeschichte 2006, S. 13–28, insb. S. 22f.
61 Eine Anleitung zur Erstellung derartiger Flugblätter findet sich zum Beispiel in: *Fred Wilcox* (Hrsg.), Grass Roots: An Anti-Nuke-Sourcebook, New York 1980, S. 165–169.

Abbildung 1: Der »Price-Anderson Act« in der Karikatur. Anna Gyorgy and friends, No Nukes: Everyone's Guide to Nuclear Power, Boston 1979, S. 180

werden solle. Auf den ersten Blick schien dieses Anliegen den Entschädigungsinteressen der Bevölkerung eher zuwiderzulaufen. Die Price-Anderson-Opposition betrieb damit indes ein Vabanquespiel, das der marktliberalen Denklogik der »unsichtbaren Hand« folgte: Durch die Übertragung der gesamten Haftungsverantwortung auf die Betreibergesellschaften und eine entsprechend restriktive Risikopolitik der Versicherungen – so die Überlegung – würde eine Kostendynamik ausgelöst, über die sich die amerikanische Marktwirtschaft und damit auch die Gesamtgesellschaft der hochgefährlichen Atomenergie quasi von selbst entledigen könne. Die Umwelt- und Verbraucherschutzbewegung erhielt in diesen Anliegen Unterstützung von diversen »Insurance Departments«, staatlichen Regulierungsbehörden für Versicherungsfragen, die in diesem Konflikt ein Sammelbecken versicherungsökonomischer Gegenexpertise darstellten. Hier tat sich vor allem das »Pennsylvania Insurance Department« hervor, das bis 1975 von dem atomkritischen Verbraucheranwalt und Versicherungsökonomen Herbert S. Denenberg geleitet wurde. Unter dessen Ägide publizierte die Institution 1973 ein »Citizen's Bill of Rights on Nuclear Power«, in der mehr Plebiszite bei atompolitischen Zukunftsentscheidungen eingefordert wurden, wie auch einen dezidierten »Consumer's Guide To Nuclear Non-Insurance«, der mit dem prägnanten Fazit schloss: »It may be that nobody but God could write the insurance policy we need on nuclear power plants.«[62]

Das Wissen um die Haftungsmodalitäten des »Price-Anderson Act« verbreitete sich nun rasant, sodass die auf dem Atomsektor tätigen Versicherungsgesellschaften ihre zurückhaltende Risikopolitik nolens volens auch vor einer sensibilisierten Öffentlichkeit legitimieren mussten. In Teilen der amerikanischen Bevölkerung verbreiteten sich Sorgen

---

62 Beide dokumentiert in: Selected Materials on Atomic Energy Indemnity and Insurance Legislation, hrsg. v. Joint Committee on Atomic Energy, Washington 1974, S. 457–459, hier: S. 459; vgl. ferner *Herbert S. Denenberg*, Nuclear Power: Uninsurable, in: The Progressive, November 1974, S. 27–29.

und Ängste, im Ernstfall von den Institutionen allein gelassen und nicht angemessen entschädigt zu werden. So nahmen in den 1970er Jahren zahlreiche Bürger Kontakt mit ihren Versicherungen auf, um sich zu informieren, mit welchen Konsequenzen im Falle einer Reaktorkatastrophe zu rechnen sei und ob die Versicherung die potenzielle Zerstörung privater Wertobjekte kompensieren würde. Diese Schriftwechsel zeigen konzise, wie die restriktive Risikopolitik der Versicherungen in individuelle Verunsicherungen und Ängste hineinspielte. So schrieb etwa Max Frye aus Pennsylvania 1974 an den Vorsitzenden seiner Versicherung:

»Dear Mr. Snowden: I have insured with your company my home and two automobiles, the policies for which contain ›nuclear exclusion clauses‹ which tell me that if I lose my home or cars because of radioactive contamination, your company will pay me absolutely nothing. This is very disturbing. In addition, the federal Price-Anderson Act limits the liability of the utility company operating an atomic power plant to 560 million [US-Dollar] per accident. [...] This would spell financial catastrophe for most working homeowners. [...] However, in the light of the encouraging news from the A. E. C. that a major reactor accident is virtually impossible, I would expect that insurers could provide adequate coverage – and at virtually no cost. Does E & E plan to make available home and auto coverage against loss by radiation contamination? If so, when? And at what rates?«

Nach zwei Wochen wurde die Anfrage kurz und prägnant beantwortet. Entgegen den Sicherheitsproklamationen der AEC stellte die Versicherung klar:

»E & E at this time has no plans to remove the nuclear energy exclusion from its policies. Some of the reasons are due to the catastrophic loss or losses that can occur from a nuclear plant explosion [...]. The same catastrophic loss to the working homeowner can also occur to the insurance company.«[63]

Eine andere Versicherungsgesellschaft, die sich mit ähnlichen Anfragen konfrontiert sah, stellte noch deutlicher heraus, dass ihre Risikopolitik primär von der Erwartung einer Reaktorkatastrophe geleitet sei:

»Since no experience exists in providing such coverage, and there is a definite possibility for a catastrophe occurring, insurance companies are not capable of making the actuarial decisions to provide this coverage.«[64]

Wie diese Materialbeispiele zeigen, hatte sich die Risikopolitik der amerikanischen Versicherungswirtschaft seit den 1950er Jahren nicht grundlegend verändert. Was sich verändert hatte, war das gesellschaftliche Skandalisierungs- und Politisierungspotenzial der Versicherungsfrage. Von der amerikanischen Umweltbewegung wurden die »Grenzen der Versicherbarkeit« primär als Indikatoren einer brisanten Gefahrenpolitik eingespannt, der es an adäquaten Kompensationsformen und Entschädigungsmitteln mangelte. Das übergeordnete Ziel der Umweltbewegung, den »Price-Anderson Act« gänzlich abzuschaffen, wurde trotz der intensiven öffentlichen Debatte sowie zahlreicher angestrengter Prozesse und Initiativen indes nicht erreicht.[65] Mit der Verankerung einer »unbegrenzten«

---

63 Schreiben Max R. Frye an H. N. Snowdon, 17.1.1974; Schreiben P. E. Yeager an Max R. Frye, 28.1.1974, beide dokumentiert in: Hearings before the Joint Committee On Atomic Energy, 93rd Congress, 2nd Session, hrsg. v. Joint Committee on Atomic Energy, Washington 1974, S. 209–210.
64 Schreiben »State Farm Fire and Casualty Company« an Elmer D. Anderson, abgedr. in: *Emilio Varanini/Gary D. Simon/Cynthia G. Praul*, Nuclear Insurance: A Staff Background Paper, Sacramento 1976, S. 21.
65 Die gesamte Price-Anderson-Kontroverse ist zum gegenwärtigen Zeitpunkt noch kaum erforscht. Minutiös untersucht ist lediglich der in North Carolina als Präzedenzkonflikt geführte Prozess zwischen der Carolina Environmental Study Group und der Duke Power Company, in dem das Gericht zunächst zugunsten der Umweltgruppe entschied und die Verfassungswidrigkeit des »Price-Anderson Act« feststellte. Dieses Urteil wurde 1978 allerdings vom Obersten Gerichtshof kassiert. Vgl. zu diesem Rechtsstreit *Johnson*, Insuring Against Disaster.

Haftung für Kernkraftwerksbetreiber in der 1975 novellierten Fassung des Gesetzes errang die Price-Anderson-Opposition jedoch einen Teilerfolg, obwohl der amerikanische Staat weiter und bis in die Gegenwart als letzte Haftungsinstanz fungiert.

»Versicherbarkeit« als Vertrauensproblem in der bundesdeutschen Atomkontroverse

In Westdeutschland lässt sich eine verdichtete, der skizzierten Price-Anderson-Kontroverse vergleichbare Debatte um die Katastrophenhaftung nicht verzeichnen. Dies ist unter anderem darauf zurückzuführen, dass der Anti-Atom-Protest durch die Eliten der Bundesrepublik deutlich weniger abgestützt war und es konkret an versicherungsökonomischer und haftungsrechtlicher Gegen-Expertise fehlte, die in den Vereinigten Staaten in den »Insurance Departments«, aber auch in atomkritischen Wissenschaftlervereinigungen wie der »Union of Concerned Scientists« verfügbar war.[66] Ferner lässt sich mit Blick auf die traditionell stärkere Rolle des Staats als Garant öffentlicher Sicherheit vermuten, dass das Skandalisierungspotenzial der staatlichen Haftungsübernahme in der Bundesrepublik geringer war und marktliberale Einwände gegen die Kernenergie deutlich weniger Zugkraft entfalteten als in den USA. Wenngleich sich beide Diskursstränge gerade in der Versicherungsthematik verwoben, besaß der Sicherheits- und Risikodiskurs in der deutschen Anti-AKW-Bewegung mehr Bindekraft als der ökonomische Diskurs.[67] Entsprechend wurde auch die Frage der Versicherbarkeit erst an zweiter Stelle als Entschädigungsproblem, sondern primär als Vertrauensproblem in die Reaktorsicherheit wahrgenommen und diskutiert.

In der Bundesrepublik waren die technischen Sicherheitsphilosophien seit den späten 1960er Jahren sukzessive in eine gesellschaftliche Akzeptanzkrise geraten. Die Sicherheitsforschung besaß über weite Strecken eine pragmatische Ausrichtung und wurde vorrangig mit Blick auf die Aufsichtsinstanzen betrieben, um Kernkraftwerksprojekte durch die behördlichen Genehmigungsverfahren zu schleusen.[68] Auch das Konzept des »Größten Anzunehmenden Unfalls« (GAU), das bis weit in die 1970er Jahre die Beherrschbarkeit von Technik durch Technik reklamierte, war eine artifizielle Konstruktion der technisch-ingenieurswissenschaftlichen Ideenwelt.[69] Entgegen der heute geläufigen Vorstellung implizierte die GAU-Philosophie keinesfalls den eruptiven Austritt von Radioaktivität in die Atmosphäre, sondern definierte als Maximalschaden den Bruch der Hauptkühlleitung eines Kernkraftwerks, der durch ein externes Notkühlsystem allerdings regulierbar sei. Diese Definition korrespondierte jedoch in den 1970er Jahren nicht mehr mit den gesellschaftlichen Risikowahrnehmungen der Kernenergie, die zunehmend von einem hypothetischen Denkstil geprägt waren. Interessanterweise war es mit Wolf Häfele ein führender Atomphysiker, der diesen Perzeptionswandel 1974 in einem Aufsatz besonders treffend explizierte:

»Das Risiko kann beliebig klein, aber nicht auf Null gebracht werden. [...] Das bedeutet, daß Argumente im Bereich der Hypothezität notwendigerweise und letztlich ohne Beweis bleiben. Ich glaube, daß diese letztlich fehlende Schlüssigkeit, die unserer Aufgabe innewohnt, in gewisser Weise die Ratlosigkeit in der öffentlichen Erörterung über die Sicherheit von Kernreaktoren erklärt. Die selt-

---

66 Darauf verweist allgemein auch *Radkau*, Die Ära der Ökologie, S. 218f.
67 Vgl. *Weisker*, Expertenvertrauen gegen Zukunftsangst, S. 404ff. Dennoch griffen auch die Atomkraftgegner »immer mehr auf eine wirtschaftliche Argumentation zurück«, wie Thomas Raithel konstatiert hat. Vgl. *Raithel*, Neue Technologien, S. 38.
68 Vgl. *Joachim Radkau*, Sicherheitsphilosophien in der Geschichte der bundesdeutschen Atomwirtschaft, in: *Wolfgang Gessenharter/Helmut Fröhling* (Hrsg.), Atomwirtschaft und innere Sicherheit, Baden-Baden 1989, S. 91–106, hier: S. 93.
69 Vgl. *Frank Uekötter*, Am Ende der Gewissheiten. Die ökologische Frage im 21. Jahrhundert, Frankfurt am Main/New York 2011, S. 99.

samen und oft unrealistischen Züge der Debatte hängen m. E. mit der ›Hypothezität‹ unterhalb der Grenze des Restrisikos zusammen.«[70]

Dem Vergangenheitsbezug der technischen Sicherheitsphilosophien, der auf der Leitthese basierte, aufgrund bisheriger Erfahrungen sei mit einem Reaktorunfall nicht zu rechnen, stellte die Umwelt- und Anti-Atomkraft-Bewegung mithin einen offenen Zukunftsbezug gegenüber. Frank Uekötter hat in diesem Zusammenhang treffend von einem geschulten »Denken in Horrorszenarien« gesprochen.[71] Bei der westdeutschen Atomkontroverse handelte es sich in erster Linie um einen Glaubens- und Zukunftskonflikt. Daher mag es kaum verwundern, dass die Suche nach »rationaler« Risikoexpertise bei Gegnern wie Befürwortern der Kernenergie gleichsam hoch im Kurs stand und sich bald auf die Versicherungswirtschaft verlagerte, deren Profession eben gerade die Gefahrenprognostik ist.

Dass das Versicherbarkeitsproblem seit etwa 1975 in den Fokus der bundesdeutschen Anti-AKW-Bewegung geriet, lässt sich im Wesentlichen auf Wissenstransfers aus der US-amerikanischen Diskussion zurückführen. 1971 erschien Sheldon Novicks Buch »The Careless Atom« in der Bundesrepublik. Der Primat der Sicherheit, der über weite Strecken für die deutsche Kontroverse kennzeichnend war, drückte sich schon in der erweiterten Übersetzung des Titels »Katastrophe auf Raten. Wie sicher sind Atomkraftwerke?« aus. Auch die analytisch anmutende Kapitelüberschrift »The Insurance Problem« wurde in der deutschen Ausgabe zur Frage »Sicherheit ohne Versicherung?« umformuliert, womit die einschlägige Beobachtungslogik auch für den schnellen Leser direkt mitgeliefert wurde.[72] Die Rezeption der Studie in der deutschen Anti-AKW-Literatur fiel dementsprechend aus: Auf Novicks Thesen bezog sich vor allem Holger Strohm, der den Vorsitz der deutschen Sektion der internationalen Umweltorganisation »Friends of the Earth« innehatte, in seinem 1973 erstmals erschienenen Kompendium »Friedlich in die Katastrophe«, das zu einem Standardwerk der Anti-AKW-Bewegung avancierte.[73] Während Novick jedoch stärker auf das Problem der Opferentschädigung abhob, was dem materiellen Grundton der Price-Anderson-Debatte entsprach, ergab sich aus der Risikopolitik der Versicherungen für Strohm in erster Linie ein ideelles Vertrauens- und Sicherheitsproblem. Trotz dieser unterschiedlichen Gewichtung war die Referenz jedoch offensichtlich.[74] Auch in den Medien, die die Thematik seit etwa 1975 verstärkt aufgriffen, kamen vor allem Gegenexperten der Price-Anderson-Opposition zu Wort. In einem SPIEGEL-Artikel wurde etwa der bereits erwähnte Herbert S. Denenberg als »Versicherungsmathematiker« eingeführt, der auf einen »bemerkenswerten Umstand« hinweise: »Zwar spreche das Atomestablishment stets von ›kaum nennenswerten Risiken‹ – aber für die Versicherungsgesellschaften sei das Atomrisiko offenbar nach wie vor ein heißes Eisen«.[75] 1977 publizierte der SPIEGEL schließlich ein Diagramm, dem die Suggestivfrage »Die Kernkraftwerke der Bundesrepublik: Unterversichert?« vorangestellt war.

---

70 Vgl. *Wolf Häfele*, Hypothezität und die neuen Herausforderungen – Kernenergie als Wegbereiter, in: Zeitschrift für das gesamte Versicherungswesen 64, 1975, S. 541–564, hier: S. 554f.
71 Vgl. *Frank Uekötter*, Apokalyptik als Profession? Ängste, Prognosen und die internationale Umweltbewegung, in: *Hartmann/Vogel*, Zukunftswissen, S. 284–300, hier: S. 293.
72 *Sheldon Novick*, Katastrophe auf Raten. Wie sicher sind Atomkraftwerke?, München 1971.
73 Vgl. *Radkau*, Die Ära der Ökologie, S. 216.
74 Vgl. *Holger Strohm*, Friedlich in die Katastrophe, Hamburg 1973, S. 60f. Das ursprünglich schmale Buch erreichte im Verlauf der 1970er Jahre eine enorme Auflage und umfasste in einer erweiterten Fassung von 1981 schließlich 1.200 Seiten. Vgl. *Uekötter*, Am Ende der Gewissheiten, S. 98.
75 »Ein furchterregendes Unterfangen«, in: Der SPIEGEL, 21.7.1975, S. 32–41, hier: S. 37. Der SPIEGEL bezog sich wiederum auf *Denenberg*, Nuclear Power.

Abbildung 2: SPIEGEL-Diagramm (Polster im Pool)
in: Der SPIEGEL, 9.5.1977, S. 90–92, hier: S. 90

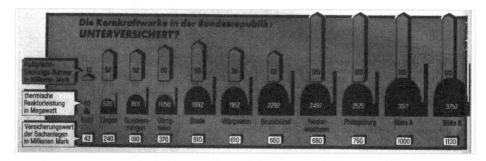

Die entsprechende Deutung zu dem Diagramm lieferten Versicherungsexperten wie der Leiter der technischen Versicherungsabteilung der Allianz, Heinz Braun, sowie ein Vorstandsmitglied der Colonia-Versicherung, Hans Dieter Grell, die beide sicherlich nicht als Gegner der zivilen Kernenergienutzung einzustufen sind. Braun leitete vielmehr die Atomversicherungssparte bei der Allianz, war an der Entwicklung von geeigneten Versicherungsmodellen für Kernkraftwerke beteiligt und hatte in zahlreichen Aufsätzen und Presseartikeln stets die Beherrschbarkeit der Kernenergie reklamiert.[76] Allerdings entsprach es der versicherungsökonomischen Denklogik, dass Branchenexperten neben soliden Schadenstatistiken stets auch auf bestehende Restrisiken der Kernenergie verwiesen[77], was viele Medien selektiv wiedergaben. In der Versicherungssprache übliche Statements wie »Da lauern Schadenssummen, die in die Milliarden gehen« oder »Bei der Kernenergie [...] vergrößern sich die Risiken im Quadrat«, die den Versicherungsexperten zugeschrieben wurden, wurden im medialen Kontext als alarmierende Kassandrarufe inszeniert.[78] Nicht zuletzt wirkte der SPIEGEL, der infolge der Proteste im badischen Wyhl seit 1975 eine atomkritische Position eingenommen hatte[79], in diesem Zusammenhang als Risikoakteur, da er die Sachversicherungssummen von Kernkraftwerken in einen Vergleichszusammenhang mit den deutlich niedrigeren Haftpflichtsummen setzte. Dies passte in das populäre Bild eines konzentrierten »Atomsyndikats«, das in erster Linie um die eigene Entschädigung besorgt war. Die oben diskutierten strukturellen Faktoren versicherungsökonomischer Risikopolitik, die letztlich erst diese Differenz begründeten, spielten in der medialen Öffentlichkeit indes kaum eine Rolle.

---

76 Zum Beispiel in den folgenden Artikeln: *Fridolin Engelfried*, Atombrenner lassen die Versicherungen kalt, in: Augsburger Allgemeine, 20.5.1976; Exportunternehmen klagen über Versicherungshürden, in: Donau-Kurier, 19.5.1976; Energiewirtschaft hat riesigen Investitionsbedarf, in: Der Tagesspiegel, 10.5.1980; Atomkraft vollversichert, in: Münchener Merkur, 9.5.1980.
77 Hier liegt die Vermutung nahe, dass Versicherungsexperten in der Öffentlichkeit gezielt Unsicherheiten erzeugten, um den Druck auf die Sicherheitsbehörden zu erhöhen, verschärfte Sicherheitsauflagen für Kernkraftwerksbetreiber zu erlassen, und so die Schadensbilanz zu optimieren. Wenngleich sich der im Rahmen des »Würgassen-Urteils« erwirkte Vorrang der Sicherheit vor der Wirtschaftlichkeit in erweiterten Sicherheitsvorkehrungen und Kostensteigerungen niederschlug, die zweifellos ein wesentlicher Grund für die Stagnation der Kernenergieentwicklung gewesen sind, fehlt ein entsprechender Nachweis für eine derartige Strategie in den versicherungsarchivalischen Beständen. Vgl. zum Würgassen-Urteil *Radkau*, Die Ära der Ökologie, S. 445.
78 Polster im Pool, in: Der SPIEGEL, 9.5.1977, S. 90–92.
79 Vgl. *Susanne Stange*, Die Auseinandersetzung um die Atomenergie im Urteil der Zeitschrift »Der Spiegel«, in: *Jens Hohensee/Michael Salewski* (Hrsg.), Energie – Politik – Geschichte. Nationale und internationale Energiepolitik seit 1945, Stuttgart 1993, S. 127–152.

Dem »voreiligen Schluß [...], daß die [...] Versicherer ein zu geringes Vertrauen in die Sicherheit der Kerntechnik« hätten[80], begegnete der GDV 1977, als sich die Kontroverse zuspitzte, mit einem Pressekolloquium.[81] Formell ging es dabei um die Stellungnahme zu einer Atomgesetznovelle, mit der eine Anhebung der privaten Haftpflichtdeckung auf 500 Millionen DM erforderlich geworden war.[82] Subkutan verständigte man sich hier jedoch über die generelle Risikophilosophie der Versicherungen. Schon die erste Frage der anwesenden Journalisten zielte auf das Vertrauen der Assekuranz zur Kernenergie. Die Versicherungsexperten bejahten dies und führten zum »Beweis« ihr »[h]ohes Engagement in den verschiedenen Sparten« an, das sie mit validen Zahlen untermauerten. Zwar hätten aufmerksame Beobachter diese Versicherungssummen auch in den jährlichen Geschäftsberichten des GDV nachlesen können; hier wurden sie aber in der Absicht wiederholt, über Zeichnungsbereitschaft Vertrauen in die Reaktorsicherheit zu signalisieren. Tatsächlich waren die Versicherungssummen für Atomkraftwerke seit den 1950er Jahren stark angeschwollen, wofür eine solide Schadensquote, das Ausbleiben von Großunfällen sowie eine günstige Prämienentwicklung verantwortlich waren, und der Assekuranz war dies Beweis genug, dass Kernkraftwerke – im versicherungstechnischen Sinne – »sicher« seien. Die Pressekonferenz entwickelte sich im Folgenden zu einem Katz-und-Maus-Spiel zwischen Journalisten und Versicherungsexperten und nahm zuweilen groteske Züge an. Mit gebotener Subtilität auf eine Reaktorkatastrophe spekulierend, wurde etwa gefragt, warum eine nukleare Haftpflichtversicherung »überhaupt erforderlich« sei, wenn die offiziellen Sicherheitsbehauptungen zuträfen. In der Sprachregelung der Versicherer war dafür die knappe Antwort »Haftpflichtversicherung ist Pflichtversicherung« vorgesehen. Mit »Rechnen die Versicherer mit einem nuklearen Schadenereignis, das die Umwelt tangiert?« folgte ebenfalls eine Suggestivfrage, die versicherungstechnisch überhaupt nicht zu verneinen war, wie sich auch an der Antwort der anwesenden Branchenexperten ablesen lässt. Zwar läge »die Störanfälligkeit von Reaktoren« nach »über 10jähriger Schadenerfahrung« überwiegend im »konventionellen technischen Bereich«. Allerdings könne der »Haftpflichtversicherer [...] natürlich den möglichen Eventualfall eines die Umwelt tangierenden nuklearen Ereignisses nicht gänzlich außer Betracht lassen«.[83]

Insgesamt ist festzuhalten, dass die Versicherungsfrage im Zuge der Atomkontroversen der 1970er Jahre auf zahlreichen Wegen in den gesellschaftlichen Beobachtungs- und Deutungshorizont diffundierte. Die Entdeckung dieses Problemfelds vollzog sich zunächst in den USA, unterschiedliche Akteure der Price-Anderson-Opposition prägten als Gegen-Experten jedoch auch die deutsche Debatte. Trotz vieler Parallelen folgten die Kontroversen in beiden Ländern doch gewissen Eigendynamiken: In den USA wurde der Topos »Versicherbarkeit« stärker als Problem materieller Entschädigung diskutiert, während in der bundesdeutschen Debatte die damit verbundenen Vertrauens- und Sicherheitsaspekte dominierten. Das mag damit zusammenhängen, dass in der Bundesrepublik deutlich intensiver um die »Rationalität« und »Irrationalität« von Atomängsten gerungen wurde: Versicherungsexpertise ließ sich in diesem Zusammenhang als Vertrauensexpertise symbolisch nutzen, um Artikulationen von Angst und Unsicherheit im gesellschaftlichen Risikodiskurs zu legitimieren. Denn letztlich ließ sich der Vorwurf, man betreibe irrationa-

---

80 *Gottfried Hertel*, 20 Jahre Deutsche Kernreaktor-Versicherungsgemeinschaft, in: AtW 1977, S. 423–424, hier: S. 424.
81 Vgl. zu den krisenhaften Zuspitzungen in diesem Jahr *Thomas Dannenbaum*, »Atom-Staat« oder »Unregierbarkeit«? Wahrnehmungsmuster im westdeutschen Atomkonflikt der siebziger Jahre, in: *Franz-Josef Brüggemeier/Jens Ivo Engels* (Hrsg.), Natur- und Umweltschutz nach 1945. Konzepte, Konflikte, Kompetenzen, Frankfurt am Main 2005, S. 268–286, hier: S. 282ff.
82 Vgl. *Borscheid*, 100 Jahre Allianz, S. 247.
83 Sprachregelung Wolfgang Müller für die Pressekonferenz des GDV, 31.1.1977, Firmenhistorisches Archiv der Allianz AG (FHA), München, AZ 7.8/10.

len »Atomalarmismus« und Panikmache durch den Verweis auf das ökonomische Risikokalkül der Versicherungen entkräften.[84] Umweltbewegung und Versicherungen verband ein ähnlicher hypothetischer Denkstil, in dem Worst-Case-Szenarien gegenüber Erfahrungswissen klar der Vorrang gegeben wurde. Mit Blick auf die Ausgangsfrage zeigt die Vereinnahmung von Versicherungsexpertise durch Teile der Umweltbewegung jedoch beispielhaft, dass der »wachsende Expertendissens«[85] im Zuge der 1970er Jahre zugleich eine neue – durchaus auch funktionale – Expertengläubigkeit evozierte: Im Beobachtungshorizont von Atomgegnern galten Versicherungen als institutionelle Vetospieler beziehungsweise »kommerzielle Vertrauenswächter«[86] eines ungezügelten technischen Fortschritts. Wie die deutsche Versicherungswirtschaft auf diese Zuschreibungen reagierte, soll nun in einem letzten Abschnitt diskutiert werden.

IV. SICHERHEITSPRODUKTION IN EINER VERUNSICHERTEN GESELLSCHAFT UND DIE SYNTHESEN DER RISIKOSOZIOLOGIE IN DEN 1980ER JAHREN

1977 publizierte der GDV einen anonymen Artikel, der sich mit den Rückkopplungen der unsicheren Zeitstimmung auf die Versicherungsbranche beschäftigte. Dort war zu lesen:

»Mangelnde Vertrautheit mit der neuen Energiequelle und Assoziationen zu nuklearen Waffen erzeugen in der Öffentlichkeit Unruhe – ob fälschlich oder mit Recht, ob schädlich oder heilsam, spielt hier keine Rolle. Wichtig ist vielmehr, daß auch manche Versicherer nicht unbeeindruckt bleiben. [...] Kapazitätsprobleme können die Folge unzureichender Beitragssätze sein. Doch bei der Versicherung nuklearer Risiken liegen die Dinge nicht so einfach. Hier geht es nicht allein um Kalkulation [...]. Auf dem Weltversicherungsmarkt sind vielmehr organisatorische und auch psychologische Hürden zu nehmen.«

Angesichts dieser pessimistischen Ausführungen wirkt der Titel des Aufsatzes »Die Assekuranz ebnet dem Fortschritt den Weg« wie das starre Bekenntnis zu einem Konnex, der in zunehmendem Maße brüchig zu werden schien.[87] In der Versicherungswirtschaft stellte sich seit den 1970er Jahren die Wahrnehmung einer wachsenden Kluft zwischen technischem Fortschritt und dessen Versicherbarkeit ein. Dies war allerdings nicht nur einem »objektiven« Risikodruck geschuldet, also der schlichten Präsenz neuer technischer »Mammutrisiken wie Bohrinseln, Kernkraftwerke, Supertanker und Großflugzeuge [...], für die ein versicherungstechnischer Ausgleich nur noch über Jahre hinweg denkbar«[88] sei. Vielmehr ging es hier um die gesellschaftlichen Dimensionen versicherungsvermittelter Sicherheits- beziehungsweise Unsicherheitsproduktion. »Unsicherheit« – so hatte es der Generaldirektor der Allianz, Wolfgang Schieren, schon 1972 ausgedrückt – sei das »Lebenselement des Versicherers«, ein »übersteigertes Umweltbewußtsein, das zuweilen hysterische Züge« trage[89], gelte es aber abzubauen, da es technisch-ökonomi-

---

84 Vgl. zum Angstdiskurs in der deutschen Anti-AKW-Bewegung *Albrecht Weisker*, Powered by Emotion? Affektive Aspekte der westdeutschen Kernenergiegeschichte zwischen Technikvertrauen und Apokalypseangst, in: *Brüggemeier/Engels*, Natur- und Umweltschutz, S. 203–221.
85 *Raithel*, Neue Technologien, S. 37.
86 Der Begriff geht auf Frank Knight zurück. Vgl. dazu *Hartmut Berghoff*, Die Zähmung des entfesselten Prometheus? Die Generierung von Vertrauenskapital und die Konstruktion des Marktes im Industrialisierungs- und Globalisierungsprozess, in: *ders./Jakob Vogel* (Hrsg.), Wirtschaftsgeschichte als Kulturgeschichte. Dimensionen eines Perspektivenwechsels, Frankfurt am Main 2004, S. 143–168, insb. S. 156ff.
87 O. A., Die Assekuranz ebnet dem Fortschritt den Weg, in: Geschäftsbericht des GDV 1976/77, S. 54–64, hier: S. 56f.
88 *A. P. Bäumer/G. Woldering*, Zur Lage, in: ebd., S. 7–10, hier: S. 9.
89 Begrüßungsansprache Wolfgang Schieren zum Allianz-Forum »Technik und Versicherung« 1972, undatiert, FHA, B 9.3/3.

sche Innovationsschübe ausbremse und langfristig die internationale Wettbewerbsfähigkeit der Bundesrepublik gefährde.[90] Daher beobachtete die Versicherungsbranche mit Skepsis, dass die »Grenzen der Versicherbarkeit« von Kernkraftrisiken in der medialen Öffentlichkeit zum Unsicherheitsemblem hypostasiert wurden. Aus Sicht der Assekuranz folgten derartige Sinnzuschreibungen dem politisch motivierten Kalkül, die »rational« begründete Vorsicht der Versicherungen als Legitimation für »irrationale« Gefahrenperzeptionen zu instrumentalisieren. Daraus leiteten führende Versicherungsmanager aber auch den gesellschaftlichen Stellenwert ihrer Risikobeurteilung ab: Der Versicherungswirtschaft – so Schieren erneut – fiele nunmehr die Rolle zu, »einen wichtigen Beitrag zur Versachlichung der öffentlichen Diskussion zu leisten«.[91] Sich zur Kernenergie zu bekennen und ihre Versicherbarkeit zu unterstreichen, entwickelte sich in öffentlichen Verlautbarungen der Branche zum Mantra.

Dass es sich bei derartigen Statements allerdings nicht allein um euphemistische Lippenbekenntnisse handelte, bezeugt nicht zuletzt der solide Verlauf dieses Versicherungsgeschäfts. Seit 1967 mit Würgassen das erste kommerzielle Kernkraftwerk seinen Betrieb aufnahm, waren die Versicherungskapazitäten für Kernkraftwerke inkrementell angewachsen, was einer insgesamt guten Schadensquote mit entsprechenden Prämienüberschüssen geschuldet war.[92] Großindustrieanlagen wie etwa das hessische Kernkraftwerk Biblis waren an der Wende zu den 1980er Jahren in einer Höhe von ungefähr einer Milliarde Mark sachversichert, womit sie zu den kapitalintensivsten Risiken der zeitgenössischen Versicherungswirtschaft gehörten. Da die brisanten Atomrisiken im Sinne des *burden sharing* entweder in den staatlichen Verantwortungsbereich gefallen oder über spezielle Versicherungslösungen ›gezähmt‹ worden waren, galten Kernkraftwerke in der Branche letztlich als hochmoderne Industrieanlagen, die zu Unrecht im Fokus einer politisierten, emotionsgesteuerten und technikfeindlichen Debatte standen. Diese Einschätzung überdauerte selbst den Reaktorunfall im amerikanischen Kernkraftwerk »Three Mile Island« bei Harrisburg im März 1979, der in der deutschen Medienöffentlichkeit wenn auch nicht als »Super-GAU«, so doch als dessen Präludium rezipiert wurde.[93] Ein intern erstellter Bericht der Allianz, die an diesem Versicherungsrisiko beteiligt war, bilanzierte hingegen nüchtern, »an der bisherigen positiven Einstellung der Allianz zu den Kernenergierisiken, insbesondere in der Bundesrepublik Deutschland, [habe] sich auch durch Harrisburg nichts geändert. Dass es bei einem Zwischenfall der geschilderten Art zu Entschädigungsleistungen in der Sach- und Haftpflichtversicherung kommen [könne, entspreche] dem Wesen des Versicherungsschutzes und [sei] nichts Ungewöhnliches«.[94]

---

90 Begrüßungsansprache Wolfgang Schieren zum Allianz-Forum »Technik und Versicherung« 1976, 18.5.1976, FHA, B 9.3/2.
91 Begrüßungsansprache Wolfgang Schieren zum Allianz-Forum »Technik und Versicherung« 1980, undatiert, FHA, B 9.3/1.
92 Dies lässt sich anhand der offiziellen Zahlen der DKVG nachvollziehen: 1970 standen Nettobeitragseinnahmen in Höhe von 4,8 Millionen DM einer Nettoschadensbelastung in Höhe von 0,1 Millionen DM gegenüber, im Jahr 1975 bezifferte sich das Verhältnis auf 21,3 Millionen DM zu 0,6 Millionen DM, 1978 auf 31,3 Millionen DM zu 6,6 Millionen DM. Einzig 1979 und als Folge des Störfalls im amerikanischen Harrisburg überwog die Schadensseite (40 Millionen DM zu 55,6 Millionen DM), seit 1980 hingegen wieder die Einnahmeseite (41 Millionen DM zu 22,6 Millionen DM). 1987 standen gar 150,7 Millionen DM Nettoeinnahmen einer Schadensbelastung in Höhe von 6,5 Millionen DM gegenüber. Vgl. für die Zahlen Jahrbuch des GDV 1988, S. 93.
93 Vgl. *Andreas Wirsching*, Abschied vom Provisorium. Geschichte der Bundesrepublik Deutschland 1982–1990, München 2006, S. 363 und 379.
94 Bericht Dieter Schmidt »Kernkraftwerk Harrisburg. Abrechnung des Schadens bei Versicherung nach deutschen Bedingungen«, 26.6.1979, FHA, AZ 7.8/10. Dabei muss berücksichtigt werden, dass Hochrechnungen über den zu erwartenden Anteil der Allianz an diesem Sach-

Der Ablauf von »Harrisburg« – der Austritt von Radioaktivität war durch die technischen Sicherheitsvorkehrungen zuletzt doch noch verhindert worden – korrelierte vielmehr mit den Erwartungshaltungen der deutschen Versicherer, dass ein Reaktorunfall dieser Dimension zwar zu hohen Schadensummen und in der Semantik der Versicherung auch zu einer finanziellen »Katastrophe« führen könne, jedoch nicht zwingend apokalyptische Ausmaße annehmen müsse.⁹⁵ Der »Super-GAU« von Tschernobyl im April 1986 wiederum betraf die deutschen Versicherer nicht direkt, da die Sowjetunion nicht am internationalen Rückversicherungssystem partizipierte. Dass er für die Risikopolitik der Branche eine tiefere Zäsur bedeutete als der Störfall von Harrisburg, kann angesichts sperrfristbedingter Quellendefizite vorerst nur vermutet werden.⁹⁶

An der Wende zu den 1980er Jahren indes standen weniger die inhärenten Gefahren der Kerntechnik im Problemfokus der Versicherungswirtschaft, sondern vielmehr die soziokulturellen Phänomene, die sich mit der Implementierung und Nutzung derartiger Technologien verbanden. Die Versicherer begegneten der politisierten Atomdebatte nicht nur mit großem Unverständnis, sondern erblickten gerade hier ein neues externes Risiko *für* die Sicherheit von Kernkraftwerken, die aus ihrer Sicht vor allem anderen eine hohe Wertkonzentration und Vulnerabilität aufwiesen. Vor dem Hintergrund der Gewalteskalation bei den Protesten im niedersächsischen Gorleben⁹⁷ rekurrierte etwa der damalige Vorstandsvorsitzende der Münchener Rück, Horst K. Jannott, auf potenzielle »Sabotageakte« von Atomgegnern, die eine wesentlich akutere Sicherheitsgefährdung darstellten als der Betrieb von Kernanlagen:

»Diese Art von Risiken, die im Zusammenhang mit der Kernenergie zu sehen sind und die sich im weitesten Sinne unter dem Stichwort ›Mißbrauch‹ zusammenfassen lassen, geben heute und vor allem für die Zukunft weitaus größere Probleme auf als der nun schon über Jahrzehnte in vielen Ländern praktizierte Einsatz der Kernenergie«.⁹⁸

Auch Eberhard Kretschmar, ein Branchenkollege Jannotts, betonte, die »Schwierigkeiten, mit denen die Versicherungswirtschaft heute konfrontiert wird, [wiesen] über das rein Ökonomische und Technische hinaus« und seien vielmehr »kulturpsychologisch begrün-

---

und Haftpflichtschaden mit einer Summe von maximal zehn Millionen US-Dollar eher konventionell auszufallen schienen. Insgesamt beliefen sich die Kosten für die in der DKVG zusammengeschlossenen deutschen Versicherer bis einschließlich 1987 auf ca. 42 Millionen US-Dollar. Vgl. dazu Jahrbuch des GDV 1987, S. 85.
95 Vgl. unter anderem *Heike Braun*, Auch nach Harrisburg soll Atomrisiko kalkulierbar sein, in: Die Welt, 18.6.1980. Der Bund nahm Harrisburg zum Anlass für eine Neujustierung der Haftungshöchstsummen im Atomgesetz, wobei der privatwirtschaftliche Anteil auf 2,5 Milliarden DM hochgeschraubt wurde. Die Novelle trat am 22. Mai 1985 in Kraft. Vgl. für Details *Koletschka*, Der Supergau, S. 14–17. Vgl. zu Harrisburg *J. Samuel Walker*, Three Mile Island: A Nuclear Crisis in Historical Perspective, Berkeley, CA/Los Angeles etc. 2004.
96 In einer neueren Publikation der Branche ist indes davon die Rede, dass die Versicherungspools ihre Kapazitäten nach »Tschernobyl« »sogar noch erheblich anheben« konnten. Vgl. *Rehmann*, Vierzig Jahre Nuklearversicherung, S. 323. Vgl. grundlegend *Melanie Arndt*, Tschernobyl. Auswirkungen des Reaktorunfalls auf die Bundesrepublik Deutschland und die DDR, Erfurt 2011.
97 Vgl. zu Gorleben *Anselm Tiggemann*, Die »Achillesferse« der Kernenergie in der Bundesrepublik Deutschland. Zur Kernenergiekontroverse und Geschichte der nuklearen Entsorgung von den Anfängen bis Gorleben 1955–1985, Lauf an der Pegnitz 2004.
98 *Horst K. Jannott*, Einige aktuelle Kernfragen der Assekuranz aus der Sicht eines Rückversicherers, in: VW 34, 1979, S. 283–286, hier: S. 283f. Vgl. auch: Versicherungsproblem Brokdorf. Wenn die Versicherer nicht zahlen, ist Stoltenberg die Anlaufstelle, in: Handelsblatt, 25.2.1981. In der Tat kam es in den 1970er Jahren zu Sprengstoffanschlägen auf Kernkraftwerke. Vgl. *Cornelia Altenburg*, Kernenergie und Politikberatung. Die Vermessung einer Kontroverse, Wiesbaden 2010, S. 50.

det«. Im zeitgenössischen Versicherungsdiskurs begegnen wir der »Risikogesellschaft« aus einer umgekehrten Perspektive, nämlich in dem durchaus kulturpessimistischen Sinne, dass die Gesellschaft selbst immer mehr – wie Kretschmar ausführte – »ein unkalkulierbares Risiko« darzustellen schien.[99] Denn diese »politischen Risiken« – neben den Atomprotesten und den damit verbundenen Genehmigungsverzögerungen und Baustopps stand auch der zeitgenössische Linksterrorismus im Visier der Versicherungen – waren einerseits risikotheoretisch nicht darstellbar, weil sie – so Jannott – »nicht von Erfahrungsgrößen oder statistisch erfassbaren Entwicklungen, sondern vom Willensakt des Schadenstifters« abhingen.[100] Andererseits bildeten die Kernenergiekontroversen aber auch ein soziales Lehrstück, das der Branche die rasanten Veränderungsdynamiken von Gefahrenperzeptionen und Sicherheitsmentalitäten verdeutlichte – von der Krisenstimmung der 1970er Jahre[101] und der damit verbundenen Umdeutung der Kernenergie von der utopischen Schlüssel- zur dystopischen Vernichtungstechnologie waren auch die Versicherer überrascht worden. Zudem zeichnete sich ab, dass die vorläufige Stagnation der Anti-Atom-Proteste in den frühen 1980er Jahren keinesfalls das Ende von Risikokontroversen bedeuten würde. Mit dem »Waldsterben«-Alarm oder den Debatten um die Gentechnik schienen sich Risikokonflikte nach dem Muster der Atomdebatte vielmehr in der politischen Kultur der Bundesrepublik zu perpetuieren.[102]

Im Verlauf der 1980er Jahre schlug die anfängliche Aufregung in aktive Bestrebungen um, komplexere Risikomodelle zu entwickeln, die derartigen Phänomenen der sozialen Wirklichkeit eher entsprachen. Ein solcher Ansatz war das Risikomanagement, mit dem sich eine zunehmende Verwissenschaftlichung der Risikopolitik verband. Das wichtigste Novum des Risikomanagements bestand in seiner interdisziplinären Ausrichtung, die sich in der systematischen Einbeziehung von Wissensbeständen aus der psychologisch-kognitiven und vor allem der sozialwissenschaftlichen Risikoforschung zeigte.[103] Die Letztere formierte sich an der Wende zu den 1980er Jahren aus der »wachsenden Kritik an den großtechnischen Risikopotenzialen, aber auch an den uneingelösten Sicherheitsversprechen der damaligen [technischen] Risikoforschung« und bildete schließlich auch das intellektuelle Bezugsfeld der »Risikogesellschaft«-Diagnose.[104] Sie vollzog eine grundlegende Abkehr von dem rationalistischen und objektivistischen Zugriff der klassischen Risikoforschung und widmete sich stattdessen den »gesellschaftlichen Konstitutionsbedingungen des Risikos«.[105] Dazu gehörten die Mechanismen gesellschaftlicher Risikokommunikation, das Zusammenspiel von kognitiven, normativen und politischen Faktoren von Risikowahrnehmungen sowie grundsätzlich das soziokulturelle Akzeptanzverhalten gegenüber neuen Technologien. Die Integration der »sozialen Dimension« im Konzept des Risikomanagements wiederum verweist auf eine zunehmende Dynamisierung und auch Kulturalisierung der zeitgenössischen Risikopolitik.

---

99 *Eberhard Kretschmar*, Werden Zivilisationsrisiken zu Elementarrisiken?, in: VW 1979, S. 1198–1200, hier: S. 1198; ähnlich *Ulrich Hübner*, Rechtsprobleme der Deckung politischer Risiken, in: Zeitschrift für die gesamte Versicherungswissenschaft 70, 1981, S. 3–48.
100 *Jannott*, Kernfragen der Assekuranz, S. 283f.
101 Vgl. dazu die Beiträge in: *Konrad Jarausch* (Hrsg.), Das Ende der Zuversicht? Die siebziger Jahre als Geschichte, Göttingen 2008.
102 Vgl. zur formativen Bedeutung der Kernenergiekontroversen für diese Risikokonflikte *Raithel*, Neue Technologien; *Uekötter*, Am Ende der Gewissheiten.
103 Vgl. zu den unterschiedlichen Ansätzen der Risikoforschung die Beiträge in: *Gotthard Bechmann* (Hrsg.), Risiko und Gesellschaft. Grundlagen und Ergebnisse interdisziplinärer Risikoforschung, Opladen 1993.
104 *Lengwiler*, Risikopolitik im Sozialstaat, S. 380.
105 Vgl. *Gotthard Bechmann*, Einleitung: Risiko – ein neues Forschungsfeld, in: ders., Risiko und Gesellschaft, S. VII–XXIX, hier: S. XVIII.

Abbildung 3: Die soziokulturelle Dimension der Atomrisikopolitik
Matthias Haller, New dimensions of Risk: Consequence for Management, in: The Geneva Papers of Risk and Insurance 1978, H. 7, S. 3–15, hier: S. 13

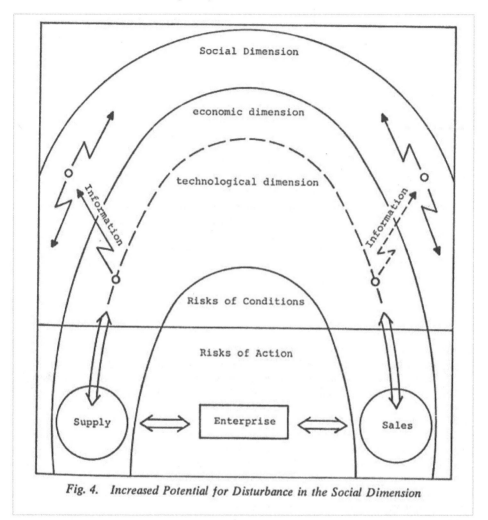

Fig. 4. Increased Potential for Disturbance in the Social Dimension

Allerdings gingen die Meinungen von Versicherungsexperten über die Praxistauglichkeit derartiger Konzepte weit auseinander. Ob man der Berücksichtigung soziologischer Wissensbestände in der Risikotheorie etwas abgewinnen konnte, hing nicht zuletzt davon ab, ob man die Versicherung überhaupt als gesellschaftlichen Sicherheitsproduzenten verstand. Fürsprecher eines interdisziplinären Risikomanagements wie der Schweizer Risikotheoretiker Matthias Haller, der in den 1970er Jahren das einflussreiche »St. Gallener Institut für Versicherungswirtschaft« leitete, begriffen die Versicherung »als Teil eines umfassenden Sicherheitssystems«.[106] Für Haller bildete die Produktion von Sicherheit *durch* die Versicherung und die Produktion von Sicherheit *in* der Versicherung einen verkoppel-

---

106 *Peter Koch*, Geschichte der Versicherungswissenschaft in Deutschland, Karlsruhe 1998, S. 322.

ten Mechanismus, weshalb den soziokulturellen Dimensionen der Risikopolitik ein hohes Gewicht beigemessen werden müsse, um adäquate Zukunfts- und Versicherbarkeitsentscheidungen treffen zu können. Hallers Schriften zeugen daher auch von einer umfassenden Rezeption der risikosoziologischen Forschung – eine zunächst interdisziplinäre Annäherung, die in den 1990er Jahren auch in gemeinsame Publikationsprojekte mündete.[107] Demgegenüber vertrat sein Fachkollege Ralph-René Lucius die Meinung, eine Versicherung sei ein »gewöhnliches Dienstleistungsunternehmen« und verkaufe »keine Sicherheit, sondern nur eine Information, die es dem Adressaten erlaubt, seine eigenen Prognosen zu verbessern«. In der von Lucius entwickelten Versicherungskonzeption spielte die Risikosoziologie daher auch nur eine marginale Rolle.[108]

Insgesamt lässt sich in den 1980er Jahren eine verstärkte Wissensdiffusion zwischen Risikosoziologie und Versicherungswissenschaft verzeichnen, die als Reaktion auf die gesellschaftlichen Kontroversen der 1970er Jahre zu sehen ist. Während die Risikosoziologie im Gefolge der Umweltbewegung ihren Blick auf die »Grenzen der Versicherbarkeit« schärfte, die dann bei Beck die Epochenschwelle zur »Risikogesellschaft« markierten, versprach sich die Versicherungswissenschaft von der Einbeziehung soziologischer Forschungsergebnisse vor allem die Optimierung ihrer Risikomodelle. Nicht zuletzt sollten sich so gesellschaftspolitische und ökonomische Folgerisiken, die – wie in den Atomkontroversen sichtbar geworden – eine veränderte Gefahrensituation erzeugt hatten, differenzierter prognostizieren lassen. Die Tendenz zu einer gesellschaftlichen Risikopolitik der Versicherungen entsprach dem Durchbruch eines erweiterten Präventionsregimes, das in den 1980er Jahren zunehmend an die Stelle des klassischen Schadensausgleichsgedankens der Versicherung trat.

V. Grenzen der Versicherbarkeit – Grenzen der Risikogesellschaft

In einer der raren Darstellungen zur neueren Versicherungsgeschichte hat Peter Borscheid jüngst hervorgehoben, dass die Versicherungswirtschaft im späten 20. Jahrhundert immer seltener mit der Expansion von Gefahren Schritt halten konnte, was »höchstwahrscheinlich zur ersten wirklich großen Zäsur« ihrer Geschichte führen werde. Wenngleich Borscheid der These einer eindeutigen Grenze zwischen Industrie- und Risikogesellschaft widerspricht, so folgt er Beck in der Beobachtung, dass sich parallel zum ökonomischen Wachstum ein »schleichender Bedeutungsverlust« der Versicherungswirtschaft im Bereich der weltumspannenden Großrisiken vollziehe. Für die Gefahren des Klimawandels, des internationalen Terrorismus, des globalen Finanzmarktkapitalismus sowie von spezifischen Technologien und Produkten stehen immer weniger die privaten Versicherer, sondern vermehrt der Staat als größter Rückversicherer ein.[109] Damit ist aber noch nicht die Frage beantwortet, ob sich von den »Grenzen der Versicherbarkeit« auf eine Epochenzäsur zur »Risikogesellschaft« oder »Weltrisikogesellschaft« schließen lässt und wo diese zeitlich überhaupt liegen soll.[110]

---

107 Vgl. als Auswahl *Matthias Haller*, Sicherheit durch Versicherung? Gedanken zur künftigen Rolle der Versicherung, Bern/Frankfurt am Main 1975; *ders.*, Risiko-Management – Eckpunkte eines integrierten Konzepts, in: *Herbert Jacob* (Hrsg.), Risiko-Management, Wiesbaden 1986, S. 7–43; *Ulrich Beck*, Politisierung des Risikos. Zur Technik- und Technokratiekritik in der reflexiven Moderne, in: *Roswita Königswieser/Matthias Haller/Peter Maas* u. a. (Hrsg.), Risiko-Dialog. Zukunft ohne Harmonieformel, Köln 1996, S. 49–58.
108 *Ralph-René Lucius*, Die Grenzen der Versicherbarkeit, Frankfurt am Main 1979, S. 107.
109 Vgl. *Borscheid*, Mit Sicherheit leben, Abs. 8.
110 Vgl. *Zwierlein*, Der gezähmte Prometheus, S. 22f.

Folgt man der risikosoziologischen Leitthese, der zufolge die technisch-industrielle Entwicklung einen erhöhten Gefahrendruck erzeugt hatte, der die Kapitalpolster der Versicherungen dann schlichtweg überstieg, erscheint dieser Rückschluss zunächst plausibel. Aus zeithistorischer Perspektive allerdings handelt es sich bei dem Konzept der »Risikogesellschaft« vielmehr um die Generalisierung einer spezifischen Wahrnehmungslogik von Versicherbarkeit, die sich im Zuge der gesellschaftlichen Risikokonflikte der 1970er Jahre einstellte und zudem an konkrete politische Vorstellungen und Ziele geknüpft war.[111] So offenbarten die Atomkontroversen auf der soziokulturellen Ebene einen nachhaltigen Bruch mit der Technikbegeisterung und Fortschrittsgläubigkeit der 1950er und 1960er Jahre, an deren Stelle in den 1970er Jahren ein neues »Paradigma der Grenzen«[112] trat. Dieses manifestierte sich nicht nur in dem breitenwirksamen Diskurs über die »Grenzen des Wachstums«[113], sondern auch in den Konflikten um die Grenzen materieller Sicherheitsproduktion. Dabei kam es zu einer wechselseitigen Durchdringung spezieller Versicherungs- und allgemeiner Sicherheitsdiskurse: Aus Sicht der Umweltbewegung fügte sich die Risikopolitik der Versicherungen in ohnehin vorgeprägte Gefahrenwahrnehmungen ein und destabilisierte das Vertrauen in die Sicherheit der Kerntechnik. Entsprechend war hier die Tendenz besonders stark ausgeprägt, die »Grenzen der Versicherbarkeit« zu essenzialisieren und als Indikator einer unverantwortlichen Gefahrenpolitik des Bundes herauszustellen, was auch für Becks Argumentation charakteristisch war: Die »Grenzen der Versicherbarkeit« avancierten hier zur potenten Metapher von Wachstums- und Technikkritik.[114] Auf ein expansives Verständnis von Versicherbarkeitsgrenzen beriefen sich dagegen Repräsentanten aus Atom- und Versicherungswirtschaft, die damit ebenfalls Risikovertrauen zu signalisieren suchten. Letztlich hing es schlichtweg vom Beobachtungsstandpunkt ab, ob man das Risikoengagement der Versicherungen als angemessen beurteilte.

Bündelt man diese Beobachtungen, so scheint sich in den 1970er und 1980er Jahren gerade auf der soziokulturellen Ebene ein Funktionswandel der Assekuranz vollzogen zu haben: In gesellschaftlichen Risikokonflikten treten Versicherungen seit dieser Zeit verstärkt als Wissensakteure auf, die eine spezielle Gefahren- und Zukunftsexpertise offerieren. Wie vor allem die Diskussionen um die Folgen des Klimawandels zeigen, besitzen die »Grenzen der Versicherbarkeit« in der Öffentlichkeit nach wie vor eine alarmierende Indikatorfunktion. Als Referenzgröße einer Theorie historischen Wandels indes erscheinen sie aus den dargelegten Gründen problematisch. Interessanterweise hat auch Beck seine These einer »*klaren Grenze* – eines Entweder-Oder – zwischen versicherbaren und nicht-versicherbaren Risiken« inzwischen revidiert.[115] Auch daran wird ersichtlich, dass es sich bei der »Risikogesellschaft« nicht um eine realhistorische Epochenfigur handelt, sondern vielmehr um einen langfristigen Prozess soziokultureller Problemdefinition, der aus der Gesellschafts- und Wahrnehmungsgeschichte der 1970er und 1980er Jahre zu erklären ist und offensichtlich bis in die Gegenwart fortdauert.

---

111 Insofern lässt sich die »Risikogesellschaft« auch als »theoretische Metonymie« verstehen. Vgl. dazu *Graf/Priemel*, Zeitgeschichte in der Welt der Sozialwissenschaften, S. 5f. und 29f.
112 Vgl. *Kai F. Hünemörder*, Die Frühgeschichte der globalen Umweltkrise und die Formierung der deutschen Umweltpolitik (1950–1973), Stuttgart 2004, S. 12.
113 Vgl. zu der Studie *Patrick Kupper*, »Weltuntergangs-Visionen aus dem Computer«. Zur Geschichte der Studie »Die Grenzen des Wachstums« von 1972, in: *Frank Uekötter/Jens Hohensee* (Hrsg.), Wird Kassandra heiser? Die Geschichte falscher Ökoalarme, Stuttgart 2004, S. 98–111.
114 Vgl. *Beck*, Die Erfindung des Politischen, insb. S. 40–45; *ders.*, Weltrisikogesellschaft, S. 239f.
115 Ebd., S. 241 (Hervorhebung im Original).

Reinhild Kreis

Bündnis ohne Nachwuchs?

Die »Nachfolgegeneration« und die deutsch-amerikanischen Beziehungen in den 1980er Jahren

»Das kann uns eines Tages die Freiheit kosten«, diagnostizierte 1988 der Politologe und Zeithistoriker Arnulf Baring.

»Wir beobachten die beginnende Absatzbewegung von Europa, die jenseits des Atlantik[s] im Gange ist, nicht genau genug, bedenken nicht hinreichend sorgfältig deren Folgen für uns. Stattdessen sind wir selbst darauf aus, mehr und mehr die Distanz zu den Amerikanern zu betonen. In unserer neuen, träumerischen Risikofreude sind wir dabei, uns in kleinen Schritten, fast unmerklich, von den Vereinigten Staaten zu entfernen.«[1]

Dies könne, so befürchtete Baring, »kein gutes Ende nehmen«.[2]

Mit dieser kritischen Diagnose und Warnung stand Baring nicht allein. Seit den späten 1970er Jahren warnten Politiker, Wissenschaftler und Medienvertreter vor einer wachsenden Entfremdung zwischen den USA und der Bundesrepublik, vor zunehmender Gleichgültigkeit und einer drohenden Distanzierung. Auch in den USA zeigten sich ranghohe Vertreter aus Politik und Öffentlichkeit besorgt über den Stand der deutsch-amerikanischen Beziehungen. Dabei ging es weniger um das Verhältnis der Regierungspolitiker zueinander, sondern um die gesellschaftliche Ebene in beiden Staaten. Das Interesse am jeweils anderen Land, so lauteten die Klagen, werde in der Bevölkerung immer geringer – und somit auch das Wissen über- und das Verständnis füreinander. Die deutsch-amerikanischen Beziehungen waren dabei nur ein Teil eines Problems, das im Grunde genommen das Verhältnis zwischen den USA und ganz Westeuropa betraf. Lagen Annahmen über die Ursachen der diagnostizierten Entfremdung und Ideen zur Lösung des Problems auch teilweise auseinander, so herrschte doch beiderseits des Atlantiks Einigkeit, dass eine solche Entwicklung gefährlich für das westliche Bündnis und daher zu verhindern sei.

Besondere Brisanz gewann diese Wahrnehmung angesichts des sich verschärfenden Kalten Kriegs seit Ende 1979, wie er sich vor allem durch den sowjetischen Einmarsch in Afghanistan, die Krise in Polen sowie im Zuge des NATO-Doppelbeschlusses und der Nachrüstungsdebatte manifestierte. Alle diese Themen führten zu mitunter heftigen Kontroversen innerhalb des westlichen Bündnisses um den richtigen Kurs. Wie Westeuropa und die Bundesrepublik sich hier positionierten, welche außen- und sicherheitspolitischen Konzepte ihre Regierungen und ihre Bevölkerungen vertraten, rückte angesichts dieser Konflikte stärker in die Aufmerksamkeit der amerikanischen Beobachter in Politik und Medien. Umgekehrt fragten sich die Bundesbürger wie auch die Bevölkerung anderer westeuropäischer Staaten misstrauisch, inwiefern die amerikanische Außen- und Sicherheitspolitik der Regierungen Carter und Reagan tatsächlich in ihrem Interesse sei.[3] Die Bundesrepublik nahm dabei eine besondere Stellung ein: Sie war die engste Verbündete der USA in Europa, in höchstem Maße vom Schutz der USA abhängig und aufgrund der

---

1 *Arnulf Baring*, Unser neuer Größenwahn. Deutschland zwischen Ost und West, Stuttgart 1989, S. 247. Zitate wurden an die neue Rechtschreibung angeglichen.
2 Ebd., S. 112.
3 *Peter Hermes*, Is the Alliance Drifting Apart? Rede an der Yale University vom 1. Dezember 1981, abgedr. in: German Information Center (Hrsg.), Statements and Speeches, Bd. IV, Nr. 21, New York [1981].

deutschen Teilung in besonderem Maße an der Entspannungspolitik interessiert. Insbesondere die Nachrüstungsdebatte schlug hohe Wellen: In der Bundesrepublik sollte ein Großteil der Raketen stationiert werden, und hier gingen Hunderttausende auf die Straßen, um gegen die Nachrüstung zu protestieren. Die Friedensbewegung erhielt größeren Zulauf als jede andere Protestbewegung der ›alten‹ Bundesrepublik.

Die Amerikakritik verschiedener Protestbewegungen der 1980er Jahre, Antiamerikanismus-Vorwürfe und die »Krise der deutsch-amerikanischen Beziehungen« in der Amtszeit Jimmy Carters sind zeitgenössisch und in historischer Perspektive intensiv diskutiert worden.[4] Doch diese Krisenerzählung hat auch ein bisher nicht untersuchtes Gegenstück: gemeinsame Aktivitäten zur Verbesserung der Beziehungen zwischen der Bundesrepublik beziehungsweise Westeuropa und den USA. Die 1980er Jahre erlebten einen wahren Boom solcher deutsch-amerikanischer Initiativen, die von Austauschprogrammen bis zur Überarbeitung des Unterrichtsmaterials reichten.

Die Beziehungen zwischen Bundesrepublik und USA standen somit in doppelter Hinsicht auf dem Prüfstand. Amerikakritiker wie Befürworter engerer deutsch-amerikanischer Beziehungen hinterfragten den aktuellen Stand dieses Verhältnisses und strebten seine Veränderung an, wenn auch mit unterschiedlichen Zielsetzungen. In dieser Hinsicht waren die Reflexionen und die daraus erwachsenden Forderungen und Programme beider Seiten stets Selbstverständigungs- und Selbstverortungsdebatten[5] – sowohl in der Bundesrepublik als auch in den USA. Lehnten die Akteure, die sich in der Bundesrepublik für eine Intensivierung der transatlantischen Beziehungen einsetzten, die als »Antiamerikanismus« apostrophierte Kritik der Friedensbewegung und anderer Protestgruppen zwar ab, so folgten sie doch keiner blinden Amerikagläubigkeit. Vielmehr entwickelten sie eigene Vorstellungen, wie die transatlantischen Beziehungen künftig aussehen sollten, und kommunizierten diese mit ihren Kontakten in den USA.

Im Folgenden geht es um die Zeitdiagnosen und die Lösungsansätze derjenigen Gruppen und Persönlichkeiten insbesondere in der Bundesrepublik, die sich für intensivierte transatlantische Beziehungen einsetzten. Was galt ihnen als Indikator für eine Verschlechterung des Verhältnisses in den vorangegangenen Jahren? In welche Bezugsrahmen ordneten sie diese Entwicklung ein? Wie sah in ihren Augen das deutsch-amerikanische Beziehungsgefüge idealerweise aus? Und schließlich: Welche Maßnahmen schienen ihnen geeignet, diese Ziele zu erreichen?

Die Debatte um die drohende Entfremdung war nicht zuletzt eine Thematisierung der historischen Dimension der deutsch-amerikanischen Freundschaft nach 1945 und ihrer

---

4 *Klaus Wiegrefe*, Das Zerwürfnis. Helmut Schmidt, Jimmy Carter und die Krise der deutsch-amerikanischen Beziehungen, Berlin 2005; *Philipp Gassert/Tim Geiger/Hermann Wentker* (Hrsg.), Zweiter Kalter Krieg und Friedensbewegung. Der NATO-Doppelbeschluss in deutsch-deutscher und internationaler Perspektive, München 2011; *Reinhild Kreis*, »Eine Welt, ein Kampf, ein Feind«? Amerikakritik in den Protesten der 1980er Jahre, in: *Hanno Balz/Jan-Henrik Friedrichs* (Hrsg.), »All We Ever Wanted…«. Eine Kulturgeschichte europäischer Protestbewegungen der 1980er Jahre, Berlin 2012, S. 136–155. Vgl. auch die Beiträge in Historisch-Politische Mitteilungen 14, 2007, mit dem Themenschwerpunkt der transatlantischen Beziehungen in der Ära Kohl. Aus der Vielzahl zeitgenössischer Studien seien stellvertretend genannt: *Harald Mueller/Thomas Risse-Kappen*, Origins of Estrangement. The Peace Movement and the Changed Image of America in West Germany, in: International Security 12, 1987, H. 1, S. 52–88; *Hans Rattinger*, Change Versus Continuity in West German Public Attitudes on National Security and Nuclear Weapons in the Early 1980s, in: Public Opinion Quarterly 51, 1987, S. 495–521; *Klaus Harpprecht*, Amerikaner. Freunde, Fremde, ferne Nachbarn. Eine private Galerie, Stuttgart 1984; *Peter von Zahn*, Verlässt uns Amerika?, Berlin/Frankfurt am Main 1987.

5 *Philipp Gassert*, Viel Lärm um nichts? Der NATO-Doppelbeschluss als Katalysator gesellschaftlicher Selbstverständigung in der Bundesrepublik, in: *Gassert/Geiger/Wentker*, Zweiter Kalter Krieg, S. 175–202.

spezifischen Entstehungszusammenhänge. »Die amerikanische Epoche der deutschen Nachkriegsgeschichte neigt sich zum Ende«, schrieb der Journalist Klaus Harpprecht 1984.[6] Wehmütige Befürchtungen dieser Art führten im Verein mit Protestbewegungen, die das westliche Bündnis grundsätzlich hinterfragten, zu konkreten Aktivitäten, diese Entwicklung in andere Bahnen zu lenken oder gar umzukehren, trugen aber auch dazu bei, Gründungsmythen zu verfestigen. Die omnipräsenten Geschichtsbezüge erwiesen sich in dieser Debatte als »Kampffeld der Vergangenheitsinterpretationen und der Zukunftserwartungen«.[7] Sie bezogen sich im Falle der Bundesrepublik nun nicht mehr auf das Verhältnis zur nationalsozialistischen Vergangenheit, sondern auf die Gründungsgeschichte des eigenen Staats.

I. DIAGNOSEN

Ende 1980 berichtete Peter Hermes, der Botschafter der Bundesrepublik in Washington, von einem Treffen mit John McCloy. Der ehemalige Hohe Kommissar im besetzten Deutschland war vom neu gewählten Präsidenten der USA, Ronald Reagan, noch vor dessen Amtsantritt damit beauftragt worden, einen Bericht über den Stand der deutsch-amerikanischen Beziehungen zu verfassen und Verbesserungsvorschläge zu entwickeln.[8]

Dass die Beziehungen zwischen den beiden Staaten nicht ungetrübt waren, hatte das Auswärtige Amt schon in den Jahren zuvor beschäftigt. Das Verhältnis von Bundeskanzler Helmut Schmidt und dem seit 1977 amtierenden Präsidenten Jimmy Carter war fast schon legendär schlecht.[9] Hier prallten nicht nur zwei höchst unterschiedliche Persönlichkeiten aufeinander, die wenig miteinander anfangen konnten, sondern sie vertraten auch gegenüber den drängenden Fragen der Zeit in den Bereichen der Sicherheits-, Wirtschafts- und Energiepolitik mitunter weit auseinanderliegende Ansichten und Lösungsstrategien.[10]

Immer wieder berichteten Diplomaten und Politiker dem Auswärtigen Amt, dass Medien und Politik in den USA mit wachsender Sorge und Misstrauen auf die Bundesrepublik blickten. Angesichts der vielfältigen Streitpunkte, die sich aus der Verschärfung des Ost-West-Konflikts ergaben, wurden Zweifel an der eindeutigen Westorientierung der Bundesrepublik und damit an ihrer Loyalität und Verlässlichkeit als Bündnispartner laut. Die amerikanischen Medien berichteten zudem über wachsenden Antiamerikanismus unter den Jugendlichen in Westdeutschland, andere vermuteten, die Bundesrepublik strebe nach einer stärkeren Führungsrolle und einem Europa, das von Frankreich bis zur Sowjetunion reiche. Zwar wies die Bundesregierung solche Einschätzungen, die deutsch-amerikanische Partnerschaft sei gefährdet, zurück, doch das Misstrauen blieb.[11]

Zusätzliche Dringlichkeit gewann das Nachdenken über den Stand der deutsch-amerikanischen Beziehungen angesichts der immer stärker werdenden Friedensbewegung, die

---

6 *Harpprecht*, Amerikaner, S. 328.
7 *Edgar Wolfrum*, Geschichtspolitik in der Bundesrepublik Deutschland. Der Weg zur bundesrepublikanischen Erinnerung 1948–1990, Darmstadt 1999, S. 17.
8 Hermes an Auswärtiges Amt (AA), 28.11.1980, Politisches Archiv des Auswärtigen Amts (PA AA), Berlin, B 32–204, Nr. 115940.
9 Umfassend dazu *Wiegrefe*, Das Zerwürfnis. Vgl. außerdem stellvertretend für viele andere *Hans-Dieter Heumann*, Hans-Dietrich Genscher. Die Biographie, Paderborn 2011, S. 202–208; *Jimmy Carter*, White House Diary, New York 2010, beispielsweise S. 485 f.
10 *Wiegrefe*, Das Zerwürfnis.
11 Von Staden an AA, 7.3.1979, PA AA, B 32–204, Nr. 115940; Schenk an Staatssekretär [van Well], 26.3.1979, PA AA, B 32–204, Nr. 115940; Birrenbach an Genscher, 17.7.1980, PA AA, B 32–204, Nr. 115941; Pauls an AA, 8.1.1980, abgedr. in: Akten zur Auswärtigen Politik der Bundesrepublik Deutschland 1980, Bd. 1, München 2011, Dok. 6; Hermes an AA, 17.12.1981, abgedr. in: Akten zur Auswärtigen Politik Deutschlands 1981, Bd. 3, München 2012, Dok. 376.

gegen den Nachrüstungsbeschluss protestierte und die Logik der atomaren Abschreckung grundsätzlich ablehnte. Die Nuklearstrategie der USA und der NATO war in der Amtszeit Jimmy Carters durch kontroverse Rüstungsprojekte in den Fokus der westdeutschen Politik und Öffentlichkeit gerückt. Der Streit um die Neutronenbombe 1977/78 und die schrittweise Abkehr von der Détente im Gefolge des sowjetischen Einmarschs in Afghanistan hatten zu hitzigen Debatten über sicherheitspolitische Chancen und Gefahren im Spannungsfeld von Abrüstung, Abschreckung und Bündnissolidarität geführt, die sich dann in der Nachrüstungsfrage verstärkten.[12]

Hier gerieten die USA und Ronald Reagan zu zentralen Referenzpunkten der Kritik. Besuche amerikanischer Politiker in der Bundesrepublik waren von Demonstrationen begleitet, die Protestierenden blockierten amerikanische Militärstützpunkte in der Bundesrepublik. Plakate und Flugblätter zeigten Reagan als Cowboy und vermeintlichen Superhelden, der den »atomaren Holocaust« riskierte.[13] Verschärfend wirkte, dass die Friedensbewegung keine gesellschaftliche Minderheit, sondern breite Segmente der Bevölkerung über Alters-, Geschlechts-, Professions- und Konfessionsgrenzen hinweg umfasste.[14] Die Regierungspartei SPD war über die Nachrüstungsfrage zutiefst gespalten, und mit den Grünen trat an der Wende zu den 1980er Jahren eine Partei auf den Plan, deren Mitglieder – bei allen Richtungsstreitigkeiten – die Nachrüstung strikt ablehnten und einen Austritt aus der NATO größtenteils befürworteten.[15] Das amerikakritische Spektrum der Zeit vervollständigten Mittelamerika-Solidaritätsgruppen, die gegen die »imperialistische« Politik Reagans in dieser Region protestierten[16], sowie linksradikale und terroristische Gruppierungen wie die RAF oder die Roten Zellen, die während der 1980er Jahre wiederholt amerikanische Personen und Einrichtungen als Ziel ihrer Anschläge wählten.[17] Amerikakritik schien mindestens während der ersten Hälfte der 1980er Jahre omnipräsent zu sein und alarmierte die Anhänger enger transatlantischer Verbindungen. Insbesondere die Friedensbewegung wirkte auf beiden Seiten des Atlantiks als Alarmzeichen.[18]

Mit ihrer Initiative Ende 1980 gaben McCloy und Reagan den Anstoß für eine intensivere Beschäftigung mit der Frage, wie die deutsch-amerikanischen Beziehungen zu verbessern seien. Die folgenden Diskussionen kreisten dabei weniger um den aktuellen

---

12 Zur Nuklearstrategie des westlichen Bündnisses und den damit einhergehenden Kontroversen vgl. *Michael Ploetz*, Erosion der Abschreckung? Die Krise der amerikanischen Militärstrategie am Vorabend des NATO-Doppelbeschlusses, in: *Gassert/Geiger/Wentker*, Zweiter Kalter Krieg, S. 31–48; *Tim Geiger*, Die Regierung Schmidt-Genscher und der NATO-Doppelbeschluss, in: ebd., S. 95–122; *Wiegrefe*, Das Zerwürfnis, S. 159–206.
13 *Philipp Gassert/Tim Geiger/Hermann Wentker*, Zweiter Kalter Krieg und Friedensbewegung: Einleitende Überlegungen zum historischen Ort des NATO-Doppelbeschlusses von 1979, in: *dies.*, Zweiter Kalter Krieg, S. 7–29, hier: S. 21.
14 Der Begriff »Friedensbewegung« überspielt die Heterogenität dieser Bewegung. Sie umfasste verschiedenste Gruppierungen und Strömungen, die teilweise deutlich voneinander abweichende Ansichten vertraten. Einig waren sie jedoch in ihrer Ablehnung der Nachrüstung und des Rüstungswettlaufs zwischen den beiden Blöcken im Ost-West-Konflikt. Da hier das Phänomen dieser sozialen Bewegung, nicht aber die Ansichten, Aktivitäten und Forderungen der einzelnen Spektren der Friedensbewegung im Vordergrund stehen, wird zusammenfassend von der Friedensbewegung gesprochen. Zu deren verschiedenen Spektren vgl. *Andreas Wirsching*, Abschied vom Provisorium. Geschichte der Bundesrepublik Deutschland 1982–1990, München 2006, S. 86–93.
15 Vgl. hierzu die Beiträge von Jan Hansen und Silke Mende in diesem Band.
16 *Claudia Olejniczak*, Dritte-Welt-Bewegung, in: *Roland Roth/Dieter Rucht* (Hrsg.), Die sozialen Bewegungen in Deutschland seit 1945. Ein Handbuch, Frankfurt am Main 2008, S. 319–346, hier: S. 338f.
17 *Kreis*, Eine Welt, S. 138–140.
18 AA, Ref. 204, an Genscher, 8.11.1981, PA AA, B 32-204, Nr. 123313; Generalkonsulat Boston an AA, 9.11.1981, PA AA, B 32-204, Nr. 123313.

außen-, sicherheits- oder wirtschaftspolitischen Kurs der beiden Regierungen, sondern zunehmend um die Verbesserung der »menschlichen Beziehungen« und eine engere Kommunikation.[19] Auf westdeutscher Seite übernahm bald Hildegard Hamm-Brücher (FDP), die Staatsministerin im Auswärtigen Amt, den Aufgabenbereich und vertrat die Bundesrepublik im In- und Ausland in dieser Frage. Im April 1981 entstanden im Auswärtigen Amt »erste Überlegungen zu einer Intensivierung der deutsch-amerikanischen Kontakte«. Schwierigkeiten in den transatlantischen Beziehungen seien an sich nichts genuin Neues: »Neu ist [jedoch], dass ein verbreiteter Mangel an Verständigungsbereitschaft und/oder Verständigungsfähigkeit immer weniger kompensiert wird, da die Gründergeneration der deutsch-amerikanischen Partnerschaft zunehmend von der Bühne abtritt und eine junge Generation der Vertreter der deutsch-amerikanischen Interessen (Lobby) nicht in ausreichendem Maße nachgewachsen ist.«[20] Hier müsse man ansetzen.

Mit dem Verweis auf die »junge Generation« griffen die Mitarbeiter des Auswärtigen Amts einen Topos auf, den Politiker, Diplomaten und Wissenschaftler in den USA seit den späten 1970er Jahren als »successor generation«-Problematik intensiv diskutierten. »Successor generation« meinte die unter 40-Jährigen, die in absehbarer Zeit zentrale Funktionen in Politik, Wirtschaft und Gesellschaft in den USA und in Westeuropa besetzen würden. Diese Generation unterschied sich von ihren Vorgängern durch ihren Erfahrungshorizont: Sie hatte die Anfänge des Kalten Kriegs, des westlichen Bündnisses und der deutsch-amerikanischen Freundschaft nicht mehr erlebt. Die Rhetorik einer »successor generation« interpretierte diesen veränderten Erfahrungshintergrund als Mangel: Aufgrund des fehlenden Erfahrungsschatzes aus dieser als prägend erachteten Zeit ständen junge Amerikaner und Westeuropäer der atlantischen Allianz gleichgültig gegenüber, unterschätzten die Gefahren, die von der Sowjetunion ausgingen, pflegten die transatlantischen Beziehungen und ihr Wissen über die Bündnispartner nicht und riskierten damit den Zusammenhalt des Bündnisses.[21] Für die Bundesrepublik konstatierte das Auswärtige Amt:

»Die Begründer der deutsch-amerikanischen Partnerschaft nach dem Kriege, von denen bislang in Deutschland und in [den] USA eine stabilisierende Wirkung ausging, ziehen sich nach und nach und ohne dass in gleichem Maße Europa- und Deutschland-orientierte Persönlichkeiten nachrücken, [zurück]. Das deutsch-amerikanische Verhältnis [...] bedarf daher verstärkt unserer Aufmerksamkeit.«[22]

Diese Befürchtungen mündeten 1979 in die Gründung mehrerer Gremien, die sich dieser Problematik annehmen wollten. Innerhalb des »Atlantic Council of the United States« (ACUS), eines in Washington angesiedelten Thinktanks, formierte sich eine »Working Group on the Successor Generation«. Ein Auslöser für diesen Zusammenschluss waren die Ergebnisse der 1978 von Carter eingesetzten »President's Commission on Foreign Language and International Studies«. In ihrem ersten Grundsatzpapier zur »successor generation« schrieb die Arbeitsgruppe 1981, diese und weitere Studien hätten ein beängstigendes Ausmaß an Ignoranz offenbart. Schüler und Studierende hätten gravierende Lücken in Geografie, Fremdsprachenkenntnissen, im Grundwissen über politische Zusammenhänge, Wirtschaft und moderne Geschichte gezeigt. Damit seien sie schlecht ge-

---

19 So Botschafter Hermes bereits Anfang November 1980: Hermes an AA, 6.11.1980, PA AA, B 32–204, Nr. 115941.
20 AA, Vermerk vom 28. April 1981, PA AA, B 32–204, Nr. 135173.
21 Zusammenfassend für eine Vielzahl von Äußerungen und Definitionen, was die »successor generation« sei: The Atlantic Council's Working Group of the Successor Generation, The Successor Generation: Its Challenges and Responsibilities, Washington 1981, S. 7. Abrufbar unter URL: <http://www.acus.org/docs/8101-Successor_Generations_Challenges_Responsibilities.pdf> [21.5.2012].
22 AA, Ref. 204, Vermerk vom 15.10.1979, PA AA, B 32–204, Nr. 115940.

rüstet, die Probleme der Zeit zu meistern und den Westen zu verteidigen.[23] Dementsprechend lautete die Schlussfolgerung: »Any solution of the problem must be educational.«[24]

Der ACUS-Gruppe gehörten rund 60 namhafte Vertreter aus Politik, Wissenschaft und Stiftungswesen an.[25] Den Vorsitz hatte Edmund D. Pellegrino inne, der Präsident der »Catholic University of America«, als sein Stellvertreter fungierte Thomas A. Bartlett, der Präsident der »Association of American Universities«. Projektleiter war Theodore (Ted) C. Achilles, ein früherer Diplomat und nun stellvertretender Vorsitzender des ACUS. Zu den weiteren Mitgliedern zählten Universitätspräsidenten, hochrangige Mitarbeiter der »United States Information Agency« (USIA), Wissenschaftler verschiedener Disziplinen sowie Vertreter großer Stiftungen und Thinktanks. Etliche Mitglieder verbanden in ihrer Biografie politische und universitäre Karrieren. Die ACUS-Gruppe stand in enger Verbindung mit der »Nordatlantischen Versammlung« (NAA), einem informellen Forum der Parlamentarier der NATO-Mitgliedsstaaten, und der »Atlantic Treaty Association« (ATA), einer Dachorganisation privater Vereinigungen, die sich der Propagierung der NATO verschrieben hatten. Beide hatten 1979 Ausschüsse eingerichtet, die sich mit der »successor generation« beschäftigten.[26]

Die »United States Information Agency«, die für die auswärtige Kultur- und Informationspolitik der USA weltweit zuständig war, setzte das Thema »successor generation« bereits etwas früher auf die Agenda.[27] Ihr »Office of Research« führte wiederholt Umfragen zu diesem Thema in Westeuropa durch.[28] Die Gründung der ACUS Working Group ging maßgeblich auf einen Vorstoß der USIA zurück, die selbst mit mehreren hochrangigen Mitarbeitern in der ACUS-Gruppe vertreten war.[29] Wie die Arbeitsgruppen des ACUS, der NAA und der ATA war die Arbeit der USIA auf ganz Westeuropa ausgerichtet, nicht allein auf die Bundesrepublik Deutschland.[30] In der Bundesrepublik gab es un-

---

23 The Atlantic Council's Working Group on the Successor Generation, The Successor Generation, S. 7f.
24 Ebd., S. 8.
25 Die Zusammensetzung der Working Group veränderte sich im Lauf der Jahre leicht. Für einen schnellen Überblick vgl. die Mitgliederverzeichnisse in ebd. und The Atlantic Council's Working Group of the Successor Generation, The Teaching of Values and the Successor Generation, Washington 1983, abrufbar unter URL: <http://www.acus.org/docs/8302-Teaching_%20Values_Successor_Generation.pdf> [21.5.2012].
26 NAA, Committee on Education, Cultural Affairs & Information, Introductory Report for the Working Group on the Successor Generation, Mai 1980, S. 1, Hoover Institution Archives, Stanford, CA, ACUS, Box 253; Harned an Pellegrino, 31.7.1979, ebd.; Achilles, Memorandum vom 9. September 1980, ebd.
27 In der Amtszeit von Jimmy Carter trug die USIA für einige Jahre den Namen »United States International Communications Agency« (USICA). Beim Amtsantritt Ronald Reagans wurde diese Umbenennung rückgängig gemacht. Da die Behörde hauptsächlich unter dem Namen »USIA« bekannt ist, wird hier dieser Name trotz der zeitweiligen Änderung einheitlich verwendet. Zur USIA vgl. *Nicholas Cull*, The Cold War and the United States Information Agency. American Propaganda and Public Diplomacy, Cambridge 2008.
28 Vgl. das Verzeichnis in National Archives and Records Administration (NARA), Washington, RG 306, Office of Research, S-Reports.
29 ACUS, Memorandum vom 17. Oktober 1979, Hoover Institution Archives, ACUS, Box 253. Die USIA wurde unter anderem vertreten durch Terrence Catherman, den Leiter der für Europa zuständigen Abteilung, und seinen Mitarbeiter Dell Pendergast sowie den früheren Direktor der Behörde, Leonard Marks.
30 Zu Austauschprogrammen der USA in ganz Westeuropa vgl. *Giles Scott-Smith*, Searching for the Successor Generation. Public Diplomacy, the US Embassy's International Visitor Program, and the Labour Party in the 1980s, in: British Journal of Politics and International Relations 8, 2006, S. 214–237; *ders.*, Mutual Interests? US Public Diplomacy in the 1980s and Nicholas Sarkozy's First Trip to the United States, in: Journal of Transatlantic Studies 9, 2011, S. 326–

terdessen kein Pendant, das sich explizit unter dem Schlagwort »successor generation« mit den transatlantischen Beziehungen auseinandersetzte. Doch der Begriff selbst beziehungsweise deutsche Übersetzungen wie »Nachfolgegeneration« oder, abgeschwächter, »junge Generation« prägten auch hier die Diskussion.

Besondere Brisanz erhielt die Diagnose eines »successor generation«-Problems im Zusammenspiel mit der Beurteilung der politischen Gesamtsituation. Viele Dokumente zur Nachfolgegeneration und den transatlantischen Beziehungen verwiesen auf die gegenseitige Abhängigkeit und Verflochtenheit, kurz auf die »interdependence« der westlichen Welt.[31] Für die Bundesrepublik kam hinzu, dass sie noch mehr als andere Staaten auf den militärischen Schutz der USA angewiesen war. Doch was drohte, war eine Vertrauenskrise: Hatte das bisherige Vertrauensverhältnis geholfen, Differenzen in politischen Sachfragen zu überwinden, herrschte nun Misstrauen, so die Befürchtung. Die Amerikaner vertrauten nicht mehr auf die klare Westorientierung der Bundesrepublik, und den Bundesbürgern mangelte es an Vertrauen in die Ziele der amerikanischen Politik sowie die Führungsstärke der USA.[32]

Vor diesem Hintergrund galt es als besonders gefährlich, wenn die Nachfolgegeneration kaum noch etwas über die Bündnispartner ihres Landes und ihre gemeinsame Geschichte wusste. Noch befürworte, so urteilte man im Auswärtigen Amt, eine überwältigende Mehrheit in der Bevölkerung eine enge Zusammenarbeit mit den USA beziehungsweise mit Westeuropa.[33] Doch dies könne sich bei Untätigkeit rasch ändern. Dann drohten Desinteresse, »Vorurteile und Klischees« an die Stelle von Wissen und Information zu treten.[34]

II. DIE NACHFOLGEGENERATION

Der Topos »Nachfolgegeneration« verwandelte die Schwierigkeiten zwischen Westeuropa und den USA in ein Generationenproblem. Jungen Europäern und Amerikanern, die nach 1940 geboren worden waren, ›fehlte‹ etwas. Mit Bezug auf die Bundesrepublik war dies je nach Schwerpunktsetzung die Erfahrung des Kriegs und eines totalitären Systems, ein angemessener Begriff von den Gefahren des Kommunismus, oder, wie das meistgebrauchte Argument lautete, eine eigene Erinnerung an die Aufbaujahre nach dem Ende des Kriegs, in denen das westliche Bündnis und die deutsch-amerikanische Freundschaft entstanden waren.[35]

341; *ders.*, Networks of Influence. U. S. Exchange Programs and Western Europe in the 1980s, in: *Kenneth A. Osgood/Brian C. Etheridge* (Hrsg.), The United States and Public Diplomacy. New Directions in Cultural and International History, Leiden 2010, S. 345–369.

31 Achilles an New York Times, 5.1.1981, Hoover Institution Archives, ACUS, Box 14; NAA, Committee on Education, Cultural Affairs & Information, Introductory Report for the Working Group on the Successor Generation, Mai 1980, S. 2, ebd., Box 253; *Berndt von Staden*, Sechs Jahre Washington. Gedanken aus Anlaß des Thanksgiving-Dinners 1981 der Deutsch-Amerikanischen Juristen-Vereinigung e. V., Bonn 1982, S. 1; *Otto Graf Lambsdorff*, Are We Drifting Apart? German-American Relations Today, Rede vor dem »American Council on Germany« in New York vom 23. Februar 1982, abgedr. in: German Information Center (Hrsg.), Statements and Speeches, Bd. V, Nr. 6, New York [1982].

32 Vorlage zur Gesprächsführung für Hamm-Brücher, 29.10.1981, PA AA, B 32-204, Nr. 123313; *Dell Pendergast*, Comment, in: The Atlantic Council's Working Group of the Successor Generation, The Successor Generation, S. 24–25, hier: S. 24.

33 So etwa Hamm-Brücher, Rede bei einem Foreign Press Luncheon, 2.11.1981, PA AA, B 32-204, Nr. 123313.

34 Vorlage zur Gesprächsführung [für Bundespräsident Carstens?], 11.9.1981, PA AA, B 32-204, Nr. 123316.

35 ACUS, Protokoll vom 6. September 1979, Hoover Institution Archives, ACUS, Box 253; NAA, Committee on Education, Cultural Affairs & Information, Introductory Report for the Working

Zwar enthielten die Aussagen über die Nachfolgegeneration immer wieder auch Hinweise, was stattdessen Erlebniszusammenhänge dieser unter 40-Jährigen gewesen seien – der Vietnamkrieg, Watergate, der relative Machtverlust der USA wurden als Prägefaktoren für deren Amerikabild betont –, doch letztlich wurden sie in den Diskursen der 1980er Jahre nicht wie sonst bei Generationsbeschreibungen üblich über eine gemeinsame Erfahrung definiert, sondern über eine Nicht-Erfahrung, ein Nicht-Erleben. Am deutlichsten verrät dies der Begriff der »successor generation« selbst. Diese Generation bekam kein eigenes Label, das den Generationszusammenhang ausdrücken sollte, sondern wurde als bloße Nachfolgerin einer anderen, der eigentlich wichtigen Generation definiert. Dies war die »Gründergeneration« der deutsch-amerikanischen Partnerschaft in den Jahren nach dem Zweiten Weltkrieg.[36]

Hinter der Formel der »successor generation« oder »Nachfolgegeneration« stand ein ganzes Narrativ der deutsch-amerikanischen und westeuropäisch-amerikanischen Beziehungen seit dem Ende des Zweiten Weltkriegs, das sowohl die Gegenwartsdeutung als auch die Erwartungen an die Zukunft sowie mögliche Lösungswege aus der als problematisch empfundenen Situation bestimmte. Die 1950er und 1960er Jahre erschienen hier als Periode der Gemeinsamkeit, des gemeinsamen Aufbaus, der – trotz gelegentlich auftretender Differenzen – grundsätzlich gemeinsamen Ziele in den USA und in Westdeutschland, kurz, als »goldene[s] Zeitalter der deutsch-amerikanischen Allianz«, wie es Berndt von Staden nannte.[37] Die Dekaden nach Kriegsende waren in diesem Panorama pastellfarben als harmonische Phase gezeichnet, die nun durch den Generationenwechsel bedroht wurde.[38] Hildegard Hamm-Brücher forderte daher ein neues »Bewusstsein der Gemeinsamkeit«, das »heutzutage nicht mehr ganz so einfach und selbstverständlich [sei], wie es in den 50er, 60er und auch noch bis in die 70er Jahre war«.[39]

Rhetorische Ankerpunkte, die wie Mantras wiederholt wurden, waren Verweise auf die Care-Pakete, die Berliner Luftbrücke 1948/49, den Marshallplan und die Berlin-Krise seit 1958. Keinen Platz in diesem Gemälde hatten die gravierenden Auseinandersetzungen, die es auch in den 1950er und 1960er Jahren gegeben und die zu Vertrauenskrisen geführt hatten, etwa die erbitterten Kontroversen um die Westbindung der Bundesrepublik oder zwischen Atlantikern und Gaullisten.[40] Von einem mitunter zähen Westernisierungs-

---

Group of the Successor Generation, Mai 1980, S. 1, ebd.; *Arthur Burns*, How Americans Look at Europe, in: Hans N. Tuch (Hrsg.), Arthur Burns and the Successor Generation. Selected Writings of and about Arthur Burns, Lanham 1988, S. 13–19, hier: S. 16; Hamm-Brücher, Politische Überlegungen zum Stand der deutsch-amerikanischen Beziehungen, 29.10.1981, PA AA, B 32–204, Nr. 135174; *Berndt von Staden*, Deutsche und Amerikaner – Irritationen, in: Außenpolitik 35, 1984, H. 1, S. 44–53, hier: S. 46f.; *Lambsdorff*, Are We Drifting.

36 Stellvertretend für viele Beispiele AA, Ref. 204, Vermerk vom 15. Oktober 1979, PA AA, B 32–204, Nr. 115940; Hamm-Brücher, Vermerk vom 25. November 1981, PA AA, B 32–204, Nr. 123313; *Lawrence Eagleburger*, Das deutsch-amerikanische Verhältnis aus heutiger Sicht, in: APuZ 1982, Nr. 13, S. 28–33, hier: S. 29.

37 *Von Staden*, Deutsche und Amerikaner, S. 45.

38 Ein Beispiel sind Hildegard Hamm-Brüchers »Politische Überlegungen zum Stand der deutsch-amerikanischen Beziehungen« vom Oktober 1981: Hamm-Brücher, Informationen für das Pressehintergrundgespräch, 29.10.1981, PA AA, B 32–204, Nr. 135174.

39 Hamm-Brücher, Vermerk vom 25. November 1981, PA AA, B 32–204, Nr. 123313.

40 *Tim Geiger*, Atlantiker gegen Gaullisten. Außenpolitischer Konflikt und innerparteilicher Machtkampf in der CDU/CSU 1958–1969, München 2008; *Klaus Larres*, Eisenhower, Dulles und Adenauer: Bündnis des Vertrauens oder Allianz des Misstrauens? (1953–1961), in: ders./ *Torsten Oppelland* (Hrsg.), Die USA und Deutschland im 20. Jahrhundert. Geschichte der politischen Beziehungen, Darmstadt 1997, S. 119–150; *Geir Lundestad*, The United States and Western Europe since 1945. From »Empire« by Invitation to Transatlantic Drift, London 2005, S. 111–141.

prozess, in dem die Bundesrepublik erst allmählich in die westliche Wertegemeinschaft einschwenkte und der bis in die frühen 1970er Jahre andauerte, war keine Rede.[41]

Mit der Betonung der transatlantischen Harmonie kam ein zweiter Topos ins Spiel, der sich wie ein roter Faden durch die Argumentation zog: Zeigten die Analysen zur »successor generation« die gemeinsamen Wertevorstellungen als die größte und wichtigste Gemeinsamkeit der 1950er und 1960er Jahre und als das eigentliche Fundament der westlichen Allianz, vertrete die Nachfolgegeneration Werte, so hieß es, die sich deutlich von denen der vorangegangenen Generation unterschieden. Die gemeinsame Wertegrundlage drohte zusammenzubrechen. Schon kurz nach der Etablierung richtete die ACUS Working Group 1979 einen Unterausschuss ein, der sich mit Fragen des Wertewandels und der Wertevermittlung beschäftigte[42], und der zweite Bericht der ACUS-Gruppe 1983 trug den Titel »The Teaching of Values and the Successor Generation«.[43] Auch die Bundestagsfraktionen von CDU, CSU, SPD und FDP begründeten 1982 ihre Anträge auf eine Intensivierung der deutsch-amerikanischen Kulturbeziehungen damit, es gelte, die westliche »Gesinnungsgemeinschaft« zu stärken beziehungsweise das »Bewusstsein der Gemeinsamkeit von Werten und Problemen zu verstärken und gemeinsame Zukunftslösungen zu finden«.[44]

Was waren nun diese gemeinsamen Werte, die angeblich verloren zu gehen drohten? Meist wurden sie ohne nähere Erläuterung als »westliche Werte« bezeichnet.[45] Botschafter Hermes betonte in einer Rede an der Yale University im Dezember 1981, die deutschamerikanische Allianz werde die gegenwärtige Krise überleben, denn ihre Gesellschaften teilten die gleichen Werte von Demokratie und Freiheit, und auch Hildegard Hamm-Brücher unterstrich, die NATO sei viel mehr als nur ein Militärbündnis: »Sie [ist] vor allem auch eine Allianz [...] zur Erhaltung und Stärkung der geistigen und politischen Grundlagen europäisch-abendländischen Denkens, der Freiheit, der Vielfalt, der Toleranz und der Menschenrechte.«[46] Es waren demokratische Werte, wie auch die amerikanische Seite immer wieder betonte. Sie beruhten auf Freiheit: »freedom to choose a form of government, of worship, and a way of life for themselves and their children«.[47]

Stimmten amerikanische und westdeutsche Diagnosen überein, so unterschieden sich doch die Bezugsrahmen, in denen die Befunde interpretiert wurden. Das Auswärtige Amt kommentierte im Oktober 1981 das erste Papier des ACUS zur »successor generation«: Die amerikanische »Working Group« sehe als Hauptproblematik

»die mangelnde Einsicht in die durch den andauernden Ost-West-Gegensatz fortbestehende Bedrohung der freiheitlichen Gesellschaftsform [...]. Mangelnde Kenntnis befreundeter Länder und man-

---

41 Zum Begriff der »Westernisierung« vgl. *Anselm Doering-Manteuffel*, Wie westlich sind die Deutschen? Amerikanisierung und Westernisierung im 20. Jahrhundert, Göttingen 1999, S. 5–19.
42 Successor Generation Working Group, Values Sub-Committee, First Preliminary Report, 7.12. 1979, Hoover Institution Archives, James Huntley Papers, Box 50.
43 The Atlantic Council's Working Group of the Successor Generation, The Teaching of Values.
44 Antrag der Fraktionen der SPD und der FDP [April 1982], PA AA, B 32–204, Nr. 135176; Pressedienst der CDU/CSU-Fraktion im Bundestag, 6.4.1982, PA AA, B 32–204, Nr. 135176.
45 Achilles, Memorandum vom 9. September 1980, Hoover Institution Archives, ACUS, Box 253; *Hans-Dietrich Genscher*, The Spiritual Foundations of German-American Friendship, Rede auf einem Symposium der Universität Würzburg am 13. Januar 1983, abgedr. in: German Information Office (Hrsg.), Statements and Speeches, Bd. VI, Nr. 1, New York [1983].
46 Hamm-Brücher, Rede vor dem American Council on Germany am 3. November 1981, S. 8, PA AA, B 32–204, Nr. 123314.
47 The Atlantic Council's Working Group of the Successor Generation, The Teaching of Values, S. 10. Damit einher ging häufig ein missionarisches Selbstverständnis, vgl. den Vermerk des Auswärtigen Amts zur Rede des US-Außenministers Alexander Haig in Berlin: AA, Vermerk vom 15. September 1981, PA AA, B 32–204, Nr. 123316.

gelndes Bewusstsein gemeinsamer Wertvorstellungen wird in erster Linie als ein Grund für die Fehleinschätzung des Ost-West-Gegensatzes gesehen und erst in zweiter Hinsicht als ein Störfaktor für das amerikanisch-deutsche Verhältnis.«[48]

Letzteres stand jedoch für das Auswärtige Amt im Vordergrund.

Die Werterhetorik macht die Gemeinsamkeiten und Unterschiede in der deutschen und der amerikanischen Debatte sichtbar. Zwar kreisten sowohl die Äußerungen der amerikanischen wie auch der westdeutschen Akteure um das Dreieck »Generation – Werte – Erfahrungen«, doch die Schwerpunkte lagen unterschiedlich. In der ACUS-Arbeitsgruppe stand der Wertediskurs hoch im Kurs. Ihr gehörte Ronald Inglehart an, der erst kurz zuvor, im Jahr 1977, mit seiner Studie »The Silent Revolution. Changing Values and Political Styles among Western Publics« hervorgetreten war.[49] Inglehart hatte hier eine Verschiebung von »materialistischen« zu »postmaterialistischen« Werten in den westlichen Gesellschaften konstatiert, die mit einem Wandel von »moderner« zu »postmoderner« Gesellschaft korrespondiere. Dieser Wertewandel verlief anhand von Generationengrenzen, so Inglehart. Wertvorstellungen entwickelten sich demnach während der »formative years« vor dem Erreichen des Erwachsenenalters. Das ACUS war auf Inglehart durch zwei Studien aufmerksam geworden, die er für die Europäische Gemeinschaft durchgeführt hatte, und gewann ihn für die Arbeitsgruppe zur »successor generation«.[50] Seine Terminologie und seine Thesen durchzogen bald die gesamte amerikanische Diskussion zu diesem Thema.

Im Kontext dieser Debatte stand »Wertewandel« für den Mangel an Wertschätzung für demokratische, westliche Werte bei den jüngeren Generationen in Westeuropa und den USA. Freiheit und Demokratie, so lautete die These, galten den Jüngeren als so selbstverständlich, dass sie sich kaum für deren Erhalt einsetzten oder auf ihre Verteidigung vorbereitet waren. Doch dies galt als dringend notwendig: Die »successor generation«-Rhetorik war eingebettet in einen Diskurs, der von einer Bedrohung des westlichen Lebensstils von außen und innen ausging – durch die Sowjetunion und die Unterschätzung des Kommunismus sowie durch die »Erzfeinde der Demokratie« im Inneren, nämlich Apathie, Selbstgefälligkeit, Ignoranz und Trägheit.[51]

Diese Gegenwartsdiagnosen entsprachen der Rhetorik und Politik der Regierung Reagan, die durch ihre antikommunistische Stoßrichtung, einen konfrontativen Kurs gegenüber der Sowjetunion sowie die Forderung, sich auf die traditionellen Werte und Stärken Amerikas zurückzubesinnen, gekennzeichnet waren.[52] Parallelen zum »successor generation«-Narrativ sind unverkennbar: So wie bei Reagan die Besinnung auf überkommene, als uramerikanisch und demokratisch apostrophierte Werte und Traditionen helfen sollte, den USA wieder zu alter Stärke zu verhelfen, diente im »successor generation«-Diskurs der Bezug auf dieselben, als »westlich« beschriebenen Werte dazu, das Bündnis unter Führung der Hegemonialmacht USA (wieder) zu stärken. Dem Vorwurf des Republikaners

---

48 AA, Vermerk vom 23. Oktober 1981, PA AA, B 32–204, Nr. 123313. Eine ähnliche Auffassung wie Hamm-Brücher vertrat auf amerikanischer Seite Dell Pendergast vom »Office of European Affairs« der USIA. Vgl. dazu *Pendergast*, Comment, S. 24.
49 *Ronald Inglehart*, The Silent Revolution. Changing Values and Political Styles among Western Publics, Princeton, NJ 1977. Einordnend hierzu: *Andreas Rödder*, Vom Materialismus zum Postmaterialismus? Ronald Ingleharts Diagnosen des Wertewandels, ihre Grenzen und Perspektiven, in: Zeithistorische Forschungen 3, 2006, H. 3, S. 280–285.
50 Harned an Rémion, 31.10.1979, Hoover Institution Archives, ACUS, Box 253.
51 Sewell an Achilles, 3.7.1979, Hoover Institution Archives, ACUS, Box 253. Vgl. auch Huntley an Achilles, 1.6.1979, ebd.
52 So reagierte Reagan mit einem dreiseitigen, sehr positiven Schreiben auf das ACUS-Papier zur Frage der Vermittlung von Werten an die »successor generation«: Reagan an Rush, 16.6.1983, Hoover Institution Archives, Kenneth Rush Papers, Box 34.

Reagan, die »liberals« seien »›soft‹ on communism«, entsprachen die Warnungen, die »successor generation« unterschätze die Gefährlichkeit der Sowjetunion.[53] Wer in den USA über die Nachfolgegeneration und das westliche Bündnis sprach, sprach immer auch von der (wiederherzustellenden) Führungsstärke der USA, die unter Carter verloren gegangen sei.[54]

Die Beschäftigung mit der »successor generation« passte somit hervorragend in die Wahlkampfkampagne und später in das Regierungsprogramm Reagans und der Konservativen, wie etwa die 1981 von Reagan initiierte Kampagne »Project Truth« zeigte, in der die USIA das Bild der USA in der Welt gerade rücken und gegen »sowjetische Propaganda« vorgehen sollte.[55] Auch weitere Versatzstücke neokonservativer Feindbilder der Reagan-Administration fanden sich im amerikanischen »successor generation«-Diskurs. So machte Francis O. Wilcox, hochrangiger Mitarbeiter des Außenministeriums unter Dwight D. Eisenhower und anschließend Dekan der »School of Advanced International Studies« an der Johns Hopkins University, unter anderem die revisionistische Schule der Historiker für die transatlantischen Schwierigkeiten verantwortlich.[56] Viele Spitzen richteten sich zudem gegen die ›68er‹ als die Wurzel allen Übels: Diese Generation sei mittlerweile in den Schulen und anderen Ausbildungsstätten angekommen und vermittle ihr verzerrtes Geschichtsbild ebenso an die Schüler wie ihre Vorurteile.[57] Innen- und Außenpolitik der USA ließen sich auf dieser Ebene miteinander verbinden.

Auch in der Bundesrepublik hatte der Wertediskurs innenpolitische Bezüge. In der SPD offenbarten die innerparteilichen Auseinandersetzungen um die sicherheitspolitische Linie einen Generationenkonflikt, der sich aus unterschiedlichen Erfahrungshorizonten und, damit eng verbunden, Wertvorstellungen speiste.[58] Zur Nachfolgegeneration, deren Wissen über die Grundlagen der deutsch-amerikanischen Partnerschaft gestärkt werden sollte, zählte also auch die eigene Parteijugend. Mit den Grünen war zudem eine Partei entstanden, deren Anhänger sich zu großen Teilen aus den Alterskohorten der Nachfolgegeneration und aus enttäuschten Sozialdemokraten rekrutierten und die nun zur Konkurrenz links von der SPD wurde.[59] Sie stellten einen wichtigen Teil der Friedensbewegung und lehnten größtenteils die NATO-Mitgliedschaft der Bundesrepublik ab. Auch die Grünen entsprachen daher der von den Koordinatoren bezeichneten Zielgruppe.

Die transatlantische Orientierung der Bundesrepublik gehörte – trotz der ausgeprägten Tendenzen in Teilen der Partei, die Anbindung an die USA zu relativieren – zu den Grund-

---

53 *James T. Patterson*, Restless Giant. The United States from Watergate to Bush vs. Gore, Oxford 2005, S. 152f. Vgl. auch *Steven F. Hayward*, The Age of Reagan. The Fall of the Old Liberal Order 1964–1980, Roseville 2001, S. 609–613.
54 Achilles an New York Times, 5.1.1981, Hoover Institution Archives, ACUS, Box 14. Ein weiterer Vorwurf gegenüber Carter war, die europäisch-amerikanischen Beziehungen als vermeintlichen Selbstläufer vernachlässigt und so zur aktuellen Misere beigetragen zu haben. AA, Ref. 204, an Genscher, 8.11.1981, PA AA, B 32-204, Nr. 123313.
55 *Cull*, The Cold War, S. 399–441.
56 Wilcox an Rush, Achilles und Harned, 20.4.1979, Hoover Institution Archives, ACUS, Box 253. Ähnlich auch Achilles, Memorandum vom 23. April 1979, ebd.
57 USIA, USIS Germany, Country Plan Financial Year 1983, S. 3, Stadtarchiv Nürnberg (StadtAN), E 6/799, Nr. 754. Hierzu auch die Äußerung Reagans in einem Gespräch mit Helmut Schmidt: Well an Genscher, 21.5.1981, abgedr. in: Akten zur Auswärtigen Politik der Bundesrepublik Deutschland 1981, Bd. 2, München 2012, Dok. 146.
58 *Friedhelm Boll/Jan Hansen*, Doppelbeschluss und Nachrüstung als innerparteiliches Problem der SPD, in: Gassert/Geiger/Wentker, Zweiter Kalter Krieg, S. 203–228, hier: S. 212f. Vgl. auch *Dietmar Süß*, Die Enkel auf den Barrikaden. Jungsozialisten und SPD in den Siebzigerjahren, in: AfS 44, 2004, S. 67–104, insb. S. 101–103.
59 *Silke Mende*, »Nicht rechts, nichts links, sondern vorn«. Eine Geschichte der Gründungsgrünen, München 2011, S. 330; *Wirsching*, Abschied vom Provisorium, S. 120.

linien der SPD und vor allem der FDP als dem Partner in der sozial-liberalen Koalition, in deren Regierungszeit der Beginn der neuen Initiativen lag.[60] Die in die Kritik geratene Westbindung zu fördern, entsprach also der eigenen Linie und half zudem, Vorhaltungen der Opposition zu entkräften, die SPD wende sich vom westlichen Bündnis ab. Für die CDU/CSU, die im Herbst 1982 zusammen mit der FDP die Regierung übernahm, waren die Werte- und die Generationenrhetorik sowie die bisher gestarteten Programme ohne Weiteres anschlussfähig. Sie entsprachen der von Bundeskanzler Helmut Kohl stets beschworenen »Wertegemeinschaft« mit den USA, in der sich Westbindung und Antikommunismus verbanden, sowie seinem Bestreben, die deutsche Geschichte nach 1945 »als eine demokratische Geschichte des Friedens, der Freiheit und des Wohlstands« in den Vordergrund zu rücken.[61]

Vor allem standen jedoch außenpolitische Erwägungen im Fokus. Die Betonung der Erfahrungs- und Wertegemeinschaft sollte signalisieren, dass die Bundesrepublik fest im westlichen Bündnis verankert war, und so dabei helfen, die eigene Position in den USA zu stärken. Dies galt für die sozial-liberale Koalition unter Helmut Schmidt wie für die Regierung Kohl. Zugleich ging es stets darum, Gehör für die eigene Position in den USA zu finden und langfristig deutschen beziehungsweise westeuropäischen Anliegen eine Stimme zu geben. So war dem Auswärtigen Amt vor allem daran gelegen, die Beschäftigung mit der Bundesrepublik in Schulen, Wissenschaft und Politik zu fördern. Deutschlandexperten sollten dafür sorgen, westdeutsche Interessen in die USA zu vermitteln und dort präsent zu halten. Diese Interessenvertretung sah Hildegard Hamm-Brücher als akut gefährdet an, da die »Gründergeneration« der deutsch-amerikanischen Freundschaft allmählich abtrete.[62]

Dies zu verhindern, schien vor dem Hintergrund der aktuellen politischen Differenzen auf vielen Gebieten besonders notwendig. Der Generationen- und der Wertetopos erlaubten es, unterschiedliche Ziele und Perspektiven in der Bundesrepublik und den USA zusammenzubinden und die schwierige Gegenwart bis zu einem gewissen Grad auszublenden, indem die harmonische Vergangenheit beschworen und die befürchteten zukünftigen Entwicklungen in den Mittelpunkt gestellt wurden. Aktuelle politische Sachfragen erschienen hier als Teil eines übergeordneten, strukturellen und demografischen Problems.

Dies fiel umso leichter, als sowohl die amerikanischen als auch die deutschen Protagonisten dieses Diskurses überzeugte Atlantiker waren. Ted Achilles, der Projektleiter der ACUS Working Group, war maßgeblich an den Gründungsverhandlungen der NATO beteiligt[63]; James Huntley, ebenfalls Mitglied der ACUS-Gruppe, prägte wie Achilles über Jahrzehnte hinweg die Arbeit verschiedener atlantisch ausgerichteter Institutionen und Organisationen.[64] John McCloy, von Reagan mit der Erarbeitung von Plänen zur Verbesserung der deutsch-amerikanischen Beziehungen beauftragt, hatte in seiner Zeit als Hoher Kommissar zwischen 1949 und 1952 maßgeblich zur Westintegration der Bundesrepublik beigetragen und blieb auch danach den deutsch-amerikanischen Beziehungen eng verbun-

---

60 *Boll/Hansen*, Doppelbeschluss und Nachrüstung, S. 221; *Andreas Rödder*, Bündnissolidarität und Rüstungskontrollpolitik. Die Regierung Kohl-Genscher, der NATO-Doppelbeschluss und die Innenseite der Außenpolitik, in: *Gassert/Geiger/Wentker*, Zweiter Kalter Krieg, S. 123–136, hier: S. 130–132.
61 Ebd., S. 126–129; *Wirsching*, Abschied vom Provisorium, S. 475 und 486.
62 Sprechzettel Hamm-Brücher, 9.11.1981, PA AA, B 32–204, Nr. 123313.
63 *Kenneth Weisbrode*, The Atlantic Century. Four Generations of Extraordinary Diplomats Who Forged America's Vital Alliance with Europe, Cambridge, MA 2009, S. 116f. und 163.
64 Ebd., S. 269; *Giles Scott-Smith*, Networks of Empire. The US State Department's Foreign Leader Program in the Netherlands, France, and Britain 1950–70, Brüssel 2008, S. 92; *Melvin Small*, The Atlantic Council – The Early Years, o.O. 1998, S. 27, abrufbar unter URL: <http://www.nato.int/acad/fellow/96-98/small.pdf> [21.5.2012].

den.⁶⁵ An der Schnittstelle dieser Beziehungen waren Persönlichkeiten wie Hans N. Tuch angesiedelt, der 1938 aus Berlin in die USA emigrierte, nach dem Ende des Zweiten Weltkriegs im Dienste des Foreign Service nach Deutschland zurückkehrte und im Rahmen der amerikanischen Reeducation-Politik Direktor des Amerikahauses in Frankfurt wurde. Zu Beginn der 1980er Jahre kehrte er abermals in die Bundesrepublik zurück, nun als Public Affairs Officer der USIA in der Amtszeit des amerikanischen Botschafters Arthur Burns.⁶⁶

Auf deutscher Seite war Hildegard Hamm-Brücher, die für die Bundesrepublik die Initiativen zur Verbesserung der deutsch-amerikanischen Beziehungen koordinierte, ebenfalls durch transatlantische Erfahrungen in der Nachkriegszeit geprägt. Als Stipendiatin im Rahmen der amerikanischen Demokratisierungsprogramme hatte sie 1949/50 ein Jahr in Harvard verbracht. Dort traf sie unter anderem John McCloy, ihren »›Entdecker und Freund‹«, der sie mit der deutschlandpolitischen Elite der USA bekannt machte und der für sie wie kein anderer »Repräsentant und Symbol jener Gründergeneration der deutsch-amerikanischen Partnerschaft« war.⁶⁷ Auch Peter Hermes, zwischen 1979 und 1984 Botschafter der Bundesrepublik in Washington, hatte 1952 an einem solchen Austauschprogramm teilgenommen.⁶⁸ Zu den Autoren, die während der 1980er Jahre besorgt über den Zustand der deutsch-amerikanischen Beziehungen reflektierten, gehörten namhafte Journalisten wie Peter von Zahn, Klaus Harpprecht und Marion Gräfin Dönhoff, die seit Jahrzehnten in transatlantischen Netzwerken aktiv waren.⁶⁹

Besorgt um den Stand der deutsch-amerikanischen Beziehungen zeigten sich also Personen, die nicht nur überzeugte Atlantiker waren, sondern selbst der von ihnen beschworenen Gründergeneration angehörten. Den Generationszusammenhang stellte dabei weniger das Geburtsjahr her – McCloy war 1895 geboren, Achilles 1905, Hamm-Brücher hingegen 1921, Hermes 1922 –, sondern der Erfahrungszusammenhang der Nachkriegsjahre. Die Rollen waren dabei durchaus unterschiedlich verteilt, gestaltete doch jemand wie Ted Achilles diese Nachkriegsjahre selbst mit, während die Deutschen erst am Anfang ihrer politischen Karriere standen.⁷⁰ Gemeinsam war ihnen jedoch aus eigenem Erleben die Überzeugung, dass die engen transatlantischen Verbindungen lebenswichtig für beide Länder und das westliche Bündnis waren. Diese Errungenschaft sahen sie durch die »successor generation« gefährdet. Die Diskussionen um eine drohende transatlantische Entfremdung und die Nachfolgegeneration sowie die daraus folgenden Initiativen waren somit auch Versuche, das eigene politische Erbe abzusichern.

---

65 *Thomas Alan Schwartz*, Die Atlantik-Brücke. John McCloy und das Nachkriegsdeutschland, Frankfurt am Main 1992, insb. S. 433f.
66 Interview mit Hans N. Tuch vom 19. Januar 1988, abrufbar über die Internetseite des Interview-Projekts »Frontline Diplomacy«.
67 Hamm-Brücher, Rede an der University of Harvard am 5.11.1981, PA AA, B 32–204, Nr. 123314; Hamm-Brücher, Rede vor dem American Council on Germany am 3.11.1981, ebd. Vgl. auch *Hildegard Hamm-Brücher*, Freiheit ist mehr als ein Wort. Eine Lebensbilanz 1921–1996, Köln 1996, S. 121f.; *Ellen Latzin*, Lernen von Amerika? Das US-Kulturaustauschprogramm für Bayern und seine Absolventen, Stuttgart 2005, S. 194f.
68 *Peter Hermes*, Meine Zeitgeschichte 1922–1987, Paderborn 2007, S. 154f.
69 *Von Zahn*, Verlässt uns Amerika; *Harpprecht*, Amerikaner; *Marion Gräfin Dönhoff*, Amerikanische Wechselbäder. Beobachtungen und Kommentare aus vier Jahrzehnten, München 1983. Peter von Zahn war der erste feste westdeutsche Amerikakorrespondent in den USA, Klaus Harpprecht war ebenfalls als Auslandskorrespondent in den USA tätig und Mitglied des Kongresses für Kulturelle Freiheit; Marion Gräfin Dönhoff gehörte zu den Gründungsmitgliedern der Atlantik-Brücke.
70 Dass sie sich selbst dieser »Gründergeneration« zurechnete, betonte Hamm-Brücher in ihrer Rede vor dem American Council on Germany in New York am 3. November 1981, PA AA, B 32–204, Nr. 123314.

Was drohte, wenn dieses transatlantische Erbe nicht reaktiviert und gepflegt wurde? Zuerst einmal standen die Schlagfähigkeit, der Zusammenhalt und die Sicherheit der Allianz auf dem Spiel – und somit auch der Frieden und die Demokratie, lauteten die Befürchtungen.[71] Für die Bundesrepublik kamen die als überlebensnotwendig bewerteten Sicherheitsgarantien der USA hinzu. »[D]en Irritationen gegenüber Amerika [...] ungehemmt Lauf zu lassen«, sei höchst gefährlich, mahnte Berndt von Staden: »Solches zu tun, mag manchen als ein politischer Luxus erscheinen [...]. In Wahrheit aber fordert das einen hohen Preis zu Lasten unserer Sicherheit und damit unserer Freiheit«.[72]

Die konkreten Ziele der beiden Regierungen sowie der anderen beteiligten Akteure stimmten dabei nicht notwendigerweise in allen Fragen überein. Doch das Reden über die transatlantischen Beziehungen im Sinne einer Generationen- und Wertefrage war vielfältig anschlussfähig und erlaubte es, die von allen Seiten angestrebte Neujustierung des Verhältnisses zu diskutieren – und vor allem, diese durch meist generationenspezifische Maßnahmen auch umzusetzen, welche sich entweder an die junge Generation selbst wandten oder an Lehrer, Journalisten und andere Multiplikatoren, die Einfluss auf die Meinungsbildung Jugendlicher hatten.

III. »STAND-BY-PERSÖNLICHKEITEN« FÜR DIE TRANSATLANTISCHEN BEZIEHUNGEN:
DIE KOORDINATOREN FÜR DIE DEUTSCH-AMERIKANISCHE ZUSAMMENARBEIT

Ein knappes halbes Jahr nach McCloys Vorstoß beauftragte die Bundesregierung bei ihrer außenpolitischen Klausurtagung auf Schloss Gymnich im April 1981 Hildegard Hamm-Brücher, Vorschläge für geeignete Maßnahmen zur Verbesserung der deutsch-amerikanischen Beziehungen auszuarbeiten.[73] Anfang November reiste sie in die USA, um »gemeinsam mit der amerikanischen Seite zu prüfen, durch welche Maßnahmen in der jüngeren Generation auf beiden Seiten des Atlantiks [...] mehr gegenseitiges Verständnis geweckt und gefördert werden [kann]«.[74] In den USA traf Hamm-Brücher hochrangige Regierungsvertreter wie Außenminister Alexander Haig, Staatssekretär Walter Stoessel und den Leiter der Europaabteilung im State Department, Lawrence Eagleburger, außerdem Kongressabgeordnete, Vertreter von Stiftungen und Thinktanks sowie nicht zuletzt prominente Vertreter der viel beschworenen »Gründergeneration« und Deutschlandexperten. Sie alle begrüßten den deutschen Vorstoß.[75] Dem Besuch vorausgegangen war bereits im Mai 1981 ein gemeinsames Kommuniqué von Bundeskanzler Helmut Schmidt und Präsident Ronald Reagan, in dem sie alle »Bemühungen um die Vertiefung der gegenseitigen Kontakte« ausdrücklich begrüßten und auf die Verantwortung der »nachfolgenden Generation« hinwiesen.[76]

---

71 Robert E. Osgood, The Successor Generation: A Summary Assessment [1979/80], Hoover Institution Archives, ACUS, Box 253; *Hermes*, Is the Alliance Drifting Apart.
72 *Von Staden*, Deutsche und Amerikaner, S. 52.
73 Aufzeichnungen des Ministerialdirektors Hansen vom 14. April 1981, abgedr. in: Akten zur Auswärtigen Politik der Bundesrepublik Deutschland 1981, Bd. 1, München 2012, Dok. 107; Hamm-Brücher, Vermerk vom 25. November 1981, PA AA, B 32–204, Nr. 123313.
74 AA, Ref. 204, an Genscher, 8.11.1981, PA AA, B 32–204, Nr. 123313.
75 Unter den Gesprächspartnern waren William Fulbright, John McCloy, Fritz Stern, das »Council on Germany«, das Atlantic Council und der »German Marshall Fund of the United States«. Eine vollständige Auflistung der Gesprächspartner in AA, Ref. 204, an Genscher, 8.11.1981, PA AA, B 32–204, Nr. 123313.
76 Ronald Reagan, Joint Statement Following Discussions With Chancellor Helmut Schmidt of the Federal Republic of Germany, 22.5.1981, abrufbar über »The American Presidency Project«, URL: <http://www.presidency.ucsb.edu/ws/?pid=43852> [21.5.2012]; Hamm-Brücher, Vermerk vom 25. November 1981, PA AA, B 32–204, Nr. 123313.

Hamm-Brüchers Gespräche in den USA hatten zwei Ziele: Zum einen wollte die Bundesregierung Initiative zeigen und betonen, wie wichtig ihr die deutsch-amerikanischen Beziehungen waren. Zum anderen sollte amerikanische Unterstützung gewonnen werden. Insbesondere das State Department sollte sich ebenso wie das Auswärtige Amt öffentlichkeitswirksam zu dieser Aufgabe bekennen und so den privat getragenen Initiativen, die in den USA traditionell das Austauschwesen dominierten, politische Unterstützung geben.[77] Auf der Basis ihrer Gespräche in der Bundesrepublik und in den USA entwickelte Hamm-Brücher einen Katalog an Zielsetzungen und Maßnahmen. Höchste Priorität hatte die »Förderung des Interesses an deutsch-amerikanischen Fragen und die Heranbildung eines Stammes an derzeit fehlenden Deutschlandexperten« in den USA. Dieses Ziel war nur langfristig zu erreichen und setzte die Förderung einer geeigneten Infrastruktur ebenso voraus wie gezielte Anreize für amerikanische Schüler und Studierende, die deutsche Sprache zu erlernen.[78]

Als »operative Sofortmaßnahmen« schlug Hamm-Brücher einen »wesentlich erweiterte[n] Jugendaustausch« vor, der auch die Jugendorganisationen der Parteien, Gewerkschaften und Studierendenorganisationen einschließen sollte, sowie Programme, die sich speziell an die »jungen Führungskräfte[n]« aus allen Bereichen richteten. Auch sollte die kulturelle und mediale Präsenz der Bundesrepublik in den USA verbessert werden, um ein angemessenes Bild der Bundesrepublik zu vermitteln. Darauf zielten auch die Vorschläge ab, die eine bessere »Ausstattung der Universitäten mit Lehr- und Informationsmaterial zur Deutschlandkunde – vor allem im Bereich der Nachkriegsgeschichte« anmahnten, um der Fokussierung auf die Zeit des Nationalsozialismus entgegenzuwirken.[79]

Bei der weiteren Umsetzung stand zunächst der Vorschlag McCloys im Raum, zwei prominente »Stand-by-Persönlichkeiten« zu gewinnen, die alle Aktivitäten im Bereich der deutsch-amerikanischen Beziehungen koordinieren sollten.[80] Das Auswärtige Amt stand diesem Vorschlag zunächst skeptisch gegenüber. Eine solche Maßnahme sei so ungewöhnlich, dass nun erst recht Spekulationen über den schlechten Stand der deutsch-amerikanischen Freundschaft hervorgerufen werden würden. Zudem könne Frankreich die Bestellung solcher Koordinatoren als Relativierung der deutsch-französischen Beziehungen empfinden.[81] In den folgenden Monaten fühlte das Auswärtige Amt bei verschiedenen amerikanischen Gesprächspartnern vor, wie diese eine solche Koordinatorenstelle einschätzten.[82] Im Dezember 1981 waren schließlich alle Widerstände überwunden: Die Bundesrepublik und die USA setzten »Koordinatoren für die deutsch-amerikanische zwischengesellschaftliche, kultur- und informationspolitische Zusammenarbeit« ein. In der Bundesrepublik übernahm Hildegard Hamm-Brücher dieses Amt, in den USA Lawrence Eagleburger.[83] In den kommenden Jahren fanden regelmäßige Treffen zwischen Hamm-Brücher und Eagleburger beziehungsweise deren Nachfolger Berndt von Staden und Richard Burt statt.

---

77 Vorlage zur Gesprächsführung für Hamm-Brücher, 29.10.1981, PA AA, B 32–204, Nr. 123313; AA, Ref. 204, an Genscher, 8.11.1981, ebd.
78 Ebd.; vgl. auch schon AA, Vermerk vom 28. April 1981, PA AA, B 32–204, Nr. 135173.
79 Hamm-Brücher, Vorschläge für operative Sofortmaßnahmen zur Intensivierung der deutsch-amerikanischen Beziehungen, 11.11.1981, PA AA, B 32–204, Nr. 123313.
80 Hermes an AA, 28.11.1980, PA AA, B 32–204, Nr. 115940.
81 AA, Ref. 204, an Genscher, 3.12.1980, PA AA, B 32–204, Nr. 115940. Gerade die engen Konsultationen zwischen der Bundesrepublik, Frankreich und Großbritannien, denen weniger ausgeprägte deutsch-amerikanische Besprechungen gegenüberständen, hatte McCloy jedoch bemängelt. Hermes an AA, 23.12.1980, PA AA, B 32–204, Nr. 123313.
82 AA, Ref. 204, an Staatssekretär [van Well], 20.10.1981, PA AA, B 32, Nr. 123313; Schenk an Genscher, 1.12.1980, PA AA, B 32, Nr. 115940.
83 Genscher an Arbeitseinheiten AA, alle diplomatischen und berufskonsularischen Vertretungen [Dezember 1981], PA AA, B 32–204, Nr. 135173.

Das Auswärtige Amt richtete eine ständige Arbeitsgruppe sowie einen Arbeitskreis USA ein, der koordinierende und beratende Funktionen übernehmen sollte.[84] Er umfasste nicht nur Mitarbeiter der Bundesministerien, sondern auch Vertreter der Länder, des Bundestags, politischer und privater Stiftungen sowie der Wirtschaft, der Industrie, der Medien, von Mittlerverbänden, von Universitäten, der Frauenverbände und der deutsch-amerikanischen Organisationen.[85] Die Aufgabenbereiche wurden auf vier Arbeitskreise verteilt, die sich mit medien- und informationspolitischen Fragen, der Betreuung von Amerikanern in Deutschland (vornehmlich in der Bundesrepublik stationierte US-Truppen), der Vor- und Nachbetreuung von Austauschteilnehmern sowie dem Austausch junger Berufstätiger befassten.[86] Von vornherein war klar, dass die Initiativen zur Verbesserung der deutsch-amerikanischen Beziehungen auf einer breiten politischen und gesellschaftlichen Grundlage stehen mussten.

In der Öffentlichkeit gab es wenig Zweifel, dass die deutsch-amerikanischen Beziehungen einer Verbesserung bedurften. Vertreter verschiedener Organisationen und Institutionen begrüßten die Einsetzung der Koordinatoren, baten um Hilfe oder boten ihre Unterstützung an, etwa der Deutsche Städte- und Gemeindebund, die Jungen Liberalen oder die Westdeutsche Rektorenkonferenz.[87] Hildegard Hamm-Brücher berichtete in der Kabinettssitzung vom 10. Januar 1982 von einem sehr positiven Echo und »Hunderte[n] von Briefen«, die sie erreicht hätten.[88] Die Presse reagierte verhaltener. Auch hier herrschte die Meinung vor, die Anstrengungen seien durchaus angebracht. Doch schien fraglich, »ob sich Uncle Sam und Michel Deutsch tatsächlich deshalb die Hände reichen, weil ein Unterstaatssekretär ein entsprechendes Papier ausgefertigt hat«.[89] Die Frankfurter Rundschau bemängelte, »der Mission Frau Hamm-Brüchers [hafte] letztlich etwas Vages an«, und das Handelsblatt konstatierte: »Ein deutsch-amerikanisches Jugendwerk oder verstärkte Austauschprogramme sind unsichere Vehikel einer neuen Aufklärung.«[90]

Seitens der Politik war der Einsatz für engere transatlantische Kontakte von einem parteiübergreifenden Konsens getragen. Zwar gab es auch in diesem Kontext immer wieder parteipolitische motivierte Auseinandersetzungen, etwa Versuche von CDU-Politikern, die SPD als antiamerikanische, neutralistische Partei darzustellen[91], und auch eine von Hildegard Hamm-Brücher 1981 forcierte Kooperation der politischen Stiftungen scheiterte an deren Vorbehalten, eine gemeinsame Veranstaltung sei nicht glaubwürdig.[92] Letztlich lagen die Ziele und Vorstellungen der Parteien jedoch eng beieinander, wie etwa die Anträge der CDU/CSU-Bundestagsfraktion sowie der SPD- und FDP-Bundestagsfraktion zu den kulturellen Beziehungen mit den USA im Frühjahr 1982 zeigten. Hier ging es darum, als engagierter Förderer der deutsch-amerikanischen Beziehungen zu gelten,

---

84 AA, Kabinettsvorlage, 11.12.1981, PA AA, B 32–204, Nr. 135173.
85 Protokoll der Sitzung des Arbeitskreises USA, 25.3.1982, PA AA, B 32–204, Nr. 135173.
86 Ebd.
87 Mombauer an Hamm-Brücher, 14.1.1982, PA AA, B 32–204, Nr. 135173. Vgl. auch die Schreiben zu potenziellen Vortragsreisenden in die USA, ebd., Nr. 135174, sowie die umfangreiche Sammlung von Schreiben an Hamm-Brücher, ebd., Nr. 135178 bis 135186.
88 Sprechzettel Hamm-Brücher für die Sitzung am 10. Februar 1982, PA AA, B 32–204, Nr. 135173.
89 *Jochen Stumm*, Dünnbrettbohrer, in: Deutsches Allgemeines Sonntagsblatt, 15.11.1981.
90 *Gerd Janssen*, Suche nach der blauen Blume, in: Handelsblatt, 14.1.1981; *Horst Schreitter-Schwarzfeld*, Mission mit vagem Ausgang, in: Frankfurter Rundschau, 5.11.1981.
91 Pressedienst der CDU/CSU-Fraktion im Bundestag, 6.4.1982, PA AA, B 32–204, Nr. 135176.
92 Protokolle der Besprechungen mit den Vertretern der politischen Stiftungen vom 4. Mai 1981 und vom 3. August 1981, beide: PA AA, B 32–204, Nr. 135176; Heck an Hamm-Brücher, 28.8.1981, ebd.; Nau an Hamm-Brücher, 31.8.1981, ebd.; Pirkl an Hamm-Brücher, 31.10.1981, ebd. Grundsätzlich befürworteten jedoch alle Stiftungen gesteigerte Aktivitäten auf dem Feld der deutsch-amerikanischen Beziehungen und waren hier selbst sehr aktiv.

nicht um unterschiedliche Ideen oder Forderungen.[93] Nicht zuletzt zeigte der reibungslose Übergang der unter Bundeskanzler Helmut Schmidt begonnenen und unter Helmut Kohl und mit Berndt von Staden fortgesetzten Initiativen, dass es sich hierbei um ein Anliegen aller Parteien handelte. Allein die Grünen, seit 1983 im Bundestag vertreten, trugen diesen Konsens nicht mit und beteiligten sich beispielsweise nicht an dem Aushängeschild der neuen transatlantischen Initiativen, dem Parlamentarischen Patenschaftsprogramm.[94]

IV. »MORALISCHE AUFRÜSTUNG« IM BÜNDNIS: PROGRAMME UND INITIATIVEN

Mit dem Koordinatorenamt war kein eigenes Budget verbunden. Vielmehr ging es darum, eine Anlaufstelle zu schaffen, die bestehende Programme koordinieren und künftige Initiativen anregen sollte. So begann das Auswärtige Amt, ein Verzeichnis aller Organisationen und Institutionen zusammenzustellen, die im Bereich der deutsch-amerikanischen Beziehungen tätig waren, und schuf damit erst eine Übersicht für sich und andere über das Ausmaß der bestehenden Aktivitäten.[95] Die Jahresberichte der Koordinatoren zeigen nur Ausschnitte eines breiten Spektrums an Aktivitäten, an denen eine Vielzahl von Ministerien, Stiftungen, öffentlichen und privaten Organisationen sowie Privatpersonen beteiligt war.[96]

Zum Teil handelte es sich um Initiativen, die bereits seit Jahren oder Jahrzehnten bestanden. Durch die Einsetzung der Koordinatoren entstand nun ein gemeinsamer Rahmen, in den all diese unterschiedlichen Projekte gestellt wurden und der ihnen Sichtbarkeit verlieh. Die Koordinatoreninitiative vereinnahmte neue wie auch bestehende Programme (in unterschiedlichem Ausmaß) und stellte sie in den Zusammenhang der politischen Zielsetzung, sich für eine Koordinierung und Intensivierung der deutsch-amerikanischen Kontakte einzusetzen. Im Folgenden werden exemplarisch einige neue Projekte vorgestellt, die jeweils für besondere Schwerpunkte in den westdeutschen Zielsetzungen stehen.

Austauschprogramme bildeten einen zentralen Schwerpunkt der neuen Initiativen.[97] Dabei ging es nicht nur um den Ausbau und die bessere Koordinierung, Vor- und Nachbereitung bereits bestehender Programme, sondern auch um prestigeträchtige Initiativen und die gezielte Einbeziehung neuer Zielgruppen. Erste Ideen zum Parlamentarischen Patenschaftsprogramm (PPP, in den USA »Congress – Bundestag Youth Exchange«) entstanden bereits bei Hildegard Hamm-Brüchers USA-Besuch im November 1981 im Gespräch mit dem republikanischen Senator John Heinz, dessen Familie deutsche Wurzeln hatte und dem sowohl die »successor generation«-Frage als auch die deutsch-amerikanischen Beziehungen ein Anliegen waren.[98]

---

93 Deutscher Bundestag, 9. Wahlperiode, Drucksache 9/1498, 25.3.1982, Antrag der CDU/CSU-Fraktion; Informationen der sozialdemokratischen Bundestagsfraktion, 6.4.1982, PA AA, B 32–204, Nr. 135176; Gansel an Hamm-Brücher, 29.4.1982, PA AA, B 32–204, Nr. 135176.
94 Dexheimer an von Staden, 6.11.1984, PA AA, B 32–204, Nr. 135199.
95 Daraus entstanden die Broschüren »Wege in die USA« und das »Adressbuch der deutsch-amerikanischen Zusammenarbeit«. Vgl. Auswärtiges Amt (Hrsg.), Austausch über den Atlantik. Bericht des Koordinators für die deutsch-amerikanische zwischengesellschaftliche, kultur- und informationspolitische Zusammenarbeit, Bonn [1984], S. 5.
96 Vgl. die Berichte »Austausch über den Atlantik«, hrsg. v. Auswärtigem Amt, für die Jahre 1983 bis 1985, Bonn [1984–1986].
97 Von amerikanischer Seite aus waren die Initiativen in breitere Anstrengungen eingebettet, Austauschprogramme mit den Bündnispartnern auszubauen. So initiierte Ronald Reagan im Vorfeld des Versailler Wirtschaftsgipfels die Youth Exchange Initiative als neues Austauschprogramm zwischen den Teilnehmerstaaten des Gipfels, also den USA, der Bundesrepublik, Frankreich, Großbritannien, Italien, Japan und Kanada. Hierzu: Bericht über die Ergebnisse des Gesprächs Hamm-Brücher mit Wick, 8.9.1982, PA AA, B 32–204, Nr. 135176.
98 ACUS, Protokoll der Successor Generation Working Group, 5.10.1981, PA AA, B 32–204, Nr. 123313; Botschaft Washington an AA, 11.1.1982, ebd., Nr. 135173; Heinz an Hamm-Brücher, 26.3.1982, ebd., Nr. 135176.

Im Gegensatz zu etlichen der bisher existierenden Programme, die überwiegend von deutscher Seite finanziert wurden, basierte das PPP auf Wechselseitigkeit: Jeder Bundestags- beziehungsweise Kongressabgeordnete sollte die Patenschaft für einen Austauschkandidaten aus seinem Wahlkreis übernehmen, der dann ein Stipendium für einen einjährigen Aufenthalt im jeweils anderen Land erhielt. Dabei richtete sich das PPP nicht an Studierende, sondern an Schüler nach dem Abschluss der 10. Klasse oder mit Hauptschulabschluss und auch an junge Berufstätige. Diese Gruppe verstärkt einzubeziehen, war ein echtes Anliegen der deutschen Seite.[99] Beide Parlamente stimmten der Einrichtung eines solchen Programms zu, das »der jungen Generation in beiden Ländern die Bedeutung von freundschaftlicher Zusammenarbeit, die auf gemeinsamen politischen und kulturellen Wertvorstellungen beruht, [...] vermitteln« wollte.[100]

Dem PPP kam eine hohe symbolpolitische Bedeutung zu. So setzten sich das Auswärtige Amt, Hildegard Hamm-Brücher und Senator Heinz dafür ein, Bundespräsident Karl Carstens (auch er übrigens ein früherer Austauschteilnehmer[101]) und Präsident Reagan zu gewinnen, das Programm prestigeträchtig in Philadelphia bei der Auftaktveranstaltung zum »Tricentennial«, den Feierlichkeiten anlässlich der 300-jährigen Geschichte deutscher Auswanderung in die USA seit dem Jahr 1683, zu verkünden.[102] Im Oktober 1983 stellten die beiden Staatsoberhäupter das Programm in Philadelphia vor und im Herbst 1984 reisten die ersten Austauschteilnehmer in die USA beziehungsweise die Bundesrepublik.[103] Beide Regierungen waren bereit, hier kurzfristig große Summen zu investieren. Bundestag und Fraktionen stellten 1984/85 knapp vier Millionen D-Mark bereit, der Kongress etwa zweieinhalb Millionen US-Dollar. Mit dem Ausbau des Programms stiegen die Kosten noch.[104]

Mit dem PPP sollten Jugendliche für das jeweils andere Land interessiert, aber auch die Kontakte zwischen den Parlamentariern verstärkt werden.[105] Insbesondere die Bundesregierung strebte an, »Kongressmitglieder für die Bundesrepublik Deutschland [zu] interessieren« und so die mangelnde »Tradition internationalen Austauschs« der »wenig international ausgerichteten« amerikanischen Parlamentarier zumindest ein Stück weit aufzubrechen.[106] Dieses Ziel verfolgte auch die am 30. September 1981 gegründete deutsch-amerikanische Parlamentariergruppe unter ihrem ersten Vorsitzenden Peter Männing (SPD).[107] Sie strebte unter anderem an, ein amerikanisches Gegenstück zu initiieren: Kongressabgeordnete, die

---

99 Protokoll der Sitzung des Arbeitskreises USA, 25.3.1982, PA AA, B 32–204, Nr. 135173. Allerdings erwies sich dieser Teil des Programms als besonders schwer umsetzbar. Zu den Problemen: AA, Vermerk vom 7. November 1984, ebd., Nr. 135199; Nase an von Staden, 25.9.1984, ebd., Nr. 135202.
100 Bundestag, Kommission des Ältestenrats für den Deutsch-Amerikanischen Jugendaustausch, 2.9.1983, PA AA, B 32–204, Nr. 135199; Bundestagspräsident Barzel an alle Mitglieder des Deutschen Bundestags, 8.9.1983, ebd.
101 Karl Carstens, Cordial Bonds between Germany and America. Rede anlässlich des Abendessens gegeben von Ronald Reagan, 4.10.1983, abgedr. in: German Information Office (Hrsg.), Statements and Speeches, Bd. VI, Nr. 15, New York [1983].
102 Heinz an Hamm-Brücher, 26.3.1982, PA AA, B 32–204, Nr. 135176; Vermerk [1982], ebd.; von Braunmühl an Staatssekretär [von Staden], 29.6.1983, ebd., Nr. 135214.
103 Zur Zusammensetzung der Teilnehmergruppe sowie zur Parteizugehörigkeit der Paten vgl. den Sachstandsbericht über das PPP und den Mitarbeiteraustausch, 5.11.1984, PA AA, B 32–204, Nr. 135199.
104 Sachstandsbericht Austausch Parlamentsassistenten, 28.2.1984, PA AA, B 32–204, Nr. 135202.
105 Dies war von Beginn an ein Anliegen des Auswärtigen Amts. Hermes an AA, 28.11.1980, PA AA, B 32–204, Nr. 115940; AA an Genscher, 3.12.1980, ebd.; AA an Genscher, 8.11.1981, ebd., Nr. 123313.
106 Vermerk vom 7. November 1984, PA AA, B 32–204, Nr. 135199; Sprechzettel, 26.2.1982, ebd., Nr. 135173.
107 *Peter Schindler*, Datenhandbuch zur Geschichte des Deutschen Bundestages 1949–1999, Bd. 3, Baden-Baden 1999, S. 3608.

sich über deutschlandbezogene Themen austauschten.[108] 1983 startete dann ein Mitarbeiteraustausch zwischen Bundestag und Kongress, der 1984 auch auf den Bundesrat ausgeweitet wurde. Mitarbeiter der beiden Abgeordnetenhäuser waren im Rahmen des »staffer«-, also Mitarbeiter-Programms für rund zwei Wochen zu Gast im jeweils anderen Parlament.[109]

Große Initiative zeigten zwei Mitglieder des Berliner Abgeordnetenhauses, die 1982 die »Partnerschaft der Parlamente« ins Leben riefen. Alexander Longolius (SPD) und Jürgen Adler (CDU) wollten damit die Beziehungen auf Länderebene stärken und Berlin mit seiner hohen symbolpolitischen Bedeutung im Kalten Krieg als Kontaktort stärken. Ihre Ziele glichen denen der Bundesebene: die Förderung des Jugendaustauschs, eine Überarbeitung der Lehrpläne und Schulbücher in beiden Staaten, die Förderung des Deutschunterrichts in den USA sowie bessere Kontakte zwischen den Bundesbürgern und den in Westdeutschland stationierten US-Truppen. Ein mehrmals jährlich erscheinender Rundbrief sollte die Mitglieder des Vereins, also deutsche und amerikanische Abgeordnete, über die jeweiligen Aktivitäten unterrichten und Anregungen geben.[110]

Entstanden war die Idee bei der deutsch-amerikanischen Parlamentarierkonferenz in Berlin im Frühjahr 1982, deren institutionalisierte Fortsetzung Longolius und Adler anstrebten. 1983 reiste eine Gruppe, zusammengesetzt aus je einem Abgeordneten jedes westdeutschen Landtags, auf Einladung der US-Regierung und des »American Council of Young Political Leaders« in die USA und besuchte dort verschiedene Städte.[111] In den folgenden Jahren setzten sich die wechselseitigen Besuche fort. Deutscherseits überwiegend von den Bundesländern gestaltet, unterstützte auch der Koordinator für die deutsch-amerikanische Zusammenarbeit, seit Ende 1982 Berndt von Staden, dieses Netzwerk als wichtiges Element zur Förderung der transatlantischen Verbindungen.[112]

Besondere Schubkraft erhielten viele der neu gestarteten Initiativen im Jahr 1983, durch das bereits erwähnte »Tricentennial«. Vom Kongress zum »Tricentennial Year of German Settlement in the United States« erklärt[113], nutzten Deutsche und Amerikaner das Jubiläum, um öffentlichkeitswirksam auf die vielfältigen Verbindungslinien und wechselseitigen Einflüsse hinzuweisen. Vor dem Hintergrund der »successor generation«-Debatten verknüpften Akteure auf beiden Seiten des Atlantiks das Fest mit ihrer Interpretation des deutsch-amerikanischen Verhältnisses, wie die Inszenierung des PPP zeigte. Die Feierlichkeiten sollten damit eine spezifische Symbolkraft gewinnen.

Reagan rief eine »Presidential Commission« for the German-American Tricentennial« ins Leben, der etwa 40 hochrangige Mitglieder aus Politik, Verwaltung, Industrie und Gesellschaft angehörten. Vorsitzender war Charles Z. Wick, Direktor der USIA und enger Vertrauter Reagans, der verantwortlich für das »Project Truth« war und dessen Behörde sich stark in der »successor generation«-Frage engagierte. Auch andere Mitglieder und externe Teilnehmer an den Sitzungen der Kommission gehörten zu den Protagonisten der Debatten um die Nachfolgegeneration, etwa John McCloy, Kenneth Rush, Arthur Burns oder Hans N. Tuch, der Public Affairs Officer der USIA in Bonn.[114]

---

108 Ergebnisvermerk Gespräch Hamm-Brücher mit deutsch-amerikanischer Parlamentariergruppe, 9.2.1982, PA AA, B 32–204, Nr. 135176; Botschaft Washington an AA, 6.4.1982, ebd., Nr. 135173. Der Austausch erwies sich jedoch als schwierig, vgl. ebd.
109 Sachstandsbericht über das PPP und den Mitarbeiteraustausch, 5.11.1984, PA AA, B 32–204, Nr. 135199.
110 Initiative Berliner Abgeordneter für bessere Kontakte zu den USA, in: Tagesspiegel, 2.6.1982.
111 Longolius an von Staden, 12.12.1983, PA AA, B 32–204, Nr. 135202.
112 Vermerk vom 12. Januar 1984, PA AA, B 32–204, Nr. 135202; Longolius an von Staden, 6.6.1984, ebd.
113 Für den Text der Resolution vgl. German-American Tricentennial Newsletter Nr. 1, o.D., NARA, HC, Subject Files 1953–2000, Box 196.
114 Teilnehmerlisten und Tagesordnungen der Presidential Commission, 21.10.1982 und 15.11.1982, beide: NARA, HC, Subject Files, Box 196.

Aufgabe der Kommission war es, das politische und gesellschaftliche Engagement für das »Tricentennial« zu fördern und Koordinierungsaufgaben für ein Programm zu übernehmen, das sich über ein ganzes Jahr und einen ganzen Kontinent erstreckte und Veranstaltungen von Ausstellungen und Kolloquien über Feste und Radioprogramme bis hin zu Konzerten und Theateraufführungen umfasste.[115] Hinzu kamen Initiativen wie der deutschamerikanische Freundschaftsgarten in der Nähe des Washington Monument, der als dauerhaftes Zeugnis des Jubiläums und der deutsch-amerikanischen Beziehungen bestehen bleiben sollte und 1988 eröffnet wurde, oder eine gemeinsam von der Bundespost und dem US Postal Service herausgegebene Gedenkbriefmarke.[116]

Das Jahr 1983 stand indes nicht nur im Zeichen der deutsch-amerikanischen Feierlichkeiten, sondern war auch eine Hochphase der Proteste der Friedensbewegung gegen den Nachrüstungsbeschluss. Hunderttausende gingen in der Bundesrepublik auf die Straße. Höhepunkte waren die Friedensdemonstration am 22. Oktober 1983, bei der sich eine halbe Million Menschen im Bonner Hofgarten versammelten, und die über hundert Kilometer lange Menschenkette zwischen Stuttgart und Neu-Ulm einen Tag später. Immer wieder entstanden daraus fast absurd anmutende Situationen, die auch in der Presse kritisch kommentiert wurden: Während einerseits Bundespräsident Karl Carstens anlässlich des »Tricentennial« in Philadelphia weilte und deutsch-amerikanische Verbundenheit zelebrierte, so berichtete der SPIEGEL, protestierten nebenan deutsche und amerikanische Nachrüstungsgegner, darunter prominente Mitglieder der SPD und der Grünen.[117] »Ist Partnerschaft die Begegnung zweier Präsidenten, ist es das Staatsbankett«, fragte der SPIEGEL, »oder ist es der gemeinsame Protest von Eppler, [...] Petra Kelly und Gert Bastian, die zusammen mit rund 12.000 Amerikanern in den Straßen von Philadelphia gegen die Nachrüstung demonstrieren?« Strittig bleibe, wer hier die Mehrheit und wer die Minderheit der deutschen Bevölkerung vertrete.

Auch beim Besuch des amerikanischen Vizepräsidenten George Bush in Krefeld, von wo aus die ersten deutschen Auswanderer 1683 nach Amerika aufgebrochen waren, liefen die Feierlichkeiten zum »Tricentennial« und zur deutsch-amerikanischen Verbundenheit parallel zu Protestveranstaltungen. Bei der Fahrt Bushs und des Bundespräsidenten durch die Stadt kam es zu schweren Auseinandersetzungen, als Vertreter der Autonomen und antiimperialistischer Gruppen den Konvoi angriffen, mit Steinen bewarfen und sich gewalttätige Auseinandersetzungen mit der Polizei lieferten.[118] Der Germanist Frank Trommler konstatierte 1986 in einem von ihm herausgegebenen Buch zur 300-jährigen Beziehungsgeschichte zwischen Deutschland und den USA, es seien »ironischerweise [...] gerade die Demonstration gegen den Besuch des amerikanischen Vizepräsidenten George Bush [...] gewesen, die die breitere Öffentlichkeit in beiden Ländern erst auf das Tricentennial aufmerksam machte«.[119] So wirkte das Jubiläum ambivalent. Es gab Gelegenheit,

---

115 Eine umfangreiche, jedoch vermutlich bei Weitem nicht vollständige Liste mit Veranstaltungen in den USA und in der Bundesrepublik (undatiert) findet sich in: PA AA, B 32–204, Nr. 135214.

116 *Frank Trommler*, Einleitung, in: ders. (Hrsg.), Amerika und die Deutschen. Bestandsaufnahme einer 300jährigen Geschichte, Opladen 1986, S. 3–16, hier: S. 9 f. Der Garten wurde allerdings bald vernachlässigt. Peter Hermes, der sich sehr für ihn eingesetzt hatte, berichtete über dessen »völlig verwahrloste[n] Zustand«. *Hermes*, Meine Zeitgeschichte, S. 285.

117 Hier und im Folgenden: *Klaus Wirtgen*, Deutsche Eiche im Freundschaftsgarten, in: Der SPIEGEL, 10.10.1983; ähnlich auch *Theo Sommer*, Falsches Pathos beim Familienfest, in: Die ZEIT, 14.10.1983.

118 Die Friedensbewegung distanzierte sich von diesen gewalttätigen Protesten. *Sebastian Haunss*, Antiimperialismus und Autonomie – Linksradikalismus seit der Studentenbewegung, in: Roth/Rucht, Die sozialen Bewegungen, S. 447–473, hier: S. 458. Hierzu auch *Peter Hermes*, Kommentar, in: Historisch-Politische Mitteilungen 14, 2007, S. 302–306, hier: S. 304 f.

119 *Trommler*, Einleitung, S. 10.

die deutsch-amerikanische Freundschaft bildmächtig zu inszenieren. Gleichzeitig bot es Gelegenheit, die Differenzen zwischen den beiden Ländern verstärkt zu thematisieren, die Freundschaftsrhetorik mit der Realität abzugleichen, und es legitimierte damit die Anstrengungen zur Verbesserung dieses Verhältnisses und die eigene Außenpolitik.

Das bundesdeutsche Fazit fiel gespalten aus. Einerseits war das Interesse der Bundesregierung an den Feierlichkeiten groß. Zwar galt das »Tricentennial« als ein Jubiläum der Deutschamerikaner und somit als Sache der USA, in der deutsche Aktivitäten eher unterstützend und ergänzend wirkten, doch engagierte sich die Bundesrepublik finanziell in nicht unbeträchtlichem Maße, und in Westdeutschland fanden zahlreiche Veranstaltungen unter dem Signum »Tricentennial« statt.[120] Andererseits schätzte die Botschaft der Bundesrepublik in den USA die dauerhaften Auswirkungen der Feierlichkeiten als eher gering ein. Nur fest institutionalisierte Programme wie das PPP versprächen dauerhaften Erfolg. Immerhin: Zum ersten Mal seit dem Ende des Zweiten Weltkriegs habe einmal nicht der Nationalsozialismus im Mittelpunkt gestanden, wenn es um Deutschland gehe.[121]

Damit war ein weiterer wichtiger Aspekt der deutsch-amerikanischen »successor generation«-Initiativen angesprochen. Beide Staaten strebten an, das über die Schulen, Universitäten und die Medien vermittelte Bild der eigenen Geschichte im jeweils anderen Land zu korrigieren. In der Bundesrepublik bezog sich diese Forderung primär auf die Reduzierung der deutschen Geschichte auf den Nationalsozialismus und den Holocaust.[122] Bei dem Versuch, diese als unangemessen empfundene »einseitige Fixierung« zu überwinden, befürwortete das Auswärtige Amt auch eine stärkere Einbindung amerikanisch-jüdischer Organisationen in die Arbeit der Koordinatoren.[123] Im Zentrum stand jedoch die Frage, wie amerikanischen Studierenden ein umfassendes historisches Deutschlandbild vermittelt werden könne. Solange es keine englischsprachige Darstellung der Geschichte der Bundesrepublik gebe, sei dies kaum möglich, lautete das Fazit eines Treffens zwischen Hildegard Hamm-Brücher und Wissenschaftlern angesehener Universitäten.[124] Wenig später berichtete Botschafter Hermes, der Yale-Historiker Henry A. Turner, der auch an dem Gespräch mit Hamm-Brücher teilgenommen hatte, sei bereit, eine »History of the Federal Republic of Germany« zu verfassen. Er empfahl, dieses Projekt zu fördern, womit die Bundesregierung einverstanden war.[125] 1987 erschien schließlich das Buch »The Two Germanies Since 1945«, gefördert von der Robert Bosch Stiftung – wofür sich Hildegard Hamm-Brücher eingesetzt hatte – und dem Wissenschaftskolleg zu Berlin.[126]

Ein weiterer Schwerpunkt lag auf der Überarbeitung von Unterrichtsmaterialien. 1979 hatte bereits die deutsch-amerikanische Schulbuchkommission ihre Arbeit nach über 20 Jahren Pause wieder aufgenommen. Die vom Georg-Eckert-Institut für internationale Schulbuchforschung und der USIA gebildete Kommission entwickelte Empfehlungen zur Darstellung der amerikanischen beziehungsweise der deutschen Geschichte nach 1945 in

---

120 Botschaft Washington an AA, 19.12.1983, PA AA, B 32–204, Nr. 135187; Auflistung 300-Jahrfeiern [1983], ebd., Nr. 135214.
121 Botschaft Washington an AA, 19.12.1983, PA AA, B 32–204, Nr. 135187.
122 AA an Genscher, 8.11.1981, PA AA, B 32–204, Nr. 123313. Vgl. auch den Beitrag von Jacob S. Eder in diesem Band.
123 Botschaft Washington an AA, 18.4.1983, PA AA, B 32–204, Nr. 135189; Gesprächsführungsvorschlag Bassewitz an Staatssekretär [von Staden], 25.8.1983, ebd.
124 Generalkonsulat Boston an AA, 9.11.1981, PA AA, B 32–204, Nr. 123313.
125 Hermes an AA, 17.12.1981, PA AA, B 32–204, Nr. 135176; Bundespresseamt an AA, 13.1.1982, ebd.
126 *Henry A. Turner*, The Two Germanies since 1945, New Haven, CT 1987. Von Anfang an war klar, dass die Finanzierung über eine Stiftung einer amtlichen Förderung vorzuziehen sei. Hermes an AA, 17.12.1981, PA AA, B 32–204, Nr. 135176; Hamm-Brücher an Payer, 20.7.1982, ebd., Nr. 135184; Payer an Hamm-Brücher, 9.8.1982, ebd.

der Sekundarstufe II beziehungsweise im College.[127] An dieser Arbeit war den beiden Koordinatoren sowie der USIA sehr gelegen. Die USIA-Dependance in der Bundesrepublik beschrieb das westdeutsche Unterrichtsmaterial über die USA als »revisionist and ›problem-oriented‹, often distorted«, sodass Missverständnisse und Fehlwahrnehmungen vorprogrammiert seien.[128] Die Materialien seien tendenziös, veraltet und inakkurat, zudem voller Fehlinterpretationen der amerikanischen Gesellschaft.[129] Auf deutscher Seite bemängelte Hildegard Hamm-Brücher, aktuelle Unterrichtsmaterialien seien voll von »shocking stereotypes« über beide Gesellschaften.[130]

Zu den Anstrengungen, das Deutschlandbild in den USA zu verändern und die Bundesrepublik als prosperierende, stabile Demokratie zu zeigen, gehörte auch der Ausbau der bundesdeutschen Präsenz in den USA. Im Zentrum standen der Ausbau der Goethe-Institute sowie Versuche, stärker in den amerikanischen Medien präsent zu sein. Bereits wenige Wochen nach der Einsetzung der Koordinatoren reiste Ministerialdirigent Martin Elsaesser im Auftrag des Auswärtigen Amts für eine sechswöchige Inspektionsreise in die USA, bei der er die deutschen Vertretungen in den USA sowie die Goethe-Institute besuchte.[131] Er kritisierte insbesondere die unterentwickelte Pressearbeit, das »Hinterland« liege brach. Nötig seien mehr Personal sowie größere Reise-, Medien- und Kommunikationsbudgets. Vor allem im bisher vernachlässigten Westen der USA müsse die Bundesrepublik viel präsenter sein. Damit entsprach der Bericht in vielen Punkten den Forderungen, die Hildegard Hamm-Brücher bereits 1981 formuliert hatte.[132]

Tatsächlich eröffneten zwischen 1982 und 1986 fünf Dependancen des Goethe-Instituts im Westen und im Landesinneren der USA: Los Angeles, St. Louis, Seattle, Ann Arbor und Cincinnati.[133] Präsenz zeigte die Bundesrepublik auch durch die Gründung des Deutschen Historischen Instituts in Washington. Bei dessen Eröffnung 1987 verlieh der deutsche Botschafter in den USA, Jürgen Ruhfus, seiner Hoffnung Ausdruck, das Haus werde dazu beitragen, die Fehlinterpretationen der »successor generations« auf beiden Seiten des Atlantiks abzubauen.[134] Als problematisch erwiesen sich indes Versuche, die Bundesrepublik über das Fernsehen in den USA präsent zu halten und so die amerikanische Bevölkerung zu erreichen.[135]

---

127 Georg-Eckert-Institut für internationale Schulbuchforschung (Hrsg.), Die Bundesrepublik Deutschland und die Vereinigten Staaten von Amerika. Empfehlungen zur Behandlung ihrer Geschichte nach dem Zweiten Weltkrieg, Braunschweig 1983.
128 USIS Germany, Country Plan FY 1982, S. 3, StadtAN, E 6/799, Nr. 676. Es wird nicht ersichtlich, welche Unterrichtsmaterialien der USIS für diese Bewertung herangezogen hat.
129 USIS Germany, Country Plan FY 1983, S. 3, StadtAN, E 6/799, Nr. 754. In diesen Urteilen spiegelte sich das neokonservative Gedankengut der frühen 1980er Jahre, das das kulturelle Erbe der liberalen 1960er Jahre ablehnte.
130 Rede Hamm-Brücher vor dem Düsseldorf Industrie Club, 28.1.1982, PA AA, B 32–204, Nr. 135173; Hamm-Brücher an Tuch, 24.11.1981, ebd., Nr. 135176.
131 Hier und im Folgenden: Elsaesser, Bericht Politische Öffentlichkeits- und Kulturarbeit, März 1982, PA AA, B 32–204, Nr. 135189.
132 Hamm-Brücher, Vermerk vom 11. November 1981, PA AA, B 32–204, Nr. 123313. Ähnlich dann auch die Forderungen der SPD- und der FDP-Bundestagsfraktionen; Gansel an Hamm-Brücher, 29.4.1982, ebd., Nr. 135176.
133 Goethe-Institut, Jahrbuch 1982/83, München 1983; Goethe-Institut, Jahrbuch 1985/86, München 1986.
134 Ansprache Jürgen Ruhfus, abgedr. in: Bulletin of the German Historical Institute Washington, D.C. 1988, Nr. 2, S. 9–10. Die Planungen für das Institut hatten allerdings eingesetzt, bevor die Debatte um die »Nachfolgegeneration« aufkam.
135 *Anita M. Mallinckrodt*, Medienberichterstattung über die Bundesrepublik in den USA, in: APuZ 1984, Nr. 29–30, S. 15–29; Auswärtiges Amt, Austausch über den Atlantik 1985, S. 12.

Flankiert wurden staatliche Initiativen dieser Art durch die Arbeit privater und öffentlicher Stiftungen und Organisationen. Die politischen Stiftungen setzten – meist verstärkt und mit Fokus auf die Neuorientierung der deutsch-amerikanischen Beziehungen – ihre teilweise langjährige Arbeit im transatlantischen Bereich fort.[136] Auch private Stiftungen begannen, sich hier zu engagieren oder verstärkten bestehende Aktivitäten. So finanzierte die Körber-Stiftung über Jahre hinweg ein Vortragsprogramm prominenter Politiker, Medienvertreter und Wissenschaftler im Westen der USA, initiierte ein Austauschprogramm für amerikanischen Führungsnachwuchs, das 1984 anlief, oder unterstütze ein Austauschprogramm der Atlantik-Brücke für amerikanische Journalisten.[137] Die VW-Stiftung startete zusammen mit der Studienstiftung des Deutschen Volkes das »McCloy Academic Scholarship Program« und förderte die German Studies an der Emory University in Atlanta.[138] Auch die Alfried Krupp von Bohlen und Halbach-Stiftung förderte Austauschprogramme.[139]

Die hier vorgestellte knappe Auswahl solcher Projekte zeigt die Spannbreite sowie die Stoßrichtung des Engagements und umfasste viele weitere Projekte, die vom Austausch zwischen Postbeamten bis zu der Initiative »Ein Herz für USA« in Rheinland-Pfalz reichten.[140] Über ihre Wirkung im Sinne der Initiatoren lässt sich kaum etwas sagen. Die Beispiele zeigen jedoch, wie innerhalb kurzer Zeit ein Bedrohungsszenario entwickelt und beträchtliche Mittel eingesetzt wurden, um die befürchtete Entwicklung umzukehren oder zumindest aufzuhalten, und wie ein rhetorischer und organisatorischer Gesamtzusammenhang für neue sowie bestehende Projekte geschaffen wurde. Staatlich forcierte Programme versuchten, als gefährlich geltende gesellschaftliche Entwicklungen zu korrigieren und transnationale Beziehungen zwischen den beiden Gesellschaften zu stiften. Dabei griffen sie auf bestehende Akteure und Infrastrukturen zurück, schufen aber auch neue Verbindungslinien über den Atlantik.

V. RÜCKBESINNUNG ALS ZUKUNFTSSTRATEGIE?

Im Dreieck von amerikakritischen Protesten, dem Narrativ einer »successor generation«-Problematik und dem »Tricentennial« entstanden in der ersten Hälfte der 1980er Jahre auf beiden Seiten des Atlantiks ungezählte Initiativen, die auf eine Intensivierung der deutsch-amerikanischen Kontakte abzielten. Hinter diesem Engagement stand die Frage nach den Grundlagen und dem Zusammenhalt des westlichen Bündnisses sowie nach der Rolle der einzelnen Staaten darin. Auffällig sind die vielfältigen Bezugnahmen auf die Ursprünge dieses Bündnisses. Verweise auf dessen fast mythisch verklärte Anfangsjahre und seine historischen Protagonisten waren jedoch nur ein Element dieser Kontextualisierung. Mit dem Verweis auf generationell geprägte Wertewandelprozesse kehrten unter (neo)konservativem Vorzeichen außerdem rhetorische Versatzstücke wie »Freiheit«, »De-

---

136 Auswärtiges Amt, Austausch über den Atlantik 1983, 1984, 1985.
137 Als erste Vortragsreisende hatten zugesagt: Birgit Breuel (CDU), Hans Gresmann (SWF), Hans Heigert (Süddeutsche Zeitung), Richard Löwenthal, Paul Noack, Elisabeth Noelle-Neumann, Rolf Pauls (Botschafter a. D.), Jan Reifenberg (Frankfurter Allgemeine Zeitung), Kurt Sontheimer und Wendelgard von Staden. Hamm-Brücher, Tätigkeitsbericht vom Mai 1982, PA AA, B 32–204, Nr. 135173; Robert Bosch Stiftung an von Staden, 14.12.1984, ebd., Nr. 135213; Auswärtiges Amt, Austausch über den Atlantik 1985, S. 37f.
138 Häfner an von Staden, 17.12.1984, PA AA, B 32–204, Nr. 135213; Auswärtiges Amt, Austausch über den Atlantik 1985, S. 41f.
139 Ebd., S. 38f.
140 Rahmenvereinbarung zwischen dem United States Postal Service und der Deutschen Bundespost, 14.9.1982, PA AA, B 32–204, Nr. 135203; *Hansjürgen Doss*, Wir sind Freunde. Deutsche und Amerikaner, Mainz 1983.

mokratie« und »Menschenrechte« in den Diskurs zurück, die in den 1950er Jahren geholfen hatten, das westliche Bündnis als Wertegemeinschaft zu konstituieren.[141] Die USA übernahmen nun erneut eine Rolle, in der sie »aktiv die amerikanisch interpretierten Werte des Westens propagierte und durchzusetzen suchte[n]«.[142] Da die Bundesrepublik sich mittlerweile vorbehaltlos als Teil dieser westlichen Wertegemeinschaft betrachtete, konnten die Verweise darauf zu einem gemeinschaftsstiftenden Element werden. Doch die Position der USA und der Bundesrepublik im westlichen Bündnis hatte sich seit den 1950er Jahren gewandelt. Westdeutschland strebte ein gleichberechtigtes, partnerschaftliches Verhältnis an – wenn auch unter dem Schutz und im Bewusstsein der sicherheitspolitischen Abhängigkeit von den USA. Die Rhetorik des Generationenwechsels, des Wertewandels und der deutsch-amerikanischen Freundschaft erlaubte es, den von beiden Seiten als überlebenswichtig beachteten Zusammenhang des ›Westens‹ herzustellen und unterschiedliche Vorstellungen bis zu einem gewissen Grad zu überbrücken und auch verschieden gelagerte innen- und außenpolitische Ziele zu verfolgen.

Wie wichtig diese Überbrückungsfunktion war, zeigt der Generationentopos. Wenn »successor generation« und Friedensbewegung häufig im gleichen Atemzug genannt wurden, ignorierten die entsprechenden Akteure die Tatsache, dass eines der wichtigsten Kennzeichen dieser Protestbewegung gerade ihre generationenübergreifende Zusammensetzung war. Sie eignete sich daher zwar als Alarmsignal, um Defizite in den deutsch-amerikanischen Beziehungen sichtbar zu machen. Die Friedensbewegung als Beleg für die These einer »successor generation« heranzuziehen, ging jedoch an der Realität vorbei. Darüber hinaus erlaubte der Generationentopos eine mehr oder weniger offen artikulierte Abgrenzung von der 68er-Generation, deren Angehörige zu den Jahrgängen der »successor generation« zählten. Sie diente der Regierung Reagan wie auch den Regierungen Schmidt und Kohl – wenn auch politisch unterschiedlich gelagert – dazu, viele der als Fehlentwicklung eingeschätzten Veränderungen im In- und Ausland zu erklären.

Ein weiterer Bezug auf die 1950er Jahre lässt sich bei der Wahl der Mittel erkennen, mit denen die propagierte Krise überwunden werden sollte. Auch wenn Hildegard Hamm-Brücher betonte, Nostalgie könne nicht das Rezept zur Lösung der aktuellen Probleme sein[143], erlebten doch analog zur Stilisierung der Nachkriegsjahre auch die Methoden, die in den 1950er Jahren zur Festigung der Beziehungen beigetragen hatten, ein Comeback.[144] Austauschprogramme, Schulbuchkommissionen und Präsenz über Kulturinstitute gehörten schon damals zu den Instrumenten der amerikanischen Deutschlandpolitik, die nun von beiden Staaten zur Verbesserung der Kontakte eingesetzt wurden. Sie sollten wie über 30 Jahre zuvor ein tragfähiges Netzwerk über den Atlantik spannen helfen.

Die Bezugnahme auf die Nachkriegsjahre blieb nicht unwidersprochen. Der ZEIT-Chefredakteur Theo Sommer kritisierte 1983 die Rede von Bundespräsident Carstens anlässlich der »Tricentennial«-Feiern in Philadelphia:

»Der Bundespräsident trug nicht ohne Würde vor, was ihm seine Redenschreiber aufgeschrieben hatten, doch blieb es bei einem Sammelsurium der Dürftigkeiten. Sechzehn Millionen Care-Pakete

---

141 *Michael Hochgeschwender*, Was ist der Westen? Zur Ideengeschichte eines politischen Konstrukts, in: Historisch-Politische Mitteilungen 11, 2004, S. 1–30, hier: S. 4f.
142 Ebd., S. 26.
143 Protokoll der konstituierenden Sitzung des Arbeitskreises USA, 29.3.1982, PA AA, B 32–204, Nr. 135173. Vgl. auch *Eagleburger*, Das deutsch-amerikanische Verhältnis, S. 30.
144 Regelmäßig verwiesen deutsche und amerikanische Akteure schlagwortartig auf erfolgreiche Initiativen der Nachkriegszeit, etwa die deutsch-englischen Gespräche in Königswinter oder das Salzburg Seminar, das als »intellektueller Marshall-Plan« gedacht war. Vgl. Huntley an Achilles, 1.6.1979, Hoover Institution Archives, ACUS, Box 253; Hermes an AA, 28.11.1980, PA AA, B 32–204, Nr. 115940; Pechel an Hamm-Brücher, 11.12.1981, ebd., Nr. 135174; AA, Vermerk vom 3. Februar 1983, ebd., Nr. 135176.

nach dem Kriege für die hungernden Deutschen, drei Millionen Dollar Marshallplan-Hilfe für den Wiederaufbau, schließlich die Luftbrücke während der Berliner Blockade – all das wurde zu Recht gerühmt [...]. Aber das letzte historische Ereignis, das Karl Carstens in seinen Reden erwähnte, eben die Luftbrücke, liegt über drei Jahrzehnte zurück. Er tat, als wäre die Geschichte seitdem stillgestanden, als hätte sich inzwischen nicht vieles abgespielt, was das Buchsbaum-Pathos hätte dämpfen müssen«.[145]

Der rhetorische und praktische Rückgriff auf die unmittelbare Nachkriegszeit und die 1950er Jahre zeigte indes keinen Stillstand an, sondern rückte, so meine These, den seither gewonnenen zeitlichen Abstand ganz besonders stark ins Bewusstsein. Die Geschichte der Bundesrepublik und der deutsch-amerikanischen Freundschaft wurde zum Argument einer aktuellen Kontroverse und so in ihrer Historizität sichtbar. Das Narrativ der Nachfolgegeneration sowie die daraus erwachsenden Programme und Initiativen gehörten zu einem Prozess der Selbstverortung in einer Zeit, in der der Identitätsbegriff und Selbstfindungsprozesse Konjunktur hatten.[146] So wies bereits 1983 der Historiker Wolfgang J. Mommsen darauf hin, vielen Deutschen reiche »ein Staatsbewusstsein [...] provisorischer Art« nicht mehr; unmerklich sei ein eigenes Selbstbewusstsein der Bundesrepublik entstanden. Die »normative Zugehörigkeit« zum »westeuropäisch-amerikanischen Modell gesellschaftlicher Ordnung« werde als alleinige Orientierung hinterfragt.[147] Die Rückbesinnung auf die Anfangsjahre des transatlantischen Bündnisses stellte einen Gegenentwurf zu solchen Tendenzen dar, der aber ebenso von Identitätsfragen geleitet war.

Aus den Bezügen auf die späten 1940er und die 1950er Jahre konnten ganz unterschiedliche Folgerungen gezogen werden. Während die Vertreter des »successor generation«-Narrativs diese Anfangsjahre als Referenzpunkt zur Beschreibung eines (wieder) anzustrebenden Soll-Zustands verwendeten, konstatierte der 1938 aus Deutschland in die USA geflohene Historiker Fritz Stern im Rahmen des »Tricentennial«, »dass die neue Innigkeit 1945 zwischen dem großen Sieger Amerika und dem großen Verlierer Deutschland [...] in einer emotionalen, sentimentalen Ausnahmesituation [begann], und dass seitdem unvermeidlicherweise der Alltag seinen Einzug gehalten« habe. Er folgerte: »Das Bündnis wird überleben, aber wir werden uns viel intensiver um seine Gesundheit kümmern müssen«.[148] So oder so: Ein Nachdenken über die Definition und Vermittlung des Selbst- und Fremdbilds sowie über die Orientierungspunkte der Bundesrepublik erforderte das neue Geschichtsbewusstsein in jedem Fall.

---

145 *Sommer*, Falsches Pathos.
146 *Wirsching*, Abschied vom Provisorium, S. 466–472.
147 *Wolfgang J. Mommsen*, Wandlungen der nationalen Identität, in: *Werner Weidenfeld* (Hrsg.), Die Identität der Deutschen, Bonn 1983, S. 170–192, hier: S. 180 und 182.
148 Zit. nach: *Sommer*, Falsches Pathos.

Jacob S. Eder

Ein »Holocaustsyndrom«?

Die politischen Beziehungen zwischen der Bundesrepublik und amerikanisch-jüdischen Organisationen in den 1980er Jahren[*]

Gegen Ende des Jahres 1977 warnte der deutsche Botschafter in Washington, Berndt von Staden, das Auswärtige Amt (AA) in Bonn vor einem Wandel in der amerikanischen Holocaust-Erinnerung: »Es mehren sich Anzeichen für eine alle Medien und weite oeffentliche Bereiche erfa[ss]ende Bemuehungen [sic!], den Leidensweg des juedischen Volkes waehrend der NS-Zeit im Bewusstsein der Amerikaner wieder wach zu rufen.«[1] Tatsächlich fand zu dieser Zeit ein erheblicher Umbruch in der amerikanischen Holocaust-Erinnerungskultur statt, der die Amerikaner wie nie zuvor mit der Geschichte des Holocaust konfrontierte.[2] In den späten 1970er Jahren nahmen deutsche Diplomaten diese Entwicklung mit Sorge zur Kenntnis und gingen davon aus, dass sie sich unweigerlich auch auf das Ansehen der Bundesrepublik in den USA auswirken würde. Doch erst in den 1980er Jahren sollte dieses Phänomen sowohl auf die Gestaltung der bundesrepublikanischen Außenpolitik als auch – und vor allem – auf den politischen Umgang mit der NS-Vergangenheit großen Einfluss haben.

Dass es dazu kam, ist vor allem auf zwei Faktoren zurückzuführen. Zum einen wurde der hohe Stellenwert, den die deutsche Politik diesen Fragen zubilligte, ganz wesentlich von der Überzeugung bestimmt, dass ein negatives Deutschlandbild in den USA die deutsche Außenpolitik und ihre Stellung im transatlantischen Bündnis nachhaltig schwächen würde.[3] Verbindungslinien zwischen dem ›Dritten Reich‹ und der Bundesrepublik würden nicht nur amerikanische Bürger, sondern auch Politiker erreichen und beeinflussen.[4] Zum anderen kollidierte diese Entwicklung mit einer von Helmut Kohl betriebenen re-

---

[*] Für zahlreiche kritische und hilfreiche Hinweise danke ich herzlich Reinhild Kreis, Christian Mentel und vor allem Christine Hikel, für die großzügige finanzielle Unterstützung meiner Recherchen der Gerda Henkel Stiftung und dem Deutschen Historischen Institut Washington, D.C.

[1] Fernschreiben von Botschafter Berndt von Staden an AA Bonn, 9.7.1977, Politisches Archiv des Auswärtigen Amts (PA AA), Berlin, Zwischenarchiv, Bd. 110.298.

[2] Vgl. vor allem *Peter Novick*, The Holocaust in American Life, Boston 1999, S. 207–238, sowie *Henry Greenspan*, On Listening to Holocaust Survivors. Recounting and Life History, Westport/London 1998, S. 45–47; *Edward T. Linenthal*, Preserving Memory. The Struggle to Create America's Holocaust Museum, New York 2001, S. 11–15; *Jeffrey Shandler*, While America Watches. Televising the Holocaust, New York 1999, S. 155–159. Eine wichtige interpretative Modifizierung bezüglich der Holocaust-Erinnerung amerikanischer Juden bis Anfang der 1960er Jahre legte vor *Hasia R. Diner*, We Remember with Reverence and Love. American Jews and the Myth of Silence after the Holocaust, 1945–1962, New York 2009, insb. S. 365–390.

[3] Vgl. *Clay Clemens*, Kohl's Image of America, in: *Wolfgang-Uwe Friedrich* (Hrsg.), Germany and America. Essays in Honor of Gerald R. Kleinfeld, New York/Oxford 2001, S. 178–194. Zur bundesrepublikanischen USA-Politik allgemeiner vgl. *Andreas Wirsching*, Die Beziehungen zu den USA im Kontext der deutschen Außenpolitik 1982–1998, in: Historisch-Politische Mitteilungen 14, 2007, S. 235–244.

[4] Zum Beispiel im Rahmen der Debatten um die Verjährung der Verfolgung von NS-Verbrechen: Fernschreiben von Botschafter Berndt von Staden an AA Bonn, 29.1.1979, PA AA, AV Neues Amt, Bd. 16.850. Für ein Beispiel vor dem Untersuchungszeitraum vgl. *Eckart Conze/Norbert Frei/Peter Hayes* u. a., Das Amt und die Vergangenheit. Deutsche Diplomaten im Dritten Reich und in der Bundesrepublik, München 2010, S. 615–620.

gierungsamtlichen Geschichtspolitik, die auf eine Neuverortung der Bundesrepublik im Bezug auf die deutsche Geschichte, insbesondere die NS-Herrschaft, und auch auf die Aufhebung der »durch Nationalsozialsozialismus und Weltkrieg verschuldete[n] Sonderstellung« im internationalen Kontext abzielte.[5] Diese Konstellation entstand am Ende »der langen Phase der Vergangenheitsbewältigung« – die den Umgang mit dem Nationalsozialismus in der Bundesrepublik in den 1960er und 1970er Jahren prägte[6] –, da der sprunghafte Wandel in der amerikanischen Holocaust-Erinnerung mit Spannungen im deutsch-amerikanischen Bündnis (vor allem im Rahmen der Nachrüstungsdebatten) und den Bestrebungen der Regierung Kohl, den Umgang mit der deutschen Geschichte aktiv mitzugestalten, einherging. Hier kristallisierte sich das Spannungsverhältnis zwischen den bundesrepublikanischen Bestrebungen, sich als selbstbewusster und »normaler« Staat auf dem internationalen Parkett zu bewegen – eine »Sehnsucht nach Gleichberechtigung« – und der wachsenden Belastung, als die die Erinnerung an den Holocaust im Ausland für das Ansehen der Bundesrepublik empfunden wurde.[7]

Noch als Oppositionsführer hatte Helmut Kohl zum Ausdruck gebracht, dass ihm die wachsende öffentliche Präsenz des Holocaust in den USA »große Sorgen« bereitete.[8] Als Urheber erkannten er und sein Beraterumfeld jüdische Organisationen, Journalisten, Publizisten und Intellektuelle in den USA. Diese hatten sich seit Kriegsende in verschiede-

---

5 *Peter Reichel*, Der Judenmord in der deutschen Erinnerungskultur, in: *Bernd Faulenbach/Franz-Josef Jelich* (Hrsg.), »Transformationen« der Erinnerungskulturen in Europa nach 1989, Essen 2006, S. 367–380, hier: S. 376. Zur Geschichtspolitik und zum Umgang mit der Holocaust-Erinnerung in der Ära Kohl vgl. unter anderem: *Rupert Seuthe*, »Geistig-moralische Wende«? Der Politische Umgang mit der NS-Vergangenheit in der Ära Kohl am Beispiel von Gedenktagen, Museums- und Denkmalprojekten, Frankfurt am Main 2001; *Claudia Fröhlich*, Rückkehr zur Demokratie. Wandel der politischen Kultur in der Bundesrepublik, in: *Peter Reichel/Harald Schmid/Peter Steinbach* (Hrsg.), Der Nationalsozialismus. Die Zweite Geschichte, Überwindung, Deutung, Erinnerung, München 2009, S. 105–126, hier: S. 121–126; *Peter Steinbach*, Die publizistischen Kontroversen. Eine Vergangenheit, die nicht vergeht, in: ebd., S. 127–174, hier: S. 159–171; *Jan-Holger Kirsch*, Nationaler Mythos oder historische Trauer? Der Streit um ein zentrales »Holocaust-Mahnmal« für die Berliner Republik, Köln 2003; *ders.*, »Wir haben aus der Geschichte gelernt«. Der 8. Mai als politischer Gedenktag in Deutschland, Köln 1999, S. 71–208; *ders.*, Hier geht es um den Kern unseres Selbstverständnisses als Nation. Helmut Kohl und die Genese des Holocaust-Gedenkens als bundesdeutscher Staatsräson, in: Potsdamer Bulletin für Zeithistorische Studien 2008, Nr. 43/44, S. 40–48; *Sabine Moller*, Die Entkonkretisierung der NS-Herrschaft in der Ära Kohl. Die Neue Wache, das Denkmal für die ermordeten Juden Europas, das Haus der Geschichte der Bundesrepublik Deutschland, Hannover 1998; *Andreas Wirsching*, Abschied vom Provisorium. Geschichte der Bundesrepublik Deutschland 1982–1990, München 2006, S. 473–491; *Edgar Wolfrum*, Geschichtspolitik in der Bundesrepublik Deutschland. Der Weg zur bundesrepublikanischen Erinnerung 1948–1990, Darmstadt 1999, S. 316–345 und 354f.
6 *Norbert Frei*, 1945 und wir. Das Dritte Reich im Bewußtsein der Deutschen, München 2005, S. 26f. und 34–37.
7 *Friedrich Kießling*, Täter repräsentieren. Willy Brandts Kniefall in Warschau, in: *Johannes Paulmann* (Hrsg.), Auswärtige Repräsentationen. Deutsche Kulturdiplomatie nach 1945, Köln/Weimar etc. 2005, S. 205–224, hier: S. 209. Vgl. dazu die Überlegungen von *Johannes Paulmann*, Auswärtige Repräsentationen nach 1945. Zur Geschichte der deutschen Selbstdarstellung im Ausland, in: ebd., S. 1–32, hier: S. 21f. Zur Periodisierung vgl. *ders.*, Deutschland in der Welt. Auswärtige Repräsentationen und reflexive Selbstwahrnehmung nach dem Zweiten Weltkrieg – eine Skizze, in: *Hans Günter Hockerts* (Hrsg.), Koordinaten deutscher Geschichte in der Epoche des Ost-West-Konflikts, München 2004, S. 63–78, hier: S. 71–78.
8 So fasste MdB Peter Petersen (CDU) ein Gespräch mit Kohl über den Umgang mit dem Holocaust in den USA, vor allem über die Pläne für ein Holocaust-Museum in Washington, zusammen: Brief von Peter Petersen an Helmut Kohl, 5.2.1985, Bundesarchiv (BArch), Koblenz, N 1396/3.

nen Formen für die Erinnerung an den Holocaust eingesetzt.⁹ In den späten 1970er Jahren kam es aber dort zu einer Institutionalisierung dieser Erinnerung, durch die der Holocaust eine nie zuvor da gewesene massenmediale, politische und gesellschaftliche Präsenz erlangte. Amerikanisch-jüdische Organisationen hatten zwar auch die Entwicklung der Demokratie und den Umgang mit der NS-Vergangenheit in der Bundesrepublik seit ihrer Gründung kritisch begleitet und auch immer wieder interveniert, wenn es um Fragen der sogenannten Wiedergutmachung, der Verfolgung von NS-Verbrechen oder auch der Bekämpfung des Antisemitismus ging.¹⁰ Aber aus der bundesrepublikanischen Perspektive wurde gerade die Entwicklung der Holocaust-Erinnerungskultur in den späten 1970er Jahren innerhalb der USA zur politischen Herausforderung, weil diese sich – so die Befürchtung – negativ auf die Wahrnehmung der Bundesrepublik im Ausland auswirken würde.¹¹

Dieser Nexus von Erinnerung und Politik manifestierte sich insbesondere in der bundesrepublikanischen Einstellung beziehungsweise in den Beziehungen zu amerikanisch-jüdischen Organisationen.¹² In diesen Vereinigungen, speziell denjenigen, die sich mit der Erinnerung an den Holocaust befassten, sahen deutsche Politiker und Diplomaten die gesellschaftliche Gruppierung in den USA, die das größte Interesse daran zu haben schien, ein negatives Deutschlandbild zu propagieren.¹³ Dabei gab es zum Ende der 1970er Jahre zwar vereinzelt Gespräche zwischen Vertretern der Bundesrepublik und diesen Organisationen, aber keinen offiziellen beziehungsweise institutionalisierten Dialog. Bis in die 1980er Jahre schien das Verhältnis der Bundesrepublik zu den amerikanischen Juden daher von einem »Holocaustsyndrom« geprägt zu sein¹⁴: Während viele amerikanische Juden die Bundesrepublik in erster Linie als Nachfolgestaat des ›Dritten Reichs‹ wahrnah-

---

9 Für die Erinnerung an den Holocaust in den USA der Nachkriegszeit vgl. *Diner*, We Remember.
10 Zu den Beziehungen zwischen der Bundesrepublik und amerikanischen Juden vgl. vor allem *Shlomo Shafir*, Ambiguous Relations. The American Jewish Community and Germany Since 1945, Detroit 1999. Ferner: *ders.*, Die schwierige Annäherung. Das amerikanische Judentum und Deutschland, in: *Detlef Junker* (Hrsg.), Die USA und Deutschland im Zeitalter des Kalten Krieges 1945–1990. Ein Handbuch, Bd. 2: 1968–1990, Stuttgart/München 2001, S. 708–719; *ders.*, Constantly Disturbing the German Conscience. The Impact of American Jewry, in: *Dan Michman* (Hrsg.), Remembering the Holocaust in Germany, 1945–2000. German Strategies and Jewish Responses, New York 2002, S. 121–135; *Sylke Tempel*, Legenden von der Allmacht. Die Beziehungen zwischen amerikanisch-jüdischen Organisationen und der Bundesrepublik Deutschland seit 1945, Frankfurt am Main 1995; *Lily Gardner Feldman*, Gesellschaftliche Beziehungen in drei Dimensionen 1968–1990, in: *Junker*, Die USA und Deutschland, Bd. 2, S. 613–631; *dies.*, The Jewish Role in German-American Relations, in: *Frank Trommler/Elliott Shore* (Hrsg.), The German-American Encounter. Conflict and Cooperation Between Two Cultures, 1800–2000, New York/Oxford 2001, S. 179–186.
11 Zur »Wahrnehmungsfigur ›Ausland‹« und ihrem Zusammengang mit der Vorstellung einer »jüdischen Weltverschwörung« vgl. *Norbert Frei*, Vergangenheitspolitik. Die Anfänge der Bundesrepublik und die NS-Vergangenheit, München 1996, S. 399f.
12 Vgl. *Jan-Werner Müller*, Introduction. The Power of Memory, the Memory of Power and the Power over Memory, in: *ders.* (Hrsg.), Memory and Power in Post-War Europe. Studies in the Presence of the Past, Cambridge 2002, S. 1–35, hier: S. 1f. Vgl. auch *Feldman*, The Jewish Role, S. 179f.
13 *Clemens*, Kohl's Image, S. 185.
14 Diesen Begriff entnehme ich einem Brief von Michael Wolffsohn an Bruno Heck, 10.5.1982, American Jewish Committee Archives (AJC Archives), New York, William Trosten Files, Box 5. Wolffsohn sah die Kooperation zwischen AJC und Konrad-Adenauer-Stiftung als Indiz dafür, dass dieses Verhältnis »eben nicht nur vom Holocaustsyndrom« geprägt sei. Vgl. auch *Tempel*, Legenden von der Allmacht, S. 106, die von der Sicht amerikanischer Juden auf die Bundesrepublik in den 1970er Jahren durch die »Brille des Dritten Reiches« spricht.

men, sahen in der Bundesrepublik vor allem konservative Politiker die »Obsession« der amerikanischen Juden mit dem Holocaust und die angebliche Weigerung, die Errungenschaften der bundesrepublikanischen Demokratie zur Kenntnis zu nehmen, als außenpolitisches Problem für die Bundesrepublik.[15]

Im Folgenden wird die Haltung und die Politik der Regierung Kohl gegenüber amerikanisch-jüdischen Interessenverbänden untersucht. Diese Kontakte spielten sich vor allem im Verborgenen ab, lassen sich aber nur im Kontext öffentlicher Kontroversen um die NS-Vergangenheit in den 1980er Jahren erklären. Hier wird auch nach den Mustern der deutschen Kommunikation über diese Organisationen zu fragen sein, da Annahmen von der »Macht der Juden« über die amerikanischen Medien und Politik sowie über deren »Unversöhnlichkeit« gegenüber der Bundesrepublik zumindest unterschwellig die deutschen Analysen der Vorgänge in den USA unterfütterten.[16] Dabei setzt die Untersuchung noch in der Ära Schmidt ein, konzentriert sich aber auf die erste Dekade der Kanzlerschaft Kohls. In einem ersten Schritt wird es darum gehen, die Ausgangslage am Übergang von den 1970er zu den 1980er Jahren darzustellen, also der Zeit, in der sich der Umgang mit dem Holocaust in den USA deutlich veränderte und dies von der deutschen Diplomatie als politische Herausforderung erkannt wurde. Darauf folgt eine Analyse von Begegnungen zwischen Repräsentanten der Bundesrepublik und amerikanisch-jüdischen Organisationen während der Anfangsphase der Kanzlerschaft Kohls. Hierbei war die Erinnerung an den Holocaust entweder explizit oder zumindest als unterschwellig vorhandener Konfliktstoff gegenwärtig, was auf der deutschen Seite entsprechende Gegenreaktionen auslöste. In einem dritten Schritt wird der Bitburg-Besuch Ronald Reagans im Jahr 1985 als Versuch gewertet, der Erinnerung an den Holocaust eine positive Erzählung entgegenzusetzen, die – auch an die Adresse der amerikanisch-jüdischen Organisationen gerichtet – die Trennlinien zwischen Tätern und Opfern im ›Dritten Reich‹ verwischen sollte.[17] Aber Bitburg wurde, entgegen der ursprünglichen Intention, zur Bruchstelle: Die öffentlichen Kontroversen über den Staatsbesuch setzten einen vorläufigen Schlusspunkt unter die frühen geschichtspolitischen Projekte der Regierung Kohl[18], bewirkten aber auch einen Wandel im bundesrepublikanischen Verhältnis zu den amerikanischen Juden.[19] In den Jahren zwischen Bitburg und der Deutschen Einheit bemühten sich nämlich die Bundesregierung und ihr nahestehende Mittlerorganisationen, wie die Konrad-Adenauer-Stiftung (KAS) oder die Atlantik-Brücke, um eine deutliche Intensivierung des Dialogs mit amerikanisch-jüdischen Organisationen, worauf im vierten Unterkapitel einzugehen sein wird.

---

15 So schilderte der ehemalige Präsident des American Jewish Committee, Howard I. Friedman, seine Eindrücke von Begegnungen und Gesprächen mit deutschen Politikern in der »Alois Mertes Memorial Lecture« am 29. Oktober 1991, zit. nach: *Shafir*, Ambiguous Relations, S. 352f.
16 Vgl. *Werner Bergmann*, Antisemitismus in öffentlichen Konflikten. Kollektives Lernen in der politischen Kultur der Bundesrepublik 1949–1989, Frankfurt am Main/New York 1997, S. 413, und *Wolfgang Benz*, Was ist Antisemitismus?, München 2004, S. 19f.
17 *Seuthe*, »Geistig-moralische Wende«?, S. 62f., spricht von einer »alles nivellierenden Opferkategorie«. Vgl. auch *Bergmann*, Antisemitismus in öffentlichen Konflikten, S. 405–411, und *Wolfrum*, Geschichtspolitik, S. 338–340. Allgemein zu Bitburg sei angesichts der sehr umfangreichen Literatur stellvertretend verwiesen auf *Geoffrey H. Hartman* (Hrsg.), Bitburg in Moral and Political Perspective, Bloomington 1986; *Kirsch*, »Wir haben aus der Geschichte gelernt«, S. 79–95; *Ilya Levkov* (Hrsg.), Bitburg and Beyond. Encounters in American, German and Jewish History, New York 1987; *Deborah E. Lipstadt*, The Bitburg Controversy, in: American Jewish Year Book 87, 1987, S. 21–37; *Christian Mentel*, Bitburg-Affäre (1985), in: *Wolfgang Benz* (Hrsg.), Handbuch des Antisemitismus. Judenfeindschaft in Geschichte und Gegenwart, Bd. 4, Berlin/Boston 2011, S. 51–53; *Peter Reichel*, Politik mit der Erinnerung. Gedächtnisorte im Streit um die nationalsozialistische Vergangenheit, München 1995, S. 280–287.
18 Vgl. *Wirsching*, Abschied vom Provisorium, S. 480f.
19 *Shafir*, Ambiguous Relations, S. 299–315.

I. HOLOCAUST-ERINNERUNG IN DEN USA: EINE POLITISCHE HERAUSFORDERUNG FÜR DIE BUNDESREPUBLIK

Am Ende der 1970er Jahre kam es zu einem Umbruch in der öffentlichen Auseinandersetzung mit dem Holocaust in den USA. Im Zuge dessen wurde eine institutionelle Infrastruktur geschaffen, die die Auseinandersetzung mit diesem Thema dauerhaft in das öffentliche, akademische und politische Leben der USA integrierte. Diese Entwicklung belegten zum Beispiel die Einführung von Holocaust-Kursen in den Schul- und Universitätsunterricht, die ersten großen wissenschaftlichen Tagungen zur Geschichte der Ermordung der europäischen Juden, Pläne für Holocaustmuseen und -mahnmäler und vor allem die NBC-Serie »Holocaust«, die Millionen von nicht jüdischen Amerikanern mit der Geschichte des Holocaust vertraut machte.[20] Im Jahr 1978 wurde diese Entwicklung auch staatlich von höchster Stelle gefördert, als US-Präsident Jimmy Carter eine »President's Commission on the Holocaust« einrichtete, die mit der Erarbeitung eines Konzepts für ein nationales Holocaust-Mahnmal betraut wurde. Aus diesen Überlegungen ging das 1993 eröffnete United States Holocaust Memorial Museum (USHMM) hervor.

In dem Paradigmenwechsel im Umgang mit dem Holocaust in den USA, der sich hier abzeichnete, sahen deutsche Diplomaten eine Herausforderung für die Bundesrepublik. Befürchtungen über mögliche negative Auswirkungen der Thematisierung des Holocaust im Unterricht und durch das staatliche Museum auf das Ansehen Deutschlands in den USA sollten sich sogar bis in die 1990er Jahre halten.[21] Dies lag auch daran, dass man amerikanischen Juden besonderes Gewicht für die Gestaltung der öffentlichen Meinung zuschrieb. So resümierte der Generalkonsul in New York gegen Ende des Jahres 1977 im Zusammenhang mit der Geiselbefreiung in Mogadischu, welche »in jüdischen Kreisen viel Beifall gefunden« habe, dass »beim jüdischen Bevölkerungsteil in den USA und damit bei vielen Intellektuellen und ›öffentlichen Meinungsmachern‹ immer noch tief sitzende Ressentiments gegen die Deutschen [bestünden], die sich bei einem anderen Anlass schnell gegen uns richten können«.[22] Und im April 1978 warnte Botschafter von Staden vor einer Beschädigung des Deutschlandbilds durch die Ausstrahlung der Serie »Holocaust« in den USA: »Die Greuel bei der Judenverfolgung und den späteren Massenmorden werden die Zuschauer hier wohl tief berühren […]. Es ist daher zu vermuten, daß die Fernsehserie ›Holocaust‹ neben einem nachhaltigen emotionalen Eindruck bei manchen Betrachtern auch dessen Einstellung zum heutigen Deutschland und zur Bundesrepublik nicht unbeeinträchtigt läßt.«[23] Zwar kam es in der Folge der Ausstrahlung – abgesehen von vereinzelten Protesten und Beschimpfungen – zu keinen nennenswerten Vorfällen,

---

20 Vgl. die in Anm. 2 angeführte Literatur.
21 So zog sich zum Beispiel die kritische Haltung der Regierung Kohl gegenüber dem größten amerikanischen Holocaust-Museum, dem United States Holocaust Memorial Museum in Washington, D.C. (USHMM), durch die gesamten 1980er bis in die 1990er Jahre. Daraus resultierten zahlreiche Interventionen bei den Verantwortlichen des USHMM, die auf eine Veränderung des Ausstellungskonzepts, insbesondere auf die Berücksichtigung der Geschichte des deutschen Widerstands und der Bundesrepublik abzielten. Vgl. unter anderem *Katrin Pieper*, Die Musealisierung des Holocaust. Das Jüdische Museum Berlin und das U.S. Holocaust Memorial Museum in Washington D.C. Ein Vergleich, Köln 2006, S. 163–171; *Jacob S. Eder*, Holocaust-Erinnerung als deutsch-amerikanische Konfliktgeschichte. Die bundesdeutschen Reaktionen auf das United States Holocaust Memorial Museum in Washington, D.C., in: Beiträge zur Geschichte des Nationalsozialismus 24, 2008, S. 109–134.
22 Brief von Werner Ungerer an Günther van Well, 10.11.1977, PA AA, Zwischenarchiv, Bd. 115.945.
23 Brief von Botschafter Berndt von Staden an AA Bonn, 5.3.1978, PA AA, AV Neues Amt, Bd. 23.207.

was deutsche Diplomaten mit Erleichterung notierten.[24] Dass jedoch der Holocaust die amerikanische Öffentlichkeit, insbesondere amerikanisch-jüdische Organisationen und die Medien weiterhin beschäftigen würde und dass dabei auch das Bild der Bundesrepublik beeinträchtigt werden könnte, stand aus der Sicht von Stadens zu befürchten. Er vermutete, dass die nächste (und letzte) Debatte über die Verjährung der Verfolgung von NS-Verbrechen, die im Jahr 1979 anstand, einen konkreten Anlass dafür liefern könne: Für jüdische Organisationen böte »sich eine Verknüpfung des Verjährungsthemas mit der ›Holocaust‹-Diskussion an«.[25] In der Bundesrepublik selbst sollte diese Verbindung letztlich auch zur Aufhebung der Verjährungsfrist beitragen.[26]

Die Ursachen für den Wandel im amerikanischen Umgang mit dem Holocaust sind in der politischen Kultur der USA zu suchen und standen in keinem unmittelbaren Zusammenhang mit der Bundesrepublik. Maßgeblich gingen Bemühungen, die Erinnerung an den Holocaust fest in der amerikanischen Gesellschaft zu verankern, von Holocaustüberlebenden und amerikanisch-jüdischen Interessenverbänden aus.[27] Als Ursachen können in erster Linie genannt werden: die Betonung einer gemeinsamen Geschichte und eines gemeinsamen Schicksals der amerikanischen Juden sowie die Förderung des Bewusstseins, dass Juden auch nach dem Holocaust noch bedroht seien, nämlich in Israel, zumal angesichts des Nahost-Konflikts. Auch spielte das wachsende und sehr gut nachvollziehbare Bedürfnis von Holocaustüberlebenden, in der Öffentlichkeit von ihren Leiden zu sprechen, eine Rolle.[28] Natürlich gab es auch Stimmen, die die Fokussierung der jüdischen Identität auf den Holocaust überaus kritisch sahen. Bereits Ende der 1970er Jahre kritisierte der jüdische Theologe Jacob Neusner die »Holocaustomania« unter amerikanischen Juden heftig, ein Argument, das später unter anderem von dem Historiker und wohl bekanntestem Kommentator der Holocaust-Erinnerung in den USA, Peter Novick, aufgegriffen wurde.[29]

Aber kennzeichnend für den Umbruch der späten 1970er Jahre war gerade die Tatsache, dass der Holocaust nun auch für nicht jüdische Amerikaner zum Thema wurde. Während in den jüdischen Gemeinden die Beschäftigung mit dem Holocaust noch während des Zweiten Weltkriegs begonnen hatte und auch danach punktuell große Aufmerksamkeit erlangte, hatte sich die Mehrheit der nicht jüdischen Amerikaner zwar auf vielfache und ganz unterschiedliche Weise mit dem Zweiten Weltkrieg, jedoch nicht in großem Umfang mit der Ermordung der europäischen Juden durch das NS-Regime beschäftigt.[30] Aus deutscher Perspektive wurde dieses Problem durch die Tatsache verschärft,

---

24 Zu den Protesten vgl. Vermerk des Generalkonsulats in New York, 21.4.1978, PA AA, AV Neues Amt, Bd. 23.207. Zur ersten Einschätzung der Wirkung der NBC-Serie in den USA vgl. das Fernschreiben von Botschafter Berndt von Staden an AA Bonn, 20.4.1978, PA AA, AV Neues Amt, Bd. 23.207. Vgl. auch *Shafir*, Ambiguous Relations, S. 291.
25 Fernschreiben von Botschafter Berndt von Staden an AA Bonn, 29.1.1979, PA AA, AV Neues Amt, Bd. 16.850. Zu den Verjährungsdebatten vgl. *Peter Reichel*, Vergangenheitsbewältigung in Deutschland. Die Auseinandersetzung mit der NS-Diktatur von 1945 bis heute, München 2001, S. 182–198, und *Helmut Dubiel*, Niemand ist frei von der Geschichte. Die nationalsozialistische Herrschaft in den Debatten des Deutschen Bundestages, München 1999, S. 160–174.
26 Vgl. *Reichel*, Vergangenheitsbewältigung, S. 195f. Zur Serie »Holocaust« und ihrer Wirkungsgeschichte vgl. zum Beispiel das Themenportal von Zeitgeschichte-online, Die Fernsehserie »Holocaust« – Rückblicke auf eine »betroffene Nation«, URL: <http://www.zeitgeschichte-online.de/site/40208179/default.aspx> [15.1.2012].
27 Vgl. *Novick*, The Holocaust in American Life, S. 207–238.
28 Vgl. *Greenspan*, On Listening to Holocaust Survivors, S. 45–47.
29 *Jacob Neusner*, Stranger at Home. »The Holocaust«, Zionism, and American Judaism, Chicago 1981, S. 84. Vgl. *Novick*, The Holocaust in American Life, S. 6–11.
30 Eine Ausnahme war hier der Eichmann-Prozess. Vgl. *Shafir*, Ambiguous Relations, S. 219–237, und auch *Conze/Frei/Hayes* u. a., Das Amt, S. 612–614.

dass sich der Holocaust – sei es nun in Schulbüchern, ja sogar in Brettspielen[31] oder in den geplanten Museen – zu einem moralischen Maßstab entwickeln und den Amerikanern bei der Unterscheidung von ›gut‹ und ›böse‹ dienen sollte.[32] Diese Wirkung war durchaus beabsichtigt. So lautete der Titel eines Leitfadens für den Unterricht zum Thema von 1976 »The Holocaust. A Study in Values« und legte die pädagogische Bedeutung nahe, die dem Holocaust als einer Art historischem Lehrstück zugeschrieben wurde.[33] Einer der zentralen Protagonisten der amerikanischen Holocaust-Erinnerungskultur, Michael Berenbaum, brachte diese Absicht auf den Punkt, als er die Ermordung der europäischen Juden als »violation of every essential American value« charakterisierte.[34] Diese »Externalisierung des Bösen« machte nun ein Verbrechen, bei dem Deutsche die Täter waren, zum Inbegriff des ›Unamerikanischen‹.[35] Diese Bemühungen, gerade im Land des wichtigsten Verbündeten USA, die Erinnerung an die Verbrechen des NS-Regimes wachzuhalten sowie die Opfer und die Täter konkret zu benennen, erschienen aus der Sichtweise der Bundesrepublik als politisches Problem.

Zu Beginn der 1980er Jahre stellte der amerikanische Holocaust-Diskurs die deutschen Beobachter jedoch vor ein Rätsel. So drückte der Botschafter in Washington, Peter Hermes, im Jahr 1981 seine Ratlosigkeit darüber aus, »warum eigentlich die Juden in Amerika in den letzten beiden Jahren die Holocaust-Erinnerung nach fast 40 Jahren wieder so dramatisch hochspielen, was sie eigentlich damit erreichen wollen, da das von deutscher Seite in Amerika kein Mensch begreift«.[36] Hier klang, zumindest im Ansatz, der »Vorwurf der Unversöhnlichkeit« mit, der auch die Unterstellung einer Instrumentalisierung der Erinnerung an den Holocaust beinhaltete.[37] Da man amerikanisch-jüdische Interessengruppen als Urheber dieser Veränderungen im Umgang mit dem Holocaust ausmachte und ihnen zudem große Macht in der amerikanischen Medienlandschaft zusprach[38], lag es für die Vertreter der Bundesrepublik nahe, bei ihnen nach Antworten zu suchen. Eine Schlüsselrolle spielte hier das American Jewish Committee (AJC), eine der größten amerikanisch-jüdischen Organisationen, die 1906 von deutschen Juden in den USA gegründet worden war und sich schon seit dem frühen 20. Jahrhundert für die Rechte der Juden auf der ganzen Welt einsetzte.[39]

---

31 Für ein geradezu groteskes Beispiel vgl. *Raymond A. Zwerin/Andrey Friedman Marcus/Leonard Kramish*, Gestapo. A Learning Experience about the Holocaust, Denver 1976, USHMM Library, Special Collections.
32 Vgl. *Alvin Rosenfeld*, The Americanization of the Holocaust, in: Commentary 99, 1995, S. 35–40, und *Tony Judt*, The Morbid Truth, in: The New Republic, 19./26.7.1999, S. 36–40.
33 *Raymund A. Zwerin*, The Holocaust. A Study in Values, Denver 1976.
34 Zit. nach: *Tim Cole*, Selling the Holocaust. From Auschwitz to Schindler. How History is Bought, Packaged, and Sold, New York 1999, S. 154.
35 Vgl. *Detlef Junker*, Die Amerikanisierung des Holocaust, in: Frankfurter Allgemeine Zeitung, 9.9.2000.
36 Zit. nach einem Bericht Peter Petersens für seinen Wahlkreis, 28.7.1981, BArch, B 136/29850. Dass andere Diplomaten mehr Einblick und Verständnis hatten, zeigt zum Beispiel das Fernschreiben von Botschafter Berndt von Staden an AA Bonn, 9.7.1977, PA AA, Zwischenarchiv, Bd. 110.298.
37 Zitat nach *Bergmann*, Antisemitismus in öffentlichen Konflikten, S. 413.
38 Stellvertretend sei hier auf zwei Aufzeichnungen aus den späten 1970er Jahren verwiesen, in denen die »außerordentlich große […] Bedeutung des jüdischen Elements in der amerikanischen Meinungsbildung« beziehungsweise »die gerade im Pressebereich einflußreichen jüdischen Kreise« von Diplomaten analysiert wurden. Vgl. Vermerk des AA, Referat IV, 16.8.1978, PA AA, Zwischenarchiv, Bd. 115.945, und Fernschreiben von Botschafter Berndt von Staden an AA Bonn, 29.1.1979, PA AA, AV Neues Amt, Bd. 16.850.
39 Eine offizielle Geschichte des AJC legte vor *Marianne Rachel Sanua*, Let Us Prove Strong. The American Jewish Committee, 1945–2006, Waltham 2007. Einen Überblick über die Aktivitäten in Deutschland gibt die AJC-Publikation von *Jeffrey M. Peck*, A Continuous Tradition of Dialogue and Tolerance. AJC in Germany, New York 2006.

Kontakte zwischen dem AJC und der Bundesrepublik hatte es bereits in den 1950er Jahren gegeben, diese waren allerdings im Laufe der Jahrzehnte eingeschlafen, was zum einen an generationellen Faktoren, zum anderen an der Interessenverlagerung des AJC infolge von Sechstage- (1967) und Jom-Kippur-Krieg (1973) lag, welche die Aufmerksamkeit von der Bundesrepublik auf Israel verschoben.[40] Das AJC stellte insofern eine Ausnahme im Spektrum der amerikanisch-jüdischen Organisationen dar, als es sich zum einen selbst besorgt über antideutsche Ressentiments und mangelndes Interesse an der transatlantischen Allianz unter amerikanischen Juden zeigte[41] und zum anderen Ende der 1970er Jahre wieder den direkten Kontakt zur Bundesregierung suchte, der »zukunftsorientiert« sein sollte. Das Auswärtige Amt hielt dies für höchst wünschenswert:

»ein Gespräch mit Vertretern dieser politisch sehr bedeutenden Organisation bietet eine gute Gelegenheit, auf die Meinung einer breiten Schicht des amerikanischen Judentums Einfluß zu nehmen. Angesichts der Stellung des Judentums in der amerikanischen Gesellschaft dürfte sich dies auf die deutsch-amerikanischen Beziehungen allgemein positiv auswirken«.[42]

Genau aus diesem Grund machten sich das New Yorker Generalkonsulat – und hier vor allem der Diplomat Wolf Calebow – und William Trosten, der Assistant Director des AJC, Ende der 1970er Jahre über einen institutionalisierten Austausch Gedanken. Trosten, der mit einer Deutschen verheiratet war und fließend Deutsch sprach, sollte eine zunehmend wichtige Rolle für die deutsch-amerikanisch/jüdischen Beziehungen in den 1980er Jahren spielen.[43] Den von ihm und Calebow erarbeiteten Vorschlag für ein Austauschprogramm zwischen der Bundesrepublik und der amerikanisch-jüdischen Gemeinschaft übergaben Vertreter des AJC an Bundeskanzler Helmut Schmidt während des ersten gemeinsamen Gesprächs im Juni 1979 in New York.[44] Das Kanzleramt reichte das Exposé zunächst an das AA weiter, von wo aus es an die CDU-nahe Konrad-Adenauer-Stiftung gelangte. Daraus entwickelten das AJC und die KAS 1980 ein Austauschprogramm, das sich an »future leaders of the Federal Republic and the American Jewish community« richtete, also an Teilnehmer aus dem politischen Betrieb, der Wissenschaft, der Wirtschaft und den Medien.[45] Beide Seiten rechneten diesem Austausch große Bedeutung für die zukünftige Gestaltung der deutsch-amerikanischen Beziehungen zu, und der Sprecher der deutschen Gruppe und spätere Direktor des Washingtoner Büros der KAS, Wolfgang Pordzik, gab sich wenig bescheiden: »This program is a means to prevent it (the Holocaust) from happening again.«[46] Dem AJC, wo William Trosten für das Austauschpro-

---

40 Ebd., S. 15f. Vgl. auch *Tempel*, Legenden von der Allmacht, S. 96–101.
41 Vgl. Gesprächsvorlage für Helmut Schmidt, Bundeskanzleramt Referat 212, 9.9.1981, BArch, B 136/29850.
42 AA Bonn, Analyse zu einem Treffen von Helmut Schmidt mit Vertretern des AJC für AA und Bundeskanzleramt, 19.3.1979, BArch, B 136/29850.
43 *Shafir*, Ambiguous Relations, S. 279f.
44 Wolf Calebow, Erfahrungsbericht betr. Bemühungen um die Verbesserung des Verhältnisses zu den amerikanischen Juden, 18.10.1988, S. 7f., Archiv für Christlich-Demokratische Politik (ACDP), Sankt Augustin, 01-747, Armonk-Institute/William S. Trosten (1986–1990). Ich danke Michael Mertes für die Genehmigung zur Einsicht seiner Akten im ACDP. Vgl. auch die publizierte und erweiterte Fassung des Berichts: *Wolf Calebow*, Auf dem Weg zur Normalisierung. 15 Jahre Dialog mit amerikanischen Juden, Berlin 1999, S. 21–24.
45 American Jewish Committee, Exchange Program for Future Leaders in the Federal Republic of Germany and of the American Jewish Community, Dezember 1982, AJC Archives, William Trosten Files, Box 2. Interessanterweise hatten die Initiatoren dieses Programms auf beiden Seiten keinerlei Erinnerung an die Zusammenarbeit in den 1950er Jahren. Vgl. Wolf Calebow, Erfahrungsbericht betr. Bemühungen um die Verbesserung des Verhältnisses zu den amerikanischen Juden, S. 7.
46 Zit. in: *Carole Coyn*, Plurality of American Jewry a Surprise, in: Long Island Jewish World, 10.–16.4.1981.

gramm verantwortlich zeichnete, ging es um die Stabilisierung der Beziehungen zur Bundesrepublik, die es als einen wichtigen Verbündeten Israels und eine Säule der Europäischen Gemeinschaft erkannte. Zudem war das Interesse des AJC an diesem Programm auch in gewisser Hinsicht pädagogisch motiviert. Durch den Dialog mit den zukünftigen Eliten der Bundesrepublik und einem sich daraus ergebenden Netzwerk erhoffte sich das AJC, zentrale Ziele hinsichtlich des Umgangs mit der NS-Vergangenheit verwirklichen zu können, nämlich Versäumnisse in Fragen der Memorialisierung, der Entschädigung der Opfer oder der Verfolgung von NS-Verbrechern aufzugreifen.[47]

Wie kritisch manche amerikanische Juden den Umgang mit der NS-Vergangenheit in der Bundesrepublik zu diesem Zeitpunkt tatsächlich beurteilten, zeigen die Eindrücke von Deborah Lipstadt, heute eine der prominentesten Historikerinnen für jüdische Geschichte in den USA und vor allem für ihre (juristische) Auseinandersetzung mit dem Holocaust-Leugner David Irving bekannt.[48] Lipstadt reiste im Jahr 1982 im Rahmen des AJC-KAS-Austauschprogramms nach Deutschland und berichtete davon nach ihrer Rückkehr in die USA in einem Vortrag unter dem Titel »Germany, 1982. Hiding from History?« Dort führte sie eine Reihe von Gründen an, weshalb sie die Frage, ob die Bundesrepublik »really different« vom ›Dritten Reich‹ sei, nicht ohne Weiteres bejahen könne.[49] Als Gründe nannte sie zum Beispiel Ausländerfeindlichkeit, Kritik an Israel und Antisemitismus in der Bundesrepublik. Hauptgrund zur Skepsis war für sie aber der Umgang der Deutschen mit der NS-Vergangenheit: »When it comes to memory and history they live their lives in *einem Nebel*, a fog. [...] The older generation has repressed its memory while the younger hides from history.«[50] Diese vernichtende Analyse der bundesrepublikanischen Gesellschaft in den frühen 1980er Jahren, die auch intern im AJC heftig kritisiert wurde[51], unterstreicht die Wahrnehmungsprobleme, die Anfang der 1980er Jahre das deutsch-amerikanisch/jüdische Verhältnis prägten. In einer Zeit, in der sowohl die NBC-Serie »Holocaust« eine fast schon sprichwörtliche »Betroffenheit« ausgelöst hatte, es mit den Geschichtswerkstätten und der Gedenkstättenbewegung und auch in der Geschichtswissenschaft deutliche Anzeichen für eine breite gesellschaftliche Beschäftigung mit dem Nationalsozialismus gab, war es fraglich, ob man so allgemein von einem »Nebel« sprechen konnte.[52]

Für die deutschen Teilnehmer des Programms war die Reise in die USA nicht einfach und die Begegnungen mit Holocaustüberlebenden oft »schmerzhaft und bewegend«.[53] Das AJC ging aber auch davon aus, dass die Gäste aus der Bundesrepublik mit erheblichen Vorurteilen in die USA reisen würden: »As Europeans and as Germans, the participants will have read a great deal about the activities of the so-called ›Jewish Lobby‹ and the

---

47 Vgl. *Shafir*, Ambiguous Relations, S. 293–297.
48 Vgl. *Deborah E. Lipstadt*, History on Trial. My Day in Court with David Irving, New York 2005.
49 *Deborah E. Lipstadt*, Germany, 1982. Hiding from History?, ohne Datum, S. 11, AJC Archives, William Trosten Files, Box 2.
50 Ebd., S. 13 (Hervorhebung im Original).
51 Brief von Richard L. Weiss an William S. Trosten, 12.11.1982, AJC Archives, William Trosten Files, Box 2.
52 Stellvertretend sei verwiesen auf die Zeitdiagnose von *Hermann Lübbe*, Der Nationalsozialismus im deutschen Nachkriegsbewußtsein, in: HZ Bd. 236, 1983, S. 579–599, hier: S. 579–583. Vgl. auch *Peter Märthesheimer/Ivo Frenzel* (Hrsg.), Im Kreuzfeuer. Der Fernsehfilm »Holocaust«. Eine Nation ist betroffen, Frankfurt am Main 1979.
53 *Beate Neuss*, Vom Brückenbauen über tiefe Schluchten. Deutsche und amerikanische Juden, in: *Deidre Berger/Jens Paulus* (Hrsg.), »A Life-Changing Experience«. 30 Jahre KAS/AJC-Austauschprogramm, S. 35–61, hier: S. 49, URL: <http://www.kas.de/wf/doc/kas_19725-544-1-30.pdf?110427115734> [25.5.2012]. Dieser Band beinhaltet weitere Aufsätze und auch Erfahrungsberichte zum AJC-KAS Austauschprogramm.

inordinate political influence of the Jewish community in the United States.«[54] Diese Vorurteile sollten in eigens dafür geplanten Seminaren entkräftet werden. Ein Mitglied der deutschen Delegation im Jahr 1982, der Historiker Michael Wolffsohn, bestätigte zugleich die Existenz dieser Vorurteile, wie auch die positive Wirkung der Bemühungen des AJC:

»Wie das AJC seine Karten vor uns sozusagen offen auf den Tisch des Hauses legte, verfehlte auf mich, wohl auch die Gruppe, den Eindruck nicht. So etwas entdämonisiert die Juden und die USA. Vielleicht wäre die Entdämonisierung noch vollständiger, wenn man die nächste Gruppe, die es hoffentlich geben wird, mit Vertretern der US-Medien diskutieren lassen würde. Die Legende von der nicht nur personellen, sondern auch inhaltlichen ›Verjudung‹ der US-Presse könnte noch besser zerstört werden.«[55]

Der skizzierte Umbruch in der amerikanischen Holocaust-Erinnerung überlagerte sich noch in den 1970er Jahren mit Spannungen im transatlantischen Bündnis, die Beobachter auf beiden Seiten des Atlantiks diagnostizierten. Aus der Sicht der Bundesrepublik spielten Fragen des Ansehens hier eine große Rolle, weswegen sich deutsche Diplomaten und Politiker mit großer Aufmerksamkeit dem Deutschlandbild in den USA widmeten. Zu Beginn der 1980er Jahre schätzten sie dieses als eindeutig negativ ein. So attestierte der Leiter des Planungsstabs im AA im Februar 1982, dass eine »*negative Einstellung gegenüber der Bundesrepublik Deutschland*« heute breite Schichten der amerikanischen Bevölkerung erfasst« habe.[56] Dies sei ein neues Phänomen für die deutsch-amerikanischen Beziehungen. Das »negative Image der Deutschen« sowie amerikakritische Stimmen in der Bundesrepublik seien zu »*Fesseln unserer Außenpolitik*« geworden.[57] Eine »Grundwelle des Nationalismus« habe demnach die USA unter Ronald Reagan erfasst, die auf einer grundsätzlichen Abgrenzung zur Sowjetunion bestünde und Erwägungen einer nicht mit den USA koordinierten Außenpolitik sowie jeglicher Form von Entspannungsbemühungen zutiefst ablehnend gegenüberstände.[58]

Kritische Einstellungen gegenüber der Bundesrepublik nährten sich zunächst aus konkreten politischen Differenzen. Dazu zählten das »Zerwürfnis« zwischen Carter und Schmidt[59], amerikanische Skepsis gegenüber einer deutschen unabhängigen Wirtschaftspolitik, die Verankerung der Friedensbewegung in der westdeutschen Gesellschaft, Befürchtungen eines deutschen Neutralismus (die seit der Ostpolitik bestanden), aber auch wenig diplomatische Kritik in der deutschen Presse an der amerikanischen Innen- und Außenpolitik sowie an dem Präsidenten selbst (»Peanut Bauer Carter« und »Cowboy Reagan«), die in den USA als Undankbarkeit und Antiamerikanismus aufgefasst wurde.[60] Vor allem die sogenannte »successor generation« in beiden Ländern, also die Generation,

---

54 Brief von William S. Trosten an Alfred H. Moses, 20.4.1983, AJC Archives, William Trosten Files, Box 2.
55 Brief von Michael Wolffsohn an Bruno Heck, 10.5.1982, AJC Archives, William Trosten Files, Box 2.
56 Leiter des Planungsstabs im AA an Außenminister, Überlegungen zur Verbesserung unserer Selbstdarstellung in den US-Medien, 25.2.1982, BArch, B 136/17552 (Hervorhebung im Original).
57 Ebd. (Hervorhebung im Original).
58 Papier des Presse- und Informationsamts der Bundesregierung, Politische Öffentlichkeitsarbeit in den Vereinigten Staaten, 9.2.1982, BArch, B 136/17558.
59 Vgl. *Klaus Wiegrefe*, Das Zerwürfnis. Helmut Schmidt, Jimmy Carter und die Krise der deutsch-amerikanischen Beziehungen, Berlin 2005.
60 Zit. nach: Planungsstab AA, Überlegungen zur Verbesserung unserer Selbstdarstellung in den USA, 11.2.1982, BArch, B 136/17552. Zu dieser Einschätzung vgl. Fernschreiben von Botschafter Peter Hermes an AA Bonn, 4.7.1981, BArch, B 136/17551. Eine ausführliche Wertung legte auch das Presse- und Informationsamt vor: Papier des Presse- und Informationsamts der Bundesregierung, Politische Öffentlichkeitsarbeit in den Vereinigten Staaten, 9.2.1982, BArch, B 136/17558.

die nicht mehr durch das positive Erleben der deutsch-amerikanischen Freundschaft in der Nachkriegszeit geprägt war, stellte dieser Sichtweise zufolge das Bündnis infrage.[61]

Auch Helmut Schmidt nahm diese Probleme ernst.[62] Zwar seien die Beziehungen mit der Regierung Reagan »ausgezeichnet«, jedoch teilte der Bundeskanzler die »Sorge über [die] Gefahr des Auseinanderdriftens der öffentlichen Meinung« zwischen den USA und Westeuropa. Hier musste die Bundesrepublik aufgrund ihrer Geschichte und ihrer geografischen Lage zwangsläufig im Mittelpunkt stehen. Für Abhilfe sorgen sollte im Auftrag von Schmidt die FDP-Politikerin Hildegard Hamm-Brücher, Staatsministerin im AA, die sich seit den späten 1970er Jahren um eine Intensivierung der Beziehungen zwischen der Bundesrepublik und den USA unterhalb der Regierungsebene einsetzte.[63] Als erster »Koordinator [sic] für die deutsch-amerikanische zwischengesellschaftliche, kultur- und informationspolitische Zusammenarbeit« engagierte sie sich unter anderem für die Intensivierung des Personenaustauschs, von politischen Kontakten, von Begegnungen zwischen zukünftigen Führungspersönlichkeiten der »successor generation«, für den Ausbau des Netzwerks der Goethe-Institute und für eine größere Präsenz der Bundesrepublik in den amerikanischen Medien, vor allem im Fernsehen.[64]

Neben den Spannungen, die aus konkreten politischen, wirtschaftlichen und auch generationellen Faktoren resultierten, rückten auch die Massenmedien in das Blickfeld der deutschen Beobachter, da sich dort das »Negativ-Image« der Bundesrepublik in den USA besonders deutlich niederzuschlagen schien beziehungsweise erst produziert wurde.[65] Statt positiver Bezugspunkte dominierten hier Assoziationsmuster, die aus deutscher Sicht höchst unwillkommen waren. Der Planungsstab des AA stellte lapidar fest: »Unser Land und Volk regen amerikanische Phantasie und amerikanisches Interesse kaum an, jedenfalls nicht im Positiven: das Farbigste an uns ist unsere Nazivergangenheit.«[66] Auch amerikanische Beobachter, wie zum Beispiel der Diplomat William R. Smyser, sahen in der NS-Vergangenheit eine große Belastung, die die Bundesrepublik im Verhältnis zum Westen »äußerst verwundbar« machte.[67] Obwohl junge Deutsche die Verbrechen des Nationalsozialismus »schärfstens« verurteilten, seien »viele Amerikaner jedoch […] sich der deutschen Nazivergangenheit noch sehr bewußt«.[68]

Um diesem Problem zu begegnen, schlug der Planungsstab des AA eine Reihe von Maßnahmen vor, die auf eine Verbesserung der Medienpräsenz in den USA zielten, un-

---

61 Die Konferenz »The Successor Generation in Europe« (29. April bis 1. Mai 1982, Columbia University) beschäftigte sich unter anderem mit der negativen Auswirkung deutscher Amerikakritik der jüngeren Generation auf die deutsch-amerikanischen Beziehungen. Vgl. den Bericht von Botschafter Peter Hermes an AA Bonn, US-Konferenz über »Nachfolgegeneration«, 4.5.1982, BArch B, 136/17552; Fernschreiben der Botschaft Washington an AA Bonn, 30.4.1981, BArch, B 136/17557; sowie den Beitrag von Reinhild Kreis in diesem Band.
62 Vgl. den Sprechzettel für das Treffen von Helmut Schmidt mit der deutsch-amerikanischen Parlamentariergruppe im Deutschen Bundestag am 11. Februar 1982, ohne Datum, BArch, B 136/17552.
63 Zu ihren Aufgaben vgl. Brief von Hildegard Hamm-Brücher gleichlautend an alle Parteivorsitzenden, 12.8.1981, BArch, B 136/17557.
64 Vgl. Vorlage für Bundeskanzler, Deutsch-amerikanische Beziehungen unterhalb der Regierungsebene, 31.8.1981, BArch, B 136/17557, und Vorlage für Bundeskanzler, Deutsch-amerikanische Beziehungen unterhalb der Regierungsebene, 25.9.1981, BArch, B 136/17557. Hamm-Brücher schlug eine Reihe von »Sofortmaßnahmen« für die Jahre 1982/83 vor: Übersicht über geplante Sofortmaßnahmen 1982/83 zur Intensivierung der deutsch-amerikanischen Kulturbeziehungen, BArch, B 136/17557.
65 Planungsstab AA, Überlegungen zur Verbesserung unserer Selbstdarstellung in den USA, 11.2.1982, S. 4, BArch, B 136/17552.
66 Ebd.
67 *William R. Smyser*, Deutsch-amerikanische Beziehungen, Bonn 1980, S. 20.
68 Ebd., S. 64f.

ter anderem die Schaffung von positiven, »*emotional wirksame[n] Gesten und Zeichen*«, um die Bundesrepublik in einem günstigeren Licht erscheinen zu lassen. Diese sollten möglichst fernsehtauglich konzipiert werden, um den Geschmack des amerikanischen Massenpublikums zu treffen, das man zusätzlich zu »neutraler« Berichterstattung auch ganz explizit über Emotionen erreichen wollte.[69] Zu diesem Zeitpunkt stand für die deutschen Beobachter demnach außer Frage, dass das unerwünschte Deutschlandbild in der amerikanischen Öffentlichkeit die außenpolitische Handlungsfähigkeit der Bundesrepublik beeinträchtigen würde, ja sogar zur »Fessel der Außenpolitik« geworden war.

II. Die Geschichtspolitik Helmut Kohls und jüdische Organisationen in den USA – ein unausweichlicher Konflikt?

Mit dem Beginn der Kanzlerschaft von Helmut Kohl kam es zu einem Wandel in den deutsch-amerikanisch/jüdischen Beziehungen. Hier überlagerten sich mehrere zentrale politische Anliegen Kohls: die Verbesserung der »Vertrauensbasis« zwischen Deutschland und den USA und das Streben nach einer »balancierten Ausgewogenheit«, was den Umgang mit der deutschen Geschichte, insbesondere der des Nationalsozialismus anging.[70] Beides sollte die Bundesrepublik international zum gleichberechtigten Partner machen. Zugleich stellten diese Anliegen zwei Grundpfeiler der Außen- und Innenpolitik Kohls dar. Für ihn war das deutsch-amerikanische Bündnis eine unersetzliche Garantie für Sicherheit und Wohlstand der Bundesrepublik. Darüber hinaus forcierte er die Schaffung von positiven Bezugspunkten zur deutschen Geschichte und betrieb – wie kein deutscher Kanzler vor ihm – Geschichtspolitik, eine zentrale Komponente der von ihm angekündigten »Wende«.[71] Er ließ keinen Zweifel daran, wie wichtig ihm die »Besinnung auf die deutsche Geschichte« war, die er in seiner Regierungserklärung von 1982 als elementaren Bestandteil der notwendigen »Erneuerung« bezeichnete.[72] Noch in seinen Memoiren hielt Kohl fest: »Die Zeitgeschichte als Verantwortungsfeld der Bundesregierung zu erkennen und ernst zu nehmen[,] war mein ganz besonderes Anliegen.«[73]

Die erste Hälfte der Ära Kohl gilt demnach als Phase der regierungsamtlichen Geschichtspolitik, in der der promovierte Historiker Kohl den Umgang mit der Geschichte zur Chefsache machte. Eine »Rückkehr der Geschichte« in der Bundesrepublik hatte schon zuvor eingesetzt, an die Kohl nun anknüpfte und die er vorantrieb.[74] Allerdings waren die ersten Ansätze einer Neuverortung der deutschen Geschichte, vor allem der des Nationalsozialismus, von einer Reihe von Skandalen und Kontroversen begleitet. Diese entzündeten sich unter anderem an den Plänen Kohls für eine zentrale Gedenkstätte für deutsche Kriegstote in Bonn, den Plänen für zwei Museen für deutsche Geschichte (dem Haus der Geschichte der Bundesrepublik und dem Deutschen Historischen Museum), aber auch an seinem durchaus provokant inszenierten Staatsbesuch in Israel 1984.[75] Dort attestierte Kohl sich nicht nur die »Gnade der späten Geburt«, sondern hatte auch den

---

69 Planungsstab AA, Überlegungen zur Verbesserung unserer Selbstdarstellung in den USA, 11.2.1982, S. 7, BArch, B 136/17552 (Hervorhebung im Original).
70 *Wirsching*, Abschied vom Provisorium, S. 564 und 474.
71 *Wolfrum*, Geschichtspolitik, S. 354f.
72 Regierungserklärung des Bundeskanzlers am 13. Oktober 1982 vor dem Deutschen Bundestag in Bonn, Koalition der Mitte. Für eine Politik der Erneuerung, in: Bulletin des Presse- und Informationsamts der Bundesregierung Nr. 93/1982, S. 853–868.
73 *Helmut Kohl*, Erinnerungen. 1982–1990, München 2005, S. 626.
74 *Wirsching*, Abschied vom Provisorium, S. 473.
75 Vgl. *Bergmann*, Antisemitismus in öffentlichen Konflikten, S. 385–391; *Dubiel*, Niemand ist frei von der Geschichte, S. 200–206, und auch die Debatte im Deutschen Bundestag, 10. Wahlperiode, 53. Sitzung, 9.2.1984, S. 3725–3729.

ehemaligen Nationalsozialisten und rechtskonservativen Publizisten Kurt Ziesel in seine Delegation berufen. Auch wenn es wohl keinen Masterplan für die Geschichtspolitik einer »geistig-moralischen Wende« gegeben hat[76], waren Kohls Initiativen doch von der Suche nach Normalisierung im Verhältnis zur deutschen Geschichte geprägt, also der Möglichkeit, sich mit ihr »positiv identifizieren« zu können.[77] Neben einer Neuverortung der NS-Zeit – im heftigen Konflikt mit dem linksorientierten Spektrum in der Bundesrepublik – und der Aufhebung der Sonderstellung im internationalen Rahmen, zeichnete sich Kohls Geschichtspolitik auch durch die Tendenz aus, eine deutliche Trennungslinie zwischen Tätern und Opfern des NS-Regimes einebnen zu wollen.[78] Dies wurde zum Beispiel im Zuge der Debatten um die zentrale Gedenkstätte und die Bitburg-Affäre zum Politikum.[79]

Aus dieser Sicht erschienen die zunehmende Präsenz des Holocaust im öffentlichen Bewusstsein und die eindeutige Differenzierung zwischen Opfern und Tätern des Nationalsozialismus in den USA als politisches Problem. Dabei musste es zwangsläufig zu einem Spagat kommen, da Kohl und sein Beraterumfeld einerseits die Beschäftigung mit dem Holocaust in den USA langfristig zurückdrängen wollten, andererseits aber amerikanisch-jüdische Organisationen und Publizisten als Schlüssel zur öffentlichen Meinung in den USA sahen. Diese rechnete die Regierung Kohl einem Lager zu, das der Bundesrepublik besonders kritisch gegenüberstand, mit dem sie sich aber irgendwie arrangieren musste.[80]

Nach Ansicht Kohls sollte die NS-Vergangenheit bei dem Kontakt zu amerikanisch-jüdischen Organisationen eine möglichst geringe Rolle spielen. Bereits im November 1982, als soeben erst gewählter Kanzler, suchte Kohl das Gespräch und teilte bei einem Treffen mit Vertretern der größten jüdischen Organisationen in den USA mit, wie er und seine Regierung sich zur NS-Vergangenheit stellen würden: Er sehe sich dem Erbe Adenauers und der Freundschaft Israels gegenüber verpflichtet, sei aber »the first German Chancellor from the post-war generation and [...] can speak and act free of any pre-war tradition«.[81] Darüber hinaus betonte er, dass sich in seiner Familie keine Nazis befunden hätten. Diese Verlautbarung, die Kohl bekanntlich 1984 in Israel mit dem Hinweis auf die »Gnade der späten Geburt und das Glück eines besonderen Elternhauses« noch prägnanter formulieren sollte, konnte als Plädoyer für einen Schlussstrich unter die NS-Vergangenheit gedeutet werden.[82] Zu diesem Zeitpunkt bemühte sich Kohl also um den direkten Kontakt mit amerikanisch-jüdischen Verbänden, versuchte ihnen gegenüber aber den Traditionsbruch zwischen ›Drittem Reich‹ und der Bundesrepublik deutlich zu machen. Als vorrangige Lehre aus der NS-Vergangenheit betonte er die besondere Verantwortung gegenüber Israel. Die öffentliche Thematisierung der Geschichte des Nationalsozialismus und des Holocaust war aus dieser Perspektive aber unerwünscht. In dieser Position manifestierte sich eine weitere Grundkonstante der Geschichtspolitik Kohls: die Annahme, dass die NS-Vergangenheit bewältigt sei und die Bundesrepublik die ›richtigen‹ Lehren aus ihr gezogen habe.[83] Das Bekenntnis zu Israel wurde so zur Ersatzhandlung, die das

---

76 Vgl. *Seuthe*, »Geistig-moralische Wende«?, S. 310.
77 So drückte es Karl Carstens, ebenfalls dem Lager der »Wende« zugerechnet, auf dem 34. Deutschen Historikertag 1982 in Münster aus. Zit. nach: *Tim Szatkowski*, Karl Carstens. Eine Politische Biographie, Köln/Weimar etc. 2007, S. 359.
78 *Seuthe*, »Geistig-moralische Wende«?, S. 62; *Wirsching*, Abschied vom Provisorium, S. 475.
79 *Moller*, Die Entkonkretisierung, S. 31–39.
80 Vgl. *Clemens*, Kohl's Image, S. 185.
81 Zit. nach Memorandum von Nathan Perlmutter an Kenneth J. Bialkin, 16.11.1982, BArch, B 136/29854. Vgl. auch *Kohl*, Erinnerungen, S. 64, und *Shafir*, Ambiguous Relations, S. 294f.
82 Vgl. unter anderem *Dubiel*, Niemand ist frei von der Geschichte, S. 200–206. Dagegen: *Michael Mertes*, Helmut Kohl's Legacy for Germany, in: The Washington Quarterly 25, 2002, S. 67–82, hier: S. 75f.
83 Vgl. *Kirsch*, »Wir haben aus der Geschichte gelernt«, S. 84.

Sprechen über den Holocaust überflüssig machen sollte. Kohls jüdische Gesprächspartner nahmen die Zusicherung der Verantwortung für die Sicherheit Israels zufrieden auf und zeigten sich insgesamt positiv beeindruckt von Kohl. Sie setzten große Hoffnungen darauf, dass er die Beziehungen zu Israel ausbauen und das Land möglichst bald besuchen würde.[84]

Dass sich die Bundesregierung hier jedoch auf sehr dünnem Eis bewegte, zeigte sich exemplarisch am Konflikt über mögliche bundesdeutsche Waffenlieferungen an Saudi-Arabien im Jahr 1984. An diesem Beispiel wird deutlich, wie groß die Hypothek des Holocaust für die deutsche politische Handlungsfähigkeit und die außenpolitische Reputation in den USA war. Ein veritabler Konflikt mit amerikanisch-jüdischen Organisationen entzündete sich Anfang des Jahres an der Frage, ob die Bundesrepublik – so wie andere westliche Staaten, zum Beispiel die USA, Frankreich oder Großbritannien – Waffen für den Verteidigungsfall an Saudi-Arabien liefern dürfe. Ursprünglich bereits von Helmut Schmidt erwogen, hatte Kohl diese Möglichkeit im Oktober 1983 während eines Staatsbesuchs im Nahen Osten erneut erörtert. Die Lieferung von Angriffswaffen, insbesondere Leopard 2-Panzern, hatte er aber ausgeschlossen.[85] Neben wirtschaftlichen Interessen an diesem Rüstungsgeschäft ging es hierbei laut der Argumentation der Bundesregierung unter anderem um einen Beitrag zur Stabilisierung der Region, zum Beispiel um einer Bedrohung durch den Iran vorzubeugen, eine direkte Gefährdung Israels durch deutsche Waffen sei nicht gegeben.[86]

Amerikanisch-jüdische Interessenverbände standen diesen Überlegungen entschieden ablehnend gegenüber.[87] So schaltete zum Beispiel das »American Gathering of Jewish Holocaust Survivors«, die größte Vereinigung von Holocaustüberlebenden in den USA, am 20. Januar 1984 eine Anzeige in der New York Times unter dem Titel »How many Jews will German weapons kill this time?«[88] Diese Anzeige rief Kohl und Verteidigungsminister Manfred Wörner dazu auf, keine Waffen, insbesondere keine Leopard 2-Panzer, an Saudi-Arabien zu liefern. Die Wahl des 42. Jahrestags der Wannseekonferenz für die Veröffentlichung der Anzeige war kein Zufall, da die Vereinigung explizit den Zusammenhang zwischen deutschen Waffengeschäften mit Feinden Israels und dem Holocaust herstellen wollte. So hielt die Anzeige fest: »Today, the new, democratic Germany is in danger of following the old Germany's footsteps.«[89] Und dies war kein Einzelfall. Auch der prominente Autor und Holocaustüberlebende Elie Wiesel bezeichnete in diesem Zusammenhang die Bundesrepublik als »merchant of death« und die Deutschen als »people without memories«.[90]

Von deutscher Seite befürchtete man, dass genau diese Art von Appellen die Stellung der Bundesrepublik – und somit die Vertrauensbasis – in den USA beschädigen würde. Da für März 1984 ein Staatsbesuch Kohls in den USA geplant war, konnte das Kanzleramt die Kritik an der bundesrepublikanischen Rüstungspolitik, die ganz explizit den fun-

---

84 Brief von Kenneth J. Bialkin an Helmut Kohl, 17.11.1982, BArch, B 136/29854.
85 Dieses Geschäft wurde – dies sein nur nebenbei bemerkt – von der Regierung Merkel im Jahr 2011 beschlossen. Vgl. Schelte von Schmidt, in: Der SPIEGEL, 23.4.2012.
86 Brief von Horst Teltschik an Kenneth J. Bialkin und Abraham H. Foxman, 9.1.1984, BArch, B 136/29854.
87 So hatte zum Beispiel das AJC bereits im Jahr 1981 bei der Botschaft Washington gegen dieses Rüstungsgeschäft zu intervenieren versucht. Vgl. den Brief von Hyman Bookbinder an Peter Hermes, 22.1.1981, AJC Archives, William Trosten Files, Box 2. Vgl. Marc H. Tanenbaum, Germany's Arms Sales to Saudi Arabia is Morally Unbearable, 22.1.1984, ebd.
88 American Gathering of Jewish Holocaust Survivors, How many Jews will German weapons kill this time? [Anzeige], in: New York Times, 20.1.1984.
89 Ebd.
90 Elie Wiesel, People Without Memories, in: Jewish Chronicle, 24.2.1984. Vgl. Brief von Alois Mertes an Elie Wiesel, 27.8.1984, AJC Archives, William Trosten Files, Box 4.

damentalen Wandel seit 1945 infrage stellte, nicht ignorieren. In den USA (und auch in Kanada) drohten die organisierten Überlebenden der NS-Konzentrationslager mit massiven öffentlichen Protesten gegen den Gast aus der Bundesrepublik. Im Vorfeld des Staatsbesuchs nahm Botschafter Hermes eine ambivalente Haltung ein. Einerseits bekannte er sich bei einem Vermittlungsgespräch mit Vertretern der Überlebenden zu der von Theodor Heuss postulierten »kollektiven Scham« der Deutschen für die Verbrechen des NS-Regimes und bedauerte, dass aufgrund der emotionalen Aufladung ein »normales« Gespräch zwischen Deutschen seiner Generation und Holocaustüberlebenden nie möglich sein werde.[91] An das Bundeskanzleramt jedoch appellierte der Botschafter intern, die Proteste der Überlebenden aus anderen Gründen ernst zu nehmen. Hier ging es nicht um moralische Verpflichtung, sondern eindeutig um politisches Kalkül. Der Bundeskanzler müsse sich dringend während seines Staatsbesuchs im März 1984 mit Vertretern der Überlebenden treffen: Das »American Gathering of Jewish Holocaust Survivors«

»verfuegt ueber das groesste politische potential, um auf die amerikanische oeffentliche meinung einfluss zu nehmen und zu spontanen aktionen, protesten und demonstrationen aufzurufen. [...] ich habe keinen zweifel, dass ein nicht-zustandekommen des gespraechs mit bk [Bundeskanzler] nachteilige auswirkung nicht nur auf das deutsch-juedische, sondern auch auf das deutsch-amerikanische verhaeltnis haben wird«.[92]

Aus deutscher Sicht erschienen die Ängste der amerikanischen Juden zwar irrational und ungerechtfertigt, jedoch wurden sie als Faktor in die Überlegungen einbezogen, weil man ihren Einfluss auf die Gestaltung der öffentlichen Meinung fürchtete. Der Logik des Botschafters zufolge musste die Bundesregierung deren Opposition ernst nehmen, um Schaden von den deutsch-amerikanischen Beziehungen abzuwenden.

Am 5. März 1984 traf Kohl daher im Anschluss an ein Gespräch mit Reagan mit Vertretern der größten amerikanisch-jüdischen Organisationen und von Holocaustüberlebenden zusammen.[93] Der Bundeskanzler bemühte sich, deren Sorgen um die Sicherheit Israels zu entkräften. Obgleich das Kanzleramt befürchtete, dass »jüdische Gesprächspartner *rein emotional* reagieren und rationalen Argumenten nicht zugänglich« sein würden, basierten die Gesprächsvorlagen für Kohl doch auf ganz rationalen Argumenten. Die »jüdische Argumentation« vom »›zweite[n] Holocaust‹« und das »moralische Argument« gegen die Waffenlieferung an Saudi-Arabien seien eben nicht zulässig, da die Waffensysteme weder von Saudi-Arabien für einen Offensivkrieg gegen Israel verwendet werden, noch aus logistischen Gründen an andere Staaten weitergegeben werden könnten.[94] Die Planungsphase dieser Gespräche beinhaltete aber noch ein anderes – mit dem Warnhinweis »Mit Vorsicht!« versehenes – Argumentationsmuster, das gegen die Parteinahme amerikanischer Juden für Israel gerichtet war. Kohl hatte bereits in einer Regierungserklärung am 9. Februar 1984 zu seiner umstrittenen Israelreise dafür plädiert, Drittstaaten nicht in die Erörterung von Fragen des deutsch-israelischen Verhältnisses einzubeziehen.[95] Darüber hinaus erwog das Kanzleramt aber nun auch, die jüdischen Gesprächspartner darauf hinzuweisen, dass gegenüber der deutschen Bevölkerung der Eindruck verhindert werden müsse, »daß die *USA hier von Israel zum Knüppel gegen uns benutzt* werden«, da dies die

---

91 Minutes [Protokoll], Meeting with representatives of the American Gathering of Jewish Holocaust Survivors, 13.2.1984, BArch, B 136/30019.
92 Fernschreiben von Peter Hermes an AA Bonn und Chef des Bundeskanzleramts, 10.2.1984, BArch, B 136/30019.
93 *Steven R. Weisman*, Reagan and Kohl Discuss Soviet Parley, in: New York Times, 6.3.1984. Vgl. auch die Teilnehmerliste für das Gespräch mit Vertretern jüdischer Organisationen, ohne Datum, BArch, B 136/30019.
94 Gesprächsvorschlag zu möglichen Rüstungslieferungen an Saudi-Arabien, ohne Datum, BArch, B 136/30019 (Hervorhebung im Original).
95 Deutscher Bundestag, 10. Wahlperiode, 53. Sitzung, 9.2.1984, S. 3729.

»Vorzugsbehandlung Israels« gefährde.[96] Hier überlegte man im Kanzleramt also, den Vertretern amerikanisch-jüdischer Organisationen zu vermitteln, dass ihre politischen Bemühungen um die Sicherheit Israels eben gerade diese in Gefahr brachte. Denkt man diesen Gedanken weiter, so ist man nicht weit von dem antisemitischen Topos entfernt, wonach Juden letztendlich selbst für antijüdische Handlungen verantwortlich seien.[97] Dass dieses Argument zum Einsatz gebracht wurde, ist unwahrscheinlich, dennoch unterstreicht es, wie umkämpft das Terrain war. Kohls Gesprächspartner bewerteten das Treffen jedenfalls mit gemischten Gefühlen: Zwar sahen sie es als Erfolg, dass Kohl den Verkauf von Leopard 2-Panzer kategorisch ausgeschlossen hatte, dennoch bedauerten sie, dass er das Waffengeschäft mit Saudi-Arabien grundsätzlich nicht aufgeben wollte.[98]

Nur wenige Wochen später wies Botschafter Hermes allerdings erneut mit Nachdruck darauf hin, dass man sich in der Bundesrepublik dauerhaft auf die öffentliche Präsenz der Holocaust-Erinnerungen in den USA, sei es durch politische Debatten im Zusammenhang mit Israel, Gedenkveranstaltungen oder Museen, einstellen müsse:

»DIE AMERIKANISCHE OEFFENTLICHKEIT, GANZ ABGESEHEN VON REGIERUNG UND KONGRESS, TRITT DEM HEUTIGEN DEUTSCHLAND IM WESENTLICHEN MIT SYMPATHIEN UND POSITIV GEGENUEBER. NICHT UEBERSEHEN WERDEN DARF JEDOCH, DASS DIE *SCHRECKLICHE HOLOCAUST-THEMATIK HIER FUER GENERATIONEN –* SCHON ALLEIN DURCH DIE HOLOCAUST-MUSEEN – MIT DEN DEUTSCHEN VERBUNDEN BLEIBT UND ANTIDEUTSCHEN GEFUEHLEN IMMER WIEDER NAHRUNG GEBEN WIRD. ASSOZIATIONEN ZWISCHEN UNLIEBSAMEM VERHALTEN UND DER VERGANGENHEIT SIND SCHNELL GEMACHT. HIERAN WERDEN WIR DURCH OEFFENTLICHKEITSARBEIT UND *WIEDERGUTMACHUNG NUR BEGRENZT ETWAS AENDERN KOENNEN.* WIR MUESSEN DAMIT ZURECHTKOMMEN, HIER UND IN ISRAEL WAHRSCHEINLICH BEWUSSTER ALS ANDERSWO.«[99]

In diesem Zusammenhang war es daher für die Bundesregierung umso wichtiger, im AJC einen Gesprächspartner zu haben, der die NS-Analogien für kontraproduktiv hielt.[100] Dass es polemische Äußerungen wie die von Wiesel ablehnte, der die Bundesrepublik als »merchant of death« bezeichnet hatte, machte das AJC gegenüber dem Staatsminister im AA, Alois Mertes (CDU), deutlich.[101] Gegen Ende des Jahres resümierte auch der neue Botschafter in Washington, Günther van Well, dass der Dialog mit amerikanisch-jüdischen Organisationen dringend intensiviert werden müsste, auch um die deutsch-amerikanischen Beziehungen im Allgemeinen zu schützen.[102] Er wies darauf hin, dass die Holocaust-Erinnerung in den USA zu diesem Zeitpunkt vor allem zwei für die Bundesrepublik relevante Formen angenommen hatte: zum einen die mit dem Ableben von ehemaligen KZ-Häftlingen immer weniger bedeutend werdende Frage nach der materiellen Entschädigung; zum anderen eine politische Dimension, wonach die Bedeutung des Holocaust

---

96 Gesprächsvorschlag zu möglichen Rüstungslieferungen an Saudi-Arabien, ohne Datum, S. 3, BArch, B 136/30019 (Hervorhebung im Original).
97 Ein prominentes Beispiel ist die »Affäre Möllemann«, vgl. *Benz*, Was ist Antisemitismus?, S. 146–154, insb. S. 146.
98 *Weisman*, Reagan and Kohl Discuss Soviet Parley.
99 Fernschreiben von Botschafter Peter Hermes an AA Bonn, 9.4.1984, BArch, B 136/33866 (Hervorhebungen durch das Bundeskanzleramt).
100 Das AJC war zudem zu diesem Zeitpunkt nicht Mitglied der »Conference of Presidents of Major American Jewish Organizations«, die sich unter anderem als Fürsprecher israelischer Interessen in den USA verstand. Vgl. Wolf Calebow, Erfahrungsbericht betr. Bemühungen um die Verbesserung des Verhältnisses zu den amerikanischen Juden, 18.10.1988, S. 6, ACDP, 01-747, Armonk-Institute/William S. Trosten (1986–1990).
101 Brief von Marc H. Tanenbaum an Alois Mertes, 11.9.1984, AJC Archives, William Trosten Files, Box 4.
102 Fernschreiben von Günther van Well an AA Bonn u. Chef des Bundeskanzleramts etc., 3.11.1984, BArch, B 136/30522.

für die jüdische Identität in den USA in Zukunft immer größer werden würde. Was die Folgen für die Bundesrepublik anging, machte van Well eine bemerkenswerte Voraussage. Er hielt fest, dass »DIE GEISTIGE AUFARBEITUNG DER NS-VERFOLGUNG DER JUDEN IN DEN USA, [...] – UM 30 JAHRE VERSPAETET – UNS DEUTSCHE ERNEUT IN EINE PHASE DER GESCHICHTSBEWAELTIGUNG HINEINZWINGT.«[103] Aus Sicht der Bundesregierung, der es um eine Reduzierung der Relevanz der Holocaust-Erinnerung für das bundesrepublikanische Geschichtsverständnis ging, musste dies eine höchst unwillkommene Prognose sein.

Gegen Ende des Jahres 1984 hatten Vertreter der Bundesrepublik in den USA also verstanden, dass dort die Präsenz des Holocaust im öffentlichen Bewusstsein deutlich zugenommen hatte. Öffentlich ausgetragene Kontroversen, aber auch der auf den Holocaust bezogene Unterricht und Pläne für Museen führten aus ihrer Perspektive zwangsläufig dazu, dass das Bild Deutschlands als Land der Täter in der amerikanischen Öffentlichkeit perpetuiert wurde und zuweilen ganz explizite Vergleiche zwischen dem Verhalten der Bundesrepublik und dem ›Dritten Reich‹ gezogen wurden. Solidaritätsbekundungen für Israel reichten nicht aus, um die Erwartungen der amerikanischen Juden hinsichtlich des bundesdeutschen Umgangs mit der NS-Vergangenheit zu erfüllen.

III. DIE BITBURG-AFFÄRE: TIEF- UND WENDEPUNKT DER DEUTSCH-AMERIKANISCH/ JÜDISCHEN BEZIEHUNGEN

Der Konflikt über die Bedeutung der NS-Vergangenheit für die politische Kultur erlebte seinen Höhepunkt in der öffentlichen Kontroverse um den Bitburg-Besuch Ronald Reagans. Auf dem dortigen Soldatenfriedhof Kolmeshöhe wollte Kohl am 5. Mai 1985 – also nur wenige Tage vor dem 40. Jahrestag der Kapitulation des ›Dritten Reichs‹ – mit dem US-Präsidenten der Gefallenen des Zweiten Weltkriegs beider Seiten gedenken. Das Ereignis sollte an die gemeinsame Gedenkfeier von Kohl und François Mitterrand in Verdun vom Jahr zuvor für die Toten des Ersten Weltkriegs angelehnt sein.[104] Bei der Planung des Bitburg-Besuchs war zunächst nicht bekannt gewesen, dass dort keine Gefallenen beider Seiten – wie in Verdun – begraben liegen, dafür aber Mitglieder der Waffen-SS, die sich zum Teil an Kriegsverbrechen beteiligt hatten. Im Verlauf der Kontroverse um Bitburg wurde offensichtlich, dass dieser Ort aufgrund seiner symbolischen »Überfrachtung« für die anvisierte Versöhnungsgeste vollkommen ungeeignet war.[105]

Die als mediales Großereignis geplante Zeremonie in Bitburg sollte die Geschlossenheit der beiden Bündnispartner im Kalten Krieg demonstrieren, zu der sich Reagan im November 1984 nicht zuletzt aus Dankbarkeit für die Unterstützung Kohls bei der Nachrüstung bereit erklärt hatte.[106] Aber sie war auch ein Versuch beider Seiten, »die Last der NS-Vergangenheit in den Hintergrund treten zu lassen« und einer diesbezüglich motivierten Kritik an der Politik der Bundesregierung den Wind aus den Segeln zu nehmen.[107] Im Weißen Haus war man sich bewusst, dass Kohl hier – an einem symbolischen Ort zu einem symbolischen Zeitpunkt – der Supermacht USA auf Augenhöhe begegnen und die Vergangenheit »begraben« (»burying the past«) wollte.[108]

---

103 Ebd.
104 Dies war auch explizit Reagans Wille. Vgl. die Unterlagen zur Vorbereitung einer Pressekonferenz von Ronald Reagan bez. Bitburg, ohne Datum, Ronald Reagan Presidential Library (Reagan Library), Simi Valley, CA, James Rentschler Files, Box 90417.
105 *Wirsching*, Abschied vom Provisorium, S. 478–480, Zitat auf S. 478.
106 *Seuthe*, »Geistig-moralische Wende«?, S. 51f.
107 *Kirsch*, »Wir haben aus der Geschichte gelernt«, S. 92.
108 United States Information Agency (USIA), Memorandum of Conversation, 24.4.1985, Reagan Library, James Rentschler Files, Box 90417.

Sowohl in der Bundesrepublik als auch in den USA kam es im Vorfeld zu heftigen öffentlichen Debatten. Für Reagan markierte die Affäre die »tiefste Krise seiner Amtszeit«, in der Bundesrepublik wurde sie zum Symbol des Scheiterns der Geschichtspolitik Kohls.[109] Tatsächlich wurde die »Bitburg-Affäre« aber auch zum Tief- und Wendepunkt der deutsch-amerikanisch/jüdischen Beziehungen in den 1980er Jahren. Deutsche Diplomaten verfolgten die Debatten in den USA genau und vermaßen deren Auswirkungen auf die deutsch-amerikanischen Beziehungen und die Stellung der Bundesrepublik im transatlantischen Bündnis. Besonderes Gewicht legten sie in diesem Kontext auf die Rolle amerikanisch-jüdischer Organisationen.

Die Diskussion über Reagans Staatsbesuch in Deutschland schwelte schon eine ganze Weile vor Beginn der eigentlichen Kontroverse um Bitburg. Im Januar hatte Reagan entgegen ursprünglich anderen Plänen verkündet, dort keine KZ-Gedenkstätte besuchen zu wollen, um die deutsche Bevölkerung nicht unnötigerweise mit der NS-Vergangenheit zu konfrontieren.[110] Der öffentliche Protest in den USA begann mit der Bekanntgabe von Reagans Reiseplan am 11. April und spitzte sich Mitte des Monats zu, als bekannt wurde, dass Soldaten der Waffen-SS in Bitburg begraben lagen. Zudem sorgte Reagan mit unbedachten Äußerungen – zum Beispiel bezeichnete er am 18. April die deutschen Soldaten als »victims, just as surely as the victims in the concentration camps«[111] – zusätzlich für Spannungen. Von vielen Seiten wurde er aufgefordert, die Einladung Kohls auszuschlagen. Die öffentliche Auseinandersetzung in den USA kulminierte am 19. April im Appell Elie Wiesels bei der Verleihung der »Congressional Gold Medal of Achievement«, der höchsten zivilen Auszeichnung der USA, Reagans »Platz« sei bei den Opfern der SS und nicht bei der SS selbst.[112] Dass die beiden Regierungschefs am selben Tag nachträglich auch noch einen Besuch der Gedenkstätte Bergen-Belsen in ihr Programm einbauten[113], konnte den Protest nicht besänftigen, da diese Entscheidung rein politisch motiviert erscheinen musste. Für heftige Reaktionen sorgte auch ein offener Brief des Unionsfraktionsvorsitzenden Alfred Dregger (CDU) an den US-Senat, der eine Rücknahme des Besuchs des Friedhofs als »Beleidigung« für die deutschen Gefallenen bezeichnete, die in der großen Mehrzahl anständig gewesen seien.[114] Auch sah Dregger »Mächte« am Werk, die die Erinnerung an den 8. Mai dazu missbrauchen wollten, das deutsch-amerikanische Bündnis zu unterminieren.

Reagans PR-Berater zerbrachen sich den Kopf darüber, wer an dem Mediendebakel Schuld trage.[115] Es seien wohl vor allem Reagans Worte, insbesondere die Gleichsetzung der deutschen Gefallenen mit den Opfern des NS-Regimes gewesen, aber auch Kohls Mitarbeiter seien bei der Vorbereitung des Besuchs schlampig vorgegangen, da sie im Vorfeld die Frage »if there were any Nazis in the cemetery« explizit verneint hätten. Zwar hatten Kohl und Reagan in einem Telefonat am 23. April entschieden, an der Station in Bitburg festzuhalten, Reagans Berater hofften aber dennoch, dass Kohl die Einladung doch noch zurückziehen würde.[116] Für diesen Fall war bereits eine Erklärung vorbereitet, die das Scheitern der Versöhnungsgeste im Angesicht des massiven öffentlichen Wider-

---

109 *Mentel*, Bitburg-Affäre, S. 53. Vgl. auch *Kießling*, Täter repräsentieren, S. 224.
110 *Lipstadt*, The Bitburg Controversy, S. 22f.
111 Zit. nach: ebd., S. 26.
112 Ebd., S. 29.
113 Hier hielt Kohl wenige Wochen vor »Bitburg« eine Rede, in der er sich explizit mit der Erinnerung an die Opfer des NS-Regimes beschäftigte, die aber aufgrund der Bitburg-Kontroverse wenig Aufmerksamkeit erfuhr. Vgl. *Christina Morina*, Legacies of Stalingrad. Remembering the Eastern Front in Germany since 1945, Cambridge 2011, S. 226f.
114 Zit. nach: *Reichel*, Politik mit der Erinnerung, S. 283, und *Levkov*, Bitburg and Beyond, S. 95.
115 USIA, Memorandum of Conversation, 24.4.1985, Reagan Library, James Rentschler Files, Box 90417.
116 Memorandum von Charles Z. Wick an Robert F. McFaralane, 24.4.1985, ebd.

stands eingestand.[117] Im Weißen Haus war man sich genau bewusst, dass sich die Heftigkeit der Diskussion um Bitburg auch dadurch erklären ließ, dass hier eine bestimmte Interpretation der Geschichte des ›Dritten Reichs‹ legitimiert und vermittelt werden sollte, die für viele Amerikaner (und Deutsche) inakzeptabel war. So erklärte Marshall Jordan Breger, im Weißen Haus unter anderem für Beziehungen zu jüdischen Organisationen zuständig, Reagans Stabschef Donald Regan:

»The CDU, and in particular, Chancellor Kohl, view the German people as having been controlled by a group of madmen during World War II. Thus, in their calendar, May 8 is a day of liberation for Germany as well as for the allies – it is the day in which the bulk of the German people were liberated from Nazism.«[118]

Dieser Auffassung entsprechend seien die durchschnittlichen deutschen Soldaten, mit der Ausnahme von verurteilten Kriegsverbrechern, mit den durchschnittlichen amerikanischen GIs gleichzusetzen. Und weiter schrieb Breger: »It is this version of history which the President will legitimate by the Bitberg [sic] wreath-laying.« Dass Helmut Kohl also einem Verständnis des ›Dritten Reichs‹ aus den 1950er Jahren anhing, wonach nur ein kleiner Kreis von Verbrechern der überwältigenden Mehrheit unschuldiger Opfer gegenüberstand, war im Weißen Haus demnach bekannt.[119]

Das AJC positionierte sich in dieser Debatte mit Verweis auf die Kontakte zur Bundesrepublik. Es nahm für sich in Anspruch, aufgrund der Kenntnis der dortigen Verhältnisse in der einzigartigen Position zu sein, erklären zu können, warum der Besuch in Bitburg »inakzeptabel« sei.[120] Auch durch direkte Intervention, im Gespräch mit dem Weißen Haus und dem Staatsminister im AA und Abgeordneten des Wahlkreises Bitburg, Alois Mertes, sprach sich das AJC für eine Absage des Besuchs aus. Dieser Versuch misslang, jedoch wurde aufgrund dieser Initiative ein Besuch am Grab Adenauers ins Programm aufgenommen und die Zeremonie auf dem Soldatenfriedhof auf wenige Minuten gekürzt, wo weder Kohl noch Reagan eine Rede hielten.

Dass Bitburg für das deutsch-amerikanisch/jüdische Verhältnis zur Bruchstelle werden konnte, lag nicht nur am heftigen Protest jüdischer Gruppen in den USA gegen Reagan, sondern auch an dem Gewicht, das deutsche Beobachter den Protesten und ihren Urhebern beimaßen. Für Reagan selbst bedeutete die inneramerikanische Debatte um die Legitimität des Bitburg-Besuchs eine ernsthafte politische Krise und brachte einen deutlichen Popularitätsverlust mit sich.[121] Dabei waren es gerade nicht nur jüdische Gruppen, sondern die große Mehrheit der amerikanischen Medien und eine »Regenbogenkoalition« von religiösen Organisationen, Bürgerrechtsgruppen und Veteranenverbänden, die sich gegen den Besuch in Bitburg stellten.[122] Das Weiße Haus sah Reagan als »target for Jewish groups and vets [Veteranen] alike«.[123] Auch wichtige Politiker, darunter die führenden

---

117 Suggested Language for Part of a Presidential Statement, ohne Datum, ebd.
118 Memorandum von Marshall Breger an Donald Regan, 30.4.1985, Reagan Library, Marshall Breger Files, OA 10856, Box 1.
119 Zu diesem Geschichtsbild vgl. *Frei*, Vergangenheitspolitik, S. 397–406, insb. S. 405. Bergmann urteilt, dass die Bundesrepublik durch Bitburg »retrospektiv zu einen Mitglied der Westalliierten gemacht« werden sollte: *Bergmann*, Antisemitismus in öffentlichen Konflikten, S. 397.
120 Memorandum von Howard I. Friedman an AJC Leaders, 9.5.1985, AJC Archives, AJC Bitburg File. Vgl. auch *Marc H. Tanenbaum*, The American Jewish Committee at the White House, in: *Levkov*, Bitburg and Beyond, S. 330–334; *Sanua*, Let Us Prove Strong, S. 304–308, und *Shafir*, Ambiguous Relations, S. 302f.
121 *Mentel*, Bitburg-Affäre, S. 52.
122 *William Bole*, Bitburg. The American Scene, in: *Hartman*, Bitburg in Moral and Political Perspective, S. 66–78, hier: S. 66f.
123 Memorandum von James M. Rentschler an Robert C. McFarlane, 18.4.1985, Reagan Library, James Rentschler Files, Box 90417.

Republikaner Bob Dole und Newt Gingrich, sowie Mehrheiten in US-Senat und Repräsentantenhaus sprachen sich in Resolutionen gegen die Zeremonie in Bitburg aus, und auch die Mehrheit der amerikanischen Bevölkerung stellte sich im Laufe der Debatte gegen den Präsidenten.[124] Der Besuch wurde vor allem moralisch verurteilt, weil die Zeremonie als Ehrung der Gefallenen der Waffen-SS verstanden werden konnte. Dass hier nicht immer genau zwischen der SS und der Waffen-SS unterschieden wurde, lag wohl an der Intensität der Debatte, die wenig Raum für eine derartig nuancierte Analyse ließ: Die SS symbolisierte gleichsam den Holocaust.[125]

Hinter den Kulissen der Bitburg-Affäre sahen deutsche Politiker und auch journalistische Kommentatoren eine »jüdisch-amerikanische Medienmaschine« am Werke.[126] Die vor allem in den Massenmedien ausgetragenen amerikanischen Debatten über den Bitburg-Besuch sowie der Protest der amerikanisch-jüdischen Organisationen wurden von der Botschaft und im Kanzleramt genau verfolgt und ausgewertet.[127] Daneben fanden im Vorfeld des Besuchs eine Reihe von Gesprächen und Diskussionen mit Vertretern jüdischer Organisationen statt, die nicht zu den – im Jargon des Botschafters van Well – »holocaust-eiferer[n]« zählten, deren Aktivitäten aber ebenfalls beobachtet wurden.[128] An wen genau van Well hier dachte, verschwieg er in seiner Nachricht an das AA, jedoch implizierte diese Bezeichnung doch deutlich den Vorwurf der Instrumentalisierung der Erinnerung an den Holocaust für politische Zwecke. Noch bevor die Diskussion um Bitburg richtig hochkochte, hatte sich van Well aber um Vermittlung bemüht. Im März 1985 hatte er sich mit hochrangigen Vertretern der »Anti-Defamation League« von »B'nai B'rith« (ADL) getroffen, um Befürchtungen hinsichtlich einer mangelhaften Bereitschaft der jüngeren Generation in Deutschland, sich mit dem Holocaust zu beschäftigen, sowie hinsichtlich des deutschen Bekenntnisses zur Sicherheit Israels zu entkräften.[129] Einig war man sich jedoch darüber, dass es nicht genügend Austausch zwischen Bürgern der Bundesrepublik und amerikanischen Juden der Nachkriegsgeneration gebe, was zu vielen Vorurteilen und Fehleinschätzungen auf beiden Seiten führen würde.

Der politische Druck, den die Bitburg-Gegner ausübten, richtete sich in erster Linie gegen den amerikanischen Präsidenten, jedoch wirkte sich der Protest aus der Perspektive der deutschen Politik auch negativ auf das Ansehen der Bundesrepublik in den USA aus. Sie erschien in der Berichterstattung als Land, das sich nur unzureichend mit der NS-Vergangenheit auseinandergesetzt hatte. Dem Bundeskanzler, so schrieb die Botschaft, schob man den »schwarzen peter« zu.[130] Und die Washington Post berichtete am 22. April 1985 über den massiven Widerstand von Holocaustüberlebenden gegen den Bitburg-Besuch und zitierte Benjamin Meed, den Präsidenten des »American Gathering of Jewish Holocaust Survivors«: »How many Germans sleep today on mattresses which are still filled with Jewish hair? How many Germans adorn their houses with art confiscated from Jewish homes?«[131]

---

124 *Lipstadt*, The Bitburg Controversy, S. 27–32.
125 Auch die Waffen-SS wurde demnach als »architects of the Holocaust« bezeichnet. Vgl. Unterlagen zur Vorbereitung einer Pressekonferenz von Ronald Reagan bez. Bitburg, ohne Datum, Reagan Library, James Rentschler Files, Box 90417.
126 *Bergmann*, Antisemitismus in öffentlichen Konflikten, S. 414.
127 Alle diesbezüglichen Fernschreiben der Botschaft Washington wurden neben dem AA auch dem Chef des Bundeskanzleramts übersandt.
128 Fernschreiben von Günther van Well an AA Bonn, Chef des Bundeskanzleramts etc., 24.4.1985, BArch, B 136/30207.
129 Fernschreiben von Günther van Well an AA Bonn, 7.3.1985, BArch, B 136/33866. Bei diesem Gespräch forderte Wiesel auch einen Besuch der KZ-Gedenkstätte in Dachau als »moral visit« ein.
130 Fernschreiben der Botschaft an AA Bonn, 30.4.1985, BArch, B 136/30207.
131 *Elizabeth Kastor*, Bitburg Visit Assailed. At Gathering of Holocaust Survivors, Anger and Dismay at Reagan's Plan, in: Washington Post, 22.4.1985.

Im Bundeskanzleramt mussten solche Äußerungen zwangsläufig die vorhandenen Sorgen über den negativen Einfluss amerikanisch-jüdischer Organisationen auf die deutsch-amerikanischen Beziehungen nähren.

Mit dem Beginn der großen Kontroverse um Bitburg im April fokussierten sich die deutschen Diplomaten in Washington verstärkt auf die Debatten in den Medien und die Aktivitäten der jüdischen Verbände. In kurzen Abständen schickten sie detailreiche Zusammenfassungen über die Vorgänge und die Presseberichterstattung in den USA an das AA und das Kanzleramt. Verantwortlich machten sie für die »überaus heftige bis hysterische medienreaktion« gegen die Bitburg-Pläne – neben den Gesetzen der Massenmedien, die sich skandalöser Geschichten bedienten – in erster Linie amerikanische Juden, die sie zum Teil kodiert als »ostkuestenpresse« bezeichneten.[132] Diese habe »die berechtigten und voellig verstaendlichen gefuehle der unmittelbar vom naziregime betroffenen amerikaner […] weidlich ausgeschlachtet«. Aber auch auf die »aktivsten wortfuehrer und initiatoren der gegen die kranzniederlegung gerichteten kampagne«, wie zum Beispiel Menachem Rosensaft, den Vorsitzenden des »International Network of Children of Jewish Holocaust Survivors«, wurde namentlich hingewiesen.[133] Die »›gemachte‹ meinung« stelle, so van Well, eine Gefahr für die deutsch-amerikanischen Beziehungen dar, da sie

»wirkungen bei offiziellen, journalisten und in der bevoelkerung [zeige], die befuerchten lassen muessen, dass die kampagne in ihrer konsequenz unsere politischen beziehungen beruehren koennte. diese gefahr wuerde dann umso mehr bestehen, wenn zu den bisherigen verbalen kraftakten stimmungsmachende fernsehbilder aus deutschland hinzukaemen«.[134]

Aber auch den politischen Einspruch gegen den Bitburg-Besuch, der von prominenten (nicht jüdischen) Demokraten wie Edward Kennedy initiiert und von prominenten (nicht jüdischen) Republikanern mitgetragen wurde, rechnete man jüdischen Organisationen zu. Laut van Well gingen die Resolutionen des Kongresses gegen Bitburg auf den »wachsenden druck juedischer kreise […], die in einigen wahlbezirken, vor allem an der ostkueste, erhebliches gewicht« hätten, zurück sowie auf die wahltaktischen Befürchtungen einzelner Senatoren, dass deren Gegner bei den nächsten Senatswahlen »juedisches geld« erhalten könnten, was eine Wiederwahl gefährde.[135] Der »Vorwurf der Unversöhnlichkeit«, ein zentrales Motiv des latenten »sekundären Antisemitismus« in der Bundesrepublik, überlagerte sich so mit klassisch antisemitischen Topoi.[136] Dazu zählten das häufig undifferenzierte Sprechen über »die Ostküste« oder eine »jüdische Lobby« in den USA wie auch die Annahme, dass diese sowohl die amerikanischen Medien steuerten und den politischen Entscheidungsprozess manipulierten als auch die Erinnerung an den Holocaust instrumentalisierten.

Die kritische und teils sorgenvolle Beobachtung der amerikanischen Medien war nicht nur diplomatisches Tagesgeschäft, sondern auch ein Indikator für eine antagonistische Haltung des Botschaftspersonals gegenüber den amerikanisch-jüdischen Organisationen. Auch in der Bundesrepublik wurden diese Ansichten geteilt, die sich hier in den Printmedien niederschlugen. Laut Frankfurter Allgemeiner Zeitung verbreitete eine »mächtige

---

132 Fernschreiben der Botschaft Washington an AA Bonn, Chef des Bundeskanzleramts etc., 21.4.1985, BArch, B 136/30207. Zum Topos »Ostküste« vgl. *Juliane Wetzel*, Verschwörungstheorien, in: *Wolfgang Benz* (Hrsg.), Handbuch des Antisemitismus. Judenfeindschaft in Geschichte und Gegenwart, Bd. 3, Berlin/New York 2010, S. 334–337, hier: S. 336.
133 Fernschreiben Günther van Well an AA Bonn, Chef des Bundeskanzleramts etc., 25.4.1985, BArch, B 136/30207.
134 Ebd.
135 Fernschreiben Günther van Well an AA Bonn, Chef des Bundeskanzleramts etc., 23.4.1985, BArch, B 136/30207.
136 Vgl. *Bergmann*, Antisemitismus in öffentlichen Konflikten, S. 411–415, und *Benz*, Was ist Antisemitismus?, S. 19f.

publizistische Maschinerie« in den USA das »Zerrbild des häßlichen Deutschen«, und die Zeitschrift »Quick« griff direkt die »sagenhafte jüdische Lobby« an.[137] Dieses Hantieren mit antisemitischen Klischees in der deutschen Presse wurde auf der anderen Seite des Atlantiks genau registriert und trug zu einer Verfestigung der Fronten bei.[138] Dass Vorurteile über amerikanische Juden tatsächlich im Denken der deutschen Politik verankert waren, offenbarte sich auch hinter den Kulissen der Bundesregierung und der CDU-Bundestagsfraktion. Kohls Sicherheitsberater Horst Teltschik zum Beispiel gab dem designierten amerikanischen Botschafter Richard Burt zu verstehen, dass »the power of the American Jews« und die Tatsache, dass diese auf Reagan Druck ausübten, gerade bei jungen Deutschen Antisemitismus hervorriefe.[139] Auch in einem Briefwechsel zwischen dem Bundestagsabgeordneten Peter Petersen (CDU) und Alfred Dregger, einem der schärfsten Kritiker der Proteste gegen den Bitburg-Besuch, wurde die »Macht« der Juden in den USA kritisiert. Petersen, der sich seit den frühen 1980er Jahren in Absprache mit Kohl mit der amerikanischen Holocaust-Erinnerungskultur beschäftigte und unter anderem mit Vertretern des zukünftigen United States Holocaust Memorial Museums in Kontakt stand[140], hatte Verständnis für Dregger, suchte aber in den USA nicht den Konflikt, sondern schlug eine andere Taktik vor. Er schrieb:

»Ich meine, wir können uns jetzt nur von der Frage leiten lassen, wie wir eine Belastung des Bündnisses verhindern können, eine Beziehung, die wirksam vergiftet werden kann, wenn es uns nicht gelingt, die einflußreichen Juden in Amerika zu befriedigen oder mindestens zu neutralisieren.«[141]

Dazu würde er

»weiterhin alles tun, um die Juden Amerikas zu gewinnen, nicht weil das besonders nette Menschen sind (einige sind es wirklich nicht), sondern weil ich das Bündnis nicht beschädigen [sic] sehen möchte; denn was nützt es uns, auf unserem Stolz zu beharren und hinterher in einem geschädigten Bündnis zu stehen«.[142]

Es lässt sich nur spekulieren, ob Petersen sich bewusst war, dass er mit dem Vorwurf des »Vergiftens« auf einen antisemitischen Topos mit einer langen Geschichte zurückgriff. Aus den Protesten und der öffentlichen Debatte um die Legitimität des Bitburg-Besuchs folgerten Vertreter der Bundesrepublik jedenfalls – egal ob Diplomaten in Washington oder Politiker in Bonn –, dass es tatsächlich eine einflussreiche »jüdische Lobby« gebe, die sowohl die Presse steuern als auch den politischen Prozess in den USA beeinflussen könne. Dass viele amerikanische Juden – neben vielen nicht jüdischen Amerikanern – und auch die großen jüdischen Verbände sich gegen Bitburg stellten, steht außer Frage. Jedoch erfolgte auf deutscher Seite kaum eine tiefgehende Analyse der Gründe dieser Haltung, die vielleicht dazu hätte führen können, die Sinnhaftigkeit und die symbolische Problematik der Wahl des Orts zu überdenken. Erst zwei Tage vor dem Bitburg-Besuch

---

137 Zit. nach: *Mentel*, Bitburg-Affäre, S. 53, und *Hajo Funke*, Bitburg und »die Macht der Juden«. Zu einem Lehrstück anti-jüdischen Ressentiments in Deutschland/Mai 1985, in: *Alphons Silbermann/Julius H. Schoeps* (Hrsg.), Antisemitismus nach dem Holocaust. Bestandsaufnahme und Erscheinungsformen in deutschsprachigen Ländern, Köln 1986, S. 41–52.
138 Fernschreiben der Botschaft Washington an AA Bonn, Chef des Bundeskanzleramts etc., 26.4.1985, BArch, B 136/30207.
139 Dieses Gespräch ist wiedergegeben in der Autobiografie des amerikanischen Außenministers unter Reagan, *George P. Shultz*, Turmoil and Triumph. My Years as Secretary of State, New York 1993, S. 554. Teltschik äußerte sich zum Beispiel in ähnlicher Weise auch sehr kritisch über den jüdischen Journalisten William Safire gegenüber Marc Fisher, dem ehemaligen Deutschlandkorrespondenten der Washington Post. Vgl. *Marc Fisher*, After the Wall. Germany, the Germans and the Burdens of History, New York 1995, S. 319.
140 *Eder*, Holocaust-Erinnerung, S. 117–130.
141 Brief von Peter Petersen an Alfred Dregger, 22.4.1985, BArch, N 1396/3.
142 Ebd.

sah die Botschaft ein, dass Bemühungen, die Wahl des Soldatenfriedhofs als Ort der Zeremonie von Kohl und Reagan zu rechtfertigen, vergebens sein würden.[143] Stattdessen machte man sich nun in der Botschaft schon Gedanken über die Zukunft der deutschamerikanisch/jüdischen Beziehungen.[144] Dass dies keine einfache Aufgabe werden würde und welchen fatalen Eindruck die Bitburg-Affäre vom bundesrepublikanischen Umgang mit dem Nationalsozialismus hinterlassen hatte, war der Botschaft klar: »mancher sieht etwas in frage gestellt, was er für selbstverstaendlich gehalten hatte: die uneingeschraenkte verurteilung der verbrechen des dritten reiches [...] und die uebereinstimmung, dass es hier kein vergessen geben kann«.[145] Intensive Gespräche mit »juedischen kreisen« würden notwendig sein, die aber nur Deutsche führen sollten, die »*in der lage sind, das thema richtig in den historischen zusammenhang zu stellen*«[146], also ein für die Bundesrepublik möglichst zuträgliches Geschichtsbild zu vermitteln.

Trotz der Intensität der Debatte flachte diese kurz nach dem Bitburg-Besuch am 5. Mai ab. Bereits eine knappe Woche später konnte Botschafter van Well an Kohl schon eine Teilentwarnung geben. Die »medienkampagne« und der Protest der »juedischen lobby« hätten die deutsch-amerikanischen Beziehungen nicht ernsthaft beschädigt, zumal die Mehrheit der Amerikaner sie nicht geteilt hätte und amerikanisch-jüdische Organisationen sich schnell darum bemühten, Spannungen mit der Reagan-Administration zu glätten.[147] Nichtsdestotrotz war Bitburg ein Fehlschlag für die bundesrepublikanischen Bemühungen um eine Neuverortung der NS-Vergangenheit: »die kontroverse um den friedhofsbesuch hat aber die nazi-vergangenheit, mehr als uns recht sein kann, belebt und vor allem die erinnerungen mit neuen emotionen belastet.«[148] Dies stelle, so van Well, für die Zukunft eine nicht unerhebliche Hypothek für das Ansehen der Bundesrepublik in den USA dar. Vor allem Holocaustüberlebende und Organisationen, die deren Interessen vertraten, sahen Bitburg als Bestätigung, dass die Bundesrepublik nicht verantwortungsvoll mit ihrer Geschichte umgehen könne. Aber sie bewerteten es auch als positiv, dass die Kontroverse ihnen ein Forum gegeben hatte, die amerikanische Bevölkerung – ja sogar »the entire world« – über die Geschichte des Holocaust zu informieren.[149]

Mehrere ranghohe Beamten bemühten sich im unmittelbaren Nachgang zu Bitburg um Schadensbegrenzung in den USA und suchten das Gespräch mit jüdischen Organisationen. Der Staatsminister im AA, Alois Mertes, traf mit Vertretern des AJC, der ADL und der »Conference of Presidents of Major American Jewish Organizations«, einer Art Dachverband der amerikanisch-jüdischen Organisationen, zusammen. Im Gespräch mit der ADL versuchte Mertes, der durchaus »VERSTAENDNIS FUER DIE EMOTIONALE REAKTION JUEDISCHER OPFER« hatte, den Bitburg-Besuch als einen »AKT DER TRAUER FUER ALLE OPFER VON KRIEG UND GEWALTHERRSCHAFT« zu rechtfertigen. Diese Sichtweise konnte jedoch vonseiten der ADL aufgrund des »SYMBOLCHARAKTER[S] DER SS« – die eine konkrete Benennung der Opfer und Täter erforderlich machte – nicht akzeptiert werden.[150] Einig waren sich beide Seiten jedoch in

---

143 Fernschreiben der Botschaft Washington an AA Bonn und Chef des Bundeskanzleramts, 3.5.1985, BArch, B 136/30206.
144 Ebd.
145 Ebd.
146 Ebd. (Hervorhebung durch das Bundeskanzleramt).
147 Fernschreiben von Günther van Well an AA Bonn, Chef des Bundeskanzleramts etc., 8.5.1985, BArch, B 136/30206. Das Fernschreiben wurde Kohl persönlich vorgelegt.
148 Ebd.
149 Vgl. Memorandum von Howard I. Friedman an AJC Leaders, 9.5.1985, AJC Archives, AJC Bitburg File.
150 Fernschreiben des Generalkonsulats New York an AA Bonn etc., 10.5.1985, BArch, B 136/30523. Mertes hatte bereits am 2. Mai 1982 vor dem AJC gesprochen: *Alois Mertes*, Western Europe Forty Years After World War II, in: *Levkov*, Bitburg and Beyond, S. 119–127.

der Hoffnung, dass sich aus dem Konflikt über Bitburg die Chance eines »AUSBAU[S] DER BEZIEHUNGEN« ergeben könnte. Auch Berndt von Staden, ehemaliger Botschafter in Washington und nun Koordinator für die deutsch-amerikanische Zusammenarbeit im AA, hielt sich Mitte Mai 1985 zu einem politischen Besuch in Washington auf und kam zu dem Ergebnis, dass die Debatte um Bitburg die Notwendigkeit gezeigt habe, die Informationsarbeit in beiden Ländern zu intensivieren.[151] Schließlich suchte auch Botschafter van Well den Kontakt zu amerikanischen Juden und hielt Ende Mai eine Rede zum Thema »Germans and Jews – After Bitburg« vor jüdischen Zuhörern.[152] In grundsätzlich freundschaftlicher Atmosphäre kritisierten diese die Defizite im bundesrepublikanischen Umgang mit der NS-Vergangenheit, brachten aber auch ihre Anerkennung für Bundespräsident Richard von Weizsäcker zum Ausdruck, dessen Rede zum 8. Mai sich in der öffentlichen Wahrnehmung – nicht nur in den USA – schnell zum Gegenpol zu Kohls Bitburg-Besuch etablierte.[153] Im Auftrag der Bundesregierung lud van Well den Präsidenten und den Vizepräsidenten der jüdischen humanitären Organisation »B'nai B'rith« nach Bonn ein, die ebenfalls ihren Willen zum Ausdruck brachten, den Kontakt zur Bundesrepublik auszubauen.[154] Während der Bitburg-Debatte sei deutlich geworden, dass »die aufarbeitung der deutschen vergangenheit zwischen bundesrepublik deutschland und israel sehr viel fortgeschrittener und umfassender sei als zwischen bundesrepublik deutschland und amerikanischem judentum«.[155] »B'nai B'rith« war demnach dazu bereit, auch dazu beizutragen, den Austausch zwischen beiden Ländern zu intensivieren. Der Bundeskanzler selbst hielt im Dezember 1985 die Eröffnungsrede der ersten Tagung des Leo-Baeck-Instituts in Deutschland, was in den USA als »answer to Bitburg« gewertet wurde.[156]

Nur einen guten Monat nach Bitburg hatte sich Kohl jedoch in einer Rede gegenüber Mitgliedern der Atlantik-Brücke – einem Publikum, das ihm sicher gewogen war – uneinsichtig gezeigt:

»Die grosse Standfestigkeit, mit der Präsident Reagan auf der Grundlage seiner unerschütterlichen moralischen Überzeugung an dem Besuchsprogramm festgehalten hat, hat ihm bei uns weithin Sympathie und Achtung eingetragen. Es blieb auch kein Raum für Missverständnisse über die Bedeutung jener Geste, die in dem gemeinsamen Besuch eines deutschen Soldatenfriedhofs lag.«[157]

Zwar erkannte er an, dass man in der Bundesrepublik für die Reaktionen, die »angesichts ihrer Heftigkeit nachdenklich stimmen«, Verständnis haben müsste, »insbesondere dort, wo persönliche Verfolgung im Dritten Reich kein Vergeben ermöglicht, ganz zu schweigen von einem Vergessen«. Laut Kohl habe sich die Bundesrepublik jedoch »der deutschen Schuld und Verantwortlichkeit nach dem Zweiten Weltkrieg gestellt« und »so gut es ging versucht, die Schulden abzutragen«. Der Kanzler fuhr fort: »Im gleichen Atemzug müssen wir aber alle Probleme der Vergangenheitsbewältigung tragen, auch im Verhältnis zum Ausland, eben weil wir uns als Deutsche zu unserer Geschichte insgesamt bekennen und auch nicht den Versuch unternehmen, diese Geschichte umzuschreiben.« Aus der Sicht Kohls waren die heftigen Reaktionen, die der Bitburg-Besuch ausgelöst hatte, also ein Resultat der »Vergangenheitsbewältigung« und nicht etwa einer verfehl-

---

151 Fernschreiben von Botschafter Günther van Well an AA Bonn, Chef des Bundeskanzleramts etc., 22.5.1985, BArch, B 136/30529.
152 Fernschreiben von Botschafter Günther van Well an AA Bonn, Chef des Bundeskanzleramts etc., 21.5.1985, BArch, B 136/29854.
153 Vgl. *Dubiel*, Niemand ist frei von der Geschichte, S. 206–215.
154 *Shafir*, Ambiguous Relations, S. 310f.
155 Fernschreiben von Botschafter Günther van Well an AA Bonn, Chef des Bundeskanzleramts etc., 21.5.1985, BArch, B 136/29854.
156 *Lucy S. Dawidowicz*, Germany's Answer to Bitburg, in: Wall Street Journal, 6.12.1985.
157 Rede von Helmut Kohl vor der Atlantik-Brücke am 25.6.1985, BArch, B 136/30405.

ten Geschichtspolitik. Mit dieser Analyse stellte Kohl sich in die Tradition der konservativen Argumentationsweise, wonach die Bundesrepublik zwar sehr wohl Hitler »bewältigt« habe, nicht aber die »Bewältigung Hitlers«.[158]

Die heftige Kontroverse über Reagans Besuch in Deutschland, der unter dem Schlagwort der Versöhnung ein Geschichtsbild transportieren und legitimieren sollte, nach dem Deutsche in der großen Mehrzahl unschuldige Opfer des Nationalsozialismus gewesen seien, hatte eine mehrfach gegenteilige Wirkung. So rückte sie zum einen den international nicht konsensfähigen geschichtspolitischen Umgang der Regierung Kohl mit der NS-Vergangenheit in das Blickfeld der Weltöffentlichkeit.[159] Viele Beobachter in den USA sahen sich in ihrer skeptischen Haltung gegenüber der Bundesrepublik bestätigt. Zum anderen wurden sich diejenigen amerikanisch-jüdischen Organisationen, die im Austausch mit der Bundesrepublik standen, ebenso wie ihre deutschen Kooperationspartner noch einmal mit Nachdruck des »Holocaustsyndroms« bewusst, das die deutsch-amerikanisch/jüdischen Beziehungen prägte. Auch hatte die Bitburg-Affäre die jüdischen Verbände in den USA zum ersten Mal seit den 1950er Jahren gezwungen, sich umfassend mit der Bundesrepublik und dem Status quo des dortigen Umgangs mit der NS-Vergangenheit auseinanderzusetzen.[160]

IV. INTENSIVIERUNG DER DEUTSCH-AMERIKANISCH/JÜDISCHEN KONTAKTE NACH BITBURG: PARTNERSCHAFT AUS PRAGMATISMUS?

Die Bundesregierung wurde sich nach Bitburg mit Nachdruck bewusst, wie tief die Erinnerung an den Holocaust in der gesamten amerikanischen Öffentlichkeit verwurzelt war und welche Folgen das für den eigenen außenpolitischen Spielraum nach sich zog. Zwar hatte die Bitburg-Debatte den Besuch des dortigen Soldatenfriedhofs nicht verhindern können, aber doch zu maßgeblichen Änderungen im offiziellen Programm geführt. Dass sich etwas in den deutsch-amerikanisch/jüdischen Beziehungen ändern musste und dass schon allein aus pragmatischen Gründen derartige öffentlich ausgetragene Konflikte verhindert werden müssten, stand für die deutschen Akteure fest. In den folgenden Monaten und Jahren kam es daher zu einer deutlichen Intensivierung der Kontakte zwischen der Bundesregierung und einigen amerikanisch-jüdischen Organisationen. Schon im Oktober 1985 sah das AA diese neue Stufe im Dialog als »ein ganz positives Ergebnis« der Diskussion um Bitburg, denn der Besuch des Soldatenfriedhofs habe »zu einer Intensivierung unseres Gesprächs mit den jüdischen Organisationen in den USA beigetragen«.[161] Die Vertiefung der Beziehungen war aber viel eher der Tatsache geschuldet, dass sowohl deutsche Akteure als auch Vertreter der amerikanisch-jüdischen Organisationen erkannt hatten, dass mit der Bitburg-Affäre ein Tiefpunkt in den Beziehungen erreicht worden war, der auf Dauer den politischen Interessen beider Seiten nur schaden konnte. Für die Bundesregierung bestand auch während der zweiten Hälfte der 1980er Jahre die Sorge

---

158 Vgl. *Ludolf Herrmann*, Hitler, Bonn und die Wende. Wie die Bundesrepublik ihre Lebenskraft zurückgewinnen kann, in: Die politische Meinung 28, 1983, Nr. 209, S. 13–28, hier: S. 17.
159 Auch die Zeremonie in der Gedenkstätte Bergen-Belsen am Tag des Bitburg-Besuchs konnte aufgrund der Spannungen im Vorfeld keine Geste der Versöhnung werden. Vgl. *Kirsch*, »Wir haben aus der Geschichte gelernt«, S. 82f., und *Reichel*, Politik mit der Erinnerung, S. 286. Der selbst nach dem Krieg im dortigen DP-Lager geborene »Chairman of the International Network of Children of Jewish Holocaust Survivors« hielt Reagan und Kohl vor, diese Grabstätte »entweiht« zu haben. Vgl. *Menachem Z. Rosensaft*, A Jew at Bergen-Belsen, in: *Levkov*, Bitburg and Beyond, S. 136–138.
160 *Feldman*, The Jewish Role, S. 182.
161 AA, Sprechzettel betr. deutsch-amerikanische Beziehungen, 16.10.1985, BArch, B 136/30523.

über das »Negativ-Image« in den USA fort. Dass es nach wie vor negative Klischees über die Deutschen gab, die sich vor allem aus Analogien zur NS-Zeit speisten, bestätigten nun auch PR-Experten aus der freien Wirtschaft, die Untersuchungen zum Deutschlandbild in den USA im Auftrag der Bundesregierung anfertigten.[162] Die Regierung Kohl schrieb guten Beziehungen zu den USA indessen weiterhin »existentiellen« Charakter zu und nahm in diesem Zusammenhang nunmehr auch die Frage nach Beziehungen zu amerikanisch-jüdischen Organisationen sehr ernst.[163]

Doch der deutlich intensivierte Austausch zwischen der Bundesregierung und Vertretern amerikanisch-jüdischer Organisationen in der Folge von Bitburg lässt sich nicht als geradlinige Erfolgsgeschichte beschreiben. Auch in dieser Zeit gab es Rückschläge und Konflikte, die am Ende der 1980er Jahre – in den Debatten um die deutsche Einheit – noch einmal offen ausgetragen werden sollten. Dennoch gab es in den Jahren zwischen 1985 und 1990 eine Reihe von Initiativen, um die Defizite in der gegenseitigen Wahrnehmung und im Wissensstand übereinander, die Bitburg so deutlich zum Ausdruck gebracht hatte, zu beseitigen. Voraussetzung dafür war, dass sich die amerikanisch-jüdischen Organisationen sehr schnell entschieden, den Ausgleich mit Reagan zu suchen und den Bitburg-Besuch als »mistake of a friend – not the sin of an enemy« zu werten.[164] Diese zukunftsorientierte Haltung manifestierte sich aber auch in der Bereitschaft, Austausch- und Bildungsprogramme mit der Bundesrepublik zu intensivieren. So schickte nun auch die ADL Delegationen nach Deutschland und das AJC begann eine Kooperation mit der SPD-nahen Friedrich-Ebert-Stiftung, die auf die Förderung des gegenseitigen Verständnisses, vor allem durch Vermittlung von Unterrichtsmaterialien über die Geschichte der amerikanischen Juden an deutsche Schulen, abzielte.[165] Bitburg hatte die amerikanisch-jüdischen Verbände gezwungen, sich umfassend mit ihrer Haltung zur Bundesrepublik auseinanderzusetzen und auch die Realitäten anzuerkennen. So stellte eine hochrangige Delegation des AJC im Oktober auf einer Reise in die Bundesrepublik fest, dass diese nun »truly a democracy« sei.[166] Diese Anerkennung war für die Intensivierung der Kontakte von großer Wichtigkeit, da es unter amerikanischen Juden nach wie vor starke Vorbehalte gegen den Nachfolgestaat des ›Dritten Reichs‹ gab. Das AJC verfolgte diese Kooperation nach eigener Aussage, weil es so die Beziehungen zu einem der wichtigsten Partner Israels und einem zentralen Machtfaktor in Europa verbessern könnte. Zudem wäre es so auch möglich, amerikanisch-jüdische Interessen in der Bundesrepublik zu wahren.[167]

Diese neue Stufe der Offenheit gegenüber der Bundesrepublik war aber nicht repräsentativ für das gesamte Spektrum der organisierten Juden in den USA. Insbesondere Verbände, die die Interessen von Holocaustüberlebenden vertraten oder sich mit der Institutionalisierung der Holocaust-Erinnerung in den USA befassten, behielten eine äußerst kritische Sicht auf die Bundesrepublik und sahen in Kohl – nicht zuletzt wegen Bitburg – einen revisionistischen Politiker, der die Erinnerung an den Holocaust unterbin-

---

162 Vgl. zum Beispiel den Brief der deutschen Botschaft Washington an AA Bonn, 5.1.1988, BArch, B 136/30532.
163 AA, Sachstand deutsch-amerikanische Beziehungen, 4.2.1988, BArch, B 136/30032.
164 *Morris B. Abram*, Don't Be Misled by the Bitburg Trip, in: New York Times, 10.5.1985. Vgl. auch den Brief von Howard I. Friedman an Ronald Reagan, 7.5.1985, Reagan Library, Marshall Breger Files, OA 10856, Box 1, und AJC National Advisory Panel, Post-Bitburg Analysis, 22.5.1985, AJC Archives, AJC Bitburg File.
165 Kontakte zwischen dem AJC und der Friedrich-Ebert-Stiftung hatte es schon zuvor gegeben, aber die Kontroverse um Bitburg hatte den Auslöser für eine engere Kooperation im Bildungsbereich gegeben. Vgl. AJC Informationsblatt Education, 11.5.1987, AJC Archives, William Trosten Files, Box 2.
166 Zit. nach: *Shafir*, Ambiguous Relations, S. 310f.
167 Zusammenfassung eines Treffens der AJC/German Joint Task Force on Images in Education, 12.11.1986, AJC Archives, William Trosten Files, Box 2.

den wollte.[168] In den Bemühungen der Regierung Kohl, den Kontakt zu den amerikanischen Juden zu intensivieren, sahen sie – wie zum Beispiel die Verantwortlichen des United States Holocaust Memorial Museums – einen Versuch der Anbiederung mit dem Ziel der politischen Rehabilitation. Diese verdiente die Bundesrepublik aber in ihren Augen (noch) nicht, auch aufgrund der unterschiedlichen Sichtweise auf die NS-Zeit, die Bitburg verdeutlicht hatte.[169]

In der Bundesregierung und ihrem Umfeld setzte sich nun aber auch die Erkenntnis durch, dass man sich in der Tat nicht ausreichend mit den politischen Zielen der amerikanischen Juden und der Rolle der Holocaust-Erinnerung für die Juden und auch ganz allgemein in den USA beschäftigt hatte. Neben den bereits etablierten Kanälen des Austauschs, das heißt vor allem über die KAS, wurde nun auch die Atlantik-Brücke in diese Kontakte eingebunden, deren Vorsitzender Walther Leisler Kiep in dieser Sache im engen Austausch mit dem Kanzleramt stand. Dort beschäftigte man sich nun noch intensiver mit den deutsch-amerikanisch/jüdischen Beziehungen. Kohl selbst maß diesen Entwicklungen wachsendes Gewicht bei, aber auch Vertreter der amerikanisch-jüdischen Organisationen suchten den direkten Austausch mit dem Kanzleramt, nicht zuletzt deshalb, da durch den Tod von Alois Mertes im Juni 1985, der in den USA ein hohes Ansehen genossen hatte, ein zentraler Ansprechpartner verloren gegangen war.[170]

Eine Schlüsselrolle für die weitere Entwicklung der Beziehungen mit amerikanisch-jüdischen Organisationen spielte der deutsche Diplomat Wolf Calebow. Er beschäftigte sich bereits – zum Teil in Eigeninitiative – seit 1977 mit dem deutsch-amerikanisch/jüdischen Dialog und war seit 1986 in offizieller Funktion an der Botschaft in Washington für die Intensivierung des Austauschs mit jüdischen Institutionen und Organisationen zuständig.[171] Calebow nahm eine wichtige Scharnierfunktion ein, da seine Befunde auch im Kanzleramt rezipiert wurden und die dortige Linie mitbestimmten. Er legte im Jahr 1988 eine umfassende Analyse vor.[172] Demnach seien die Bemühungen verschiedener jüdischer Gruppen in den USA, wie zum Beispiel die Gründung von Holocaust-Museen, -Gedenkstätten oder der Unterricht zum Thema, die darauf abzielten, die Erinnerung an den Holocaust wachzuhalten, nicht »unmittelbar« gegen die Bundesrepublik gerichtet, sie sei aber dennoch »Opfer« dieser Initiativen.[173] Calebow attestierte jedoch eine Spaltung der jüdischen Organisationen (neben ihrer Einstellung zu Israel) in erster Linie an der Frage, ob die »Instrumentalisierung des Holocaust« ein »geeignetes Mittel für praktische Politik heute« sei.[174] Die Bundesrepublik müsse demnach »Verbündete« im Lager derer suchen, die diese Frage verneinten. Dass die Verbesserung des Kontakts zu amerikanischen Juden zu den vitalen außenpolitischen Interessen der Bundesrepublik zählte, stand für Calebow außer Frage.[175] Daher plädierte er eindeutig für eine Intensivierung der Kooperation mit dem AJC, der einzigen Organisation, deren Projekte »zukunftsorientiert« seien und »über die Vergangenheit« hinausführten.[176]

---

168 Vgl. unter anderem das Protokoll der Sitzung des International Relations Committees des USHMM, 8.2.1988, USHMM Institutional Archives (USHMM IA), Washington, D.C., Accession No. 1997-014, Records Weinberg, Box 86.
169 Protokoll der Sitzung des International Relations Committees des USHMM, 25.4.1990, S. 45, ebd.
170 Brief von William S. Trosten an Helmut Kohl, 20.3.1989, ACDP, 01-747, Armonk-Institute/William S. Trosten (1986–1990).
171 Wolf Calebow, Erfahrungsbericht betr. Bemühungen um die Verbesserung des Verhältnisses zu den amerikanischen Juden, 18.10.1988, S. 15f., ebd.
172 Ebd.
173 Ebd., S. 3.
174 Ebd., S. 27.
175 Ebd., S. 28.
176 Ebd., S. 25.

Zwar hoffte Calebow, dass die Kooperation mit dem AJC langfristig auch als Vorbild für die Zusammenarbeit mit anderen Organisationen dienen könnte, sah aber in der gegenwärtigen Politik der Botschaft wie auch der Bundesregierung, den Kontakt zu Vertretern von »B'nai B'rith« oder dem »World Jewish Congress« zu suchen, einen Fehler. Diese Gleichbehandlung sei kontraproduktiv, da zum einen diese Organisationen nicht an einer Verständigung mit der Bundesrepublik interessiert seien und man zum anderen den Ausbau der Beziehungen mit dem AJC dadurch vernachlässigen würde. Zwar solle man mit Vertretern der Holocaust-Museen und Verantwortlichen für die Behandlung des Holocaust im Unterricht an amerikanischen Schulen sprechen, jedoch müsse man sich bewusst machen, dass diese eben nicht zu den Befürwortern des deutsch-jüdischen Dialogs zählten.

Die von Calebow skizzierte Linie war zuvor auch schon von der Atlantik-Brücke aufgegriffen worden, die eine langfristige Kooperation mit dem AJC anstrebte. Kontakte zwischen beiden Institutionen hatte es bereits in den 1950er Jahren gegeben, diese waren aber im Laufe der Jahre versandet. Als Schlüsselfiguren fungierten in diesem Zusammenhang Walther Leisler Kiep und der Associate Director des AJC, William Trosten. Trosten hatte für die deutschen Sorgen durchaus Verständnis und sah in der Kooperation mit der Atlantik-Brücke auch eine Möglichkeit, die Ziele des AJC in der Bundesrepublik zu verwirklichen. Dort könne das AJC zur Festigung der deutsch-amerikanischen und der deutsch-israelischen Beziehungen beitragen sowie auch auf den Umgang mit der NS-Vergangenheit in der Bundesrepublik Einfluss nehmen. Gemeinsam verständigte man sich darauf, jährlich Konferenzen zum Themenkomplex des deutsch-amerikanisch/jüdischen Verhältnisses abzuhalten sowie in der Frage der Holocaust-Museen und des Schulunterrichts zu kooperieren.[177] Beide Seiten waren sich einig, dass der amerikanische Diskurs über den Holocaust einer »positive[n] Schlußnote« bedürfe[178], also einer Ergänzung um die ›Erfolgsgeschichte‹ der Bundesrepublik.[179]

Allerdings legte bereits die erste gemeinsame Konferenz im November 1987 in Bonn die noch vorhandenen Probleme und Missverständnisse offen.[180] So wüssten amerikanische Juden nach wie vor zu wenig über die Geschichte der Bundesrepublik und deren gute Beziehungen zu Israel, während die Deutschen zu wenig über das jüdische Leben in den USA und vor allem die Bedeutung der Erinnerung an den Holocaust für die amerikanischen Juden wüssten. Bitburg habe gezeigt, so fasste das AJC die Tagung weiter zusammen, wo die »emotionale und intellektuelle Kluft« (»emotional and intellectual chasm«) zwischen Deutschen und amerikanischen Juden liege.[181] Letztere hätten nach wie vor den Eindruck, dass die Auseinandersetzung mit dem Holocaust in der Bundesrepublik mangelhaft sei und Normalisierungsbestrebungen der Bundesregierung und antisemitische Tendenzen in der Öffentlichkeit letztlich auf ein Vergessen der NS-Vergangenheit abzielten. Die jüdischen Teilnehmer der Konferenz sahen die innerdeutschen Debatten um die politisch-kulturelle Hegemonie in der Bundesrepublik, neben Bitburg auch die Fassbinder-Kontroverse und

---

177 Eder, Holocaust-Erinnerung, S. 129–132. Im USHMM wollte man auch die »Erfolgsgeschichte« der Bundesrepublik berücksichtigt sehen.
178 Wolf Calebow, Erfahrungsbericht betr. Bemühungen um die Verbesserung des Verhältnisses zu den amerikanischen Juden, 18.10.1988, S. 20, ACDP, 01-747, Armonk-Institute/William S. Trosten (1986–1990).
179 Das AA maß diesem Projekt große Bedeutung bei und hatte auch einen ersten Entwurf finanziert. Vgl. AA, Gespräch des Herrn Bundeskanzlers mit Herrn Walther Leisler Kiep von der Atlantikbrücke e. V. und mit Herrn William Trosten vom American Jewish Committee (AJC), 7.12.1988, BArch, B 136/34162.
180 Atlantik-Brücke e. V. und AJC, Presseerklärung, 23.11.1987, BArch, B 136/34162.
181 AJC/Atlantik-Brücke Conference Report, Executive Summary, 24.2.1988, S. 2, AJC Archives, Atlantik-Brücke/AJC Conference File, International Relations Department.

den ›Historikerstreit‹[182], als äußerst bedrohlich für die Zukunft des deutsch-jüdischen Verhältnisses: Sollte sich langfristig eine »Relativierung« der NS-Vergangenheit durchsetzen, würde dies eine weitere Verständigung zwischen Deutschen und Juden unmöglich machen.[183] Deutsche machten sich in der Mehrheit nicht die Mühe, sich genau mit den amerikanischen Juden und den Ursachen ihrer distanzierten Haltung zur Bundesrepublik zu beschäftigen, sondern suchten Ausflucht in alten Klischees von der »jüdischen Lobby«. Handlungsbedarf läge demnach bei privaten Organisationen sowie der deutschen Regierung.

Trotz dieser eher pessimistischen Einschätzung, die letztendlich auf ein Verständnisproblem – mangelhafte gegenseitige Kenntnis und Verständnis für die Motive des Handelns – hinauslief, hatte man auf der deutschen Seite große Hoffnungen, dass sich die Kooperation mit dem AJC positiv auf die Beziehungen zu den amerikanischen Juden insgesamt auswirken würde. So schrieb das AA in einer Gesamtanalyse der deutsch-amerikanischen Beziehungen dem AJC die Rolle des Vorreiters in diesem »wichtige[n] Teilbereich der bilateralen Beziehungen« zu.[184] Über den Stand der Kooperation wurde im Dezember 1988 auch der Bundeskanzler persönlich informiert, der sich in der Vergangenheit mehrmals mit Vertretern des AJC getroffen hatte.[185] Kiep und Trosten berichteten Kohl von ihren gemeinsamen Bemühungen, den Unterricht über den Holocaust in den USA um ein Kapitel zur Geschichte der Bundesrepublik zu erweitern, ein Vorhaben, das der Kanzler später für »eminent wichtig« hielt.[186]

Die Zusammenarbeit mit Trosten, der zum engsten Partner der Bundesregierung im Dialog mit amerikanischen Juden avancierte, sollte auch nach dessen Ausscheiden aus der Führungsriege des AJC, das aus Altersgründen im Jahr 1989 anstand, fortgesetzt werden. Zeitweilig gab es im Bundeskanzleramt Überlegungen, Trosten direkt als Lobbyisten zu engagieren.[187] Trosten schlug jedoch einen anderen Weg ein. Gemeinsam mit dem AJC-Ehrenpräsidenten Theodore Ellenoff gründete er das Armonk-Institute, das sich ausschließlich mit der Förderung des Dialogs zwischen amerikanischen Juden und der Bundesrepublik befassen sollte, auch in Kooperation mit der Atlantik-Brücke.[188] Gegen-

---

182 Vgl. zur Fassbinder-Kontroverse *Bergmann*, Antisemitismus in öffentlichen Konflikten, S. 424–440, und zum ›Historikerstreit‹ *Charles S. Maier*, The Unmasterable Past. History, Holocaust, and German National Identity, erw. Aufl., Cambridge, MA 1997.
183 Vgl. den Vortrag auf der genannten Konferenz (21. bis 23.11.1987) von Alvin H. Rosenfeld, Germany and American Jews, S. 15, AJC Archives, Atlantik-Brücke/AJC Conference File, International Relations Department, sowie Theodore Ellenoff, AJC Presidential Address, 22.11.1987, S. 5, ebd.
184 AA, Sachstand deutsch-amerikanische Beziehungen, 4.2.1988, BArch, B 136/30032. Bei den Bemühungen, die Beziehungen zu amerikanisch-jüdischen Organisationen zu verbessern, spiele das AJC demnach eine »Vorreiterrolle«.
185 AA, Gespräch des Herrn Bundeskanzlers mit Herrn Walther Leisler Kiep von der Atlantikbrücke e. V. und mit Herrn William Trosten vom American Jewish Committee (AJC), 7.12.1988, BArch, B 136/34162.
186 Brief von Michael Mertes an Hans Klein, 27.2.1990, ACDP, 01-747, Armonk-Institute/William S. Trosten (1986–1990).
187 Aufzeichnung von Michael Mertes betr. deutsch-amerikanisches Verhältnis, hier: Fortsetzung der Verständigungspolitik zwischen amerikanischen Juden und Deutschen, 1988, ebd. Damit hätte man an die Tätigkeit von Julius Klein angeschlossen. Vgl. *S. Jonathan Wiesen*, Germany's PR Man. Julius Klein and the Making of Transatlantic Memory, in: *Philipp Gassert/ Alan E. Steinweis* (Hrsg.), Coping with the Nazi Past. West German Debates on Nazism and Generational Conflict, 1955–1975, New York 2006, S. 294–305.
188 Brief von William S. Trosten an Helmut Kohl, 26.10.1989, ACDP, 01-747, Armonk-Institute/ William S. Trosten (1986–1990). Vgl. auch das Konzept für das Armonk-Institute, The Private Initiative, 20.11.1989, ebd. Das AA machte darauf aufmerksam, dass eine Kooperation mit dem Armonk-Institute nicht zu Spannungen mit dem AJC führen dürfe. Vgl. Schreiben des AA, Referat 204, an Chef des Bundeskanzleramts, 8.11.1989, ebd.

über der Atlantik-Brücke und Mitarbeitern des Bundeskanzleramts betonte Trosten mit Nachdruck die negativen Konsequenzen, die sich aus der öffentlichen Thematisierung des Holocaust in den USA durch amerikanisch-jüdische Organisationen ergäben, und forderte eine »*verantwortliche, offensive Public-Relations-Strategie der Deutschen*« ein.[189] Dabei ging es ihm vor allem um die Stärkung des deutsch-amerikanischen Bündnisses sowie um die Wahrung der Interessen Israels: »American Jewish ›Activists‹ have little or no knowledge either of the importance of the Federal Republic to the long range geo-political interests of the United States or the extent of German economic and political aide to the State of Israel.«[190] Zu diesem Zeitpunkt war also Trosten nicht nur zu einem Partner, sondern auch zu einem Berater geworden und seine Analysen beeinflussten die Gestaltung von Politik im Bundeskanzleramt.

Im Laufe des Jahres 1990 – als sich die deutsch-deutsche Vereinigung abzeichnete – brachen die zuvor skizzierten Konfliktlinien jedoch erneut auf. Mit dem Ende der ›alten‹ Bundesrepublik erlangten die nach wie vor vorhandenen Assoziationen der Bundesrepublik mit dem ›Dritten Reich‹ im Ausland große politische Relevanz. Die Amerikaner standen im Großen und Ganzen der deutschen Einheit positiv gegenüber, doch unter amerikanisch-jüdischen Bürgern gab es zum Teil erhebliche Vorbehalte, die sich zum einen aus der Unkenntnis der Bundesrepublik und zum anderen aus der Erinnerung an den Holocaust speisten. So sprachen sich im Frühjahr 1990 nur 56% der jüdischen Amerikaner, aber 77% der Gesamtbevölkerung für das Ende der deutschen Zweistaatlichkeit aus.[191]

Amerikanisch-jüdische Organisationen zeigten wenig Enthusiasmus für ein wiedervereinigtes Deutschland und äußerten sich zurückhaltend bis skeptisch. Sie machten sich aber keine Illusionen, dass ihre Haltung bei der Planung der offiziellen Deutschlandpolitik der USA Berücksichtigung finden würde.[192] Doch warnten sie vor der Gefahr eines neuen deutschen Nationalismus und Militarismus und brachten ihre Besorgnis zum Ausdruck, ein vereinigtes Deutschland würde »Jewish concerns« – Entschädigungszahlungen, die Sicherheit Israels, Bekämpfung des Antisemitismus, Holocaust-Erinnerung – vernachlässigen.[193] Diese Sorgen betrafen vor allem die Bevölkerung der DDR, die neben einem Mangel an Demokratieerfahrung auch jahrzehntelanger antizionistischer Propaganda ausgesetzt gewesen sei.[194] Von einzelnen jüdischen Publizisten kam es zu heftiger Kritik an der Regierung Kohl und deren Vorhaben, die Einheit möglichst schnell zu erreichen.[195] Prominente Holocaustüberlebende, wie Elie Wiesel oder der Präsident des »American Gathering of Jewish Holocaust Survivors«, Benjamin Meed, sowie Vertreter von Organisationen, die sich explizit mit der NS-Vergangenheit befassten, wie zum Beispiel das »Simon Wiesenthal Center« in Los Angeles, warnten, dass sich das vereinigte Deutsch-

---

189 So Trosten in einem Vortrag bei der Mitgliederversammlung der Atlantik-Brücke. Vgl. William S. Trosten, Die jüdische Gemeinschaft der Vereinigten Staaten von Amerika – ein unterschätzter Aspekt der deutsch-amerikanischen Beziehungen, 13.6.1989, S. 8, BArch, B 136/34310 (Hervorhebung im Original).
190 The Armonk-Institute, Fact Sheet, ohne Datum, ACDP, 01-747, Armonk-Institute/William S. Trosten (1986–1990).
191 *Arthur M. Hanhardt, Jr.*, Die deutsche Vereinigung im Spiegelbild der amerikanischen veröffentlichten Meinung, in: *Wolfgang-Uwe Friedrich* (Hrsg.), Die USA und die Deutsche Frage. 1945–1990, Frankfurt am Main/New York 1991, S. 407–416, hier: S. 409.
192 Vgl. *Shafir*, Ambiguous Relations, S. 342f.
193 Vgl. etwa International Council of B'nai B'rith, German Unification. A Fact Sheet, 12.4.1990, USHMM IA, Accession No. 1998-011, Records Berenbaum, Box 36, und umfassend *Shafir*, Ambiguous Relations, S. 341–357.
194 International Council of B'nai B'rith, German Unification. A Fact Sheet, 12.4.1990, USHMM IA, Accession No. 1998-011, Records Berenbaum, Box 36.
195 Vgl. zum Beispiel *Charles Krauthammer*, The German Revival. The Berlin Wall Came Down Too Soon, in: The New Republic, 26.3.1990, S. 18–21.

land den »lessons of history« entziehen könnte.[196] Solche Verlautbarungen wurden im Kanzleramt genau registriert und Kohl schaltete sich persönlich ein. Er beschwerte sich heftig bei seinen Kritikern, wie wenig Beachtung das »Gute«, das in Deutschland seit 1949 geschehen sei, in den USA fände.[197]

Neben dieser – durch eine Indiskretion nicht ganz freiwillig öffentlich über die New York Times ausgetragenen[198] – Kontroverse mit dem einen Spektrum der amerikanisch-jüdischen Organisationen rückten die Bundesregierung und ihre Partner AJC und Armonk-Institute nun deutlich enger zusammen und intensivierten die Kooperation. Trosten sprach sich gegenüber dem Bundeskanzleramt eindeutig gegen die, wie er schrieb, »Propaganda und Agitation [...] besonders unter amerikanischen Juden« gegen die deutsche Einheit aus.[199] Dort wurde die Bereitschaft des Armonk-Institute, »jüdische Ängste gegenüber einer Wiedervereinigung Deutschlands« abzubauen als von »immensem Wert« für die Bundesrepublik beurteilt.[200] Das Armonk-Institute plante Symposien, Interventionen bei den amerikanischen Leitmedien und die Fortführung des Projekts zur Behandlung des Holocaust im Unterricht. Diese Initiativen waren für die Bundesregierung vor allem deshalb von so großem Wert, weil sie ganz offensichtlich von amerikanischen Juden selbst getragen wurden – und nicht als Interventionen der Bundesrepublik in jüdische Angelegenheiten verstanden werden konnten.

Auch das AJC brachte in einem »Statement on German Unification« einige Vorbehalte und Forderungen zum Ausdruck, war aber letztlich optimistisch, was die zukünftige Entwicklung der Bundesrepublik anging.[201] In Anbetracht der stabilen Demokratie und der bisherigen Bemühungen, sich mit der NS-Vergangenheit auseinanderzusetzen, hofften Vertreter der Organisation, diese Errungenschaften auch auf das Gebiet der DDR übertragen zu können, wo es unter anderem gravierende Defizite im Bildungsbereich und hinsichtlich der Gestaltung der Orte des ehemaligen NS-Terrors sowie offene Entschädigungsfragen gab.[202] Aber auch der ›alten‹ Bundesrepublik attestierte das AJC gewisse Defizite im Umgang mit dem Holocaust und stellte klar, dass es sich eine weitergehende Institutionalisierung der Holocaust-Erinnerung im vereinten Deutschland erhoffte. Damit untermauerte das AJC deutlich, dass sich die Meinung in den USA – vor allem unter amerikanischen Juden – über das ›neue‹ Deutschland vor allem am öffentlichen Umgang mit der Geschichte des Holocaust orientieren würde.[203]

---

196 Zitat aus einem Brief von Marvin Hier an Helmut Kohl, 9.2.1990, USHMM IA, Accession No. 1998-011, Records Berenbaum, Box 36. Vgl. auch Brief von Benjamin Meed an Helmut Kohl, 6.9.1990, ebd., und Interview mit Elie Wiesel, Deutschland ist noch nicht bereit, in: Der SPIEGEL, 1.1.1990, S. 105–110, sowie den Vortrag von Trosten bei der Mitgliederversammlung der Atlantik-Brücke 1990: William S. Trosten, Die jüdische Gemeinschaft von Amerika und die Vereinigung Deutschlands, 30.5.1990, ACDP, 01-747, Armonk-Institute/William S. Trosten (1986–1990).
197 Brief von Helmut Kohl an Marvin Hier, 28.2.1990, BArch, B 136/42205.
198 Marvin Hier hatte seinen Brief an Kohl vom 9. Februar 1990 an die Presse weitergeleitet, die Teile daraus veröffentlicht hatte. Vgl. ebd., und *Robert Pear*, Bush and Kohl on TV. Kohl Arrives in U.S. for Talks on Europe's Future, in: New York Times, 25.2.1990.
199 Brief von William S. Trosten an Michael Mertes, 13.1.1990, ACDP, 01-747, Armonk-Institute/William S. Trosten (1986–1990). Vgl. auch William S. Trosten, Die jüdische Gemeinschaft von Amerika und die Vereinigung Deutschlands, 30.5.1990, ebd.
200 Vorlage von Michael Mertes zur Unterrichtung an Helmut Kohl, 8.2.1990, ebd.
201 AJC, Statement on German Unification, 17.5.1990, AJC Archives, William Trosten Files, Box 226.
202 Vgl. *Shafir*, Ambiguous Relations, S. 319–337.
203 Vgl. *Frank Trommler*, Kultur als transatlantisches Spannungsfeld 1968–1990, in: *Junker*, Die USA und Deutschland, Bd. 2, S. 395–419, hier: S. 410f.

V. Fazit und Ausblick

Im Verlauf der 1980er Jahre änderte sich das Verhältnis zwischen der Bundesrepublik und amerikanischen Juden maßgeblich. Während zu Beginn der Dekade kaum offizielle Kontakte bestanden und die Beziehungen von einem deutlichen Antagonismus und von Vorurteilen geprägt waren, hatte die Bundesregierung am Ende des Jahrzehnts eine produktive Partnerschaft mit Vertretern einiger amerikanisch-jüdischer Organisationen hergestellt. Im Gegenzug eröffnete diese Partnerschaft Vertretern dieser Verbände die Möglichkeit, Einfluss auf die Gestaltung der bundesrepublikanischen Außenbeziehungen und auch auf den Umgang mit der NS-Vergangenheit in der Bundesrepublik zu nehmen. Die Sorge um die Wirkung der amerikanischen Holocaust-Erinnerung auf die deutsch-amerikanischen Beziehungen führte demnach – auch wenn das nicht immer so intendiert war – zur Intensivierung des Dialogs.[204] Für die deutsche Seite beinhaltete dieser Dialog die Suche nach einem neuen Kapitel der deutsch-jüdischen Beziehungen, nach einem Verhältnis, das nicht nur von einem »Holocaustsyndrom« geprägt sein sollte. Dass Bemühungen im Bereich der Memorialisierung des Holocaust in den USA und eine gegen die Bundesrepublik gerichtete ›Propaganda‹ nicht deckungsgleich waren, lernte die Regierung Kohl erst im Laufe der 1980er Jahre.

In den 1990er Jahren wurden die Kontakte zwischen dem AJC und der Bundesregierung weiter ausgebaut, und sowohl Kohl als auch andere hochrangige deutsche Politiker standen im regelmäßigen Austausch mit dem AJC und anderen amerikanisch-jüdischen Organisationen.[205] Zwar blieb das deutsch-amerikanisch/jüdische Verhältnis weiterhin nicht frei von Spannungen. Zu Konflikten kam es unter anderem über die Frage nach einer deutschen Beteiligung am Zweiten Golfkrieg (1990/91), anlässlich der ausländerfeindlichen Anschläge und Ausschreitungen nach der deutsch-deutschen Vereinigung und in Bezug auf Entschädigungsfragen. Auch stellten diejenigen jüdischen Organisationen, deren Hauptanliegen eine weitere Verankerung des Holocaust in der amerikanischen Gesellschaft war, aus deutscher Sicht weiterhin eine politische Bedrohung dar. Diese Befürchtung schwächte sich nur langsam ab. Beruhigend wirkte sich aber die Tatsache aus, dass die Bundesregierung auf das bewährte Netzwerk zwischen der KAS, der Atlantik-Brücke und dem AJC beziehungsweise dem Armonk-Institute zurückgreifen konnte, wenn auch die Versuche, die Gestaltung amerikanischer Holocaust-Museen oder -Gedenkstätten zu beeinflussen, fehlschlugen.[206] Auch die Atlantik-Brücke forcierte ihre Bemühungen in den 1990er Jahren und richtete im Jahr 1993 sogar einen »Ständigen Ausschuss für Deutsch-Amerikanisch/Jüdische Fragen« ein, in dem hochrangige Teilnehmer die – wie es hieß – »Holocaust-Industrie« in den USA als Problem für die Bundesrepublik diskutierten.[207] Um Abhilfe zu schaffen, dachte man nicht nur über Interventionen in den USA nach. Ein Teilnehmer lancierte den Vorschlag, auch in Deutschland ein Holocaust-Museum zu errichten, »als Symbol für die Bereitschaft, an dem zu arbeiten, was schlimm und schrecklich war in der deutschen Vergangenheit«.[208] Auch wenn nicht alle Teilnehmer des Ausschusses diesen Vorschlag be-

---

204 *Feldman*, The Jewish Role, S. 180–182.
205 Vgl. *Shafir*, Ambiguous Relations, S. 353f., sowie die detaillierte Liste der Treffen ebd., S. 456, Anm. 42.
206 *Eder*, Holocaust-Erinnerung, S. 127–134.
207 Protokoll der ersten Sitzung des Ständigen Ausschusses für Deutsch-Amerikanisch/Jüdische Fragen der Atlantik-Brücke e. V., 12.–13.2.1993, S. 16, ACDP, 01-747, Armonk-Institute/ William S. Trosten (1992–1995). Laut des Protokolls der Sitzung ging der Begriff »Holocaust-Industrie« auf den ehemaligen amerikanischen Botschafter Richard R. Burt zurück. Vgl. dazu das erst später veröffentlichte Buch von *Norman G. Finkelstein*, The Holocaust Industry. Reflections on the Exploitation of Jewish Suffering, New York 2000.
208 Protokoll der ersten Sitzung des Ständigen Ausschusses für Deutsch-Amerikanisch/Jüdische Fragen der Atlantik-Brücke e. V., 12.–13.2.1993, S. 14, ACDP, 01-747, Armonk-Institute/ William S. Trosten (1992–1995).

grüßten, ist er dennoch ein Indikator dafür, die langfristigen Wirkungen der bundesrepublikanischen Auseinandersetzung mit den amerikanischen Juden und insbesondere der amerikanischen Holocaust-Erinnerung auch in der Bundesrepublik zu suchen.

Die oftmals konfliktreichen Begegnungen mit amerikanisch-jüdischen Organisationen wirkten sich somit förderlich auf den Umgang mit der NS-Vergangenheit in der Bundesrepublik aus. Die Akteure der deutschen (Geschichts-)Politik, deren Argumentationsweisen zuweilen in den Bahnen klassischer antisemitischer Klischees verlaufen waren und die immer wieder suggeriert hatten, amerikanische Juden wollten sich nicht mit der Bundesrepublik versöhnen, erkannten, dass sie öffentliche Debatten über die NS-Vergangenheit in den USA nicht verhindern und nicht wirklich in ihrem Sinne beeinflussen konnten. Sie lernten in ihrer Auseinandersetzung mit amerikanisch-jüdischen Organisationen, dass ein eindeutiges Bekenntnis zur Verantwortung für die Verbrechen des NS-Regimes und insbesondere eine differenzierte Unterscheidung, wer genau zu den Opfern des NS-Regimes zählte, nach außen kommuniziert werden mussten, wollte man massiven Widerstand von Opfergruppen oder Organisationen, die in deren Namen sprachen, vermeiden. Jede Geste, die als Versuch der Relativierung gedeutet werden konnte, musste entsprechenden Widerstand hervorrufen. Dies hatte vor allem die Diskussion um Bitburg mit Nachdruck verdeutlicht. Aber auch an der Entwicklung der Erinnerungskultur der Bundesrepublik selbst lassen sich die Lehren aus den Auseinandersetzungen mit amerikanisch-jüdischen Organisationen ablesen. So wurde Kohl zu einem Befürworter des Denkmals für die ermordeten Juden Europas, wobei er hier – erstaunlich offen – die internationale Reputation der Bundesrepublik als Argument ins Feld führte.[209] Kurz vor Ende seiner Amtszeit äußerte er gegenüber der Frankfurter Allgemeinen Zeitung die Befürchtung, die Bundesrepublik würde »weltweit verflucht« werden[210], sollte das Mahnmal nicht gebaut werden, und behauptete in einem Interview mit dem Fernsehsender RTL sogar, dass »das Mahnmal endlich gebaut werden müsse, weil die amerikanische Ostküste dies erwarte«.[211] Ein offener Umgang in der Bundesrepublik mit der Erinnerung an den Holocaust würde demnach, so nahm Kohl nun an, das außenpolitische Ansehen der Bundesrepublik nicht schwächen, sondern – im Gegenteil – stärken.[212] Dass Kohl hier aber höchst problematisch argumentierte und ein nicht zu belegendes Bedrohungsszenario aufzeigte, legt die Vermutung nahe, dass sich zwar die politischen Strategien, nicht aber die Denk- und Argumentationsmuster gegenüber den amerikanisch-jüdischen Organisationen in und seit den 1980er Jahren gewandelt hatten.

---

209 *Kirsch*, Kern unseres Selbstverständnisses, S. 43f. Zur »Rolle des Bundeskanzlers« und auch zu seiner Absprache mit dem Vorsitzenden des Zentralrats der Juden in Deutschland, Ignaz Bubis, das Denkmal zu unterstützen, wenn letzterer sich nicht gegen den Umbau der Neuen Wache zur »Zentralen Gedenkstätte der Bundesrepublik Deutschland« aussprechen würde, vgl. *Kirsch*, Nationaler Mythos, S. 158–160, sowie *Hans-Georg Stavginski*, Das Holocaust-Denkmal. Der Streit um das »Denkmal für die ermordeten Juden Europas« in Berlin (1988–1999), Paderborn 2002, S. 65f.
210 *Patrick Bahners/Frank Schirrmacher*, Ich stelle mich in eine Ecke, wo man gar nicht bemerkt wird. Interview mit Helmut Kohl, in: Frankfurter Allgemeine Zeitung, 17.9.1998. Den Hinweis auf diesen Artikel entnehme ich *Kirsch*, Kern unseres Selbstverständnisses, S. 43f.
211 *Stefan Reinecke*, Der einzige mögliche Weg. Die Entscheidung über das Holocaust-Mahnmal ist verschoben, in: taz, 26.8.1998.
212 *Kirsch*, Kern unseres Selbstverständnisses, S. 43f.

Andreas Wirsching

Eine »Ära Kohl«?
Die widersprüchliche Signatur deutscher Regierungspolitik 1982–1998

I. EINE NEUE ÄRA?

Zwei Tage nach der Bundestagswahl vom 6. März 1983 trat Helmut Kohl im Vollgefühl seines Erfolgs vor die Bundestagsfraktion der CDU/CSU. Zwar war er »absolut dagegen«, in der Öffentlichkeit nun den Beginn einer »neuen Ära« zu proklamieren. »Das sollen die Geschichtsschreiber später über uns sagen. Aber wir sollten daran denken, ohne darüber zu reden, daß wir eine Ära begründen wollen.«[1] Wie die »Geschichtsschreiber« Kohls Bild langfristig in der Geschichte porträtieren werden, ist noch ungewiss; und ebenso unklar ist es, inwieweit von einer »Ära Kohl« gesprochen werden wird. Gilt als Kriterium die reine Dauer einer Amtszeit, so ist das Attribut unbestritten. Bemühen wir dagegen das Kriterium einer *neuen* historischen Periode, so wird das Bild unscharf. Und fragen wir nach den großen Errungenschaften einer »neuen Ära«, so überwiegen die Widersprüchlichkeiten.

Vordergründig freilich scheint das Urteil eindeutig zu sein: Mit der Wiedervereinigung und dem Quantensprung der europäischen Integration stehen gewaltige Monumente am Wege der Regierung Kohl. Und tatsächlich ist es ja unbestreitbar, dass der Weg der deutschen Geschichte am Ende der 1980er Jahre eine zuvor uneinsehbare Biegung einschlug und die Deutschen zu gänzlich unerwarteten Ufern führte. Allerdings sollte man der Versuchung widerstehen, die 1980er Jahre als bloße Vorgeschichte für die deutsche und europäische Einigung zu betrachten. Den *dramatis personae* mag sich eine solche Anschauung aufdrängen[2]; aber dies weist nur umso deutlicher auf die Fallstricke hin, die sich ergeben, wenn man die Geschichte der ›alten‹ Bundesrepublik ex post als lineare Fortschritts- und Erfolgsgeschichte wertet.[3] Auch schwerste Konflikte, an denen es ihr ja keineswegs mangelte, würden in einer solchen Perspektive verwischt werden, und die deutsche Geschichte des Jahres 1989/90 ordnete sich dann in jene große Bewegung ein, die den Westen insgesamt als Sieger im Kalten Krieg erscheinen ließ. Hatte nicht der Westen durch entschlossene Modernisierung und kluge Politik gleichsam sein historisches Ziel und einen weltgeschichtlichen Zenit erreicht? Die »Erfolgsgeschichte« der ›alten‹ Bundesrepublik, schon vor der Vereinigung intensiv gepflegt und als Kammerton für die Feiern zum 40-jährigen Bestehen im Mai 1989 dienend, schreibt dann gleichsam ihr triumphales Schlusskapitel. Auch Helmut Kohl selbst schwang sich auf der Welle des deutsch-deutschen Vereinigungsprozesses zu einer nie geahnten, gleichsam staatsmännischen Höhe empor. Das häufig diagnostizierte »Rätsel« seiner Macht, gar der historischen Statur, die der zuvor so viel gescholtene Kanzler nun erreichte, stellte sich daher umso nachdrücklicher – zu-

---

1 Fraktionssitzung vom 8. März 1983, S. 9, Archiv für Christlich-Demokratische Politik (ACDP), Sankt Augustin, 08-001-1070/1.
2 Vgl. etwa *Helmut Kohl*, Erinnerungen 1982–1990, München 2005, zum Beispiel im Vorwort, S. 11f.
3 Zu dieser Problematik vgl. *Andreas Rödder*, Das »Modell Deutschland« zwischen Erfolgsgeschichte und Verfallsdiagnose, in: VfZ 54, 2006, S. 345–363. Vgl. ferner die beiden neuesten großen Gesamtdarstellungen, mit jeweils unterschiedlicher Akzentsetzung, von *Edgar Wolfrum*, Die geglückte Demokratie. Geschichte der Bundesrepublik Deutschland von ihren Anfängen bis zur Gegenwart, Stuttgart 2006, und *Eckart Conze*, Die Suche nach Sicherheit. Eine Geschichte der Bundesrepublik Deutschland von 1949 bis in die Gegenwart, Berlin 2009.

mal wenn man sich daran erinnerte, dass seine Amtszeit anfangs durch Affären verdunkelt und seine Regierung bis Mitte 1989 den Tiefpunkt ihres öffentlichen Ansehens erreicht hatte. Tatsächlich bewahrheitete sich in Kohls persönlicher Geschichte die Weisheit des »unda fert nec regitur«: ein Wahlspruch Bismarcks, mit dem Kohl nun überraschenderweise gelegentlich verglichen wurde.

Aber über die weltgeschichtlichen Momente der Jahre 1989 bis 1991 hinaus gilt es den Blick zu weiten und für einen Augenblick die eher prosaischen Niederungen der gesellschaftlichen, wirtschaftlichen und finanziellen Herausforderungen ins Auge zu fassen. Denn das Urteil darüber, inwieweit 1982/83 eine neue »Ära« begründet wurde, muss sich auch aus der Analyse jener Prozesse und Entscheidungen schärfen lassen, die den Augenblick der Wiedervereinigung gleichsam untertunneln und unsere Gegenwart bestimmen. Wie im Folgenden exemplarisch auszuführen sein wird, überwiegt in dieser Hinsicht der Eindruck des Widersprüchlichen. Zwar unternahm die Regierung Kohl am Beginn ihrer Amtszeit eine große rhetorische Offensive, in der die dauerhafte und politisch grundsätzliche Lösung der drängenden haushalts- und gesellschaftspolitischen Probleme angekündigt wurde. Doch am Ende blieb die Regierung Kohl doch meist im Improvisierten, im pragmatischen Krisenmanagement oder auch in der bloßen Kontinuität ihrer sozial-liberalen Vorgängerin stecken. Entsprechend rasch und von inneren Widersprüchen gehemmt, stieß sie an die Grenzen politischer Gestaltungsfähigkeit. Ohne dass hier eine »Bilanz« gezogen werden soll, sei dies im Folgenden anhand zentraler Problemkomplexe diskutiert und exemplarisch verdeutlicht.[4] Die Konsequenzen schließlich, die sich aus der widersprüchlichen Signatur der 1980er Jahre einerseits und den Basisentscheidungen der Jahre 1989/90 andererseits ergaben, bestimmten maßgeblich die politische Agenda der 1990er Jahre.

II. WIDERSPRÜCHE DER »WENDE«

Bereits das mit großem diskursivem Aufwand inszenierte Schlagwort der »Wende«, mit dem Helmut Kohl der Machtwechsel von 1982/83 gelang, war in sich widersprüchlich. In ihren Ursprüngen ging das Konzept bis in die Mitte der 1970er Jahre zurück, als die oppositionelle Union nach neuen Konzepten suchte, um wieder mehrheitsfähig zu werden. Neben dem gebieterischen Ruf nach einer Sanierung der Staatsfinanzen bestand der gesellschaftspolitische Kern des Konzepts in dem Bestreben, einen neuen, auf »Modernität« verpflichteten Fortschrittsoptimismus hervorzubringen unter gleichzeitiger Rückbesinnung auf traditionelle Lebensweisen und wertkonservative Inhalte. Die Rhetorik der »Wende« forderte einerseits, den technischen Fortschritt zu akzeptieren und als Chance zu begreifen, den Kräften des Markts, der Eigeninitiative und des Wettbewerbs wieder stärkere Geltung zu verschaffen. Andererseits verpflichtete sie sich darauf, an einem christlichen Menschenbild festzuhalten, hiervon ausgehend gesellschaftliche Solidarität und geschichtliches Bewusstsein neu zu definieren, die Familie zu fördern und traditionelle Werte zu stärken. In eigentümlicher Weise verknüpfte das Konzept der »Wende« also christlich-konservative, liberal-fortschrittsorientierte und individualistische Elemente miteinander. Damit stellte es ein gleichsam progressiv-konservatives Gesellschaftskonzept zur Krisenbewältigung dar, das sich von älteren konservativen Positionen vor allem durch die Akzeptanz der modernen Massengesellschaft unterschied.

---

4 Für eine ausführlichere Behandlung der meisten im nachfolgenden entfalteten Problemhorizonte sowie mit weiteren Belegen vgl. *Andreas Wirsching*, Abschied vom Provisorium. Geschichte der Bundesrepublik Deutschland 1982–1990, München 2006. Für eine »Bilanz« vgl. *Göttrik Wewer* (Hrsg.), Bilanz der Ära Kohl. Christlich-liberale Politik in Deutschland 1982–1998, Opladen 1998, sowie *Günter Buchstab/Hans-Otto Kleinmann/Hanns Jürgen Küsters* (Hrsg.), Die Ära Kohl im Gespräch. Eine Zwischenbilanz, Köln/Weimar etc. 2010.

So unterschiedliche Inhalte die »Wende« also akzentuierte, so vielfältige Funktionen erfüllte sie auch. In ihrer Rhetorik versöhnte sie die wertkonservativen Schichten zumindest vorübergehend mit der unaufhaltsamen Pluralisierung und Individualisierung der Gesellschaft und bereitete sie damit auf den nächsten Modernisierungsschub vor. Der Wirtschaft versprach sie die Entfesselung der Marktkräfte und den Rückzug des (Sozial-)Staats auf seine Kernaufgaben. Den technokratischen, aufstiegsorientierten Eliten und auch jungen Menschen flößte sie neuen Optimismus ein und gab ihnen neue Ziele vor. Den verbreiteten Zukunftsängsten schließlich begegnete sie mit der Rede von Subsidiarität und Solidarität, kleinen Räumen und einer Gesellschaft mit »menschlichem Gesicht«.[5]

Dass die solcherart hochgesteckten Erwartungen in politische Enttäuschungen mündeten, ist nicht überraschend und war wahrscheinlich unvermeidlich. Jedenfalls holten die Widersprüche des »Wende«-Konzepts die Regierung Kohl und die CDU/CSU sehr bald nach ihrem Amtsantritt ein. Über Jahre hinweg gehörte es zum Lieblingssport der Journalisten, aber auch von Sympathisanten aus den eigenen Reihen, über den erreichten Stand der »Wende« zu räsonieren.[6] Vor allem aber konnte sich praktisch jeder in der christlich-liberalen Koalition auf irgendeinen Aspekt des »Wende«-Programms und der Regierungserklärungen vom Oktober 1982 und Mai 1983 berufen. Während Familienpolitiker wie Heiner Geißler forderten, bei der Förderung der Familien dürfe nicht »gekleckert«, sondern müsse »geklotzt« werden[7], insistierten die Finanzpolitiker auf dem Ziel der Haushaltsstabilität. Während die FDP und der Wirtschaftsflügel der Union nach weiteren Erleichterungen für die Unternehmen riefen, beharrten die Sozialausschüsse auf der »sozialen Symmetrie«. Und die liberalen Kräfte der Koalition, die mehr individuelle Eigenverantwortung und -vorsorge für dringend erforderlich hielten, wurden von jenen Unionspolitikern in die Schranken gewiesen, die nichts mehr fürchteten als den Vorwurf der Umverteilung von ›unten‹ nach ›oben‹ sowie des Abbaus des Sozialstaats. Zusammen mit der problematischen, weil föderal-partikular orientierten Rolle mächtiger »Landesfürsten« wie Lothar Späth, Ernst Albrecht und an der Spitze Franz Josef Strauß ließ diese Konstellation die Regierung Kohl als »Koalition des permanenten Streits« erscheinen.[8] Die anfangs klaren Mehrheiten in Bundestag und Bundesrat zerschellten somit an den koalitionsinternen Zwistigkeiten. Die Handlungsspielräume der Regierung Kohl engten sich entsprechend ein. Auch der Bundeskanzler selbst gewann Macht höchstens durch Moderation, nicht aber durch die aktive Ausgestaltung seiner Richtlinienkompetenz.

Es war daher nicht überraschend, wenngleich für viele wertkonservative Beobachter eine schwere Enttäuschung, dass die neue Regierung nach dem Wahlsieg von 1983 keinen Augenblick daran dachte, ein gesellschaftspolitisches Rollback zu versuchen. Zwar betrachteten viele in der Union die sozial-liberalen Reformen etwa des Ehescheidungs-, Abtreibungs- und Jugendstrafrechts der 1970er Jahre als die politisch induzierte Ursache moralischen Verfalls und gesellschaftlicher Krisenerscheinungen. Eine »Reform der Reform« blieb aber aus. Faktisch bedeutete dies, dass eine Mehrheit in der Koalition die beschleunigten Prozesse gesellschaftlicher Individualisierung und Liberalisierung, die sich hinter jenen Reformen verbargen, im Kern akzeptierte oder zumindest ihre Umkehr für politisch nicht durchsetzbar hielt.[9] Ein wesentlicher Grund hierfür lag natürlich in der

---

5 So die Regierungserklärung Kohls vor dem Deutschen Bundestag am 13. Oktober 1982, in: *Helmut Kohl*, Reden 1982–1984, Bonn 1984, S. 35.
6 Vgl. hierzu *Andreas Wirsching*, Die mediale »Konstruktion« der Politik und die »Wende« von 1982/83, in: Historisch-politische Mitteilungen 9, 2002, S. 127–139.
7 Heiner Geißler, in: Fraktionssitzung vom 3. April 1984, S. 47, ACDP, 08-001-1072/1.
8 *Robert Leicht*, Eine Koalition des permanenten Streits, in: Süddeutsche Zeitung, 5.7.1983.
9 Die Frage, inwieweit die 1970er Jahre als ökonomischer und gesellschaftspolitischer Drehpunkt der neuesten Geschichte gelten können, ist in letzter Zeit intensiv diskutiert worden. Vgl. unter anderem: *Anselm Doering-Manteuffel/Lutz Raphael*, Nach dem Boom. Perspektiven auf die Zeit-

kontinuierlichen Regierungsbeteiligung der FDP, die jene Reformen mitgetragen hatte und weiterhin befürwortete. Der häufig extrem schrill ausgetragene Gegensatz zwischen der FDP und den wertkonservativen Kräften in der Union, insbesondere in der CSU, markierte denn auch eine der zentralen Konfliktlinien in der Koalition, ja bis zum Tod von Franz Josef Strauß am 3. Oktober 1988 geradezu einen eingebauten »Störfaktor«.

III. Gesellschaftlicher Wandel und politische Steuerung

Es ist mehr als fraglich, ob eine – im März 1983 ja nur knapp verpasste – absolute Mehrheit der CDU/CSU eine andere Politik erlaubt hätte. Viel zu sehr hatte sich die Entwicklung der bundesrepublikanischen Gesellschaft bereits in ein allgemeines und irreversibles westliches Muster eingefügt, das auf der Entstandardisierung lange etablierter Lebenslauf- und Verhaltensformen beruhte. Als Folge des Zusammenwirkens des forcierten Strukturwandels hin zur postindustriellen Dienstleistungsgesellschaft, der Expansion der Bildung, des Wechsels der Generationen und last, but not least eines präzedenzlos gesteigerten Wohlstands veränderten sich seit den 1970er Jahren die Maßstäbe individueller Lebensgestaltung entscheidend.[10] Sowohl der männliche Normalerwerbslebenslauf als auch der weibliche, ehe- und familienzentrierte Lebenslauf verloren ihre normativ-kulturelle Bindekraft und unterlagen einem umfassenden »Wertewandel«. Dieser betraf allerdings weniger eine häufig behauptete, vermeintliche Hinwendung zu »postmateriellen« Werten als eine veränderte, aber zugleich durchaus wohlstandsbasierte Ich-Umwelt-Relation. Insbesondere Helmut Klages hat eine solche Verschiebung von »Pflicht- und Akzeptanzwerten zu Selbstentfaltungswerten« hervorgehoben.[11] Und sie bestätigte sich bei den Angehörigen der jüngeren Generation, unter denen eine neue »Wertkombination aus Hedonismus und Materialismus« erwuchs: mit einer grundlegenden Orientierung auf individuellem Wohlergehen, »Spaß am Leben, der jedoch auf materiell gut gepolsterter Basis beruhen sollte«.[12] Höhere Bildung und gewachsener Wohlstand hatten hierfür ebenso die Bedingungen bereitgestellt wie die beschleunigte Entindustrialisierung und »Tertiarisierung« der Arbeitswelt. Verantwortungsvolle, »sinnerfüllte« und kreative Erwerbsarbeit – die sich hieraus ergebenden Verdienst- und Karrierechancen mit eingeschlossen – wurde daher auf neue Weise und nicht zuletzt auch für Frauen zu Vehikeln der Identitätsfindung

---

geschichte seit 1970, Göttingen 2008; *Konrad H. Jarausch* (Hrsg.), Das Ende der Zuversicht? Die siebziger Jahre als Geschichte, Göttingen 2008; *Thomas Raithel/Andreas Rödder/Andreas Wirsching* (Hrsg.), Auf dem Weg in eine neue Moderne? Die Bundesrepublik Deutschland in den siebziger und achtziger Jahren, München 2009. Vgl. auch die Beiträge im Themenheft »European Responses to the Crisis of the 1970s and 1980s«, in: Journal of Modern European History 9, 2011, H. 2, hrsg. von *Andreas Wirsching/Marc Lazar*.

10 *Andreas Wirsching*, Erwerbsbiographien und Privatheitsformen: Die Entstandardisierung von Lebensläufen, in: *Raithel/Rödder/Wirsching*, Auf dem Weg in eine neue Moderne, S. 83–97.

11 *Helmut Klages*, Wertorientierungen im Wandel. Rückblick, Gegenwartsanalyse, Prognosen, Frankfurt am Main/New York 1985, S. 17. Zusammenfassend *ders.*, Traditionsbruch als Herausforderung. Perspektiven der Wertewandelsgesellschaft, Frankfurt am Main/New York 1993.

12 *Willi Herbert*, Wertwandel in den 80er Jahren: Entwicklung eines neuen Wertmusters?, in: *Heinz Otto Luthe/Heiner Meulemann* (Hrsg.), Wertwandel – Faktum oder Fiktion? Bestandsaufnahmen und Diagnosen aus kultursoziologischer Sicht, Frankfurt am Main/New York 1988, S. 140–160, hier S. 152. Zur Diskussion vgl. die Publikationen des Mainzer Projekts »Historische Wertewandelsforschung«, insbesondere *Andreas Rödder/Wolfgang Elz* (Hrsg.), Alte Werte, neue Werte: Schlaglichter des Wertewandels, Göttingen 2008, sowie zuletzt *Bernhard Dietz/Christopher Neumaier*, Vom Nutzen der Sozialwissenschaften für die Zeitgeschichte. Werte und Wertewandel als Gegenstand historischer Forschung, in: VfZ 60, 2012, S. 293–304.

und »Selbstverwirklichung«.[13] Wenn daher immer häufiger von der »Krise der Arbeitsgesellschaft« die Rede war, dann bedeutete dies keineswegs, dass die Erwerbsarbeit nicht gleichwohl das bestimmende Eingangstor zur individuellen Teilhabe an Fortschritt, Konsum und Kultur bildete.[14]

In fortbestehender Abhängigkeit von der funktionierenden Arbeitsgesellschaft entwickelte sich die Bundesrepublik allerdings in beispiellos dynamischer Weise zu einer Freizeit- und Konsumgesellschaft. Auf dem expandierenden Markt des zweckfreien und deshalb ästhetisierten, zugleich aber massenkulturell uniformierten Freizeitkonsums ging es nicht mehr darum, einen materiellen Gebrauchs- oder gar Subsistenzwert zu erwerben. Entscheidend war vielmehr der »Erlebniswert«. Sein Einkauf entsprang der in der Gesellschaft immer breiter Platz greifenden, fundamentalen »Erlebnisorientierung« als unmittelbarster Form der Suche nach Glück.[15] Dies geschah in Spiel- und Konzerthallen ebenso wie in Video- und Diskotheken; beim Einkauf von Luxusgütern ebenso wie von ästhetisiert eingerichteten Küchen und Badezimmern; in Form von Medienkonsum oder Ausgleichssport; als Kurztrip übers Wochenende oder als Pauschalurlaub. Im Zuge einer deutlichen Wohlstandssteigerung in der zweiten Hälfte der 1980er Jahre erfuhren alle diese Märkte eine nie da gewesene Expansion. Verbesserungen und Optionssteigerungen in Konsum, Freizeit und Alltag ermöglichten neue Formen der Individualität sowie der Identitätskonstruktion und stellten, wie eine Umfrage des Allensbach Instituts im Jahr 1990 nahelegte, für viele Bundesbürger eine Quelle konkreter Lebenszufriedenheit dar. Tatsächlich waren hier während der 1980er Jahre »unsere Wünsche und Hoffnungen fast gegen alle Erwartungen übertroffen« worden.[16]

Dieser im weitesten Sinne als Individualisierung und Wertewandel zu beschreibende gesellschaftlich-kulturelle Fundamentalprozess war durch keine demokratisch legitimierte Politik und auch durch keine wie auch immer geartete »Wende« umzukehren. Vielmehr warf er, wenn auch in neuer Form, die uralte Frage nach der Verhältnisbestimmung zwischen Individualität und Solidarität, zwischen Einzelinteresse und Allgemeininteresse auf. Und hierauf hatte die Regierung Kohl/Genscher trotz aller Rhetorik nur widersprüchliche Antworten anzubieten.

Die erste und im Grunde einzige »werthaltige« Antwort war die Förderung der Familie. Eine aktive Familienförderungspolitik war – so lautete die häufig wiederholte Selbstvergewisserung – das »Markenzeichen« der Union.[17] Mit einer konsequenten Familienförderungspolitik sollte tatsächlich eine »gesellschaftliche Wende« eingeleitet und mehrere Problemfelder gleichzeitig in Angriff genommen werden.[18] Insbesondere kam der Familie im Konzept des subsidiär strukturierten Sozialstaats eine gesellschaftliche Schlüsselfunktion zu. Allein in der Familie konnten demzufolge Selbstvertrauen erworben, Leis-

---

13 Vgl. hierzu: *Martin Baethge*, Arbeit, Gesellschaft, Identität – Zur zunehmenden normativen Subjektivierung der Arbeit, in: Soziale Welt 42, 1991, S. 6–19; *Martin Heidenreich*, Die subjektive Modernisierung fortgeschrittener Arbeitsgesellschaften, in: Soziale Welt 47, 1996, S. 24–45.
14 Vgl. *Joachim Matthes* (Hrsg.), Krise der Arbeitsgesellschaft? Verhandlungen des 21. Deutschen Soziologentages in Bamberg 1982, Frankfurt am Main 1983.
15 *Gerhard Schulze*, Die Erlebnisgesellschaft. Kultursoziologie der Gegenwart, Frankfurt am Main 1992, S. 14.
16 Manche Erwartungen und Wünsche wurden weit übertroffen. Die achtziger Jahre im Urteil der Zeitgenossen, in: Allensbacher Berichte 1990, Nr. 5, S. 2. Zur steigenden Bedeutung des Konsums als Vehikel individueller Identitätskonstruktion vgl. *Andreas Wirsching*, Konsum statt Arbeit? Zum Wandel von Individualität in der modernen Massengesellschaft, in: VfZ 57, 2009, S. 171–199.
17 Fraktionssitzung vom 3. April 1984, S. 47 (Heiner Geißler), ACDP, 08-001-1072/1; Fraktionssitzung vom 5. November 1985, S. 44 (Helmut Kohl), ACDP, 08-001-1075/1.
18 Neue Wege in der Familienpolitik. Eine Zwischenbilanz der Kommission Familienlastenausgleich der CDU/CSU-Bundestagsfraktion, in: Deutschland-Union-Dienst, Nr. 1, 2.1.1984, S. 4.

tungsbereitschaft entwickelt und Solidarität eingeübt werden – kulturelles Kapital, das zur unentbehrlichen Grundausstattung des Sozialstaats gehörte. Mit der Familie wurde, so Norbert Blüm, die »erste Instanz in Sachen Solidarität« gestärkt.[19]

Wer ferner von Familie sprach, dachte meist auch an Kinder; die Familie zu fördern, hieß zugleich, ihre Reproduktionsfunktion zu steigern und damit die demografische Zukunft des Sozialstaats zu sichern. Mit ihrem Anliegen reagierten sie, so nahmen die Familienpolitiker für sich in Anspruch, auf die zwar schleichende, auf lange Sicht aber gravierendste, ja lebensbedrohliche Krise des Sozialstaats. Schien es sich hier nicht tatsächlich um ein schlagendes Beispiel dafür zu handeln, wie der traditionelle Sozialstaat seine eigenen Probleme erzeugte? Denn produzierte er nicht mit seiner einseitigen Privilegierung der Erwerbstätigkeit eine schwerwiegende materielle Benachteiligung der Familien? Wer also in der Familienpolitik ein zukunftsentscheidendes Handlungsfeld erblickte, wollte auf zwei Ebenen zugleich die richtigen Weichen stellen: zum einen im Hinblick auf die langfristige demografische Überlebensfähigkeit der deutschen Gesellschaft, zum anderen aber auch im Hinblick auf ihre sozialmoralische Kohäsion.

Tatsächlich war die Familienpolitik derjenige Bereich, in dem die Regierung Kohl am klarsten eine eigenständige gesellschaftspolitische Programmatik erkennen ließ, die auch in eine relativ konsequente Gesetzgebung gegossen wurde.[20] Deren unbestrittenes ›Prunkstück‹ war das zum 1. Januar 1985 in Kraft tretende Bundeserziehungsgeldgesetz. Neben substanziellen direkten Beihilfen – anfangs handelte es sich um 600 DM monatlich – enthielt das Gesetzeswerk mit der Beschäftigungsgarantie für junge Mütter eine echte familien- und sozialpolitische Innovation. Gleiches galt für die 1989 eingeführte begrenzte Anrechnung von Erziehungsleistungen für die Rentenversicherung. Erstmals in der Geschichte des deutschen Sozialstaats wurde die Erziehung von Kindern, freilich in sehr begrenztem Umfang, der Erwerbstätigkeit sozialrechtlich gleichgestellt.

Doch so bestechend das integrierte und in seinen materiellen Leistungen immer wieder aufgestockte Konzept von Erziehungsgeld, Erziehungsurlaub und Anerkennung von Rentenansprüchen auch wirken mochte: Hielt es in der gesellschaftlichen Praxis, was es in der Theorie versprach? Zweifel waren in dem Maße angebracht, in dem die christlich-liberale Familienpolitik einem letztlich traditionellen Familienbild verpflichtet blieb. Sie sollte primär die Leistung der Frau als Mutter, aber auch die »Leistung des Alleinverdieners« honorieren und auf diese Weise das »Ja zum Kind« erleichtern.[21] Äquivalenz zwischen (weiblicher) Erwerbsarbeit und Kindererziehung sollte im weiblichen Lebenslauf konsekutiv, nicht aber gleichzeitig hergestellt werden. Eine echte Wahlfreiheit für Frauen bestand daher kaum – sie hätte massive Investitionen in außerfamiliäre Betreuungseinrichtungen für Klein(st)kinder erfordert.

Vorstöße in dieser Richtung trafen in der CDU/CSU jedoch auf rigide Ablehnung. Als die FDP 1989 einen Steuerfreibetrag für Kinderbetreuungshilfen durchsetzte, provozierte sie damit in der Bundestagsfraktion der Union geradezu blanke Wut. Eine Familienhilfe zu subventionieren galt hier als »unausgegorener Kram« und »einfach Quatsch«, »weil z.B. die gnädige Frau arbeiten geht«.[22] Und als kurz darauf die neue Bundesfamilienministerin

---

19 *Norbert Blüm*, Gibt es Alternativen zum Sozialstaat? Aus der Sicht der CDU, in: *Peter Koslowski/Philipp Kreuzer/Reinhard Löw* (Hrsg.), Chancen und Grenzen des Sozialstaats. Staatstheorie – Politische Ökonomie – Politik, Tübingen 1983, S. 229–237, hier: S. 236f.
20 *Ursula Münch/Walter Hornstein*, Familien-, Jugend- und Altenpolitik, in: *Manfred G. Schmidt* (Hrsg.), Geschichte der Sozialpolitik in Deutschland seit 1945, Bd. 7: 1982–1989 Bundesrepublik Deutschland. Finanzielle Konsolidierung und institutionelle Reform, Baden-Baden 2005, S. 517–537.
21 Fraktionssitzung vom 14. März 1989, S. 87 (Herbert Werner), ACDP, 08-001-1089/1.
22 Fraktionssitzung vom 14. März 1989, S. 85 (Werner), ACDP, 08-001-1089/1; ebd. S. 115f. (Gerhard Pfeffermann).

Ursula Lehr vorschlug, Kindergartenplätze für Zweijährige einzurichten, entfachte sie unter ihren Parteifreunden einen Sturm der Entrüstung. Insbesondere in der CSU-Zentrale verfolgte man die »Höherbewertung der Berufstätigkeit der Frau gegenüber der Kindererziehung« ausgesprochen feindselig. Der Bayernkurier stellte die Frage, ob es in Bonn nun zur »herrschenden Lehre« geworden sei, Mütter gegen ihre eigene bessere Überzeugung »zur Frühablieferung ihrer Zweijährigen, vielleicht auch noch in Windeln« zu ermuntern.[23] Schließlich sah sich auch der Kanzler zur Intervention herausgefordert.»Nach Ihrer ›Kindergartenäußerung‹«, so informierte er die neue Familienministerin, »erreichten mich viele Briefe aus der Partei, die dieses Thema mit äußerster Verbitterung behandeln. Ich halte es für dringend geboten, daß Sie möglichst rasch in einer überlegten und ruhigen Weise dazu Stellung nehmen, damit wir bald eine entsprechende Beruhigung erreichen.«[24]

Die Grenzen christlich-liberaler Familienpolitik waren damit klar benannt. Sie betrafen nicht nur die fortbestehenden materiellen Defizite des Familienlastenausgleichs, die das Bundesverfassungsgericht in den 1990er Jahren mehrfach herausstellen sollte. Weitaus mehr noch stellte sich die Frage, ob die durchaus kostspieligen familienpolitischen Leistungen der 1980er Jahre nicht letztlich doch dem ›Zeitgeist‹ widersprachen und daher in ihrer Wirkung verpufften. Für einen Großteil vor allem der gut ausgebildeten 20- bis 40-jährigen Frauen hatte die biografische Zentralinstanz »Familie« schon seit Längerem ihre unbestrittene Normativität eingebüßt. Die von vielen erstrebte Arbeitsmarktmobilität sowie Familien- und Erziehungsarbeit folgten auch in den 1980er Jahren zwei konträren Logiken. Denn dass Kindererziehung und vollmobile Teilhabe am Markt im Kern inkompatible Entwürfe blieben, vermochte selbst keine zusätzliche Sozialleistung aus der Welt zu schaffen. Die Alternative, nämlich die Betreuungsmöglichkeiten für Kleinkinder auszubauen, wurde aus grundsätzlichen, nicht aber aus finanziellen Erwägungen abgelehnt. Tatsächlich wäre in der zweiten Hälfte der 1980er Jahre das Geld für den Ausbau der entsprechenden Infrastruktur da gewesen, aber es mangelte am politischen Willen – in späteren Jahren kristallisierte sich zwar der politische Wille auch in den Unionsparteien heraus, aber es mangelte am Geld.

Insofern bleibt die Bilanz der christdemokratischen Familienpolitik der 1980er Jahre widersprüchlich. Einerseits stellte sie eine enorme und im Kontext der Haushaltszwänge wohl kaum zu steigernde Anstrengung dar, die materielle Situation der Familien mit Kindern zu verbessern. Aber die einflussreiche Lobby der Familienpolitiker überschätzte die Steuerungsfähigkeiten der Politik in dieser Hinsicht. Steuerliche Entlastungen und direkte Subventionen zusammengenommen, betrug das gesamte Transfervolumen zugunsten der Familien während der 1980er Jahre sicher einen dreistelligen Milliardenbetrag.[25] Mit ihm versuchte die Regierung Kohl, die gesellschaftlich akzeptierte Äquivalenz zwischen Kindererziehung und Erwerbstätigkeit durchzusetzen und zugleich den negativen Geburtentrend positiv zu beeinflussen. Dass beides als gescheitert betrachtet werden muss, konstatierte Helmut Kohl rückblickend selbst. Einerseits sei, so hob er zu Recht hervor, nie zuvor in der Bundesrepublik »für Familien mehr getan worden als in unseren ersten Regierungsjahren bis 1989«. Andererseits

»wurden damals auch mit meiner Zustimmung Entscheidungen in der Sozialpolitik getroffen, die sich wegen der damit verbundenen finanziellen Belastungen als falsch erwiesen haben. Wir woll-

---

23 *Wilfried Scharnagl*, Ansichten einer Ministerin, in: Bayernkurier, 28.1.1989. Vgl. auch: Süddeutsche Zeitung, 26.1.1989; Die Welt, 10.2.1989.
24 Helmut Kohl an Ursula Lehr, 8.2.1989, Privatbesitz Professor Ursula Lehr. Ich danke Frau Lehr für die Überlassung des Schreibens.
25 Dies geht aus den exemplarischen Berechnungen der Transfervolumina für die Jahre 1986 bis 1988 hervor, bei *Alois Oberhauser*, Familie und Haushalt als Transferempfänger. Situation, Mängel und Reformansätze, Frankfurt am Main/New York 1989, hier insbesondere der Anhang, S. 153–324.

ten mit einer aktiven Familienpolitik die Entscheidung junger Eltern für ein Kind erleichtern und langfristig die Geburtenentwicklung fördern. Leider blieb der erhoffte Erfolg weitgehend aus.«[26]

IV. MODERNISIERUNGSPOLITIK UND ›ZEITGEIST‹

Es lässt sich also festhalten, dass die Familienpolitik der Regierung Kohl die Bedürfnisse einer Gesellschaft verfehlte, die sich im vollen Umbruch der Mentalitäten und Werte, Lebensläufe und Geschlechterrollen befand. Zugleich trug die Bonner Politik aber nachhaltig dazu bei, eben jene Prozesse der Individualisierung zu fördern und zu beschleunigen, die sie in der Familienpolitik beklagte. Jene Elemente des »Wende«-Konzepts, die als liberal oder »neo-liberal« gekennzeichnet werden können, spielten hierbei die Schlüsselrolle. Politisch konkret kam dies vor allem in den medien-, technologie- und privatisierungspolitischen Unternehmungen der Bundesregierung zum Ausdruck.

Sie folgten dem ›Zeitgeist‹ und prägten ihn und nicht zufällig wurden sie unter allen innenpolitischen Prioritäten der Regierung Kohl/Genscher am zielstrebigsten und per Saldo am erfolgreichsten in Angriff genommen und in konkrete Maßnahmen umgesetzt. Kritische Einwände im Hinblick auf die langfristigen Wirkungen – ob nicht in letzter Konsequenz die öffentliche Verantwortungslosigkeit zugunsten des privatisierten Interesses gefördert werde – schob die Regierung entschlossen beiseite. Tatsächlich bildeten die expandierenden Bereiche der Medien und Neuen Technologien, ferner die mit ihnen eng verbundenen Finanzdienstleistungen und Unternehmensberatungen, schließlich auch Werbung und Tourismus die entscheidenden ökonomischen Wachstumsmotoren der modernen Dienstleistungsgesellschaft. Und sie vor allem stellten die kulturellen Freiräume und materiellen Überschusspotenziale für die genannten Fundamentalprozesse der Individualisierung und »Selbstverwirklichung« zur Verfügung.

So trieb die neue Regierung unmittelbar nach dem Regierungswechsel von 1982 schon länger bestehende Pläne zur Privatisierung des Rundfunks voran. Beginnend mit dem medienpolitischen »Urknall« – dem Start des ersten Privatfernsehens am 1. Januar 1984 in Ludwigshafen –, wurde das duale System bis Ende der 1980er Jahre hergestellt.[27] Zum größten privatisierungspolitischen Projekt der 1980er Jahre geriet indes die Reform der Deutschen Bundespost. Die rasante Entwicklung in der Nachrichten- und Telekommunikationstechnologie unterminierte die klassischen Argumente zugunsten eines staatlichen Monopols. Computerhersteller wie Nixdorf, das FDP-geführte Bundeswirtschaftsministerium sowie wirtschaftsnahe Koalitionspolitiker wiesen auf die Dynamik der Branche hin, der große Zukunftsaussichten bescheinigt wurden. Weitere Liberalisierungsimpulse gingen vom Ausland aus, insbesondere von den USA, Japan und Großbritannien, wo der Telekommunikationsmarkt schon zuvor privaten Anbietern geöffnet worden war. Auch die Europäische Kommission drängte auf entsprechende Entstaatlichungsmaßnahmen.[28] Zuvor freilich implementierte die Deutsche Bundespost noch den technischen Fortschritt, indem sie mit Milliardeninvestitionen die Infrastruktur bereitstellte, die eine moderne Nachrichten- und Datenübertragung erforderte.

In den ersten Jahren der Regierung Kohl blieben alle diese Politikfelder hoch umstritten. So blieb die »Verkabelung« der Bundesrepublik lange Zeit ein Zankapfel zwischen

---

26 *Kohl*, Erinnerungen 1982–1990, S. 799 und 335f.
27 Näheres hierzu in *Wirsching*, Abschied vom Provisorium, S. 447–449. Vgl. auch den Beitrag von Frank Bösch in diesem Band.
28 Vgl. *Eva-Maria Ritter*, Deutsche Telekommunikationspolitik 1989–2003. Aufbruch zu mehr Wettbewerb. Ein Beispiel für wirtschaftliche Strukturreformen, Düsseldorf 2004, S. 27–40. Vgl. insgesamt zudem *Peter Humphreys*, The Politics of Regulatory Reform in German Telecommunications, in: *Kenneth H. F. Dyson* (Hrsg.), The Politics of German Regulation, Dartmouth 1992, S. 105–135. Vgl. auch den Beitrag von Gabriele Metzler in diesem Band.

Regierung und Opposition. Auch gegen die Privatisierung des Rundfunks erhob sich der Chor der kulturkritischen und marktskeptischen Einwände. Nicht nur die SPD, sondern auch mehrere Bürgerinitiativen wandten sich gegen die »Kommerzialisierung« von Hörfunk und Fernsehen. Kommerzieller Rundfunk spreche den Zuschauer in erster Linie als Käufer und Konsumenten an und werde daher eine »Spirale der Programmverflachung« herbeiführen.[29]

Lautstärker noch brachen sich die Sorgen vor einer blinden, allein der instrumentellen Vernunft verpflichteten Auslieferung immer weiterer Lebensbereiche an die Logik der Neuen Technologien Bahn. Zahlreich ertönten die Stimmen, die vor einer durch den Computer durchrationalisierten und damit freiheitsvernichtenden Welt warnten. Drohte nicht Max Webers »stahlhartem Gehäuse« des modernen Kapitalismus ein »elektronisches Gehäuse der Hörigkeit« zu folgen?[30] Würden nicht in der »schönen elektronischen Welt« und im Zuge einer EDV-gestützten Selbstenteignung individuelle Kreativität, menschliches Denkvermögen und personelle Selbstbestimmung einer umfassenden Taylorisierung und dem Diktat der ökonomischen Verwertbarkeit zu weichen haben?[31] Solche kritischen Einwendungen prägten die Diskussionen des »Orwell«-Jahres 1984 und verliehen den breiteren Protestbewegungen etwa gegen die Volkszählung im Jahr 1983 intellektuellen Rückenwind.

Gegenüber dem Modernisierungsanliegen der Bundesregierung gewannen solche Stimmen indes keinerlei Diskursmacht. In deren Umfeld dominierten andere Stichwortgeber wie zum Beispiel der Münchner Professor für Betriebswirtschaft, Eberhard Witte, der vor dem Abstieg der Bundesrepublik in ein »medienpolitisches Albanien« warnte oder der Informatiker Klaus Haefner, der das deutsche Bildungswesen auf das Ziel einer »human computerisierten Gesellschaft« verpflichten wollte.[32] 1983 spielte er eine wichtige Rolle in der einflussreichen, von der baden-württembergischen Landesregierung eingesetzten Kommission »Zukunftsperspektiven gesellschaftlicher Entwicklungen«.[33]

Wenn man also in der bundesrepublikanischen Geschichte der 1980er Jahre nach einer Zäsur sucht, so wird man sie in der Mitte der Dekade finden. Unverhofft ging die Zeit der Skepsis, die durch Ängste vor ökologischen und nuklearen Katastrophen gekennzeichnet war, in eine Periode des Optimismus über. Tatsächlich etablierte sich in den 1980er Jahren trotz aller »Neuen Unübersichtlichkeit«, gleichsam im Schoße der »Postmoderne«

---

29 Aktionsprogramm der SPD zu den neuen Techniken im Medienbereich. Kurzfassung, in: Media Perspektiven 1981, S. 343–345, das Zitat S. 343. *Jens Hertwig/Detlef Pieper*, Die Anti-Kabel-Initiativen in der Bundesrepublik, in: Neue Medien. Bis uns Hören und Sehen vergeht? Dokumentation einer Tagung am 20. März 1982 in München, in: liberales forum 27, [Februar 1983], S. 113–116.
30 *Claus Koch*, Jenseits der Gesellschaft. Die Zukunft im elektronischen Gehäuse, in: Merkur 37, 1983, S. 737–746, hier: S. 741.
31 *Norbert Müllert* (Hrsg.), Schöne elektronische Welt. Computer – Technik der totalen Kontrolle, Reinbek 1982; *Ulrich Briefs*, Informationstechnologien und Zukunft der Arbeit. Ein politisches Handbuch zu Mikroelektronik und Computertechnik, Köln 1984, insb. S. 28–77; *Walter Volpert*, Das Ende der Kopfarbeit oder: Daniel Düsentrieb enteignet sich selbst, in: Psychologie heute 11, 1984, H. 10, S. 29–39.
32 Zit. nach: *Rüdiger Steinmetz*, Initiativen und Durchsetzung privat-kommerziellen Rundfunks, in: *Jürgen Wilke* (Hrsg.), Mediengeschichte der Bundesrepublik Deutschland, Köln/Weimar etc. 1999, S. 167–191, hier: S. 178 (Witte); *Klaus Haefner*, Mensch und Computer im Jahre 2000. Ökonomie und Politik für eine human computerisierte Gesellschaft, Basel/Boston etc. 1984.
33 Bericht der Kommission »Zukunftsperspektiven gesellschaftlicher Entwicklungen«, erstellt im Auftrag der Landesregierung von Baden-Württemberg, Stuttgart 1983. Vgl. hier insbesondere das von Haefner mitverantwortete Kapitel IV: Humanität, Flexibilität, Produktivität: Neue Chancen in der Arbeitswelt, S. 148–191.

und von vielen zunächst unbemerkt, ein neues Fortschrittsdenken, das sich bald als weitgehend kritikresistent erwies. Seine Vertreter in Politik, Wirtschaft und Wissenschaft versprachen sich von der gleichzeitigen und zielgerichtet optimierten Steuerung technischer Entwicklung und menschlicher Bildung ökonomisches Wachstum und Wohlstandsmehrung. Beständig war die Rede von der »Modernisierung« Deutschlands, von der Privatisierung und Entstaatlichung, den Freiräumen, die es der Leistung des Einzelnen und dem Wettbewerb der Vielen zu schaffen gelte. All dies fügte sich nahtlos in einen ›Zeitgeist‹ ein, der individuellen Erfolg und wirtschaftlichen Profit, »Kreativität« und »Selbstverwirklichung« zu zentralen, wenn nicht zu den wichtigsten gesellschaftlichen Werten erklärte.

Die damit aufgestellten soziokulturellen Normen veränderten die gesellschaftliche Atmosphäre in der Bundesrepublik weitaus nachhaltiger als die familienpolitischen Versuche der Union. Ihnen entsprang die Konstruktion neuer sozialer »Typen«, die den neuen ›Zeitgeist‹ am überzeugendsten verkörperten. Dies betraf den »Young Urban Professional« ebenso wie die »Karrierefrau«, den erfolgreichen Manager ebenso wie den allseitig gebildeten Consultant als Vertreter einer neuen Elite. Nicht wenige derer, die das neue Fortschrittsparadigma nach oben spülte, suchten und gewannen Öffentlichkeit, rüsteten sich für ihre Rolle als neue »Sinnstifter« und kulturelle Stichwortgeber. Ihr biografisch erprobtes Credo lautete Wettbewerb und Wachstum, Innovation und Kreativität, Effizienz und Erfolg; zugleich repräsentierten sie die Ästhetik der Autonomie und der Selbstverwirklichung. Im Einklang mit der Bundesregierung, die den neuen Fortschrittsoptimismus politisch für sich selbst reklamierte und möglichst treffsicher in konkrete Politik zu übersetzen suchte, entstand so ein neues und mächtiges Deutungspotenzial, das im Verlauf der nächsten Dekade kulturelle Hegemonie erreichen sollte. Dem Aufstieg (und Fall) der New Economy bereitete es ebenso den Boden wie dem aggressiven Ökonomismus und Antiintellektualismus der späten 1990er Jahre.[34]

V. KRISENBRANCHEN UND ERHALTENDE WIRTSCHAFTSPOLITIK

Freilich war dies nur die eine Seite der Medaille. Die andere Seite konnte besichtigen, wer in die strukturschwachen und durch den ökonomischen Strukturwandel besonders betroffenen Regionen reiste. Hier lauteten die Themen weniger Selbstverwirklichung und Karriere, Erfolg und Kreativität als vielmehr drohende Not durch den Verlust des Arbeitsplatzes. Die Ölpreiskrise und der forcierte Wandel zur Dienstleistungsgesellschaft forderten ihren Tribut im Industriesektor der Bundesrepublik. Zwischen 1973 und 1984 gingen im warenproduzierenden Gewerbe mehr als zwei Millionen Arbeitsplätze verloren, während in der Aufschwungphase von 1984 bis 1989 insgesamt lediglich 159.000 neue industrielle Arbeitsplätze geschaffen wurden. Selbst in den wenigen industriellen Wachstumsbranchen der 1980er Jahre bestand ein negativer Beschäftigungssaldo fort: Elektrotechnik und Maschinenbau schufen zwar zwischen 1984 und 1989 zusammen mehr als 200.000 neue Arbeitsplätze, was aber nicht ausreichte, um den zuvor vollzogenen, rationalisierungsbedingten Abbau zu kompensieren. Und in anderen produzierenden Branchen wie zum Beispiel dem Bauhauptgewerbe, der eisenschaffenden Industrie, dem Bekleidungsgewerbe und dem Schiffbau setzte sich der Abbau von Arbeitsplätzen sogar in der Aufschwungperiode fort.[35]

---

34 Ausführlicher hierzu *Wirsching*, Abschied vom Provisorium, S. 437–444, sowie *ders.*, Durchbruch des Fortschritts? Die Diskussion über die Computerisierung in der Bundesrepublik, in: ZeitRäume. Potsdamer Almanach des Zentrums für Zeithistorische Forschung 2009, S. 207–218.
35 *Wolfgang Gerstenberger*, Grenzen fallen – Märkte öffnen sich. Die Chancen der deutschen Wirtschaft am Beginn einer neuen Ära. Strukturberichterstattung 1990 des Ifo Instituts für Wirtschaftsforschung, Berlin/München 1990, S. 78f. und 81. Vgl. zum mit Macht wiederkeh-

Dementsprechend verzweifelt stellte sich vielen Betroffenen ihre Situation dar. Über die ganzen 1980er Jahre hinweg begleiteten immer wieder massive Proteste gegen die Stilllegung von Betrieben in den »ewigen« Krisenbranchen wie Stahl, Kohle und Schiffbau, aber auch in der Landwirtschaft die Wirtschafts- und Sozialpolitik der Bundesregierung. Brennpunkte bestanden im Saarland, wo es Ende 1982 zu Betriebsbesetzungen kam[36], und im Ruhrgebiet, das Ende 1987 infolge des Massenprotests gegen die Schließung des Stahlwerks Duisburg-Rheinhausen geradezu »brannte«.[37]

Regelmäßig wurde deutlich, dass das Konzept der »Wende« in den Krisenbranchen untauglich war. Dort gab es keine Märkte, auf denen sich das Zusammenspiel von Angebot und Nachfrage selbst regeln konnte. Kohle, Stahl und Landwirtschaft waren vielmehr notorischen Überproduktionskrisen und weitgehend auch dem Regiment europapolitisch auszuhandelnder Quoten unterworfen. Mit den Instrumenten liberaler Wirtschafts- und aktiver Arbeitsmarktpolitik war den strukturell begründeten Schwierigkeiten, die sich in einer konstant hohen Zahl männlicher, älterer Langzeitarbeitsloser niederschlugen, jedenfalls nicht beizukommen. Das Problem, dass ein entlassener älterer Metallformer aus dem Ruhrgebiet nicht einfach für die boomenden Dienstleistungsmetropolen Süddeutschlands »weiterzuqualifizieren« war, ließ sich durch keine Arbeitsmarktpolitik aus der Welt schaffen. Neben Direktsubventionen blieben allein die Instrumente der passiven Arbeitsmarktpolitik in Form von Sozialplänen und vorzeitigem Ruhestand übrig.

In der Praxis also stieß die programmatisch eher formelhaft auf Modernisierung, Liberalisierung und Strukturwandel festgelegte Wirtschaftspolitik der christlich-liberalen Koalition auf verhältnismäßig enge Grenzen. Zumindest gemessen an den 1982/83 ins Auge gefassten, allerdings nur vage formulierten Zielen tat sich ein klarer und in seiner Dimension fundamentaler Widerspruch auf. Dieser Widerspruch entsprach freilich der generell antinomischen Entwicklung der bundesdeutschen Wirtschaftsstruktur, die keine Regierung hätte ignorieren können: Traditionelle, krisengebeutelte Sektoren befanden sich in unmittelbarer Nachbarschaft zu dynamisch wachsenden Innovationspotenzialen. Es kennzeichnete daher die Wirtschaftspolitik der Regierung Kohl, dass sie den geförderten und politisch gewollten Strukturwandel regelmäßig mit begrenzten Erhaltungssubventionen in den Krisenbranchen verknüpfte und zugleich nach Übergangs- und Ersatzlösungen suchte. In den besonders betroffenen Regionen sollte ein behutsamer Umbau den unvermeidlichen Wandel sozialverträglich gestalten. Mit dieser Leitlinie unterschied sich die christlich-liberale Koalition freilich kaum von ihrer sozial-liberalen Vorgängerin, wie unter anderem ein einfacher Blick auf die Entwicklung der Subventionen lehrt. So blieb das Prinzip der direkten Finanzbeihilfen und Steuererleichterungen über die gesamten 1980er Jahre hinweg unangetastet. Nominal stiegen sie, mit Ausnahme der Sparförderung und Vermögensbildung, sogar in allen Bereichen an; für die Krisenbranchen Landwirtschaft, Kohle, Stahl und Werften wurden teilweise neue Rekordmarken erreicht.[38]

Zwar forderten sowohl die FDP als auch einzelne Wirtschaftspolitiker der Union wiederholt tiefreichende Einschnitte. Dies scheiterte aber regelmäßig an dem mehrheitlichen Votum der Union. »Sagen Sie mir doch einmal, [...] wo wir jetzt viel wegnehmen können«, so beendete Helmut Kohl aufkeimende Subventionsdiskussionen.

»Wollen wir jetzt im Moment die Landwirtschaft völlig totmachen? Wollen wir sagen, wir brauchen sie nicht mehr? [...] Wollt ihr eine ganze Region an der Saar, wollt ihr eine ganze Region in

---

renden Problem der Arbeitslosigkeit *Thomas Raithel/Thomas Schlemmer* (Hrsg.), Die Rückkehr der Arbeitslosigkeit. Die Bundesrepublik Deutschland im europäischen Kontext 1973 bis 1989, München 2009.

36 Frankfurter Rundschau, 19.11.1982 und 22.11.1982.
37 *Klaus Scheffer*, Das Ruhrgebiet brennt, in: Die ZEIT, 11.12.1987.
38 Subventionsberichte der Bundesregierung neun bis dreizehn, Deutscher Bundestag, Drucksachen 9/986, 10/3821, 11/3821, 11/5116, 12/1525.

Nordrhein-Westfalen einfach abkappen? Das geht nicht! Wir brauchen hier Übergangslösungen. Und wir machen es ja auch in diesem Sinn.«[39]

Im Kontext von Wirtschaftskrise und Wachstumsschwäche konservierte diese Haltung freilich die insgesamt antinomische Signatur der bundesdeutschen Gesellschaft und steigerte ihre polarisierenden Tendenzen: Denn während sich in ihren dynamischen Segmenten Formen einer modernen, postindustriellen Dienstleistungsgesellschaft durchsetzten, bestand zugleich ein international vergleichsweise starker, zugleich aber auch krisenanfälliger Industriesockel fort, der in den 1980er Jahren noch mehr als zehn Millionen Menschen beschäftigte. In diesen gesellschaftlichen Segmenten und Milieus lebten ältere, hauptsächlich sozialdemokratisch und gewerkschaftlich geprägte Traditionen fort. An den modernen Individualisierungstrends partizipierten sie unterdurchschnittlich oder blieben von ihnen sogar gänzlich ausgeschlossen. Und nicht zufällig dominierten hier noch die standardisierten »Normallebensläufe« mit männlichem Alleinverdiener, Hausfrauenehe und mehreren Kindern.[40]

VI. HAUSHALTS- UND SOZIALPOLITISCHE RECHNUNGEN

Die im Vorstehenden analysierte widersprüchliche Signatur der Politik forderte bereits während der 1980er Jahre, also deutlich vor den Folgekosten der Wiedervereinigung, ihren haushalts- und sozialpolitischen Preis. Alle genannten soziokulturellen, ökonomischen und gesellschaftspolitischen Entwicklungslinien und -potenziale gravitierten zwar in ganz unterschiedliche Richtungen, aber sie glichen sich darin, dass sie dem Staat Kosten aufbürdeten. Das galt zum einen für die Folgen der Individualisierung sowie der durch die Politik der Regierung Kohl geförderten gesellschaftlichen Modernisierung. Zwar vervielfältigten sich die biografischen Optionen und entstandardisierten sich die Lebensläufe in Arbeitswelt, Freizeit und im privaten Bereich. Aber solche Pluralisierung bewirkte auch neue Formen des Entscheidungsdrucks und neue Risiken. So bestand zum Beispiel ein unverkennbarer Zusammenhang zwischen dem Rückgang weiblicher Familienbindung und dem Anstieg des Pflegerisikos, das die Sozialpolitiker Ende der 1980er Jahre als immer drängenderes gesellschaftliches Problem betrachteten.[41] Und in dem Maße, in dem die intermediären und subsidiären gesellschaftlichen Organisationseinheiten unter Druck gerieten und ihre Leistungen schwanden, stieg die Rolle des (Sozial-)Staats als möglicherweise einziges Gegenüber des Individuums. Die veränderten Ich-Umwelt-Beziehungen in der individualisierten Gesellschaft erhöhten folgerichtig die individuellen Ansprüche an den Staat. Während die Freiheitsdividenden privatisiert wurden, verdichtete sich somit das langfristige Risikopotenzial der bundesdeutschen Gesellschaft erheblich. Dabei kam es zu einer problempotenzierenden Fusion dreier Elemente: einer emporsteigende Individualisierungs- und Anspruchsspirale; einer quantitativen, während der 1980er Jahre nicht substanziell zurückgeführten Expansion des Sozialstaats; schließlich aber einer Unterspülung seiner Fundamente infolge des demografischen, sozialkulturellen und wirtschaftlichen Wandels. Die 1970er und 1980er Jahre stellen sich daher als ein Knotenpunkt, ja als Epochenwechsel dar, in dem sich die drei genannten Elemente zu einer historisch neuartigen Legierung verbanden.[42]

---

39 Fraktionssitzung vom 19. September 1988, S. 131–134, ACDP, 08-001-1086/2.
40 Vgl. *Klaus Peter Strohmeier*, Pluralisierung und Polarisierung der Lebensformen in Deutschland, in: APuZ 1993, Nr. 17, S. 11–22, hier: S. 16f.
41 *Gerhard Igl*, Sicherung im Pflegefall – Rechtsentwicklung und Diskussion, in: *Schmidt*, Geschichte der Sozialpolitik, S. 428–440.
42 Insgesamt zu den gestiegenen Risiken des Sozialstaats »nach dem Boom« vgl. *Winfried Süß*, Umbau am »Modell Deutschland«. Sozialer Wandel, ökonomische Krise und wohlfahrtsstaatliche Reformpolitik in der Bundesrepublik »nach dem Boom«, in: Journal of Modern European History 9, 2011, S. 215–240.

An allen diesen problematischen Nahtstellen der modernen hochindividualisierten Gesellschaft intervenierte der bundesdeutsche Sozialstaat. Aktive Arbeitsmarktpolitik sollte die Berufsqualifikation und den Berufseinstieg Jugendlicher und junger Arbeitsloser erleichtern; Vorruhestandsregelungen entzogen ältere Arbeitnehmer vorzeitig dem Arbeitsmarkt, freilich zulasten der Gesetzlichen Rentenversicherung und der Bundesanstalt für Arbeit. 1989 wurde im Rahmen der Gesetzlichen Krankenversicherung ein eigenständiges Umlageverfahren für die Pflege Schwerstkranker eingeführt. Der Gesundheitsexperte der CSU, Horst Seehofer, befürchtete damals bereits die Institutionalisierung eines neuen »Kostentreibsatzes«[43], was ihn indes nicht daran hinderte, 1995 selbst als neuer Bundesgesundheitsminister federführend die Gesetzliche Pflegeversicherung und damit die vierte »Säule« des deutschen Sozialstaats einzurichten. Die erheblichen Mittel, die in eine letztlich am ›Zeitgeist‹ vorbeigehende Familienpolitik investiert wurden, sind bereits erwähnt worden. Milliardenbeträge flossen schließlich als Erhaltungssubventionen in die genannten Krisenbranchen und die besonders betroffenen Regionen.

Vor diesem Hintergrund überrascht es nicht, dass die Regierung Kohl ihre anfangs formulierten Ziele der Haushaltsstabilität und der Konsolidierung des Sozialstaats im Kern letztlich verfehlte. Die häufig vertretene Auffassung, bis 1990 sei eine solche Konsolidierung weitgehend gelungen[44], stellt sich bei näherer Betrachtung zumindest teilweise als optische Täuschung dar. Sie beruht auf der *relativen* Absenkung der relevanten Parameter in den Jahren 1988 bis 1990, als in Westdeutschland ein besonders dynamisches Wirtschaftswachstum von 3,7 % (1988), 3,6 % (1989) und 5,7 % (1990) zu verzeichnen war. Vordergründig schienen sich Konsolidierungserfolge dann einzustellen, wenn Sozialleistungsquote, Staatsquote, Subventionsanteil und Neuverschuldung an diesen exzeptionellen Wachstumsraten gemessen wurden. *Absolut* aber stiegen die entsprechenden Ausgaben ungebremst weiter. Ältere und jüngst kreierte neuere Ansprüche wurden damit zementiert. Staats- und Sozialleistungsquote sowie die Quote der Neuverschuldung wurden nicht strukturell zurückgeführt, sondern sie schwankten konjunkturell.[45] Es muss daher die Frage gestellt werden, ob nicht in der zweiten Hälfte der 1980er Jahre, gerade vor dem Hintergrund des kurzfristig stabilen Wachstums, ein historisches »window of opportunity« verpasst worden ist, um notwendige Strukturanpassungen durchzuführen.

Wenn aber die gesellschaftliche und politische Kraft fehlte, eine neue sozialstaatliche Balance zwischen Individualisierung und Risiko, Eigenverantwortung und Sozialstaat zu etablieren, dann mussten zwangsläufig die langfristigen, den deutschen Sozial- und Interventionsstaat kennzeichnenden Pfadabhängigkeiten die Richtung bestimmen. Unter den vielen Beispielen hierfür ist die Entwicklung der Rentenversicherung besonders aussagekräftig. Entgegen dem Rat vieler Experten wurde hier der einmal betretene Pfad nicht verlassen. Als Kurt Biedenkopf 1988 die Initiative ergriff und empfahl, angesichts der demografischen Entwicklung in die anstehende Rentenreform das Element der privaten Kapitalvorsorge einzubauen, blieb er innerparteilich ohne Chance. »Wir befinden uns heute abend nicht in einer akademischen Diskussion über die Schönheiten der Alterssicherung«, so beendete Norbert Blüm die aufkeimende Diskussion, »sondern wir befinden uns heute abend in der Notwendigkeit, Position zu beziehen. [...] Es geht nicht um eine

---

43 Fraktionssitzung vom 26. September 1988, S. 48f., ACDP, 08-001-1086/3.
44 Zum Beispiel *Roland Czada*, Zwischen Stagnation und Umbruch. Die politisch-ökonomische Entwicklung nach 1989, in: *Werner Süß* (Hrsg.), Deutschland in den neunziger Jahren. Politik und Gesellschaft zwischen Wiedervereinigung und Globalisierung, Opladen 2002, S. 203–225; *Manfred G. Schmidt*, Gesamtbetrachtung, in: *ders.*, Geschichte der Sozialpolitik, S. 749–811, hier: S. 782f. und 805.
45 Vgl. hierzu *Andreas Wirsching*, »Neoliberalismus« als wirtschaftspolitisches Ordnungsmodell? Die Bundesrepublik Deutschland in den 1980er Jahren, in: *Werner Plumpe/Joachim Scholtyseck* (Hrsg.), Der Staat und die Ordnung der Wirtschaft, Stuttgart 2012, S. 139–150.

allgemeine Philosophie, sondern um eine Antwort auf veränderte Bedingungen, die vor der nächsten Bundestagswahl gefunden werden muß.«[46]

Zugleich bemühten sich Blüm und sein Ministerium um eine ausgewogene Lösung, die die erforderlichen Belastungen möglichst gleichmäßig verteilte und soziale Härten vermied. Im Hinblick auf das Rentenniveau warnte der Minister denn auch vor »übertriebenen Hoffnungen«: Eine allzu weite Absenkung des Niveaus, das zum damaligen Zeitpunkt 70% betrug, sei illusorisch und »politisch nicht machbar«.[47] Der einzige Einschnitt in das Rentenniveau bildete denn auch die Ankoppelung der Renten an die Nettostatt, wie seit 1957, an die Bruttolöhne. Allerdings wiesen nicht wenige Kritiker darauf hin, dass dies lediglich einen Prozess formell bestätigte, der faktisch schon seit Ende der 1970er Jahre durch mehrfach in die Jahresmitte verschobene Rentenanpassungen sowie die erhöhte Beteiligung der Rentner an den Krankenversicherungsbeiträgen vollzogen worden war.[48]

Eine andere auf Nachhaltigkeit zielende Maßnahme der Reform, nämlich die allmähliche Erhöhung des Renteneintrittsalters auf 65 Jahre, sollte die Finanzen des Rentensystems langfristig konsolidieren. Aber in der ›alten‹ Bundesrepublik ging sie ebenfalls an der gesellschaftlichen Wirklichkeit vorbei. Im Einklang mit einer allgemeinen Entwicklung in den westlichen Industriestaaten schrumpfte die Erwerbsquote der Männer im Alter von 55 und 64 zwischen 1980 und 2000 um mehr als 17%. Dies war ein Trend, der auch während der christlich-liberalen Regierungszeit nicht umgekehrt, sondern teilweise durch die arbeitsmarktpolitisch motivierte Förderung des Vorruhestands noch zusätzlich angetrieben wurde. Im Jahr 2000 waren nur noch reichlich 30% der Männer im Alter von 60 bis 64 Jahren erwerbstätig. Faktisch blieb also die Maßnahme von 1989 eine eher theoretische Angelegenheit.

VII. PROBLEMPOTENZIERUNGEN IM WIEDERVEREINIGTEN DEUTSCHLAND

Einmal mehr zeigte sich also, dass es innerhalb des deutschen Sozialversicherungssystems kaum möglich war, anders als nur kurzfristig, und dies auf der Basis des vorgegebenen Systems, zu »reformieren«, das hieß letztlich vor allem Krisenmanagement zu betreiben. Zu viele, im »Wende«-Konzept bereits enthaltene Zielkonflikte, die beständige Sorge um die »soziale Symmetrie« getroffener Maßnahmen, Probleme, auch unangenehme Beschlüsse dem Wähler zu »verkaufen«, schließlich ein zur Überkomplexität neigendes politisches System mit einer im internationalen Vergleich hohen Zahl von Vetospielern[49] begrenzten auch die drei »Jahrhundertreformen« der Jahre 1988/89 – Steuerreform, Gesundheitsreform, Rentenreform – in ihrer Wirkung. Die schon häufiger diagnostizierte »Ambivalenz« der bundesdeutschen Institutionenordnung zwischen Stabilität und Wandel, zwischen Strukturkonstanz und Anpassungsfähigkeit spiegelte sie ziemlich exakt wider.[50]

Es dürfte daher deutlich geworden sein, dass Bezeichnungen der »Ära Kohl« mit Schlagworten wie »neo-liberal« oder »neo-konservativ« ebenso zu kurz greifen wie der Verweis auf ein »christliches Menschenbild«. Einseitige Interpretationen ihrer Wirtschafts- und Gesellschaftspolitik verbieten sich daher.[51] Kennzeichnend war vielmehr ihr

---

46 Fraktionssitzung vom 25. Oktober 1988, S. 50, ACDP, 08-001-1087/1.
47 Fraktionssitzung vom 19. September 1988, S. 151 und 153, ACDP, 08-001-1086/2.
48 *Wernhard Möschel*, Der Generationenvertrag wird brüchig, in: Frankfurter Allgemeine Zeitung, 14.5.1988.
49 Vgl. hierzu *Wirsching*, Abschied vom Provisorium, S. 208ff.
50 *Stephan Lessenich*, Dynamischer Immobilismus. Kontinuität und Wandel im deutschen Sozialmodell, Frankfurt am Main 2003, insb. S. 103ff.
51 Dies betrifft insbesondere Interpretationen, die von einer »konservativen Transformation« oder einer »neo-liberalen« Wende der Sozialpolitik sprechen. Vgl. *Jens Borchert*, Die konservative

durchgängig widersprüchlicher Charakter. Cum grano salis gesprochen, wollte die Regierung Kohl/Genscher im Grunde alles: Sie betrieb dort »liberale« Politik, wo sie die Dynamik des Strukturwandels befördern wollte; zugleich betrieb sie dort »christlich-soziale«, praktisch aber durchaus »sozialdemokratische« Politik, wo die Folgen des forcierten Strukturwandels zur übermäßigen Belastung gerieten und es galt, die »soziale Symmetrie« zu bewahren. Schließlich wollte sie dort »(wert-)konservative« Politik betreiben, wo die Folgen der Individualisierungsprozesse den sozialen und kulturellen Zusammenhalt der Gesellschaft gefährdeten.

Aus dieser Diagnose erwachsen mehrere Fragen: Die erste, eher vordergründige, lautet, ob hier nicht ein Monumentalprogramm formuliert wurde, an dem jede Regierungspolitik gescheitert wäre. In längerfristiger Perspektive drängt sich freilich zweitens die Vermutung auf, dass dieses Monumentalprogramm aus der deutschen Geschichte durchaus bekannte Traditionen und Pfadabhängigkeiten widerspiegelt. Wurde in ihm nicht dem Staat eine Problemlösungskapazität beigemessen – und zugewiesen –, die ihn zu überfordern drohte und zugleich einen zivilgesellschaftlichen Mangel offenbarte? Damit ist drittens das wohl problematischste, weil kurzfristig folgenreichste Merkmal der »Wende« und der sich aus ihr speisenden Regierungspolitik benannt. Denn die Regierung Kohl verfolgte im Grunde zwei unterschiedliche und auseinanderdriftende Pfade. Sie förderte Eigeninitiative und Individualität, Markt und Wettbewerb dort, wo dies entsolidarisierende Wirkungen nach sich zog. Den Gedanken der sozialen Verpflichtung und Solidarität förderte sie hingegen dort, wo dies die Zementierung individueller Ansprüche und die langfristige Überforderung des (Sozial-)Staats bewirkte.

Die langfristig problematischen Folgewirkungen dieser neuartigen Legierung wurden durch die Ereignisse der Jahre 1989/90 zunächst vollständig überlagert, machten sich aber sehr rasch wieder in potenzierter Form bemerkbar. Allerdings vollzog sich bereits die innerdeutsche Wirtschafts-, Währungs- und Sozialunion seit dem 6. Februar 1990 geradezu unter dem kritischen »Sperrfeuer« der Experten.[52] Eine rasche Währungsunion würde ökonomisch falsche, ja gefährliche Illusionen wecken und zugleich neue Ansprüche begründen. Sei eine einheitliche Währung erst einmal eingeführt, so werde auch der Abstand der Einkommen zwischen Ost und West schlagartig deutlich und bewusst werden. »Forderungen nach einer Korrektur werden nicht auf sich warten lassen und schwerlich abzuweisen sein. Die Nominallöhne werden dann über die Zunahme der Produktivität hinaus ansteigen. Dies geht zu Lasten des Produktionsstandortes DDR, und der dringend erforderliche Kapitalstrom aus dem Westen bleibt aus. Der Druck auf die Bundesrepublik würde anwachsen, den Abstand der Einkommen (Löhne und Renten) durch einen ›Finanzausgleich‹ zugunsten der DDR zu verringern. Riesige Belastungen kämen auf die öffentlichen Haushalte zu. Es wären nicht nur erhebliche Steuererhöhungen unvermeidlich, es würden vielmehr auch öffentliche Mittel in Transfers für konsumtive Verwendung gebunden, die bei der Finanzierung von Maßnahmen zur Verbesserung der Infrastruktur fehlen müßten.«[53]

Die ökonomische Validität solcher Argumentation lässt sich nicht bestreiten, und ihre Prognose hat sich weitestgehend bestätigt. Jedoch implizierte sie eine Möglichkeit der politischen Wahl, die faktisch nicht bestand. Tatsächlich würde es sich bei der Frage, ob es eine politische Alternative zur schnellen Wiedervereinigung gab, um eine *question mal*

Transformation des Wohlfahrtsstaates, Frankfurt am Main 1995; *Nils C. Bandelow/Klaus Schubert*, Wechselnde Strategien und kontinuierlicher Abbau solidarischen Ausgleichs. Eine gesundheitspolitische Bilanz der Ära Kohl, in: *Wewer*, Bilanz der Ära Kohl, S. 113–127.

52 *Roland Sturm*, Die Wende im Stolperschritt – eine finanzpolitische Bilanz, in: ebd., S. 183–200, hier: S. 192.

53 Schreiben des Vorsitzenden des Sachverständigenrates zur Begutachtung der gesamtwirtschaftlichen Entwicklung, Hans K. Schneider, an Bundeskanzler Kohl, 9.2.1990, in: Deutsche Einheit. Sonderedition aus den Akten des Bundeskanzleramtes 1989/90, bearb. v. *Hanns Jürgen Küsters/Daniel Hofmann*, München 1998, Nr. 168, S. 778–781.

posée handeln. Denn die kardinale, ja existenzielle Frage, die sich den verantwortlichen Akteuren des Jahres 1990 stellte, war keine primär ökonomische, sondern eine genuin politische und nationale. Der immer offensichtlicher werdende Bankrott der DDR und die auch 1990 nicht abebbende Welle der Übersiedler erzwangen eine rasche Lösung.

Und war nicht der westliche Teilstaat tatsächlich gut gerüstet für die gewaltige Aufgabe? Vordergründig zumindest schien Anlass zum Optimismus zu bestehen: Die Wirtschaftsentwicklung der Bundesrepublik befand sich bereits im siebten Jahr des Aufschwungs mit zuletzt durchaus beeindruckenden Zuwachsraten; und zweifellos verfügte die Bundesrepublik über eine Vielzahl leistungsfähiger Sektoren und war daher auch dynamisch genug, die Herausforderungen der Deutschen Einheit kurzfristig zu bewältigen.

Überdies wiegte man sich in Bonn in der Sicherheit, dass das bundesdeutsche Wirtschafts- und Sozialsystem grundlegend regeneriert und seine Leistungskraft entscheidend gesteigert worden sei. Zumindest unter den Politikern der Regierungskoalition hatte sich bis Ende 1989 der Eindruck eingestellt, man habe gleichsam seine politischen Hausaufgaben gemacht. In der Folge freilich wurden die oben beschriebenen, langfristig akkumulierten Verwerfungen der ›alten‹ Bundesrepublik noch einmal katalytisch verstärkt, indem sich ein im Kern unreformiertes westdeutsches Wirtschafts-, Steuer- und Sozialsystem ebenso auf die neuen Länder ausdehnte wie eine von Wohlstand, Individualisierung und »feinen Unterschieden« geprägte Leitkultur. Die zuvor schon viel diskutierte Frage, inwieweit der systemische Zusammenhang von Individualisierung, Massenkultur und Sozialstaat neu zu definieren war, geriet nun immer gebieterischer in das gesamtdeutsche Bewusstsein. Dies galt umso mehr im Zeitalter international verschärfter Wettbewerbsbedingungen und sinkender Wachstumsraten. Die »Kosten der Einheit« verbanden sich mit den strukturellen Altlasten des deutschen Sozial- und Interventionsstaats.[54]

So entschlossen die Bundesregierung die außen- und deutschlandpolitischen Herausforderungen der Jahre 1989/90 meisterte und so erfolgreich sie den Prozess der Wiedervereinigung kurzfristig bewältigte, so wenig gelang es ihr, den mit ihr aufgeworfenen Fragen mit einem kohärenten Konzept zu begegnen. Wie wenig die Regierung Kohl/Genscher auf die längerfristigen Herausforderungen der inneren Einheit vorbereitet war, illustrierten schlagartig die Koalitionsverhandlungen nach dem – sicher erwarteten – Wahlsieg vom 2. Dezember 1990. Am 8. Januar 1991 beschloss die Koalitionsrunde unter anderem, den Telefontakt um einige Sekunden zu verkürzen, um die dadurch erzielten Mehreinnahmen der Bundespost in die Gestaltung der inneren Einheit zu investieren.[55] Bedenkt man, welche – damals schon absehbare – Entwicklung das Telekommunikationswesen seitdem genommen hat, so wird die Geschwindigkeit des Umbruchs ebenso deutlich wie die Untauglichkeit des damaligen Vorschlags. Hier rächte es sich, dass sich Kohl von Beginn an darauf festgelegt hatte, auf Steuererhöhungen zur Finanzierung der Einheit zu verzichten. Erst nach quälenden, durch den Vorwurf der »Steuerlüge« zusätzlich aufgeheizten und in der Öffentlichkeit schwer zu vermittelnden Debatten führte die Regierung im Juni 1991 den Solidaritätszuschlag ein.[56]

Auch die als Jahrhundertprojekt gepriesene Rentenreform von 1989 hielt statt bis 2020 nur bis 1995. Ähnliches galt für das Gesundheitswesen. Angesichts der hier weiterhin ungebremst steigenden Kosten strauchelte die Koalition in den 1990er Jahren von Gesundheitsreform zu Gesundheitsreform, und Ähnliches galt für das Steuersystem. Es zeigte sich, dass eigentlich kein einziges der in den 1980er Jahren klar diagnostizierten Probleme gelöst worden war, sondern dass sie im Gegenteil durch die Belastungen der Wiedervereinigung katalytisch verstärkt wurden. Dementsprechend ging in den 1990er Jahren

---

54 Grundlegend hierzu *Gerhard A. Ritter*, Der Preis der deutschen Einheit. Die Wiedervereinigung und die Krise des deutschen Sozialstaats, 2., erw. Aufl., München 2007.
55 Archiv der Gegenwart, 17.1.1991.
56 Vgl. hierzu *Conze*, Die Suche nach Sicherheit, S. 777f.

das Vertrauen in die Leistungsfähigkeit, aber auch in die Gerechtigkeit des deutschen Sozialstaats massiv zurück.[57]

So bleibt ein widersprüchliches Bild. Auf der einen Seite führte die deutsche Geschichte während der Regierung Kohl auf einen unbestrittenen Gipfelpunkt der Nachkriegszeit. Und kaum jemand wird bestreiten, dass die dramatische und krisenhafte Zuspitzung der Jahre 1989/90 von den Bonner Akteuren erfolgreich gemeistert und das historische »window of opportunity« entschlossen genutzt wurde. Auf der anderen Seite aber, und gemessen an ihren eigenen innen- und gesellschaftspolitischen Zielen, ist die Regierung Kohl in vielen Bereichen gescheitert. Manches, was bereits auf der Tagesordnung der »Ära Kohl« stand, wurde erst unter der neuen, 1998 gewählten rot-grünen Bundesregierung durchgesetzt. Dies gilt nicht zuletzt für einige angebotsorientierte Maßnahmen, die eigentlich schlecht zum sozialdemokratischen Selbstverständnis passten. Dass zum Beispiel die Regierung Schröder den Spitzensteuersatz auf 42 % absenkte, wäre in der »Ära Kohl« schlicht undenkbar gewesen. Im Gegenteil, hier hatte die Forderung der FDP, den Steuersatz von 56 % auf zumindest 53 % zu reduzieren, im Jahr 1987 scharfen Widerspruch der CDU provoziert und die Koalitionsverhandlungen schwer belastet.[58] Ebenso wenig hätten unter der Regierung Kohl Projekte wie die »Riester-Rente« – die ja auf dem christlich-liberalen Prinzip der »Eigenverantwortung« beruhte – oder gar die Hartz-IV-Reform durchgesetzt werden können. Auch die Verlängerung der Lebensarbeitszeit wurde faktisch erst unter dem Druck der ökonomischen Verhältnisse zu Beginn des 21. Jahrhunderts möglich.

Freilich muss man die Bewegungsrichtung der bundesdeutschen Politik in einem weiteren Kontext betrachten. Auf der einen Seite gehörte Kohls überwältigender Einfluss in der CDU zu den deutschen Spezifika. Er beruhte vor allem auf seinem personell eng geflochtenen Netzwerk. Mit konkreten programmatischen Vorgaben war dagegen wenig zu machen. Im Gegenteil, vor der Wiedervereinigung hatte Kohl in der CDU mächtige Widersacher wie Kurt Biedenkopf, Lothar Späth, bald auch Heiner Geißler und andere, die sich seiner Führung zunehmend entgegenstellten. Darüber hinaus spielten die Sozialausschüsse der Union immer dann die Rolle eines innerparteilichen Vetospielers, wenn die »soziale Symmetrie« gefährdet zu sein schien. Am Ende versiegte die reformerische und gesellschaftspolitische Kraft der christlich-liberalen Koalition in dem Maße, in dem der Rückenwind der deutschen Wiedervereinigung ausblieb.

Auf der anderen Seite spiegelte diese begrenzte Kraft zur Erneuerung einen allgemeinen Trend in der Geschichte westlicher Gesellschaften wider. Alle westlichen Demokratien litten an den Phänomenen, Zumutungen und Dysfunktionen, die der Moderne eingeschrieben waren und mit gesteigerter Komplexität und Kontingenzerfahrung einhergingen. Epochale Veränderungen in der Arbeits- und Konsumwelt, der Rückgang der Lebensarbeitszeit, die nachlassende Bindekraft der Familie und die dynamische Hinwendung zu Selbstentfaltungswerten steigerten die gesellschaftliche Komplexität. Der Politik erwuchs hieraus eine Fülle neuer Sachzwänge und offener Rechtsfragen, und dementsprechend erhöhte sich der politische Regulierungsbedarf. Die Politik wurde gesellschaftlich offener, gleichsam »inklusiver« und damit auch demokratischer; dies erhöhte die Zahl der politischen Mitspieler, deren Erwartungen und Ansprüche moderiert werden mussten. Zugleich vertiefte sich die Kluft zwischen der komplizierten politischen Praxis demokratisch gewählter Akteure und den häufig eher schlichten Ansprüchen, die Publikum und Stimmbürger an die Politik der Demokratie stellten.[59]

---

57 Vgl. hierzu *Stefanie Wahl*, Sozialer Sprengstoff und soziale Sicherungssysteme. Das Ende der solidarischen Gesellschaft?, in: *Christine Lieberknecht* (Hrsg.), Orientierung im Umbruch. Analysen zur Lage Deutschlands seit 1990, Rudolstadt 1999, S. 169–178.
58 *Wirsching*, Abschied vom Provisorium, S. 277f.
59 Vgl. hierzu und zum hieraus folgenden »demokratischen Paradox« *Margaret Canovan*, Taking Politics to the People. Populism as the Ideology of Democracy, in: *Yves Mény/Yves Surel* (Hrsg.),

Die Folge war ein fundamentales Paradox in der jüngsten Geschichte der Staatstätigkeit in Europa. Einerseits lautete das wichtigste Rezept zur Krisenbewältigung: weniger Staat, Privatisierung und Entfesselung der Marktkräfte; und die »neo-liberale« Politik der 1980er und 1990er Jahre legte selbst die Grundlagen zur Globalisierung. Andererseits drang der Staat in eben jene gesellschaftlichen Bereiche immer weiter vor, wo sich die wachsende Individualisierungs- und Anspruchsspirale, aber auch eine neue Verwundbarkeit infolge der Globalisierung niederschlugen: Die Verrechtlichung insbesondere in den Bereichen der Sozial-, Arbeitsmarkt- und Steuerpolitik schritt dynamisch voran und trug zur fortschreitenden Vergesellschaftung des Politischen bei. Zusammen mit dem forcierten ökonomischen Strukturwandel und den sinkenden Wachstumsraten erhöhte dies das politische Risiko der europäischen Gesellschaften beträchtlich. Demokratische Politik hatte zwar immer komplexere Probleme zu lösen, musste sich zugleich aber in immer spezifischeren, partikularen Politikfeldern legitimieren. So hinterließ die »Ära Kohl« einerseits die widersprüchlichen Ergebnisse einer anfangs stark moralisch aufgeladenen Reformpolitik, die aus den Antinomien der bundesdeutschen Gesellschaft geboren worden war; andererseits fügte sie sich damit in den Hauptstrom einer europäischen Entwicklungsdynamik ein, deren Folgen noch nicht absehbar sind.[60]

Democracies and the Populist Challenge, Basingstoke/New York 2002, S. 25–44, hier: S. 26f. und 38f.
60 Vgl. hierzu insgesamt *Andreas Wirsching*, Der Preis der Freiheit. Geschichte Europas in unserer Zeit, München 2012.

Summaries

Frank Bösch, Political Power and the Shaping of Society. The Path to Commercial Broadcasting during the 1970s and 1980s

The launch of commercial television and radio broadcasting is one of the central processes of transformation in Western Europe during the 1970s and 1980s. Based on previously inaccessible estate documents, protocols and public debates, the article explores this paradigm shift in the Federal Republic. It shows firstly that political and social objectives played a more significant role than technological change in the decision making process. Whereas Social Democrats argued in a conservative fashion, Christian Democrats used rather liberal arguments. Secondly, the article elaborates economic objectives, in particular with reference to the boom of the advertisement industry during the 1970s. Advertisement agencies in the Federal Republic feared international competition and foreign adverts broadcasted in German language via satellite. The paper shows thirdly how commercial broadcasting of other European countries acted as an example: Italy unanimously served as a cautionary tale; the Conservatives favoured the broadcasting system of the United States and Luxembourg, and British radio and television were predominantly seen as a positive example of regulated and limited commercial broadcasting.

Marc Buggeln, Taxes after the Boom. Public Finances in Western Industrial Nations and their Distributive Effects on Society

Researchers generally agree on the fact that the beginning of the 1970s constitutes a caesura in the history of the Western industrial nations. These broad interpretations usually ignore fiscal policy. The article outlines and compares the changing conditions of this policy by highlighting the tax policy in five countries. It firstly analyses changes of tax policy in the USA and Great Britain, countries which are seen as pacemakers of neoliberal tax reform by research literature. Afterwards it explores whether similar reforms occurred in the Federal Republic, in France and in Sweden. It is an important question whether or not it is beneficial to distinguish different groups of countries in order to define and classify the scope of change in these countries. In this context, the relationship between modern history and social sciences is up for debate. It is shown that, on the one hand, reforms in the five countries entailed multiple results with different objectives; consequently some generalising assumptions about the consequences of globalisation, such as a drop in tax revenues, do not hold true. Yet, on the other hand, there were examples of neoliberal convergence, in particular the reduction of the maximum tax rate. It should be noted that the suppositions of the social science research literature that categorises and groups different countries together can indeed be beneficial in order to explain different levels of reform. At the same time it raises a number of problems such as the inelasticity of the models caused by the assertion of path dependency, which takes far too little account of the changes in the respective countries.

Jacob S. Eder, A »Holocaust Syndrome«? Political Relationships between the Federal Republic of Germany and American Jewish Organisations in the 1980s

The article explores the change of political relations between the government of Chancellor Helmut Kohl and American Jewish organisations during the 1980s. West German diplomats and politicians held these organisations accountable for the increasing public presence of the remembrance of the Holocaust in the USA since the end of the 1970s. The Federal Republic interpreted this development as a strain on its reputation in terms of foreign policy. The German-American/Jewish relationship seemed to be shaped by a »Holocaust syndrome«: Many American Jews perceived the Federal Republic predominately as the successor state of the ›Third Reich‹. German Conservative politicians, on the other hand, considered it a political problem that American Jews became increasingly engaged with the Holocaust and ignored the achievements of the democratic Federal Republic. From the perspective of the government of Chancellor Kohl, the increasing social and public attention paid to the history of the Holocaust was a twofold political challenge: On the one hand, it ran contrary to the intended deepening of trust between both states, on the other, it thwarted Kohl's politics of history in the Federal Republic. Based on the analysis of previously inaccessible German and American sources, the author outlines the cleavages and problems of perception in the relation between American Jewish organisations and the German government. The article not only approaches public conflicts such as the »Bitburg affair«, but also examines internal German analyses of the course of action of the Jewish organisations. Despite – or rather because of – numerous tensions, the dialogue between both sides considerably increased during the 1980s, which in the end beneficially affected the process of dealing with the NS past in the Federal Republic.

Larry Frohman, »Only Sheep Let Themselves Be Counted«: Privacy, Political Culture, and the 1983/87 West German Census Boycotts

The 1983/87 census boycotts were one of the main events in West German domestic politics in the 1980s. However, neither they nor the decision of the Constitutional Court In the legal challenge to the planned census have received the scholarly attention they merit. Without denying that the boycott was shaped by the memory of Nazi rule, the article argues that the protests were much more directly influenced by the new information technologies and the expansion of state population surveillance, that is, the large-scale collection of personal information for social planning and security purposes. The Court's reasoning in the case built upon the analyses of the normalising, disciplinary effects of the new information technologies set out by both the protesters and the liberals who challenged the census in court, and it codified a new conception of informational privacy. The boycotts themselves represent one element of a distinct privacy-based social movement comparable in origins, aims and significance to the other social movements of the time, and they were motivated by the ideas of authenticity and *Betroffenheit*. The protesters, however, were not content simply to criticise the logic of bureaucratic domination they espied at work in the census and other large collections of personal information, and the Greens tried to invert this logic and develop an alternate approach that would use such statistical data to serve what they regarded as the real needs and interests of the individual.

Philipp Gassert, Working Out a Consensus for Peace: The Nuclear Crisis of the 1980s as a Means of Social Self-understanding

The article analyses the controversy over the NATO dual-track decision, which threatened the deployment of additional nuclear arms – in German called *Nachrüstung* (additional armament) – as a pivotal political and social conflict of the early 1980s. It is referred to as a »nuclear crisis«, because issues of foreign and security policy were merely ostensible. The debate rather represented and mirrored the controversy on identification and self-understanding of the German society. Following Georg Simmel's theoretical thoughts on »Sociology of Conflict« (1908), the article argues that the »struggle over peace« was part of the process of working out a social consensus in the Federal Republic. Both sides of this debate argued from a position of principles that was – compared to previous decades – widely accepted in the political culture of the Federal Republic: Multiple references to the close relations with the United States from both sides of the debate and the extensive acceptance of certain forms of protest even on the part of the proponents of the dual-track decision indicated that the Federal Republic considered itself part of the political culture of the democratic West. Furthermore, both sides based their reasoning on the »historical experiences« of the Second World War which points to a broad rootedness in a post-Nazi consensus of remembrance. The fact that even the proponents of the *Nachrüstung* accepted the phrase »peace in freedom« and the overwhelming resonance of the topic »peace« in popular culture shows the extent to which Germany was considered as force for peace. In this manner, the controversy over the NATO dual-track decision and the *Nachrüstung* deepened the minimal consensus on the basic principles of West-German democracy rather than diminished it.

Jan Hansen, Between State and Street. The Controversy over the NATO Dual-Track Decision in the German Social Democratic Party (1979–1983)
In the early 1980s, German Social Democracy was affected by intensive conflicts over the NATO dual-track decision and the potential deployment of nuclear intermediate missiles in the Federal Republic and Western Europe as part of this decision. This »struggle over *Nachrüstung*« – a terminology which suggested that the NATO was only responding to prior Soviet armaments – is the subject of this article, which is based on the conceptual and theoretical reflections of a »New Political History«. Central to this piece is the premise that the debates within the Social Democratic Party (SPD) have to be interpreted as part of a cultural and societal history of the Cold War. The author advances the argument that the controversy over the dual-track decision effectively worked as a »catalyst for an inner agreement over core issues« within the SPD, and that it had consequences for the self-image of the party and the way it perceived its political environment. In seven distinctive steps, the article analyses the discussion and readjustment of political frames during the struggle over *Nachrüstung*. The key point is that within the SPD a »change of the political« can be identified, with regard to attitudes towards protest movements and cultures of protest within the party and to attitudes towards the conflict between the blocs in East and West, as well as with regard to the position on state governance and state power in the Federal Republic.

Philipp Hertzog, Pragmatic Politicisation. Traffic Planners and the Limits of Feasibility around 1980
Historiography on the history of planning in the Federal Republic has identified a caesura in the mid-1970s – from euphoria to scepticism. Contemporary sociologists and political scientists were already engaging with the meaning and consequences of the phrase »planning«. This article focuses on the actors of planning, those who dealt with its technical parameters, and investigates how they identified and discussed their social and political role in West Germany. As an example, traffic planners are scrutinised, a group of experts who had to carry through an idea from the heyday of planning euphoria – the high speed railway tracks of the »Bundesbahn« – vis-à-vis an increasingly critical public. In the process, these planning experts had less and less chances of retreating to a mere technical, facts-based form of engagement. The debate on the power of technology and of those who harnessed it – under the keyword »technocracy« – now also occupied professional journals of a genuinely technical nature. In reaction to protests against infrastructural projects – that is the key argument of this article – the planning experts were increasingly open for political debates. For instance, demands for higher environmental standards and safeguards were now integrated as a new challenge into the planning process. Initially, engineers thus entered the public debate on large-scale projects basically due to pragmatic

necessity. Yet more and more, they also challenged the legitimacy of grassroots initiatives by concerned citizens, whom the engineers perceived as having merely particular, vested interests. With such interventions, the engineers as custodians of technology, who in the past had mainly acted in the background, made a first, tentative step towards active engagement in the political process.

Claudia Kemper, International, National, Regional – The Organisation »International Physicians for the Prevention of Nuclear War« and the Change of Anti-Nuclear Protest in the First Half of the 1980s

The article focuses on the peace movement of the 1980s and its possibilities and limits of international networking. As an example, it examines the organisation »International Physicians for the Prevention of Nuclear War« (IPPNW) and investigates the question of how the common objective – nuclear disarmament – was discussed internationally, nationally and regionally and how it was put into practice. By exploring different levels of this international organisation, the article reveals the limits of international ideas, which narrowed the members' scope of action within their national framework due to the East-West conflict. At the beginning of the 1980s, physicians, who in general were rather reluctant to join an organisation, had the opportunity to successfully send out their international medical message. Subsequently, numerous national sections emerged from the initially American-Soviet initiative that championed the process of disarmament in their countries based on the idea of politics across the blocs. The piece shows that not despite, but because of changing political conditions and internal controversies the IPPNW differentiated and professionalised over patterns of its protest during the 1980s. This in consequence reveals insights on political change in the 1980s. By no means was this a development merely affecting the peace movement, which in the first half of the decade had already been mobilised. The process of change was predominantly advanced by the movement's inner debates and differentiations.

Christopher Kopper, The Long Farewell from the *Deutschland AG*? German Banks and the Europeanisation of the Capital Market in the 1980s

The article discusses the changes of the financial sector against the background of European integration and the pressure of the financial centres London and Luxembourg to liberalise the bank sector. Whereas tax and economic policies of the Federal government changed only gradually during the 1980s, the liberalisation of competition of the financial sector, undisputed in terms of European policy, entailed a Europe-wide deregulation drive. Prioritising liberalisation of competition over the alignment of market conditions favoured the growth of tax havens with lax bank regulations. Free movement of capital caused an increase in tax evasion and forced the Federal government to compromise on tax policy with dubious effects on budget and distribution policy. The high street banks started to question the system of the »Rhenanian Capitalism« (a type of corporatist capitalism based on consensus and the balance of interests between labour and capital) in favour of a profit-maximising Europeanisation strategy.

Nicole Kramer, New Social Movements, Social Sciences and the Expansion of the Welfare State: Family and Senior Citizens Policies during the 1970s and 1980s

Due to the social transformation processes during the 1970s and 1980s, social policy in the Federal Republic was facing new challenges and was shaped by a growing number of actors. The article focuses on two aspects: firstly the already established field of family policy, secondly the senior citizens policy as a new field of political action. Both were characterised by special social political dynamics due to measures such as the introduction of a child raising allowance and of the so-called *Kinderjahre*, years of child raising, which were allowable both against statutory pension insurance entitlements and against the law on nursing homes. These measures also included the implementation of a statutory nursing care insurance within the framework of the law on the security and structural improvement of the statutory health insurance (»Gesundheitsstrukturgesetz«). The article explores the direction of the change of social policy and its driving forces. By expanding the perspective in terms of a societal history, the piece does not only take into account politics at the federal level and of political parties, but also scrutinises social scientists acting as policy advisers as well as actors in and around the New Social Movements. Although the latter sharply criticised the welfare state, their thinking remained within the framework of the welfare state, in as much as their ideas of a »better society« strengthened the adjustments and regulations of social politics. The change of social policy during the 1980s was predominantly the result of the influence of social scientific experts. They acted on behalf of the state for consultation purposes as authors of regularly published white papers on family related issues and developments, and as evaluation experts in departmental research institutions of the ministry of social affairs. Reforms of family and senior citizens policies were not merely an expansion of social services, they also entailed a change in the nature of core principles of social policy.

Peter Kramper, The End of Collective Economy. Crises and Scandals in Union-Owned Companies in the 1980s

Until the beginning of the 1980s, union-owned companies without a profit maximisation objective were an integral part of the economic system of the Federal Republic. Emerged from corporate self-help organisations, they had seen their heyday after the Second World War. The scandal of the local development and housing association »NEUE HEIMAT« in 1982 was the beginning of a profound crisis that until the end of the decade had spread to the retailer »Co op«, the »Bank für Gemeinwirtschaft« and the insurance company »Volksfürsorge«. It unleashed fierce public controversy and ultimately ended in the break-up and asset stripping of these publicly owned companies. The article interprets this caesura as a sign of transition from the economic system of the 1960s and 1970s, which was based on the reformist paradigm of growth and planning, to a new economic and management policy oriented to the concept of »shareholder value« and to the »self-regulating forces« of the market.

Reinhild Kreis, An Alliance with Recruitment Problems? The »New Generation« and American-German Relations in the 1980s

At the beginning of the 1980s, politicians, media representatives and scholars in the United States and in West Germany diagnosed an increasing alienation between the societies of both countries that allegedly threatened to weaken the Western alliance. The rhetoric of crisis was the starting point of a large number of private and state initiatives, which were supposed to foster mutual interest and understanding in both societies. The article examines the diagnosis of a growing alienation, the consequential solution strategies and the emerging narratives based on the notions of »generation« and »values« against the background of the East-West conflict. By means of these concepts it was possible to tie up different objectives and perspectives in the Federal Republic and the United States and to blind out the difficult present – at least to a certain extent – by interpreting current political controversies as part of a structural and demographic problem at a higher level. In the Federal Republic the narrative of a »new generation« politically alienated from the Western alliance was part of the discussion about German identity that historicised the founding of the Federal Republic. The author shows that by championing the improvement of American-German relations, issues of the basics and the cohesion of the Western alliance in a period of conflict as well as the role of the two states within this framework were renegotiated.

Silke Mende, From »Anti-Parties-Party« to »Ecological Reform Party«. The Green Party and the Change of the Political

Subject of this article is the history of the Green Party in the Federal Republic. It relates the foundation and development of the party with the broader context of a change of the Political during the last two decades of the Bonn Republic. Firstly, it sums up the formation of the Green Party against the background of the extra-parliamentary protest movements that attracted attention by addressing new ideas and new forms of politics. Subsequently, the article points out the ideological and organisational development of the party: The highly heterogeneous »anti-parties party« with its initial foundation slogan »neither right nor left but ahead« turned into an »ecological reform party« with a progressive left-wing agenda gradually replacing the concept of »radical opposition« with *Realpolitik* (political realism). A specific green-alternative form of symbolic politics, which had emerged from the experiences of the protest movements, played an important integrative and mediating role. On the basis of three topics the article exemplarily highlights the issues and core themes that shaped the political agenda of the Greens. It examines to what extent they addressed new ideas and challenges that the society of the Federal Republic was facing »after the boom«. The positions of the Green Party towards growth and progress, two key concepts of industrial modernity, as well as the debates on the »multicultural society« and on the change of the welfare state are analysed. The latter underlines that the party approached newly emerging and changing policy areas beyond its initial core themes much earlier than the established political parties and organisations. In the face of the example of the Green Party, the 1980s seem to be part of a longer lasting period of political change that started in the late 1960s and that is, at present, still ongoing.

Gabriele Metzler, »A German Way«. Deregulation of Telecommunication in the Federal Republic and the Limits of Political Reform in the 1980s

One of the major projects of the government of Chancellor Helmut Kohl in the 1980s was the reform of the postal and telecommunication system which had been under debate since the 1960s. These plans drew on international developments such as in the UK, the U.S. and Japan where telecommunication had already been deregulated, yet fell far short of them. The example of telecommunication paradigmatically highlights specific elements of West-German policy change after the end of the social-liberal coalition: A new interpretation of society (»information society«, »communication society«), the limited adoption particularly of Anglo-American debates, the updating of traditional German basic concepts of policy such as *Daseinsvorsorge* (public service providing basic supplies) as well as the discussions and practical consequences of the »joint decision trap«, a notion coined by the political scientist Fritz W. Scharpf.

Morton Reitmayer, The Return of the Elite. Comeback of a Political-Societal Category

By examining the term »elite«, the article outlines the use of a key concept of the political history of ideas in Europe during the twentieth century. As the title suggests, the notion »elite« has been used more and more frequently in the political language of the Federal Republic since the beginning of the 1980s. The »comeback« of this category acted as a response to transformation processes which had started in the 1960s and had raised problems since the 1970s. In the 1980s, the discussion of the »elite« focussed on higher education policy. Specific support of the most gifted students, that is to say the future »academic elite«, seemed to offer a practicable solution of the problem of overcrowding of these years. The widely feared innovation crisis of West German industry and the fear of economic decline of the Federal Republic were further topics of the public debate. Only by linking these two issues, the ideas and suggestions on developing an academic elite – respectively on re-enabling universities to produce these elites – gained vigour and led to the return of the term »elite« within the political language of the Federal Republic. The change of key concepts and the diagnosis of the present affected the setting of political objectives and therefore had an impact on political action itself. This is clearly illustrated by the shift of the aims of higher education policy in which context the term »elite« played a significant role. In this context, liberal and conservative ideas had converged. Even though they were still distinguishable from each other, they generated a new basic compromise within the political field, according to which the preservation of familiar social hierarchies and chances of appropriation could be handed over to the dynamics of the modern market society.

Michael Ruck, Steering through the Rough Sea of Structural and Value Change. Representation, Participation and Administration during the 1980s – An Outline of the Problem

The article describes the period of the 1980s from the perspective of regional differentiation as a not sharply contoured phase during which present policy structures and processes in Germany were initiated. It analyses significant aspects of transformation processes of the political culture and of structures of social representation, which increased in batches in the wake of the secular value change at the end of the 1970s. Conventional forms of policy making became of less and less importance in the parliamentary pluralistic Federal Republic dominated by parties and pressure groups. The conflict-laden contradiction between well-engineered planning scenarios and claims of participation was carried out not only within, but more and more frequently outside the existing institutions of democratic representation. A swiftly growing number of local and regional *Bürgerinitiativen* (campaigns initiated by concerned citizens) emerged. Initially, the West German party system was not yet affected by this development. But already during the early 1980s, traditional allegiances to different social milieus and parties began to erode, in particular where the »organised civil society« originated from the milieu of the New Social Movements took shape at regional and local level. This involved a loss of significance of the three main actors of the economic system of corporatism – employers, employees and lobbyists – which essentially shaped the Bonn Republic. As early as the 1980s, federal and local administrations as protagonists of the extensive provision of services for the public ceased seeing themselves merely as governmental agencies of modernisation in this scenario of change. Again, this functional change initially started at local and regional level and quickly gained importance across the board after the turn of the millennium.

Axel Schildt, The Last Decade of the Bonn Republic. Thoughts on Research of the 1980s

The article outlines the image of the ›old‹ Federal Republic during the 1980s as its last period. It argues not to mistake the inner peace of this decade – in contrast to the previous one – for a political graveyard peace. The process of »self-acceptance« of the Federal Republic involved some of the largest public demonstrations of its history. In its second part, the article discusses the 1980s as a construct of contemporary history and the resulting problems of this view. This concerns the specific framework conditions of the Cold War, which once again had been violently flaring up and then dying away since the mid-1980s, as well as some political and social developments and related contemporary discourses from the »risk society« to the »event society«. The third part finally presents a layout of research areas compatible with issues of recent contemporary history and problems of the present time that can be seen as particularly urgent research desiderata on the late period of the ›old‹ Federal Republic.

Susanne Schregel, The »Power of the Mighty« and the Power of the »Powerless«. Refigurations of the Mindset of Power in the 1980s

After outlining the beginning historicisation of social movements and alternative milieux, the article examines the historical semantic of power in the context of alternative political interpretations. In the late 1970s and early 1980s, a struggle over the concept of power emerged in the Federal Republic. Representatives of the alternative milieu considered the concept of power, and not merely in its conventional sense, as destructive. The critics of the concept of power also influenced the attempts of developing what was seen as an adequate form of power. This type of power was not supposed to be in the hands of the few, but should be shared socially; in this form it was seen as creative instead of suppressive. Emotionality in particular as well as the quality of social coexistence were regarded as a possible basis and source of this power. The often quoted orientation towards aims not related to possession such as the improvement of the quality of life was widely mentioned in the debates on the balance of power. These discussions on the »power of the mighty« and the power of the »powerless« show that the alternative milieu distanced itself from concepts of centres of power such as the nation state. This view was, at the same time, a strong motivation for the search for possibilities of alternative political action. In this sense, the change of the political in the 1980s can be understood as a change of the mindset of power.

Dietmar Süß, Clocking, Punching, Timing. Considering »Flexibilisation« as a Concept of Social History and the History of Ideas, 1970 to 1990

The article focuses on the history and semantic of the concept of »flexibilisation«, which shaped the political discourse on the needs of a globalised »modernity« more than any other political phrase. The history of »flexibilisation« draws attention to new social and political conflicts of modern societies and to the economisation of the social. The article aims at combining time as a concept of social history and of the history of ideas with a history of labour. A history of working time and of its assessment since the 1970s indicates a profound change of industrial modernity, its logic, its guiding principles and its temporal structure. Changes in the logic of production and semantic shifts are outlined as well as the way in which they served as basis of the alleged »necessity« of adjusting socially held views on time, as can be still observed today and in all debates on locational competitiveness (*Standortdebatten*). Time as a concept of social history and of the history of ideas makes it possible to historise the rhetoric of flexibilisation and to examine motives, interests and forms of social conflicts on normalisation of time since the 1980s. These controversies were decisively influenced by the caesura of 1989/90 and the extensive privatisations in East Germany.

Henning Tümmers, Aids Policy. How Bonn Dealt with a New Threat

In 1981, reports were published about a previously unknown disease. The deadly threat, which scientists called »AIDS« one year later, evoked a controversy on core topics of social coexistence among politicians and the public of the Federal Republic. The discussions focused on sexuality and death, ethics and values, security, but also on the limits of political action. On the basis of parliamentary debates on fighting the immunodeficiency disease AIDS, the article analyses central guiding principles of this political action during the 1980s and early 1990s. It characterises different key phases of dealing with AIDS, outlines diverging views of fighting the HI-virus and inquires the process of political and social change caused by AIDS. The author describes the development of several governmental decisions as »AIDS policy«, decisions that were supported by a majority and based on democratic principles, yet remained fragile at all times. This »AIDS policy«, which took shape in the mid-1980s, combined different circulating ideas on public health and prevention, initiated a process of institutionalisation, offered new opportunities for at-risk persons and scientists to participate in political decisions and was characterised by innovative and traditional concepts of action in juxtaposition. The principle of mutual trust between government and people evolved into the maxim of the state that intervened in the health policy of the single states and, in so doing, became clearly visible as a political actor. Although in the last decade of the ›old‹ Federal Republic a policy of trust and rationality had priority over a restrictive regulatory policy, Bonn's liberal AIDS policy was yet a provisional solution continuously attacked by proponents of a strict disease control policy and therefore, since the beginning of the 1990s, constantly under pressure to prove itself.

Frank Uekötter/Claas Kirchhelle, How Seveso Came to Germany. Ecological Scandals and Debates, 1976 to 1986

The article reconstructs the development of ecological discourses in Germany in the 1970s and 1980s and investigates why ecological topics in particular were able to reach a broad consensus in the German public. On the basis of a media and discourse analysis focused on scandalised events, the article shows how environmental policy developed from a politically fixed policy field (being observed in the left-wing connoted anti-nuclear protests) into a cross-cutting issue due to the indignation over chemical accidents and dying forests beyond party lines. Particularly the dioxin disaster in Seveso, Italy, and its multiple media references turned Seveso into a template used for the classification of further chemical accidents in Germany and other countries. It is a peculiarity of the Federal Republic that international scandals were repeatedly discussed in a national frame of reference. Seveso, for instance, was used as a reference when Greenpeace activists protested against the chemical plant Boehringer in Hamburg and as template to classify the disaster at the Sandoz chemical plant in Switzerland. The indignation on Seveso and the following accidents furthermore indicates a changing culture of protest and an increasing importance of the media. Whereas demonstrations in the context of the nuclear conflict mirrored genuine public discontent, the protest campaigns of the 1980s primarily aimed for media impact.

Annette Vowinckel, Neue Deutsche Welle. Music as a Paradox Intervention against the »Spiritual and Moral Turn« of the Era Kohl

In terms of popular music, the last years of the social-liberal coalition in the Federal Republic were shaped by the *Neue Deutsche Welle*, which emerged in the late 1970 as quickly as it disappeared in the mid-1980s. Subject of the article is the development of this musical movement preformed by British Punk. According to public perception, its range reached from bands such as »Fehlfarben«, »Geier Sturzflug« and »Trio« to Nena. On the basis of contemporary books and articles in music magazines, interviews and song lyrics, the article examines the *Neue Deutsche Welle* as a phenomenon with characteristics of a youth movement on the one hand, yet which also mirrored the spirit of the years »after the boom« and before the era Kohl. It is particularly striking that simultaneously a movement emerged in the GDR that used similar stylistic devices and addressed the same issues as its West German counterpart, namely the relation of nature and culture in the industrial society, everyday work life and boredom, the Cold War, the beginning of digitalisation, a radical critique of consumerism and a likewise radical critique of romanticism. The author argues that the *Neue Deutsche Welle* acted as a mirror of the Federal Republic in the years before the so called »spiritual and moral turn« in 1982/83, yet at the same time incorporated elements of modern everyday life which shaped the zeitgeist in the East and the West alike.

Christoph Julian Wehner, Limits of Insurability – Limits of the Risk Society. Nuclear Threat, Production of Security and Insurance Expertise in the Federal Republic and the United States of America

Using the example of the private insurance industry and its dealings with the risks of nuclear energy in the Federal Republic and the USA, the article historicises Ulrich Beck's diagnosis about the »risk society«. It especially discusses the assumption of the uninsurability of risks caused by technical disasters, which are at the basis of a narrative of modern sociology about the caesura between the era of an (insurable) industrial society and a (not any more) insurable risk society. The article examines the complex factors determining the rather restrictive risk policy of the insurance industry, particularly in context with the vigorously changing risk perception of nuclear energy in the 1970s. It becomes apparent that the controversies over nuclear energy put heavy public pressure on the insurance industry, because environmental movements pulled together the industry's risk adversity and the compensation interests of the people and interpreted it as a lack of trust in nuclear energy, according to the logic of the phrase: Not insurable equals not safe. An increasing critique of progress and technology concentrated in the issue of insurability – an interpretation taken up, objectivated and transformed into a theory of historical change by sociology. As a consequence it becomes obvious that the »risk society« is not a historical entity of real existence, but a process of problem definition in social and cultural terms originated in the societal history of the 1970s and 1980s.

Andreas Wirsching, An »Era Kohl«? The Contradictory Characteristics of German Government Policy 1982–1998

This article discusses the key tendencies in the economic, social and cultural policies of the government of Chancellor Helmut Kohl. Special attention is paid to the immanent contradictions of these policies, which claimed to have a »value-based« programmatic foundation, but effectively contributed to the dissolution of traditional conservative »values«. This contradiction is exemplified by an analysis of policies with regard to the family and to the mass media. At the same time, it becomes apparent that government Kohl/Genscher tended to overburden its own agenda. Thus, the government pursued »liberal« policies in fields where it wanted to boost the dynamics of structural change. At the same time, the government practised a »Christian-social«, all but quite »Social Democratic« form of politics in fields in which the consequences of accelerated change were putting increasing strains on different social groups, and where it hence seemed imperative to rebalance »social symmetry«. Finally, the Kohl government wanted to pursue a line of politics grounded in a »value-based Conservatism« wherever the consequences of increasing individualisation tended to endanger the social and cultural fabric of society. Yet the antinomies, which emerged from these contradictory aims, were by no means a mere peculiarity of German politics. Rather, they mirrored a general tendency in the evolutionary dynamics of Western societies.

Résumés

Frank Bösch, Pouvoir politique et organisation de la société. Chemins vers l'introduction de la radio- et télédiffusion privée dans les années 1970/80

L'introduction de la télévision et radio commerciales compte dans toute l'Europe de l'Ouest parmi les processus de transformation centraux des années 1970/80. L'article analyse à partir d'archives, protocoles et débats publics que l'on ne pouvait jusqu'alors pas consulter la façon dont s'est accompli ce changement de paradigme dans la République fédérale. Nous montrons dans un premier temps que plus que la mutation technique, ce sont les objectifs politiques et sociétaux qui ont marqué le processus décisionnel. Tandis que la social-démocratie argumenta de façon plutôt conservatrice dans le débat, les chrétiens-démocrates utilisèrent plutôt des arguments libéraux. Dans un deuxième moment, l'article fait ressortir les objectifs économiques, notamment en partant du boom de l'économie de la publicité dans les années 1970. Ceux-ci allèrent de pair avec une peur de la concurrence étrangère qui menaçait de diffuser par satellite des programmes publicitaires germanophones. Troisièmement, nous montrerons quel rôle jouèrent les modèles étrangers: l'Italie servit, d'une manière générale, de repoussoir, les Etats-Unis et le Luxembourg d'exemples, à tout le moins chez les conservateurs, et la Grande-Bretagne fut très largement considérée comme un modèle positif pour créer une chaîne privée régulée et limitée.

Marc Buggeln, Les impôts après le boom. Les finances publiques dans les nations industrielles occidentales et leur impact redistributif au sein de la société

Il y a un large consensus dans la recherche pour interpréter le début des années 1970 comme une césure dans l'histoire des Etats industriels occidentaux. Dans ces diagnostics globaux, la politique financière publique a joué un rôle jusqu'alors restreint. La question de sa mutation est au centre de cet article. Dans cette perspective, nous analyserons de manière comparative la politique fiscale de cinq pays. Tout d'abord, nous étudierons les changements aux Etats-Unis et en Grande-Bretagne, pays considérés dans la littérature scientifique comme donnant une cadence néo-libérale aux réformes fiscales. Puis, nous examinerons dans quelle mesure des réformes similaires ont pu être observées dans la République fédérale ainsi qu'en France et en Suède. A cet égard, il est important de se demander si une classification en groupes de pays peut apporter une aide pour déterminer les différentes portées de ces changements dans les pays. Dans ce contexte, nous discutons également de la relation qu'entretient l'histoire contemporaine avec les disciplines voisines relevant des sciences sociales. Nous montrerons d'une part que les réformes menées dans ces cinq pays ont eu des orientations et résultats variés et que certaines hypothèses généralisées concernant les conséquences de la mondialisation, comme par exemple la baisse des recettes fiscales, ne se sont pas réalisées. D'autre part, il y cependant eu des convergences néo-libérales, en particulier en ce qui concerne la baisse des taux d'impôt maximum. Quant à la littérature en sciences sociales consacrée à la classification des pays, on remarque que celle-ci peut tout à fait être utile pour expliquer les différents niveaux de réforme, mais qu'elle présente également de nombreux problèmes, comme par exemple le caractère statique des modèles, qui résulte de l'affirmation d'une grande dépendance au sentier et qui prend souvent insuffisamment en compte les mutations dans les pays.

Jacob S. Eder, Un «syndrome de l'Holocauste»? Les relations politiques entre la République fédérale et les organisations américano-juives dans les années 1980

L'article étudie la mutation des relations politiques entre le gouvernement Kohl et les organisations américano-juives au cours des années 1980. Les diplomates et hommes politiques ouest-allemands rendirent ces organisations responsables du fort gain de présence de la mémoire de l'Holocauste dans l'espace public américain depuis la fin des années 1970. Du côté allemand, on interpréta cette évolution comme une charge pesant sur la réputation de la République fédérale sur la scène internationale. Dans ce contexte, la relation germano-américano-juive semblait être marquée par un «syndrome de l'Holocauste»: tandis que de nombreux Juifs américains percevaient avant tout la République fédérale comme l'Etat ayant succédé au «IIIe Reich», les hommes politiques allemands, surtout les conservateurs, considéraient la préoccupation des Juifs américains pour l'Holocauste et leur prétendu refus de reconnaître les acquis de la démocratie fédérale comme un problème politique. Du point de vue du gouvernement Kohl, l'attention croissante qui fut accordée au sein de la société à l'histoire de l'Holocauste représenta un double défi politique. D'une part, elle alla à l'encontre de l'approfondissement souhaité de la relation de confiance entre les deux Etats, d'autre part, elle contrecarra le cours poursuivi par Kohl en matière de politique historique. En se fondant sur l'analyse de sources allemandes et américaines accessibles pour la premier fois, l'auteur retrace les lignes de conflits et les difficultés de perception réciproques dans les relations germano-américano-juives. Pour ce faire, l'article ne traite pas uniquement de conflits ayant eu une résonance dans l'espace public, comme par exemple l'«affaire Bitburg», mais il se penche également sur des analyses allemandes internes consacrées à la démarche des organisations juives. Malgré – ou plutôt à cause – des nombreuses tensions, on parvint cependant dans les années 1980 à une intensification significative du dialogue, celui-ci ayant eu en fin de compte des effets favorables sur le rapport au passé national-socialiste dans la République fédérale elle-même.

Larry Frohman, «Seuls les moutons se laissent compter»: protection de la vie privée, culture politique et les boycotts des recensements ouest-allemand en 1983 et 1987

Les boycotts des recensement sen 1983 et 87 furent l'un des événements majeurs de la politique intérieure ouest-allemande durant les années 1980. Cependant ni eux, ni la décision du Tribunal Constitutionnel fédéral lors de la contestation juridique des recensements prévus n'ont reçu l'attention qu'ils méritent de la part de la recherche. Sans nier le fait que le boycott ait été modelé par la mémoire du régime nazi, l'article défend la thèse suivante: les protestations ont bien plus été directement influencées par les nouvelles technologies de l'information et le développement de la surveillance de la population, c'est-à-dire par la collecte à grande échelle d'informations dans un but de planification sociale et pour des questions de sécurité. Le raisonnement du Tribunal s'appuya sur les analyses des effets disciplinaires et normatifs des nouvelles technologies de l'information présentées par les protestataires et les libéraux qui contestèrent devant le Tribunal le recensement et il codifia une nouvelle conception de la protection des données. Les boycotts eux-mêmes sont un élément d'un mouvement social distinct, fondé sur la protection de la vie privée, et dont les origines, les objectifs et l'importance sont comparables aux autres mouvements sociaux de l'époque, qui étaient motivés par les idées d'authenticité et de *Betroffenheit*. Cependant, les protestataires ne se sont pas simplement contentés de critiquer la logique de domination bureaucratique qu'ils voyaient à l'œuvre dans le recensement et d'autres larges collectes de données personnelles; les Verts essayèrent d'inverser la logique et de développer une autre approche qui utiliserait de telles données statistiques pour servir ce qu'ils considéraient être les véritables besoins et intérêts des individus.

Philipp Gassert, Travail sur le consensus dans le cadre du conflit sur la paix. La crise nucléaire des années 1980 comme médium d'entente au sein de la société

L'article analyse la controverse portant sur le renforcement de l'armement et la double décision de l'OTAN en tant que conflit politique et social central du début des années 1980. On parle ici de «crise nucléaire» car il ne s'est agi que superficiellement dans ce conflit de lutter pour obtenir des options sur le plan de la politique étrangère et de sécurité. Le débat a plutôt eu une fonction de représentation au sens d'une entente et d'une identification au sein de la société. Partant des réflexions théoriques de Georg Simmel à propos de la «Sociologie du conflit» (1908), nous défendons la thèse suivante: le «conflit sur la paix» a été un travail sur le consensus de la République fédérale car les deux partis ont légitimé leurs arguments en s'appuyant sur des positions fondamentales pouvant quasiment prétendre faire l'objet d'un consensus dans la culture politique de la République fédérale (si on compare avec les décennies précédentes): les nombreux renvois des deux côtés du spectre de la discussion aux relations étroites avec les Etats-Unis, ainsi que l'acceptation relativement large de certaines formes de protestation, y compris par les partisans du renforcement de l'armement, ont montré que la RFA se considérait comme un élément d'une culture politique de l'Occident démocratique. Les deux partis ont également intégré à leur argumentation les «expériences historiques» de la Seconde Guerre mondiale, ce qui montre le profond enracinement d'un consensus mémoriel post-national-socialiste. L'acceptation de la formule de «paix dans la liberté» par les partisans du renforcement de l'armement, ainsi que l'écho impressionnant du thème de la «paix» dans la culture populaire montrent à quel point l'Allemagne était considérée comme une puissance de paix. Ainsi le consensus minimum à propos des fondements de la démocratie ouest-allemande dans la controverse sur le renforcement de l'armement s'est-il plutôt étendu qu'amoindri sur le plan du contenu.

Jan Hansen, Entre l'Etat et la rue. Le conflit à propos du renforcement de l'armement et la crise des euromissiles dans la social-démocratie allemande (1979–1983)

La social-démocratie allemande fut marquée au début des années 1980 par de violentes polémiques à propos de la double résolution de l'OTAN et de son projet de stationnement de missiles nucléaires à portée intermédiaire en République fédérale et en Europe occidentale. Ce «conflit à propos du renforcement de l'armement» se trouve au cœur de notre article, qui se fonde sur les réflexions théoriques et méthodologiques de «la nouvelle histoire politique». L'hypothèse selon laquelle les débats internes au SPD doivent être lus comme un pan de l'histoire de la culture et de la société de la Guerre Froide est ici centrale. L'auteur défend la thèse suivante:«la controverse portant sur le renforcement de l'armement a fonctionné pour le SPD comme un «catalysateur ayant permis une entente sur les questions fondamentales» et elle a eu des conséquences sur l'image que le parti avait de lui-même et sa perception sur la scène internationale. Il analyse en sept paragraphes la discussion et la redéfinition du cadre politique dans le conflit à propos du renforcement de l'armement. On peut observer «une mutation du politique» au sein du SPD en lien avec les cultures de protestation internes au parti, les prises de position envers l'antagonisme Est-Ouest et les différentes attitudes à l'égard de l'étaticité de l'Allemagne fédérale.

Philipp Hertzog, Politisation pragmatique. Les planificateurs de transports et les frontières de la faisabilité autour des années 1980

L'historiographie parle d'une césure dans l'histoire de la planification pour le milieu des années 1970 – on passe de l'euphorie au scepticisme. Les sciences politiques et sociales de l'époque se sont déjà largement penchées sur le mot-clé de «planification». Le présent article s'intéresse aux acteurs (techniques) de la planification eux-mêmes et étudie la façon dont ils ont situé leur rôle social et politique en Allemagne de l'Ouest, ainsi que leurs débats à ce sujet. Nous prenons pour exemples les planificateurs de transports qui ont dû imposer une idée née à l'époque de l'euphorie planificatrice – les lignes à haute vitesse du chemin de fer fédéral – face à une opinion publique de plus en plus critique. Ils eurent de plus en plus de difficultés à se replier sur un terrain de discussion purement factuel; les journaux spécialisés dans un domaine technique s'emparèrent également du débat portant sur le pouvoir de la technique et de ceux qui la maîtrisent – nous renvoyons au terme-clé de «technocratie». En réaction aux protestations envers les projets d'infrastructures – c'est la thèse que défend l'article – les experts de la planification s'ouvrirent à la discussion politique. Les revendications en faveur de la protection de l'environnement furent par exemple intégrées en tant que nouveau défi dans les planifications. C'est donc tout d'abord en raison d'une nécessité pragmatique que les ingénieurs firent tout d'abord leur entrée en tant qu'acteurs dans les débats publics portant sur des projets d'envergure; cependant ils mirent également bientôt en question la légitimation des initiatives citoyennes, qu'ils considéraient souvent uniquement comme les représentantes d'intérêts particuliers. C'est ainsi que les administrateurs techniques, agissant autrefois de préférence dans l'ombre, opérèrent une mutation prudente vers le politique.

Claudia Kemper, International, national, régional – L'organisation «Association internationale des médecins pour la prévention de la guerre nucléaire» et la mutation des protestations anti-nucléaires durant la première moitié des années 1980

L'article se penche sur le mouvement pacifiste des années 1980, ainsi que sur les potentialités et limites de son interconnexion sur le plan international. Nous analysons de manière exemplaire l'organisation «International Physicians for the Prevention of Nuclear War» (IPPNW) sous l'angle de la question suivante: comment a-t-on débattu de l'orientation commune – la dénucléarisation – aux différents niveaux international, national et régional et comment a-t-elle été mise en œuvre? Un regard porté aux interfaces d'une organisation internationale montre les limites des idées internationales qui devaient, dans les conditions du conflit Est-Ouest, être poursuivies dans un cadre national par les membres. On remarque qu'une opportunité se présenta au début des années 1980, qui permit au corps médical plutôt peu mobile de transmettre de façon efficace son message médical international. Par la suite se constituèrent sous l'effet d'une initiative d'abord américano-soviétique de nombreuses sections nationales qui s'engagèrent dans leurs pays en faveur d'initiatives prônant la démilitarisation en se référant à une idée fédérant par-delà les blocs. Il apparaît ainsi clairement que l'organisation IPPNW s'est, au cours des années 1980, complexifiée sur le plan thématique et s'est professionnalisée, non pas malgré, mais à cause de la mutation des conditions politiques et des discussions internes sur les modalités des protestations. Nous pouvons en tirer des connaissances sur la mutation politique des années 1980 car celle-ci ne passa en aucun cas outre le mouvement pacifiste, qui s'est largement mobilisé durant la première moitié de la décennie, et elle fut considérablement activée par les discussions internes à ce mouvement et la complexification de ce dernier.

Christopher Kopper, Le long adieu à la *Deutschland AG*? Les banques allemandes et l'européanisation du marché financier dans les années 1980

L'article traite de la mutation du secteur financier dans le contexte de l'intégration européenne et de la pression de libéralisation exercée par les places financières de Londres et du Luxembourg. Tandis que la politique fiscale et la gouvernance économique du gouvernement fédéral ne changèrent que graduellement durant les années 1980, la libéralisation de la concurrence dans le secteur financier, incontestée sur le plan de la politique européenne, eut pour conséquence une poussée de déréglementation dans toute l'Europe. Le primat de la libéralisation de la concurrence sur une harmonisation des conditions de la concurrence favorisa la croissance de paradis fiscaux avec une supervision bancaire souple. La liberté de circulation des capitaux favorisa les fuites fiscales et contraignit le gouvernement fédéral à faire des compromis douteux en matière de politique budgétaire et de redistribution des revenus dans le domaine de la politique fiscale. Les grandes banques commencèrent à mettre en question l'ordre du «capitalisme rhénan» au profit d'une stratégie d'européanisation permettant de maximiser les gains.

Nicole Kramer, Nouveaux mouvements sociaux. Les sciences sociales et l'expansion de l'Etat social. Politique de la famille et des personnes âgées dans les années 1970 et 1980

Les processus de mutation de la société dans les années 1970 et 1980 placèrent la politique sociale devant de nouveaux devoirs et entraînèrent un accroissement du nombre d'acteurs définissant ces devoirs. L'article se consacre à deux sous-domaines: la politique de la famille déjà établie et le nouveau champ d'action de la politique des personnes âgées. Ces domaines furent marqués par une dynamique sociopolitique particulière avec l'introduction de l'allocation d'éducation et des années consacrées à l'éducation des enfants dans le régime légal de retraite d'une part et dans le code de la maison de retraite d'autre part, et avec la protection de l'assistance aux personnes âgées dans le cadre de la loi relative aux structures de l'assurance maladie légale. L'article s'interroge sur les forces motrices et l'orientation de la mutation dans le domaine de la politique sociale. Dans cette perspective, nous n'attirons pas uniquement l'attention sur la politique fédérale et l'action menée par les partis, mais nous intégrons plutôt à l'analyse les sciences sociales ayant une fonction de conseil politique ainsi que les acteurs issus des nouveaux mouvements sociaux, dans le sens d'un élargissement de l'histoire de la société. Ces derniers exercèrent certes en partie une critique acerbe envers l'Etat social, mais ils continuèrent à penser de façon inhérente au système car leurs représentations d'une «société meilleure» renforçaient la régulation sociopolitique. La mutation de la politique sociale dans les années 1980 fut pour une part essentielle due à l'influence des experts en sciences sociales, auxquels l'Etat réserva un statut de consulting impliquant par exemple la rédaction des rapports sur la famille, ou un rôle évaluatif dans les instituts de recherche consacrés à ce domaine. Les réformes de la politique de la famille et des personnes âgées n'impliquèrent pas uniquement une expansion des prestations de l'Etat social, mais elles entraînèrent également un changement qualitatif des principes sociopolitiques.

Peter Kramper, La fin de l'économie collective. Crise et scandales des entreprises d'intérêt général gérées par les syndicats durant les années 1980

Jusqu'au début des années 1980, les entreprises d'économie collective des syndicats allemands faisaient partie intégrante du système économique de la République fédérale. Issues d'organisations d'entraide coopératives, elles avaient connu leur âge d'or après la Deuxième Guerre mondiale. Le scandale déclenché en 1982 autour de la société de logements et de construction «NEUE HEIMAT» marqua cependant le début d'une crise profonde qui toucha également d'ici la fin de la décennie la coopérative de grande distribution «Co op», la banque «Bank für Gemeinwirtschaft» et la compagnie d'assurance «Volksfürsorge». Cette crise entraîna de violentes polémiques publiques et aboutit finalement au démantèlement ou à la vente de ces entreprises. L'article interprète cette césure comme le signe du passage du paradigme de réforme des années 1960 et 1970, fondé sur la croissance et la planification, à une politique de direction de l'économie et de l'entreprise orientée par rapport aux capacités d'auto-guérison du marché et au principe de *shareholder value*.

Reinhild Kreis, Une alliance sans relève? La «génération des descendants» et les relations germano-américaines dans les années 1980

Au tournant des années 1980, des membres de la classe politique, des représentants des médias et des scientifiques aux Etats-Unis et en RFA constatèrent un éloignement croissant des sociétés de ces deux Etats, qui menaçait d'affaiblir l'alliance occidentale. Cette rhétorique de crise constitua le point de départ d'un véritable boom d'initiatives publiques et privées censées promouvoir l'intérêt et la compréhension réciproques au niveau de la société. L'article analyse le diagnostic d'un éloignement croissant, les stratégies de solution qui en ont résulté ainsi que les motifs narratifs liés qui, sur fond de conflit Est-Ouest, gravitaient autour des concepts de «génération» et de «valeurs». Ces topoï permirent d'associer différents buts et perspectives en RFA et aux Etats-Unis et d'occulter jusqu'à un certain point les difficultés de l'époque en interprétant les litiges politiques comme un élément d'un problème plus important, structurel et démographique. Pour la République fédérale, le topos narratif d'une «génération de descendants» s'éloignant de l'alliance occidentale apparaît comme la composante d'une discussion sur l'identité allemande, dans laquelle la création de la RFA fut historicisée. L'auteure montre comment, au-delà de l'engagement en faveur d'une amélioration des relations germano-américaines, ont été renégociées les questions des fondements et de la cohésion de l'alliance occidentale à une époque conflictuelle, ainsi que le rôle joué par chacun des Etats.

Silke Mende, Du «parti anti-partis» au «parti prônant un réformisme écologique». Les Verts et la mutation du politique

L'article a pour objet l'histoire des Verts de la République fédérale allemande et tente de mettre en lien leur émergence et leur évolution avec une mutation plus large du politique durant les deux dernières décennies de la République de Bonn. Il résume tout d'abord la formation des Verts dans le contexte des mouvements de protestation extra-parlementaire qui attirèrent l'attention sur eux avec de nouveaux thèmes et formes politiques. L'accent est ensuite mis sur les évolutions idéologiques et organisationnelles du parti: le «parti anti-partis» particulièrement hétérogène, dont la fondation a été placée sous le slogan «ni à droite, ni à gauche, mais devant», se transforma en un «parti prônant le réformisme écologique», dont le programme était caractérisé par une ligne de gauche progressiste et qui remplaça pas à pas l'«opposition radicale» par une «politique réaliste». Un rôle de médiation intégrative incomba dans ce processus à une politique symbolique alternative spécifique aux Verts, qui avait son origine dans le champ d'expériences des mouvements protestataires. A l'aide de trois champs thématiques, nous montrons enfin de manière exemplaire quels thèmes et axes principaux marquèrent le programme des Verts et dans quelle mesure ils reprirent de nouvelles questions et défis auxquelles la société de la République fédérale allemande se trouvait confrontée «après le boom». D'une part, nous évoquons les positions des Verts à propos de la croissance et du progrès, deux catégories-clés de la modernité industrielle, d'autre part, les débats portant sur une société «multiculturelle» et la mutation de la conception de l'Etat social dans la République fédérale. Ces discussions soulignent que le parti s'est également, par-delà les thèmes fondamentaux qui étaient les siens à ses débuts, tourné à maints égards plus tôt que les forces politiques établies vers des domaines politiques en émergence ou en mutation. A partir de l'exemple des Verts, les années 1980 apparaissent comme un élément d'une période de mutation politique plus longue, qui a commencé à la fin des années 1960 et qui ne semble pas encore terminée actuellement.

Gabriele Metzler, Une «voie allemande». La libéralisation de la télécommunication dans la République fédérale et les frontières des réformes politiques dans les années 1980

La réforme de la poste et des télécommunications, qui faisait l'objet de discussions depuis le milieu des années 1960, compta parmi les grands projets du gouvernement Kohl dans les années 1980. Ainsi, la politique fédérale emboita d'un côté le pas aux évolutions des pays étrangers où le secteur de la télécommunication fut libéralisé (Grande-Bretagne, Etats-Unis, Japon), de l'autre, elle resta cependant bien en deçà de celles-ci. A partir du secteur de la télécommunication apparaissent de façon quasi-paradigmatique les éléments spécifiques de la mutation politique ouest-allemande après la fin de l'ère social-libérale: l'influence de nouvelles interprétations de la société («société d'informations», «société de communication»), la réception limitée des débats anglo-américains, l'actualisation de conceptions-clés caduques de la politique allemande (le «service public» comme concept-clé) ainsi que la thématisation et les conséquences pratiques du «piège de l'imbrication des compétences politiques» (Fritz W. Scharpf).

Morten Reitmayer, Come-back de l'élite. Retour d'une catégorie politico-sociale

La communication analyse avec le terme d'«élite» l'emploi d'un concept central de l'histoire des idées politiques dans l'Europe du XXe siècle. Comme l'indique le titre de l'article, on note une croissance frappante de l'emploi du concept d'élite dans le langage politique de la République fédérale au début des années 1980. Le «retour» de cette catégorie constitue une réaction aux processus de mutation qui ont commencé dans les années 1960 et ont posé de nouveaux problèmes depuis les années 1970. Le champ autour duquel gravita la discussion à propos des élites dans les années 1980 était celui de la politique de l'enseignement supérieur. Dans ce cadre, un encouragement ciblé des étudiants les plus doués, et donc de la future «élite universitaire», semblait constituer un chemin praticable pour sortir de la «crise d'engorgement». Un autre champ de discussion fut la crise d'innovation de l'industrie ouest-allemande, crainte par beaucoup, et la peur d'une dégradation économique de la République fédérale. C'est la connexion argumentative de ces deux complexes thématiques qui a conféré leur impulsion nécessaire aux représentations et propositions visant à former une élite universitaire ou à rétablir les capacités des universités à faire naître des élites, et mena ainsi au retour du concept d'élite dans le langage politique de la République fédérale.

La mutation des concepts-clés et des diagnostics de l'époque modifia la formulation des buts politiques et ainsi, des buts de l'action politique elle-même. Cela est nettement visible dans le déplacement des objectifs des politiques éducatives et dans ce contexte, le concept d'élite joua un rôle extrêmement important. Les mondes conservateurs et libéraux s'étaient tellement rapprochés dans la formulation de ces objectifs qu'ils n'étaient certes pas devenus identiques, mais qu'ils apportèrent cependant dans le champ politique un nouveau compromis politique de base dans lequel le maintien des hiérarchies sociales et des chances d'appropriation connues put désormais être placé entre les mains des dynamiques de la société moderne de marché.

Michael Ruck, Un paquebot dans la tempête engendrée par les bouleversements des structures et des valeurs. Représentation, participation et administration durant les années 1980 – esquisse d'un problème

L'article décrit les années 1980, en s'attachant aux différences sur le plan régional, comme une phase d'ébauche aux contours flous des structures et processus politiques actuels en Allemagne. Nous analysons les aspects importants de cette transformation de la culture politique et des structures de représentation de la société, qui s'est renforcée par poussées à la suite de la mutation séculière des valeurs vers la fin des années 1970.

Les formes conventionnelles de la conception de la politique au sein de l'Etat des partis et des associations, parlementaire et pluraliste, perdirent de plus en plus en force. La contradiction conflictuelle entre les scénarios de planification de grande envergure et les ambitions participatives des citoyens fut de moins en moins souvent résolue uniquement au sein des institutions de représentation démocratique existantes. A la place apparut un nombre rapidement croissant d'« initiatives citoyennes » locales et régionales. Le système des partis de l'Allemagne fédérale ne fut tout d'abord pas concerné par cette évolution. Cependant, une érosion des liens sociaux et des orientations des partis traditionnels apparut dès le début des années 1980, particulièrement là où la « société civile organisée » issue du milieu organisationnel des nouveaux mouvement sociaux commença à prendre forme aux niveaux local et régional. Cela entraîna une perte d'influence des partenaires du corporatisme tripartite, qui avait largement marqué la République de Bonn. Dans ce scénario caractérisé par de multiples changements, les administrations de l'Etat et des communes n'envisagèrent dès les années 1980 leur rôle d'acteurs dans les services d'intérêt général publics plus uniquement de façon unidimensionnelle comme agents gouvernementaux de la modernisation. Cette mutation fonctionnelle débuta également uniquement aux niveaux communal et régional, pour ensuite se généraliser rapidement au tournant du millénaire.

Axel Schildt, La dernière décennie de la République de Bonn. Réflexions à propos de l'étude des années 1980

L'article retrace tout d'abord l'image des années 1980 en tant que dernière phase de la «vieille République fédérale». Ce faisant, il met en garde de ne pas confondre la paix intérieure qui, en contraste avec la décennie précédente, s'était peu à peu installée, avec un calme plat sur le plan politique. Cette «reconnaissance de soi» de la République fédérale alla précisément de pair avec les plus grandes manifestations de son histoire. Dans la deuxième partie sont abordés certains problèmes de la construction des années 1980 en tant que phase historique. Il s'agit dans ce contexte des conditions générales spécifiques de la Guerre Froide, qui se raviva encore une fois brutalement, puis s'éteignit à partir du milieu de la décennie, de quelques tendances de l'évolution politique et sociale ainsi que des discours correspondants de l'époque, qui vont de la «société de risque» jusqu'à la «société de l'expérience vécue». Enfin, nous présentons dans une troisième partie un panorama des domaines de recherche qu'il serait vivement souhaitable de développer – y compris pour assurer le lien avec l'histoire contemporaine récente et les problèmes posés par l'époque actuelle – pour étudier la dernière phase de la «vieille République fédérale».

Susanne Schregel, Le «pouvoir des puissants» et le pouvoir des «impuissants». Reconfigurations de la pensée du pouvoir dans les années 1980

Partant de l'historicisation émergeante des mouvements sociaux et des milieux alternatifs, l'article analyse la sémantique historique de la notion de pouvoir dans le contexte des modèles d'explication de la politique alternative. Il montre comment a émergé dans la République fédérale de la fin des années 1970 et du début des années 1980 une lutte à propos du concept de pouvoir. Les prises de position issues du milieu alternatif n'ont pas simplement dévalorisé une forme de pouvoir entendue de manière conventionnelle en en soulignant l'aspect destructeur. Les positions critiques envers le pouvoir ont au contraire également nourri les tentatives de développer une forme de pouvoir perçue comme adéquate. Ce pouvoir n'était pas censé pas être aux mains d'un petit nombre, mais devait être socialement réparti. Il fut défini comme étant productif et créatif plutôt qu'opprimant. Une émotionalité développée et la qualité de la vie en commun furent en particulier considérées comme une source et une base possible du pouvoir. L'orientation volontiers évoquée non vers des valeurs de possession, mais au contraire vers des objectifs dénués de lien avec la possession, comme l'accroissement de la qualité de vie, a trouvé dans cette mesure son articulation générale au cœur des rapports de force visés. Dans le même temps, les discussions à propos du «pouvoir des puissants» et du pouvoir des «impuissants» ont montré que la prise de distance envers un centre concentrant le pouvoir, comme c'est le cas de l'Etat national, a tout particulièrement motivé la recherche de potentialités pour une action politique alternative. Dans ce sens, la mutation du politique dans les années 1980 peut également être comprise comme une mutation de la pensée du pouvoir.

Dietmar Süß, Tamponner, pointer, comptabiliser le temps. Réflexions sur une histoire des idées et une histoire sociale de la «flexibilisation» 1970–1990

Au centre de l'article se trouvent l'histoire et la sémantique de la notion de «flexibilisation» qui a caractérisé comme presque aucun autre concept politique le discours politique concernant les nouvelles attentes envers une «modernité» mondialisée. L'histoire de la «flexibilisation» porte le regard sur les nouveaux conflits sociaux et politiques des sociétés modernes et sur l'introduction de la logique économique dans le domaine social. Nous tentons de lier une histoire sociale et une histoire des idées du temps avec une histoire du travail. Une histoire du temps de travail et de sa comptabilisation depuis les années 1970 renvoie à une mutation fondamentale de la modernité industrielle, de ses logiques, ses principes directeurs et ses structures temporelles. Elle fait apparaître clairement les changements des logiques de production et les déplacements sémantiques qui constituèrent le fondement de la prétendue «nécessité» d'un nouvel ajustement des représentations sociales du temps telles que nous les expérimentons à l'époque présente et dans tous les débats portant sur les sites économiques. Une histoire des idées et une histoire sociale du temps permettent d'historiciser la rhétorique de la flexibilisation et ainsi, de s'interroger précisément sur les motifs, les intérêts et les formes de conflits sociaux à propos des façons de normer le temps depuis les années 1980, controverses qui ont été en outre influencées de façon décisive par la césure de 1989/90 et par les vastes vagues de privatisation en Allemagne de l'Est.

Henning Tümmers, La politique de lutte contre le sida. Bonn et le rapport à une nouvelle menace

En 1981 parurent des rapports sur une infection jusqu'alors inconnue. Cette menace fatale, que les scientifiques internationaux appelèrent un an plus tard «Sida», donna lieu au sein de la population et de la classe politique de la République fédérale à un débat sur les thèmes fondamentaux de la vie en société. Les discussions portèrent sur la sexualité et la mort, la morale et les valeurs, la sécurité, mais aussi sur les limites de l'action politique. L'article analyse à partir des débats parlementaires portant sur la lutte contre la maladie de déficience immunitaire SIDA les motifs centraux de l'action politique pendant les années 1980 et au début des années 1990. Il souligne les différentes phases dans le rapport à la maladie, met en lumière les différentes positions dans la lutte contre le virus HIV et interroge les processus de mutation politique et sociale qui allèrent de pair avec le SIDA. Ce faisant, l'auteur reconstitue la genèse d'une série de décisions publiques, susceptibles de réunir la majorité, orientées vers des principes libéraux, mais néanmoins toujours fragiles, et qu'il appelle «politique du SIDA». Cette politique, qui a pris un tour concret au milieu des années 1980, rassembla les idées circulant à l'époque en matière de prévention de la santé, initia des processus d'institutionnalisation, créa pour les personnes menacées et les scientifiques de nouvelles possibilités de participation politique et se caractérisa par une coexistence de projets d'action novateurs et traditionnels. Le principe de la confiance réciproque entre le gouvernement et la population devint désormais une maxime de l'Etat, qui intervint dorénavant dans la politique de santé des *Länder* et apparut clairement par ses mesures comme un acteur dans la sphère publique. Mais bien que durant la dernière décennie de la «vieille» République fédérale, une politique de confiance et de rationalité ait eu la priorité sur une politique d'intervention publique restrictive, la politique libérale de Bonn de lutte contre le SIDA constitua pour ainsi dire un état provisoire qui fut sans cesse contesté par les partisans d'une politique dure de lutte contre l'épidémie et dut par conséquent refaire ses preuves jusqu'au début des années 1990.

Frank Uekötter/Claas Kirchhelle, Comment Seveso parvint en Allemagne. Les scandales environnementaux et le débat écologique de 1976 à 1986.

L'article reconstruit l'évolution des discours idéologiques en Allemagne dans les années 1970 et 1980 et s'interroge sur l'aptitude particulière au consensus des thèmes verts dans l'espace public allemand. A l'aide d'une analyse du discours et des médias centrée sur des événements propres à susciter le scandale, nous montrons comment la politique environnementale est passée d'un champ politique aisé à localiser sur le spectre politique – comme cela a par exemple été le cas pour le mouvement de protestation anti-nucléaire, situé à gauche, à un thème transversal suprapolitique dans la mesure où les accidents chimiques et le dépérissement des forêts ont déclenché l'indignation au-delà des frontières des partis politiques. C'est en particulier la catastrophe de Seveso (Italie) provoquée par l'émission de dioxine et les larges réactions médiatiques qu'elle a suscitées qui ont fait de Seveso un modèle à l'aune duquel ont été classés les autres accidents chimiques en Allemagne et à l'étranger. Le traitement répété des scandales internationaux dans un cadre de référence national est dans ce contexte une particularité allemande. C'est ainsi que Seveso est apparu comme une référence lors de l'occupation par Greenpeace des cheminées de l'entreprise Boehringer à Hambourg ou encore pour classer la catastrophe de Schweizerhalle. L'indignation provoquée par Seveso et les catastrophes suivantes indique également un changement général de la culture de protestation et un accroissement de l'importance des acteurs médiatiques. Tandis que les manifestations lors du conflit nucléaire étaient encore l'expression d'un mécontentement authentique de l'opinion publique, les actions de protestation durant les années 1980 ont avant tout visé un impact médiatique.

Annette Vowinckel, La «Nouvelle Vague allemande» (*Neue Deutsche Welle*). La musique comme intervention paradoxale contre le «tournant spirituel et moral» de l'ère Kohl

La Nouvelle Vague allemande, née aussi subitement à la fin des années 1970 qu'elle a disparu au milieu des années 1980, a marqué sur le plan musical les dernières années de la coalition social-libérale dans la République fédérale. L'article porte sur l'émergence de ce mouvement musical préfiguré par le punk britannique et dont l'éventail – à tout le moins dans la perception de l'opinion publique – va de groupes comme «Fehlfarben» en passant par «Geier Sturzflug» et «Trio» jusqu'à Nena. En nous fondant sur des livres et des articles de revues musicales, des interviews et des textes de chansons de l'époque, nous analysons la *Neue Deutsche Welle* comme un phénomène qui comporte d'un côté les éléments classiques d'un mouvement de jeunesse, mais reflète de l'autre l'air du temps des années «après le boom» et avant le début de l'ère Kohl. Il est particulièrement frappant de constater qu'est né au même moment en RDA un mouvement qui, avec des moyens stylistiques similaires, a traité les mêmes thèmes que son pendant ouest-allemand, à savoir la relation de la nature et de la culture dans la société industrielle, le travail quotidien et l'ennui, la Guerre Froide, les débuts de la digitalisation, une critique radicale de la culture de consommation et une critique non moins radicale du romantisme. L'auteure montre que la Nouvelle Vague allemande est un miroir de la République fédérale durant les années précédant ce qu'on appelle le tournant spirituel et moral des années 1982 et 1983, mais qu'elle reprend également des éléments de la vie moderne qui marquèrent, par-delà les systèmes, l'esprit de leur temps à l'Est et l'Ouest.

Christoph Julian Wehner, Frontières de l'assurabilité – frontières de la société du risque. Risque nucléaire, production de sécurité et expertise d'assurances dans l'Allemagne fédérale et aux Etats-Unis

A partir de l'exemple de la gestion par l'industrie de l'assurance privée des dangers de l'énergie nucléaire dans la République fédérale et aux Etats-Unis, l'article entreprend une historicisation du diagnostic de la «société du risque» fait par Ulrich Beck. Nous problématisons en particulier la thèse de la non-assurabilité des risques liés aux catastrophes techniques, qui fonde de manière centrale le topos narratif d'une césure temporelle entre la société industrielle (assurable) et la société du risque (qui n'est plus assurable) dans la sociologie contemporaine. Nous analysons également les facteurs complexes d'une politique du risque menée en général de manière plutôt restrictive par les assurances, en particulier dans le contexte du fort changement de la perception du risque lié à l'énergie nucléaire dans les années 1970. Il apparaît que l'industrie de l'assurance fut exposée à une forte pression de politisation de la part de l'opinion publique dans les controverses nucléaires étant donné que son aversion au risque a été mise en lien par le mouvement pour la défense de l'environnement avec les intérêts de la population en matière de dédommagements ou a été interprétée comme un déficit de confiance envers l'énergie nucléaire – d'après une adaptation libre de la logique de l'observation: ce qui ne peut être assuré ne peut être sûr. Critiques de la technique et du progrès se condensèrent donc de plus en plus dans la question de l'assurabilité – interprétation qui fut ensuite reprise par la sociologie, objectivée et transformée en une théorie de la mutation historique. Il en résulte que la «société du risque» n'est pas au bout du compte une figure historique réelle, mais plutôt un processus de définition de problèmes socio-culturels qui s'explique par l'histoire de la société des années 1970 et 1980.

Andreas Wirsching, Une «ère Kohl»? L'empreinte contradictoire de la politique gouvernementale allemande (1982–1998)

L'article discute des tendances fondamentales dans la politique économique, sociale et culturelle du gouvernement Kohl. Nous attirons l'attention sur les contradictions immanentes à cette politique: celle-ci a certes débuté par la revendication d'un ancrage de son programme dans les valeurs, mais elle a, dans ses effets, contribué à une dissolution des «valeurs» traditionnellement conservatrices. Cela peut être démontré de manière exemplaire à partir de la politique de la famille et des médias. Dans le même temps, il apparaît que le gouvernement Kohl/Genscher a eu tendance à surcharger son programme politique. C'est ainsi qu'il a mené une politique «libérale» là où il voulait encourager une dynamique de mutation structurelle, tout en menant une politique «chrétien-sociale», mais pratiquement «social-démocrate», là où les conséquences de la mutation structurelle forcée devenaient une charge démesurée et qu'il s'agissait de maintenir la «symétrie sociale». Enfin, elle a voulu mener une politique «conservatrice de défense des valeurs» là où les conséquences des processus d'individualisation mettaient en péril la cohésion sociale et culturelle de la société. Les antinomies qui en résultèrent n'étaient assurément pas uniquement issues des spécificités de la politique fédérale, mais elles reflétèrent une dynamique générale de l'évolution des sociétés occidentales.

Die Mitarbeiterinnen und Mitarbeiter des Bandes

Frank Bösch, geb. 1969; Prof. Dr.; Direktor des Zentrums für Zeithistorische Forschung in Potsdam und Professor für deutsche und europäische Geschichte des 20. Jahrhunderts an der Universität Potsdam. Zuvor wissenschaftlicher Mitarbeiter an der Universität Göttingen (1998–2002), Juniorprofessor an der Ruhr-Universität Bochum (2002–2007), Stipendiat am Deutschen Historischen Institut in London (2005) und Professor an der Universität Gießen (2007–2011) sowie Sprecher des DFG-Graduiertenkollegs »Transnationale Medienereignisse«. Veröffentlichungen u. a.: Die Adenauer-CDU. Gründung, Aufstieg und Krise einer Erfolgspartei (1945–1969), Stuttgart/München 2001; Das konservative Milieu. Vereinskultur und lokale Sammlungspolitik in ost- und westdeutschen Regionen (1900–1960), Göttingen 2002; Öffentliche Geheimnisse. Skandale, Politik und Medien in Deutschland und Großbritannien, 1880–1914, München 2009; Mediengeschichte. Vom asiatischen Buchdruck zum Fernsehen, Frankfurt am Main 2011.

Marc Buggeln, geb. 1971; Dr.; wissenschaftlicher Mitarbeiter am Institut für Geschichtswissenschaften der Humboldt-Universität zu Berlin; Redaktionsmitglied bei H-Soz-Kult und Sozial.Geschichte.Online sowie Mitherausgeber von WerkstattGeschichte. Veröffentlichungen u. a.: zusammen mit Inge Marßolek (Hrsg.), Bunker. Kriegsort, Zuflucht und Erinnerung, Frankfurt am Main 2008; Arbeit & Gewalt. Das Außenlagersystem des KZ Neuengamme, Göttingen 2009; Der U-Boot-Bunker »Valentin«. Kriegsmarine, Zwangsarbeit und Erinnerung, Bremen 2010; Das System der KZ-Außenlager: Krieg, Sklavenarbeit und Massengewalt, Bonn 2012.

Jacob S. Eder, geb. 1979; Ph. D.; Studium in München, Leeds und Lincoln; 2012 Promotion an der University of Pennsylvania; seit Oktober 2012 wissenschaftlicher Mitarbeiter am Lehrstuhl für Neuere und Neueste Geschichte an der Friedrich-Schiller-Universität Jena. Zuvor unter anderem Stipendiat am Deutschen Historischen Institut in Washington (2010) und am Georg-Eckert-Institut für Internationale Schulbuchforschung (2010), Promotionsstipendiat der Gerda Henkel Stiftung (2010–2012), Charles H. Revson Foundation Fellow am »Center for Advanced Holocaust Studies« des United States Holocaust Memorial Museum (2011), Mellon Pre-doctoral Fellow in »Cold War/Post-1945 International History« an der »Elliott School of International Affairs« der George Washington University (2011/12) sowie Mitglied der Doktorandenschule des Jena Center Geschichte des 20. Jahrhunderts. Veröffentlichungen u. a.: Holocaust-Erinnerung als deutsch-amerikanische Konfliktgeschichte. Die bundesdeutschen Reaktionen auf das United States Holocaust Memorial Museum in Washington, D. C., in: Jan Eckel/Claudia Moisel (Hrsg.), Universalisierung des Holocaust? Erinnerungskultur und Geschichtspolitik in internationaler Perspektive, Göttingen 2008, S. 109–134.

Larry Frohman, geb. 1958; Ph. D.; Promotion im Fach Geschichte an der University of California at Berkeley; seit 2008 Associate Professor für Geschichte an der State University of New York at Stony Brook; Redaktionsmitglied der Zeitschrift »Social History«. Veröffentlichungen u. a.: From Idealism to Phenomenology. Politics and the Philosophy of History in the Work of Wilhelm Dilthey, Ann Arbor 1993; Prevention, Welfare and Citizenship. The War on Tuberculosis and Infant Mortality in Germany, 1900–1930, in: Central European History 39, 2006, S. 431–481; Poor Relief and Welfare in Germany from the Reformation to World War I, Cambridge 2008; The Break-Up of the Poor Laws – German Style: Progressivism and the Origins of the Welfare State, 1900–1918, in: Comparative Studies in Society and History 50, 2008, S. 981–1009.

Philipp Gassert, geb. 1965; Prof. Dr.; Studium in Heidelberg, Angers und an der University of Michigan in Ann Arbor; seit 2009 Inhaber des Lehrstuhls für die Geschichte des europäisch-transatlantischen Kulturraums an der Universität Augsburg. Zuvor DAAD-Professor an der University of Pennsylvania in Philadelphia (2007/08), stellvertretender Direktor des Deutschen Historischen

Instituts in Washington (2008/09), Gastprofessor an der Universität Haifa (2012); Mitbegründer des »Heidelberg Center for American Studies« und Mitglied des Vorstands sowie Executive Director der Deutschen Gesellschaft für Amerikastudien. Veröffentlichungen u. a.: Amerika im Dritten Reich. Ideologie, Propaganda und Volksmeinung 1933–1945, Stuttgart 1997; Kurt Georg Kiesinger, 1904–1988. Kanzler zwischen den Zeiten, München 2006; Kleine Geschichte der USA, Stuttgart 2007.

Jan Hansen, geb. 1983; M. A.; Studium in Berlin und Fribourg (Schweiz); seit 2009 Doktorand am Lehrstuhl für die Geschichte Westeuropas und der transatlantischen Beziehungen an der Humboldt-Universität zu Berlin; Stipendiat der Friedrich-Ebert-Stiftung (2010–2013) und des Deutschen Historischen Instituts in Washington (2011); Mitglied des Arbeitskreises für Historische Friedensforschung. Veröffentlichungen u. a.: zusammen mit Friedhelm Boll, Doppelbeschluss und Nachrüstung als innerparteiliches Problem der SPD, in: Philipp Gassert/Tim Geiger/Hermann Wentker (Hrsg.), Zweiter Kalter Krieg und Friedensbewegung. Der NATO-Doppelbeschluss in deutsch-deutscher und internationaler Perspektive, München 2011, S. 203–228; Der Protest und die Mächtigen. Zu den Auswirkungen von Friedensbewegung, Nuclear Weapons Freeze Campaign und Solidarność auf das Bonner »Establishment«, in: Hanno Balz/Jan-Henrik Friedrichs (Hrsg.), »All We Ever Wanted ...«. Eine Kulturgeschichte europäischer Protestbewegungen der 1980er Jahre, Berlin 2012, S. 231–246.

Philipp Hertzog, geb. 1982; M. A.; Studium in Dresden, Freiburg im Breisgau und Paris (»École des Hautes Études en Sciences Sociales«); seit 2012 Promotionsstipendiat der Studienstiftung des Deutschen Volkes. Zuvor redaktioneller Mitarbeiter der Zeitschrift »Neue Politische Literatur« (2008–2011); Dissertationsprojekt: »Infra-Strukturen der Demokratie? – Euphorie und Pragmatismus politischer Planung: Verkehrsprojekte in Frankreich und der Bundesrepublik in den ›langen‹ 1970er Jahren« (deutsch-französische Cotutelle an der Technischen Universität Darmstadt und der Université Paris 1/Panthéon-Sorbonne). Veröffentlichungen u. a.: zusammen mit Jens Ivo Engels, Politische Ingenieure? – Infrastruktur-Entscheidungen in den langen 1970er Jahren, in: Revue d'Allemagne et des Pays de langue allemande 43, 2011, S. 19–38; Bundesdeutsche und französische Geschwindigkeitsversprechen der 1970er Jahre – Verkehrsplanung zwischen Vision und Utopie, in: Uwe Fraunholz/Anke Woschech (Hrsg.), Technology Fiction. Technische Visionen und Utopien in der Hochmoderne, Bielefeld 2012, S. 115–143.

Claudia Kemper, geb. 1973; Dr.; Studium in Hamburg; seit 2009 wissenschaftliche Mitarbeiterin der Forschungsstelle für Zeitgeschichte in Hamburg, zuvor am Historischen Seminar der Universität Hamburg; Mitglied des Arbeitskreises für Historische Friedensforschung. Veröffentlichungen u. a.: Das »Gewissen« 1919 bis 1925. Kommunikation und Vernetzung der Jungkonservativen, München 2011; Psychologische Abrüstung. Psychotherapeuten in der westdeutschen Friedensbewegung der frühen 1980er Jahre, in: Maik Tändler/Uffa Jensen (Hrsg.), Das Selbst zwischen Anpassung und Befreiung. Psychowissen und Politik im 20. Jahrhundert, Göttingen 2012, S. 168–185; Atomschlag und Zivilschutz. Vorbereitungen auf den Ernstfall in Politik und Wissenschaft, in: Christoph Becker-Schaum/Philipp Gassert/Martin Klimke u. a. (Hrsg.), »Entrüstet Euch!«. Nuklearkrise, NATO-Doppelbeschluss und Friedensbewegung, Paderborn 2012, S. 309–324.

Claas Kirchhelle, geb. 1987; MA; Studium der Geschichte in München und Chicago; seit Oktober 2012 Doktorand an der University of Oxford und Stipendiat des Wellcome Trust. Zuvor Stipendiat der Studienstiftung des deutschen Volkes (2007–2012); Stipendiat der Fulbright-Kommission (2010/11).

Christopher Kopper, geb. 1962; Prof. Dr.; appellativer Professor an der Universität Bielefeld; Studium in Frankfurt am Main und Bochum, 1992 Promotion, 1995 Habilitation, 1992–1998 wissenschaftlicher Assistent an der Universität Göttingen, 1998–2003 DAAD-Dozent an der University of Minnesota sowie an der University of Pittsburgh; Lehrstuhlvertretungen in Bielefeld, Münster, Paderborn und Siegen. Veröffentlichungen u. a.: Zwischen Marktwirtschaft und Dirigismus. Bankenpolitik im »Dritten Reich« 1933–1939, Bonn 1995; Hjalmar Schacht, München 2006; Die Bahn im Wirtschaftswunder, Frankfurt am Main 2007.

Nicole Kramer, geb. 1978; Dr.; Studium an der Ludwig-Maximilians-Universität München; seit Oktober 2012 Assistentin an der Goethe-Universität Frankfurt am Main. Zuvor wissenschaftliche Mitarbeiterin am Zentrum für Zeithistorische Forschung in Potsdam (2010–2012); Habilitationsprojekt zur »Sozial- und Kulturgeschichte des ›vierten Alters‹. Hochbetagte in der Bundesrepublik Deutschland, Großbritannien und Italien«. Veröffentlichungen u. a.: zusammen mit Christine Hikel/ Elisabeth Zellmer (Hrsg.), Lieschen Müller wird politisch. Geschlecht, Staat und Partizipation im 20. Jahrhundert, München 2009; »Volksgenossinnen« an der »Heimatfront«. Mobilisierung, Verhalten, Erinnerung, Göttingen 2011; zusammen mit Armin Nolzen (Hrsg.), Ungleichheiten im Dritten Reich. Semantiken, Praktiken, Erfahrungen, Göttingen 2012.

Peter Kramper, geb. 1975; Dr.; Studium der Neueren und Neuesten Geschichte, Wirtschaftsgeschichte, Philosophie und Politikwissenschaft in Mainz, Freiburg im Breisgau und London; 2002–2012 wissenschaftlicher Angestellter, dann Akademischer Rat auf Zeit an der Albert-Ludwigs-Universität Freiburg im Breisgau; seit 2012 wissenschaftlicher Mitarbeiter am Deutschen Historischen Institut in London; Promotion 2006; Forschungsstipendien und Fellowships der Deutschen Historischen Institute in London und Paris sowie des »Freiburg Institute of Advanced Studies«. Veröffentlichungen u. a.: NEUE HEIMAT. Unternehmenspolitik und Unternehmensentwicklung im gewerkschaftlichen Wohnungs- und Städtebau 1950–1982, Stuttgart 2008.

Reinhild Kreis, geb. 1978; Dr.; Studium in München und Galway; seit 2009 wissenschaftliche Mitarbeiterin an der Universität Augsburg. Zuvor wissenschaftliche Mitarbeiterin an der Ludwig-Maximilians-Universität München (2006–2009); Stipendien unter anderem der Konrad-Adenauer-Stiftung, des Deutschen Historischen Instituts in Washington und des John F. Kennedy-Instituts für Nordamerika-Studien der Freien Universität Berlin. Veröffentlichungen u. a.: Orte für Amerika. Amerikahäuser und Deutsch-Amerikanische Institute in der Bundesrepublik seit den 1960er Jahren, Stuttgart 2012; »Männer bauen Raketen«. Frauenfriedensbewegung und Geschlechterdimensionen, in: Christoph Becker-Schaum/Philipp Gassert/Martin Klimke u. a. (Hrsg.), »Entrüstet Euch!«. Nuklearkrise, NATO-Doppelbeschluss und Friedensbewegung, Paderborn 2012, S. 294–308; Full Partner or Apprentice of Democratization? The Persistence of American Democratization Policies in West Germany after 1955, in: Zeitgeschichte 39, 2012, S. 43–54.

Silke Mende, geb. 1977; Dr.; Studium der Neueren Geschichte mit Schwerpunkt Zeitgeschichte und Politikwissenschaft in Tübingen und Aix-en-Provence; 2003 Magister Artium und Maîtrise; 2009 Promotion; seit 2010 Akademische Rätin auf Zeit am Seminar für Zeitgeschichte der Eberhard Karls Universität Tübingen. Derzeit Arbeit an einem Forschungsprojekt zur Geschichte der Frankophonie und der sich wandelnden Idee einer französischen Moderne. Veröffentlichungen u. a.: »Nicht rechts, nicht links, sondern vorn«. Eine Geschichte der Gründungsgrünen, München 2011.

Gabriele Metzler, geb. 1967; Prof. Dr.; Studium in Tübingen, München und an der London School of Economics; seit 2007 Professorin für Geschichte Westeuropas und der transatlantischen Beziehungen an der Humboldt-Universität zu Berlin. Zuvor Leiterin der wissenschaftlichen Nachwuchsgruppe der VolkswagenStiftung »Regieren im 20. Jahrhundert« in Tübingen (2002–2007); Schloeßmann-Stipendiatin der Max-Planck-Gesellschaft (2000–2002); Visiting Scholar/Postdoc an der University of California at Berkeley (1994 / 95). Sprecherin des BMBF-geförderten deutsch-französischen Forschungsverbunds »Saisir l'Europe – Europa als Herausforderung« (seit 2012). Veröffentlichungen u. a.: Konzeptionen politischen Handelns von Adenauer bis Brandt. Politische Planung in der pluralistischen Gesellschaft, Paderborn 2005; Staatsversagen und Unregierbarkeit in den siebziger Jahren?, in: Konrad H. Jarausch (Hrsg.), Das Ende der Zuversicht? Die siebziger Jahre als Geschichte, Göttingen 2008, S. 243–260; Konfrontation und Kommunikation. Demokratischer

Staat und linke Gewalt in der Bundesrepublik und den USA in den 1970er Jahren, in: VfZ 60, 2012, S. 249–277.

Morten Reitmayer, geb. 1963; PD Dr.; Studium in Hannover; wissenschaftlicher Mitarbeiter an der Universität Trier; Vertreter des Lehrstuhls für Neuere und Neueste Geschichte an der Universität Trier. Veröffentlichungen u. a.: Bankiers im Kaiserreich. Sozialprofil und Habitus der deutschen Hochfinanz, Göttingen 1999; zusammen mit Ruth Rosenberger (Hrsg.), Unternehmen am Ende des »goldenen Zeitalters«. Die 1970er Jahre in unternehmens- und wirtschaftshistorischer Perspektive, Essen 2008; Elite. Sozialgeschichte einer politisch-gesellschaftlichen Idee, München 2009.

Michael Ruck, geb. 1954; Prof. Dr.; Studium in Kiel; seit 2001 Professor für Politikwissenschaft und Zeitgeschichte an der Universität Flensburg. Zuvor Hochschuldozent an der Universität Mannheim. Veröffentlichungen u. a.: Quellen zur Geschichte der deutschen Gewerkschaftsbewegung im 20. Jahrhundert, Bd. 2: 1919–1923, Köln 1985; Die Freien Gewerkschaften im Ruhrkampf 1923, Köln 1986; Gewerkschaften – Staat – Unternehmer. Die Gewerkschaften im sozialen und politischen Kräftefeld 1914 bis 1933, Köln 1990; zusammen mit Cornelia Rauh-Kühne (Hrsg.), Regionale Eliten zwischen Diktatur und Demokratie. Baden und Württemberg 1930–1952, München 1993; Korpsgeist und Staatsbewußtsein. Beamte im deutschen Südwesten 1928 bis 1972, München 1996; Bibliographie zum Nationalsozialismus, Köln 1995 (Neuausg. Darmstadt 2000); zusammen mit Marcel Boldorf (Hrsg.), Geschichte der Sozialpolitik in Deutschland seit 1945, Bd. 4: 1957–1966 Bundesrepublik Deutschland. Sozialpolitik im Zeichen des erreichten Wohlstands, Baden-Baden 2007; zusammen mit Michael Dauderstädt, Zur Geschichte der Zukunft. Sozialdemokratische Utopien und ihre gesellschaftliche Relevanz, Bonn 2011.

Axel Schildt, geb. 1951; Prof. Dr.; Studium in Hamburg und Marburg; Referendariat für Lehramt an Höheren Schulen in Hamburg; seit 1997 stellvertretender, seit 2000 kommissarischer und seit 2002 Direktor der Forschungsstelle für Zeitgeschichte in Hamburg und Professor für Neuere Geschichte an der Universität Hamburg (2011–2013 freigestellt für ein Forschungsprojekt im Rahmen des Programms »Pro Geisteswissenschaften – opus magnum« der Fritz Thyssen und der Volkswagen-Stiftung). Zuvor Vertretungsprofessor, wissenschaftlicher Mitarbeiter und Lehrbeauftragter an den Universitäten Hamburg, Lüneburg, Essen und Potsdam sowie Fellow des Kulturwissenschaftlichen Instituts des Landes Nordrhein-Westfalen in Essen (1993/94); Mitglied des Arbeitskreises für Moderne Sozialgeschichte. Veröffentlichungen u. a.: zusammen mit Detlef Siegfried, Deutsche Kulturgeschichte. Die Bundesrepublik – 1945 bis zur Gegenwart, München 2009; zusammen mit Ute Daniel (Hrsg.), Massenmedien im Europa des 20. Jahrhunderts, Köln/Weimar 2010 etc.; zusammen mit Alexander Gallus (Hrsg.), Rückblickend in die Zukunft. Politische Öffentlichkeit und intellektuelle Positionen in Deutschland um 1950 und um 1930, Göttingen 2011.

Susanne Schregel, geb. 1981; Dr.; Studium der Geschichte, Soziologie und Philosophie in Münster und Bielefeld; 2011–2012 Research Fellow am Internationalen Kolleg für Kulturtechnikforschung und Medienphilosophie an der Bauhaus-Universität Weimar; Postdoc-Stipendiatin am Deutschen Historischen Institut in London; seit 2013 wissenschaftliche Mitarbeiterin an der »artes Graduate School for the Humanities Cologne«. Zuvor 2006–2011 Doktorandin und Postdoktorandin am Graduiertenkolleg »Topologie der Technik« der Technischen Universität Darmstadt. Veröffentlichungen u. a.: Konjunktur der Angst. »Politik der Subjektivität« und »neue Friedensbewegung«, in: Bernd Greiner/Christian Th. Müller/Dierk Walter (Hrsg.), Angst im Kalten Krieg, Hamburg 2009, S. 495–520; Der Atomkrieg vor der Wohnungstür. Eine Politikgeschichte der neuen Friedensbewegung in der Bundesrepublik (1970–1985), Frankfurt am Main/New York 2011.

Dietmar Süß, geb. 1973; Prof. Dr.; Studium in Hagen, Berlin, Santander und München; Dilthey-Fellow der VolkswagenStiftung an der Friedrich-Schiller-Universität Jena; seit 2013 Professor für Neuere und Neueste Geschichte an der Universität Augsburg. Veröffentlichungen u. a.: Kumpel und Genossen. Arbeiterschaft, Betrieb und Sozialdemokratie in der bayerischen Montanindustrie,

Die Mitarbeiterinnen und Mitarbeiter des Bandes

München 2003; zusammen mit Winfried Süß (Hrsg.), Das »Dritte Reich«. Eine Einführung, München 2006; Tod aus der Luft. Kriegsgesellschaft und Luftkrieg in Deutschland und England, München 2011.

Henning Tümmers, geb. 1977; Dr.; Lehramtsstudium an der Ruhr-Universität Bochum; 2. Staatsexamen (2008); Promotion an der Friedrich-Schiller-Universität Jena (2010); seit 2011 wissenschaftlicher Mitarbeiter im Sonderforschungsbereich »Bedrohte Ordnungen« an der Eberhard Karls Universität Tübingen. Zuvor wissenschaftlicher Mitarbeiter am dortigen Institut für Ethik und Geschichte der Medizin (2009–2011). Veröffentlichungen u. a.: Ärztliches Handeln, bundesrepublikanische Befindlichkeiten und die Schatten der Vergangenheit. Der Fall Dohrn, in: Stefanie Westermann/Richard Kühl/Dominik Groß (Hrsg.), Medizin im Dienst der »Erbgesundheit«. Beiträge zur Geschichte der Eugenik und »Rassenhygiene«, Berlin 2009, S. 215–240; Fern der Berliner Zentrale. Tübinger Ärzte und ihre Handlungsspielräume im Umgang mit »Psychopathen«, in: Babette Quinkert/Philipp Rauh/Ulrike Winkler (Hrsg.), Krieg und Psychiatrie 1914–1950, Göttingen 2010, S. 104–128; Anerkennungskämpfe. Die Nachgeschichte der nationalsozialistischen Zwangssterilisationen in der Bundesrepublik, Göttingen 2011.

Frank Uekötter, geb. 1970; PD Dr.; Studium der Geschichte, Politikwissenschaft und Sozialwissenschaften in Freiburg im Breisgau, Bielefeld, der Johns Hopkins University in Baltimore und der Carnegie Mellon University in Pittsburgh; 2001 Promotion; 2009 Habilitation; seit 2013 Reader an der »School of History and Culture« der University of Birmingham. Veröffentlichungen u. a.: Von der Rauchplage zur ökologischen Revolution. Eine Geschichte der Luftverschmutzung in Deutschland und den USA 1880–1970, Essen 2003; Umweltgeschichte im 19. und 20. Jahrhundert, München 2007; Die Wahrheit ist auf dem Feld. Eine Wissensgeschichte der deutschen Landwirtschaft, Göttingen 2010.

Annette Vowinckel, geb. 1966; PD Dr.; Studium in Bielefeld, Köln und Jerusalem; seit 2009 wissenschaftliche Mitarbeiterin am Zentrum für Zeithistorische Forschung in Potsdam; Lehrstuhlvertretungen an der Humboldt-Universität zu Berlin und an der Universität Potsdam. Veröffentlichungen u. a.: Geschichtsbegriff und Historisches Denken bei Hannah Arendt, Köln/Weimar etc. 2001; Flugzeugentführungen. Eine Kulturgeschichte, Göttingen 2011; Das Relationale Zeitalter. Individualität, Normalität und Mittelmaß in der Kultur der Renaissance, München/Paderborn 2011.

Christoph Julian Wehner, geb. 1983; M. A.; Studium der Geschichtswissenschaft und der Philosophie an der Ruhr-Universität Bochum; seit 2012 wissenschaftlicher Mitarbeiter im DFG-Projekt »Expertenwissen und Sicherheitsproduktion: Atomgefahr und Katastrophenversicherung in Deutschland, 1955–1986« am Lehrstuhl für Zeitgeschichte der Ruhr-Universität Bochum. Zuvor Doctoral Fellow am Deutschen Historischen Institut in Washington (2011), Promotionsstipendiat der Gerda Henkel Stiftung (2011/12); seit 2010 Freier Mitarbeiter der Dokumentations- und Forschungsstelle der Sozialversicherungsträger in Nordrhein-Westfalen. Veröffentlichungen u. a.: Tagungsbericht zum Historikertag 2010: Grenzen der Sicherheit – Grenzen der (Spät-)Moderne?, in: Historisches Forum 13, 2010, S. 166–172; diverse Online-Publikationen.

Andreas Wirsching, geb. 1959; Prof. Dr.; Studium in Berlin und Erlangen; seit 2011 Direktor des Instituts für Zeitgeschichte München-Berlin und Professor für Neuere und Neueste Geschichte an der Ludwig-Maximilians-Universität München. Zuvor Inhaber des Lehrstuhls für Neuere und Neueste Geschichte an der Universität Augsburg; 2005/06 Fulbright Distinguished Chair in German Studies an der Washington University in St. Louis, 2007 und 2009 Gastprofessuren an der Fondation des Sciences Politiques in Paris und an der Université de Montréal. Mitglied unter anderem der Bayerischen Akademie der Wissenschaften und der Kommission für Geschichte des Parlamentarismus und der politischen Parteien. Veröffentlichungen u. a.: Vom Weltkrieg zum Bürgerkrieg? Politischer Extremismus in Deutschland und Frankreich 1918–1933/39. Berlin und Paris im Vergleich, München 1999; Abschied vom Provisorium. Geschichte der Bundesrepublik Deutschland 1982–1990, München 2006; Der Preis der Freiheit. Geschichte Europas in unserer Zeit, München 2012.

Meik Woyke, geb. 1972; Dr.; Studium der Geschichte, Germanistik und Erziehungswissenschaft an der Universität Hamburg; 2004 Promotion; 2005–2007 wissenschaftlicher Mitarbeiter der Forschungsstelle für Zeitgeschichte in Hamburg; seit 2007 im Historischen Forschungszentrum/Archiv der sozialen Demokratie der Friedrich-Ebert-Stiftung tätig; seit 2009 Schriftleiter des Archivs für Sozialgeschichte; seit 2012 Leiter des Referats »Public History« im Archiv der sozialen Demokratie; Lehrbeauftragter an der Universität zu Köln. Veröffentlichungen u. a.: Albert Schulz (1895–1974). Ein sozialdemokratischer Regionalpolitiker, Bonn 2006; zusammen mit Ursula Bitzegeio/Anja Kruke (Hrsg.), Solidargemeinschaft und Erinnerungskultur im 20. Jahrhundert. Beiträge zu Gewerkschaften, Nationalsozialismus und Geschichtspolitik, Bonn 2009; zusammen mit Anja Kruke (Hrsg.), Deutsche Sozialdemokratie in Bewegung 1848 – 1863 – 2013, Bonn 2012; Zweckbündnis auf Zeit. Das Ende der sozial-liberalen Koalition, in: Bernd Faulenbach/Andreas Helle (Hrsg.), Menschen, Ideen, Wegmarken. Aus 150 Jahren deutscher Sozialdemokratie, Berlin 2013, S. 342–352.

»Die Sicherheit Deutschlands wird auch am Hindukusch verteidigt.« Der berühmte Satz des damaligen Bundesverteidigungsministers Peter Struck im Dezember 2002 war Ausdruck eines neuen außen- und sicherheitspolitischen Selbstverständnisses der SPD. Der Weg dorthin war schwierig. Denn für die meisten Sozialdemokratinnen und Sozialdemokraten waren Auslandseinsätze der Bundeswehr noch Anfang der 1990er-Jahre unvorstellbar.

Die Haltung der SPD zu »Out-of-area«-Einsätzen hat sich in den vergangenen Jahren stark gewandelt. Vor allem die rot-grüne Bundesregierung traf von 1998 bis 2001 Entscheidungen, die tiefe innerparteiliche und strukturelle Veränderungen nach sich zogen. Das Kabinett Schröder stand vor der schwierigen Aufgabe, die außenpolitischen Traditionslinien der Partei fortzuschreiben und gleichzeitig den Ansprüchen der Bündnispartner gerecht zu werden. Dieser Band zeichnet die langwierigen und oft schmerzhaften Diskussionen in der SPD zwischen 1982 und 2007 farbig und schonungslos nach.

Michael Herkendell
DEUTSCHLAND
ZIVIL- ODER FRIEDENSMACHT?
Außen- und sicherheitspolitische Orientierung der SPD im Wandel (1982–2007)

Reihe Politik- und Gesellschaftsgeschichte, Bd. 92

304 Seiten, Hardcover
39,90 Euro
ISBN 978-3-8012-4208-4

www.dietz-verlag.de

Verlag J.H.W. Dietz Nachf. – Dreizehnmorgenweg 24 – 53175 Bonn
Tel. 0228/184877-0 – Fax 0228/234104 – info@dietz-verlag.de

Die Agenda 2010 gilt als Überraschungscoup. Doch der Band zeigt, dass sich die Programmdebatten der SPD seit den 1990er-Jahren in vielen kleinen Schritten dem marktliberalen Zeitgeist annäherten.

Wie kam es zur Agenda 2010? Der Verfasser untersucht die wirtschafts- und sozialpolitischen Debatten der SPD seit 1982 und die sukzessive Vorbereitung der Agenda über fast drei Jahrzehnte: Globalisierung und internationale Standortdebatte, Wiedervereinigung und Privatisierungen, demographischer Wandel und Fiskalisierung der Sozialstaatsdiskussion, ein Dritter Weg der europäischen Sozialdemokratie. Die eisern marktliberale Grundstimmung bei Ökonomen, Journalisten und in der Politik fand schließlich auch in den wirtschaftspolitischen Programmaussagen der SPD ihren Niederschlag.

Sebastian Nawrat
AGENDA 2010 – EIN ÜBERRASCHUNGSCOUP?
Kontinuität und Wandel in den wirtschafts- und sozialpolitischen Programmdebatten der SPD seit 1982

Reihe Politik- und Gesellschaftsgeschichte, Bd. 91

320 Seiten, Hardcover
32,00 Euro
ISBN 978-3-8012-4207-7

www.dietz-verlag.de

Verlag J. H. W. Dietz Nachf. – Dreizehnmorgenweg 24 – 53175 Bonn
Tel. 0228/18 48 77-0 – Fax 0228/23 41 04 – info@dietz-verlag.de